铁路科技图书出版基金资助出版

京津城际高速铁路系统调试技术

张曙光　主编

中国铁道出版社

2008年·北京

内容简介

京津城际高速铁路是我国首条按照最高运营速度350 km/h建设的铁路，是采用了大量技术创新成果，并按照系统集成的模式进行建设的庞大系统工程。京津城际高速铁路系统调试是系统集成的重要内容，是集中科研、设计、制造、施工及运营等各单位力量进行的综合性试验。本书从牵引供电及电力系统、通信系统、信号系统、线路工程、客运服务系统、动车组、综合试验等方面对京津城际高速铁路技术框架、系统调试技术和方法、评价体系、接口管理、综合试验数据分析与结论进行阐述，可以为其他客运专线（高速铁路）的设计、建设、调试和运营提供必要的借鉴。

图书在版编目（CIP）数据

京津城际高速铁路系统调试技术/张曙光主编. ——北京：中国铁道出版社，2008.12

ISBN 978-7-113-09474-4

Ⅰ.京… Ⅱ.张… Ⅲ.高速铁路—调试—华北地区 Ⅳ.U238

中国版本图书馆CIP数据核字（2009）第014712号

书　　名：京津城际高速铁路系统调试技术

作　　者：张曙光　主编

责任编辑：熊安春　杨　哲　崔忠文　　**电话**：010－51873078　　**电子信箱**：ys@tdpress.com

编辑助理：于　秀

封面设计：冯龙彬

责任校对：张玉华

责任印制：金洪泽　陆　宁

出版发行：中国铁道出版社（100054，北京宣武区右安门西街8号）

印　　刷：北京佳信达欣艺术印刷有限公司

版　　次：2008年12月第1版　　2008年12月第1次印刷

开　　本：889 mm×1 194 mm　1/16　印张：55.75　字数：1623千

书　　号：ISBN 978-7-113-09474-4/U·2397

定　　价：380.00元

《京津城际高速铁路系统调试技术》
参编人员名单

主　　编：张曙光

编　　委：康　熊　　季学胜　　费东斌　　侯卫星
张骥翼　　王　澜　　刘朝英　　康高亮
詹子宁　　刘　刚　　陈　璞　　马　芳
王祖峰　　唐抗尼　　刘晨光　　刘作琪
汤奇志　　陆啸秋　　杨宏图　　徐鹤寿
金柏泉　　张季良　　周　力　　宁　斐
路晓彤　　滑　蓉　　莫志松　　吴细水
李　琴　　董安平　　黄旺火　　缪伟忠
段剑峰　　王志坚　　周晓峰　　孙剑方
孟　葳　　韩通新　　马永刚　　张　苑
范建国　　史天运　　杨志杰　　赵庆伟
韩自力　　武凤艺

前　言

Preface

京津城际铁路是我国首条按照最高运营速度350 km/h建设的高速铁路，是我国高速铁路技术创新的重大工程实践。京津城际铁路采用了CRTSⅡ型板式无砟轨道、大跨度高速铁路桥梁、350 km/h的CRH_2和CRH_3型高速动车组、CTCS－3D列车运行控制系统、轻量化的简单链型悬挂接触网系统、先进的综合检测和运用维修技术、全新客运服务系统等大量技术创新成果，并按照系统集成的模式进行建设，是一项庞大的系统工程。

为保证京津城际铁路于2008年8月1日顺利开通运营，2008年2月至7月，进行了6个月的系统调试及试运行工作。京津城际铁路系统调试及试运行是系统集成的重要组成部分，是集中科研、设计、制造、施工及运营等各单位力量进行的系统性试验。

京津城际铁路系统调试系统地验证了京津城际铁路本线350 km/h动车组与跨线250 km/h动车组高速运行各方面的关键技术、系统的安全性、运行平稳性、乘坐舒适性与技术、经济合理性，为京津城际铁路工程验收和开通运营提供了强有力的技术支撑和科学依据，并为完善我国高速铁路相关标准、规范提供了技术依据。

京津城际铁路试运行全面验证了固定设施和移动设备满足运营要求及应对各种非正常行车的能力，检验了运行图、运行能力、行车组织、运行设备等的适应性，使运营人员掌握设备使用、操作规程、故障处理规程和维修规程，提高了突发事件应对能力、应急救援和指挥水平，为制定科学合理的运输组织方案和应急救援方案提供了技术依据。

京津城际铁路作为我国铁路客运专线建设的示范性工程和京沪高速铁路的独立综合试验段，在学习借鉴世界先进技术和管理经验的基础上，针对我国国情和路情，大力实施自主创新，解决了我国高速铁路建设中的重大关键技术问题，是我国第一条具有自主知识产权、国际一流水平的高速城际铁路，标志着我国高速铁路技术已达到国际先进水平。

《京津城际高速铁路系统调试技术》系统阐述了京津城际高速铁路技术

框架、系统调试技术和方法、评价体系、接口管理、综合试验数据分析与结论，可为其他客运专线(高速铁路)的设计、建设、调试和运营提供借鉴。

本书包括概述、牵引供电篇、通信篇、信号篇、线路篇、客运服务篇，动车组篇和综合试验篇。

“概述”主要介绍京津城际铁路的运营要求、总体技术方案、技术体系，国外高速铁路开通前的调试试验，我国既有线第六次大提速综合试验，系统调试的必要性、组织结构、工作流程、计划管理与实施。

“牵引供电篇”、“信号篇”、“通信篇”、“线路篇”、“客运服务篇”、“动车组篇”等分别介绍各专业系统的构成、主要技术性能参数、内外部接口、系统调试、功能试验、评价体系和验证试验等内容。

“综合试验篇”主要介绍供变电系统、接触网系统、通信系统、信号系统、客运服务系统、防灾安全监控系统、综合接地、电磁兼容性、环境振动噪声及声屏障、路基及过渡段动力性能、无砟轨道动力性能、道岔动力性能、桥梁动力性能、轨道状态、动车组性能等的试验目的、内容、流程与方法，综合试验评价体系与标准，试验数据分析和试验结论。

目　录
Contents

第一篇　概　　述

高速铁路是高新技术的集成，涉及工务工程、牵引供电、动车组、通信、信号、运营调度、客运服务、养护维修信息化等系统，各系统之间既有硬件联系，又有软件衔接，是一项庞大的系统工程。为了实现高速铁路的建设目标，国外高速铁路建设普遍采用系统集成模式，系统调试及试运行是对高速铁路各系统接口匹配关系、整体运行性能、安全性及环境保护等进行全面试验评估和运行考验，是对系统集成效果的全面检验。系统调试及试运行既是系统集成的重要内容，也是新建线路开通运营前必不可少的环节。

京津城际铁路是我国首条按照最高运营速度 350 km/h 建设的高速铁路，是我国高速铁路技术创新的重大工程实践。在京津城际铁路建设中，不仅各系统均采用了大量原始创新、集成创新和引进消化吸收再创新的成果，例如：满足高速铁路运行需要的桥梁、无砟轨道、高速道岔、高速牵引供电系统，CTCS－3D 列车运行控制系统，350 km/h 的 CRH2 和 CRH3 型高速动车组、先进的综合检测和运用检修技术、全新的调度指挥和客运服务系统等，而且第一次采用了系统集成的建设模式，力图通过合理利用各种资源，实现优化配置，达到一流工程质量、一流装备水平、一流运营管理的总体目标。通过京津城际铁路的工程实践，在工程设计、关键设备国产化、施工管理、综合检测等方面已经取得了重大突破。

依托京津城际铁路，通过关键技术攻关，深入开展高速铁路系统调试及试运行系统研究，结合我国国情，高起点构建具有世界先进水平的客运专线试验验收和综合评估体系，完善试验检测手段建设，探索高速铁路系统调试及试运行的科学管理方法，形成350 km/h 及以上客运专线系统联调试及试运行成套技术并逐步规范化，对于满足我国客运专线建设的迫切需要有着十分重要的意义。

全面掌握系统调试及试运行技术，是我国高速铁路技术创新的重大突破，也是我国掌握高速铁路成套技术的重要标志。

第一章　京津城际铁路简介

京津城际铁路是我国第一条城际高速铁路，起点为北京南站，终点为天津站，全长约 120 km。京津城际铁路于 2008 年 1 月底完成全部工程安装，2008 年 8 月 1 日开通运营。

主要技术标准为客运专线、双线，最高运营速度为 350 km/h，电力牵引，最大坡度一般地段 12‰、困难地段 20‰，正线最小曲线半径一般地段 7 000 m、困难地段 5 500 m，到发线有效长度 700 m，正线线间距 5.0 m，采用客运专线铁路建筑限界，平面示意图见图 1－1－1。

第一节　京津城际铁路运营要求

一、运输模式

京津城际铁路整个系统的基础设施满足近期“不同速度的本线和跨线列车共线运行”的运输组织模式，远期全高速运输组织模式，预测客运量及高峰时间段客运量的需求，并适应运输组织模式的需

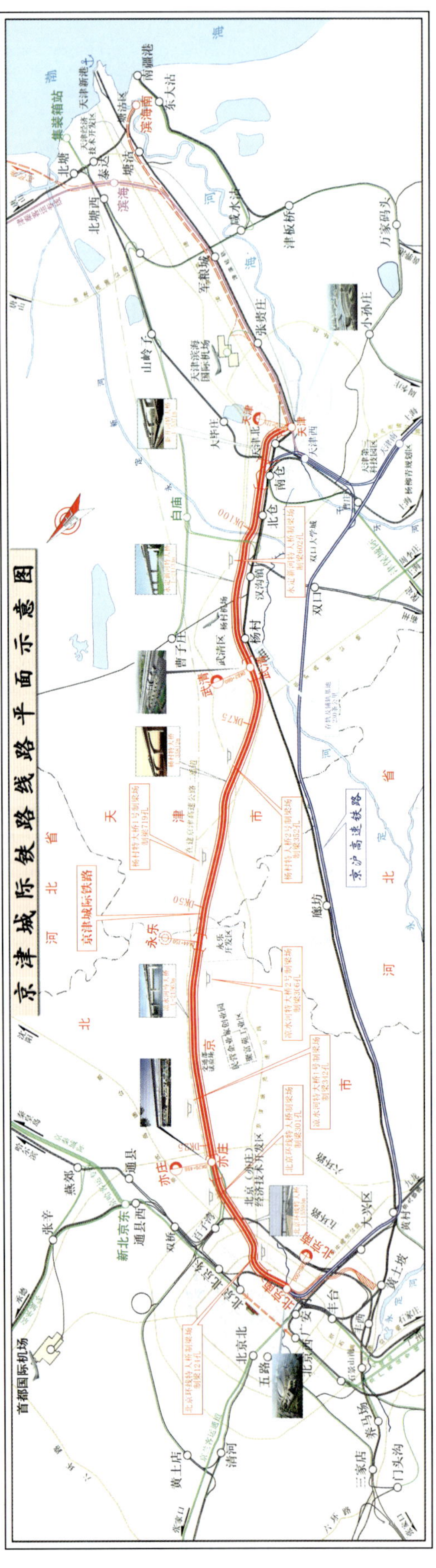

图 1-1-1　京津城际铁路平面示意图

要，满足组织350 km/h与250 km/h的动车组混合运行，以及与其他客运专线及既有线跨线运输的要求。

二、运输能力

京津城际铁路最高运营速度350 km/h，列车编组为8辆，全程运行30 min，最小追踪间隔时间3 min。

第二节　京津城际铁路总体技术方案

京津城际铁路采用大量国内最新的研究成果，充分借鉴国外高速铁路的成功经验，工务工程（路基、无砟轨道、道岔和桥梁等）、牵引供电、列车运行控制、动车组、客运服务、综合检测和运用维修等先进技术，通过系统设计，优化了总体技术目标。

一、工务工程

全面掌握高速铁路无砟轨道、桥梁的设计施工技术，实现了钢轨、扣件和道岔的国产化，提高了国内铁路建设的综合施工能力，对高速铁路技术方案是一次实践。

掌握软土、松软土地区路基设计和施工技术。采用强化基床结构、复合地基加固和过渡段结构设计，加强路基填料控制和压实质量检测，实施沉降变形观测与评估等技术措施，有效控制工后沉降。

掌握桥梁设计和施工技术。通过静力、动力检算和模型试验，整孔简支箱梁、大跨特殊桥梁的各项技术指标均能满足350 km/h高速列车安全平稳运行和旅客乘坐舒适性要求。研制450 t提梁机、900 t架桥机、900 t运梁车、900 t移动模架造桥机等，其施工效率、安全性、可靠性完全满足设计和施工组织要求。对简支箱梁实践移动模架现浇和满堂支架现浇施工方法，对大跨特殊桥梁实践了悬灌、满堂支架等施工方法。

掌握无砟轨道设计和施工技术。在引进国外无砟轨道技术的基础上，针对我国客运专线特点对其进行必要的修改和完善，掌握无砟轨道与线下工程接口设计技术，验证无砟轨道与无绝缘轨道电路的适应性，开展特殊地段无砟轨道减振降噪技术的研究与工程设计，完成无砟轨道水泥沥青砂浆和施工设备国产化配套研发。形成我国无砟轨道设计、制造、施工、评估、检验等系列技术标准。为京沪及其他高速铁路无砟轨道铺设奠定坚实的技术基础。

掌握500 m长轨一次铺设无缝线路和高速道岔施工技术。采用100 m定尺钢轨，厂内焊成500 m长轨运至现场铺设。在长轨铺设装备应用、铺设施工技术水平、钢轨焊接技术等方面进行实践，积累经验。掌握350 km/h高速道岔的运输、道岔组件验收、初安装、初次精测、精调、混凝土浇筑、二次精测、应力释放和设备安装联调等铺设技术。

建立精测网并应用沉降变形计算和观测评估技术。建立与无砟轨道高精度要求相匹配的三级平面、高程控制测量网，研发相关测量配套软件，掌握无砟轨道高平顺性测量与精细调整技术。进行线下结构物沉降变形观测与评估工作，基本掌握不同地质条件下和不同工程措施下的结构物沉降变形规律。

二、牵引供电

掌握350 km/h高速铁路牵引供电施工的关键工艺和施工方法，特别是高速接触网导线架设和调整技术。通过京津城际铁路工程实践，形成一套完整的安装工艺、调试程序、质量评价标准体系，积累高速铁路牵引供电工程的施工经验。

三、通信系统

以传输及接入、电话交换、数据网、GSM－R 专用移动通信等设备为基础，建立调度、会议电视、救援指挥、环境安全监控和同步时钟分配等通信系统。

四、信号系统

京津城际信号系统由 CTCS－3D 列控系统（车载子系统和地面子系统）、联锁子系统、调度集中子系统和信号集中监测子系统构成。

CTCS－3D 列控系统是基于轨道电路实现列车占用及空闲检查，由应答器或轨道电路传输列车行车许可并采用目标距离连续速度控制模式监控列车安全运行的列车运行控制系统，包含车载子系统和地面子系统。

CTCS－3D 列控系统满足最大运营速度正向 350 km/h，最小 3 mim 追踪间隔运营要求，并满足 200～250 km/h 动车组上线运行的要求。

五、动车组

京津城际铁路通过引进消化吸收再创新，采用国内制造的时速 350 km 的 CRH_2 型和 CRH_3 型动车组。

六、客运服务

京津城际铁路客运服务系统突出了以旅客为中心的设计理念，通过完善车票发售、计价优惠策略、配票策略、换票和改签票策略，引入自动售、检票新型服务模式，为旅客提供更方便的选票手段和更快捷的售、检票通道。

京津城际铁路客运服务系统与 CTC/TDCS 系统、TRS 系统、外部时钟源进行实时数据交换，实现各系统之间的信息共享，确保列车到发信息、余票信息、时钟信息能及时通过引导显示屏、广播、自助查询终端等服务设施公告给旅客，使旅客能及时获取相关服务信息。

京津城际铁路建立车站旅客服务系统集成管理平台，实现客运车站业务和管理的高度集成，广播、引导、监控、查询、求助、寄存等旅客服务设备状态的实时监视，提高了客运车站的综合控制能力，带来全新的客运组织模式，为车站减员增效提供技术保障。

七、综合接地

综合接地技术是高速铁路系统集成的重要组成部分，通过京津城际铁路工程实践，结合我国轨道电路及无砟轨道应用需求，形成具有自主知识产权的高速铁路综合接地技术方案。

八、环境保护

应用环境保护和减振降噪技术，对沿线环境敏感点采取声屏障措施，控制京津城际铁路噪声影响。工程建设中注重对沿线景观的保护，在桥梁、声屏障、绿化设计上，注重形式、高度、颜色、造型等因素，提高城市景观的丰富性和多样性。同时，采取必要的电磁兼容技术，有效避免基础设施和动车组的用电设备对环境的电磁干扰。

第三节　京津城际铁路技术体系

一、整体系统技术构成

京津城际铁路整体系统主要由工务工程、牵引供电、通信信号、动车组、运营调度和客运服务六大

系统构成，见图 1－1－2。

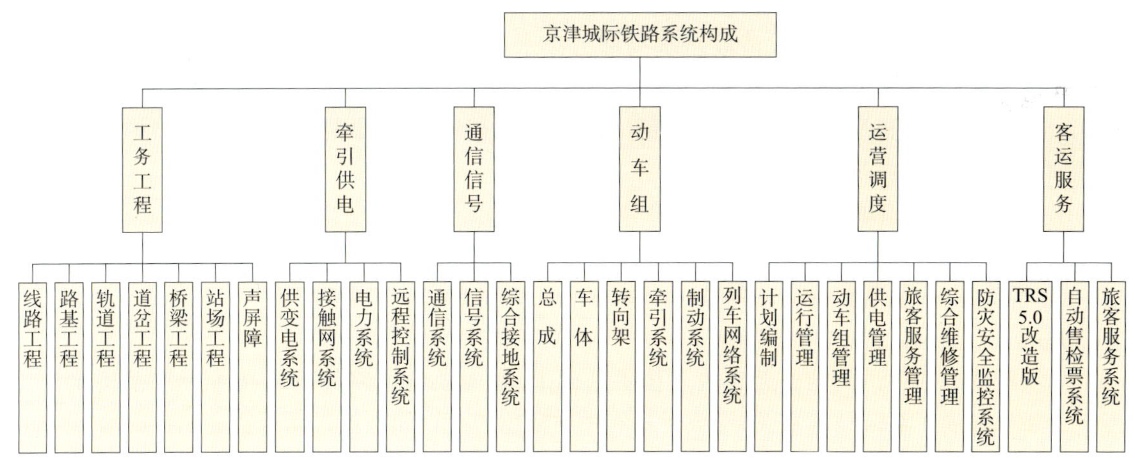

图 1－1－2 京津城际铁路整体系统技术构成

二、各系统技术构成

1. 工务工程

(1)线路

①平面曲线

a. 曲线半径

区间正线的最小曲线半径为 7 000 m、个别困难地段为 5 500 m，最大曲线半径为 12 000 m。

北京南、天津站内及两端加、减速地段，采用与行车速度相适应的曲线半径；北京南、天津站内最小曲线半径为 400 m。

b. 缓和曲线

缓和曲线采用三次抛物线型，区间正线的曲线超高顺坡率小于 $1/11\ v_{max}$。北京南、天津站内及两端加、减速地段的曲线超高顺坡率应不大于 $1/10\ v_{max}$。困难条件下，北京南、天津站内曲线超高顺坡率应不大于 $1/8\ v_{max}$。

c. 圆曲线和夹直线

区间正线的圆曲线和夹直线的最小长度应大于 $0.8\ v_{max}$，最小长度一般为 600 m，困难地段为 400 m。北京南、天津站内及两端加、减速地段的最小长度不小于 $0.4\ v_{max}$，个别圆曲线最小长度为 30 m。

②竖曲线

线路允许速度 160 km/h 及以上地段的相邻坡段坡度代数差大于等于 1‰时，线路允许速度 160 km/h以下地段的坡度差大于等于 3‰时，需采用圆曲线型竖曲线连接。最小竖曲线半径根据线路允许速度按表 1－1－1 设置，最大竖曲线半径为 40 000 m。

表 1－1－1 最小竖曲线半径设置标准

v(km/h)	$v \geqslant 300$	$300 > v \geqslant 250$	$250 > v \geqslant 160$	$v < 160$
Rsh(m)	25 000	20 000	15 000	10 000

③线路纵断面

区间正线的最大坡度为 6‰，最小坡段长度为 900 m。北京南、天津站内及两端加、减速地段的最大坡度为 18.5‰，最小坡段长度为 175 m。车站站坪坡度不大于 1‰。

(2)路基

京津城际铁路路基长度 18.9 km，占正线总长度的 15.8%，路基工点主要类型有软土地基与松软地基路堤、浸水路堤和挡土墙等，路堤平均高度约为 5 m。对填筑高度大于 5 m 的路堤，其单侧或双侧设置了扶壁式挡土墙；普济河及武清段路基局部为浸水路堤，采用设置草袋围堰、抽水、挖淤、回填渗水土等方法处理；对软土及松软土地基，分别采用了管桩、钻孔灌注桩、CFG 桩等复合地基加固处理措施，其中北京地区采用桩网结构（部分为桩网 + 水泥级配碎石），天津范围采用桩板结构方式进行处理，并采取堆载预压措施加速工前沉降。

基床底层为 A、B 组填料，基床表层为掺水泥级配碎石。在北京端采取了 2 m 高水泥土填料填筑路基在天津端采用桩顶板上无填土的特殊结构。路桥过渡段在基床表层设有 50 m 长的钢筋混凝土摩擦板，在距桥头 50 m 处设有端刺，端刺外有 5 m 长的过渡板，然后与路基相连。

（3）轨道

京津城际铁路在引进的国外无砟轨道技术基础上，针对轨道电路等站后技术标准及桥梁为主的线下工程条件开展了系统技术攻关，形成了具有中国特色的 CRTSⅡ型板式无砟轨道成套技术，并初步构建了以列车荷载、温度影响和基础变形为设计主线，充分考虑裂纹控制与耐久性（使用寿命 60 年）、刚度控制与动力特性、站前站后接口与经济性等设计控制条件的、统一的无砟轨道设计理论体系。

CRTS Ⅱ 型板式无砟轨道是一种预制板式轨道，由钢轨、弹性扣件、预制轨道板、沥青水泥砂浆调整层及水硬性支承层/底座等部分组成，路基、桥梁及隧道地段均可应用。

该轨道系统结构采用先进的数控磨床加工预制轨道板上的承轨槽，采用的高性能沥青水泥砂浆除具有调整作用，还可提供适当的弹性和黏结，并使用高精度、快速便捷的测量系统，施工机械化程度较高。

①路基上 CRTS Ⅱ 型板式无砟轨道结构组成及断面图（见图 1－1－3、图 1－1－4、图 1－1－5）

a. 结构组成

路基上 CRTS Ⅱ 型板式无砟轨道结构由 60 kg/m 钢轨、Vossloh300－1 型弹性扣件、预制轨道板、砂浆调整层及混凝土支承层等部分组成。

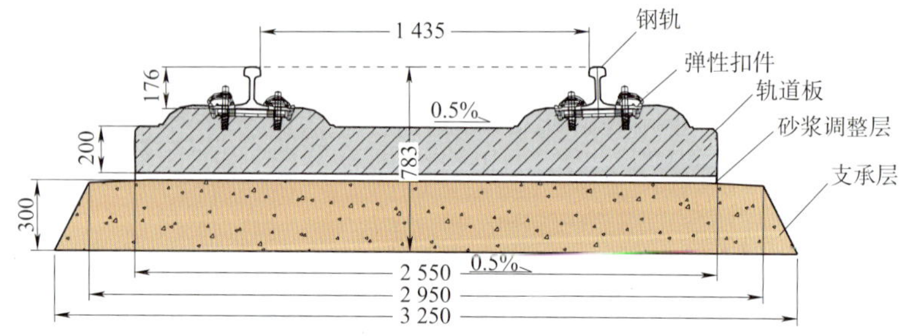

图 1－1－3　路基上 Ⅱ 型板式无砟轨道组成断面图（单位：mm）

b. 型式尺寸

轨道结构高度：轨顶面（轨道中心）至水硬性材料支承层底面为 783 mm。

砂浆调整层设计厚度为 30 mm。

混凝土支承层顶面宽度为 2 950 mm，底面宽度为 3 250 mm，厚度为 300 mm。

②桥上 CRTS Ⅱ 型板式无砟轨道结构组成及横断面（见图 1－1－6、图 1－1－7）

a. 结构组成

桥上 CRTS Ⅱ 型板式无砟轨道结构由 60 kg/m 钢轨，Vossloh300－1 型弹性扣件、预制轨道板、砂浆调整层、连续底座板、滑动层、侧向挡块等部分组成，台后路基上设置摩擦板、端刺及过渡板，梁缝处设置硬泡沫塑料板。

b. 型式尺寸

轨道结构高度：直线地段轨顶面至底座底面为 665 mm，超高为 180 mm 曲线地段轨顶面至底座底面为 738 mm，其余超高地段轨道结构高度按线性内差计算。

砂浆调整层设计厚度为 30 mm。

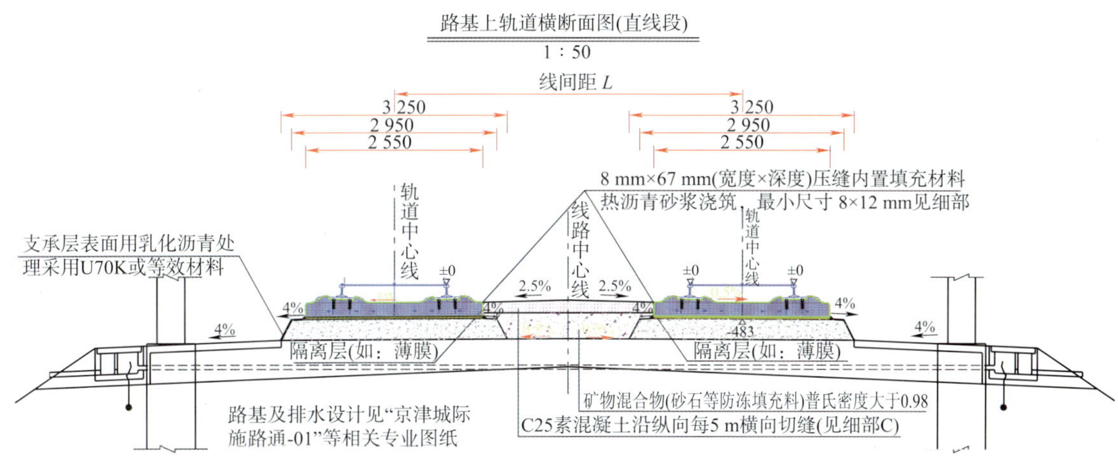

图 1-1-4 直线路基上Ⅱ型板式无砟轨道(单位：mm)

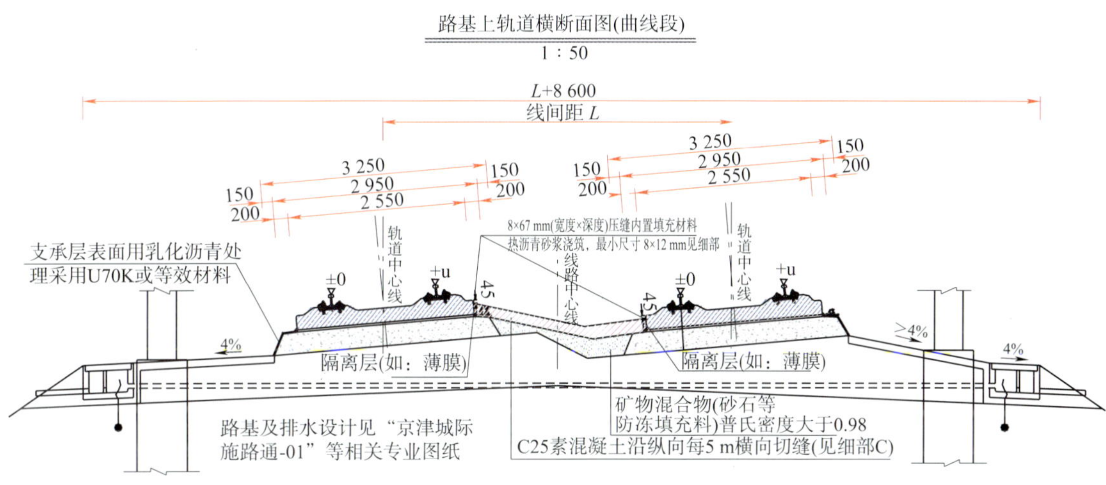

图 1-1-5 曲线路基上Ⅱ型板式无砟轨道(单位：mm)

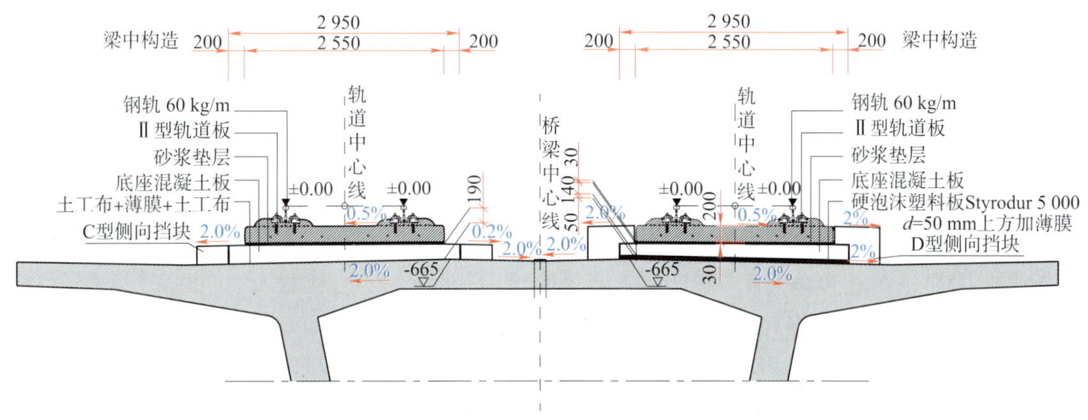

图 1-1-6 桥梁直线地段Ⅱ型板式轨道设计横断面(单位：mm)

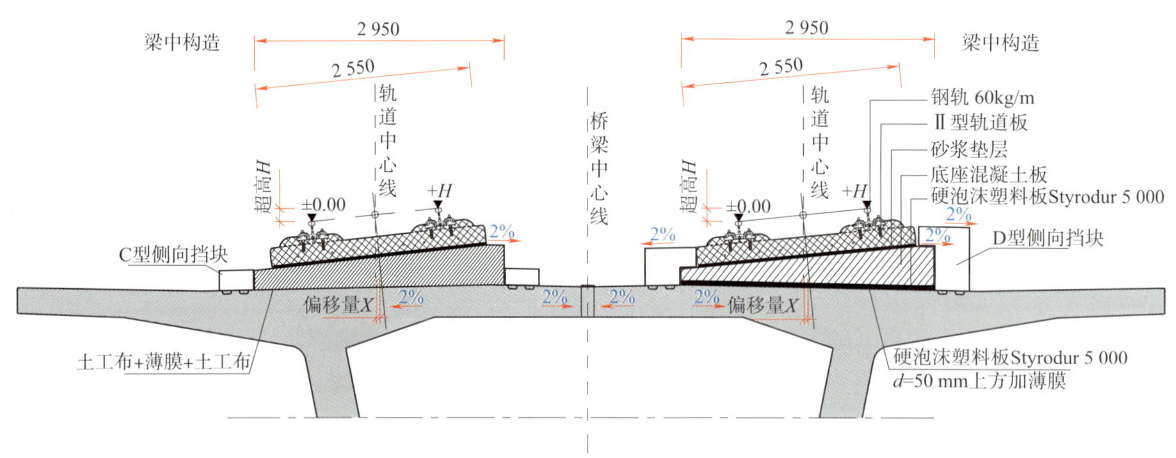

图 1-1-7　桥梁曲线地段Ⅱ型板式轨道设计横断面(单位:mm)

底座宽度为 2950 mm,直线地段平均厚度为 190 mm,梁端硬质泡沫板处的厚度为 140 mm。

摩擦板宽度一般为 9 m,厚度为 0. 4 m,长度根据不同桥梁结构计算确定;标准端刺型式尺寸:上部结构沿线路纵向厚度为 1 m,沿线路横向宽度为 9 m,高度为 2. 75 m;下部结构沿线路纵向为 8 m,沿线路横向为 9 m,厚度为 1 m。

滑动膜采用聚乙烯高密度薄膜,厚度为 1 mm;土工布采用白色聚丙烯,厚度 2. 2 mm。

c. 技术特点

预制轨道板和底座板为跨过梁缝的连续结构。

底座板与梁面通过滑动层的设置保持滑动状态,在每孔桥梁的固定支座上方,通过在梁体预设锚固销(一般为 2 排 7 根 ϕ28 mm)和齿槽与梁体固结。

通过梁缝处约 3. 1 m 范围的梁面铺设 50 mm 厚硬泡沫塑料板,减小由梁端转角对无砟轨道结构的影响。

底座板和轨道板沿线路横向采用侧向挡块固定;桥梁两端的台后路基上设置摩擦板和端刺。

底座板、摩擦板及端刺采用 C30 级混凝土,现场浇筑;侧向挡块采用 C35 级混凝土,现场浇筑。

桥上无砟轨道系统通过桥梁排水系统进行排水。

(4)桥梁

①跨北京环线特大桥 159 ~ 161 孔为(60 + 128 + 60)m 预应力混凝土系杆拱连续梁,里程为 JJK11 + 110,双线桥,梁体采用变高度单箱双室、直腹板截面。梁全长 249. 5 m,防撞墙内侧净宽 9. 4 m,桥上人行道栏杆内侧净宽 17. 8 m,桥面板顶宽 18. 0 m,桥梁建筑总宽 18. 4 m,中支点处梁高 7. 0 m,跨中 10 m直线段及边跨 6. 75 m 直线梁高 3. 5 m,梁高按二次抛物线变化。箱梁顶板宽 18. 0 m,通过边跨长 9. 75 m 变宽端,渐变到梁端顶板宽 13. 4 m;底板宽 12. 2 m,中支点附近局部底宽 14. 6 m。顶板厚度除梁端为 60 cm 外均为 40 cm,底板厚度为 35 ~ 100 cm,腹板厚度一般为 40 ~ 100 cm,由跨中到支点按折线变化,边跨跨中至梁端腹板厚度为 60 cm,中支点处腹板厚度为 120 cm,对应拱脚处腹板局部向外加厚 120 cm。主跨用钢管混凝土拱进行加劲,主拱的跨度为 128 m,设计矢高 21. 333 m,矢跨比为 1/6,拱肋采用哑铃形钢管混凝土截面,钢管截面直径 1. 0 m,拱肋全高 3. 0 m,腹板宽 0. 6 m,拱脚处局部加宽到 1. 0 m,上下钢管及腹腔内灌注无收缩混凝土,两榀拱肋中心距 12. 8 m,吊杆间距 6. 0 m,共设 18 对吊杆,每侧 18 根。全联在端支点、中支点及吊点处共设置 22 道横隔板,端横隔板厚度 1. 5 m,中横隔板厚度 4. 0 m,吊点处横隔板厚度 0. 25 ~ 0. 3 m,横隔板设有孔洞,端横隔板设有进人孔,梁体混凝土强度等级为 C50,采用盆式橡胶支座,边支点处横桥向支座中心距 8. 2 m,中支点处横桥向支座中心距 10. 6 m。桥上线路为直线、坡度 0. 5‰、线间距 5. 0 m,采用了 CRTSⅡ型板式无砟轨道结构型式和与之相配套的 Vossloh300 - 1 型扣件,无声屏障。

②跨北京环线特大桥282~284孔为(80+128+80)m预应力混凝土连续梁,里程为JJK15+696,双线桥,梁体采用单箱单室、变高度、变截面直腹板截面,梁全长290.9 m,梁高沿纵向按二次抛物线变化,中支点梁高9.6 m(高跨比1/13.3),边支点及跨中梁高5.6 m(高跨比1/22.9),中跨跨中直线段长9 m,边跨直线段长21.95 m,箱梁顶宽13.4 m,底宽7.0 m,顶板厚度除梁端附近外均为450~650 mm,按折线变化;腹板厚640~1 100 mm,按折线变化;底板由跨中的520 mm按二次抛物线变化至根部的1 200 mm;全联在端支点、中跨中及中支点处共设置5个横隔板,横隔板厚度边支座处1.5 m,中跨中0.8 m,中支点处3.0 m;防撞墙内侧净宽9.4 m,桥上人行道栏杆内侧净宽13.2 m,桥面板顶宽13.4 m,桥梁建筑总宽13.8 m,桥上线路为曲线、坡度4‰、线间距5.0 m,采用盆式橡胶支座,边支点处横桥向支座中心距5.3 m,中支点处横桥向支座中心距5.8 m。采用了CRTSⅡ型板式无砟轨道结构型式和与之相配套的Vossloh300-1型扣件,无声屏障。

③漷小路大桥,(18+3×24+18)m刚构连续梁,里程为JJK45+309。与漷小路规划路交叉,桥梁按40°设计,梁部为双线分离变截面实体板梁,跨中梁高为1.40 m,主梁全长109.4 m。中间两个桥墩为刚壁墩,其根部梗肋高为0.7 m。梁底宽4.99 m,顶宽6.69 m,外侧设悬臂,长1.70 m,两线梁体之间缝隙为2 cm。刚壁墩墩高9 m,横桥向与梁底同宽,顺桥向壁厚1.25 m。双线分离支座中心距采用2.5 m,桥台处纵向活动支座设在每线桥梁内侧,双向活动支座设在每线桥梁外侧;活动墩处全部设置双向活动支座,梁体和刚壁墩采用C40混凝土。全桥位于直线、坡度-5‰、线间距5.0 m,采用了CRTSⅡ型板式无砟轨道结构型式和与之相配套的Vossloh300-1型扣件,无声屏障。

④杨村特大桥579~582孔为(45+70+70+45)m预应力混凝土连续梁,里程为JJK66+700,双线桥,为单箱单室,变高度、变截面结构,梁长231.5 m,中支点处梁高6.5 m,跨中9 m直线段及边跨15.25 m直线段梁高3.5 m;防撞墙内侧净宽9.4 m,桥上人行道栏杆内侧净宽13.2 m,桥梁建筑总宽为13.8 m,桥面板顶宽13.4 m,箱梁底宽6.7 m,顶板厚度40至50 cm按折线变化,底板厚度40至90 cm按直线线性变化,腹板厚度48~80 cm,厚度按折线变化,全联在端支点、全跨跨中及中支点处共设7个横隔板,支点处腹板厚为60 cm,桥上线路为直线、坡度3.5‰、线间距5.0 m,采用了CRTSⅡ型板式无砟轨道结构型式和与之相配套的Vossloh300-1型扣件。支座中心距从579~582号墩依次为5.28 m、5.90 m、5.90 m、5.90 m和5.28 m。

⑤永定新河特大桥第122、123孔均为32 m预应力混凝土简支箱梁,里程为JJK90+418.9,双线桥,为单箱单室等高度简支箱梁,梁长32.6 m,计算跨度为31.5 m,梁高3.05 m,梁端顶板、底板及腹板向内侧加厚;防撞墙内侧净宽9.4 m,桥上人行道栏杆内侧净宽13.2 m,桥梁建筑总宽为13.8 m,桥面板顶宽13.4 m,梁体混凝土强度等级为C50;采用客运专线盆式橡胶支座(图号通桥(2005)8356),每孔双线简支箱梁采用固定支座、纵向活动支座、横向活动支座、多向活动支座各1个,横桥向支座中心距为4.5 m,桥上线路为曲线、坡度3.5‰、线间距5.0 m,采用了CRTSⅡ型板式无砟轨道结构型式和与之相配套的Vossloh300-1型扣件,无声屏障。

⑥永定新河特大桥198孔为32 m预应力混凝土简支箱梁,199孔为24 m预应力混凝土简支箱梁,里程为JJK92+900.1,双线桥,为单箱单室等高度简支箱梁,梁高3.05 m,梁端顶板、底板及腹板向内侧加厚,198孔梁长32.6 m,计算跨度为31.5 m,梁重855.85 t;199孔梁长24.6 m,计算跨度为23.5 m,梁重665.73 t;防撞墙内侧净宽9.4 m,桥上人行道栏杆内侧净宽13.2 m,桥梁建筑总宽为13.8 m,桥面板顶宽13.4 m,梁体混凝土强度等级为C50;采用客运专线盆式橡胶支座(图号通桥(2005)8356),每孔双线简支箱梁采用固定支座、纵向活动支座、横向活动支座、多向活动支座各1个,支座中心距为4.5 m,位于曲线、坡度4‰、线间距5.0 m,采用了CRTSⅡ型板式无砟轨道结构型式和与之相配套的Vossloh300-1型扣件,无声屏障。

⑦永定新河特大桥209~211孔为(32+48+32)m预应力混凝土连续梁,里程为JJK93+247.3,双线桥,梁体全长为113.5 m,为单箱单室、斜腹板、变高度、变截面结构,中支点处梁高4.05 m,跨中8.4 m直线段及边跨12.95 m直线段梁高3.05 m;防撞墙内侧净宽9.4 m,桥上人行道栏杆内侧净宽

13.2 m，桥梁建筑总宽为13.8 m，桥面板顶宽13.4 m，箱梁底宽5.0～5.5 m，顶板厚度除梁端为60 cm外均为40 cm；底板厚度40～80 cm，按折线变化，其中端支点为60 cm，腹板厚为48～80 cm，厚度按折线变化，中支点处腹板局部加厚到145 cm，支点处腹板厚为60 cm，全联在端支点、中跨跨中及中支点处共设5个横隔板；采用通桥（2006）8358系列调高盆式橡胶支座，支座中心距为4.5 m，边支座中心线至梁端0.75 m；梁体混凝土强度等级为C50。全联位于曲线、坡度4‰的线路上，线间距5.0 m，采用了CRTSⅡ型板式无砟轨道结构型式和与之相配套的Vossloh300－1型扣件，无声屏障。

⑧永定新河特大桥484、485孔为40 m预应力混凝土简支箱梁，里程为JJK102＋155.3，双线桥，为单箱单室等高度简支箱梁，梁长40.6 m，计算跨度为39.1 m，梁高3.75 m，梁端顶板、底板及腹板向内侧加厚；防撞墙内侧净宽9.4 m，桥上人行道栏杆内侧净宽13.2 m，桥梁建筑总宽为13.8 m，桥面板顶宽13.4 m，梁体混凝土强度等级为C50；采用客运专线盆式橡胶支座，每孔双线简支箱梁采用固定支座、纵向活动支座、横向活动支座、多向活动支座各1个，横桥向支座中心距为4.5 m，位于直线、平坡，线间距5.0 m，采用了CRTSⅡ型板式无砟轨道结构型式和与之相配套的Vossloh300－1型扣件，无声屏障。

（5）道岔

京津城际铁路共铺设18号和39.113号两种型号道岔。道岔的设计参数如下：旅客列车直向通过速度为350 km/h（客运专线），18号道岔侧向通过速度为80 km/h，39.113号道岔侧向通过速度为160 km/h。

18号道岔采用半径为1 100 m的相离单圆曲线线型。道岔前长31.729 m，后长37.271 m，全长69 m。转辙器为相离半切线线型。39.113号道岔采用缓和曲线（10 000 m～4 000 m）＋圆曲线（4 000 m）＋缓和曲线（4 000 m～∞）线型。

道岔有如下结构特征。

18号道岔转辙器长度24 592 mm，尖轨长度22 012 mm，采用整根Zul－60钢轨加工制造。高度134 mm。基本轨为国产60 kg/m钢轨、材质为900A，两者高差42 mm。采用FAKOP技术将轨距加宽15 mm，使轮对左右两车轮的滚动半径趋于相同，避免激扰蛇形运动，同时加大尖轨厚度，提高尖轨的耐磨性。京津城际铁路18和39.113号道岔均采用了该项技术。在尖轨跟端设置多个限位器。采用滑床台板与基本轨下的铁垫板分离的设计方案，在滑床台两侧采用两个单体矩形断面弹条扣压基本轨，该结构便于拆卸和更换垫板与基本轨。转辙器部分岔枕上安装了辊轮滑床板，但滑床板和辊轮结构与我国以前采用的辊轮滑床板相差较大，滑床板的滑床台和垫板均是可拆卸的，辊轮组件下部粘有一层橡胶，有弹性，降低斥离尖轨在滑床板上的振动。

翼轨用国产60 kg/m钢轨加工制造，18号道岔可动心轨的牵引杆件穿过翼轨轨底，翼轨削弱较大。39.113号道岔可动心轨的牵引杆件穿过翼轨轨腰的长圆孔，翼轨不做切削。岔跟尖轨用厚腰钢轨制造。18号和39.113号道岔均不设置护轨。可动心轨的活动段较长，除了在顶铁上采取防跳措施以外及心轨尖端设置防跳装置外，在垂直力由翼轨到心轨的过渡位置设置心轨液压下拉装置防止心轨的跳动。

扣压件主要采用SKL12弹条，扣压力为10～12 kN。低刚度的弹性基板是其特色之一，支点刚度为17.5 kN/mm。弹性基板的铁垫板采用锻造工艺加工，再采用硫化工艺将其和其他部件与橡胶硫化为一体，提高了结构的整体性，同时消除了部件间的配合间隙，为道岔扣件系统的技术特点之一。垫板铁座与钢轨间不设调距块，调距通过铁垫板钉孔内的偏心锥实现。调高通过铁垫板下的调高垫板实现。

京津城际铁路岔区轨下基础为长枕埋入式，为便于运输，混凝土岔枕长度超过3.2 m时，采用铰接式结构。18号道岔分为3段4节，最长节段长29.5 m、重约20 t，39.113号道岔分为4段7节，最长节段54.5 m、重约42 t。永乐站2组18号道岔轨下基础为道岔板。

道岔采用多机多点牵引方式，尖轨设分动外锁闭，由道岔控制电路实现多机多点的同步转换。转辙机设置表示杆，检查牵引点位置的尖轨（心轨）与基本轨（翼轨）的密贴，两牵引点之间设置密贴检

 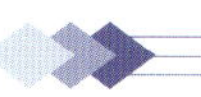

查器检查尖轨与基本轨的密贴。转辙机采用 S700K 型电动转辙机，牵引点间设置 ELP－319 密贴检查器检查尖轨（心轨）与基本轨（翼轨）的密贴状况。

（6）车站

全线设北京南站、亦庄站、永乐站、武清站、天津站 5 个车站和南仓线路所。北京南站、天津站为城际铁路始发站，亦庄站和武清站为新建办理客运业务的中间站。永乐站为预留的旅客乘降站。中间站每站共 4 股道，正线与到发线各 2 股。

新建北京南站站场工程主要包括普速列车（市郊列车）、京沪高速铁路列车、京津城际铁路列车三个车场，在咽喉区均有联络线相互连通，共 24 线 13 台，其中京津城际铁路车场 7 线 4 台，办理京津城际铁路列车的始发、终到作业。

天津站改造后的车场自北向南依次为城际车场、高速车场、普速车场，车站总规模为 10 台 18 线，其中城际车场为 4 台 7 线。

亦庄、永乐、武清等中间站均各设 2 条到发线，到发线有效长度为 700 m；到发线侧设站台，长度为 450 m，站台面距钢轨顶面高度为 1 250 mm，站台边缘距线路中心线距离不小于 1 750 mm。

（7）声屏障

在沿线居民密集区的线路侧设置不同结构形式、不同高度的声屏障 12 处，其中路基上设置 2 处，桥上设置 10 处。路基上声屏障采用 H 型钢立柱、混凝土单元板的插板式结构，高度 3.5～5.0 m。桥上声屏障采用 H 型钢立柱、铝合金单元板的插板式结构。其中，部分高度为 2.15 m；部分高度为 3.15 m，即在 2.15 m 铝合金单元板的上部增设 1.0 m 的透明材料。

2. 动车组

本线列车采用电力牵引、交流传动、动力分散的 350 km/h 的 CRH_2 型和 CRH_3 型动车组，最高运行速度为 350 km/h；跨线列车采用 200～250 km/h 动车组。

（1）CRH_2 动车组

①列车的总定员 610 人，一等车 51 人，二等车 559 人。一等车厢座席采取 2＋2 布置，不含包间；二等车厢座席采取 2＋3 布置。定员分布见表 1－1－2。

表 1－1－2　CRH_2－300 动车组定员

车　号	1	2	3	4	5	6	7	8
车　种	二等 驾驶 拖车	二等 中间 动车	二等 中间 动车	二等 中间 动车	酒吧 中间 动车	二等 中间 动车	一等 中间 动车	二等 驾驶 拖车
定　员	55	100	85	100	55	100	51	64

②牵引总功率 8 208 kW。

③主要尺寸参数：总长为 201.4 m；头车长度为 25.7 m；中间车长度为 25 m；车体宽度为 3.38 m；车体高度为 3.7 m；适应站台高度为 1.25 m。

④编组方式：采取 6 动 2 拖，见图 1－1－8。

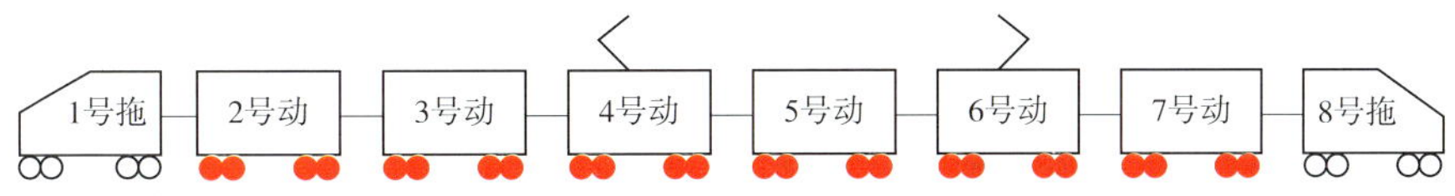

图 1－1－8　CRH_2－300 动车组编组方式

（2）CRH_3 动车组

①列车的总定员 600 人，一等车 72 人，二等车 528 人。一等车厢座席采取 2＋2 布置，部分一等区设高级座席或包房；二等车厢座席采取 2＋3 布置。定员分布见表 1－1－3。

表 1－1－3　CRH3 动车组定员

车　号	1	2	3	4	5	6	7	8
车　种	二等带司机室动车	二等变压器拖车	二等动车	二等餐酒吧拖车	一等拖车	二等动车	二等变压器拖车	二等带司机室动车
定　员	73	87	87	50	56	87	87	73

②牵引总功率 8 800 kW。

③主要尺寸参数：总长为 200.67 m；头车长度为 25.52 m；中间车长度为 24.175 m；车体宽度为 3.265 m；车体高度为 3.89 m；适应站台高度为 1.25 m。

④编组方式：采取 4 动 4 拖，见图 1－1－9。

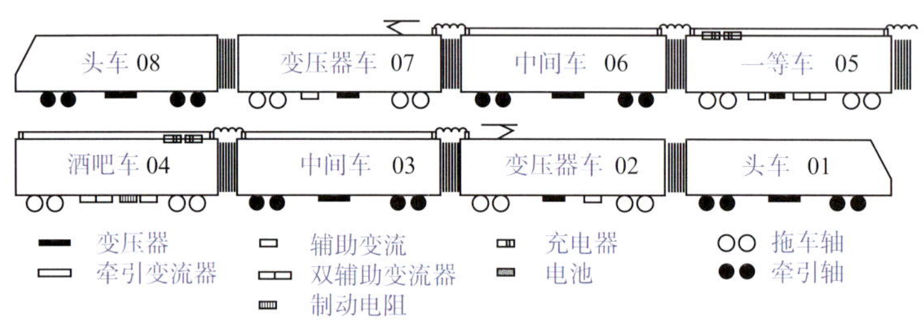

图 1－1－9　CRH3 动车组编组方式

3. 牵引供电

(1)供变电

正线及天津站城际场采用单相工频交流 AT 供电方式供电；北京南站采用带回流线直接供电方式供电。正常情况下牵引变电所通过 4 个供电臂向两侧上、下行区间供电，特殊情况下具备相邻变电所越区供电条件。设有亦庄、武清牵引变电所，北京南、永乐、天津分区所，北京南、天津开闭所。

每个牵引变电所设置 2 组牵引变压器，在任何情况下 1 组投入运行，另 1 组备用。220 kV 设备采用户外布置，2×25 kV 侧开关设备采用户内 GIS 开关柜。

在分区所处，设置 2 台或 3 台自耦变压器，在任何情况下，1 台或 2 台投入运行，另 1 台备用；在任何情况下，设置 2 台上下行并联断路器；设置 3 台断路器分别与自耦变压器连接；2×25 kV 侧开关设备采用户内 GIS 开关柜。

在自耦所处，设置 3 台自耦变压器，在任何情况下，2 台投入运行，另 1 台备用；设置 2 台上下行并联断路器；设置 3 台断路器分别与 3 台自耦变压器连接；2×25 kV 侧开关设备采用户内 GIS 开关柜。

北京南开闭所：6 进 8 出，预留 2 回；天津开闭所：3 进 2 出，预留 3 回。设备采用户内 GIS 开关柜。

(2)接触网

正线接触网采用全补偿简单链型悬挂，结构高度为 1 600 mm。接触线悬挂高度为 5 300 mm。接触网综合张力为 48 kN，正线接触线张力为 27 kN。接触线采用 120 mm^2 的镁铜合金导线，承力索采用 120 mm^2 的铜合金绞线。接触网分相装置采用带中性段的空气间隙的锚段关节形式。采用自动过分相技术。

正线接触网支柱内侧距线路中心距离不小于 3 000 mm。最大拉出值为 ±300 mm。接触线对线路中心线的最大允许风偏为 400 mm。

(3)电力

由北京南、亦庄、永乐、武清、天津等 14 处变配电所及沿线铺设的 2 路单芯 10 kV 电缆贯通线构成的输配电网络为京津城际铁路所有 10 kV 电力用电负荷提供电源。

北京南设置 7 处变配电所为北京南站区站房供电；天津设置 4 处变配电所为天津站区站房供电；

亦庄、永乐、武清各设置 1 处配电所为亦庄、永乐、武清站房供电。沿线信号、通信机房由两路电缆贯通电缆线路提供电源。

输配电网络供电可靠性满足每天 24 h 供电的运输需要（含维修天窗时间），并满足当供电网络中的一所外部电源、一条供电线路、一台供电设备停止供电时，均不会导致一级负荷停电。

亦庄、永乐、武清配电所其中一所发生 2 路电源停电（同时或短时相继）时，通过电力远动系统操作，调整运行方式，允许相邻所从两方向向停电所供电，并满足停电车站重要负荷供电。

（4）远动控制系统

调度所内设牵引供电及电力远动控制系统调度台（以下简称供电调度台）。供电调度台负责京津城际铁路牵引供电设备、接触网开关、电力贯通线路开关、电力变配电设备的远程操作与运行状态的监视。

牵引供电、电力设备的正常停、送电及改变牵引供电、电力系统的运行方式均可通过远动系统操作完成。牵引供电、电力设备的运行状态通过远动系统进行监视。远动系统所记录的数据作为技术管理、故障分析的依据。

4. 通信信号系统

（1）通信系统

京津城际铁路通信网由基础通信网、专用通信系统、应急救援通信系统、支撑网、监控系统、楼宇综合布线、通信线路等组成。

京津城际铁路基础通信网包括传输系统、电话交换系统、数据网等组成。

京津城际铁路采用 GSM－R 数字移动专用通信系统在铁路沿线提供无线网络覆盖，采用单层网络交叉覆盖的网络结构，在只有偶数或奇数基站工作的情况下，网络覆盖和服务质量（QoS）满足开通列车运行控制信息传送业务的要求。

调度通信系统采用 GSM－R 固定用户接入系统，根据运输需要提供调度电话、站场电话、站间行车电话以及其他专用电话业务。

京津城际铁路设置有应急救援通信系统，由应急通信中心接入系统、现场应急通信系统及传送网络组成。

京津城际铁路通信支撑网由同步及时钟分配系统、通信综合网管系统组成。

监控系统由动力与环境监控系统和综合视频监控系统等组成。

京津城际铁路楼宇综合布线系统完成北京南站、亦庄站、永乐站、武清站房和站区内各楼宇以及调度中心、城际公司和维修工区各大楼内的布线。

通信线路为光传输系统的连接站点、应用节点提供服务和光纤资源。

通信电源系统为不间断供电系统，通信电源系统由－48 V 直流电源和交流电源组成。

（2）信号系统

CTCS－3D 信号系统采用轨道电路方式检查列车占用，依靠点式应答器向列车提供移动授权和基础线路数据，完成列车控制。

CTCS－3D 信号系统包含列控车载子系统、列控地面子系统、联锁子系统、调度集中子系统和信号集中监测子系统。

列控车载子系统主要包括车载安全计算机、雷达和测速传感器、应答器感应天线、TCR（轨道电路读取器）和轨道电路天线、DMI（人机界面）、JRU（司法记录器），预留 GSM－R 接收模块。列控车载子系统的所有设备均采用冗余配置。

列控地面子系统在不同的车站设备配置不同，按照车站的特点分为端头站、中间站和中继站。端头站的列控地面子系统设备包括：ZPW－2000A 轨道电路、列控中心、LEU 和有源应答器。中间站和中继站的列控地面子系统包括：列控中心、ZPW－2000A 轨道电路、SIMIS W 联锁、MSTT（现场控制单元）和有源应答器。

轨旁联锁子系统包含正线 SIMIS W 联锁和北京南、天津站 K5B 联锁。

调度集中 CTC 子系统建立在标准硬件和开放系统结构上,能满足京津运营调度指挥的要求,CTC 子系统设备采用备用冗余的方式组成。包含以下主要部分:HMI 服务器(人机界面)、维护 HMI(人机界面)、COM 服务器(通信服务器)、ADM 服务器(管理服务器)、前端处理器 FEP、实时发送器 RTT 、以太网外围设备和打印机等。通过 CTC 协议转换器按照铁道部标准实现与其他系统的接口。

(3)综合接地系统

综合地线将铁路沿线的牵引供电系统、电力供电系统、信号系统、通信及其他电子信息系统的工作接地、保护接地、防雷接地与建筑物、道床、站台、桥梁、声屏障等的结构接地连成一体,构建了整个铁路的接地系统。

京津城际铁路全线的桥梁、路基地段及车站范围内线路两侧均铺设有 70 mm^2 的综合地线,路基地段综合地线埋设在电缆槽下方,桥梁地段综合地线敷设在电缆槽内,利用基础中的结构钢筋作为接地极。全线板式无砟轨道的道床每 100 m 接综合地线一次;综合地线在路基段每 500 m 左右上下行横连一次;每隔约 1 200 m,在电子绝缘节处,空心线圈(或扼流变)中心抽头与综合地线连接, 且上下行横联,并通过钢支柱与架空保护线(PW)连接。站区每个支柱与综合地线连接;桥梁每隔约 1 200 m,在电子绝缘节处与综合地线连接。

5. 运营调度系统

运营调度系统包括:计划编制系统、运行管理系统、车辆运用管理系统、供电管理系统、综合维修管理系统、客运调度系统、货运调度系统和客货运营销系统。

(1)计划编制系统

计划编制系统主要用来进行客运专线网络化基本运行图编制、基本动车组交路计划编制、基本乘务计划编制、列车实施计划编制、供电计划编制、维修计划编制的仿真,并完成计划的下达。

(2)运行管理系统

根据列车实施计划组织铁路列车安全、正点运行。正常情况下,监视列车运行,对列车运行进行预测,通过 CTC 子系统实现对列车进路的自动排列。在列车运行紊乱情况下,实现对运输计划的动态和智能调整,并根据运行调整计划组织列车运行,控制列车进路,并根据需要下达调度命令。

(3)动车运用管理系统

执行系统制定的动车组、跨线动车组运用计划及乘务组乘务计划;根据列车调度子系统的调整计划,相应调整上述计划。同时负责监视动车组运用状态、动车段所接发车能力及动车组维修状态,及时调整动车组的运用,确保运输计划的实现。

动车运用管理系统还包括动车基地(所)调度子系统和乘务管理子系统。动车基地(所)调度子系统主要功能是完成动车出入基地(所)计划的实施、监控,与客运专线调度所车辆调度系统相互配合,按计划、时间为客运专线提供正常运行的列车。负责向运营调度系统提供有关存车能力、维修能力、备用车辆等相关信息,为运输计划制定与调整提供依据。乘务管理子系统主要功能是完成乘务组出乘计划的编制和调整,并下达到有关的乘务员基地,完成对乘务组出勤的通知、调整及统计分析等;当发生特殊情况时,及时调整出乘计划并通知乘务组;与乘务组保持联系,及时了解收集出乘中出现的问题,并及时予以处置。

(4)供电管理系统

根据列车运行计划及其调整计划进行牵引供电的监控;对超过供电臂负荷的列车调整计划提出修正要求;掌握供电系统的技术状态及运行情况,控制相关设备。供电管理系统必须与运行管理系统紧密联系,为列车运行提供电力。

(5)综合维修管理系统

综合维修管理系统可以进行供电系统、线路和通信信号系统等固定设施进行状态监视、维修计划的审核与批复、维修作业过程的监视与管理,对集中检测、人工监测、综合检测车(或检测中心)提供的设备

技术状态信息进行分析，制定综合维修建议，当发生危及行车安全的故障与事故时，组织进行应急抢修。

综合维修管理系统还包括综合设备管理系统、综合维修基地调度子系统和防灾安全监控系统。设备综合管理系统实现对客运专线相关基础设施（设备）工作状态的集中监测，为制定、调整运输计划提供依据，为制定维修、抢修计划提供关键数据。确保列车运行的安全。综合维修基地调度子系统主要功能是维修施工日计划，对现场维修作业进行管理。维修作业开始必要条件的审核与确认；作业过程的安全防护；维修作业日计划执行情况的监视和管理；维修车辆进路、位置及运行的实时监视；维修作业结束的确认与上报，以及特殊情况的处理。

（6）客运管理系统

客运管理系统具有完成与旅客服务相关的旅客向导、旅客查询、车载旅客信息服务、旅客运输应急服务等功能。具体内容体现在几个方面：第一，当高速铁路因天气、事故及其他特殊原因无法运行时，旅客服务系统应提供紧急医疗救护、旅客疏散运输等各种方案；第二，为车站、站台、车上提供运输服务信息，包括列车运行时刻、早晚点信息、换乘信息等。

（7）防灾安全监控系统

防灾安全监控系统由现场监测设备、监控单元、车站级网络设备、监控中心系统、调度所防灾安全监控设备、传输网络及系统对外接口构成，实时监控风速风向、落物灾害情况，及时准确的发布大风和落物报警信息，对大风报警提供列车行车限速功能，对落物报警通过与列控系统接口提供直接控车功能。

6. 客运服务系统

京津城际铁路客运服务系统是在《铁路客运专线客运服务系统总体技术方案》指导下，适应京津城际铁路运营的特点，按照强本简末的原则设计实现旅客服务的基本功能。主要包括票务系统，自动售检票系统和旅客服务系统。

（1）票务系统

根据京津城际铁路的建设进度要求，京津城际铁路以 TRS5.0 为过渡票务系统，针对京津城际铁路高密度、高速度、大客流等新特点，对 TRS5.0 进行部分功能的适应性改造；同时采用磁介质客票，完善设计和开发自动售检票系统，在客运专线实现售检票业务的自动化。

（2）自动售检票系统

自动检票系统和自动售票系统共用数据库/应用服务器，统一管理和控制所辖范围内的自动检票机和自动售票机；北京南站的自动售检票数据库/应用服务器接入北京联合站；天津、亦庄、武清站的自动售检票数据库/应用服务器直接接入北京局地区中心；塘沽站的自动售检票数据库/应用服务器接入天津地区联合站。

自动售票系统实现旅客自助购票、日常运营操作和维护、自动售票业务管理、自动售票设备监控等功能，提供一键快速选票、多步选票、选全国到站模式等多种购票方式，支持现金和银行卡支付，支持纸币和硬币找零和异常情况处理。

自动检票系统实现自动读判磁介质车票信息、进出站旅客通行智能控制、检票策略和计划管理、设备监控和管理功能。

（3）旅客服务系统

京津城际铁路旅客服务系统以集成管理平台为核心，对综合显示、广播、监控、时钟、查询、求助、寄存、站台票发售等旅客服务子系统在统一操作界面下进行集中控制和管理；根据列车到发情况，自动生成广播和导向计划，向旅客发布及时准确的服务信息；实现各系统设备终端运营状况的在线监控，实现统一的数据、音频、视频集中管理、发布和信息共享。

第二章 国内外铁路开通前的调试试验

第一节 国外高速铁路开通前的调试试验

世界各国在新的高速铁路开通运营前,为检验是否达到预期的设计目标,必须将所有的系统技术进行测试,而且还要将各系统作为统一完整的整体,统筹策划、全面协调,使新线各系统技术标准匹配、技术接口完整、技术装备合理。日本、德国、法国等高速铁路技术先进的国家在高速铁路开通前的调试试验方面有着丰富的经验。

一、日本新干线

日本新干线的新线工程完成后,建设方(铁路公司)要进行竣工检查,该线铁路管理者(如JR东日本公司)要进行竣工验收。并且竣工验收与竣工检查同时进行,以便确认工程完工情况。同时国土交通省也需实施检查,为综合试验做准备。检查合格后,运输局将线路合格证书给予该线的管理者,这就意味着可以实施综合试验了。综合试验期间建设方同时进行线路各系统的改进,以促使各线路在试验完成后得到优化。试验完成后,线路的管理权从建设方转交给运营商,运营商继而展开将近两个月的运行试验。通过上述试验后,国土交通省将进行10天左右的检查。最后运营商开展试乘会等活动迎接开业。

各系统设备(例如信号设备、通信设备、电力设备等)一般均需接受出厂试验、现场试验以及综合试验。出厂试验是指为了测试装置个体的功能和性能在生产商公司内部进行的试验。现场试验是在现场组装后所进行的子系统调节运行试验,主要是地面设备试验。综合试验是整体系统完成后的综合性试验,主要进行实车确认试验。

在子系统设备经历了出厂试验、现场试验后,就要进行整体系统的检测。整体系统的检测主要通过综合试验来完成,综合试验是对各子系统(例如通信系统、信号系统、轨道系统、电力系统等)进行功能检测、制动试验、速度提升试验、列车运行管理试验等。日本一般都会采用电气、轨道综合检测车进行综合试验,或者采用该线即将运营的车辆进行改造(车上配置各种实验设备)后作为移动试验室进行检测。测定的业务主要委托该线铁路管理者实施,指导、计算分析、评价等业务委托铁道综合技术研究所实施。除了运行以上提及的列车之外,同时还会运用该线将运营车型进行走行试验、制动试验、舒适性试验等实车走行试验。

在通过了一系列的综合检验后,铁道运输机构将线路的管理权转交给该线运营公司,之后运营公司就开始开展试运行试验。试运行试验中要求对司乘人员进行培训,例如让司机熟悉运营线路,模拟各种情况下的应急处理措施,乘务员应该了解相关事宜等。试运行试验需要两个月左右的时间,该阶段结束后若通过了国土交通省的审查,则运营商会开展试乘会等活动迎接开业。

二、德国高速线

德国在高速新线的调试工作中也有着丰富的经验。德国与日本在技术装备的管理方面有些不同,在集成化管理的趋势下,德国趋向将几个系统的装备同时承包给某个集团完成,包括它们的集成调试。在2002年8月1日正式投入运营的德国科隆—莱茵/美因高速铁路新线的中段(从锡格堡到美因河桥),其所有的系统技术装备由西门子交通技术部(现西门子运输系统部)牵头的技术装备组来负责。技术装备组的任务包括协调和监督质量管理标准的执行情况;将各公司的单项计划汇总成技术装备安装施工的总体计划,并为各技术装备公司做出框架期限计划、计划期限计划和施工期限总计划;进行工期协调和检查,对技术装备的改进和新发展进行协调,批准和处理与其他工程项目的衔接,

参加局部和总验收，将施工资料交给各运营部门等等。

高速新线开通前的准备工作主要由德国铁路股份公司实施（主要是德国铁路工程建设公司、德国铁路路网公司领导），联邦铁道署参与检查。在德国铁路股份公司集团内外，各个企业部门自主经营，在新线工程的实施过程中会产生各部门的协调管理问题，例如德铁工程项目中心、德铁系统技术公司、德国联邦铁道署以及各承包公司之间的协调问题。因此为了新线的交付运营管理，德铁会设立专门的项目组负责交付运营中各部门的工作协调。例如科隆—莱茵/美因高速新线交付运营的管理工作由设在客运部的“新线交付运营项目组”（简称 PXN 项目组）负责。PXN 项目组在交付运营的过程中，严密组织跨部门的工作协调，缩短决策信息的传递路径，严格遵守项目目标要求，在“结合部”的管理中经受住了考验。

在各子系统现场安装完成后，要进行单个或多个子系统的系统集成（但不会是全部系统）。之后，要进行检测运行、各子系统的鉴定试验、提速试运行、制动试验等实车试验——即进行试运行试验，在试验过程中会利用各种试验车辆设备，如轨道结构试验车、ETCS 试验车、SPE 检测车以及其他的各种试验车型，同时也会让运营车型进行试验，并对各注重点进行试验（制动试验、交会试验、系统功能试验等等），这些试验将随着系统的改进和新线“临时运营”的批准而告结束，随后将进行 2 个月的试运行试验。

新线在投入商业运营之前，德国铁路股份公司的建设部门和项目组负责向当地机构及运营管理部门交付新建路段，之后运营管理部门应在正常运营条件下进行为期两至三个月的试运行。该阶段主要涉及到要进行各方面人员（机车司机、列车乘务人员、餐饮服务人员、运营管理人员、行车值班员以及营销人员等）的培训；试验故障和处理措施的演练；正常运营条件下的技术试验（例如车站全功能、维修、供电、行车调度、列控以及添乘运行等）。并且在此期间许多系统的硬、软件技术需通过审查鉴定并得到应用批准书。在得到联邦铁道署的运营批准后，线路方可正式运营。

三、法国高速线

法国高速新线的管理主要由 SNCF（法国国营铁路公司）负责。为实现运营和基础设施两大部门的分离，1997 年基础设施部门从 SNCF 分离出来成立独立的公司称为 RFF（法国铁路网公司）。RFF 成为基础设施的产权所有者，正式负责国有铁路基础设施的建设和维修，以及线路的分配。根据商务代理合同，RFF 的大部分工作仍然委托 SNCF 完成。SNCF 在建设新线时设立法国新线项目管理分局，该组织及其分支机构在土建和线路施工完成之后，要组织运行试验，对新设备进行测试，并判定是否需要修改。在正式交付运营之前，还要办理设备移交，对未来的新线运营人员组织培训，以便这些人员熟悉新设备。

子系统设备从工厂交付到运营商手中时需要提供相关的出厂合格证，之后就由运营商进行一系列的试验来测试设备，例如新设备在实验室的试验、在既有线上的试验以及最终在新线上的动态试验。

新线上的动态试验过程一般分为两阶段。第一阶段是高速试验的预先试验，要求速度提高到能够符合全部安全要求的最大值，并对整体状况进行改进；第二阶段的试验是持续高速试验，主要是测试各系统高速度情况下的运行性能。两阶段试验的侧重点不同，第一阶段主要了解系统整体状况，初始时车速偏低，在试验过程中需根据实时取得的数据结果来决定是否提高一定幅度的速度。数据结果主要通过以下途径得到：通过检测车辆（如莫赞车）得到静态数据、改造后的运营车型（将实验设备安装到车上）得到所有动态数据，以及地面检测项目结果；第二阶段注重研究系统特性，研究为提高速度需要改变哪些系统的特性（例如改变接触网线的机械张力），以及研究达到高速时，哪些系统所产生的影响。在整个实验过程中，各系统的负责人、工程的设计者、建造者一起研究图纸，根据所得到的数据考虑系统改进。

在动态试验后，需要进行至少 2 ~ 3 个月的试运行试验，内容与日本、德国基本类似。试运行试验合格后该线就可以正式运营了。

四、分析比较

高速铁路各系统间既自成体系又相互关联,既有硬件接口又有软件联系,对整体性和系统性的要求非常高。采取系统集成的模式,可确保技术体系的完整性和各系统之间紧密衔接,以利于建设统一、协调管理。系统的调试,是从设计之初就开始涉及的,从设计、制造到调试,需要有具体完备的计划来实施。

在新线交付过程中,日本、法国、德国等国家有着成功的经验。由于各国国情不同,设备不同,会有一些细节上的不同,但整体过程大同小异。这些过程大体分为四个阶段。

(1)出厂试验

子系统的装备在现场装配之前,会由各装备厂家进行厂级测试,各装备会利用仿真模拟方式模拟现场来测试,合格后的装备方可出厂。此试验由各厂家负责,出厂后提供相应的合格证书。

(2)现场试验

在出厂试验后,各装备将被运至现场(此处现场不仅是新线现场,它还包括各式实验室、试验线、既有线等地),先进行各系统实际或类似环境下的试验,然后才安装在新线上对整个子系统进行集成调试试验。这些试验进行时间较长,有些子系统甚至在运营后仍会不断更新。在集成化管理的趋势下,很多国家趋向将几个系统的装备(包括它们的集成调试)同时承包给某个集团完成,西门子公司就是这样的集成商。这些试验由国家铁路部门组织(日本由运营部门组织),由承包商具体实施,最后由组织方进行验收测试。

(3)系统调试阶段

该阶段等同于日本的综合试验以及法国的动态试验,由国铁部门组织实施,专门项目组进行工作协调,运营部门参与,相关研究部门进行评估,承包商负责评估后的整改。该过程主要是进行试验车的检测运行、各子系统的鉴定试验、提速试运行、制动试验、整体系统评估等,在试验过程中会运用各种试验车辆设备,如轨道结构试验车、综合检测车,以及通过运营车改造的试验车型。并且该阶段会运用运营车型进行试验,对各注重点进行测试(制动试验、交会试验、系统功能试验等等),以及综合性调试。试验期间会预留时间进行系统的研究及改进。试验结束且检测合格后,管理权将从建设部门转交给运营部门。

(4)试运行阶段

系统调试结束后,会得到国铁部门的临时运营许可,运营部门要在正常运营条件下进行为期 2 至 3 个月的试运行,主要由运营部门实施,国铁部门检查。该阶段主要涉及到要进行各方面人员(机车司机、列车乘务人员、餐饮服务人员、运营管理人员、行车值班员以及营销人员等)的培训;试验故障和处理措施的演练;正常运营条件下的技术试验(例如车站全功能、维修、供电、行车调度、列控以及添乘运行等)。并且在此期间许多系统的硬、软件技术需通过审查鉴定并得到应用批准书。在通过国铁部门的审核后,运营商会得到运营许可证后,便可开通运营。

第二节　国内既有线第六次大提速综合试验

一、胶济线提速综合试验的系统调试

1. 轮轨关系调试

轮轨关系涉及地面固定基础设施的线路钢轨和移动装备动车组走行部的车轮。轮轨接触几何的性能直接影响车辆运行性能,钢轨的平顺性决定了车辆运行稳定性和运行平稳性。对线路平顺性检验是通过对其几何尺寸的偏差来评价,但轨检车一般只能检测在几米波长到 100 m 波长范围内的线路几何偏差。因此有必要使用动车组上实测的轮轨力和振动响应来作为检测轨道不平顺的辅助方法,配合线路精细调整。

胶济线提速综合试验中考虑了轮轨关系调试，利用动车组在胶济线全线运行动力学试验，检测轮轨力和振动响应，为线路调整提供信息。

CRH_2 动车组胶济线动力学性能试验于2006年6月26日至7月8日分别在即墨—高密和即墨—娄山两个区间进行。CRH_2 动车组在即墨—高密区间直线、R6000 m 曲线（包括 R5995 m 曲线）和直向18号道岔地段，试验速度自160 km/h 开始，逐级提高直至250 km/h；在限速地段，试验速度逐级提高至最高限速值。CRH_2 动车组在即墨—娄山区间的动力学试验分为180 km/h 和195 km/h 两个速度级，重点测试 R2200 m 曲线通过能力。

在胶济线下行线路 K67+288 处直线上，27日曾出现脱轨系数超过0.80情况，几次通过该处脱轨系数都出现较大数值；经过工务部门复测和维修之后，28日试验通过下行线路 K67+288 处时，脱轨系数降低到0.63。在28日晚对该地段线路再次处理后，脱轨系数均降到0.60以下。

另外通过对轮重减载率和轴箱加速度的监测，对其较大数值发生地点也提供给工务部门作为线路精细调整的建议地段。通过不断的检测和调整，使线路达到较高的水准，动车组动力学性能稳定性指标都达到标准要求，平稳性指标达到优级。

2. 弓网关系调试

弓网关系涉及地面基础设施的供电接触网和移动装备动车组上的受电弓。弓网的稳定接触，保证了运行安全和良好的电能输送。胶济线提速综合试验中考虑了弓网关系调试，利用动车组在胶济线全线运行弓网受流性能试验，检测弓网响应为弓网调整提供信息。

胶济线弓网受流性能试验采用 CRH_2 型动车组，于2006年6月至8月分两个阶段进行，第一阶段于6月26日至7月8日在即墨—高密区间进行；发现 CRH_2 动车组受电弓在胶济线这种客货共线开行双层集装箱列车的线路接触网下的弓网受流性能需要进一步优化参数，同时，接触网的技术参数也需优化验证。第二阶段在受电弓参数和接触网参数进行改造的条件下，于8月22日至27日在即墨—高密区间进行。

（1）第一阶段试验情况

CRH_2 型动车组出厂后，在即墨—高密区间进行弓网受流性能试验，首先进行单列动车组单弓运行，速度自160 km/h 开始，逐级提高到250 km/h，测试弓网受流性能。单列动车组试验完成后，进行了双列动车组重联试验，试验速度达230 km/h。

（2）第一阶段试验结果分析

动车组上行运行时，被测受电弓处于开口方向。试验速度200 km/h 以下时，弓网离线火花为断续火花，单程火花次数最高达416次，平均约110 m一次，弓网接触力平均值在60～80 N之间，受电弓滑板所受冲击加速度超过50 g的点数5～6个。当试验速度超过210 km/h 时，弓网发生连续的离线火花，火花较大，弓网接触力平均值在40～60 N之间。

动车组下行运行时，被测受电弓处于闭口方向运行，200 km/h 以下，弓网离线火花为断续火花，单程火花次数最高达140次，平均约300 m一次，弓网受流状态正常；200 km/h 以上，弓网火花次数没有明显增加，弓网接触力平均值在120～150 N之间，而且比较稳定，弓网受流性能满足提速至250 km/h 的安全运行要求。

上下行运行时，弓网接触力差异较大，试验速度在220 km/h 以上时，上下行弓网接触力平均值相差80～100 N。

两列动车组连挂双弓受流工况，两受电弓的距离为201.6 m。试验结果表明，在上行方向试验时，被测受电弓处于从控动车组，开口方向运行，在试验速度为220 km/h 的情况下，弓网火花很多，弓网接触力偏低，平均接触力在50 N左右，并且发生几次动车组失压现象；在下行方向试验时，被测受电弓处于主控动车组，闭口方向运行，其运行工况与单弓运行一样，受流性能与动车组下行运行相同。

分析表明，在上行方向试验时，被测受电弓处于最恶劣受流状态。因为双弓受流工况下，前车受电弓滑过后，接触线处于振动状态，后车受电弓又推动接触线振动，加剧了接触线的振动，破坏了受电弓和接触线的振动跟随性，甚至造成谐振，造成弓网受流性能恶化。

(3)胶济线第一阶段弓网试验结论

试验速度200 km/h以下，CRH_2型动车组单弓运行弓网受流状态正常，弓网受流性能的各项指标基本符合相关标准的要求，满足正常运行要求。

试验速度200 km/h以上，受电弓闭口运行工况下的弓网受流性能的各项指标基本符合相关标准的要求。

试验速度200 km/h以上，受电弓开口运行工况下的弓网接触力低于试验大纲规定值、离线火花频繁，不符合相关标准的要求。

两列动车组连挂双弓受流工况下，试验速度超过190 km/h时，从控动车组受电弓开口方向运行的弓网受流性能不符合相关标准的要求。

(4)第一阶段弓网试验出现的弓网配合问题分析

胶济线为开行双层集装箱列车的电气化线路，接触线距轨面的静态高度是，悬挂点6 450 mm，最低点6 330 mm，动车组200 km/h以上运行时，接触线将抬高60 ~ 100 mm，所以接触线的动态高度分布在6 490 ~ 6 550 mm。

CRH_2动车组受电弓概况：受电弓型号为DSA250，有效工作高度2 000 mm，最高升弓高度为2 500 mm，本动车组车顶高度为3 700 mm左右，受电弓落弓位滑板距车顶800 mm，则受电弓落弓高度(距轨面)位3 720 + 800 = 4 520 mm，受电弓在车顶时最大升弓高度为4 520 + 2 500 = 7 020 mm，最大工作高度为6 700 mm左右，所以，在胶济线接触网下，受电弓已工作在工作高度的上限范围，不是最佳工作高度范围内。

试验结果表明，受电弓开口和闭口方向在200 km/h以上运行时的弓网受流性能有很大的差别，两个运行方向的弓网接触力平均值相差100 N，发生离线火花的次数也相差较大，分析原因可知，速度提高后受电弓本身结构受空气动力的影响在两个方向上相差较大，反映到弓网接触力上数值相差大。

从受电弓方面来看，造成弓网受流性能不好的原因有两个方面：

①受电弓的空气动力学性能问题；

②受电弓的工作高度问题。

建议的解决方法是：

①优化受电弓的空气动力学性能，具体方法是在现有受电弓上加装空气导流板，空气导流板的设计和安装需经理论模拟计算和风洞试验确定；

②提高受电弓的工作高度，使接触线的动态工作高度尽量在受电弓的最佳工作范围内，对于本动车组，由于车顶高度为3 700 mm左右，比电力机车的高度(4 000 mm左右)低300 mm，比较简单的办法是加高受电弓底座，使受电弓的落弓高度在4 750 mm左右，但不超过现行的机车车辆限界。

从接触网方面来看，胶济线接触网的主要技术参数与一般提速线路(低高度)基本一致，设计速度为200 km/h，要优化弓网受流性能，可以对接触网的个别参数进行调整，如：张力、预留弛度、改弹性悬挂等。再次试验后，选择最佳方案。

两动车组连挂双弓受流的运行工况下，两受电弓的距离为201.6 m，而接触网分相关节要求两受电弓的距离不得小于190 m，所以本动车组双弓运行只能采用这种方式。动车组连挂双弓受流的运行工况在我国铁路属于首次试验，研究工作主要是解决后弓的弓网受流性能问题，有两个课题需要研究：接触网的稳定性问题和受电弓的跟随性问题。双弓运行的受流性能还需进一步试验研究。

(5)第二阶段试验概况

为改善CRH_2型动车组受电弓在胶济线这种客货共线开行双层集装箱列车线路的接触网下的弓网受流性能，在铁道部的部署下，受电弓采用两种改造方案，即墨—高密试验段接触网采用四种改造方案，于2006年8月在胶济线进行了弓网受流性能的全面试验，测试了CRH_2型动车组在开行双层集装箱列车线路上的弓网适应性，最高试验速度为250 km/h，测试了受电弓两个运行方向的弓网受流性

能，全面测试了受电弓两种改造方案单机单弓、双机重联双弓的弓网受流性能，以此评价 CRH2 动车组在胶济线的弓网适应性。

在试验中，还对两列动车组连挂双弓受流工况下的弓网受流性能进行了试验。试验项目包括弓网接触力、离线火花、接触线动态轨迹、硬点和冲击等。

胶济线接触网改造具体方案如表 1－2－1 所示。

表 1－2－1　胶济线接触网改造方案

方案	区段
方案一：接触线增加 0.5‰预留弛度	1. K57＋743～K60＋481（上行）
	2. K57＋738～K60＋476（下行）
方案二：接触线张力增加至 17 kN	1. K60＋256～K62＋919（上行）
	2. K60＋251～K62＋928（下行）
方案三：接触线张力增加至 20 kN	1. K62＋694～K65＋433（上行）
	2. K62＋708～K65＋421（下行）
方案四：接触网悬挂方式由简单链型改为弹性链型	1. K65＋403～K67＋727（上行）
	2. K65＋389～K67＋719（下行）

受电弓改造方案如下：

①受电弓加装导流板方案：在受电弓支持弓头的横杆上加装导流板，以改善受电弓高速运行时的空气动力学性能。

②受电弓加高底座方案：在受电弓的支持绝缘子底部加一个 200 mm 的支撑座，加大受电弓落弓位滑板距轨面的高度至 4 750 mm 左右。

（6）第二阶段试验结果

①受电弓改造后试验结果

受电弓加装导流板以后，相对于不加时弓网受流性能有改善，单弓两个运行方向试验速度达到 250 km/h。

弓网接触力最大值 90～135 N 之间，平均接触力分布在 70 N（开口方向）和 90 N（闭口方向）之间，最小接触力分布在 20 N（开口）和 80 N（闭口方向），受电弓两个方向弓网接触力的差值在 20 N 左右。

受电弓加高底座、加装导流板方案，从总体试验结果来看，弓网受流性能改善更加明显，单机单弓运行的试验速度达到 250 km/h。

弓网接触力最大值 90～135 N 之间，平均接触力分布在 75 N（开口方向）和 90 N（闭口方向）之间，最小接触力分布在 40 N（开口）和 70 N（闭口方向）附近，受电弓两个方向弓网接触力的差值在15～20 N。

②接触网四种改造方案的试验结果

接触网四种改造方案，从试验结果粗略分析可以看出，弓网受流性能均有所改善，接触线 2T 改造方案和弹性链形悬挂方案弓网受流性能的改善更加明显。

（7）试验结论

受电弓的两种改造方案对改善 CRH2 型动车组受电弓在胶济线即墨—高密间试验区段接触网下运行的弓网受流性能均有明显作用，单机单弓试验速度达 250 km/h，CRH2 型动车组弓网受流状态正常。

受电弓加高底座同时加装导流板改造方案比只加导流板方案的弓网受流性能改善的效果更明显。

两列动车组连挂双弓受流工况下，试验速度在 220 km/h 时，从控动车组受电弓两个方向运行的弓网受流性能正常。

接触网四种改造方案，从试验结果分析可以看出，弓网受流性能均有所改善，接触线 2T 改造方案和弹性链型悬挂方案弓网受流性能的改善更加明显。

3. 列控系统调试

第六次大提速的信号系统与前五次提速既有设备相比，是一个全新的系统，技术水平迈上了一个新台阶，已接近世界铁路先进水平。该系统包括完全自主创新的列控中心，具有自主知识产权的ZPW－2000A 轨道电路；引进消化吸收再创新的列控车载系统和地面应答器系统；还包括既有的车站联锁系统和 TDCS（CTC）系统，以及首次在繁忙干线采用的 GSM－R 无线通信系统，构成完整的通信信号技术平台，是多系统集成创新的典型。这样复杂的大系统能否适应第六次大提速，迫切需要全新的、科学的方法和先进的手段试验验证，需要在试验中发现问题，解决问题，以改进、完善 CTCS－2 级系统。试验决定 CTCS－2 级系统的成败，试验为第六次大提速和客运专线建设提供重要的技术支持，是第六次大提速成功的关键。列控系统调试流程见图 1－2－1。

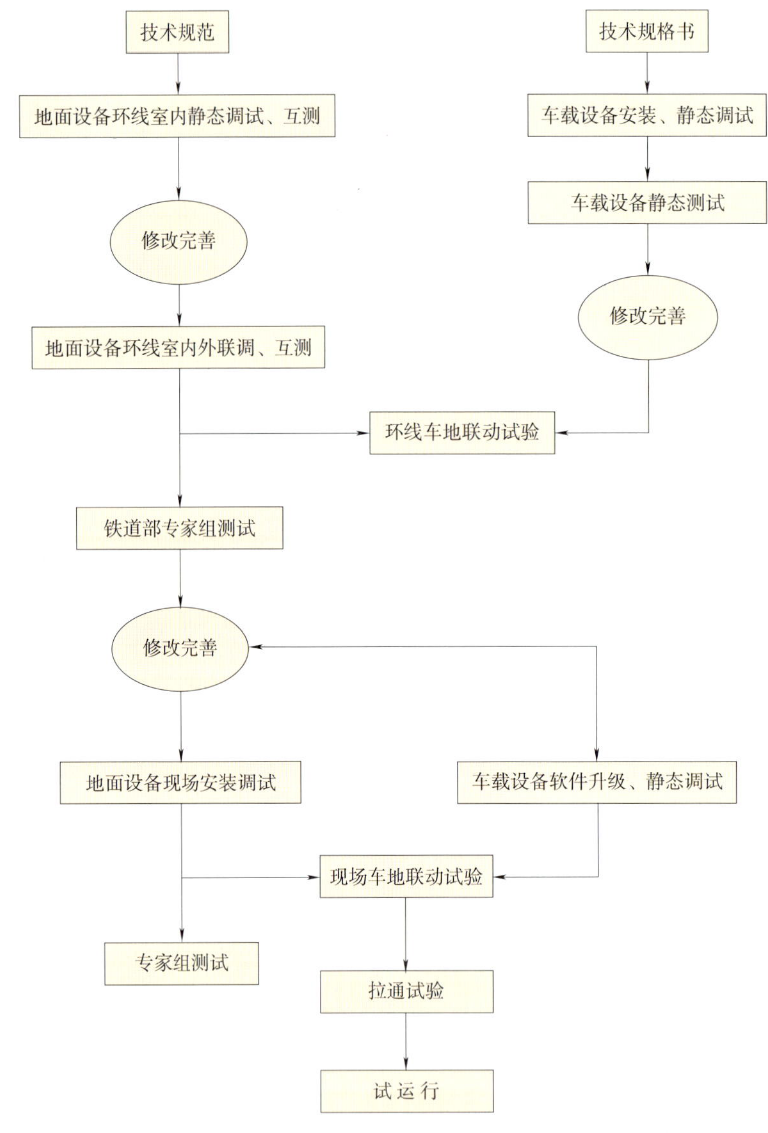

图 1－2－1　列控系统调试流程

自 2005 年至 2007 年，在北京铁道环行试验基地和胶济铁路 CTCS－2 级试验线成功地进行了列控系统车地联动试验和功能试验，并在全国主要提速干线进行了拉通试验及试运行。一系列试验为 2007 年 4 月 18 日的顺利开通提供了主要依据，也为 CTCS－2 级系统的发展奠定了基础。列控车地联动试验涉及六个系统，试验主要包括 200H 和 200C 在环行线 SS_9 机车上的 4 次试验；200H 在环行线、胶济、沪宁线、京广线 CRH_2 和 CRH_1 型动车组上的 7 次试验；200C 在京哈线 SS_9 机车上的试验；200C

在胶济线、京哈线 CRH5 型动车组上的试验等。试验完成了地面信息接收、临时限速、超速防护、列车追踪、模式转换、故障模拟及两列动车组 200 km/h 追踪运行条件下的牵引电流对轨道电路和机车信号的干扰等项目，最高试验速度 250 km/h。

试验发现了技术规范制订/理解方面的问题；地面、车载系统设计和软硬件方面的问题；多系统集成、抗干扰以及兼容性方面的问题等，并为这些问题的最终解决创造了条件，有效地降低了运用风险。

二、200 km/h 提速线路系统功能检验和评估

2007 年 4 月 18 日，我国铁路进行了第六次大面积提速调图，提速线路包括京哈、京沪、京广、陇海、沪昆、胶济、广深、京九等主要干线，其中部分区段提速至 250 km/h。随着列车运行速度的提高，一方面需要制造适合高速运行的动车组，另一方面则需要修建符合列车高速运行平纵断面要求的线路，更主要的是提供线路的高平顺性，保证列车安全平稳运行。

第六次大提速是在既有线路 160 km/h、120 km/h 区段上进行的，部分无法满足改造后运营要求的地段还修建了新线。对于改造和新建线路来说，初期轨道几何形位保持能力并不足，加之提速区段对轨道平顺性的要求大大高于既有线路，因此，如何发现并指导现场进行有效整治成为必须解决的问题。轨道检查车在此方面发挥了不可替代的作用。

轨道检查车采用先进的检测和里程定位设备，可以完成高低、轨向、轨距、水平、三角坑、地面标志、速度里程、车体加速度等项目的检测，同时可根据不同速度区段的管理值判断幅值超限和计算 TQI 值。第六次大提速之前，我国的轨道动态管理标准最高到 160 km/h，无法对提速 200 ~ 250 km/h 区段进行管理。因此，在总结国外相关管理标准的基础上，通过仿真分析、数据试算、现场试行等阶段，得出了我国 200 ~ 250 km/h 轨道动态管理标准。该标准增加了对提速区段列车运行平稳性和乘坐舒适性有影响的长波长和变化率的管理。

根据提速前轨道检测设备运营管理办法的规定，干线每月轨检 2 遍，次要线路每月轨检 1 遍，结合 200 ~ 250 km/h 轨道动态管理标准，轨道检测车定期向养修部门和提速改造单位提供提速区段准确的、可视化强的轨道动态几何检测波形，并且通过自动超限判断和报表的形式，指导现场进行有重点的整治。另外，还对重点区段如胶济线、浙赣线（现沪昆线）等新建线路区段加密检测频率，以适应提速改造的需要。

在近两年的提速改造过程中，共进行了 3 次大范围的提速阶段检查，牵引试验、平推检查和模拟运行。期间轨道检查承担相似的任务，为阶段检查提供全部提速区段的轨道状态数据和评估报告。通过这些标志性的检查，及时为现场的提速改造进度和效果进行评价，并制定出后续的施工及养护计划。

通过第六次大面积提速试验，轨道检查车以其翔实反映轨道动态平顺性、准确识别轨道几何缺陷、高效检测线路等突出特点，为现场提供了提速改造轨道几何状态的第一手资料，切实起到了指定现场的作用，同时，也促进了现场对提速区段轨道养护方法、手段和思路的变革，形成了我国铁路系统调试的雏形。

第三章　京津城际铁路系统调试的必要性和组织管理

第一节　系统调试的意义

客运专线建设是一项系统工程，综合性强，技术复杂；涉及工务工程、动车组、牵引供电、通信信号、运营调度、客运服务等众多系统，各系统间接口条件复杂；系统又各具相对的独立性和整体性，其设备配置必须满足系统的功能要求；设备品种繁多，且来自不同的厂商，彼此衔接均有特定要求，等等；所有这一切决定了在客运专线建设中应进行综合性的大系统调整。

为从整体系统角度进行检验验证，并施以严格的系统质量控制，近年来，在客运专线建设过程中系统调试视为一个独立环节，越来越被受到高度重视。系统调试，可确保整体系统的最佳匹配，为客运专线的顺利开通运营，奠定坚实的基础。系统调试的运用和得到广泛重视，绝非偶然，他是在众多新线建设和提速系统工程的实践中，总结出来的科学方法和重大措施，在客运专线建设中占据着极其重要的地位。

系统调试是指在试运行前进行的综合联调试验，通过系统调试验证并优化所有系统接口之间的整体能力。系统调试主要包括：在试验过程中调试并优化系统的所有功能及性能，验证是否满足设计要求；通过试验证明所有接口是否符合要求；进行故障状态下的性能试验等。

第二节　系统调试的必要性

一、系统调试是实现整体系统集成的重要手段

京津城际铁路涉及工务工程、动车组、牵引供电、通信信号、运营调度、客运服务等众多系统，各系统的设备，出厂前均应按规定的技术条件和参数指标进行严格的检验和监测。各项系统所包含的接口条件也进行过功能性测试和考核。仅就单项设备而论，经出厂验收合格后即可发运到现场。但各系统受专业、经验和其他因素的影响，通常性能测试往往仅局限于各自系统，或者不具备整体系统调试的条件。这些系统既各自独立又相互依存、相互制约，系统之间在时间、空间、物理以及功能等方面上存在着许多需要互相衔接的接口。系统调试即系统间的综合联调，顾名思义，即将所有的已测试好的系统均开动，使它们正常运行，并从轮轨关系、弓网关系、机电耦合、列车控制等方面，检测、调试、优化各系统间的接口功能，使整体系统的功能达到最优，满足运输要求。通过系统调试，经由大系统到子系统的多次反馈与调整方可认定子系统功能结构的完整性与合理性。

二、系统调试是实现移动设备与固定设备的最佳整体匹配

从京津城际铁路运行而言，线路工程是基础，动车组和供电是关键，通信信号与网络是运行和安全的保障，三者是不可分割的整体。从动态观点上来看，三者又可分为移动设备与固定设备之间的有机结合，联调就是在系统目标协调下寻求移动设备与固定设备之间的最佳整体匹配。任何庞大而复杂的系统都需要在设计、制定技术规范、制造、安装（或施工）及测试的各个阶段特别注意各系统之间的界面。各子系统与其他的界面必须进行检查和验证所需功能的兼容性。

动车组的安全性、舒适性及平稳性是通过线路与动车组的最佳匹配来实现的，线路的高平顺性及曲线半径的合理配置，可减小列车的振动和轮轨间的动力作用，确保行车的安全性和平稳舒适性，轨道和车辆部件的寿命和维修周期也随之延长；而垂向、横向作用力又影响轨道及路基的稳定性与通过曲线的安全性，严重时将导致轨道变形、不平顺加剧直至出现严重磨损与破坏。没有不产生动力作用的列车，也没有不产生变形的线路，系统调试的任务就是寻求二者之间的匹配。

三、系统调试实现对系统基于可靠性理论的安全分析

京津城际铁路是我国第一条城际轨道交通线路，最高运营速度 350 km/h，整体系统的可靠性要求很高。但从客观上说，无论按什么方案实施的系统，在实际运行时又都必然会出现故障。因此首先要通过联调判别可能出现的故障类别和波及范围，其次则是确定系统出现故障时能否倒向安全以及系统经维修后恢复规定功能的能力，也就是说，要确认系统是否具有高可靠性、可维修性和安全性。在正式运营之前，通过系统调试，检验动车组在轨道上运行的安全性、平稳性、舒适性；检验牵引供电及电力系统的安全性、稳定性，评价其设计参数和设备选型的合理性；验证通信信号系统的功能性、安全性；验证线路、桥梁、路基、路桥过渡段等工务工程的基本设计参数、定型图和减振降噪措施的合理性；模拟设备故障，应对突发性事故，并进行人员疏散、应急救援、抢险维修等方面的演练。因此，系统调

试对于实现京津城际铁路整体安全性是十分必要的。

四、系统调试为运营提供成熟可靠的技术系统

系统调试结果可作为京津城际铁路工程验收的依据之一。通过系统调试和试运行,全面综合检验客运专线线路、车站、通信、信号、供电、动车组、调度指挥、客运服务等设施和设备以及行车组织方式等,能否满足列车高速、高效、高密、安全、平稳、方便的运营要求,为开通运营和进一步优化设备配置、提高设备性能、制定科学合理的运输组织方案,提供技术支持。通过检验京津城际铁路各系统、各专业应对各种非正常行车的能力,特别是设备故障条件下的调度指挥调整能力,提高应急救援和指挥的水平,尽可能将影响和损失降低到最小。

五、系统调试锻炼运营队伍

在系统调试和试运行期间,通过测试单列车运行时间参数和多列车追踪运行时间参数,掌握不同型号动车组,在不同速度下的运行时分、追踪间隔时分、列车在站技术作业时分等参数,为列车运行图的铺画提供可靠的时间标尺,确定动车组区间运行时分、追踪间隔、会让时间等技术时间参数、对优化列车开行方案提供技术支持。全面检验在低、中、高三种行车密度情况下运行图的合理性,全面检验京津城际铁路各个系统、各个专业之间的协调沟通能力,重点检验调度指挥在设备故障等非正常条件下的指挥协调、应急应变能力,提高应急救援和指挥的水平。同时进一步使行车人员熟练掌握行车设备,熟悉操作规程和行车规章,使京津城际铁路的运营管理人员能够熟悉各种规章,熟练各种设备的使用,提高正式运营时的工作效率。

第三节 组织机构

为保证京津城际铁路系统调试工作顺利进行,确保不同专业的调试任务有序进行,铁道部成立了京津城际铁路联调联试协调领导小组、铁道部专家组、联调联试现场协调小组,统一协调京津城际系统调试各项工作。

一、联调联试协调领导小组

铁道部总工程师、副总工程师分别担任组长、副组长。日常组织工作由铁道部主管该项工作的副总工程师负责,统一协调系统调试工作。

协调组下设综合组、通信信号、牵引供电、综合调度、客运服务、客运组织、动车组、工务、应急救援技术组。

铁道部京津联调联试协调领导小组主要负责审核联调联试方案、计划;组织召开由总系统集成商、北京局、铁科院以及其他相关单位参加的京津联调联试协调会议,协调解决联调联试过程中出现的各种重大问题;监督联调联试计划进展情况;组织京津联调联试专家组会议,分析研究联调联试过程中出现的重大技术问题;对综合试验总报告进行审查等工作。

联调联试协调领导小组的日常工作由运输局客专技术部负责,组织协调周计划和日计划的编制和审核批准,全面掌握试验情况和信息、实时监控试验进度和安全、及时协调处理和解决试验过程中问题,并对计划变更进行审批,遇重大事项提请铁道部京津城际联调联试协调领导小组决策,确保试验工作按计划有序推进。

二、铁道部专家组

集中路内外的有关专家组成专家组,负责系统联调联试及试运行的咨询、评价工作。主要对大纲、计划进行审查,提出意见和建议,对系统联调计划实施过程中的问题进行研究,并提出解决意见;

对系统联调报告进行评审。

三、联调联试现场指挥组

组长单位:北京局,作为运营主体以及总体负责单位,主要负责联调联试组织运输、制定和实施安全管理办法、提供调试条件、制定试运行计划以及动、静态接收验收等工作。

副组长单位:铁科院,作为联调联试测试总负责单位,主要承担综合试验任务,负责制定联调联试计划;对各系统进行综合试验调试并对整体系统集成水平进行评价;通过综合试验,分析研究京津城际铁路的关键技术问题,为今后的高速铁路和客运专线建设积累经验;编写综合试验总报告以及相关分报告等。

联调联试现场指挥组负责具体的联调联试及试运行的组织实施。联调联试现场指挥组下设运输组织组、试验测试组、设备保障组、安全保卫组和后勤保障组等5个组,由相关单位人员组成。

第四节　系统调试的工作流程

一、系统调试总体工作流程

京津城际系统调试按照时间顺序分为安装试验、部分试验、系统试验、综合试验、试运行等5个阶段。5个阶段之间既互相衔接,又相互交叉,形成错综复杂而又相互制约的整体系统。

科学有序的系统调试工作流程是保证系统调试工作顺利进行的重要环节,要求各参加单位必须统一领导、密切配合,方能最终圆满地完成调试任务。

京津系统调试是多系统、多专业的联合调试,工作流程图见图1-3-1。

二、各系统调试工作流程

各系统、专业根据本系统的特点,分别制订了各自的工作流程,并通过系统接口与整体系统连接。

各系统调试工作流程包括四个步骤。

(1)测试大纲的编制

各系统负责人编制各系统测试大纲,制定周、日计划。进度负责人汇总周、日测试结果,下发滚动计划。

(2)测试准备

各系统人员依据当日的工作计划,做好以下工作:

①熟悉测试方法与步骤;

②检查测试工具仪表;

③确认系统满足测试要求;

④制定并落实相应安全防护措施;

⑤确保测试所用文件准备完毕;

⑥各测试地点的测试人员到位确认。

(3)测试实施

根据当日的测试计划,组织现场测试工作,详细记录测试数据,分析测试记录。

在测试过程中发现故障,向相关负责人员报告,必要时通知故障处理组进行故障处理。

测试结束后,各系统及时向进度负责人提供当日的测试情况和下一工作日的测试计划,由进度负责人汇总并下发,同时下达滚动测试计划。

(4)测试问题的汇总整理

各系统在试验结束后将测试结果及时整理汇总,提出故障的解决方案或建议。要求故障处理不留到下一个工作日,故障记录和故障处理结果形成闭环。

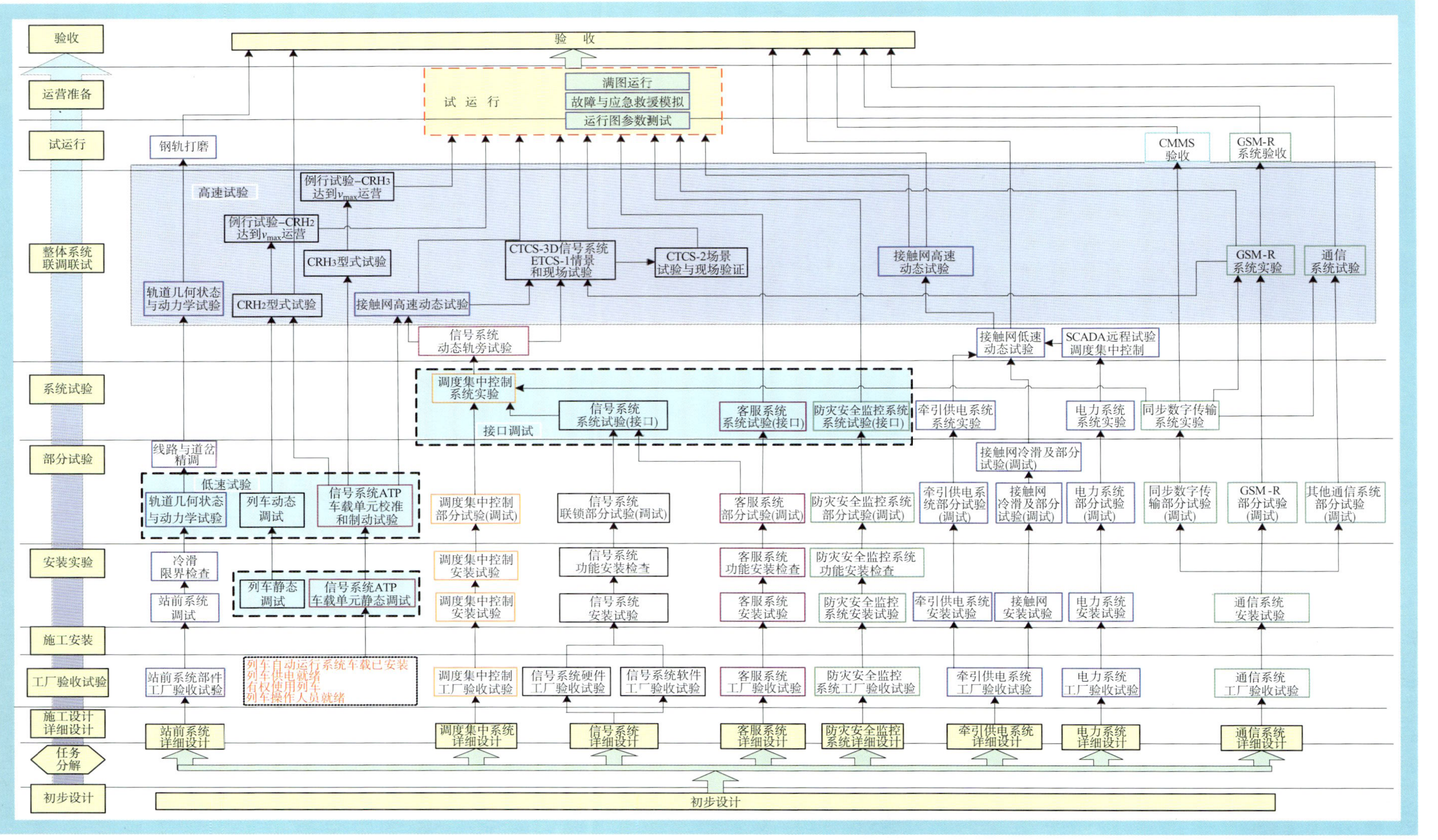

图1-3-1 系统调试总体流程图

1. 线路系统调试工作流程

(1)区间轨道精调

①区间轨道精调流程图(图1-3-2)

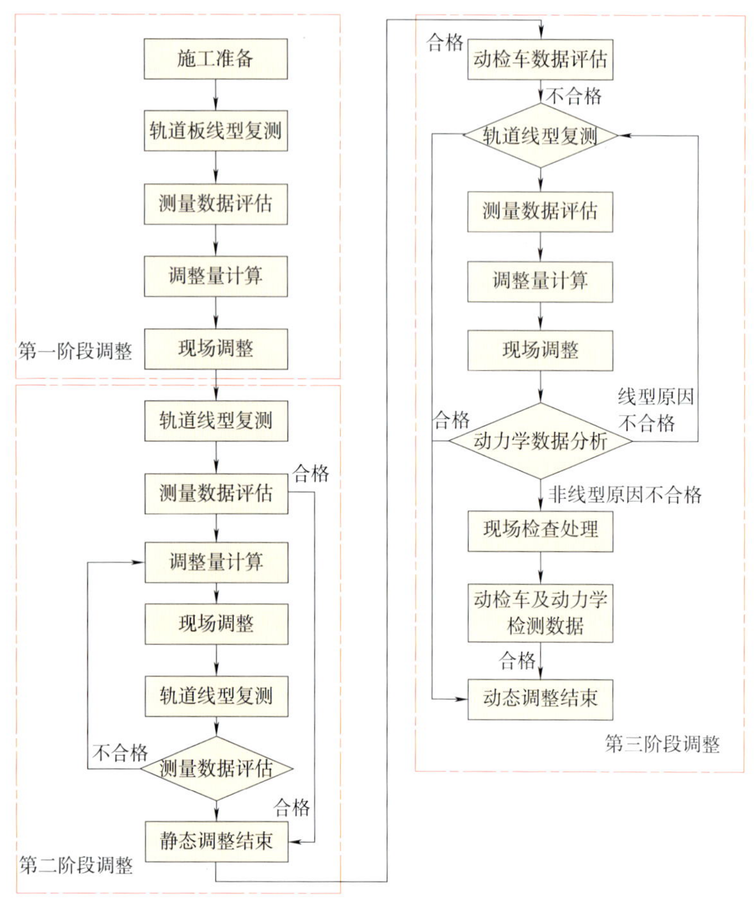

图1-3-2　无砟轨道线型调整工艺流程图

②流程图说明

a. 第一阶段调整:

第一阶段轨道线型调整的工作是CRTSⅡ型板式无砟轨道线型调整特有的工作,即将铺设完工后的轨道板承轨台三维的竣工测量数据拟合成轨道线型数据后进行综合分析,对导致轨道线型水平、高低、方向超差的点计算调整量,并现场调整的过程。

(a)施工准备:施工准备包括组建轨道线型调整测量组、配备经校验合格的测量仪器、配备轨道线型调整作业组、配备不同规格的轨道调整扣件、完成CPⅢ基准测量网的复测和贯通测量。

(b)轨道板线型测量:依据CPⅢ基准测量网,使用全站仪进行测量,测量数据经轨道板快速精调系统软件处理后形成轨道板线型的测量数据。

(c)测量数据评估:轨道线型测量数据评估的判别依据是轨距、水平偏差不超过2 mm,5 m范围内方向、高低相差不超过2 mm。对超标的部分,视为轨道线型不合格。

(d)调整量计算:将轨道线型测量数据导入专用计算程序,得出轨道线型的偏差情况,再通过计算程序输出调整量清单,高低和水平的调整方法与上类同。

(e)现场调整:更换轨距挡块;更换调高垫片。

b. 第二阶段调整:

(a)施工准备:首先要对轨道进行清理和检查。

清理线路卫生;检查钢轨扣件的完好性;完成对钢轨焊接接头平顺度的检查和整修,接头平顺度

达到要求。

(b)轨检小车复测轨道线型：将CPⅢ网测量成果及无砟轨道线型数据输送轨检小车系统软件，轨检小车进行测量并通过自身携带的传感器对轨道的超高、轨距进行测量，之后软件将所有测量数据进行处理，实时形成每个测量点的绝对坐标（竖向、横向）、轨距、方向、高低与设计数据的对照，并通过不同的界面予以显示或输出打印。

(c)测量数据评估及调整量计算。

(d)现场调整：对照调整量清单，在拟精调位置的前后，用20 m或30 m弦线测量轨道方向。使用钢板尺检查正矢值，对照调整量清单确定方向调整量，并用更换轨距挡座的方向调钢轨方向，之后使用钢板尺量正矢值以检查钢轨方向。

用电子水准仪测量拟精调位置及前后20 m的轨道高程。根据测量数据，使用调高垫片调整轨道高低，之后用道尺检查水平，并调整另外一股钢轨，调整水平的同时检查并调整轨距。

现场调整过程中，同时修正轨道扣件离缝、扭力不足等问题。

(e)轨检小车复测轨道线型。

c. 第三阶段调整

(a)动检车数据分析：根据动检列车数据，再使用轨道板精调系统或轨检小车测量数据，可分析得出现场轨道系统的超标情况及超标量、调整量。

(b)轨检小车复测轨道线型及静态调整：对照动检车数据分析结果确定的轨道线型超标区段及项目，使用轨检小车复测该区段轨道线型，并完成对动检车轨道线型超标区段及项目的调整。

(c)非轨道线型原因引起的动检车数据不合格的分析及处理：根据轨检小车所测数据对超标的进行调整。若动检车检测结果与轨检小车测量结果不一致且悬殊很大时，则需要对照分析是否因为扣件缺损、扣件扭力不足或钢轨焊接接头打磨不平顺等影响。

检查的方法主要是现场逐一核实，对存在缺陷的及时修正。

(d)动力学检测数据评估：动力学检测数据与动检车数据原理一样，只是增加反映行车动力学的状态。其超差的分析方法与动检车数据分析一样，最终通过轨检小车复测予以验证。

(2)道岔调整

①道岔调整流程图(图1－3－3)

②流程图说明

a. 施工准备：

(a)施工准备：包括组建道岔轨道线型调整测量组、配备经校验合格的测量仪器、配备道岔轨道线型调整作业组、配备不同规格的调整扣件、完成CPⅢ基准测量网的复测和贯通测量，并提供合格的成果报告，将测量成果及道岔轨道线型数据输送轨检小车。

(b)道岔清理及钢轨调整：包括清理道岔卫生、检查钢轨扣件的完好性、检查并调整道岔工装点及尖轨平齐。

道岔轨道线型测量：采用轨检小车测量道岔轨道线型，在道岔线型短波调整阶段，轨道线型的测量范围包括道岔及前后各30 m范围，直向和曲向同时测量。

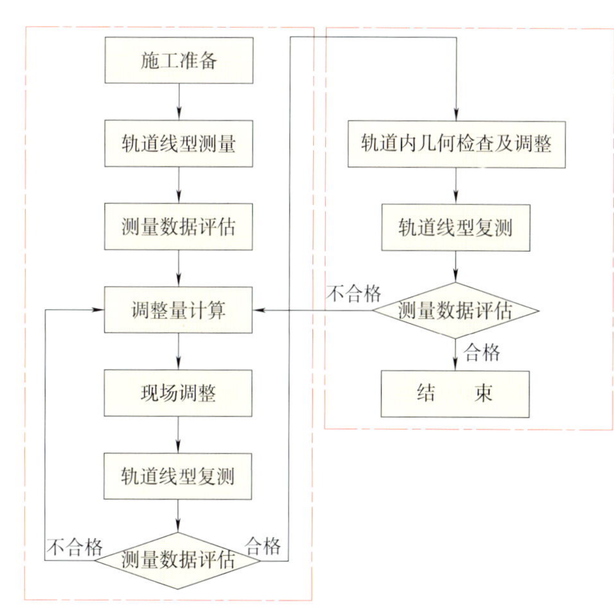

图1－3－3　无砟道岔线型调整工艺流程图

测量完成后，通过轨检小车系统可直接得到单独的道岔直向、曲向线型数据，每个数据可直接显示轨道的绝对高程、方向、轨距、水平以及30 m、150 m的方向短长波和高低短长波。

b. 数据评估及调整量计算:

(a)数据评估:道岔线型的轨检小车测量数据可直接通过轨检小车测量数据报表进行评估,线型评估还应结合调整量计算综合判定。

(b)调整量计算:道岔轨道线型良好,超差点少,可任经验直接判定道岔线型的调整量。除此之外,应使用专门的软件对轨道线型进行调整。道岔轨道线型超差调整量计算,应将横向、轨距、方向和高程、水平、高低分开计算。

c. 现场调整:现场调整按"先方向,后水平;先直股,后曲股;先整体,后局部"的原则,道岔方向调整的同时,应消除钢轨外侧与弹性基板挡肩间隙。

(a)第一阶段:除调整直基本轨方向外,不需要计算量调整清单。

对照调整量清单,优先调整道岔直基本轨的岔前缝及与导轨相连的位置,为道岔转辙器调整确定基本方向。

沿道岔直基本轨外侧沿转辙器全长范围安装并张拉 30 m 以上的钢弦线,使用钢板尺检查每个扣件螺栓处弦线距 FAKOP 区拉槽的距离,对偏差超过 1 mm 的点通过更换偏心锥的方式予以调整。

对照设计图,使用支距尺检查曲基本轨与直基本轨间距,对偏差超过 1 mm 的点通过更换偏心锥的方式调整曲基本轨方向。

利用塞尺检查曲尖轨与直基本轨、直尖轨与曲基本轨间隔铁间隙,对间隙超过 1 mm 的点进行调整。

用轨距尺检查转辙器区段直向轨距,对偏差超过 1 mm 的点通过更换偏心锥的方式调整曲基本轨及直尖轨方向。

根据调整量清单完成直基本轨后导轨的方向调整,其控制方法是先检查并记录调整位置的直向,再通过控制轨距变化调整直基本轨方向。

使用钢板尺检查每个扣件螺栓处弦线距导轨外侧的距离,对偏差超过 1 mm 的点通过更换偏心锥的方式予以调整。

以直向轨距控制完成对尖轨后导轨方向的调整,以支距控制完成对曲向尖轨后导轨方向的调整,以曲向轨距控制完成对曲向基本轨后导轨方向的调整。

辙叉区原则上不作调整,这在调整量计算时已经考虑。

直向调整时,同时完成道岔前 10 m 及道岔后 30 m 线路方向的调整,方法同前。

直向调整完成后,将道岔尖轨、心轨转到曲向位置。

通过轨距检查核对转辙器区段轨道线型质量,通常情况下直向调整到位,轨距值偏差不会超出设计范围。

通过轨距控制完成对辙叉区段曲向基本轨后导轨方向的调整。

按上述方法完成道岔后 30 m 线路方向的调整。

调整完成后,使用轨检小车复测道岔轨道线型数据,并评估和计算新的线型调整量。

(b)第二阶段:对照调整量清单,逐一完成对轨距、方向超差点的调整。

对照调整量清单,通过 30 m 弦线、支距尺和轨距尺检查调整效果。

每调整完成一次,即用轨检小车复测道岔轨道线型数据,评估和计算新的线型调整量,再重新调整,再复测,直到评估结果显示道岔轨距、方向合格。

在道岔轨距、方向调整完成后,依据新的道岔轨道线型数据计算道岔高度、水平、高低调整量,同样是一个调整、复测、再评估、再调整、再复测的过程,直到轨道线型数据合格,调整道岔高度、水平、高低的同时,须兼顾调整道岔方向、轨距等新出现的超差点。

高程调整时,对照调整量清单直接更换调高垫片,以水平变化值控制调整量,之后再用电子水准仪复测调整效果,不合格处重复调整及复测,最后再以水平控制完成另一股钢轨水平的调整。

调整曲向高程时,道岔直向与曲向高程在转辙器区和辙叉区是一致,在辙叉区则以直向高程控制曲向高程,导轨段可自由调整。

通过 3 ~ 4 次的反复调整，即可使道岔的轨道线型测量数据评估合格。

d. 轨道内几何检查及调整：

(a) 尖轨与基本轨密贴及尖轨跟端限位器调整，前面已述。

(b) 尖轨与滑床板间存在较大间隙的调整，优先使用调高垫板，最后再用滚轮调整片调整。

(c) 道岔轨道内几何的检查和调整，可以安排在道岔线型调整的后期（即调整量较少、较小时）与道岔线型调整同步进行，每次轨道线型调整完成后，同步检查和调整道岔轨道内几何尺寸。

(d) 道岔轨道线型最终评估合格，是建立在道岔轨道线型测量数据和道轨道内几何尺寸都合格的基础上。

e. 道岔轨道长波平顺性调整：在道岔轨道短波平顺性调整合格的基础上，结合道岔前后轨道线型调整，完成对道岔轨道长波平顺性的调整，其调整的工作主要在区间线路，原则上道岔区不调整大的方向和高低。

2. 牵引供电及电力系统调试工作流程

牵引供电及电力系统调试工作流程如图 1－3－4 所示。

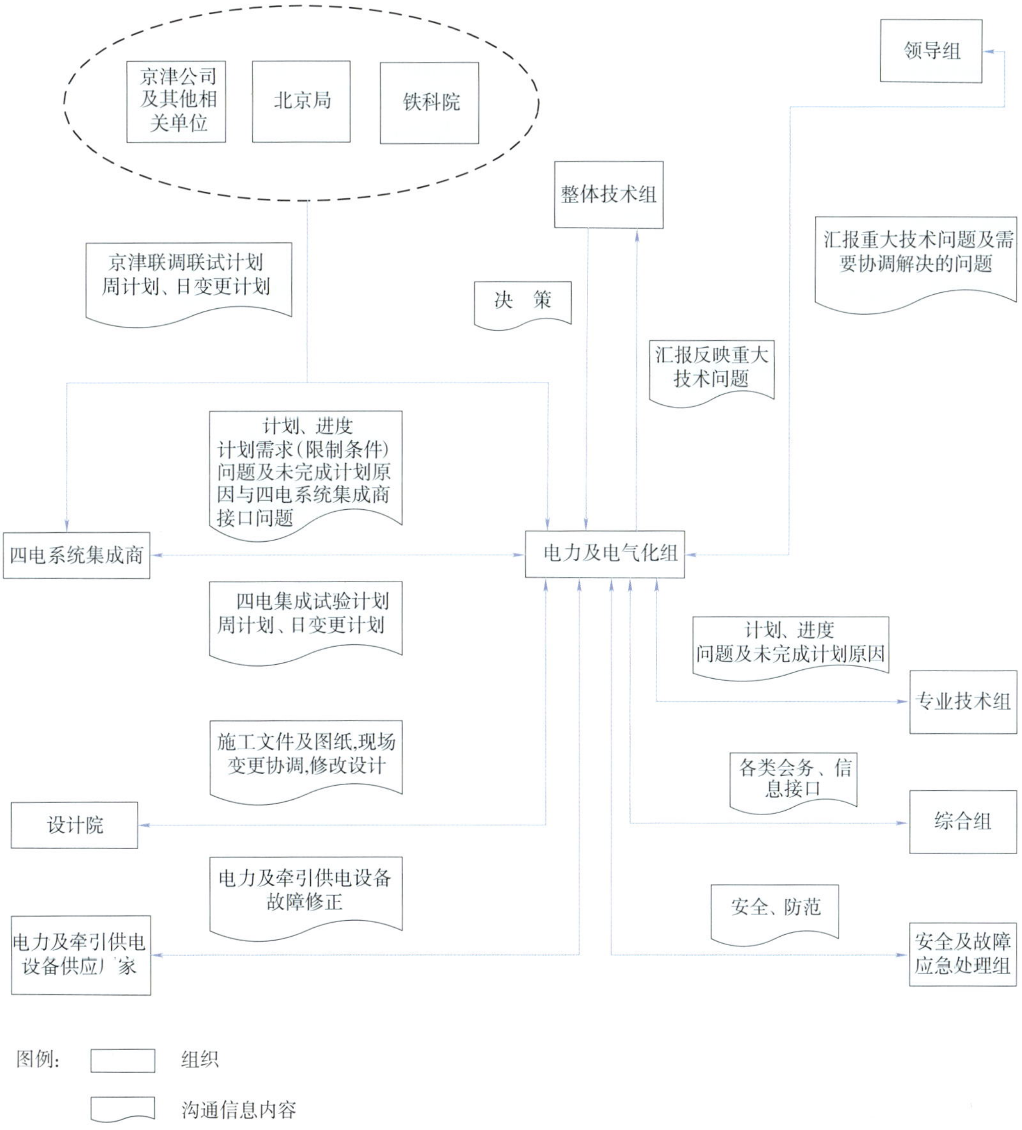

京津公司及其他相关单位
北京局
铁科院
领导组
整体技术组
京津联调联试计划周计划、日变更计划
决　策
汇报重大技术问题及需要协调解决的问题
汇报反映重大技术问题
计划、进度
计划需求（限制条件）
问题及未完成计划原因与四电系统集成商接口问题
四电系统集成商
电力及电气化组
四电集成试验计划
周计划、日变更计划
计划、进度
问题及未完成计划原因
专业技术组
施工文件及图纸,现场变更协调,修改设计
各类会务、信息接口
设计院
综合组
电力及牵引供电设备故障修正
安全、防范
电力及牵引供电设备供应厂家
安全及故障应急处理组
图例：　组织
沟通信息内容

图 1－3－4　牵引供电及电力系统调试工作流程图

3. 通信系统调试工作流程

通信系统调试工作流程如图 1－3－5 所示。

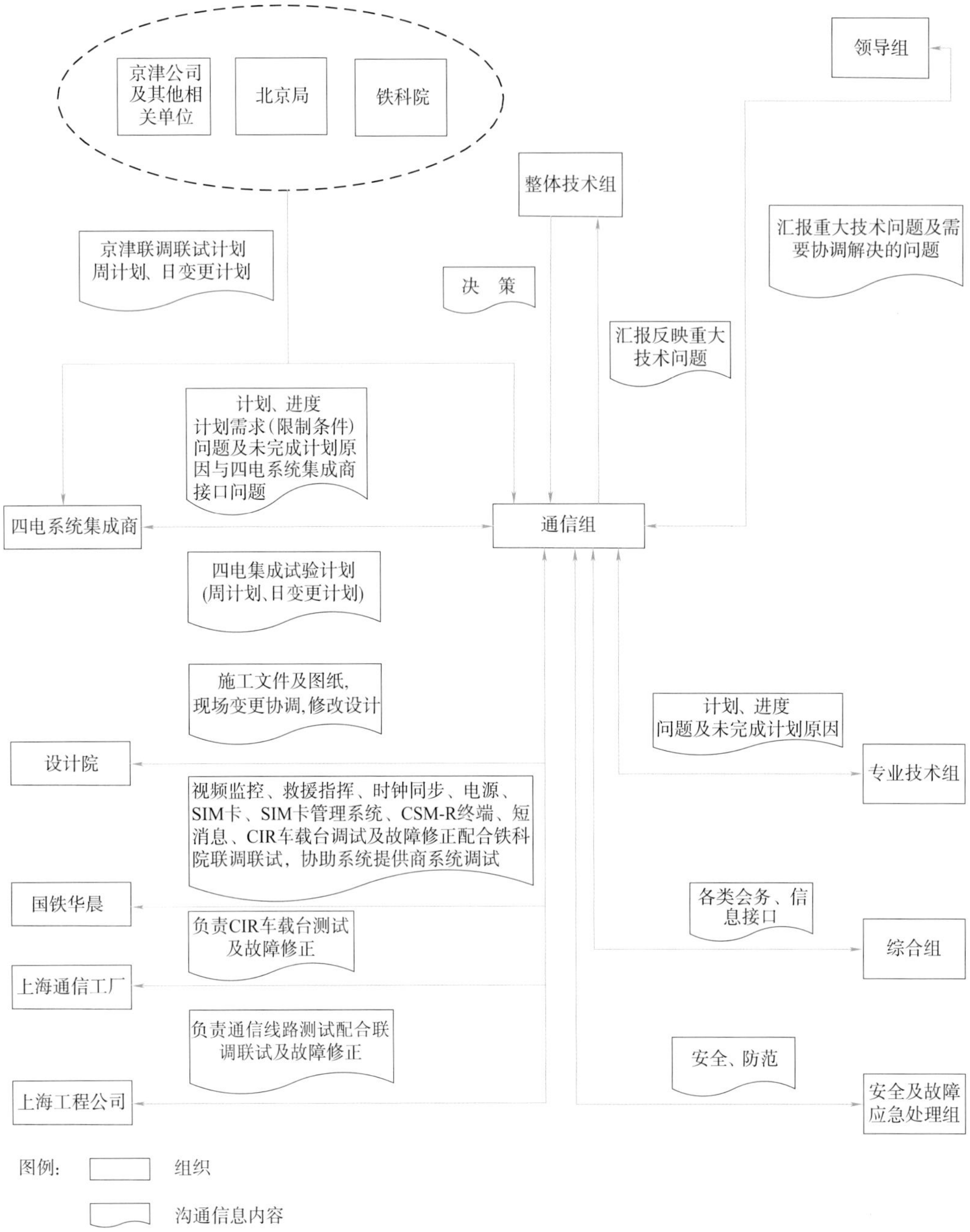

京津公司及其他相关单位
北京局
铁科院
领导组
整体技术组
汇报重大技术问题及需要协调解决的问题
京津联调联试计划周计划、日变更计划
决　策
汇报反映重大技术问题
计划、进度
计划需求(限制条件)
问题及未完成计划原因与四电系统集成商接口问题
四电系统集成商
通信组
四电集成试验计划(周计划、日变更计划)
施工文件及图纸,现场变更协调,修改设计
计划、进度
问题及未完成计划原因
设计院
专业技术组
视频监控、救援指挥、时钟同步、电源、SIM卡、SIM卡管理系统、CSM-R终端、短消息、CIR车载台调试及故障修正配合铁科院联调联试，协助系统提供商系统调试
国铁华晨
各类会务、信息接口
负责CIR车载台测试及故障修正
综合组
上海通信工厂
负责通信线路测试配合联调联试及故障修正
安全、防范
上海工程公司
安全及故障应急处理组
图例：组织
沟通信息内容

图 1－3－5　通信系统调试工作流程图

4. 信号系统调试工作流程

信号系统调试工作流程如图 1－3－6 所示。

5. 动车组系统调试工作流程

动车组系统调试工作流程如图 1－3－7 所示。

6. 客服系统调试工作流程

客服系统调试工作流程如图 1－3－8 所示。

客服系统调试组深入了解京津城际铁路客运服务系统设计要求,认真分析了系统运营的各种可能,编制了系统调试大纲,列出要进行系统调试的各子系统功能、性能及测试要点。在此基础上,进一

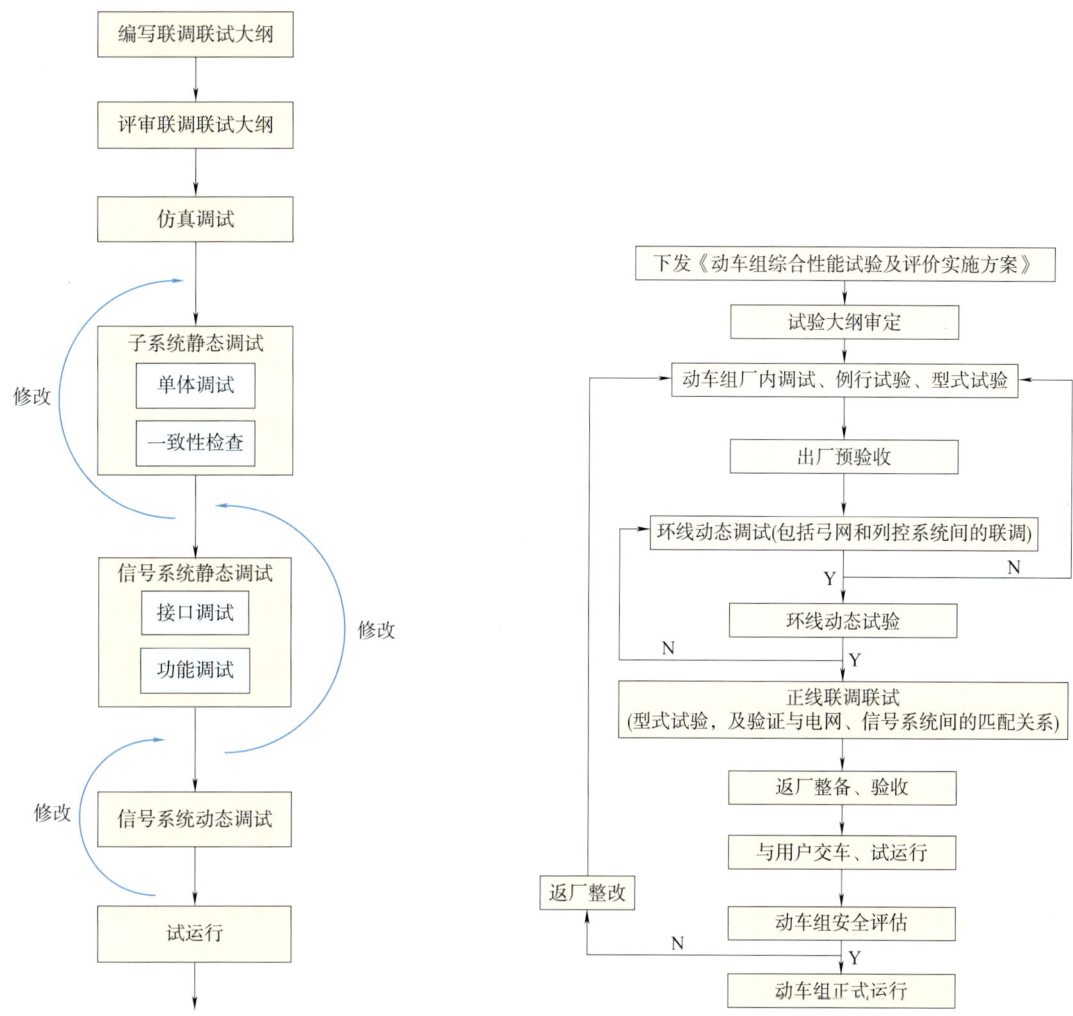

图 1－3－6　信号系统调试工作流程图

图 1－3－7　动车组系统调试工作流程图

确定目的和内容提要

确定测试类型、级别、功能集合及测试要点

联调联试大纲 → 联调联试方案 → 联调联试需求分析 → 联调联试测试用例 → 测试用例执行 → 联调联试报告

确定测试内容、方法、工具、依据

联调联试标准

确定测试依据的国际标准、国内标准、合同条款

图 1－3－8　客服系统调试工作流程图

步确定了具体的系统调试方案，明确各子系统及整体的测试内容，确定采用的测试方法及测试工具，使用包括人工测试、自动化测试、专用软件工具测试、自行开发软件测试等多种测试手段，保证测试结果的科学和严谨。

系统调试组根据客运服务系统的特点和系统调试大纲，对各子系统及子系统之间的系统调试需求进行了仔细分析，编制了详尽的客运服务系统调试需求分析表，对每一个子项按其特点分为不同的类别：功能测试、性能测试、压力测试、硬件技术指标测试、接口测试，对各项系统调试的子项按系统和功能进行严格编号，对其测试需求进行完整和严密的分析描述；同时确定了测试依据的国际、国内标准及京津城际铁路客运服务系统相关合同条款,据此制定了系统调试的标准,为系统调试工作提供了依据。

系统调试组在编制系统调试需求分析表的基础上,对每个测试项编制了详细的测试用例,每个测试用例描述了执行测试的需求编号、测试需求描述、测试用例说明、测试用例使用条件、测试用例执行步骤、测试用例的预期结果。测试人员根据测试用例对客运系统各子系统内部及子系统之间的功能、性能、接口、硬件技术指标执行了严格的测试,严格记录各项测试过程及结果,在对整体测试记录进行全面分析的基础上,提交了京津城际铁路客运服务系统调试报告。

第五节　系统调试的计划管理

京津城际铁路作为一项复杂的系统工程,包含有机车车辆、牵引供电、电力、接触网、通信、信号、轨道、综合接地、电磁兼容、客服等系统,这些系统既相互匹配,又相互制约,构成一个有机的集合体。为保证整个系统安全可靠、高效地运作,完成从工程向运营部门的移交,在工程最后需要进行细致且复杂的系统调试工作,从项目管理而言,是系统工程中技术性最强、协调配合要求最高的一个阶段。但是由于京津城际铁路建设工程的特点,不能为系统调试安排单独的试验时间,必须将集成试验、系统调试、甚至部分试运行同时进行、统筹安排,为下阶段全面按运行图运行创造条件。为此,制定详细而周密的系统调试和试运行计划,是有序、高效、安全地完成系统调试工作的保证。京津城际铁路系统调试和试运行计划是指导系统调试工作实施、控制系统调试工作进度、合理调配资源、参试各方协调沟通的依据。

京津城际铁路系统调试和试运行计划涵盖京津工程、系统调试及试运行、专业培训等方面工作。其中系统调试与试运行涵盖动车组型式试验、集成试验、整体系统调试、试运行四部分。

动车组型式试验包括 CRH_2－061C、CRH_2－062C、CRH_3－001C、CRH_3－002C、CRH_3－004C 两种车型的 5 列动车组的调试与试验。

集成试验包括四电系统的动、静态调试,其中含列控系统(ATP)72 个动态场景试验、CTC 和联锁系统调试。接触网检查分为 30 km/h 非接触测量、100 km/h、160 km/h、250 km/h、300 km/h、350 km/h 速度等级的接触测量。通信含 GSM－R 干扰、场强覆盖、数据服务质量三种类型测试以及通信 SCADA 测试、清频和网络优化。牵引供电系统含 SCADA 软件更换、电源转换、供电质量测试等。

整体系统调试包括 CTCS－2 级列控系统、联锁系统、CTC 子系统、牵引供电系统、接触网系统、客服系统、安全监控系统测试,空气动力学、动车组动力学、自动过分相、弓网受流性能、道岔侧线通过能力,线、桥、路基、环境检测、综合接地等近百项测试项目。

试运行则包括部分列车试运行、故障模拟与应急预案、全部列车不载客按图行车部分。

一、京津城际铁路系统调试和试运行计划

京津城际铁路联调联试和试运行计划分成三级:京津城际铁路联调联试和试运行计划初步计划(简称"概要计划")、京津城际铁路联调联试和试运行计划周计划(简称"周计划")、京津城际铁路联调联试和试运行计划日计划(简称"日计划")。

1. 概要计划

根据联调联试协调领导小组召开的协调会议精神和部批《京津城际铁路整体系统联调联试及试运行大纲》,以及京津城际铁路施工进度编制概要计划。

(1)编制目的

加强京津联调联试及试运行工作的组织管理,系统协调工程、系统调试及试运行、专业培训等各方面工作,有效控制各系统、各专业联调联试工作进度,合理调配并充分利用资源,保证京津城际铁路联调联试及试运行工作在 2008 年 7 月 30 日之前完成。

(2)编制原则

安全原则:施工不试车,试车不施工。为确保上线试验人员和施工作业人员的人身安全,在动车组行车试验的区间及时间范围内,不安排施工作业进行。

质量保证原则:保证联调联试的试验数据准确可靠,试验项目必须全面。

强化组织原则:突出强化组织管理,各专项工作明确铁道部主管负责单位、试验负责单位和配合单位,保证各项工作在铁道部的统一领导下,责任主体明确。

系统协调原则:将集成调试与尾工施工的协调、集成试验与联调联试的协调、科学试验与联调联试的协调系统考虑、协调进行。

资源合理分配原则:从整体系统出发,统一调配线路、车辆、时间等资源的使用。

(3)计划内容与格式

计划内容包括试验项目、里程碑任务名称、开始时间、完成时间、部牵头单位、工作负责单位、工作配合单位、试验使用车和京津城际铁路联调联试及试运行计划条型图。

由于联调联试涉及工程项目管理、集成项目管理和试验项目管理,各类项目管理都有不同的计划管理软件,为便于与其他项目管理软件兼容,图形化描述工作计划,选用微软的 PROJECT 软件编制,并用不同的色彩、图案表示不同类型的试验项目、不同的资源需求(见附表1)。

(4)编制流程

流程编制采用自下而上,然后再自上而下的方法进行编制。首先各系统按照自己专业的实际情况,提出时间和资源的需求;计划编制组依照编制原则,根据联调联试整体工作结束时间的要求和资源(包括线路、动车组)使用情况,统一协调各系统之间试验安排,确定各阶段工作完成时间(即节点时间),下发给各系统;各系统、专业以此计划,按照倒推的方式,调整界定各系统中各试验项目的开始和完成时间,再次上报计划编制组;最后由计划编制组整理,确定各项工作责任负责单位,形成正式文件报部有关部门批准,作为整个联调联试工作实施依据。

(5)计划实施与变更

概要计划的实施依赖于周计划、日计划的实现。为此,铁道部运输局客专技术部定期组织召开周计划会、日交班会,分解落实概要计划中的每项工作。计划编制组记录每日、每周工作进展情况,跟踪计划的执行情况,预测项目的变化趋势。对于随时出现的新问题确需对计划进行变更,由计划编制组进行变更,上报铁道部主管部门。部运输局领导定期召开工作协调会,协调施工、试车、试验、系统集成等各方面的工作,以概要计划为基准检查督促各项工作进度。

2. 周计划

(1)编制目的

概要计划主要反映了总体的时间安排,不包括试验项目的具体描述。为了便于总计划的实施,还需要制定一份详细的京津城际铁路联调联试周计划。具体明确每周需要完成的工作内容及工作量。

周计划作为总体计划的补充,能够更详细地体现联调联试的每周工作安排。便于定量地给出联调联试的完成情况,为及时调整总体计划以及制定日计划提供依据。

(2)编制原则

协调一致原则:与概要计划协调一致性,不能与总体计划有较大的出入,保证总体计划的时间节点的实现。

高效原则:编制周计划要兼顾各试验项目彼此的相互关联,考虑各试验项目的先后顺序,以达到提高试验效率的目的。

安全原则:周计划中各试验项目的时间、区段不能冲突,即在同一时间,在同一区段内不能安排一项以上的动车试验项目,除非根据现场的实际情况,在满足安全的前提下,考虑安排一项以上的试验内容,但必须符合系统调试安全管理办法。另外,要仔细安排试验所用机车车辆,同一时间段内、同一机车车辆只能安排一项试验内容,如果确因时间紧张,在合理进行组织的情况下,可以将多项试验安排在同一机车车辆上同时进行。

（3）周计划内容与格式

周计划作为总体试验计划的补充，详细描述一周内所有的试验项目，试验开始和结束时间、试验内容、区段、所用机车车辆、是否占用轨道，上下行线占用情况、是否占用侧线、接触网的用电要求、机车车辆的最高运行速度、往返运行次数，试验的具体地点、负责单位、配合单位、配合内容以及备注等内容。这些内容中尤其以试验开始和结束时间、试验内容、任务描述部分最为重要。该部分清楚地描述出在何时、何区段，试验的具体内容，以及所用的机车车辆类型。其余部分内容可以和该部分内容互相印证，保证周计划的准确性。

周计划一般以周为单位进行编制，周计划中要标明计划的编制日期、修改日期以及打印日期。每一天的试验内容一般以时间顺序安排，分别列出动态试验项目和静态试验项目。动态试验项目是指有机车车辆上线运行的试验项目；静态试验项目是指不需要机车车辆上线运行的试验项目。具体的周计划格式见附表2。

（4）编制流程

各单位、各专业将隔周试验的具体需求提报计划编制组，计划编制组根据隔周试验需求，综合考虑各种因素，编制周计划讨论稿，经“周计划”会议讨论修改确定后发送相关单位执行。

（5）周计划执行与变更

计划编制组每周根据试验进展情况和日计划的执行记录，更新周计划执行情况表（附表3）。周计划执行情况表详细记录哪些试验已经按照计划完成，哪些试验项目没有完成以及未完成原因，哪些试验做出变更。在不影响总体计划的前提下，及时将未完成的试验项目列入以后的周计划中。

周计划各项试验详细完成情况以周报形式上报。周报包含了试验情况概述、按计划完成情况、存在问题及下一步工作安排。

“京津城际铁路联调联试周计划”确定后，原则上不允许随意改动和变更，若相关单位根据实际情况确需对计划进行变更，需写出书面申请，详陈变更理由、内容等事项，经批准后方可对周计划进行变更。

3. 日计划

（1）编制目的

确保高速行车试验与施工作业的行车和人身安全，落实周计划中次日试验项目及施工作业内容，合理安排行车试验和施工作业时间，及时解决当日试验中发现的问题，提高试验效率，保证京津城际铁路联调联试顺利进行。

（2）内容及格式

日计划包括测试日计划和施工日计划。测试项目需制定《京津联调联试日计划单》，内容有：试验时间、试验用车、速度等级、升弓号、试验区段、往返次数、进路示意图、注意事项、施工配合等。施工作业需编制《京津联调联试日计划申请单》，内容有：施工作业时间、施工作业区段、注意事项、施工配合等，在施工过程中应严格执行《京津城际铁路施工管理暂行办法》和《京津城际铁路联调联试期间临时行车办法》等有关规定。

行车的测试项目需在《京津联调联试日计划单》详细注明行驶区段、往返次数、速度等级，并绘制进路示意图。影响正常行车指挥或行车通信的测试项目应附录备用行车指挥方案或行车通信方案。

（3）编制流程

依照周计划安排，需在次日进行试验的单位以及根据试验进展临时申请增加的试验及施工项目，报请日交班会讨论，确认后提交次日《京津联调联试日计划单》、《京津联调联试日计划申请单》；计划编制组审核并签字；铁道部客专技术部批准；北京局根据《京津联调联试日计划单》、《京津联调联试日计划申请单》安排次日行车试验及施工作业。

（4）计划执行与变更

日计划的执行是联调联试工作的实现单元。参试人员及施工作业人员凭有效证件和当日《京津联调联试日计划申请单》或《京津联调联试日计划申请单》在调度所或临近车站值班室办理登记手续，上线(登车)试验及施工作业，并在结束后及时销点。日计划的执行结果在每日交班会上由各参试单位通报，计划编制组对完成情况、变更情况进行详细记录，当次日联调联试行车日计划的试验时间、试验用车和试验区段与周计划不符，临时增加或取消的行车试验项目情况时，需由计划编制组向北京局调度所提交次日京津联调联试日计划变更。

每天试验项目的完成情况，由各项试验负责单位编写系统调试日报，日报详细记录了测试内容、条件、测试数据以及测试发现的问题和初步结论。

二、会议制度

为保证联调联试各项工作按计划进行，参试各方及时沟通，出现问题快速协调解决，联调联试阶段实行例会制度。

(1)与集成商每月例会

(2)联调联试工作协调会

京津城际铁路联调联试工作协调会每周召开一次，部内各业务司局、京津城际铁路建设单位、管理单位、联调联试参试单位参加。会议主要检查工作进展情况、协调解决重大问题、安排部署下一步工作。

(3)联调联试每周例会

运输局客专技术部主持召开联调联试每周例会。参加会议的有部有关业务司局、北京局、铁科院、建设单位、施工单位、设计单位、集成商等。会议主要沟通联调联试相关的工程进展、设备调试情况、试验完成情况，讨论施工、集成商设备调试和系统联调联试关于时间、线路、车辆、供电的具体安排，落实、确定联调联试周计划。

(4)日交班会

为对联调联试当中出现的问题做出快速反应，提高计划的兑现率，实行日交班会制度。每日召开京津城际铁路联调联试日交班会。由客专技术部主持，联调联试相关单位参加，总结当日联调联试测试项目和施工作业进展，解决当日试验出现的问题，落实次日具体工作安排。

联调联试及试运行计划采用三级计划方式，“概要计划”有效地控制关键任务的进度与实施，“周计划”保证了各系统、各专业试验项目的有机结合，“日计划”实现了各项试验安全、有序、高效的进行。

例会制度加强了参试各方的信息沟通，做到出现问题快速解决。

附表 1　京津城际铁路联调联试初步计划

标识号	任务名称	开始时间	完成时间	试验用车	部牵头部门	责任方	参加方
1	京津工程	2007 年 12 月 1 日	2008 年 7 月 31 日				
2	京津城际轨道交通正线工程	2007 年 12 月 1 日	2008 年 6 月 10 日				
3	全线铺轨、放散、焊接、锁定、精调、打磨	2007 年 12 月 1 日	2008 年 6 月 1 日				
4	应力放散、钢轨焊接、锁定	2007 年 12 月 1 日	2008 年 3 月 25 日		工管中心	京津公司、北京局	施工单位
5	正线轨道状态精细调整	2008 年 2 月 1 日	2008 年 6 月 1 日		工管中心、运输局基础部	京津公司、北京局	施工单位
6	侧线轨道状态精调	2008 年 5 月 30 日	2008 年 6 月 1 日		工管中心、运输局基础部	京津公司、北京局	施工单位
7	钢轨打磨	2008 年 3 月 1 日	2008 年 3 月 20 日		工管中心、运输局基础部	京津公司、北京局	施工单位
8	中间站道岔应力放散、调整	2008 年 3 月 5 日	2008 年 5 月 6 日		工管中心、运输局基础部	京津公司、北京局	施工单位、道岔供货商
9	南仓站大号码焊接、锁定	2008 年 3 月 20 日	2008 年 4 月 5 日		工管中心、运输局基础部	京津公司	施工单位
10	供变电系统安装、调试、送电	2007 年 12 月 5 日	2008 年 1 月 31 日		运输局客专技术部	京津公司、北京局	集成商
11	接触网架设、安装、冷滑、受电	2007 年 12 月 5 日	2008 年 1 月 31 日		运输局客专技术部	京津公司、北京局	集成商
12	信号系统室内外设备安装、静态调试	2007 年 12 月 5 日	2008 年 1 月 31 日		运输局基础部	京津公司、北京局	集成商
13	通信系统设备安装、调试	2007 年 12 月 5 日	2008 年 1 月 31 日		运输局基础部	京津公司、北京局	集成商
14	附属工程	2007 年 12 月 1 日	2008 年 5 月 31 日				
15	声屏障	2007 年 12 月 1 日	2008 年 5 月 6 日		运输局客专技术部	京津公司	施工单位
16	桥梁栏杆	2007 年 12 月 1 日	2008 年 5 月 31 日		工管中心	京津公司	施工单位
17	JJK108 跨线桥架梁施工	2008 年 5 月 16 日	2008 年 5 月 26 日			北京局	施工单位
18	外电工程	2007 年 12 月 5 日	2008 年 6 月 10 日				
19	220 kV 外电源(不含亦庄)	2007 年 12 月 5 日	2008 年 1 月 31 日		部外电协调小组	京津公司、北京局	集成商
20	220 kV 外电源(亦庄)	2008 年 5 月 1 日	2008 年 6 月 10 日		部外电协调小组	京津公司、北京局	集成商
21	10 kV 外电源	2007 年 12 月 5 日	2008 年 1 月 31 日		部外电协调小组	京津公司、北京局	集成商
22	北京南站改扩建工程	2007 年 12 月 5 日	2008 年 7 月 31 日				
23	轨道工程(1－19 道)	2007 年 12 月 5 日	2008 年 1 月 25 日			北京局(南站指挥部)	施工单位
24	站台结构(1－10 站台)	2007 年 12 月 5 日	2007 年 12 月 20 日			北京局(南站指挥部)	施工单位
25	动车组上线进路开通	2008 年 1 月 15 日	2008 年 2 月 15 日			北京局(南站指挥部)	施工单位
26	通信信号室内外设备安装、调试、单项试验	2007 年 12 月 5 日	2008 年 1 月 30 日		运输局基础部	北京局(南站指挥部)	集成商
27	接触网安装调试(暂定)	2007 年 12 月 5 日	2008 年 3 月 31 日		运输局客专技术部	北京局(南站指挥部)	集成商
28	电力(联调联试期间站区供电)	2007 年 12 月 5 日	2008 年 7 月 31 日		运输局客专技术部	北京局(南站指挥部)	集成商
29	站台吊顶改造	2008 年 5 月 15 日	2008 年 7 月 30 日				
30	天津站改扩建工程	2007 年 12 月 5 日	2008 年 1 月 31 日				
31	铺轨、站台墙及站台	2007 年 12 月 5 日	2007 年 12 月 25 日			北京局(天津站指挥部)	施工单位
32	信号系统室内外设备安装、调试、单项试验	2007 年 12 月 5 日	2008 年 1 月 31 日		运输局基础部	北京局(天津站指挥部)	集成商
33	接触网安装调试	2007 年 12 月 5 日	2008 年 1 月 31 日		运输局客专技术部	北京局(天津站指挥部)	集成商
34	通信系统设备安装、配线	2007 年 12 月 5 日	2008 年 1 月 31 日		运输局基础部	北京局(天津站指挥部)	集成商
35	电力(联调联试期间站区供电)	2007 年 12 月 5 日	2008 年 1 月 31 日		运输局客专技术部	北京局(天津站指挥部)	集成商

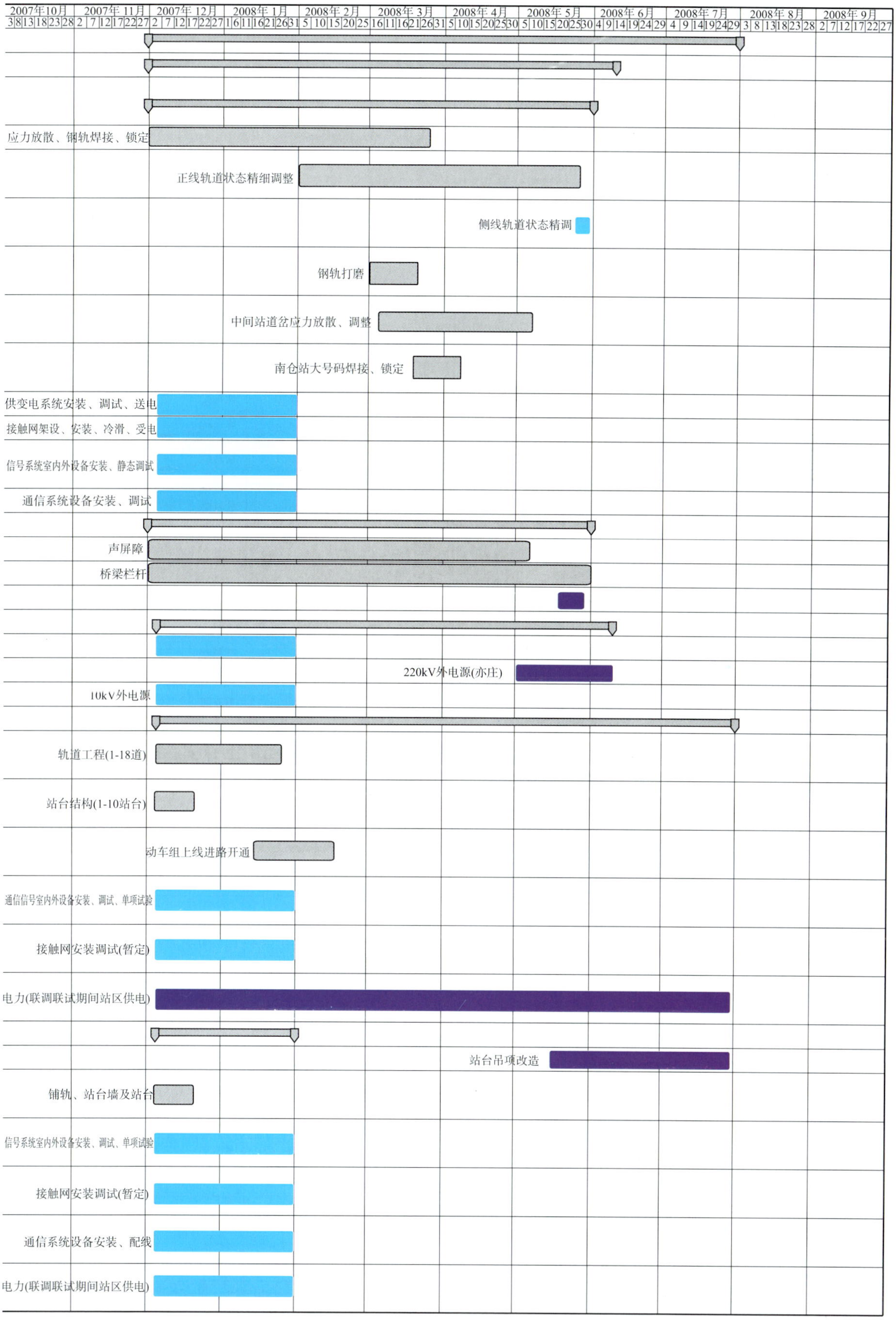

2007年10月 2007年11月 2007年12月 2008年1月 2008年2月 2008年3月 2008年4月 2008年5月 2008年6月 2008年7月 2008年8月 2008年9月

3 8 13 18 23 28 2 7 12 17 22 27 2 7 12 17 22 27 1 6 11 16 21 26 31 5 10 15 20 25 1 6 11 16 21 26 31 5 10 15 20 25 30 5 10 15 20 25 30 4 9 14 19 24 29 4 9 14 19 24 29 3 8 13 18 23 28 2 7 12 17 22 27

应力放散、钢轨焊接、锁定

正线轨道状态精细调整

侧线轨道状态精调

钢轨打磨

中间站道岔应力放散、调整

南仓站大号码焊接、锁定

供变电系统安装、调试、送电

接触网架设、安装、冷滑、受电

信号系统室内外设备安装、静态调试

通信系统设备安装、调试

声屏障

桥梁栏杆

220kV外电源(亦庄)

10kV外电源

轨道工程(1-18道)

站台结构(1-10站台)

动车组上线进路开通

通信信号室内外设备安装、调试、单项试验

接触网安装调试(暂定)

电力(联调联试期间站区供电)

站台吊项改造

铺轨、站台墙及站台

信号系统室内外设备安装、调试、单项试验

接触网安装调试(暂定)

通信系统设备安装、配线

电力(联调联试期间站区供电)

标识号	任务名称	开始时间	完成时间	试验用车	部牵头部门	责任方	参加方
36	热滑、轨道接触网检测	2008年2月1日	2008年3月10日				
37	热滑	2008年2月16日	2008年2月16日	CRH2－010检测列车	运输局客专技术部	北京局、京津公司	集成商
38	160 km/h轨道接触网状态检测	2008年2月1日	2008年2月12日	160 km/h轨检、网检车	运输局客专技术部、运输局基础部	北京局、铁科院、京津公司	施工单位
41	CRH2－010检测列车检测	2008年2月16日	2008年3月10日	CRH2－010检测列车	运输局客专技术部、基础部 北京局、铁科院、京津公司	施工单位	
44	客服系统安装、调试	2007年12月1日	2008年7月10日				
45	机房、配线间、监控中心的装修、配电、综合布线	2007年12月1日	2008年4月20日		运输局客专技术部	京津公司、北京局	施工单位
46	设备安装及各子系统功能调试	2008年4月10日	2008年7月10日		运输局客专技术部	京津公司、北京局	客服集成商
47	四电系统安装、静态调试完成	2008年4月10日	2008年4月10日				
48	联调联试	2007年12月1日	2008年7月30日				
49	动车组型式试验	2007年12月22日	2008年7月25日				
50	CRH2－061C动车组	2007年12月22日	2008年6月5日				
51	厂内静置试验、安装监测设备	2007年12月22日	2008年1月3日	2#1	运输局装备部	铁科院	四方股份
52	环线动态调试及型试试验	2008年1月4日	2008年1月28日	2#1	运输局装备部	铁科院	北京局、四方股份
53	秦沈段型试试验(弓网、动力学、自动过分相,最高250 km/h)	2008年2月9日	2008年2月12日	2#1	运输局装备部	铁科院	沈阳局、四方股份
54	环线动车组整备、测试系统静动态调试	2008年2月2日	2008年2月15日	2#1	运输局装备部	铁科院	北京局、四方股份
55	京津城际铁路单列空型式试验(弓网、动力学)	2008年4月3日	2008年5月4日				
56	试验准备、测试系统动、静态调试	2008年4月3日	2008年4月4日	2#1	运输局装备部	铁科院	北京局、天津公司、四方股份
57	半主动减振器调试	2008年4月11日	2008年4月12日	2#1	客专技术部	铁科院	北京局、京津公司、四方股份
58	250－300 km/h速度级试验(正线)	2008年4月11日	2008年4月13日	2#1	运输局装备部	铁科院	北京局、京津公司、四方股份
59	配合地面测点标定	2008年4月14日	2008年4月14日	2#1	运输局装备部	铁科院	北京局、京津公司、四方股份
60	300－350 km/h速度级试验(正线)	2008年4月15日	2008年4月18日	2#1	运输局装备部	铁科院	北京局、京津公司、四方股份
61	350 km/h及以上速度级试验(正线)	2008年4月19日	2008年4月27日	2#1	运输局装备部	铁科院	北京局、京津公司、四方股份
62	拆除测力轮对、装载	2008年5月1日	2008年5月4日	2#1	运输局装备部	铁科院	四方股份
63	京津城际铁路重车型式试验(牵引、制动、噪声、网络、空气动力学)	2008年5月8日	2008年6月5日				
64	单列、牵引、制动、外部噪声、自动过分相	2008年5月8日	2008年6月1日				
65	起动加速、复合制动	2008年5月8日	2008年5月12日	2#1	运输局装备部	铁科院	北京局、京津公司、四方股份
66	阻力、复合制动、温升、故障运行	2008年5月13日	2008年6月1日	2#1	运输局装备部	铁科院	北京局、京津公司、四方股份
67	空气动力学(交会)及补充试验	2008年6月2日	2008年6月3日	2#1,2#2	运输局装备部	铁科院	北京局、京津公司、四方股份
68	安装测力轮对、卸载	2008年6月4日	2008年6月5日	2#1	运输局装备部	铁科院	四方股份
69	CRH2－062C动车组	2008年1月14日	2008年2月15日				
70	到达环线	2008年1月14日	2008年1月14日	2#2	运输局装备部	铁科院	四方股份
71	装弓网、动力学检测设备	2008年2月12月	2008年2月15日	2#2	运输局装备部	铁科院	四方股份
72	CRH3－001C动车组	2008年4月22日	2008年6月10日				
73	京津城际铁路调试	2008年4月22日	2008年5月2日	3#1	运输局装备部	铁科院	北京局、唐车公司、四电系统集成商

续上表

2007年10月	2007年 11月	2007年 12月	2008年 1月	2008年 2月	2008年 3月	2008年 4月	2008年 5月	2008年 6月	2008年 7月	2008年 8月	2008年 9月
3 8 13 18 23 28	2 7 12 17 22 27	2 7 12 17 22 27	1 6 11 16 21 26 31	5 10 15 20 25	1 6 11 16 21 26 31	5 10 15 20 25 30	5 10 15 20 25 30	4 9 14 19 24 29	4 9 14 19 24 29	3 8 13 18 23 28	2 7 12 17 22 27

电力(联调联试期间站区供电)

热滑 CRH2-010检测列车

100 km/h轨道接触网状态检测1

CRH2-010检测列车检测1

机房、配线间、监控中心的装修、配电、综合布线

设备安装及各子系统功能调试

4-10

厂内静置试验、安装监测设备 CRH2-0610

环线动态调试及型式试验 CRH2-0610

秦沈段型式试验(弓网、动力学、自动过分相，最高250km/h) CRH2-0610

环线动车组整备、测试系统静动态调试 CRH2-0010

试验准备、测试系统动、静态调试 CRH2-0610

半主动减振器调试 CRH2-0610

CRH2-0610

250-300km速度级试验(正线) CRH2-0610

300-350km速度级试验(正线) CRH2-0610

350km以上速度级试验(正线) CRH2-0610

拆除测力轮时、装载 CRH2-0610

起动加速、复合制动 CRH2-0610

阻力、复合制动、温升、故障运行 CRH2-0610

空气动力学(交会)及补充试验 CRH2-0610、CRH2-0620

安装测力轮对、卸载 CRH2-0610

到达环线 CRH2-0620

装弓网、动力学检测设备 CRH2-0620

京津城际铁路调试 CRH3-0010

标识号	任务名称	开始时间	完成时间	试验用车	部牵头部门	责任方	参加方
74	更换测力轮对	2008 年 5 月 3 日	2008 年 5 月 4 日	3#1	运输局装备部	铁科院	北京局、唐车公司、四电系统集成商
75	ATP 车载设备动态调试	2008 年 5 月 5 日	2008 年 5 月 8 日	3#1	运输局装备部	铁科院	北京局、唐车公司、四电系统集成商
76	环线调试	2008 年 5 月 9 日	2008 年 5 月 12 日	3#1	运输局装备部	铁科院	唐车公司、四电系统集成商
77	动车组调试	2008 年 5 月 13 日	2008 年 5 月 26 日	3#1	运输局装备部	唐车公司	铁科院
78	环线调试、返厂检修改进	2008 年 5 月 27 日	2008 年 6 月 10 日	3#1			
79	CRH3 - 002C 动车组	2008 年 5 月 17 日	2008 年 7 月 25 日				
80	环线调试	2008 年 5 月 17 日	2008 年 6 月 18 日	3#2	运输局装备部	铁科院	北京局、唐车公司、四电系统集成商
81	京津城际铁路动力学、弓网、噪声、电源、空气动力学试验	2008 年 6 月 28 日	2008 年 7 月 11 日	3#2	运输局装备部	铁科院	北京局、唐车公司、四电系统集成商
82	返厂拆除检测设备交付使用	2008 年 7 月 19 日	2008 年 7 月 25 日	3#2	运输局装备部	铁科院	北京局、唐车公司、四电系统集成商
83	CRH3 - 004C 动车组	2008 年 5 月 7 日	2008 年 6 月 26 日				
84	环线调试	2008 年 5 月 7 日	2008 年 5 月 20 日	3#4	运输局装备部	铁科院	北京局、唐车公司、四电系统集成商
85	京津城际铁路牵引、制动、绝缘、网络试验	2008 年 5 月 21 日	2008 年 5 月 29 日	3#4	运输局装备部	铁科院	北京局、唐车公司、四电系统集成商
86	京津城际铁路调试	2008 年 5 月 30 日	2008 年 6 月 1 日	3#4	运输局装备部	铁科院	北京局、唐车公司、四电系统集成商
87	软件静、动态测试	2008 年 6 月 2 日	2008 年 6 月 6 日	3#4	运输局装备部	唐车公司	北京局、铁科院、四电系统集成商
88	更换测力轮对，拆除检测设备	2008 年 6 月 7 日	2008 年 6 月 12 日	3#4	运输局装备部	铁科院	北京局、唐车公司、四电系统集成商
89	返厂拆除检测设备交付使用	2008 年 6 月 13 日	2008 年 6 月 26 日	3#4	支输局装备部	铁科院	唐车公司、四电系统集成商
90	集成试验	2007 年 12 月 1 日	2008 年 7 月 20 日				
91	牵引系统调试	2008 年 2 月 1 日	2008 年 5 月 20 日		运输局客专技术部	北京局、京津公司	集成商、铁科院
92	电力系统调试	2007 年 12 月 1 日	2008 年 3 月 16 日		运输局客专技术部	北京局、京津公司	集成商、铁科院
93	接触网调试	2008 年 3 月 10 日	2008 年 6 月 29 日	2#1			
94	接触网检测设备调试	2008 年 3 月 10 日	2008 年 5 月 22 日	2#1	运输局客专技术部	北京局、京津公司	集成商、铁科院
95	接触网精调	2008 年 3 月 10 日	2008 年 6 月 20 日		运输局客专技术部	北京局、京津公司	集成商、铁科院
96	接触风测量	2008 年 5 月 23 日	2008 年 6 月 29 日	2#1	运输局客专技术部	北京局、京津公司	集成商、铁科院
97	通信系统调试	2008 年 3 月 1 日	2008 年 6 月 29 日				
98	通信系统调试、GSM - R 干扰	2008 年 3 月 1 日	2008 年 5 月 27 日	2#1	运输局基础部	北京局、京津公司	集成商、铁科院、四方股份
99	GSM - R 声强覆盖、服务质量测试	2008 年 5 月 28 日	2008 年 6 月 29 日	2#1	运输局基础部	北京局、京津公司	集成商、铁科院、四方股份
100	信号系统调试	2008 年 1 月 18 日	2008 年 7 月 20 日				
101	环线 E1 系统调试	2008 年 1 月 18 日	2008 年 1 月 25 日	2#2	运输局基础部	铁科院	集成商、四方股份
102	环线 E1 系统功能测试	2008 年 1 月 26 日	2008 年 1 月 27 日	2#2	运输局基础部	铁科院	集成商、四方股份
103	京津城际铁路信号系统调试	2008 年 2 月 1 日	2008 年 6 月 30 日				
104	联锁系统调试	2008 年 2 月 1 日	2008 年 6 月 10 日	2#2	运输局基础部	北京局、京津公司	集成商、铁科院、四方股份
105	CTC 系统调试	2008 年 2 月 1 日	2008 年 6 月 15 日	2#2	运输局基础部	北京局、京津公司	集成商、铁科院、四方股份
106	装载 ETCS 数据	2008 年 6 月 7 日	2008 年 6 月 14 日		运输局基础部	北京局、京津公司	集成商、铁科院、四方股份
107	ATP 系统调试(低速)	2008 年 3 月 7 日	2008 年 6 月 30 日	2#2	运输局基础部	北京局、京津公司	集成商、铁科院、四方股份
108	E1 场景试验(高速)	2008 年 6 月 15 日	2008 年 6 月 30 日	2#2	运输局基础部	北京局、京津公司	集成商、铁科院、四方股份
109	C2 系统调试	2008 年 4 月 26 日	2008 年 6 月 30 日	2#10,2#BF	运输局基础部	铁科院	北京局、京津公司、集成商

续上表

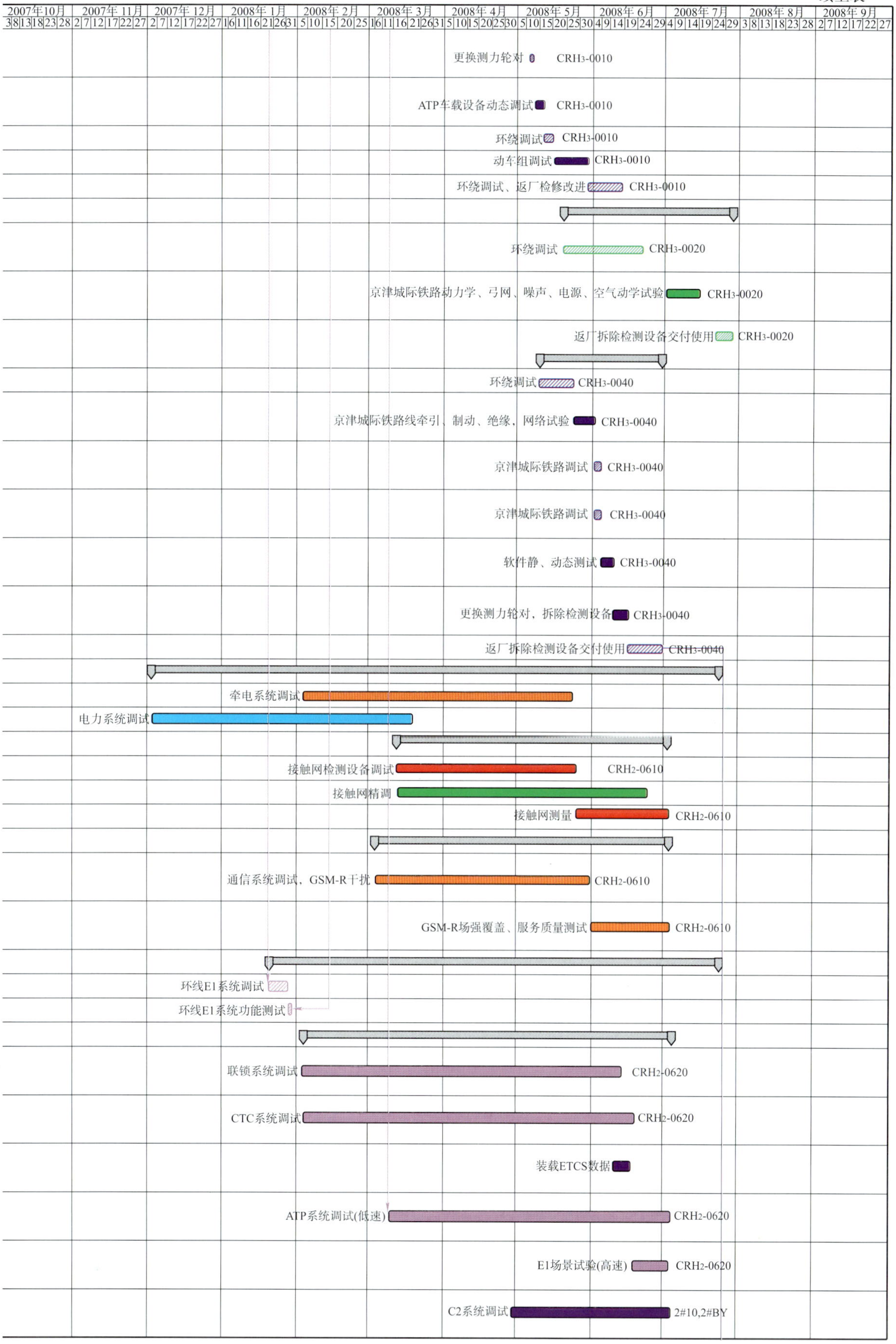

2007年10月	2007年 11月	2007年 12月	2008年 1月	2008年 2月	2008年 3月	2008年 4月	2008年 5月	2008年 6月	2008年 7月	2008年 8月	2008年 9月
3 8 13 18 23 28	2 7 12 17 22 27	2 7 12 17 22 27	1 6 11 16 21 26 31	5 10 15 20 25	1 6 11 16 21 26 31	5 10 15 20 25 30	5 10 15 20 25 30	4 9 14 19 24 29	4 9 14 19 24 29	3 8 13 18 23 28	2 7 12 17 22 27

更换测力轮对　CRH3-0010

ATP车载设备动态调试　CRH3-0010

环绕调试　CRH3-0010

动车组调试　CRH3-0010

环绕调试、返厂检修改进　CRH3-0010

环绕调试　CRH3-0020

京津城际铁路动力学、弓网、噪声、电源、空气动学试验　CRH3-0020

返厂拆除检测设备交付使用　CRH3-0020

环绕调试　CRH3-0040

京津城际铁路线牵引、制动、绝缘，网络试验　CRH3-0040

京津城际铁路调试　CRH3-0040

京津城际铁路调试　CRH3-0040

软件静、动态测试　CRH3-0040

更换测力轮对，拆除检测设备　CRH3-0040

返厂拆除检测设备交付使用　CRH3-0040

牵电系统调试

电力系统调试

接触网检测设备调试　CRH2-0610

接触网精调

接触网测量　CRH2-0610

通信系统调试，GSM-R干扰　CRH2-0610

GSM-R场强覆盖、服务质量测试　CRH2-0610

环线E1系统调试

环线E1系统功能测试

联锁系统调试　CRH2-0620

CTC系统调试　CRH2-0620

装载ETCS数据

ATP系统调试(低速)　CRH2-0620

E1场景试验(高速)　CRH2-0620

C2系统调试　2#10,2#BY

标识号	任务名称	开始时间	完成时间	试验用车	部牵头部门	责任方	参加方
110	京津城际铁路、天津—泰达E1功能验证	2008年7月1日	2008年7月20日	2#2	运输局基础部	铁科院	北京局、京津公司、集成商、四方股份
111	电磁兼容性试验	2008年5月14日	2008年5月25日	2#2	运输局基础部	北京局、京津公司	集成商、铁科院、四方股份
112	四电系统集成试验完成	2008年6月15日	2008年6月15日				
113	整体系统联调联试	2008年4月10日	2008年7月30日				
114	系统功能联调联试	2008年4月11日	2008年7月30日				
115	正线(含全线贯通)联调联试	2008年4月11日	2008年6月9日				
116	地面系统标定	2008年4月14日	2008年4月14日	2#1	运输局、科技司	铁科院	北京局、京津公司、集成商、四方股份
117	单列空车试验(动力学、弓网)(正线)	2008年4月11日	2008年4月26日				
118	250－300 km/h速度级试验(正线)	2008年4月11日	2008年4月13日	2#1	运输局、科技司	铁科院	北京局、京津公司、集成商、四方股份
119	300－350 km/h速度级试验(正线)	2008年4月15日	2008年4月18日	2#1	运输局、科技司	铁科院	北京局、京津公司、集成商、四方股份
120	350 km/h及以上速度级试验(正线)	2008年4月19日	2008年4月26日	2#1	运输局、科技司	铁科院	北京局、京津公司、集成商、四方股份
121	单列重车试验(牵引、制动)(正线)	2008年5月8日	2008年6月1日	2#1	运输局、科技司	铁科院	北京局、京津公司、集成商、四方股份
122	空气动力学试验	2008年6月2日	2008年6月9日				
123	CRH2型动车组间交会	2008年6月2日	2008年6月3日	2#1,2#2	运输局、科技司	铁科院	北京局、京津公司、集成商、四方股份
124	CRH2型与CRH3型动车组交会	2008年6月4日	2008年6月6日	2#1,3#4	运输局、科技司	铁科院	北京局、京津公司、集成商、四方股份、唐车公司
125	CRH3型动车组间交会	2008年6月7日	2008年6月9日	3#1,3#4	运输局、科技司	铁科院	北京局、京津公司、集成商、唐车公司
126	自动过分相试验	2008年6月2日	2008年6月6日	2#1	运输局、科技司	铁科院	北京局、京津公司、集成商、四方股份
127	动力组追踪,追踪同时交会试验	2008年7月3日	2008年7月7日	2#1,2#2,3#1,3#4	运输局、科技司	铁科院	北京局、京津公司、集成商、四方股份、唐车公司
128	供变电系统联调联试	2008年5月21日	2008年6月30日	2#1,2#2,3#1,3#4	运输局、科技司	铁科院	北京局、京津公司、集成商、四方股份、唐车公司
129	接触网系统联调联试	2008年4月11日	2008年6月30日	2#1,2#2,3#1,3#4	运输局、科技司	铁科院	北京局、京津公司、集成商、四方股份、唐车公司
130	通信系统联调联试	2008年5月21日	2008年6月30日	2#1,2#2,3#1,3#4	运输局、科技司	铁科院	北京局、京津公司、集成商、四方股份、唐车公司
131	信号系统联调联试	2008年5月21日	2008年6月30日	2#1,2#2,3#1,3#4	运输局、科技司	铁科院	北京局、京津公司、集成商、四方股份、唐车公司
132	综合接地测试	2008年5月21日	2008年6月30日	2#1,2#2,3#1,3#4	运输局、科技司	铁科院	北京局、京津公司、集成商、四方股份、唐车公司
133	电磁兼客性测试	2008年5月21日	2008年6月30日	2#1,2#2,3#1,3#4	运输局、科技司	铁科院	北京局、京津公司、集成商、四方股份、唐车公司
134	客服系统联调联试	2008年7月11日	2008年7月30日		运输局、科技司	铁科院	北京局、京津公司、客服集成商
135	线、桥、路基、声屏障及环境(振动、噪声)监测	2008年4月10日	2008年7月30日				
136	地面系统标定	2008年4月14日	2008年4月14日	2#1	运输局、科技司	铁科院	北京局、京津公司、集成商、四方股份

续上表

2007年10月	2007年11月	2007年12月	2008年1月	2008年2月	2008年3月	2008年4月	2008年5月	2008年6月	2008年7月	2008年8月	2008年9月
3 8 13 18 23 28	2 7 12 17 22 27	2 7 12 17 22 27	1 6 11 16 21 26 31	5 10 15 20 25	1 6 11 16 21 26 31	5 10 15 20 25 30	5 10 15 20 25 30	4 9 14 19 24 29	4 9 14 19 24 29	3 8 13 18 23 28	2 7 12 17 22 27

京津城际铁路、天津—泰达E1功能验证　CRH2-062C

电磁兼容性试验　CRH2-062C

◆ 6-15

地面系统标定　CRH2-061C

250-300km/h速度级试验(正线)　CRH2-061C

300-350km/h速度级试验(正线)　CRH2-061C

350km/h以上速度级试验(正线)　CRH2-061C

单列重车试验(牵引、制动)(正线)　CRH2-061C

CRH2型动车组间交会　CRH2-061C,CRH2-062C

CRH2型与CRH3型动车组间交会　CRH2-061C,CRH2-004C

CRH3型动车组间交会　CRH3-001C,CRH2-004C

自动过分相试验　CRH2-061C

动车组追踪、追踪同时交会试验　CRH2-061C,CRH2-062C,CRH3-004C,CRH3-001C

供变电系统联调联试　CRH2-061C,CRH2-062C,CRH3-004C,CRH3-001C

接触网系统联调联试　CRH2-061C,CRH2-062C,CRH3-004C,CRH3-001C

通信系统联调联试　CRH2-061C,CRH2-062C,CRH3-004C,CRH3-001C

信号系统联调联试　CRH2-061C,CRH2-062C,CRH3-004C,CRH3-001C

综合接地测试　CRH2-061C,CRH2-062C,CRH3-004C,CRH3-001C

电磁兼容性测试　CRH2-061C,CRH2-062C,CRH3-004C,CRH3-001C

客服系统联调联试

地面系统标定　CRH2-061C

标识号	任务名称	开始时间	完成时间	试验用车	部牵头部门	责任方	参加方
137	单列空车试验	2008年4月10日	2008年4月26日	2#1	运输局、科技司	铁科院	北京局、京津公司、集成商、四方股份
138	单列重车试验	2008年5月8日	2008年6月1日	2#1	运输局、科技司	铁科院	北京局、京津公司、集成商、四方股份
139	空气动力学试验	2008年6月2日	2008年6月9日	2#1,2#2,3#1,3#4	运输局、科技司	铁科院	北京局、京津公司、集成商、四方股份、唐车公司
140	道岔侧向通过试验	2008年6月10日	2008年6月11日	2#1	运输局、科技司、工管中心	铁科院	北京局、京津公司、四方股份
141	CRH3F型式试验监测	2008年6月28日	2008年7月11日	3#1,3#4	运输局、科技司、工管中心	铁科院	北京局、京津公司、唐车公司
142	试运行环境监测	2008年7月1日	2008年7月30日	全部列车	运输局、科技司、工管中心	铁科院	北京局、京津公司、四方股份、唐车公司
143	联调联试完成	2008年7月20日	2008年7月20日				
144	试运行	2008年7月1日	2008年8月1日				
145	部分列车试运行(4列车)	2008年7月1日	2008年7月22日				
146	单列动车组空载试运行	2008年7月1日	2008年7月2日				
147	全程运行、起停附加时分	2008年7月1日	2008年7月2日	2#2	运输局调度部	北京局、铁科院	京津公司、集成商、四方股份
148	动车组追踪试运行	2008年7月3日	2008年7月10日				
149	单组列车追踪	2008年7月3日	2008年7月4日	2#1,2#2	运输局调度部	北京局、铁科院	京津公司、集成商、四方股份
150	列车追踪同时交会	2008年7月5日	2008年7月7日	2#1,2#2,3#1,3#4	运输局调度部	北京局、铁科院	北京局、京津公司、集成商、四方股份、唐车公司
151	待避、越行间隔时分	2008年7月8日	2008年7月8日	2#1,2#2	运输局调度部	北京局、铁科院	京津公司、集成商、四方股份
152	反向行车、会让间隔时分	2008年7月9日	2008年7月10日	2#1,2#2	运输局调度部	北京局、铁科院	京津公司、集成商、四方股份
153	故障模拟	2008年7月11日	2008年7月14日				
154	施工慢行、单线行车	2008年7月11日	2008年7月11日	2#1,2#2	运输局调度部	北京局、铁科院	京津公司、集成商、四方股份
155	降速、降级运行模拟	2008年7月12日	2008年7月12日	2#1,2#2	运输局调度部	北京局、铁科院	京津公司、集成商、四方股份
156	救援模拟	2008年7月13日	2008年7月14日	2#1,2#2	运输局调度部	北京局、铁科院	京津公司、集成商、四方股份
157	动车组追踪同时交会试运行	2008年7月15日	2008年7月22日	2#1,2#2,3#1,3#4	运输局调度部	北京局、铁科院	北京局、京津公司、集成商、四方股份、唐车公司
158	全部列车按图行车	2008年7月22日	2008年8月1日	全部列车	运输局调度部	北京局、铁科院	京津公司、集成商、四方股份、唐车公司
159	试运行完成	2008年7月31日	2008年7月31日				
160	轨道、接触网状态检测及确认	2008年3月27日	2008年7月31日				
161	160 km/h轨检、电务、弓网检测车安全检测及确认	2008年3月27日	2008年6月20日	160km/h检测车	运输局基础部、客专技术部	铁科院	北京局、京津公司
162	250 km/h综合检测列车安全检测及确认	2008年6月21日	2008年7月31日	250 km/h检测车	运输局客专技术部、基础部	铁科院	北京局、京津公司、长客股份
163	动车组动力学、接触网状态监测	2008年4月11日	2008年7月31日	2#1,2#2,3#1	运输局客专技术部、基础部	铁科院	北京局、京津公司、集成商、四方股份、唐车公司
164	培训	2007年12月5日	2008年7月30日				
171	与外方电话会议	2007年12月21日	2008年7月28日				

续上表

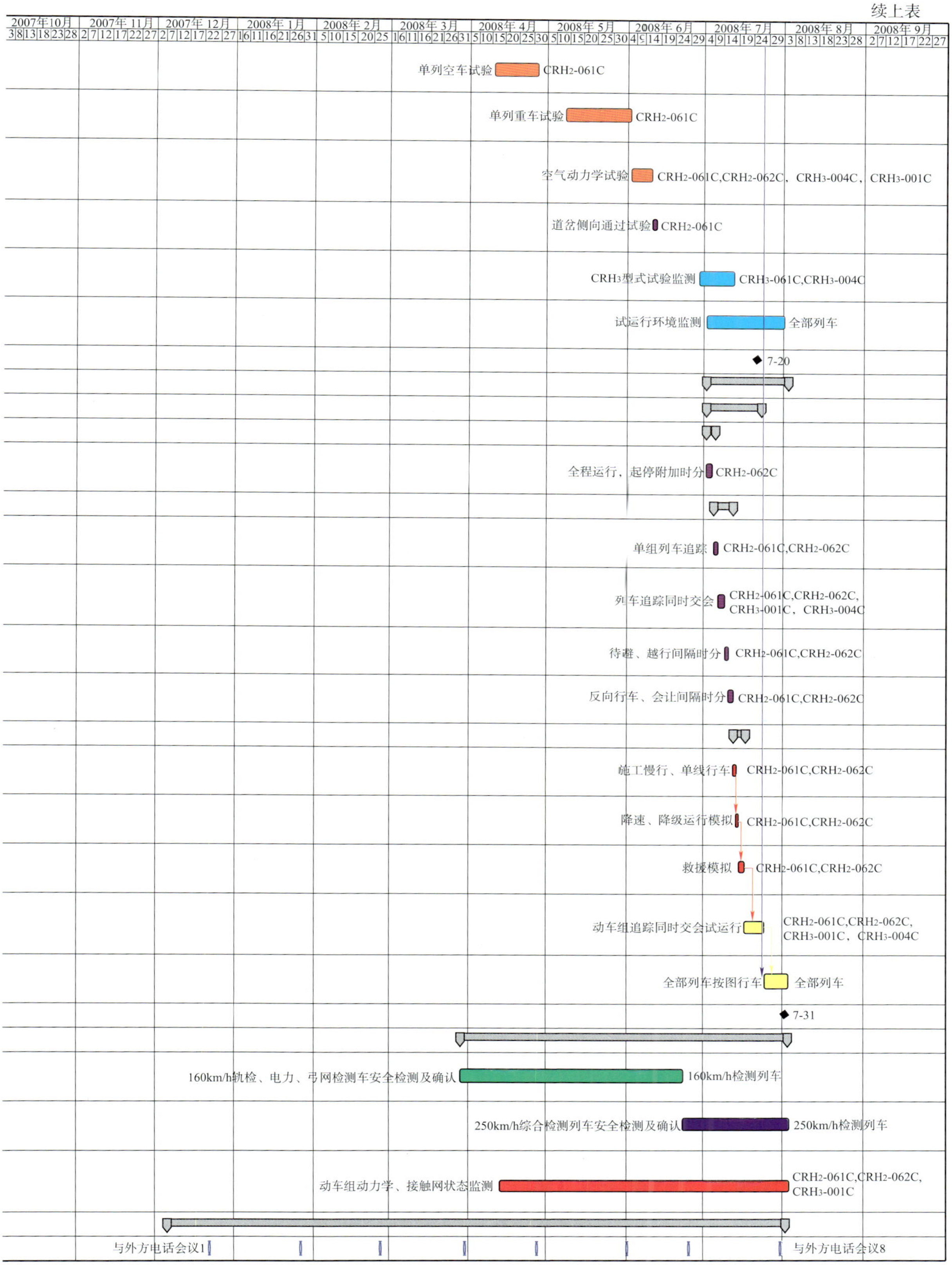

2007年10月	2007年11月	2007年12月	2008年1月	2008年2月	2008年3月	2008年4月	2008年5月	2008年6月	2008年7月	2008年8月	2008年9月
3 8 13 18 23 28	2 7 12 17 22 27	2 7 12 17 22 27	1 6 11 16 21 26 31	5 10 15 20 25	1 6 11 16 21 26 31	5 10 15 20 25 30	5 10 15 20 25 30	4 9 14 19 24 29	4 9 14 19 24 29	3 8 13 18 23 28	2 7 12 17 22 27

单列空车试验　CRH2-061C

单列重车试验　CRH2-061C

空气动力学试验　CRH2-061C,CRH2-062C、CRH3-004C，CRH3-001C

道岔侧向通过试验　CRH2-061C

CRH3型式试验监测　CRH3-061C,CRH3-004C

试运行环境监测　全部列车

7-20

全程运行，起停附加时分　CRH2-062C

单组列车追踪　CRH2-061C,CRH2-062C

列车追踪同时交会　CRH2-061C,CRH2-062C,
CRH3-001C，CRH3-004C

待避、越行间隔时分　CRH2-061C,CRH2-062C

反向行车、会让间隔时分　CRH2-061C,CRH2-062C

施工慢行、单线行车　CRH2-061C,CRH2-062C

降速、降级运行模拟　CRH2-061C,CRH2-062C

救援模拟　CRH2-061C,CRH2-062C

动车组追踪同时交会试运行　CRH2-061C,CRH2-062C,
CRH3-001C，CRH3-004C

全部列车按图行车　全部列车

7-31

160km/h轨检、电力、弓网检测车安全检测及确认　160km/h检测列车

250km/h综合检测列车安全检测及确认　250km/h检测列车

动车组动力学、接触网状态监测　CRH2-061C,CRH2-062C,
CRH3-001C

与外方电话会议1　与外方电话会议8

附表 2　京津城际铁路联调联试周计划

京津城际铁路联调联试周计划

编制时间:2008 - 6 - 11
修改日期:2008 - 6 - 13
打印时间:2008 - 6 - 14

第 25 周(2008 年 6 月 16 日至 2008 年 6 月 22 日)

日期	每天试验开始时间	每天试验结束时间	WBS	任务名称	任务描述	试验车辆轨道占用	最高试验速度	试验区间、上下行	往返次数	接触网用电要求	测试地点	负责方	配合方	配合工作	备注
2008 - 6 - 16(周一)	0:00	4:00	2.2	列车自助防护系统(ATP)测试。(车载 ATP 和应答器间的传输性能,可靠性运行测试,联锁、ATP 功能及模式验证)	在上、下行线 JJK3 ~ JJK118 +547(含亦庄站、永乐站及武清站侧线、渡线、天津站)进行 ATP 调试,试验最高速度小于 350 km/h, JJK116 ~ JJK119 区段限速 50 km/h。(行车计划依据集成商提交的日计划安排)	CHR2 - 062C	<350 km/h	上、行行线 JJK3 ~ JJK118 + 547 含亦庄站、永乐站及武清站侧线、渡线、天津站	多次	JJK3 ~ JJK118 + 547 接触网带电	车上/地面	集成商	北京局、京津公司、铁科院、四方股份、天津站工程指挥部	组织行车、安全保障及其他	集成商负责信号系统准备,ATP 设备,应答器数据读取和分析,北京局负责道岔钩解锁,进路确认等,铁科院参加,集成商应提交每天的测试内容、测试结果
	4:00	12:00	2.1	CRH3 - 002C (SAG2)动车组型式试验	仅在下行正线 JJK3 ~ JJK118 进行 CRH3 - 002C(SAG2)动车组牵引/制动/自动过分相试验,起动加速 250 ~ 260 km/h、260 ~ 270 km/h、270 ~ 280 km/h	CRH3 - 002C (SAG2)	280 km/h	下行正线 JJE3 ~ JJK116	多次	JJK3 ~ JJK116 接触网带电	车上	铁科院	北京局,唐车公司、四电系统集成商、京津公司	组织行车、安全保障及其他	
	4:00	12:00	2.3.3	线、桥、路基、环境监测,综合接地测试	线、桥、路基、环境监测,综合接地测试			下行线 JJK3 ~ JJK116			试验区段内相关测点	铁科院、西南交大	北京局、京津公司、集成商	看护、防护及其他配合	
	4:00	12:00	2.2.3	GSM - R 测试	仅在上行正线 JJK3 ~ JJK118 +547 进行 GSM - R 测试,试验车运行最高速度 350 km/h, JJK116 ~ JJK119 区段限速 50 km/h	CRH2 - 0620	<350 km/h	上行正线 JJK3 ~ JJK118 + 547	多次	JJK3 ~ JJK118 + 547 接触网带电	车上	集成商	铁科院、北京局、京津公司、四方股份、九方(公司)	组织行车、安全保障及其他	
	12:00	24:00	2.2	列车自动防护系统(ATP 测试),(车载 ATP 和应答器间的传输性能,可靠性运行测试,联锁、ATP 功能及模式验证)	在上、下行线 JJK3 ~ JJK118 +547(含亦庄站,永乐站及武清站侧线、渡线、天津站)进行 ATP 调试,试验最高速度小于 350 km/h, JJK116 ~ JJK119 区段限速 50 km/h,(行车计划依据集成商提交的日计划安排)	CRH3 - 002C (SAG2)	<350 km/h	上、下行线 JJK3 ~ JJK118 + 547(含亦庄站、永乐站及武清站侧线、渡线、天津站)	多次	JJK3 ~ JJK118 + 547 接触网带电	车上/地面	集成商	北京局、京津公司、铁科院、唐车公司、四电系统集成商、天津站工程指挥部	组织行车、安全保障及其他。	集成商负责信号系统准备,ATP 设备,应答器数据读取和分析,北京局负责道岔钩解锁,进路确认等,铁科院参加,集成商应提交每天的测试内容、测试结果

续上表

日期	每天试验开始时间	每天试验结束时间	WBS	任务名称	任务描述	试验车辆轨道占用	最高试验速度	试验区间、上下行	往返次数	接触网用电要求	测试地点	负责方	配合方	配合工作	备　注
2008-6-16（周一）	8:00	17:00	2.3.1.8.1	牵引交电所供电能力试验和220 kV背景谐波电压测试	1. 亦庄牵引交电所，ATS1所（AT所）测试接线。 2. 亦庄所220kV背景谐波电压测试接线			亦庄所、ATS1所		正常供电	亦庄牵引变电所，ATS1所	铁科院	集成商、四电系统集成商技术人员，北京局，电化局维管段	1. 四电系统集成商技术人员协助测试接线。 2. 北京局电调通知亦庄变电所，ATS1所允许参试人员进行接线	
	4:00	12:00	2.2	调度集中控制KSB转换器	在上、下行正线JJK0～JJK3区段进行调度中心控制ESB转换器调试			上、下行正线JJK0～JJK3			地面	集成商	北京局、京津公司、北京南站指挥部、天津站指挥部	提供进场和测试配合及其他	
	8:00	18:00	2.3.1.7	通信系统联调联试：业务应用测试以及其他解态测试	对京津城际通信系统进行业务应用测试以及其他静态测试						核心网机房、调度中心、沿线车站及GSM-R基站等	铁科院	集成商、北京局、铁通公司	提供进场和测试配合及其他	
2008-6-17（周二）	0:00	4:00	2.2	列车自动防护系统（ATP）测试，（车载ATP和应答器间的传动性能、可靠性运行测试，联锁、ATP功能及模式验证）	在上、下行线JJK3～JJK118+547（含亦庄站、永乐站及武清站侧线、渡线、天津站）进行ATP调试，试验最高速度小于350 km/h，JJK16～JJK119区段限速50 km/h，（行车计划依据集成商提交的日计划安排）	CRH3－002C（SAG2）	<350 km/h	上、下行线JJK3～JJK115+547（含亦庄站、永乐站及武清站侧线、渡线、天津站）	多次	JJK118+547接触网供电	车上/地面	集成商	北京局、京津公司、铁科院、唐车公司、四电系统集成商、天津站工程指挥部	组织行车、安全保障及其他	集成商负责信号系统准备，ATP设备，应答器数据读取和分析，北京局负责道岔钩解锁，进路确认等，铁科院参加，集成商应提交每天的测试内容、测试结果
	4:00	12:00	2.1	CRH3－002C（SAG2）动车组型式试验	仅在下行正线JJK3～JJK116进行动车组牵引/制动/自动过分相试验，起动加速280～290，290～300，300～305 km/h	CRH3－002C（SAG2）	305 km/h	下行正线JJK3～JJK116		JJK3～JJK116接触网带电	车上	四电系统集成商	北京局、唐车公司、京津公司	组织行车、安全保障及其他	

续上表

日期	每天试验开始时间	每天试验结束时间	WBS	任务名称	任务描述	试验车辆轨道占用	最高试验速度	试验区间、上下行	往返次数	接触网用电要求	测试地点	负责方	配合方	配合工作	备注
	4:00	12:00	2.3.3	线、桥、路基、环境监测，综合接地测试	线、桥、路基，环境监测，综合接地测试			下行线 JJK3 ~ JJK116			试验区段内相关利点	铁科院、西南交大	北京局、京津公司、集成商	看护、防护及其他配合	
	4:00	12:00	2.2.3	接触网测量	仅在上行正线 JJK3 ~ JJK116 进行接触网测量，试验车运行最高速度 350 km/h	CRH_2 - 061C	<350 km/h	上行正线 JJK3 ~ JJK116	4	JJK3 ~ JJK116 接触网带电	车上	集成商	北京局、铁科院、京津公司、四方股份、九方、天津站指挥部	组织行车，安全保障及其他	
	4:00	12:00	2.2	GSM - R 覆盖、数据传输服务质量测试	随上一项任务同步进行。	同上	同上	同上	同上	同上	同上	集成商、铁科院	同上	同上	
2008-6-17（周二）	12:00	24:00	2.2	列车自动防护系统（ATP）测试，（车载 ATP 和应答器间的传动性能、可靠性运行测试，联锁、ATP 功能及模式验证）	在上、下行线 JJK3 ~ JJK118 +547（含亦庄站、永乐站及武清站测线、渡线、天津站）进行 ATP 调试，试验最高速度小于 350 km/h，JJK116 ~ JJK119 区段限速 50 km/h，（行车计划依据集成商提交的日计划安排）	CRH_2 - 061C	<350 km/h	上、下行线 JJK3 ~ JJK118 + 547（含亦庄站、永乐站及武清站侧线、渡线、天津站）	多次	JJK3 ~ JJK118 + 547 接触网带电	车上/地面	集成商	北京局、京津公司、铁科院、四方股份、天津站工程指挥部	组织行车、安全保障及其他	集成商负责信号系统准备，ATP 设备，应答器数据读取和分析，北京局负责道岔钩解锁，进路确认等，铁科院参加，集成商应提交每天的测试内容、测试结果
	9:00	17:00	2.3.1.3.1	牵引变电所供电能力试验和 220 kV 背景谐波电压测试准备	1. 武清牵引安电所 ATS3 所（AT 所）测试操线。 2. 武清所 220 kV 背景谐波电压测试接线			武清所、ATS3 所		正常供电	武清牵引变电所、ATS3 所	铁科院	集成商、四电系统集成商技术人员、北京局、电化局维管段	1. 四电系统集成商技术人员协助测试接线。 2. 北京局电话通知武清变电所、ATS3 所允许参试人员进所接线	
	4:00	12:00	2.2	调度集中控制 KSB 转换器	在上、下行正线 JJK0 ~ JJK3、JJK116 ~ JJK119 区段进行调度中心控制 K5B 转换器调试			上、下行正线 JJK0 ~ JJK3、JJK116 ~ JJK119			地面	集成商	北京局、京津公司、北京南站指挥部、天津站指挥部	提供进场和测试配合及其他	

续上表

日期	每天试验开始时间	每天试验结束时间	WBS	任务名称	任务描述	试验车辆轨道占用	最高试验速度	试验区间、上下行	往返次数	接触网用电要求	测试地点	负责方	配合方	配合工作	备注
2008-6-17（周二）	8:00	18:00	2.3.1.7	通信系统联调联试、业务应用测试以及其他静态测试	对京津城际通信系统进行业务应用测试以及其他静态测试						核心网机房、调度中心，沿线车站及GSM-R基站等	铁科院	集成商、北京局、铁道公司	提供进场和测试配合及其他	
	9:00	18:00	2.3.1.7	道岔集成试验	永乐12号道岔集成试验						永乐12号道岔	集成商	北京局、通号公司	提供进场和测试配合及其他	
2008-6-18（周三）	0:00	4:00	2.2	列车自动防护系统（ATP）测试（车载ATP和应答器间的传输性能，可靠性运行测试，联锁、ATP功能及模式验证）	在上、下行线JJK3~JJK118+547（含亦庄站、永乐站及武清站测线、渡线、天津站）进行ATP调试。试验最高速度小于350 km/h，JJK116~JJK119区段限速50 km/h（行车计划依据集成商提交的日计划安排）	CRH2-061C	<350 km/h	上、下行线JJK3~JJK116+547（含亦庄站、永乐站及武清站侧线、渡线、天津站）	多次	JJK3~JJK118+547接触网带电	车上/地面	集成商	北京局、京津公司、铁科院、四方股份、天津站工程指挥部	组织行车、安全保障及其他	集成商负责信号系统准备，ATP设备，应答器数据读取和分析，北京局负责道岔钩解锁，进路确认等，铁科院参加，集成商应提交每天的测试内容、测试结果
	4:00	12:00	2.1	CRH3-002C（SAG2）动车组型式试验	仅在下行正线JJK3~JJK116进行CRH3-002C（SAG2）动车组牵引/制动/自动过分相试验，起动加速试验，试验最高速度305 km/h；惰行阻力试验，试验速度分别为300 km/h、280 km/h	CRH3-002C（SAG2）	305 km/h	下行正线JJK3~JJK116	多次	JJK3~JJK116接触网带电	车上	铁科院	北京局、唐车公司、四电系统集成商、京津公司	组织行车、安全保障及其他	
	4:00	12:00	2.3.3	线、桥、路基、环境监测、综合接地测试	线、桥、路基、环境监测，综合接地测试			下行线JJK3~JJK116			试验区段内相关测点	铁科院、西南交大	北京局、京津公司、集成商	看护、防护及其他配合	
	4:00	12:00	2.2.3	GSM-R测试	仅在上行正线JJK3~JJK118+547进行GSM-R测试，试验车运行最高速度350 km/h	CRH2-061C	<350 km/h	上行正线JJK3~JJK118+547	多次	JJK3~JJK118+547接触网带电	车上	集成商、铁科院	北京局、京津公司、四方股份、九方	组织行车、安全保障及其他	

续上表

日期	每天试验开始时间	每天试验结束时间	WBS	任务名称	任务描述	试验车辆轨道占用	最高试验速度	试验区间、上下行	往返次数	接触网用电要求	测试地点	负责方	配合方	配合工作	备注
2008-6-18(周三)	12:00	24:00	2.2	列车自动防护系统(ATP)测试。(车载ATP和应答器间的传输性能、可靠性运行测试,联锁、ATP功能及模式验证)	在上、下行线JJK3~JJK118+547(含亦庄站、永乐站及武清站侧线、渡线、天津站)进行ATP调试,试验最高速度小于350 km/h,JJK116~JJK119区段限速50 km/h,(行车计划依据集成商提交的日计划安排)	CRH3-002C(SAG2)	350 km/h	上、下行线JJK3~JJK118+547(含亦庄、永乐站及武清站侧线、渡线、天津站)	多次	JJK3~JJK118+547接触网带电	车上/地面	集成商	北京局、京津公司、铁科院、唐车公司、四电系统集成商、天津站工程指挥部	组织行车、安全保障及其他	集成商负责信号系统准备,ATP设备,应答器数据读取和分析,北京局负责道岔钩解锁,进路确认等,铁科院参加,集成商应提交每天的测试内容、测试结果
	8:00	12:00	2.3.1.3.1	牵引变电所供电能力试验和220 kV背景谐波电压测试	亦庄、武清牵引变电所,ATS1、ATS2所正常供电;试验列车接试验计划行车条件下,在亦庄、武清牵引变电所、ATS1所ATS3所(AT所)进行牵引变电所、分区所运行参数测试在亦庄、武清所进行220 kV背景谐波电压测试			亦庄、武清所、ATS1、ATS3所		正常供电	亦庄、武清牵引变电所、ATS1、ATS3所	铁科院	集成商、四电系统集成商技术人员、电化局维管段、北京局	北京局电局通知亦庄、武清变电所、ATS1、ATS3所允许参试人员进所	
	4:00	12:00	2.2	调度集中控制KSB转换器	在上、下行正线JJK0~JJK3区段进行调度中心控制KSB转换器调试			上、下行正线JJK0~JJK3			地面	集成商	北京局、京津公司、北京南站指挥部、天津站指挥部	提供进场和测试配合及其他	
	8:00	18:00	2.3.1.7	通信系统联调联试;业务应用测试以及其他静态测试	对京津城际通信系统进行业务应用测试以及其他静态测试						核心网机房、调度中心、沿线车站及GSM-R基站等	铁科院	集成商、北京局、铁通公司	提供进场和测试配合及其他	
2008-6-19(周四)	0:00	4:00	2.2	列车自动防护系统(ATP)测试。(车载ATP和应答器间的传输功能、可靠性运行测试,联锁、ATP功能及模式验证)	在上、下行线JJK3~JJK118+547(含亦庄站、永乐站及武清站侧线、渡线、天津站)进行ATP调试,试验最高速度小于350 km/h,JJK116~JJK119区段限速50 km/h(行车计划依据集成商提交的日计划安排)	CRH3-002C(SAG2)	<350 km/h	上、下行线JJK3~JJK118+547(含亦庄站、永乐站及武清站侧线、渡线、天津站)	多次	JJK3~JJK118+547接触网带电	车上/地面	集成商	北京局、京津公司、铁科院、唐车公司、四电系统集成商、天津站工作指挥部	组织行车、安全保障及其他	集成商负责信号系统准备,ATP设备,应答器数据读取和分析,北京局负责道岔钩解锁,进路确认等,铁科院参加,集成商应提交每天的测试内容、测试结果

续上表

日期	每天试验开始时间	每天试验结束时间	WBS	任务名称	任务描述	试验车辆轨道占用	最高试验速度	试验区间、上下行	往返次数	接触网用电要求	测试地点	负责方	配合方	配合工作	备注
2008-6-19（周四）	4:00	12:00	2.2.3	接触网测量	仅在下行正线 JJK3 ~ JJK116 进行接触网测量，试验车运行最高速度 350 km/h	CRH2 - 061C	<350 km/h	下行正线 JJK3 ~ JJK116	多次	JJK3 ~ JJK116 接触网带电	车上	集成商	北京局、铁科院、京津公司、四方股份、九方、天津站指挥部	组织行车、安全保障及其他	
	4:00	12:00	2.2	GSM - R 覆盖、数据传输服务质量测试	随上一项任务同步进行	同上	同上	同上	同上	同上	同上	集成商、铁科院	同上	同上	
	4:00	12:00	2.3.3	线、桥、路基、环境监测、综合接地测试	线、桥、路基、环境监测，综合接地测试			下行线 JJK3 ~ JJK116			试验区段内相关测点	铁科院、西南交大	北京局、京津公司、集成商	看护、防护及其他配合	
	4:00	12:00	2.1	CRH3 - 002C(SAG2) 动车组型式试验	仅在上行正线 JJK3 ~ JJK116 进行 CRH3 - 002C(SAG2) 动车组牵引/制动/自动过分相试验，起动加速 350，增行阻力 300 ~ 280	CRH3 - 002C (SAG2)	350 km/h	上行正线 JJK3 ~ JJK116	多次	JJK3 ~ JJK116 接触网带电	车上	铁科院	北京局、唐车公司、四电系统集成商、京津公司	组织行车、安全保障及其他	
	12:00	24:00	2.2	列车自动护防系统(ATP)测试，(车载 ATP 和应答器间的传输性能、可靠性运行测试，联锁、ATP 功能及模式验证)	在上、下行线 JJK3 ~ JJK118 +547(含亦庄站、永乐站及武清站侧线、渡线，天津站)进行 ATP 调试，试验最高速度小于 350 km/h，JJK116 ~ JJK119 区段限速 50 km/h，(行车计划依据集成商提交的日计划安排)	CRH2 - 061C	<350 km/h	上、下行线 JJK3 ~ JJK118 + 547(含亦庄站、永乐站及武清站侧线、渡线、天津站)	多次	JJK3 ~ JJK118 + 547 接触网带电	车地/地面	集成商	北京局、京津公司、铁科院、四方股份、天津站工程指挥部	组织行车、安全保障及其他	集成商负责信号系统准备，ATP 设备，应答器数据读取和分析，北京局负责道岔钩解锁，进路确认等，铁科院参加，集成商应提交每天的测试内容、测试结果
	8:00	16:00	2.3.1.8.1	牵引变电所供电能力试验和 220 kV 背景谐波电压测试	亦庄(或武清)变电所不同接触网供电，武清(或亦庄)牵引变电所、ATS1、ATS3 所正常供电；试验列车按试验计划行车条件下，在亦庄、武清牵引变电所、ATS1 所、ATS3 所(AT 所)进行牵引变电所、分区所运行参数测试在亦庄、武清所进行 220 kV 背景谐波电压测试			亦庄、武清所、ATS1、ATS3 所		正常供电	亦庄、武清牵引变电所、ATS1、ATS3 所	铁科院	集成商、四电系统集成商技术人员、电化局维管段、北京局	北京局电调通知亦庄、武清变电所、ATS1、ATS3 所允许参试人员进所	

续上表

日期	每天试验开始时间	每天试验结束时间	WBS	任务名称	任务描述	试验车辆轨道占用	最高试验速度	试验区间、上下行	往返次数	接触网用电要求	测试地点	负责方	配合方	配合工作	备注
2008-6-19（周四）	4:00	12:00	2.2	调度集中控制KSB转换器	在上、下行正线JJK0～JJK3、JJK116～JJK119区段进行调度中心控制KSB转换器调试			上、下行正线JJK0～JJK3、JJK116～JJK119			地面	集成商	北京局、京津公司、北京南站指挥部、天津站指挥部	提供进场和测试配合及其他	
	8:00	18:00	2.3.1.7	通信系统联调联试：业务应用测试以及其他静态测试	对京津城际通信系统进行业务应用测试以及其他静态测试						核心网机房、调度中心、沿线车站及GSM－R基站等	铁科院	集成商、北京局、铁通公司	提供进场和测试配合及其他	
2008-6-20（周五）	0:00	4:00	2.2	列车自动防护系统（ATP）测试。（车载ATP和应答器间的传输性能、可靠性运行测试、联锁、ATP功能及模式验证）	在上、下行线JJK3～JJK118+547（含亦庄站、永乐站及武清站侧线、渡线、天津站）进行ATP调试。试验最高速度小于350 km/h，JJK116～JJK119区段限速50 km/h。（行车计划依据集成商提交的日计划安排）	CRH2－061C	<350 km/h	上、下行线JJK3～JJK118+547（含亦庄站、永乐站及武清站侧线、渡线、天津站）	多次	JJK3～JJK118+547接触网带电	车上/地面	集成商	北京局、京津公司、铁科院、四方股份、天津站工程指挥部	组织行车，安全保障及其他	集成商负责信号系统准备，ATP设备，应答器数据读取和分析，北京局负责道岔钩解锁，进路确认等，铁科院参加，集成商应提交每天的测试内容、测试结果
	4:00	12:00		CRH3－002C（SAG2）动车组型式试验	仅在下行正线JJK3～JJK116进行CRH3－002C（SAG2）动车组牵引/制动/自动过分相试验，起动加速试验，试验最高速度305 km/h；惰行阻力试验，速度等级300 km/h，280 km/h	CRH3－002C（SAG2）	<350 km/h	下行正线JJK3～JJK116		JJK3～JJK116接触网带电	车上	铁科院	北京局、唐车公司、京津公司	组织行车、安全保障及其他	
	4:00	12:00	2.3.3	线、桥、路基、环境监测、综合接地测试	线、桥、路基、环境监测，综合接地测试			下行线JJK3～JJK116			试验区段内相关测点	铁科院、西南交大	北京局、京津公司、集成商	看护、防护及其他配合	
	4:00	12:00	2.2.3	GSM－R测试	仅在上行正线JJK3～JJK118+547进行GSM－R测试，试验车运行最高速度350 km/h，JJK116～JJK119区段限速50 km/h	CRH2－061C	<350 km/h	上行正线JJK3～JJK116+547	多次	JJK3～JJK118+547接触网带电	车上	集成商、铁科院	北京局、京津公司、四方股份、九方	组织行车、安全保障及其他	

续上表

日期	每天试验开始时间	每天试验结束时间	WBS	任务名称	任务描述	试验车辆轨道占用	最高试验速度	试验区间、上下行	往返次数	接触网用电要求	测试地点	负责方	配合方	配合工作	备 注
2008-6-20（周五）	12:00	20:00	2.1	CRH_3-002C（SAG2）动车组四电系统集成商内部调试及ATP调试	仅在上、下行正线JJK3～JJK116四电系统集成商对CRH3-002C（SAG2）动车组进行优化	CRH_3-002C（SAG2）	<350 km/h	上、下行正线JJK3～JJK116		JJK3～JJK116接触网带电	车上	四电系统集成商	北京局、唐车公司、京津公司	组织行车、安全保障及其他	
	20:00	24:00	2.2	列车自动防护系统（ATP）测试。（车载ATP和应答器间的传输性能、可靠性运行测试，联锁、ATP功能及模式验证）	在上、下行铁JJK3～JJK118-547（含亦庄站、永乐站及武清站侧线、渡线、天津站）进行ATP调试，试验最高速度小于350 km/h，JJK116～JJK119区段限速50 km/h。（行车计划依据集成商提交的日计划安排）	CRH_3-002C（SAG2）	<350 km/h	上、下行线JJK3～JJK116+547（含亦庄站、永乐站及武清站侧线、渡线、天津站）	多次	JJK3～JJK118+547接触网带电	车上/地面	集成商	北京局、京津公司、铁科院、唐车公司、四电系统集成商、天津站工程指挥部	组织行车、安全保障及其他	集成商负责信号系统准备，ATP设备，应答器数据读取和分析，北京局负责道岔钩解锁，进路确认等，铁科院参加，集成商应提交每天的测试内容、测试结果
	8:00	12:00	2.3.1.8.1	牵引变电所供电能力试验和220 kV背景谐波电压测试	亦庄、武清牵引变电所、ATS1、ATS3所正常供电，试验列车按试验计划行车条件下在亦庄、武清牵引变电所、ATS1所、ATS3所（AT所）进行牵引变电所、分区所运行参数测试在亦庄、武清所进行220 kV背景谐波电压测试			亦庄、武清所、ATS1、ATS3所		正常供电	亦庄、武清牵引变电所、ATS1、ATS3所	铁科院	集成商、四电系统集成商技术人员、电化局维管段、北京局	北京局电调通知亦庄、武清变电所、ATS1、ATS3所允许参试人员进所	
	4:00	12:00	2.2	调度集中控制KSB转换器	在上、下行正线JJK0～JJK3区段进行调度中心控制K5B转换器调试			上、下行正线JJK0～JJK3			地面	集成商	北京局、京津公司、天津南站指挥部、天津站指挥部	提供进场和测试配合及其他	
	8:00	18:00	2.3.1.7	通信系统联调联试；业务应用测试以及其他静态测试	对京津城际通信系统进行业务应用测试以及其他静态测试						核心网机房、调度中心、沿线车站及GSM-R基站等	铁科院	集成商、北京局、铁通公司	提供进场和测试配合及其他	

续上表

日期	每天试验开始时间	每天试验结束时间	WBS	任务名称	任务描述	试验车辆轨道占用	最高试验速度	试验区间、上下行	往返次数	接触网用电要求	测试地点	负责方	配合方	配合工作	备　注
2008-6-21（周六）	0:00	4:00	2.2	列车自动防护系统（ATP）测试。（车载 ATP 和应答器间的传输性能、可靠性运行测试，联锁、ATP 功能及模式验证）	在上、下行线 JJK3 ~ JJK118 +547（含亦庄站、永乐站及武清站侧线、渡线、天津站）进行 ATP 调试，试验最高速度小于 350 km/h，JJK116 ~ JJK119 区段限速 50 km/h，（行车计划依据集成商提交的日计划安排）	GRH$_3$ - 002C（SAG2）	<350 km/h	上、下行线 JJK3 ~ JJK118 + 547（含亦庄站、永乐站及武清站侧线、渡线、天津站）	多次	JJK ~ JJK118 + 547 接触网带电	车上/地面	集成商	北京局、京津公司、铁科院、唐车公司、四电系统集成商、天津站对工程指挥部	组织行车、安全保障及其他	集成商负责信号系统准备，ATP 设备，应答器数据读取和分析，北京局负责道岔钩解锁，进路确认等，铁科院参加，集成商应提交每天的测试内容、测试结果
	4:00	8:00	2.1	CRH$_3$ - 002C（SAG2）动车组型式试验	仅在下行正线 JJK3 ~ JJK116 进行 CRH$_3$ - 002C（SAG2）动车组牵引/制动/自动过分相试验，惰行阻力试验，试验速度等级 280 km/h、200 km/h	CRH$_3$ - 002C（SAG2）	<350 km/h	下行正线 JJK3 ~ JJK116	多次	JJK3 ~ JJK116 接触网带电	车上	铁科院	北京局、唐车公司、四电系统集成商、京津公司	组织行车、安全保障及其他	
	4:00	8:00	2.2	C2 动态试验、综合检测车调试	在上行线 JJK0 + 752 ~ JJK118 + 547（含北京南 254 道、亦庄站、永乐站及武清站侧线、渡线、天津站 1、2 道）进行 C2 动态试验和检测车综合调试。试验最高速度小于 250 km/h，JJK116 ~ JJK119 区段限速50 km/h。（行车计划依据集成商提交的日计划安排）	CRH - 005 综合检测车	<250 km/h	上行线 JJK0 + 752 ~ JJK118 + 547（含北京南 4 道、亦庄站、永乐站及武清站侧线、渡线、天津站 1、2 道）	多次	上行正线 JJK0 + 752 - JJK118 + 547 接触网带电	车上	铁科院	北京局、长客厂、京津公司	组织行车、安全保障及其他	
	8:00	12:00	2.1	CRH$_3$ - 002C（SAG2）动车组型式试验	仅在上行正线 JJK3 ~ JJK116 进行 CRH$_3$ - 002C（SAG2）动车组牵引/制动/自动过分相试验。惰行阻力试验，试验速度等级 280 km/h、200 km/h	CRH$_3$ - 002C（SAG2）	<350 km/h	上行正线 JJK3 ~ JJK116	多次	JJK3 ~ JJK116 接触网带电	车上	铁科院	北京局、唐车公司、四电系统集成商、京津公司	组织行车、安全保障及其他	
	8:00	12:00	2.2	C2 动态试验、综合检测车调试	在下行线 JJK0 + 752 ~ JJK118 + 547（含北京南 4 道、亦庄站、永乐站及武清站侧线、渡线、天津站 1、2 道）进行 C2 动态试验和检测车综合调试，试验最高速度小于 250 km/hJJK116 ~ JJK119 区段限速 50 km/h，（行车计划依据集成商提交的日计划安排）	CRH - 005 综合检测车	<250 km/h	下行线 JJK0 + 752 ~ JJK116 + 547（含北京南 4 道、亦庄站、永乐站及武清站侧线、渡线、天津站 1、2 道）	多次	上行正线 JJK0 +752 - JJK118 + 547 接触网带电	车上	铁科院	北京局、长客厂、京津公司	组织行车、安全保障及其他	

续上表

日期	每天试验开始时间	每天试验结束时间	WBS	任务名称	任务描述	试验车辆轨道占用	最高试验速度	试验区间、上下行	往返次数	接触网用电要求	测试地点	负责方	配合方	配合工作	备注
2008-6-21（周六）	4:00	12:00	2.3.3	线、桥、路基、环境监测，综合接地测试	线、桥、路基、环境监测，综合接地测试			下行线 JJK3 ~ JJK116			试验区段内相关测点	铁科院、西南交大	北京局、京津公司、集成商	看护、防护及其他配合	
	12:00	24:00	2.2	列车自动防护系统（ATP）测试。（车载 ATP 和应答器间的传输性能、可靠性运行测试，联锁、ATP 功能及模式验证）	在上、下行线 JJK0 + 752 ~ JJK118 + 547（含北京南、亦庄站、永乐站及武清站侧线、渡线、天津站）进行 ATP 调试，试验最高速度小于 350 km/h，JJK116 ~ JJK119 区段限速 50 km/h。（行车计划依据集成商提交的日计划安排）	CRH2 - 061C	<350 km/h	上、下行线 JJK0 + 752 ~ JJK118 + 547（含北京南、亦庄站、永乐站及武清站侧线、渡线、天津站）	多次	JJK0 + 752 ~ JJK118 + 547 接触网带电	车上/地面	集成商	北京局、京津公司、铁科院、四方股份、天津站工程指挥部	组织行车、安全保障及其他	集成商负责信号系统准备，ATP 设备，应答器数据读取和分析，北京局负责道岔钩解锁，进路确认等，铁科院参加，集成商应提交每天的测试内容、测试结果
	8:00	12:00	2.3.1.8.1	牵引变电所供电能力试验和 220 kV 背景增设电压测试	亦庄、武清牵引变电所，ATS1、ATS3 所正站供电；试验列车按试验计划行车条件下在亦庄、武清牵引变电所、ATS1 所、ATS3 所（AT 所）进行牵引变电所、分区所运行参数测试在亦庄、武清所进行 220 kV 背景增设电压测试			亦庄、武清所、ATS1、ATS3 所		正常供电	亦庄、武清牵引变电所、ATS1、ATS3 所	铁科院	集成商、四电系统集成商技术人员、电化局维管段、北京局	北京局电调通知亦庄、武清交电所、ATS1、ATS3 所允许参试人员进所	
	8:00	16:00	2.3.1.7	通信系统联调联试；业务应用测试以及其他静态测试	对京津城际通信系统进行业务应用测试以及其他静态测试						核心网机房、调度中心、沿线车站及 GSM - P 高站等	铁科院	集成商、北京局、铁通公司	提供进场和测试配合及其他	
2008-6-22（周日）	0:00	4:00	2.2	列车自动防护系统（ATP）测试。（车载 ATP 和应答器间的传输性能、可靠性运行测试，联锁、ATP 功能及模式验证）	在上、下行线 JJK0 + 752 ~ JJK118 + 547（含北京南、亦庄站、永乐站及武清站侧线、渡线、天津站）进行 ATP 调试，试验最高速度小于 350 km/h，JJK116 ~ JJK119 区段限速 50 km/h。（行车计划依据集成商提交的日计划安排）	CRH2 - 061C	<350 km/h	在上、下行线 JJK0 + 752 ~ JJK118 + 547（含北京南、亦庄站、永乐站及武清站侧线、渡线、天津站）	多次	JJK0 + 752 ~ JJK118 + 547 接触网带电	车上/地面	集成商	北京局、京津公司、铁科院、四方股份、天津站工程指挥部	组织行车、安全保障及其他	集成商负责信号系统准备，ATP 设备，应答器数据读取和分析，北京局负责道岔钩解锁，进路确认等，铁科院参加，集成商应提交每天的测试内容、测试结果

续上表

日期	每天试验开始时间	每天试验结束时间	WBS	任务名称	任务描述	试验车辆轨道占用	最高试验速度	试验区间、上下行	往返次数	接触网用电要求	测试地点	负责方	配合方	配合工作	备注
2008-6-22（周日）	4:00	10:00	2.1	CRH3 - 002C（SAG2）动车组型式试验	仅在下行正线 JJK3 ~ JJK118 进行 CRH3 - 002C（SAG2）动车组牵引/制动/自动过分相试验，简行阻力 280 - 200	CRH3 - 002C（SAG2）	<350 km/h	下行正线 JJK3 - JJK116	多次	JJK3 ~ JJK116 接触网带电	车上	铁科院	北京局、唐车公司、四电系统集成商、京津公司	组织行车、安全保障及其他	
	4:00	10:00	2.3.3	线、桥、路基、环境监测，综合接地测试	线、桥、路基、环境监测，综合接地测试			下行线 JJK3 ~ JJK116			试验区段内相关测点	铁科院、西南交大	北京局、京津公司、集成商	看护、防护及其他配合	
	4:00	10:00	2.2.3	GSM - R 测试	仅在上行正线 JJK3 ~ JJK118 + 547 进行 GSM - R 测试，试验车运行最高速度 350 km/h，JJK116 ~ JJK119 区段限速 50 km/h	CRH2 - 061C	<350 km/h	上行正线 JJK3 ~ JJK18 + 547	多次	JJK3 ~ JJK118 + 547 接触网带电	车上	集成商、铁科院	北京局、京津公司、四方股份、九方	组织行车、安全保障及其他	
	10:00	16:00	2.2	C2 系统调试（正常控车试验，侧线发车、应答器信息丢失试验，区间临时限速，站内自进防护、车载设备控车模式，反间行车）	在上、下行线 JJK0 + 752 ~ JJK118 + 547（含北京南站 4 道，亦庄站、永乐站、武清站侧线、渡线，天津站 1 道、2 道）进行 C2 系统调试，试验速度不低于 250 km/h。（行车计划依据铁科院提交的日计划安排）	CRH3	<250 km/h	上、下行线 JJK0 + 752 ~ JJK118 + 547（含北京南站 4 道，亦庄站、永乐站，武清站侧线、渡线，天津站 1 道、2 道）	多次	JJK0 ~ JJK119 区段接触网带电	车上/地面	铁科院	北京局、京津公司、集成商、和利时、天津站指挥部、北京南站指挥部	组织行车、安全保障及其他	试验前试验区段应答器、道岔一致性检查，和利时负责软件更新，四电系统集成商负责地面联锁、列控中心操作，设置临时限速
	16:00	24:00	2.2	列车自动防护系统（ATP）测试。（车载 ATP 和应答器间的传输性能、可靠性运行测试，联锁、ATP 功能及模式验证）	在上下行线 JJK0 + 752 ~ JJK118 + 547（含北京南、亦庄站、永乐站及武清站侧线、渡线、天津站）进行 ATP 调试，试验最高速度小于 350 km/h，JJK116 ~ JJK119 区段限速 50 km/h，（行车计划依据集成商提交的日计划安排）	CRH3 - 002C（SAG2）	<350 km/h	在上、下行线 JJK0 + 752 ~ JJK118 + 547（含北京南、亦庄站、永乐站及武清站侧线、渡线、天津站）	多次	JJK0 + 752 ~ JJK118 + 547 接触网带电	车上/地图	集成商	北京局、京津公司、铁科院、唐车公司、四电系统集成商、天津站工程指挥部	组织行车、安全保障及其他	集成商负责信号系统准备，ATP 设置，应答器数据读取和分析，北京局负责道岔钩解锁，进路确认等，铁科院参加，集成商应提交每天的测试内容、测试结果

续上表

日期	每天试验开始时间	每天试验结束时间	WBS	任务名称	任务描述	试验车辆轨道占用	最高试验速度	试验区间、上下行	往返次数	接触网用电要求	测试地点	负责方	配合方	配合工作	备 注
2008-6-22(周日)	8:00	12:00	2.3.1.8.1	牵引变电所供电能力试验和220 kV背景谐波电压测试	亦庄、武清牵引变电所、ATS1、ATS3所正常供电;试验列车按试验计划行车条件下在亦庄、武清牵引变电所、ATS1所、ATS3所(AT所)进行牵引变电所、分区所运行参数测试在亦庄、武清所进行220 kV背景谐波电压测试			亦庄、武清所、ATS1、ATS3所		正常供电	亦庄、武清牵引交电所、ATS1、ATS3所	铁科院	集成商、四电系统集成商技术人员、电化局维管段、北京局	北京局电调通知亦庄、武清变电所、ATS1、ATS3所允许参试人员进所	
	4:00	10:00	2.2	调度集中控制K5B转换器	在上、下行正线JJK0~JJK3区段进行调度中心控制K5B转换器调试			上、下行正线JJK0~JJK3			地面	集成商	北京局、京津公司、北京南站指挥部、天津站指挥部	提供进场和测试配合及其他	
	8:00	18:00	2.3.1.7	通信系统联调联试,业务应用测试以及其他静态测试	对京津城际通信系统进行业务应用测试以及其他静态测试						核心网机房、调度中心、沿线车站及GSM-R基站等	铁科院	集成商、北京局、铁通公司	提供进场和测试配合及其他	

注:□为静态调试项目

□为动车时地面测试项目

□为动态试验项目

□为不单独安排试验车的试验项目

本周计划编制参考了集成商第25周轨道占用计划20080610-1630,并最终在6月12日下午华宝会议上确定。

对于CRH2-061C型动车组,在试验时段升试验弓运行,在出入库时段升4号弓运行,对于CRH3-004C型动车组,在试验时段升7号弓运行,在出入库及调车时段升2号弓运行。

北京维管段根据试验计划配合接触网停送电作业,并在非供电区段派人上线检查。

附表 3　京津城际铁路联调联试周计划执行情况

京津城际铁路联调联试周计划执行情况

第 25 周(2008 年 6 月 16 日至 2008 年 6 月 22 日)

日期	每天试验开始时间		每天试验结束时间		WBS	任务名称	试验车辆轨道占用		最高试验速度		试验区间、上下行		往返次数	接触网用电要求	测试地点	负责方	周计划	日计划	完成情况
2008-6-16(周一)	4:00		12:00		2.1	CHR3-002C(SAG2)动车组型式试验	CRH3-002C(SAG2)		280 km/h		下行正线 JJK3~JJK116		多次	JJK3~JJK116 接触网带电	车上	铁科院	按计划		按计划进行
		4:00		12:00		道岔直向通过动力学试验		CRH2-062C		350 km/h	JJK3-JJK116		11			铁科院	新增	取消	由于集成商不承诺道岔解锁状态下可以进行高速试验
	8:00		17:00		2.3.1.8.1	牵引变电所供电能力试验和 220 kV 背景谐波电压测试					亦庄所、ATS1所			正常供电	亦庄牵引变电所、ATS1 所	铁科院	按计划		按计划完成亦庄、ATS1、ATS2 接线
	8:00		18:00		2.3.1.7	通信系统联调联试;业务应用测试以及其他静态测试									核心网机房,调度中心,沿线车站及 GSM-R 基站等	铁科院	按计划		按计划进行
2008-6-17(周二)	8:00		18:00		2.2	GSM-R 覆盖、数据传动服务质量测试	同上		同上		同上		同上	同上	同上	铁科院	按计划		
	8:00		17:00		2.3.1.8.1	牵引变电所供电能力试验和 220 kV 背景谐波电压测试准备					武清所,ATS3所			正常供电	武清牵引变电所、ATS3 所	铁科院	按计划		按计划完成
	8:00		18:00		2.3.1.7	通信系统联调联试;业务应用测试以及其他静态测试									核心网机房、调度中心、沿线车站及 GSM-R 基站等	铁科院	按计划		按计划完成
	4:00		12:00		2.1	GRH3-002C(SAG2)动车组型式试验	CRH3-002C(SAG2)		305 km/h		下行正线 JJK3~JJK116		多次	JJK3~JJK116 接触网带电	车上	铁科院	变更		按日计划进行了 ATP 拉通试验和运行试验,但型式试验内容没有完成

续上表

日期	每天试验开始时间		每天试验结束时间		WBS	任务名称	试验车辆轨道占用		最高试验速度		试验区间、上下行		往返次数	接触网用电要求	测试地点	负责方	周计划	日计划	完成情况
2008-6-18(周三)		4:00		12:00		0号高速检测车调试		0号高速检测车	250 km/h		JJK0+752~JJK118+47					铁科院	新增		进行一个往返，3#弓出现故障，车载软件基本正常
	8:00		12:00		2.3.1.8.1	牵引变电所供电能力试验和220 kV背景谐波电压测试					亦庄、武清所、ATS1、ATS2所			正常供电	亦庄、武清牵引变电所，ATS1、ATS3所	铁科院	按计划		按计划完成
	8:00		18:00		2.3.1.7	通信系统联调联试；业务应用测试以及其他静态测试									核心网机房、调度中心、沿线车站及GSM-R基站等	铁科院	按计划		
2008-6-19(周四)(20-22日所有开始、完成时间依次顺延4 h)	同上		同上		2.2	GSM-R覆盖、数据传输服务质量测试	同上		同上		同上		同上	同上	同上	铁科院	变更		铁科院负责，基数基站打开，组呼和紧急呼叫，其中组呼220被叫死
	4:00	6:00	12:00	16:00	2.1	CRH3-002C(SAG2)动车组型式试验	CRH3-002C(SAG2)		305 km/h		上行正线JJK3~JJK16	下行正线JJK3~JJK118+547	多次	JJK3~JJK116接触网带电	车上	铁科院	变更		按计划进行
		6:00		10:00		CRH3-001C(SAG2)动车组动力学、弓网受流试验										铁科院	新增		按计划进行
	8:00		16:00		2.3.1.8.1	牵引变电所供电能力试验和220 kV背景谐波电压测试					亦庄、武清所、ATS1、ATS3所			正常供电	亦庄、武清牵引变电所、ATS1、ATS3所	铁科院	按计划		已完成ATS1、ATS3、TSS1的调试。TSS2出现一点故障
	8:00		18:00		2.3.1.7	通信系统联调联试；业务应用测试以及其他静态测试									核心网机房、调度中心，沿线车站及GSM-R基站等	铁科院	按计划		按计划进行

续上表

日期	每天试验开始时间		每天试验结束时间		WBS	任务名称	试验车辆轨道占用		最高试验速度		试验区间、上下行		往返次数	接触网用电要求	测试地点	负责方	周计划	日计划	完成情况
2008-6-20(周五)	8:00		16:00			CRH3-002C(SAG2)动车组型式试验	CRH3-002C(SAG2)		350 km/h		上行正线 JJK3~JJK116			JJK3~JJK116 接触网带电	车上	铁科院	变更		进展顺利，制动出现问题
	8:00		16:00			CRH3-001C(SAG2)动车组动力学、弓网受流试验										铁科院	新增		按计划进行
		16:00		0:00		C2 系统试验和 0 号高速检测调试车										铁科院	新增		只进行两个往返
	8:00		16:00		2.3.1.8.1	牵引变电所供电能力试验和 220 kV 背景谐波电压测试					亦庄、武清所、ATS1、ATS3 所			正常供电	亦庄、武清牵引变电所、ATS1、ATS3 所	铁科院	取消		
	8:00		18:00		2.3.1.7	通信系统联调联试；业务应用测试以及其他静态测试									核心网机房、调度中心、沿线车站及 GSM-R 基站等	铁科院	按计划		
2008-6-21(周六)	8:00		16:00		2.1	CRH3-002C(SAG2)动车组型式试验	CRH3-002C(SAG2)		<350 km/h		下行正线 JJK3~JJK116		多次	JJK3~JJK116 接触网带电	车上	铁科院	变更		
	8:00		12:00		2.2	C2 动态试验、综合检测车调试	CRH5-00 综合检测车		<250 km/h		下行线 JJK0+752~JJK118+547（含北京南 4 道、亦庄站、永乐站及武清站侧线、渡线、天津站 1、2 道）		多次	上行正线 JJK0+752-JJK118+547 接触网带电	车上	铁科院	变更		
	12:00		16:00		2.1	CRH3-0020(SAG2)动车组型式试验	CRH3-002C(SAG2)		350 km/h		上行正线 JJK3~JJK116		多次	JJK3~JJK118 接触网带电	车上	铁科院	取消		

续上表

日期	每天试验开始时间		每天试验结束时间		WBS	任务名称	试验车辆轨道占用		最高试验速度		试验区间、上下行		往返次数	接触网用电要求	测试地点	负责方	周计划	日计划	完成情况
2008-6-21(周六)	12:00		16:00		2.2	C2 动态试验，综合检测车调试	CRH5 - 00 综合检测车		<250 km/h		下行线 JJK0 + 752 ~ JJK118 + 547（含北京南 4 道、亦庄站、永乐站及武清站侧线、速线、天津站 1、2 道）		多次	上行正线 JJK0 + 752 - JJK118 + 547 接触网带电	车上	铁科院	取消		
	8:00		16:00		2.3.1.8.1	牵引变电所供电能力试验和 220 kV 背景谐波电压测试					亦庄、武清所、ATS1、ATS3 所			正常供电	亦庄、武清牵引变电所、ATS1、ATS3 所	铁科院	取消		
	8:00		18:00		2.3.1.7	通信系统联词联试：业务应用测试以及其他静态测试									核心网机房、调度中心、沿线车站及 GSM - R 基站等	铁科院	按计划		
2008-6-22(周日)	8:00		14:00		2.1	CRH3 - 002C（SAG2）动车组型式试验	CRH3 - 002C（SAG2）		<350 km/h		下行正线 JJK3 ~ JJK116		多次	JJK3 ~ JJK116 接触网带电	车上	铁科院			·
	14:00		20:00		2.2	C2 系统调试（正常控车试验、侧线发车、应答器信息丢失试验、区间临时限速、站内冒进防护、车载设备控车模式、反向行车）	CRH2		<250 km/h		上、下行线 JJK0 + 762 ~ JJK118 + 547（含北京南站 4 道，亦庄站、永乐站、武清站侧线、渡线、天津站 1 道、2 道）		多次	JJK0 ~ JJK119 区段接触网带电	车上/地面	铁科院			
	8:00		16:00		2.3.1.6.1	牵引变电所供电能力试验和 220kV 背景谐波电压测试					亦庄、武清所、ATS1、ATS3 所			正常供电	亦庄、武清牵引变电所、ATS1、ATS3 所	铁科院			
	8:00		18:00		2.3.1.7	通信系统联调联试；业务应用测试以及其他静态测试									核心网机房、调度中心、沿线车站及 GSM - R 基站等	铁科院			

第二篇　牵引供电及电力系统

第一章　系统技术方案

牵引供电系统主要由牵引供电子系统、牵引变电子系统（牵引变电所、分区所、AT所及开闭所）、接触网子系统、远动（SCADA）子系统构成。

电力子系统由外部电源、电力变配电所、电力贯通线路、区间箱式变电站及低压供电设施构成。

第一节　牵引供电

牵引供电系统向本线及跨线动车组输送充足的、安全可靠的、高质量的电能，确保动车组安全、平稳、高速、高密度地运行，京津城际铁路高速正线采用单相工频50 Hz交流2×25 kV AT供电方式，北京南站、动车段走行线采用单相工频50 Hz交流1×25 kV带回流线的直接供电方式，详细牵引供电系统方案技术数据见表2-1-1。

牵引供电系统满足最高运营速度350 km/h及3 min最小追踪间隔时间要求。牵引变电所作为永久性设施，考虑远期运量需要。

变压器容量按近期需要选择，在满足正常运行的供电能力的前提下，具有越区供电能力。

京津城际铁路每座牵引变电所接引地方电力系统两回独立可靠的220 kV三相外电源，并互为热备用。

京津城际新建2座牵引变电所，分别位于北京市亦庄车站和天津市武清车站附近。

牵引变压器和自耦变压器均采用固定备用方式，牵引变压器正常时一组投入运行，另一组备用，无载调压方式，自耦变压器正常时1台或2台投入运行，1台备用。

牵引变压器的一次侧额定电压为220 kV，二次侧额定电压为2×25 kV；接触网额定电压为25 kV，长期最高电压为27.5 kV，短时（5 min）最高电压为29 kV，设计最低电压为20 kV，非正常情况下不得低于19 kV。

接触网采用上、下行同相单边供电，供电臂末端设分区所，在正常情况下实现上、下行接触网并联供电，在事故情况下实现越区供电。AT所处的上、下行接触网也实行了并联。

通过牵引变电所位置的优化选择使供电臂的负荷平衡，继而优化AT供电系统的性能。供电臂长度相同可保证在相关的供电臂内负荷平衡以及在某一牵引变电所发生故障情况时，也能保证牵引供电系统的良好性能。

分别设置在北京和天津的分区所距各自车站的距离都至少为两公里。以避免性能损失和速度有大的波动。

牵引供电子系统与通信信号等专业设计协调配合后，提出电磁兼容的牵引供电回流系统和接地设计原则、实施方案。

牵引供电子系统的设计满足系统性能目标和可靠性、可用性、可维修性和安全性（RAMS）的要求。

每座牵引变电所的220 kV电压等级的总谐波畸变极限值满足国家标准要求。预留谐波治理装置安装的条件。

每座牵引变电所的220 kV电压等级的三相电压不平衡度满足国家标准要求。

每座牵引变电所对地方电网220 kV电压等级母线造成的电压波动和闪变满足国家标准要求。

牵引供电子系统的设计考虑对周围环境及铁路其他子系统的电磁兼容性。

牵引供电系统方案见表2－1－1。

表2－1－1　牵引供电系统方案

序号	项目	系统方案
1	供电方式	2×25 AT供电方式
2	外部电源电压等级	220 kV
3	牵引变电所数量	2
4	分区所数量	3
5	自耦所数量	4
6	开闭所数量	2
7	牵引变压器接线形式	V/X接线
8	牵引变压器调压方式	无载调压
9	牵引变压器容量	2×31.5 MVA
10	自耦变压器容量	8.5 MVA
11	牵引变电所	每个牵引变电所设置4台牵引变压器，在任何情况下一组投入运行，另一组备用。220 kV采用户外布置，2×25 kV侧开关设备采用户内GIS开关柜
12	分区所	每个分区所设置2或3台自耦变压器，在任何情况下，1或2台投入运行，另一台备用，2×25 kV侧开关设备采用户内GIS开关柜。ATS7预留一台自耦变压器及相应控制盘位置
13	自耦所	每个自耦所设置3台自耦变压器，在任何情况下，两台投入运行，另一台备用，2×25 kV侧开关设备采用户内GIS开关柜
14	开闭所	设置北京南和天津两个开闭所。北京南开闭所6进8出，预留2回位置；天津开闭所3进2出，预留3回位置。户内采用GIS开关柜

第二节　牵引变电

一、概　　述

牵引变电主要描述牵引变电所、分区所、AT所、开闭所的平面布置方案及主接线型式保护配置，主要设备技术性能参数及内外部接口。

二、所亭主接线图及保护配置

1. 牵引变电所主接线

牵引变电所主接线见图2－1－1。

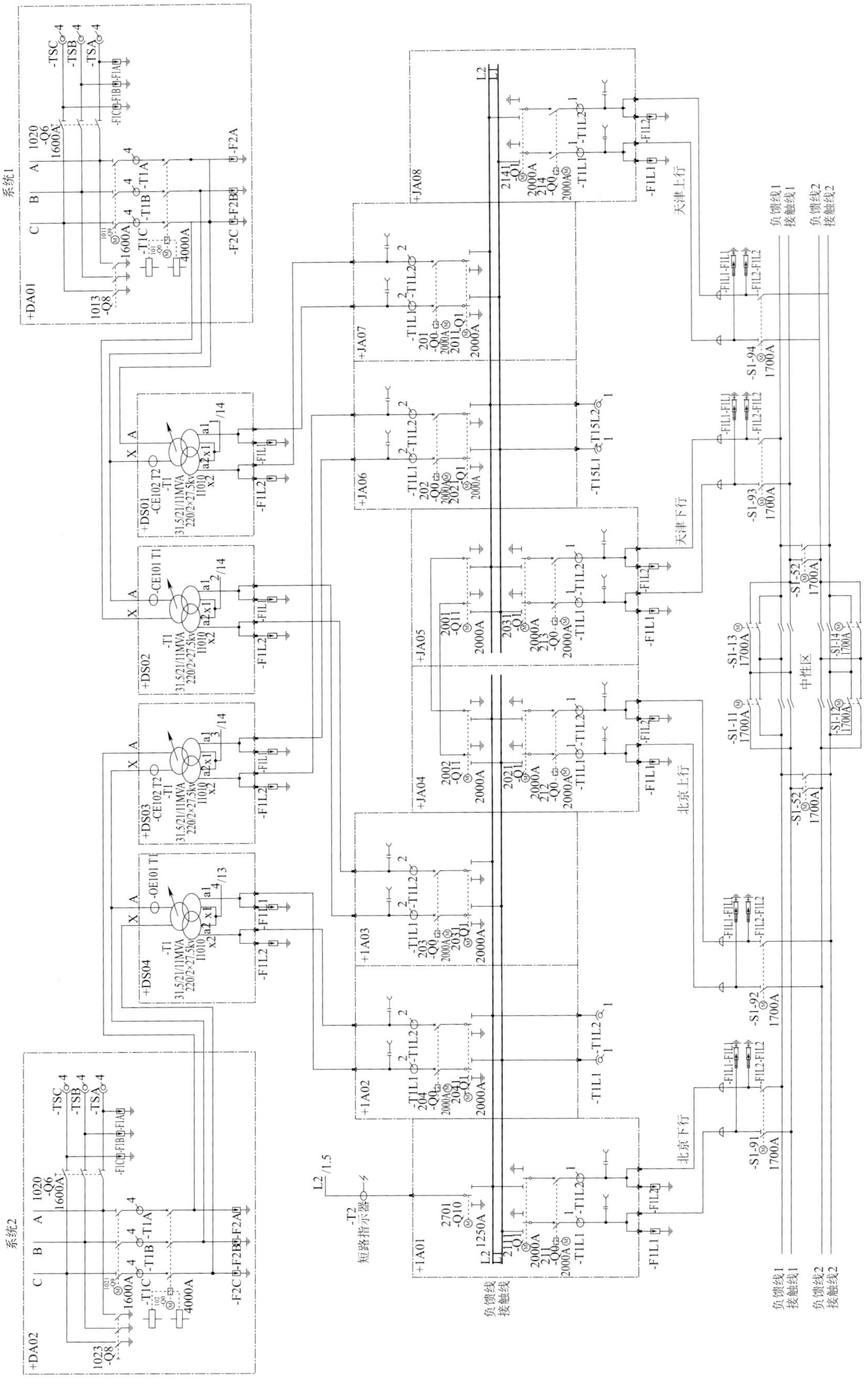

图 2－1－1

2. 分区所主接线

分区所主接线见图 2－1－2。

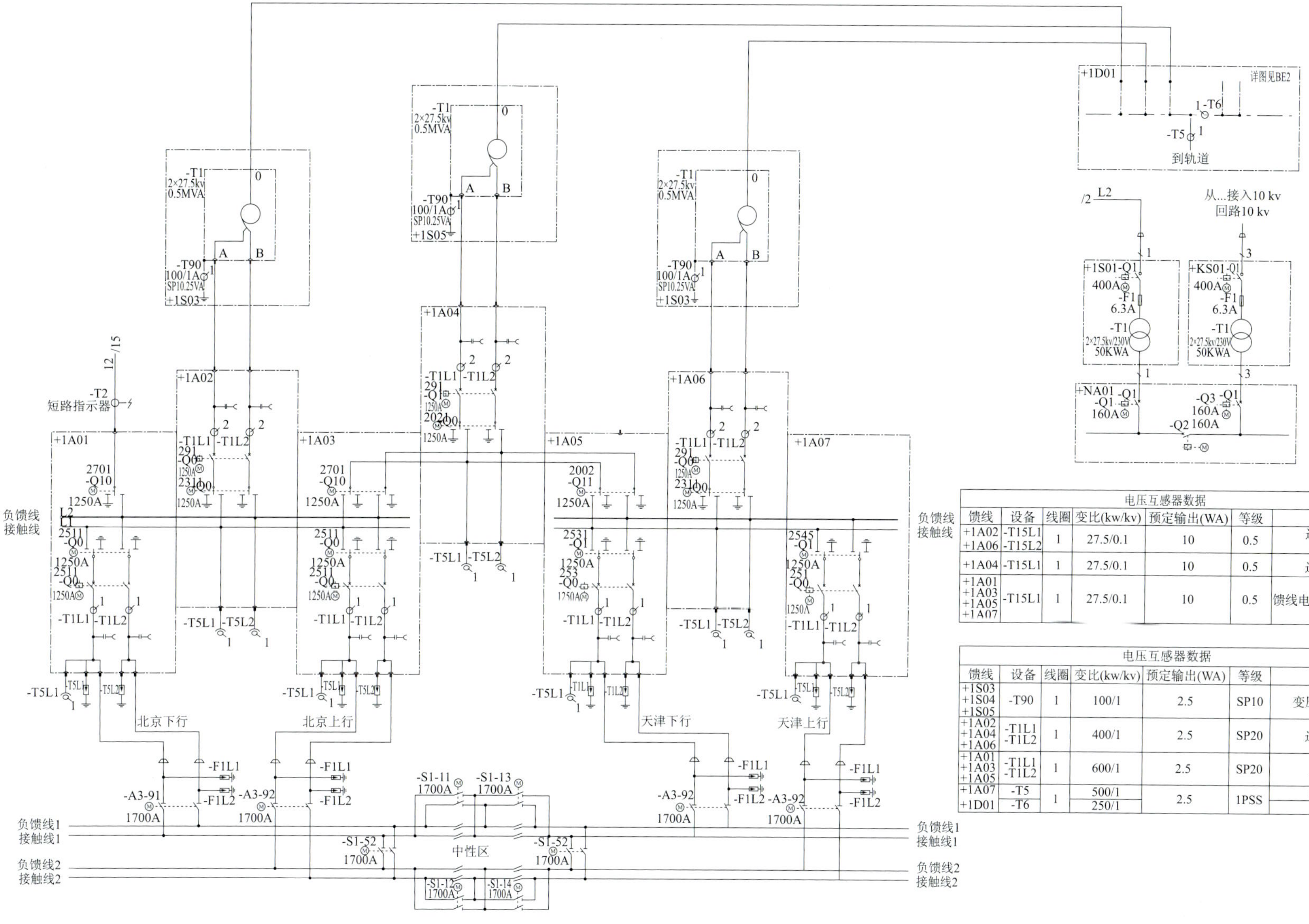

电压互感器数据

馈线	设备	线圈	变比(kw/kv)	预定输出(WA)	等级	注　释
+1A02 +1A06	-T15L1 -T15L2	1	27.5/0.1	10	0.5	过电流保护 距离保护
+1A04	-T15L1	1	27.5/0.1	10	0.5	过电流保护
+1A01 +1A03 +1A05 +1A07	-T15L1	1	27.5/0.1	10	0.5	馈线电缆上的触网电压

电压互感器数据

馈线	设备	线圈	变比(kw/kv)	预定输出(WA)	等级	注　释
+1S03 +1S04 +1S05	-T90	1	100/1	2.5	SP10	变压器硅壳保护
+1A02 +1A04 +1A06	-T1L1 -T1L2	1	400/1	2.5	SP20	过电源保护
+1A01 +1A03 +1A05	-T1L1 -T1L2	1	600/1	2.5	SP20	距离保护
+1A07 +1D01	-T5 -T6	1	500/1 250/1	2.5	1PSS	接电电源 回　流

图 2－1－2

3. 自耦所主接线图

自耦所主接线见图 2－1－3。

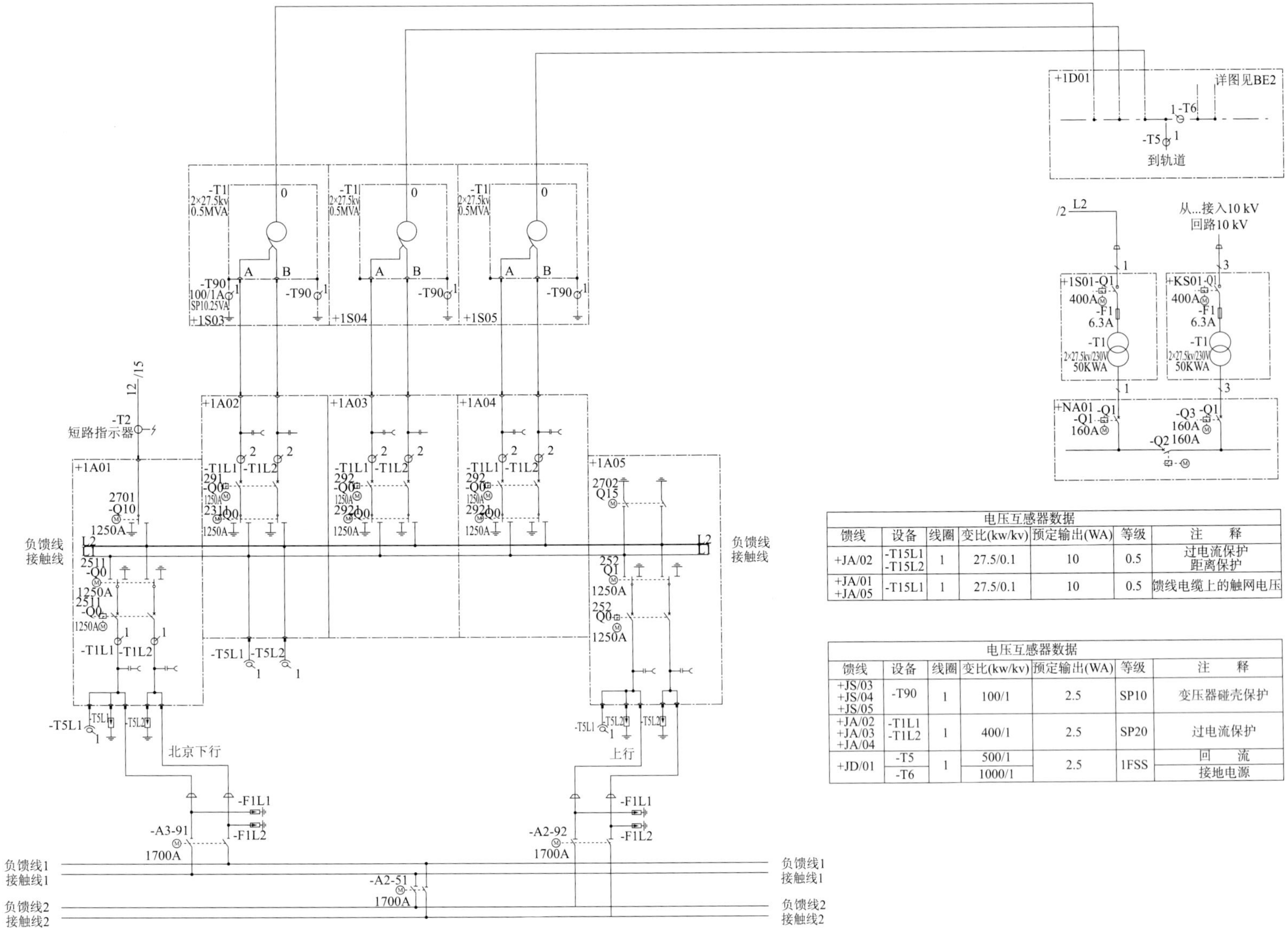

电压互感器数据						
馈线	设备	线圈	变比(kw/kv)	预定输出(WA)	等级	注　释
+JA/02	-T15L1 -T15L2	1	27.5/0.1	10	0.5	过电流保护 距离保护
+JA/01 +JA/05	-T15L1	1	27.5/0.1	10	0.5	馈线电缆上的触网电压

电压互感器数据						
馈线	设备	线圈	变比(kw/kv)	预定输出(WA)	等级	注　释
+JS/03 +JS/04 +JS/05	-T90	1	100/1	2.5	SP10	变压器碰壳保护
+JA/02 +JA/03 +JA/04	-T1L1 -T1L2	1	400/1	2.5	SP20	过电流保护
+JD/01	-T5	1	500/1	2.5	1FSS	回　流
	-T6		1000/1			接地电源

图 2－1－3

4. 开闭所主接线图

开闭所主接线图 2－1－4。

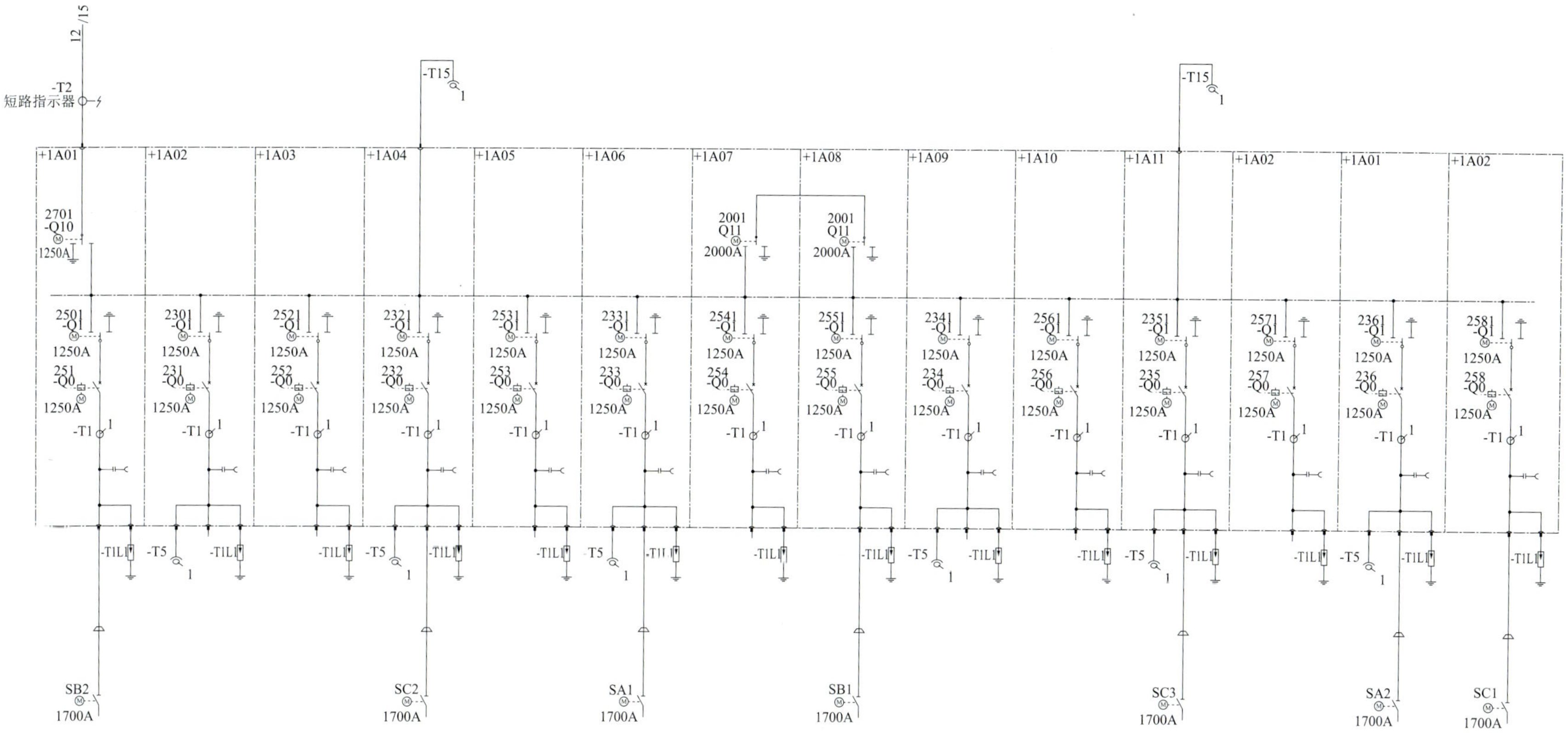

图 2－1－4

三、平面布置方案

平面布置方案见图 2－1－5。

平面布置方案技术数据见表 2－1－2。

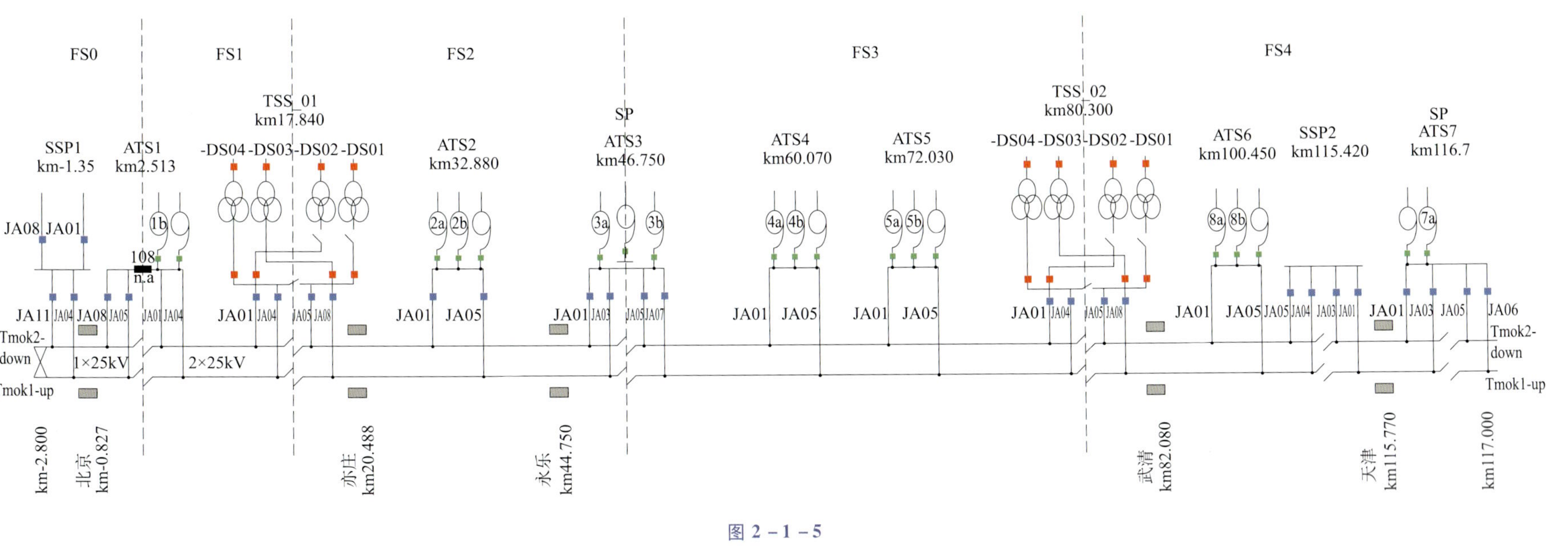

图 2－1－5

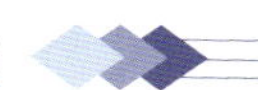

表 2－1－2　平面布置方案技术数据

	DK(km)	JJK(km)	尺寸(m×m)	位　置	距轨道(m)
SSP1	－0.520	0.585	15×12	轨道北侧	12
ATS1	2.385	4.308	43×15	轨道北侧	31
TSS1	17.840	19.768	90×75	轨道北侧	50
ATS2	32.960	34.888	50×33	轨道南侧	5
ATS3	46.750	48.678	50×33	轨道南侧	10
ATS4	60.070	61.998	50×33	轨道南侧	10
ATS5	72.030	74.297	50×33	轨道南侧	10
TSS2	79.129	81.395	90×75	轨道北侧	18
ATS6	100.787	103.060	60×15	轨道南侧	5
SSP2	115.420	117.693	13×12	轨道南侧	10
ATS7	116.552	118.825	50×33	轨道北侧	13

四、主要技术性能和参数

1. 牵引变电所

技术设备参数见表 2－1－3 和表 2－1－4。

表 2－1－3　一次侧 220 kV 系统参数

参数	数值
系统标称电压	220 kV
设备最高工作电压	252 kV
额定频率	50 Hz
额定短时耐受电流(3 s)	40 kA
额定峰值耐受电流	100 kA
1 min 工频耐受电压	395 kV
额定雷电脉冲耐受电压	1 050 kV
控制及辅助回路 1 min 工频耐受电压	2 000 V
环境温度	－25/＋40 ℃

表 2－1－4　二次侧 2×25kV 系统参数

参数	数值
额定电压	25 kV
设备最高工作电压	29 kV
额定频率	50 Hz
额定短时耐受电流(2 s)	31.5 kA
额定雷电脉冲耐受电压	200 kV
控制及辅助回路 1 min 工频耐受电压	2 000 V
环境温度	－25/＋40 ℃

牵引变电所的布置分为室外和室内两部分。室外设备包括 220 kV 空气绝缘开关装置和 4 台 220/2×27.5 kV 牵引变压器。室内包括高压室，内设 2×27.5 kV 气体绝缘开关柜和回流柜；控制室，内设保护控制盘、交直流盘、电力公司盘柜；所用变室，内设 27.5 kV 所用变和 10 kV 所用变；通信机械室，内设通信节点设备；值班室；辅助设备间。

房屋分为地上一层和地下一层，地上为设备间，地下为电缆夹层。室内设冷暖空调、自动灭火装置。

牵引变电所高压进线为 2 路三相外电源。每路 220 kV 进线包含以下设备：3 台单极 220 kV 电压互感器；3 台单极 220 kV 避雷器；1 台三极 220 kV 手动隔离开关；1 台三极 220 kV 带手动接地刀的电动隔离开关；1 台三极 220 kV 断路器；3 台单极 220 kV 电流互感器；3 台单极 220 kV 变压器侧避雷器；2 台牵引变压器。

此外，为满足每台牵引变压器差动保护的需要，在每路 220 kV 进线的分叉相各有了两个 220 kV 电流互感器，位于牵引变压器内部。

一次侧 220 kV 采用分支接线，中间不设跨条，电压互感器设在进线隔离开关外侧；二次侧 2×

27.5 kV 采用单母线分段接线。

牵引变电所设独立避雷针，接地网接地体为铜材质，所内工作接地和保护接地依据综合接地要求设计，接地电阻小于 0.5 Ω；220 kV 电源进线侧设避雷器，牵引变压器一次侧前也设避雷器。

牵引变压器根据 IEC60076 标准设计，室外油浸式，无载调压。2 台单相牵引变压器接成 V/X 形式，每个所共 4 台，一主一备。

牵引变电所 2×27.5 kV 侧采用 SF_6 气体绝缘开关柜，4 面进线柜，4 面馈线柜。进线柜内包含 2 极真空断路器，2 极三工位开关，电流互感器、母线电压互感器等设备。馈线柜内包含 2 极真空断路器，2 极三工位开关，电流互感器、避雷器等设备。

与电力公司的接口设备布置于控制室内，包括远动、通信、计量、电能质量监测等盘柜。电力公司通信 OPGW 光缆从进线架构引至所内。

(1)控制与保护

牵引变电所控制和保护系统采用 Sitras® SCS－AC 系统，该系统旨在为牵引变电所提供所内各种开关和所外接触网柱上开关的控制和保护功能。该控制保护方案基于 Siprotec® 4 数字微机保护系列和 Simatic® S7 自动化系统组件。

Siprotec® 4 数字微机保护装置不仅具有保护功能，还具有对开关的控制和监控功能，减少了安装和配线工作的费用。Siprotec® 4 装置及其自动化系统设计紧凑，可以安装在 GIS 中压开关柜的低压室内。Siprotec® 4 产品系列的特点是通过开放的通信界面进行远程控制和参数整定。人机界面根据人体工程学设计，具有很大的灵活性。全部 Siprotec® 4 保护装置基于数字化处理，能够满足高精度的信号处理、长时间的稳定性并能及时处理谐振和暂态故障。数字滤波技术和动态测量技术为系统提供了最大的安全保障。装置具有完善的自检功能，能够迅速监测到内部故障并及时报告，可以防止出现保护系统崩溃的现象发生。不同的 Siprotec® 4 可以配置不同的功能单元。具体的参数调整可采用 DIGSI® 4 专用软件或在装置上直接进行。

用于站控的 Simatic® S7 自动化系统由高性能模块组件构成，所包含的功能有牵引变电所的控制、通信和监视等。由于大量的可选配组件，因此站控系统的性能有很大的扩展空间。站控系统可执行的功能如下：

①开关设备控制；②过程可视化，即向操作人员显示开关设备的状态；③所内自动功能；④监控功能；⑤信息记录功能；⑥系统和设备保护功能。

站控系统采用分层分布式结构，独立于上级 SCADA 系统，且本身的故障不会波及到一次系统，一次被控设备仍能进行本地操作。任何一个装置发生故障，对站控系统本身的功能影响很小，其他设备仍能正常工作。控制系统分为四级，由高到低分别是远方控制、站控、本地控制(即保护装置上控制)和后备控制(即设备本体操作)。

牵引变电所保护和控制系统结构见图 2－1－6。

主要设备和部件包括：

①站控柜一面，内部包括 Simatic® S7 站控组件，触摸屏和远动接口模块；

②220 kV 一次侧进线保护控制柜 6 面，每路进线配有 4 个保护控制装置(2 个型号为 7UT61，1 个型号为 7SJ62，1 个型号为 6MD66)，1 个测量设备 Siemens P 和 1 个 Simatic ET200；

③Siprotec® 4 保护控制装置 8 个(4 个型号为 7SJ64，4 个型号为 7ST63)，安装于高压室开关柜低压室内；

④柱上开关控制柜 1 面，控制所外接触网分相处的柱上开关；

⑤冗余的 PROFIBUS 站控通信母线。

牵引变压器保护配置(7UT61)见表 2－1－5。

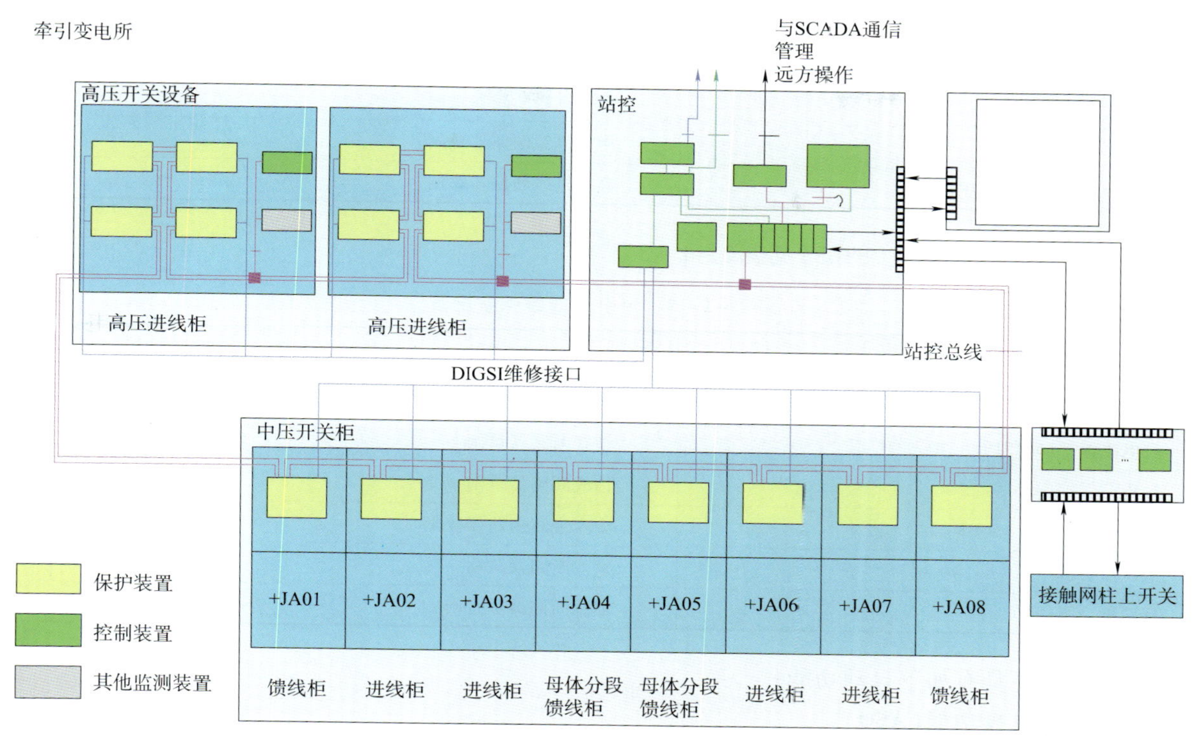

图 2－1－6 牵引变电所保护和控制系统结构

表 2－1－5 牵引变压器保护配置

保护种类	保护动作情况
变压器差动保护(87T)	高压进线断路器跳闸，无延时换行中压进线断路器跳闸，无延时
变压器过电流保护(50、51)	高压进线断路器跳闸，50 无延时，51 长时限 中压进线断路器跳闸，50 无延时，51 短时限
变压器过负荷保护(49)	高压进线断路器跳闸，长时限 中压进线断路器跳闸，短时限
瓦斯保护、温度异常保护、油位异常保护(63、26、71)	高压进线断路器跳闸，无延时 中压进线断路器跳闸，无延时
断路器失灵保护(50BF)	高压进线断路器跳闸，短时限

牵引所高压进线保护配置(7SJ62)见表 2－1－6。

表 2－1－6 牵引所高压进线保护配置

保护种类	保护动作情况
过电流保护(50、51)	高压进线断路器跳闸，50 无延时，51 长时限 中压进线断路器跳闸，50 无延时，51 短时限
低压保护(27)	高压进线断路器跳闸 中压进线断路器跳闸
过压保护(59)	发送报警信号
断路器失灵保护(50BF)	高压进线断路器跳闸，短时限

牵引所中压进线保护配置(7SJ64)见表 2－1－7。

表 2-1-7　牵引所中压进线保护配置

保护种类	保护动作情况
过电流保护(50、51)	中压进线断路器跳闸
母线过压保护(59)	中压进线断路器跳闸
断路器失灵保护(50BF)	高压进线断路器跳闸

牵引所馈线保护配置(7ST63)见表 2-1-8。

表 2-1-8　牵引所馈线保护配置

保护种类	保护动作情况
距离保护(21)	馈线断路器跳闸
过电流保护(50、51)	馈线断路器跳闸
过负荷保护(49)	馈线断路器跳闸
断路器失灵保护(50BF)	中压进线断路器跳闸
低压保护(27)	馈线断路器跳闸
自动重合闸(79)	馈线断路器重合闸

站控系统还具有如下自动功能：

①主变备自投功能(ASO)

②所用电备自投功能(ACFS)

站控系统具有可视化的触摸屏控制系统，可以方便地进行监视、控制和查询，操作员在触摸屏上的操作具有不同的级别，防止意外非授权人员误操作。

站控系统内部通信采用 PROFIBUS DP 协议传输，为避免电磁干扰，确保安全传输，PROFIBUS 设计为冗余光纤电缆环。

站控系统通过 GPS 接收器实现所有节点的时间同步。

(2)交直流盘

牵引变电所自用电源系统设计为交流电源一路来自电力子系统 10 kV 综合贯通线环网柜，一路由所内自用变提供；直流采用铅酸免维护蓄电池成套装置。所用电为 AC220 V 和 DC110 V，直流电源设计为 2 h 备用。

(3)视频安全监控

牵引变电所内设置视频安全监控系统，实现对所内外的视频监控(摄像头)、防盗告警(门禁和围禁)、防灾告警及环境监测(感烟感温探头)等安全监控功能，并能将实时信息和画面上传到调度中心。

(4)回流系统

牵引变电所高压室内设回流柜 JD01，牵引所的地回流和轨回流通过其返回到牵引变压器。回流柜 JD01 与牵引变压器的中间抽头采用 300 mm^2 回流电缆连接。此外，在所外高架桥梁翼下设置回流母排 JD02，回流柜 JD01 与其之间采用 300 mm^2 回流电缆连接，从回流母排 JD02 上再引出 50 mm^2 的回流电缆与桥面上的回流线、综合接地线和信号扼流变连接。

2. 分区所

分区所的布置分为室外和室内两部分。室外设备包括 2 台(ATS1 和 ATS7)或 3 台(ATS3)自耦变压器。室内包括高压室，内设 2×27.5 kV 气体绝缘开关柜和回流柜；控制室，内设保护控制盘、交直流盘；所用变室，内设 27.5 kV 所用变和 10 kV 所用变；通信机械室，内设通信节点设备；值班室；辅助设备间。

房屋分为地上一层和地下一层，地上为设备间，地下为电缆夹层。室内设冷暖空调、自动灭火装置。

分区所设独立避雷针，接地网接地体为铜材质，所内工作接地和保护接地依据综合接地要求设计，接地电阻小于 4 Ω。

自耦变压器根据 IEC60076 标准设计，室外油浸式。ATS1 和 ATS7 设 2 台自耦变压器，其中 1 台备用。ATS3 设 3 台自耦变压器，其中 1 台备用。

分区所 2×27.5 kV 侧采用 SF_6 气体绝缘开关柜，ATS1 和 ATS7 设 6 面柜，ATS3 设 7 面柜。进线柜内包含 2 极真空断路器，2 极三工位开关，电流互感器、母线电压互感器等设备。馈线柜内包含 2 极真空断路器，2 极三工位开关，电流互感器、避雷器等设备。

(1)控制与保护

分区所控制和保护系统采用 Sitras® SCS－AC 系统，该系统旨在为分区所提供所内各种开关和所外接触网柱上开关的控制和保护功能。该控制保护方案基于 Siprotec® 4 数字微机保护系列和 Simatic® S7 自动化系统组件。

分区所保护和控制系统结构见图 2－1－7。

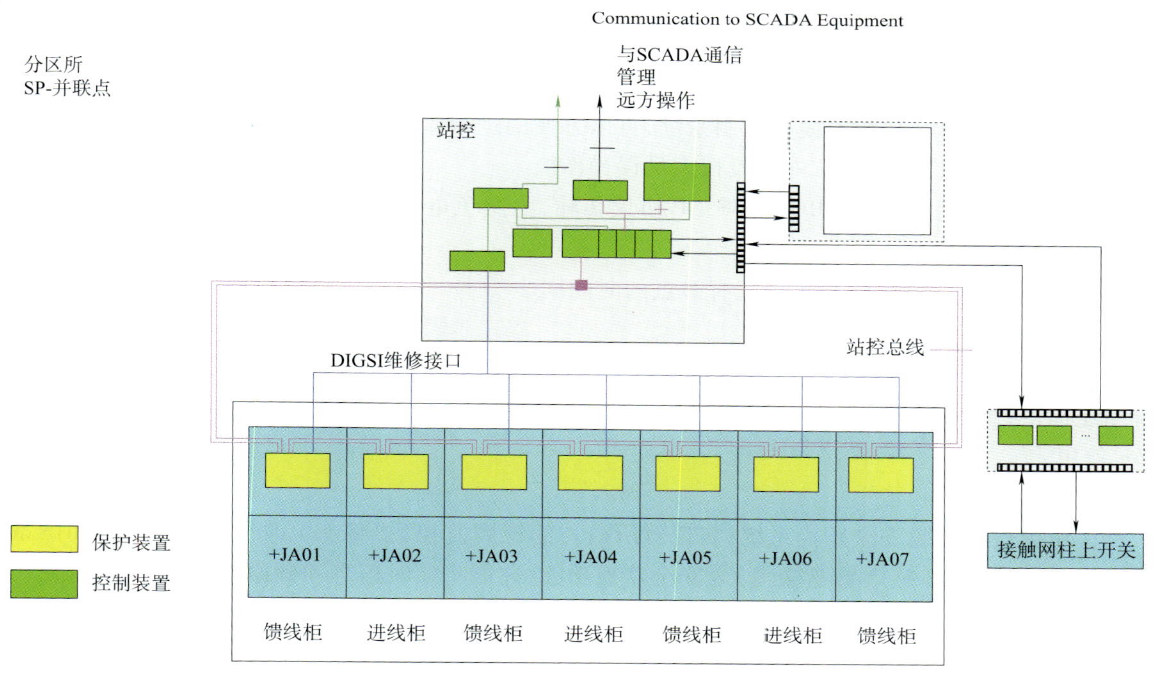

图 2－1－7　分区所保护和控制系统结构

主要设备和部件包括：

①站控柜一面，内部包括 Simatic® S7 站控组件，触摸屏和远动接口模块；

②Siprotec® 4 进线保护控制装置 2 或 3 个，型号为 7SJ64，安装于高压室开关柜低压室内；

③Siprotec® 4 馈线保护控制装置 4 个，型号为 7ST63，安装于高压室开关柜低压室内；

④柱上开关控制柜 1 面，控制所外接触网分相处的柱上开关；

⑤冗余的 PROFIBUS 站控通信母线。

自耦变压器保护配置(7SJ64)见表 2－1－9。

表 2－1－9　自耦变压器保护配置

保护种类	保护动作情况
碰壳保护(64)	自耦变进线断路器跳闸
变压器过电流保护(50)	自耦变进线断路器跳闸
瓦斯保护、温度异常保护、油位异常保护(63、26、71)	自耦变进线断路器跳闸
断路器失灵保护(50BF)	相应馈线断路器跳闸

分区所馈线保护配置(7ST63)见表2-1-10。

表2-1-10　分区所馈线保护配置

保护种类	保护动作情况
距离保护(21)	馈线断路器跳闸
过电流保护(50、51)	馈线断路器跳闸
过负荷保护(49)	馈线断路器跳闸
低压保护(27)	馈线断路器跳闸
自动重合闸(79)	自动重合馈线断路器

站控系统还具有如下自动功能:

①自耦变备自投功能(ACAT);

②所用电备自投功能(ACFS)。

站控系统具有可视化的触摸屏控制系统,可以方便的进行监视和控制和查询,操作员在触摸屏上的操作具有不同的级别,防止意外非授权人员误操作。

站控系统内部通信采用PROFIBUS DP协议传输,为避免电磁干扰,确保安全传输,PROFIBUS设计为冗余光纤电缆环。

站控系统通过GPS接收器实现所有节点的时间同步。

(2)交直流盘

分区所自用电源系统设计为交流电源一路来自电力子系统10 kV综合贯通线环网柜,一路由所内自用变提供;直流采用铅酸免维护蓄电池成套装置。所用电为AC220 V和DC110 V,直流电源设计为2 h备用。

(3)视频安全监控

分区所内设置视频安全监控系统,实现对所内外的视频监控(摄像头)、防盗告警(门禁和围禁)、防灾告警及环境监测(感烟感温探头)等安全监控功能,并能将实时信息和画面上传到调度中心。

(4)回流系统

分区所高压室内设回流柜JD01,分区所的地回流和轨回流通过其返回到自耦变压器。回流柜JD01与自耦变压器的中间抽头采用300 mm^2回流电缆连接。此外,在所外高架桥梁翼下设置回流母排JD02(路基地段设置在房外人孔内),回流柜JD01与回流母排JD02之间采用300 mm^2回流电缆连接,从其上再引出50 mm^2的回流电缆与桥面上的回流线、综合接地线和信号扼流变连接。

3. 自耦所

自耦所的布置分为室外和室内两部分。室外设备包括3台自耦变压器。室内包括高压室,内设2×27.5 kV气体绝缘开关柜和回流柜;控制室,内设保护控制盘、交直流盘;所用变室,内设27.5 kV所用变和10 kV所用变;通信机械室,内设通信节点设备;值班室;辅助设备间。

房屋分为地上一层和地下一层,地上为设备间,地下为电缆夹层。室内设冷暖空调、自动灭火装置。

自耦所设独立避雷针,接地网接地体为铜材质,所内工作接地和保护接地依据综合接地要求设计,接地电阻小于4 Ω。

自耦变压器根据IEC60076标准设计,室外油浸式。自耦所设3台自耦变压器,其中1台备用。

自耦所2×27.5 kV侧采用SF_6气体绝缘开关柜,所内设5面柜。进线柜内包含2极真空断路器,2极三工位开关,电流互感器、母线电压互感器等设备。馈线柜内包含2极真空断路器,2极三工位开关,电流互感器、避雷器等设备。

(1)控制与保护

自耦所控制和保护系统采用 Sitras® SCS－AC 系统，该系统旨在为自耦所提供所内各种开关和所外接触网柱上开关的控制和保护功能。该控制保护方案基于 Siprotec® 4 数字微机保护系列和 Simatic® S7 自动化系统组件。

自耦所保护和控制系统结构见图 2－1－8。

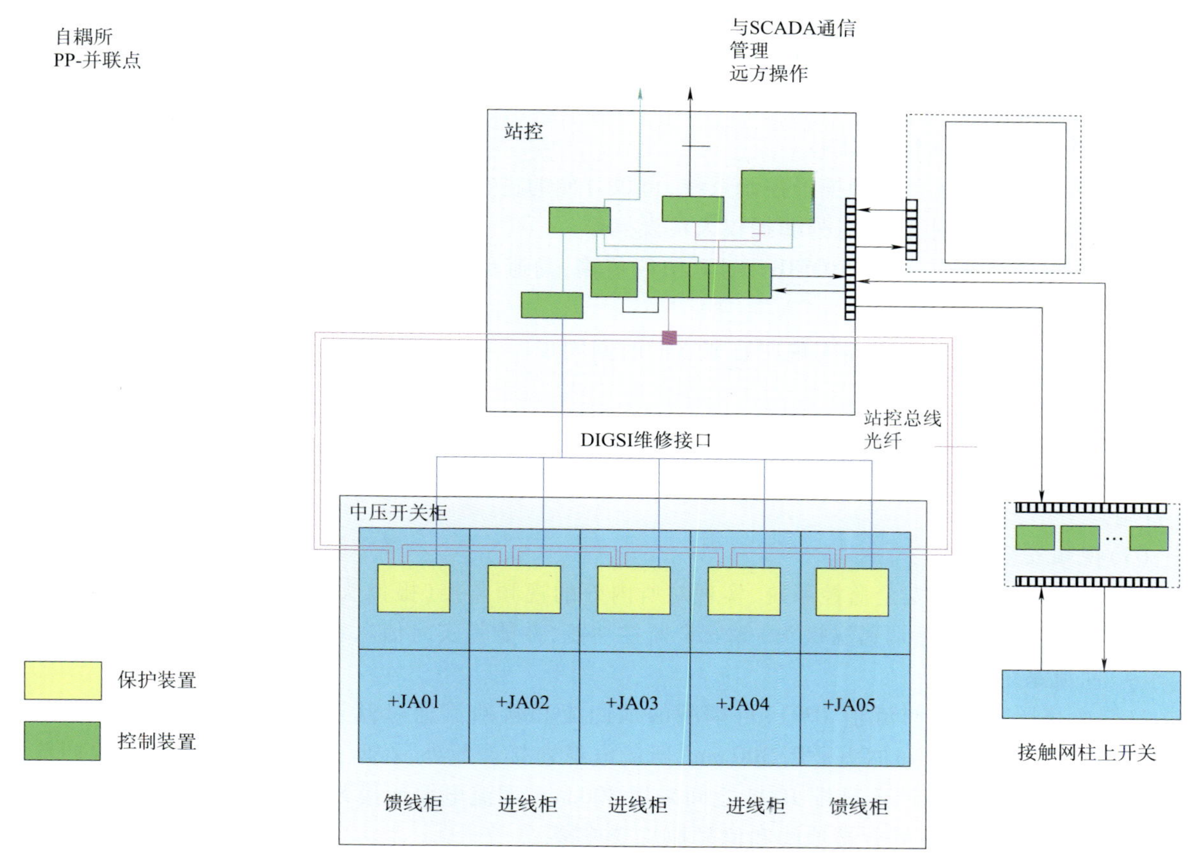

图 2－1－8　自耦所保护和控制系统结构

主要设备和部件包括：

①站控柜一面，内部包括 Simatic® S7 站控组件，触摸屏和远动接口模块；

②Siprotec® 4 进线保护控制装置 3 个，型号为 7SJ64，安装于高压室开关柜低压室内；

③Siprotec® 4 馈线保护控制装置 2 个，型号为 6MD63，安装于高压室开关柜低压室内；

④柱上开关控制柜 1 面，控制所外接触网分相处的柱上开关；

⑤冗余的 PROFIBUS 站控通信母线。

自耦变压器保护配置(7SJ64)见表 2－1－11。

表 2－1－11　自耦变压器保护配置

保护种类	保护动作情况
碰壳保护(64)	自耦变进线断路器跳闸
变压器过电流保护(50)	自耦变进线断路器跳闸
瓦斯保护、温度异常保护、油位异常保护(63、26、71)	自耦变进线断路器跳闸
断路器失灵保护(50BF)	相应馈线断路器跳闸

自耦所馈线保护配置(6MD63)见表2－1－12。

表2－1－12　自耦所馈线保护配置

保护种类	保护动作情况
低压保护(27)	馈线断路器跳闸

站控系统还具有如下自动功能:

①自耦变备自投功能(ACAT);

②所用电备自投功能(ACFS)。

站控系统具有可视化的触摸屏控制系统,可以方便的进行监视和控制和查询,操作员在触摸屏上的操作具有不同的级别,防止意外非授权人员误操作。

站控系统内部通信采用PROFIBUS DP协议传输,为避免电磁干扰,确保安全传输,PROFIBUS设计为冗余光纤电缆环。

站控系统通过GPS接收器实现所有节点的时间同步。

(2)交直流盘

自耦所自用电源系统设计为交流电源一路来自电力子系统10 kV综合贯通线环网柜,一路由所内自用变提供;直流采用铅酸免维护蓄电池成套装置。所用电为AC220 V和DC110 V,直流电源设计为2 h备用。

(3)视频安全监控

自耦所内设置视频安全监控系统,实现对所内外的视频监控(摄像头)、防盗告警(门禁和围禁)、防灾告警及环境监测(感烟感温探头)等安全监控功能,并能将实时信息和画面上传到调度中心。

(4)回流系统

自耦所高压室内设回流柜JD01,自耦所的地回流和轨回流通过其返回到自耦变压器。回流柜JD01与自耦变压器的中间抽头采用300 mm^2回流电缆连接。此外,在所外高架桥梁翼下设置回流母排JD02,回流柜JD01与回流母排JD02之间采用300 mm^2回流电缆连接,从其上再引出50 mm^2的回流电缆与桥面上的回流线、综合接地线和信号扼流变连接。

4. 开闭所

开闭所为独立房屋,室内包括高压室,内设2×27.5 kV气体绝缘开关柜和回流柜;控制室,内设保护控制盘、交直流盘;所用变室,内设27.5 kV所用变和10 kV所用变;通信机械室,内设通信节点设备;值班室;辅助设备间。

房屋分为地上一层和地下一层,地上为设备间,地下为电缆夹层。室内设冷暖空调、自动灭火装置。

开闭所1×27.5 kV或2×27.5 kV侧采用SF_6气体绝缘开关柜,北京南开闭所内设14面柜,进线柜内包含单极真空断路器,单极三工位开关,电流互感器、母线电压互感器等设备。馈线柜内包含单极真空断路器,单极三工位开关,电流互感器、避雷器等设备。天津开闭所设5面柜,中压进线柜内包含2极真空断路器,2极三工位开关,电流互感器、母线电压互感器等设备。馈线柜内包含2极真空断路器,2极三工位开关,电流互感器、避雷器等设备。

(1)控制与保护

开闭所控制和保护系统采用Sitras® SCS－AC系统,该系统旨在为开闭所提供所内各种开关和所外接触网柱上开关的控制和保护功能。该控制保护方案基于Siprotec® 4数字微机保护系列和Simatic® S7自动化系统组件。

开闭所保护和控制系统结构见图2－1－9。

主要设备和部件包括:

①站控柜一面,内部包括Simatic® S7站控组件,触摸屏和远动接口模块;

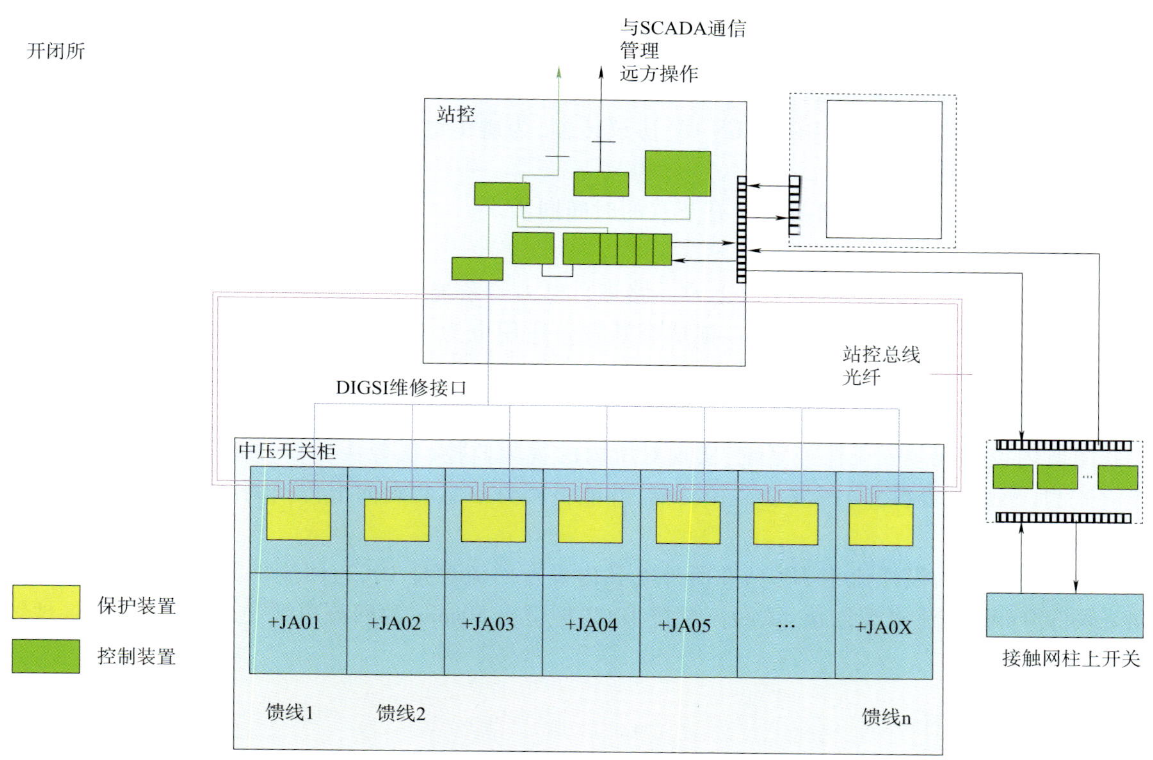

图 2－1－9 开闭所保护和控制系统结构

②Siprotec® 4 进线保护控制装置，型号为 7SJ64，安装于高压室开关柜低压室内；

③Siprotec® 4 馈线保护控制装置，型号为 7ST63，安装于高压室开关柜低压室内；

④柱上开关控制柜，控制所外接触网分相处的柱上开关；

⑤冗余的 PROFIBUS 站控通信母线。

进线保护配置（7SJ64）见表 2－1－13。

表 2－1－13 进线保护配置

保护种类	保护动作情况
过电流保护（50、51）	进线断路器跳闸
母线过压保护（59）	进线断路器跳闸
低压保护（27）	进线断路器跳闸

馈线保护配置（7ST63）见表 2－1－14。

表 2－1－14 馈线保护配置

保护种类	保护动作情况
距离保护（21）	馈线断路器跳闸
过电流保护（50、51）	馈线断路器跳闸
过负荷保护（49）	馈线断路器跳闸
断路器故障（50BF）	进线断路器跳闸
低压保护（27）	馈线断路器跳闸
自动重合闸（79）	自动重合馈线断路器

站控系统还具有所用电备自投功能(ACFS)。

站控系统具有可视化的触摸屏控制系统,可以方便的进行监视和控制和查询,操作员在触摸屏上的操作具有不同的级别,防止意外非授权人员误操作。

站控系统内部通信采用 PROFIBUS DP 协议传输,为避免电磁干扰,确保安全传输,PROFIBUS 设计为冗余光纤电缆环。

站控系统通过 GPS 接收器实现所有节点的时间同步。

(2)交直流盘

开闭所自用电源系统设计为交流电源一路来自电力子系统 10 kV 综合贯通线环网柜,一路由所内自用变提供;直流采用铅酸免维护蓄电池成套装置。所用电为 AC220 V 和 DC110 V,直流电源设计为 2 h 备用。

(3)视频安全监控

开闭所内设置视频安全监控系统,实现对所内的视频监控(摄像头)、防盗告警(门禁)、防灾告警及环境监测(感烟感温探头)等安全监控功能,并能将实时信息和画面上传到调度中心。

(4)回流系统

开闭所高压室内设回流柜 JD01,在所外人孔内设置回流母排 JD02,回流柜 JD01 与回流母排 JD02 之间采用 300 mm^2 回流电缆连接,从回流母排 JD02 再引出 50 mm^2 的回流电缆与回流线、综合接地线和信号扼流变连接。

五、内外部接口

1. 牵引变电与房建的接口

牵引变电与房建的接口主要体现在房建给牵引变电提供所亭的进场条件、提供变电需要的各种沟、槽、管、洞和预埋件的预留以及特殊墙体设计的配合。牵引供电与房建对所内低压供电、照明和暖通系统的设计配合。

2. 牵引变电与站前的接口

牵引变电与站前的接口主要体现在站前需提供牵引变电需要的馈电、控制和回流电缆的电缆槽、人孔和过轨预留等。

3. 牵引变电与电力的接口

牵引变电与电力的接口主要体现在电力给牵引变电提供 10 kV 所用电的外电源,10 kV 环网柜到所内变压器之间的 10 kV 电力电缆和电缆头的分工,牵引变电提供电力 10 kV 环网柜 220 kV 低压交流电源。

4. 牵引变电与通信的接口

牵引变电与通信的接口主要体现在牵引变电提供通信设备所需的空间和电源,通信为牵引变电提供站控系统的通信通道和网络时钟系统以及所亭内的调度电话和市话通信。

5. 牵引变电与接触网的接口

牵引变电与接触网的接口主要体现在上桥馈电电缆与接触网开关的连接,接触网开关控制电缆的连接以及电源的预留,回流电缆的连接以及柱上避雷器的型号选择和确定。

6. 牵引变电与信号的接口

牵引变电与信号的接口主要体现在扼流变的位置里程确定,回流电缆载流量的计算,连接扼流变的端子、母排预留,以便进行回流电缆的连接,以及牵引变电与信号平行电缆的感应电压计算和评估。

7. 牵引变电与远动(SCADA)的接口

牵引变电与远动(SCADA)的接口主要体现在数据交换清单、物理连接分工、远动系统(SCADA)盘柜在牵引变电设备房内的放置空间预留和电源预留。

第三节 接触网

一、概述

接触网悬挂类型(SICAT HA C)系基于德国高速铁路接触网 Re330 和科隆至莱茵高速铁路中采用的接触网 SICAT H1.0,并结合京津城际铁路的特点做了一些适当的修订。高速正线接触网为全补偿简单链型悬挂,一般跨距为 50 m,结构高度为 1.6 m,线材类型及张力同为 BzⅡ 120 + CuMg0.5 AC120(21kN + 27kN)。接触网可满足最高速度 350 km/h 双受电弓运行的需要。

作为始发和终到站的北京南和天津站,因运行速度不大于 120 km/h,站线及渡线接触悬挂均采用 BzⅡ 70 + CuAg0.1 AC120(15 kN + 15 kN);其余中间站站线及渡线接触悬挂均采用 BzⅡ 70 + CuAg0.1 AC120(15 kN + 15 kN)。

二、基本构成

1. 支柱、基础及横跨型式

除引入北京南站和天津站外,接触网支柱采用 H 型钢柱(部颁通用图-通化(2006)1301),转换柱则采用了加厚型 H 型钢柱,支柱选用原则如下:

中间柱:HEB 240(GH240A);

下锚柱:HEB 280(GH240A);

转换柱:HEM 240(GH240T)。

北京南站和天津站为了与车站景观相协调,一般采用 $\phi350$ 圆形钢管支柱。

路基地段支柱基础及拉线基础均采用钻孔灌注桩基础,新建桥上采用箱梁上预留基础。支柱基础设 6 根 M39 地脚螺栓,拉线基础设 4 根 M20 地脚螺栓,具体结构如图 2-1-10 和图 2-1-11。

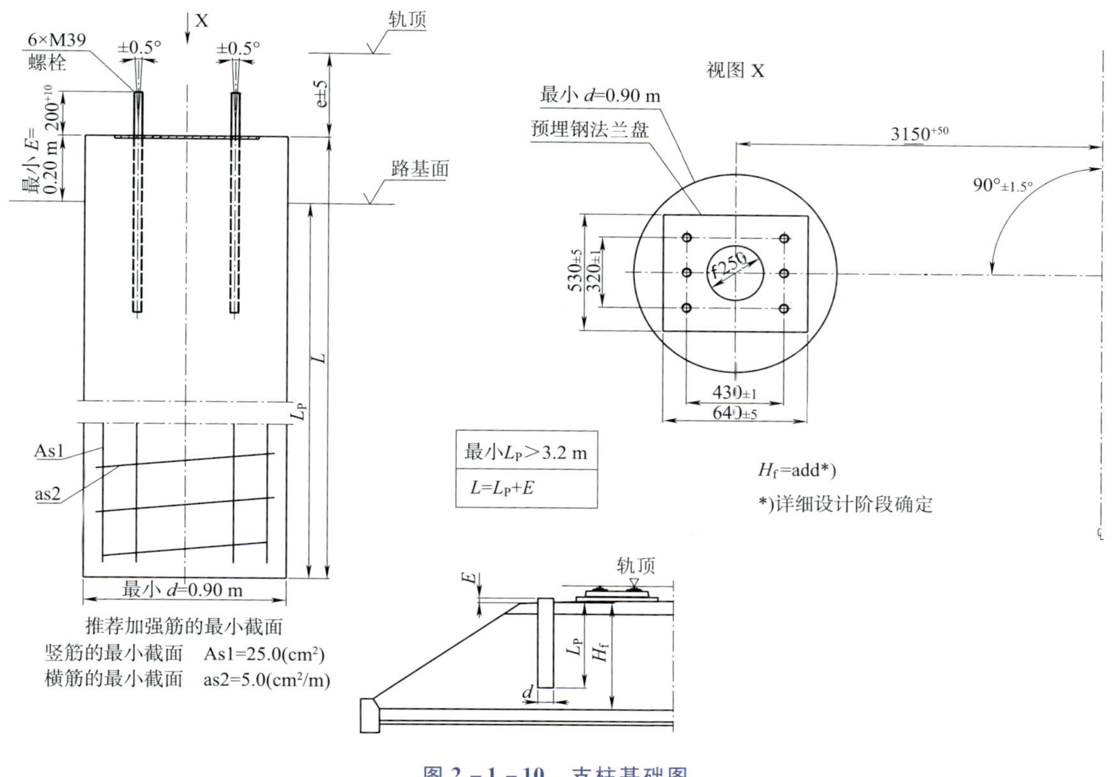

图 2-1-10 支柱基础图

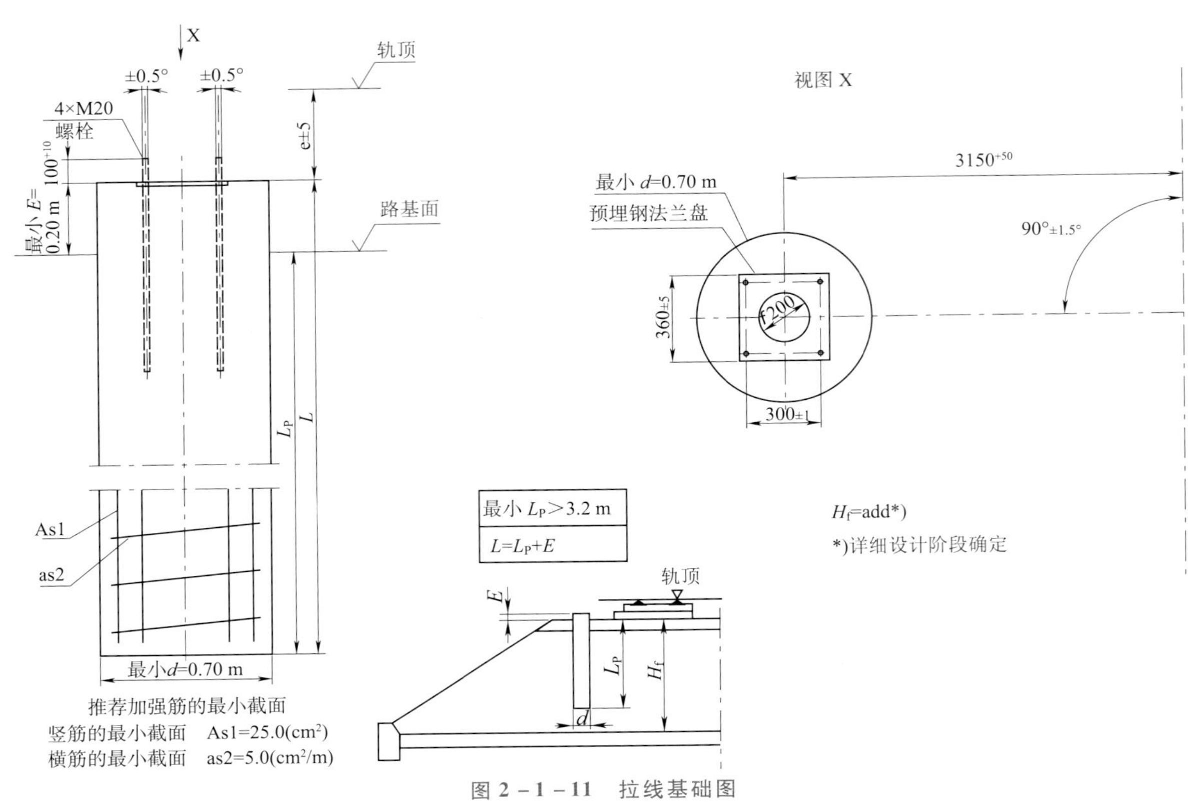

图 2－1－11　拉线基础图

中间站采用线间设单腕臂柱双肩悬挂的结构形式。北京南及天津站雨棚覆盖区段利用线间所设的雨棚支柱或单独立柱悬挂接触网，咽喉区以及多股道并行区段采用了轻型三角形钢管硬横梁结构形式（图 2－1－12），采用了软索悬挂方案。

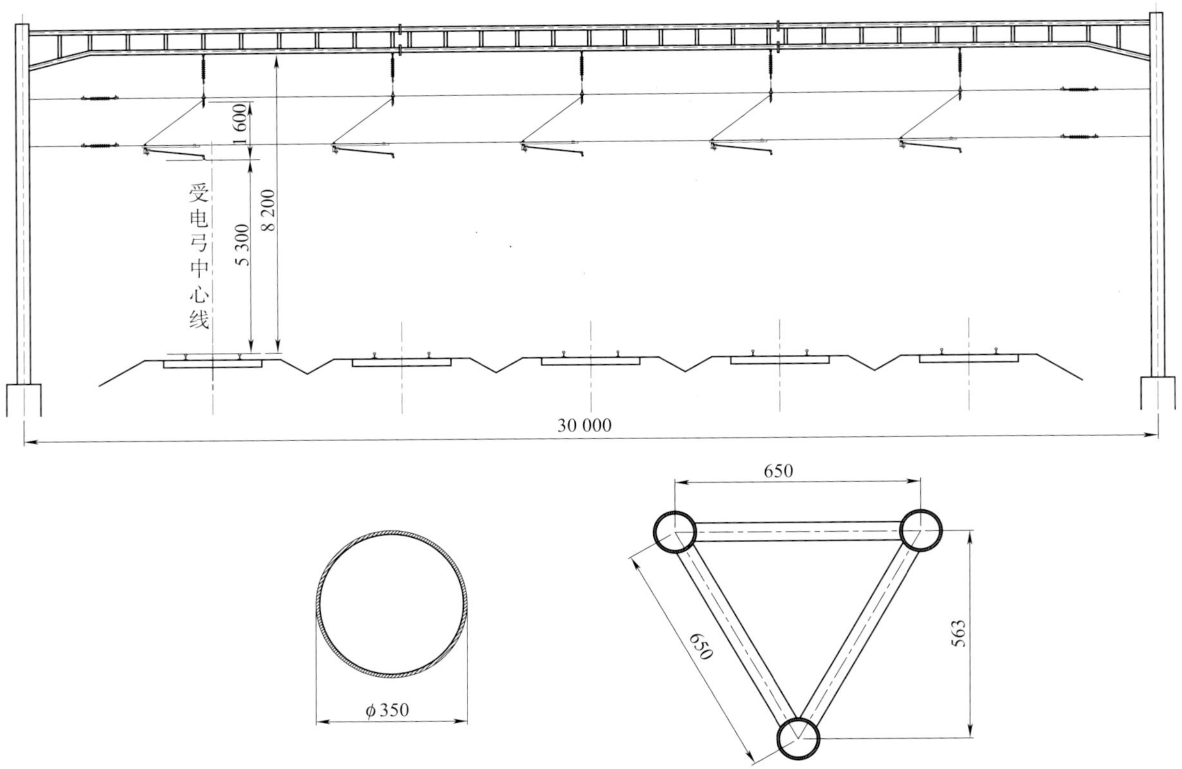

图 2－1－12　轻型三角形钢管硬横梁结构示意图（单位：mm）

2. 腕臂结构

腕臂支持装置用于支撑接触悬挂。在锚段关节和道岔处采用双腕臂支持装置或者采用硬横跨。

每一套腕臂支持装置包括水平腕臂，斜腕臂，腕臂支撑，承力索座、绝缘子、旋转腕臂底座、定位管、定位器，防风拉线，以及吊弦。腕臂支持装置通过旋转腕臂底座固定在支柱上。在旋转腕臂底座上固定瓷绝缘子。平腕臂和斜腕臂插入到瓷绝缘子内并连接在一起形成一个三角形。承力索固定在平腕臂上的承力索座上。接触线固定在定位器上，定位器固定在定位管上。定位器是可转动的。正定位和反定位有差别。防风拉线可阻止在定位器受压负载情况下定位管和定位器扣在一起，而且保证在反方向风荷载的情况下接触线的拉出值。定位安装示意见图 2 -1 -13、图 2 -1 -14 和图 2 -1 -15。

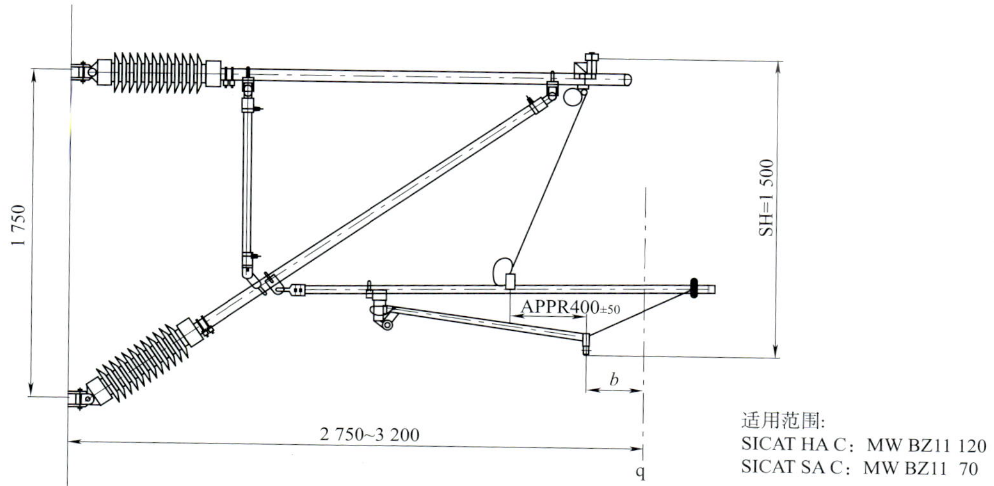

图 2 -1 -13　直线正定位安装示意图(单位:mm)

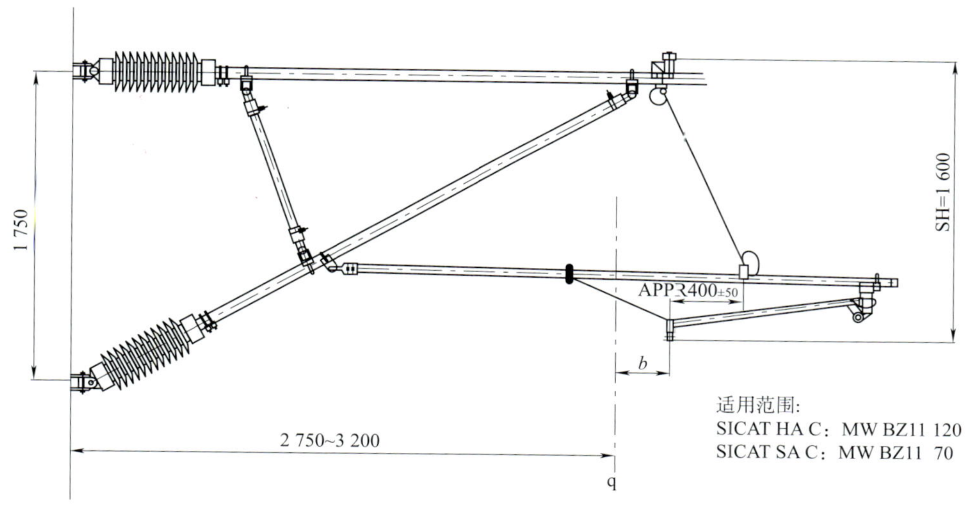

图 2 -1 -14　直线反定位安装示意图(单位:mm)

3. 定位装置

定位器的形状(直型或折弯型)将根据线路平面图内的曲线半径确定。线夹及其固定件的材料为铝合金，铝青铜或不锈钢。

定位器采用铝合金定位器。当定位器带限位装置时，其限位抬高量为 200 mm；当定位器不带限位装置时，允许接触线最大抬升量为 400 mm。

定位装置的设计将满足受电弓动态包络线的要求，受电弓动态包络线按直线段左右摆动量 250 mm、上下晃动量 200 mm 考虑。

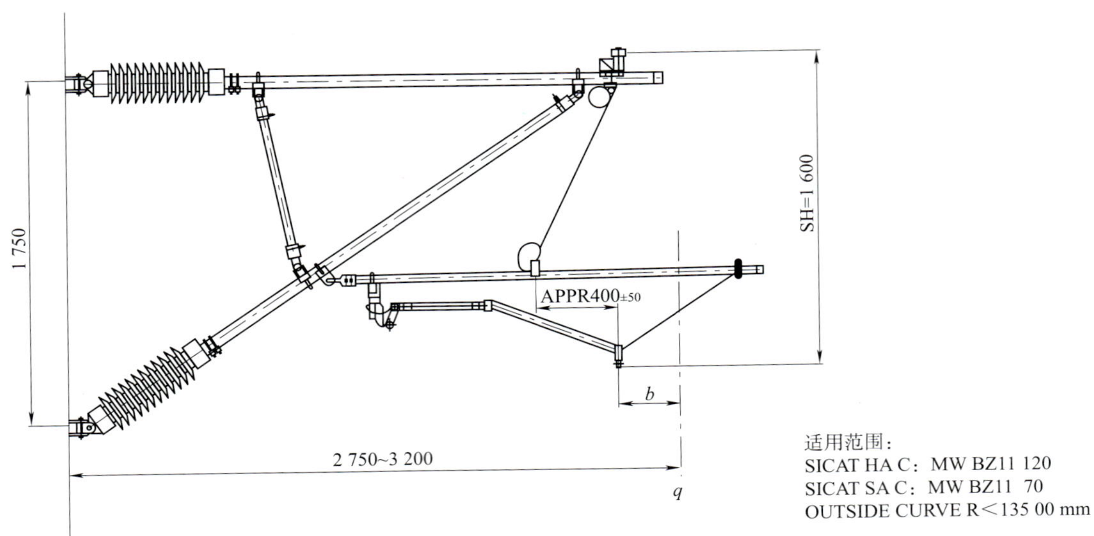

图 2－1－15　曲线内侧正定位安装示意图(单位:mm)

4. 吊弦

根据国内外运营经验,考虑到动态特性和机械特性,本工程采用截面为 10 mm^2 的铜镁合金绞线整体吊弦,并带鸡心环结构。吊弦见图 2－1－16。

整体吊弦采用载流设计,长度一般大于等于 0.5 m,困难条件下最短吊弦小于 0.5 m。

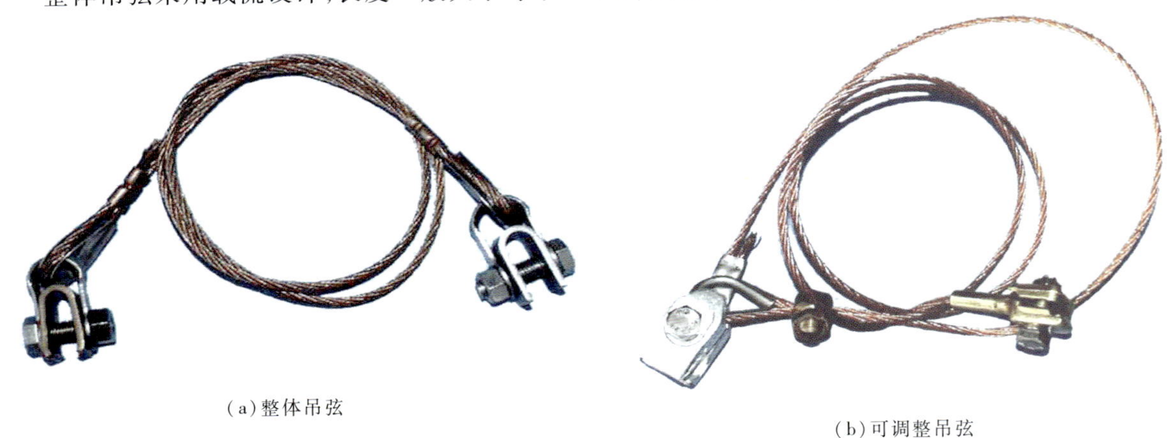

(a)整体吊弦

(b)可调整吊弦

图 2－1－16　吊弦

5. 中心锚结

下锚补偿装置把接触网子系统划分成每个锚段最大长度 1 400 m 的多个锚段,在每个锚段的中部有一个带防断的中心锚结(图 2－1－17)。

在邻近中心锚结点左右两跨内各有一根安装在承力索和接触线之间特殊的"Z"线。在接触线断线的情况下,"Z"线将把接触线张力通过承力索和中心锚结绳传到中心锚结下锚柱上。通过中心锚结的下锚锚结绳将承力索固定在相邻的支柱上,锚结绳通过承力索座与承力索连接在一起。承力索通过中心锚结下锚绳固定在相邻的接触网支柱上。相邻的中心锚结下锚柱通过下锚拉线可以承受在接触悬挂断线情况下产生的负荷。

6. 张力补偿装置

承力索和接触线采用相互独立的张力补偿装置,变比为 1:3。最大补偿长度为 1 400 m。中心锚结与补偿装置之间的最大距离为 750 m。

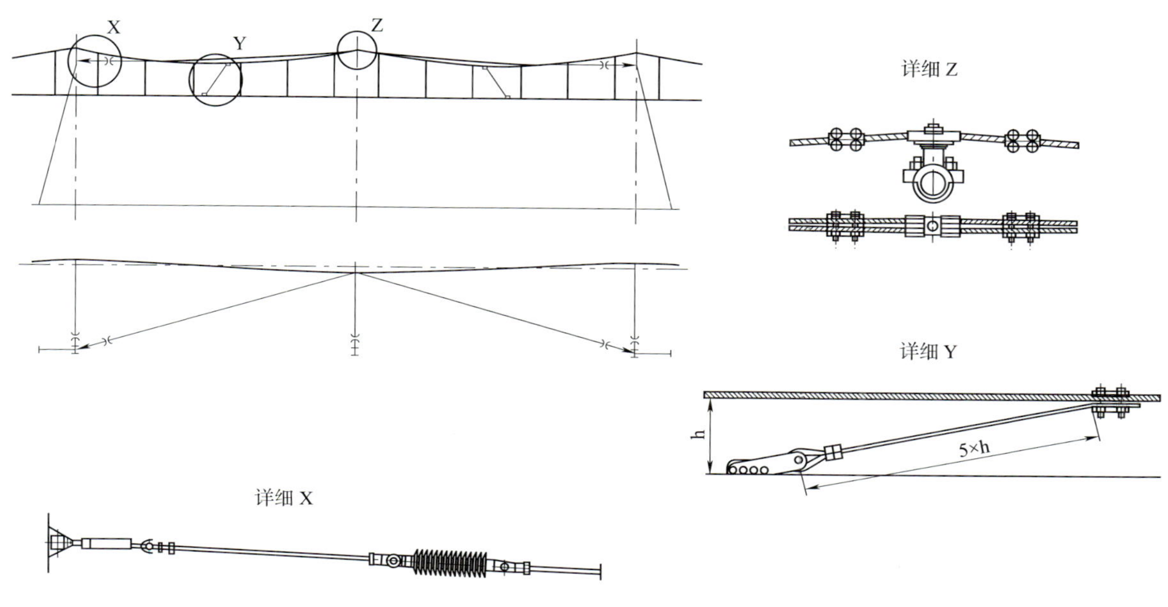

图 2－1－17　中心锚结

下锚补偿装置一般为棘轮式补偿(图 2－1－18),棘轮补偿装置的传动比为 1∶3,补偿效率大于 0.97。棘轮补偿装置最大工作张力 40 kN。坠砣采用铸铁坠。

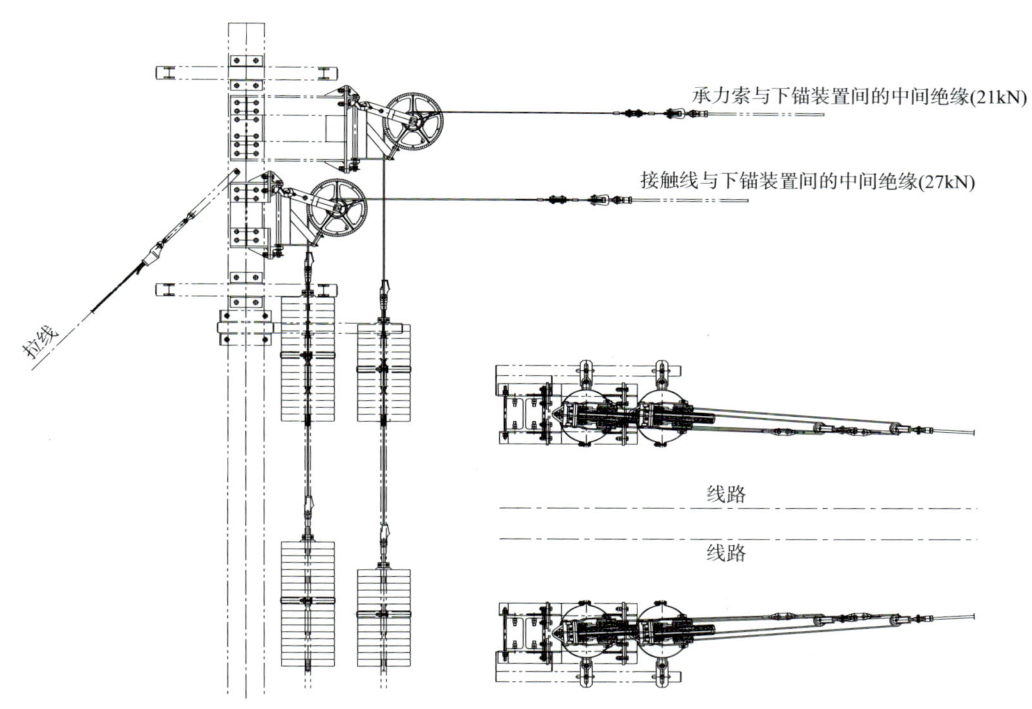

图 2－1－18　棘轮补偿装置

北京南站及天津站内,为了美观,采用了恒张力弹簧补偿装置(图 2－1－19)。在腕臂柱作为锚柱时,还采用了双柱的无拉线下锚形式。

北京南站、天津站采用 DFJHB 电气化铁道接触网恒张力弹簧补偿装置。

7. 绝缘子

腕臂绝缘子采用瓷绝缘子。

按照此要求,腕臂用绝缘子一般采用抗弯破坏荷重为 12 kN 和 16 kN 的高强度瓷质棒式绝缘子;

沿线污染严重、下锚处、无柱雨棚处及器件式分段处，根据防雷设计需要采用复合绝缘子。

25 kV 带电体绝缘子的公称泄漏距离按不小于 1 400 mm 设计；上下行接触网带电体间的绝缘泄漏距离一般不小于 2 000 mm，困难时不小于 1 600 mm。

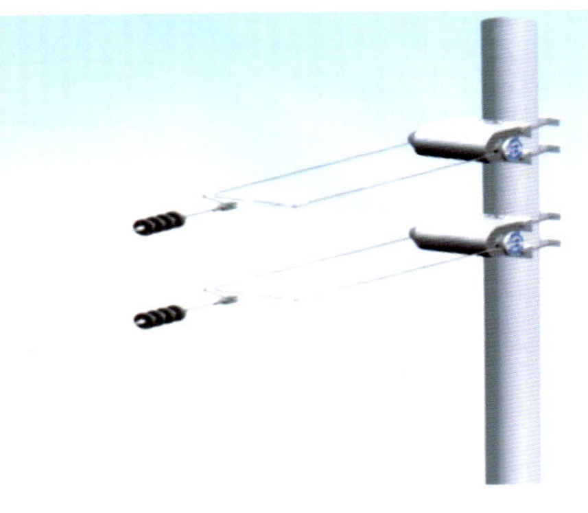

图 2－1－19　恒张力弹簧补偿装置

8. 主要设备

(1)隔离开关

变电所、AT 所、分区所出口供电线设电动隔离开关，并纳入远动控制；电分相中性段与两侧接触网间设电动隔离开关，并纳入远动控制；枢纽内不同供电分区之间的联络开关采用电动隔离开关。

(2)分段绝缘器

上、下行正线间渡线用分段绝缘器采用带消弧功能的分段绝缘器；枢纽内分场、分束供电等场所用分段绝缘器可采用带消弧功能的分段绝缘器。

9. 附加导线

附加导线规格及张力见表 2－1－15。

表 2－1－15　附加导线规格及张力表

项　目	名　称	线　材	型　号	最大张力(kN)
附加导线	馈　线	铝包钢芯铝绞线	LBGLJ240/30	
	回流线	铝包钢芯铝绞线	LBGLJ185/35	

10. 馈线上网

供电线上网全部采用电缆的方式。

馈线上网电缆 5 根 300 mm^2 电缆组成，其中 3 根是接触网馈线电缆，向接触网供电；2 根是馈线电缆，向馈线供电；馈线电缆从牵引变电所的馈线柜引出，所内采用电缆沟方式敷设，所外地面采用直埋方式敷设，电缆到达上网支柱就近的桥墩下面，延桥墩上桥，到达桥梁下地面延伸到支柱下面，从预留孔穿到桥上，顺支柱到支柱顶端与隔离开关连接。安装图见图 2－1－20。

11. 回流系统

牵引变电所处的接触网回流以变电专业提供的回流母排(JD02)为分界点，回流母排由变电专业安装，回流母排到扼流线圈、回流线及综合地线的连接属于接触网专业，连接采用 50 mm^2 电缆。其中回流母排到扼流线圈连接由 8 根 50 mm^2 电缆组成(上行 4 根，下行 4 根)、回流线到回流母排连接由 4 根 50 mm^2 电缆组成(上行 2 根，下行 2 根)，综合地线到回流母排连接由 2 根 50 mm^2 电缆组成(上行 1 根，下行 1 根)。高架桥区段，回流母排一般安装在上网电缆所在桥墩的上部。

图 2－1－20　牵引变电所电缆上网、开关及引线安装图(一)

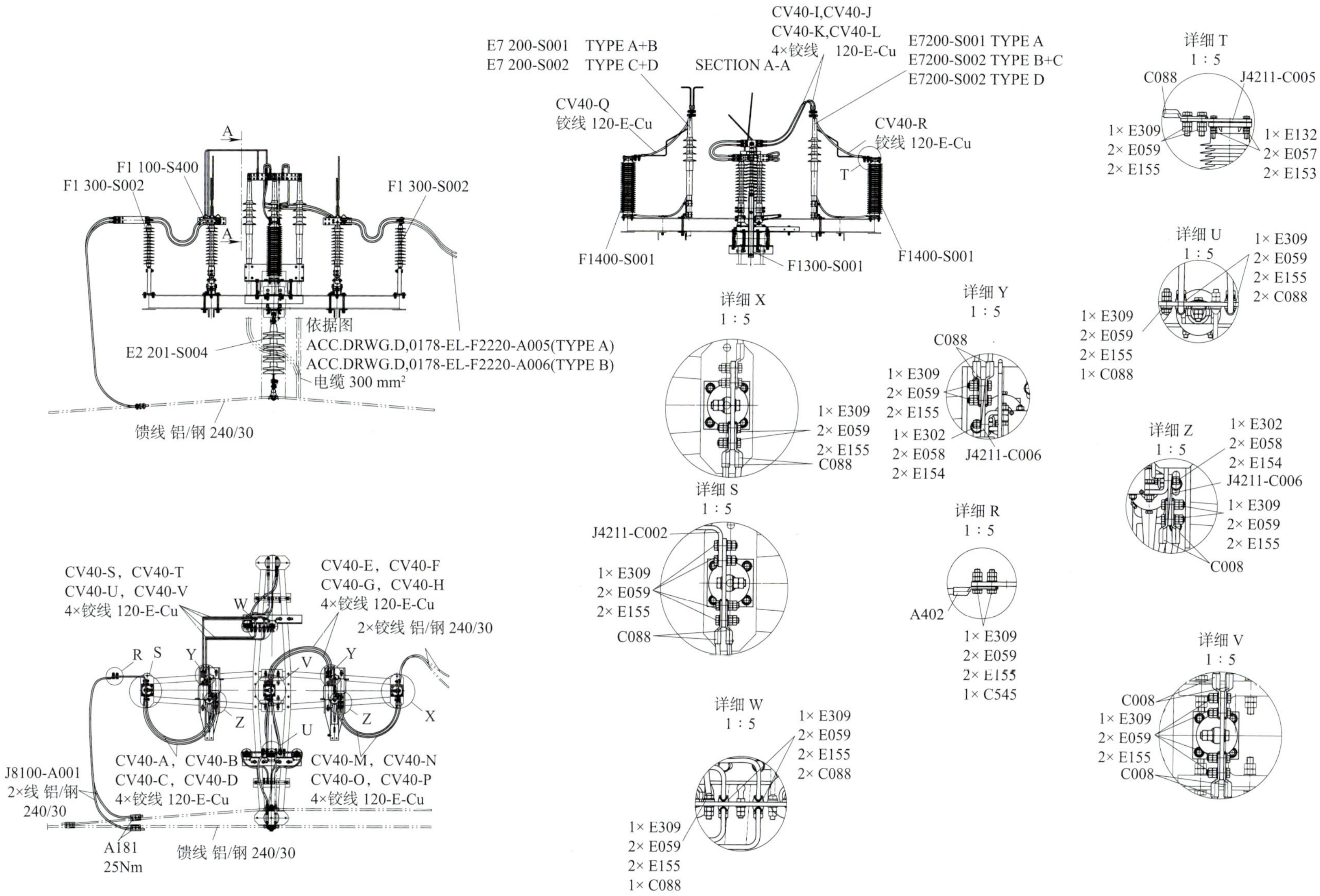

图 2－1－20　牵引变电所电缆上网、开关及引线安装图(二)

三、平面布置方案

1. 锚段关节

本工程正线主要采用五跨锚段关节形式(图 2-1-21 和图 2-1-22)。部分采用四跨锚段关节形式。

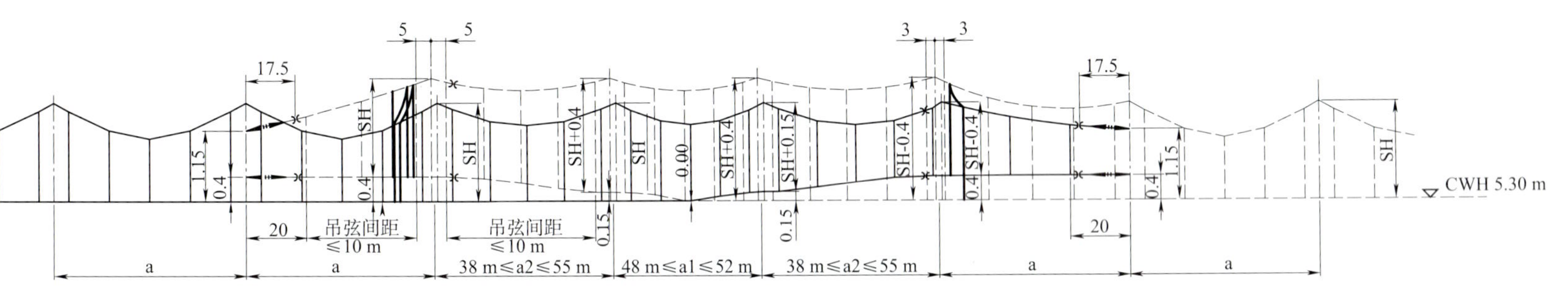

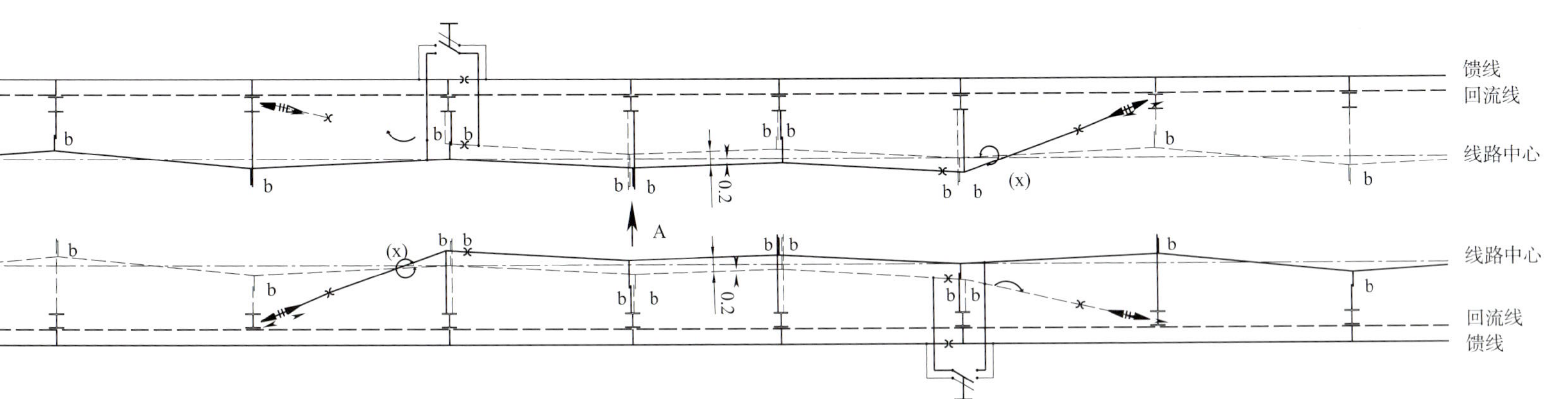

图 2-1-21　五跨非绝缘关节

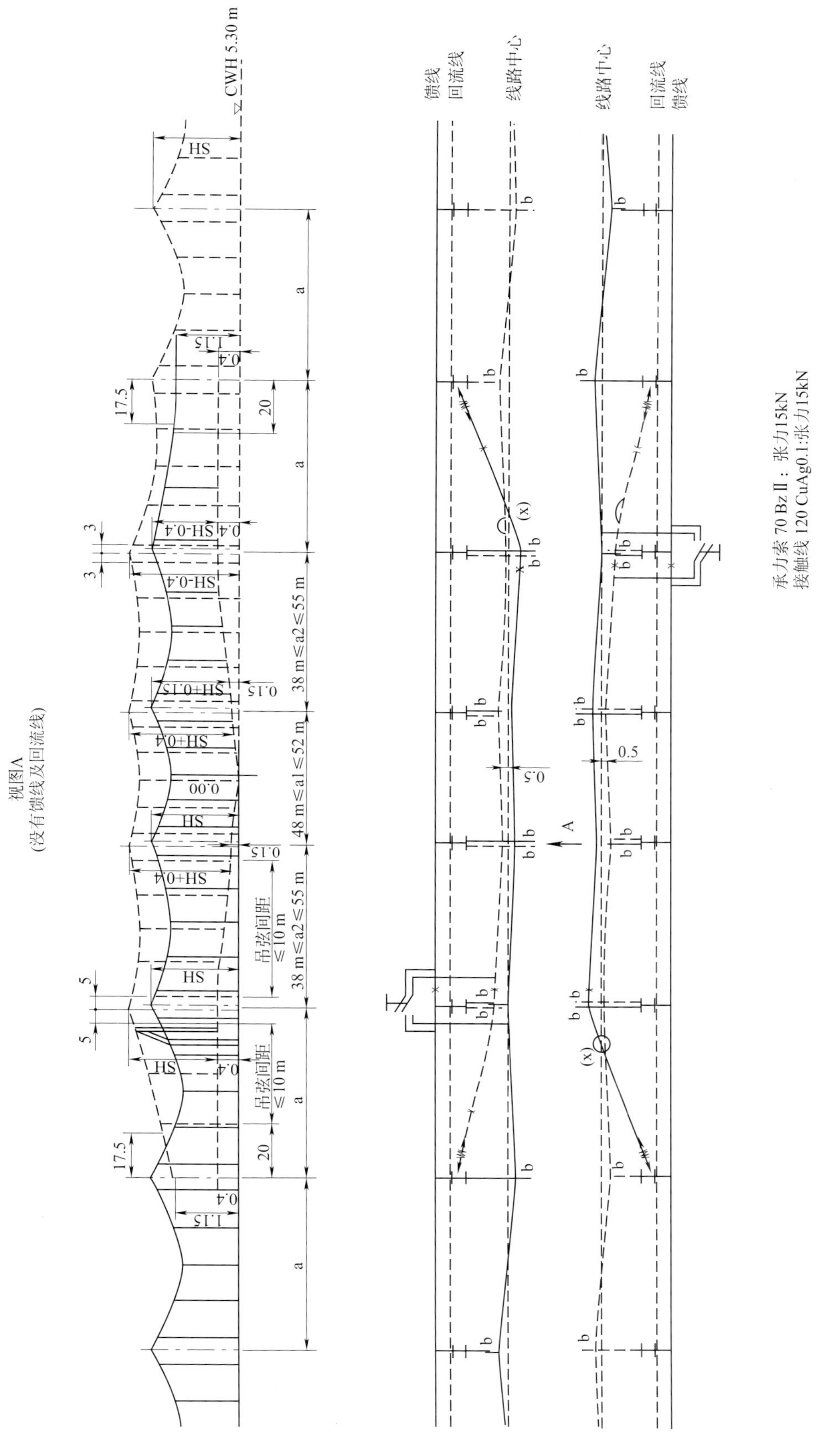

视图A
(没有馈线及回流线)

5 5 3 3 17.5 17.5
SH SH SH+0.4 SH 0.00 SH+0.4 SH+0.15 SH-0.4 SH-0.4 SH
1.15 0.4 0.4 0.15 0.15 0.4 0.4 1.15
CWH 5.30 m
20 吊弦间距 ≤10 m 吊弦间距 ≤10 m 20
a a 38 m≤a2≤55 m 48 m≤a1≤52 m 38 m≤a2≤55 m a a

馈线
回流线
线路中心
b (x) 0.5 A
线路中心
回流线
馈线

承力索 70 Bz Ⅱ：张力15kN
接触线 120 CuAg0.1:张力15kN

图 2-1-22 五跨绝缘关节

北京南站、天津站站台两端采用两跨锚段关节形式(图2-1-23和图2-1-24)。

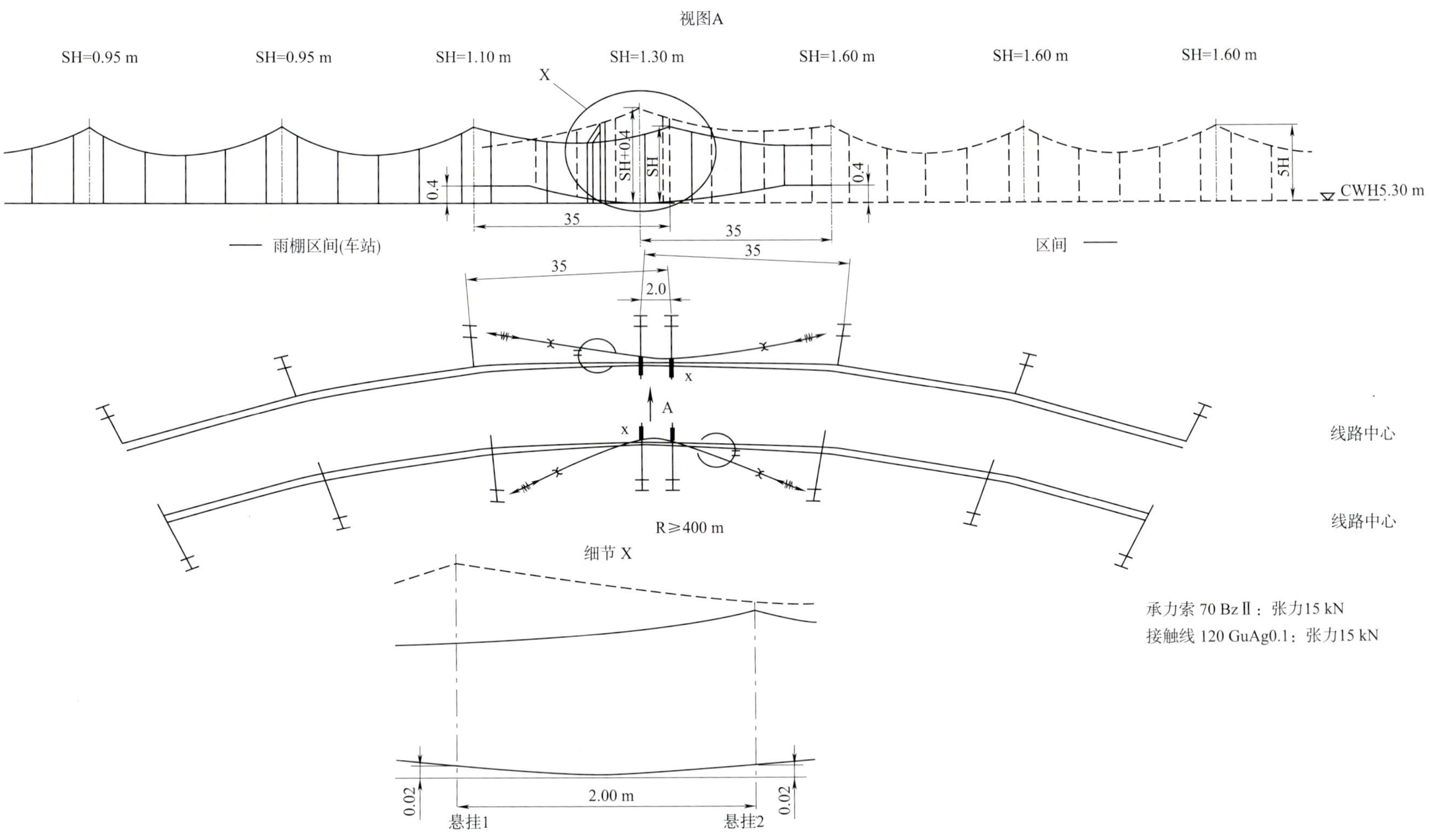

图2-1-23　两跨关节

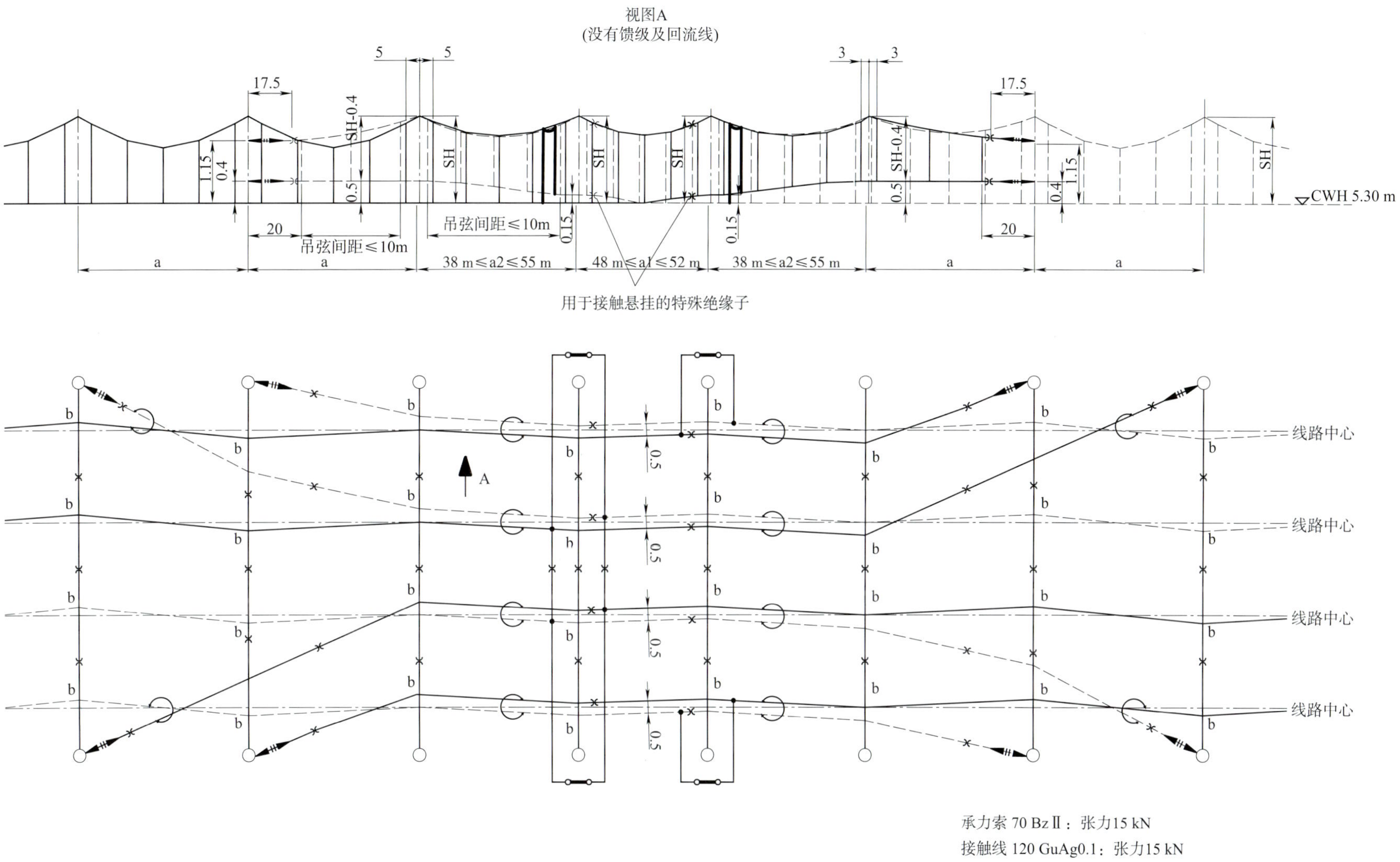

视图A
（没有馈线及回流线）

用于接触悬挂的特殊绝缘子

承力索 70 BzⅡ：张力15 kN
接触线 120 GuAg0.1：张力15 kN

图 2－1－24　横跨处五跨绝缘关节

2. 电分相

在变电所、分区所出口附近设置接触网电分相装置，电分相采用带中性段、空气间隙绝缘的锚段关节形式，分相关节见图 2－1－25。电分相无电区或中性段的长度将满足双弓运行需要，即将使无电区的长度大于双弓间距（长分相方案）。

电分相中性段设电动隔离开关（常开）与两侧接触网相连。正常运行时，中性段接触网不带电，动车组断电通过。当出现动车组停在中性段的情况时，可闭合列车前进方向的电动隔离开关，让中性段带电，使列车重新起动驶出中性段。

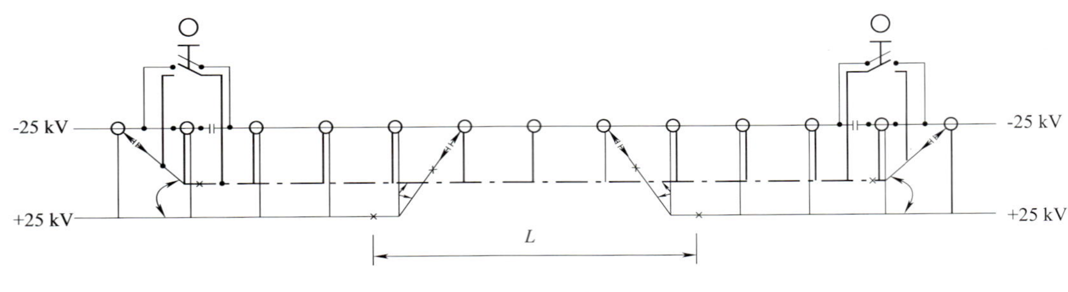

图 2－1－25　分相关节示意图

3. 道岔区接触网布置

道岔处接触悬挂布置设计成交叉式线岔。道岔处的接触悬挂布置成在道岔的第一个悬挂后至少有另外一个悬挂来保证受电弓有较好的接触。两接触线在交叉点通过线岔垂直地固定在一起。交叉点约在跨中。两接触线通过交叉吊弦和线岔被抬高。列车通过道岔时，无论列车经过直股还是侧股，两接触线都在受电弓的同一侧。这种设计要求道岔处双腕臂支持装置。渡线处典型交叉线岔布置见图 2－1－26。

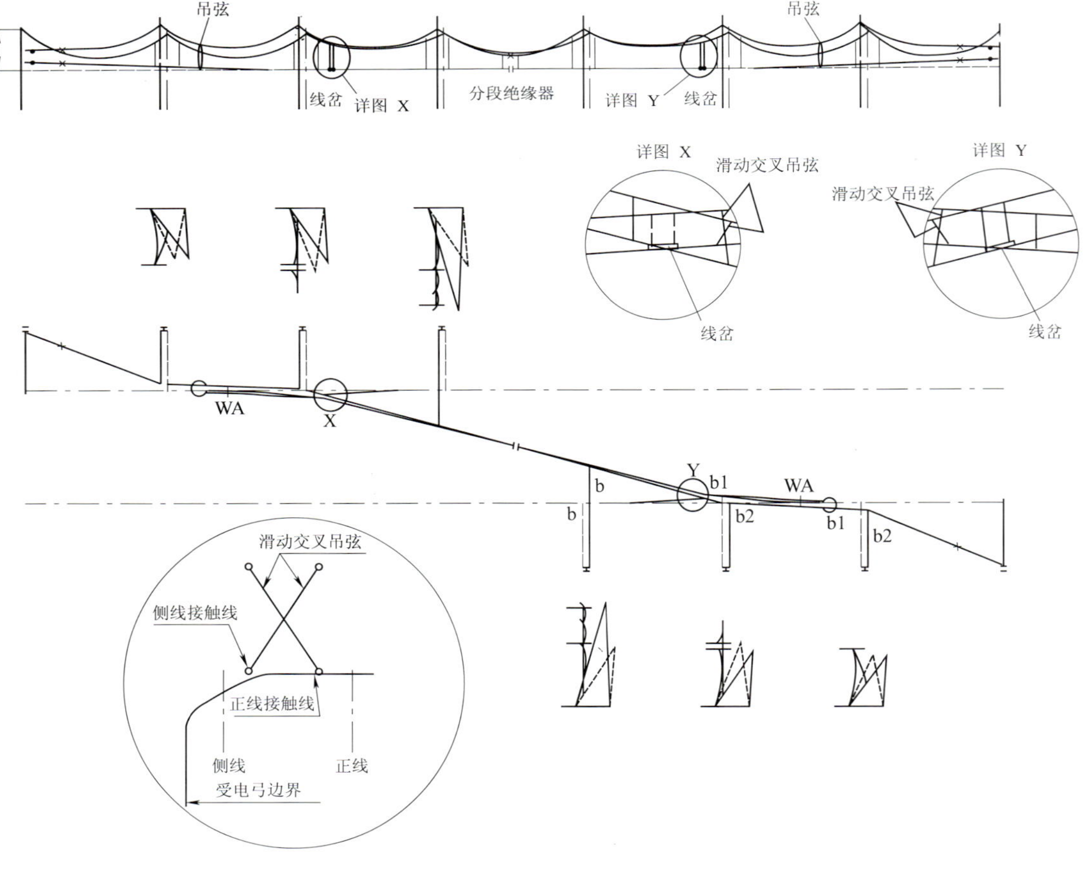

图 2－1－26　渡线处典型交叉线岔布置

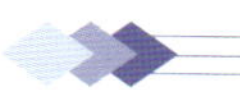

4. 电分段

按照以供电臂为停电单元的接触网检修原则，除在电分相处为分相目的而设置绝缘锚段关节外，其余地点如无特殊要求，一般均设置非绝缘锚段关节。

上下行接触网间实现电气分开，渡线一般设分段绝缘器；上下行接触网带电体间的距离一般不小于2 000 mm，困难时不小于1 600 mm。

独立电化车场将单独供电分段。

四、主要技术性能参数

1. 主要技术指标表（见表2－1－16）

表2－1－16　主要技术指标表

项　　目	指　　标
运营速度	350 km/h
受电弓	1 950 mm width（acc. to UIC 608）
建筑限界	UIC type GC
最小线路曲线半径	高速干线2 100 m，支线400 m
最大线路坡度	20%
最大外轨超高	180 mm
环境温度变化范围	－25 ℃～40 ℃
风　速	35 m/s
风　压	0.77 kN/m^2
设计最高速度	最高运行速度350 km/h
正线承力索	采用截面为120 mm^{2}的青铜承力索，张力为21 kN
正线接触线	采用截面为120 mm^{2}的镁铜合金接触线，张力为27 kN
吊　弦	采用截面为10 mm^{2}的铜合金绞线
馈　线	采用铝包钢芯铝绞线LBGLJ－240/30
回流线	采用铝包钢芯铝绞线LBGLJ－185/35
导　高	悬挂点5 300 mm，最低点5 150 mm
结构高度	1 400 mm，困难情况下最短吊弦长度不小于500 mm
拉出值	直线区段±300 mm
最大锚段长度	最大正线锚段长度为1 400 m
跨　距	正线路基区段按标准跨距50 m，困难时最大跨距55 m；隧道内最大跨距一般为50 m；高架桥上跨距一般48 m。相邻跨距之差不大于10 m
锚段关节	一般为5跨
锚段关节处两导线间距	非绝缘关节200 mm，绝缘关节500 mm
电分相	电分相采用带中性段的、空气间隙绝缘的锚段关节形式，且将满足跨线车开行要求
下锚补偿装置	棘轮补偿装置和恒张力弹簧补偿装置
侧面限界	路基地段3 100 mm，高架桥上3 000 mm

2. 绝缘距离

根据《铁路技术管理规程》及《铁路电力牵引供电设计规范》，参照IEC60815、EN50119标准，空气绝缘间隙及安装距离要求见表 2－1－17。

表 2－1－17　绝缘距离

序　号	项　　目	正常值(mm)	困难值(mm)
1	绝缘锚段关节两悬挂点间隙	450	—
2	25 kV 带电体距固定接地体间隙	300	240
3	25 kV 带电体距机车车辆的间隙	350	—
4	受电弓振动至极限位置和导线被抬起的最高位置距接地体的瞬间间隙	200	160
5	隔离开关引线、电连接线(包括跨另一支接触悬挂时)距接地体间隙	330	—
6	在对向风吹,风速为 13 m/s 时,25 kV 带电体与自耦变压器中性线的间隙	250	—
7	绝缘元件接地侧裙边距接地体间隙	100	75
8	回流线顺线路距 25 kV 带电体的间隙	500	—

3. 附加导线悬挂方案

正线高架桥支柱高度一般为 8.95 m,地面段支柱高度一般为 9.15 m。正馈线和保护线设于田野侧并通过肩架安装,肩架距柱底高度为 7.0 m。

4. 防雷与接地

(1)防雷

全线为强雷区,为提高接触网的可靠性,在加大绝缘爬距的基础上,下列重点位置设置氧化锌避雷器:分相关节处、供电线上网点处。

(2)接地

接触网与通信、信号等专业共用接地体,采用综合接地系统。每个闭塞分区保护线或回流线与钢轨及综合地线(通过扼流圈)实现全并联,可有效降低钢轨电位,保证人身安全。

5. 接触网系统防雷、防腐、防松、防坠物、交叉跨越防断线等措施

(1)防腐措施。在允许条件下尽量采用有色金属(如:铜合金、铝合金)零部件,对于黑色金属(碳钢、铸钢等)零部件目前最可靠的防腐措施还是高等级热浸镀锌。

(2)防松措施。主要措施为弹簧垫圈＋紧固力矩的严格保证;辅助措施为加设变牙型防松螺母、金属或尼龙镶嵌式防松螺母、防松垫片等。在使用设变牙型防松螺母、金属或尼龙镶嵌式防松螺母时紧固力矩将适当加大,以保证螺栓的轴向紧固力。

(3)防跨线桥高空坠物、交叉跨越防断线等措施。在承力索表面加设由进口高性能聚合绝缘材料制造的裸线包卷绝缘管。

6. 受电弓的技术参数

受电弓弓头宽度:1 950 mm;

受电弓工作宽度:1 450 mm;

受电弓工作范围:4 950 ~ 5 500 mm;

滑板的最小宽度:1 030 mm;

滑板数量:2 个;

滑板材质:碳;

受电弓静态接触压力:70 ± 10 N。

7. 弓网受流质量评价标准

(1)平均接触压力及标准偏差

在双弓最小间距 160 m 的运行条件下,修正后的弓网间平均接触压力应低于图 2－1－27 的规定(即 EN 50367 的规定)。最小接触压力应为正值,最大接触压力应低于 300 N(试验时可用 350 N),接

触力标准偏差应≤0.3 Fm。

（2）悬挂点处接触线的抬升（图 2－1－28 和图 2－1－29）

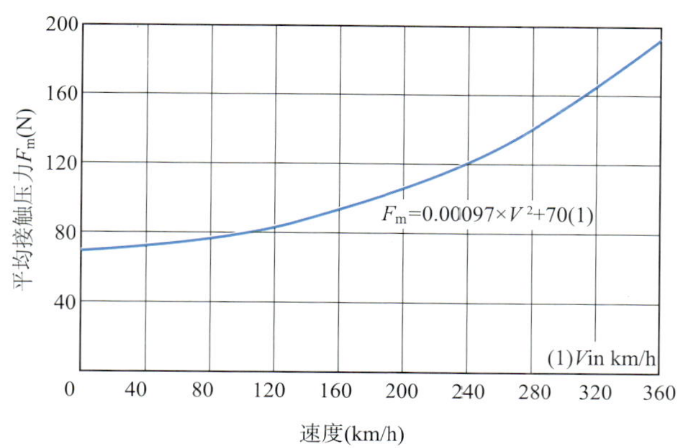

图 2－1－27　平均接触压力与速度关系曲线图

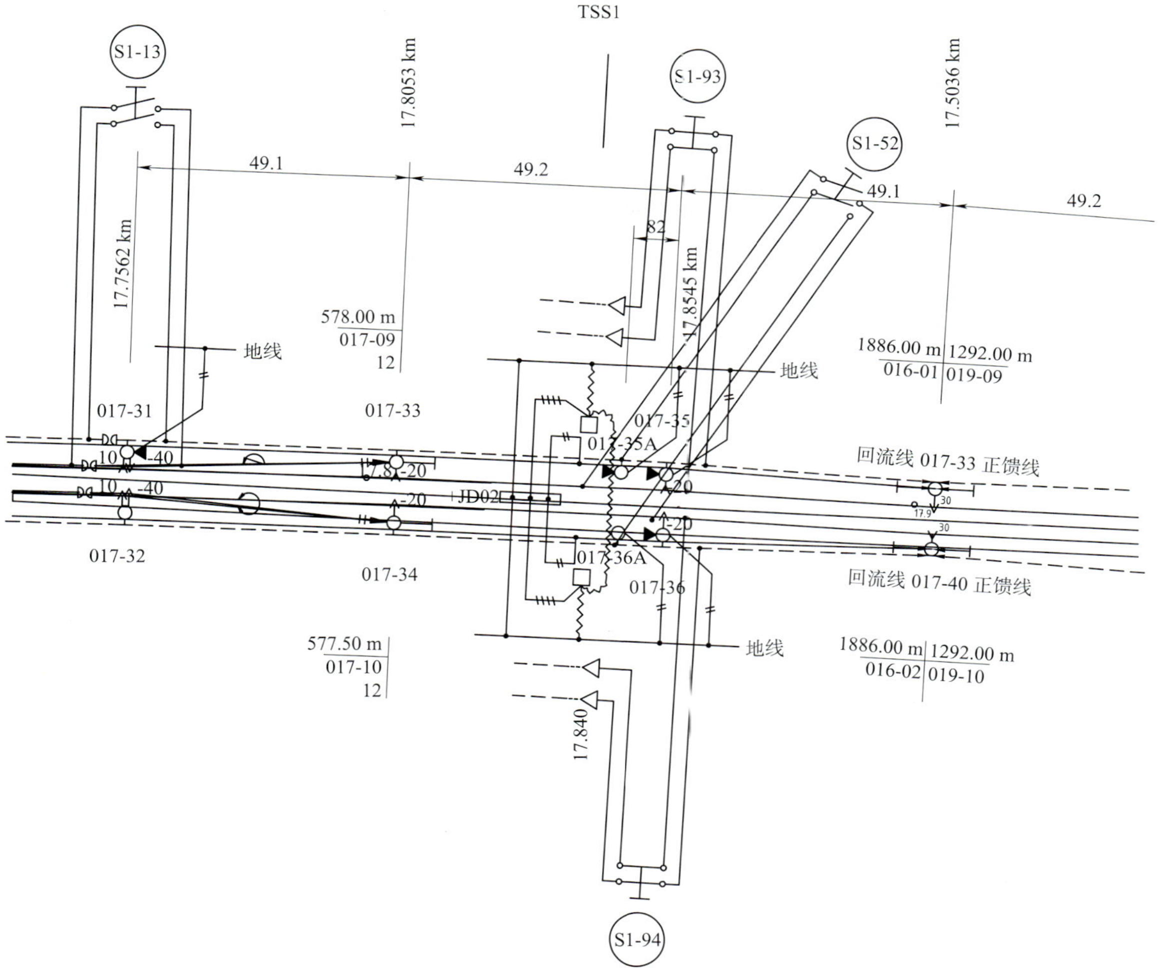

图 2－1－28

悬挂点处接触线的抬升应符合 EN50119（2001）的规定。正常运行时，最大跨距悬挂点处接触线计算和验证的最大抬升为 100 mm；悬挂点处定位器自由抬升的设计范围至少应为计算抬升值的 2 倍。

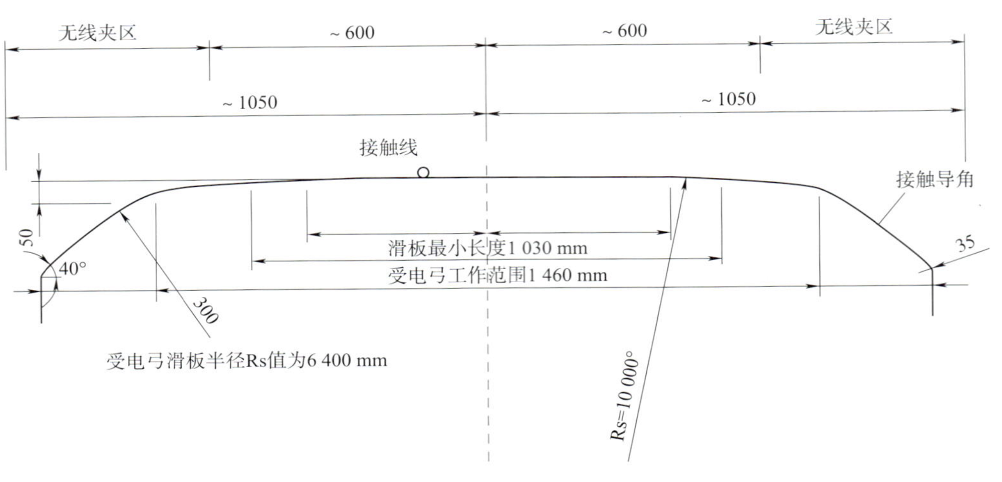

图 2-1-29　受电弓的外形图

五、内外部接口

1. 与站前专业接口

桥上接触网支柱及拉线基础预留施工进度和质量，接触网供电电缆上桥孔预留、牵引变电所亭的房建预留、路基地段接触网基础施工配合等。

2. 与信号专业接口

接触网与信号专业接口配合主要是沿线扼流变的位置里程的确定。

3. 与轨道接口

轨道参数的达标时间及稳定程度，是接触网施工进度和施工质量的关键影响因素。

4. 与车站雨棚结构的接口

车站内的接触网布置，尤其是雨棚内的接触网安装方式，考虑到美观化设计，必须与雨棚结构统筹考虑。

5. 与动车组的接口

高速条件下的弓网受流性能，是通过接触网与受电弓在高速运行条件下的良好匹配实现的。不仅接触网要进行高速检测和精调，受电弓也必须在相关试验的基础上进行空气动力学调整并经过实际运行验证。

第四节　电　　力

一、概　　述

京津城际铁路电力供电线路由全线设置的一条一级负荷贯通线和一条综合贯通线构成。10 kV 电力贯通线全部采用单芯铜铠铜芯电缆，电缆截面为 70 mm^2。沿线与行车有关的通信、信号、综调系统等由一级负荷电力贯通线主供，综合贯通线备供，沿线其他用电负荷及各牵引所的所用电源由综合贯通线提供 10 kV 电源。

贯通线的电源取自各变配电所设置的调压器馈出的专用母线段。

变配电所两路相互独立的 10 kV 电源由国家电网提供。

各变配电所供应所在车站的负荷用电。

沿线与行车有关的通信、信号、综合调度系统的负荷点采用箱式变电站供电。电源由一级负荷贯通线主供，综合电力贯通线备供。

二、基本构成

电力子系统由外部电源、电力变配电所、电力贯通线路、区间电力箱式变电站及低压供电设施构成。

三、主要技术性能和参数

1. 外部电源

每个10 kV 变配电所的2路专盘专线外部电源由国家电网提供，从供电可靠性以及社会发展等角度综合考虑，10 kV 外部电源均采用三相铜芯电缆沿地下管槽敷设。

(1)10 kV 变配电所(图2-1-30)

10 kV 变配电所采用单母线真空断路器分段运行方式，两路10 kV 电源分别送至两段母线上，正常时，母联打开，两路电源同时运行，互为备用；当一路检修或发生故障时，母联闭合，由另一路电源供电。一级负荷电力贯通线、综合电力贯通线分别经调压器调压后供电。车站用电负荷同站车站变压器供电。配电所设无功补偿装置，补偿后的功率因数在0.9以上。

(2)10 kV 变配电所保护方式

10 kV 变配电所均采用微机保护装置，实现全所电气设备的测量、控制、保护等功能，并提供电力远动接口；微机保护测控装置设置在高压开关柜仪表单元内。后台工控柜设在控制室。

进线：设电流速断、过电流、失压保护。

电抗：设电流速断、过电压、失压保护。

站馈线：设电流速断、过电流。

贯通馈线：设电流速断、过电流、同期检查、备用电源自动投入及一次自动重合闸装置。

母联：电流速断、备用电源自动投入。

调压器：电流速断、过电流。

所用变：高压熔断器。

所有新设变、配电所均无人值班，依靠电力 SCADA 系统远动操作、监视。

2. 电力远动系统

与牵引供电共用一套 SCADA 系统完成电力远动(共同的通道与操作平台)。

电力远动的监控点：变配电所(所有高、低压开关处)、沿线的箱式变电站(所有高、低压开关处)、车站的通信、信号机房等。

3. 箱式变电站

沿线与行车有关的通信、信号系统采用箱式变电站供电。电源由一级负荷贯通线主供，综合电力贯通线备供。

4. 电力贯通线路

从高速铁路供电可靠性、社会发展对环境美化、维护工作量最小化、减少高压电缆过轨次数以及客运专线整体性要求等角度综合考虑，两路10 kV 电力贯通线全部采用单芯铜铠铜芯电缆在高架桥上分别沿铁路两侧预制电缆槽敷设，在路基地段两侧坡角设置电缆沟槽敷。为减少电容电流，设置并联电抗器进行补偿。

5. 电力照明

车站综合楼用电设备由设于楼内的变电所或车站变配电所供电，配线采用铜芯缆线。

站房照明一般采用节能型荧光灯，净空较高的大型候车室采用显色性较好、寿命长的气体放电光源。

为确保车站发生灾害或出现故障时能顺利地疏散旅客，在站台、出入通道、楼梯等处；重要值班室及重要设备机房等设置应急照明。

开关柜型号	NXPLUS C (=KZ14)	NXPLUS C (=KZ01)	NXPLUS C (=KZ02)	NXPLUS C(=KZ03)	NXPLUS C (=KZ07)	NXPLUS C (=KZ10)	NXPLUS C (=KZ05)	NXPLUS C (=KZ05)	NXPLUS C (=KZ06)	NXPLUS C (=KZ07)	NXPLUS C (=KZ09)	NXPLUS C(=KZ08)	NXPLUS C(=KZ12)	NXPLUS C(=KZ13)	NXPLUS C (=KZ11)
回路名称	所用变压器（一）	所用变控制柜（一）	引入及计量柜(一)	进线（一）	进线隔离	母联隔离&母互(一)	车站变（一）	备用	一级负荷调压器引入	一级负荷调压器引出	一级贯通馈出（一）&贯母互	一级贯通馈出（二）	重要一级负荷备用出线	重要一级负荷备用	重要一级负荷备用进线
回路编号	N01	N03	N05	N07	N09	N11	N13	N15	N17	N19	N21	N23	N25	N26	N27
容　量	50KVA			2800KVA			800KVA	200KVA	315KVA					200KVA	

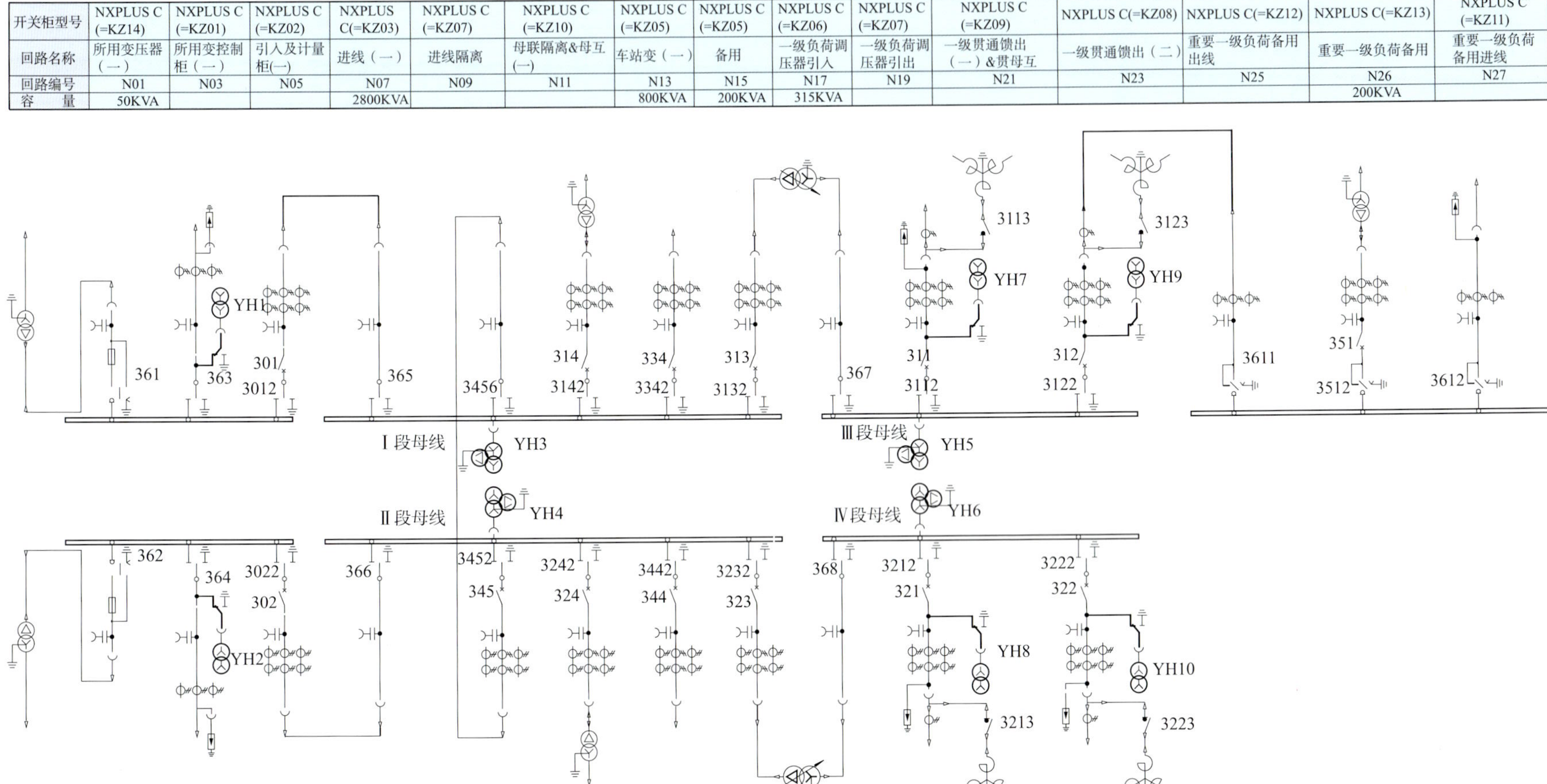

回路编号	N02	N04	N06	N08	N10	N12	N14	N16	N18	N20	N22	N24
回路名称	所用变压器（二）	所用变控制柜（二）	引入及计量柜（二）	进线（二）	进线隔离	母联&母互（二）	车站变（二）	备用	综合调压器引入	综合贯通馈出(一)&贯母互	综合贯通馈出（二）	综合贯通馈出（二）
开关柜型号	NXPLUS C (=KZ14)	NXPLUS C (=KZ01)	NXPLUS C (=KZ02)	NXPLUS C (=KZ03)	NXPLUS C (=KZ07)	NXPLUS C (=KZ04)	NXPLUS C (=KZ05)	NXPLUS C (=KZ05)	NXPLUS C (=KZ06)	NXPLUS C (=KZ07)	NXPLUS C (=KZ09)	NXPLUS C (=KZ08)
容　量	50KVA			2800KVA			800KVA	200KVA	400KVA			

图 2-1-30　变配电所一次系统图

应急照明、疏散诱导照明由设在变电所及低压配电室内带有蓄电池的应急电源柜作为备用电源。正常时由交流电源供电，当正常的交流电源故障后，由应急电源柜逆变为交流电源继续供电。

在站台、出入通道、楼梯、人行通道拐弯处、出站隧道等设置疏散诱导照明。

高站台的站台板下为了便于检修，设安全照明。

车站一般房屋照明以日光灯为主。高大站房采用金属卤化物气体放电灯。

车站站台（无雨棚）及道路照明采用可倾式灯柱照明为主，有雨棚地段的站台照明采用雨棚灯照明。

照明配电采用放射式和树干式相结合的方式。

6. 动力配电

低压配电采用放射式和树干式相结合的混合式配电网络；

车站站台公共区、设备用房等适当位置设有插座箱或插座，供维修及清扫机械用电；

动力配电系统的配线线缆均采用铜芯，导线穿钢管敷设。

四、内外部接口

1. 电力与桥梁、路基专业的接口

桥梁上的电力电缆沟槽及路基段的预留的电力管道由桥梁、路基专业负责。

2. 电力与房建专业的接口

电力专业向房建专业提沟槽管道的需求，房建专业根据需求进行房屋内的电缆、电线预留沟槽管道设计及施工。房屋建筑电气由房建施工单位进行施工。

3. 电力与变电的接口

电力专业给变电专业提供10 kV 所用电的外电源，10 kV 电源接引至所用变开关上口；变电专业提供10 kV 电力专业环网柜220 kV 低压交流电源。

4. 电力与信号专业的接口

信号专业向电力专业提供用电需求，电力专业根据所提需求进行设计，向信号信号专业设备提供2 路 380 V 稳定电源至信号用电设备开关上口。

5. 电力与通信专业的接口

通信专业向电力专业提供用电需求，电力专业根据所提需求进行设计，电力专业将 2 路 380 V 电源提供至通信专业动力配电箱的下口。

6. 电力与 SCADA 专业的接口

SCADA 向电力提出用电需求，RTU 安装位置及空间要求，电力专业设计方需将用电需求及 RTU 安装需要纳入自己的设计方案内；电力专业的综自、FTU 厂家与 SCADA 一起进行技术细节沟通及工作界面划分：通信规约以 SCADA 为准统一采用 IEC 60870－5－104，SCADA 就 104 协议向综自及 FTU 厂家做出解释并提供相关技术文档，SCADA 向电力专业的综自、FTU 厂家提供三遥点表模板。综自、FTU 厂家基于 SCADA 专业提供的点表模板将各被控设备厂家提供的各三遥点纳入点表内，并负责向 SCADA 就点表内容做出解释说明。

第五节　远　动（SCADA）

一、概　　述

京津城际铁路的 SCADA 系统采用的 VICOS P500，是专为铁路系统设计的一种 SCADA 系统，SCADA 设备（硬件和软件）可以分为两个部分：控制中心系统和远程终端设备（RTU）。

SCADA 系统具有下列特点：

①可靠的远程控制功能，包括单独控制和程序控制；

②对牵引供电运行状态的实时监控;

③重要电力参数和超限警报的采集和处理;

④故障记录和历史数据回放;

⑤与其他系统接口,如行车调度系统、铁道部、视频安全监控系统等;

⑥容错,自我诊断和自我恢复,以及远程维修功能;

⑦远程数据测量和图形化显示。

SCADA 系统为整个牵引供电和电力系统提供持续的、有效的监测和/或控制。对任何识别的设备故障,尤其是对可能造成系统操作崩溃的故障,可通过相应的声光警报给操作员或维护人员发出迅捷的信号。

二、基本构成

京津城际铁路 SCADA 系统由控制层、传输层及被控层组成。

控制层既控制中心和本地控制系统,控制中心系统位于 JJDPL 的运营控制中心,是主导控制系统,也是最高级别的控制,进行实时监测并指导值班员处理问题。控制中心系统使用的是 VICOS P500 系统。该系统是采用分布式数据库,是基于计算机的本地和远程监控系统,VICOS 系统的主要设备如局域网、服务器、工作站等,都进行了冗余配置,以保证系统的高可用性。

京津城际铁路两个牵引变电所设置两套本地控制系统,在控制中心无法操作(控制中心有问题或通信系统故障)的情况下,本地控制系统可以凭借"本地操作"功能自动切换为相应车站的本地操作模式。因此,即使是无法从 OCC 进行操作,仍然可以通过本地控制系统对与本地控制系统连接的 RTU 以及有关所进行控制。

传输层即为 SDH 数据传输网络,是遥控、遥信、遥测等各种信号传输的物理通道。本 SDH 网络采取了主、备两个通道,在主通道出现故障后,备用通道可自动投入运行。

被控层即被控站,京津城际铁路被控站主要分为牵引变电所、AT 所、开闭所、变配电所及箱变,在每个被控站都设有一点 RTU。被控站的 RTU 每个站点都有独立的 IP 地址,并通过双主干 SDH 传输网络与控制中心相连,尽而实现对各被控设备的遥控、遥信、遥测。

三、主要技术性能和参数

(1)控制命令在 3 s 内发送到任何关键设备;显示更新确保至少每 30 s 更新一次数据。

(2)提供测量的数据图形化显示,点与点的间隔为 20 ms。

(3)对远程终端正常操作的校验不超过 30 s 一次。

(4)平均无故障时间:控制中心设备 19 485 h;RTU 350 000 h。

(5)平均修复时间:控制中心设备 2 h;RTU 2 h。

(6)SCADA 系统调度中心与被控站间通信规约采用 IEC 60870 - 5 - 104,SDH 传输网络带宽为 10 Mbps。

四、内外部接口

1. 内部接口

京津城际铁路 SCADA 系统的内部接口方主要有:电力、牵引变电、视频监控、CMMS、通信等各专业。SCADA 与电力、牵引变电专业主要接口内容为,各种单线图、供电系统示意图、I/O 点表、RTU 安装位置、电源、通信规约、物理接口类型等的澄清;与视频监控的接口主要为 SCADA 向视频监控开放归档服务器和相关数据,使其可根据所需从归档服务器提取重要的报警信息;CMMS 与视频监控类似,同样需要对 SCADA 归档服务器进行访问;通信专业根据 SCADA 专业提出的要求为其提供批量带宽(10M)的物理通道,同时 NTP 服务器为 SCADA 提供时钟对时功能。

2. 外部接口

SCADA 系统同时提供了 5 台外部接口服务器，可满足铁道部及铁路局的信息系统的接入。

第二章　系统调试

第一节　牵引变电子系统调试

一、安装试验

安装试验是在所有安装工作完成后进行的一项检查工作，主要内容有：盘柜安装位置是否正确，固定是否牢靠；盘柜表面及内部设备是否完好无损，盘柜是否可靠接地；各线缆是否有标识，标识是否正确，标签是否牢固；各种线缆是否按施工图要求正确敷设，是否按端口对应关系正确连接；线缆是否有损坏；金属电缆支架可电缆保护管是否可靠接地；各电缆管管口是否可靠封堵；电气距离是否满足要求等。具体项目和文件号见表 2－2－1。

表 2－2－1　试验项目和内容

试验项目	试验内容
1　基础性检查	
1.1 接地电阻测试	接地电阻测量
1.2 土建预留检查	预留孔洞和预埋件
1.3 检查地下接地网	按设计和规定进行接地网的所有互连，接地材料的尺寸和焊接质量
1.4 房屋检查	电气专业对房屋提出的需求是否落实
1.5 设备基础检查	设备基础的外观、尺寸误差及预留件
2　高压部分	
2.1 断路器	按指定顺序安装，设备与电缆标记，指示器检查，安装机械操作机构，安装电动操作机构，开关装置进行机械试验，绝缘套管完好、无损坏，力矩要求，设备与支架接地，二次侧电缆屏蔽接地
2.2 隔离开关、接地开关	按指定顺序安装，设备与电缆标记，指示器检查，安装机械操作机构，安装电动操作机构，开关装置进行机械试验，绝缘套管完好、无损坏，力矩要求，设备与支架接地，二次侧电缆屏蔽接地
2.3 电流互感器	绝缘套管完整，表面清洁，无裂纹；依照手册/图纸进行安装(包括各元件的安装)；一次接线板连接可靠，并且符合厂家手册中规定的力矩；安装螺栓紧固，并且符合厂家手册中规定的力矩；设备和支架接地；二次接线检查和互感器备用二次端子接地检查；极性检查和二次回路循环测试；二次侧电缆屏蔽接地
2.4 电压互感器	绝缘套管完整，表面清洁，无裂纹；依照手册/图纸进行安装(包括各元件的安装)；一次接线板连接可靠，并且符合厂家手册中规定的力矩；安装螺栓紧固，并且符合厂家手册中规定的力矩；设备和支架接地；二次接线检查和互感器备用二次端子接地检查；极性检查和二次回路循环测试；二次侧电缆屏蔽接地
2.5 避雷器	套管未损伤；是否依据手册/图纸安装(包括元件装配)；端子连接；接地是否良好；避雷器放电计数器安装正确；是否依据手册/图纸安装；装配螺栓紧固并且符合安装手册中指定的力矩要求；所有的装配螺栓都按照技术手册中指定的力矩装配；二次侧电缆屏蔽接地良好；设备和电缆标签完好
2.6 门型架绝缘子	绝缘套管完好，无损坏；装配螺栓紧固并且符合生产商安装手册中的力矩要求；按设计要求将杆塔接地

续上表

试验项目	试验内容
2.7 牵引变压器	按照设计图纸安装;接线是否正确;无油渗漏;所有泄油阀全部关闭;所有散热器和油位阀完全打开;套管无可见裂纹;所有套管连接紧密;电缆安装正确;变压器壳接地符合设计要求;变压器中性点接地符合设计要求;油枕油位正常;油管连接完好,固定可靠;合理安装瓦斯继电器;正确安装温度继电器/指示器 & 探头;呼吸器装配正确且已注入干硅胶;调整呼吸器的油过滤器至正确位置;正确安装压力释放阀;变压器接地符合设计要求;所有装配螺栓力矩符合生产商安装手册要求;设备与电缆标记;二次电缆屏蔽层接地
3　中压与低压部分	
3.1 交流配电	依据文件安装;设备及电缆是否带标识;检查电缆是否连接正确,紧固;电子操作区域密封;检查盘柜是否牢固安装在地板上;检查柜体涂层是否损坏;绝缘测试;盘柜有效连接到站地面;二次电缆屏蔽层接地
3.2 直流配电/电池	依据文件进行安装;设备及电缆是否带标识;检查电缆是否连接正确,紧固;电子操作区域密封;检查盘柜是否牢固安装在地板上;检查柜体涂层是否损坏;绝缘测试;盘柜有效接地;二次电缆屏蔽层接地;依据安装文件连接电池
3.3 站控盘	依次序安装;设备及电缆是否带标识;检查电缆是否连接正确,紧固;电子操作区域密封;检查盘柜是否牢固安装在地板上;检查柜体涂层是否损坏;绝缘测试;设备有效接地;二次电缆屏蔽层接地
3.4 所保护盘	依次序安装;设备及电缆是否带标识;检查电缆是否连接正确,紧固;电子操作区域密封;检查盘柜是否牢固安装在地板上;检查柜体涂层是否损坏;绝缘测试;设备有效接地;二次电缆屏蔽层接地
3.5 金属零件接地	电缆架接地;电缆架接头与地线连接;避雷塔接地符合设计要求;所有金属护栏与金属门接地
3.6 回流安装	母排固定良好,螺栓紧固;电缆连接良好且紧固;电流互感器安装符合图纸要求;电缆及其安装是否标记;安装覆板且贴上标签;二次电缆屏蔽层接地
3.7 8DA 开关装置	安装符合安装图纸要求;设备及电缆是否带标识;检查盘柜是否牢固安装在地板上;检查柜体涂层是否损坏;绝缘测试;母排连接是否正确,紧固;检查电缆是否连接正确,紧固;电子操作区域密封;设备是否两端连接站地面;二次电缆屏蔽层接地
3.8 辅助变压器、负荷开关	变压器,负荷开关安装符合图纸要求;设备与电缆正确安装,标记清楚;实现主体接地;中点接地正确;正确安装温度继电器;电缆连接紧固;设备与电缆标记良好;安装熔丝;二次电缆屏蔽层接地
3.9 自耦变压器	安装符合图纸要求;无油渗漏;所有泄油阀完全关闭;所有散热器与油位阀完全打开;套管无可见裂痕;所有套管连接完全紧固;电缆安装符合施工图纸要求;主外壳正确接地;规定温度条件下油枕油位正确;油管连接完好且可靠稳定;正确安装瓦斯继电器;正确安装温度继电器/指示器 & 探头;按绝缘要求安装变压器;呼吸器装配合理且注入干硅胶;呼吸器集油池注入量至正确油位;正确安装压力释放阀;二次电缆屏蔽层绝缘;支架接地;设备与电缆标记清楚
3.10 低压电缆测试	所有电缆带有识别标签;所有电缆装配符合设计要求;所有电缆的绝缘阻抗测试
3.11 中压电缆测试	所有电缆带有识别标签;所有电缆装配符合设计要求;所有电缆的绝缘阻抗测试

二、部分试验

部分试验项目与内容见表 2－2－2。

表 2－2－2　部分试验项目与内容

试验项目	试验内容
1　高压	
1.1 断路器	检查设备每个单元的内部位置是否与单线图一致;隔离和接地开关的功能测试;主回路电阻测量;电流互感器极性和二次配线正确性检查;向 CB 气室充 SF_6;断路器功能测试;检查现场法兰安装连接、检查气密性;检查隔离开关和接地开关的电气控制;检查断路器的电气控制;检查断路器、隔离开关和接地开关的机械和电气位置指示器;检查本地控制箱的报警指示器;检查开关柜和控制室处的控制和报警指示器;检查 MCB;检查开关柜联锁等单体试验
1.2 隔离开关、接地开关	瓷瓶目视检查;主触点闭合时接触检查;主触点润滑;安全性连接杆;支持结构的连接;手动机构;防潮加热器;机械联锁;开关最终位置检查;控制试验;闭合和打开时间调试等单体试验

续上表

试验项目	试验内容
1.3 电流互感器	极性及变比测试；绝缘电阻实测；绕组直阻；励磁特性；准确度等单体试验
1.4 电压互感器	绝缘电阻；绕组直流电阻；极性检查；误差检查；介质损耗角等单体试验
1.5 牵引变压器	油温、绕组温度保护调试；瓦斯保护检查；变压器绝缘测试；变比测量和极性检查等单体试验
1.6 自耦变压器	油温、绕组温度保护调试；瓦斯保护检查；变压器绝缘测试；变比测量和极性检查等单体试验
2　中压和低压	
2.1 中压开关装置	母线连接；气体泄露检测；压力监测等设备单体试验
2.2 回流安装	回流电阻测试等设备单体试验
2.3 电流互感器	极性及变比测试；绝缘电阻实测；绕组直阻；励磁特性；准确度等单体试验
2.4 电压互感器	绝缘电阻；绕组直流电阻；极性检查；误差检查；介质损耗角等单体试验
2.5 接触网隔离开关	分合电气测试等设备单体试验
2.6 交流配电	绝缘测试；指示检查；电压和相序检查等设备单体试验
2.7 辅助变压器	保护设置；绝缘电阻测试等设备单体试验
2.8 负荷开关驱动机构	机械及电气控制等设备单体试验
2.9 直流配电	绝缘测试；蓄电池功能试验保护装置设定和测试；电压和相序检查；辅助回路检查等设备单体试验
2.10 站控盘	绝缘测试；指示检查；控制及联锁功能测试等设备单体试验
2.11 保护盘	保护设置等设备单体试验

三、变电子系统试验

变电子系统项目与内容见表2－2－3。

表2－2－3　变电子系统项目与内容

试验项目	试验内容
6MD63 型中压输入/输出及就地控制单元	全所整组试验
6MD66 型高压输入/输出及就地控制单元	全所整组试验
7SJ62 型具有当地控制功能的多功能保护继电器	全所整组试验
7SJ64 型具有当地控制功能的多功能保护继电器	全所整组试验
接触网保护单元 7ST61/7ST63	全所整组试验
变压器差动保护单元 7UT612	全所整组试验
SCS_AC	全所整组试验
本地控制盘	全所整组试验
站控盘	全所整组试验
测试 / 审查遗留项	全所整组试验
电压监视继电器	全所整组试验

四、试验标准

试验标准见表 2－2－4。

表 2－2－4　试验标准

标准号	标准内容
IEC 60850	铁路应用－牵引供电系统的供电电压
IEC 60076	电力变压器
IEC 61198	绝缘矿物油
IEC 60044－1	电流互感器
IEC 60044－2	电压互感器
IEC 62271－100	高压开关设备和控制设备－第 100 部分：高压交流断路器
IEC 62271－102	高压开关设备和控制设备－第 102 部分：高压交流隔离开关和接地开关
IEC 60099－4	避雷器－第 4 部分：交流电系统用无间隙金属氧化物避雷器
IEC 62271－200	额定电压 1 kV－ 52 kV·（含）交流金属外罩式开关设备和控制设备
GB50150－2006	电气装置安装工程电气设备交接试验标准

第二节　接触网子系统调试

一、安装试验

安装试验是在所有安装工作完成后进行的一项检查工作，主要包括：腕臂和接触网、棘轮布置、中心锚结固定。表 2－2－5～表 2－2－13 是各部分的安装检查表。

1. 腕臂

表 2－2－5　腕臂安装检查表

序号	腕臂	参考文件	批准
1	支柱固定件位置正确，无扭曲或转向	详细设计	
2	腕臂管部件位置正确（U 形螺栓、眼螺栓、线夹）防松垫片	腕臂图纸	
3	结构高度、承力索和接触线的拉出值位于误差范围内	接触网布置图、京津城际铁路误差值	
4	腕臂/定位器依据温度偏移	腕臂图纸	
5	腕臂支撑正定位/反定位		
6	腕臂与绝缘子的连接及定位管	腕臂图纸	
7	承力索在支撑线夹中安装位置，使水平力朝向螺栓方向	安装手册	
8	承力索应有衬套	安装手册	
9	衬套开口不在螺栓方向	安装手册	
10	衬套涂有电力脂	安装手册	
11	防风拉线定位环应朝向下锚方向且 45°朝下	腕臂图纸	
12	接触线处在正常位置时，防风拉线定位环应外露 40 mm		
13	定位器长度正确	腕臂图纸	
14	接触线抬高小于 200 mm 时，定位器不能接触限位钉	基本设计	
15	用工具检查定位器的限位间隙	腕臂图纸	

续上表

序　号	腕　　臂	参 考 文 件	批　准
16	接触线夹安装紧固	定位器图纸	
17	接触线夹紧紧卡住接触线槽	定位器图纸	
18	接触线线夹 U 形销钉向上弯曲 >60°	定位器图纸	
19	定位管钩形终端线夹上有带槽销钉		
20	β 开口销安装在行车的反方向		
21	所有 19×52 和 19×100 销钉带 β 开口销	腕臂图纸	
22	螺栓与螺母连接紧固	安装手册扭矩表	

2. 接触网

表 2－2－6　接触网安装检查表

序　号	接 触 网	参 考 文 件	批　准
1	吊弦截流环在接触线上顺着行车方向，在承力索上为逆着行车方向	德国铁路标准	
2	电连接安装长度足够（根据表格）	施工图	
3	吊弦线夹安装应保证螺母侧比螺栓头侧高	施工图	
4	吊弦线夹涂有电力脂	安装手册	
5	吊弦压接和安装正确	安装手册	
6	锥套式终端线夹处有销钉和开口销	施工图	
7	电连接的 C 形和 E 形线夹正确	安装手册	
8	电连接线有正确的形状	施工图	
9	滑动吊弦用在结构高度 <500 mm	施工图	
10	线鼻子在接触线吊弦线夹处 45°向上	施工图	
11	接触线没有扭面	安装手册	
12	螺栓与螺母连接紧固	安装手册	

3. 锚段关节

表 2－2－7　锚段关节安装检查表

序　号	锚 段 关 节	参 考 文 件	批　准
1	机械和电气限界正确	详细设计	
2	如果接触线受 250 N 的抬升力，双腕臂不能相互触碰	详细设计	
3	所有绝缘子位置正确	接触网布置、详细设计	
4	所有电连接线位置正确	接触网布置、详细设计	

4. 接触网降高

表 2－2－8　接触网降高安装检查表

序　号	接 触 网 降 高	参 考 文 件	批　准
1	机械和电气限界正确	详细设计	
2	如果接触线受 250 N 的抬升力，双腕臂不能相互触碰	详细设计	
3	所有绝缘子位置正确	接触网布置、详细设计	
4	所有电连接线位置正确	接触网布置、详细设计	

5. 隔离开关和操作机构

表 2-2-9 隔离开关和操作机构安装检查表

序 号	绝缘子和操作机构	文 件	批 准
1	绝缘子和操作机构检查需要目视和机械检查		
2	目视检查		
3	检查所有绝缘子、连杆、所有线缆没有损坏并且有防腐措施		
4	连杆固定件安装正确		
5	检查操动杆与第一和最后一个(靠近开关)固定架的距离。顶部最小 110 mm;下部 200 mm		
6	如果隔离开关闭合,连杆上必须有一定的压力保证良好接触		
7	眼螺栓安装紧固		
8	眼螺栓间距离符合设计		
9	绝缘子连杆不能接触其他部件		
10	检查连杆短管长度 下端 1.22 m		
11	检查连杆短管长度上端 2.00 m		
12	检查电动操作机构、帽和锁功能		
13	电动操作机构以及避雷器的电缆终端部件安装正确,没有损坏		
14	引弧角、触点和电气连接点涂有电力脂	安装手册	
15	接触网与线间的连接必须紧固		
16	所有带电部件和接地部件之间保护距离正确	施工图,标准,合同	
17	在通过手动曲柄操作隔离开关情况下,电动操作机构的安全开关必须切换到“关闭“位置	安装手册	
18	将隔离开关置于“闭合“位置,然后切换到“打开“位置,从而核实操作过程没有阻滞,触点接触合适(电动操作机构的滑动离合器没有启用)	安装手册	
19	引弧角必须在开关整个过程中互相接触	安装手册	
20	如果电动操作结构进行电气连接,这样操作测试可以由电动操作机构执行		
21	基于安全考虑,两种测试(手动与电动操作机构)最好都反复进行,以确保开关工作正常		

6. 中心锚结固定

表 2-2-10 中心锚结固定安装检查表

序 号	中 心 锚 结 固 定	文 件	批 准
1	中心锚结处腕臂偏移值为 0	京津接触网安装图(图号:S2004-C150/ S3004-C150)	
2	中锚绳张力与弛度正确	D4000-C003/C004	
3	如果中锚绳张力适当,锚柱上的螺旋扣将处于中间位置	D4000-C003/C004	
4	中心锚结绳不应与承力索交叉(中锚绳应安装在承力索支撑线夹支柱侧)	D4000-C003/C004	
5	例外:如果两个锚柱位于轨道两侧,则中锚绳必须从下面穿过承力索。		
6	中锚绳与承力索适当位置安装铜铝过渡衬套	D4000-C003/C004	
7	保护衬套涂上电力脂	安装手册	
8	承力索支撑线夹左右侧大约 30 cm 处正确安装承力索中锚线夹	D4000-C003/C004	

续上表

序　号	中心锚结固定	文　件	批　准
9	接触线"Z"形中心锚结线正确安装中心锚结线夹		
10	接触线"Z"形中心锚结应安装在下一跨距跨中		
11	接触线"Z"形中锚线张力适当(在其他情况下:去掉吊弦,抬高接触线)		
12	螺栓螺母间连接牢固		

7. 分段绝缘器

表 2-2-11　分段绝缘器安装检查表

序　号	分段绝缘器	文　件	批　准
1	分段绝缘器与轨面平行安装	国际铁路标准	
2	分段绝缘器应安装在轨道中心线上方(最大偏差 ±100 mm)	安装手册	
3	分段器的滑轨与正线(动态)之间距离 ≥1.50 m,特殊困难情况下为≥1.22 m)	安装手册	
4	接触线与承力索垂直水平面		
5	悬挂类型依据跨内不同位置		
6	承力索上绝缘棒必须安装在分段绝缘器的正上方中心位置(中心位置 25 ℃)。		
7	锥套形终端线夹完整(β 型销钉)		
8	分段绝缘器的接触线高度应进行调整,根据受电弓抬升力设置超过临近悬挂点高度	安装手册	
9	全部零部件必须完整组装,质量良好		
10	支撑轮均匀运转		
11	悬挂类型必须完整,水平度控制在误差范围内		
12	铜线固定适当,终端折起几毫米		
13	螺拴与螺母连接牢固		
14	销钉与开口销完整		
15	所有销钉同侧安装		
16	开口销开口夹角正确(90°)		
17	所有接触线夹应装在接触线槽中		
18	分段绝缘器的绝缘棒正确安装		
19	转轮正确放置		
20	在分段绝缘器的滑轨下沿与接触线下沿等高	安装手册	
21	滑轨与接触线的持续转换	安装手册	
22	固定螺栓螺母上的保护帽		
23	滑轨与绝缘棒之间的保护距离 2~3 mm	安装手册	
24	滑轨不能用手折弯	安装手册	
25	接触线没有扭面	安装手册	

8. 道岔

表 2-2-12 道岔安装检查表

序 号	道 岔	文 件	同 意
1	道岔区接触网必须交叉	基本设计,工程指导	
2	接触网系统接触线与受电弓的接触位于此区域,该区域轨道间距是 0.80 m 到 1.05 m	基本设计,工程指导	
3	道岔悬挂处两支接触网的拉出值最大是 ±0.30 m	基本设计,工程指导	
4	轨道开口 0,80 m 处,两条接触线必须位于受电弓中心的同一侧	基本设计,工程指导	
5	如有可能,道岔悬挂点与接触线交叉点之间距离超过 2.50 m	基本设计,工程指导	
6	如有可能,接触线交叉点与主轨道轴之间距离不大于拉出值 -50 mm	基本设计,工程指导	
7	定位器接触线线夹与吊弦夹不能位于无线夹区域		
8	交叉承力索不能相互摩擦		
9	在线交叉点处的接触线高度高于道岔支悬挂处 20 mm	基本设计,工程指导	
10	接触线交叉点的线岔		
11	线岔螺栓安装正确		
12	道岔两侧的交叉吊弦安装正确	S2004 - D622/S3004 - D620	
13	道岔吊弦应安装滑动吊弦	D1410 - C002/C004	
14	滑动吊弦螺栓应带开口销	C276	
15	两电连接应安装在交叉点前的非支线上。	D6100 - C010 ~ C013,C016,C017	
16	根据温度表安装电连接	D6100 - C010 ~ C013,C016,C017	
17	C,E - 线夹安装正确且压接牢固	安装手册	
18	线长、测量与吊弦位置正确		

9. 棘轮布置

表 2-2-13 棘轮布置安装检查表

序 号	棘 轮 布 置	文 件	同 意
	线绳位置与线圈		
1	线绳不应互相缠绕,交叉;应绕在棘轮的正确的一侧		
2	基于温度表的线圈数	S3200 - S003/S004,S011/S012	
	滑轮位置		
3	滑轮必须保持严格垂直	安装手册	
4	滑轮已涂上油脂,螺纹包括端盖	安装手册	
5	止动板调整到 48 mm		
	坠砣限制架		

续上表

序　号	棘轮布置	文　件	同　意
6	坠砣限制架位置保持垂直	安装手册	
7	坠砣杆上方:端盖与开槽销		
8	坠砣杆下方:锁紧环		
9	坠砣抱箍孔不应触到坠砣管	安装手册	
	坠砣串		
10	基于温度表调整高度	S3200 - S003/S004,S011/S012	
11	坠砣数量与重量正确	S3200 - S003/S004,S011/S012	

二、接触网静态检测和低速动态检测(冷滑行试验)

接触网工程的检测是评价工程质量的科学和公正的依据,而检测的项目、标准和可靠的检测手段是检测技术的关键,接触网检测分静态检测和动态检测两个阶段。

1. 静态检测

静态检测主要在工程安装阶段对接触网结构几何参数的测试:导线高度;拉出值;限界;动态包络线。

采用多功能激光接触网测量仪和限界检测车进行无接触静态检测,检测过程见图 2 - 2 - 1。

图 2 - 2 - 1

2. 低速动态检测

动态检测主要在工程完工后进行接触网安全及低速动态性能检测。

低速动态检测采用接触网冷滑装置或接触网弓网接触力测量装置(图 2 - 2 - 2 和图 2 - 2 - 3);测量内容主要为:弓网接触力;定位器抬升(检测车测量、地面测量);受电弓运行加速度;离线率;视频记录等。

图 2－2－2

图 2－2－3

三、接触网送电(空载带电)

接触网空载带电主要是对接触网绝缘器件的绝缘性能进行检验,送电前要对全线接触网进行全部的检查,检查内容主要包括:全部绝缘子和隔开开关和操作机构工作正常、接地系统功能完整,可以使用、绝缘良好,无接地情况发生、所有临时地线连接已拆除、全部隔离开关处于送电方案指定位置。检查合格后,填写《接触网供电臂具备通电条件证书》,并由施工单位负责人签字后,向接触网送电。

该文件旨在确认接触网系统依据基本设计、详细设计和其他项目文件以及联合体安装指导进行安装和检查,达到通电条件。

已经完成了表 2－2－14 中的工作。

表 2-2-14　检查表

序　号	检查项目	是	否	备　注
1	绝缘子和操作机构工作正常			
2	接地系统功能完整，可以使用			
3	所有的开关组群均使用磁发电机检查，没有短路			
4	所有临时接地连接移走			
5	JJK×××的开关×××和×××以及 JJK×××的开关×××和×××机械闭锁，且开关位置处有临时接地连接			将在通电程序中说明，其中会提及必要的位置状态（闭合或打开）
6	安装公司人员已接到通知，接触网系统即将通电，没有特殊指示不允许进行安装工作			

四、动态检测

在空载运行正常后再进行接触网动态检测试验，以检测接触网的弓网关系，检测动车组在运行时有无拉弧现象等。包括：

①动态接触压力测量测试；

②受电弓运行加速度；

③离线率；

④视频记录等；

⑤受流测试。

接触网动态检测采用接触网检测设备－接触线位置和厚度检测系统，包括非接触式光学仪器检测和以最高运行速度检测，该装置对接触网调整提供依据，如图 2-2-4 所示。

图 2-2-4

根据检测结果，进行分析，给出接触网每个定位点接触线高度及拉出值具体整改要求，如图 2-2-5 所示。

根据检测结果，定位点问题处理后，再进行更细致的检测，即检查接触网的预留弛度及坡度，也就是要精确测量每一处的接触线高度，对每根吊弦的长度进行检查，对不合适吊弦提出调整要求，如图 2-2-6所示。

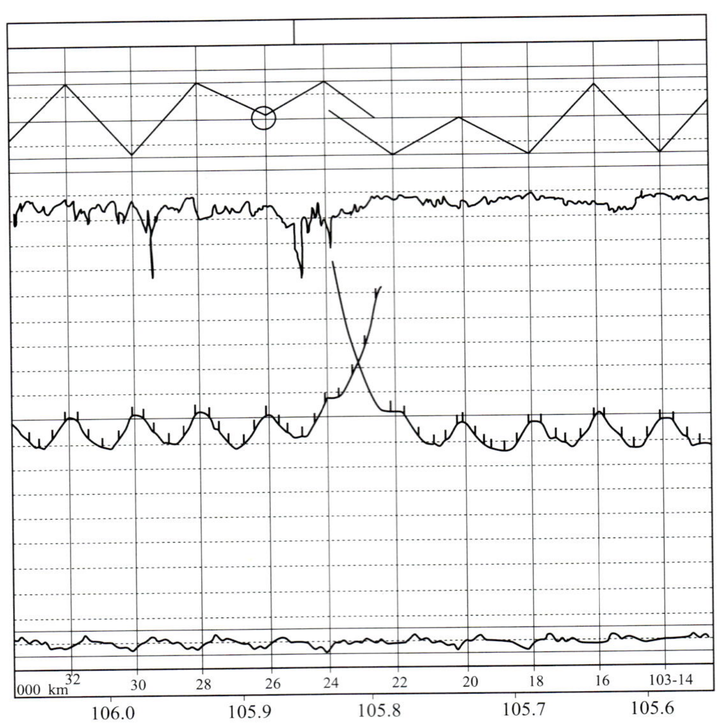

000 km
32
30
28
26
24
22
20
18
16
103-14
106.0
105.9
105.8
105.7
105.6

109-32
109-30
109-28
109-26
109-24
109-22
109-20
109-18
109-16
line2 000 km
112.0
111.9
111.8
111.7

图 2-2-5

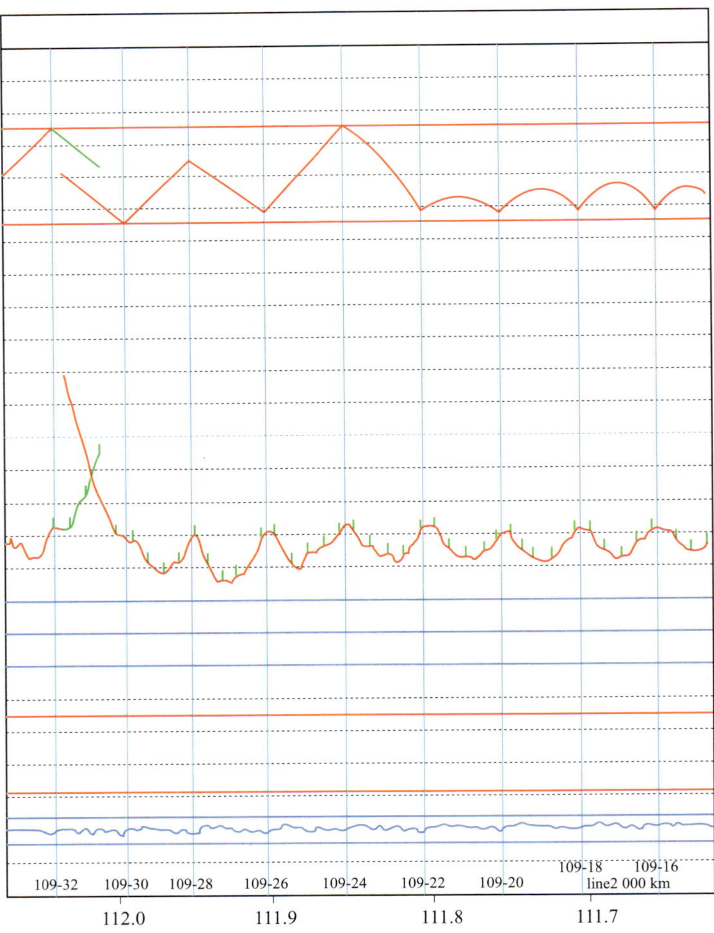

图 2-2-6

铁科院接触网检测设备主要对接触网的接触压力、弓网接触力、水平(垂直)加速度、离线率等质量的验收评价。如图 2-2-7 所示。

图 2-2-7

第三节　电力子系统调试

一、安装试验

安装试验是在所有安装工作完成后进行的一项检查工作,主要内容有:盘柜安装位置是否正确,固定是否牢靠;盘柜表面及内部设备是否完好无损,盘柜是否可靠接地;各线缆是否有标识,标识是否正确,标签是否牢固;各种线缆是否按施工图要求正确敷设,是否按端口对应关系正确连接;线缆是否有损坏;金属电缆支架可电缆保护管是否可靠接地;各电缆管管口是否可靠封堵;电气距离是否满足要求等。

二、部分试验

1. 电力部分试验使用的仪器、仪表(见表 2-2-15)

表 2-2-15　电力部分试验设备

序　号	设 备 名 称	型　　号
1	直流试验发生器	ZGF-200/2
2	试验变压器	GTB-6/7.5
3	兆欧表	BM11D
4	三相调压器	TDGC
5	单相调压器	TDGC
6	极性试验器	KS-1A
7	自动变比测试仪	SR-2000
8	变压器直流电阻测试仪	SR330
9	断路器特性测试仪	KG-4
10	微欧计	BV-2
11	微电脑介损测试仪	HVM1B
12	继电器测试仪	TM-2000
13	数字相频仪	DPF-30N
14	标准电流互感器	HL3

续上表

序　号	设备名称	型　　号
15	接地电阻仪	ZC－8
16	电感电容表	KT8201
17	互感器特性测试仪	HQ－2000
18	直流电源	YSJ－1
19	数字万用表	FLUKE
20	单臂电桥	QJ23
21	双臂电桥	QJ44
22	阻容分压器	JTF－200kV
23	交直流钳型电流表	CA－200
24	核相器	FRD－10
25	干湿器	

2. 电力设备部分试验项目(见表2－2－16)

表2－2－16　电力设备试验项目

设备名称	试验项目
变压器或调压器	测量绕组连同套管的直流电阻 检查所有分接头变压比 检查变压器的三相接线组别 测量绕组连同套管的绝缘电阻 绕组连同套管交流耐压试验 测量与铁芯绝缘的各紧固件及铁芯接地线引出套管对外壳的绝缘电阻 额定电压下的冲击合闸试验 相位检查
电抗器	测量绕组连同套管的直流电阻 测量绕组连同套管的绝缘电阻 绕组连同套管交流耐压试验 测量与铁芯绝缘的各紧固件及铁芯接地线引出套管对外壳的绝缘电阻 额定电压下的冲击合闸试验
互感器	测量绕组的绝缘电阻 绕组连同套管对外壳的交流耐压试验 测量互感器一次绕组、二次绕组的直流电阻 测量电流互感器的励磁特性曲线 测量1 000 V以上电压互感器的空载电流和励磁特性 检查互感器的三相接线组别和单相互感器引出线的极性 检查互感器变比 测量铁芯夹紧螺栓的绝缘电阻
GIS开关柜	测量主回路绝缘电阻 测量每相导电回路的电阻 测量断路器分、合闸时间,弹跳时间,三相的同期性 交流耐压试验 测量分、合闸线圈的绝缘电阻及直流电阻 断路器、隔离开关操动机构的试验 检查隔离开关操作机构线圈的最低动作电压 SF_6气体试验
避雷器	测量绝缘电阻 测量金属氧化物避雷器的持续电流 工频参考电压或直流参考电压

续上表

设备名称	试验项目
电力电缆	测量绝缘电阻 直流耐压试验及泄漏电流测量 检查电缆线路的相位 测量金属屏蔽层和导体电阻比
低压电器	测量低压电器连同所连接电缆及二次回路的绝缘电阻 电压线圈动作值检查 低压电器动作情况检查 脱扣器整定情况检查 交流耐压试验 互感器及指示仪表通电检查
电力箱变	箱内高低压电气设备参照本表中其他同类产品进行试验和检查 二次回路、控制保护单元及 FTU 测试
二次回路	测量绝缘电阻 交流耐压试验
接地装置	测量接地装置的接地电阻 各设备的接地连续性测试
仪表	外部检查 通电检查 仪表基本误差的测定

三、电力子系统试验

1. 电力系统试验使用的仪器、仪表（见表 2－2－17）

表 2－2－17　电力系统试验设备

序　号	设备名称	型　号
1	三相调压器	TDGC
2	单相调压器	TDGC
3	继电器测试仪	TM－2000
4	数字相频仪	DPF－30N
5	直流电源	YSJ－1
6	数字万用表	FLUKE
7	交直流钳型电流表	CA－200
8	核相器	FRD－10
9	干湿器	

2. 电力系统试验项目（见表 2－2－18）

表 2－2－18　电力系统试验项目

试验对象	试验项目
10 kV 变配电所	开关上电检查 直流传动 交流模拟量传动 开关自投
电力箱变	开关上电检查 直流传动 交流模拟量传动 开关自投

第四节　远动(SCADA)子系统调试

SCADA 工程调试主要分为两部分:安装试验、单体测试。

一、安装试验

安装试验是在所有安装工作完成后进行的一项检查工作,主要内容有:各 RTU 机柜安装位置是否正确,固定是否牢靠;机柜表面及内部设备是否完好无损,机柜是否可靠接地;各线缆是否有标识,标识是否正确,标签是否牢固;各种线缆是否按施工图要求正确敷设,是否按端口对应关系正确连接;线缆是否有损坏;金属电缆支架可电缆保护管是否可靠接地;各电缆管管口是否可靠封堵;通信电缆与电源线之间距离是否满足设计要求等。

二、系统功能测试

在安装试验完成后方能进行系统功能测试,测试需要在各被控站完成。

在进行系统功能测试前需要进行 VICOS P500 系统与 FTU、电力综自系统、牵引变电站控系统间的通信规约的模拟调试,以保证在进行单体测试时 SCADA 系统与各系统间的通信正常。

在系统功能测试过程中,SCADA 专业将装有 P500 系统的笔记本电脑通过双绞线接入到 RTU 的交换机上,在建立起连接后,依据各电力或牵引变电专业提供的 I/O 点表,按点的类型进行测试。

遥信:开关遥信量需根据所内、外各开关分合位的实际情况与图形界面内显示的开关分、合位进行对比,检查是否正确;报警信息遥信量可模拟相关报警促发条件或在站控系统内主动上报模拟信号。

烟雾报警、高温、凝露报警,在保障安全的前提下,在现场进行模拟,以此检验了设备是否可靠报警并且是否在 SCADA 系统内快速准确的反映。

遥控:对变电所内开关设备进行分合闸操作,检查相关开关是否可靠动作,并注意开关的遥信状态是否相应的发生改变。

通过单体测试进一步验证 SCADA 系统与箱变 FTU、变配电所综自、牵引变电站控系统间通信正确,被控设备分/合闸可靠,各传感器反应灵敏,各类电缆接线正确。

遥测:各电压、电流模拟量应全部准确的在 SCADA 系统图形界面上显示,并检查精度是否满足要求。

第三章　系统功能试验

第一节　接触网子系统功能试验

接触网子系统试验包括以下内容:动车组弓网受流性能、接触网动态抬升量、接触网静态弹性、接触网安全检测。通过京津城际铁路接触网的试验,掌握 300 ~ 350 km/h 线路接触网的性能,为研究高速铁路接触网积累试验数据。

一、目　的

验证动车组受电弓在京津城际铁路接触网下运行的受流性能,研究高速弓网关系,评价动车组的弓网适应性;测试京津城际铁路接触网的动态抬升量,评价接触线的动态抬升是否安全;测试京津城际铁路接触网的静态弹性,计算静态差异系数,研究接触网的基本性能。

二、弓网受流性能试验

1. 试验对象

单列动车组弓网受流性能试验：CRH_2-300 和 CRH_3 动车组的受电弓。

2. 试验内容

(1)弓网动态接触力测试；

(2)离线(火花)测定；

(3)接触线平顺性(受电弓所受的垂向加速度)；

(4)接触线动态高度；

(5)受电弓运行状态图像监视。

3. 试验方案

在动车组的被测受电弓上安装测量各种传感器，信号处理及传输装置，将信号引至动车组内的数据采集系统，在动车组高速运行时测量弓网受流性能，单台受电弓的测量系统示意图见图 2-3-1。

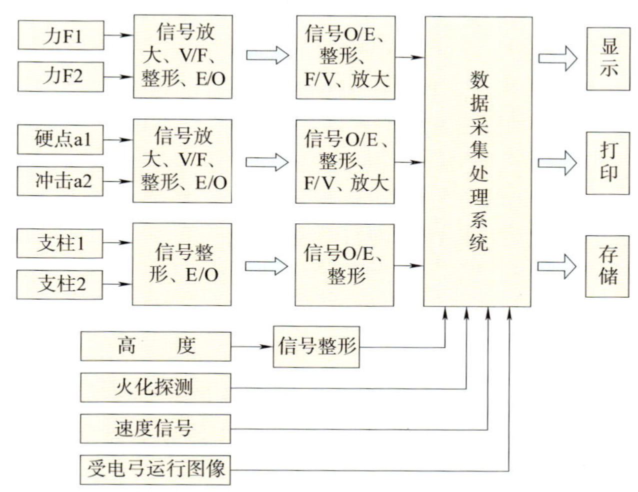

图 2-3-1　单台受电弓测量系统电气总体方案图

4. 数据处理

各项试验数据用计算机数据采集系统存储数据，在测量过程中，数据采集系统对检测的接触网每跨内的各个测量参数进行计算、分析和统计，同时，对试验区段的测试数据进行分析汇总统计，对弓网受流性能试验除用计算机存储数据外，还可用图像合成技术将受电弓运行状态图像与对应的测试数据合成后，录像保存。

三、接触网动态抬升量试验

通过地面测量的方式试验京津城际铁路接触网悬挂的各典型断面(如：跨中、定位点、线岔、锚段关节)的动态抬升量。

1. 试验地点

接触线抬升量：跨中、定位点、锚段关节定位处、线岔处，测点示意见图 2-3-2 和图 2-3-3。

2. 测试方案

(1)图像处理方案

选择接触网上要测量的位置，在被测的接触导线附近安装标准参照板，作为振动位移的尺寸参照物。测量时，用摄像机对准这一点，当受电弓通过这一位置时，摄像机录像，事后对所录图像进行分析处理，可计算出接触导线的振动情况，得出导线振动的最大振幅、振动频率等参数。

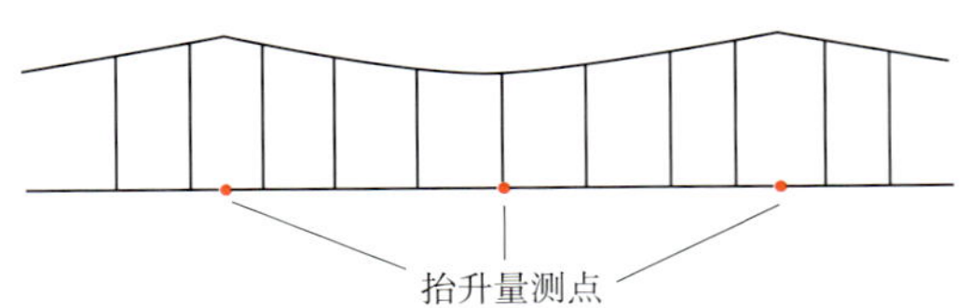

图 2-3-2　区间内接触线动态位移测点示意图

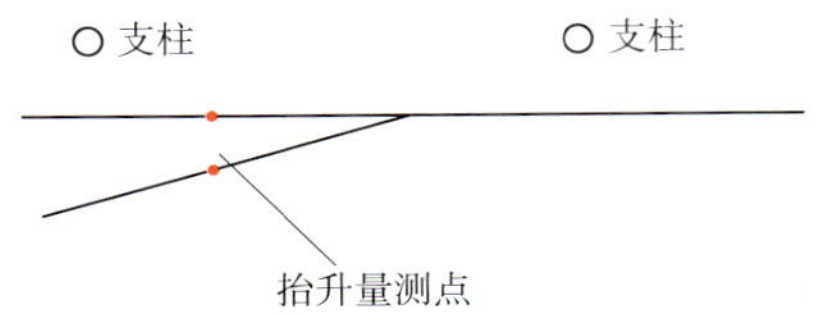

图 2-3-3　线岔处接触线动态位移测点示意图

(2)位移传感器方案

在测点安装位移传感器、电源、信号传输通道和数采系统，测量接触线动态位移。

四、接触网静态弹性试验

接触网静态弹性试验京津城际铁路区间内上下行各两个典型锚段每一跨距内各吊弦处的静态弹性。

五、接触网振动及其波动传播

1. 试验目的

测量接触网定位点振动及其波动传播规律。

2. 试验内容

在接触网的半个锚段的6根相邻支柱上安装6套振动位移测量设备，当列车通过此区段时，6套设备同时工作，记录定位点振动波形，并对其进行分析研究。

3. 试验仪器

非接触位移测量设备6套、数据控制与存储设备1套。

4. 试验工况

安装于京津城际铁路上行K57处。非接触位移测量设备分别安装在接触网支柱上，数据控制与存储设备在高架桥下，通过宽带网络对测量设备进行控制并接收采样结果。

5. 布点图

图2-3-4中的支柱上的红圈内为位移测量设备的摄像机(部分)。

图 2-3-4　测量设备在支柱上的布置

六、磁感应器式自动过分相试验

京津正线共有四处电分相，分别在ATS1、TSS1、ATS3及TSS2的上网处。为满足时速200 km的动车组到京津城际铁路的需要，在这四处电分相的位置不但安装时速350 km的电分相(ATP方式)，而且安装时速200 km的动车组的磁钢式自动过分相。

磁钢式自动过分相试验包括安装试验和运行试验。

安装试验在安装完成后检查，包括磁感应器安装位置检查和磁感应器的磁性检查，安装检查完成，且JJK107至JJK1110处的联络线已建成开通后，即可进行时速200 km的动车组运行试验，试验

包括：

1. 下行线正向运行试验

时速 200 km 的动车组从北京南站发车，在下行线运行，逐个经过 ATS1、TSS1、ATS3 及 TSS2 的磁钢式自动过分相，然后经由 JJK107 至 JJK110 处的联络线运行至京沪线。

2. 上行线正向运行试验

时速 200 km 的动车组从京沪线上行线，经由 JJK107 至 JJK110 处的联络线运行至京津的上行线，逐个经过 TSS2、ATS3、TSS1 及 ATS1 的磁钢式自动过分相，运行至北京南站。

3. 下行线反向运行试验

时速 200 km 的动车组从京沪线上行线，经由 JJK107 至 JJK110 处的联络线运行至京津的下行线，逐个经过 TSS2、ATS3、TSS1 及 ATS1 的磁钢式自动过分相，运行至北京南站。

4. 上行线反向运行试验

时速 200 km 的动车组从北京南站发车，在上行线运行，逐个经过 ATS1、TSS1、ATS3 及 TSS2 的磁钢式自动过分相，然后经由 JJK107 至 JJK110 处的联络线运行至京沪线。

七、试验标准

参照 EN50317《铁路应用－受流系统－弓网关系测试要求及确认》、EN50367《铁路应用－受流系统－弓网关系技术标准》、京津城际铁路接触网相关合同和技术规格书等。

1. 弓网动态接触力

弓网动态接触力一般按一个跨距为分析单位，分析参数有：最大值、最小值、平均值和标准偏差。各参数评判标准如下：

最大值：$F_{max} = F_m + 3\sigma$(N)；

最小值：$F_{min} = 20$(N)；

平均值：$F_m \leqslant 0.000\,97V^2 + 70$(N)；

标准偏差：$\sigma \leqslant 0.3 \times F_m$(N)。

2. 离线(火花)测定

离线火花的分析参数：最大火花时间、火花次数、离线火花率。评判标准如下：

一次最大离线时间不大于 100 ms；

火花次数不大于 1 次/160 m；

离线率：<0.14%　。

3. 接触线平顺性(受电弓滑板所受的垂直加速度)

垂向加速度不大于 588 m/s^2(60 g)。(参考值)

4. 受电弓运行轨迹(动态高度)

接触导线最大垂直振幅 $2A \leqslant 150$ mm。

5. 抬升量

抬升量不大于 100 mm。

6. 接触网静态弹性

弹性差异系数计算公式：$\mu = \dfrac{e_{max} - e_{min}}{e_{max} + e_{min}} \times 100[\%]$；

简单链形悬挂：$\mu < 25\%$　。

八、仪器设备

1. 弓网受流性能试验仪器设备表(表 2－3－1)

表 2－3－1　弓网变流性能试验仪器设备

序　号	名　　称	数　量	型　号	精　度	生产厂家
1	加速度计	2	PCB－200	1%	PCB 公司
2	激光测距器	1	LT3	2%	德国 BANNER
3	压力传感器	4	—	1%	北京伟业
4	离线(火花)检测仪	2	—	1%	机辆所
5	数据采集系统	2	—	0.1%	NI 公司
6	支柱探测器	2	DN110	—	SICK 公司
7	图像监视系统	2	—	—	机辆所
8	测速传感器	1	DF8	1%	德意达公司

2. 接触网抬升量测试仪器设备表(表 2－3－2)

表 2－3－2　接触网抬升量测试仪器设备

序　号	名　　称	数　量	型　号	精　度	生产厂家
1	位移计	10	LXW－5POT	1%	北京地杰公司
2	摄像机	4	NVVZ14	—	松下公司
3	数据传输系统	4	—	1%	机辆所
4	数据采集系统	2	—	1%	NI 公司
5	尺寸标志牌	2	—	0.1%	机辆所
6	高压侧电源	10	—	—	机辆所

3. 接触网静态弹性测试仪器表(表 2－3－3)

表 2－3－3　接触网静态弹性测试仪器

序　号	名　　称	数　量	精　度	生产厂家
1	静态弹性测试仪	4	1%	机辆所
2	计算机	1	—	IBM 公司

九、试验条件

1. 动车组整备场地要求：接触网应能停电作业，便于试验人员进行受电弓及测量设备检修和整备。每天试验完毕，铁科院试验人员及动车组维护单位上车顶检测受电弓状态和测试设备。

2. 被测受电弓的静态压力调至 70 N。

3. 试验时按试验组要求升降指定受电弓。

4. 每一试验速度等级恒速持续时间不低于 200 s。

5. 京津城际铁路接触网集成商与铁科院共同确定接触网各典型断面(跨中、定位点、线岔、锚段关节)的位置。

6. 线路试验前，施工单位提供接触网作业车两台及技术人员配合铁科院试验人员在各测点的接触网上安装接触线动态抬升量测量设备。

7. 线路试验过程中，施工单位根据铁科院试验组的要求，提供接触网作业车配合试验人员对测量设备进行试验和整备。

8. 京津城际铁路接触网施工单位提供接触网作业车配合铁科院试验人员进行测试，试验人员使用专用仪器在接触网作业车的平台上对各测点的接触网静态弹性进行测量和记录。

第二节　供变电子系统功能试验

一、目　　的

通过对京津城际铁路牵引供电设备的运行试验，掌握不同列车密度下的牵引取流特点、变电所、分区亭的电压水平、谐波、负序、功率因数、变压器利用率等参数。通过测试掌握引入电源供电系统的背景电压波动，背景谐波电压、负序电压水平。检验变电所王常状态下的供电能力和故障状态下的越区供电能力，以及接触网末端解裂状态下的供电能力。

对牵引变电所综合自动化装置的功能验证，检验该系统是否满足技术条件的要求及运行的需要，是否存在功能缺陷。

二、牵引变电所、分区所运行参数测试

1. 主变压器原、次边测试（亦庄、武清牵引变电所）

220 kV 侧电源进线电压 U_A、U_B、U_C；

220 kV 侧电源进线电流 I_A、I_B、I_C；

55 kV 侧母线电压 U_a、U_b；

55 kV 侧馈线电流 I_{T1}、I_{F1}，I_{T2}、I_{F2}，I_{T3}、I_{F3}，I_{T4}、I_{F4}。

2. 分区所测试（永乐、天津分区所）

分区所两侧上、下行接触网末端并联时 27.5 kV 电压 U_1、U_2；

分区所两侧上、下行接触网末端不并联时 27.5 kV 电压 U_1、U_2、U_3、U_4（需安排分区所上、下行接触网并联开关分断操作）；

供电臂上、下行末端并联时穿越电流 I。

三、重联列车和列车紧密追踪交会下的供电能力测试、验证

一个牵引变电所供电范围，满足重联列车和多列列车紧密追踪交会各列车取流工况，进行“1.2 牵引变电所、分区所运行参数测试”内容。

四、牵引变电所综合自动化功能验证

亦庄牵引变电所、北京电调中心的牵引变电所综合自动化功能验证：

1. 监控部分

人机界面正常显示；

故障信号的显示；

报表及运行曲线：日报、月报、电度量、电压电流曲线；

打印制表：对控制操作的监视打印、程控操作的监视打印、故障信号打印、遥测量越限打印、故测仪参数打印、制表打印等。

2. 遥测部分

变压器高压侧电压、电流，55 kV 侧母线电压、电流，馈线电流，地回流，轨回流，动力变电流；

变压器油温；

有功功率，无功功率，功率因数；

有功电量，无功电量，动力变有功电量，系统频率；

召测部分：负荷录波量，实时电量，故障录波量，故障报告，自检报告，事件报告。

3. 遥信部分

当地/遥控方式开关位置信号，全所断路器、手车、负荷开关位置信号，全所电动隔离开关、隔离开

关、接地刀闸位置信号，重合闸投入/退出信号，保护动作信号，断路器控制回路断线信号，电动隔离开关控制回路断线信号；

变电所事故总信号，变电所预告总信号；

主变通风故障、风机启动、过热信号，主变故障信号；

自动装置动作信号，进线自投、主变自投信号，装置故障告警信号。

4. 遥控部分

全部断路器、全部隔离开关、重合闸投入/退出、装置复归、传递整定值。

五、短路试验

在所有相关供电臂末端进行短路测试。相关测量将在牵引所1、2与自耦所3进行。

1. 采用下列短路测试仪器、装置：

(1)短路断路器，远控及相关连接设备；

(2)25 kV 验电器；

(3)在短路点测量轨道电位的示波器；

(4)牵引所需要电压和电流示波器（如果保护装置具备记录功能，则可以使用保护装置）。

短路试验流程见图2－3－5。

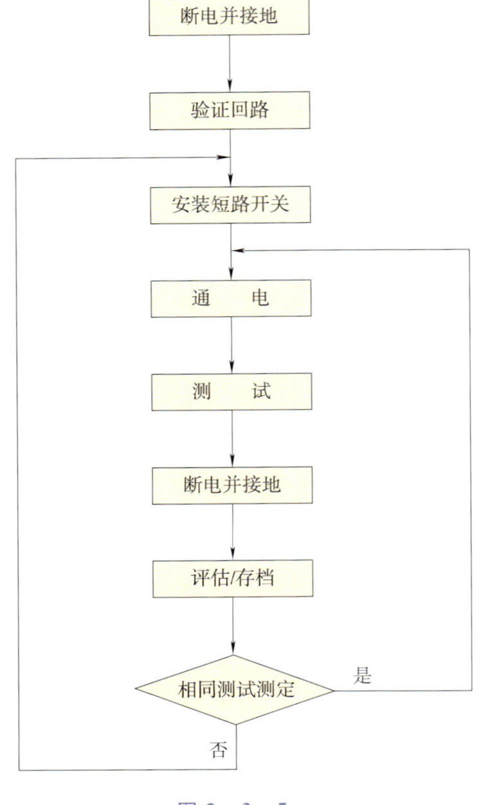

图2－3－5

2. 短路试验的目的：

(1)验证短路跳闸顺序的正确性；

(2)验证线路短路计算和保护整定值设置的正确性；

(3)自耦所自动重启功能的验证；

(4)钢轨电位计算的验证；

(5)220 kV 外电源短路容量的验证。

短路试验示意图见图2－3－6。

3. 结论：

(1)短路跳闸顺序正确，短路区段被成功隔离，无故障区段重合送电成功；

(2)距离保护整定值设置正确，全部线路阻抗值的仿真计算与实际测量值的误差在允许范围内，故障测距精确度；

(3)自耦所的自动重启功能在短路发生后，动作正确；

(4)轨道电位的测量值和计算值误差很小，计算模型得到了正确性验证；

(5)220 kV 外电源短路容量与设计输入基本吻合。

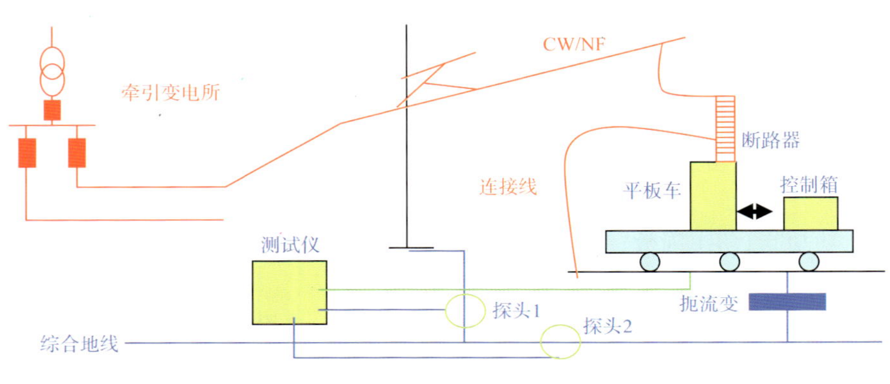

图2－3－6

六、试验标准

1. IEC 60850 铁路应用　牵引供电系统的供电电压
2. GB 1402－1998eqv　IEC 850:1988 铁路干线电力牵引交流电压
3. GB 12325－1990 电能质量　供电电压允许偏差
4. GB 12325－1990 电能质量　三相电压允许不平衡度
5. 京津城际铁路牵引供电综合自动化技术条件

七、测试地点及布置

牵引变电所测试:(亦庄、武清牵引变电所)。
分区所记录测试:(永乐、天津分区所)。
牵引变电所综合自动化功能验证:(亦庄牵引变电所、北京电调中心)。
测试工点见图 2－3－7。

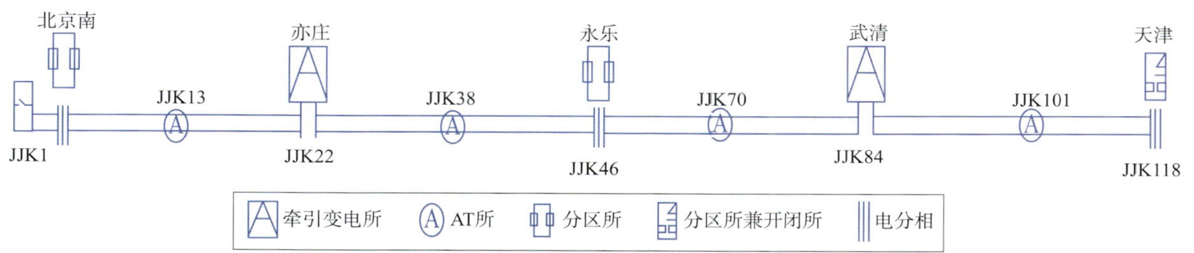

图 2－3－7　测试工点图

1. 亦庄牵引变电所(图 2－3－8)
220 kV 侧电源进线电压 U_A、U_B、U_C,(220 kV 进线电压互感器输出);
220 kV 侧电源进线电流 I_A、I_B、I_C,(220 kV 进线电流互感器输出);
55 kV 侧母线电压 U_a、U_b,(牵引变压器次边电压互感器输出);
55 kV 侧馈线电流 I_{T1}、I_{F1},I_{T2}、I_{F2},I_{T3}、I_{F3},I_{T4}、I_{F4},(55 kV 各馈线电流互感器输出)。

2. 武清牵引变电所(图 2－3－9)
220 kV 侧电源进线电压 U_A、U_B、U_C,(220 kV 进线电压互感器输出);
220 kV 侧电源进线电流 I_A、I_B、I_C,(220 kV 进线电流互感器输出);
55 kV 侧母线电压 U_a、U_b,(牵引变压器次边电压互感器输出);
55 kV 侧馈线电流 I_{T1}、I_{F1},I_{T2}、I_{F2},I_{T3}、I_{F3},I_{T4}、I_{F4},(55 kV 各馈线电流互感器输出)。

图 2－3－8　亦庄牵引变电所测点示意图　　图 2－3－9　武清牵引变电所测点示意图

3. 永乐分区所(图 2－3－10)
分区所两侧上、下行接触网末端并联时 27.5 kV 电压 U_1、U_2(分区所内 27.5 kV 电压互感器输出)。

分区所两侧上、下行接触网末端不并联时 27.5 kV 电压 U_1、U_2、U_3、U_4(分区所内 27.5 kV 电压互感器输出)。

供电臂上、下行末端并联时穿越电流 I(分区所内上、下行接触网并联电流互感器输出)。

4. 天津分区所(图 2－3－11)

分区所上、下行接触网末端并联时 27.5 kV 电压 U_1(分区所内 27.5 kV 电压互感器输出)。

图 2－3－10　永乐分区所测点示意图　　图 2－3－11　天津分区所测点示意图

分区所上、下行接触网末端不并联时 27.5 kV 电压 U_1、U_2(分区所内 27.5 kV 电压互感器输出)。

供电臂末端并联时穿越电流 I(分区所内上、下行接触网并联电流互感器输出)。

5. 亦庄牵引变电所、北京电调中心

牵引变电所综合自动化功能验证,综合自动化装置功能操作。

八、试验仪器设备

实验仪器设备见表 2－3－4。

表 2－3－4　试验仪器设备

安装地点	设备名称	数量
亦庄牵引变电所	功率因数、谐波数据采集分析系统	1
	电流传感器	11
	电压传感器	5
	Tops 电能质量分析仪	1
武清牵引变电所	功率因数、谐波数据采集分析系统	1
	电流传感器	11
	电压传感器	5
	Tops 电能质量分析仪	1
永乐分区所	功率因数、谐波数据采集分析系统	1
	电流传感器	2
	电压传感器	4
天津分区所	功率因数、谐波数据采集分析系统	1
	电流传感器	1
	电压传感器	3

九、数据处理

使用微机数据采集系统,对牵引变电所、分区亭的测试信号连续采样记录,对采样结果经过相关分析、FFT 谐波分析计算、统计归纳取得测试信号的:有效值、最大值、波形、各奇次\偶次谐波分量,变压器原、次边输入、输出功率、功因数率。分析 220 kV 侧负序电压、电流。输出相关参数曲线。

十、试验条件

京津城际铁路牵引变电所主接线图。

京津城际铁路牵引变电所继电保护整定值。

京津城际铁路电调及牵引变电所综合自动化技术条件。

测试期间的列车运行图(试验后提供)。

电力系统以不同运行方式(取最大和最小运行方式)运行,如测试期间不能调整电力系统的运行方式,则需提供测试期间的实际系统短路容量。

按一个牵引变电所供电范围,组织重联列车和列车紧密追踪交会安排列车运行。

测试期间对牵引变电所、分区所的操作:

永乐、天津分区所供电臂末端并联和解列(安排分区所上、下行接触网并联开关分、合闸操作)方式运行。

模拟事故状态下变电所退出运行(亦庄、武清牵引变电所各进行一次)。

京津公司派员配合进入变电所、分区所接线,进入电调中心进行综合自动化装置功能验证操作(背景谐波、负序、电压波动测试,在列车运行试验之前进行)。

第三节　电力子系统功能试验

一、目　　的

通过对京津城际铁路电力子系统的试验,验证电力子系统的供电能力。通过对电力远动系统的功能验证,检验电力子系统是否满足技术条件的要求及运行的需要,是否存在功能缺陷。

二、电力系统布置

电力系统布置见图2-3-12。

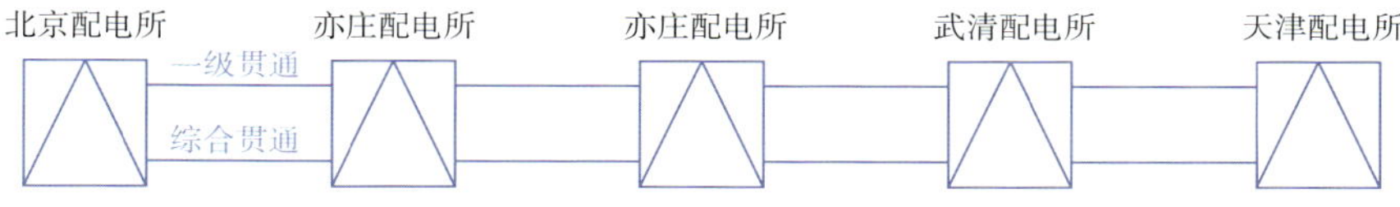

图2-3-12

京津城际轨道交通工程电力供电系统的正常运行工况为:一级负荷贯通线路:北京南配电所供电至亦庄、亦庄配电所供电至永乐、永乐配电所供电至武清、武清配电所供电至天津;综合负荷贯通线路:天津配电所供电至武清、武清配电所供电至永乐、永乐配电所供电至亦庄、亦庄配电所供电至北京南。

三、正常运行工况功能验证

1. 线路空载,电抗器均不投入,测量以下内容:

(1)配电所母线电压、功率因数;

(2)配电所贯通出线的电流;

(3)电力贯通线路末端的电压。

2. 首端电抗器投入(末端电抗器不投入),测量以下内容:

(1)配电所母线电压、功率因数;

(2)配电所贯通出线的电流;

(3)电力贯通线路末端的电压;

(4)电抗器投入暂态工况,电压波形幅值、电流波形及幅值;

(5)切除电抗器暂态工况,电压波形幅值、电流波形及幅值。

3. 末端电抗器投入(首端电抗器不投入),测量以下内容:

(1)配电所母线电压、功率因数;

(2)配电所贯通出线的电流;
(3)电力贯通线路末端的电压;
(4)电抗器投入暂态工况,电压波形幅值、电流波形及幅值;
(5)切除电抗器暂态工况,电压波形幅值、电流波形及幅值。

4. 电抗器全部投入,测量以下内容:

(1)配电所母线电压、功率因数;
(2)配电所贯通出线的电流;
(3)电力贯通线路末端的电压;
(4)电抗器投入暂态工况,电压波形幅值、电流波形及幅值;
(5)切除电抗器暂态工况,电压波形幅值、电流波形及幅值。

四、单回路供电工况功能验证

1. 一级负荷贯通全线停电只有综合负荷贯通供电,测试以下内容:

所有低压负载均能正常受电。

2. 综合负荷贯通全线停电只有一级负荷贯通供电,测试以下内容:

所有低压负载均能正常受电。

五、越区供电工况功能验证

以武清配电所越永乐配电所供电至亦庄为例,永乐配电所 10kV 外部电源停电,武清配电所供电至永乐,同时越区供电至亦庄,线路空载。

1. 电抗器不投入,测量以下内容:

(1)武清配电所母线电压、功率因数;
(2)武清配电所永乐侧贯通出线的电流;
(3)永乐配电所母线电压;
(4)电力线路末端(亦庄)的电压。

2. 首端电抗器投入(末端电抗器不投入),测量以下内容:

(1)武清配电所母线电压、功率因数;
(2)武清配电所永乐侧贯通出线的电流;
(3)永乐配电所母线电压;
(4)电力线路末端(亦庄)的电压;
(5)电抗器投入暂态工况,电压波形幅值、电流波形及幅值;
(6)切除电抗器暂态工况,电压波形幅值、电流波形及幅值。

3. 末端电抗器投入(首端电抗器不投入),测量以下内容:

(1)武清配电所母线电压、功率因数;
(2)武清配电所永乐侧贯通出线的电流;
(3)永乐配电所母线电压;
(4)电力线路末端(亦庄)的电压;
(5)电抗器投入暂态工况,电压波形幅值、电流波形及幅值;
(6)切除电抗器暂态工况,电压波形幅值、电流波形及幅值。

4. 电抗器全部投入,测量以下内容:

(1)武清配电所母线电压、功率因数;
(2)武清配电所永乐侧贯通出线的电流;
(3)永乐配电所母线电压;

(4)电力线路末端(亦庄)的电压;
(5)电抗器投入暂态工况,电压波形幅值、电流波形及幅值;
(6)切除电抗器暂态工况,电压波形幅值、电流波形及幅值。

六、短路试验

1. 近端单相接地,测量以下内容:
配电所接地回路的电流波形和幅值。
2. 近端三相接地,测量以下内容:
配电所接地回路的电流波形和幅值。
3. 远端单相接地,测量以下内容:
配电所接地回路的电流波形和幅值。
4. 远端三相接地,测量以下内容:
配电所接地回路的电流波形和幅值。
5. 两个箱变之间的电缆单相接地,电缆首端接地、末端不接地,测量以下内容:
配电所接地回路的电流波形和幅值。
6. 两个箱变之间的电缆单相接地,电缆首端不接地、末端接地,测量以下内容:
配电所接地回路的电流波形和幅值。
7. 越区供电单相接地,测量以下内容:
配电所接地回路的电流波形和幅值。
8. 越区供电三相短路,测量以下内容:
配电所接地回路的电流波形和幅值。

七、区间短路故障位置判断

区间短路故障,试验以下内容:
根据区间负荷点进出线短路电流判断故障位置。

八、牵引正常工况

1. 线路空载,轨道线路上无机车运行,试验以下内容:
(1)电缆两端接地,测量电缆金属屏蔽层和铠装层电流;
(2)两个箱变之间的电缆,只有首端接地,测第二个箱变处的电缆金属屏蔽层和铠装层的电压;
(3)三个箱变之间的电缆,只有首端接地,测第三个箱变处的电缆金属屏蔽层和铠装层的电压。
2. 线路空载,同时轨道线路上有机车运行。试验以下内容:
(1)电缆两端接地,测量电缆金属屏蔽层和铠装层电流;
(2)两个箱变之间的电缆,只有首端接地,测第二个箱变处的电缆金属屏蔽层和铠装层的电压;
(3)三个箱变之间的电缆,只有首端接地,测第三个箱变处的电缆金属屏蔽层和铠装层的电压。

九、牵引短路工况

线路空载,牵引某区段短路,试验以下内容:
(1)电力电缆两端接地,测量与牵引短路相对应区段的电缆金属屏蔽层和铠装层电流;
(2)两个箱变之间的电缆,只有首端接地,测第二个箱变处的电缆金属屏蔽层和铠装层的电压,测量与牵引短路相对应区段的电缆金属屏蔽层和铠装层电压;
(3)三个箱变之间的电缆,只有首端接地,测第三个箱变处的电缆金属屏蔽层和铠装层的电压,测量与牵引短路相对应区段的电缆金属屏蔽层和铠装层电压。

十、试验标准

京津城际轨道交通工程电力系统设计文件。

十一、试验仪器设备

试验仪器设备见表 2-3-5。

表 2-3-5　试验仪器设备表

序　号	设备名称	型　　号
1	兆欧表	BM11D
2	极性试验器	KS-1A
3	数字相频仪	DPF-30N
4	标准电流互感器	HL3
5	接地电阻仪	ZC-8
6	电感电容表	KT8201
7	直流电源	YSJ-1
8	数字万用表	FLUKE
9	交直流钳型电流表	CA-200
10	核相器	FRD-10

十二、试验条件

京津城际铁路电力供电系统图。
京津城际铁路电力变配电所继电保护整定值。
京津城际铁路电调及电力配电所综合自动化技术条件。
测试期间的列车运行图(试验后提供)。

第四节　远动(SCADA)子系统功能试验

一、被控站试验

在控制中心内软、硬件调试通过 SDH 网络完成,控制中心与各被控站通信正常且单体测试全部通过之后,可在控制中心进行远动子系统被控站试验。

1. 变电所

(1)遥信:在控制系统界面内观察单线图上的各开关颜色(红-合,绿-分),并与现场试验配合人员进行核对,检查是否正确。对于其他不用于开关状态的遥信量,由于在单体测试过程已经测试通过,在控制中心内进行试验时,在控制中心内仅做2%~5%的抽样验证。

(2)遥测:在控制系统图形界面内可完整的显示各模拟量,并与现场试验配合人员进行核对,检查准确性。

(3)遥控:为了保障在控制中心对开关分、合操作的可靠性,变电所内所有可控开关都要进行遥控操作。

2. 开闭所

(1)遥信:在控制系统界面内观察单线图上的各开关颜色(红-合,绿-分),并与现场试验配合人员进行核对,检查是否正确。对于其他不用于开关状态的遥信量,由于在单体测试过程已经测试通过,在控制中心内进行系统试验时,控制中心内仅做2%~5%的抽样验证。

(2)遥测:在控制系统图形界面内可完整的显示各模拟量,并与现场试验配合人员进行核对,检查准确性。

(3)遥控:为了保障在控制中心对开关分、合操作的可靠性,所内所有可控开关都要进行遥控操作。

3. 自耦所

(1)遥信:在控制系统界面内观察单线图上的各开关颜色(红 - 合,绿 - 分),并与现场试验配合人员进行核对,检查是否正确。对于其他不用于开关状态的遥信量,由于在单体测试过程已经测试通过,在控制中心内进行系统试验时,在控制中心内仅做2% ~5% 的抽样验证。

(2)遥测:在控制系统图形界面内可完整的显示各模拟量,并与现场试验配合人员进行核对,检查准确性。

(3)遥控:为了保障在控制中心对开关分、合操作的可靠性,所内所有可控开关都要进行遥控操作。

4. 变配电所

(1)遥信:在控制系统界面内观察单线图上的各开关颜色(红 - 合,绿 - 分),并与现场试验配合人员进行核对,检查是否正确。对于其他不用于开关状态的遥信量,由于在单体测试过程已经测试通过,在控制中心内进行系统试验时,在控制中心内仅做2% ~5% 的抽样验证。

(2)遥测:在控制系统图形界面内可完整的显示各模拟量,并与现场试验配合人员进行核对,检查准确性。

(3)遥控:为了保障在控制中心对开关分、合操作的可靠性,所内所有可控开关都要进行遥控操作。

5. 箱　变

(1)遥信:在控制系统界面内观察单线图上的各开关颜色(红 - 合,绿 - 分),并与现场试验配合人员进行核对,检查是否正确。对于其他不用于开关状态的遥信量,由于在单体测试过程已经测试通过,在控制中心内进行系统试验时,在控制中心内仅做2% ~5% 的抽样验证。

(2)遥测:在控制系统图形界面内可完整的显示各模拟量,并与现场试验配合人员进行核对,检查准确性。

(3)遥控:为了保障在控制中心对开关分、合操作的可靠性,所内所有可控开关都要进行遥控操作。

6. 环网柜

(1)遥信:在控制系统界面内观察单线图上的各开关颜色(红 - 合,绿 - 分),并与现场试验配合人员进行核对,检查是否正确。对于其他不用于开关状态的遥信量,由于在单体测试过程已经测试通过,在控制中心内进行系统试验时,在控制中心内仅做2% ~5% 的抽样验证。

(2)遥测:在控制系统图形界面内可完整的显示各模拟量,并与现场试验配合人员进行核对,检查准确性。

(3)遥控:为了保障在控制中心对开关分、合操作的可靠性,所内所有可控开关都要进行遥控操作。

二、控制中心试验

在完成控制中心内对被控站的试验之后,可在整个 SCADA 系统稳定运行一周后进行整个控制系统的试验。试验主要为:

(1)图形显示:在控制系统内可实时显示电压或电流的波形图,图形各点之间的时隔为 20 ms,并可根据需要按天、小时、分、秒等进行图形显示,并可实现历史数据查询,所有图形可通过打印机打印。

(2)程控:在控制系统内按需要设置一程控,并调用该程控命令,通过该程控可准确可靠的对开关进行操作。

(3)通道:模拟主通道失效,备用通道应立即投入。

(4)前置服务器:当任意一台前置服务器出现故障后,RTU 应自动切换至另一台前置服务器上。

(5)统计功能:通过归档服务器进行系统所具备统计功能测试,如模拟量数量、最大值等。

(6)用户权限:分别以不同权限的用户登录系统,测试是否会出现"越权"操作现象。

三、与时钟接口试验

与时钟系统试验需要通信专业与SCADA专业共同来进行,试验地点在控制中心。在SCADA系统与NTP服务器通信正常的前提下,可在SCADA系统内观察是否正确获取时钟服务器的时间。

四、与视频监控接口试验

与视频监控系统试验主要是对SCADA归档服务器历史数据库的访问,在两系统间通信正常的前提下,在视频监控系统内首先检查是否可访问SCADA归档服务器的数据库,在确认数据库访问功能完好的情况下,在视频监控系统内利用相关的查询功能,看是否能正确查询到所需报警信息。

五、与其他接口试验

与其他系统间的接口试验,可根据不同系统的实际功能需求及与SCADA专业间进行接口试验。

第四章 系统评价

高速铁路牵引供电系统技术先进、设备配置高、工程量大、施工检测难度大,经过与国际著名高铁牵引供电领域集成商的竞争性谈判和合作以及京津、武广等高铁客专项目的实施和项目推进,消化、吸收再创新,时速350 km高速客运专线牵引供电系统设计、装备制造、施工检测和运行维护技术平台已经形成。

根据高速客运专线牵引供电系统的特点,在高速客运专线牵引供电系统集成创新的过程中进行分阶段的评价,最终以保证其综合性能。利用模拟仿真工具对工程设计进行系统性仿真计算,对设计质量进行评估;使用专用试验仪器仪表对高压电器设备进行部分试验、系统试验,对设备质量进行评估;运用接触网检测装置和试验车对接触悬挂系统进行静态和动态检测,对接触网施工质量进行评估;最终通过集成试验和运行试验对牵引供电系统在运行条件下的综合性能评估。运用系统工程学原理和方法对牵引供电系统的RAMS指标进行定量和定性的分析和评价,满足系统的各项指标,实现系统功能。

第一节 牵引供电及电力系统主要性能指标

牵引供电主要性能包括牵引供变电子系统、接触网子系统、SCADA子系统和电力供电子系统的性能指标。

一、牵引供变电子及电力供电子系统主要指标

1. 电能质量

三相不平衡度、谐波、负序、电压损失、功率因数等电量。

2. 供电能力

牵引负荷、分区所末端电压和越区供电。

3. 高压电器设备绝缘性能、电气性能参数

4. 控制保护功能

5. 自动化和联锁功能

二、接触网子系统主要指标

1. 空间几何参数（导高、拉出值、动态包络线、限界）
2. 接触线抬升量
3. 动态接触压力测量
4. 受电弓运行加速度
5. 燃弧率（燃弧时间和次数）
6. 接触线平顺性
7. 接触网弹性
8. 弓网受流测试

三、SCADA子系统主要指标

1. 牵引供电系统运行控制
2. 牵引供电系统运行状态显示
3. 牵引供电系统运行状态电量监测
4. 综合调度管理功能
5. 综合维修信息管理系统

第二节　牵引供电系统与外部系统接口的评价指标

牵引供电与外部系统接口主要包括外部电源、通信通道、弓网系统以及站前工程接口。

一、外部电源评价指标

1. 系统用电量
2. 谐波、负序、功率因数等电量指标
3. 系统保护配置复核和整定计算校验

二、传输通道评价指标

1. 通道冗余
2. 传输可靠性

三、弓网系统评价指标

1. 弓网间动态接触压力
2. 加速度
3. 燃弧率（燃弧时间和次数）
4. 接触线一跨内高差
5. 接触线动态抬升量

四、站前工程接口评价指标

1. 预留工程施工偏差和控制
2. 荷载承重能力
3. 基础稳定性
4. 限界

第三节 牵引供电系统的安全可靠性评价

一、SCADA 及安全监控系统

1. 系统功能的完备性
2. 设备及通信冗余
3. 设备布置合理性

二、自然灾害

1. 系统防御抵抗风、雨、雪能力
2. 系统防雷措施和能力
3. 系统防洪能力

三、突发事件应急处理

1. 系统火灾报警和应急处理预案
2. 外部电源停电应急处理预案
3. 接触网故障应急处理预案

第四节 评价结果

牵引供电系统按照评价标准，验证牵引供电系统的总体性能和各项指标是否满足规定。各项评价结果如表 2－4－1 所示。

表 2－4－1 评价结果

序号	评价项目	主要评价内容	试验标准/试验方法	评价指标
1	牵引供变电子系统性能试验	电能质量		电能质量应满足相应的国家标准及相应的更新标准 1. 负序：电压不平衡度应满足 GB T 15543－1993 2. 谐波：电压畸变率应满足国标 GB 15549－1993，注入电力系统的谐波电流建议应尽可能满足该标准 3. 功率因数：牵引变电所一次侧的平均功率因数应不低于 0.9
		供电能力		供电能力的设计应满足铁建设［2007］47 号文《新建时速 300～350 公里客运专线铁路设计暂行规定》等相关设计标准 1. 正线牵引网采用 AT 供电方式 2. 牵引变电所的分布、接触网的载流能力、牵引变压器容量应满足行车组织确定的高峰小时的追踪运行间隔的要求 3. 接触网的标称电压为 25 kV，长期最高电压为 27.5 kV，短时（5 min）最高电压应为 29 kV，设计最低电压应为 20 kV
		高压电器设备绝缘性能、电气性能参数		满足国标 GB50150－2006
		控制保护功能		满足设计要求
2	接触网子系统性能试验	接触导线高度		±20 mm
		定位器		满足受电弓动态包络线要求
		拉出值		±30 mm
		线高变化率		0‰
		道岔和锚段关节处的平行线间距		±20 mm

续上表

序号	评价项目	主要评价内容	试验标准/试验方法	评价指标
2	接触网子系统性能试验	接触悬挂和受电弓的接触压力		满足 EN50367，σ≤0.3 Fm
		燃弧率（燃弧时间和次数）		满足 EN50367，≤0.14%
		接触网平顺性		满足铁标
3	SCADA 子系统性能试验	牵引供电系统运行控制		应满足相关国标及 IEC 标准
		牵引供电系统运行状态显示		满足相关国标及 IEC 标准
		牵引供电系统运行状态电量监测		满足相关国标及 IEC 标准
		综合调度管理功能		满足中国铁路运行管理常规模式
4	电力子系统性能试验	电能质量		满足铁标
		供电能力		满足铁标
		高压电器设备绝缘性能、电气性能参数		满足国标
		控制保护功能		满足设计要求
5	集成试验和运行试验性能	EMC 测试和评估		满足设计要求
		RAMS 分析和评估		满足设计要求
		牵引供电系统综合性能试验		满足设计要求
		验收速度		350 km/h
		最高试验速度		394.3 km/h

第三篇 通信系统

第一章 系统技术方案

第一节 通信系统结构

通信系统包括传输和接入系统、电话交换系统、GSM－R专用移动通信系统、数据网系统、调度通信系统、应急救援指挥通信系统、综合视频监控系统、动力与环境监控系统、通信综合网管系统、同步和时钟分配系统、通信电源系统、通信线路、车站与段所综合布线系统共13个子系统。京津城际铁路通信系统结构见图3－1－1。

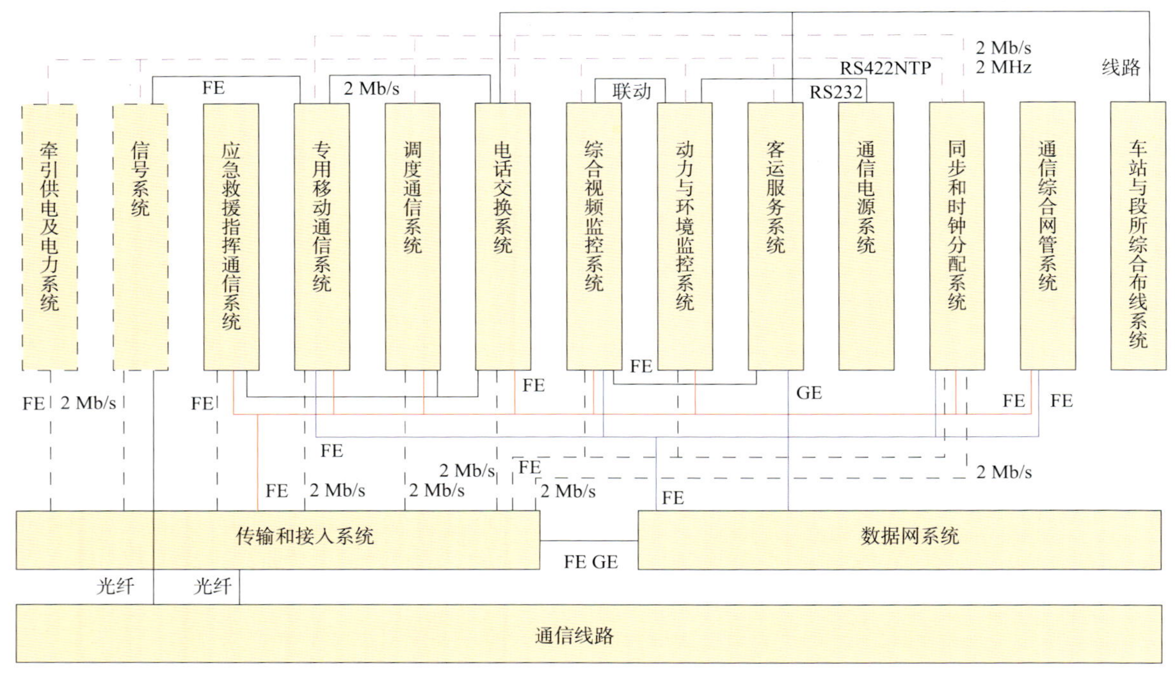

图3－1－1 京津城际铁路通信系统结构图

一、传输和接入系统

1. 系统概述

传输和接入系统主要功能为调度所、沿线车站、GSM－R基站、信号中继站、牵引供电和电力供电等业务节点的传输接入，为GSM－R、数据网、公务电话、数字调度、视频监控等通信各子系统以及信号、牵引供电、客服等系统提供传输通道。

传输和接入系统结构见图3－1－2。

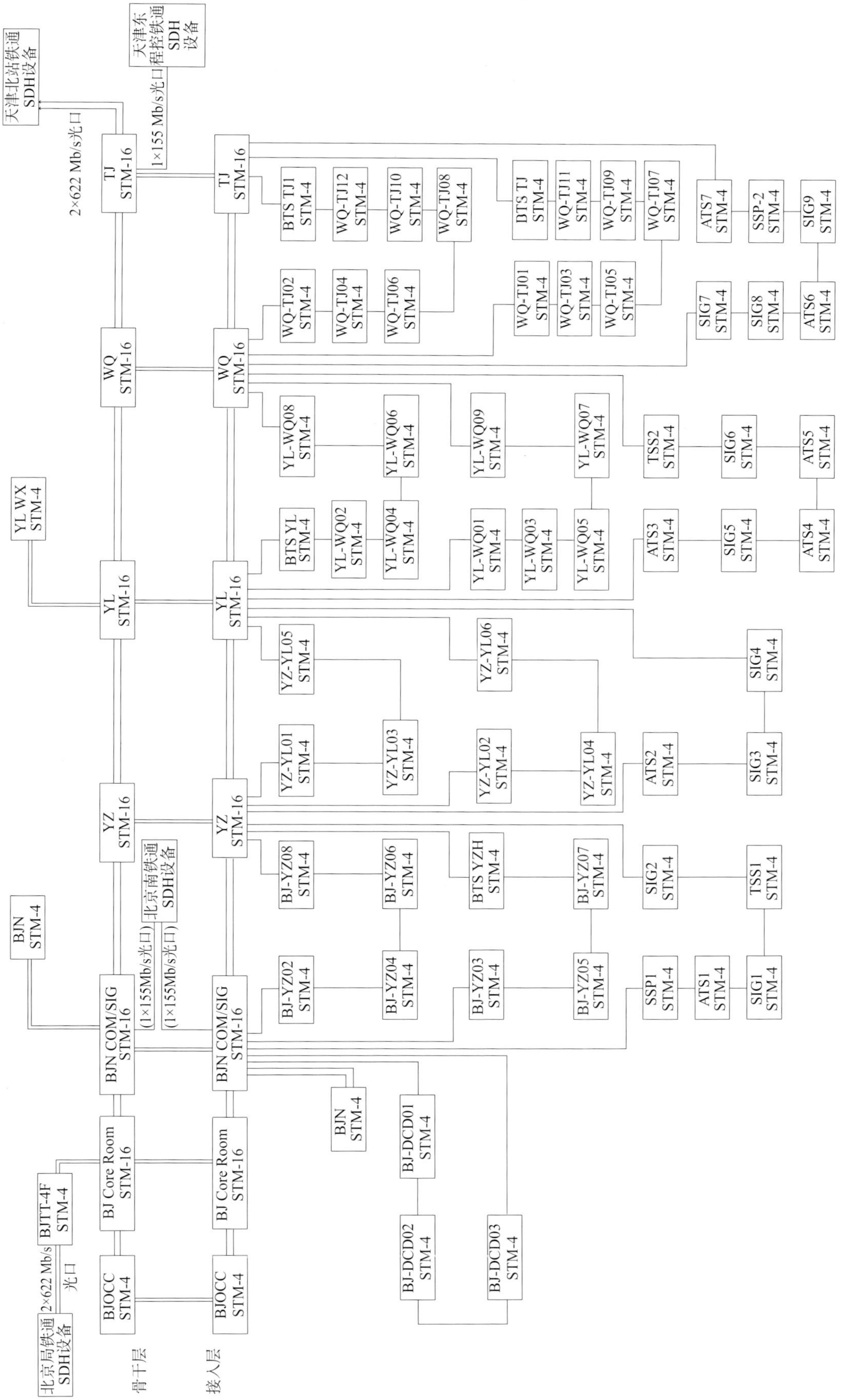

图 3－1－2　传输和接入系统结构图

2. 系统业务及功能

传输系统采用 MSTP 制式的光传输设备,骨干传输系统和接入传输系统可提供 622 Mb/s 支路、155 Mb/s 支路光/电接口、2 Mb/s 的电接口、10 M/100 M 以太网口、GE 接口等。

传输系统支持以太网业务的透传、交换和以太环网,支持虚级联以及 LCAS 技术。

系统引入设备级单元保护和网络级业务保护的多层次保护机制,使系统可靠性有了进一步提高。

网络级业务保护:线型网能提供线性复用段 1 +1 或 1:1 保护,环型网能提供二纤单向通道保护环、二纤双向复用段倒换环。

3. 系统结构

(1)网络结构

传输系统由基于 SDH 的 MSTP 平台构建,分为骨干层和接入层。

骨干层:北京核心网机房至京津城际铁路沿线为 2.5 Gb/s 的多业务传输平台(MSTP);北京核心网机房至北京调度所机房为 622 Mb/s 的多业务传输平台(MSTP)。

接入层:北京核心网机房、北京南通信信号大楼、亦庄、永乐、武清、天津 6 个节点间为 2.5 Gb/s 多业务传输平台(MSTP),北京核心网机房至北京调度所机房及沿线区间节点为 622 Mb/s 的多业务传输平台(MSTP)。

(2)系统组成

①骨干层传输系统组成

在核心网机房、北京南通信信号楼通信机房和亦庄、永乐、武清、天津 6 个节点设置 MSTP 2.5 Gb/s ADM 设备,利用该线线路两侧的两条光缆中的各两芯光纤组织链型 MSP 1 +1 复用段骨干层 2.5 Gb/s 多业务传输系统。在北京局调度所通信机房设置 MSTP 622 Mb/s ADM 设备,利用至核心网机房的两条光缆中的各两芯组织链型 MSP 1 +1 复用段骨干层 622 Mb/s 多业务传输系统。

骨干层满足本线实时性、安全性要求高的业务的相关通道需求,主要解决车站 2 Mb/s 及 2 Mb/s 以上多业务,并为下层接入网提供通道保护。京津城际铁路沿线骨干层传输系统使用带宽 2 ×622 Mb/s。

②接入层传输系统组成

接入节点主要由车站接入汇聚点、区间节点和站内节点组成。

车站接入汇聚点为京津沿线 5 个车站、核心网机房和北京调度所通信机房。

区间接入点包括沿线信号区间中继站、区间 GSM - R 无线基站、牵引变电所、分区所、AT 所。

站内业务接入点包括永乐维修工区。

在沿线 5 个车站节点和核心网机房分别新设 1 套 MSTP 2.5 Gb/s ADM 接入汇聚设备,在北京调度所通信机房设置 MSTP 622 Mb/s ADM 接入汇聚设备,利用本线线路两侧的 2 条 32 芯光缆中各 2 芯光纤开设 SDH 传输系统,用于沿线牵引供电节点、基站节点的业务进行汇聚和保护。核心网机房、北京南通信信号楼通信机房、亦庄、永乐、武清、天津设置的 MSTP 2.5 Gb/s ADM 设备分别与骨干层在该节点设置的 MSTP 2.5 Gb/s ADM 设备通过 622 Mb/s 光口互联,北京调度所机房设置的 MSTP 622 Mb/s ADM 与北京调度所通信机房骨干层设置的 MSTP 622 Mb/s ADM 设备通过 622 Mb/s 光口互联,实现与骨干层业务的互通。

车站接入汇聚点与区间点在相邻的两个站之间利用 32 芯光缆中 2 芯光纤开设 3 套 SDH 622 M 传输系统,组成两纤通道环。其中 1 套为奇数基站节点提供传输通道,1 套为偶数基站节点提供传输通道,1 套为信号、牵引供电节点提供传输通道。

多业务传输接入系统提供 2 Mb/s 通道、10 M/100 M 宽带数据的接入,兼顾区间应急通信的接入条件。

③与铁通公司既有传输系统互联

在北京局铁通公司四层机房设置 622 M 传输系统,通过 2 ×622 Mb/s 光接口与铁通公司四层既有

传输系统互连，通过 2×622 Mb/s 光接口与五层核心网机房骨干层 STM－16 ADM 设备连接。

北京南通信信号楼骨干层 STM－16 ADM 与接入层 STM－16 ADM 分别通过 1×155 Mb/s 光接口与北京南通信信号楼铁通公司既有传输系统互连。

在天津站骨干层 STM－16 ADM 设备通过 2×622 Mb/s 光接口与铁通公司天津北站既有传输系统互连。

④系统同步

本线骨干汇聚层及接入层传输系统采用主从同步，从北京局铁通公司既有 BITS 接引时钟信号作为全线主用时钟同步信号，利用天津铁通公司在天津北站既有的 BITS 接引时钟信号作备用时钟同步信号。

接入层传输系统时钟同步采用基准时钟同步方式，从骨干层 ADM 设备上接引时钟信号。

⑤系统网管

在北京核心网机房设置网元级网络管理系统一套，同时在北京南、天津分别设置 1 套远程操作终端。为提高网管系统的可用性，在北京和天津之间利用铁通的传输系统提供一个 2 Mb/s 通道，保证当 SDH 系统的物理链路发生严重故障时网管系统能够从另外一条路由访问到所有 SDH 设备。

网管系统负责对全网进行故障管理、配置管理、性能管理和安全管理等最基本的管理。

同时，传输系统网管纳入综合网管系统，综合网管系统可以统一集中监控通信系统的告警信息，进行网络配置数据的查询，发起故障单，协助高效解决通信网络故障。

传输系统网管时间信号通过数据网路由器从同步及时间分配系统设置的 NTP 提取。

⑥公务联络电话

在沿线接入层 SDH 传输系统设置公务联络电话，用于站间的公务联络。

二、电话交换系统

利用既有铁路专用电话交换系统通过接入网技术为京津城际铁路车站及沿线运营相关的工作人员提供铁路专用电话通信业务，并与市内公用电话网相通。

在北京南站设置了一套 LT，通过 V5 中继连接到北京南站的铁路专网交换机，同时通过内部中继连接沿线设置的 18 套 ONU 设备；ONU 分别设置在北京南站房、2 个牵引变电所、亦庄站、永乐站、武清站及 6 个牵引变电节点、6 个信号集装箱节点。另外，天津设置 1 套 ONU 设备，连接到天津站南站房的既有 LT 设备，并接入到天津铁通专网交换机。沿线各站的电话编号采用铁路自动电话编号方案。

在北京南站设置接入网网管系统，对电话交换系统进行配置与管理，电话交换系统网管通过 TCP/IP 方式纳入到综合网管系统中进行集中管理。

电话交换系统结构见图 3－1－3。

三、GSM－R 专用移动通信系统

1. 系统概述

专用移动通信系统采用 GSM－R 数字移动通信制式，满足 350 km/h 运行速度下语音、数据传输。该系统包括交换子系统、无线网络子系统、网络管理子系统、GPRS 子系统和 IN 系统、GSM－R 短消息系统、SIM 卡管理信息系统、终端等。该 GSM－R 系统能够与其他 GSM－R 设备供应商的系统互联互通。

GSM－R 系统核心网中重要网元采用冗余设计，其中 HLR 和 IN 与武汉核心网中的 HLR 和 IN 形成地理冗余。无线覆盖交织冗余，形成小区交错覆盖结构，共采用 44 个 BTS，BTS 之间的连接采用环形结构，以减少传输链路的数量。

GSM－R 专用移动通信系统结构见图 3－1－4。

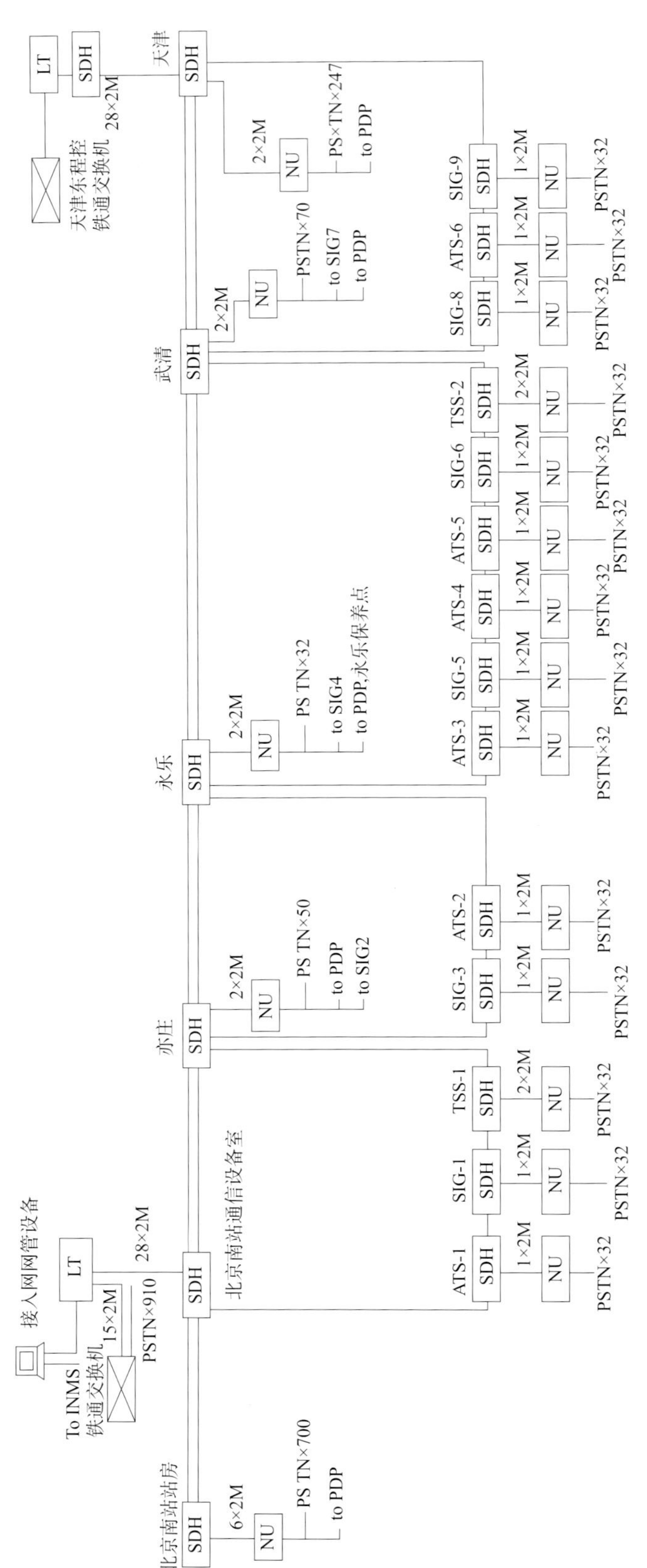

图 3-1-3　电话交换系统结构图

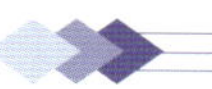

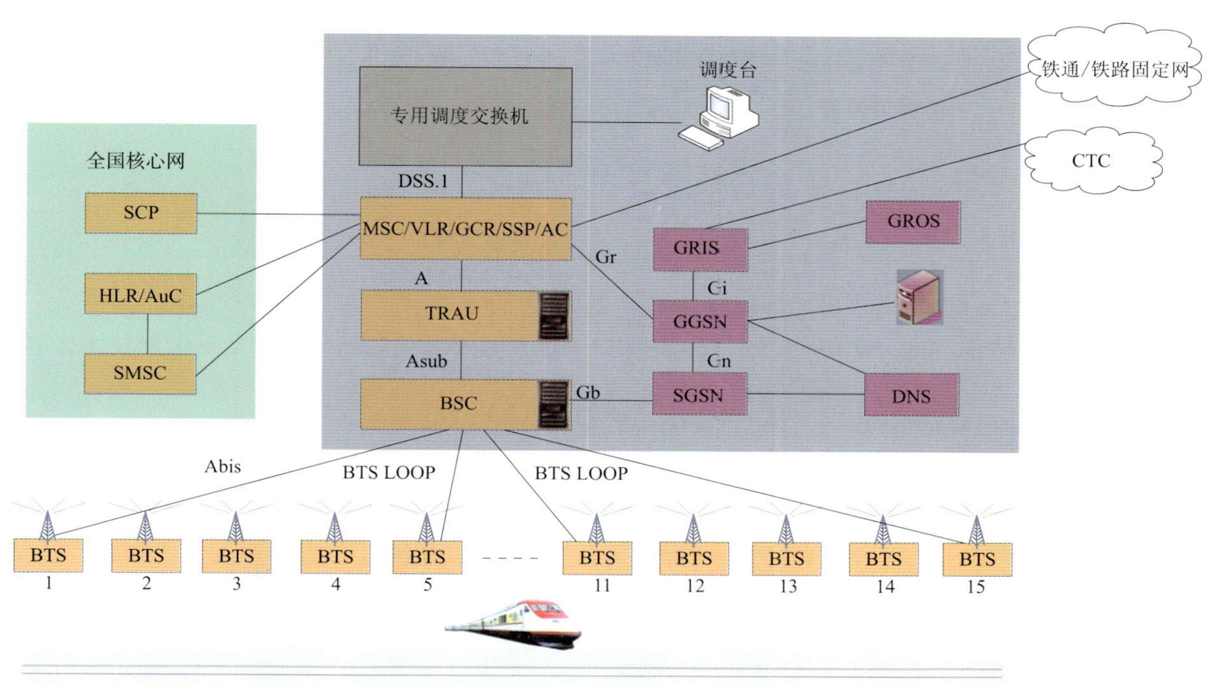

图 3－1－4　GSM－R 专用移动通信系统结构图

2. 系统功能

(1)支持基本业务的功能

①呼叫控制;

②用户识别鉴权;

③信令单元的保密;

④接入矩阵;

⑤铁路紧急呼叫;

⑥语音组呼和语音广播呼叫;

⑦短消息业务。

(2)支持移动性操作的功能

①位置登记;

②切换;

③漫游;

④呼叫重建。

(3)呼叫处理的附加功能

①用户与业务多优先级管理;

②业务的安全保密;

③支持 DTMF;

④组呼静音/取消静音。

3. 设计指标

(1)无线场强覆盖指标满足表 3－1－1 中列控数据业务要求。

表 3-1-1　接收机天线处输入端射频信号最小可用接收电平

终端种类	业务种类	接收天线位置	终端速度(km/h)	覆盖概率	P_{rmin}(dBm)
列调机车台	话音及调度数据	机车顶部	未限定	95%	-98
列控机车台	列控数据	机车顶部	$v \leqslant 220$	95%	-95
			$220 < v \leqslant 280$	95%	-95 ~ -92
			$v > 280$	95%	-92

(2)提供语音业务时,满足如下指标要求:

①话音传输质量:符合 TZ019-19095《900 MHz TDMA 数字公用陆地蜂窝移动通信网技术体制》第七章的要求。

②网络注册时延:≤30 s(95%),≤35 s(99%),≤40 s(100%)。

③无线信道呼损:≤0.5%。

④呼叫(连接)建立时间:满足表 3-1-2 要求。

表 3-1-2　呼叫(连接)建立时间指标值

服务质量项目	指　标　值
呼叫(连接)建立时间	铁路紧急呼叫:<2 s(95%),<3 s(99%); 同一区域内 MS 组呼:<5 s(95%)
	除上述外,MS-FT 的运营呼叫:<5 s(95%),<7.5 s(99%); 除上述外,FT-MS 的运营呼叫:<7 s(95%),<10.5 s(99%)
	除上述外,MS 之间的运营呼叫:<10 s(95%),<15 s(99%); 其他低优先级呼叫:<10 s(95%),<15 s(99%)

⑤呼叫(连接)建立失败概率:$<10^{-2}$(最长的建立时延见"呼叫(连接)建立时间")。

⑥越区切换中断时间:<0.5 s(95%)。

⑦越区切换成功率:≥99.5%。

(3)提供列控类数据传输业务时,满足表 3-1-3 指标要求。

表 3-1-3　服务质量指标值

服务质量项目	指　标　值
移动台发起的连接建立时间	<8.5 s(95%),≤10 s(100%)
连接建立失败概率	$<10^{-2}$
最大端到端传输时延(30Byte 用户数据块)	≤0.5 s(99%)
连接丢失概率	$\leqslant 10^{-2}$/h
传输干扰时间 T_{TI}	<0.8 s(95%),<1 s(99%)
传输无差错时间(传输恢复时间)T_{REC}	>20 s(95%),>7 s(99%)
网络注册时延	≤30 s(95%),≤35 s(99%),≤40 s(100%)

(4)分组域指标要求

①优先等级:1 级,高优先级;2 级,正常优先级;3 级,低优先级。

②延迟等级:应满足表 3-1-4 要求。其中"95%"指 95% 的包的延迟满足标准规定。

③可靠性级别应满足表 3-1-5 要求。

表 3-1-4　GPRS 延迟等级

延迟等级 \ 包的大小	128 Byte		1 024 Byte	
	平均延迟	95%	平均延迟	95%
1	<0.5 s	<1.5 s	<2 s	<7 s
2	<5 s	<25 s	<15 s	<75 s
3	<50 s	<250 s	<75 s	<375 s
4	没有规定			

表 3-1-5　GPRS 可靠性级别

级　别	SDU 丢失概率	SDU 重传概率	SDU 非顺序到达概率	SDU 出错概率	应用特性说明
1	10^{-9}	10^{-9}	10^{-9}	10^{-9}	差错敏感，无纠错能力，有限容错能力
2	10^{-4}	10^{-5}	10^{-5}	10^{-6}	差错敏感，有限纠错能力，较好容错能力
3	10^{-2}	10^{-5}	10^{-5}	10^{-2}	差错不敏感，有纠错能力，强容错能力

④吞吐量包括峰值吞吐量和平均吞吐量。系统设备应具有在线平滑扩容的能力。吞吐量应满足表 3-1-6 和表 3-1-7 要求。

表 3-1-6　GPRS 业务峰值吞吐量类别

峰值吞吐量级别	B/s
1	1 000
2	2 000
3	4 000
4	8 000
5	16 000
6	32 000
7	64 000
8	128 000
9	256 000

表 3-1-7　GPRS 业务平均吞吐量类别

平均吞吐量级别	B/h	平均吞吐量级别	B/h
1	100	10	100 000
2	200	11	200 000
3	500	12	500 000
4	1000	13	1 000 000
5	2 000	14	2 000 000
6	5 000	15	5 000 000
7	10 000	16	10 000 000
8	20 000	17	20 000 000
9	50 000	18	50 000 000

(5)短消息指标要求

①移动点对点短消息发送成功率：≥99%。

②移动点对点短消息发送时延：≤3 min(99%)。

③移动点对点短消息丢失率：$\leq 10^{-5}$。

④移动点对点短消息存储有效期：≥72 h。

4. 系统结构

(1)移动交换子系统

移动交换子系统主要提供所有的交换功能：当 GSM-R 网络独立运行时，针对无线网络和必要的固定网络提供交换功能，以及 GSM-R 网络与固定网络(PSTN/ISDN/PABX)或另外的无线网络互联互通时所需要的功能。另外，它也能够在其他交换节点之间，起着信令传送点(STP)的作用。

移动交换子系统主要由下列网络成员组成：

①移动业务交换中心(MSC)；

②访问位置寄存器(VLR)；

③本地位置寄存器(HLR)；

④组呼寄存器(GCR);

⑤网络互联功能(IWF)。

(2)通用分组无线业务(GPRS)子系统

在北京设置1套SGSN、2套GGSN、1套接口服务器GRIS、1套归属服务器GROS;GGSN作为外网出口,通过接口服务器GRIS,与CTC主机相连。在北京设置2套DNS和2套Radius Server。

GPRS子系统结构见图3-1-5。

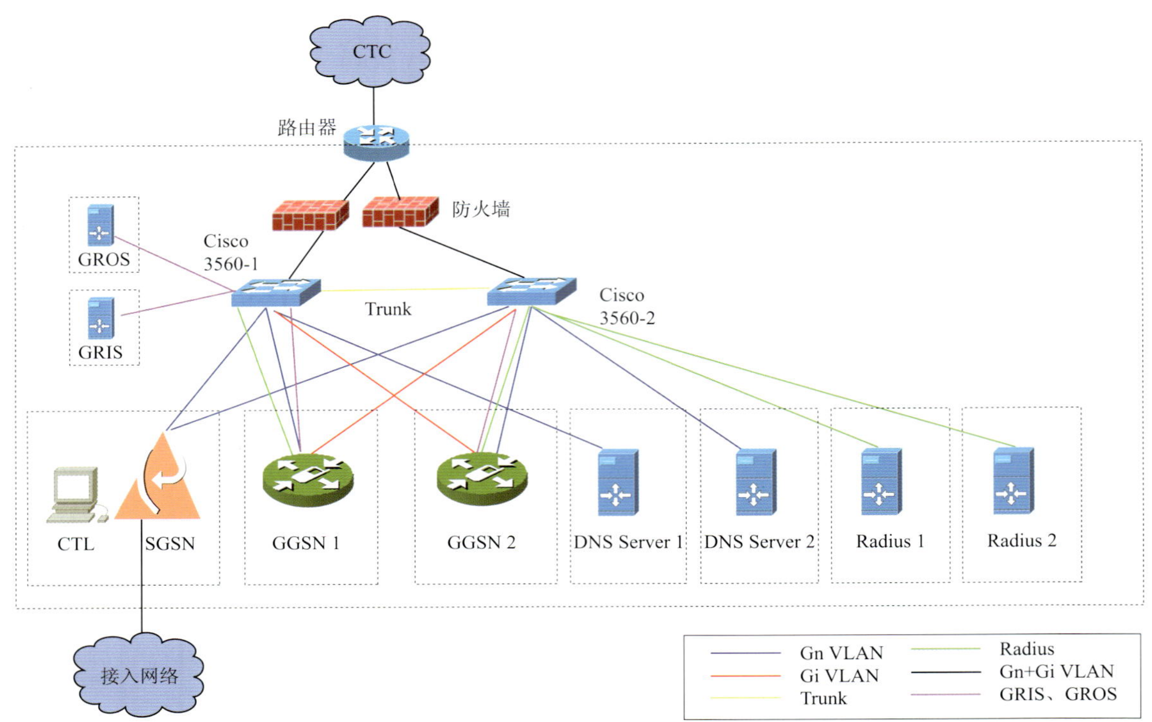

图3-1-5 GPRS子系统结构图

(3)移动智能网(IN)子系统

GSM-R智能网提供如下基本功能:

①交换呼叫控制;

②支持USSD;

③业务控制和管理;

④业务创建;

⑤补充业务通知;

⑥移动性管理;

⑦控制和检查用户数据。

智能网主要配置如下:

1套SCP,主要配置为2节点簇配置PW650, CPU数为4 CPU/节点;@ vantage Commander(智能网网管)包括Server与PC client,主要配置为单节点配置PW450,2CPU/节点。

(4)短消息系统

短消息系统主要包括短消息信令网关1套、短消息调度服务器2套、数据库服务器2套、话单服务器1套,信息安全服务器1套、网络管理服务器1套、管理终端1套以及系统必备的网络设备。

短消息系统结构见图3-1-6。

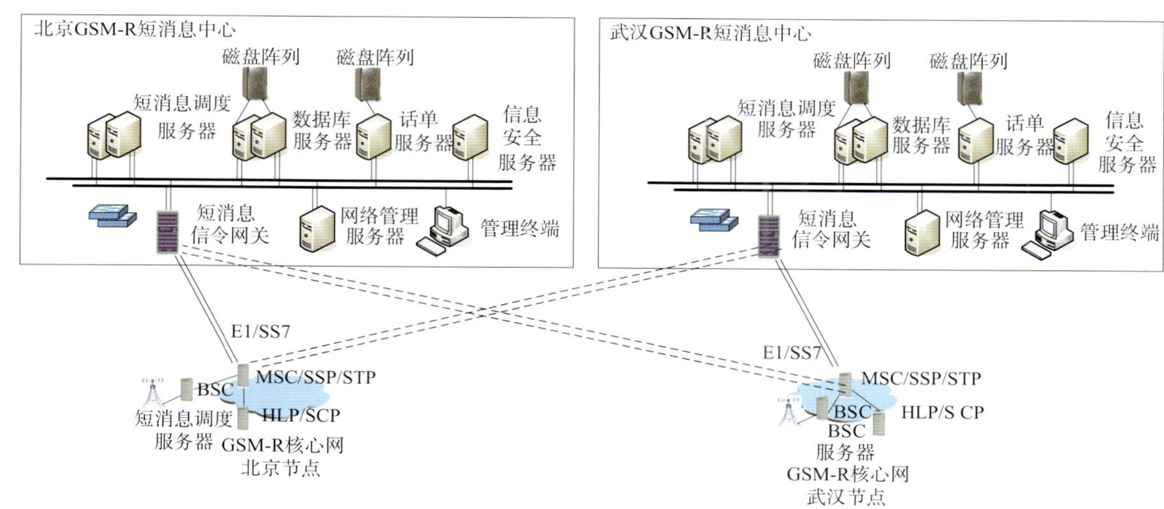

图 3－1－6　短消息系统结构图

(5)SIM 卡管理信息系统

在 SIM 卡管理部中心设置一套 GSM－R SIM 卡管理系统，配置应用服务器 2 套、数据库服务器 2 套、接口服务器 2 套、读卡器 3 台、发卡机 1 套、操作终端 7 台等设备，负责全国铁路 GSM－R SIM 卡管理，完成 SIM 卡制卡、使用监控、资源管理等工作。

在北京核心网机房设置 SIM 卡管理分中心，与铁道部中心联网，配置应用服务器 1 套、数据库服务器 1 套、管理终端 1 台、读卡器 1 台和打印机 1 台，实现卡资源申请、移动用户登记、密码解锁、SIM 卡挂失、SIM 卡恢复、SIM 卡补发、SIM 卡停用等日常业务的管理。

GSM－R SIM 卡管理信息系统结构见图 3－1－7。

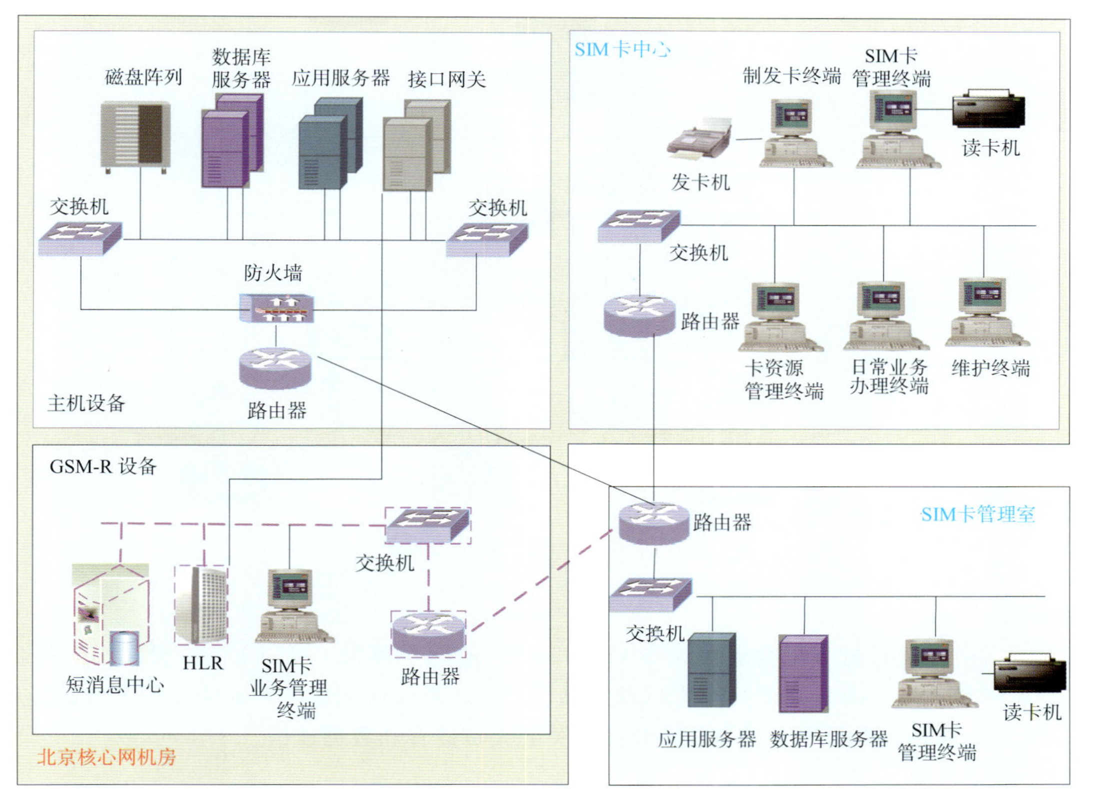

注：粉红色虚线所标示的部分不属于京津城际铁路工程。

图 3－1－7　GSM－R SIM 卡管理信息系统结构图

(6)无线子系统

GSM－R 无线子系统采用覆盖冗余设计，当某一个基站出现故障时，相邻两个小区的覆盖电平仍然能够达到系统规定的性能和业务量要求。

基站配置见表 3－1－8。

表 3－1－8　GSM－R 无线子系统基站配置与载频分配表

设备名称	单　位	数　量	设置位置
基站(4 载频)	套	5	北京南、亦庄、永乐、武清、天津
基站(2 载频)	套	39	铁路沿线
光纤直放站(含近端、远端机)	套	3	北京南、天津
TRAU	套	1	北京核心网机房
BSC	套	1	北京南通号楼机房

44 个基站分布于 13 个 E1 环接入 BSC。

基站采用双极化面板天线，水平半功率波束宽度为 65°，增益为 17 dBi。

沿线基站铁塔根据天线挂高及地物环境情况，高度为 27～62 m，采用四柱结构，北京南采用景观塔。铁塔顶端设置避雷针，天线在避雷针保护角范围内；铁塔自设避雷地网，并与机房地网相连。

无线子系统结构见图 3－1－8。

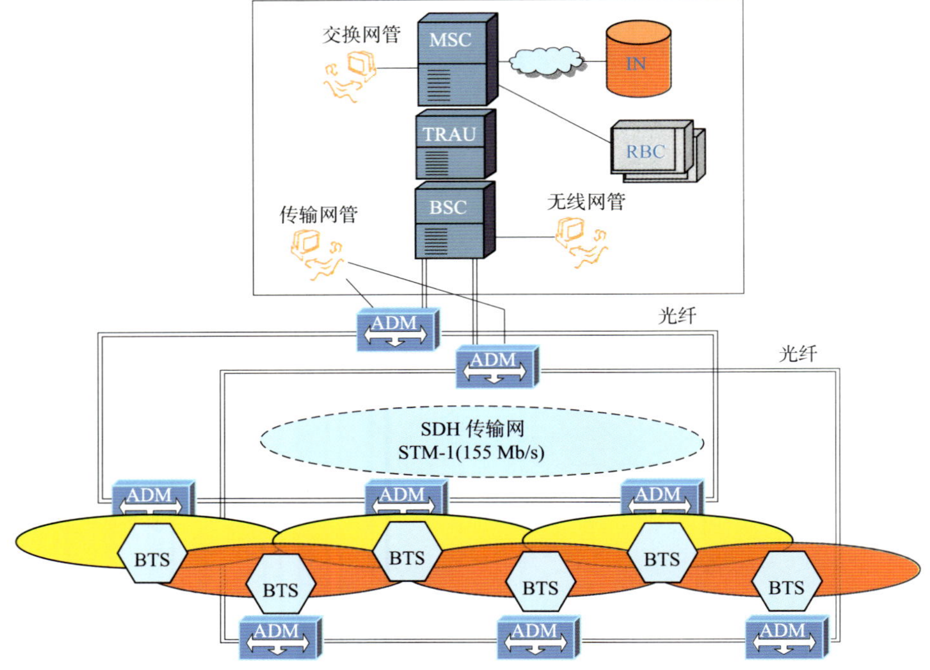

图 3－1－8　无线子系统结构图

(7)终端

京津城际铁路配置机车综合通信设备 CIR 120 套、通用手持台 GPH 300 套、操作用手持台 OPH 200 套、SIM 卡 680 张。OPH 用于列车上以及车站、动车段、沿线区间各工种地面工作人员话音和数据通信；GPH 用于铁路各类管理人员与铁路业务相关的人员话音和数据通信。

(8)网管子系统

GSM－R 系统的网管子系统实现安全管理、配置管理、故障管理和性能管理等，包括 HLR 网管、智能网网管、交换网管、GPRS 网管、无线网管、直放站网管。

网管子系统结构见图3-1-9。

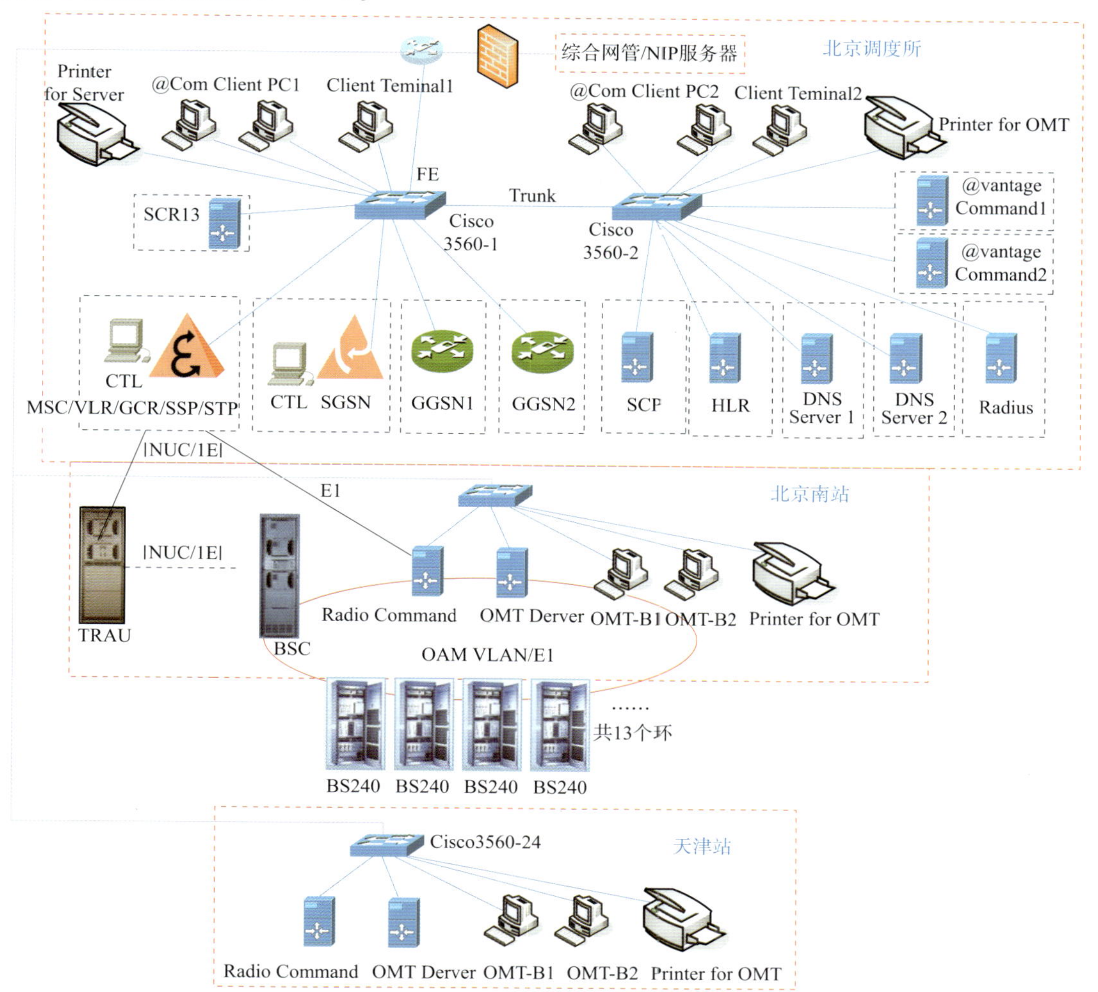

图3-1-9 网管子系统结构

四、数据网系统

数据网系统结构见图3-1-10。

1. 系统功能

京津城际铁路数据网络为业务专网,不与其他公网(如Internet)互联。数据网络主要承载OA应用、视频监控、旅客服务等非行车安全性相关、非资金往来的应用。

2. 系统结构

(1)网络结构

网络结构数据网分为3层:核心层、汇聚层和接入层。北京核心网为京津城际铁路数据网的核心节点,设备为Cisco 7609路由器两台,两台路由器之间通过两个GE光口互联,并分别通过各自的一个GE光口上连至全国骨干网络北京节点的路由器上。北京南站、天津站、亦庄站、永乐站、武清站为汇聚节点,其中北京南通信信号大楼、核心网机房、天津配置Cisco 7609,亦庄、永乐、武清配置Catalyst 4507;京津城际铁路公司、永乐维修工区为接入节点,配置Catalyst 3560。为了安全性考虑,在核心网和各车站均配置了入侵检测服务器。

根据客运服务信息系统、运力资源管理信息系统、办公管理信息系统、视频监控、综合网络管理系统、GSM-R、CMMS(计算机维护管理系统)提出的需求,各节点间链路带宽数值见表3-1-9。

表 3-1-9　京津城际铁路数据网各节点间链路带宽分配表

站点＼系统	客运服务信息系统	运力资源管理信息系统	办公管理信息系统	视频监控	综合网管系统	GSM-R	CMMS	带宽总计(Mb/s)
北京核心网机房	108	30	30	120	6	12	2	308
北京南通信信号楼	14	10	10	65	6	0	2	107
亦　庄	2	0	10	45	0	0	0	57
永　乐	0	10	10	45	0	0	0	65
武　清	2	0	10	45	0	0	0	57
天　津	24	10	10	65	0	0	0	109
京津城际铁路公司	12	0	0	72.5	0	0	0	84.5
永乐维修工区	0	0	10	35	0	0	1	46

(2)路由设计

路由设计包括网内路由设计和网间路由设计。网内路由通过本网内的核心路由交换机完成。网间路由采用动态路由方式。每个信息节点至核心路由的跳数控制在不大于3跳。

(3)网络安全

采用链路级冗余,关键设备模块冗余,包括:路由引擎、核心设备接口模块、核心设备电源。

对以太网二层和IP三层采用网络安全保护和网络QoS。

(4)IP地址分配

IP地址分配原则遵循铁道部IP地址的整体规划,用户网段地址使用10.87.＊.＊,数据网设备互联及管理IP地址使用10.86.＊.＊。

(5)VPN方案

Cisco 7600路由器在硬件中提供MPLS及MPLS/VPN的支持,提供了丰富的MPLS服务。

核心网机房Cisco 7600所配置的IP Sec VPN模块提供IP Sec VPN功能。

通过以上丰富的VPN特性灵活在网内布署VPN业务。Site to Site VPN可以通过3层或2层MPLS VPN或VLAN实现;Site to User可以通过IP Sec VPN实现。

设备支持802.1Q全局VLAN划分,用户的VLAN可以灵活地跨交换机划分。

数据网络交换机支持4096个802.1Q VLAN标识,802.1Q VLAN标识可以封装在以太帧内部,跨设备识别。交换机接收到含有802.1Q VLAN标识的以太帧后只转发到属于相同的VLAN端口内。

VLAN还可以隔离广播域,有利于用户数据网络今后的规模扩展。

Cisco网络设备具备广播抑止功能,可以根据用户需求在端口上设置带宽阀值,当此端口接收到的广播包大于此阀值时,此端口将被关闭,以避免网络风暴的产生。

通过VPN布署,用户可以通过其他网络安全访问内部资源。同时,也可以在内网中隔离安全需求度较高的应用。

京津城际铁路数据网基于MSTP提供的以太网端口,布署三层交换机,实现广域网核心站点和各车站的互联。

京津城际铁路数据网采用Multi-VRF方式,在P设备上开启的VRF(路由多实例),可以用一台MCE来实现。利用此技术,可以在全部三层交换机启动multiVRF机制,从而实现VPN能从车站穿越到各自独立的应用系统中,完成VPN隔离。

京津城际铁路划分了6个业务VPN,包括OA、视频、GSM-R、综合网管、客运服务、运力资源管理等。6个业务VPN需要穿透广域网,分别和各自相应的应用系统进行通信。

(6)网管

网管系统在北京铁路局铁通核心网机房放置一台数据网NMS服务器和两台网管终端,通过安装Cisco LMS网络管理软件对数据网络设备进行统一的管理和维护,并通过标准SNMP协议向综合网管系统上传管理信息。

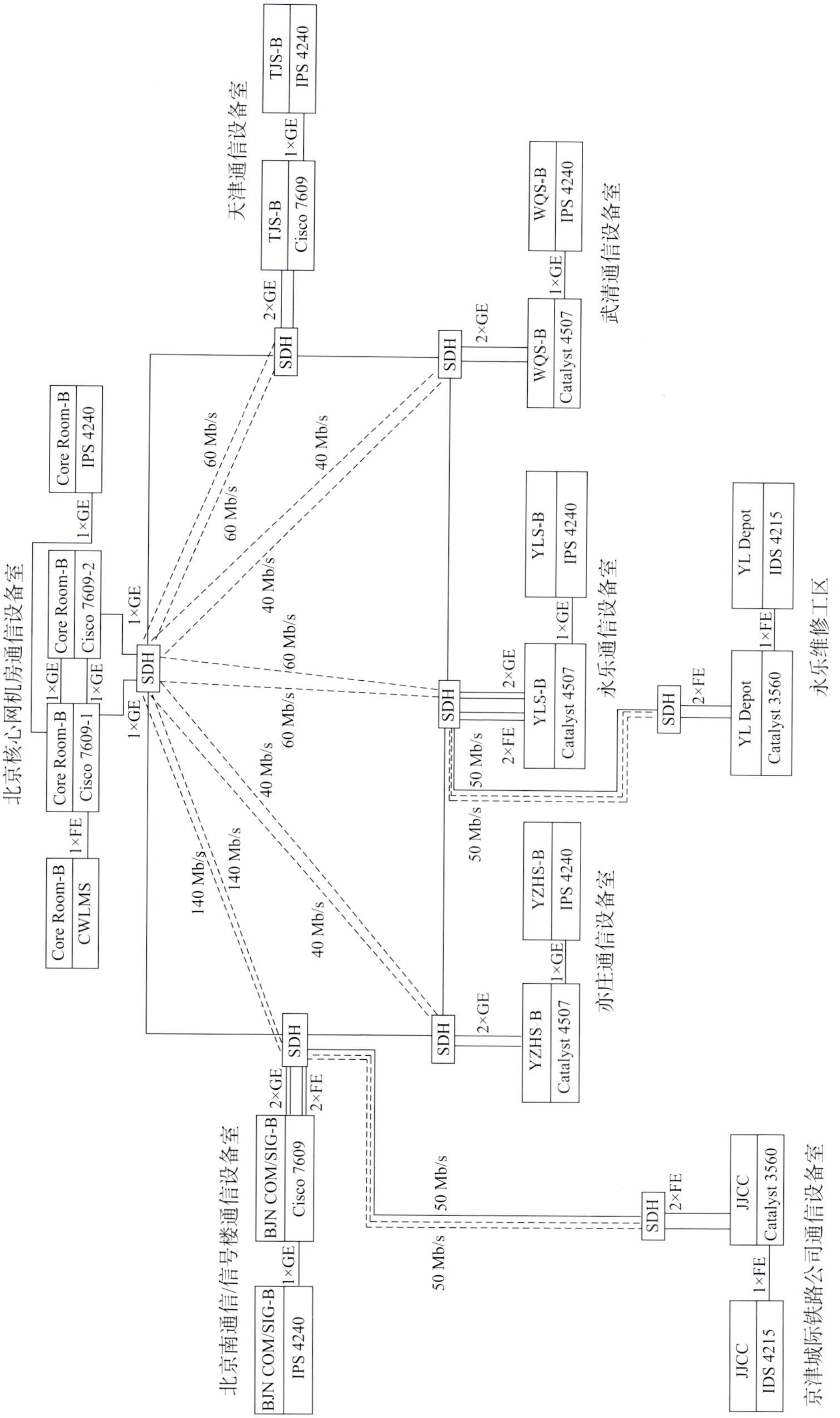

北京核心网机房通信设备室

Core Room-B
CWLMS

1×FE

Core Room-B
Cisco 7609-1

1×GE

Core Room-B
Cisco 7609-2

1×GE

Core Room-B
IPS 4240

1×GE

1×GE

SDH

天津通信设备室

TJS-B
Cisco 7609

1×GE

TJS-B
IPS 4240

2×GE

SDH

60 Mb/s

60 Mb/s

武清通信设备室

WQS-B
Catalyst 4507

1×GE

WQS-B
IPS 4240

2×GE

SDH

40 Mb/s

40 Mb/s

永乐通信设备室

YLS-B
Catalyst 4507

1×GE

YLS-B
IPS 4240

2×GE

2×FE

SDH

60 Mb/s

60 Mb/s

50 Mb/s

50 Mb/s

永乐维修工区

YL Depot
Catalyst 3560

1×FE

YL Depot
IDS 4215

2×FE

SDH

亦庄通信设备室

YZHS-B
Catalyst 4507

1×GE

YZHS-B
IPS 4240

2×GE

SDH

40 Mb/s

40 Mb/s

140 Mb/s

140 Mb/s

北京南通信/信号楼通信设备室

BJN COM/SIG-B
IPS 4240

1×GE

BJN COM/SIG-B
Cisco 7609

2×GE

2×FE

SDH

50 Mb/s

50 Mb/s

京津城际铁路公司通信设备室

JJCC
IDS 4215

1×FE

JJCC
Catalyst 3560

2×FE

SDH

图 3－1－10　数据网系统结构图

五、调度通信系统

1. 系统概述

在北京调度所及沿线各车站设置调度交换机，并实现与 GSM－R 系统互联；在调度所、沿线车站设置调度台或调度分机，用于车站和调度所调度指挥人员之间的调度通信。

调度通信系统结构见图 3－1－11。

2. 系统功能

（1）系统的呼叫功能

- 支持单键呼叫功能；
- 支持功能号码、ISDN、MSISDN 号码方式的呼叫；
- 支持紧急呼叫功能；
- 支持组呼功能；
- 支持紧急组呼功能；
- 支持会议呼叫；
- 支持语音广播业务；
- 支持自动应答功能；
- 支持呼叫等待、呼叫保持功能；
- 支持优先级呼叫处理；
- 支持强插和强拆功能；
- 支持主叫线路识别业务；
- 支持主叫功能号码显示功能；
- 支持 UUS1 功能；
- 支持呼叫前转功能；
- 支持呼叫转接功能；
- 支持区别振铃功能；
- 支持通话记录与查询功能。

（2）调度台操作和显示功能

- 调度台系统状态显示区（显示调度台工作状态、日期、时间）；
- 调度台呼叫状态显示区（显示当前呼叫的各种状态）；
- 呼叫键区（显示相应单呼键的呼叫状态、具有翻页功能）；
- 功能键区。

（3）其他功能

支持通话记录与查询等。

3. 系统结构

调度通信系统在北京调度所设置主系统及触摸屏调度台，在北京南站、亦庄站、永乐站、武清站和天津站各设置分系统及触摸屏调度台。

主系统和分系统间采用 2M 电路连接，组成一个 2M 数字自愈环。

北京南系统具有备用主系统的功能，作为调度所主系统的备份，调度所主系统与北京南分系统间设置专用 2M 通信通道，用于两个系统间的主备用控制。

主备用系统均与既有的铁路干调系统、北京局调度系统和 GSM－R 网连接。

调度所调度台均为双 2M 口调度台，每个调度台都以 2M 接口同时接入调度所主系统与北京南分系统。

北京南分系统和天津分系统间设立直达 2M 通道，以保障一旦调度所主系统和调度所传输出现严重故障时数字环备用通道畅通。

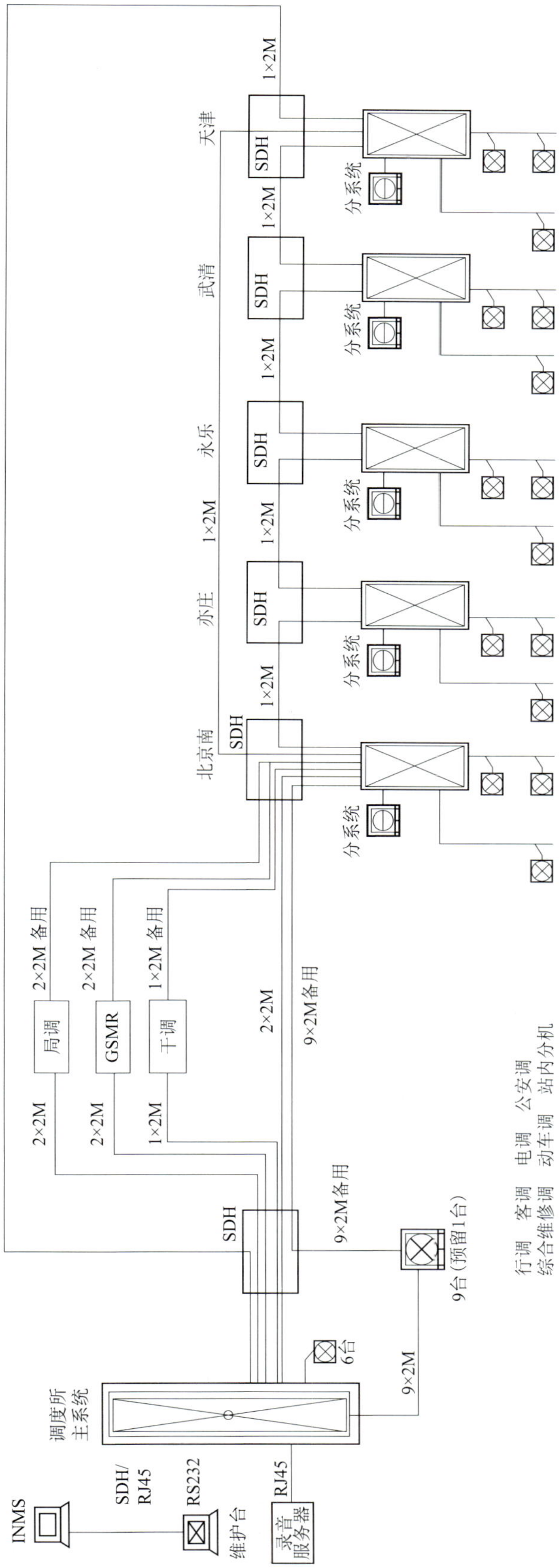

图 3－1－11 调度通信系统结构图

系统终端包括触摸屏式调度台，键控调度台、数字话机三类，这三类终端均支持以 2B + D 方式或 2M 方式接入系统。

在北京调度所配置集中维护管理系统和数字录音系统，其他 5 个车站各配置录音系统一套。

集中维护管理终端通过 RS232 接口与主系统连接，实现对主系统管辖范围内的所有分系统进行集中维护管理及监控。维护管理终端具有日常管理、配置管理、故障管理、安全管理等功能。

集中维护管理终端同时通过以太网接口与综合网管系统相连，向综合网管系统上传维护和告警信息。

六、应急救援指挥通信系统

1. 系统概述

应急通信救援指挥系统（简称“应急通信系统”）是集通信、指挥、控制、信息于一体的综合系统，将计算机网络技术、通信技术、图像技术等应用到事故突发地点监控、预警等系统中，通过计算机通信网络将功能独立的各子系统有机地集成在一起，实现信息共享，便于统一指挥、调度，形成一个高效的智能化管理系统平台。

2. 系统功能

(1)应急救援现场动图、静图上传；

(2)指挥中心与现场语音通信；

(3)现场内部语音通信系统；

(4)应急通信系统与调度系统电话互通；

(5)应急通信系统与专网电话互通。

3. 系统结构

应急通信系统由应急通信中心接入系统、现场应急通信系统及传送网络组成，见图 3 - 1 - 12。

应急通信中心接入系统设备包括应急语音指挥台、视频服务器、音频服务器（内置语音网关）、网管服务器、网管终端等设备及相应的应用软件和管理软件。其中应急系统视频服务器采用视频监控系统的视频服务器，使应急系统视频部分（含静图）纳入视频监控系统视频统一平台。应急指挥人员可以通过中心系统完成对现场的监控、语音联络以及调度指挥等工作。应急通信系统利用视频监控系统设置的视频终端完成应急图像的显示。语音服务器通过 Z 接口分别连接至铁通专网交换机和调度系统 FAS，实现应急电话与数调电话、铁通专网电话的互通。

现场应急通信系统设备设置在永乐维修工区，出险时可由维护人员携带至事故地段使用，其中语音、数据、图像和视频终端负责采集现场状况，采集的数据接入到现场的无线综合接入设备，并通过无线和有线传输系统将现场的实时动图和静图、语音和数据传到应急通信中心接入。

在事故现场摄像机采集到视频图像，并将视频图像通过视频线传送到应急通信包，应急通信包内置视频编码器，应急通信包通过无线通道（2.4 GHz）将编码之后的视频图像传送至综合无线接入台；在事故现场数码相机采集现场的静图，将数码相机存储卡置于综合无线接入台；现场有线语音终端连接至综合无线接入台；现场无线语音终端通过无线通道（2.4 GHz）接入至综合无线接入台。视频图像、静图以及语音信息均传送到综合无线接入台，在综合无线接入台进行业务分离，综合无线接入台通过 5.8 GHz 无线通道和传输系统有线通道将视频图像、静图传送至视频监控系统视频服务器，语音传送至语音服务器。

七、综合视频监控系统

1. 系统概述

综合视频监控系统采用数字网络视频技术，构架生产管理、运营维护、客运服务等业务系统所需的视频监控平台，对通信和信号机房、信号集装箱机房、电力节点的通信机房、车站咽喉区进行视频监控，同时接入客服专业系统视频图像，并实现与动力与环境监控系统、防灾监控系统的联动。

综合视频监控系统结构见图 3 - 1 - 13。

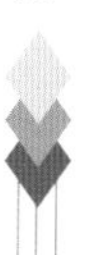

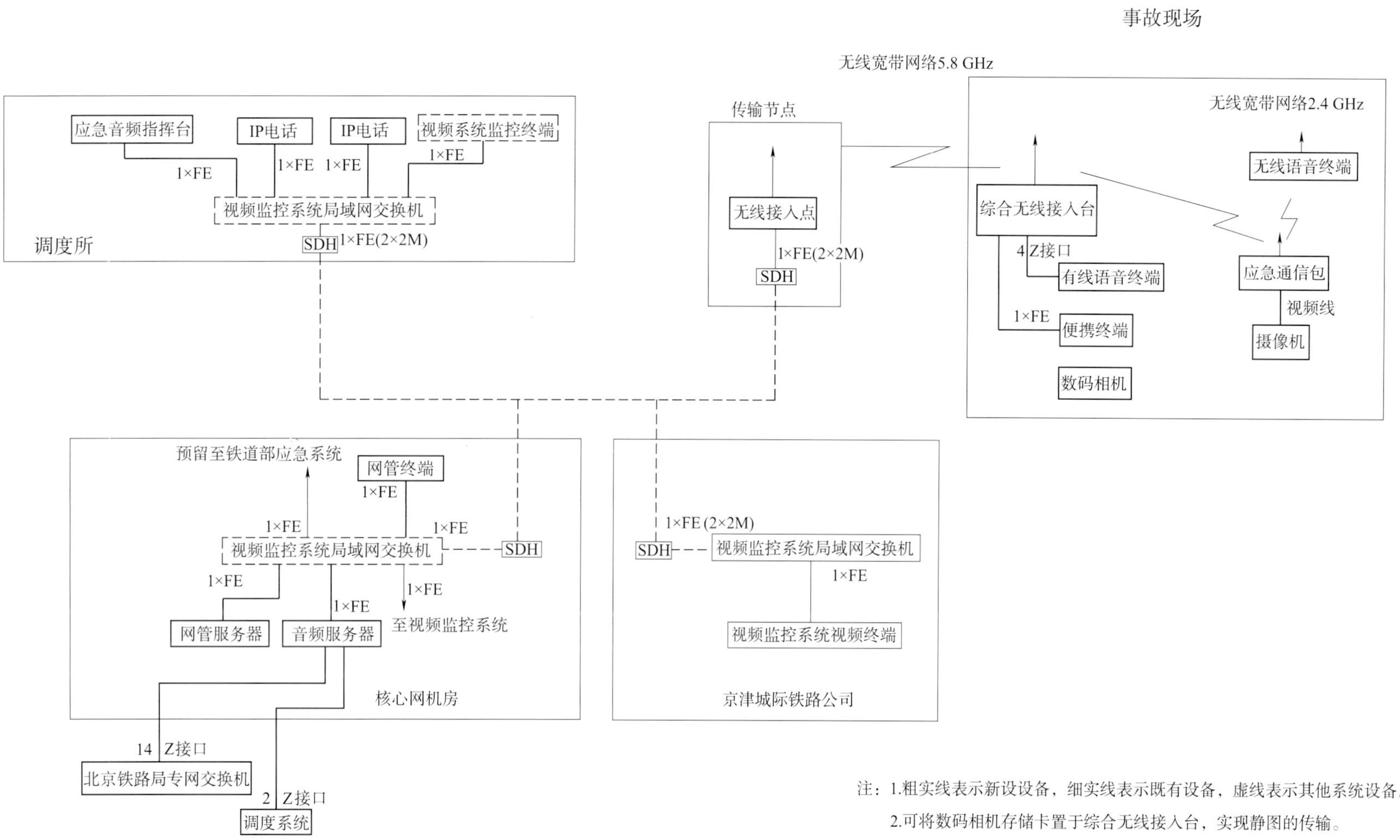
事故现场
无线宽带网络5.8 GHz
无线宽带网络2.4 GHz
应急音频指挥台
IP电话
IP电话
视频系统监控终端
1×FE
1×FE
1×FE
1×FE
视频监控系统局域网交换机
SDH
1×FE(2×2M)
调度所
传输节点
无线接入点
1×FE(2×2M)
SDH
综合无线接入台
4
Z接口
有线语音终端
1×FE
便携终端
数码相机
无线语音终端
应急通信包
视频线
摄像机
预留至铁道部应急系统
网管终端
1×FE
1×FE
1×FE
视频监控系统局域网交换机
SDH
1×FE
1×FE
1×FE
网管服务器
音频服务器
至视频监控系统
核心网机房
14
Z接口
北京铁路局专网交换机
2
Z接口
调度系统
1×FE (2×2M)
SDH
视频监控系统局域网交换机
1×FE
视频监控系统视频终端
京津城际铁路公司

注：1.粗实线表示新设设备，细实线表示既有设备，虚线表示其他系统设备。

2.可将数码相机存储卡置于综合无线接入台，实现静图的传输。

图 3－1－12 应急救援通信系统结构图

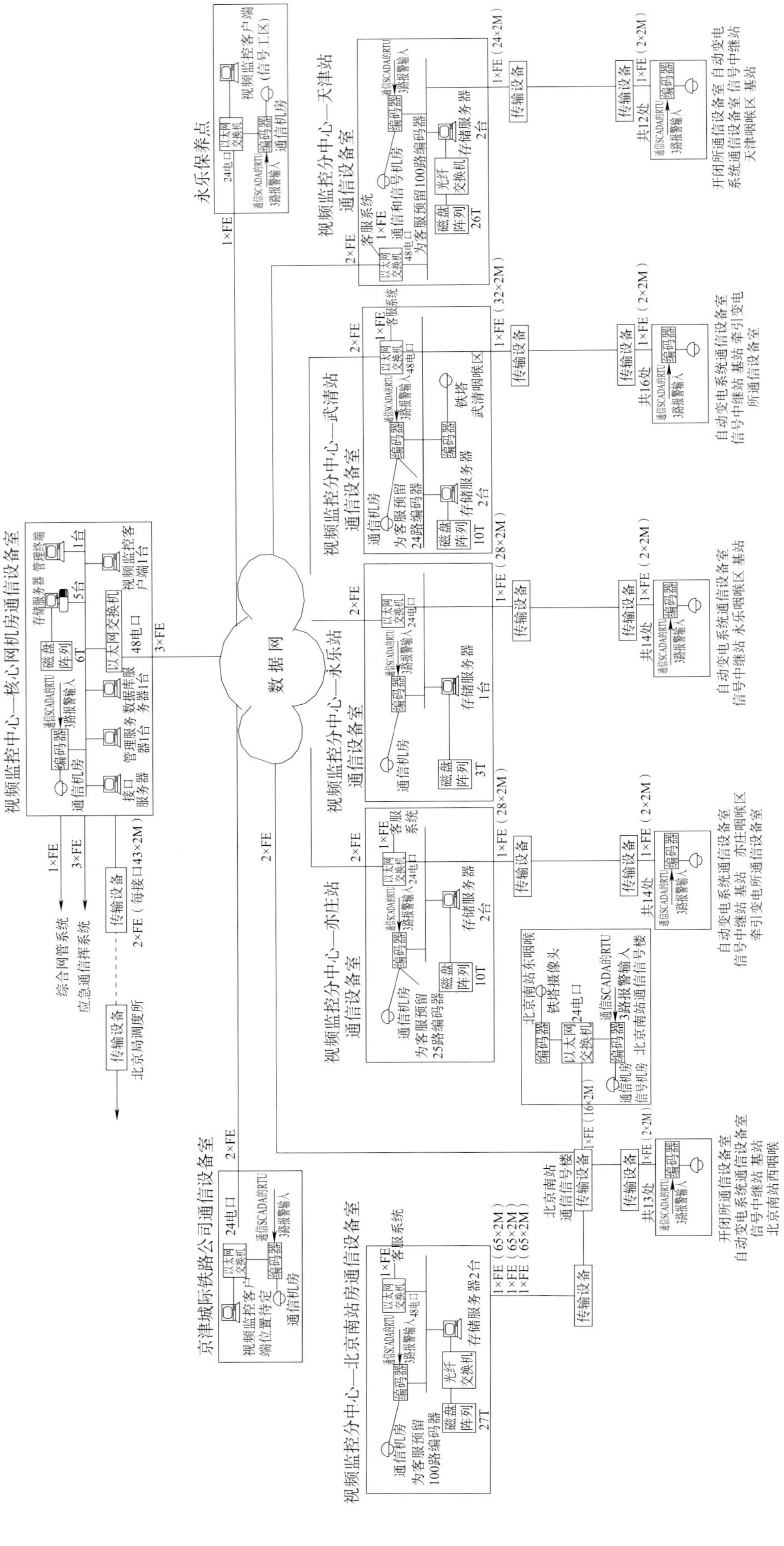

图 3－1－13　综合视频监控系统结构图

2. 系统功能

视频监控系统在铁通核心网机房设置视频监控中心,在北京南、亦庄、永乐、武清、天津设置视频监控分中心。监控中心负责对系统进行管理,监控分中心负责就近接入和存储视频图像。

视频压缩采用 MPEG－4 数字压缩编解码技术。数字图像能实现广播级的图像传输,传输带宽能够根据不同的图像质量需求进行设置。传输带宽动态可调,可提供带宽调整步长及范围。图像编码器最大分辨率 704×576,帧率 25 帧/s,视频数据速率 9.6 kb/s～6 Mb/s,PAL 制。

视频监控分中心的存储设备存储所接摄像机的 7 天实时录像和 7 天的报警录像,之后被自动覆盖。报警录像存储空间按照实时录像总容量的 5% 配置,存储时间为 30 天。

咽喉区监控具有行为分析功能,实现实时的视频内容分析,针对在咽喉区逗留的目标进行告警提示和标识。针对进入用户保护区域的目标进行跟踪,并对逗留(滞留)时间超过用户设定时间的目标触发报警的检测模式。

动力与环境监控系统与视频监控系统完成联动,动力与环境监控系统所监控的对象发生报警后,通过联动接口,通知视频监控系统,视频监控系统将视频切换到相应的摄像机预置位,自动录像,显示设备可弹出报警信息,并有声音报警提示。

3. 系统结构

(1)视频监控中心

视频监控中心设置在调度所铁通核心网机房,通过连接各视频监控分中心,完成对视频监控系统进行管理,对全部视频的报警图像进行存储,同时存储就近接入的视频图像;监控中心同时就近接入调度所通信和信号机房的视频图像;永乐维修工区、京津城际铁路公司的通信机房的摄像头的视频信号经过编码器的数字化编码后,通过数据网的 FE 接口,接入视频监控中心。视频监控中心预留 100 Mb/s 接口上传至铁道部视频监控网络,实现视频资源的共享。

视频监控中心与核心网机房的应急通信系统通过以太网连接,接入应急通信现场的视频图像。

(2)视频监控分中心

视频监控分中心分别设在 5 个车站的通信设备室,北京南站的视频监控分中心设置在北京南站房通信设备室。本车站客服的视频图像、沿线和车站的通信和信号机房视频图像、车站咽喉区视频图像经数字化编码后在视频监控分中心进行图像的存储。

在 GSM－R 基站、信号中继站、TPS 机房、ATS 机房、SSP 机房,通信和信号机房的摄像头的视频信号经过编码器的数字化编码后,通过传输网的 FE 接口,就近接入车站视频监控分中心;车站视频监控分中心同时接入本车站客服的摄像头、咽喉区摄像头和通信和信号机房的摄像头,同样经过编码器的数字化编码,以上经数字化编码的视频信息都在视频监控分中心进行图像的存储。车站视频监控分中心通过数据网与视频监控中心相连,视频监控中心负责集中管理和认证。

八、动力与环境监控系统

1. 系统概述

动力与环境监控系统是指包括沿线通信、信号无人值守机房、信号机房的通信电源系统、机房环境在内的监控系统。

动力与环境监控系统所监控的对象(门禁、烟感、水浸)发生报警后,通过联动接口,通知视频监控系统,视频监控系统将视频切换到相应的摄像机预置位,监控终端设备可弹出报警信息。

动力与环境监控系统结构见图 3－1－14。

2. 系统功能及结构

动力与环境监控系统设备(硬件及软件)可以分为两个部分:

(1)控制及操作系统:设置于北京局调度所,核心网机房设置一套操作终端。

(2)远程终端单元(RTU,Remote Terminal Units):设置于沿线各节点机房内。

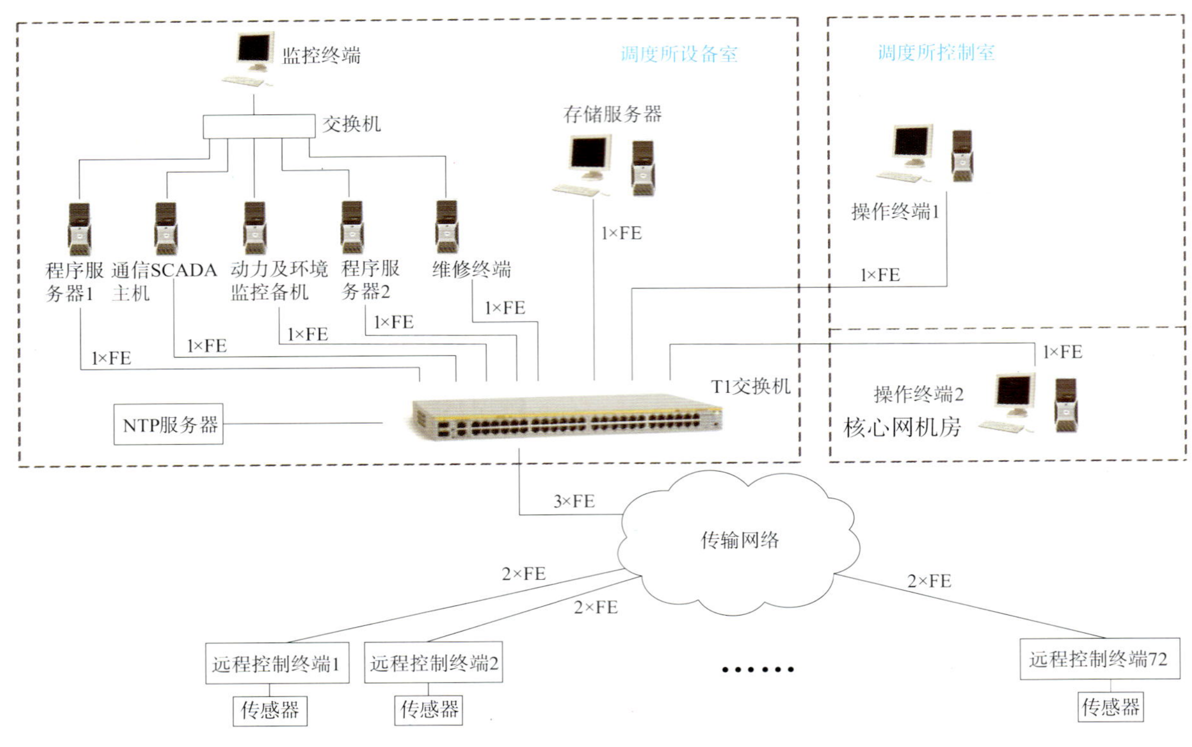

图 3－1－14 动力与环境监控系统结构图

图 3－1－14 中各设备功能如下：

(1)通信动力及环境监控系统主机：双机模式工作，一台作为主机，一台作为热备，分别与动力及环境监控系统的每个 LAN 连接，以便与其他节点通信。

(2)维护终端：主要负责维护通信动力及环境监控软件及数据系统，采集查找故障所需的信息，维护、修改并扩展过程数据，终端也可用作培训工作站。

对于本地控制功能，正常情况下，相关车站的操作通过调度所进行，在“终端模式”下采用本地控制系统。在调度所无法操作(调度所受干扰或通信系统故障)的情况下，本地控制系统可以凭借“本地操作”功能自动切换为相应车站的本地操作模式，相应地必须对本地控制系统的工作站进行设置。因此，即使是无法从调度所进行操作，仍然可以通过本地控制系统对与本地控制系统连接的 RTU 以及有关车站进行控制。

九、通信综合网管系统

1. 系统概述

通信综合网管系统是整个通信系统建设的一个组成部分。通过通信综合网管系统，京津城际铁路通信系统的维护人员可以统一集中监控通信系统的告警信息，进行网络配置数据的查询，发起故障单，协助高效解决通信网络故障。管理范围包括传输接入系统、调度通信系统、综合视频监控系统、数据网、同步和时钟分配系统、动力与环境监控系统、GSM－R 系统、电话交换系统等，提供故障管理和资源管理功能。

通信综合网管系统结构见图 3－1－15。

2. 系统功能

通信综合网管系统专注于网络管理和技术支援两个层面。系统功能主要以监控和流程支持为主。综合网管系统与网元级网管系统的分工如下：网元级网管系统负责网络的具体维护工作；综合网管 INMS 负责全网告警监控、核心业务 GSM 性能分析、网络配置信息查询维护与拓扑展现、故障工单。

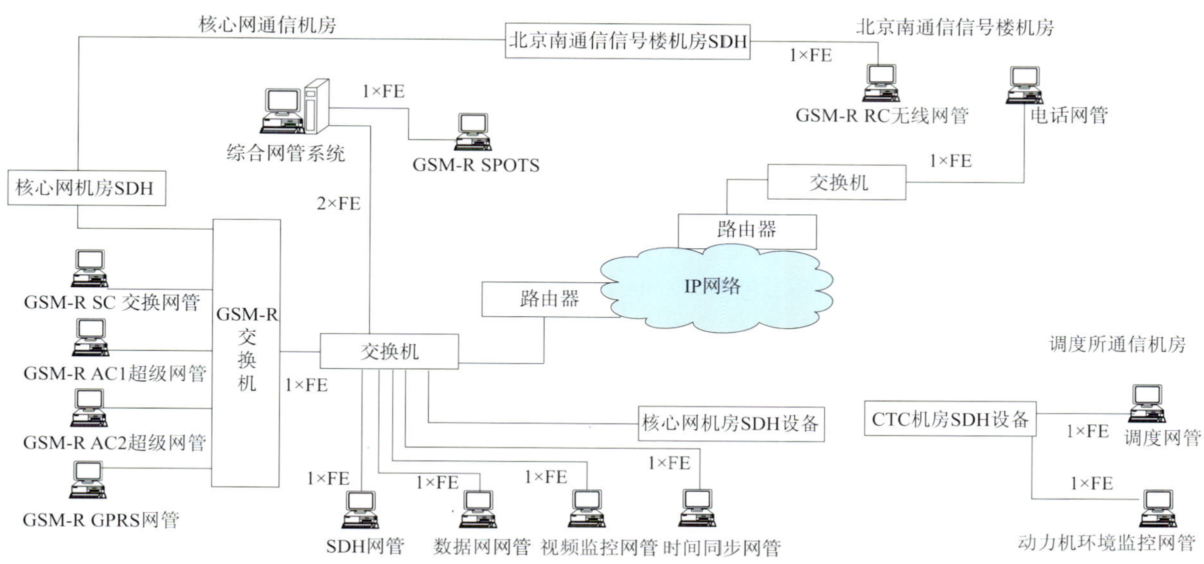

图 3－1－15　通信综合网管系统结构图

根据铁路客运专线工程通信综合网管系统功能需求，系统主要提供四大功能域：综合资源管理功能、综合故障工单管理功能、综合故障监控功能和综合性能管理功能。

3. 系统结构

通信综合网管系统主要通过两个主要的系统平台来实现综合网管功能域：一个是基于 HP TeMIP 的综合告警、综合网络配置资源管理和综合故障单位管理平台；另一个是基于 Siemens SPOTS 的综合性能管理平台。

(1)告警、配置和故障管理平台

TeMIP 是服务器＋客户端的系统结构，数据库服务器、TeMIP 应用服务器采用 HP 小型机；客户端采用基于 Windows 操作系统的 PC 机。数据存储采用 HP EVA4000。

TeMIP 平台从不同客运专线通信子系统采集实时故障信息，提供故障管理功能：

①接入模块与管理网元的 EMS/NMS/NE 北向接口协议线连接，采集和适配管理网元的告警信息，将差异化的告警信息转化成标准的国际电联 X. 733 的格式。

②网络数据装载模块自动装载网络资源数据到 TeMIP 系统。

③同步功能模块负责同步 TeMIP 活动告警与管理网元 EMS/NMS/NE 的告警信息（该功能依赖于管理网元 EMS/NMS/NE 是否实现同步功能）。

④故障处理模块和事件日志模块提供标准故障和事件信息的通用收集、聚合、一致化和管理功能。

⑤专家系统模块是基于规则引擎的工具，可以执行高层自动化脚本，具有用户告警过滤、故障聚合、增值管理和其他业务逻辑分析功能。

⑥资源数据采集模块采集和适配网络资源和网络配置数据。

⑦TeMIP 客户端提供用户友好的图形化操作界面，完成故障管理功能域、网络拓扑管理功能域、网络资源管理功能域。

⑧故障工单连接模块用于连接 TeMIP 平台和 Service Desk 平台。TeMIP 故障工单连接模块可为操作员提供以下功能：创建案例，检查和修改案例，相关案例，非相关案例，显示案例。

⑨Service Desk 平台负责记录和监视故障工单的相关处理流程和显示相关的故障案例。

⑩Service Desk Client 提供用户友好的图形化操作界面，完成相关案例的记录和监视处理流程。

(2)综合性能管理平台

SPOTS 是通用网络性能管理平台，用于收集网络系统的性能数据，显示、分析和监控网络的性能状况，定期生成各种不同类型的网络运行性能报表（图形化报表，Siemens 预定义报表和客户自定义报表）。

SPOTS 通过 OMC（核心网专业网管、无线网专业网管等）获得网络性能数据，做进一步的统计、分析并生成各种报表：

①支持 GSM - R 核心网与无线网络；

②对历史数据的分析有助于长期监控网络质量，并预测网络运行的未来趋势，可提供图表分析结果；

③实时监控网络性能，可设置网络质量阈值，并提供网络质量告警，以便及时发现网络质量问题。

SPOTS 基于 Solaris 10 操作系统，包括 Oracle 10，CDE v1.4.1 和 Legato NetWorker 等 OEM 软件。它采用服务器 + 客户端的系统结构，硬件设备比较容易扩展：

①服务器，采用 SUN 公司的 Fire 系列上架式 V445，用于备份和恢复功能的硬件平台采用磁带机 L8。

②客户端，采用基于 Windows 操作系统的 PC 机。

十、同步和时钟分配系统

1. 系统概述

同步和时钟分配系统为京津城际铁路通信系统的传输、专用移动通信等通信子系统中需要频率同步的通信设备提供统一的频率同步信号；同时为通信、信号、牵引供电、旅客服务、公安系统等各个专业中需要时间同步的设备提供统一的时间同步信号。

同步和时钟分配系统采用主从同步方式，分为频率同步系统和时间同步系统。

2. 系统构成

（1）频率同步系统

主时钟源为铁通北京分公司网运部设置的一级基准时钟 LPR，是铁通既有同步网的延伸。京津城际铁路工程需扩容北京铁通 LPR 设备的同步输出 2 Mb/s 接口 20 路（10 路与另外 10 路互为主备用），供京津城际铁路工程需要频率同步的系统使用。与 LPR 在同一机房内需要频率同步的系统从与 LPR 相连的 DDF 上提取。沿线的各车站、京津城际铁路公司、永乐维修工区等需要同步的节点设备，通过新设的 SDH 传输系统的主用同步链路，从 SDH 同步输出口提取同步信号，备用时钟从铁通天津互联设备线路口提取。

频率同步系统的构成见图 3 - 1 - 16。

（2）时间同步系统

时钟同步系统由调度所 GPS 卫星接收设备、一级母钟，车站、京津城际铁路公司、永乐维修工区二级母钟及时间显示子钟组成，二级母钟分别同步于调度所一级时间同步设备，子钟同步于所属的各级母钟。各级母钟可提供 NTP 时间协议信号，向各业务系统提供统一的时间同步信号。一级母钟通过 SDH 传输系统传输至沿线各车站、京津城际铁路公司、永乐维修工区等，为二级母钟提供统一的时间信号。频率同步系统和时间同步系统均具有长期工作的能力，母钟内均设置高稳晶振钟，当外部 GPS 输入切断时，设备自动切换至内部晶振，采用内部震荡的方式输出统一的时间信号。当一级母钟的外部基准信号恢复时，一级母钟会自动切换，从内部振荡切换到获取外部输入基准信号。

时间同步系统结构见图 3 - 1 - 17。

在需要时间同步的一些业务系统中，有一些对安全性能要求比较高的系统，比如：CTC 子系统、铁路客票系统、铁路公安系统、电力 SCADA 系统、动力及环境监控系统、信号的集中监测系统等，为了保证这些系统的安全性，在 NTP 设备接口侧需要相互物理隔离，为其提供独立的输出接口；NTP 信号经过 SDH 传输系统，传送到核心网机房的数据网上，并在数据网上发布；核心网机房内需要 NTP 信号的综合网管系统及其他子系统均从数据网路由器上取得 NTP 时间信号，其他需要 NTP 时间服务的系统通过以太网交换机接到时间同步设备的 NTP 接口上。

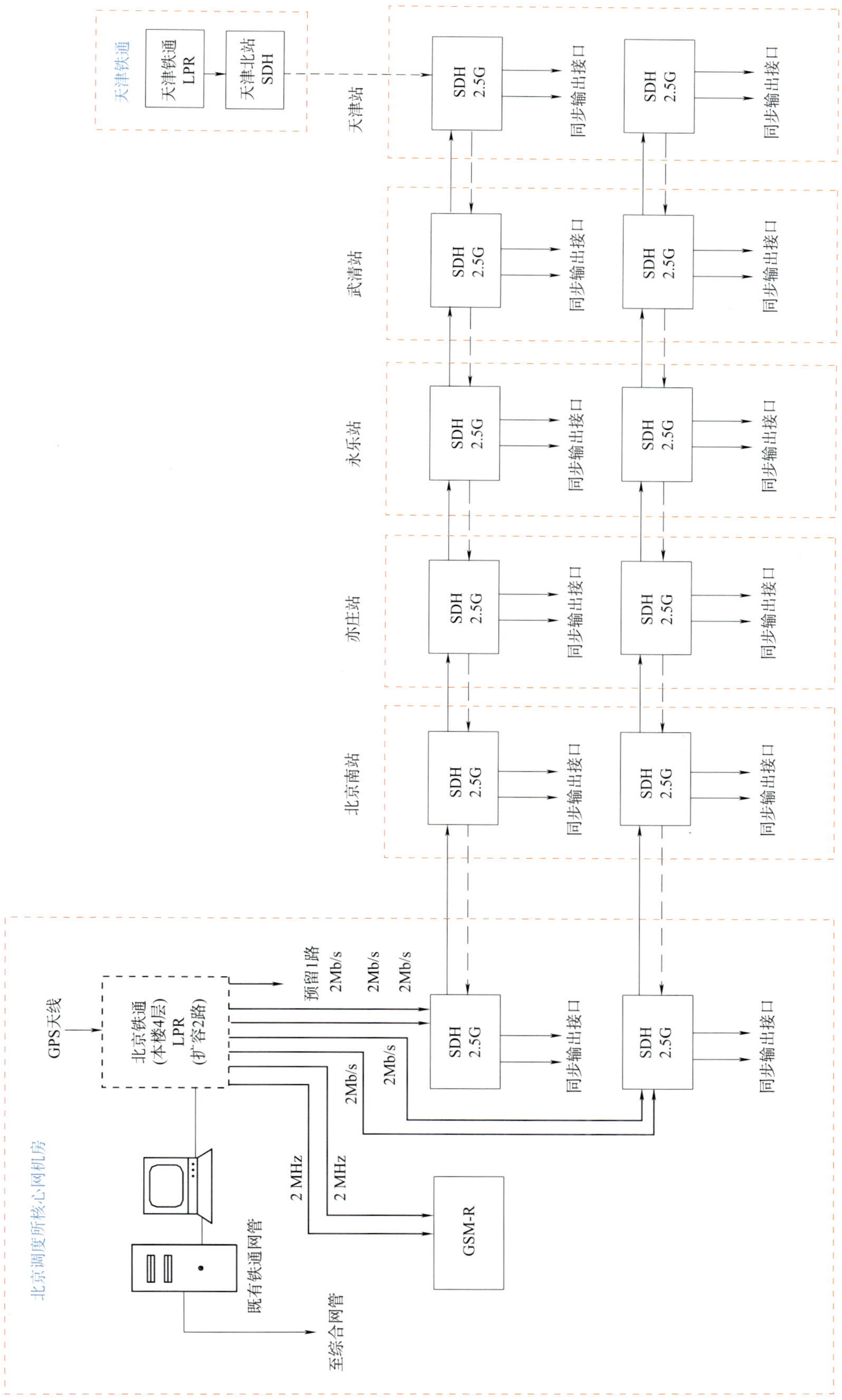

图 3－1－16　同步和时钟分配系统结构图

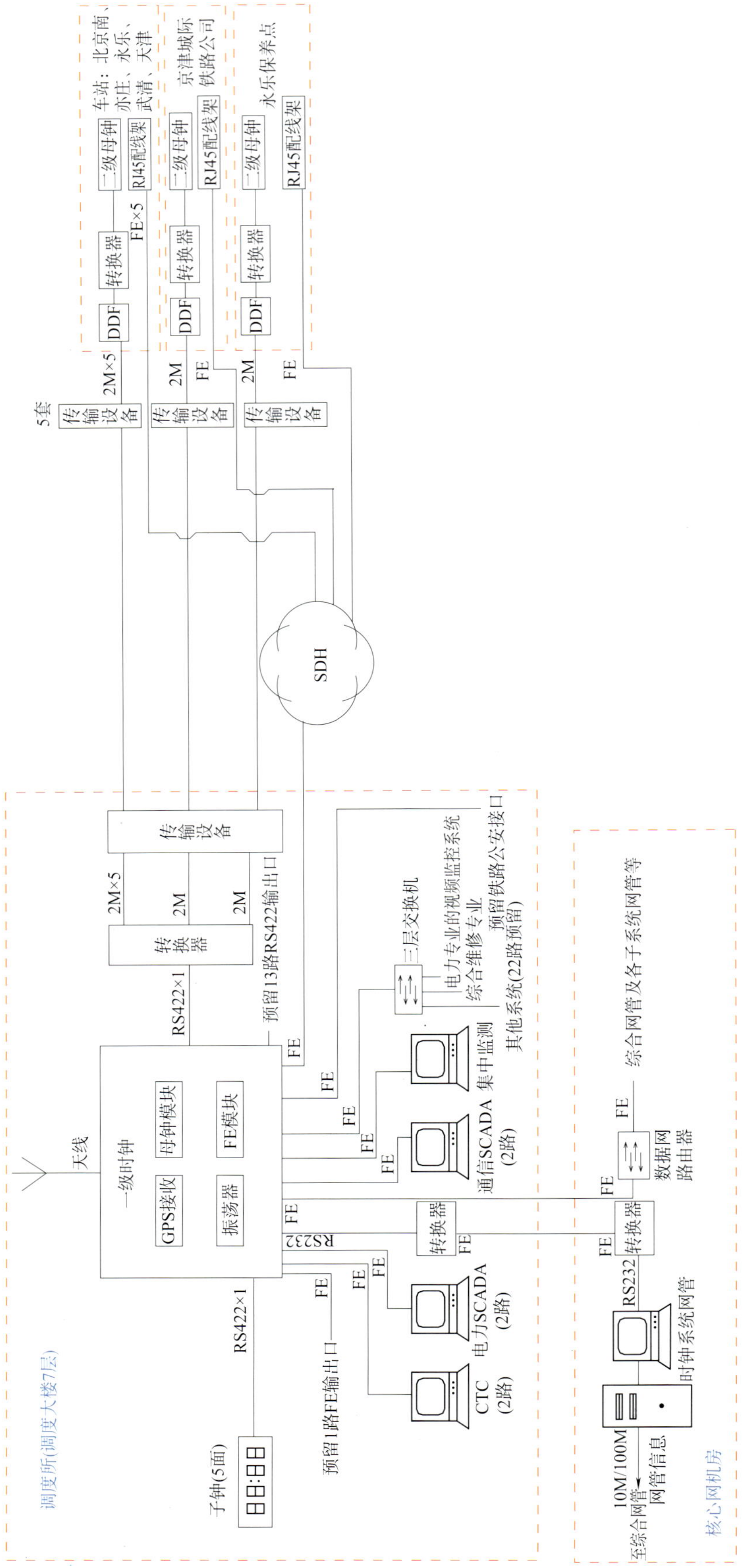

图 3－1－17　时间同步系统结构图

时钟与分配系统配置网管系统一套，通过标准的 RS232/100M 接口与一级母钟相连，完成集中维护和自诊断功能。网管系统能够实时检测时钟系统主要设备的运行状态，并能够对系统的工作状态、故障状态进行显示、打印、存档，并能够对全线时钟进行点对点的控制。

十一、通信电源系统

1. 系统概述

通信电源系统交流输入采用两路独立的交流电源（一路从电力贯通线变电站引入，一路从自动闭塞线变电站引入），电力系统负责两路外供电源的引入及电源切换设备的设置，并为通信电源设备提供相应的分路。当两路交流电源同时断电时，系统的备用蓄电池将维持各系统的供电。

2. 系统构成

通信电源系统包括交流电源和直流电源：交流电源系统由 UPS、交流分配柜、蓄电池组成，电池后备时间不小于 3 h；-48 V 直流电源系统由高频开关电源（含交直流配电单元）、蓄电池组成，电池后备时间不小于 4 h。直流电源、交流电源设备配置分别见表 3-1-10 和表 3-1-11。

表 3-1-10　直流电源配置表

局址/站址	高频开关电源	蓄电池	
		容量	组数
核心网中心	1 500 A	2 V、3 000 Ah	2
北京南站站房	180 A	2 V、300 Ah	2
北京南站	240 A	2 V、400 Ah	2
亦庄	180 A	2 V、300 Ah	2
永乐	180 A	2 V、300 Ah	2
武清	210 A	2 V、400 Ah	2
天津站	180 A	2 V、300 Ah	2
北京调度所	120 A	2 V、200 Ah	2
京津城际铁路公司	60 A	12 V、65 Ah	2
牵引变电所	60 A	12 V、65 Ah	2
信号中继站	60 A	12 V、65 Ah	2
基站(2TRX)	90 A	12 V、100 Ah	2
基站(4TRX)	120 A	2 V、200 Ah	2
ATS 分配所	60 A	12 V、65 Ah	2
开闭所	60 A	12 V、65 Ah	2
永乐维修工区	60 A	12 V、65 Ah	2

表 3-1-11　交流电源配置表

局址/站址	UPS 容量及数量	每台 UPS 蓄电池容量
核心网中心	60 kVA×3	2 V、500 Ah
北京南站站房	15 kVA×2	12 V、100 Ah
北京南站通信信号楼	30 kVA×2	12 V、150 Ah、2 组
亦庄	15 kVA×2	12 V、100 Ah
永乐	15 kVA×2	12 V、100 Ah
武清	15 kVA×2	12 V、100 Ah
天津站	20 kVA×2	12 V、100 Ah、2 组
北京调度所	30 kVA×2	12 V、150 Ah、2 组

续上表

局址/站址	UPS 容量及数量	每台 UPS 蓄电池容量
京津城际铁路公司	3 kVA	12 V、100 Ah
牵引变电所	1 kVA	12 V、100 Ah
信号中继站	1 kVA	12 V、100 Ah
基　站	1 kVA	12 V、100 Ah
ATS 分配所	1 kVA	12 V、100 Ah
开闭所	1 kVA	12 V、100 Ah
永乐维修工区	3 kVA	12 V、100 Ah

3. 电源系统的防雷与接地

在整流设备输入端、UPS 输入端加装 C 级防雷器。整流设备、UPS 设备内置 D 级防雷器。

电源系统负责从综合接地系统预留地线端子接引地线到通信机房的新设地线盘，再由其他各系统负责接引地线至各个设备。

十二、通信线路

1. 系统概述

通信线路由光传输系统提供传输媒介，调度所、动车段走行线、车站、信号中继站、电力牵引节点和 GSM－R 基站等采用光纤传输，地区和站场通信采用光电缆传输。

2. 系统构成

(1)干线光缆

从北京南通信信号楼通信机房至天津北站房通信机房间，沿新建京津城际铁路两侧站前预留电缆槽分别敷设 32 芯干线光缆各 1 条。

区间的基站、电力电牵、信号节点根据芯线使用情况，分别引入分歧光缆。其中奇数基站节点、电力节点为从南侧干线光缆分歧引入 8 芯光缆；偶数基站节点从北侧干线光缆分歧引入 8 芯光缆；信号节点分别从南北 2 条干线光缆各分歧引入 32 芯光缆。

(2)动车走行线光缆

从北京南通信信号楼通信机房至走行线基站 BS44 间，沿铁路两侧站前预留通信电缆槽分别敷设 24 芯光缆各 1 条。

(3)站场、区间光缆

在北京南通信信号楼通信机房至公安楼间敷设 12 芯光缆 1 条；

在北京南通信信号楼通信机房至铁通还建通信机房间敷设 24 芯光缆 1 条；

在北京南通信信号楼通信机房至信号机房间敷设 24 芯光缆 2 条；

在北京南通信信号楼通信机房至北京南站房通信机房至电力 SSP1 间敷设 24 芯光缆 1 条；

在北京南通信信号楼通信机房至楼内电力 SSP1 间敷设 24 芯光缆 1 条；

在亦庄、武清车站通信机房至信号机房(运转室)间敷设 12 芯光缆各 1 条；

在永乐通信机房至永乐维修工区间敷设 12 芯光缆 1 条；

在天津通信机房至天津东站铁通机房(东程控)间敷设 24 芯光缆 1 条，在天津东站铁通机房(东程控)至铁通天津北通信站间敷设 8 芯光缆 1 条；

GSM－R 系统在北京南站和天津站的站台两侧分别设置了直放站各 2 套，故在基站 SITE1 至北京南 2 个直放站至 SITE42 间敷设 12 芯光缆 1 条，在 SITE40 至天津 2 个直放站至 SITE41 间敷设 12 芯光缆 1 条；

北京南站房通信机房至北京南 5 个 PDP 节点分别敷设 12 芯光缆 1 条，北京南通信信号楼通信机

房至北京南通信信号楼 PDP 节点敷设 12 芯光缆 1 条;

天津站通信机房至天津站室外 PDP 间敷设 12 芯光缆 1 条;

永乐、武清、亦庄通信机房分别至相应的 PDP 间分别敷设 12 芯光缆 1 条。

(4)北京南至北京局光缆

在北京南通信信号楼至北京局核心网机房至调度所机房间敷设 2 条光缆,1 条为北京南至柳村至北京西客站至北京局(24 芯光缆 1),1 条为北京南至北京站至北京局(光缆 2)。光缆 2 在北京站至北京局管道光缆为 124 芯,24 芯为京津城际铁路使用,100 芯为铁通公司使用,其他地段为 24 芯光缆。

全线敷设光缆,其中直埋光缆 24 芯约 19.85 km(北京南至柳村至北京西、北京南至北京站)。管道光缆 24 芯(北京西至北京局)2.6 km,管道光缆 24 芯(北京站至北京局)约 12.1 km。

北京站至北京南、手帕口至北京西客站至北京南光缆沿既有铁路敷设,其中在京沪线 K7 +200 至 K13 +500 段内利用京津城际铁路设置的通信电缆槽敷设。

光缆引入木樨地铁通公司地下引入室,引入室至调度所机房敷设 2 ×24 芯光缆,引入室至 5 层核心网机房敷设 2 ×32 芯光缆,引入室至 4 层铁通机房敷设 124 芯光缆。铁通 5 层核心网通信机房至铁通 4 层传输机房间敷设 2 ×32 芯光缆 1 条。

(5)站场电缆

电缆敷设见表 3 -1 -12。

表 3 -1 -12　电缆敷设表

节点 1	节点 2	电缆容量	备　注
北京南站房通信机房	垃圾处理中转站	100 P	
垃圾处理中转站	工区宿舍楼	50 P	
北京南通信信号楼铁通交换机房	公安楼	300 P	
北京南站房通信机房	北京南通信信号楼地下 1 层配线间	20 P	
公安楼信息机房	站房公安机房	30 P	
垃圾处理中转站	冷冻站	20 P	
垃圾处理中转站	变电所	20 P	
变电所	北京开闭所	10 P	
永乐通信机械室	永乐维修工区	100 P	
永乐通信机械室	永乐信号集装箱	10 P	
永乐通信机械室	永乐配电所	10 P	
武清通信机械室	武清信号集装箱	10 P	
天津 SSP2	天津通信机房	10 P	
天津 AT7	天津通信机房	10 P	
天津变电所	天津通信机房	10 P	

3. 光电缆结构型号

干线及接入光缆的结构型式为 GYTZA53,即金属加强构件、松套层绞式、油膏填充、铝 - 聚乙烯黏结护套、纵包皱纹钢带铠装、聚乙烯套、低烟无卤阻燃外护套室外用通信光缆。京津城际铁路使用 G.652 B 光纤。

通信电缆选用 HYAT23 -ZR 铜芯实芯聚乙烯绝缘、填充式铝塑粘结综合护套、双层钢带绕包、阻燃聚乙烯外护套通信电缆。

4. 干线光缆芯线运用

干线光缆芯线运用见表 3 -1 -13。

表 3－1－13　干线光缆芯线运用表

光纤纤号	32 芯光缆(上行)	32 芯光缆(上行)
1～2	骨干传输系统 STM－16	骨干传输系统 STM－16
3～4	汇聚层传输系统 STM－16	汇聚层传输系统 STM－16
5～6	传输系统 STM－4(奇数基站)	传输系统 STM－4（偶数基站）
7～8	备用	备用
9～16	备用	备用
17～18	备用	备用
19～20	备用	备用
21～22	传输系统 STM－4(电力信号)	信号系统
23～24	信号系统 SIMIS W 联锁	信号系统 SIMIS W 联锁
25～26	信号系统 TCC 列控计算机	信号系统 TCC 列控计算机
27～28	信号系统 TCC 列控计算机	信号系统 TCC 列控计算机
29～30	信号系统 备用	信号系统 备用
31～32	信号系统	信号系统

十三、车站与段所综合布线系统

1. 系统概述

车站与段所综合布线系统负责沿线站房、站场各综合楼楼内用于通信和客服系统信息传送所需要的布线。沿线车站、段所包括北京南站站房综合楼，北京南站生产综合楼 A，北京南站生产综合楼 B，北京南站工务工区楼、垃圾站、冷冻站，亦庄站站房综合楼，武清站站房综合楼，沿线 SSP、ATS、TSS，天津站站房综合楼等。通信系统布线设计包含对楼内房屋语音、数据信息点的设计及相应管路管线的设计，客服系统布线设计包含对客服系统管路管线预留设计。

车站与段所综合布线系统见图 3－1－18 所示。

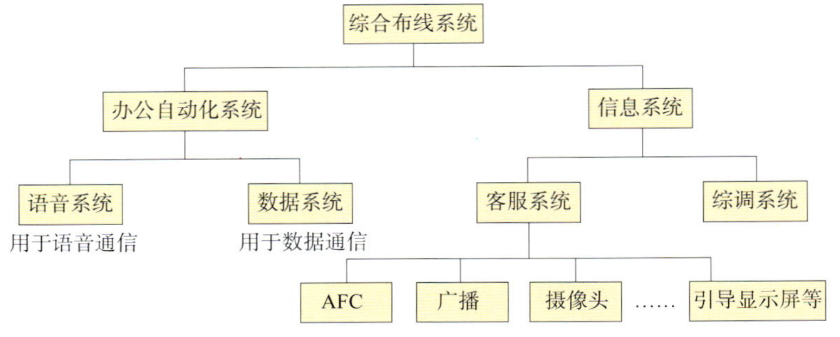

图 3－1－18　车站与段所综合布线工程范围

2. 系统构成

根据系统功能考虑，通信系统设计可分为语音和数据系统，客服系统为客服各子系统进行管路管线预留，客服系统主要含有售检票系统、PIS 及时钟系统、广播系统、视频监控系统、门禁系统、小件寄存系统、求助系统、外联办系统等。

从系统组成上，语音、数据客服系统综合布线均由工作区、水平布线子系统、垂直布线子系统、设备间 4 部分组成。

(1)工作区是楼内办公房屋或站房内大厅、办公及商业房屋等区域，需要安装电话、计算机终端、客服设施的区域的统称。工作区由出线盒、信息插座、电源插座及延伸到终端设备处的连接线缆及适

配器组成。

(2)水平布线子系统由工作区的出线盒、插座到楼层配线间的配线、楼层配线设备(FD)、设备电缆和跳线组成。

(3)垂直布线子系统由设备间的建筑物配线设备(BD)、设备线缆和跳线,以及设备间到各楼层交接间干线缆组成。

(4)设备间是指在每栋大楼的适当地点设置通信设备和计算机网络设备,以及建筑物配线设备,进行网络管理的场所,这里指通信系统或客服系统机房。

各个综合布线业务系统的结构如图 3－1－19 所示。

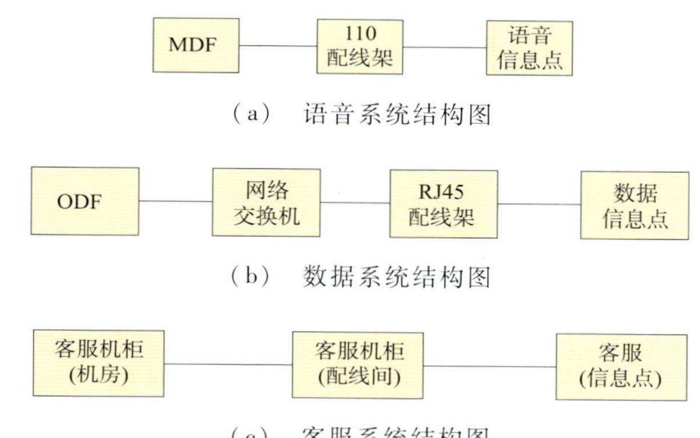

图 3－1－19　各个综合布线业务系统的结构

3. 设备配置

音频配线架是硬塑料的带标识组件,用于端接音频连接块的电缆聚集和对接。

RJ45 配线架用于卡接数据电缆,可安装于 19 英寸标准机架,结构紧凑,体积小巧,有多口类型及屏蔽型、带理线器型等多种选择。

光纤配线架在综合布线系统中主要用于成端及分配室内光缆,并通过网络交换机进行传输。

4. 线缆类型

办公自动化和自动电话系统线缆见表 3－1－14。客服系统线缆见表 3－1－15。

表 3－1－14　办公自动化和自动电话系统线缆表

序　号	线缆类型	线缆功能
1	超五类非屏蔽电缆	用来连接语音信息点和数据信息点至配线架
2	光纤	用来连接网络交换机与 ODF
3	6 芯光缆	用来连接配线间 ODF 至机房 ODF
4	多对数电缆	用来连接配线间至机房的音频配线架
5	语音跳线	用来跳接音频配线架
6	数据跳线	用来跳接 RJ45 配线架

表 3－1－15　客服系统线缆表

序　号	设　　备	电源线缆	通信或控制线缆
1	闸机、TVM、人工售/补票终端	220 V：RVV3×4	网线或 4 芯多模光缆
2	进站大屏	380 V：三相四线,YJV5×16/YJV5×10	大屏厂家提供
3	票额屏	380 V：三相四线,YJV5×10 及 RVV3×4	4 芯多模光缆(2 芯备份)
4	其他屏	220 V：RVV3×4	网线或 4 芯多模光缆

续上表

序　号	设　　备	电源线缆	通信或控制线缆
5	球型一体化摄像机	220 V:RVV3 ×1.5	视频线:SYV75 -5 /7,控制线:RVVP2 ×1.0
6	固定枪机、电梯飞碟	220 V: RVV3 ×1.5	视频线:SYV75 -5/7
7	扬声器		ZR - RVVP 2 ×1.5/2.5
8	呼叫站、噪声探测器		ZR - RVVP 2 ×1.0
9	音量控制器		2 × ZR - RVVP2 × 1.5/2 × ZR - RVVP2 × 2.5(四线制)
10	消防、应急音频及控制线		2 ×ZR - RVVP2 ×1.0
11	时钟	220 V:RVV3 ×2.5	用1条网线按区域划分将各个时钟串接起来至B(旅服机房),总距离小于1 000米
12	自动查询机	220 V:RVV3 ×2.5	网线或4芯多模光缆
13	紧急求助		网线
14	自助售站台票设备、人工售站台票	220 V: RVV3 ×4	网线或4芯多模光缆
15	主柜	220 V: RVV3 ×2.5	网线或4芯多模光缆
16	控制箱	220 V:RVV3 ×1.5	网线
17	安检仪	220 V:RVV3 ×2.5	网线

第二节　主要内部接口

通信系统内部接口关系及类型见表3-1-16。

表3-1-16　通信系统内部接口关系及类型表

序号		1	2	3	4	5	6	7	8	9	10	11	12	13
	系统名称	传输与接入系统	电话交换系统	数据网系统	GSM - R系统	调度通信系统	应急救援指挥通信系统	通信综合网管系统	同步和时钟分配系统	通信电源系统	综合视频监控系统	动力与环境监控系统	通信线路	车站与段所综合布线系统
1	传输和接入系统		2 Mb/s	GE、FE	2 Mb/s	2 Mb/s	FE	FE	2 Mb/s	-48 V、220 V	FE	FE	光纤	
2	电话交换系统	2 Mb/s			2 Mb/s		Z接口	FE		-48 V、220 V			电缆	电缆
3	数据网系统	GE、FE			FE			FE	FE	220 V	FE			
4	GSM - R系统	2 Mb/s	2 Mb/s	FE		2 Mb/s		FE	2 Mhz	-48 V、220 V、380 V			光纤	
5	调度通信系统	2 Mb/s			2 Mb/s		Z接口	FE	FE	-48 V、220 V			电缆	电缆
6	应急救援指挥通信系统	FE	Z接口			Z接口				220 V				

续上表

序号		1	2	3	4	5	6	7	8	9	10	11	12	13
	系统名称	传输与接入系统	电话交换系统	数据网系统	GSM－R系统	调度通信系统	应急救援指挥通信系统	通信综合网管系统	同步和时钟分配系统	通信电源系统	综合视频监控系统	动力与环境监控系统	通信线路	车站与段所综合布线系统
7	通信综合网管系统	FE	FE	FE	FE	FE			FE	220 V	FE	FE		
8	同步和时钟分配系统	2 Mb/s		FE	2 MHz	FE		FE		220 V	FE	FE		
9	通信电源系统	－48 V、220 V	－48 V、220 V	220 V	－48 V、220 V、380 V	－48 V、220 V	220 V	220 V	220 V		220 V	TTL、DB9、DB15		
10	综合视频监控系统	FE		FE				FE	FE	220 V		继电器	光纤电缆	
11	动力与环境监控系统	FE						FE	FE	TTL、DB9、DB15	继电器			
12	通信线路	光纤	电缆		光纤	电缆					光纤电缆			
13	综合车站与段所综合布线系统		电缆			电缆								

第三节　系统的外部接口

通信系统主要外部接口关系及类型(不含与站前接口)见表 3－1－17。

表 3－1－17　通信系统主要外部接口关系及类型表

序号		1	2	3	4	5	6	7
	系统名称	客服系统		信号系统			牵引供电系统	
		旅客服务系统	客票系统	调度集中系统	微机监测系统	列控系统	SCADA 系统	视频系统
1	传输和接入系统		2 Mb/s		2 Mb/s		FE	FE
2	通信综合布线系统	线缆	线缆					
3	数据网系统	2 Mb/s、GE						
4	GSM－R 系统			FE				
5	同步和时钟分配系统	2 Mb/s、FE	FE	FE	FE		FE	FE
6	综合视频监控系统	FE						
7	通信线路			光纤		光纤		

第二章　系统调试

第一节　系统调试流程

系统调试包括仿真试验、单机调试、子系统测试、通信系统内部调试和集成调试。通过系统调试测试各子系统的系统性能、接口性能和整体系统能力。京津城际铁路系统调试流程见图 3－2－1。

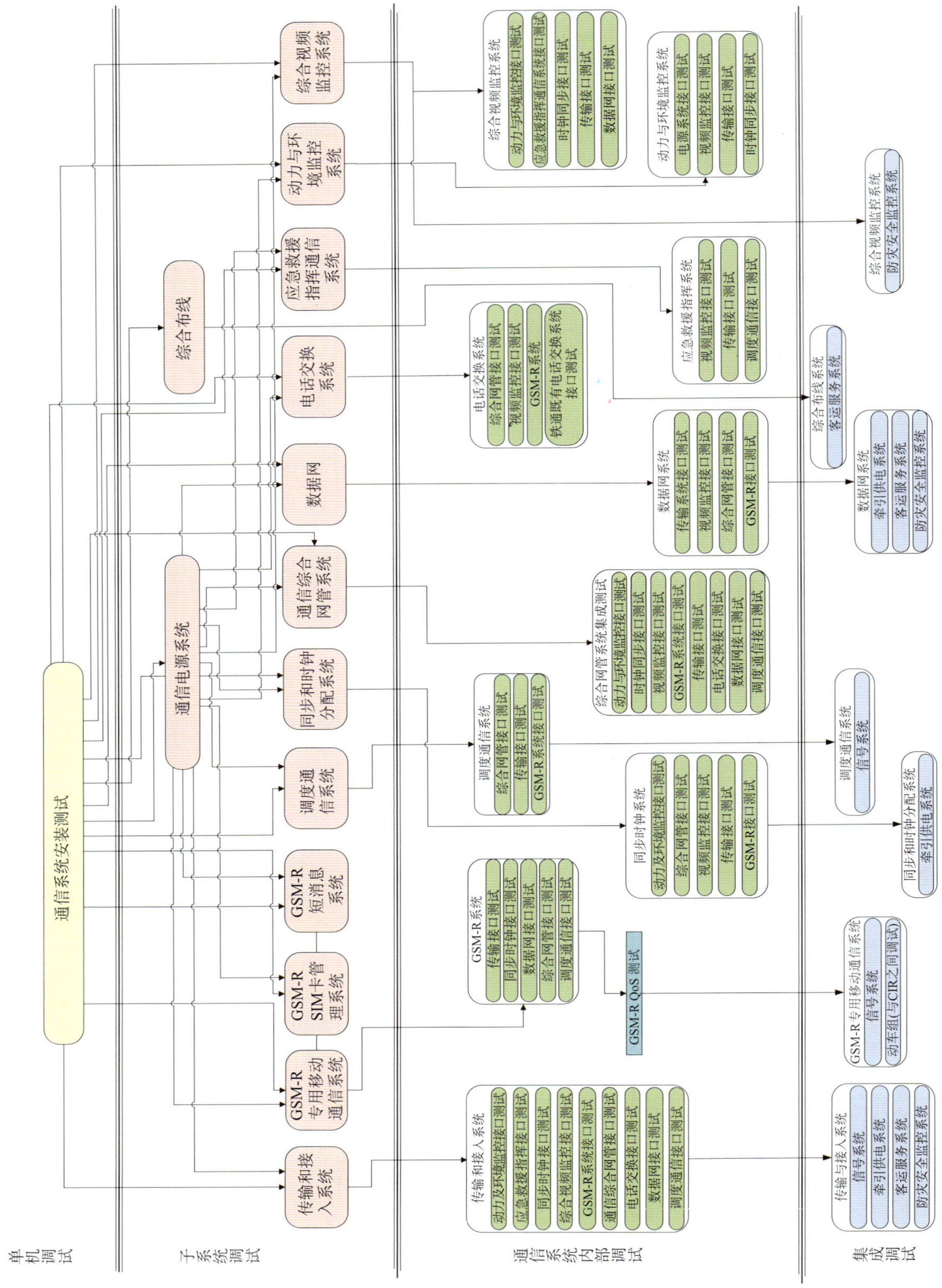

单机调试

通信系统安装测试

子系统调试

通信电源系统

综合布线

传输和接入系统

GSM-R专用移动通信系统

GSM-R SIM卡管理系统

GSM-R短消息系统

调度通信系统

同步和时钟分配系统

通信综合网管系统

数据网

电话交换系统

应急救援指挥通信系统

动力与环境监控系统

综合视频监控系统

通信系统内部调试

传输和接入系统
动力及环境监控接口测试
应急救援指挥接口测试
同步时钟接口测试
综合视频监控接口测试
GSM-R系统接口测试
通信综合网管接口测试
电话交换接口测试
数据网接口测试
调度通信接口测试

GSM-R系统
传输接口测试
同步时钟接口测试
数据网接口测试
综合网管接口测试
调度通信接口测试

GSM-R QoS 测试

调度通信系统
综合网管接口测试
传输接口测试
GSM-R系统接口测试

同步时钟系统
动力及环境监控接口测试
综合网管接口测试
视频监控接口测试
传输接口测试
GSM-R接口测试

综合网管系统集成测试
动力与环境监控接口测试
时钟同步接口测试
视频监控接口测试
GSM-R系统接口测试
传输接口测试
电话交换接口测试
数据网接口测试
调度通信接口测试

数据网系统
传输系统接口测试
视频监控接口测试
综合网管接口测试
GSM-R接口测试

电话交换系统
综合网管接口测试
视频监控接口测试
GSM-R系统
铁通既有电话交换系统接口测试

应急救援指挥系统
视频监控接口测试
传输接口测试
调度通信接口测试

综合视频监控系统
动力与环境监控接口测试
应急救援指挥通信系统接口测试
时钟同步接口测试
传输接口测试
数据网接口测试

动力与环境监控系统
电源系统接口测试
视频监控接口测试
传输接口测试
时钟同步接口测试

集成调试

传输与接入系统
信号系统
牵引供电系统
客运服务系统
防灾安全监控系统

GSM-R专用移动通信系统
信号系统
动车组(与CIR之间调试)

同步和时钟分配系统
牵引供电系统

调度通信系统
信号系统

数据网系统
牵引供电系统
客运服务系统
防灾安全监控系统

综合布线系统
客运服务系统

综合视频监控系统
防灾安全监控系统

图 3-2-1　京津城际铁路系统调试流程图

第二节　仿 真 试 验

由于京津城际铁路的特殊性，为保证项目的顺利开通和正常运行，进行了大量的仿真试验。

一、视频监控系统的仿真试验

2008 年 1 月至 2 月，在核心网机房进行了视频监控系统仿真试验，对沿线车站通信与信号机房、GSM－R 基站、信号集装箱、电力节点机房、车站咽喉区进行监控。针对各个节点的不同情况，安装位置与角度的不同，在核心网对各个节点进行视频的安装，并进行现场录像，对全线咽喉区 11 路图像的安装方式、智能分析功能、摄像机的要求均做了全面的调研与试验，分类进行安装与调测。

二、应急救援指挥通信系统的仿真试验

应急救援指挥系统的仿真试验分为两大部分：无线接入、动图与静图的传送。

1. 无线接入

根据 GSM－R 基站的特点，对其进行了分类，对每类节点进行测试，对无线传输距离、架设时间、设备的防水等功能进行总结并改进。

2. 动图与静图的传送

根据系统集成的要求，应急救援指挥通信系统中的动图与静图要统一纳入到综合视频监控系统平台中。为了实现这个目标，集成商在 2008 年 1 月至 2 月对产品线进行了结构调整，并在核心网机房将应急救援指挥通信系统图像接入视频监控系统平台，进行测试，实验证明产品改造成功。

三、通信综合网管系统与综合视频监控系统的仿真试验

由于综合视频监控系统、通信综合网管系统为首次应用，为保证系统正常开通，集成商于 2008 年 1 月至 2 月在核心网机房进行了仿真试验。

1. 测试系统拓扑图

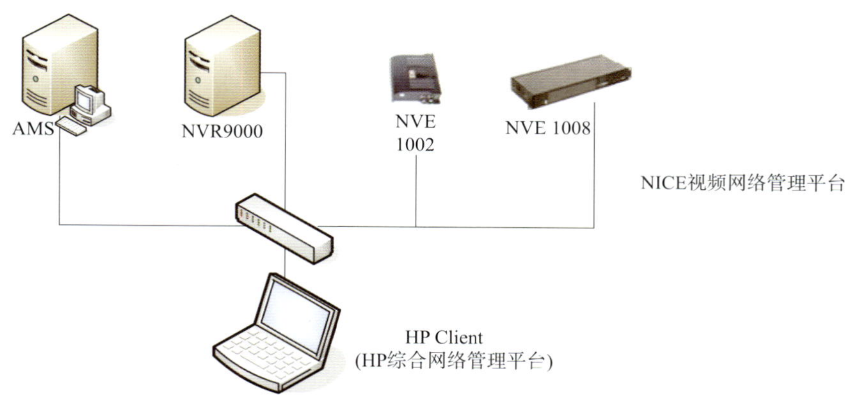

图 3－2－2　通信综合网管系统与综合视频监控系统测试拓扑图

2008 年 3 月在核心网机房完成了视频监控系统与综合网管系统的仿真试验，仿真试验用于验证综合网管系统是否可以正确获取综合视频监控系统的信息。试验环境包含 AMS 服务器 1 台，NVR 服务器 1 台，NVE1002 1 台，NVE1008 1 台，HP Client 1 台。

2. 安装软件

管理服务软件、视频存储软件、SNMP 软件。

3. 测试内容

（1）配置信息采集。

（2）告警信息采集。

4. 测试结果

测试结果见表3－2－1。

表3－2－1　通信综合网管系统与综合视频监控系统仿真试验测试结果

测试名称	测　试　方　法	测　试　结　果
配置信息采集	将SNMP软件添加到视频监控客户端的控件库中，点击查看按钮	视频站点信息显示在视频监控客户端的相应对话框中
告警信息采集	将视频编码器1网线断开	视频监控客户端显示视频编码器1没有响应的告警
	将视频存储服务器网线断开	视频监控客户端显示视频存储服务器没有响应的告警
	将管理服务器网线断开，之后再连接	视频监控客户端在连接后显示管理服务器启动的告警信息

测试结论：综合视频监控系统网管能够接入京津通信综合网管，综合网管信息获取正常。

四、动力与环境监控系统的仿真试验

1. 与视频联动

在调度所做试验，动力与环境监控系统的告警信息实时传送给综合视频监控系统的前端编码器，并在视频监控平台上有告警信息。

2. 与照明系统联动

选择特定节点，当门禁有告警产生时，动力与环境监控系统能够触发室内房间灯。

第三节　单　机　调　试

一、传输和接入系统的单机调试

1. 安装检查

用万用表测量SDH设备电压，正常范围为－40.5～57 V。

2. 加电试验

指示灯显示正常，无告警。

3. 指标测试项目

（1）E1业务及E1电缆测试；

（2）以太网接口卡板业务及RJ45电缆测试；

（3）光接口平均发送光功率；

（4）光接口接收灵敏度；

（5）光接口最小过载光功率；

（6）电源保护功能测试；

（7）板卡保护功能测试。

二、电话交换系统的单机调试

1. 安装检查

（1）直流一次电源工作稳定，用数字万用表测量的测量值在以下范围内：－57～40 V。

（2）检查各个机架上单板配置符合设计要求，无板位、板型差错。

2. 加电试验

（1）机柜内POWER电源工作正常，无告警。

（2）各个单板状态指示灯显示正常。

3. 指标测试项目

(1)ICS 板主备测试;

(2)前后台通信测试。

三、GSM－R 专用移动通信系统的单机调试

1. 归属位置寄存器 HLR/鉴权中心 AuC 的调试

(1)硬件检查;

(2)在信令卡上配置 DSS1 接口;

(3)用户管理功能测试;

(4)数据查询功能测试;

(5)系统管理功能测试;

(6)日志管理功能测试;

(7)实时消息管理功能测试;

(8)进程管理功能测试。

2. 基站子系统 BSS 的调试

(1)天线的测试

① 设备检查及目测。

② 回波损耗测量:全向天线,VSWR < 1.5;定向天线,VSWR < 1.3。

③ 衰减测量:根据馈线长度,在 1～5dB 之间。

(2)基站 BTS 的测试

① 外观检查。

② 模块检查:Remote Inventary 功率模块记录。

③ 离线测试:设置 BTSM 属性;设置 BTSE 属性;开电/关电测试。

④ 插入损耗和接收增益。

⑤ 发射机:最大发射功率;发射载频频率误差;峰值相位误差;均方根值相位误差;射频载波发射功率电平容差;杂散辐射功率。

⑥ 接收机:接收灵敏度;同频干扰保护比;临频干扰保护比;杂散发射功率电平。

(3)中继系统的测试

①直放站性能:标称最大输出功率;增益;自动电平控制(ALC)范围;最大允许输入电平;杂散发射;带外增益。

②直放站网管:告警和监视功能;网络管理。

(4)基站控制器 BSC 的测试

① 设备检查;

② 电源供给确认;

③ 跳线预设;

④ 软件装载;

⑤ 数据库下载;

⑥ 重启验证;

⑦ 操作验证;

⑧ 验证状态并切换至备份模块;

⑨ 最小配置验证。

(5)码型变换和速率适配器 TRAU 的测试

① 设备检查;

② Remote Inventery；

③ 电源确认；

④ 跳线预设；

⑤ 软件装载；

⑥ 重启验证；

⑦ 验证模块状态。

3. 智能网 IN 的调试

(1)SCP 的测试

① 硬件检查。

② 性能指标测试。

③ 可靠性测试。

④ 功能测试：交换呼叫控制；支持 USSD；业务控制和管理；业务创建；短消息业务；补充业务通知；移动性管理；控制和检查用户数据。

⑤ 操作维护功能试验。

(2)铁路专用业务功能测试

4. 移动业务交换中心 MSC 的调试

(1)单元测试

① 核查配置。

② 硬件测试：单元状态检测；CP113C 检测；MB 和 SN 检测；SN 语音通道检测；SSNC 检测；外围单元检测；编码接收机检测。

③ 软件测试：APS 保存；MOD 保存测试。

④ 备份测试：SN 备份测试；MB 备份测试；CP 备份测试。

⑤ 软件安全性测试：LTG－DIU 主要故障生成；OMT－MSC 主要故障生成；IOPMB 重要故障生成；CMY 主要故障生成；CCG 重要故障生成；MB 重要故障生成；CMY 重要故障生成；SSNC 主要故障生成；信息信道重要故障生成。

(2)系统测试

① 核查数据。

② 系统管理功能测试：创建用户数据；创建、修改和删除 BC－IE；创建编码点、描述和路由；创建、取消和传送文件。

③ 基本功能测试：测试台呼叫；MSC 区域内的第一 LUP；MS 到 PSTN 呼叫；PSTN 到 MS 呼叫；MS 到 MS 呼叫。

④ 数据和传真业务测试：MOC 呼叫控制测试；MTC 呼叫控制测试；NMC 呼叫控制测试。

⑤ 短消息测试。

⑥ 增强业务测试。

⑦ 呼叫处理功能测试：无条件呼叫前转(CFU)；遇忙呼叫前转(CFBUSY)；话务量测量；IMSI 附着和分离。

⑧ 恢复功能测试：CP 恢复；SSNC 本地恢复；SSNC 系统恢复。

5. GPRS 的调试

(1)GGSN 的测试：高可用性；鉴权；PDP；Radius；DNS。

(2)SGSN 的测试：GPRS 附加；GPRS 分离；PDP；数据传输；IP 地址分配；RA 定期更新。

6. 无线网管 RC 的调试

(1)用户管理；

(2)告警管理；

(3)配置管理;

(4)日志管理。

7. 交换网管设备 SC 的调试

(1)基础功能;

(2)告警管理;

(3)CORBA;

(4)PDC 运行数据采集。

8. 综合性能管理平台 SPOTS 的调试

(1)使用许可证确认;

(2)配置管理;

(3)报告管理;

(4)GUI 特性管理;

(5)其他;

(6)实时功能测试。

9. GSM－R SIM 卡管理系统的调试

(1)卡资源管理;

(2)库存管理模块;

(3)号段管理模块;

(4)卡个人化模块;

(5)用户管理模块;

(6)报表管理模块;

(7)系统管理模块。

10. GSM－R 短消息系统的调试

(1)安装检查。

(2)加电调试。

(3)指标测试:移动点对点短消息发送成功率;移动点对点短消息发送时延;移动点对点短消息丢失率;移动点对点短消息存储有效期。

11. GPRS 接口服务器(GRIS)及归属 GPRS 接口服务器(GROS)的调试

(1)硬件检查:GRIS/GROS 机柜检查;GRIS 硬件检查;GROS 硬件检查;记录单元硬件检查;布线检查;KVM、TFT 显示器切换测试;管理和维护终端检查。

(2)开机检查:GRIS 数据转发单元开机;GROS 归属单元开机;GRIS/GROS 数据记录单元开机。

(3)GROS 功能模拟测试:建立连接和获取目的 IP 地址;管理和维护终端功能。

(4)GRIS 功能模拟测试:调度命令功能模拟测试;无线车次号信息模拟测试;数据记录功能;管理和维护终端功能。

(5)双机备份性能测试:GROS 归属单元双机备份功能;GRIS 数据转发单元双机备份功能。

四、数据网的单机调试

(1)安装检查

(2)加电调试

① 设备加电的同时注意观察电源工作电流是否未超出电源饱和电流,且工作状态稳定。

② 检查引擎、板卡指示灯是否有提示异常或报警。

③ 登陆设备后,检查设备日志中是否有自检阶段的异常告警。

(3)参数设置

① 在设备检查合格的情况下,根据设备命名规范,制作设备标签并贴于设备统一指定位置。

② 根据设备命名规范,配置设备名称。

③ 进行 AAA 认证配置,增加预处理用户名及密码。

④ 进行日志过滤及格式配置。

⑤ 为指标测试进行端口初始 IP 地址的准备配置。

(4)指标测试

① 在进行单机吞吐量测试时,对 GE 板卡及 FE 板卡进行 30% 端口数量的抽测,并通过流量设备对端口进行实际吞吐量测试。

② 依据 RFC2544 规定测试数据包进行板卡转发时延测试,GE 板卡及 FE 板卡转发时延必须小于 1 ms。

③ 依据 RFC2544 规定测试数据包进行板卡转发能力测试时,GE 板卡在达到饱和带宽利用率前均需保持零丢包率。

④ 在不进行特殊配置的情况下,所用 Ethernet 板卡(GE、FE 端口)均需通过 1 518 Byte 的 MTU 测试。

⑤ 根据 RFC2544 规定要求,分别采用 64 Byte、128 Byte、256 Byte、512 Byte、1 024 Byte、1 280 Byte、1 518 Byte字节帧长度进行吞吐量、时延和丢包率的测试。

⑥ 根据 RFC2544 规定要求,测试接口同时处理 30% 的 64 Byte 数据包,10% 的 128 Byte 数据包,10% 的 256 Byte 数据包,10% 的 512 Byte 数据包,40% 的 1 500 Byte 数据包的转发能力。

⑦ 根据 RFC2544 规定要求,测试接口接收认证控制数据包、管理类型数据包、广播类型数据包时的接口状态和转发性能。

⑧ 测试同一板卡上及不同板卡上的多个端口间,同时在双向流量压力下的整体转发能力。板卡 CPU 工作符合必须小于 5% 。

⑨ 在进行流量测试时,引擎 CPU 占用率必须小于 1% 。

⑩ 检查软件版本与硬件版本(微码号)的配合一致性,确保软件、硬件间的版本配合。

五、调度通信系统的单机调试

(1)接口及其他性能测试:

① 2B + D 接口物理层性能;

② Z 接口输入/输出相对电平;

③ Z 接口回输损耗;

④ Z 接口输入/输出端待外型号的鉴别;

⑤ 模拟调度总机接口;

⑥ 选号分机接口;

⑦ 磁石电话接口输入/输出相对电平。

(2)设备启动及电源测试。

(3)设备板卡保护倒换测试。

(4)2M 端口环回测试。

(5)E1 电缆测试。

(6)RJ - 45 线缆测试。

(7)对各个站点设备进行通信转换测试和调度台功能测试:

① 观测显示屏;

② 观测两个通话通道;

③ 观测电源开关和拨号键盘;

④ 观测功能按键;

⑤ 调度台分别用个别呼叫(单呼)、紧急呼叫、组呼方式呼叫值班台 A,并且观察调度台和值班台 A 的呼叫状态显示;

⑥ 设置暂时屏蔽触摸触发功能,点击触摸屏任意按键;

⑦ 观测调度台的接口工作状态显示;

⑧ 断开调度台 2B + D 线路,观测调度台的接口工作状态显示;

⑨ 观测调度台麦克风和手柄连接状态显示;

⑩ 拔掉调度台麦克风和手柄,观测调度台麦克风和手柄连接状态显示。

(8)调度台状态显示测试:显示公司 LOGO、调度台工作状态、日期、时间;显示当前呼叫的各种状态;显示相应单呼键的呼叫状态、具有翻页功能;上一条、下一条键,接听键,挂机键,保持键,转接键,切换键,紧急键,静音键,会议键,重拨键;调动台显示本身和分机的通话状态。

(9)调度台通话通道切换测试(PTP,单通道):

① 调度台用主话音通道呼叫值班台 A,建立通话;

② 拿起调度台的手柄,按切换健,执行通道切换;

③ 调度台释放呼叫。

(10)调度台的通话通道切换测试(PTP,双通道):

① 调度台用主话音通道呼叫用户值班台 A,建立通话;

② 拿起调度台的手柄,呼叫固定用户 FS3;

③ 调度台通话中,单独对扬声器和手柄听筒的放音量进行调节,验证调节能力有无;

④ 调度台通话中,单独对麦克和听筒的送音量进行调节;

⑤ 调度台按切换健,执行通道切换;

⑥ 调度台释放呼叫。

(11)调度通信系统传输特性(单机测试)

符合 GF 002 - 9002.1《邮电部电话交换设备总技术规范(第一分册)》中规定的传输衰耗标准。

用户或中继接口电路的衰耗 = 发送电路衰耗 + 接收电路衰耗 + 软件插入衰耗。其中软件插入衰耗 - PAD 在 -6 ~ +6 dB 范围内可调,±0.5 dB 为一个调整级,数字用户接口电路在传输话音信号时将生产一个类似于模拟用户接口电路的附加衰耗值。

六、应急救援指挥通信系统的单机调试

应急救援指挥通信系统设备包括:应急语音指挥台、网管服务器、视频服务器、电话。

现场设备包括:综合无线接入台、应急通信包、便携电脑、摄像机、数码相机、语音终端、便携汽油发电机、升降杆。

测试过程:

(1)各设备加电,正常运行。

(2)现场设备采取防护措施,满足防尘、防水、防晒、防寒、防震的要求。

(3)现场设备优先采用电池供电。

(4)采用直流供电时,供电电池按双电配置,应能满足设备工作时间不小于 4 h。

(5)应急通信包、摄像机结合综合无线接入台、带有天线的升降杆实现动图传送。

现场人员背负应急通信包,手拿摄像机(通过视频线接到应急通信包上的视频口)采集现场实时图像并上传。

(6)数码相机、笔记本电脑结合综合无线接入台、带有天线的升降杆实现静图和数据传送。

配有 SD 卡的数码相机拍摄到图片,将 SD 卡插入综合无线接入台,通过传输设备将静图上传。笔记本电脑可将现场数据等进行传送。

(7)有线语音终端和无线语音终端实现话音通信。

有线语音终端通过综合无线接入台实现自动电话、直通电话通信。应急通信包配备的无线语音终端设备为2.4G WIFI手机,手机可在应急包周围移动通话,与现场和中心的工作人员进行联络。

(8)综合无线接入台可以接收到应急通信包采集的视频信息,把它传给指挥中心;可以将现场的静图信息传给指挥中心;可实现与应急指挥中心和现场之间的实时通话,从而实现与现场以及指挥中心之间的互通。

(9)中心放置的视频服务器将现场静图存储并转发。

(10)网管服务器主要管理系统的无线网络,包括应急通信包端、综合无线接入台端和智能接入点设备,进行故障信息的查询。

(11)应急语音指挥台实现对现场固定电话、现场应急移动电话的指挥调度功能,并可单键呼叫出现场相关的语音终端。

七、综合视频监控系统的单机调试

1. 测试工具

万用表、笔记本电脑、主机、监视器。

2. 单机调试

(1)摄像头的测试

① 检查各接口。

② 加电单机运行。

③ 图像稳定性:无抖动。

④ 可变焦变倍:注明倍数。

⑤ 色彩主观评价无异常。

(2)编码器的测试

① 检查电源接口、网络接口、视频输入接口完好。

② 加电单机运行。

③ 设置IP地址。

④ PTZ试验。

(3)服务器的测试

① 检查接口。

② 加电单机运行。

③ 检查CPU型号及速率。

④ 检查内存大小。

⑤ 检查操作系统。

⑥ 检查磁盘大小。

⑦ 设置IP地址。

⑧ 软件运行试验。

(4)磁盘阵列的测试

① 检查各接口完好。

② 加电单机运行。

③ 初始化磁盘阵列。

④ 划分磁盘空间。

(5)交换机的测试

① 检查各接口完好。

② 加电单机运行。

③ 设置 IP 地址。
④ 配置网络路由。

八、动力及环境监控系统的单机调试

1. 测试工具

万用表、笔记本电脑、主机。

2. 测试内容

(1)机柜内 RTU、传感器布线合理。
(2)前端设备有 RTU 机柜、传感器,现场加电后运行正常,单机测试成功。
(3)监控中心设备有监控终端、路由器、服务器等设备,开电运行正常。
(4)系统启动。

九、通信综合网管系统的单机调试

1. 测试工具

笔记本电脑、主机、监视器。

2. 单机调试

(1)服务器的测试
① 检查接口。
② 加电单机运行。
③ 检查 CPU 型号及速率。
④ 检查内存大小。
⑤ 检查操作系统。
⑥ 检查磁盘大小。
⑦ 设置 IP 地址。
⑧ 软件运行试验。
(2)磁盘阵列的测试
① 检查各接口完好。
② 加电单机运行。
③ 初始化磁盘阵列。
④ 划分磁盘空间。
(3)交换机的测试
① 检查各接口完好。
② 加电单机运行。
③ 设置 IP 地址。
④ 配置网络路由。

十、同步和时钟分配系统的单机调试

1. 测试仪器仪表

数字式万用表、指针式万用表、示波器、校表仪。

2. 测试内容

母钟、NTP 服务器、接口箱、GPS、交换机、同步系统 TOE 单板。

3. 测试项目

(1)外观检查、硬件安装、加电测试、网络配置及运行状况;

(2)单系统应能正常工作。

十一、通信电源系统的单机调试

(1)安装检查。

(2)加电试验。

(3)参数设置和指标测试

① 监控单元参数设定正确:浮充电压、均充电压、一二次下电电压。

② 监控单元蓄电池管理参数设定正确:监控箱设置的蓄电池容量与实际容量相符合、充电电流系数在 0.1 C ~0.15 C 之间。

③ 蓄电池温度零点设置正确,蓄电池温度显示值和实际温度值相符合。

④ 一、二次下电控制方式正确:在自动、强制、禁止三种方式中置于自动。

⑤ 整流器控制状态正确:浮充状态。

⑥ 蓄电池充放电容量测试

测试仪表:48 V 智能负载箱、220 V 智能负载箱、监测终端、数字万用表。

测试方法,见图 3-2-3。

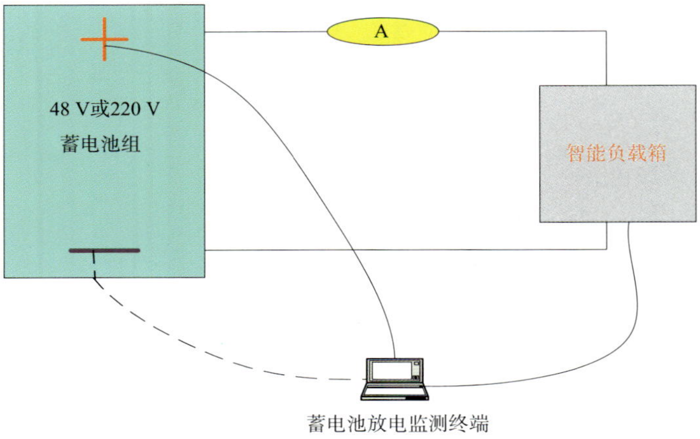

图 3-2-3　蓄电池放电容量测试图

通过控制智能负载箱,对蓄电池进行恒定电流的放电,在放电同时分别对蓄电池组中所有单个电池进行电压实时检测,当任一电池下降至规定电压时,则完成放电试验,计算放电时间是否满足要求。

十二、通信光缆线路的调试

1. 测试工具

光时域反射仪(OTDR)、光源、光功率计。

2. 测试内容

(1)单盘测试;

(2)接续测试;

(3)特性测试。

十三、车站、段所综合布线系统的单机调试

1. 测试工具

网络测试仪、光时域反射仪、万用表、兆欧表。

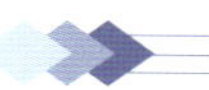

2. 测试内容

(1)五类线测试

主要测试连线图(对号)、插入损耗、近端串扰、衰减串音比、等电平远端串音、近端串音功率、衰减串音比功率、等电平远端串音功率和、回波损耗、时延、时延差、最大直流环阻、永久链路特性。

(2)光缆测试

主要测试信道长度及衰减、插入损耗最大值。

(3)其他线缆

主要测试无反向线对、交叉线对及断线、线间绝缘、对地绝缘。

第四节　子系统测试

一、传输和接入系统的测试

1. E1 抖动和抖动容限

E1 抖动和抖动容限见表 3-2-2。

表 3-2-2　E1 抖动和抖动容限

近端网元/槽位/端口(测试点)	近端网元/槽位/端口(环回点)	测试项目	指标值	测试值
BJ core roomv-Alc5/63	BJ-YZ-07-SLOT4/14	输出抖动	B1 1.5 UI_{P-P}	0.115
			B1 0.2 UI_{P-P}	0.015
		抖动容限		PASS

2. 强制倒换测试 2.5G 和 622M 业务光板的 1+1 板卡保护

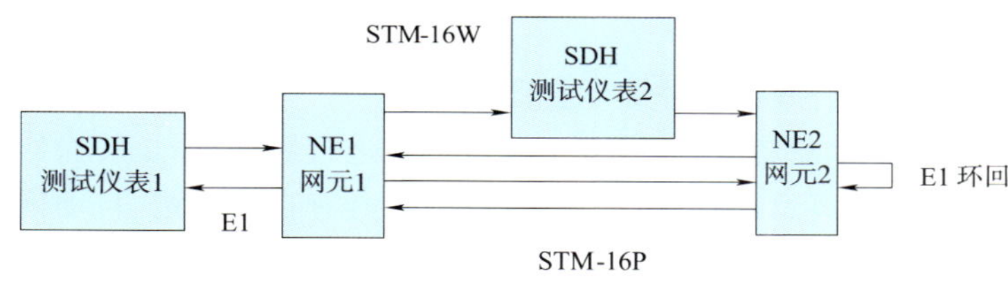

图 3-2-4　强制倒换测试 2.5G 图

连接仪表和设备,在网管上作强制倒换操作,在仪表窗口观察结果。

测试保护倒换的结果要满足整个倒换过程需要小于 50 ms。

3. 15 min 误码性能测试

如图 3-2-5 所示,连接仪表和设备,然后将仪表发送及接收端口参数设置为 PDH 2M 接口测试,按仪表 Run/Stop 按钮开始测试。比特误码率 BER$\leqslant 10^{-12}$,BBE=0,ES=0。

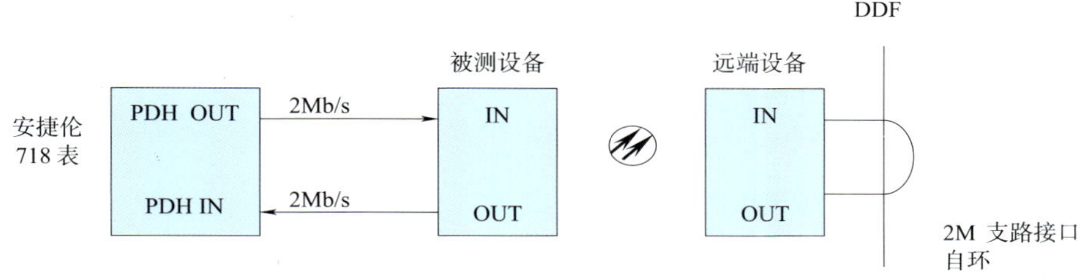

图 3-2-5　15 min 误码性能测试图

4. 24 h 误码性能测试

如图3－2－6所示，连接仪表和设备，然后将仪表发送及接收端口参数设置为PDH 2M接口测试，按仪表Run/Stop按钮开始测试。比特误码率BER≤10^{-12}，BBE≤2，ES≤2。

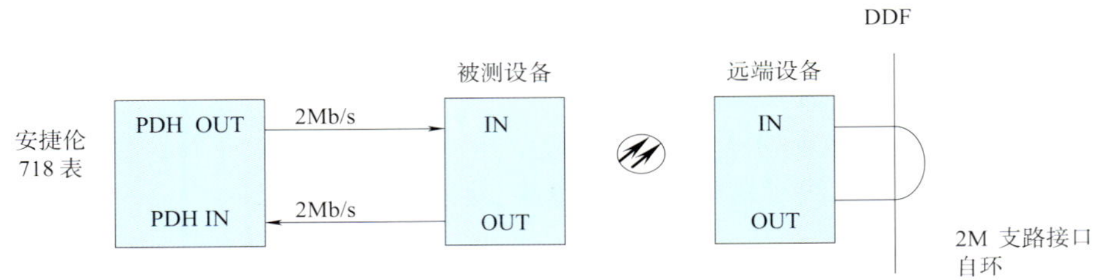

图3－2－6　24 h 误码性能测试图

二、电话交换系统的测试

1. T600 运行测试

(1)接续功能测试；

(2)112 测试；

(3)V5 接口测试。

2. U300 运行测试

(1)接续功能测试；

(2)112 测试。

三、GSM－R 专用移动通信系统的测试

1. 基站子系统功能的测试

(1)应能通过人机命令闭塞和解闭，并显示打印。

(2)具有自动检测及故障诊断功能，可以人工或者自动进行启动、停止的操作。

(3)硬件故障具有定位、隔离、自动倒换能力，软件故障具有自动纠错、自动恢复能力。

(4)可以实现信道分配、链路监视、功率控制、调频管理等无线信道管理功能。

(5)可以独立完成小区内和同一基站控制器内的切换，执行基站控制器间的切换。

(6)可以对用户数据和信令单元进行加密。

(7)编译码和速率适配单元TRAU，应支持全速率和半速率通道模式。

(8)小区广播段消息中心CBC性能和功能，应符合设计要求及相关技术标准规定。

(9)基站子系统网管OMC－R性能管理、故障管理及配置功能，应符合设计规定和相关技术标准的要求。

2. 中继系统的测试

(1)直放站性能：标称最大输出功率；增益；自动电平控制(ALC)范围；最大允许输入电平；杂散发射；带外增益。

(2)直放站网管：告警和监视功能；网络管理。

3. 交换子系统的测试

(1)交换机的忙时处理能力(BHCA)指标。

(2)交换机的2M接口参数。

(3)交换子系统的接通率指标。

(4)交换子系统的局间中继应能保证正常通话，无应答、中继忙及呼叫空号等功能应良好。

(5)交换子系统的同步性能。

(6)短消息中心性能指标。

(7)交换子系统网管功能。

4. 通用分组无线业务子系统的测试

(1)SGSN 应具有以下功能:网络接入控制功能、路由选择和转发功能、移动性管理功能、用户数据管理功能、逻辑链路管理功能、路径管理功能、支持移动台(MS)挂起及恢复的功能、SGSN 恢复功能。

(2)SGSN 的容量和吞吐量。

(3)GGSN 应具有以下功能:网络接入控制功能、路由选择和转发功能、移动性管理功能、用户数据管理功能、动态分配 IP 地址及用户认证功能。

(4)GPRS 移动终端(MS)功能:网络接入控制功能;分组路由和传输功能;移动性管理功能;逻辑链路管理功能;无线资源管理功能。

(5)CG 的呼叫详细话单(CDR)存储容量、处理能力应符合设计要求和相关技术标准的规定。

(6)PCU 数据处理能力大于 10 Mb/s(包括上下行),并具有平滑在线扩容的功能。

(7)域名服务器(DNS)和认证服务器(Radius)的功能和配置应符合设计要求和相关技术标准的规定。

(8)GPRS 子系统网管应具备系统设备的管理及业务的管理功能。

5. 智能网子系统的测试

(1)智能网子系统设备功能检测:交换呼叫控制;支持 USSD;业务控制和管理;业务创建;短消息业务;补充业务通知;移动性管理;控制和检查用户数据。

(2)智能网子系统以下业务应符合设计要求和相关技术标准的规定:

①接入矩阵。

②基本业务:功能号注册、注销与管理;功能寻址(FA);基于位置寻址(LDA);基于 MSISDN 的呼叫限制。

③扩展业务:基于位置的呼叫限制。

6. 短消息系统的测试

(1)用户核查能力;

(2)短消息中心的接入功能;

(3)短消息的提交和存储功能;

(4)转发短消息的能力;

(5)优先级处理能力;

(6)有效期设置能力;

(7)请求状态报告的能力;

(8)英/汉短消息支持能力;

(9)长短消息支持能力;

(10)MAP 信令交互;

(11)快速调度功能;

(12)维护测试功能;

(13)统计功能。

7. 系统服务质量 QoS 的测试

(1)无线覆盖区内无线场强覆盖

测试方法:对整条线路全部基站所使用的 7 个 BCCH 同时进行扫描,采样频率为 100 kHz,样本区间为 100 m,样本统计方式为剔除 5% 最差采样值后取最小值。

测试项目及标准:无线场强覆盖(列控数据)≥ -92 dBm(95%)。

测试结果见表 3-2-3。

表 3-2-3 测试结果

统计项目	统计结果		
	采样点	百分比	平均值(dBm)
-110≤Rxlev<-92	0	0%	—
-92≤Rxlev<-80	0	0%	—
-80≤Rxlev<-70	7	0.31%	-70.78
-70≤Rxlev<-30	2282	99.69%	-55.21
Total	2289		
覆盖率≥-92 dBm(95%)	满足		

(2)电路域服务质量

① GSM-R 网络语音业务与非列控类数据业务 QoS 指标

a. MS 之间的语音点对点呼叫

测试方式:短通话,自动重拨。

测试项目及标准见表 3-2-4。

测试数据统计见表 3-2-5。

b. VGCS 语音组呼

测试方式:短通话,自动重拨。

测试项目及标准见表 3-2-6。

测试数据统计见表 3-2-7。

表 3-2-4 测试项目及标准

测试项目	暂定测试指标值
呼叫(连接)建立时间	<10 s(95%),<15 s(99%)
呼叫(连接)建立失败概率	<1%

表 3-2-5 测试数据统计

统计项目	统计结果
呼叫尝试次数	177
呼叫建立失败次数	0
呼叫建立失败概率	0%
平均呼叫建立时间(ms)	7599
最大呼叫建立时间(ms)	9193
掉话次数	0
TCH 分配失败次数	0

表 3-2-6 测试项目及标准

测试项目	暂定测试指标值
呼叫(连接)建立时间	<5 s(95%)
呼叫(连接)建立失败概率	<1%

表 3-2-7 测试数据统计

统计项目	统计结果
呼叫尝试次数	102
呼叫建立失败次数	0
呼叫建立失败概率	0%
平均呼叫建立时间(ms)	2073
最大呼叫建立时间(ms)	2718
掉话次数	0
TCH 分配失败次数	0

c. 紧急呼叫

测试方式:短通话,自动重拨。

测试项目及标准见表 3-2-8。

测试数据统计见表 3-2-9。

d. MS-FT 移动-FAS 呼叫

测试方法:短通话,自动重拨,固定端自动应答。

测试项目及标准见表 3-2-10。

测试数据统计见表 3-2-11。

表 3－2－8　测试项目及标准

测试项目	暂定测试指标值
呼叫(连接)建立时间	<2 s(95%),<3 s(99%)
呼叫(连接)建立失败概率	<1%

表 3－2－9　测试数据统计

统计项目	统计结果
呼叫尝试次数	72
呼叫建立失败次数	0
呼叫建立失败概率	0%
平均呼叫建立时间(ms)	2 023
最大呼叫建立时间(ms)	2 518
掉话次数	0
TCH 分配失败次数	0

表 3－2－10　测试项目及标准

测试项目	暂定测试指标值
呼叫(连接)建立时间	<5 s(95%),<7.5 s(99%)
呼叫(连接)建立失败概率	<1%

表 3－2－11　测试数据统计

统计项目	统计结果
呼叫尝试次数	149
呼叫建立失败次数	0
呼叫建立失败概率	0%
平均呼叫建立时间(ms)	2 676
最大呼叫建立时间(ms)	3 815
掉话次数	0
TCH 分配失败次数	0

e. FT－MS FAS－移动呼叫

测试方法:短通话,自动重拨。

测试项目及标准见表 3－2－12。

测试数据统计见表 3－2－13。

f. 越区切换中断测试(MS 之间的语音点对点长呼)

测试方法:长通话,自动重拨。

测试项目及标准见表 3－2－14。

测试数据统计见表 3－2－15。

表 3－2－12　测试项目及标准

测试项目	暂定测试指标值
呼叫(连接)建立时间	<7 s(95%),<10.5 s(99%)
呼叫(连接)建立失败概率	<1%

表 3－2－13　测试数据统计

统计项目	统计结果
呼叫尝试次数	120
呼叫建立失败次数	0
呼叫建立失败概率	0%
平均呼叫建立时间(ms)	5 403
最大呼叫建立时间(ms)	6 488
掉话次数	0
TCH 分配失败次数	0

表 3－2－14　测试项目及标准

测试项目	暂定测试指标值
越区切换中断时间	<0.5 s(95%)
越区切换成功率	≥99.5%

表 3－2－15　测试数据统计

统计项目	统计结果
切换尝试次数	70
切换失败次数	0
切换成功率	100%
平均切换时延(ms)	92
最大切换时延(ms)	156

② GSM－R 网络列控数据业务服务质量 QoS 指标

a. 连接建立时间/连接建立失败概率

测试方法:短通话,自动重拨。

测试项目及标准见表 3－2－16。

测试数据统计见表 3－2－17。

b. 最大端到端传输时延

测试方法:长通话,自动重拨,固定端自动应答。

测试项目及标准见表 3－2－18。

测试数据统计见表 3－2－19。

表 3－2－16　测试项目及标准

测试项目	暂定测试指标值
连接建立时间	<8.5 s(95%)，≤10 s(100%)
连接建立失败概率	$<10^{-2}$

表 3－2－17　测试数据统计

统计项目	统计结果
连接尝试次数	112
连接建立失败次数	0
连接建立失败概率	0%
平均连接建立时延(s)	5.913 5
最大连接建立时延(s)	6.549 5

表 3－2－18　测试项目及标准

测试项目	暂定测试指标值
最大端到端传输时延	<0.5 s(99%)

表 3－2－19　测试数据统计

统计项目	统计结果
发送数据帧数	2 400
平均传输时延(s)	0.35
<0.5 s 传输时延率	99.25%

c. 网络注册时延

测试方式：软件控制自动进行测试。

测试项目及标准见表 3－2－20。

测试数据统计见表 3－2－21。

表 3－2－20　测试项目及标准

测试项目	暂定测试指标值
网络注册时延	<30 s(95%)，<35 s(99%)

表 3－2－21　测试数据统计

统计项目	统计结果
注册尝试次数	50
注册成功次数	50
网络平均注册时延(s)	9.0
网络最大注册时延(s)	9.5

d. 链路失效概率/传输干扰时间/传输无差错时间

测试方式：长通话，自动重拨，固定端自动应答。

测试项目及标准见表 3－2－22。

测试数据统计见表 3－2－23。

表 3－2－22　测试项目及标准

测试项目	暂定测试指标值
链路失效概率	$<10^{-2}$/h
传输干扰时间	<0.8 s(95%)，<1 s(99%)
传输无差错时间	>20 s(95%)，>7 s(99%)

表 3－2－23　测试数据统计

统计项目	统计结果
链路失效概率	0
<0.8 s 传输干扰时间率	77.47%
<1 s 传输干扰时间率	85.30%
>20 s 传输无差错时间率	99.67%
>7 s 传输无差错时间率	99.88%

(3)GPRS 网络分组域服务质量指标

①延迟等级/可靠性级别

测试方式:软件控制自动进行测试。

测试项目及标准见表 3-2-24 和表 3-2-25。

表 3-2-24　测试项目及标准

延迟等级＼包的大小	128 Byte		1 024 Byte	
	平均延迟	95%	平均延迟	95%
1	<0.5 s	<1.5 s	<2 s	<7 s
2	<5 s	<25 s	<15 s	<75 s
3	<50 s	<250 s	<75 s	<375 s
4	没有规定			

测试数据统计见表 3-2-26。

表 3-2-25　可靠性测试

可靠性级别	SDU 丢失概率
1	10^{-9}
2	10^{-4}
3	10^{-2}

表 3-2-26　测试数据统计

统计项目	128 Byte	1 024 Byte
平均延迟	674 ms	2 369 ms
最大延迟	700 ms	2 566 ms
SDU 丢失概率	0%	0%

②峰值吞吐量/平均吞吐量

测试方式:软件控制自动进行测试。

测试项目及标准见表 3-2-27 和表 3-2-28。

测试数据统计见表 3-2-29。

8. CIR 测试

(1)功能号注册注销测试

CIR 能通过人工方式正常输入车次号和机车号并进行功能号注册注销。

(2)通信业务测试

1300 位置区确认:对北京南、亦庄、永乐、武清和天津进行了的 1300 位置区确认,车站 1300 位置区确认正确。

表 3-2-27　峰值吞吐量测试

峰值吞吐量级别	B/s
1	1 000
2	2 000
3	4 000
4	8 000
5	16 000
6	32 000
7	64 000
8	128 000
9	256 000

表 3-2-28　平均吞吐量测试

平均吞吐量级别	B/h	平均吞吐量级别	B/h
1	100	10	100 000
2	200	11	200 000
3	500	12	500 000
4	1 000	13	1 000 000
5	2 000	14	2 000 000
6	5 000	15	5 000 000
7	10 000	16	10 000 000
8	20 000	17	20 000 000
9	50 000	18	50 000 000

表 3－2－29　测试数据统计

统计项目	统计结果
峰值吞吐量	5.9 KB/s
平均吞吐量	246 KB/h

1200 呼叫：对京津城际全线进行了 1200 呼叫测试，在整个测试过程中，CIR 都能正确呼叫和接收调度台的呼叫，测试通过。

210 组呼区确认：对京津城际五个车站进行了 210 组呼测试，在整个测试过程中，CIR 都能正确发起呼叫，CIR 与手持台、车站值班员能够互相通话。动车组越出车站基站区时，CIR 能够自动退出组呼，测试通过。

220 组呼区确认：对京津城际五个车站进行了 220 组呼测试，在整个测试过程中，CIR 都能在相邻 3 个车站及区间基站区正确发起呼叫，CIR 与手持台、相邻 3 个车站及区间基站区的用户都能够互相通话，测试通过。

203 组呼：对京津城际全线进行了 203 组呼测试，CIR 都能接收到调度发起的 203 组呼，且 CIR 能够与调度正常通话，测试通过。

202 组呼：对京津城际全线进行了 202 组呼测试，CIR 都能接收到调度发起的 203 组呼，且 CIR 能够与调度正常通话，测试通过。

铁路紧急呼叫：京津城际全线进行了铁路紧急呼叫试验，CIR 能够正常发起和加入紧急呼叫，测试通过。

个呼对京津城际全线进行了个呼测试，在测试过程中 CIR 能够正确呼出和接收，测试通过。

CIR 功能键呼叫：CIR 功能键呼叫测试，在整个测试过程中都能利用 MMI 上的“调度”“紧急呼叫”各对应站名等功能按键成功呼叫到对应的被呼叫对象，测试通过。

车次号功能号呼叫：车次号功能号呼叫测试，在整个测试过程中在 CIR 车次号功能号注册成功的前提条件下，都能成功发起和接收车次号功能号的呼叫，通话正常，测试通过。

机车号功能号呼叫：机车号功能号呼叫测试，在整个测试过程中在 CIR 机车号功能号注册成功的前提条件下，都能成功发起和接收机车号功能号的呼叫，通话正常，测试通过。

高优先级呼叫：在北京南站进行了 CIR 的高优先级呼叫测试，测试正常。

多个同等级电话的切换：在北京南站进行了 CIR 的多个同等级电话的切换测试，测试正常

(3) CIR IP 的获取

CIR 目标 IP 的获取：CIR 上电后应自动向 GROS 查询目标 IP 地址，CIR 上电后的目标 IP 地址正确，测试通过。

CIR GROS IP 的获取：在 MMI 上正确输入归属地 IP 后，CIR 能够自动获取到正确的 GROS IP 地址，测试通过。

(4) 调度命令无线传输业务

在 CTC 还没有具备测试条件的情况下，在核心机房安装 1 台 GPRS 测试服务器，连接到 GGSN，向在京津城际运行的 CIR 模拟发送调度命令、行车凭证、进路预告等信息，测试通过。

① 调度命令无线传输业务

调度命令无线传输业务测试，利用 GPRS 测试模拟器向试验动车组发送调度命令，试验动车组成功接收调度命令，且能正确发送自动回执信息、手动签收信息，测试通过。

② 无线传输业务

行车凭证无线传输业务测试，利用 GPRS 测试模拟器向试验动车组发送行车凭证，试验动车组成功接收行车凭证，且能正确发送自动回执信息、手动签收信息，测试通过。

③ 进路预告无线传输业务

进路预告无线传输业务测试，利用 GPRS 测试模拟器向试验动车组发送进路预告，试验动车组成功接收进路预告，且能正确发送自动回执信息，测试通过。

(5) 车次号校核数据无线侧传输业务

车次号校核数据无线侧传输业务测试，测试过程中利用车次号模拟设备向 CIR 发送模拟车次号

数据，CIR 能正确接收模拟设备发送的车次号模拟数据，并向 GRIS 转发了车次号模拟数据，GRIS 正确接收到了 CIR 发送的车次号模拟数据，测试通过。

四、数据网的测试

1. 系统端到端吞吐量测试

测试路由、交换设备转发平面的处理能力，指设备在不丢包的情况下，每秒双向转发数据包的总量。RFC 2544 吞吐量测试结果见图 3－2－7。

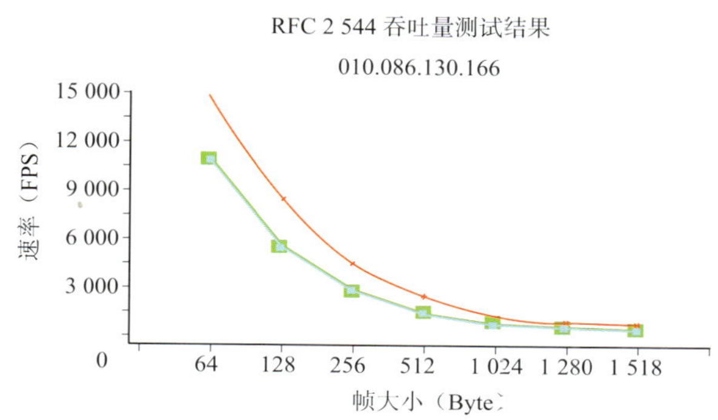

图 3－2－7　RFC 2544 吞吐量测试结果

2. 系统端到端时延测试

测试路由、交换设备在额定吞吐量范围内，从接收到数据包到完成转发数据包的时间长度。RFC 2544 延时结果见图 3－2－8。

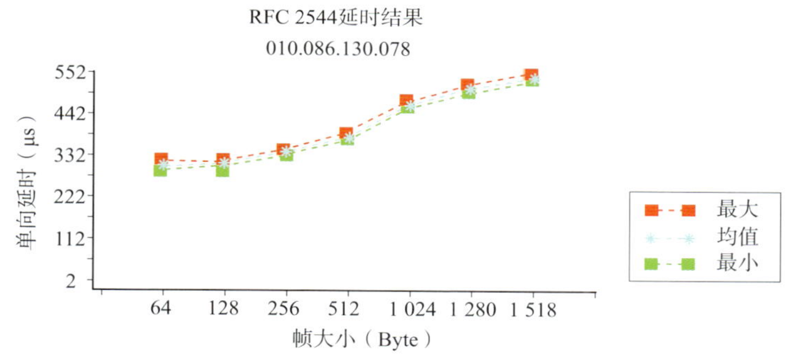

图 3－2－8　RFC 2544 延时结果

3. 系统端到端丢包率测试

测试路由、交换设备在不同帧长度、不同帧速率情况下，丢弃帧占总数据帧的百分比。RFC 2544 丢包率测试结果见图 3－2－9。

4. MTU 测试

测试各接口在不分帧的条件下，可以通过的最大 IP 数据包的字节数。

5. 帧格式测试

分别采用 64 Byte、128 Byte、256 Byte、512 Byte、1 024 Byte、1 280 Byte、1 518 Byte 帧长度进行吞吐量、时延和丢包率的测试。

6. 混合帧长测试

测试接口同时处理 30% 的 64 Byte 数据包，10% 的 128 Byte 数据包，10% 的 256 Byte 数据包，10% 的 512 Byte 数据包，40% 的 1 500 Byte 数据包的转发能力。

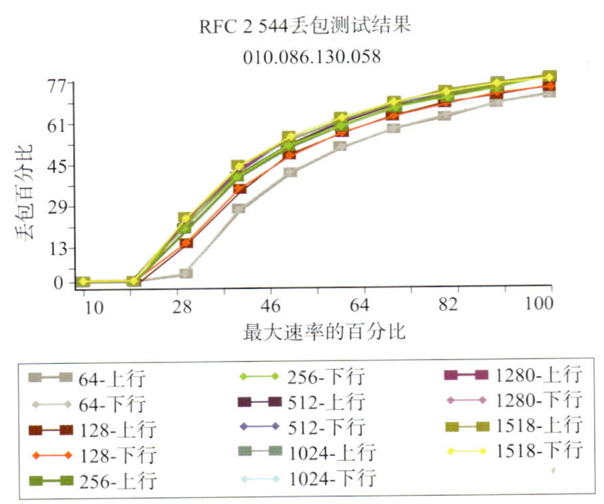

图 3－2－9　RFC 2544 丢包率测试结果

7. 帧类型测试

测试接口接收认证控制数据包、管理类型数据包、广播类型数据包时的接口状态和转发性能。

8. 多端口双向流量测试

测试同一板卡上或不同板卡上的多个端口间，同时在双向流量压力下的整体转发能力。该测试可以更进一步地获得某一板卡的实际处理能力，以及板卡至背板间的交换处理能力。

9. 路由更新性能测试

测试路由更新对路由器控制平面以及转发平面的影响。测试中分别通过 OSPF 路由协议和 BGP 路由协议注入路由，模拟路由更新过程，检测各引擎 CPU、内存、板卡 CPU、板卡内存的工作状态。

10. 路由协议收敛时间测试

测试数据网所有节点完成一个相同路由更新的时间。测试中分别通过 OSPF 路由协议和 BGP 路由协议注入路由，检测最远端路由器路由表项，一般每条路由会记录有最近一次更新的时间，观察此时间与开始触发路由更新时间间的时间间隔。

11. 端到端流量压力测试

在检测系统路由平面的工作稳定性后，通过端到端的测试，检测系统转发平面的工作性能。依据 RFC2544 中对测试内容的要求进行端到端吞吐量、时延和丢包率的检测。

12. 数据包过滤功能综合测试

通过增加此项测试，测试在电路接口应用数据包安全过滤功能的情况下，板卡的转发能力和效率。

13. 质量保障功能综合测试

通过增加本项测试，测试实际运营网络在加入质量保障策略时，对板卡转发能力和效率的影响。

14. 运营稳定性及可靠性测试

在系统端到端压力测试时，完整记录 24 h 内各吞吐量、时延、丢包率、引擎及板卡 CPU 利用率，各参数指标必须保持数值平稳，各板卡部件无任何工作告警。

15. 通信接口协议测试——IEEE 802. 3 标准

京津城际铁路数据网主要采用 Ethernet 电路类型。通信接口测试时依据以太网技术标准 IEEE802. 3 进行物理标准检测及对应速率的数据转发测试。

16. 域内路由协议测试——RFC 2328 标准

京津城际铁路数据网协调采用 OSPF(Open Shortest Path First)路由协议作为域内路由协议，用于

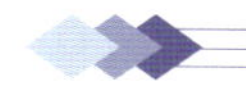

进行数据网系统路由交换设备的管理接口地址、电路接口地址和网管 IP 地址的承载与传递。调测时需严格依照 RFC2328 所规定的协议要求进行测试。

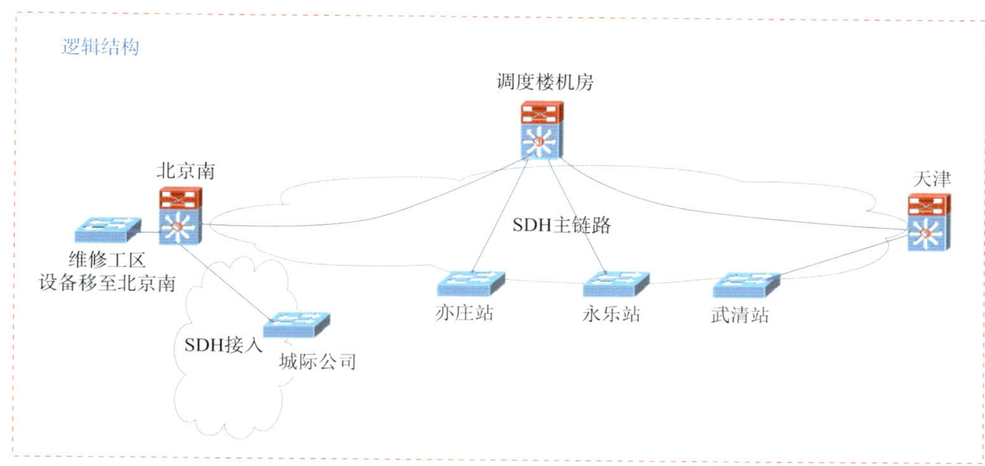

图 3－2－10　数据网逻辑结构图

17. 域间路由协议测试——RFC 1771/RFC 2858 标准

京津城际铁路数据网启用了 BGP－4(Border Gateway Protocol 4)、MP－BGP(Multi－Protocol Border Gateway Protocol)路由协议进行业务路由的承载，特别是进行 VPN 路由的承载传递。调测是需严格依照 RFC1771、RFC2858 对协议的要求进行测试。

18. 多协议标签转发协议测试——RFC 3031 标准

京津城际铁路数据网启用了 MPLS(Multiprotocol Label Switching)协议进行路由的标签化和根据标签的数据转发工作。加速了数据转发的能力，扩展了路由分组的功能。在测试时需严格依照 RFC3031 对 MPLS 结构的要求进行测试。

19. MPLS VPN 测试——RFC 2547 标准

京津城际铁路数据网通过部署 MPLS VPN，为不同的业务系统提供不同的网状连接通道，各业务自成网络、相互隔离，并且可以灵活的进行网络节点的增加和删减。MPLS VPN 及其域间 NNI (Network Network Interface)技术标准均需严格依照于 RFC 2547 的规定。

20. 端到端流量压力测试——RFC 2544 标准

在检测系统路由平面的工作稳定性后，通过端到端的测试，检测系统转发平面的工作性能。依据 RFC 2544 中对测试内容的要求，进行 $N\times24$ h 的端到端吞吐量、时延和丢包率的检测，并记录期间各引擎、板卡等工作状态。

21. 系统 IP 连通性测试

在数据承载网中，IP 地址基本可分为承载网设备管理地址，承载网电路接口地址，网管地址，用户业务地址等。在系统调测阶段，必须要保障前三类地址的连通性。

22. 路由迂回保护功能综合测试

测试物理电路中断或中断恢复对数据网络的影响，测试路由协议优选路由的切换时间以及切换期间数据流的转发效率。

五、调度通信系统的测试

1. 调度通信系统传输特性测试

符合 GF 002－9002.1《邮电部电话交换设备总技术规范(第一分册)》中规定的传输衰耗标准。

用户或中继接口电路的衰耗＝发送电路衰耗＋接收电路衰耗＋软件插入衰耗。其中软件插入衰耗－PAD 在－6～＋6 dB 范围内可调，±0.5 dB 为一个调整级，数字用户接口电路在传输话音信号时将生产一个类似于模拟用户接口电路的附加衰耗值。

2. 压力测试

压力测试在大话务量呼叫业务前提下进行：

(1)调度台拨 ISDN 号码呼叫值班台 A；

(2)调度台拨机车号功能号 A 呼叫机车综合通信设备 A；

(3)调度台拨车次号功能号呼叫机车综合通信设备 A；

(4)调度台发出紧急呼叫；

(5)调度台发起固定终端的 VGCS 组呼；

(6)调度台发起固定终端的 VBS 广播呼叫；

(7)调度台接收机车综合通信设备 A 发起的紧急组呼；

(8)调度台呼叫值班台 A 呼叫转移(ECT)到固定用户 FS3；

(9)调度台呼叫值班台 A 无条件前转(CFU)到固定用户 FS3；

(10)调度台多用户呼叫保持与切换测试。

3. 大话务量测试

(1)将模拟呼叫器接在调度型 FAS 系统上，采取 24 路对 24 路同步呼叫的方式，运行 24 h，期间其他测试照常进行；

(2)24 h 后，读取模拟呼叫器数据，检查呼叫有无失败、有无丢失，检查维护终端有无告警，检查模块有无损坏。

4. 倒换测试

(1)通话进行中的主控板倒机测试

① 调度台拨 ISDN 号码呼叫值班台 A；

② 值班台 A 摘机；

③ 调度台和值班台 A 通话；

④ 在维护终端上将车站 A 主控板(MP 板)进行倒机；

⑤ 调度台和值班台 A 通话；

⑥ 调度台挂机。

(2)通话进行中的电源板倒换测试

① 调度台拨 ISDN 号码呼叫值班台 A；

② 值班台 A 摘机；

③ 调度台和值班台 A 通话；

④ 车站 A 电源板(PWR 板)进行倒换；

⑤ 调度台和值班台 A 通话；

⑥ 调度台挂机。

(3)通话进行中的数字环切换测试

① 调度台拨值班台 A 的 ISDN 号呼叫值班台 A；

② 值班台 A 摘机；

③ 调度台与值班台 A 通话；

④ 中断主系统主用 2M 通道(即调度所与车站 A 之间的 2M 通道)，调度台与值班台 A 通话；

⑤ 调度台挂机。

(4)30B + D 接口路由切换测试

① 调度台拨机车号功能号 A 呼叫机车综合通信设备 A；

② 机车综合通信设备 A 摘机；

③ 调度台与机车综合通信设备 A 通话；

④ 调度台挂机；

⑤ 中断第一路由，调度台拨机车号功能号 A 呼叫机车综合通信设备 A；

⑥ 机车综合通信设备 A 摘机；

⑦ 调度台与机车综合通信设备 A 通话；

⑧ 调度台挂机。

(5)备用调度台更换测试(不下载数据)

① 备用调度台接上电源和信号线，按下电源开关，同时按下秒表计时；

② 直到备用调度台正常运行，与主系统通信正常(左上角小球变绿)，停止计时，读出秒表读数；

③ 调度台通过拨号盘拨 ISDN 号码呼叫值班台 A；

④ 值班台 A 摘机；

⑤ 调度台和值班台 A 通话；

⑥ 调度台挂机；

⑦ 值班台 A 拨调度台 ISDN 号码呼叫调度台；

⑧ 调度台摘机；

⑨ 调度台和值班台 A 通话；

⑩ 调度台挂机。

(6)备用调度台更换测试(下载完数据)

① 备用调度台接上电源和信号线，按下电源开关，同时按下秒表计时；

② 直到备用调度台正常运行，与主系统通信正常(左上角小球变绿)，并下载完调度台数据，停止计时，读出秒表读数；

③ 调度台按单呼键呼叫值班台 A；

④ 值班台 A 摘机；

⑤ 调度台和值班台 A 通话；

⑥ 调度台挂机；

⑦ 值班台 A 按单呼键呼叫调度台；

⑧ 调度台摘机；

⑨ 调度台和值班台 A 通话；

⑩ 调度台挂机。

(7)大话务量呼叫前提下呼叫建立时间测试

① 将值班台 A 设置成自动接听模式，用调度台呼叫值班台 A，通过内部信令读取时间，记录呼叫开始和对方应答的时间点，相减得出呼叫建立时间；反复测试 5 次，取平均值。

② 将机车综合通信设备 A 设置成自动接听模式，用调度台呼叫机车综合通信设备 A，通过内部信令取时钟，记录呼叫开始和建立的时间点，相减得出呼叫建立时间；反复测试 5 次，取平均值。

(8)录音测试

① 调度台按单呼键呼叫值班台 A，值班台 A 应答，调度台和值班台 A 均占用主通道；

② 调度台按单呼键呼叫值班台 B，值班台 B 应答，调度台占手柄通道，值班台 B 占用主通道；

③ 值班台 A 按单呼键呼叫值班台 B，值班台 B 应答，值班台 A 和值班台 B 均占用手柄通道；

④ 通话持续 10 min，然后释放所有通话；

⑤ 在录音设备检测六个录音通道的录音；

⑥ 在通话过程中观察录音输出是否运行正常。

(9)维护管理测试

① 系统故障告警及日志查询测试

a. 调度台按单呼键呼叫专用数字电话；

b. 专用数字电话摘机；

c. 调度台和专用数字电话通话；

d. 调度台挂机；

e. 专用数字电话按单呼键呼叫调度台；

f. 调度台摘机；

g. 调度台和专用数字电话通话；

h. 专用数字电话挂机；

i. 专用数字电话按 ISDN 号码值班台 A；

j. 值班台 A 摘机；

k. 值班台 A 和专用数字电话通话；

l. 专用数字电话挂机；

m. 专用数字电话按紧急键，再按单呼键呼叫调度台；

n. 调度台摘机；

o. 调度台和专用数字电话通话；

p. 专用数字电话挂机。

② 终端维护管理系统测试

a. 复位调度型 FAS 数字用户板（DSP 板）；

b. 给车站 A 加载值班台 A 数据；

c. 查看车站 B 数字中继板（DTPP 板）端口状态，拔下车站 B 的主环，观察维护终端界面状态；

d. 查看 30B + D 接口板时隙占用状态；

e. 查看调度型 FAS 用户接口母板（ALC 板）上模块的使用状态；

f. 用另外一个维护终端进行远程维护。

六、应急救援指挥通信系统的测试

1. 应急救援指挥通信系统与铁通专网电话、综合视频监控系统间的调试

（1）应急救援现场动图上传

将事故现场摄像机采集的动图传到应急通信包、再通过传输设备实时上传至指挥中心 。测试时间为 30 min，视频动态连续、稳定、清晰，基本无卡断。

（2）应急救援现场静图和数据上传

将事故现场数码相机采集到的静图和其他数据上传至指挥中心。测试中，接收现场静态图片及数据（约 20 MB 的电子文件）正常。

（3）指挥中心与现场语音通信

指挥中心可对现场用户发起单呼、组呼等呼叫。系统对电话终端可进行编组管理，通过应急语音指挥台可对该组发起组呼呼叫，同时呼出该组所有成员进行通话，系统支持多方会议电话功能，具备录音功能等。

（4）现场内部通信

所有电话都可以加入现场以及指挥中心的语音指挥系统，任何一部电话都可以直接呼叫语音指挥系统中的其他电话，并且参与电话会议。

（5）与外部的语音通信

系统内所有电话都可以拨打或者接听外线。

2. 性能测试

（1）救援指挥中心设备性能

在视频终端上可以观看现场实时传送的图像、图片、数据；中心的电话和应急语音操作台均可以

和现场的语音终端通话。

(2)救援现场至救援指挥中心的图像性能指标

① 静态图像

格式:JPEG(彩色);

分辨率:≥ 640×480 像素。

② 动态图像

图像像素:≥ 352×288 像素;

图像分辨率满足: 352×288 像素(CIF 格式)或 704×576 像素 (4CIF 格式);

图像帧频可达 25 帧/s(PAL)。

七、综合视频监控系统的测试

1. 视频图像主观评价

视频图像质量的主观评价为图像观看流畅。

2. 视频系统时延

调用视频图像时,灵敏度是否正常,图像质量是否流畅。

3. 视频通道的端对端性能

视频通道的端对端性能应符合设计要求,测试项包括:输出幅度、幅频特性、行同步幅度、K 因子、DG/DP、亮色增益差、S/N 加权值、亮色时延差。

4. 摄像机测试

摄像机应清晰有效地采集到现场的图像信息,有效监视距离应符合设计要求。

5. 视频图像采集

视频图像采集功能应符合设计要求。

6. 视频图像管理

(1)PTZ 控制(PTZ 控制的时延,测试方法)

具有完善的云台镜头控制功能,能控制相应的云台转动以及镜头的变倍、光圈和聚焦,对摄像机进行光圈、焦距、景深等调节,以及对电动云台做全方位控制。

(2)四画面实时显示

客户端可以为每路图像配置文字注释和编号设置,叠加字符可在观看图像时任意调整位置、取消或叠加,四画面实时显示,图像中自动叠加时间、位置以及必要的监控信息。

(3)监控画面的选择

具有完善的图像切换功能。操作人员在权限范围内任意调用显示方式或手工设定,将指定实时摄像机图像显示在指定的显示器上,根据不同分类列出摄像机列表,双击列表中的摄像机或通过拖拽的方式将需要监视的摄像机放入监控画面中。

(4)报警画面的调用和存储

产生报警时,可在视频界面中调用对应镜头的实时画面并录相。

(5)录像控制

分为实时录像存储和报警录像存储。

7. 视频图像存储功能

(1)所有视频文件存储、实时录像及回放(存储的时间)

历史图像回放功能;系统可按摄像机编号、日期、时间、报警信息等多种方式检索回放录像,可逐帧、高速率快慢回放,图像和声音同步回放。

系统能完成对所有视频文件的存储功能,满足 7 天 24 h 的要求;能实现以 25 帧/s,D1、4CIF、CIF 的分辨率实时录像;能实现指定编码器地址及通道序号、时间段内、所选编码器某通道的视频监控录像的回放。

(2)自动覆盖及查询

历史图像查询方式;可以根据日期、时间、摄像机编号、名称、报警信息、图像变化报警查询相关历史记录。

视频存储应支持自动覆盖功能,即根据视频服务器设置,自动覆盖原视频数据,满足视频存储的需求。支持精确和模糊检索方式,基于多种规则如事件和时间检索、摄像机名称和编号、日期和时间、报警、外部数据等检索查询方式。

(3)监控回放的图像质量

实时监控图像回放满足4CIF图像质量。

(4)系统吞吐量

单台服务器系统最大存储的系统吞吐量满足30个并发视频存储,不少于10个并发视频访问。

(5)信息保存

在市电中断或关机时,对所有编程设置、摄像机号、时间、地址等信息均可保存。

8. 视频语音主观评价

客户端与编码器之间实时语音通信功能实现正常,话音质量良好。

八、动力与环境监控系统的测试

(1)传感器上传的告警信息实时上传到调度所。

(2)对灯的控制保证开门灯亮,关门时保证关灯延时10~30 min。

(3)对电源的监控保证电源监控模块以及UPS的告警信息可以通过RTU上传到监控中心并且产生告警。

(4)对视频的监控保证动力与环境监控系统检测到RTU有门禁报警、水浸报警和烟雾检测报警时,会有以硬接点的形式来发出信号给视频监控系统。视频监控系统将负责将视频切换到相应的摄像机预制位,并且进行自动录像。

(5)监控中心数据系统可按告警类型、日期、时间、报警信息等多种方式检索。

(6)综合网管系统可以根据调度所的动力与环境监控里的归档服务器将动力与环境监控系统的数据存入归档数据库中,综合网络管理系统INMS从该数据库中根据需要挑选数据。

(7)RTU与传感器要求点对点测试,确保每一个传感器信号都能够通过RTU传输。

九、通信综合网管系统的测试

1. 系统响应时间的测试

(1)告警响应时间:网络设备运行正常情况下,网管系统的告警最长响应时间(指从厂家网管上传告警到综合网管系统显示告警)小于5 s。

(2)操作响应时间:简单操作及普通数据查询操作界面响应时间小于2 s,大数据量报表数据查询操作界面响应时间小于15 s。

(3)相关性分析与故障定位时间:从故障发生到系统确定最终故障范围的最大延迟时间为30 s。

2. 系统采集能力的测试

(1)数据准确性

告警原始数据采集的准确性为99.99%。资源原始数据采集准确性99.99%。

(2)数据完整性

网管系统采集的数据的完整性99.99%。

(3)数据的处理准确性

网管系统对采集后数据的处理准确性应达到100%。

3. 系统存储能力的测试

系统存储能力需满足以下设计要求：

(1)联机存储能力

系统的磁盘阵列容量能够保证配置数据存储6个月；原始告警数据存储3个月；经网管处理后的报表数据、分析数据在系统中存储12个月；经用户设定为重要的数据(如与分析预测相关的数据)长期保存。

(2)脱机存储能力

经网管处理后的数据可在磁带机或磁盘中长期保存(大于3年)。

4. 冗余配置的测试

(1)软件安装结果

检测安装在系统上的软件是否符合配置手册中的安装结果内容。

(2)MC命令测试

集群能启动、集群能停止。

(3)手工包停止、切换测试

①当集群启动后，有一个运行包 temip_TeMIP 在运行；

②运行包 xx_pkg 可以停止；

③运行包 xx_pkg 可以被手工切换到备用系统上；

④停止系统2，在系统2上运行的应用包都自动切换到系统1上；

⑤停止系统1，在系统1上运行的应用包都自动切换到系统2上。

(4)网线冗余测试

①拔系统1和2的备用网线，应用包 xx_pkg 运行正常；将备用网线复位；

②拔系统1和2的心跳网线，数据网线接管心跳功能，应用包 xx_pkg 正常；

③拔系统1和2数据网线，备用网线接管心跳和数据传输功能，应用包 xx_pkg 正常；

④心跳、数据网线复位，自动恢复各自功能。

十、同步和时钟分配系统的测试

1. 测试项目

(1)测试中心母钟输出的同步信号，应符合设计要求的时间精度和稳定度；

(2)测试中心母钟与时钟系统网管的通信功能；

(3)测试中心母钟与子钟的时间同步功能；

(4)测试中心母钟与 GPS 的时间同步功能；

(5)测试中心母钟与 NTP 的时间同步功能。

2. 测试方法

(1)时钟测试

时钟系统网管系统相关功能测试，通过标准的 RS232/10M 接口与一级母钟相连，实现集中维护和自诊断。

(2)同步测试

进入维护终端界面的“监视维护”；

执行 TOE 单板的“查询单板状态”命令，如果运行状态正常，则证明扩容系统与既有设备兼容。

同步和时钟分配系统测试记录见表3-2-30。

表 3-2-30　同步和时钟分配系统测试记录表

序　号	测试项目	测试方法
一级母钟	1. 对二级母钟及本站子钟的时间校对功能	修改二级母钟及及本站子钟的时间，观察恢复时间
	2. 与监控系统的通信功能	监控界面上能查到母钟状态
	3. 对 GPS 信号的接收功能	观察 GPS 指示灯，修改中心母钟时间观察恢复时间
	4. 对二级母钟及本站子钟的通信查询	面板操作
	5. 标准时间的输出功能	用 422－232 转换器，超级终端读取时间信号
	6. 主备母钟自动切换功能	主母钟掉电，拔板，去 GPS
监控系统软件	1. 与一级母钟的通信功能	监控查询
	2. 故障显示查询和报警功能	制造故障，监控查询
	3. 子钟设置和调整功能	监控操作
	4. 时间制式转换功能	监控操作
GPS	标准时间信号接收功能	观察相关指示灯；修改母钟时间，观察是否自动校对
NTP	1. 与母钟的通信功能	连接母钟和 NTP，观察时间同步情况
	2. 网络校时功能	连接母钟和网络内终端设备，观察时间同步情况
日历数显钟	1. 时间、日期显示功能	观察显示时间和日期的正确性
	2. 温度显示功能	观察显示温度的正确性
	3. 单机运行功能	脱离母钟，观察子钟运行情况
	4. 联网运行功能	接通母钟，观察子钟运行情况
	5. 自动对时功能	上电后在 3 s 内能跟踪标准时间
接口箱	1. 信号输入功能	检查每个口是否好用
	2. 信号输出功能	检查每个口是否好用
	3. 信号指示功能	收发指示灯指示正常
转换器	1. 信号输入功能	检查每个口是否好用
	2. 信号输出功能	检查每个口是否好用

第五节　通信系统内部调试

一、传输和接入系统与相关联系统接口调试

1. 传输和接入系统—电话交换系统接口测试

（1）传输通道满足电话业务要求。

（2）PABX 系统与传输系统的接口功能测试，确保位于北京南站通信信号楼的 PABX 汇聚设备 LT 与各站 NU 之间通信的畅通，与传输（SDH）系统互联，对各站点的 LT 及 NU 设备进行通信测试。主要测试其对承载 PABX 系统 2M 数据通路的性能进行测试，在网管服务器中与每个站 NU 设备进行通信测试。电话交换系统各功能业务能正常操作，误码能满足要求。

2. 传输和接入系统—数据网接口测试

（1）检验传输通道满足数据网业务要求。

（2）检验各车站数据网系统间的传输接口（与 SDH 系统的接口）和传输通道带宽。主要测试其对承载数据网系统数据通路的性能测试。数据网带宽达到数据网对 SDH 提出的带宽要求。

（3）采用数据仪表进行不间断的发数据包检测数据丢包率，以及 VLAN 标签，数据的吞吐量，最后

利用笔记本电脑进行软件 PING 的试验，检查数据流量速度。

3. 传输和接入系统—通信综合网管系统接口测试

(1)检验 INMS 综合网管可以获得 SDH 设备接口描述的告警及配置数据。

(2)检验通过 INMS 综合网管观测到的告警数据是否实时，告警格式是否解析正确，能够自动清除；配置数据是否正确。

(3)安装 CORBA 第三方管理软件，打开电脑跟踪采集同步数据，通过操作 INMS 综合网管监控 SDH 设备告警采集、网元配置数据管理、同步时钟、数据交叉连接等，记录数据库的数据访问情况。

4. 传输和接入系统—调度通信系统接口测试

检验传输通道满足调度业务要求。

5. 传输和接入系统—GSM－R 专用移动通信系统接口测试

(1)检验传输通道满足 GSM－R 业务要求。

(2)通过两个或多个 GSM－R 网元，观察传输链路状态。传输链路状态显示正常。对于 MSC，通过输入 STATDIU，如果 PCM 状态是 ACT，表示链路状态正常。

6. 传输和接入系统—动力及环境监控系统接口测试

(1)检验传输通道满足通信动力及环境监控业务要求。

(2)验证各个 RTU 的每个连接到 SDH 系统的端口都可以被访问，且从动力及环境监控系统中的监控界面上读取到所有已经正常运行的各 RTU 的状态。

7. 传输和接入系统—应急救援指挥通信系统接口测试

(1)检验传输通道满足应急救援业务要求。

(2)视频显示端装有视频播放软件，可以收到应急现场传过来的动图，如果收到的显示应急现场场景的动图，并且连贯性很好，则说明指挥中心能够正常收到图像。

8. 传输和接入系统—综合视频监控系统接口测试

(1)检验传输通道满足综合视频监控业务要求。

(2)传输带宽可满足各车站与其所属范围内节点的网络带宽要求。确保全网络带宽可用性。

9. 传输和接入系统—同步和时钟分配系统接口测试

(1)检验传输通道满足时钟业务要求。

(2)将其他系统的 IP 地址段输入 NTP 服务器，通过时钟系统交换机将 NTP 服务器与其他系统服务器进行连接，使用装有时钟系统软件的客户端进行测试，检测网络是否联通；自动对时功能能否实现。当物理接口连接上，数据可完整地传送，通过传输设备监控端可确认收到数据，才证明网络的联通。

(3)利用时钟系统客户端软件从各子系统读取和设定常用 NTP 信号，将所有信号进行对比，如果各子系统之间的精度差在 ±10 ms 内，则证明子系统得到的 NTP 信号相同。在时钟同步设备上，通过信号显示灯可确认是否通道已连接。通过不同的网元输入错误时间，如时间能自动与母钟对上，则自动对时功能已实现。

(4)通过 BITS 时钟源引入 T3 接入时钟，操作人员利用子 SDH 网管软件，打开 SDH 网管软件登录到设备，对时钟进行配置，测试时钟同步频率、时钟的类别、时钟的成帧方式等三大功能块，验证时钟的级别和质量。

二、电话交换系统与相关联系统接口调试

1. 电话交换系统—传输和接入系统接口测试(表 3－2－31)

表 3－2－31　电话交换系统－传输和接入系统接口测试表

测试步骤	期望结果
SDH：所提供的传输通道在系统测试中测过，核实过。应用传输通道的子系统需证实传输通道能满足要求，之后再签收 IDF	传输通道能满足要求，在北京南、亦庄、永乐、武清、天津站、TSS1 & 2、ATS 1～6、6 个集装箱提供了 2×E1 通道，在北京南通信信号楼提供了 43×E1 & 2 FE 通道
电话交换： （1）测试目的：PABX 系统与传输系统的接口功能测试，确保位于北京南站通信信号楼的 PABX 汇聚设备 LT 的与各站 NU 之间通信的畅通。 （2）测试内容：与传输（SDH）系统互联，对各站点的 LT 及 NU 设备进行通信测试。主要测试其对承载 PABX 系统 2M 数据通路的性能进行测试，在网管服务器中与每个站 NU 设备进行通信测试。该部分应有传输系统配合进行测试	（1）信令交换单元告警显示没亮，各功能，业务能正常操作，误码能满足要求 （2）八路数字中继板告警显示没亮，各功能，业务能正常操作，误码能满足要求 （3）K 电源告警显示没亮，各功能，业务能正常操作，误码能满足要求 （4）控制交换板告警显示没亮，各功能，业务能正常操作，误码能满足要求 （5）模拟用户板告警显示没亮，各功能，业务能正常操作，误码能满足要求 （6）H 电源告警显示没亮，各功能，业务能正常操作，误码能满足要求 （7）C 型用户测试板告警显示没亮，各功能，业务能正常操作，误码能满足要求

2. 电话交换系统—通信综合网管系统接口测试（见表 3－2－32）

表 3－2－32　电话交换系统－通信综合网管系统接口测试表

测试步骤	期望结果
综合网管：北京南通信信号楼的 PABX 网管系统通过北京南通信信号楼的汇聚交换机接入 IP 网络，综合网管系统能够通过核心网机房的汇聚交换机进入 IP 网络，测试两系统是否 IP 路由可达 （1）网络联通后，测试验证双方的逻辑接口是否能够联通 （2）接口联通后，测试 PABX 系统能否发送实时的告警信息、告警清除信息，及网络配置信息给综合网管；综合网管能否实时接收实时告警数据、告警清除信息及网络配置信息 （3）通过综合网管告警监控界面，比较 PABX 网管系统告警，观测告警是否实时，告警格式是否正确，是否能够自动清除，是否完整 （4）通过配置界面，比较 PABX 网管系统配置，观测配置数据信息是否正确	（1）告警数据实时上传 （2）格式解析正确，能够自动清除 （3）配置数据正确
电话交换： （1）测试两系统是否 IP 路由可达 （2）网络联通后，测试验证 PABX 的逻辑接口是否能够联通 （3）接口联通后，测试 PABX 系统能否发送实时的告警信息、告警清除信息及网络配置信息给综合网管	（1）软件连接成功 （2）能够得到告警及配置数据

三、GSM－R 专用移动通信系统与相关联系统接口调试

1. GSM－R 专用移动通信系统—传输和接入系统接口测试

（1）数据传输网络（SDH 系统）提供 GSM－R 系统的通信通道，对提供的数据传输网进行传输速率、响应时间测试。所提供的传输通道在系统测试中测过，核实过。应用传输通道的子系统需证实传输通道能满足要求，之后再签收 IDF。

（2）通过两个或多个 GSM－R 网元，观察传输链路状态。

2. GSM－R 专用移动通信系统—数据网接口测试

将测试仪接入数据网为 GSM－R 提供的接口，通过测试仪检测数据网为 GSM－R 提供的带宽。

3. GSM－R 专用移动通信系统—通信综合网管系统接口测试

（1）GSM－R 系统网管系统、综合网管系统通过核心网机房汇聚交换机接入 IP 网络，测试验证两系统 IP 路由是否可达。

（2）网络联通后，测试验证双方的逻辑接口是否能够联通。

（3）接口联通后，测试 GSM－R 系统能否发送实时的告警信息、告警清除信息、及网络配置信息给综合网管；综合网管能否实时接收实时告警数据、告警清除信息及网络配置信息。

（4）通过综合网管告警监控界面，比较 GSM－R 网管系统告警，观测告警是否实时，告警格式是否正确，是否能够自动清除，是否完整。

(5)通过配置界面,比较 GSM－R 网管系统配置,观测配置数据信息是否正确。

4. GSM－R 专用移动通信系统—调度通信系统接口测试

(1)GSM－R 测试

① 通过 2M 接口通道和调度系统的调度台建立连接,通过调度台呼叫 GSM－R 的机车综合通信设备用户,确定通话是否正常,号码显示是否正常。

② 然后使用 GSM－R 上的机车综合通信设备用户呼叫调度台,确定通话是否正常,号码显示是否正常。

(2)调度测试

① 通过该接口试验,验证两系统之间是否能完成如下功能:调度系统上的用户呼叫 GSM－R 用户;GSM－R 用户呼叫调度系统用户;观察呼叫接续情况和调度台显示的呼叫名称、电话号码、呼叫优先级、呼叫状态等信息。

② 通过 2M 接口通道和 MSC 建立连接,在调度系统的主系统中接出一个调度台,通过调度台呼叫 GSM－R 的机车综合通信设备用户,观察通话是否正常,号码显示是否正常。

③ 然后使用 GSM－R 上的机车综合通信设备用户呼叫调度台,观察通话是否正常,号码显示是否正常。

5. GSM－R 专用移动通信系统—同步和时钟分配系统接口测试

(1)时钟同步测试

① 将其他系统的 IP 地址段输入 NTP 服务器,通过时钟系统交换机将 NTP 服务器与其他系统服务器进行连接。

② 使用装有时钟系统软件的客户端进行测试,检测网络是否联通、自动对时功能能否实现。

(2)GSM－R 测试

① 验证 GSM－R 系统是否能从时钟系统正确接收 NTP 信号,从而保障 GSM－R 系统的时钟同步。

② 测试 NTP 服务器与 GSM－R 系统的连接情况,观测 GSM－R 系统的维护终端和 GSM－R 交换子系统,GSM－R 智能网系统,GSM－R 基站子系统显示的时间是否同步。

四、数据网与相关联系统接口调试

1. 数据网—传输和接入系统接口测试

连接测试设备结构,规划配置接口 IP,测试设备间点到点电路的时延、丢包率、抖动。

2. 数据网—GSM－R 专用移动通信系统接口测试

将测试仪接入数据网为 GSM－R 提供的接口,通过测试仪检测数据网为 GSM－R 提供的带宽。

3. 数据网—通信综合网管系统接口测试

通过数据网网管界面发现系统告警和配置信息,并检验告警是否能够传送到综合网管。通过 Ping 指令来测试是否可以通过 DNS 来访问其他子系统网管及 NTP 时间服务器。

4. 数据网—综合视频监控系统接口测试

测试数据网系统是否能够为视频监控系统提供接口和带宽。该部分配合视频监控系统进行测试。将测试仪接入数据网为 VMS 提供的接口,通过测试仪检测数据网为 VSM 提供的带宽。

五、调度通信系统与相关联系统接口调试

1. 调度通信系统(FAS)—通信综合网管系统接口测试

通过综合网管告警监控界面,比较调度电话网管系统告警,观测告警是否实时,告警格式是否正确,是否能够自动清除,是否完整。

通过配置界面,比较调度电话网管系统配置,观测配置数据信息是否正确。

2. 调度通信系统(FAS)—应急救援指挥通信系统接口测试

指挥中心可对现场用户发起单呼,组呼等呼叫。系统对电话终端可进行编组管理,通过应急语音

指挥台可对该组发起组呼呼叫，同时呼出该组所有成员进行通话，系统支持多方会议电话功能，具备录音功能等。

3. 调度通信系统(FAS)—同步和时钟分配系统接口测试

主时钟系统负责给调度系统的维护终端以及各个分系统的操作台提供GPS时钟，从而保障全系统的时钟同步。

调度系统从时钟系统接收NTP信号以保证与京津项目网络内连接的所有系统达到同步输入，以及保证各个子系统告警记录时间和操作前台显示时间保持一致。

六、应急救援指挥通信系统与相关联系统接口调试

1. 应急救援指挥通信系统—铁通专网电话接口测试

测试应急中心与铁通专网内14部电话之间通话，并能加入到现场的电话会议中。

2. 应急救援指挥通信系统—综合视频监控系统接口测试

测试应急救援现场动图可以上传至调度所的视频监控系统内，通过视频监控系统终端可以观看应急指挥现场实时图像，并进行存储。

七、综合视频监控系统与相关联系统接口调试

1. 综合视频监控系统—通信综合网管系统接口测试

视频监控系统配置SNMP(简单网络控制协议)，与综合网管系统建立SNMP通信，将编解码器等的设备状态信息传入综合网管系统，在综合网管系统中实现对视频设备的状态监视。

2. 综合视频监控系统—同步和时钟分配系统接口测试

测试NTP服务器与视频管理服务器的通信情况，对视频系统中的相关服务器、设备进行时间手动调整，验证与主时钟的自动同步。

3. 综合视频监控系统—动力及环境监控系统接口测试

将动力与环境监控系统的RTU的DO接口连接到对应机房摄像头的视频编解码器的TTL输入接口。在视频监控系统中对此TTL信号与相关摄像机预置位进行关联设置。由动力及环境监控系统发送开关量报警信号，监控系统执行相关摄像机预置位对报警区域进行实时监控。

八、动力与环境监控系统监控系统与相关联系统接口调试

动力与环境监控系统与其他系统间的测试包括：

(1)动力与环境监控系统与空调的测试要求各个RTU检测空调系统的相关报警信号，并在控制系统中显示相关报警信息。

(2)动力与环境监控系统与通信电源系统要求电源监控模块与UPS监控系统中的告警信息可以通过RTU传输给调度所动力及环境监控系统，并且可以在系统中保存告警信息，准确地在显示介面上显示告警信息。

九、通信综合网管系统与相关联系统接口调试

通信综合网管系统与相关联系统接口见图3-2-11。

1. 信息采集

(1)故障管理功能域

① 采集告警数据

a. 完成与JJ-DPL GSM-R网元级网管系统的集成：

实现与GSM-R三套网元级网管系统(AC\SC\RC)网络的互联(网络可通)。

通过CORBA接口，综合网管系统可以采集到GSM-R系统的实时故障信息。

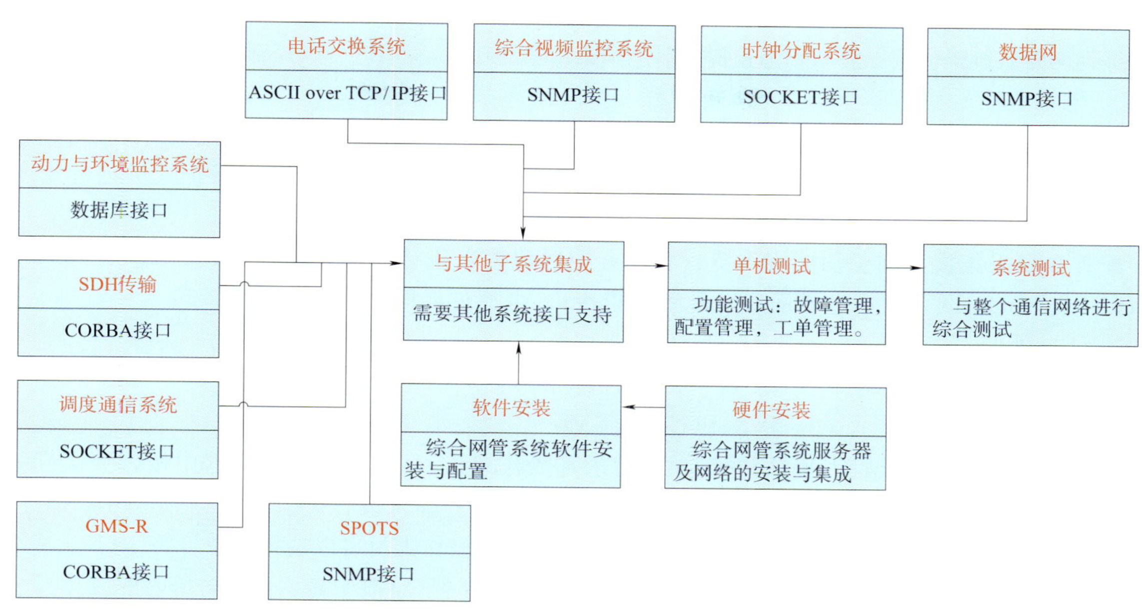

图 3－2－11　通信综合网管系统与相关联系统接口图

b. 完成与 JJ－DPL 数据网网元级 Cisco CWLMS 网管系统的集成：

实现与数据网网元级网管系统（Cisco CWLMS）网络的互联（网络可通）。

通过 SNMP 接口，综合网管系统可以采集到数据网系统的实时故障信息。

c. 完成与 JJ－DPL SDH 传输网网元级 TNMS 网管系统的集成：

实现与 SDH 传输网网元级网管系统（TNMS）网络的互联（网络可通）。

通过 CORBA 接口，综合网管系统可以采集到 SDH 系统的实时故障信息。

d. 完成与 JJ－DPL 电话网网元级 E100 网管系统的集成：

实现与电话网网元级网管系统（ZXUMS E100）网络的互联（网络可通）。

通过 ASCⅡ over TCP/IP 接口，综合网管系统可以采集到电话网系统的实时故障信息。

e. 完成与 JJ－DPL 调度系统网元级 Dispath 系统网元级网管系统的集成：

实现与调度系统网元级网管系统 Dispath 网络的互联（网络可通）。

通过 SOCKET 接口，综合网管系统可以采集到调度系统的实时故障信息。

f. 完成与 JJ－DPL 综合视频监控系统网元级网管系统的集成：

实现与视频监控系统网元级网管系统网络的互联（网络可通）。

通过 SNMP 接口，综合网管系统可以采集到综合视频监控系统的实时故障信息。

g. 完成与 JJ－DPL 动力及环境监控系统网元级网管系统的集成：

实现与动力及环境监控系统网元级网管系统网络的互联（网络可通）。

通过数据库接口，综合网管系统可以采集到动力及环境监控系统的实时故障信息。

h. 完成与 JJ－DPL GSM－R 性能监控系统（SPOTS）的集成：

实现与 GSM－R 性能监控系统（SPOTS）网络的互联（网络可通）。

通过 SNMP 接口，综合网管系统可以采集到 GSM－R 性能监控系统（SPOTS）的越门限实时性能告警信息。

i. 完成与 JJ－DPL 时间同步系统（NTP）网元级网管系统的集成：

实现与时间同步系统（NTP）网元级网管系统网络的互联（网络可通）。

通过 SOCKET 接口，综合网管系统可以采集到时间同步系统（NTP）的实时故障信息。

系统提供 ASCⅡ、SNMP、CORBA 协议的接入模块开发工具，使以后有新设备时系统可以扩展接入。

② 采集告警配置管理

综合网管系统提供手工启动和停止告警信息采集模块的功能,使用户可以控制采集模块的运行状态。

③ 采集监控

对于基于 ASCⅡ码方式提供接口的采集实例,采集监控模块应支持对 TCP/IP 连接状态的监控。当连接状态产生异常时,综合网管系统可以产生告警或异常事件通知界面,通知维护人员进行处理。

(2)网络资源信息管理功能域

配置数据采集接口浏览功能应支持查看所有配置数据采集接口的相关信息,如:Agent_Name,CC_Name,CC_Status;既可以通过界面启动配置采集接口,也通过界面停止配置采集接口。

2. 信息处理

(1)故障管理功能域

① 告警处理

查看告警详细信息,清除、确认告警,对告警增加操作建议,显示当前告警容器中按告警级别的统计信息。告警确认是综合网管级的确认,与专业网管级的告警确认没有关系。

告警处理应支持操作员通过界面对告警进行故障申告. 操作人员可以选择一条告警,对其生成故障申告单,在告警列表中标识该条告警被“确认”,并可在”操作注释”字段中显示创建告警时的注释。

告警处理应支持设置相似告警模式(根据相同问题类型,或根据相同问题类型及相同告警级别判断相似告警),对于相似告警,系统只显示一条,操作员可以通过右键的方式将告警展开,查看相似的各条告警。

② 告警域管理

告警域管理应支持按照专业、设备对被管对象进行分类。通过划分管理域实现对管理范围的划分,方便运营维护人员监控其关注的设备。

告警域管理应支持管理域重叠,也就是说某管理对象可以同时属于多个管理域,该被管对象上的告警在所有他所属的管理域的告警呈现视图上显示。

③ 告警列表显示

告警应支持以告警列表的方式实时呈现。

告警列表显示应支持操作人员制定告警视图的显示层面的过滤策略,并可为视图定制名称。可以方便地通过启用、停止视图过滤,实现在不同视图间的切换。

告警列表显示应支持操作员可以在告警列表中设置哪些列不显示;各列的标题可以定制,告警列表显示应支持设置告警列表的排序,操作人员可以设定根据哪一列按照升序或降序来对告警进行排序。

告警列表显示应支持定义以下告警级别:严重、重要、次要、提示、清除、未知。

当前告警容器中的告警,可以按告警级别(severity)和告警类别(alarm type)进行统计。统计结果支持柱图、饼图的显示形式。

④ 拓扑编辑

拓扑编辑应支持操作员通过界面对拓扑图进行查询、修改、增加、删除操作。

⑤ 拓扑展现

拓扑展现应支持按照系统、网元(端口)来定义各系统拓扑显示。

拓扑展现应支持展现京津高铁沿线主要机房设备分布。

⑥ 告警拓扑展现

告警信息拓扑展现应支持在拓扑图上呈现告警,方便监控人员直观准确定位。当综合网管系统收到某设备告警信息时,系统拓扑界面中包含该设备的图标会通过闪烁来提醒维护人员。

⑦ 端到端路由呈现

端到端路由呈现应支持路由显示功能。端到端的路由显示由网元、链路串成的一条直线组成,路

由图标包括点和线。

端到端路由呈现应支持简单的路由视图编辑功能。路由视图可提供手工编辑功能，可以在视图上鼠标拖拽网元位置，调整坐标并保存。

⑧ 路由告警呈现

路由告警呈现应支持以不同颜色的图标表示当前对象是否有故障发生，不同级别的告警应使用不同的颜色在图标上实现闪烁；当有多个告警时，应按最高级别显示；当较高等级的告警消失后，应顺序显示次等级的告警；当告警清除时图标应恢复到无告警状态。

⑨ 告警相关性分析

支持传输告警 jjdpl of signal 和 TALOS、AIS 之间关联性分析，从而达到用 TALOS 抑制其他两种告警的作用。

(2)网络资源信息管理功能域

① 配置数据校验

配置数据编辑管理应支持对所有的配置数据进行合法性检查，对不通过检查的数据不予提交。

② 配置数据变更合并

配置数据合并应支持将缓存库中经过确认(确认包括用户手工确认和系统自动确认)的有效网络数据同步到配置库中。

配置数据合并任务浏览应支持查看所有配置数据合并任务的相关信息，如：全局类名称、全局对象名称、需要合并的记录数(总数)、数据合并状态、数据合并状态、失败的记录数(总数)、成功的记录数(总数)、成功的记录数(删除)、成功的记录数(修改)以及成功的记录数(插入)。

通过界面启动配置数据合并任务。

③ 归档配置管理

配置数据归档信息设置应支持配置数据归档信息的设置，如：归档服务器地址、端口、归档方式、归档周期、归档目录、归档状态以及删除方式。

通过界面启动配置归档接口。

④ 配置数据浏览查询

配置数据浏览查询应支持操作员通过界面对配置库中的所有数据进行分类查询(支持精确匹配、模糊匹配)，浏览，排序，分页显示等功能。

⑤ 配置信息编辑管理

配置数据编辑管理应支持操作员通过界面对配置库中的所有数据进行增加、删除、修改功能。

(3)故障单管理功能域

① 工单生成

维护人员可以在 TeMIP 故障监控平台上，依据某条告警信息，直接人工转化为故障工单，转到故障工单管理平台流转。

维护人员可以在 OVSD 故障工单管理平台上，人工生成一条工单信息。

生成的故障单信息可以包括如下的内容：故障单号、故障单状态、申告人(包括部门)、故障点、故障单标题、故障现象描述、故障单来源、故障单分类、故障关联系统、故障影响度、故障优先级、故障发生时间、故障最终处理期限等。

② 工单流转

工单创建后，可以根据分配原则，分配给某个维护人员或某个维护组。

维护人员可以在自己的工单监控界面，得到需要自己处理的工单。

维护人员可以接受工单，也可以将工单再次转给其他人员处理。

维护人员可以对工单的某些属性进行修改或补充。如修改故障优先级、影响度，补充故障现象等。

维护人员可以将故障分析记录到系统中。

维护人员可以将故障的处理方案记录到系统中。

不同的故障处理阶段，维护人员可以修改故障单状态（已登记，分配到专业室，专业室处理中，已解决，关闭等），以标明处理状态。

故障处理完成后，维护人员在修改故障状态位后，可将工单回复给创建者。

故障监控平台（TeMIP）接收到某一告警（已派故障单）的恢复报告后，由维护人员手工在工单管理平台（OVSD）中进行工单状态修改，修改的状态会自动同步到故障监控平台（TeMIP）。

③ 工单查询

具备权限的维护员可以查询当前的所有工单信息。查询的条件可以灵活设置。

④ FAQ 管理

在故障工单关闭时，可以选择是否将某一次的处理信息以 FAQ 的方式进行记录。

系统提供三类 FAQ 记录：常见问题、专业知识、其他。

维护人员可以通过复合条件，对 FAQ 进行查询。

⑤ 用户管理

可以进行用户组、用户的管理（增、删、改、查）。

⑥ 流程参数管理

以下参数可以通过系统功能进行配置：故障单状态值，故障单来源值，故障单分类值，故障单关联的系统取值，故障单影响度取值，故障单优先级取值。

（4）集成安全管理模块功能域

① 部门管理功能

可以根据部门名称进行部门查找；根据部门名称进行部门查找；点击部门名称链接，查看部门内容；点击部门名称链接，查看部门内容；修改部门内容；添加部门；删除单个部门；批量删除多个部门。

② 工作组管理功能

可以根据工作组名称进行工作组查找；根据工作组名称进行工作组查找；点击工作组名称链接，查看工作组内容；点击工作组名称链接，查看工作组内容；修改工作组内容；添加工作组；删除单个工作组；批量删除多个工作组。

③ 用户管理功能

可以根据用户名称进行用户查找；根据用户名称进行用户查找；点击用户名称链接，查看用户内容；点击用户名称链接，查看用户内容；修改用户内容；添加用户；删除单个用户；批量删除多个用户。

④ TeNCM 权限映射管理功能

可以根据 TeNCM 权限名称进行 TeNCM 权限查找；点击 TeNCM 权限链接，查看 TeNCM 权限内容；修改 TeNCM 权限内容；添加 TeNCM 权限；删除单个 TeNCM 权限；批量删除多个 TeNCM 权限。

⑤ OVSD 权限映射管理功能

可以根据 OVSD 权限名称进行 OVSD 权限查找；点击 OVSD 权限名称链接，查看 OVSD 权限内容；修改 OVSD 权限内容；添加 OVSD 权限；删除单个 OVSD 权限；批量删除多个 OVSD 权限。

⑥ TeMIP 权限映射管理功能

可以根据 TeMIP 权限名称进行 TeMIP 权限查找；点击 TeMIP 权限名称链接，进行 TeMIP 权限内容查看；修改 TeMIP 权限内容；添加 TeMIP 权限；删除单个 TeMIP 权限；批量删除多个 TeMIP 权限。

⑦ TeMIP 实体映射管理功能

可以根据 TeMIP 实体名称进行 TeMIP 实体查找；点击 TeMIP 实体名称链接，进行 TeMIP 实体定义查看；修改 TeMIP 实体内容；添加 TeMIP 实体；删除单个 TeMIP 实体；批量删除多个 TeMIP 实体。

⑧ TeMIP 实体类型管理功能

可以根据 TeMIP 实体类型名称进行 TeMIP 实体类型查找；修改 TeMIP 实体类型内容；添加 TeMIP 实体类型；删除单个 TeMIP 实体类型；批量删除多个 TeMIP 实体类型。

⑨ 用户资料管理功能

用户可以修改自己的个人资料。

⑩ 日志管理功能

查看系统操作日志。

十、同步和时钟分配系统与相关联系统接口调试

同步和时钟分配系统与相关联系统接口调试包括以下内容：

(1)同步和时钟分配系统—传输与接入系统接口测试；

(2)同步和时钟分配系统—GSM－R专用移动通信系统接口测试；

(3)同步和时钟分配系统—动力及环境监控系统接口测试；

(4)同步和时钟分配系统—综合视频监控系统接口测试；

(5)同步和时钟分配系统—通信综合网管系统接口测试。

各个通信子系统从时钟系统接收NTP信号以保证与京津项目网络内连接的所有系统达到同步输入，以及保证各个子系统告警记录时间一致。

第六节　集成调试

集成调试包括通信系统与信号系统、牵引供电系统、防灾安全监控系统、动车组之间的接口调试。通过集成调试测试四电系统内部的系统性能、接口性能和整体能力。

一、通信系统与信号系统之间的调试

传输和接入系统配合信号集中监测系统，辅助业务开通；GSM－R系统与CTC子系统进行调度命令的传送。

二、通信系统与牵引供电系统之间的调试

传输和接入系统配合牵引供电动力及环境监控系统、牵引供电视频监控系统进行业务测试，辅助业务开通。

三、通信系统与客运服务系统之间的调试

传输和接入系统、数据网系统、综合布线系统配合客运服务系统(查询、寄存、求助、导向、广播、监控、时钟、窗口对讲、DLP等)的开通。

四、通信系统与防灾安全监控之间的调试

传输和接入系统、数据网系统配合防灾安全系统业务测试，辅助业务开通。

五、通信系统与动车组之间的调试

通信系统配合车辆故障检测系统检查从车载台(CIR)中获取车次号的工作是否正常。

通信系统通过与动车组的电源接口，检查CIR的直流供电输入是否正常。

通信系统配合动车组进行电磁兼容测试。

第三章　功 能 试 验

第一节　功能试验流程

功能试验流程见图 3－3－1。

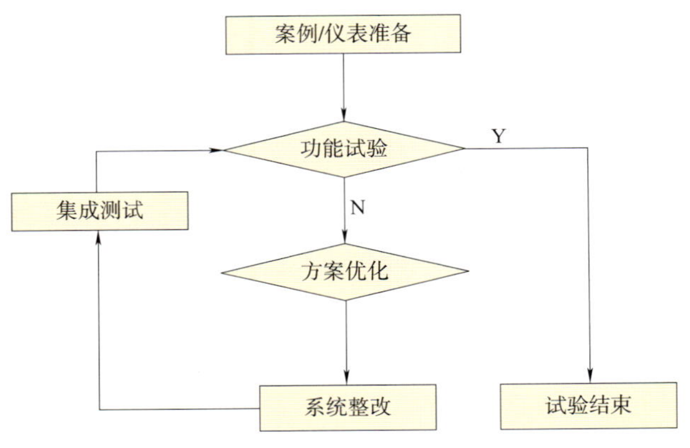

图 3－3－1　试验流程图

第二节　功能试验内容

通信系统功能试验的主要测试内容包括：电话业务、调度通信业务、调度命令无线传送业务、车次号校核数据无线传送业务、列控数据传输业务、应急救援业务、时间同步业务等数据网应用业务、综合视频监控应用业务等内容。

一、调度通信业务试验

调度通信业务试验，主要进行调度电话的通话测试，包括调度台、车站台、机车综合无线通信设备(CIR)、GSM－R 手持终端等。

调度通信业务试验，主要测试调度台与车站台、车站台与车站台间的各种通话功能以及调度台、车站台、CIR 以及手持终端间的各种通话功能，同时还通过通话测试核实 GSM－R 系统分配的各种通话位置区(位置寻址)、组呼区(站内组呼和邻站组呼等)、广播区、紧急呼叫区的范围是否正确，也需要进行 GSM－R 系统特有功能(如功能号注册/注销、功能号寻址、AC 确认、多优先级切换等)的测试和验证。

二、应急救援业务试验

应急救援业务试验，主要进行应急救援现场动图上传、现场静图和数据上传、指挥中心与现场语音通信和现场内部通信的测试。

在现场试验中，分别发现了以下问题：

(1)使用全向天线时，救援指挥通信系统最大满足 3 km 的覆盖要求，对于京津城际铁路基站间相互距离较远的区域，如有些基站间前后距离均大于 4 km，该系统无法满足基站故障时的应急通信要求。如果使用 18 m 升降天线，架设时间远远大于 0.5 h，不满足铁标要求。

(2)救援指挥台到现场救援话音终端语音通信质量较差，有断续；FAS 终端与救援指挥台之间的呼通率较低。

(3)无线语音终端围绕应急通信包天线通信不能满足现场指挥要求。

针对上述问题,分别采取了以下方法:

(1)利用基站铁塔架设接入设备天线。在京津沿线实地测试后,距离指标满足要求,而且满足0.5 h 内开通的要求。

(2)复测前,针对系统内部的软件进行了修改和调整;调度系统更换 FAS 模块,解决了上述问题。

(3)为了满足现场的指挥方便,无线语音终端改为与综合无线接入台对应。

针对上述修改,进行了一系列复测,最终能够满足各项指标,达到了系统的优化。

三、综合视频监控业务试验

(1)实时播放:双击或拖拽摄像机列表中的摄像机名称,在选中的空闲分屏界面中可以看到视频实时图像,点击停止按钮可停止播放。

(2)历史播放:选中某一路摄像机,确定录象时间段,可播放远程录象;选择本地录象文件,可播放本地录象。

(3)播放控制:播放历史录像时,可进行暂停、停止、快播、慢播、逐帧播放。

(4)图像切换:同时观看多路视频图像,可通过 1、4、6、9、全屏等多种分屏画面模式切换观看。

(5)图像放大缩小:多分屏画面显示视频图像时,可以使其中一路放大为一分屏或全屏显示;当单屏显示时,选中多分屏后,可以使一路图像缩小。

(6)实时声音播放:通过前端麦克风采集现场声音,在视频监视系统客户端播放实时声音,并与实时视频图像同步。

(7)历史声音播放:播放历史视频图像时,能够播放同步的历史声音。

(8)咽喉区的行为分析功能:实现实时的视频内容分析,针对在咽喉区逗留的目标进行告警提示和标识。针对进入用户保护区域的目标进行跟踪,并对逗留(滞留)时间超过用户设定时间的目标触发报警的检测模式。

四、电话业务试验

电话业务试验,主要进行公务电话的呼出和呼入及通话测试。

电话业务试验,包括铁路自动电话用户之间、铁路自动电话与 GSM - R 用户之间、铁路自动电话与公众网自动电话、移动电话之间的呼叫试验。

五、调度命令无线传送业务试验

调度命令无线传送业务试验,测试 CTC 向 CIR 发送调度命令、行车凭证(路票、红色许可证、绿色许可证等)和进路预告等信息的功能;测试 CIR 向 CTC 发送自动确认和手动签收的功能。

六、车次号数据传送业务试验

车次号数据传送业务试验,测试 CIR 向 CTC 发送车次号校核数据、列车起动、列车停稳等信息的功能;测试 CIR 与 GROS 配合实现目标 IP 地址更新的功能;测试 GRIS 主动更新 CIR 目标 IP 地址的功能。

第四章　系统评价

第一节　通信系统功能评价

一、传输和接入系统功能评价

传输和接入系统功能评价见表 3 - 4 - 1,自测评价见表 3 - 4 - 2。

表 3-4-1　传输和接入系统功能评价表

序号	测试项目	评价标准	评价	备注
1	勤务电话功能(编号、选址方式、群呼方式)	符合设计要求	合格	
2	基于 SDH 的多业务节点(MSTP)的透传功能	保证以太网业务的透明性,包括以太网 MAC 帧、VLAN 标记等的透明传送	合格	
		以太网数据帧的封装采用 PPP 协议、LAPS 协议或 GFP 协议	合格	
		传输链路带宽可配置	合格	
3	SDH 系统网管基本功能	用户界面简洁、友好;界面显示为中文或英文	合格	
		支持本地接入和远程接入;支持多用户同时操作	合格	
		能够实时打印、存储	合格	
		备份软件和数据,当安全受到侵扰后,能利用备份文件恢复业务	合格	
4	SDH 系统网管管理功能	配置管理	合格	
		故障管理	合格	
		性能管理	合格	
		安全管理	合格	

表 3-4-2　传输和接入系统自测评价表

序号	测试项目	评价标准	评价	备注
1	光接口性能			自耦变电所 2
1.1	平均发送光功率	-15 ~ -8 dBm	通过	
1.2	接收机灵敏度	-28 dBm	通过	
1.3	过载光功率	-8 dBmb	通过	
2	SDH 设备抖动性能			北京核心网机房至天津
2.1	PDH 支路输入口抖动	B1 1.5 UI_{P-P} B2 0.2 UI_{P-P}	通过	
3	光通道性能			北京核心网机房至天津
3.1	R 点接收光功率	$P_1 \geqslant P_R + M_c + M_e$	通过	
4	SDH 系统误码性能		通过	
5	系统复用段保护或通道保护倒换	≤50 ms	通过	断纤倒换

二、电话交换系统功能评价

电话交换系统功能评价见表 3-4-3。

表 3-4-3　电话交换系统功能评价表

序号	测试项目		评价
1	T600 运行测试	接续功能测试	通过
2		112 测试	通过
3		操作维护网络测试	通过
4		系统检查和电源测试	通过
5		公共设备倒换测试	通过
6		V5 接口测试	通过

续上表

序号	测试项目		评价
7	U300运行测试	接续功能测试	通过
8		112测试	通过
9		操作维护网络测试	通过
10		系统检查和电源测试	通过
11		公共设备倒换测试	通过

三、GSM－R专用移动通信系统功能评价

GSM－R专用移动通信系统功能评价见表3－4－4、表3－4－5。

表3－4－4 GSM－R专用移动通信系统功能评价表（一）

序号	项目	评价标准	评价	备注
1	用户终端	1. SIM卡管理系统等，其功能、性能应符合设计要求和相关技术标准 2. 机车综合无线通信设备功能应符合设计要求和相关技术要求 3. 手持台功能应符合设计要求和相关技术标准规定	通过	
2	无线子系统－基站子系统	1. 基站控制器功能：BSC信道机初始化、分配与再分配，软件下载，监控与观测；基站控制器自我保护；基站系统配置数据存储，无线资源管理；移动台越区切换管理；信道机及移动台发射功率控制；短消息业务管理 2. 基站系统BSS功能：基站中的大部分设备应能通过人机命令闭塞和解闭，并显示打印；具有自动检测及故障诊断功能，可以人工或者自动进行启动、停止的操作。硬件故障具有定位、隔离、自动倒换能力，软件故障具有自动纠错、自动恢复能力；可以通过人机命令进行以下操作：查阅、设置、更改各设备基本参数；查阅、控制各设备运行状态；查阅各设备告警状态，并具备输出告警的硬件接口；可以实现信道分配、链路监视、功率控制、调频管理等无线信道管理功能；可以独立完成小区内和同一基站控制器内的切换，执行基站控制器间的切换；可以对用户数据和信令单元进行加密 3. 编译码和速率适配单元TRAU应支持全速率和半速率通道模式 4. 小区广播段消息中心CBC性能和功能应符合设计要求及相关技术标准规定 5. 基站子系统网管OMC－R性能管理、故障管理及配置功能应符合设计规定和相关技术标准的要求	通过	
3	交换子系统	1. 建立过程。应具备以下过程：a系统初始化；b系统自动/人工再载入；c系统自动/人工再启动 2. 应支持以下语音业务：点对点话音呼叫业务、语音广播业务、语音组呼业务、铁路紧急呼叫业务、多方通信 3. 应支持电路域数据业务 4. 应支持以下与呼叫相关的业务：闭合用户组；增强型多优先级与强拆；高级呼叫处理，包括呼叫前转、呼叫转移、呼叫等待、呼叫保持等；号码识别，包括主叫号码识别显示、主叫号码识别限制、被叫号码识别显示、被叫号码识别限制；自动应答；呼叫监视指示；计费通知；闭锁呼叫，包括：闭锁所有出呼叫；闭锁国际出呼叫、除至归属PLMN国家外，闭锁国际出呼叫、闭锁所有入呼叫、当漫游出归属PLMN国家时，闭锁所有入呼叫；非结构化的补充业务数据；遇忙回叫 5. 应支持以下铁路特定业务：基本业务，包括功能寻址、基于位置寻址、精确位置寻址、基于MSISDN的呼叫限制、铁路紧急呼叫；扩展业务，包括基于位置的呼叫限制、自动获取调度所IP地址、短信的智能业务 6. 支持以下网络功能： a. 支持基本业务的功能：呼叫控制，用户识别鉴权，信令单元的保密，接入矩阵，铁路紧急呼叫，语音组呼和语音广播呼叫，短消息业务 b. 支持移动性操作的功能：位置登记，切换，漫游，呼叫重建 c. 呼叫处理的附加功能：用户与业务多优先级管理，业务的安全保密，支持DTMF，组呼静音/取消静音 7. 交换子系统的短信功能应符合设计要求和相关技术标准的规定 8. 短消息中心以下功能应符合设计要求和相关技术标准的规定：具有提交与转发功能，具有短消息的存储与重复转发功能，具有短消息优先级和有效期的设定功能，具有发送状态报告功能，多条短消息、长短消息、群发短消息功能，短消息中心功能	通过	

续上表

序号	项　目	评　价　标　准	评　价	备　注
3	交换子系统	9. 短消息中心的配置应符合设计要求和相关技术标准的规定 10. 确认中心(AC)的功能和配置应符合设计要求和相关技术标准的规定 11. 交换子系统性能:交换机的忙时处理能力(BHCA)指标、交换机的2M接口参数、交换子系统的接通率指标、交换子系统的局间中继应能保证正常通话,无应答、中继忙及呼叫空号等功能应良好,交换子系统的同步性能、短消息中心性能指标应符合设计要求和相关技术标准的规定 12. 交换子系统网管:网管子系统(OMC－S)应能提供图形化界面,应具备交换设备的性能管理、故障管理及配置管理功能	通过	
4	通用分组无线业务子系统	1. 基站子系统(BSS)与SGSN接口(Gb接口)的协议应符合设计要求和相关技术标准的规定 2. SGSN应具有以下功能:网络接入控制功能、路由选择和转发功能、移动性管理功能、用户数据管理功能、逻辑链路管理功能、路径管理功能、支持移动台(MS)挂起及恢复的功能、SGSN恢复功能 3. SGSN的容量和吞吐量应符合设计要求和相关技术标准的规定 4. GGSN应具有以下功能:网络接入控制功能、路由选择和转发功能、移动性管理功能、用户数据管理功能、动态分配IP地址及用户认证功能 5. GPRS移动终端(MS)应具有以下功能: (1)网络接入控制功能:身份识别和鉴权,许可控制功能,分组终端适配功能 (2)分组路由和传输功能:中继功能,路由选择功能,地址翻译和映射功能,支持PDP上下文的未激活状态和激活状态,支持对PDP PDU的封装功能,对用户数据和信令加密功能 (3)移动性管理功能:支持终端用户三状态管理,准备就绪定时器管理功能,周期性路由区更新定时器管理功能,附着、分离功能,位置管理功能,安全保密功能 (4)逻辑链路管理功能:逻辑链路建立功能,逻辑链路维护功能,逻辑链路释放功能 (5)无线资源管理功能:不同信道编码的动态调整,媒体接入控制,功率控制程序,小区选择和重选,多种移动台级别,支持网络操作模式,支持时间提前量更新,支持非连续接收和寻呼 (6)CG的呼叫详细话单(CDR)存储容量、处理能力应符合设计要求和相关技术标准的规定 (7)PCU数据处理能力大于10 Mb/s(包括上下行),并具有平滑在线扩容的功能 (8)域名服务器(DNS)和认证服务器(RADIUS)的功能和配置应符合设计要求和相关技术标准的规定 (9)GPRS子系统网管:网管子系统(OMC－D)应具备系统设备的管理及业务的管理功能)	通过	
5	智能网子系统	1. 智能网子系统以下基本功能应符合设计要求和相关技术标准的规定:交换呼叫控制,支持USSD,业务控制和管理,业务创建,短消息业务,补充业务通知,移动性管理,控制和检查用户数据 2. 智能网子系统以下业务应符合设计要求和相关技术标准的规定: (1)接入矩阵 (2)基本业务:功能号注册、注销与管理,功能寻址(FA),基于位置寻址(LDA),基于MSISDN的呼叫限制 (3)扩展业务:基于位置的呼叫限制	通过	

表3－4－5　GSM－R专用移动通信系统功能评价表(二)

序号	项　目	评　价　标　准	评　价	备　注
1	天馈线	1. 馈线衰减应符合设计要求或产品技术标准要求 2. 馈线驻波比应符合设计要求或相关技术标准(GB/T 17737.1)的规定	通过	
2	用户终端	1. 机车综合无线通信设备:天馈线驻波比、设备发射功率、接收参考灵敏度、频偏等射频指标应符合设计要求或相关技术标准要求 2. 手持台:手持台发射功率、静态参考灵敏度、频偏等射频性能指标应符合设计要求或相关技术标准要求	通过	
3	无线子系统－基站子系统	基站收发信机BTS: (1)发射指标:最大发射功率、发射载频频率误差、峰值相位误差、均方根值相位误差、射频载波发射功率电平容差、杂散辐射功率应符合设计要求或相关技术标准要求 (2)接收指标:接收灵敏度、同频干扰保护比、临频干扰保护比、杂散发射功率电平应符合设计要求或相关技术标准要求	通过	

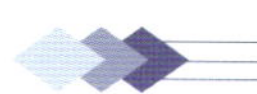

续上表

序号	项　目	评　价　标　准	评　价	备　注
4	无线子系统－中继系统	直放站标称最大输出功率、增益、自动电平控制范围、频率误差、GMSK 调制准确度、最大允许输入电平、输入、输出电压驻波比应符合设计要求或相关技术标准要求	通过	
5	交换子系统	交换子系统性能：交换机的忙时处理能力(BHCA)指标、交换机的 2M 接口参数、交换子系统的接通率指标、交换子系统的局间中继应能保证正常通话，无应答、中继忙及呼叫空号等功能应良好、交换子系统的同步性能、短消息中心性能指标应符合设计要求和相关技术标准的规定	通过	
6	系统质量检验	1. 系统以下点对点话音呼叫业务应符合设计要求和相关技术标准的规定：固定用户呼叫移动用户。固定用户呼叫固定用户。移动用户呼叫固定用户。移动用户呼叫移动用户	通过	
		2. 系统的语音广播业务应符合设计要求和相关技术标准的规定	通过	
		3. 系统以下语音组呼业务应符合设计要求和相关技术标准的规定：固定用户发起的语音组呼，移动用户发起的语音组呼	通过	
6	系统质量检验	4. 铁路紧急呼叫应符合设计要求和相关技术标准的规定	通过	
		5. 系统的多方通信业务应符合设计要求和相关技术标准的规定	通过	
		6. 在设计的无线覆盖区内无线场强覆盖指标应符合铁道部《铁路 GSM－R 数字移动通信系统工程设计暂行规定》(铁建设[2007]92 号)的最小接收电平和干扰保护比要求	通过	
		7. 电路域服务质量指标应符合铁道部《GSM－R 数字移动通信系统工程设计暂行规定》(铁建设[2007]92 号)的要求	通过	
		8. GPRS 网络分组域服务质量以下指标应符合设计要求	通过	
		9. 短消息指标要求应符合设计要求	通过	
7	覆盖重叠长度	700 m	通过	

四、数据网功能评价

数据网功能评价表见表 3－4－6、表 3－4－7。

表 3－4－6　数据网功能评价表(一)

序号	测　试　内　容	评　价　标　准	评　价
1	系统硬件加电安装情况	电源模块、引擎、板卡等部件工作正常，显示灯无告警，日志记录中无告警	满足设计要求
2	系统软件安装情况	软件版本支持系统设计要求，并与硬件微码版本配合一致，日志记录中无告警	满足设计要求
3	系统运行情况	设备启动在预配置下，单机各功能运行稳定	满足设计要求
4	自检测试和配置系统通过后，通过系统命令检查各站点数据网是否联通	完成系统配置后，各设备间路由收敛完成，达到路由设计要求	满足设计要求
5	对核心机房至北京南站、亦庄站、永乐站、武清站和天津站的数据链路传输特性进行测试	采用在核心机房内的两台 7609 核心路由器上接入以太网测试仪，被测链路对应的车站路由器将连接核心机路由器 1 的链路链接到连接核心路由器 2 的链路上，同时断开其他车站的路由器连接核心路由器 2 的链路。性能测试是根据 RFC 2544，分别测试不同帧长下吞吐量、时延、丢包率三项指标。5 个车站节点的链路分别测试完成，测试结果均正常	满足设计要求

续上表

序号	测试内容	评价标准	评价
6	测试核心网机房核心路由器至北京南站的4路VPN通道和核心路由器至亦庄站的2路VPN通道的数据通信性能	数据网核心路由器至北京南站的4路VPN通道和核心路由器至亦庄站的2路VPN通道的数据通信性能正常，符合设计要求	满足设计要求
7	测试核心网机房核心路由器至天津站的3路VPN通道、至武清站的2路VPN通道、至永乐的2路VPN通道的数据通信性能	数据网核心网机房核心路由器至天津站的3路VPN通道、至武清站的2路VPN通道、至永乐的2路VPN通道的数据通信性能正常	满足设计要求
8	测试核心网机房路由设备所组成的组播环境，检查组员与非组员的接收情况	组播功能正常，各组员正常接收到组播内容，非组员被正常屏蔽在组播组外	满足设计要求

表3-4-7　数据网功能评价表(二)

序号	评价标准	评价
1	吞吐量端到端性能指标测试	通过
2	数据时延端到端性能指标测试	通过
3	丢包率端到端性能指标测试	通过

五、调度通信系统功能评价

调度通信系统功能评价见表3-4-8。

表3-4-8　调度通信系统功能评价表

测试项目	描述	评价
单键呼叫	对显示屏上已设置的用户进行单键呼叫	清晰，通过
功能号呼叫	拨被叫用户功能号码进行呼叫	清晰，通过
ISDN号码呼叫	拨被叫用户ISDN号码进行呼叫	清晰，通过
主叫线识别	呼入、呼出时，显示屏显示功能号、ISDN号	通过
无条件呼叫前转	在调度台上预先设置好转接的用户B，任意用户A呼叫调度台，可直接转接到用户B上	清晰，通过
呼叫等待	调度台与用户A在通话过程中，用户B呼叫调度台，调度台可继续与用户A通话，用户B处于等待状态(前提是用户A、B的呼叫级别相同)；与用户A结束通话后，再接通用户B	清晰，通过
呼叫保持	调度台与用户A在通话过程中，用户B呼叫调度台，调度台使用户A处于保持状态，与用户C通话；与用户B结束通话后，能与A继续通话	清晰，通过
主辅通道切换	在通话过程中，可以在麦克与手柄的之间切换	清晰，通过
呼叫转接	用户A呼叫调度台，接通后，调度台可以把通话转接到用户B上，使用户A与B通话	清晰，通过
组呼	单键呼叫已设置好的组呼成员	清晰，通过
会议	可以同时呼叫多个用户或依次呼叫多个用户，可同时互相通话	清晰，通过
调度台拨MSISDN号码呼叫	拨移动用户的ISDN号码	清晰，通过
CIR用短号码呼叫调度台	给调度台设置一个短号码的作为代号，CIR拨短号码可以呼通调度台	清晰，通过

续上表

测试项目	描述	评价
CIR 拨功能号呼叫调度台		清晰,通过
运转车长拨功能号呼叫调度台		清晰,通过
UUS1 业务	识别呼叫方身份的业务	通过
MLPP 业务	用户 A 与调度台通话过程中,用户 B(呼叫级别比用户 A 高)可直接呼入抢占用户 A 的通道,A 被挤到另一个通道或被保持	清晰,通过
非主叫移动用户退出不影响组呼	组呼的被叫方挂断后,其他组呼成员的通话可正常进行	清晰,通过
非主叫移动用户重新加入组呼	非主叫移动用户在退出组呼后,通过拨主叫方的号码,可重新加入组呼	清晰,通过
非主叫移动用户不能释放组呼	组呼的任意被叫方挂断后均不影响其他组呼成员的通话,主叫方挂断后才能释放该用户	清晰,通过
值班台功能号呼叫移动台	值班台拨移动台的功能号呼叫移动台	清晰,通过
值班台 ISDN 或单键呼叫邻站值班台		清晰,通过
值班台主叫线识别	在呼入、呼出时,显示功能号、ISDN 号	清晰,通过
移动台功能号呼叫值班台		清晰,通过
值班台呼入限制	在调度台上设置限制某号码的呼入,设置后被限制的号码无法呼入	通过
值班台呼出限制	在调度台上设置限制对某号码的呼出,设置后无法拨通限制的号码	通过
值班台功能号呼叫运转车长		清晰,通过
值班台无条件前转		通过
值班台呼叫转接		清晰,通过
值班台 MLPP(多优先级切换)业务		清晰,通过
移动台 CLIR 业务测试	移动台签约 CLIR 后,呼叫调度台,调度台不显示移动用户的 ISDN 号码,显示未知用户	通过
调度台发起 202 组呼	202 的组呼成员都可以正常通话。组呼结束后,通话的发起方可通过发送“＊＊＊”挂断组呼	清晰,通过
210 组呼	能叫通车站值班员并互相通话。组呼结束后,通话的发起方可通过发送“＊＊＊”挂断组呼	移动终端听到的声音有点小,通过
220 组呼	能叫通车站值班员、调度员并互相通话。组呼结束后,通话的发起方可通过发送“＊＊＊”挂断组呼	移动终端听到的声音略小,通过
203 组呼	组呼结束后,通话的发起方可通过发送“＊＊＊”挂断组呼	清晰,通过
299 组呼	调度台在空闲时可以接受 299 紧急组呼正常;调度台也值班台进行通话,接受 299 紧急组呼,抢占成功。组呼结束后,通话的发起方可通过发送“＊＊＊”挂断组呼	清晰,通过

六、应急救援指挥通信系统功能评价

应急救援指挥通信系统功能评价见表 3－4－9、表 3－4－10。

表 3-4-9 应急救援指挥通信系统评价表(一)

序号	测试项		测试操作	期望结果	评价
1	动图上传		摄像机拍摄的动图通过传输设备传回指挥中心	在指挥中心能实时地收到现场拍摄的动图,并且可以存储和回放,说明该项功能正常	通过
2	静图、数据上传		拍摄的静图、现场数据通过传输设备传回指挥中心	在指挥中心能实时地收到现场传过来的静图和数据,并且可以存储和查看,说明该项功能正常	通过
3	语音上传	有线电话之间呼叫	两个现场有线电话之间相互呼叫	相互呼叫均正常	通过
		有线和无线电话之间呼叫	一个现场有线电话和一个现场无线电话之间相互呼叫	相互呼叫均正常	通过
		无线电话之间呼叫	两个现场无线电话之间相互呼叫	相互呼叫均正常	通过
		指挥中心与现场有线电话通话	指挥中心电话与某一现场有线电话之间相互呼叫	相互呼叫均正常	通过
		指挥中心与现场无线电话通话	指挥中心电话与某一现场无线电话之间相互呼叫	相互呼叫均正常	通过
		指挥中心与现场电话之间发起电话会议	由指挥中心发起包括现场电话在内的电话会议	电话会议功能正常	通过
		与外线的语音通信	系统接入一路外线,然后系统内的电话可以呼出外线或者外线打进来	与外线的语音通话可正常进行	通过

表 3-4-10 应急救援指挥通信系统功能评价表(二)

序号	测试项目	评价标准	评价
1	救援指挥中心设备性能检测		
1.1	接入设备接口	1. 音频接口应符合(YD/T 1070)《接入网远端设备Z接口技术要求》 2. 窄带 ISDN 接口应符合(YD/T 1023)《窄带 ISDN 终端设备进网基本要求》	通过
1.2	静图图像	1. 视频监控系统中的视频服务器应能自动接收、存储现场(或下级服务器)的图像 2. 用户经授权后,能登陆视频服务器,浏览、查询服务器存储的图片信息 3. 静图编码格式符合设计要求	通过
1.3	动图图像	1. 视频监控系统中的视频服务器接收并存储现场上传的动图信息,编码格式应符合设计要求 2. 动图服务质量应达到视频图像主观评定等级4的水平 3. 用户经授权后,能登录视频服务器,浏览、查询服务器存储的图像信息	通过
1.4	综合管理系统	1. 为静态图像、视频图像、语音数据及相关文档提供完整的综合管理平台 2. 可完成现场图像数据的批量导入与集中存储 3. 可为救援中心提供端对端整合的图像管理功能 4. 可为现场和救援中心提供各种图像数据的访问、查询、配置、分析与统计功能	通过
2	救援现场设备配置	应符合设计要求,其性能应符合相关技术标准要求	通过

续上表

序 号	测 试 项 目	评 价 标 准	评 价
3	救援现场至救援指挥中心端到端通道带宽、时延以及丢包率等性能	符合设计要求	通过
4	救援通信包与移动终端在无遮挡情况下的通话距离		100 m 时通话清晰

七、综合视频监控系统功能评价

综合视频监控系统功能评价见表 3 –4 –11、表 3 –4 –12。

表 3 –4 –11 综合视频监控系统功能评价表(一)

项 目	功 能	评 价
图像监视及控制功能	实时播放	通过
	历史播放	通过
	播放控制	通过
	图像切换	通过
	PTZ 控制	通过
	OSD 设置	通过
	轮巡功能	通过
	历史录像查询	通过
	全屏显示	通过
	抓拍功能	通过
	视频文件导出	通过
用户管理	操作员维护	通过
	权限控制	通过
	登录日志	通过
	密码修改	通过
设备管理	编码器管理	通过
	摄像机管理	通过
	IP 地址管理	通过
报警功能	动力与环境监控系统联动行为分析视频信号丢失	通过
声音功能	实时声音播放	通过
	历史声音播放	通过
安全性测试	权限管理与控制	通过
	日志管理	通过

续上表

项　目	功　能	评　价
可靠性测试	屏蔽用户错误操作、提示准确性	通过
	输入数据的有效性检查	通过
	异常情况影响	通过
	数据删除提示	通过
易用性测试	安装程序	通过
	用户界面易用	通过
	功能易用	通过
用户文档测试	用户操作手册准确易懂	通过

表 3－4－12　综合视频监控系统评价表(二)

序号	项　目	评价标准	评　价
1	视频系统时延	视频系统时延指标应符合设计要求	通过
2	视频通道的端对端性能	视频通道的端对端性能应符合设计要求,包括:输出幅度、幅频特性、行同步幅度、K 因子、DG/DP、亮色增益差、S/N 加权值、亮色时延差	通过
3	摄像机要求	摄像机应清晰有效地采集到现场的图像信息,有效监视距离应符合设计要求	通过
4	视频图像采集	视频图像采集功能应符合设计要求	通过
5	PTZ 控制	对摄像机进行光圈、焦距、景深等调节,以及对电动云台做全方位控制	通过
6	多画面实时显示	多画面实时显示,图像中自动叠加时间、位置以及必要的监控信息	通过
7	监控画面的选择	根据不同分类列出摄像机列表,双击列表中的摄像机或通过拖拽的方式将需要监视的摄像机放入监控画面中	通过
8	报警画面的调用和存储	产生报警时,可在视频界面中调用对应镜头的实时画面并录相	通过
9	录像控制	分为实时录像存储和报警录像存储	通过
10	所有视频文件存储;实时录像及回放	系统能完成对所有视频文件的存储功能。能实现以每秒 25 帧,D1、4CIF、CIF 分辨率的实时录像。能实现指定编码器地址及通道序号、时间段内、所选编码器某通道的视频监控录像的回放	通过
11	自动覆盖及查询	视频存储应支持自动覆盖功能,即根据视频服务器设置,自动覆盖原视频数据,满足视频存储的需求(7 * 24 小时覆盖)。支持精确和模糊检索方式,基于多种规则如事件和时间检索、摄像机名称和编号、日期和时间、报警、外部数据等检索查询方式	通过
12	监控回放的图像质量	实时监控图像回放满足 4CIF 图像质量	通过
13	报警回放的图像质量	报警录像图像回放满足 CIF 图像质量	通过
14	系统吞吐量	单台服务器系统最大存储的系统吞吐量满足 30 个并发视频存储,不少于 10 个并发视频访问	通过
15	信息保存	在市电中断或关机时,对所有编程设置、摄像机号、时间、地址等信息均可保存	通过

八、通信综合网管系统功能评价

通信综合网管系统功能评价见表3-4-13、表3-4-14。

表3-4-13 通信综合网管系统功能评价表(一)

序号	功能模块(子系统)	功能	评价
1	故障告警	采集告警数据	通过
2		采集告警配置管理	通过
3		采集监控	通过
4		告警处理	通过
5		告警域管理	通过
6		告警列表显示	通过
7		拓扑编辑	通过
8		拓扑展现	通过
9		告警拓扑展现	通过
10		端到端路由呈现	功能已完成,继续进行数据验证
11		路由告警呈现	通过
12		告警相关性分析	通过
13	网络资源管理	配置信息采集	通过
14		配置数据校验	通过
15		配置数据变更合并	通过
16		归档配置管理	通过
17		配置数据浏览查询	通过
18		配置数据编辑管理	通过
19	故障工单管理		通过
20	系统安全管理		通过

表3-4-14 通信综合网管系统功能评价表(二)

序号	项目	评价标准	评价
1	系统告警响应时间	系统响应时间小于5 s	通过
2	操作响应时间	操作响应时间小于2 s,报表查询结果小于15 s	通过
3	相关性分析和故障定位时间	小于30 s	通过
4	系统采集及处理能力		
5	告警原始数据采集的准确性	99.99%	通过
6	资源原始数据采集准确性	99.99%	通过
7	网管系统采集的数据的完整性	99.99%	通过
8	网管系统对采集后的数据处理准确性	100%	通过
9	系统存储能力	配置数据存储6个月;原始告警数据存储6个月,经网管处理后的报表数据、分析数据在系统中存储12个月;经用户设定为重要的数据(如与分析预测相关的数据)长期保存;经网管处理后的数据可在磁带机或磁盘中长期保存(大于3年)	通过
10	服务器等关键设备及相关板件配置	应冗余配置,保证系统可靠工作。	通过

九、同步和时钟分配系统功能评价

同步和时钟分配系统功能评价见表 3－4－15。

表 3－4－15　同步和时钟分配系统功能评价表

序号	项　目	评价标准	评　价
1	时间同步系统功能	定时功能	通过
		授时功能	通过
		守时功能	通过
		时间同步系统应支持远端访问，允许通过 FTP 远程对系统进行升级。C/S 间的通信采用 MD5 安全协议，以保护 C/S 不受到攻击	通过

十、通信电源系统功能评价

通信电源系统功能评价见表 3－4－16。

表 3－4－16　通信电源系统功能评价表

序号	测试项目		评价标准	评　价
1	开关电源测试	交流主空开断	正常	合格
		市电停电	正常	合格
		整流器故障	正常	合格
		C、D 级防雷回路异常	正常	合格
		负载熔丝断	正常	合格
		电池断	正常	合格
		电池电压低	正常	合格
		交流备用输出开关断	正常	合格
		交流输入电压	V_{an} 为 218 V V_{bn} 为 219 V V_{cn} 为 219 V	合格
		直流输出电压	54.2 V	合格
		直流输出电流	12.6 V	合格
		零地电压	0.7 V	合格
2	UPS 电源测试	断开市电输入进行切换	正常	合格
		重新接入市电进行切换	正常	合格
		关闭逆变器进行切换	正常	合格
		重新启动逆变器进行切换	正常	合格
		市电状态带载供电	正常	合格
		面板显示功能	正常	合格
		蓄电池状态带载供电	正常	合格
		市电输入电压	V_{ab} 为 225 V V_{dc} 为 224 V V_{ca} 为 225 V	合格

续上表

序号	测试项目		评价标准	评价
2	UPS电源测试	旁路输入电压	V_{ab}为225 V V_{dc}为224 V V_{ca}为225 V	合格
		输入零地电压	0.8 V	合格
		输入直流电压	390 V	合格
		输出电压	V_{an}为218 V V_{bn}为219 V V_{cn}为219 V	合格
		输出零地电压	0.7	合格

第二节 通信系统安全与可靠性评价

传输和接入系统采用设备级单元保护和网络级业务保护的多层次保护机制，保证传输系统可靠稳定运行，同时为其他业务系统提供稳定可靠的传输通道。

GSM－R系统核心网中重要网元采用冗余设计，其中HLR和IN与武汉核心网中的HLR和IN形成地理冗余，在武汉核心节点未开通之前，单节点独立运行存在一定的安全风险。无线覆盖交织冗余，形成小区交错覆盖结构。BTS之间的连接采用环形结构，以减少传输链路的数量。

数据网路由设计包括网内路由设计和网间路由设计。网内路由通过本网内的核心路由交换机完成。网间路由采用动态路由方式。节点设备之间的通信链路采用冗余方式连接，关键设备模块冗余，包括：路由引擎、核心设备接口模块、核心设备电源。

调度通信采用主备用系统工作，主系统与备用主系统间采用专用2M通信通道，用于两个系统间的主备用控制。北京南分系统和天津分系统间设立直达2M通道，以保障一旦调度所主系统和调度所传输出现严重故障时数字环备用通道畅通。

第三节 通信系统与外部系统接口的评价

传输及接入系统提供的传输通道可以满足信号集中监测系统的需要，GSM－R系统可以实现调度命令的正常传送。

传输及接入系统、数据网、综合布线系统为客运服务系统（查询、寄存、求助、导向、广播、监控、时钟、窗口对讲、DLP等）业务提供接口，可以实现业务的正常运行。

传输及接入系统、数据网为牵引供电SCADA、视频监控系统业务提供网络接口，实现业务的正常运行。

同步及时钟分配系统可以为客服系统、牵引供电系统提供精确的时间信号。

第四篇　信号系统

第一章　系统构成

第一节　概　　述

京津城际铁路信号系统包含 CTCS－3D 列控系统（车载子系统和地面子系统）、联锁子系统、调度集中子系统和信号集中监测子系统，见图 4－1－1。

一、信号系统构成

1. CTCS－3D 列控系统

CTCS－3D 列控系统是基于轨道电路实现列车占用及空闲检查，由应答器或轨道电路传输列车行车许可并采用目标距离连续速度控制模式监控列车安全运行的列车运行控制系统。它包括列控车载子系统和列控地面子系统。

（1）列控车载子系统

300～350 km/h 动车组配备 CTCS－3D 车载子系统设备［含轨道电路读取器（TCR）］。跨线运行的 200～250 km/h 动车组配备 CTCS－2 级车载子系统设备。

（2）列控地面子系统

北京南站（不含）至天津站（不含）间的区间（以下简称“正线区间”）和亦庄站、永乐站、武清站、南仓线路所［以下简称“中间站（所）”］，所有区段均采用计算机编码控制的 ZPW－2000A 轨道电路。

北京南站、天津站城际场正线区段、股道采用计算机编码控制的 ZPW－2000A 轨道电路，其他轨道区段均采用 25Hz 相敏轨道电路。

正线区间和中间站（所）采用 SIMIS W 联锁列控一体化系统，轨旁设置通用现场单元控制器（MSTT）、控制信号机、带灯停车牌（SMB）和有源应答器。

在 3 个中间车站各设置一套主列控中心，在 6 个中继站各设置一套分列控中心。由列控中心（TCC）对 ZPW－2000A 轨道电路进行编码，向列车发送相应的 CTCS－2 级信息码。

2. 联锁子系统

联锁子系统包括 SIMIS W 联锁设备和 DS6－K5B 联锁设备。北京南站、天津站城际场采用 DS6－K5B 联锁设备，北京南站（不含）至天津站（不含）间的区间和亦庄站、永乐站、武清站 3 个中间车站采用 SIMISW 联锁设备。

京津城际各车站进站、出站、进路信号机采用 3 灯位矮型信号机构，上面灯位为红灯，中间灯位封闭，下面灯位为白灯。调车信号机采用调车信号机构。区间采用带白色表示灯的停车标。

3. 调度集中子系统

调度集中子系统由 CTC 子系统、离线编图 FALKO 子系统和 CTC 协议转换器组成。CTC 子系统实现调度集中控制，FALKO 子系统实现离线编图功能，CTC 协议转换器实现通信协议转换。

除北京南普速场外，北京南至天津城际场全线所有车站（场）、区间的列车作业、调车作业均纳入

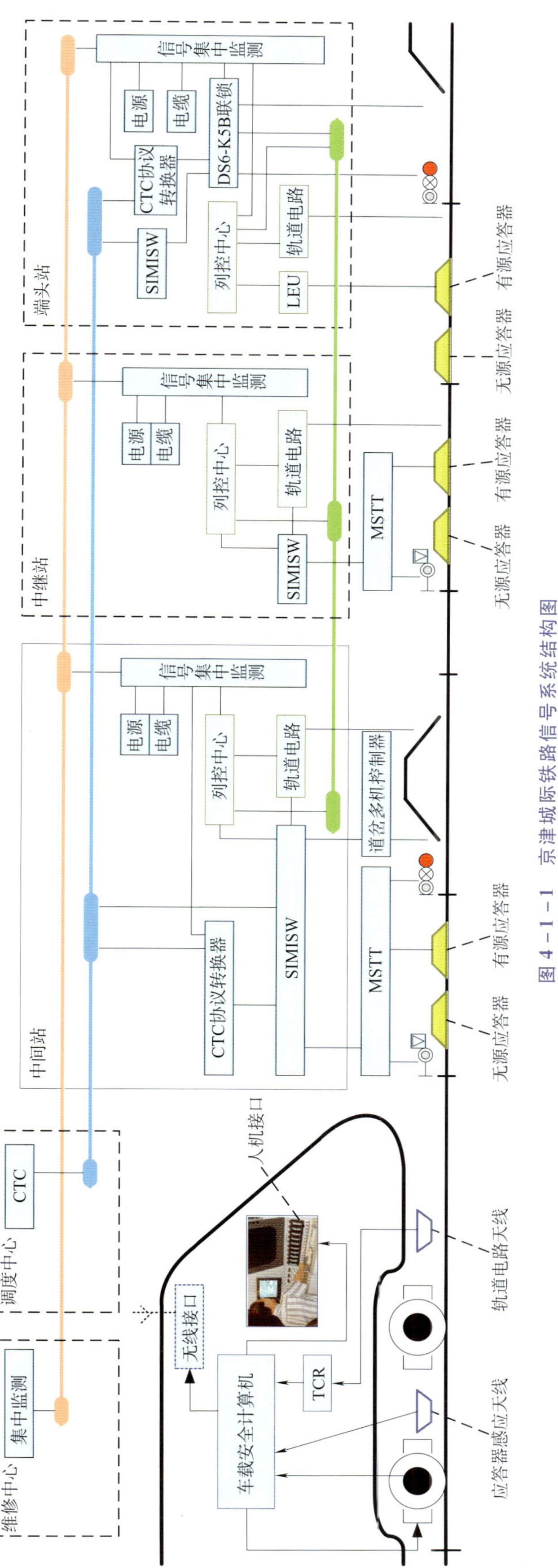

图 4－1－1　京津城际铁路信号系统结构图

CTC 子系统的列车运行调度管理。

4. 信号集中监测子系统

采用 TJWX－2000 型信号集中监测子系统，由调度中心设备、车站设备、中继站设备及广域网数据传输设备组成，设备布置在正线 5 个车站、6 个中继站和调度中心。

二、信号系统总体技术要求

（1）CTCS－3D 列控系统在京津正线满足运行速度正向 350 km/h、反向 300 km/h。正向满足最小 3 min追踪间隔运营要求。

（2）CTCS－3D 列控系统具备 CTCS－2 级功能，满足 200～250 km/h 动车组跨线运行的要求。

（3）列车正方向按追踪运行，反向按自动站间闭塞运行。

（4）CTCS－3D 列控系统车载设备采用目标－距离速度控制模式监控列车运行。

（5）300～350 km/h 动车组配备 CTCS－3D 车载设备。在接收到的轨道电路信息码序有突变时，产生车载注入信息，由车载安全计算机控制列车实施最大常用制动。

（6）地面应答器同时具备 CTCS－2 级功能，应答器中静态速度曲线（SSP）按正方向最高 350 km/h，反方向最高 300 km/h 写入。

（7）闭塞分区长度一般为 2.3～2.4km，一个闭塞分区一般由 2 段 ZPW－2000A 轨道电路组成。

第二节　列控车载子系统

列控车载子系统根据速度传感器的输出信息由测速测距模块计算列车当前速度，由车载安全计算机根据地面应答器或轨道电路信息计算出列车允许速度，并实时对列车实际速度和允许速度进行比较，实现列车超速报警防护，确保行车安全。

一、列控车载子系统构成

列控车载子系统主要包括车载安全计算机、雷达和轴端测速传感器、应答器感应天线、TCR（轨道电路读取器）和轨道电路天线、DMI（人机界面）、JRU（司法记录器），预留升级为 CTCS－3 级并兼容 CTCS－2 级的条件。

1. 车载安全计算机

车载安全计算机是列控车载设备的控制核心，负责从车载设备各个模块获取信息，依据应答器信息、列车制动参数、线路参数、列车运行速度等信息，根据列车牵引计算模型的计算结果，生成制动模式曲线并将列车运行速度与模式曲线进行比较，超速时向列车输出制动信息，控制列车安全运行。

车载安全计算机是基于 2 取 2 的 SIMIS 安全计算机系统，车载子系统含有两套车载安全计算机，构成冷备冗余的列控车载系统。

车载安全计算机包括以下单元：

（1）一个处理单元（VE5A）：完成列车运行曲线的计算和控制相关输出。

（2）一个串行接口（SERIO5）：带 5 个串行接口的单通道模块。

（3）一个多功能车辆总线（MVB5）接口：带耦合变压器，用于安全计算机（EVC）和机车 MVB 总线进行数据交换。

（4）一个测速测距模块（ODO5）：为速度传感器和雷达传感器供电，并处理速度传感器和雷达传感器提供的信息输入，计算列车速度和走行距离。

（5）一个数字输入/输出接口（DIO5）：双通道数字输入/输出模块，每个通道有 8 个输入和 7 个输出。

（6）两个安全继电器输出模块（SRAUS5）：控制紧急和最大常用制动继电器、紧急制动旁路继

电器。

(7)一个应答器/回路传输单元(ELBE5A):包含接收器报文管理器(RTM5A)、接收器(REC5A)、发生器(TRM5A)三个模块。该单元产生一个27.095 MHz的信号传送到应答器天线,在列车经过地面应答器时接收4.234 MHz信号送至该单元处理。

(8)一个电源单元(SV5):将车载电压110 V转换成24 V、5 V和3.3 V电压。

2. 速度传感器

速度传感器由雷达和轴端测速器组成。轴端测速器测量车轮转速,将列车车轮每周转动的脉冲信息,发送至车载安全计算机测速测距模块。

列车每端双套列控车载子系统共需两个速度传感器,这两个速度传感器分别安装在两根非动力轴上,每个速度传感器的脉冲信息分别送至两个车载安全计算机。

雷达传感器在微波频率范围内,使用多普勒原理对列车速度进行测量。

列车每端列控车载子系统需要两个雷达传感器。雷达传感器安装在列车底架上,每个雷达传感器将其产生的测量信息分别送至两个车载安全计算机。

雷达传感器和速度传感器结合使用,可以精确测量列车的实际运行速度。速度传感器在高速时测量比较精确,雷达传感器则在低速时和车轮发生滑行或空转时测量比较精确。测速测距模块对雷达和速度传感器送来的测量信息进行综合比较获得精确的速度信息。

3. 司机台人机界面(DMI)

司机台人机界面向司机显示以下主要信息:列车实际速度、列车允许速度、目标速度、目标距离、前方轨道数据以及其他附加信息。

司机台人机界面型号为MDU 10型多显示单元。其中CRH2型动车组采用两个冗余配置的DMI;CRH3型动车组采用一个DMI,车辆工况显示器作为备用,主DMI故障时,使用备用显示器显示列控相关信息。

人机界面DMI通过MVB总线连接至车载安全计算机。

4. 司法记录器(JRU)

司法记录器用于记录列车运行期间动车组、车载子系统及司机操作的关键信息,供地面数据分析和事故调查使用。

司法记录器通过MVB总线连接至车载安全计算机。司法记录器型号为DSE3200型。

5. 应答器天线

应答器天线经过应答器时传输射频(RF)能量给下方的应答器,并从应答器中读取列控车载子系统所需数据。应答器天线型号为S21 ANT5A型,冗余设置。

6. 轨道电路读取器(TCR)

轨道电路读取器(TCR)接收到轨道电路码序突变时,向CTCS-3D车载设备提供制动输入,由车载安全计算机控制列车实施最大常用制动。TCR冗余设置。

TCR有2个输出信号:TCR制动信号输出和TCR正常表示输出。

TCR DMI提供2个表示灯:TCR制动信号灯和TCR正常表示灯。

TCR上下行开关安装在DMI,供司机切换上下行载频时使用。

二、车载子系统工作模式

CTCS-3D级列控车载子系统共有7种工作模式。

1. 待机模式(SB)

待机模式是列控车载系统设备上电后的默认模式,列控车载设备执行自测并和外部设备测试通过后,自动处于待机模式,并无条件输出制动。

司机输入司机身份和列车数据并通过校验后,选择目视行车模式或调车模式并按下“启动”键起动列车运行。

2. 完全监控模式(FS)

完全监控模式是列车运行的主要模式。当车载设备获得全部列车数据和完整的线路数据后,又未选择其他模式,系统将自动进入完全监控模式。列控车载设备向司机显示当前列车速度、允许速度、目标速度和目标距离。完全监控模式下,开口速度 20 km/h。

3. 引导模式(SR)

引导模式是在轨道电路故障,不能正常办理接发车进路,改为引导进路后,列控车载设备通过地面应答器指令自动进入的一种控制模式,限速值为 40 km/h。在引导模式下,列车车载设备按照动态速度曲线和目标距离,监控列车运行。在更改模式后 5 s 内由司机确认,否则设备触发制动。

4. 目视行车模式(OS)

目视行车模式是在区间或车站信号因故不能开放时,车载设备在停车状态下通过司机选择进入的一种控制模式,限速值为 40 km/h。需越过关闭的信号时,应使用越行功能,列车以目视行车模式运行至前方开放的信号并收到应答器发出的行车许可后,车载设备自动转入完全监控模式。

5. 调车模式(SH)

调车模式是动车组进行调车作业的固定模式,限速值为 40 km/h。列控车载设备通过地面应答器指令自动选择调车模式,在更改模式后 5 s 内由司机确认,否则设备触发制动。调车模式也可通过人工选择方式进入。

6. 隔离模式(IS)

隔离模式是列车车载设备停用的模式。如果双套列控车载设备均故障,列车停车后,司机操纵系统开关选择该模式。在隔离模式下,车载设备不能执行任何监控。

7. 机车信号模式(CS)

在地面未装备 CTCS－3D 列控系统的地段使用机车信号模式,TCR 输出机车信号显示,限速值为 45 km/h。

第三节　列控地面子系统

列控地面子系统完成轨道电路编码控制、轨旁电子单元(LEU)控制、应答器控制等功能。

端站(北京南、天津站)设备包括:LKD2－T2 型列控中心、ZPW－2000A 轨道电路、LEU、应答器。

中间站和中继站设备包括:SIMIS W 联锁及列控一体化系统,LKD2－T2 型列控中心、ZPW－2000A 轨道电路、通用现场控制单元(MSTT)和应答器。

一、ZPW－2000A 轨道电路

轨道电路实现列车占用检查,向列车传送所需的地面列车控制信息,是列控系统的基础安全设备之一。

按使用地点不同,轨道电路可分为:站内 ZPW－2000A 轨道电路和区间 ZPW－2000A 轨道电路。

1. ZPW－2000A 轨道电路原理框图

(1)区间电气绝缘节轨道电路结构(见图 4－1－2)

(2)站内机械绝缘节轨道电路结构(见图 4－1－3)

2. 轨道电路的主要技术条件

(1)工作环境

满足 ZPW－2000A 轨道电路技术条件要求,在电气化牵引区段钢轨的牵引回流不大于 2000A、钢轨电流不平衡系数不大于 10% 时能够可靠工作。

(2)轨道电路工作参数

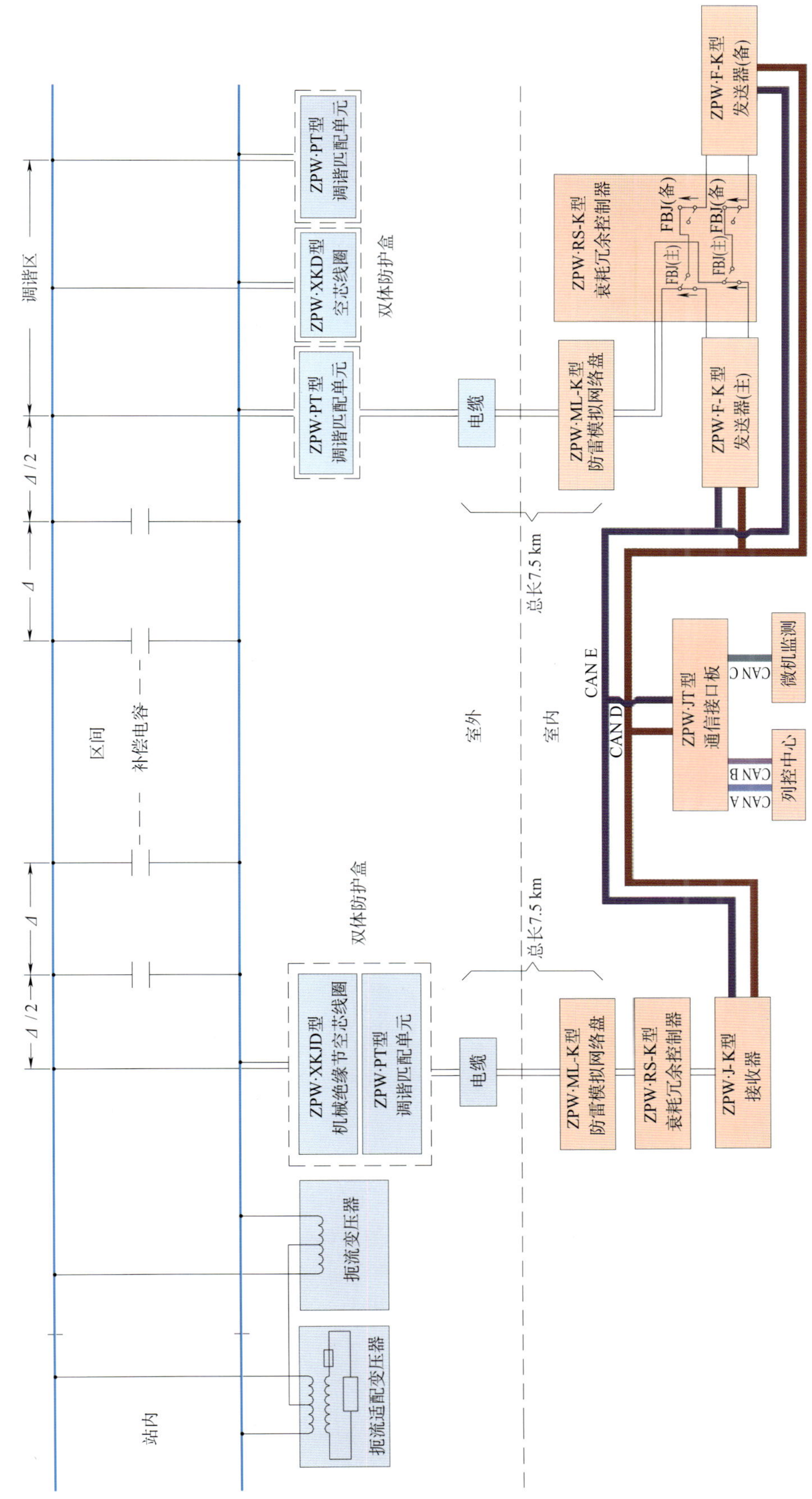

图 4－1－2　区间电气绝缘节轨道电路结构图

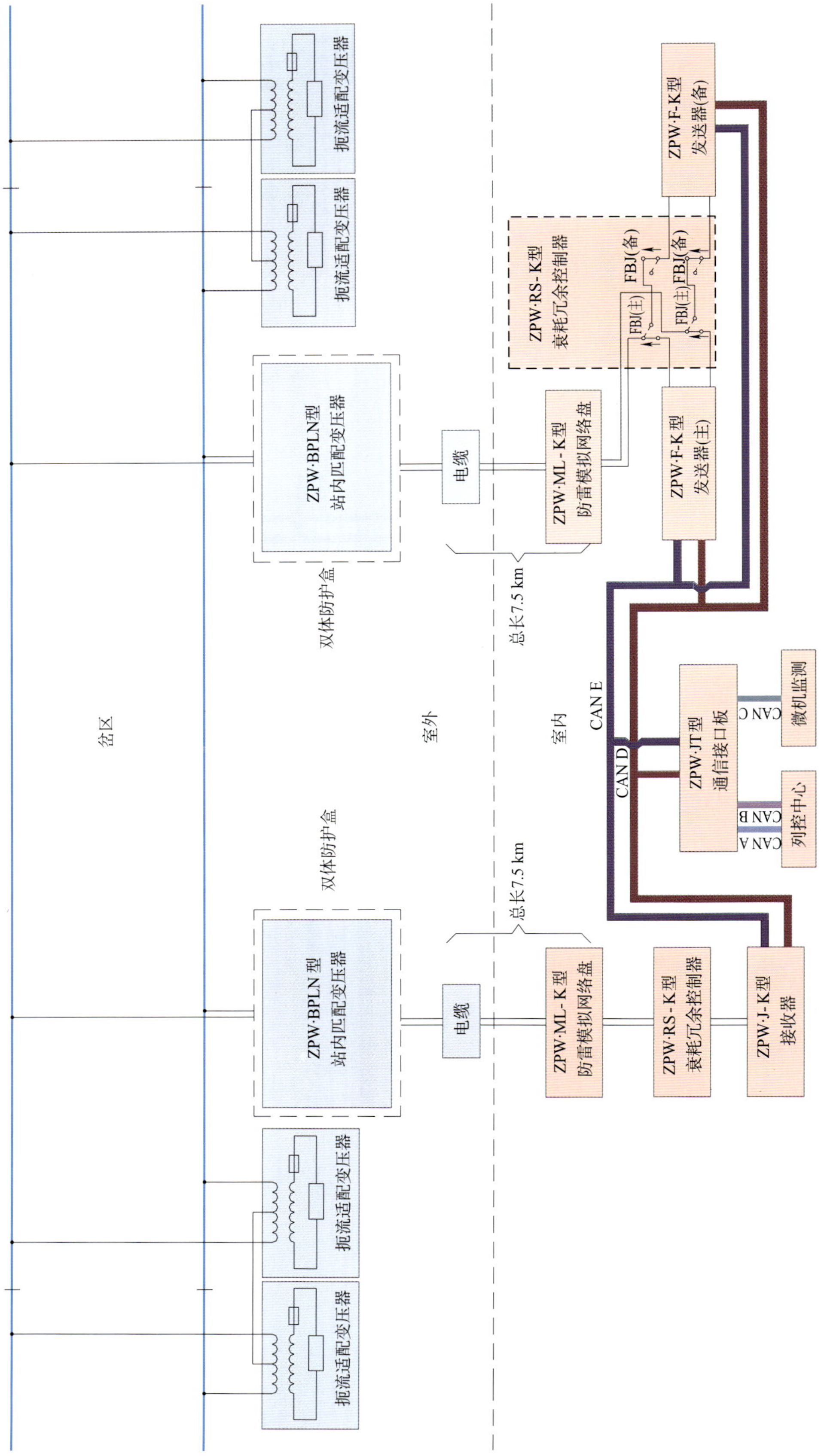

图 4－1－3　站内机械绝缘节轨道电路结构图

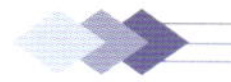

① 标准分路灵敏度 0.25 Ω；

② 道床漏泄电阻不小于 3.0 Ω · km；

③ 工程设计(使用)长度不大于 1 200 m；

④ 传输电缆长度为 7.5 km，最大不大于 10 km；

⑤ 可靠工作电压：调整状态下，接收器接收电压(轨出 1)不小于 240 mV；

⑥ 可靠不工作：在轨道电路最不利条件下，使用标准分路电阻在轨道区段的任意点分路时，接收器接收电压(轨出 1)则上不大于 153 mV；

⑦ 在最不利条件下，在轨道电路任一处轨面机车信号短路电流不小于规定值，见表 4 - 1 - 1；

表 4 - 1 - 1　机车信号短路电流不小于规定值

频率(Hz)	1 700	2 000	2 300	2 600
机车信号短路电流(A)	0.50	0.50	0.50	0.45

⑧ 直流电源电压范围：23.0 V ~ 25.0 V。

3. ZPW - 2000A 轨道电路系统的升级和改进

针对客运专线轨道结构和列车运行速度高的特点，京津城际铁路 ZPW - 2000A 无绝缘轨道电路系统与既有线 ZPW - 2000A 无绝缘轨道电路系统相比，在以下方面进行了升级和改进：

(1) ZPW - 2000A 轨道电路系统取消了既有线 ZPW - 2000A 无绝缘轨道电路系统大量的继电编码逻辑电路，采用无接点的计算机编码方式。

(2) 发送器由既有线的“$N+1$”冗余方式改为“1 + 1”的冗余方式，最大限度地降低了因设备故障对行车的影响。

(3) 将既有线 ZPW - 2000A 无绝缘轨道电路的调谐单元和匹配单元整合为一个调谐匹配单元，减少了系统的设备数量，提高了系统的可靠性。

(4) 根据客运专线道床电阻高的特点，将既有线补偿电容按频率选择容值优化为一种容值，减少了补偿电容的种类，方便维护。

(5) 补偿电容采用了全密封工艺，一方面补偿电容的容值稳定性提高，另一方面延长了使用寿命，从而提高了轨道电路系统工作的稳定性。

(6) 增大了空芯线圈的导线线径，提高了设备的安全容量，使轨道电路系统工作更加稳定可靠。

(7) ZPW - 2000A 轨道电路系统具备监测和故障诊断功能，使轨道电路系统能够及时准确地对轨道电路工作的临界和故障状态，给出预警或报警，为系统的“状态修”提供了技术保证。

(8) 站内 ZPW - 2000A 道岔轨道电路分支长度由小于或等于 30 m 延长到 160 m，京津城际铁路最大达到了 404 m，提高了轨道区段划分的灵活性。

(9) 对 ZPW - 2000A 轨道电路系统相关的配套器材，进一步规范了相应的技术指标要求，大大提高了 ZPW - 2000A 轨道电路系统工作稳定性。如：对扼流变压器增加不平衡牵引电流和大电流条件下的电气指标要求。

二、LKD2 - T2 型列控中心

列控中心根据其管辖范围内轨道电路占用状况、联锁进路信息、信号开放条件，控制轨道电路编码，控制端站有源应答器报文选择，向列车提供所需的控制信息。

LKD2 - T2 型列控中心采用 2 × 2 取 2 K5BMC 计算机硬件设备，主要由 5 个部分组成。

1. 列控主机

列控主机为列控中心核心设备，完成列控中心控制逻辑运算、软件和硬件系统管理。列控主机由两重系组成，以主从方式并行运行。每一系采用故障安全的双 CPU 处理器 F486 - 4I，两系之间通过并行接口(FIFO)建立的高速通道交换信息，实现 2 重系的同步和切换。

2. 输入输出接口

采集继电器接点输入条件和输出驱动继电器。

3. 通信接口

轨道电路通信接口板(CI－TC)将列控中心的轨道电路信息通过 CAN 总线传送给发送器、接收器,并将轨道电路状态信息传送给列控中心;将轨道电路监测信息传送给监测维护机。

4. 监测维护终端

对列控中心设备及 ZPW－2000A 轨道电路设备进行监测并分析,将模拟量、开关量信息及分析结果传送给信号集中监测子系统。

5. 电源

两个电源模块在线工作,互为热备。如果一个电源模块出现故障,可采用单电源模块供电,不影响列控中心设备运行。

三、轨旁电子单元(LEU)

在室内或室外设置 LEU,通过有源应答器给列车发送进路信息、移动授权、临时限速等信息,实现地－车信息传输。LEU 输入采用并行接口,输出通过串行数据接口(C 接口)与有源应答器连接。

列控中心根据联锁提供的进路信息和前方信号机开放条件,控制相关继电器,通过电阻(RIS)连接至 LEU。LEU 利用提取的 RIS 信息生成相应的信号代码,根据信号代码选择相应报文,并将其传送至有源应答器。

LEU 存储该信号机所有的信号代码、相应的报文、默认报文和配置数据。如果 LEU 检测到一个非正常信号代码,将自动发送自身存储的默认报文。LEU 控制报文以 565 kb/s 的串行数据流传送到有源应答器。

四、现场控制单元(MSTT)和应答器

现场控制单元(MSTT)控制现场带灯停车标(SMB)的表示点灯和控制有源应答器的报文。MSTT 存储默认、停车、移动授权、临时限速和模式转换等报文。

SMB 设置在区间每个闭塞分区分界点处,前方设置应答器组,该应答器组由有源应答器和无源应答器组成。SMB 点亮白灯,表示前方进路开放。应答器组向车载子系统发送移动授权、线路参数等信息。

MSTT 控制中间站和中继站的有源应答器及 SMB,并安装于轨旁。MSTT 与 SIMIS W 联锁系统的区域控制计算机(ACC)通过 ISDN 通信连接,从 ACC 获取进路信息和临时限速信息。

MSTT 根据从 ACC 获取的控制信息,对有源应答器、SMB 和信号机进行控制。根据进路开放信息控制 SMB 点亮白灯或灭灯;控制有源应答器发送前方一定闭塞分区空闲的移动授权信息或停车信息;根据临时限速信息,控制有源应答器发送前方线路的速度信息,从而实现地－车控制信息传输和点灯控制。

应答器组包含有源应答器和无源应答器,用于提供列车控制信息和列车位置修正信息。每个闭塞分区入口处设置用于提供线路信息和移动授权信息的应答器组;闭塞分区内间隔一定距离设置单个无源应答器,用于列车位置修正。在站内部分调车信号机附近设置有源应答器组,用于调车模式下列车防护或列车调车模式的转换。

第四节　联锁子系统

联锁子系统包含正线 SIMIS W 联锁设备和北京南、天津站 DS6－K5B 联锁设备。

联锁子系统实现控制区域内的联锁进路控制，监督区域内的道岔、信号机、轨道电路及进路状态；联锁子系统可以实现调度中心集中控制或车站本地控制。

一、SIMIS W 联锁系统

SIMIS W 联锁系统是全电子计算机联锁，采用站场型网络原则，模块化软件和硬件结构，适用于不同类型车站，可实现车站及区间联锁列控一体化控制功能。

京津正线亦庄、永乐、武清站各配备一套独立的联锁系统，设置本地操作员工作台（LOW）和一台专用的服务和诊断单元（S&D）。在中继站设置区域控制计算机（ACC），用于对通用现场单元控制器（MSTT）的控制。

SIMIS W 联锁系统的区域控制计算机（ACC）通过通用现场单元控制器（MSTT）控制京津城际铁路正线区间和车站的信号机/SMB 及轨旁的有源应答器，向列车发送相应的 CTCS－3D 报文信息。由 ACC 通过多机控制器（SIWES）控制转辙机，并采集 ZPW－2000A 轨道电路的占用条件。

SIMIS W 联锁系统通过光纤局域网与 CTC 相连，实现 CTC 集中控制。

SIMIS W 联锁系统结构如图 4－1－4 所示。

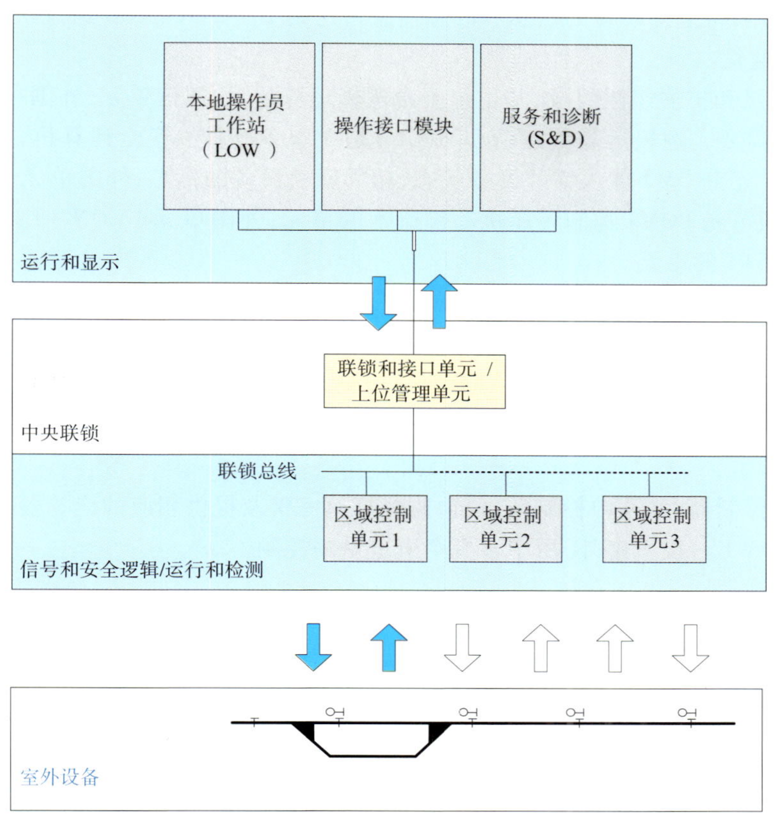

图 4－1－4　SIMIS W 联锁系统结构图

SIMIS W 联锁系统由下列部分组成：

- 人机界面（MMI）；
- SIMIS W 系统基本单元：联锁和接口单元（IIC）/上位管理单元（OMC）、区域控制单元（ACC）和联锁总线系统；
- 诊断模块（DIMO）和相关的服务与诊断工作站；
- 室外设备：通用现场单元控制器（MSTT）、多机控制器（SIWES）。

各部分主要功能如下：

1. 人机界面(MMI)

人机界面设备由标准硬件(PC 或工作站)组成。MMI 是联锁和操作员之间的界面,用来对联锁系统进行控制和监督。

2. SIMIS W 系统基本单元

(1)上位管理单元(OMC)/联锁和接口单元(IIC)

上位管理单元(OMC)执行下列基本任务:联锁配置和系统管理;在联锁主机启动后或 ACC 重启后进行站场数据、联锁配置、数据分配的管理。

联锁和接口单元(IIC)执行下列基本任务:判定控制命令合法性和逻辑性;把已判定的控制命令传输到安全逻辑/控制和监控层;接收和储存 ACC 安全逻辑/控制和监控层的过程状态;传输重启时 ACC 的过程状态;执行中央联锁逻辑;将设备状态传送到控制和显示计算机(LOW)以及服务和诊断(S&D)计算机;将设备故障信息(如通信连接和计算机硬件)传送到服务和诊断(S&D)计算机。

(2)区域控制单元(ACC)和联锁总线

区域控制单元(ACC)执行下列基本任务;ACC 用于控制和监督室外设备(转辙机、信号机、轨道电路状态等);ACC 包含其控制区域内的各种室外设备操作模块;ACC 对接收到的控制命令进行有效性检查后执行该操作;将室外设备的状态和故障信息传送到 IIC/OMC;ACC 通过联锁总线与 IIC/OMC 计算机、其他 ACC 通信。

ACC 由基本组匣和扩展组匣组成,基本组匣含逻辑运算单元、通信单元、外围单元,扩展组匣根据站场规模确定是否需要。逻辑运算单元(ECC-CU)是 3 取 2 故障—安全计算机,完成逻辑运算及内部通信功能;外围单元 INOM2 读入室外设备状态,相邻联锁设备的信息;外围单元 UNOM 连接室外设备的输出单元;外围单元 POM4 控制转辙机动作道岔的单元;外围单元 UCON-I 接收 ACC 发送来的数据分配给多个 MSTT 的单元。

(3)诊断模块(DIMO)和相关本地服务与诊断工作站

DIMO 收集和储存 SIMIS W 计算机的操作和诊断信息。

通过本地服务与诊断计算机(S&D),显示和分析 DIMO 提供的数据,将其应用于诊断,如:支持正线联锁的调试或维护。

(4)室外设备

通用现场单元控制器(MSTT)控制信号机、监督灯丝完整及提供相应的应答器报文。

多机控制器(SIWES)设于室外,用于多机牵引道岔的控制。

二、DS6-K5B 联锁系统

北京南和天津站 DS6-K5B 联锁系统配置如图 4-1-5 所示。

DS6-K5B 联锁系统所有涉及到安全信息处理和传输的部件均按照“故障—安全”原则采取了 2 重系结构设计。

联锁处理部件采取双 CPU 共用时钟,对数据母线信号执行同步比较,发生错误时使输出倒向安全。联锁 2 重系为主从式热备冗余,可实现不间断切换。

输入输出电路采用 2 重系并行工作,具有“故障—安全”性能。输入输出均采取静态方式。

DS6-K5B 系统内各微机之间全部通过光缆连接,提高了系统抗干扰能力和防雷性能,保证系统具有高的运行稳定性。

1. 控制显示分机

DS6-K5B 系统控制台采用 DS6 系列的传统结构。操作显示和操作设备设在运转室。

控显机采用 PC 总线工控机。机箱内除安装连接操作显示设备的接口板外,安装 2 块带有光电转换的串行通信接口卡 INIO,用于同联锁机通信。控显机双机与联锁机的两重系,通过光分路器构成交叉互联的冗余关系。

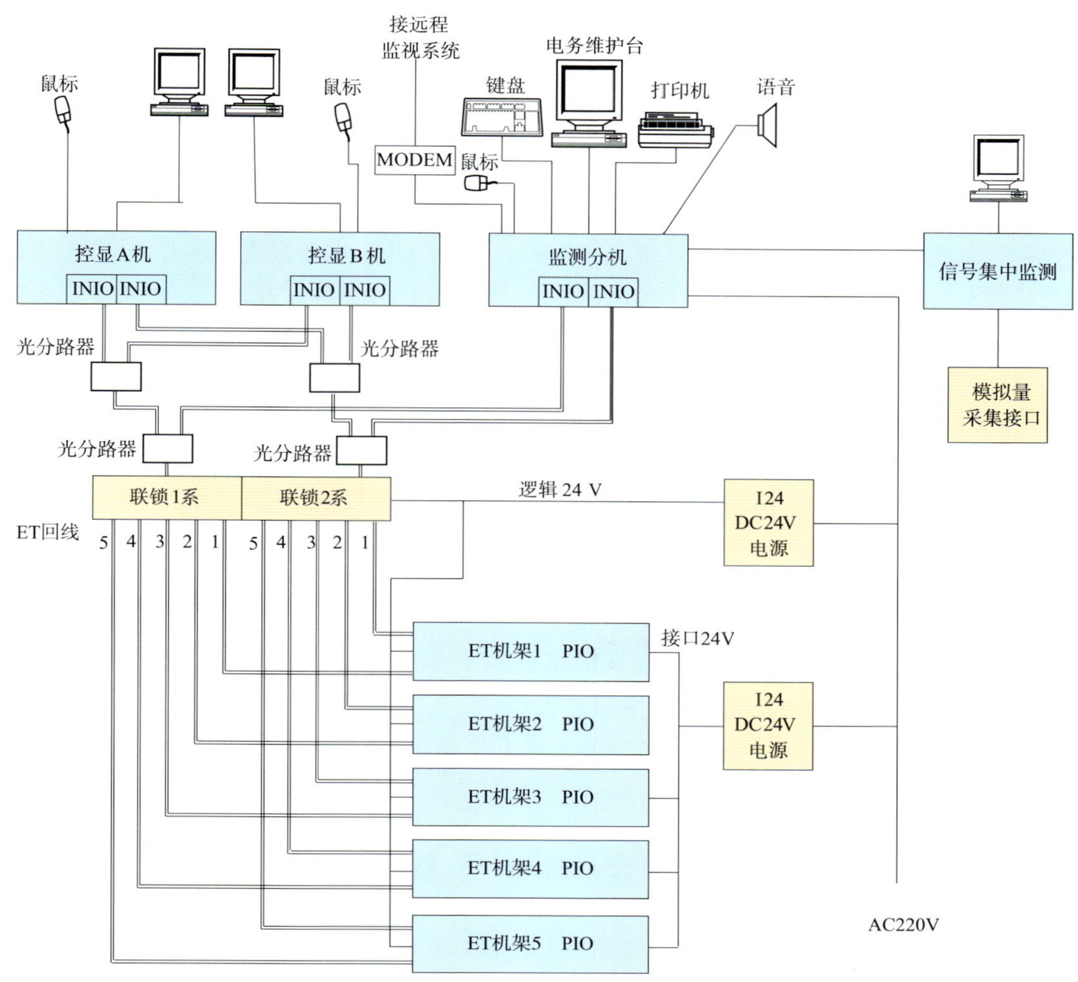

图 4－1－5　DS6－K5B 联锁系统配置图

控显机采用双机,其操作和表示设备分别设置。

北京南、天津站 DS6－K5B 联锁系统可通过 CTC 协议转换器和光纤局域网由 CTC 中心进行操作。

2. 安全联锁计算机

DS6－K5B 系统的联锁双机(1 系和 2 系)组成完全相同,每一系由 F486－4 CPU 板、FSIO1 电子终端及上位机接口板、FSIO2 电子终端通信扩展接口板和 VHSC6 125M LAN 通信扩展板五块电路板组成。各板之间通过机架底版的 VME 总线互连。

联锁 1 系电源和联锁 2 系电源是两个输入直流 24 V、输出直流 5 V 的 DC/DC 电源,分别向联锁 1 系和联锁 2 系的逻辑电路提供 5 V 电源。

在联锁机架的背面,每系各有两块光电转换板:EXT F107P 和 F107(P)。EXT F107P 板是 FSIO2 的光电转换板,用于联锁机与电子终端之间的光缆连接;F107(P)板是 FSIO1 板的光电转换板,用于联锁机与电子终端之间的光缆连接以及联锁机与控显机和监测机之间的光缆连接。

3. ET－PIO 输入输出控制单元

DS6－K5B 系统的表示信息输入和控制输出接口电路称为电子终端(Electronic Terminal,简称 ET)。ET 电路安装在 ET 机架内。一个 ET 机架内有 12 个插槽。机架正面左边的两个插槽用于安装两个 ET－LINE 板。其余的 10 个插槽用于安装 PIO 板。ET LINE 板上有 ET 与联锁机的通信接口和 DC24V－DC5V 电源。ET 为两重系并列结构。在一个 ET 机架内必须安装两个 ET LINE 模块:一个与联锁机 1 系连接;另一个与联锁机 2 系相连。ET 与联锁机的通信采用光纤连接。

ET 机架内的 PIO 板从机架正面左起第三个插槽开始相邻成对安装。在每对 PIO 中,位置在左边的为 1 系 PIO 板,在右边的为 2 系 PIO 板。一个 ET 机架内最多可安装 5 对 PIO 板。

DS6 - K5B 系统联锁机和电子终端均采用了二重系设计。联锁每一系都要接收电子终端二重系的输入信息,经过“或”处理后,作为联锁运算的输入;联锁二重系的输出通过电子终端的二重系并联输出。

出于故障—安全方面的考虑,DS6 - K5B 系统不同继电器采集的接点条件不同。系统规定用继电器接点的闭合条件(对于计算机的输入接口有电流输入)表示相应设备处于安全侧状态,即用输入电路有电流通过证明设备在安全状态,输入信息的逻辑值为“1”;用继电器接点的断开条件(对于计算机的输入接口没有电流输入)表示设备处于危险侧状态,输入信息的逻辑值为“0”。如:对于安全态为落下的继电器,如本站 ZCJ 等,取后接点输入。

4. 监测分机

电务维护台由监测分机、显示器、键盘、打印机等组成。监测分机采用 PC 总线工控机。机箱内安装两块带有光电转换的串行通信接口卡 INIO,用于同联锁机 2 重系通信。

监测分机接收来自联锁 2 重系的设备动作状态信息和监测报警信息。

监测分机通过串行通信接口与微机监测设备的上位机通信,将开关量监测信息发送给微机监测设备。

5. 室外设备

DS6 - K5B 联锁系统与室外信号设备之间的结合,采用继电电路,主要有信号点灯电路、道岔控制电路、轨道电路、自动闭塞电路及其他结合电路。

DS6 - K5B 联锁系统通过逻辑运算,控制相关继电器动作,满足操作人员动作道岔、开放信号等要求。

第五节 CTC 子系统

CTC 子系统建立在标准硬件和开放系统结构上,满足京津城际铁路调度集中指挥的要求,采用冗余的系统结构。CTC 子系统包含以下主要部分:调度中心设备、车站设备及连接调度中心与车站的网络子系统,以及培训仿真系统(T&S)和时刻表编辑系统(FALKO)。

一、调度中心设备、车站设备、网络子系统结构与功能

1. 调度中心设备结构

调度中心设备包括机房设备、调度大厅设备。

(1)中心机房设备包括中心通信服务器(COM)、管理服务器(ADM)、与 SIMIS - W 及 DS6 - K5B 联锁接口计算机(FEP)、协议转换器通信服务器(C - COM)、协议转换器服务器(C - CON)、维护机、防火墙及与其他信息系统接口的路由器。CTC 子系统结构见图 4 - 1 - 6。

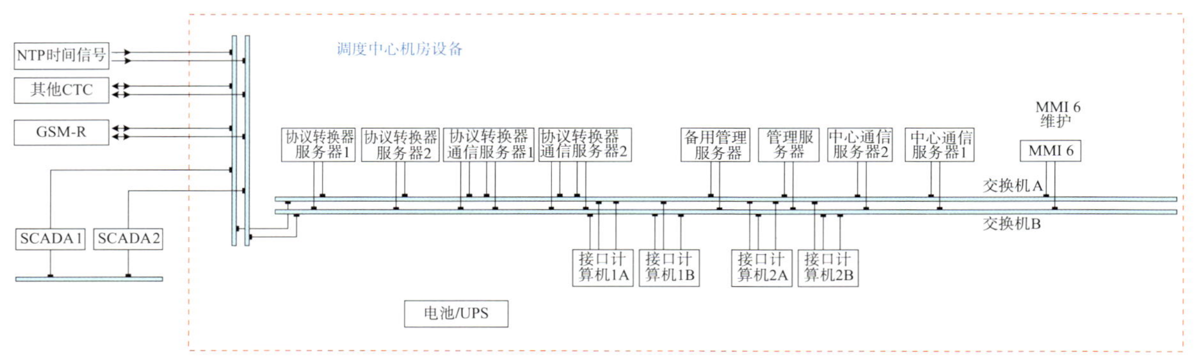

图 4 - 1 - 6　CTC 子系统结构图

（2）调度大厅设备包括5台互为备用控制计算机（MMI），SIMIS－W联锁系统远程控制工作站（C－LOW）及打印设备，如图4－1－7所示。

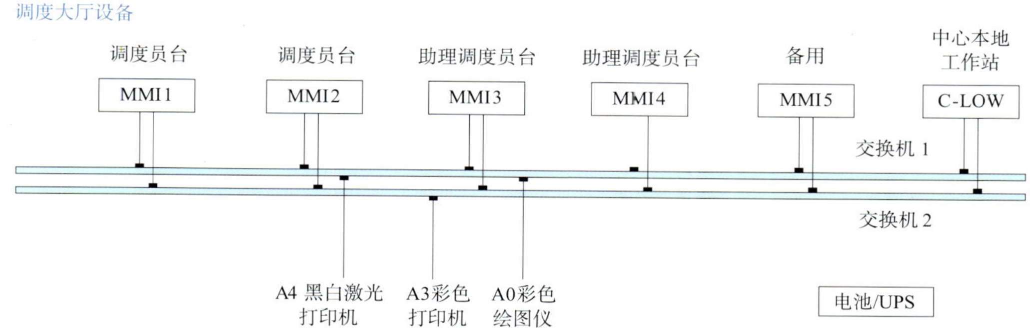

图4－1－7　调度大厅CTC设备图

2. 车站设备结构

（1）为实现对北京南、天津站DS6－K5B联锁系统控制，北京南、天津站设车站CTC协议转换器。车站设备包括：双机热备的车站协议转换器（S－CON）、车站本地工作站（LOW）、调度命令与运行图工作站（D&T）。北京南、天津站CTC设备结构如图4－1－8所示。

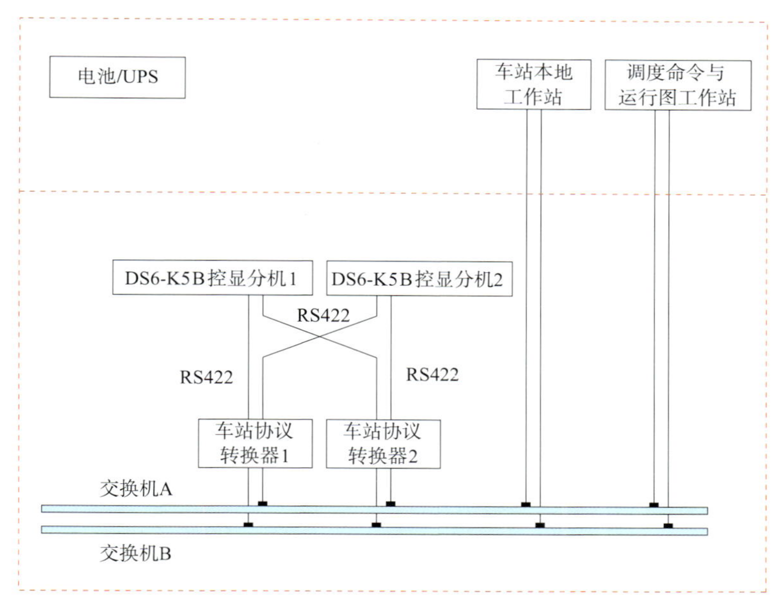

图4－1－8　北京南、天津站车站CTC设备结构图

（2）亦庄、永乐、武清站CTC设备包括车站协议转换器（S－CON）、服务于诊断工作站（S&D）、车站本地工作站（LOW）、调度命令与运行图工作站（D&T）。中间站CTC设备结构见图4－1－9。

3. 网络设备结构

网络设备由双机热备的中心交换机、车站交换机及连接调度中心与车站的双环百兆光纤局域网组成。CTC网络子系统结构如图4－1－10所示。

4. CTC子系统功能

CTC子系统作为京津城际铁路控制中心主要提供以下三要功能，包括：

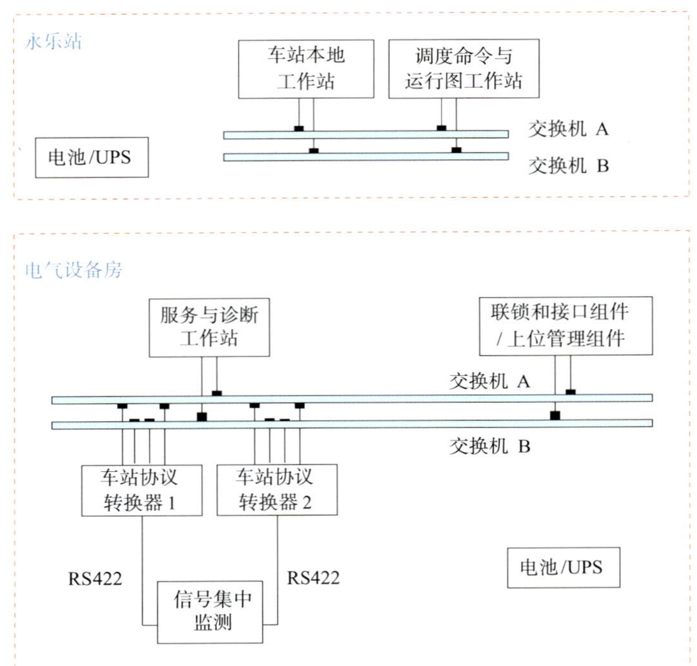

图 4－1－9　中间站 CTC 设备结构图

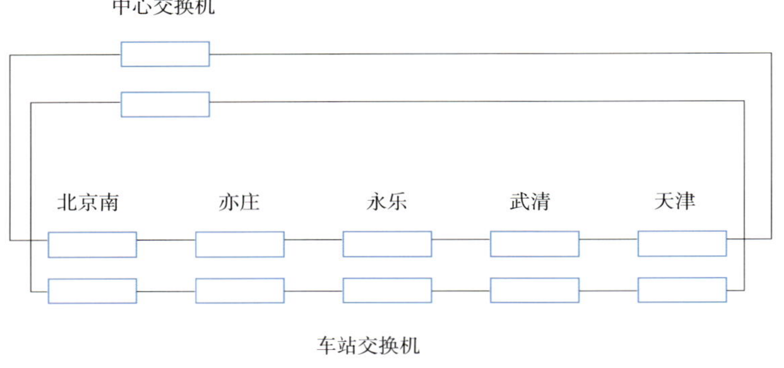

图 4－1－10　CTC 网络结构图

(1)中心控制与本地控制

京津城际铁路全线 5 个车站有两种工作模式:中心控制模式与本地控制模式。

北京南站和天津站控制模式转换由车站联锁系统决定,在车站联锁系统终端设有一个"非常站控"按钮。在车站控制模式下,点击"非常站控"并输入密码后即进入中心控制模式,在控制中心转为中心控制模式后,车站名称变为绿色。

在中心控制模式下,车站联锁系统只有"非常站控"按钮为可操作按钮,联锁系统由中心人工或自动控制。在中心控制模式下点击"非常站控"按钮并输入密码即转为车站控制模式,在控制中心车站名称变为红色 。

亦庄、永乐、武清三个中间站中心控制模式与车站控制模式转换,既可以由中心控制,也可以由车站控制:在车站控制模式下,点击车站名称,CTC 中心在相应车站选择"接权"即转为中心控制模式,或在车站控制模式下,点击 C－LOW 上车站名称,可以强行获得控制权,CTC 及 C－LOW 转为中心控制模式;在中心控制模式下,点击车站名称,在相应车站选择"接权"即转为车站控制模式,或在中心控制模式下,点击车站 LOW 上车站名称,可以强行获得控制权,系统转为车站控制模式。

(2)站场显示、进路人工与自动控制

CTC子系统站场显示包括站场信息、控制模式状态、临时限速、车次跟踪、设备故障状态、报警信息等。

CTC进路控制模式包括人工手动控制及运行图自动控制两种模式:

①人工手动控制:中心调度员根据要求选择始终端信号机办理进路,在人工手动模式下,可以进行的操作包括:列车进路(基本进路及变更进路)、调车进路(基本进路及变更进路)、引导进路、道岔总锁、道岔单锁、道岔封锁、按钮封锁、临时限速设置等。

②运行图进路自动控制:CTC子系统加载运行图后,根据车次号及接发车时刻自动触发进路。

北京南站和天津站发车进路触发方式为时间触发,触发时机为发车前1 min;接车进路的触发方式为地点触发,当列车进入定义的触发区段,且车次号与运行图车序一致,进路将被触发。

亦庄、永乐、武清站发车进路触发方式为时间触发,触发时机为发车前15 s,接车进路的触发方式为地点触发,当列车进入定义的触发区段,且车次号与运行图车序一致,进路将被触发。

(3)用户权限、功能定义与分配

在调度中心大厅共设置4套控制终端(MMI),每台控制终端根据操作人员职责的不同,可被配置成不同的操作权限。这些操作权限设置包括:列车自动监控,SDM(操作员使用的工程工具),用户管理,控制权限设置,控制区域设置,报表档案管理,联锁操作,列车监督设置,回放操作,在线关联操作,时刻表装载,显示区域设置,操作记录报告,运行图部署,运行图配置,列车管理,信息查询等。

其设置方法如图4-1-11所示。

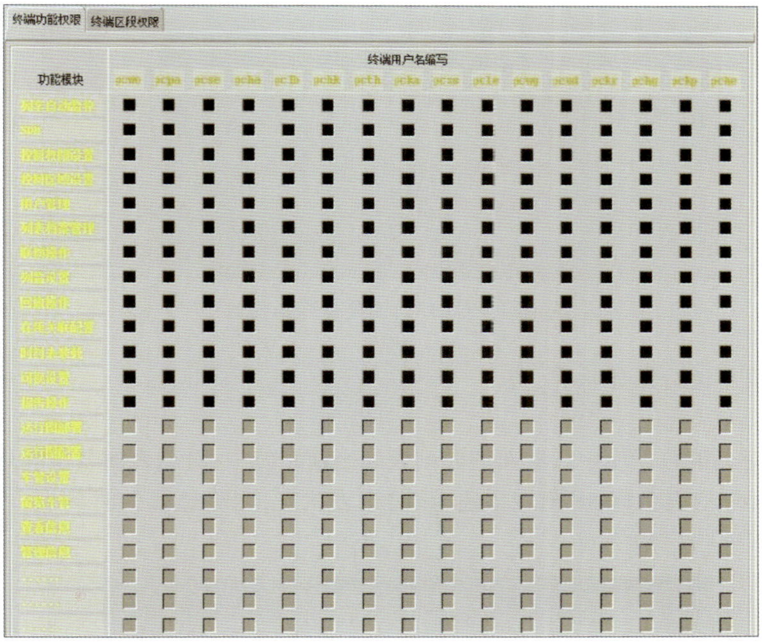

图4-1-11　调度中心大厅控制终端操作权限设置方法

(4)调度命令

调度命令包括普通调度命令和限速调度命令两种。临时限速调度命令可以由调度员手工编辑,也可以在设置限速时系统自动生成,调度员可以选择发送目的地,包括车站、机车及相关TDCS。

①调度命令的编辑与发送,包括:调度员编辑调度命令、调度命令存储与查询、接收相关系统的调度命令、调度命令发送至相关系统、临时限速调度命令自动生成、调度命令下达、调度命令发送至机车,如图4-1-12所示。

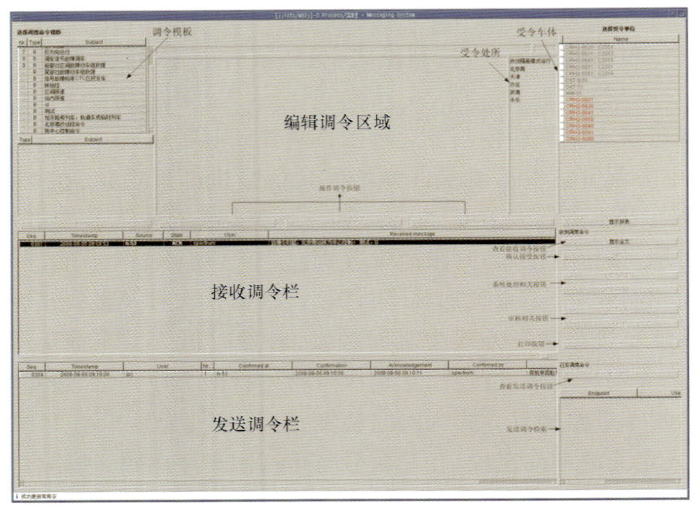

图 4－1－12　调度命令的编辑与发送

②调度命令的接收，包括显示调度命令内容及发送接受回执，如图 4－1－13 所示。

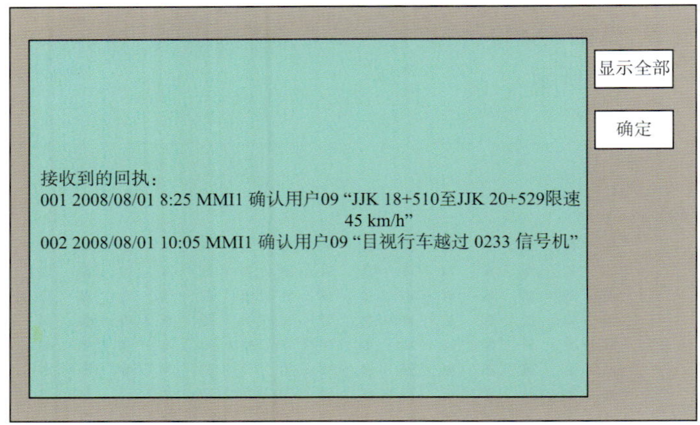

图 4－1－13　调度命令的接收

(5)时刻表加载与运行图显示、配置

①时刻表加载

调度员可以从时刻表数据库中加载新的时刻表到当前系统中，时刻表加载系统具备如下显示功能：

当前日期显示，时刻表名称，时刻表描述，该时刻表状态，删除选择的时刻表，删除所有时刻表，显示所有时刻表，如图 4－1－14 所示。

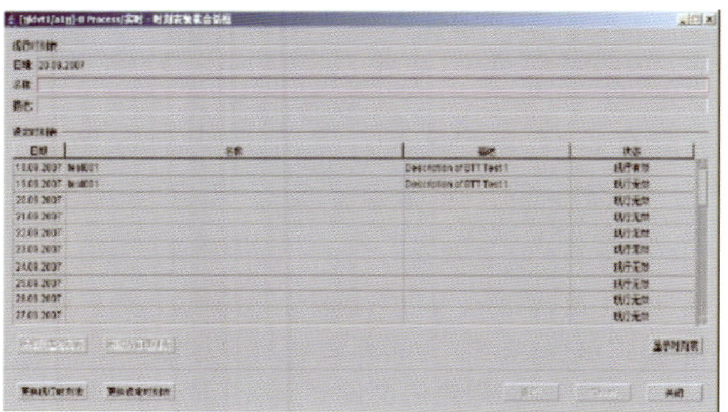

图 4－1－14　时刻表装载对话框

②运行图(TGI)显示、配置

列车运行图提供列车运行的图形信息,包括:

a. 新建显示窗口。

b. 运行图显示,如图 4 - 1 - 15 所示。

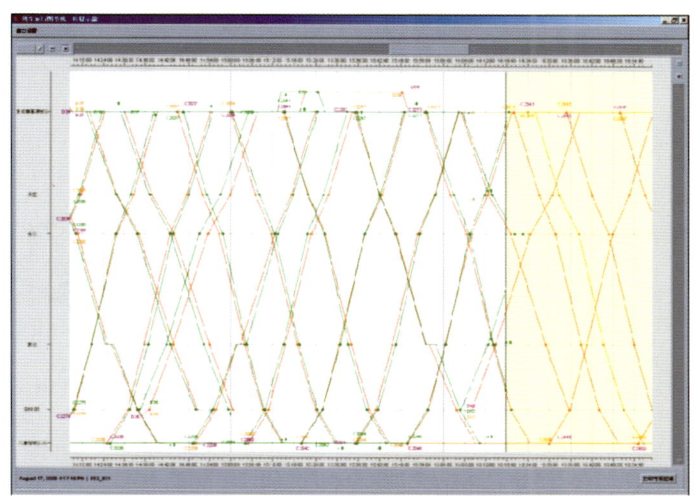

图 4 - 1 - 15　运行图显示

c. 运行图配置,调度员可以设置运行图的显示属性,包括:显示区域、时间间隔、平铺设置、计划运行线、变更运行线、实际运行线颜色配置等。

d. 运行图显示属性配置,包括:显示实际旅程、显示计划旅程、显示变更旅程、显示冲突、显示优先权的设置等。

(6)临时限速设置

临时限速设置分为两种方式:端站临时限速设置,北京南至天津间区间临时限速设置。

①端站临时限速设置,端站在中心控制模式下若需设置临时限速,应首先转为站控模式,然后由车站值班员设置临时限速,设置结果可以在 CTC MMI 上显示。

②北京南至天津间区间临时限速设置,在 CTC 中心以闭塞分区为单位进行设置,临时限速数值分为:0 km/h、45 km/h、80 km/h、160 km/h。

(7)安全相关命令由中心本地工作站(C - LOW)执行

①亦庄、永乐、武清三个中间站联锁破铅封命令、临时限速取消需在中心本地工作站(C - LOW)执行。

②北京南、天津站所有联锁控制命令均在 CTC 上执行。

二、培训仿真系统结构与功能

1. 培训仿真系统结构

CTC 培训仿真系统用于调度员培训,其结构如图 4 - 1 - 16 所示。

2. 培训仿真系统功能

学生工作站结合 CTC 子系统的 COM、ADM、MMI 功能于一台服务器上,可以发送联锁控制命令至教师工作站,并从那里得到相应执行结果。学生工作站可以仿真时刻表及车次号相关功能以及进路自动触发功能。

教师工作站在一定程度上仿真 DS6 - K5B 联锁及 SIMIS-W 联锁的联锁逻辑,作为培训之用。教师工作站从学生工作站接收指令,然后自动发出相关状态信息(道岔位置、进路状态等),同时也能仿真列车运行。

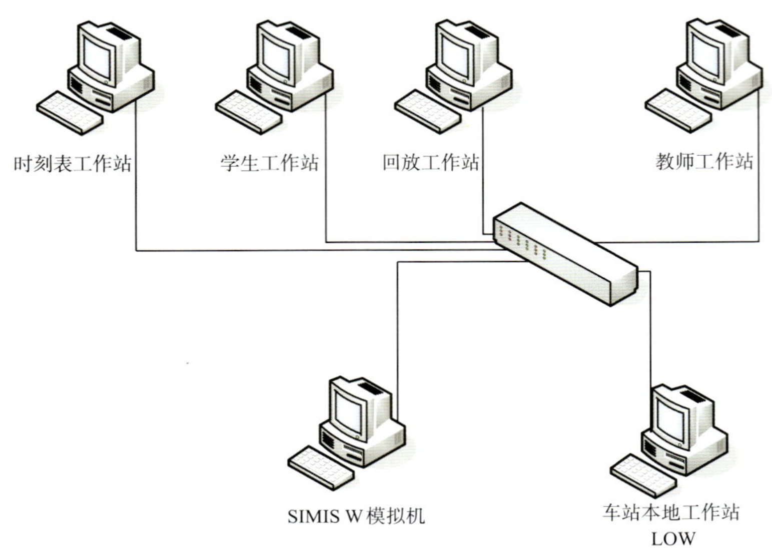

图 4-1-16　培训仿真系统结构

培训仿真系统具有记录相关数据并存储至硬盘的功能，这些数据包括联锁状态信息、告警、事件、控制命令及车次号信息。已存储的数据可以通过存储介质，拷贝至回放工作站进行数据回放。

SIMIS-W 模拟机是为测试和培训 LOW 的功能而设计的，用于模拟处理安全相关的命令。

三、时刻表建立与验证(FALKO)子系统

时刻表建立与验证(FALKO)子系统用于建立和验证铁路系统运行时刻表。使用时刻表编辑功能，用户可以在很短的时间内建立一个图形方式的日运行时刻表，同时可考虑相应的运营情况；用户可以优化列车时刻表，检查有关所有重要技术和运营参数的可运营性，模拟运行中的干扰情况，最终验证时刻表的稳定性。FALKO 子系统还可以将时刻表导出打印。

FALKO 子系统主要功能包括：数据管理，时刻表建立，编辑时刻表，时刻表扩展，编辑车辆计划，运行计划编制，排列进路，仿真模拟运行，时刻表输出，时刻表输入，站场结构分析，时刻表分析等。

FALKO 子系统主编辑界面如图 4-1-17 所示。

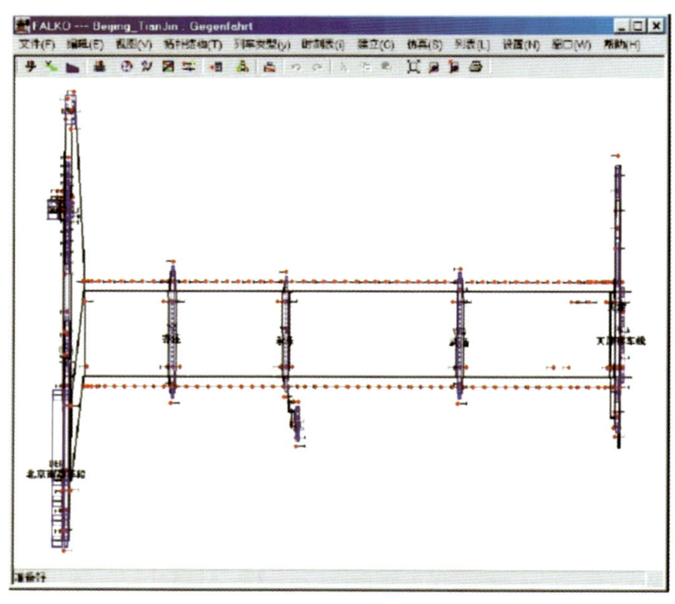

图 4-1-17　FALKO 系统主编辑界面

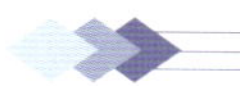

第六节　信号集中监测子系统

信号集中监测子系统采用 TJWX－2000 型信号微机监测系统，主要由车站部分、调度中心部分和广域网络数据传输部分组成。正线 5 个车站、6 个中继站与调度中心设备经 2M 数字传输通道构成一个环形自愈网络，采用 TCP/IP 协议。预留与动车段的接口。

信号集中监测子系统网络结构示意图见图 4－1－18。

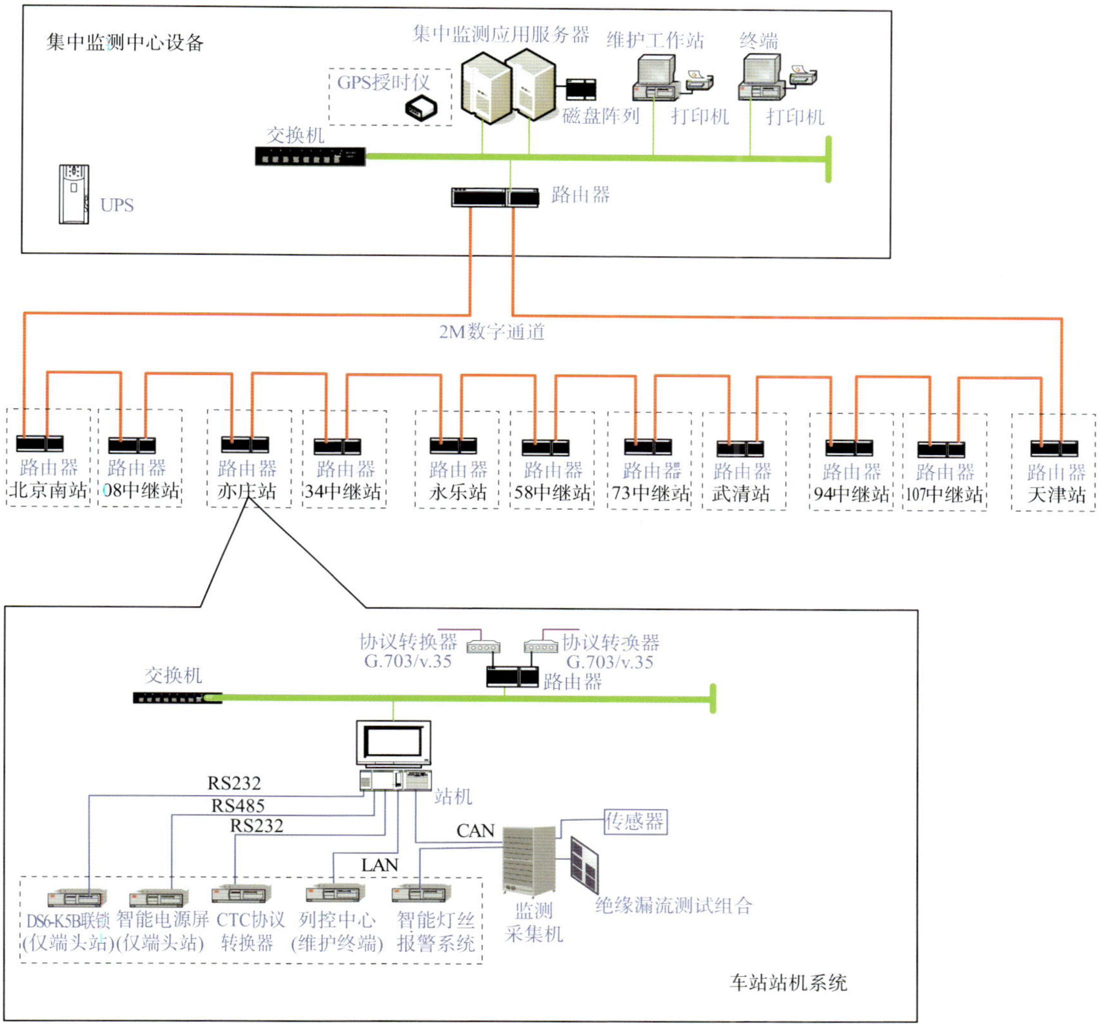

图 4－1－18　信号集中监测子系统网络结构示意图

一、集中监测中心设备

在调度中心设集中监测中心设备，配置两台监测应用服务器（双机冗余热备）、一台维护工作站及 UPS 电源和相关网络设备等。

二、车站设备

在北京南站、亦庄站、永乐站、武清站、天津站 5 个车站设车站设备，各配置 1 台 TJWX－2000 型微机监测采集机、1 台站机、1 台路由器，以及相应的数据通信设备、通信防雷器件等设备。

三、中继站设备

在6个中继站各配置1台TJWX－2000型微机监测采集机、1台站机、1台路由器，以及相应的数据通信设备、通信防雷器件等设备。中继站的信号集中监测站机同列控中心监测终端合并使用一台计算机，采集分机和电缆绝缘测试组合等设备安装在列控综合机柜内。

第七节　主要接口

一、联锁子系统与ZPW－2000A轨道电路接口

ZPW－2000A轨道电路系统提供轨道电路“空闲”或“占用”状态给中间站及中继站SIMIS W联锁系统。

将ZPW－2000A轨道电路的轨道继电器前接点或后接点连接到ACC中相关的INOM2电路板上，以提供每个轨道区段的“空闲”或“占用”状态，见表4－1－2。若ZPW－2000A轨道电路发生故障，SIMIS W联锁系统判定为轨道占用。

表4－1－2　轨道继电器接点含义

继电器	接点1(前接点)	接点2(后接点)	含义
励磁(通电的)	1	0	轨道空闲
失磁(未通电的)	0	1	轨道占用
	0	0	无定义的错误
	1	1	无定义的错误

DS6－K5B联锁系统通过ET－PIO采集ZPW－2000A轨道电路轨道继电器的接点条件，获取轨道区段“空闲”或“占用”信息。轨道继电器(GJ)取其前接点输入，用前接点闭合条件证明轨道区段空闲；前接点断开或接口开路故障及接口断线，均视为轨道区段占用。

二、联锁子系统与CTC接口

北京南、天津站DS6－K5B联锁系统通信协议遵守铁道部颁布的计算机联锁与CTC的通信标准，通过双机热备和双通道保证系统的冗余性。数据通信利用RS422标准串行接口，通信方式为异步双工，且调度集中设备端与计算机联锁设备端分别都采用光电隔离。双方采用屏蔽电缆或光缆连接。采用CRC校验、接收应答及超时重传机制保证通信的可靠性。

北京南、天津站DS6－K5B联锁系统通过CTC协议转换器与CTC子系统连接，接收CTC子系统控制命令及将联锁子系统站场表示信息发送给CTC子系统。

亦庄、永乐、武清站联锁子系统通过局域网与CTC子系统连接。

三、不同联锁子系统间接口

北京南站和天津站采用DS6－K5B联锁系统，京津正线车站和区间采用SIMIS W联锁系统。为了实现两种不同联锁方式的接口，需要进行接口设计。两个联锁系统间通过继电接点交换信息。

联锁接口设计满足相关CENELEC标准，SIMIS W接口设备位于北京南站和天津站信号机械室内，采用光纤通过中央总线连接到位于京津正线上相邻的SIMIS W联锁设备。

DS6－K5B联锁系统和SIMIS W联锁系统间接口通过SIMIS W的INOM2和UNOM UCQK5B的ET－PIO板实现。

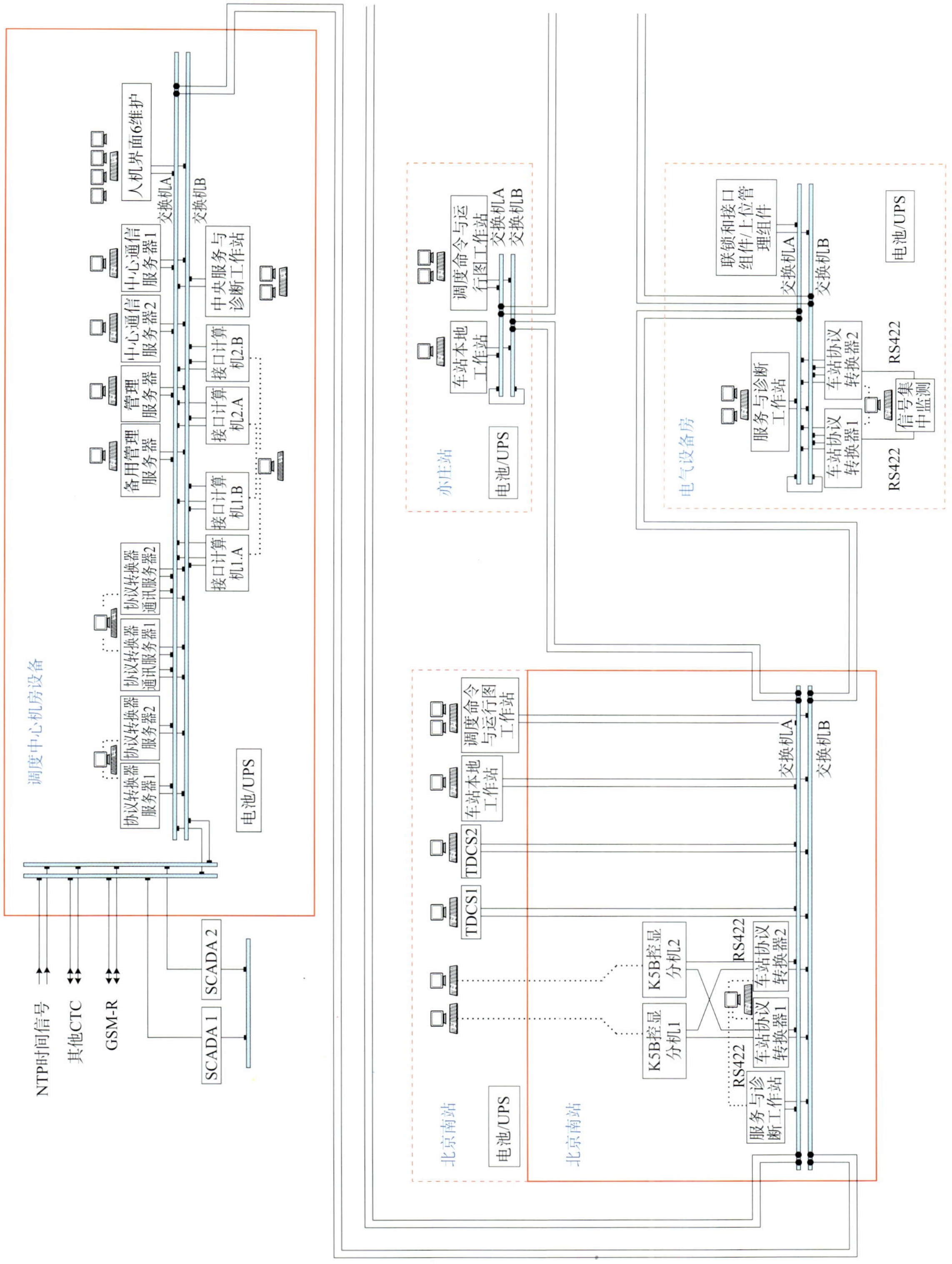

图4-1-19　CTC与联锁网络连接示意图

在 SIMIS W 侧，INOM2 通过光耦合器读取安全消息，UNOM 模块输出安全命令，安全命令通过内部继电器干接点提供。在 DS6－K5B 侧，ET－PIO 板通过光耦合器读取安全消息；安全命令通过 ET－PIO 板及相连的外部重力继电器(JWXC－1700)输出。信息的采集采用独立的双接点、前后接点均采集，通过互为校核的原理来确保信息的准确性。

DS6－K5B 联锁系统与 SIMIS W 联锁系统之间设置 M－GST1、M－GST2、M－ZIF、M－TSR、M－EBF 共 5 个继电器，设置采集 SIMIS W 的 K－GST1，K－GST2，K－ZLS，K－TSR ，K－ABF 共 5 个继电器。

四、联锁子系统与 LKD2－T2 型列控中心接口

中间站及中继站 LKD2－T2 型列控中心需要 SIMIS W 联锁系统提供如下状态：中间站进、出站信号机状态，区间停车标志板及信号机状态，道岔表示状态。

1. 中间站进站、出站信号机状态

中间站进站、出站信号机状态见表 4－1－3。

表 4－1－3　中间站进站、出站信号机状态

高比特	低比特	含义
1	0	关闭信号
1	1	正常进路的信号开放
0	1	目视进路的信号开放
0	0	ACC 或 UNOM 板故障安全状态

2. 区间停车标志板及信号机状态

区间停车标志板及信号机状态见表 4－1－4。

表 4－1－4　区间停车标志板及信号机状态

高比特	低比特	含义
1	0	关闭信号
1	1	正常进路的信号开放
0	0	ACC 或 UNOM 板故障安全状态
0	1	未定义

3. 道岔表示状态

道岔表示状态见表 4－1－5。

表 4－1－5　道岔表示状态

高比特	低比特	含　　义
1	0	检测到道岔为右位
0	1	检测到道岔为左位
0	0	道岔终位未检测到 ACC 或 UNOM 板故障安全状态
1	1	未定义

道岔位置含义如 4－1－20 图所示。

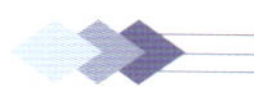

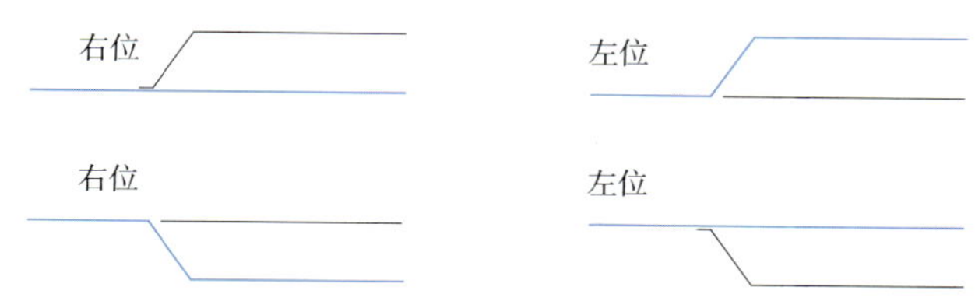

图 4-1-20　道岔位置含义示意图

北京南站和天津站的 LKD2-T2 型列控中心通过 125M LAN 通信从 DS6-K5B 联锁系统获取进路信息、信号机开放条件、临时限速命令、道口接近通知。

五、列控中心与地面电子单元(LEU)接口

北京南站及天津站的 LEU 安装于信号机械室内。根据联锁子系统提供的列车进路、前方信号机开放条件及站间闭塞信息,列控中心驱动相应继电器,通过电阻(RIS)连接至 LEU。LEU 利用提取的 RIS 信息生成相应的信号代码,根据信号代码选择相应报文,并将其传送至有源应答器。

六、列控车载设备与轨道电路读取器(TCR)接口

列控车载设备向轨道电路读取器(TCR)提供 DC110 V 电源。

轨道电路读取器(TCR)向每个列控车载设备提供 2 组继电器接点:"TCR 制动"和"TCR 正常"。

轨道电路读取器(TCR)向人机界面(DMI)的"正常"与"制动"指示灯输出控制信号,向司机指示 TCR 工作状态。

TCR 与列控车载设备逻辑关系见表 4-1-6。

表 4-1-6　TCR 与列控车载设备逻辑关系

TCR 状态类别	TCR 制动信号输出	TCR 正常表示输出	TCR 制动信号灯	TCR 正常表示灯	列控车载设备的动作
正常状态	1	1	灭	亮	正常运行
制动状态	1→0(10s)→1	1	灭→亮(10 s)→灭	亮	最大常用制动
地面信号无效造成 TCR 注入功能失效	1	0	灭	闪	不超过 250 km/h 运行
TCR 车载设备故障状态	0	0	灭	灭	不超过 250 km/h 运行,可切除 TCR

七、列控车载设备与 CRH_2 型动车组接口

列控车载设备和 CRH_2 型动车组间采用开关量接口,主要通过继电器接点实现,基本接口如下:

(1)电源接口:列车提供列控车载车载设备 110 V 电源。

(2)输入接口见表 4-1-7。

表 4-1-7　输入接口

编号	信号名称	接口功能
1	驾驶室激活	驾驶室激活信号用于显示驾驶室是否处于人工操作状态
2	运行方向	OBU 通过该输入获得列车运行方向的信息
3	确认按钮	列车司机可通过确认按钮确认以下情况:降低等级/模式、预选等级/模式、激活减速程序、确认 EB
4	EB 激活	OBU 从车厢线路获得"EB 活动"的信号,以表示紧急制动激活

续上表

编号	信号名称	接口功能
5	休眠信号	OBU 通过该安全输入获得列车另一端驾驶室被开启的信息，则本端休眠状态
6	列控车载 系统开关	控制列控车载设备的三种状态：TCC1 开启、TCC2 开启、列控车载设备关闭
7	TCR 开关	当 TCR 故障时，用于切除 TCR 电源

(3)输出接口见表 4－1－8。

表 4－1－8　输出接口

编 号	信号名称	功能说明
1	紧急制动	紧急制动输出含有两个继电器接点，两者串联。OBU 在紧急制动启动状态下断开两个继电器接点，但在只有一个接点断开的条件下，紧急制动也处于启动状态，使列车紧急制动
2	常用制动	该输出使列车进行常用制动制动
3	切断牵引	通过该输出切断列车牵
4	过分相区	通过该输出表示列车正经过分相区，通知列车降弓

八、列控车载设备与 CRH3 型动车组接口

列控车载设备和 CRH3 型动车组接口主要是通过 MVB 总线实现。除紧急制动采用继电器接点实现外，其余输入输出接口采用 MVB 总线接口，基本接口如下：

1. 电源接口：列车向列控车载车载设备提供 110 V 电源；
2. 输入接口见表 4－1－9。

表 4－1－9　输入接口

编 号	信 号 名 称	接 口 功 能	备　注
1	运行方向	车载单元(OBU)通过该输入获得列车运行方向的信息	
2	确认按钮	列车司机可通过确认按钮确认以下操作：模式选择和确认紧急制动缓解等	
3	紧急制动(EB)激活	OBU 从列车总线获得“EB 激活”信号以表示实施了紧急制动	
4	休眠信号	OBU 通过该安全输入获得列车另一端驾驶室被开启的信息，则本端处于休眠状态	
5	列控车载 系统开关	控制列控车载设备的三种状态：TCC1 开启、TCC2 开启、列控车载设备关闭	
6	TCR 开关	当 TCR 故障时，用于切除 TCR 电源	

3. 输出接口见表 4－1－10。

表 4－1－10　输出接口

编 号	信号名称	功能说明	备注
1	紧急制动	紧急制动输出含有两个继电器接点，两者串联。OBU 在紧急制动启动状态下断开两个继电器接点，但在只有一个接点断开的条件下，紧急制动也处于启动状态，使列车紧急制动	通过继电器接口

续上表

编 号	信号名称	功能说明	备注
2	常用制动	该输出使列车进行常用制动制动	通过 MVB 接口
3	切断牵引	通过该输出切断列车牵	通过 MVB 接口
4	过分相区	通过该输出表示列车正经过分相区，通知列车降弓	通过 MVB 接口

九、轨道电路在无砟轨道的应用

轨道电路是利用钢轨作为导体传递控制信息的电路系统，反映轨道区段是否空闲与完整，并向车载设备传递列车控制信息。

影响轨道电路传输长度的因素如下：

$$L_g \propto f(Z_g、R_d、n_g、n_p、n_o)$$

式中 Z_g——轨道电路钢轨参数，Ω/km；

R_d——道床漏泄电阻，Ω·km；

n_g——轨道电路系统的返还系数；

n_p——轨道电源波动系数；

n_o——轨道电路电缆参数、器材参数的离散变化等。

n_g、n_p 和 n_o 由 ZPW－2000A 轨道电路决定。

轨道电路的传输长度受轨道电路一次参数（钢轨参数和道床漏泄电阻）影响，道床漏泄电阻（R_d）主要取决于钢轨线路所采用扣件系统结构，与钢轨线路周围金属物无关。轨道电路的钢轨参数（$\dot{Z}_g$）受轨道结构及钢轨线路周围金属物的影响。因此，无砟轨道对轨道电路传输性能的影响就表现为对钢轨参数的影响。

由于无砟轨道内大量铺设钢筋，传统的钢筋绑扎工艺，会在无砟轨道内形成钢筋网闭合回路。ZPW－2000A 轨道电路以钢轨作为传输通道，通过钢轨传送信号电流时，在钢轨周围产生电磁场，该电磁场在无砟轨道内的钢筋网产生感应电流，对轨道电路的钢轨参数产生影响，使轨道电路的钢轨参数的电阻 R 增大、电感 L 减小，从而使轨道电路的传输长度缩短。其原理如图 4－1－21 所示。

表 4－1－11 为我国秦沈线和遂渝线未经绝缘处理的长枕埋入式、板式和双块式无砟轨道线路实测的轨道电路一次参数值。

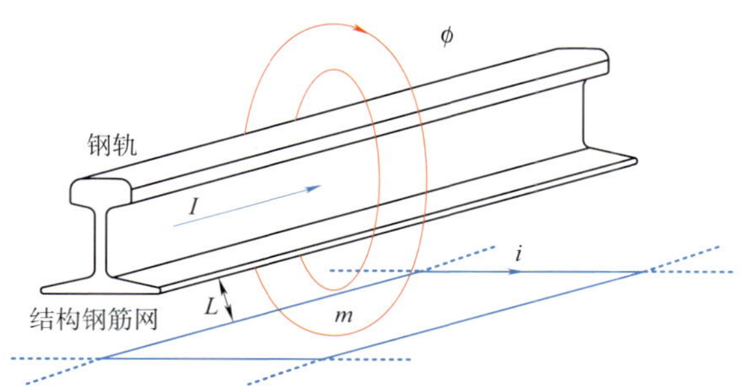

图 4－1－21 无砟轨道内钢筋对轨道电路影响的原理图

I—信号电流；i—感应涡流；ϕ—信号磁场；m—耦合系数；L—钢轨轨底与钢筋网的距离。

表 4－1－11 未经绝缘处理的无砟轨道区段的轨道电路一次参数实测值

轨道类型	测试信号频率（Hz）	钢轨电阻 R（Ω/km）	钢轨电感 L（μH/km）	位置
板式	2 600	4.976	964	秦沈线狗河桥
长枕埋入式	2 600	3.388	1 120	秦沈线沙河桥

续上表

轨道类型	测试信号频率(Hz)	钢轨电阻 R(Ω/km)	钢轨电感 L(μH/km)	位置
双块式	2 600	3.360	1 204	遂渝线蔡家站路基地段
平板板式	2 600	3.440	1 025	遂渝线蔡家站路基地段
有砟区段标准值	2 600	1.556	1 291	

从上表所列数据明显看出，无砟轨道内纵横向钢筋未作任何绝缘处理时轨道电路一次参数值与有砟区段标准值有较大差异。无砟轨道内大量的钢筋网所形成的闭合回路，使钢轨阻抗中交流有效电阻增大，电感减小，从而使轨道电路信号的传输损耗增大，电气绝缘节品质因数降低，使轨道电路的传输长度缩短。为了使 ZPW－2000A 轨道电路在无砟轨道条件下良好应用，需采取如下措施：

(1)对距离轨底一定范围内无砟轨道的纵横向钢筋做绝缘处理，即轨道板底座内的纵横向钢筋均做绝缘处理，以改善轨道电路钢轨阻抗参数。

(2)扣件系统与钢轨之间进行绝缘处理，以提高道床漏泄电阻值。

具体分析如下：

(1) 改善轨道电路钢轨阻抗参数的措施

无砟轨道以钢筋混凝土结构取代了由石砟铺设的道床，使得钢轨线路架设在导电的钢筋骨架网孔上。无砟轨道的钢轨参数与有砟线路相比：有效电阻增加、电感降低。根据楞次定律，消除无砟轨道对轨道电路钢轨参数的影响，一是消除钢筋骨架导电网孔，以消除其产生的感应电流对钢轨回路电感的影响；二是增加钢筋与钢轨轨底的距离，减弱钢轨内信号电流在钢筋内产生感应电流而消耗电能所引起的钢轨有效电阻增加。

对无砟轨道内的纵横向钢筋采取必要的绝缘处理措施，消除钢筋骨架导电网孔，减少轨道电路钢轨有效电阻的增加量和钢轨电感的减少量。这一措施已经在遂渝无砟轨道试验段、房山桥梁厂模拟测试和德国无砟轨道模拟测试等得到了验证。

(2) 提高道床漏泄电阻

根据轨道电路传输理论，提高轨道电路道床漏泄电阻，减小轨道电路各种工作状态的道床电阻变化范围，也是提高轨道电路传输长度的行之有效的方法之一。

道床漏泄电阻与线路的轨道结构、道床的洁净程度、轨道电路传输信号频率等有关，其中轨道扣件系统是轨道结构中影响道床电阻的主要因素。

轨道扣件系统对道床漏泄电阻的影响主要体现在以下三个方面：

①钢轨与扣件、扣件与轨道板板面形成的水膜电阻；

②扣件中绝缘件的绝缘性能；

③扣件系统在实际应用中的污染程度。

要提高无砟轨道的道床电阻值，可采取在弹条与钢轨间加装绝缘措施、改变绝缘缓冲垫板的外形等，使钢轨间导电液体膜的长度增大，从而使得道床电阻增加。该措施已在前期的大量轨道板喷淋测试中得到证实。

十、列控中心与防灾安全监控系统接口

防灾安全监控系统检测到落物发生，使落物继电器 LWJ 失磁落下，通过 LWJ 接点将落物报警信息传送给列控中心及 SIMIS W 联锁。上、下行线各设一个落物报警复原继电器 FYJ，上、下行线可分别进行落物报警复原。

全线共有 5 座桥梁设置防灾安全监控系统。

(1)玉蜓桥　在里程 JJK 4.817；

(2)112 国道桥　在里程 JJK 95.927；

(3)南仓道桥　在里程 JJK 107.763；

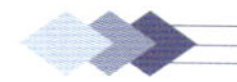

(4)普济河桥　在里程 JJK 109.405;

(5)金纬路桥　在里程 JJK 116.723。

落物发生时,列控中心控制轨道电路发码如下:

(1)正方向运行时,控制落物所在闭塞分区及后方闭塞分区发 H 码,其他区段依次追踪发码。落物恢复,轨道电路恢复追踪发码。

(2)反方向运行时,控制落物所在闭塞分区及其后方直至下一车站正向进站信号机的所有区段发 H 码防护。落物恢复,轨道电路恢复追踪发码。

即将到达落物区的列车,配备 CTCS-2 级车载设备的列车,列控车载设备根据轨道电路信息控制列车紧急制动。配备 CTCS-3D 级车载设备的列车,在到达下一个应答器前,通过 TCR 注入制动信息,由车载安全计算机控制列车实施最大常用制动。同时,由 SIMIS W 系统向轨旁的应答器发送相应的 CTCS-3D 列控信息,使列车在落物区前停车。

十一、CTC 子系统与其他系统的接口

京津城际铁路 CTC 子系统提供与其他系统的接口,这些系统包括 TDCS 系统、GSM-R 系统、信号集中监测系统、防灾系统、电力 SCADA、电力 CMMS 系统、时钟系统。

上述系统相对于 CTC 子系统来说属于外部系统,系统间信息传递须经 CTC 子系统防火墙进行安全防护,如图 4-1-22 所示。

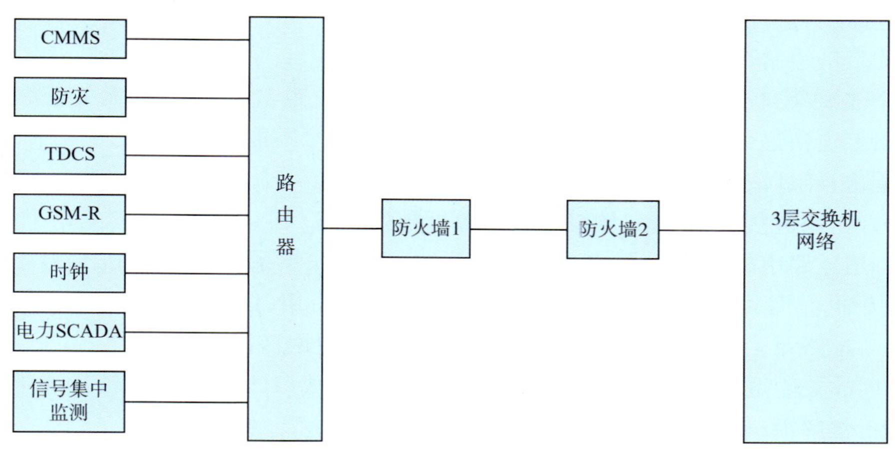

图 4-1-22　CTC 子系统与其他调度系统的接口示意图

(1)TDCS 系统接收 CTC 子系统发送的京津城际铁路站场表示信息、车次号信息、调度命令、运行图。

(2)GSM-R 系统接收 CTC 子系统发送的无线调度命令后,将无线调度命令发送至动车组 CIR 车载台,司机凭调度命令执行。

CTC 子系统接收 GSM-R 系统发送的调度命令回执(包括设备自动回执及人工手动回执),并在 CTC 子系统调度员台上显示。

CTC 子系统还可接收 GSM-R 系统发送的机车上线注册信息,包括车次号及动车组号。

(3)信号集中监测系统:接收 CTC 子系统的站场表示信息、设备故障信息。

(4)防灾安全监控系统:CTC 子系统接收防灾安全监控系统的报警信息,用于 CTC 子系统报警显示。

(5)电力 SCADA 系统:CTC 子系统接收电力 SCADA 系统的停电信息,用于 CTC 子系统报警显示。

(6)电力 CMMS 系统:接收 CTC 子系统控制范围内维修车运行及位置信息。

(7)时钟系统:CTC 子系统接收时钟系统发送的时钟校核信息,确保时钟同步。

第二章　系统调试

第一节　各子系统调试

各子系统的调试主要包含仿真调试、现场子系统静态调试、设备单独静态调试和一致性检查。

一、仿真调试

在工厂或实验室按照子系统的运行环境搭建调试环境，采用仿真手段调试系统的软硬件和工程数据，并模拟子系统的接口，仿真调试主要包括接口调试和功能调试。

下面对计算机联锁子系统、列控中心和 CTC 子系统仿真调试进行介绍。

1. 联锁系统的仿真调试

在实验室搭建联锁仿真系统，进行联锁仿真调试。

联锁仿真调试的主要依据是联锁图表及有关技术标准，调试内容主要包括：

(1)按压进路始、终端按钮、光带复示器良好、进路排出，信号显示准确。

(2)核对进路中道岔号码。

(3)核对进路中轨道区段。

(4)防护或带动道岔转到规定位置，防护道岔检查并锁闭。

(5)模拟全部道岔到定(反)位，检查道岔是否误动，进路上道岔应被锁住，无关道岔能操作。

(6)对进路上道岔逐个断表示，信号应关闭；表示恢复，信号不能自动开放。

(7)封闭道岔，经过该道岔的进路不能排出，但道岔可单操。

(8)单锁道岔，该道岔不能单操、顺着道岔位置可排列进路。

(9)逐个占用进路中的轨道区段，信号关闭。DS6－K5B 联锁系统取消占用，信号不能自动开放。重新按压始端按钮，信号可重复开放；SIMIS W 联锁系统取消占用，信号自动开放。

(10)占用与进路无关的区段不影响防护该进路的信号、侵限区段检查。

(11)信号因故关闭后，重新按压始端按钮，信号可重复开放(DS6－K5B 联锁系统功能)。

(12)进路正常解锁。

(13)信号升降级显示、接近延长。

(14)引导进路建立、正常解锁。

(15)特殊敌对检查。

(16)场联、站联、区间条件检查。

(17)输出口对位检查。

(18)控制台设计正确；CRT 显示正常。

(19)故障解锁性能。

(20)侧防道岔自动转换到需要的位置，锁闭功能试验，侧防标志显示正确(SIMIS W 联锁功能)。

(21)侧防信号机的锁闭功能试验、侧防标志显示正确(SIMIS W 联锁功能)。

(22)残余进路解锁试验(SIMIS W 联锁功能)。

(23)道岔、轨道区段限速设置(SIMIS W 联锁功能)等。

SIMIS W 联锁系统模拟联锁调试完成后，软件出厂前，用户在工厂模拟系统进行厂验。厂验测试内容包括：

(1)电源测试：告警信息测试；与 ACC 中 INOM2 板的通信。

(2)道岔测试：表示与操作；转辙机操作模块(POM4)与车站本地工作站(LOW)之间的通信检

查;道岔占用;道岔单锁/单解;道岔单封/解封;道岔限速。

(3)信号机测试:表示和操作;UCOM - I / MSTT 模拟和车站本地工作站(LOW)间的通信检查;信号机闭塞和 TSR 功能(不适用于闭塞区段信号机)。

(4)轨道区段及 TCC 测试:表示和操作;通信检查;限速;灾害检测系统(落物检测)。

(5)CTCS - 3D 系统模式下的进路测试:基于进路表的列车进路检查;进路解锁;引导进路测试。

(6)接口测试:SIMIS W 和 DS6 - K5B 联锁系统间的接口;联锁系统 IL - SIMIS W(A)[线路]与 SIMIS W(B)[车站]之间的接口。

(7)车站本地工作站(LOW)测试:依照操作员手册进行测试;检查 CRT 道岔、信号机、轨道区段等各种显示正常;检查各种报警记录正常。

2. LKD2 - T2 型列控中心的仿真调试

(1)室内仿真调试的目的

通过室内仿真测试,验证接口、冗余、软件数据配置及软件控制逻辑的正确性,确保列控中心设备安全可靠运行。

(2)室内仿真调试的内容

①接口测试;

②冗余测试(含硬件冗余及通信通道冗余);

③软件数据配置测试;

④软件控制逻辑测试。

(3)室内仿真测试环境

室内仿真调试环境由 LKD2 - T2 型列控中心设备和相关模拟系统共同构成,模拟系统按列控中心的通信接口协议与列控中心连接。

根据不同类型的列控中心,室内仿真调试采用的调试环境不同,中间站、中继站列控中心室内仿真调试环境示意图如图 4 - 2 - 1 所示,端站列控中心室内仿真调试环境示意图如图 4 - 2 - 2 所示。

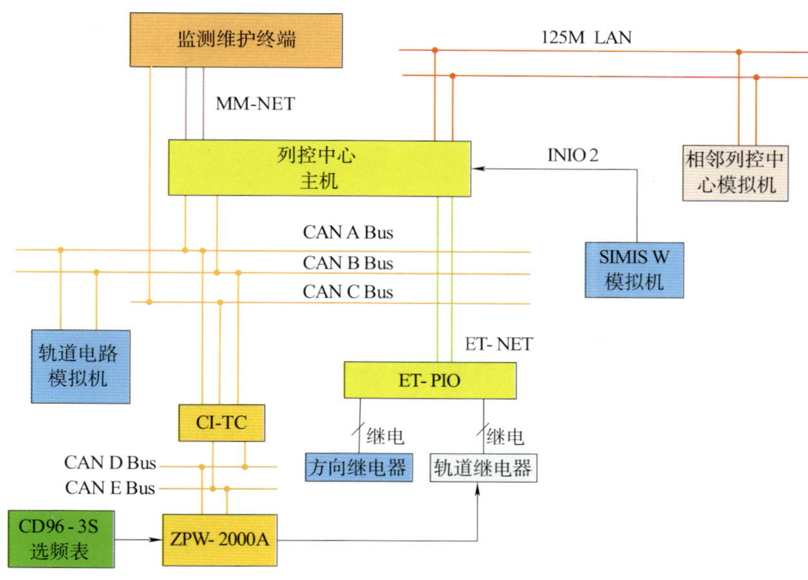

图 4 - 2 - 1　中间站、中继站列控中心室内仿真调试环境示意图

图 4 - 2 - 1、图 4 - 2 - 2 主要设备:

①列控中心主机:京津城际铁路使用设备,被测对象。

②相邻列控中心模拟机:通过 125M LAN 与被测对象连接,发送相邻列控中心站间信息(如边界信息、线路方向信息、轨道电路状态信息等)。

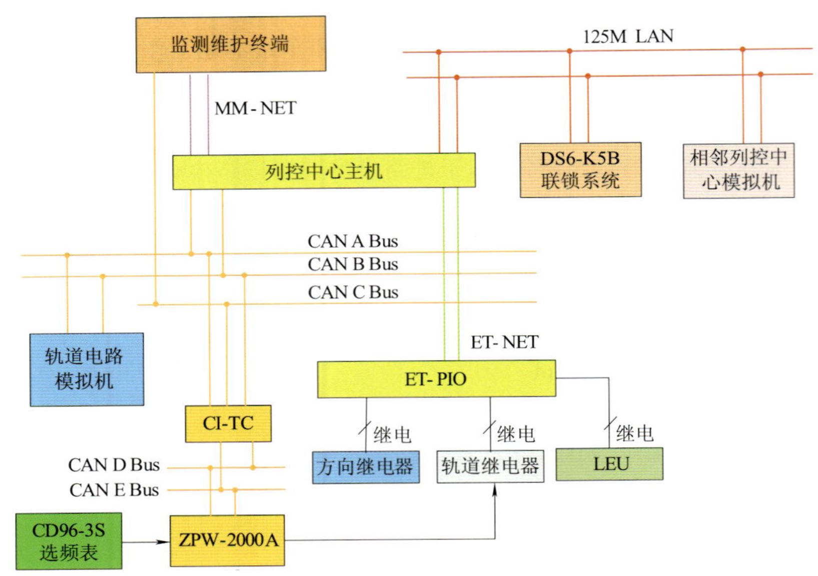

图 4-2-2　端站列控中心室内仿真调试环境示意图

③ZPW-2000A:京津城际铁路现场运用设备,被测对象,调试其与列控中心的通信接口功能。

④轨道电路模拟机:仿真轨道电路信息,按站场图显示列控中心发送的载频、低频和方向信息。

⑤SIMIS W 模拟机:仿真 SIMIS W 联锁系统,向列控中心发送道岔位置、SMB 状态。

⑥DS6-K5B 联锁系统:通过 125M LAN 向列控中心发送进路信息和临时限速命令等。

⑦LEU 仿真:仿真列控中心输出的继电器状态。

⑧监测维护终端:记录并向集中监测子系统传送列控中心、轨道电路的报警信息。

(4)室内仿真调试的内容

①接口调试

室内仿真的接口类型包括:

a. 与联锁系统的接口;

b. 与 ZPW-2000A 轨道电路的接口;

c. 与相邻列控中心的接口;

d. 与继电器电路的接口(含与 LEU 接口);

e. 与监测维护终端的接口。

②冗余调试

冗余类调试分为设备启动调试、设备及通信通道冗余调试两类。

a. 设备启动调试

设备启动测试主要是验证单体设备能启动并正常运行,能构成双机冗余系统。室内仿真调试时,设备加载电后通过观察设备指示灯、设备输出信息等方式,验证设备正确运行;调整设备加电时序,验证设备能构成冗余系统。设备启动测试包括:

(a)单系启动测试;

(b)双系同步测试;

(c)轨道电路通信接口板启动测试;

(d)轨道电路通信接口板主备测试。

b. 设备及通信通道冗余调试

列控中心硬件为双机冗余,通信通道为双通道冗余。当系统软件检测到一系故障后,自动切换到正常工作的另一系,切换过程中不会对系统输出造成任何影响。系统软件检测到某通信通道故障后,

向监测系统报警，提示维修人员进行及时维修，并使用冗余通信通道正常工作，冗余通信通道故障不影响系统间通信。

列控中心冗余测试包括：

(a)双系冗余测试；

(b)PIO 板冗余测试；

(c)轨道电路通信接口板冗余测试；

(d)通信通道冗余测试。

除 CSM 集中监测系统和 SIMIS W 联锁系统外，列控中心与外部系统均采用冗余通道连接，断开其中一个通道，不影响设备间通信。冗余通信通道包括：

(a)与轨道电路通信接口板；

(b)与 PIO 板；

(c)轨道电路通信接口板与 ZPW－2000A 轨道电路；

(d)本站列控中心与相邻列控中心。

室内仿真调试时，通过关闭设备、中断通信通道等方式对列控中心的冗余设备、冗余通道进行严格测试，验证双机切换、冗余通信通道故障、双机切换过程中通信通道故障等各种组合时，系统无错误输出，无中断输出。

③软件数据配置调试

软件数据配置调试主要是验证列控中心软件数据配置的正确性，列控中心根据进路信息、临时限速命令等控制轨道方向继电器、LEU 输出继电器。

④软件逻辑功能调试

软件逻辑功能调试包括轨道电路状态处理功能、轨道电路发码控制控制、落物防护编码功能、轨道电路方向控制功能、LEU 报文选择功能。

a. 轨道电路状态处理功能测试

轨道电路状态处理功能包括：

(a)轨道电路状态通信接收功能；

(b)轨道继电器状态采集功能；

(c)区间轨道电路状态防护功能。

列控中心能正确根据通信和继电两种方式采集轨道状态，并根据轨道状态采取相应的防护措施。

b. 轨道电路发码控制功能测试

轨道电路发码控制功能包括：

(a)边界信息处理功能；

(b)列车进路信息处理功能；

(c)轨道电路载频编码功能；

(d)区间轨道电路低频编码功能；

(e)站内轨道电路低频编码功能；

(f)编码发送功能。

列控中心根据轨道状态信息、进路信息、相邻 TCC 提供的边界信息等，产生相应的控制命令，控制轨道电路发送相应的载频和低频信息，该控制信息应符合发码原则。轨道电路发送器输出信号的载频和低频应与其保持一致。

c. 落物防护编码功能测试

验证当落物发生时，列控中心能正确采集落物防护继电器，并控制相应区段发送 H 码防护。落物清除时，能够取消对落物相关区段的防护。落物防护编码功能测试分正方向落物测试和反方向落物测试。

d. 轨道电路方向控制功能测试

验证列控中心能根据进路和区间方向控制轨道电路发码方向。

e. LEU 报文选择功能测试

根据临时限速命令控制 LEU 报文选择应答器正确动作。

⑤故障诊断测试

故障诊断是列控中心主要的辅助功能之一，及时发现、处理故障，能提供系统可用性。故障诊断分为设备故障诊断和接口故障诊断。

a. 设备故障诊断

设备故障诊断有：

(a) PIO 板故障；

(b) 轨道电路通信接口板故障。

b. 系统接口故障诊断

系统接口故障诊断有：

(a) 与联锁系统接口故障；

(b) 与 PIO 板通道故障；

(c) 与轨道电路通信接口板接口故障；

(d) 与 ZPW－2000A 轨道电路接口故障；

(e) 与相邻列控中心接口故障。

3. CTC 子系统的仿真调试

CTC 子系统仿真调试主要包括两个阶段：

(1) 工厂验收测试。主要内容包括：

①系统设计参照的标准；

②与相关信息系统的接口及接口协议；

③运行图功能验证；

④报表功能验证；

⑤系统控制模式确定；

⑥调度命令功能验证；

⑦车次号功能验证。

(2) 时刻表建立与验证(FALKO)子系统功能测试、CTC 与协议转换器系统手动功能及数据模拟测试、协议转换器与外部系统接口模拟测试：

①FALKO 子系统功能测试

FALKO 子系统功能测试主要包括：

a. 新时刻表建立；

b. 修改以编辑的时刻表；

c. 加载已编辑的时刻表；

d. 根据站场图编辑运行线；

e. 运行线车次号添加、修改、删除；

f. 自动转线运行图编辑；

g. 运行参数修改；

h. 仿真模拟运行等。

②CTC 与协议转换器测试(包括模拟测试搭建及功能测试)

a. 在试验室模拟系统所需设备，包括 CTC 的 MMI、协议转换器服务器、CTC 与协议转换器通信前置机、交换机、车站协议转换器及联锁模拟机等，如图 4－2－3 所示。

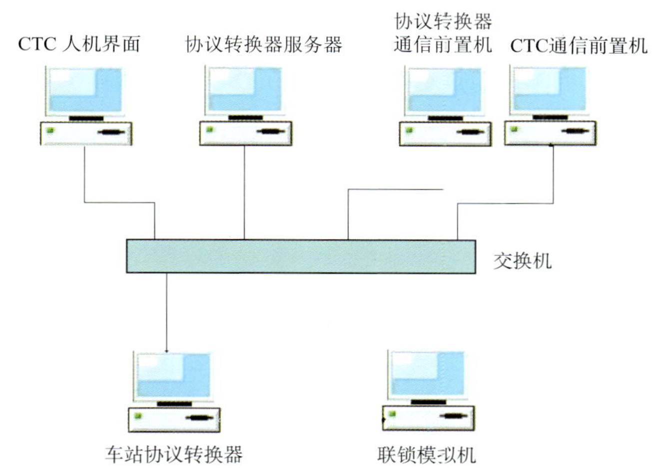

图 4－2－3　CTC 及协议转换器测试

b. 车站显示功能测试，包括道岔位置、信号机显示、轨道占用空闲等。

c. 车站控制功能测试，包括道岔控制、根据联锁表进行进路控制。

d. 中心功能测试，包括运行图功能测试、调度命令功能测试、车次号功能测试、报表功能测试、用户权限、功能定义测试、临时限速功能测试、记录与回放功能测试。

③CTC 协议转换器与外部系统接口测试

CTC 协议转换器与 GSM－R、CSM（信号集中监测）、CMMS（电力综合维护管理系统）、TDCS、电力 SCADA、时钟系统、防灾系统进行信息共享，测试采用实物物理连接加载仿真软件方式，测试内容包括：

a. 物理接口连接测试；

b. 接口协议测试；

c. 双向信息传送测试；

d. 系统回执测试；

e. 通道故障测试等。

二、子系统静态调试

1. 单体调试

（1）电源子系统的调试

①端站电源屏

现场主要检测项目为：

a. 检查两路输入电源供电变压器容量、断路器大小、引入线径及输入电源电压是否满足电源屏使用要求。

b. 检查电源屏及 UPS 防雷地线、设备安全地线是否正确连接，接地电阻电阻值应小于 4 Ω，保证接地电阻或接地排上的接地线连接可靠，无锈蚀。

c. 在通电调试前测试负载线有无反灌电压，测试输出各分路电阻及对地电压是否满足要求，输入、输出对地绝缘电阻是否符合要求。

d. 各种电源模块、交流接触器、继电器、断路器、阻燃导线的温升是否满足要求。各种电源模块的表面温升一般不大于 45 ℃。

e. 用于站间联系电源或闭塞电源供电的电源模块，输出电压需根据现场区间距离在 DC24 ~ 60 V 范围内分别调节设置，其各路输出电压应调节一致。

f. 确认现场各种用电设备的容量是否符合电源屏供电标准，检查电源屏的各路输出有无超载情况。

g. 检测电源屏两路输入电源工作指示条件，确保在控制台或计算机联锁显示屏输入电源工作指示条件一致。

h. 检测电源屏故障报警条件，确保在控制台或计算机联锁显示屏故障报警条件正常。

i. 功能和技术指标测试。

检测项目方法见表 4－2－1。

表 4－2－1　端站电源屏检测项目方法

检测项目	检测方法	技术标准
两路输入电源转换功能	两路输入电源任一路断电、断相或手动转换旋钮旋至维修挡位	自动转至另一路输入电源供电，转换时间不大于 150 ms，监测单元显示并储存输入电源故障内容，同时发出声光报警
两路输入电源过压、欠压	调节两路输入电源电压，任一路过压 265 V、欠压 165 V	自动转至另一路输入电源供电，转换时间不大于 150 ms，监测单元液晶屏显示并储存输入电源故障内容，同时发出声光报警
输入系统、稳压供电手动转直供工作	输入系统直供、稳压直供隔离开关至旁路位	各输出回路正常工作，监测单元液晶屏显示并储存电源模块、稳压电源故障内容，同时发出声光报警。
电源模块“1＋1”或“N＋1”冗余热备工作	“1＋1”或“N＋1”冗余热备工作组中，关掉其中一块或主用电源模块	各输出回路正常供电，监测单元液晶屏显示并储存电源模块故障内容，同时发出声光报警
提速屏两路输入电源断相或错相序	两路输入电源断相或错相序	自动转至另一路输入电源供电，监测单元液晶屏显示并储存对应的故障内容，同时发出声光报警
直流电源、25 Hz 电源续流功能	额定负载时断开模块输入电源，用示波器监测输出电压下降至稳压精度下限值的时间	大于 150 ms（直流转辙机、继电器电源除外）
站间联系或闭塞电源供电的电源模块电压调整方法	关闭并联输出其中某一电源模块面板的电源开关，测试相应各分路输出端子的电源电压，应满足各分路设备的用电需求；闭合该电源模块面板电源开关，关闭另一电源模块面板电源开关，测试相应各分路输出端子的电源电压，应保证各相应分路电源电压的一致性	保证各相应分路电源电压调节一致
UPS 转换时间	输入电压为额定值，输出半载，由电网供电切换到电池供电再由电池供电切换到电网供电	切换时间 0 ms
UPS 输入、输出电源故障	两路输入电源断电；断下 UPS 电源输出断路器	蓄电池组供电，供电时间不小于 30 min；UPS 旁路供电，监测单元液晶屏显示并储存对应的故障内容，同时发出声光报警

②集装箱内电源系统

集装箱内电源系统在完成工厂检验后，运至现场进行现场调试，确认满足各项要求：

a. 加电前检查

(a)防电击、防火保护措施；

(b)有关警告标志、电路、断路器、开关和端子等的标识；

(c)接地；

(d)绝缘；

(e)回路阻抗；

(f)外部馈电。

b. 加电后调试

(a)UPS;

(b)信号机电源;

(c)转辙机电源;

(d)400 V/230 V 交流电源;

(e)直流电源;

(f)接地漏电监测;

(g)UPS 电池的充放电时间;

(h)UPS 输出电压谐波畸变;

(i)监测报警信息。

(2)SIMIS W 联锁系统的调试

主要调试内容:

①硬件系统调试。

②道岔调试:

a. 表示与操作;

b. 道岔占用;

c. 道岔单锁/单解;

d. 道岔单封/解封;

e. 道岔限速。

③信号机调试:

a. 表示和操作;

b. 通信板 UCOM－I 与 MSTT 以及 LOW 间的通信检查;

c. 信号机封锁和临时限速(TSR)功能。

④轨道状态检查。

⑤进路调试:

a. 基于进路表的列车进路排列;

b. 引导进路;

c. 进路取消及解锁;

d. 故障解锁等。

⑥本地操作工作站(LOW)调试:

a. 检查道岔、信号机、轨道区段等各种显示正确;

b. 检查各种报警正确。

⑦降级模式下的联锁调试:

在部分设备故障情况下,检查联锁是否满足下列降级技术条件:

a. 信号灯故障

(a)允许向一个灭灯的终端信号机排列和锁闭列车进路、引导进路和调车进路;

(b)如果列车进路始端信号机的红灯发生故障且进路已经排好并被锁闭,始端信号机开放,并向 CTCS－3D 系统提供开放信息;

(c)如果引导进路始端信号机的红灯发生故障且进路已经排好并被锁闭,始端信号机保持灭灯(红灯灭,白灯灭),并向 CTCS－3D 系统提供目视行车信息;

(d)如果列车进路始端信号机的白灯发生故障且进路已经排好且被锁闭,始端信号机灭灯,并向 CTCS－3D 系统提供开放信息;

(e)如果引导进路始端信号机的白灯发生故障且进路已经排好且被锁闭,始端信号机灭灯(红灯灭,白灯灭),并向 CTCS－3D 系统提供目视行车信息。

b. 轨道电路故障

如果列车信号机开放后进路中单个区段的轨道电路发生故障,始端信号机立即被关闭。轨道电路修复后,始端信号机自动开放。

(3)DS6－K5B 联锁系统的调试

DS6－K5B 联锁系统现场测试的内容主要包括设备加电前检查、加电调试及联锁试验三大部分。

①设备加电前检查

内容包括:检查设备配线正确,开关处于关闭状态,外部电源的输入电压满足要求(AC220 V ± 22 V,50 Hz);确认 DS6－K5B 联锁主机配置、输入输出接口配置、监测维护终端和控显机 INIO 板配置正确等。

②加电调试

内容包括:直流电源、逻辑部、电子终端、控显机、监测分机等内容。

a. 直流电源测试

(a)首先进行直流电源自测,保证电压及纹波在规定的范围内;

(b)将直流电源接入系统测试。待联锁系统全部加电后,对一组电源的各模块电流进行均流调整,使其均衡供电;检查每组电源负载是否符合设计要求;

(c)故障报警测试。

b. 逻辑部测试

(a)电源由 24 V 逻辑电源引入二路,分别供给逻辑部的一系和二系,检测确定引入电源正确;

(b)确认逻辑部与电子终端、控显机、监测分机之间光纤连线正确;

(c)测量逻辑部机架与机柜间绝缘;

(d)逻辑部投入工作,系统运行,查看 F486－4、FSIO 等板上的指示灯,判断运行工作状态是否正确。

c. 电子终端测试

(a)引入 1 路逻辑 24V 电源为 ET－LINE 板供电,检测确定引入电源正确;

(b)引入 5 路接口 24V 电源,分别给 5 对 PIO 板供电,检测确定引入电源正确;

(c)检查与联锁主机光纤连接正确;

(d)检查电子终端 J4～J5 连线;

(e)测量电子终端机架与机柜间绝缘;

(f)电子终端投入工作,系统运行,查看 PIO 面板上的指示灯,判断运行工作状态是否正确。

d. 控显机测试

检查 INIO 卡和 MOXA 卡地址设置正确,板卡安装可靠,控显程序运行正常。

e. 监测分机测试

检查 INIO 卡和 MOXA 卡地址设置正确,板卡安装可靠。

(a)运行监测程序,所有信息状态显示正常,通过键盘和鼠标可正常操作;

(b)检查打印功能正常;

(c)检查远程功能正常。

测试仪器主要包括:万用表、静电防护仪器、示波器及相应的测量工具。

f. 接口电路校核

按照表 4－2－2 填写道岔、信号机、轨道区段等所有接口设备的调试记录。

表 4-2-2 调试记录

________站输入输出检查表（现场调试）（DS6-K5B 联锁系统）

项目名称：　　　　　　　　　　　　　　项目编号：　　　　　　　　入/第____页，共____页

序号	设备名称	1系		2系			序号	设备名称	1系		2系	
		吸起	落下	吸起	落下				吸起	落下	吸起	落下
1							1					
2							2					
3							3					
4							4					
5							5					
6							6					
7							7					
8							8					
9							9					
10							10					

③联锁试验

依照联锁表和联锁试验表 4-2-3 进行车站联锁关系的确认试验。

（4）列控中心的调试

LKD2-T2 型列控中心现场调试的内容包括设备加电前调试、设备加电调试及功能调试。

①加电前调试

检查如下内容：

a. 列控中心机柜安装，机柜内各组匣安装，组匣内各电路板安装，监测维护终端板卡配置，电源、通信、采集及驱动电缆的安装。

b. 列控主机组匣、输入输出接口组匣与机柜间绝缘测试。

②加电调试

a. 电源调试

（a）测量 AC220 V 电源电压及纹波、调试逻辑 24 V 及接口 24 V 电源输出；

（b）列控中心主机、输入输出接口单元、通信接口单元全部加电，调整两台电源，使其均衡供电；

（c）电源并联冗余配置。调试单台电源的故障报警及故障报警恢复功能。

b. 列控中心主机调试

列控中心主机加电，确认 F486-4I、FSIO、CANIF、面板指示灯状态。

c. 输入输出接口调试

输入输出接口单元加电，确认 ET-LINE、ET-PIO 面板指示灯状态。

d. 通信接口组匣调试

轨道电路通信接口板加电，确认 CI-TC 面板指示灯状态。

e. 监测维护终端调试

运行监测程序，监测界面显示正常，通过键盘和鼠标可正常操作；

③功能调试

依据工程图纸，进行输入输出接口对位调试及轨道电路码序调试。

a. 输入输出一致性调试

运行接口调试软件，逐个驱动输出接口板 1~32 位，确认继电器吸起或落下状态；逐个采集输入接口板 1~32 位，确认继电器吸起或落下状态。

表 4-2-3　试验记录单

________站联锁试验记录单

第　　页　共　　页

进路号码	联锁表顺号	按压按钮名称			室内外信号显示	光带显示	进路锁闭试验			信号开放后试验				解锁试验					中途返回解锁	接近区段有车进路区段解锁	区段不空闭办理进路	引导信号试验	灯泡断丝情况	信号显示升降级	接近区段延长	进路照查	输出口对位检查	场间、站间、区间照查		备注
										关闭信号																				
		始端	变更	终端			侵入限界绝缘的防护	带动道岔和防护道岔	道岔单独操纵	变换道岔位置	短路内方任一轨道区段	重复开放信号	敌对进路	取消进路	进路正常解锁	人工解锁	故障解锁	信号自动关闭												

单项试验		
	确认控制台设计正确	
	CRT 显示正确	
	全站每组道岔单操单锁试验	
	双动道岔第二动试验	
	上下行引导总锁	
	调车信号保留显示	
	故障解锁性能	
	办理方式	

注：正确画"√"；错误画"×"；无此项目画"○"；空白为未试验。

项目名称：__________ 项目编号：__________ 试验单位：__________ 试验者：__________、__________ 试验日期：　　年　　月　　日

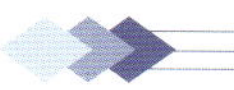

b. 轨道电路发码调试

使用 CD96－3 选频表测量各轨道区段的载频及低频，区间及股道轨道电路发红黄码，道岔区段发轨道占用检测码。

(5)ZPW－2000A 轨道电路的调试

ZPW－2000A 轨道电路设备包括室内设备和室外设备两部分。

①通电前检查

检查设备安装的正确性，检查内容如下：

a. 电源配线；

b. 室内外设备型号及安装；

c. 发送器和接收器的电平配置；

d. 模拟电缆长度配置。

②通电后检查

验证设备配置的正确性，检查内容如下：

a. 电源输入；

b. 发送器输出载频；

c. 发送器主备机工作；

d. 接收器工作。

③轨道电路调整

在自然道床漏泄条件下，使用 CD96－3 选频表测试轨道区段各传输环节的电压、电流，检查是否符合 ZPW－2000A 轨道电路调整要求。测试表格见表 4－2－4。

表 4－2－4 测试表格

ZPW－2000A 轨道电路性能测试表格

序号	信号频率(Hz)	区段长度(m)	补偿电容节距(m)	补偿电容个数(个)	轨道电路状态															
					调整状态												分路状态		机车信号状态	
					发送端						接收端									
					功出电压(V)	功出电流(A)	E_1E_2电压(V)	V_1V_2电压(V)	引接线电流(A)	轨面电压(V)	轨面电压(V)	引接线电流(A)	V_1V_2电压(V)	E_1E_2电压(V)	轨入电压(mV)	轨出电压(mV)	分路地点	分路残压(mV)	分路地点	短路电流(mA)

测试日期： 测试天气： 测试仪表： 测试人员：

(6)CTC 子系统的调试

①加电前检查

检查系统电源、服务器、工作站、PC 机、网络交换机、防火墙、光纤通道、接地和电缆连接正确。

②加电后检查和调试

a. 服务器功能检验；

b. 工作站功能检验；

c. PC 机功能检验；

d. 防火墙功能检验；

e. 网络交换机检验；

f. 网络系统冗余测试，测试内容包括：

(a)光口测试

光口测试见图 4 - 2 - 4。

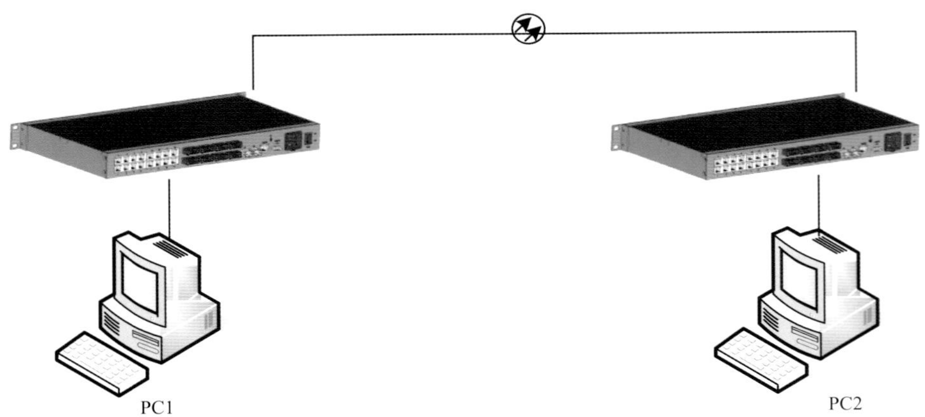

图 4 - 2 - 4　光口测试

(b)电口测试

电口测试见图 4 - 2 - 5。

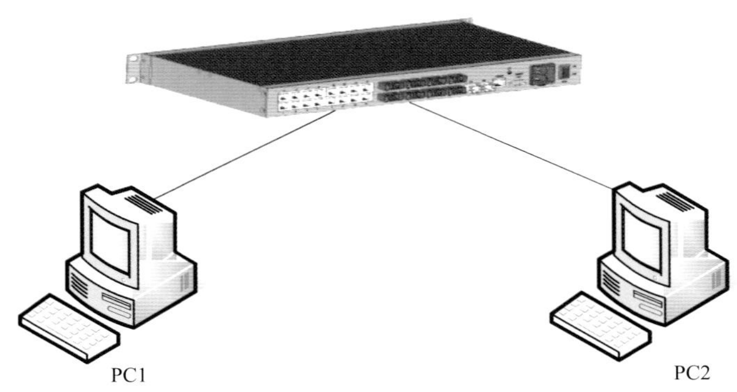

图 4 - 2 - 5　电口测试

(c)设备功能测试

ⓐ命令行(CLI)调试测试;

ⓑ WEB 调试测试;

ⓒ 广播风暴拟制;

ⓓ VLAN 功能的测试;

ⓔ冗余功能测试;

ⓕ网管软件测试。

测试网络拓扑图见图 4 - 2 - 6。

(7)信号集中监测子系统的调试

①加电前检查

检查系统电源、系统布置、SDH 通道、传感器、以太网、系统接地、配线端子正确。

②加电后检查和调试

a. OCC 服务器功能检验

检查服务器双机是否能正常切换,系统软件是否能正常运行。

b. OCC 终端、维护工作站功能检验

检查系统软件是否能正常运行。

c. 车站电缆绝缘测试功能

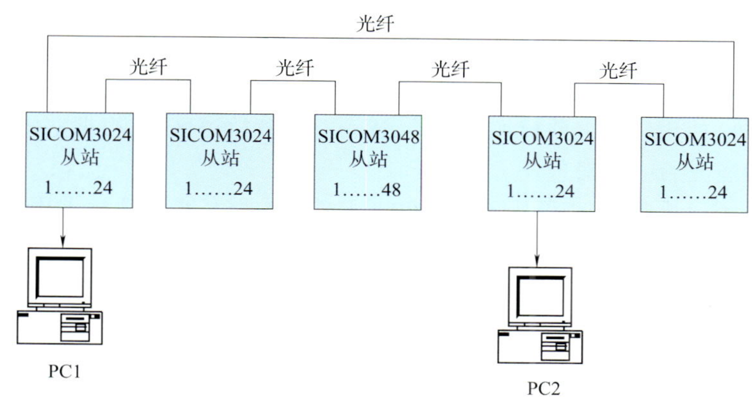

图 4-2-6 CTC 子系统测试网络拓扑图

任选 1 路电缆进行绝缘测试，看绝缘测试组合继电器是否动作，是否能返回测试结果。如果有，则说明绝缘测试功能正常。

d. 车站漏流测试功能

任选 1 路电源进行漏流测试，看漏流测试组合继电器是否动作，是否能返回测试结果。如果有，则说明漏流测试功能正常。

e. 车站排架熔丝报警功能

任选一路，通过断熔断器（或空气开关）的方式产生排架熔丝报警信号，观察集中监测站机是否实时显示相应报警，结果一致则表示排架熔丝报警功能正常。

f. 车站 25Hz 轨道电压测试功能

查看集中监测站机的轨道电压实时测试值，与实际相符则表示该功能具备且正常。

g. 车站 25Hz 轨道继电器状态测试功能

查看轨道继电器吸起/落下状态，对比集中监测站机实时显示的继电器状态，如一致则表示该功能具备且正常。

h. 车站道岔电流测试功能

任选一组道岔，通过单操道岔的方式，待道岔转换完毕后在集中监测站机中查看该道岔的动作电流曲线，如正常，则表示该功能具备且正常。

i. 车站道岔表示电压测试功能

查看集中监测站机的道岔表示电压实时测试值，基本正常则表示该功能具备且正常。

j. 车站列车信号机点灯回路电流测试功能

查看集中监测站机的列车信号机点灯回路电流实时测试值，基本正常则表示该功能具备且正常。

2. SIMIS W 联锁系统与室外设备一致性检查

（1）多机控制器控制的转辙机及道岔一致性检查：

①将道岔扳到右位置；

②将道岔扳到左位置；

③模拟挤岔；

④执行两次道岔复位命令。

（2）ZDJ9 型电动转辙机一致性检查：

①将道岔扳到右位置；

②将道岔扳到左位置；

③模拟挤岔；

④执行两次道岔复位命令。

(3)信号机一致性检查。

(4)轨道占用一致性检查

调试目的:验证和确认轨道区段的室内、外设备一一对应,从而确保轨道占用一致性正确。

调试方法:在室外,使用轨道电路标准分路器,逐个分路各轨道区段,根据室内轨道区段的“占用”情况,检查室内、外设备是否一一对应。

SIMIS W 联锁系统通过 TCC 获得从 ZPW-2000A 轨道电路传来的轨道占用情况。

①轨道区段为“空闲”

试验结果:本地工作站(LOW)在与该轨道区段相应的显示中显示“空闲”;INOM2 板 LED 显示正确。

②占用轨道区段

试验结果:本地工作站(LOW)中的站场示意图中显示该轨道区段的正确占用;INOM2 板 LED 显示正确。

③轨道区段出清

试验结果:轨道区段为空闲,INOM2 板 LED 和 LOW 都正确显示。

第二节 信号系统静态调试

一、接口调试

信号系统所有接口(包含 I/O 接口、模拟量接口和通信接口)均需要进行静态接口调试,逐一进行一致性检查,接口调试可随着各子系统单体调试的进度逐步展开。

1. 联锁系统与 ZPW-2000A 轨道电路接口

(1)目的

确保联锁系统与 ZPW-2000A 轨道电路采集接口一致。

(2)方法

①逐个占用每个轨道电路区段,确认联锁系统采集正确;

②逐个空闲每个轨道电路区段,确认联锁系统采集正确;

③进行故障试验,确认联锁系统采集正确。

联锁系统与 ZPW-2000A 轨道电路接口见图 4-2-7。

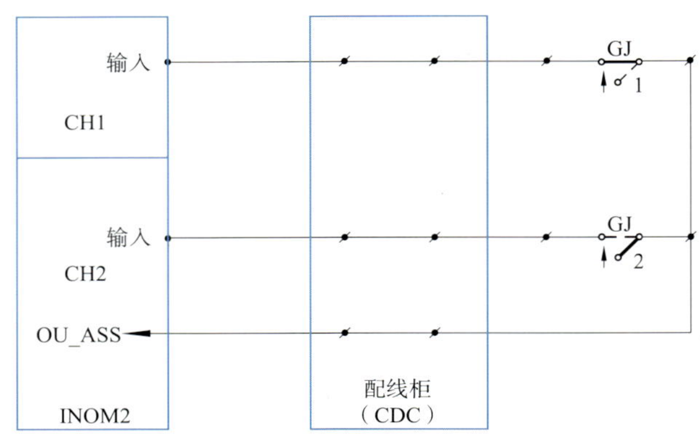

图 4-2-7 联锁系统与 ZPW-2000A 轨道电路接口示意图

2. 不同联锁系统间接口

(1)目的

对 DS6-K5B 联锁系统与 SIMIS-W 联锁系统之间的联锁关系进行测试,以保证接口继电器的控

制时机正确，时序正常。

(2)相关接口继电器定义和联锁要求

M－GST1 平时吸起，往发车口排列发车进路时落下，进路解锁后吸起。调车进路不处理该继电器。

M－GST2 平时落下，接车口排列接车进路信号开放时吸起，信号关闭后落下。引导进路不处理该继电器。

M－ZIF 平时吸起，排列发车进路(含发车引导进路)锁闭并且 M－GST1 落下 1 s 后落下，进路解锁后吸起。

M－TSR 平时吸起，在收到 TCC 发来的站内临时限速时，使相应区域的 M－TSR 落下，在收到 TCC 发来的临时限速结束，使相应区域的 M－TSR 吸起。

M－EBF 平时吸起，进站信号内方区段占用时落下，相应轨道电路空闲时吸起。

K－GST1 落下，表示邻站已向本站预排或锁闭发车进路，此时本站向该发车口的发车进路不能选出。

K－GST2 平时落下，K－GST2 吸起表示相应 SMB 允许列车越过，K－GST2 落下表示该 SMB 指示列车在该 SMB 前停车。反向发车时，联锁通过列控中心接收 SMB 开放状态，检查 SMB 开放后反向出发信号开放。

K－ZLS 平时吸起，邻站往相应口办理发车进路锁闭时落下，进路解锁吸起。ZLS 落下时从股道至相应口的发车进路不能选出。

K－TSR 平时吸起，邻站相应接车口 ABF 区段有临时限速时落下，临时限速取消后吸起

K－ABF 平时吸起，区间接近轨占用时落下。当区间进路锁闭后，接近区段为 K－ABF＋K－ZLS，作为本站的接近延长条件。

当联锁端 TSR 或 GST2 采集信息非法(前后接点信息为(0,0)或(1,1)时，本站控制对应的出发信号关闭。

(3)DS6－K5B 联锁系统与 SIMIS W 联锁系统之间闭塞接口的测试内容和方法

①ABF 和 EBF 接口继电器检查

在 SIMIS W 联锁系统一侧对 ABF 区段设置限速、占用 ABF 区段；在 DS6－K5B 联锁系统一侧设置限速、占用 EBF 区段，设置接口继电器有效/取消等，检查接口继电器的动作时序符合要求，相应显示正确。

②正方向建立进路、区段逐段占用、进路解锁；

③操作员执行信号常规进路取消操作；

④操作员执行剩余进路闭塞解除命令；

⑤反向进路试验：建立进路、区段逐段占用、进路解锁。

上述各种测试中，接口继电器的动作时序符合要求，CRT 相应显示正确。

⑥端头站内调车中途折返运行

此测试显示出反向进路接口的工作情况。反向进路是指端头站内改变站内轨道所要求的调车中途折返运行。此运行模式不会影响到除 M－EBF 外的闭塞接口。

测试过程主要包括：DS6－K5B 联锁系统建立从车站出站信号机到车站边界前调车终端的调车进路；列车行驶至目标区段；向站台轨道排列调车中途折返进路；列车行驶到站台轨道。测试过程中在 SIMIS W 中检查接口继电器的动作时序符合要求，CRT 相应显示正确。

⑦引导进路

测试引导进路接口的正常工作。如果进路终止位置出现故障的轨道电路，不允许通过联锁子系统建立相应的引导进路。

测试主要内容：在 SIMIS W 联锁系统一侧，建立从车站进站信号机 ST 进入 DS6－K5B 车站的引

导进路;在 DS6 – K5B 联锁系统一侧,建立从车站出站信号机到线路的引导进路;ABF 区段占用,DS6 – K5B 联锁系统不能设置引导进路;占用 EBF 轨道区段;引导进路逐段占用;DS6 – K5B 联锁系统一侧解锁引导进路。

测试过程中检查接口继电器的动作时序符合要求,相应显示正确。

其他测试要求包括:SIMIS W 联锁计算机故障及其重启(按照故障时有进路及无进路两种情况测试);DS6 – K5B 联锁计算机故障及其重启(按照故障时有进路及无进路两种情况测试);敌对进路测试等。

3. 联锁系统与列控中心 TCC 接口

(1)目的

通过接口调试,逐个完成列控中心采集接口、联锁驱动接口的一致性检查。

列控中心采集接口见图 4 – 2 – 8。

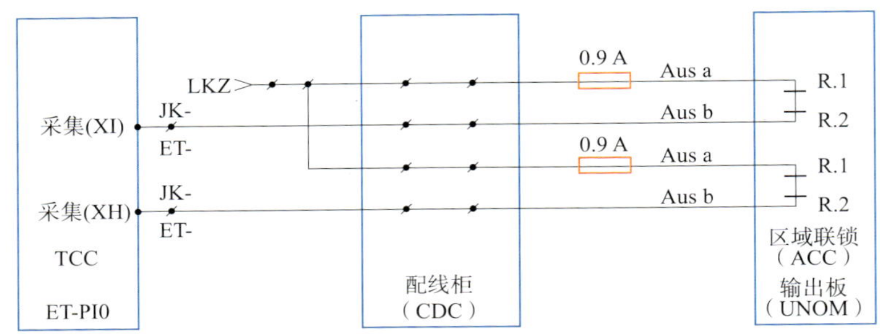

图 4 – 2 – 8 列控中心采集接口示意图

(2)方法

①SIMIS W 联锁系统驱动道岔至定位,再驱动道岔至反位,检查列控中心采集道岔定位与反位的正确性。

②SIMIS W 联锁系统排列进路,并开放进站信号机、出站信号机、区间 SMB;取消进路,关闭进站信号机、出站信号机、区间 SMB,检查列控中心采集信号机和 SMB 的正确性。

③DS6 – K5B 联锁系统与列控系统设备过 125M 的 LAN 通信,通过 LAN 通道向列控系统设备发送进路状态和临时限速命令,列控系统通过 LAN 通道向 DS6 – K5B 联锁系统发送区间第一架反向 SMB 处于开放或关闭状态。

测试内容主要有:

- DS6 – K5B 联锁系统与列控中心的通信状态;
- DS6 – K5B 联锁系统读取列控中心向发送的临时限速命令状态数据;
- DS6 – K5B 联锁系统向列控中心发送进路状态数据;
- DS6 – K5B 联锁系统向列控中心发送限速命令数据。

通过 DS6 – K5B 联锁系统办理进路和发送限速命令,检查 DS6 – K5B 联锁系统与列控系统设备间通信是否正常。

4. 列控中心与 LEU 接口

(1)目的

通过接口调试,逐个完成列控中心 LEU 采集接口、LEU 驱动接口的一致性检查。

列控中心与 LEU 接口见图 4 – 2 – 9。

(2)方法

现场列控中心设备主机和监测维护机中载入测试软件,在监测维护机上运行测试软件控制列控中心进行驱动接口测试。通过测试软件回读信息,验证列控中心驱动 LEU 接口继电器的正确性及列控中心采集 LEU 接口继电器的正确性。

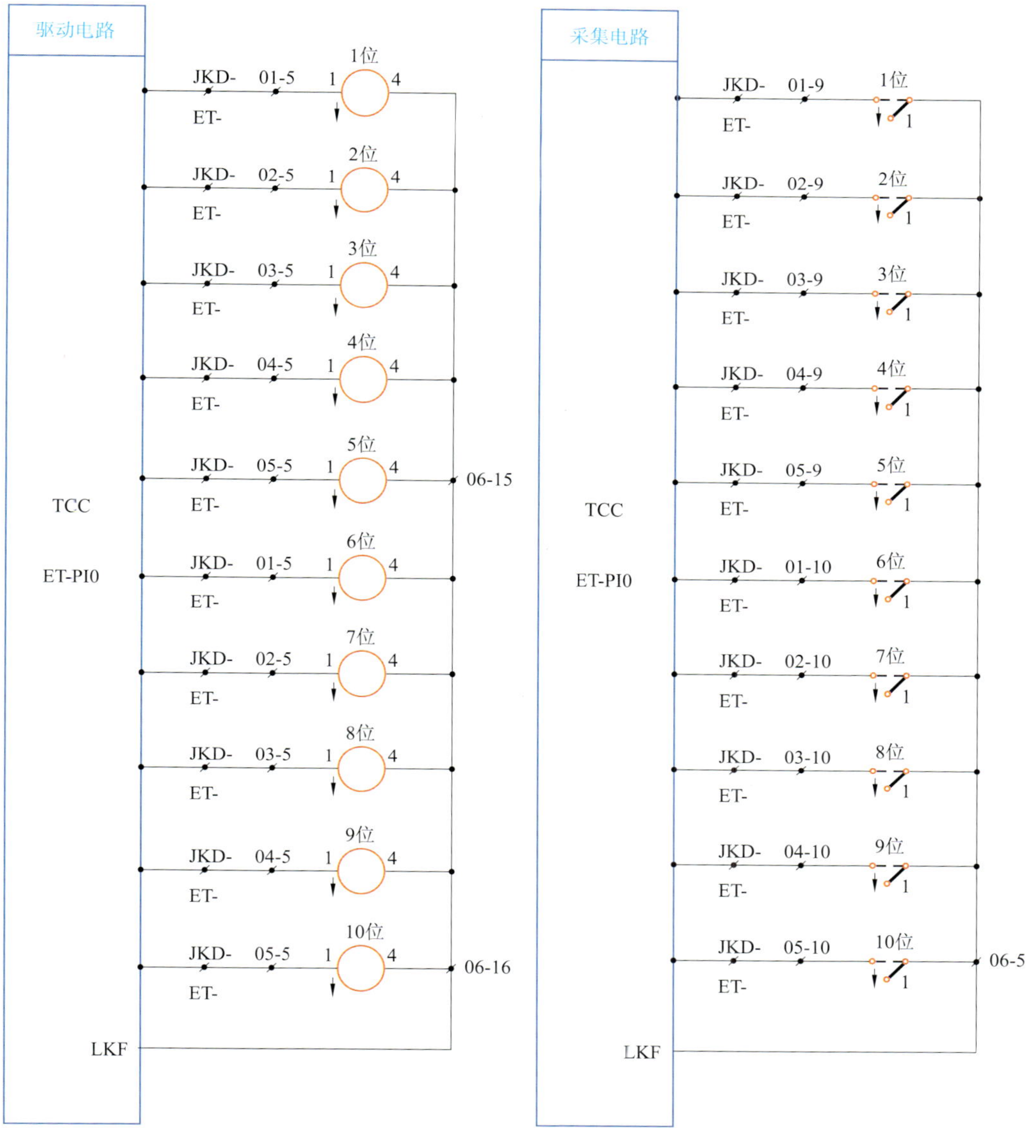

图 4－2－9　列控中心与 LEU 接口示意图

5. 列控中心通信通道接口

(1)目的

调试确保列控中心和轨道电路间的通信接口正确。

列控中心通信通道见图 4－2－10。

(2)方法

现场列控中心设备主机和监测维护机中载入测试软件，在监测维护机上运行测试软件，控制列控中心主机单元向轨道电路设备发码。通过监测维护机检测到的状态判断列控中心、轨道电路 CAN 总线的通信状态和轨道电路中各个区段的低频发码状态，判断列控中心设备和轨道电路设备的通信是否正常，以及轨道电路各个轨道区段发码是否正确。

6. 联锁系统与 CTC 接口

DS6－K5B 联锁系统与 CTC 接口测试的主要内容包括：

(1)北京南、天津站联锁接口调试

①协议转换器与 DS6－K5B 联锁系统接口协议调试；

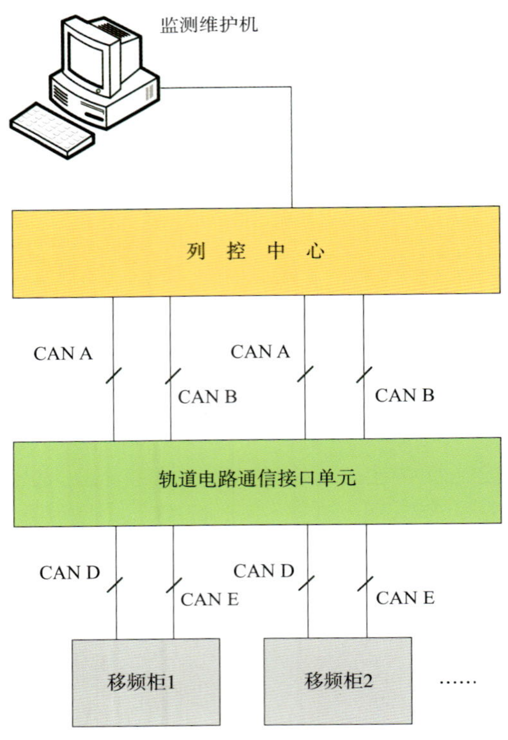

图 4－2－10 列控中心通信通道接口示意图

②协议转换器与 CTC 接口协议调试；

③CTC 至 DS6－K5B 联锁系统控制功能调试；

④DS6－K5B 联锁系统至 CTC 表示信息调试。

(2)亦庄、永乐、武清站联锁接口调试

①协议转换器与 SIMIS W 联锁表示信息接口协议调试；

②协议转换器与 S&D 告警信息接口协议调试；

③协议转换器与 CTC 接口协议调试。

7. 列控中心与防灾系统的接口调试

(1)目的

调试列控中心采集落物报警继电器及落物复原继电器接口的正确性。

列控中心与防灾系统接口见图 4－2－11。

(2)方法

现场列控中心设备主机和监测维护机中载入测试软件，在监测维护机上运行测试软件，通过测试软件回读信息，验证列控中心采集落物报警继电器及落物复原继电器的正确性。

8. 列控车载设备与动车组接口调试

(1)目的

检查、调试和确认列控车载设备和动车组接口的正确性。

(2)场所

机车车辆厂。

(3)内容

检查列控车载设备及附带的外部部件在动车组上的安装位置及配线。

检查内容及结果见表 4－2－5。

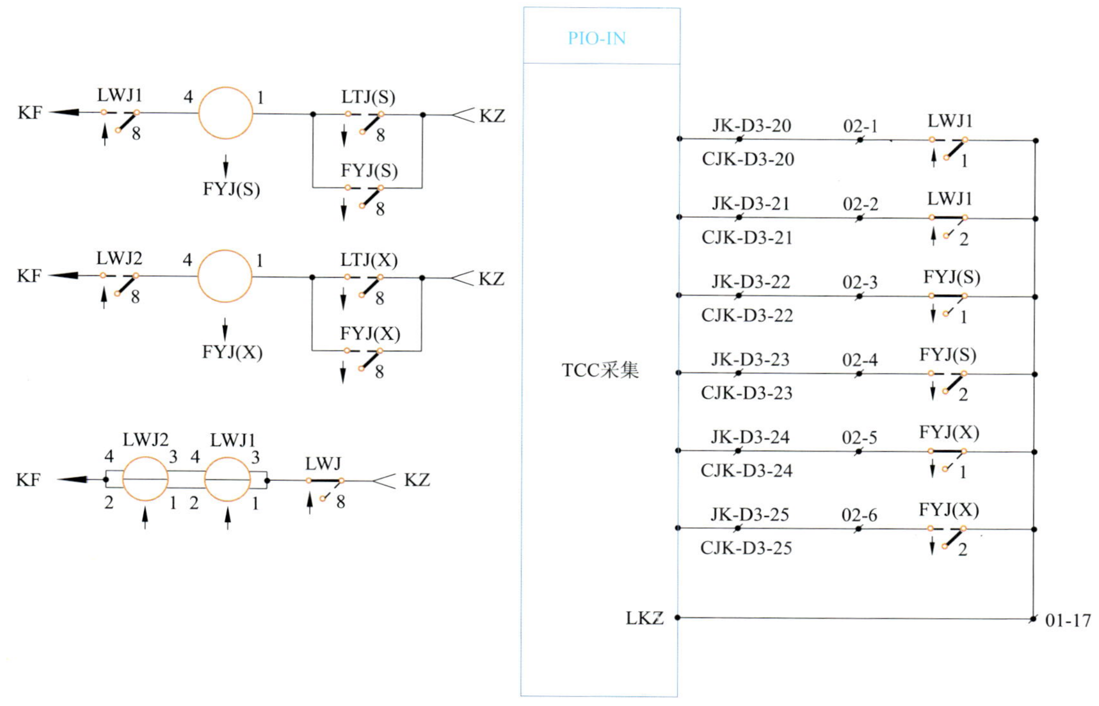

图 4－2－11 列控中心与防灾系统接口示意图

表 4－2－5 检查内容及结果

试验项目	试验内容及方法	期望结果
车载供电测试	检查列车向列控车载设备的供电	车载电压范围从 77 V 到 137.5 V
各开关相关输入状态测试	列控车载隔离开关在“开”的位置	端子 X10－A1 和 X10－A2 之间电压 110 V
	列控车载隔离开关在“关”的位置	端子 X10－F3 和 X10－F4 之间电压 110 V
	TCR 隔离开关在“跳线”位置	端子 X10－E1 和 X10－E2 之间电压 110 V
	TCR 隔离开关不在“跳线”位置	端子 X10－E3 和 X10－E4 之间电压 110 V
	换向开关设置为“前进”位置	端子 X11－A9 和 X11－A12 之间电压 110 V
		端子 X11－A11 和 X11－A12 之间电压 110 V
	换向开关设置在“退行”位置	端子 X11－A8 和 X11－A12 之间电压 110 V
		端子 X11－A11 和 X11－A12 之间电压 110 V
	按下列控车载 确认按钮进行测试	端子 X11－A9 和 X11－A12 之间电压 110 V
	休眠信号测试	端子 X11－A10 和 X11－A12 之间电压 110 V
	按下确认按钮测试	端子 X11－A2 和 X11－A3 之间电压 110 V
TCC1、TCC2 的启动测试	1. 车载设备所有安全开关接通	列控车载设备启动不超过 30 s
	2. 风扇盘激活（LED 绿色）	启动时自动运行系统
	3. 隔离开关在“正常”位置	通过观察 VE5A 在 LED“LA1”和“LB2”上显示绿色，确定启动正确
	4. TCC1，TCC2 的 SV5 模块接通	SV5 模块上表示灯 24 V、5 V、3.3 V 点亮

续上表

试验项目	试验内容及方法	期望结果
司机室的激活测试	1. 打开司机室，插入钥匙	使用 WinD 中的输出，监测 TCC 应用程序是否正确处理了数字 TIU 输出
	2. 将运行方向设为“前进”	运行方向状态显示“1”
	3. 转换换向开关位置	换向开关显示相关状态：无/后退/前进
	4. 通过 DMI 输入列车数据	
	5. 按下确认键时，TCC 复制列车数据。	显示相关输入信息
MVB 总线的测试	列控车载设备供电，观察 MVB 表示灯	MVB5 上的 LED 显示绿色
		MVB 主控模块上的 LED 显示绿色
冗余显示功能测试	按压 DMI 面板上切换键	备用 DMI 显示正确行车信息
列车运行记录仪（JRU）的功能测试	将数据存储器（闪存卡）从 JRU 去除，插入安装在服务 PC 的 OmniDrive	
	使用 DAREC 工具读取 JRU 数据存储器（闪存卡）	通过 JRU 报文“数据输入完成”确认读取成功
应答器天线功能测试	模拟列车驶过应答器（在列车应答器天线下方放置应答器），观察相关表示灯	RTM5A 模块的 LED 显示： RTM：绿灯闪烁； TRM：绿色； ANT：绿色（天线已连接）； REC：读取应答器暂时亮起

9. 列控车载/车载设备与 TCR 接口

(1) 目的

检查、调试和确认列控车载和 TCR 接口的正确性。

(2) 场所

机车车辆厂。

(3) 内容

调试内容见表 4-2-6。

表 4-2-6 调试内容

项目	检测位置	检测要求	
列控车载设备向 TCR 供电确认	接线检查		
	独立断路器		
列控车载设备与 TCR 间电缆绝缘检查	线缆走向	导线与屏蔽层绝缘	导线之间绝缘
	CTCS-3D X14 至司机台	> 500 MΩ	> 500 MΩ
	CTCS-3D X15 至接收线圈	> 500 MΩ	> 500 MΩ
列控车载设备与 TCR 间缆线连接检查	线缆走向		
	CTCS-3D X14 至司机台		
	CTCS-3D X15 至接收线圈		
	TCR_E1 接口板上 F48		
	TCR_电源滤波板上 F48		

二、应答器报文调试

1. 目的

(1) 验证 ACC 控制 MSTT 发送报文的正确性；

(2)验证 LKD2 - T2 型列控中心控制 LEU 发送报文的正确性。

2. 方法

中间站及中继站通过办理不同长度的列车进路,ACC 控制 MSTT 发送不同长度的移动授权报文,在每种移动授权长度中分别设置 45 km/h、80 km/h、160 km/h 三档临时限速,在室外利用应答器报文读写工具读取应答器报文,并与设计报文进行核对,检查发送应答器报文的正确性。

北京南站及天津站通过办理不同长度的列车进路及临时限速继电器接口条件,LKD2 - T2 型列控中心控制 LEU 发送不同长度的移动授权报文和临时限速报文,在室外利用应答器报文读写工具读取应答器报文,并与设计报文进行核对,检查发送应答器报文的正确性。

3. 内容

(1)MSTT 报文测试

MSTT 按照设置的位置不同可以分为四种类型:

- 区间 MSTT 报文测试;
- 接近区段(设置于区间三接近 SMB)MSTT 报文测试;
- 进站 MSTT 报文测试;
- 出站 MSTT 报文测试。

(2)LEU 报文测试

天津站和北京南站利用 LEU 控制有源应答器,每个 LEU 最多可以控制 16 条报文。

①区间 SMB 处 MSTT 报文测试

区间每个 SMB 处均设置 MSTT,其中 MSTT 存储的报文类型见表 4 - 2 - 7。

表 4 - 2 - 7　区间 SMB 处 MSTT 报文类型

序　号	报文类型	报文描述
1	默认报文	MSTT 故障时发送
2	停车报文	当进路没有排列,带灯停车标灭灯时发送
3	1 个闭塞分区空闲	当前方 1 个闭塞分区空闲且进路排列时发送
…	……	……
10	8 个闭塞分区空闲	当前方 8 个闭塞分区空闲且进路排列时发送
11	限速 45 或 80 km/h	前方 2 个闭塞分区分别限速或全部限速 45 km/h 或 80 km/h
13	限速 160 km/h	前方 3 个闭塞分区分别限速或全部限速 160 km/h

②接近区段 SMB 处 MSTT 报文测试

三接近区段 SMB 处均设置 MSTT,其中 MSTT 存储的报文类型是在区间 SMB MSTT 存储报文类型表基础上,增加了侧线进路预告报文类型。

③中间站进站信号机处 MSTT 或北京南站天津站 LEU 报文测试

中间站进站信号机处均设置 MSTT,其中 MSTT 存储的报文类型是在区间 SMB MSTT 存储报文类型表基础上,增加了侧线进路报文及引导接车报文类型。北京南站及天津站排列各侧线股道接车进路或各侧线引导接车进路时,发送相同的侧线接车报文或侧线引导报文。

④中间站出站信号机处 MSTT 或北京南站天津站 LEU 报文测试

中间站出站信号机处均设置 MSTT,其中 MSTT 存储的报文类型是在区间 SMB MSTT 存储报文类型表基础上,增加了侧线发车进路报文及引导发车报文类型。

调试举例:以亦庄站下行进站信号机处 562 - 02081 号应答器组为例,其有源应答器包含的报文见表 4 - 2 - 8。

表 4－2－8　有源应答器报文说明

报文序号	报 文 说 明	备　　注
1	默认报文	默认报文
2	停车报文	停车报文
3～6	X－XⅠ/350/160/80/45	前方 1 个闭塞分区空闲，该区段无限速或限速 160 km/h、80 km/h、45 km/h
7～16	X－XⅠ－0233/350/160/80/45－350/160/80/45	前方 2 个闭塞分区空闲，各区段无限速或限速 160 km/h、80 km/h、45 km/h
17～25	X－XⅡ/X3/X4/80/45	各股道接车报文，进路无限速或限速 45 km/h
26～29	X－XⅠ－0233－0255/350/160－350/160－350/160	前方 3 个闭塞分区空闲，速度为无限速或限速 160 km/h
30～34	X－XⅠ－0233－0255－0277…0371/350－350－350－350…350	前方 4～8 个闭塞分区空闲，且无限速
35～38	X－XⅠ/XⅡ/X3/X4/OSM	各股道引导接车

三、系统功能调试

1. 联锁功能调试

(1)道岔控制及表示；

(2)信号机控制及表示；

(3)轨道区段采集和表示；

(4)进路的建立、取消及解锁；

(5)降级模式下的联锁功能。

2. 移动授权调试

在地面列控子系统及联锁系统的单体调试全部完成后，重复进行“二、应答器报文调试”内容。

3. 轨道电路编发码调试

(1) 轨道电路载频编码；

(2) 轨道电路低频编码。

4. 临时限速调试

京津城际铁路正线临时限速以闭塞分区为基本单元设置，限速值共分为 45 km/h，80 km/h，160 km/h三档。160 km/h 限速，提前三个闭塞分区发送；45 km/h 和 80 km/h 限速，提前两个闭塞分区发送。

根据限速状态，利用应答器读写工具读取应答器报文，比较读取报文与设计报文的一致性。

如图 4－2－12 所示，假设线路允许速度为 350 km/h，当限速为 45 km/h 和 160 km/h 时各应答器发送的移动授权信息和速度信息对应关系见表 4－2－9 和表 4－2－10。

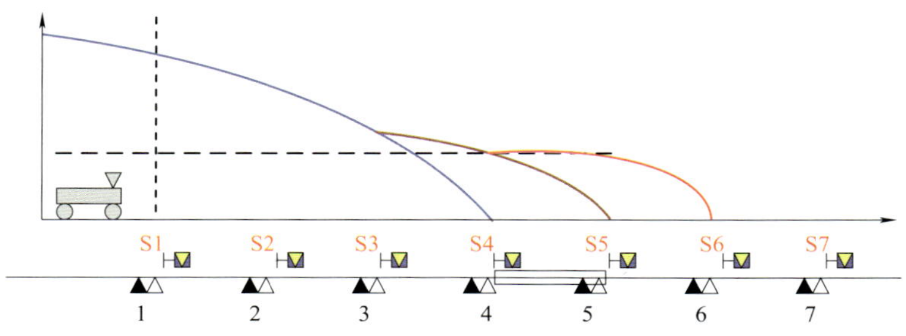

图 4－2－12　临时限速示意图

表 4－2－9　45 km/h 时各应答器发送的移动授权信息和速度信息对应关系

应答器编号	移动授权终点	应答器速度信息(km/h)
1	S1 至 S4 停车	S1－S2－S3/350－350－350
2	S2 至 S4 停车	S2－S3/350－350
3	S3 至 S5 停车	S3－S4/350－45
4	S4 至 S6 停车	S4－S5/45－350
5	S5 至进路终端	S5－S6－S7 … /350－350－350 …

表 4－2－10　160 km/h 时各应答器发送的移动授权信息和速度信息对应关系

应答器编号	移动授权终点	应答器速度信息(km/h)
1	S1 至 S4 停车	S1－S2－S3/350－350－350
2	S2 至 S4 停车	S2－S3－S4/ 350－350－160
3	S3 至 S5 停车	S3－S4/350－160
4	S4 至 S6 停车	S4－S5/160－350
5	S5 至进路终端	S5－S6－S7 … /350－350－350 …

北京南站、天津站临时限速以区域进行设置，限速值 45 km/h 一档。限速区域划分如图 4－2－13、图 4－2－14 所示。

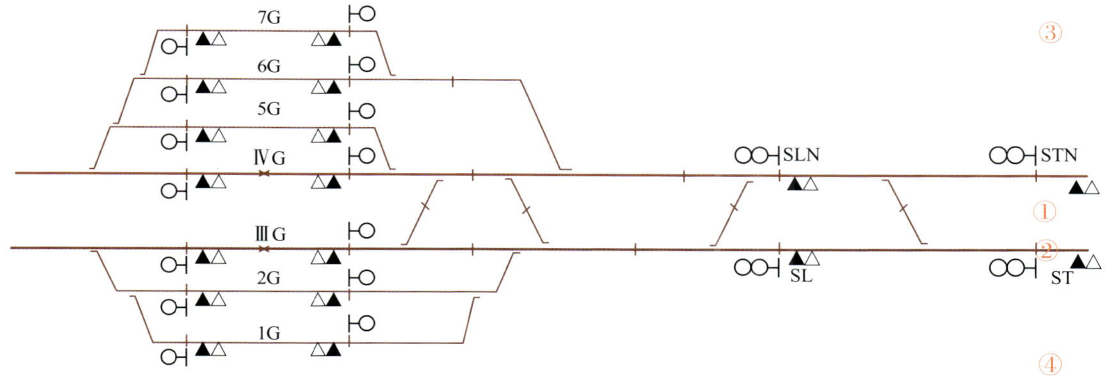

图 4－2－13　北京南临时限速区域的划分示意图

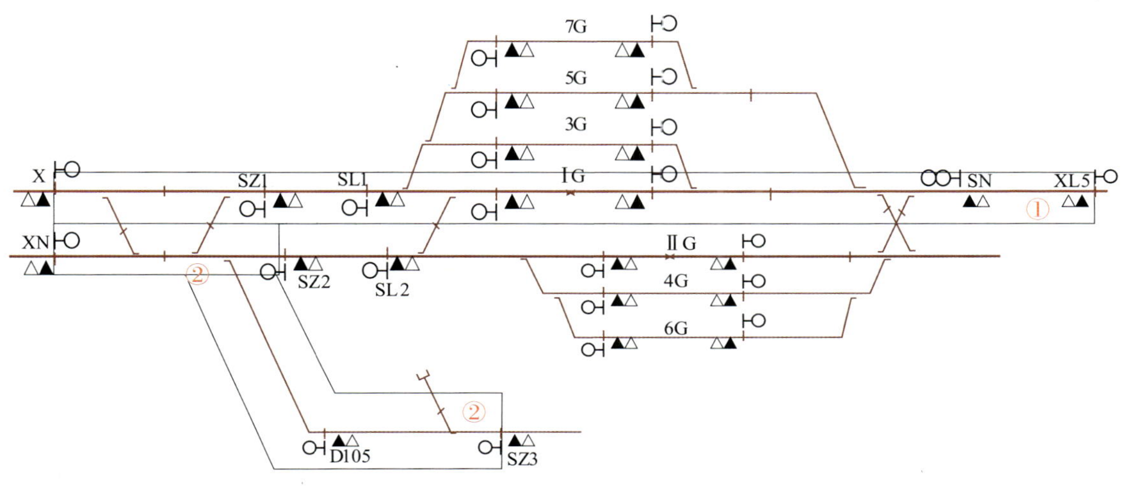

图 4－2－14　天津站临时限速区域的划分示意图

根据北京南站、天津站的临时限速区域划分，在联锁控显机上设置或取消限速，并排列经过该临时限速区的进路，进行以下测试：

(1)根据限速状态，观察限速继电器吸起落下状态。

(2)利用应答器读写工具读取应答器报文，比较读取报文与设计报文的一致性。

5. CTC 功能调试

(1)列车运行监视。

(2)进路人工控制。

(3)进路按运行图自动控制。

(4)运行图显示和调整。

(5)车次号追踪。

(6)调度命令编制及下达。

(7)控制模式转换。

(8)临时限速设置及取消。

(9)报表生成及打印。

(10)运行状态记录及回放。

(11)FALKO 时刻表编制和仿真。

(12)培训。

(13)与相关系统接口测试，包括：

①与 TDCS 系统接口；

②与 SCADA 系统接口；

③与 GSM－R 系统接口；

④与 CMMS 系统接口；

⑤与信号集中监测系统接口；

⑥与时钟系统接口；

⑦与防灾系统接口；

⑧与联锁系统接口。

6. 集中监测功能调试

(1)通信通道。

(2)维修中心功能。

(3)中心终端功能。

(4)车站电缆绝缘测试功能。

(5)北京南站、天津站电源漏流测试功能。

(6)车站排架熔丝报警功能。

(7)北京南站、天津站 25 Hz 轨道电压、相位角测试功能。

(8)北京南站、天津站 25 Hz 轨道继电器状态测试功能。

(9)北京南站、天津站道岔电流测试功能。

(10)北京南站、天津站道岔表示电压测试功能。

(11)北京南站、天津站列车信号机点灯回路电流测试功能。

(12)站场表示信息。

(13)北京南站、天津站与智能电源屏的数据核对。

(14)车站与列控系统维护终端的数据核对。

(15)北京南站、天津站与智能灯丝报警系统的数据核对。

(16)与时钟系统接口功能。

7. 防灾系统的落物报警功能测试

(1)目的

验证 K08、K94、K107、天津站落物报警及落物报警复原控制轨道电路编发码的正确性。当灾害发生时，列控中心能正确采集落物防护继电器，并控制相应区段发送 H 码防护。落物报警复原时，能够取消对落物区段的防护。

(2)方法

①天津站

天津站列控中心采集到落物防护报警信息时：(如图 4－2－15 所示)

a. 落物报警后，107/111WG、109/113WG 无条件发 H 码，并保持原发码方向；除 D101 至 D103 的调车进路外，咽喉区所有信号机关闭。

b. 如果存在列车进路，107DG、105－109DG、111DG、113－119DG 发 H 码。

c. 如果不存在进路或者列车已压入下一个区段，则 107DG、105－109DG、111DG、113－119DG 发检测码。

d. 落物报警 3 条线分别还原。

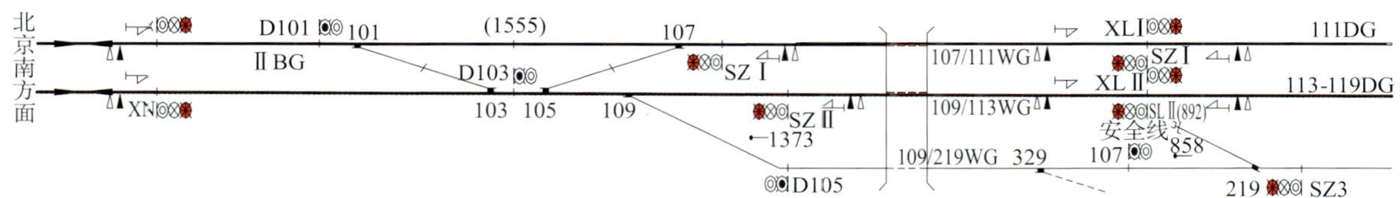

图 4－2－15　天津站平面图(下行咽喉部分)

②正线车站

a. 正方向运行发生落物

列控中心控制落物所在闭塞分区及后方一个闭塞分区发送 H 码，其他区段依次追踪发送。落物恢复，轨道电路发码自动恢复。

b. 反方向运行发生落物

列控中心控制落物所在闭塞分区及其后方直至下一车站正向进站信号机的所有区段发 H 码防护。落物恢复，轨道电路恢复追踪发码。

第三节　信号系统动态调试

CTC 子系统、联锁子系统、列控地面子系统以及列控车载子系统在完成静态调试后，将开展动态调试。

利用轨道车低速及动车组在线路上按照 40 km/h，80 km/h，160 km/h，200 km/h，250 km/h，300～350 km/h 速度调试，进行从低速到高速的逐步调试，确认 CTCS－3D 列控系统的各项功能。根据京津城际铁路全线车站及线路的设置共设计 72 个动态调试场景。

一、调试场景 1～8

(1)调试目的：检查应答器数据和列车在信号机前停车精度。

(2)调试方法：办理单闭塞分区进路，并进行行车和停车调试试验。测试每组应答器数据的正确接收和列车在每个信号机前安全停车精度。

(3)调试内容：根据进路设置进行正常行车、停车试验；车载模式转换；应答器数据接收；车站正线发车、停车。

(4)调试要求：司机应根据车载 DMI 显示的允许速度驾驶列车运行，不得超速。当信号机变成允

许行车信号，列车将以规定的开口速度越过应答器组，系统进入完全监控模式后，DMI 显示当前速度、允许速度、目标速度和目标距离等驾驶信息。接近停车信号机时，按完全监控模式下车载信号的显示控制列车在停止点处停车。

调试场景 1：列车下行正线逐个闭塞分区办理进路的停车试验

运行区间：北京南—亦庄—永乐—武清—天津，下行正方向运行，列车运行径路如图 4－2－16 红线所示。

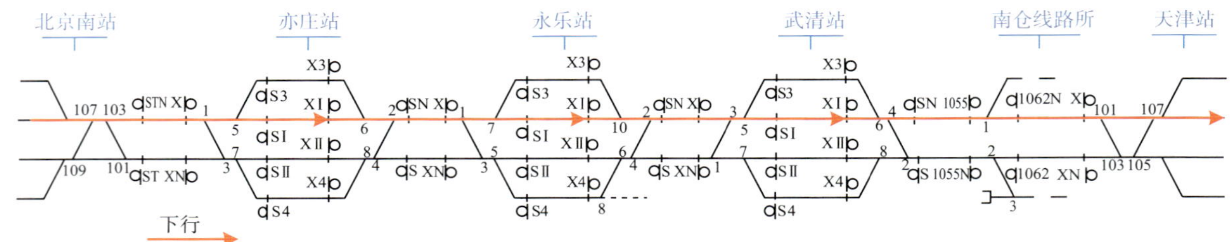

图 4－2－16　调试场景 1

试验步骤：

列车在始发站发车时，给列控车载设备供电，司机输入车次、司机号、列车长度等相关数据后选择目视行车模式。

地面办理一条北京南站发车至一离去的进路，司机确认地面出站信号机开放后，起动列车，按目视行车模式运行，当列车越过出站应答器组后，车载设备自动转为完全监控模式，DMI 显示目标速度为 0 km/h，控制列车在 0017 SMB 前停车，检查列车停车位置。列车停车后，地面办理一条列车通过 0017 SMB 到 0033 SMB 停车进路，司机确认地面信号开放后，起动列车，根据 DMI 显示控制列车在 0033 SMB 前停车，检查并记录列车停车位置。

按照上述方式，在下行正线连续办理单闭塞分区进路，并进行行车和停车调试试验。

调试场景 2：列车上行正线逐个闭塞分区办理进路的停车试验

运行区间：天津—武清—永乐—亦庄—北京南，上行正向运行，列车运行径路如图 4－2－17 红线所示。

试验步骤与调试场景 1 相同，列车由天津站正线上行发车，列车运行在上行线路。

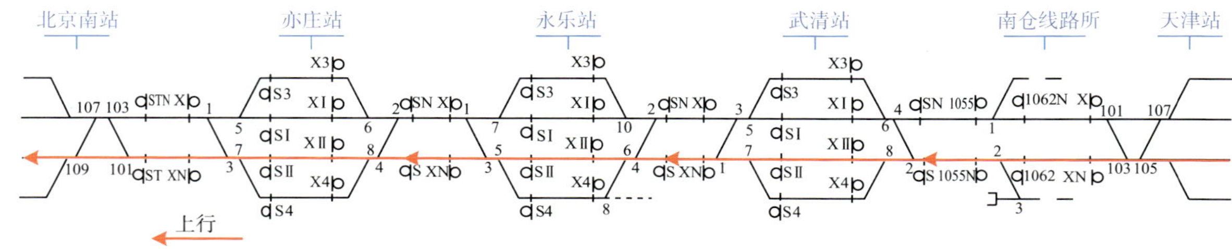

图 4－2－17　调试场景 2

调试场景 3：列车下行侧线（3G）逐个闭塞分区办理进路的停车试验

运行区间：北京南—亦庄—永乐—武清—天津，列车运行径路如图 4－2－18 红线所示。

试验步骤与调试场景 1 相同，列车在亦庄、永乐、武清三站下行侧线 3G 接发车。

调试场景 4：列车上行侧线（4G）逐个闭塞分区办理进路的停车试验

运行区间：天津—武清—永乐—亦庄—北京南，列车运行径路如图 4－2－19 红线所示。

试验步骤与调试场景 2 相同，列车在武清、永乐、亦庄三站上行侧线 4G 接发车。

调试场景 5：列车下行亦庄、永乐反向正线接发车，武清下行正向运行，逐个闭塞分区办理进路的停车试验

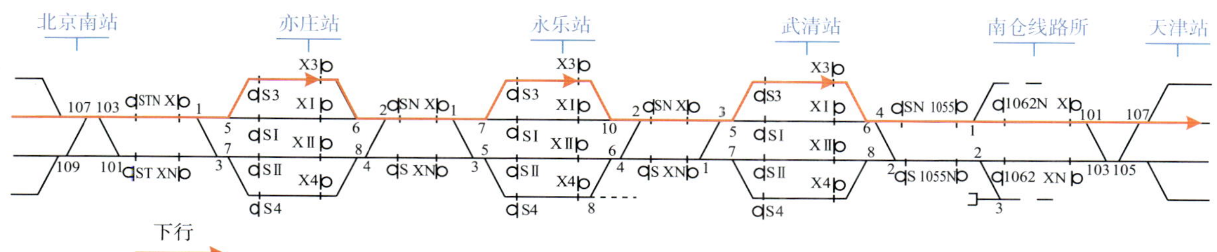

图 4－2－18 调试场景 3

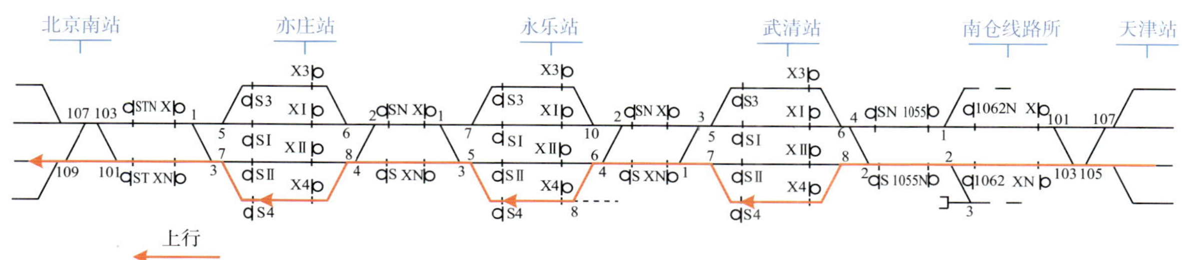

图 4－2－19 调试场景 4

运行区间：北京南—亦庄—永乐—武清—天津，列车运行径路如图 4－2－20 红线所示。

试验步骤与调试场景 1 相同，列车在亦庄、永乐两站下行反向 Ⅱ G 接发车、武清站下行正向 Ⅰ G 接发车。

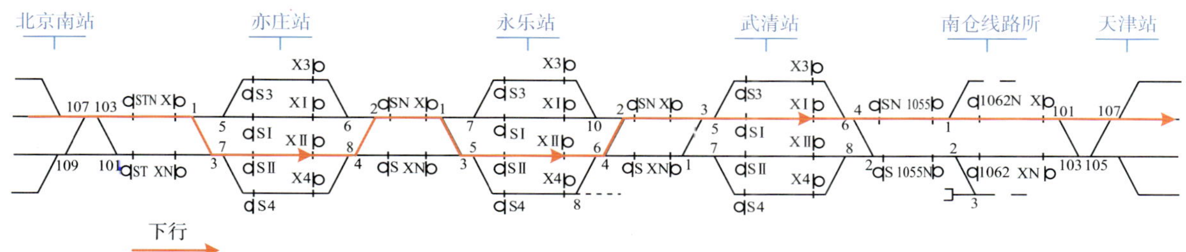

图 4－2－20 调试场景 5

调试场景 6：列车上行武清反向正线接发车，永乐、亦庄上行正向运行，逐个闭塞分区办理进路的停车试验

运行区间：天津—武清—永乐—亦庄—北京南，列车运行径路如图 4－2－21 红线所示。

试验步骤与调试场景 2 相同，列车在武清站上行反向 Ⅰ G 接发车，亦庄、永乐两站上行正线 Ⅱ G 接发车。

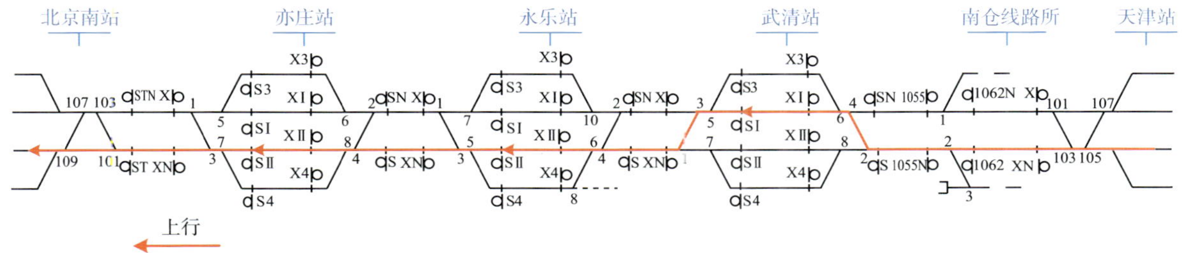

图 4－2－21 调试场景 6

调试场景7:列车下行亦庄、永乐反向侧线接发车,武清下行正向运行,逐个闭塞分区办理进路的停车试验

运行区间:北京南—亦庄—永乐—武清—天津,列车运行径路如图4-2-22红线所示。

试验步骤与调试场景1相同,列车在亦庄、永乐两站下行反向侧线4G接发车,武清站下行正线ⅠG接发车。

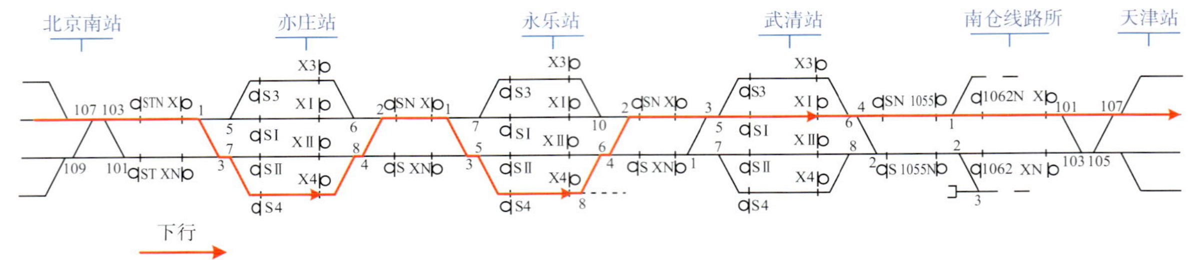

图4-2-22　调试场景7

调试场景8:列车上行武清反向侧线接发车,永乐、亦庄上行正向运行,逐个闭塞分区办理进路的停车试验

运行区间:天津—武清—永乐—亦庄—北京南站,列车运行径路如图4-2-23红线所示。

试验步骤与调试场景2相同,列车在武清站上行反向侧线3G接发车,亦庄、永乐两站上行正线ⅡG接发车。

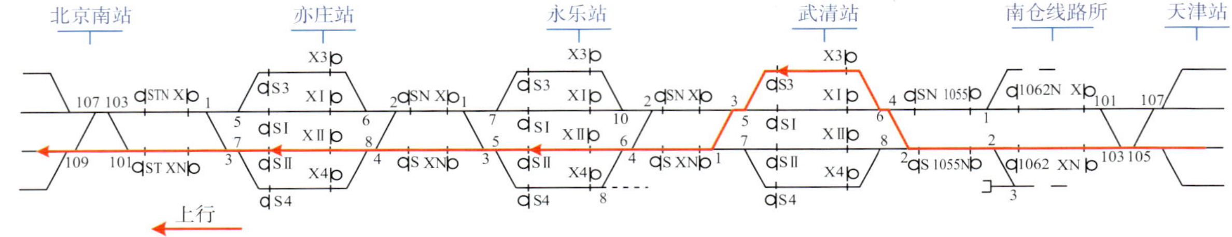

图4-2-23　调试场景8

调试场景1~8调试总结:在列车前方每次仅人工设置走行一个闭塞分区的进路,列车根据进路运行,分别测试上下行、正侧线各种组合情况下应答器数据和检查信号机前停车精度等基本功能。

二、调试场景9~16

(1)调试目的:检查反方向运行时应答器数据及检查停车精度。

(2)调试方法:排列各种情况的反向进路并进行行车和停车调试试验,测试每组应答器数据的正确接收和列车在每个信号机前安全停车精度。

(3)调试内容:根据进路设置进行正常行车、停车试验;车载模式转换;应答器数据接收;车站正线发车、停车。

(4)调试要求:司机应根据车载DMI显示的允许速度驾驶列车运行,不得超速。当信号机变成允许行车信号,列车将以规定的开口速度越过应答器组,系统进入完全监控模式后,DMI显示当前速度、允许速度、目标速度和目标距离等驾驶信息。接近停车信号机时,按完全监控模式下车载信号的显示控制列车在停止点处停车。

调试场景9: 列车下行正线反方向进路的停车试验

运行区间:北京南—亦庄—永乐—武清—天津,列车运行径路如图4-2-24红线所示。

试验步骤:

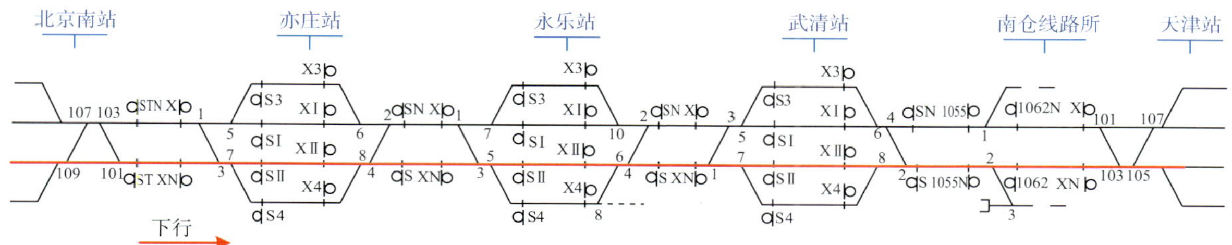

图 4－2－24　调试场景 9

首先办理北京南ⅢG 到反向第一架 0013N SMB 的一条进路，列车从北京南反方向发车出站，根据 DMI 允许速度显示在 0013N SMB 前停车，检查停车准确性。然后办理一条从 0013N 至亦庄站 XN 信号机进路，列车在进站信号机前停车，检查停车准确性。办理 XN 到ⅡG 反方向接车进路，进路建立后，进站信号机点亮，列车在出站信号机前停车，检查停车准确性。亦庄ⅡG 反向发车直至天津站的反向ⅡG 接车，按上述进路办理方式逐个进行反向进路的办理。

调试场景 10：列车上行正线反方向进路的停车试验

运行区间：天津—武清—永乐—亦庄—北京南，列车运行径路如图 4－2－25 红线所示。

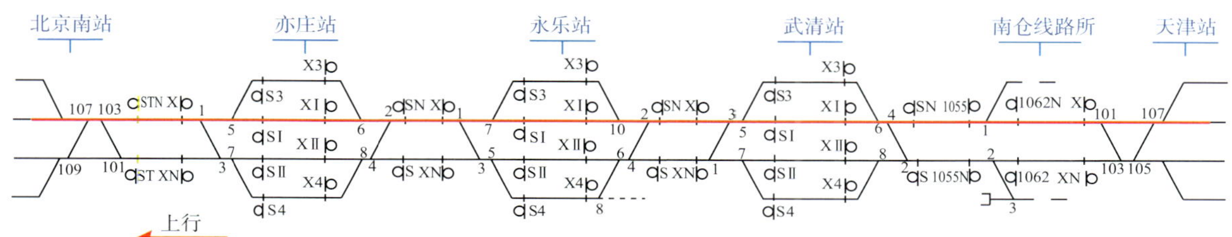

图 4－2－25　调试场景 10

试验步骤与调试场景 9 相同，列车由天津站至北京南上行反方向运行。

调试场景 11：列车下行反方向侧线的停车试验

运行区间：北京南—亦庄—永乐—武清—天津，列车运行径路如图 4－2－26 红线所示。

试验步骤与场景 9 相同，列车在亦庄、永乐、武清三站办理 4G 接发车进路。

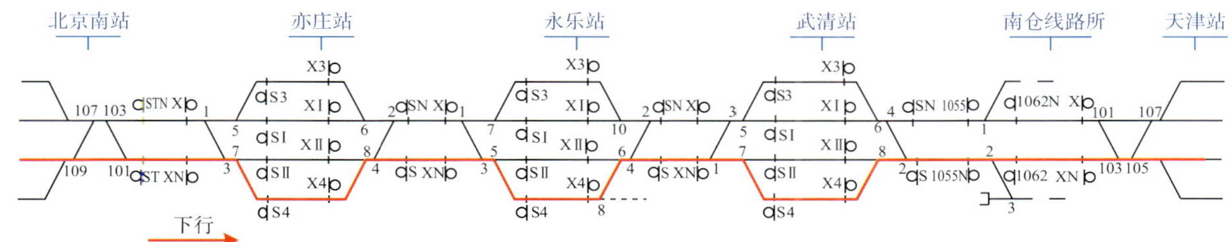

图 4－2－26　调试场景 11

调试场景 12：列车上行反方向侧线的停车试验

运行区间：天津—武清—永乐—亦庄—北京南，列车运行径路如图 4－2－27 红线所示。

试验步骤与调试场景 10 相同，列车在武清、永乐、亦庄三站办理 3G 接发车进路。

调试场景 13：列车下行反方向运行，亦庄、永乐经ⅡG，武清经ⅠG 进路的停车试验

运行区间：北京南—亦庄—永乐—武清—天津，列车运行径路如图 4－2－28 红线所示。

试验步骤与调试场景 9 相同，列车在武清站办理ⅡG 反方向接发车进路。

调试场景 14：列车上行反方向运行，武清经ⅠG，永乐、亦庄经ⅡG 进路的停车试验

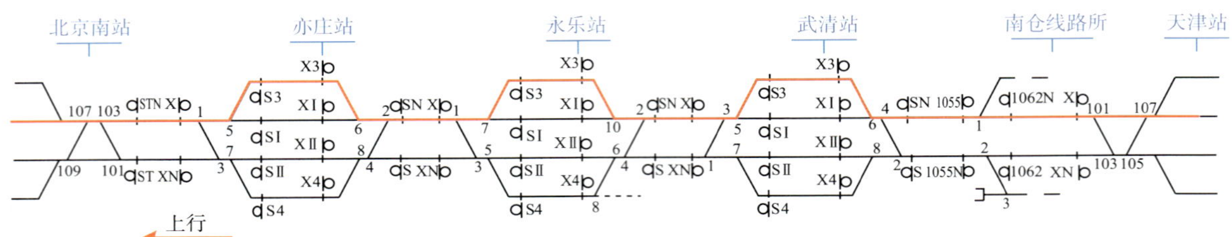

图 4－2－27　调试场景 12

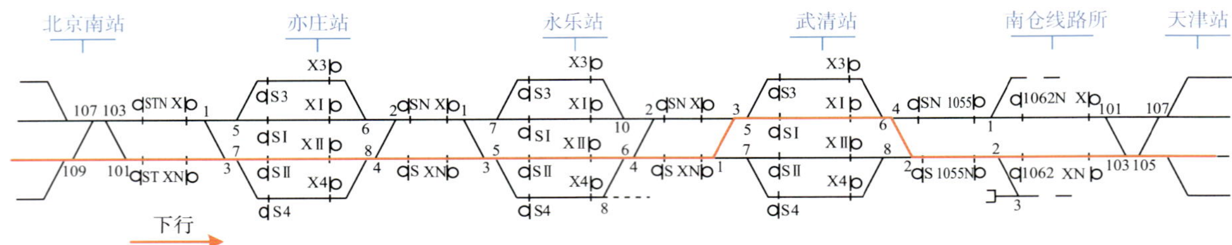

图 4－2－28　调试场景 13

运行区间:天津—武清—永乐—亦庄—北京南,列车运行径路如图 4－2－29 红线所示。

试验步骤与调试场景 10 相同,列车在永乐,亦庄两站办理Ⅱ G 反方向接发车进路。

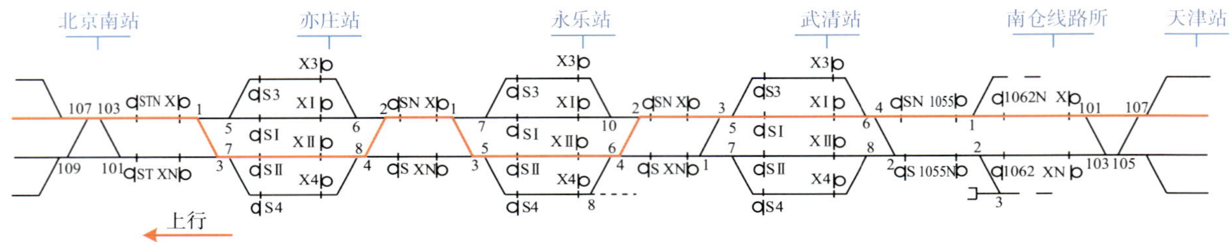

图 4－2－29　调试场景 14

调试场景 15:列车下行反方向进路侧线进路的停车试验

运行区间:北京南—亦庄—永乐—武清—天津,列车运行径路如图 4－2－30 红线所示。

试验步骤与调试场景 9 相同,列车在武清站办理 3G 反方向接发车进路。

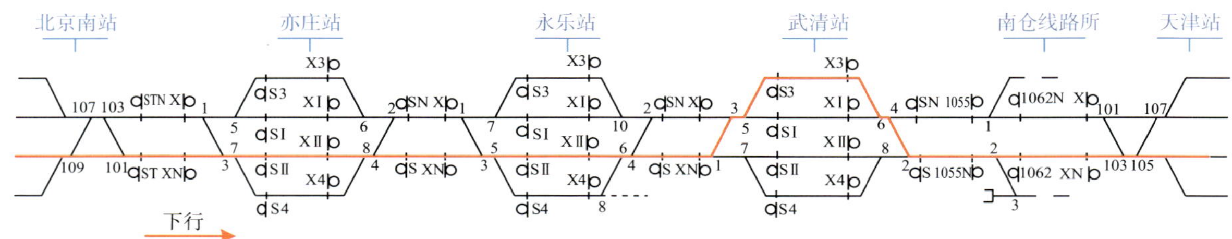

图 4－2－30　调试场景 15

调试场景 16:列车上行反方向进路侧线进路的停车试验

运行区间:天津—武清—永乐—亦庄—北京南,列车运行径路如图 4－2－31 红线所示。

试验步骤与调试场景 10 相同,列车在永乐,亦庄两站办理 4G 反方向接发车进路。

调试场景 9～16 测试总结:分别测试上下行、正侧线各种组合情况下反方向行车时应答器数据和信号机前停车精度等基本功能。

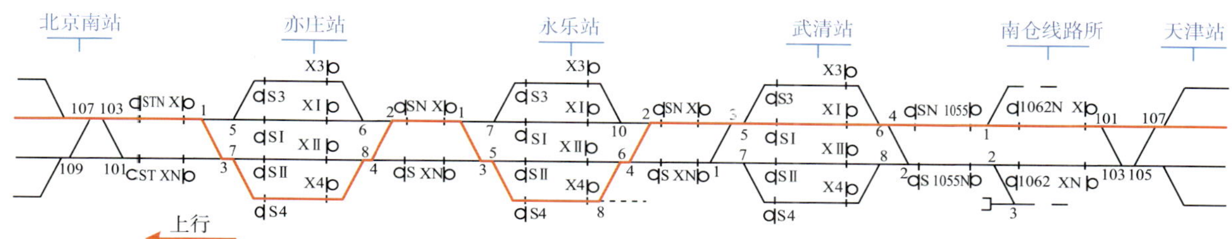

图 4－2－31　调试场景 16

三、调试场景 17～34

（1）调试目的：调试列车在调试场景 17～34 下，检查应答器数据和列车在信号机前停车精度。

（2）调试方法：调试场景 17～25 为调试列车正向行驶到达各个车站的场景；调试场景 26～34 为调试列车反方向行驶到达各个车站的场景。

（3）调试内容：根据进路设置进行正常行车、停车试验；车载模式转换；应答器数据接收；车站正线发车、停车及折返。

（4）调试要求：司机起动列车和停车，根据车载 DMI 上显示的允许速度运行。列车在到达区间信号机前地面已排列完成后续进路，并根据试验人员要求折返，进行下一个场景的调试。

调试场景 17：北京南站下行正线发车，正向运行至亦庄站 SN 信号机

列车运行径路如图 4－2－32 红线所示。

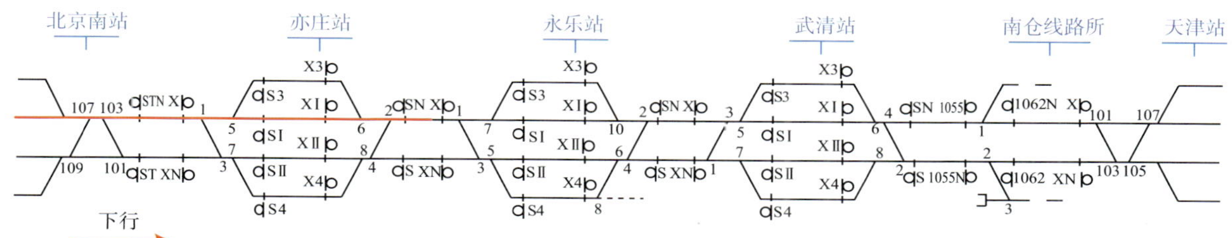

图 4－2－32　调试场景 17

试验步骤：

列车从北京南站下行发车，越过应答器组后转换为完全监控模式，地面进路正常办理好，亦庄站进站 X 信号机开放，出站 XⅠ信号机开放，列车可不停车通过亦庄站。列车完全进入一离去后停车，在亦庄站 SN 信号机处准备折返。

调试场景 18：从亦庄站 SN 信号机处折返，上行正向运行返回北京南站

列车运行径路如图 4－2－33 红线所示。

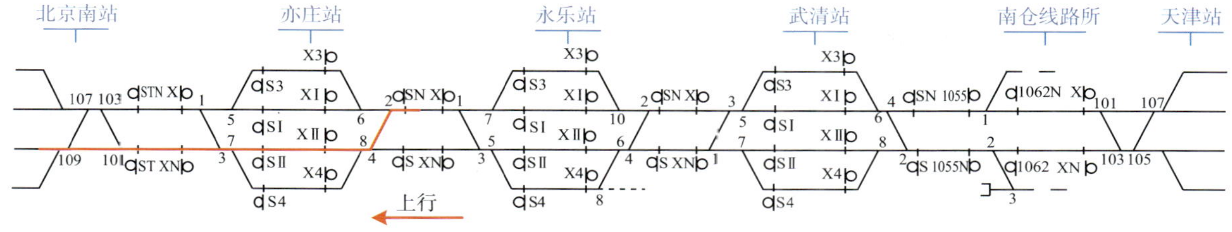

图 4－2－33　调试场景 18

试验步骤：

列车从亦庄站 SN 信号机前上行发车，越过应答器组后转换为完全监控模式，亦庄站 SⅡ出站信号机开放，列车可不停车通过亦庄站。根据进路列车驶入北京南站。

调试场景 19：北京南站下行正线发车，正向运行至永乐站 SN 信号机

列车运行径路如图 4－2－34 红线所示。

列车由北京南站下行运行至永乐站，试验步骤同调试场景 17。

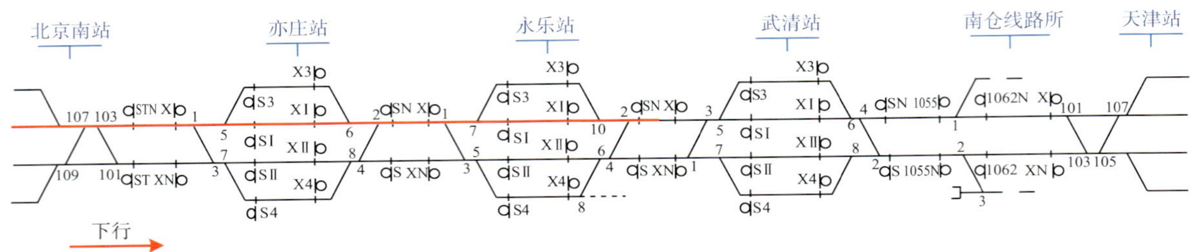

图 4－2－34　调试场景 19

调试场景 20：从永乐站 SN 信号机处折返，上行正方向运行，至亦庄站后准备折返

列车运行径路如图 4－2－35 红线所示。

列车由永乐折返至亦庄站，试验步骤同调试场景 18。

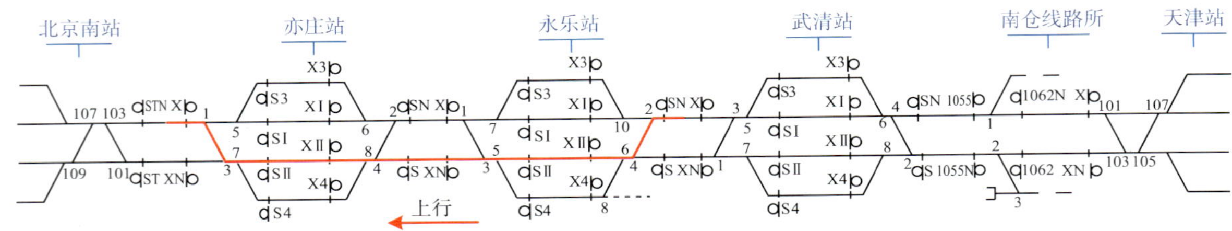

图 4－2－35　调试场景 20

调试场景 21：从亦庄站 X 信号机下行正方向运行，至武清站 S 信号机

列车运行径路如图 4－2－36 红线所示。

列车由亦庄站至武清站，试验步骤同调试场景 17。

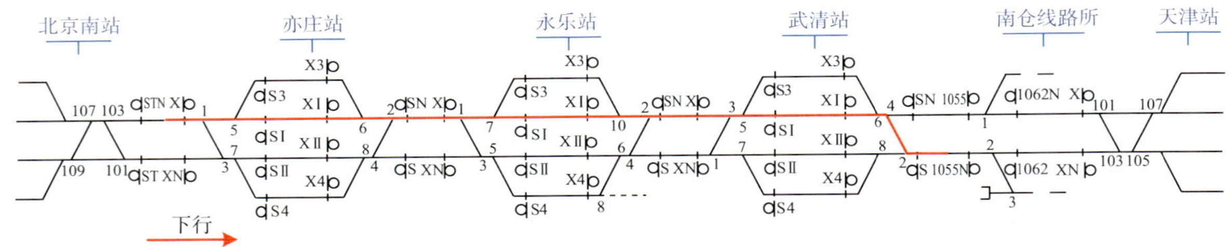

图 4－2－36　调试场景 21

调试场景 22：从武清站 S 信号机处上行正方向运行，至永乐站 X 信号机

列车运行径路如图 4－2－37 红线所示。

列车由武清至永乐站，试验步骤同调试场景 18。

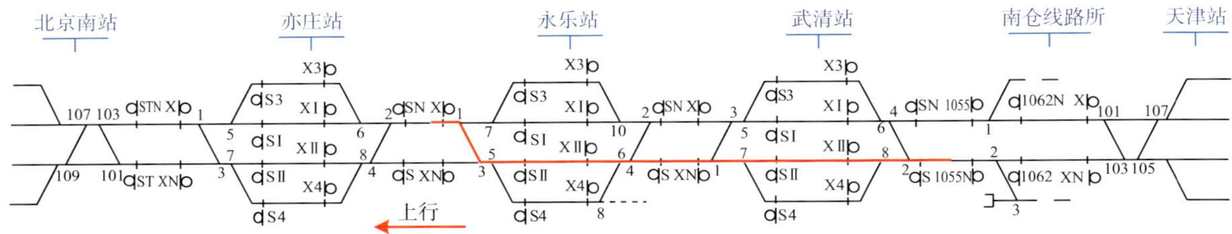

图 4－2－37　调试场景 22

调试场景 23:永乐站下行正向运行,至天津站站内

列车运行径路如图 4－2－38 红线所示。

列车由永乐站至天津站。试验步骤同调试场景 17。

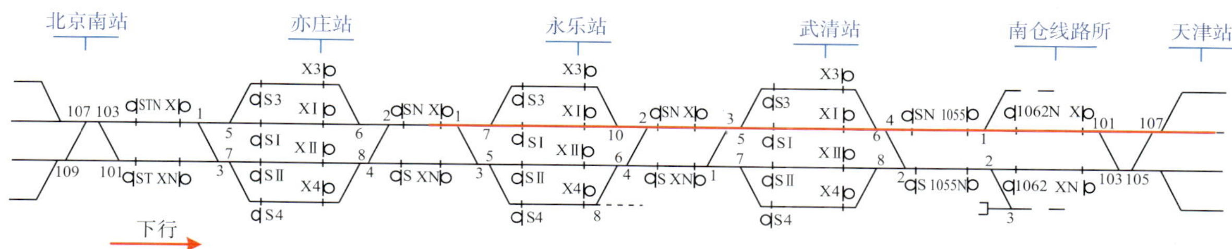

图 4－2－38　调试场景 23

调试场景 24:天津站内发车,上行正线运行,经武清站ⅠG 至反向一离去区段

列车运行径路如图 4－2－39 红线所示。

列车由天津运行至武清站,试验步骤同调试场景 18。

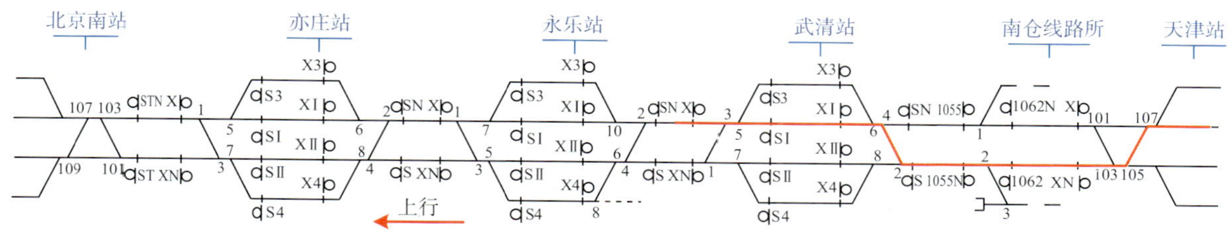

图 4－2－39　调试场景 24

调试场景 25:武清站下行侧线接发车,运行至天津站内

列车运行径路如图 4－2－40 红线所示。

列车由武清站 X 信号机下行折返至天津站。试验步骤同调试场景 17。

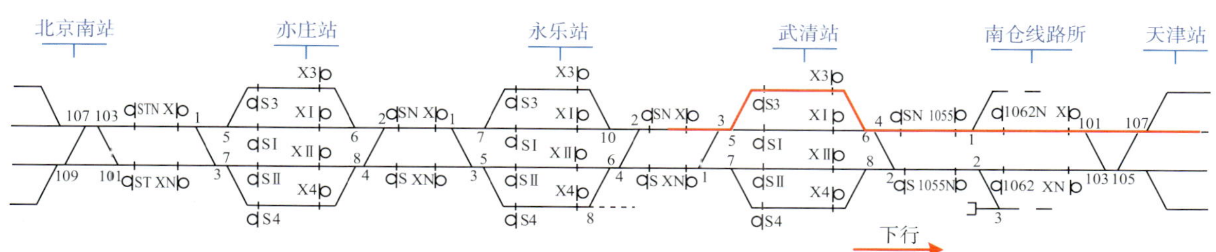

图 4－2－40　调试场景 25

调试场景 26:天津站反向发车运行经武清ⅠG 至 XN 信号机外

列车运行径路如图 4－2－41 红线所示。

列车由天津反方向运行至武清,试验步骤同调试场景 18。

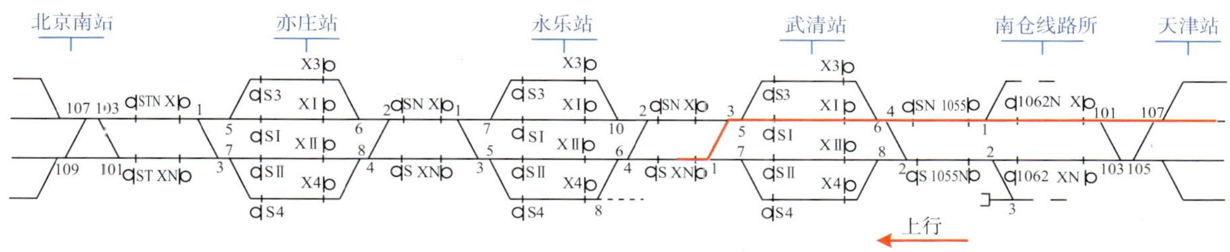

图 4－2－41　调试场景 26

调试场景 27：由武清 XN 反向运行至天津站内

列车运行径路如图 4－2－42 红线所示。

列车由武清反方向运行至天津，试验步骤同调试场景 17。

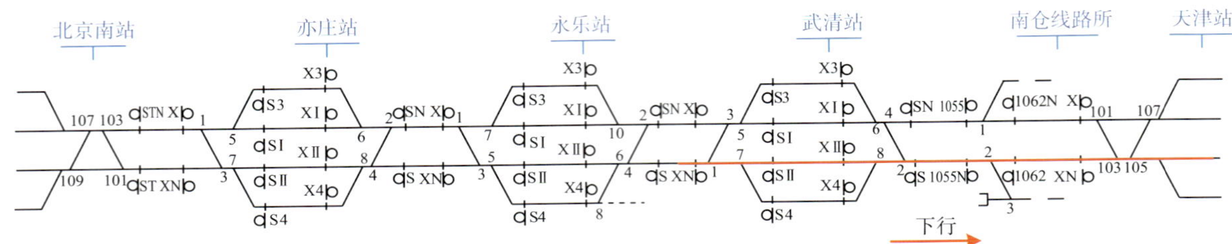

图 4－2－42　调试场景 27

调试场景 28：天津站上行反方向运行至永乐站反向一离去区段

列车运行径路如图 4－2－43 红线所示。

列车由天津反方向运行至永乐，试验步骤同调试场景 26。

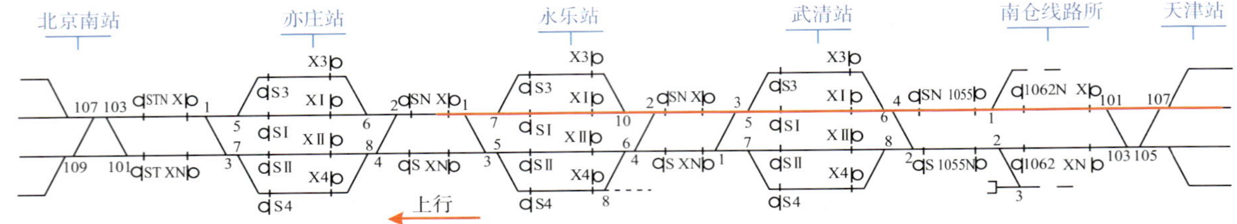

图 4－2－43　调试场景 28

调试场景 29：由永乐站 X 信号机经ⅡG 下行反向运行至武清站反向一离去区段

列车运行径路如图 4－2－44 红线所示。

列车由永乐反方向运行至武清，试验步骤同调试场景 27。

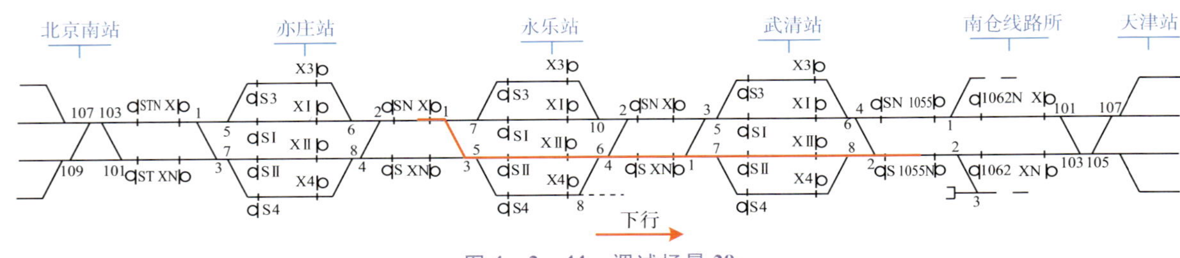

图 4－2－44　调试场景 29

调试场景 30：由武清站 S 信号机经武清ⅠG 上行反向运行至亦庄反向一离去区段

列车运行径路如图 4－2－45 红线所示。

列车由武清反方向运行至亦庄，试验步骤同调试场景 26。

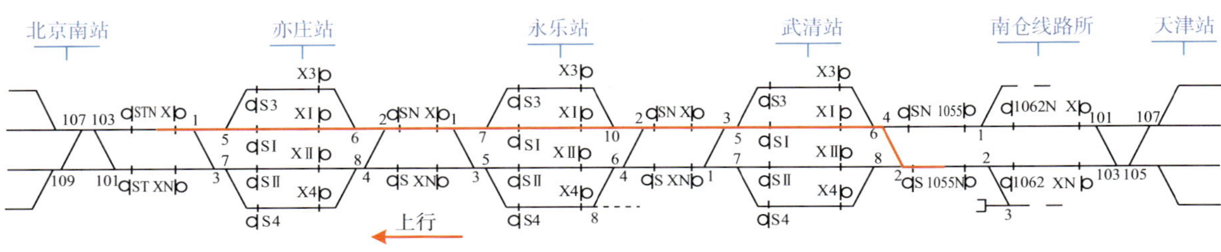

图 4－2－45　调试场景 30

调试场景 31：由亦庄 X 信号机经亦庄ⅡG 下行反向运行至永乐反向一离去区段

列车运行径路如图 4－2－46 红线所示。

列车由亦庄反方向运行至永乐，试验步骤同调试场景 27。

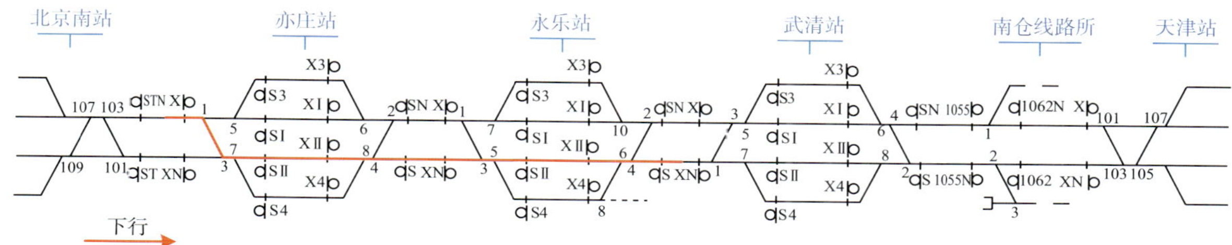

图 4－2－46　调试场景 31

调试场景 32：由永乐 SN 信号机经永乐站ⅠG 上行反向运行至北京南区段

列车运行径路如图 4－2－47 红线所示。

列车由永乐反方向运行至亦庄，试验步骤同调试场景 26。

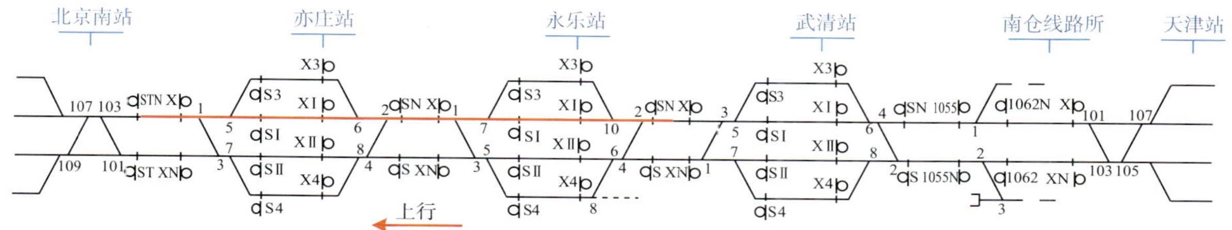

图 4－2－47　调试场景 32

调试场景 33：由亦庄站 XN 信号机下行反方向发车至亦庄站反向一离去区段

列车运行径路如图 4－2－48 红线所示。

列车由亦庄站 XN 信号机至亦庄反向离去，试验步骤同调试场景 27。

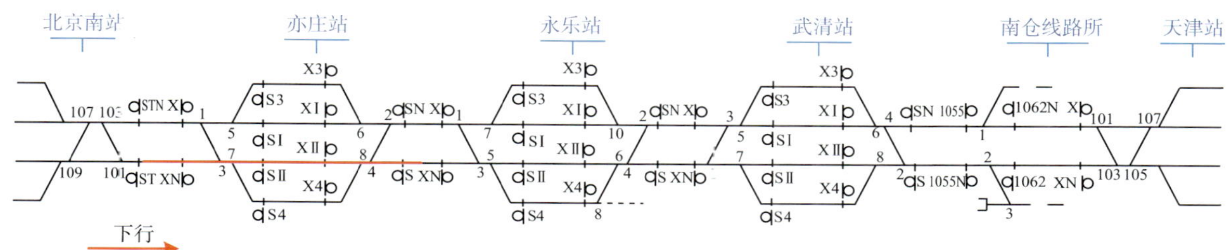

图 4－2－48　调试场景 33

调试场景 34：亦庄站 SN 上行反方向运行至北京南

列车运行径路如图 4－2－49 红线所示。

列车由亦庄反方向运行至北京南，试验步骤同调试场景 26。

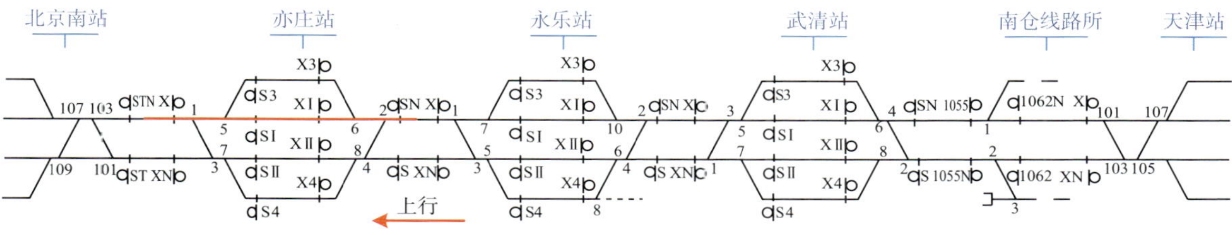

图 4－2－49　调试场景 34

四、调试场景35～54

(1)调试目的:调试车载子系统各驾驶模式之间的相互转换功能,其转换条件符合表4－2－11。

表4－2－11 列控车载子系统驾驶模式转换表

	完全监控	调车模式	引导模式	目视行车	机车信号	隔离模式	待机模式
完全监控		自动	自动	人工	人工	人工	人工
调车模式	—		—	—	—	人工	人工
引导模式	自动	自动		人工	人工	人工	人工
目视行车	自动	自动	自动		人工	人工	人工
机车信号	—	—	—	—		人工	人工
隔离模式	—	—	—	—	—		人工
待机模式	—	人工	—	人工	—	人工	

(2)调试方法:在列车运行过程中,设置多种地面条件,调试各种模式间的转换,各种模式转换满足表4－2－11的条件。

调试场景35:由待机模式至目视行车模式至完全监控模式转换

列车运行径路如图4－2－50红线所示。

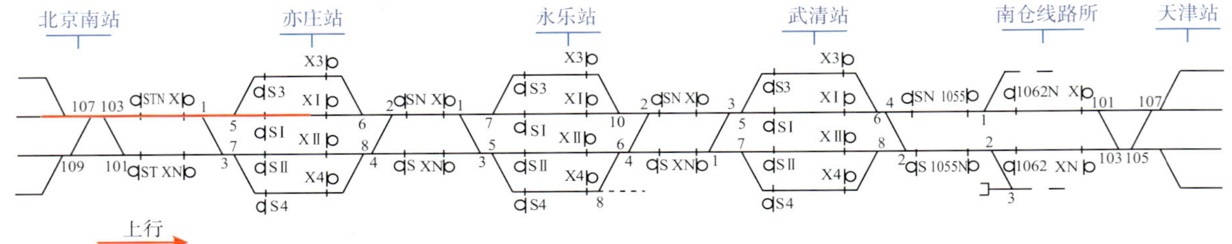

图4－2－50 调试场景35

①试验内容:

驾驶模式转换:待机模式—目视行车模式—完全监控模式

②试验步骤:

司机打开操作台,给列控车载设备通电,车载设备处于待机状态,停车监督;选择目视行车模式。地面信号开放后,司机以目视行车模式行车,当列车越过应答器组后,列控车载设备自动转入完全监控模式。行车至亦庄站停车。

调试场景36:由目视行车模式至调车模式、调车模式至待机模式转换

列车运行径路如图4－2－51红线所示。

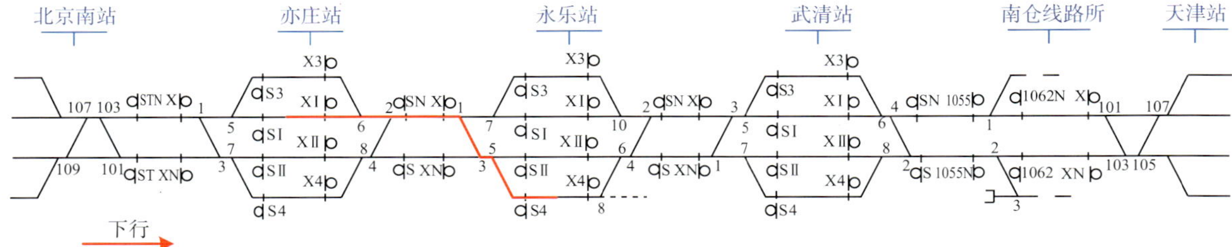

图4－2－51 调试场景36

①试验内容:

驾驶模式转换:待机模式—目视行车模式—调车模式—待机模式。

②试验步骤:

地面排列一条通往调车区域的调车进路,司机打开操作台,给列控车载设备通电,车载设备处于待机状态;选择目视运行模式,以目视行车模式行车,当列车越过应答器组后,列控车载设备自动转入调车模式,以调车模式行车,排列一条到达永乐站列车进路。列车进入永乐站,列车停车,人工转换至待机模式。

调试场景 37:由待机模式至目视行车模式至完全监控模式转换

列车运行径路如图 4－2－52 红线所示。

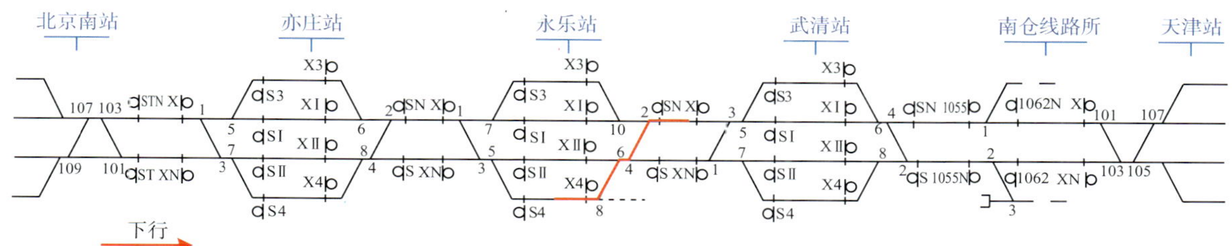

图 4－2－52　调试场景 37

①试验内容:

驾驶模式转换:待机模式—目视行车模式—完全监控模式—待机模式。

②试验步骤:

司机打开操作台,给列控车载设备通电,车载设备处于待机状态,停车监督;选择目视行车模式。地面信号开放后,司机以目视行车模式行车,当列车越过应答器组后,列控车载设备自动转入完全监控模式。行车至亦庄站停车,人工转换至待机模式。

调试场景 38:由完全监控模式至目视行车模式转换

列车运行径路如图 4－2－53 红线所示。

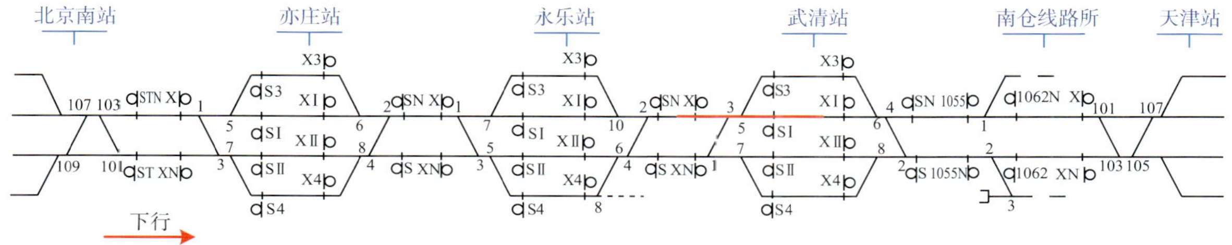

图 4－2－53　调试场景 38

①试验内容:

驾驶模式转换:完全监控模式—目视行车模式。

②试验步骤:

以完全监控模式行车,设置武清进站信号机轨道电路故障,当列车通过武清站进站信号机后,人工转换到目视行车模式行车。

调试场景 39:由目视行车模式至完全监控模式转换

列车运行径路如图 4－2－54 红线所示。

①试验内容:

驾驶模式转换:目视行车模式—完全监控模式。

②试验步骤:

办理武清 XⅠ信号机下行正向一条以下一个停车标志牌为终点的进路,列车通过出站信号机后,

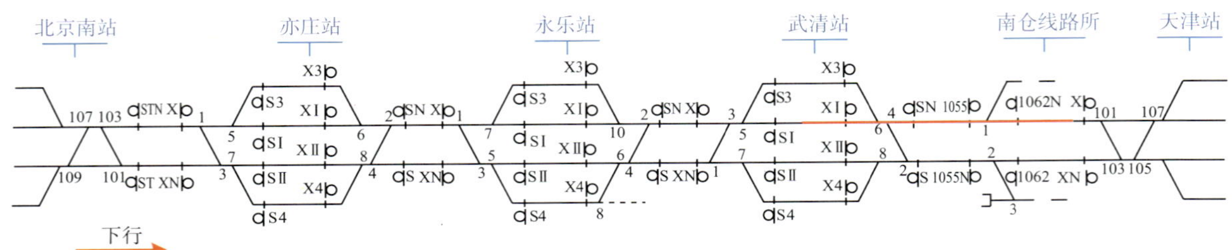

图 4－2－54　调试场景 39

切换到完全监控模式，以完全监控模式行车，在天津站折返。

调试场景 40：由完全监控模式至目视行车模式转换

列车运行径路如图 4－2－55 红线所示。

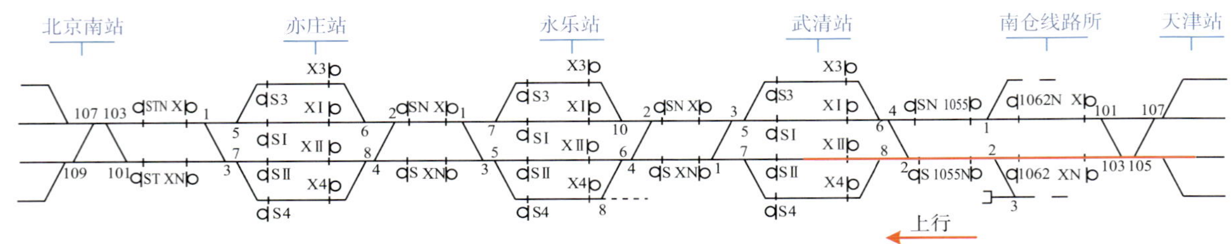

图 4－2－55　调试场景 40

①试验内容：

驾驶模式转换：完全监控模式—目视行车模式。

②试验步骤：

办理天津发车到武清ⅡG 接车进路，以完全监控模式行车，设置武清站进站信号机故障，列车行驶接近发生故障的进站信号机，停车。司机在列车停稳后将模式切换为目视行车模式，并驾驶列车行驶至出站信号机前。

调试场景 41：由目视行车模式至完全监控模式转换

列车运行径路如图 4－2－56 红线所示。

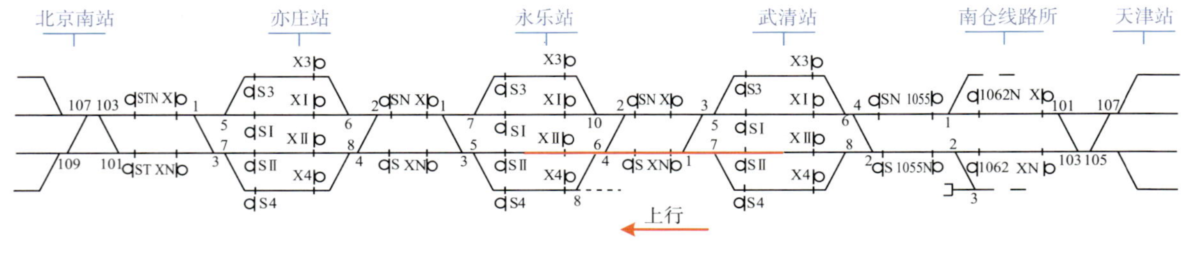

图 4－2－56　调试场景 41

①试验内容：

驾驶模式转换：目视行车模式—完全监控模式。

②试验步骤：

办理武清ⅡG 发车永乐ⅡG 接车进路，列车通过武清出站信号机时车载单元切换至全监控模式；以完全监控模式行车进入永乐站。

调试场景 42：由完全监控模式至待机模式转换

列车运行径路如图 4－2－57 红线所示。

①试验目的：

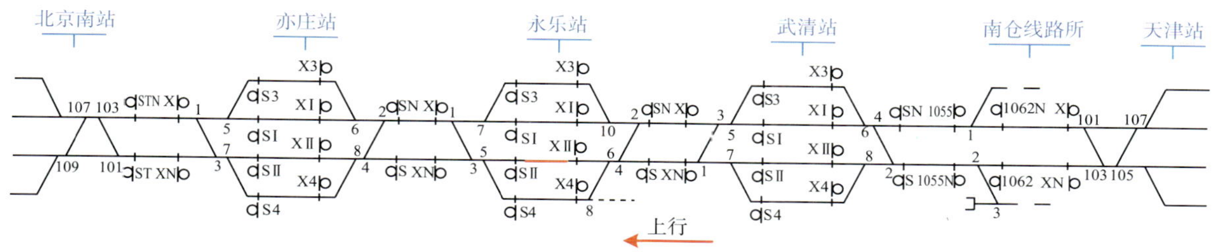

图 4 －2 －57　调试场景 42

测试应答器数据；测试模式转换。

②试验内容：

驾驶模式转换：完全监控模式—待机模式。

③试验步骤：

在永乐站 ⅡG，列车停车，司机关闭操作台，人工转换到待机模式。

调试场景 43：由待机模式至调车模式转换

列车运行径路如图 4 －2 －58 红线所示。

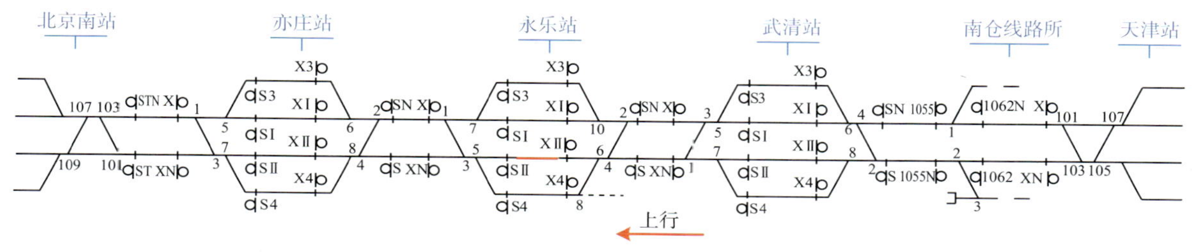

图 4 －2 －58　调试场景 43

①试验内容：

驾驶模式转换：待机模式—调车模式。

②试验步骤：

司机打开操作台；车载处于待机模式；司机选择运行模式并根据要求输入自己的运行识别号；司机输入司机身份和列车数据；选择调车模式；按压“开始”键开始列车运营调车模式。

调试场景 44：由目视行车模式至引导模式转换

列车运行径路如图 4 －2 －59 红线所示。

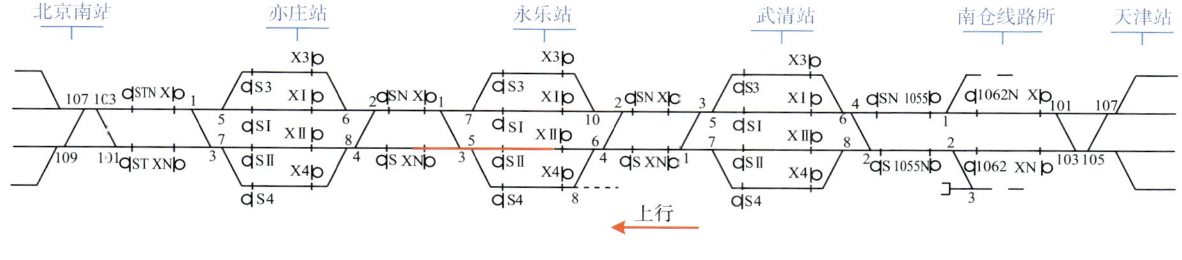

图 4 －2 －59　调试场景 44

①试验内容：

驾驶模式转换：目视行车模式—引导模式。

②试验步骤：

办理永乐站 ⅡG 上行正向发车进路；设置出站信号机后方的轨道电路故障，排列一条引导进路；

当列车以目视行车模式驶过出站信号机时，车载设备切换至引导模式。

调试场景 45：由引导模式至完全监控模式转换

列车运行径路如图 4－2－60 红线所示。

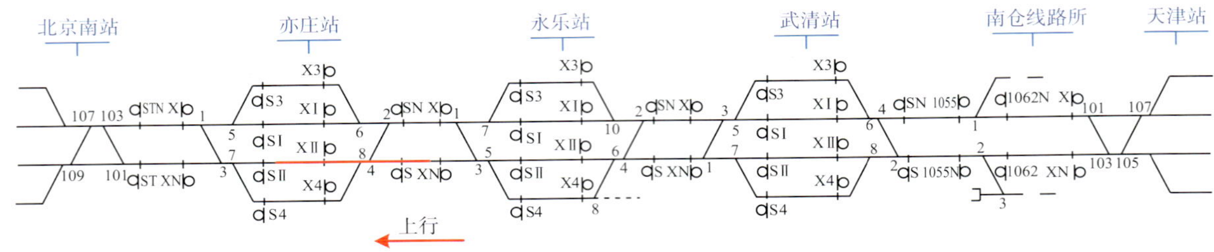

图 4－2－60　调试场景 45

①试验内容：

驾驶模式转换：引导模式—完全监控模式—目视行车模式。

②试验步骤：

列车驶过下一个停车标志牌，经过一个应答器组后，车载设备切换至全监控模式；设置亦庄站进站信号机后方的一段轨道电路故障，当列车通过进站信号机后，车载设备停车后切换至目视行车模式行车。

调试场景 46：由完全监控模式至目视行车模式转换

列车运行径路如图 4－2－61 红线所示。

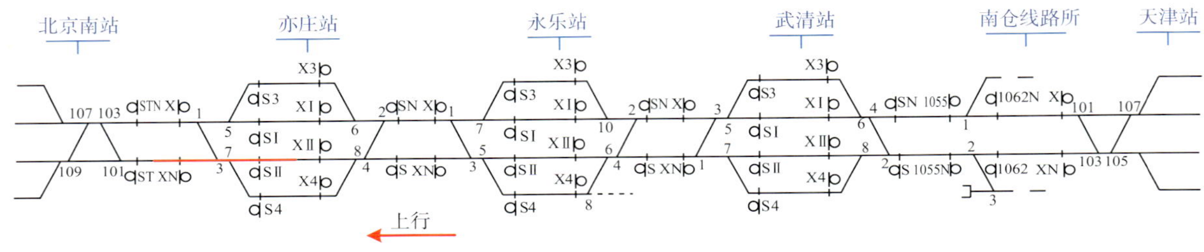

图 4－2－61　调试场景 46

①试验内容：

驾驶模式转换：完全监控模式—目视行车模式。

②试验步骤：

亦庄站ⅡG 上行正向运行；设置 SⅡ 出站信号机故障，当列车到该出站信号机时，停车后由司机切换至目视行车模式行车，列车走行一个闭塞分区后，转为完全监控模式，亦庄至北京南站间以完全监控模式行车。

调试场景 47：由完全监控模式至调车模式转换

列车运行径路如图 4－2－62 红线所示。

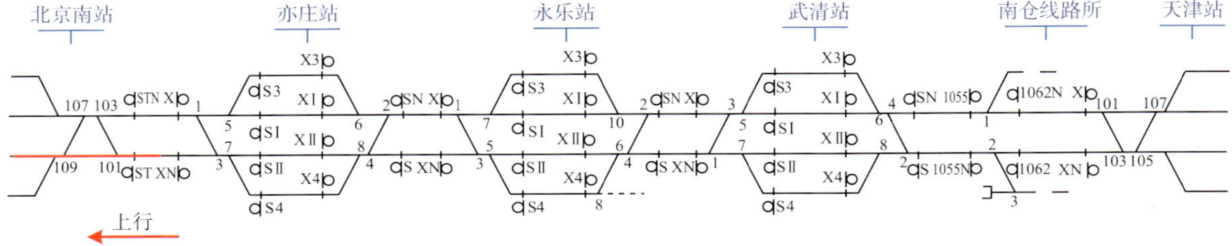

图 4－2－62　调试场景 47

①试验内容：

驾驶模式转换：完全监控模式—调车模式

②试验步骤：

北京南进站信号机设置为禁止进站，列车接近进站信号机，排列一条调车进路。当列车驶过进站信号机后，车载驾驶模式切换为调车模式。

调试场景 48：由完全监控模式至调车模式转换

列车运行径路如图 4－2－63 红线所示。

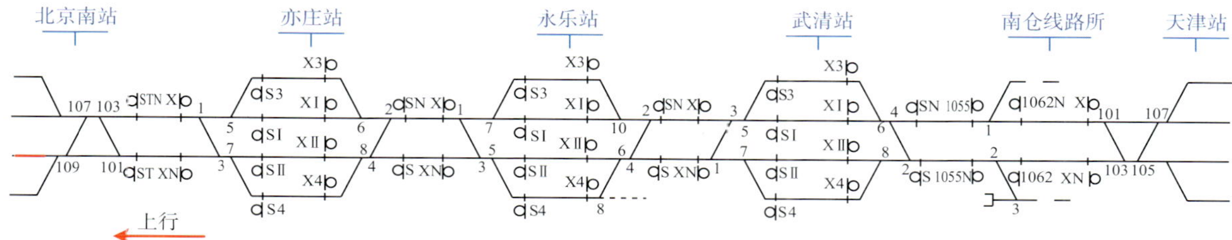

图 4－2－63　调试场景 48

①试验内容：

驾驶模式转换：完全监控模式—调车模式。

②试验步骤：

列车停车，司机关闭操作台，列控车载设备转换到带停车监控的待机模式，可用的运行授权以及车载的全部控制功能被终止，司机运营识别号、列车运营号和列车数据在下次使用前必须重新激活，国标值、地理位置、列车位置以及轨旁设备支持的级别次序表仍然有效。

调试场景 49：由目视行车模式至完全监控模式转换

列车运行径路如图 4－2－64 红线所示。

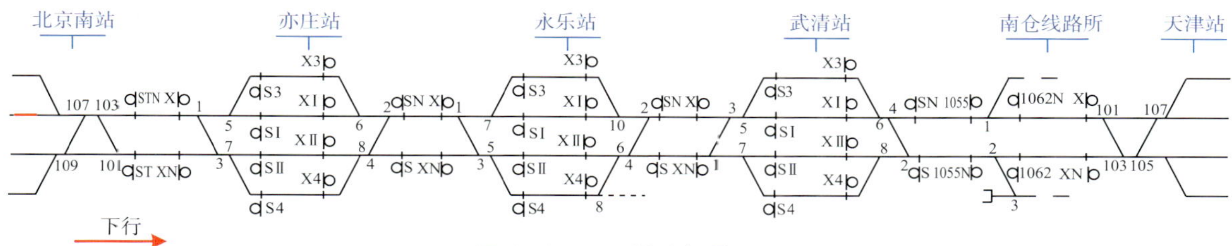

图 4－2－64　调试场景 49

①试验内容：

驾驶模式转换：待机模式—目视行车模式—完全监控模式。

②试验步骤：

司机打开操作台，给列控车载设备通电，车载设备处于待机状态，停车监督；司机选择目视运行模式后列控车载设备进入目视行车模式。

调试场景 50：由完全监控模式至目视行车模式转换

列车运行径路如图 4－2－65 红线所示。

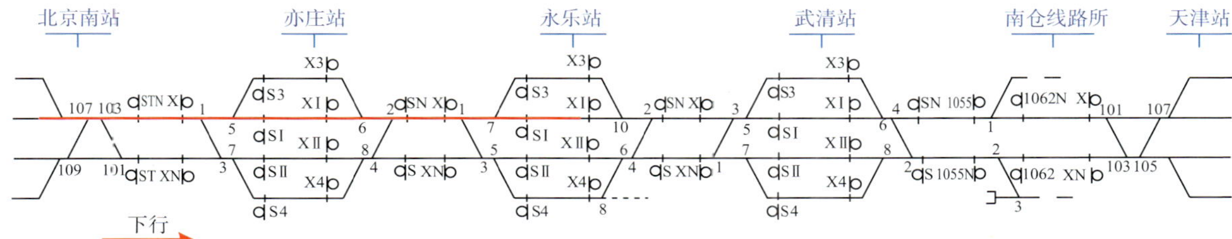

图 4－2－65　调试场景 50

①试验内容：

驾驶模式转换：目视行车模式—完全监控模式—目视行车模式—待机模式。

②试验步骤：

司机以目视行车模式行车，当列车越过应答器组后，列控车载自动转入完全监控模式。以完全监控模式行车，设置亦庄站进站信号机后方一段轨道电路故障，当列车通过进站信号机，进入亦庄站，列车停车，车载驾驶模式切换至目视行车模式行车。

列车在永乐站停车，司机关闭操作台，车载转换到带停车监控的待机模式，可用的运行授权以及车载的全部控制功能被终止，司机运营识别号、列车运营号和列车数据在下次使用前必须重新激活，国标值、地理位置、列车位置以及轨旁设备支持的级别次序表仍然有效。

调试场景 51：完全监控模式至引导模式模式转换

列车运行径路如图 4－2－66 红线所示。

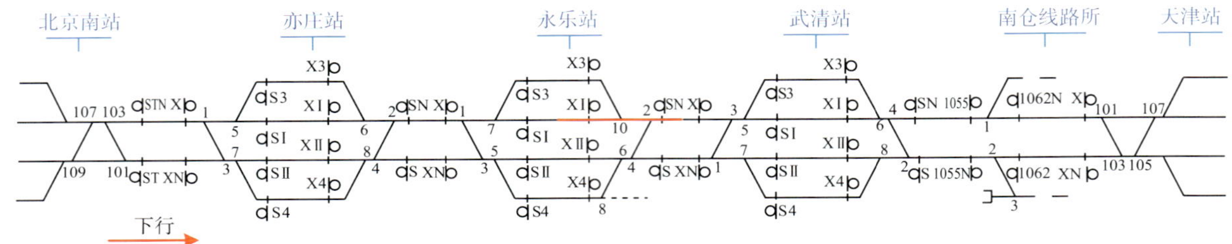

图 4－2－66　调试场景 51

①试验内容：

驾驶模式转换：完全监控模式—引导模式。

②试验步骤：

办理一条永乐站ⅠG 下行发车进路，从 XⅠ出站信号机发车出站，设置 XⅠ信号机后方一段轨道电路故障，办理一条引导发车进路，起动列车，当列车通过 XⅠ出站信号机后，车载驾驶模式切换至引导模式。

调试场景 52：由引导模式至待机模式转换

列车运行径路如图 4－2－67 红线所示。

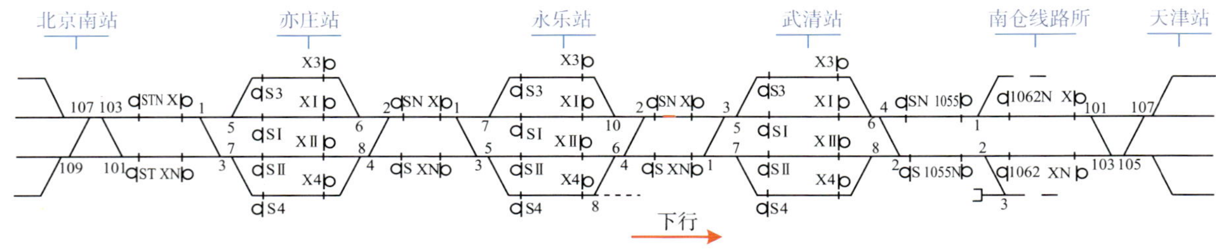

图 4－2－67　调试场景 52

①试验内容：

驾驶模式转换：引导模式—待机模式。

②试验步骤：

列车在出清永乐站后停车，司机关闭操作台，人工转换到待机模式，可用的运行授权以及车载的全部控制功能被终止，司机运营识别号、列车运营号和列车数据在下次使用前必须重新激活，国标值、地理位置、列车位置以及轨旁设备支持的级别次序表仍然有效。

调试场景 53：由完全监控模式至目视行车模式转换

列车运行径路如图 4－2－68 红线所示。

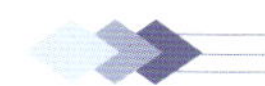

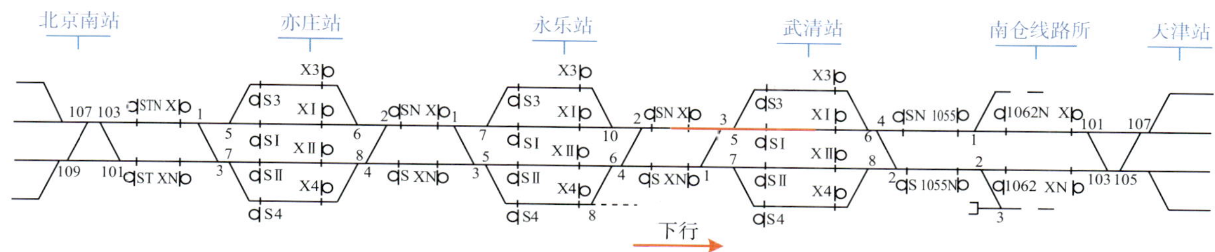

图 4－2－68　调试场景 53

①试验内容：

驾驶模式转换：待机模式—目视行车模式—完全监控模式—目视行车模式。

②试验步骤：

司机打开操作台，车载处于待机模式，在目视行车模式下按压“开始”键车载设备进入目视行车模式，司机以目视行车模式行车，当列车越过应答器组后，列控车载设备自动转入完全监控模式。以完全监控模式行车，设置武清站进站信号机后方一段轨道电路故障，当列车通过进站信号机，进入亦庄站，列车停车，车载驾驶模式切换至目视行车模式行车。

调试场景 54：由完全监控模式至目视行车模式转换

列车运行径路如图 4－2－69 红线所示。

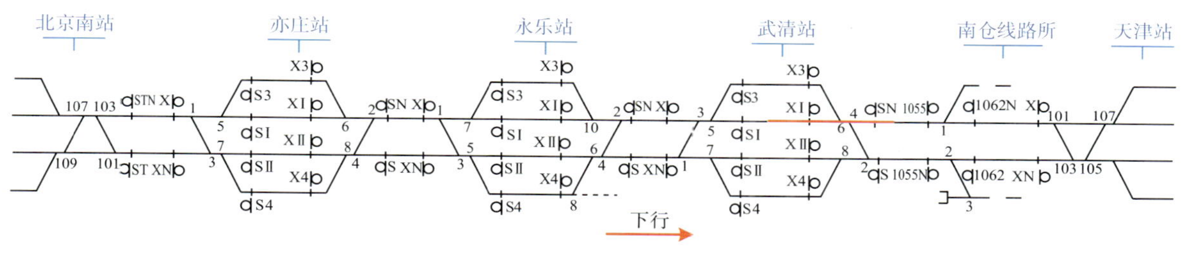

图 4－2－69　调试场景 54

①试验内容：

驾驶模式转换：完全监控模式—目视行车模式—待机模式。

②试验步骤：

司机以完全监控模式从武清ⅠG 下行出站，关闭出站信号机，当列车通过出站信号机后，列车停车，车载驾驶模式切换至目视行车模式。行车任务结束，司机关闭操作台，车载转换到带停车监控的待机模式。

调试场景 35～54 测试总结：分别测试列控车载设备各种驾驶模式的转换功能。驾驶模式转换功能测试结果正确。

五、调试场景 55～62

（1）调试目的：检验列车各种正反向运行和安全停车功能。

（2）调试方法：设置不同场景，列车经过中间车站后改变运行方向，分别测试应答器数据和检查停车准确性。

（3）调试内容：试验列车正反运行时在不同进路条件测试应答器数据和检查停车准确性。

（4）调试要求：司机应根据车载 DMI 显示的允许速度驾驶列车运行，不得超速。当信号机变成允许行车信号，列车将以规定的开口速度越过应答器组，系统进入完全监控模式后，DMI 显示当前速度，允许速度，目标速度和目标距离等驾驶信息。接近停车信号机时，按完全监控模式下车载信号的显示控制列车在停止点处停车。

调试场景 55：北京南至天津多次改变运行方向运行

运行区间：北京南—亦庄—永乐—武清—天津，列车运行径路如图 4 －2 －70 红线所示。

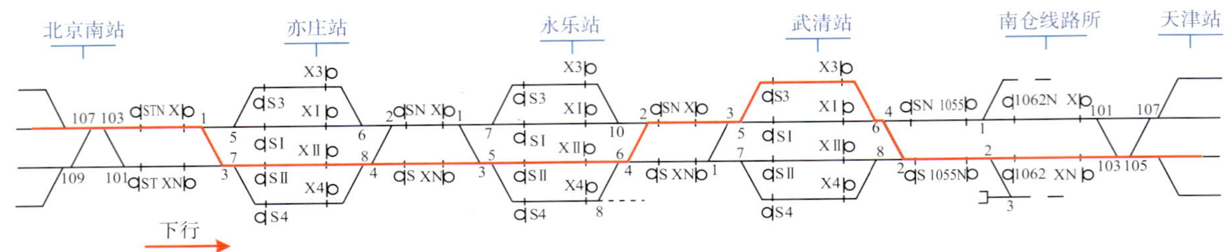

图 4 －2 －70　调试场景 55

试验步骤：

办理一条从北京南站到亦庄站ⅡG 下行通过进路，司机驾驶列车根据进路在北京南和亦庄间下行正向运行，列车不停车通过区间；亦庄站办理ⅡG 下行反向发车，永乐站ⅡG 反向接车进路，列车不停车通过亦庄站ⅡG，在亦庄和永乐间反方向运行，该区段试验方向变换及弯进直出反方向运行。

办理永乐站ⅡG 下行正向发车进路，武清站侧线 3G 正向通过进路，列车不停车通过永乐站ⅡG，在永乐至武清间正方向运行，并不停车通过武清站侧线 3G，该区段试验方向变换及侧线通过。

办理武清 3G 下行反方向发车进路，天津站反方向接车进路，列车在武清至天津间反方向运行，天津反方向接车，检查停车准确性。

调试场景 56：天津至北京南多次改变运行方向运行

运行区间：天津—武清—永乐—亦庄—北京南，列车运行径路如图 4 －2 －71 红线所示。

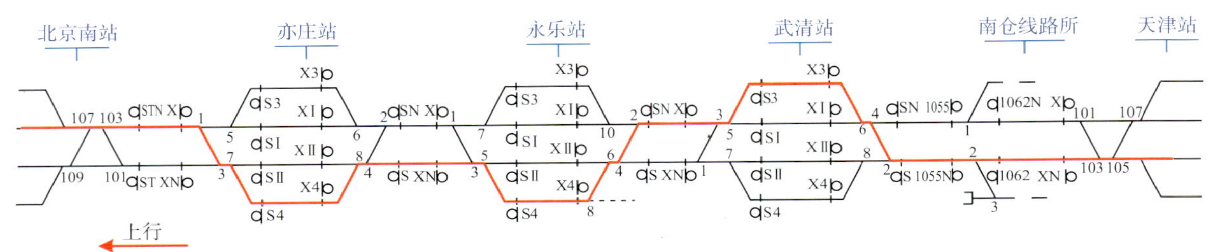

图 4 －2 －71　调试场景 56

试验步骤同调试场景 55。

调试场景 57：北京南至天津多次改变运行方向运行

运行区间：北京南—亦庄—永乐—武清—天津，列车运行径路如图 4 －2 －72 红线所示。

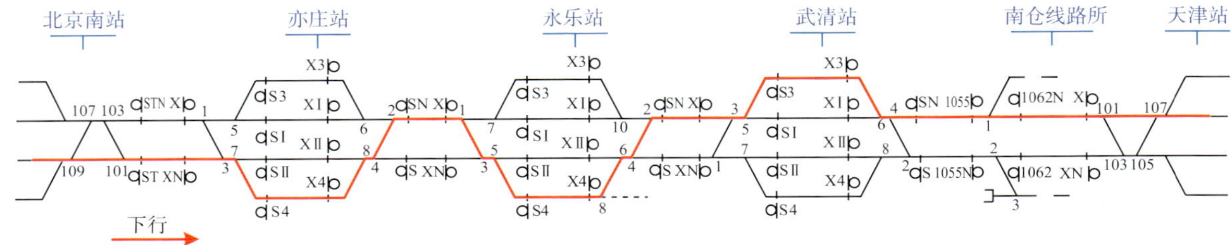

图 4 －2 －72　调试场景 57

试验步骤同调试场景 55。

调试场景 58：天津至北京南多次改变运行方向运行

运行区间：天津—武清—永乐—亦庄—北京南，列车运行径路如图 4－2－73 红线所示。

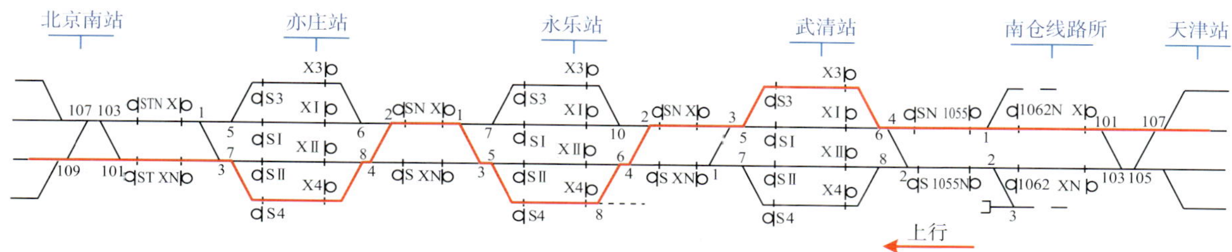

图 4－2－73　调试场景 58

试验步骤同调试场景 55。

调试场景 59：北京南至天津多次改变运行方向运行

运行区间：北京南—亦庄—永乐—武清—天津，列车运行径路如图 4－2－74 红线所示。

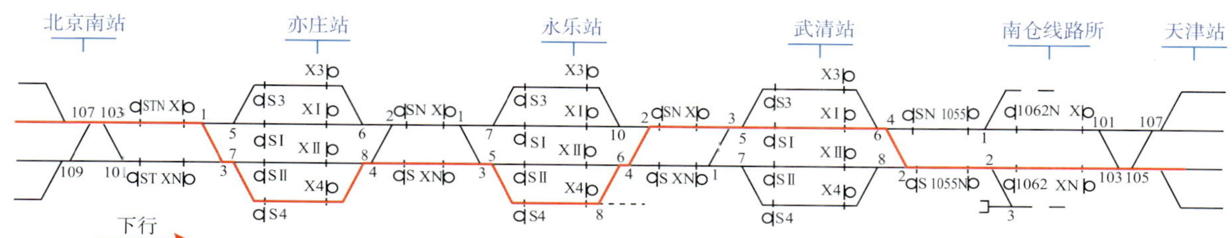

图 4－2－74　调试场景 59

试验步骤同调试场景 55。

调试场景 60：天津至北京南多次改变运行方向运行

运行区间：天津—武清—永乐—亦庄—北京南，列车运行径路如图 4－2－75 红线所示。

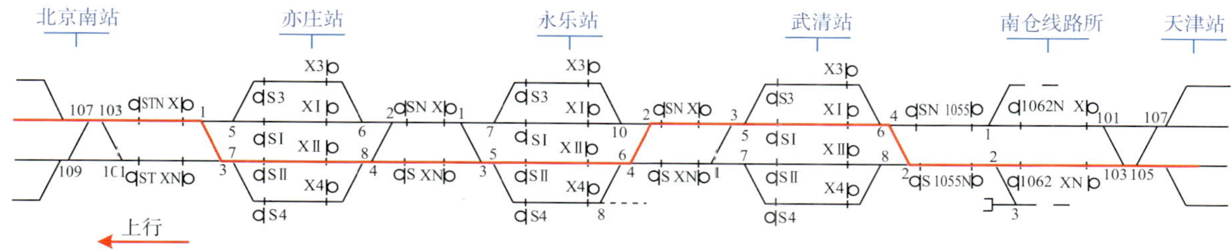

图 4－2－75　调试场景 60

试验步骤同调试场景 55。

调试场景 61：北京南至天津多次改变运行方向运行

运行区间：北京南—亦庄—永乐—武清—天津，列车运行径路如图 4－2－76 红线所示。

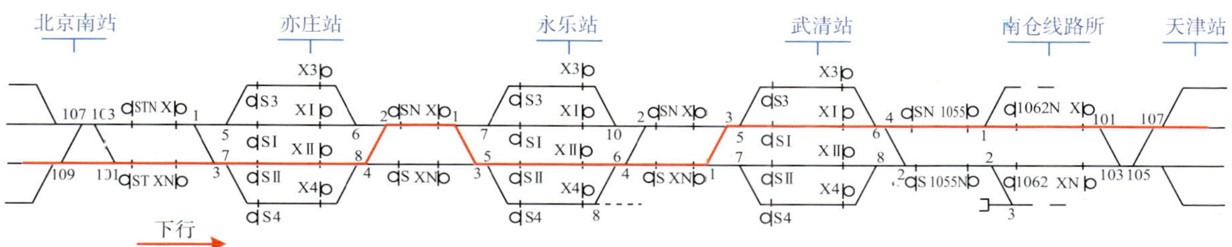

图 4－2－76　调试场景 61

试验步骤同调试场景 55。

调试场景 62：天津至北京南多次改变运行方向运行

运行区间：天津—武清—永乐—亦庄—北京南，列车运行径路如图 4 - 2 - 77 红线所示。

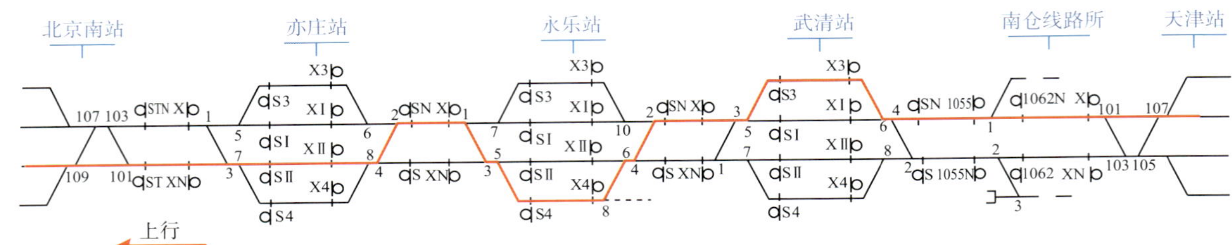

图 4 - 2 - 77 调试场景 62

试验步骤同调试场景 55。

调试场景 55 ~ 62 测试总结：北京南至天津间多次改变运行方向场景下，分别检查测试应答器数据和检查停车准确性。

六、试调场景 65 ~ 72

(1)调试目的：测试列车全速运行情况下，检验列车自动过分相和冒进超速防护等功能。

(2)调试方法：办理各种正反方向接发车进路，列车以允许速度全速运行，并测试观察公里标显示和站名显示、线路相关资料等显示，进行自动过分相功能测试，进行超速防护和列车冒进试验。

(3)调试内容：地面自动排列进路，列车全速运行，观察公里标和站名显示，试验列车自动过分相。

(4)调试要求：ARS 设置列车从北京到天津的进路；列车根据 DMI 显示允许速度全速行驶。

调试场景 65：列车以允许速度运行，自动过分相

运行区间：北京南—亦庄—永乐—武清—天津，列车运行径路如图 4 - 2 - 78 红线所示。

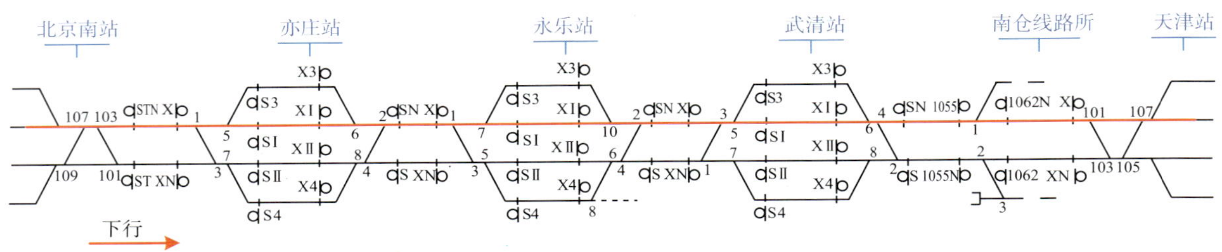

图 4 - 2 - 78 调试场景 65

试验步骤：

列车从北京南站以目视行车模式发车，越过应答器组接收到有效应答器信息后，转为完全监控模式，DMI 显示允许速度、目标速度、目标距离等。

北京南—亦庄区间正向全速运行，当列车通过接近分相区的应答器组后，接收到列控信息包 68，列控车载设备根据获得的分相区位置和列车当前速度，在接近分相区前 10 s DMI 给出图标提示前方过分相区；在列车接近分相区前 3 s 列控车载输出切主断路器信息，在列车越过分相区后，列控车载设备输出恢复主断路器信息。

列车运行过程中，注意观察 DMI 上站名显示和公里标显示；注意观察允许速度、目标速度、目标距离等变化；注意观察线路信息显示和自动过分相信息显示。

列车到达天津站，根据列控车载限速在车站停车，观察停车位置准确性。

调试场景 66：列车以允许速度运行，自动过分相

运行区间：天津—武清—永乐—亦庄—北京，列车运行径路如图 4 - 2 - 79 红线所示。

根据该场景进路进行反方向运行试验，试验步骤同调试场景 65。

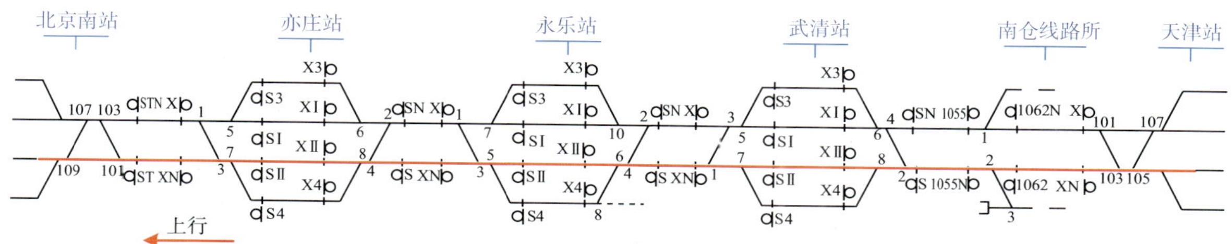

图 4－2－79　调试场景 66

调试场景 67：列车反方向以允许速度运行，自动过分相

运行区间：北京南—亦庄—永乐—武清—天津，列车运行径路如图 4－2－80 红线所示。

根据该场景进路进行反方向运行试验，试验步骤同调试场景 65。

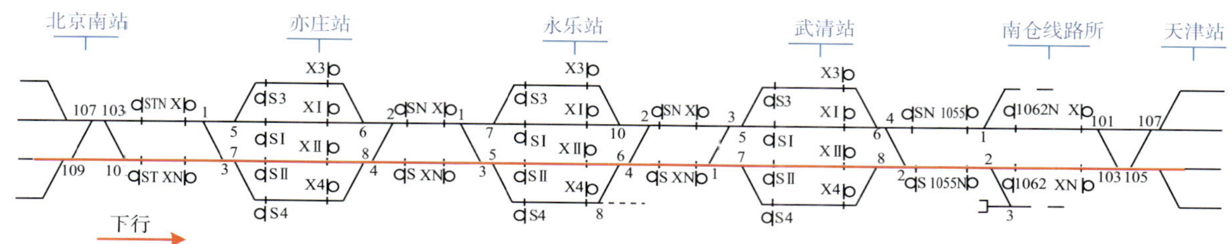

图 4－2－80　调试场景 67

调试场景 68：列车反方向以允许速度运行，自动过分相

运行区间：天津—武清—永乐—亦庄—北京，列车运行径路如图 4－2－81 红线所示。

根据该场景进路进行反方向运行试验，试验步骤同调试场景 66。

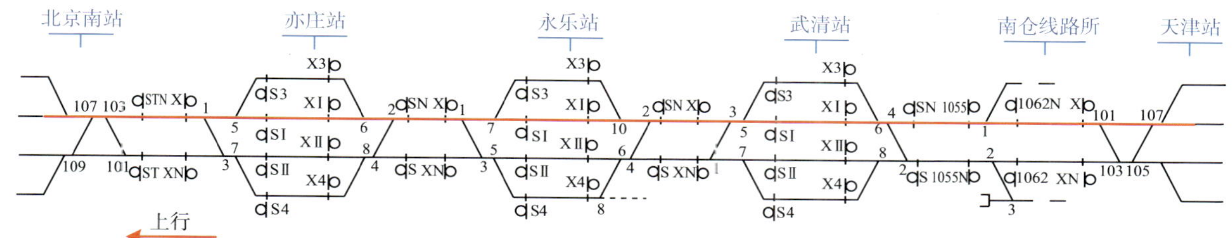

图 4－2－81　调试场景 68

调试场景 69：列车以允许速度运行，超速防护试验

运行区间：北京南—亦庄—永乐—武清—天津，列车运行径路如图 4－2－82 红线所示。

根据该场景进路进行试验，试验步骤同调试场景 65。其中增加在永乐站进站前试验列车冒进防护，由列控车载设备输出常用制动以及紧急制动。

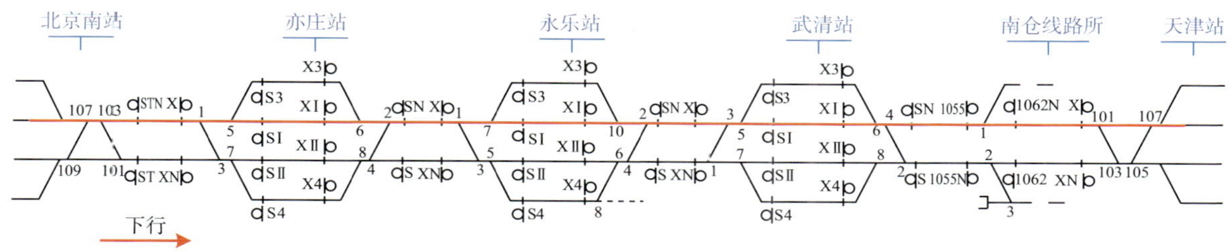

图 4－2－82　调试场景 69

调试场景 70：列车以允许速度运行，超速防护试验

运行区间：天津—武清—永乐—亦庄—北京，列车运行径路如图 4－2－83 红线所示。

根据该场景进路进行试验，试验步骤同调试场景 66。其中增加在永乐站进站前试验列车冒进防护，由列控车载设备输出常用制动以及紧急制动。

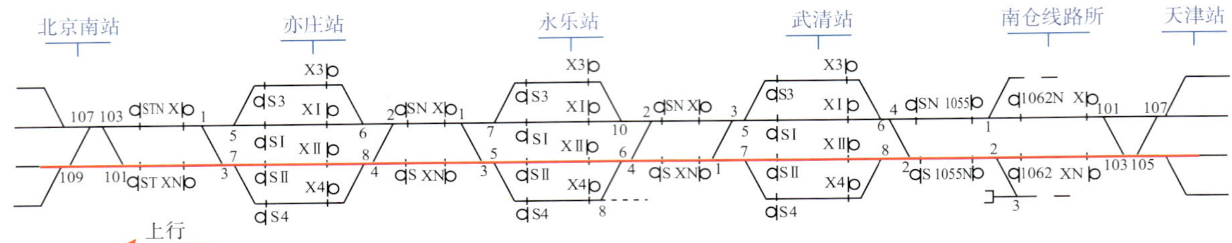

图 4－2－83　调试场景 70

调试场景 71：列车反方向以允许速度运行，超速防护试验

运行区间：北京南—亦庄—永乐—武清—天津，列车运行径路如图 4－2－84 红线所示。

根据该场景进路进行试验，试验步骤同调试场景 69。

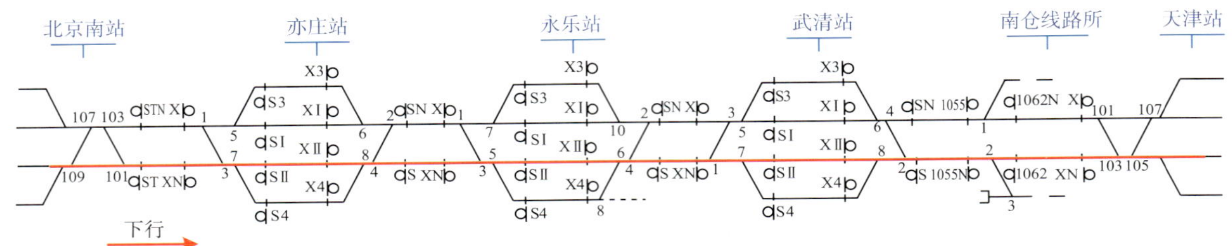

图 4－2－84　调试场景 71

调试场景 72：列车反方向以允许速度运行，超速防护试验

运行区间：天津—武清—永乐—亦庄—北京，列车运行径路如图 4－2－85 红线所示。

根据该场景进路进行试验，试验步骤同调试场景 70。

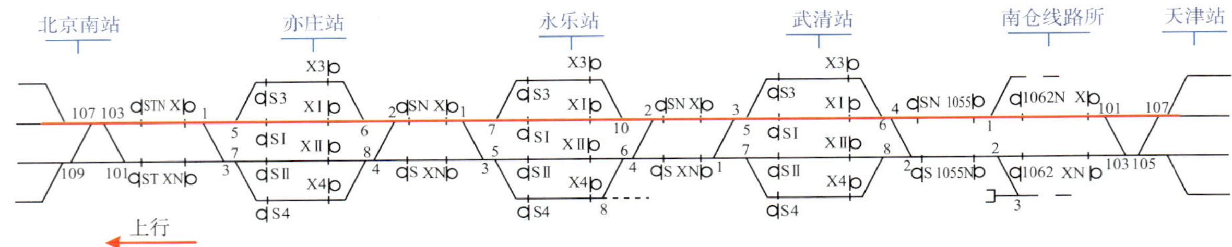

图 4－2－85　调试场景 72

调试场景 65～72 测试总结：分别办理各种正反方向接发车进路，列车以允许速度全速运行，并测试观察公里标显示和站名显示；线路相关资料等显示；进行自动过分相功能测试；进行超速防护和列车冒进试验。

第四节　专 项 测 试

一、ZPW－2000A 轨道电路对无砟轨道的适用性专项测试

1. 测试目的

验证 ZPW－2000A 轨道电路与 CRTS Ⅱ 型板式无砟轨道的适应性、轨道电路的传输性能以及抗干扰特性。

2. 测试内容

(1) 轨道电路最大设计长度的传输性能测试；

(2)多分支并联道岔区段轨道电路传输性能测试;

(3)站内轨道区段邻线干扰性能测试。

3. 测试方法

(1)轨道电路性能测试方法

在自然道床和人工道床两种状态下,分别进行轨道电路各种工作状态传输性能调试。

①调整状态测试

在人工道床条件下,对轨道电路各部分的电压和电流进行测试,与计算结果进行对比,检查是否在允许的误差范围内。

②分路状态测试

在自然道床条件下,使用标准分路电阻在轨道区段内各处进行分路,测试接收设备的分路残压,检查满足分路要求。

③机车信号状态测试

在人工道床条件下,使用标准分路电阻在轨道区段内各处进行分路,利用机车信号车载设备接收感应器在分路器前方测试其感应电压值,检验是否满足机车信号接收器感应电压的要求。

(2)邻线干扰调试方法

在现场使用人工分路器和机车信号车载设备接收感应器进行测试。

在主串轨道电路内,使用零欧姆短路线,在不同的地点对轨道电路进行分路。

在被串轨道电路内,分别使用标准分路线,模拟列车由远及近向主串轨道电路的发送端方向移动,在不同地点对轨道电路进行分路。将机车信号车载设备接收感应器放置在短路线前方,测试其在不同分路地点的感应电压值。

根据测试数据结果和机车信号接收灵敏度判断邻线干扰情况。

测试电路示意图如图 4-2-86 所示。

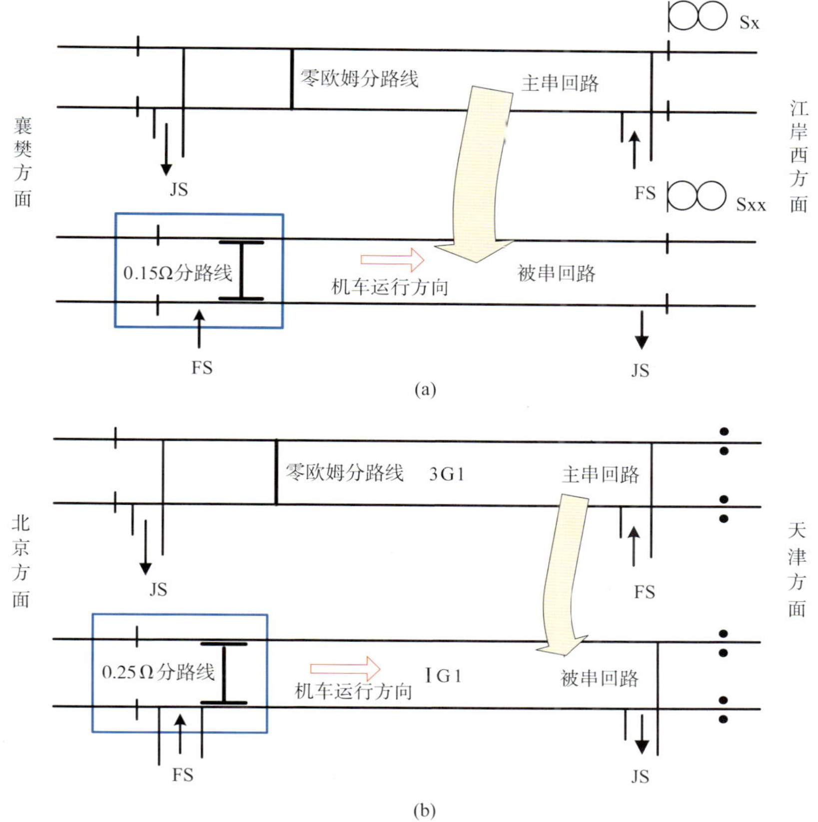

图 4-2-86　亦庄站邻线干扰测试电路示意图

4. 仪器仪表

测试用仪器仪表见表 4－2－12。

表 4－2－12　仪器仪表

序　号	仪表名称	数　量
1	CD96－3S 选频表	4
2	数字万用表	3
3	电流钳	2
4	轨道电路标准分路器	2
5	模拟人工道床电阻	30
6	模拟机车信号接收器	1

5. 测试结论

（1）京津城际铁路在无砟轨道结构条件下，在最不利条件下测试区间轨道电路，满足调整、分路、机车信号三种工作状态技术要求。

（2）站内轨道电路采用并联线方式，在自然道床条件下满足调整、分路、机车信号三种工作状态技术要求，并联线断一根不影响轨道电路正常工作。

（3）站内 ZPW－2000A 轨道电路，通过有效降低发送功率的方式解决邻线干扰问题，测得的邻线干扰量最大为 26 mV，低于机车信号接收灵敏度 100 mV 要求。

二、CTCS－2 级列控系统码序动态调试

1. 测试目的

进一步确认京津城际铁路的 CTCS－2 级列控中心控制轨道区段的载频、低频信息与动车组的列控车载设备在该轨道区段接收信息的一致性。

2. 测试方法

在京津城际铁路动态调试场景下，分析监测维护系统的地面记录数据和动车车载设备的记录数据，并且进行一一对应检查，以核对车、地数据的一致性。

3. 测试结论

根据对地面和车载设备的记录数据进行分析，可以得出结论：

（1）TCC 所控制的轨道区段的载频、低频信息正确；

（2）地面设备发码与动车在该轨道区段接收信息一致。

三、南仓线路所既有线 200～250 km/h 动车组上下线测试

1. 测试目的

动车组经京津城际南仓线路所处下线至京沪线运行、京沪线动车组上线运行，测试列控系统级间转换和临时限速控制。

2. 测试内容

（1）级间转换功能测试；

（2）临时限速功能测试。

3. 测试方法

（1）级间转换功能测试

JJK107 处动车组上下线级间转换应答器设置如图 4－2－87 所示。

级间转换功能测试分为静态测试和动态测试两个阶段。

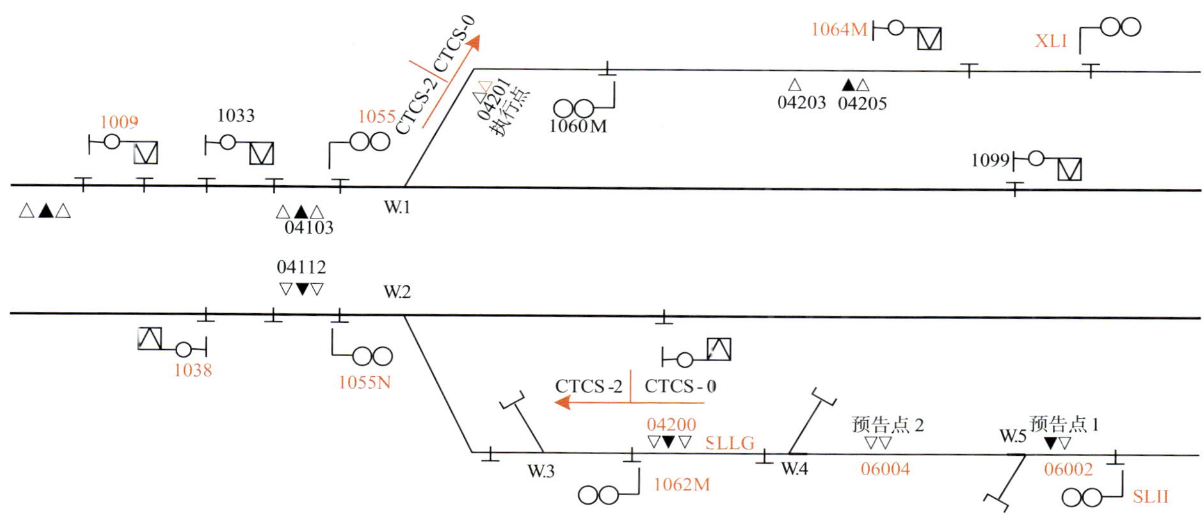

图 4-2-87 JJK107 处动车组上下线间转换应答器设置示意图

静态测试：排列经 JJK107 处上、下线列车进路，查看接口继电器吸起或落下状态，通过读写工具读取报文，比较报文与设计报文的一致性；

动态测试：利用动车组运行验证 CTCS-0 与 CTCS-2 级列控系统之间的级间转换功能。

（2）临时限速功能测试

①通过 CTC 子系统设置下线临时限速，排列下线进路，利用应答器读写工具读取报文，比较报文与设计报文的一致性。

②上线临时限速共分为三个区，如图 4-2-88 所示。

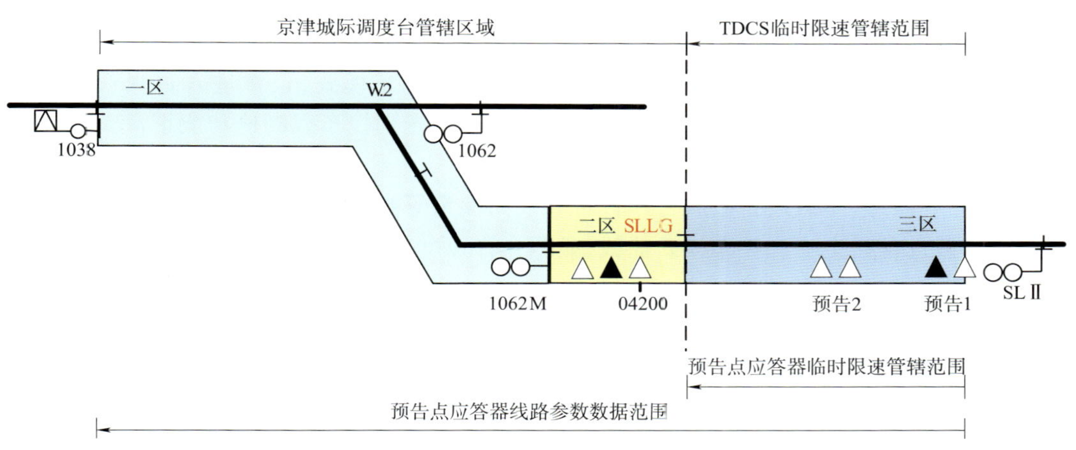

图 4-2-88 上线临时限速

通过京津城际铁路 CTC 调度台设置的一区和二区 45 km/h 临时限速，按表 4-2-13 检查继电器状态。

表 4-2-13 继电器状态与临时限速

继电器状态		1062M 至 1038 点限速	SLLG 限速
1062M GST2	SLLG TSR		
—	吸起		无限速
—	落下		限速 45 km/h
落下	—	限速 45 km/h	—
吸起	—	无限速	—

通过南仓站 TDCS 设置三区临时限速，利用应答器报文读写工具按表 4－2－14 检查应答器报文。

表 4－2－14　三区临时限速与应答器报文

序号	一区限速	二区限速	三区限速	报文内容
1	无限速	无限速	无限速	三区无限速，一区二区 SSP＝160
2	有限速	无限速	无限速	三区无限速，二区 SSP＝160，一区 SSP＝45
3	无限速	有限速	无限速	三区无限速，一区 SSP＝160，二区 SSP＝45
4	无限速	无限速	有限速	三区临时限速循环，一区二区 SSP＝160
5	有限速	有限速	无限速	三区无限速报文，一区二区 SSP＝45
6	无限速	有限速	有限速	三区临时限速循环，一区 SSP＝160，二区 SSP＝45
7	有限速	无限速	有限速	三区临时限速循环，二区 SSP＝160，一区 SSP＝45
8	有限速	有限速	有限速	三区临时限速循环，一区二区 SSP＝45

四、环行道 CTCS－3 D 列控系统功能调试

1. 试验意义

京津城际铁路采用 CTCS－3D 列控系统，在现场具备试验条件前，在环形道建设京津的试验环境，验证列控车载设备基本功能及主要技术条件，为京津城际铁路按期开通 CTCS－3D 列控系统提供重要的技术支持。

2. 试验目的

（1）调试 CTCS－3D 列控系统车载设备和 CRH_2、CRH_3 型的接口。

（2）验证列控车载设备的基本功能。

3. CRH_2 型和 CRH_3 型动车组环行道试验

（1）动车试验

列控车载设备通电，驾驶员输入相关数据后，选择目视行车模式，正常进入目视行车模式后，动车，观察 DMI 有正常速度显示，提速，观察 DMI 速度变化，检查列控车载测速功能正常。

（2）驾驶模式转为完全监控模式

列车通过应答器组，车载设备接收行车许可和线路参数等数据，自动由目视行车模式进入完全监控模式，列控车载设备产生一次控车模式曲线，显示允许速度、目标速度、目标距离等信息。

（3）正常行车试验

模拟办理列车正线接发车、侧线接发车等正常行车试验，验证列控车载设备正常接发车功能，检查停车精确性。

（4）超速报警及超速防护功能试验

在完全监控模式下试验列车超速报警和超速防护功能。

五、CTCS－3D 车载设备和动车组电磁兼容调试和测试

在信号系统动态调试过程中，曾出现 CRH_2－300 型动车组上配备的列控车载设备运行故障或速度传感器损坏等现象。具体测试步骤如下：

（1）分析 CRH_2－300 型动车组接地和电磁兼容环境。该动车组为 2 拖 6 动方式，动车通过0.5 Ω 接地体接地，拖车没有接地装置。第 2 至第 7 车厢车体之间采用电缆连接，同时整列车提供辅助电源负线，并在每个车厢内分别接地。

CTCS－3D 车载设备速度传感器的电缆布线和接线方案如图 4－2－89 所示，速度传感器安装在转向架上，并与其等电位连接。

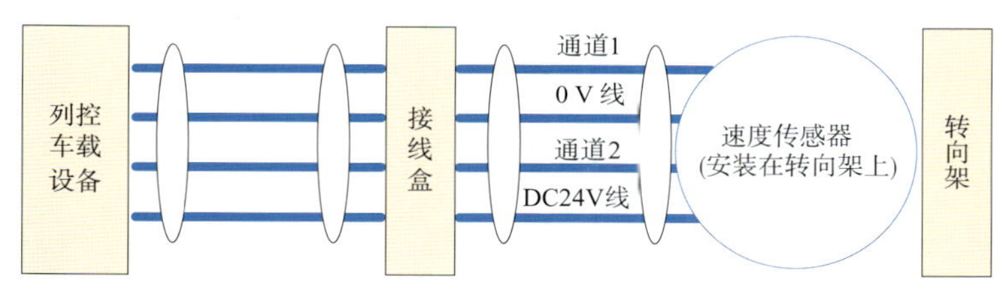

图 4－2－89　CTCS－3D 车载设备速度传感器的电缆布线和接线

(2)配备示波器和仪器仪表对上述通道 1、通道 2、0 V 和 24 V 部位进行测量,发现当动车组受电弓升弓、降弓和过分相区时,动车组的车体与钢轨间的瞬间干扰电压最大峰值为 1 650 V,单峰持续时间为 100 μs,这是造成速度传感器损坏或干扰列控车载设备运行的直接原因。

(3)寻找电磁兼容解决方案,因 CRH_2－300 型动车组的车体与转向架之间有 0.5 Ω 电阻,所以两者的电位是不同的,所以在动车组受电弓升弓、降弓和过分相区时,车体和转向架间将产生最大峰值为 1 650 V,单峰持续时间为 100 μs 的干扰,此时与转向架连接的速度传感器将受到较大的电流冲击,致使损坏。

将速度传感器通过塑料绝缘板固定在转向架上,使速度传感器与转向架绝缘,同时速度传感器外壳与车体之间使用 70 mm^2 的铜制网格接地线连接,使速度传感器和车体连接并接地。如图 4－2－90 所示。

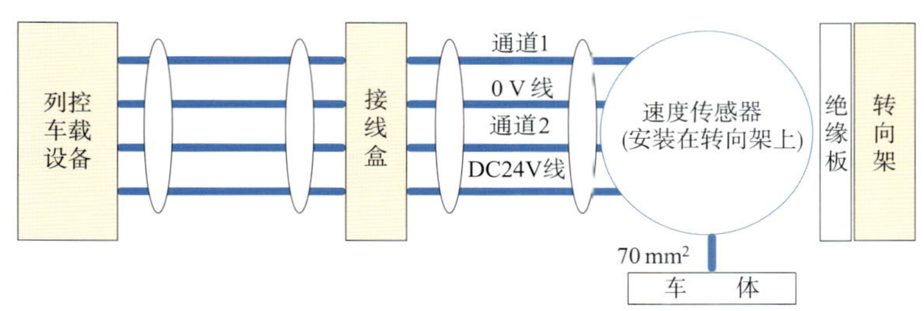

图 4－2－90　CTCS－3D 车载设备速度传感器的接线

(4)配备示波器和仪器仪表对上述通道 1、通道 2、0 V 和 24 V 部位进行测量,发现当动车组受电弓升弓、降弓和过分相区时,动车组的车体与钢轨间的瞬间干扰电压大幅下降,此时速度传感器和列控车载单元运行恢复正常。

此外,在调试中还需要全面关注 CRH_2 型、CRH_3 型动车组提供给 CTCS－3D 车载设备的电磁兼容环境,注意以下关键点:

(1)动车组的电磁兼容环境受接地体系和接地方案影响,需要采用不同的调试方案。

(2)不恰当的车体布缆方案,如与动力(变频空调)电缆平行布缆,将对列控车载设备运行造成较大影响,严重时直接影响列控车载设备运行。

(3)电缆的屏蔽线需要根据电缆两端电位情况,实现单点接地或两端接地。如果电缆两端的电位相同,则两端都需要屏蔽接地;如果电缆的两端电位不同,则列控车载端的电缆需屏蔽线单点接地。当电磁兼容环境对 CTCS－3D 车载设备产生不良影响时,可考虑采用电气隔离措施将不同电位的两端隔开,以保证 CTCS－3D 车载设备正常运行。

六、电缆测试

1. 测试目的

在京津城际铁路中,部分数字信号电缆负担着 SIMIS W 联锁系统和 MSTT 间 ISDN 的通信传输,一旦电缆性能降低,就会造成 SIMIS W 联锁系统和 MSTT 间 ISDN 通信不稳定,甚至影响信号正常开放。

电缆专项测试是为了测试 ISDN 电缆的技术指标，确认满足 MSTT 数据传输的要求。

2. 测试内容

(1)空闲噪声；

(2)回波损耗；

(3)线路总衰减；

(4)长度平衡；

(5)近端串音；

(6)远端串音。

3. 测试用仪表

英国理想公司：ALT2000　数字电缆测试仪，2 台。

4. 测试方法

选用 ISDN 线路类型测试，40 kHz 标准测试频率。

测试配置框图见图 4－2－91。测试记录表格见表 4－2－15。

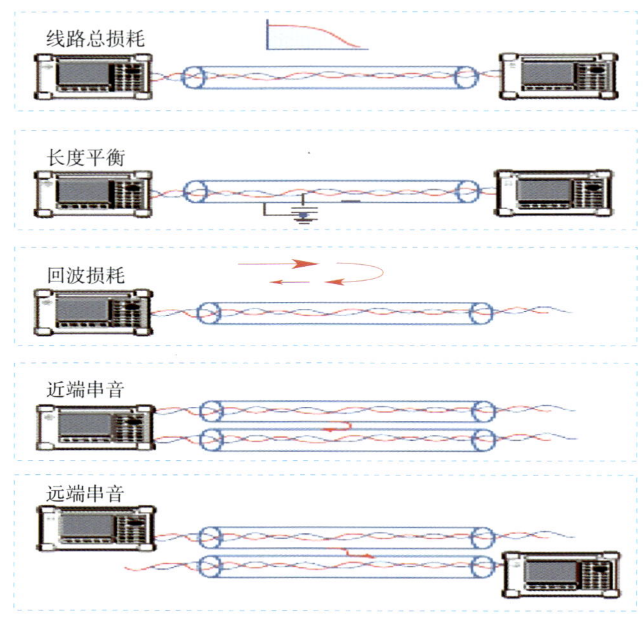

图 4－2－91　电缆测试配置框图

表 4－2－15　数字信号电缆测试记录表格

检测仪表：ALT2000 等			温度/湿度		30
检测电缆型号	AJ－2Y(L)2YLB2Y	区段(mstt)名称	0604		
序号	检测仪表	检测项目	标准要求	检测结果	结论
1	ALT2000 ISDN 线路类型性能测试(40 kHz 发送频率、150 Ω 阻抗)	空闲噪声(Noise)	<－45 dBm		
2		回波损耗(Return loss)	<－14 dB		
3		线路总衰减(Insertion loss)	<29 dB		
4		长度平衡(longitudinal balance)	<－40 dB		
5		近端串音(Near end crosstalk)	<－65 dB		
6		远端串音(Far end crosstalk)	<－65 dB		

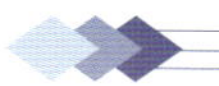

第五节 信号系统总体调试流程

如图4－2－92所示，信号系统总体调试分为以下阶段子系统仿真调试、子系统静态调试、信号系统静态调试和动态调试。

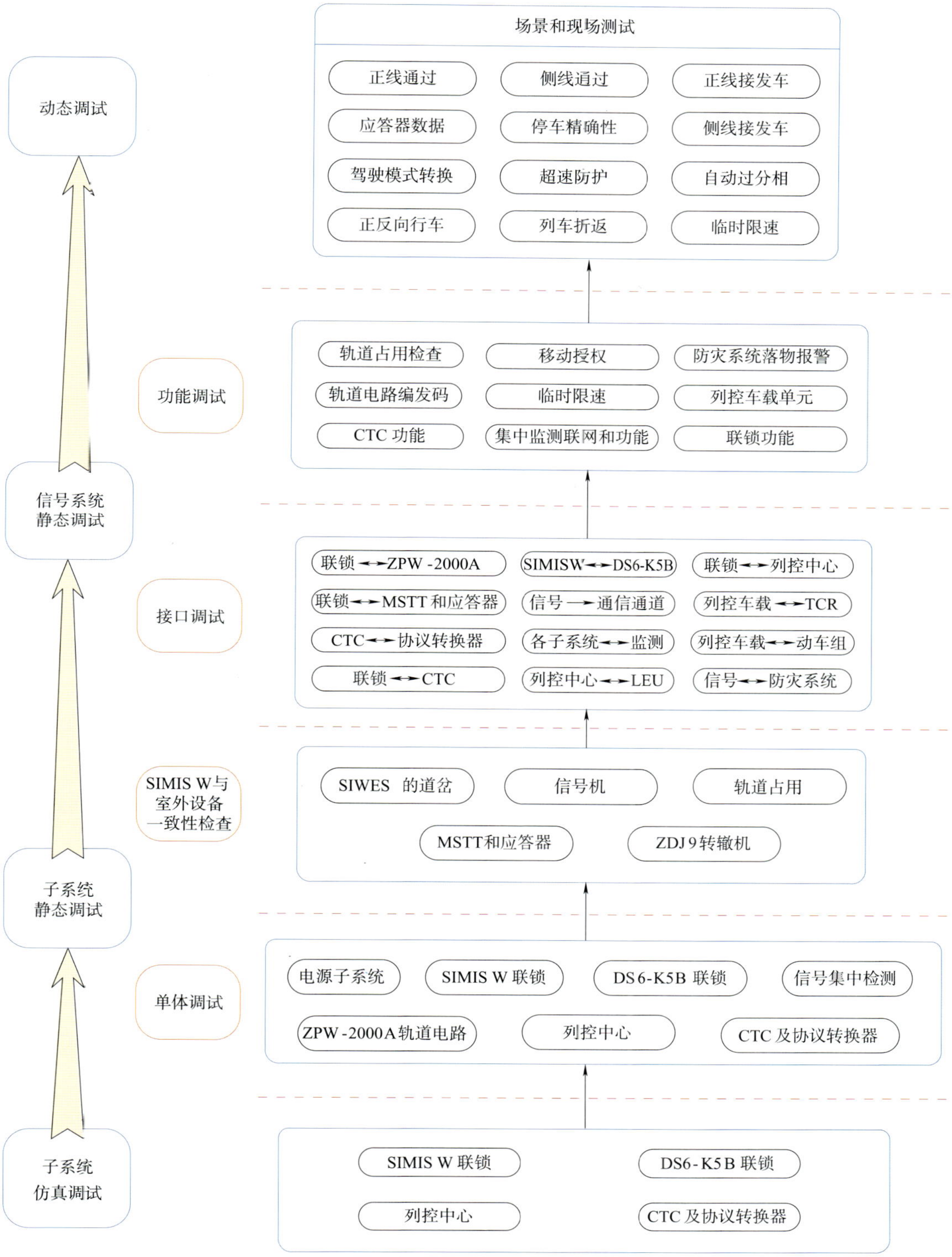

动态调试 —— 场景和现场测试：
正线通过、侧线通过、正线接发车、应答器数据、停车精确性、侧线接发车、驾驶模式转换、超速防护、自动过分相、正反向行车、列车折返、临时限速

信号系统静态调试

功能调试：
轨道占用检查、移动授权、防灾系统落物报警、轨道电路编发码、临时限速、列控车载单元、CTC功能、集中监测联网和功能、联锁功能

接口调试：
联锁↔ZPW-2000A、SIMISW↔DS6-K5B、联锁↔列控中心、联锁↔MSTT和应答器、信号→通信通道、列控车载↔TCR、CTC↔协议转换器、各子系统↔监测、列控车载↔动车组、联锁↔CTC、列控中心↔LEU、信号↔防灾系统

子系统静态调试

SIMIS W与室外设备一致性检查：
SIWES 的道岔、信号机、轨道占用、MSTT和应答器、ZDJ9转辙机

单体调试：
电源子系统、SIMIS W联锁、DS6-K5B联锁、信号集中检测、ZPW-2000A轨道电路、列控中心、CTC及协议转换器

子系统仿真调试：
SIMIS W联锁、DS6-K5B联锁、列控中心、CTC及协议转换器

图4－2－92 信号系统总体调试

1. 子系统仿真调试

在工厂或实验室按照子系统的运行环境搭建调试环境,采用仿真手段模拟子系统与其他系统的接口,对子系统的软硬件和工程数据进行调试。

2. 子系统静态调试

设备在现场安装后,对子系统进行静态调试。静态调试包括单体调试及 SIMIS W 与室外设备一致性检查测试。

单体调试指对单个设备或子系统进行的加电前检查和加电后单体功能调试。

SIMIS W 与室外设备一致性检查主要检查 SIWES 的道岔、信号机、轨道占用、MSTT 和应答器等室外设备的状态和 SIMIS W 状态是否一致。

3. 信号系统静态调试

信号系统静态调试包括信号子系统之间的接口调试、报文测试和功能调试。

4. 信号系统动态调试

信号系统在完成静态调试后,将开展动态调试。利用轨道车及动车组在线路上按照从低速到高速的逐步调试,共设计 72 个场景,涵盖正线通过、侧线通过、正线接发车、侧线接发车、驾驶模式转换、超速防护、自动过分相、临时限速、正反向行车、停车准确性、应答器数据、列车折返等测试内容。

第三章 系统试验

第一节 主要试验项目

一、正常行车试验

1. 试验目的

验证在正常运行条件下,列控车载设备根据列车实际运行进路及地面控制信息生成监控曲线是否符合设计要求。

2. 试验内容

北京南到天津下行正线拉通。

3. 试验方法

根据试验内容,通过办理全线的通过进路,使列控车载设备根据地面控制信息产生监控曲线。

4. 测试案例

列车运行径路如图 4－3－1 红线所示。

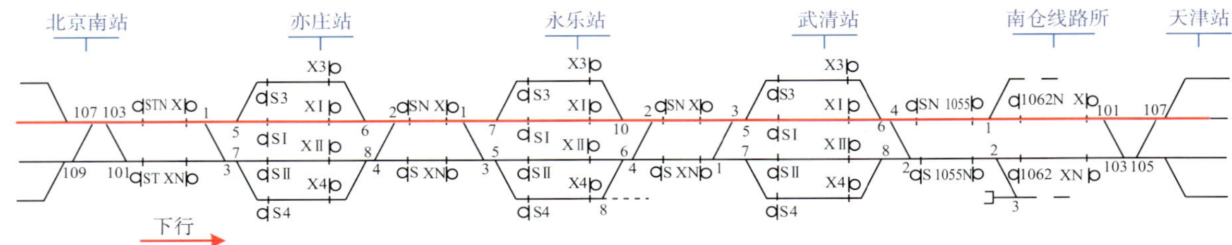

图 4－3－1 正常行车试验

列车从北京南站以目视行车模式发车,列控车载设备限速 40 km/h;列车越过出站信号机前方的应答器组后,列控车载设备自动进入完全监控模式,车载设备向司机显示当前列车速度、允许速度、目标速度、目标距离。司机依据车载 DMI 显示的允许速度控制列车运行。当允许速度为灰白时,列车正常运行;当列车快到达目标距离时,DMI 显示的速度曲线以黄光带显示,要求驾驶员减速,直到到达该

区段内的允许速度才变为灰白；直到列车进入天津站。静态速度曲线如图 4-3-2 所示。

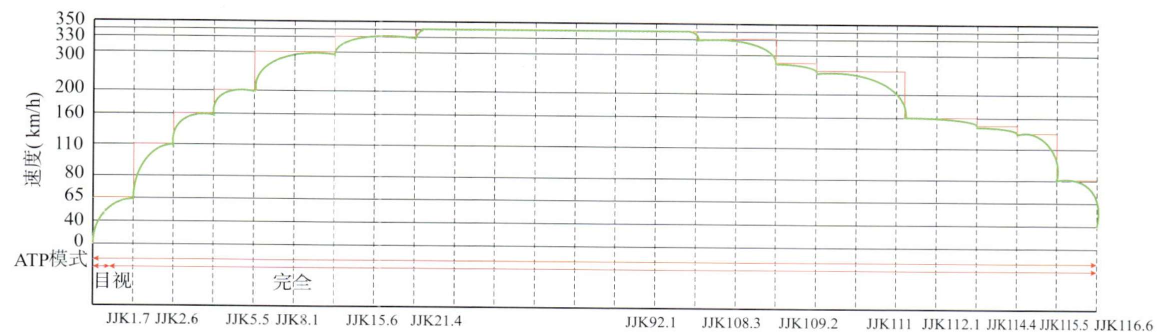

图 4-3-2　静态速度曲线

二、列控车载设备工作模式转换

1. 试验目的

验证在行车过程中，根据地面控制信息，自动或人工实现列控车载设备工作模式间的转换。

2. 试验内容

根据不同的地面信息控制，列控车载设备实现不同模式之间的转换。

3. 测试案例

列车运行径路如图 4-3-3 红线所示。

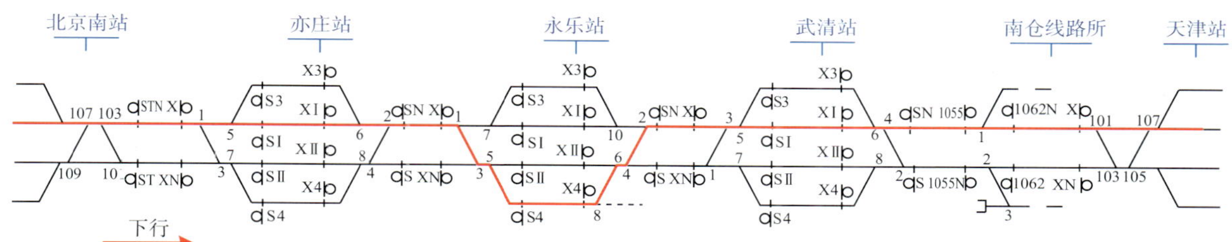

图 4-3-3　列控车载设备工作模式转换

列车由北京南站内发车，地面信号开放后，司机以目视行车模式行车，当列车越过前方应答器组后，列控车载设备自动转入完全监控模式。以完全监控模式行车，列车进入亦庄站 I G X I 信号机前停车，列车由人工转为待机模式。

排列一条通往调车区域的调车进路，司机选择目视行车模式后，司机以目视行车模式行车，当列车越过前方应答器组后，列控车载设备自动转入调车模式，5 s 内由司机确认，否则触发制动；以调车模式行车，限速值为 40 km/h，释放该调车进路并排列一条到达永乐站出口的列车进路。列车进入永乐站，在永乐 IVG X4 信号机前停车，车载设备人工转换为待机模式。

地面信号开放后，司机以目视行车模式行车，当列车越过应答器组后，列控车载设备自动转入完全监控模式，经永乐至武清下行正线到武清 X 信号机外停车并人工转位目视行车模式。地面信号开放后，列车经前方应答器组转为完全监控模式，根据允许速度下行正线运行至天津站内停车并人工转换为待机模式。更多模式转换详见调试场景 35～54。

三、正线发车、停车、通过试验

1. 试验目的

根据地面控制信息，验证列控车载设备在正线发车、停车、通过条件下的控车精度。

2. 试验内容

北京南站内ⅠG发车、亦庄ⅠG接车、永乐站正线通过，武清正线接车，检查停车精度。

3. 测试案例

列车运行径路如图4－3－4红线所示。

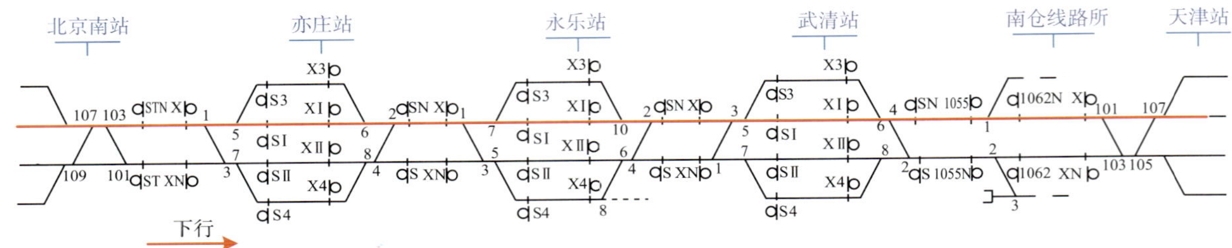

图4－3－4　正线发车、停车、通过试验

CTC办理亦庄站内办理接车进路，当列车通过亦庄下行进站信号机X时，TCR显示为HU码，DMI上显示距离目标距离，移动授权距离逐渐变小，列车一直减速，到距亦庄出站信号机前的应答器组大概30 m处在完全监控模式下停车；然后CTC办理出站信号开放，列车起动，经过前方应答器组后收到新的移动授权和速度，列车开始加速行驶。CTC办理永乐正线通过的进路，列车在经过永乐站时，正线通过。CTC办理武清正线接车进路，同亦庄站接车发车程序，然后列车在端站天津站内停车。

四、侧线发车、停车、通过试验

1. 试验目的

根据地面控制信息，验证列控车载控制列车侧线发车、停车、通过的精确度。

2. 试验内容

北京南下行亦庄Ⅲ股接车，然后发车、永乐站侧线ⅢG通过，武清站ⅢG接车、发车。

3. 测试案例

列车运行径路如图4－3－5红线所示。

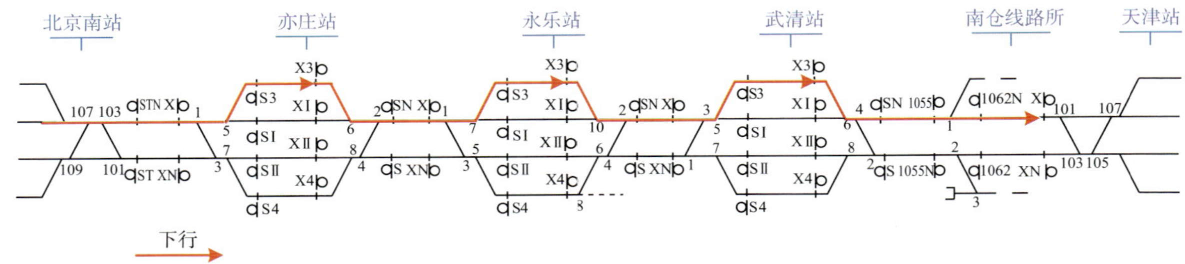

图4－3－5　侧线发车、停车、通过试验

列车在北京南站内目视发车，CTC办理亦庄站侧线接车进路，当列车过0185 SMB，TCR显示为UUS，列车开始减速。当列车过亦庄下行进站信号机后，TCR显示为HU，列车在X3信号机应答器组处停车，检查列控车载设备控车的停车精度；CTC开放侧线发车进路，TCR显示为UUS，列车起动，当越过出站应答器组时，列车收到新的移动授权，列车开始加速直到允许速度。CTC办理永乐站侧线通过，当到永乐站时，列控车载设备收到地面信息，列车开始减速，一直达到侧线的允许速度80 km/h，TCR码序变化为U2S—UUS—L5，列车通过永乐站，越过出站信号机的应答器组后收到新的速度授权，列车开始加速行驶，达到允许速的350 km/h。CTC办理武清侧线接车进路，原理同亦庄站；然后列车在天津站内停车。

五、临时限速试验

1. 试验目的

根据地面系统临时限速的下达地点，验证列控车载设备的控车精度。

2. 试验内容

天津在北京正线行车过程中，在武清进站信号机处设置临时限速。

3. 测试案例

列车运行径路如图 4－3－6 红线所示。

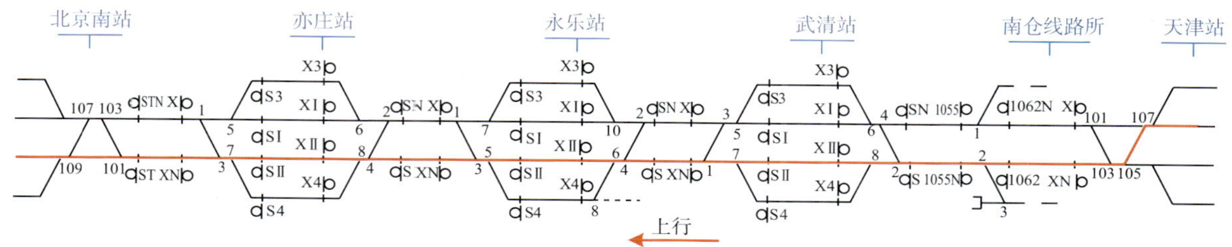

图 4－3－6 临时限速试验

天津站内目视发车，过出站应答器后转为完全监控模式，按照 DMI 显示正常控车。CTC 在武清上行进站信号机 S 的应答器设定限速，当列车行驶到某一位置，收到前方限速信息，在 DMI 上 D 区以向下三角提示，行驶到一定位置，根据地面应答器信息，列车开始减速，一直达到限速区段的要求值；当经过该区段后，收到新的速度授权，列车按照线路既有授权行驶。SSP 曲线如图 4－3－7 所示。

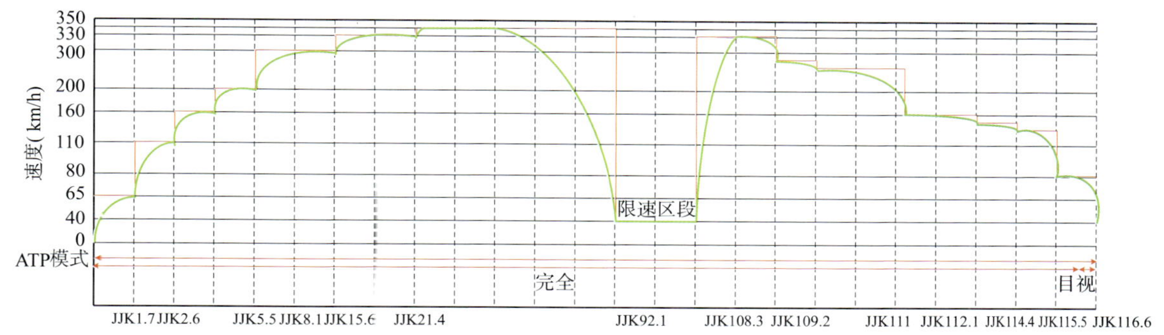

图 4－3－7 SSP 曲线

六、接发车引导进路试验

1. 试验目的

验证引导接发车进路时，验证列控车载控车的精度。

2. 试验内容

天津在北京南上行正线进路中，在天津站内引导发车，在武清站内引导接车。

3. 测试案例

列车运行径路如图 4－3－8 红线所示。

设置天津站内轨道电路故障，列车停于天津站内 I 道，地面信号为红白灯，列车经过前方应答器组后，DMI 上显示模式变为引导，列车限速 40 km/h，当列车行驶到下组应答器后，转为完全监控模式，列车在完全监控模式下行车。CTC 办理武清引导接车，当列车行驶到武清时，进站信号机显示红白灯，列车行驶到进站信号机的应答器组时，列车变为引导模式并在武清 SⅡ信号机前停车；前方信号开放，列车行

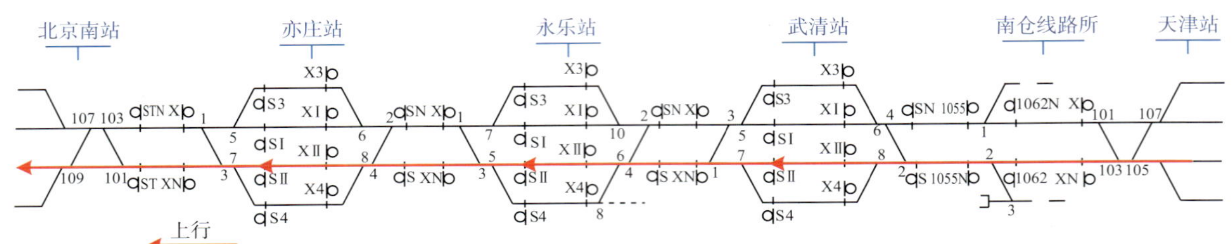

图 4-3-8　接发车引导进路试验

驶到下一个应答器组时，转为完全监控模式，正常控车。

七、弯进直出、反向运行试验

1. 试验目的

根据地面控制信息，验证列控车载设备控制列车反向弯进直出进路时的精确度。

2. 试验内容

办理亦庄站 1/3 号道岔反位，永乐 2/4 号道岔反位，武清 5 号道岔反位、2/4 号道岔反位，最后经上行线反向到天津 XN 信号机前停车。

3. 测试案例

列车运行径路如图 4-3-9 红线所示。

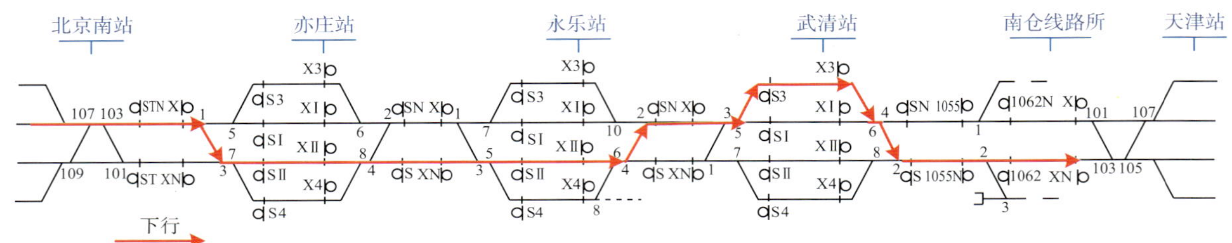

图 4-3-9　弯进直出、反向运行试验

列车于北京南站目视行车模式开始行车，经过出站应答器后，变为完全监控模式行车，CTC 办理亦庄站 1/3 道岔反位，永乐 2/4 道岔反位，武清 5 号道岔反位、2/4 道岔反位，最后经上行线反向到天津 XN 信号机前停车。当列车出了北京南后，列车收到地面的新的速度授权，开始加速；当列车行驶到一定位置时，列车收到前方的减速信息，开始减速，在到达 1/3 道岔前，列车速度达到道岔限速的要求，然后上行反向行车，列控车载设备开始控车加速，在过永乐 4/2 道岔时同样要减速达到道岔限速要求。

八、直进弯出、反向运行试验

1. 试验目的

根据地面控制信息，验证列控车载控制列车直进弯出反向运行进路时的精确度。

2. 试验内容

天津站内发车上行正线经武清 2/4 道岔转到下行正线反向行驶，经永乐 2/4 道岔转到上行线正向行使，经亦庄 1/3 道岔转到下行线，逆向行驶进入北京站。

3. 测试案例

列车运行径路如图 4-3-10 红线所示。

CTC 办理武清 2/4 道岔反位，永乐 2/4 道岔反位，亦庄 1/3 道岔反位；上行线 SMB1134 前目视发车，经过 1134 的应答器组后转为完全监控模式，列车开始加速，上行正向行驶，当收到前方限速信息

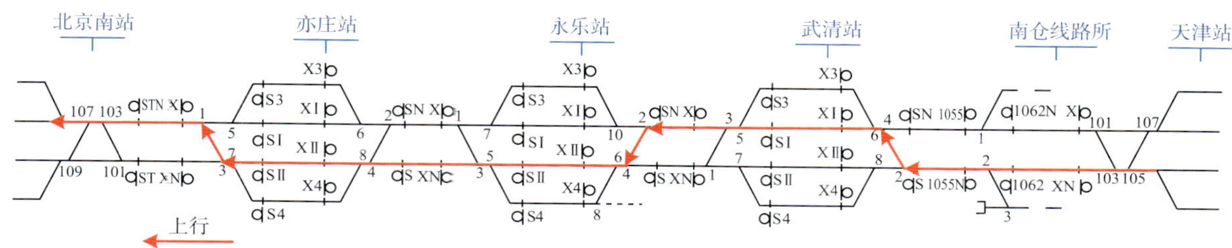

图 4－3－10 直进弯出、反向运行试验

后，列车开始减速，达到道岔限速值。列车过武清上行进站信号机 S 后经过 2/4 道岔到下行线反向行驶，受到应答器信息后，列车开始加速，在收到前方限速信息后，列车又开始减速，经永乐 2/4 道岔转到上行线，正向行驶。同样现象经亦庄 1/3 道岔转到下行线，反向行驶，最后停在北京南 STN 信号机外。

九、反向弯进直出、正向运行试验

1. 试验目的

根据地面控制信息，验证列控车载控制列车反向弯进直出进路时的精确度。

2. 试验内容

亦庄 SN 信号机前发车经 2/4 道岔到上行正向行驶，进入北京南站

3. 测试案例

列车运行径路如图 4－3－11 红线所示。

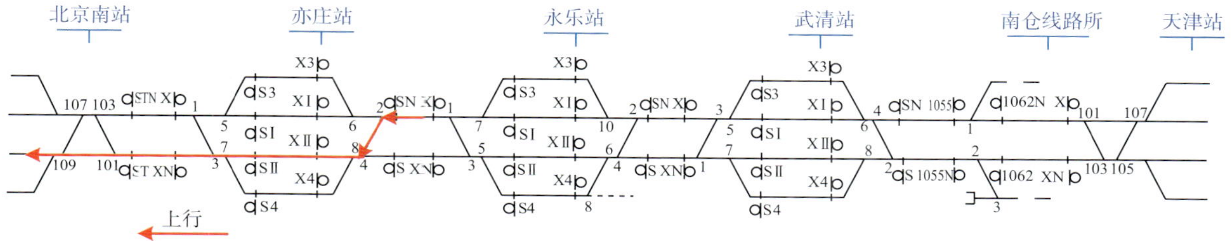

图 4－3－11 反向弯进直出、正向运行试验

亦庄站 SN 信号机外目视行车模式发车，经 SN 信号机出应答器组，转为完全监控模式，CTC 办理亦庄 2/4 道岔反位，列车经 2/4 道岔转到上行线，正向行驶，经出站应答器组，列控车载收到新的速度授权，开始加速行驶，按照地面授权信息，列车最后停在北京南 ST 信号机外。

十、反向直进弯出、正向运行试验

1. 试验目的

根据地面控制信息，验证列控车载控制列车反向弯进直出进路时的精确度。

2. 试验内容

北京南站内发车经亦庄 1/3 道岔，经亦庄侧线上行反向到永乐经永乐侧线，用了 4/2 道岔，到下行线，正向行驶，经武清 4/2 道岔到上行线，上行反向到天津站。

3. 测试案例

列车运行径路如图 4－3－12 红线所示。

下行线正向 SMB0017 信号机前以目视行车模式发车，经过 0017 处应答器组转为完全监控模式，列车按照地面信息正常控车。当行驶到武清进入下行进站信号机后，TCR 显示为 U2S，列控车载设备控车减速达到道岔允许速度，然后根据地面信息，列车经武清 4/2 道岔转到上行线，反向运行，到天津站 XN 信号机外停车。

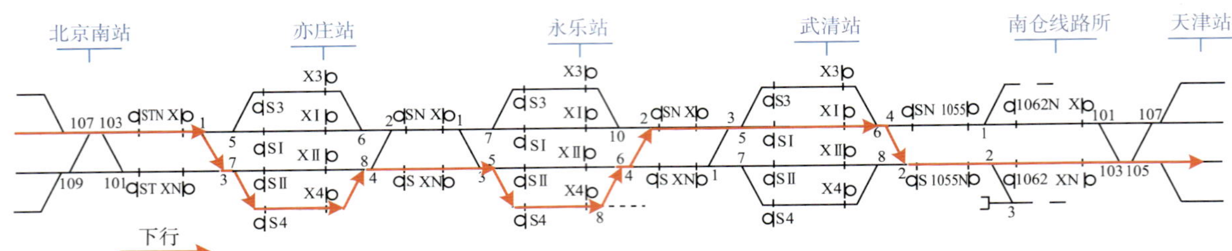

图 4-3-12　反向直进弯出、正向运行试验

十一、在 CSM 区的超速防护试验

1. 试验目的

根据地面信息，验证列控车载设备在超速情况下的防护功能。

2. 试验内容

北京南到天津下行正线最大速度运行，超速运行。

3. 测试案例

列车运行径路如图 4-3-13 红线所示。

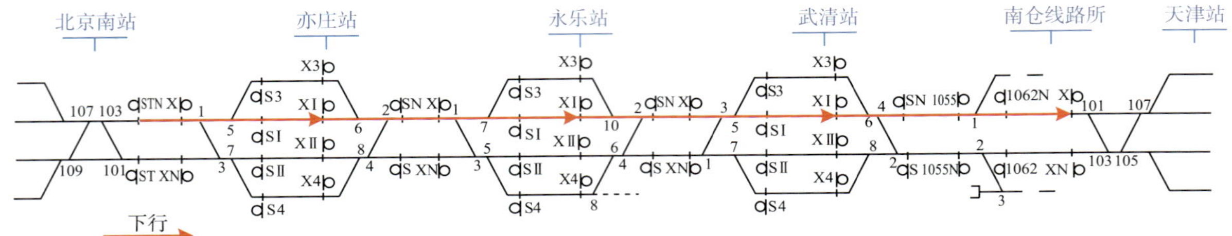

图 4-3-13　在 CSM 区的超速防护试验

SMB0017 信号机前目视行车模式发车，经前方应答器组后转为完全监控模式控车，列控车载设备同时收到地面授权的速度信息及移动授权，列车在列控车载设备控车下全速行驶；当列车超速时，列控车载设备立刻报警，速度曲线以黄色显示。如果超速，超过 5 km/h，列控车载设备输出最大常用制动，超过 10 km/h 输出紧急制动。

十二、在 TSM 区的超速防护试验

1. 试验目的

根据地面控制信息，验证列车在 TSM 区超速情况下的防护功能。

2. 试验内容

设置天津到北京南上行正线进路，在 TSM 区超速行驶。

3. 测试案例

列车运行径路如图 4-3-14 红线所示。

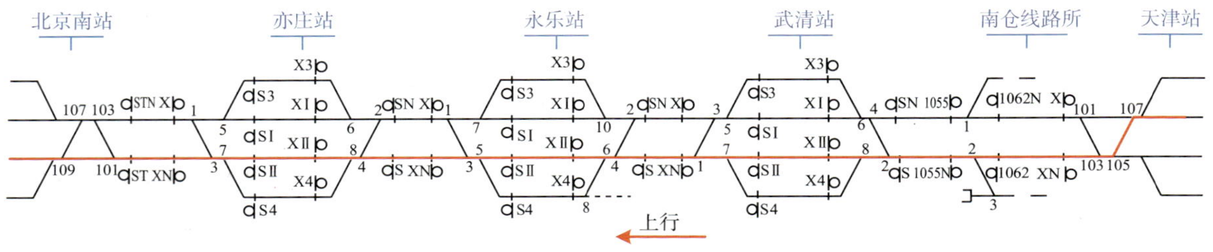

图 4-3-14　在 TSM 区的超速防护试验

在列车由天津站到北京南上行的进路中，当列车进入亦庄站正线通过时，DMI 上显示前方目标速度并提示降速，在进入目标区段后，列车不能够减速到该区段允许速度时，DMI 提示报警，直到速度降为该区段的允许速度。如果超速，超过 2 km/h 报警输出，超过 5 km/h 输出最大常用制动，超过 10 km/h 输出紧急制动。

十三、站内冒进防护试验

1. 试验目的

验证站内冒进情况下，列控车载的对列车的防护功能。

2. 试验内容

北京南到亦庄下行进路中，设置亦庄下行出站信号机 XⅠ关闭，但让列车通过该信号机。

3. 测试案例

列车运行径路如图 4－3－15 红线所示。

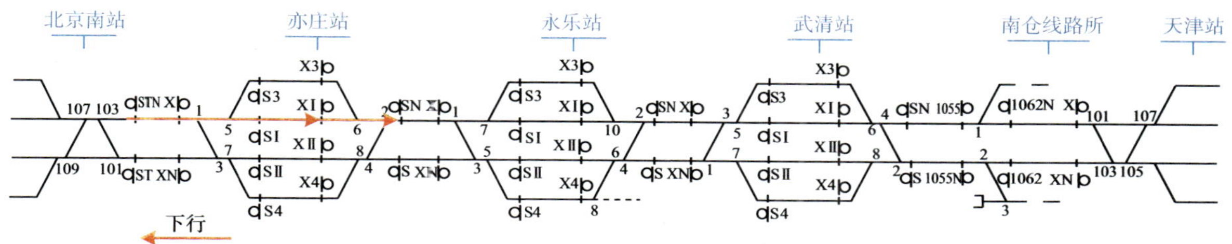

图 4－3－15　站进冒进防护试验

SMB0017 前以目视行车模式发车，经前方应答器组后转为完全监控模式，CTC 办理亦庄下行出站信号机 XⅠ关闭，当列车行驶到 XⅠ信号机前不停车而继续行驶时，列控车载设备输出常用制动信息，并提示“冒进触发制动”；然后改冒进后模式行驶。

十四、区间冒进防护试验

1. 试验目的

验证区间冒进情况下，列控车载设备对列车的防护功能。

2. 试验内容

天津上行到北京南的进路中，在 SMB0672 信号机关闭，但让列车通过此处应答器组。

3. 测试案例

列车运行径路如图 4－3－16 红线所示。

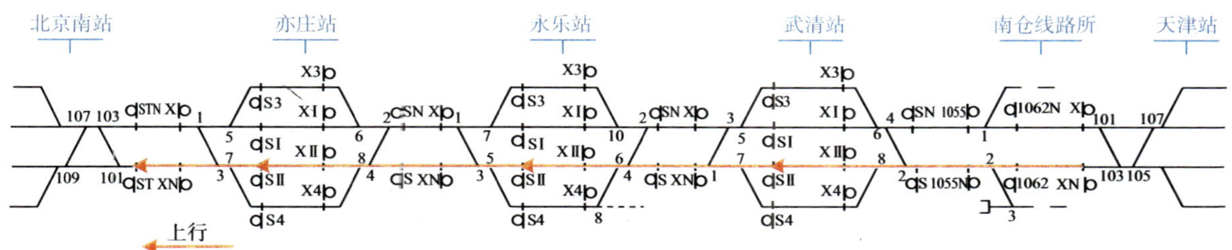

图 4－3－16　区间冒进防护试验

列车天津站外上行正向发车，CTC 办理 SMB0672 信号机关闭，当列车行驶到该信号机前不停车而继续前行时，列控车载设备显示“冒进触发制动”，然后改为越行模式通过此信号机，以 45 km/h 的速度行驶到下一个信号机时转为完全监控模式；列控车载设备正常控车。

十五、自动过分相试验

1. 试验目的

验证列车通过分相区时,列控车载设备自动控制是否满足设计要求。

2. 试验内容

北京南下行正线到天津站,经过分相区由列控车载设备自动控制通过分相区。

3. 测试案例

列车运行径路如图 4 –3 –17 红线所示。

CTC 办理北京南到天津的拉通进路,列车高速行驶,最高速度为 350 km/h。列车在北京南站内以目视行车模式发车,当经过前方应答器组后转为完全监控模式,具体试验过程同“一、正常行车试验”,在过分相区之前 DMI 的 D 区有过分相图标提示,司机在过分相区前需将牵引手柄归零,列控车载设备控车自动过分相区。

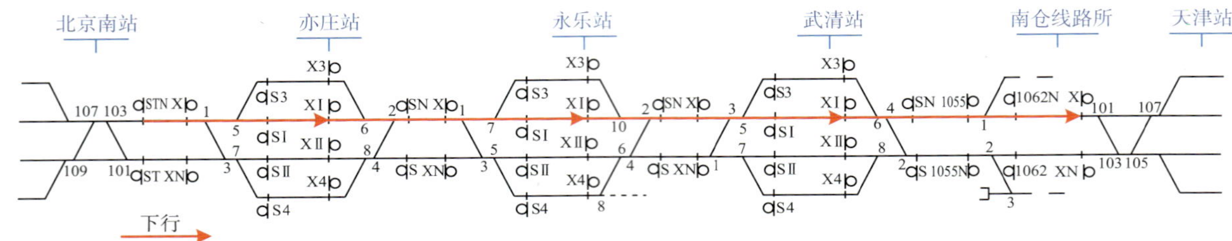

图 4 –3 –17　自动过分相试验

十六、应答器信息丢失试验

1. 试验目的

验证在应答器丢失的情况下,列控车载设备控车的精确性。

2. 试验内容

列车从天津到北京南上行正线正常行驶,在 SMB0876 处应答器丢失; SMB0104 和 0082 两组应答器丢失;北京南进站应答器组丢失。

3. 测试案例

列车运行径路如图 4 –3 –18 红线所示。

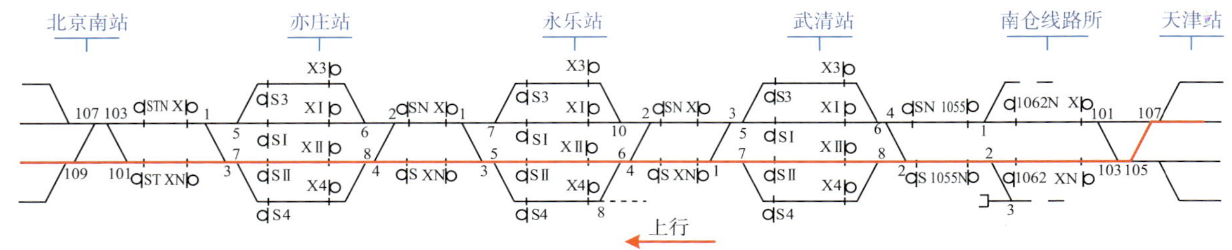

图 4 –3 –18　应答器信息丢失试验

列车在天津站内以目视行车模式发车,经过出站应答器组后转为完全监控模式,CTC 设置 SMB0876 处应答器丢失,列车经过此应答器组后,无异常状况;CTC 设置 SMB0104 和 0082 两组应答器丢失,列车经过 SMB0082 时,触发常用制动;CTC 设置北京南进站应答器组丢失,列车经过时,触发紧急制动。

十七、故障模拟试验

1. 试验目的

在不同的故障下，验证列控车载设备控制功能。

2. 试验内容

在北京南到天津下行正线场景中，分别设置 MSTT、轨道电路、LEU、TCR 及车载设备等故障。

3. 测试案例

列车运行径路如图 4－3－19 红线所示。

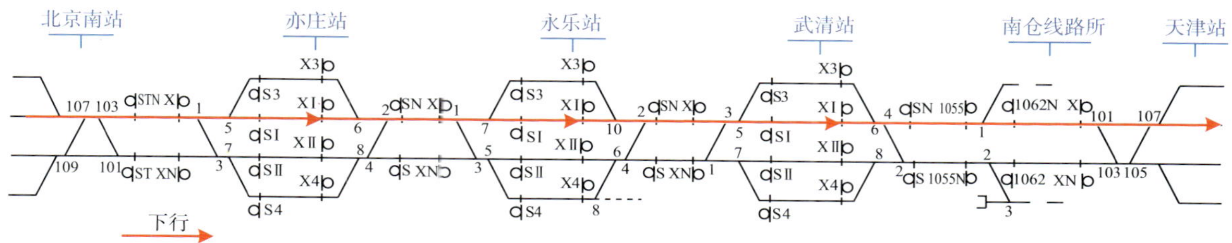

图 4－3－19　故障模拟试验

（1）MSTT 故障

列车按照地面传送的移动授权控制信息安全行驶。设置 0095SMB 处 MSTT 故障，信号关闭，列车在 0095SMB 前停车。由行车调度确认前方区段未占用，允许越行；司机操纵 DMI 选择越行功能，在 1min 之内越过关闭的 SMB 处应答器组，以 40 km/h 目视行车模式运行至前方开放的 SMB 处应答器组，收到新的移动授权和允许速度，列控车载设备转为完全监控模式，正常行车。

（2）轨道电路故障

设置 0789 SMB 内方轨道电路故障，其外方相应轨道区段低频码降级，运行在相应区段的列车，列控车载设备收到低频码突变，TCR 输出最大常用制动控制信号，列控车载设备产生最大常用制动。

（3）LEU 故障

设置北京南站控制 ST 信号机处应答器组的 LEU 故障，LEU 通过报警继电器向联锁输出故障报警信息，联锁关闭 ST 信号机，使接近的列车停车。

（4）TCR 故障

在列车运行中，设置 TCR 故障，使 TCR 工作继电器落下，列控车载设备按限速 250 km/h 运行。

（5）列控车载设备故障

如果列控车载设备工作系发生故障，则转换到另一系，另一系正常启动后，可继续行车；如果两系均发生故障，则司机应立即报告列车调度员。列车调度员确认该列车至前方站无列车占用后，发布调度命令改为隔离模式，以不超过 40 km/h 的速度运行至前方站。

十八、落物紧急停车试验

1. 试验目的

验证在列车前方落物时，列控车载设备对列车的防护功能。

2. 试验内容

在天津到北京南上行正线进路中在 JJK96 km 处模拟落物。

3. 测试案例

列车运行径路如图 4－3－20 红线所示。

列车在 SMB1134 前以目视行车模式开始发车，上行正向，CTC 办理到北京南进站信号机的拉通进路。当列车经过 SMB1134 后，列控车载设备转为完全监控模式控车，列车按照地面信息正常控车

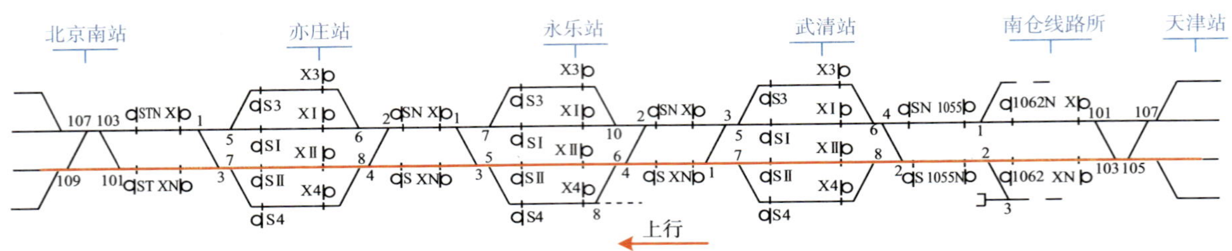

图 4-3-20　落物紧急停车试验

行驶；当列车驶过 SMB1134 后，在 JJK96 km 处模拟落物，落物防灾系统向列控中心及 SIMIS W 系统提供落物报警接点状态，列控中心控制相应的轨道电路区段发 H 码；由 SIMIS W 系统控制 MSTT 向应答器发送变更的移动授权信息；列控车载设备收到 TCR 码序突变的信息后，产生最大常用制动，使列车停车。

十九、机外停车试验

1. 试验目的

验证列车根据地面控制信息，列控车载设备控制列车在进站信号机前停车的精确度。

2. 试验内容

站外信号机不开放，列车根据地面信息行车。

3. 测试案例

列车运行径路如图 4-3-21 红线所示。

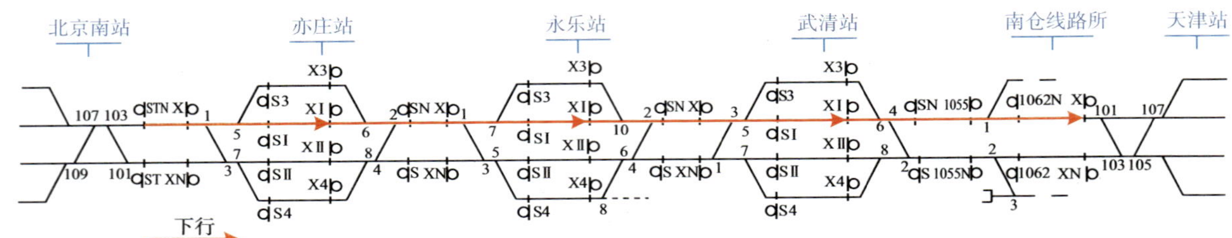

图 4-3-21　机外停车试验

地面办理一条北京南站至亦庄进站信号机的下行正线进路。根据地面控制信息，列控车载设备正常控车，首先以目视行车模式发车，然后转为完全监控模式，列车开始加速，但根据 DMI 提示，正常控车，直到列车停到亦庄进站信号机外，检查列车停车精度；地面办理亦庄进站信号机到武清进站信号机下行正线进路，司机确认地面出站信号机开放后，起动列车，根据列控车载设备指示行车；同样方式，列车最后停到天津进站信号机外。

二十、行车间隔试验

在试运行期间，在各系统功能具备的情况下，试验 3 min 行车间隔试验下的实际的运行间隔以及各项功能和接口的可靠性、安全性。

二十一、最大允许速度试验

在试运行期间，在各项功能具备的情况下，进行最大允许速度列控车载试验，试验各项功能和接口的可靠性、安全性以及技术指标。

二十二、CTCS－2级车载子系统兼容性试验

CTCS－2级车载子系统兼容性试验验证CTCS－2级列控车载设备对京津城际铁路地面列控系统的适应性，在京津城际铁路进行既有CRH2型动车组和CRH5型动车组运行试验。

1. CRH2型动车组运行试验

(1)试验目的

试验既有CTCS－2级列控车载设备对京津城际铁路地面环境的适应性。

(2)试验方法

CRH2型动车组在京津城际铁路地面环境下先进行拉通试验，验证既有CTCS－2级列控车载设备能在京津城际铁路正常运行。在京津城际铁路进行正线接发车、正线通过、侧线接发车等基本运行试验；进行超速报警、超速常用制动、超速紧急制动、临时限速防护等基本功能试验。

2. CRH5型动车组运行试验

(1)试验目的

试验既有CTCS－2级列控车载设备对京津城际铁路地面环境的适应性。

(2)试验方法

CRH5型动车组在京津城际铁路地面环境下先进行拉通试验，验证既有CTCS－2级列控车载设备能在京津城际铁路正常运行。在京津城际铁路进行正线接发车、正线通过、侧线接发车等基本运行试验；进行超速报警、超速常用制动、超速紧急制动、临时限速防护等基本功能试验。

第二节 其他试验项目

一、通过GSM－R下达调度命令试验

重点对CTC编写和下达调度命令至京津城际铁路动车组进行试验。

二、列控车载设备状态远程监测试验

重点对京津城际铁路动车组列控车载设备状态远程监测进行试验。

三、与铁道部调度指挥中心联网试验

重点对京津城际铁路CTC子系统通过北京局TDCS系统与铁道部调度指挥中心进行联网试验，按照铁道部通信协议的要求试验各种互动信息。

第四章 系统评价体系

信号系统评价体系分为系统功能及技术指标评估、安全评估/认证两部分。系统功能评估主要对整个信号系统及各子系统的功能需求进行评估。

第一节 系统功能及技术指标评估

依据技术标准和相关文件进行功能评估，主要对信号系统功能的完整性、可操作性和可维护性以及对于依据文件的符合性进行评估。

京津城际铁路信号系统经过静态测试、动态测试、系统调试以及部分关键系统的专家组专项测试

和评审，通过了静态验收和动态验收。

信号系统总体上满足 CTCS－3D 列控系统功能需求和相关技术规范，检测内容齐全，能够满足动车组 350 km/h 及以下速度正常运行需要，CTCS－3D 列控系统、联锁子系统、列控中心、轨道电路、CTC、信号集中监测子系统等测试内容齐全，功能性和安全性符合设计要求，通过静态验收、动态验收和初步验收。

经过对各项测试结果的整理总结，信号系统及各子系统主要功能和技术指标如表 4－4－1。

表 4－4－1　信号系统及各子系统主要功能和技术指标

序号	功能和技术指标
1	信号系统总体功能
1.1	信号系统满足设计速度、验收速度和运营速度 350 km/h 的要求
1.2	满足正向运行追踪 3 min 间隔的要求，具备反向行车功能
1.3	系统采用轨道电路方式检查列车的占用/出清，并适应无砟轨道的要求
1.4	满足既有提速线 200～250 km/h 动车组上线运行的需要
1.5	列控系统采用连续速度控制模式曲线监控列车安全运行
1.6	涉及行车安全的系统/设备满足故障—安全原则
1.9	信号系统的各种操作和显示基本符合中国有关标准和规定
1.10	信号系统设备采用高可靠、高安全、高可用性的冗余体系结构，采用模块化设计，便于系统升级和扩展
1.11	信号系统具有抗电磁干扰、防雷电干扰和抗牵引电流干扰的能力，抗干扰能力及电磁辐射符合中国及国际标准以及相关设备防护要求
1.12	信号系统设备具有故障自诊断功能
1.13	信息系统采用统一时钟标准
2	列控系统功能
2.1	列控系统内部以及列控系统与联锁系统间的通信通道冗余设置
2.2	列控地面设备能够向车载设备发送必要的行车许可信息，以供车载设备确定列车运行的最大安全速度，实现列车超速防护，在任何情况下防止列车无行车许可运行
2.3	系统提供故障运行模式，以减小系统故障对线路运营的影响
2.4	轨道电路设备能连续地对线路的占用/空闲进行安全可靠检测
2.5	列控车载设备能连续检查轨道电路码序的突变，并根据不同情况由车载安全计算机控制列车实施最大常用制动
2.6	满足上下线运营的要求
2.7	系统具备调度中心和车站设置临时限速功能
2.8	列控车载设备能适应 CRH_2、CRH_3 型动车组
2.9	列控车载设备具备测速测距功能，测速测距系统综合测量误差不大于 2%
2.10	列控车载设备具有司机制动优先控车工作模式
2.11	列控车载设备具有向动车组提供自动过分相信息功能
2.12	列控车载设备的人机界面采用中文显示，以指针速度表和数字显示相结合的方式提供运行速度、允许速度、目标速度和目标距离及其他相关信息
2.13	列控车载设备发生故障时，及时报警提醒机车乘务员并对故障设备进行必要的隔离
2.14	列控车载设备具备记录功能，信息记录密度满足正常维修、故障分析的需要，同时满足对运行状态进行安全分析和事故分析的要求
3	联锁系统技术需求
3.1	主要联锁关系和功能：列车（及调车）进路建立、解锁和取消，信号机关闭，道岔单独操纵、单独锁闭和解锁，股道和区间封锁等

续上表

序号	功能和技术指标
3.2	联锁设备为冗余的计算机系统，具有自检、自诊断和对信号机、转辙机等基础信号设备的报警功能
3.3	联锁系统设备实时与列控系统设备进行信息交换，通信协议或接口符合国际通用的安全标准
3.4	联锁设备向 CTC 子系统提供表示信息并接收 CTC 的控制命令，并符合中国现行的通信协议和编码格式
3.5	在联锁车站设置车站维修终端：主要用于联锁系统的维护、运行及操作记录、各种故障记录报警等。维修终端具有和中心维护设备连接的能力。维护终端提供故障分析参考
4	CTC 子系统
4.1	基本功能：(1)列车运行监视；(2)进路的人工控制；(3)按运行图自动控制；(4)运行图的显示和调整；(5)车次号追踪；(6)调度命令编制及下达；(7)控制模式转换；(8)临时限速设置及取消；(9)报表生成及打印；(10)运行状态记录及回放；(11)FALKO 时刻表编制和仿真；(12)培训；(13)与相关系统接口功能，包括：TDCS 系统接口，SCADA 系统接口，GSM-R 系统接口，CMMS 系统接口，信号集中监测系统接口，时钟系统接口，防灾系统接口，联锁系统接口
4.2	控制范围：北京南(不含普速场)至天津全线以及动车走行线。控制范围内所有车站(场)的列车作业、调车作业均纳入列车运行调整计划管理
5	信号集中监测
	(1)监测的主要内容包括：信号基础设备如信号机、道岔转辙机(北京南、天津站)、电缆、电源等模拟量、开关量以及操作表示信息、设备状态等。(2)具备数据采集、表示、储存、回放和远程测试功能
6	信号系统具备落物监测接口功能

第二节　安全评估

京津城际铁路信号安全认证采用“CENELEC 标准和国内评估相互认可”的方式。

调度集中 CTC、SIMIS W 联锁系统、通用现场控制单元 MSTT、地面电子单元(LEU)、应答器、CTCS-3D 车载设备以及接口按照 EN50126、EN50128、EN50129 等标准体系进行评估(以下简称“执行 CENELEC 标准子系统”)，并由评估机构出具评估报告。其他设备按照铁道部安全认证流程进行安全评估(以下简称“执行铁道部标准子系统”)，实施相互认可的方式。

按照 CENELEC 安全标准，安全评估分为三层：产品层、一般应用层和特殊应用层。产品层和一般应用层可以进行相互认可，而针对某项工程的特殊应用层不能进行相互认可。

为了有效实施安全认证，需要大量的信号系统安全证据供安全认证人员评价。设计文件、工程数据以及按照安全证据规则编写的安全案例文件和技术安全报告、铁道部及其他评估机构颁发的证书等文件均是安全认证的依据。安全认证人员评判所有的安全证据，最终出具信号系统的安全评估报告。

整体信号系统评估和批准方案如图 4-4-1 所示。

一、执行 CENELEC 标准子系统的评估方案

1. 联锁、列控系统的认证方案

在产品层，按照 EN 50129 准备安全案例，由安全评估机构负责进行安全评估。

在特殊应用层，信号系统安全案例证明质量管理、安全管理、功能和技术安全由各子系统在足够安全级别的情况下实现，满足京津城际铁路工程的安全性指标。

2. CTC 子系统的认证方案

编制 CTC 安全案例，说明如何执行安全管理、质量管理及如何满足源于京津城际铁路的功能和技术安全要求。CTC 安全案例是整个信号系统评估报告(包括所有特殊应用条件在内)资料的一部分。

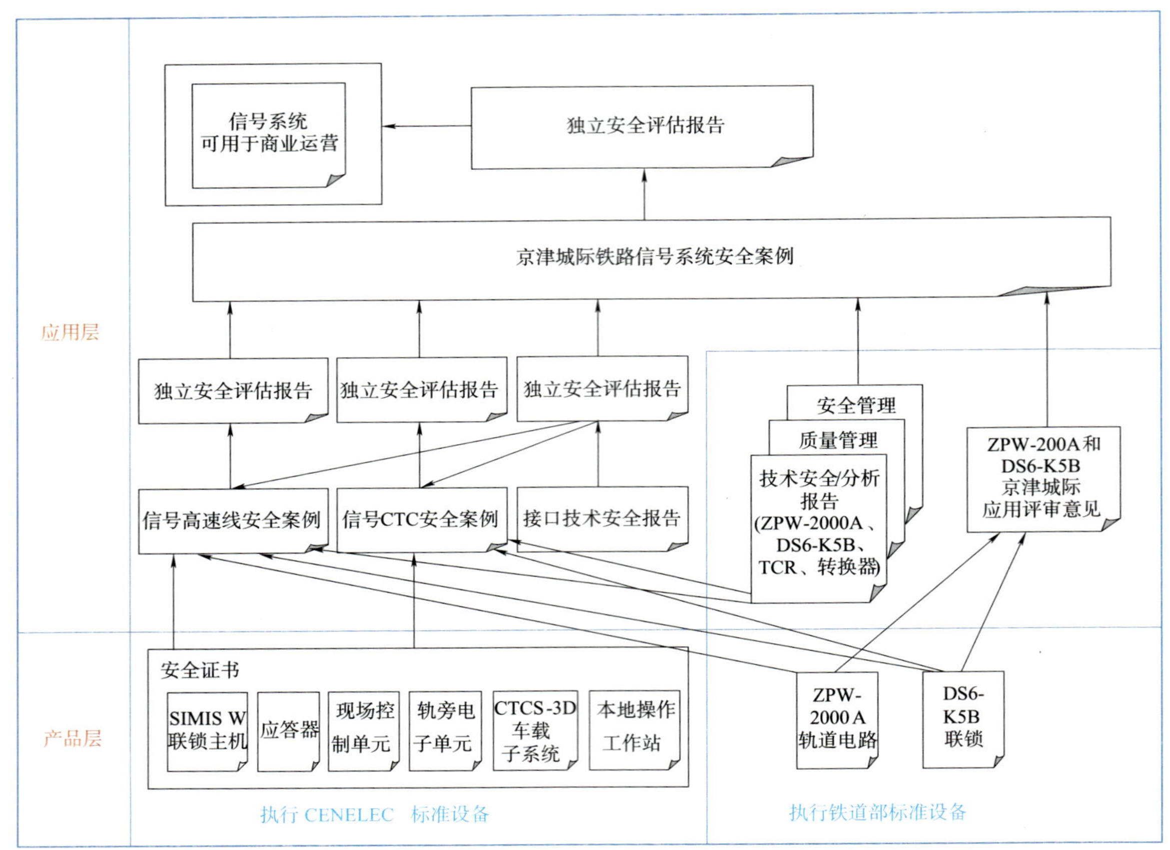

图 4－4－1　整体信号系统评估和批准方案图

二、执行铁道部标准的子系统的评估方案

与安全相关的 ZPW－2000A 轨道电路、DS6－K5B 联锁系统以及轨道电路读取器(TCR),已得到铁道部的审查意见或鉴定意见,并获得安全行政许可证,具备了产品层和一般应用层相互认可的条件,在特殊应用层,通过正式评审形式出具特定应用评估意见。

1. 产品层认证方案

在产品级, ZPW－2000A 轨道电路、DS6－K5B 联锁和轨道电路读取器均已按照中国的认证流程获得铁道部的安全证书,准许生产和上道使用。

ZPW－2000A 轨道电路获得了铁道部颁发的科学技术鉴定证书、铁路运输安全设备生产企业认定证书、ZPW－2000A 一体化轨道电路和列控中心(LKD2－T2)部级技术审查等证书,同时这些证书对信号系统在特殊应用层的安全案例提供支持。

DS6－K5B 联锁系统是已被证实的系统,通过了铁道部的技术审查,获得了铁道部颁发的制造特许证以及日本铁路综合技术研究所颁发的安全评估报告。

2. 特定应用级认证方案

对于 DS6－K5B 联锁系统和 ZPW－2000A 轨道电路,国内企业提供了技术安全报告;轨道电路读取器和协议转换器提供了技术分析报告。技术安全报告和技术分析报告为整个信号系统安全案例以及中外方设备接口的安全案例提供支持。同时,DS6－K5B 联锁系统、ZPW－2000A 轨道电路、轨道电路读取器和协议转换器提供了质量管理和安全管理有关内容的文件,为整个信号系统的安全案例提供支持。

针对 300～350 km/h 京津城际铁路的应用,铁道部组织了国内专家对 DS6－K5B 联锁系统在北京

南、天津站的应用以及 ZPW－2000A 轨道电路在京津城际铁路上的应用进行安全评估，出具 DS6－K5B 联锁系统和 ZPW－2000A 在京津城际铁路工程应用的评审意见。

三、系统之间的接口

执行两种标准的系统之间的接口（轨旁及车载），按照 CENELEC 安全标准提供技术安全报告，安全评估机构对此报告进行了安全评估并出具报告。执行铁道部标准的系统也提供了相关文件，为接口的安全评估提供支持。

四、整个信号系统的认证方案

整个信号系统安全评估将各子系统的安全案例、安全证书和有关文件，结合京津的运营要求，汇总成信号系统的总安全案例。

安全评估机构对信号系统总安全案例进行评估，完成整个信号系统的认证，出具京津城际铁路信号系统特定应用安全评估报告。

第五篇　线路工程

第一章　概　　述

京津城际铁路无砟轨道全长 113.54 km（双线公里），按一次铺设跨区间无缝线路设计，其中亦庄站、永乐站、武清站 18 号道岔地段铺设轨枕埋入式无砟轨道和岔区板式无砟轨道共 2.462 km（单线公里）；南仓线路所铺设轨枕埋入式无砟轨道 0.405 km（单线公里）；区间正线铺设路基上 CRTS Ⅱ 型板式无砟轨道 13.508 km（双线公里）；区间正线铺设桥上 CRTS Ⅱ 型板式无砟轨道 100.094 km（双线公里），包含（45 + 70 + 70 + 45）m 连续梁、（60 + 100 + 60）m 连续梁、（60 + 128 + 60）m 连续梁、（80 + 128 + 80）m 连续梁等特殊工点；不同线下基础结构物间、不同轨道结构间设置过渡段。

第一节　路基上 CRTS Ⅱ 型板式无砟轨道

一、结构组成

路基上 CRTS Ⅱ 型板式无砟轨道主要由 60 kg/m 钢轨、Vossloh300 - 1 型弹性不分开式扣件、预制混凝土轨道板、水泥乳化沥青砂浆调整层和支承层等部分组成。如图 5 - 1 - 1 所示。

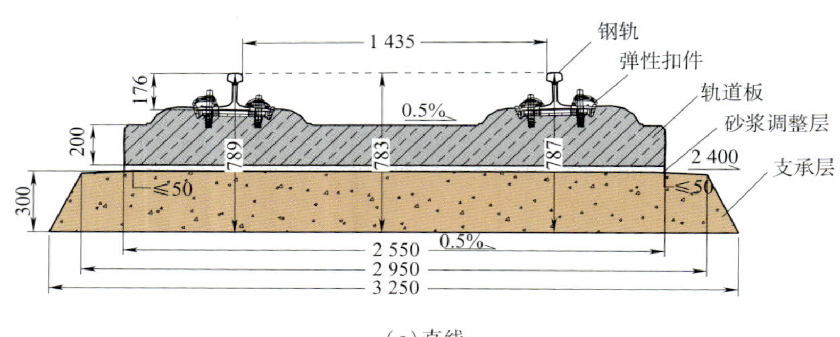

（a）直线

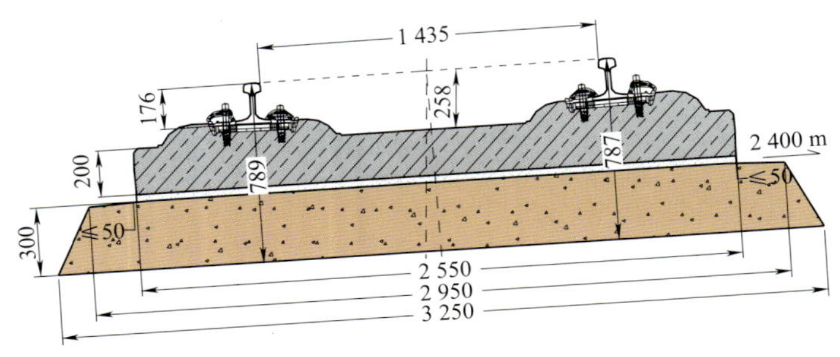

（b）曲线

图 5 - 1 - 1　路基上 CRTS Ⅱ 型板式无砟轨道结构（单位：mm）

二、主要型式尺寸

1. 轨道结构高度：轨顶面（轨道中心处）至支承层底面为 783 mm。
2. 标准轨道板尺寸：6 450 mm × 2 550 mm × 200 mm，异型轨道板长度根据具体铺设段落合理配置。
3. 水泥乳化沥青砂浆调整层设计厚度为 30 mm。
4. 混凝土支承层顶面宽度为 2 950 mm，底面宽度为 3 250 mm，厚度为 300 mm。

三、混凝土轨道板的设计

轨道板是 CRTS Ⅱ 型板式无砟轨道系统的主要承重构件（见图 5－1－2），为横向设置预应力的混凝土结构。轨道板纵向每隔 0.65 m 设“V”型预裂缝，缝深 40 mm，用于防止承轨台（0.65 m 宽）中部裂缝的产生。沿线路方向，轨道板间通过两端的 6 根 ϕ20 mm 精轧螺纹钢筋相连，同时采用预拧紧的措施在连接区域施加 300 kN（6 × 50 kN）的张拉力。

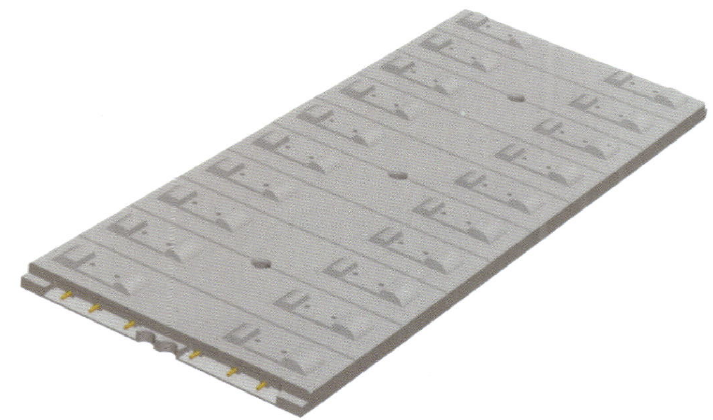

图 5－1－2　标准混凝土轨道板示意图

1. 轨道板结构设计方法

轨道板纵向模拟为“弹性地基梁”计算，基于纵向每隔 0.65 m 预设的 40 mm 深的“V”型槽口，预制板的计算厚度取为 0.16 m；轨道板横向简化为宽度为 0.65 m 的“预应力混凝土宽轨枕”进行受力计算。

（1）轨道板纵向受力计算

轨道板纵向当量地基梁计算模型如图 5－1－3 所示。

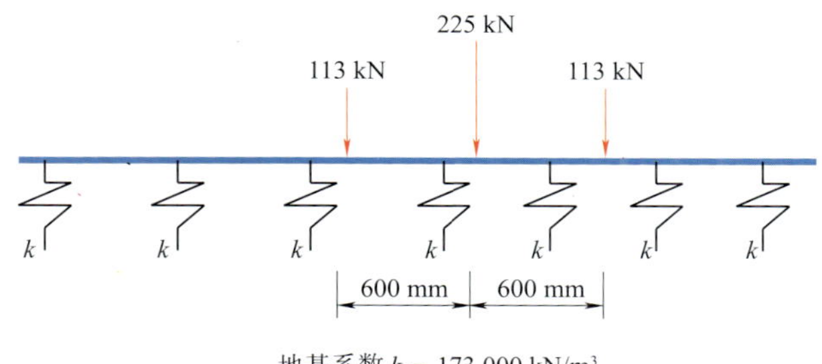

图 5－1－3　轨道板纵向计算模型

作为纵向连续结构，CRTS Ⅱ 型板式无砟轨道的混凝土轨道板设计考虑列车荷载、温度荷载和混凝土收缩荷载等，并分别针对不同的荷载组合工况计算确定轨道板的纵向设计弯矩，并根据最大降温和收缩荷载，对接缝部位钢筋应力幅及裂缝宽度进行检算。

（2）轨道板横向受力计算

轨道板横向计算模型如图 5－1－4 所示。

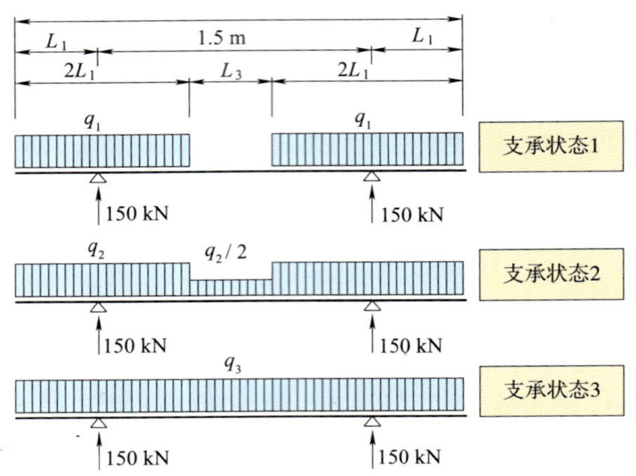

图 5－1－4　轨道板横向计算模型

根据“预应力混凝土轨枕”的不同支承工况计算受力弯矩。考虑轮载作用下，沿线路方向，由三个钢轨支点分配荷载，钢轨支点压力设计值取 150 kN，该荷载包括了所有可能的荷载组合、动力系数及曲线上的附加荷载等。根据上述计算模型和荷载，可计算得出轨道板的横向设计弯矩。

(3) 轨道板运输、存放工况的受力检算

轨道板运输和存放工况时的计算模型分别如图 5－1－5、图 5－1－6 所示。

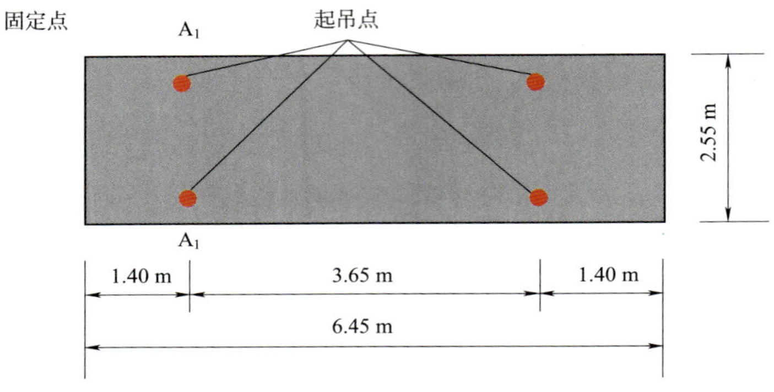

图 5－1－5　轨道板起吊计算模型

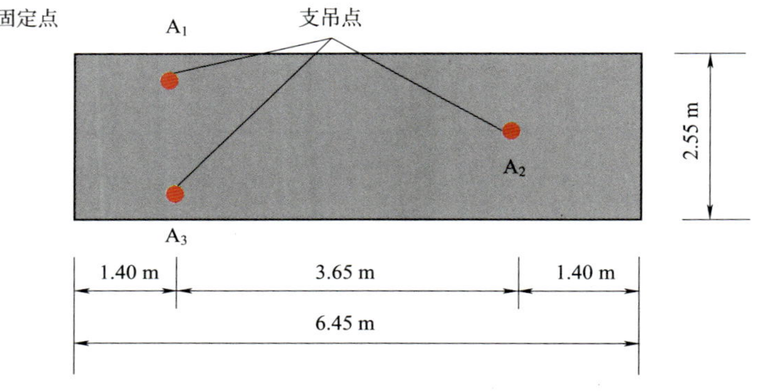

图 5－1－6　轨道板存放计算模型

2. 轨道板设计主要计算参数

轨道板设计计算的主要参数如表 5－1－1 所列。

表 5－1－1　轨道板设计主要计算参数

项　目	参　　数
钢　轨	CHN60
扣　件	Vossloh 300－1 弹性不分开式扣件，垫层动刚度 60kN/mm
轨道板	6.45 m×2.55 m×0.2 m 混凝土强度等级：C45/55 弹性模量：35 500 MPa
砂浆调整层	厚度 30 mm 弹性模量 $7\times10^3\sim10\times10^3$ MN/m^2
支承层	厚度 300 mm、宽度 3.25 m、弹性模量：5×10^3 MPa
防冻层	Ev_2 = 120 MPa
钢　筋	精轧螺纹钢筋：HRB500/BST500 预应力钢筋：St 1420/1570 构造筋：HRB335 弹性模量：2.1×10^5 MPa
荷　载	动轮载：225 kN 温度荷载：40 ℃ 混凝土徐变和收缩：纵向应变 2.3×10^{-4}，横向应变 2.48×10^{-4}

3. 轨道板设计弯矩图和结构配筋

根据上述计算模型和计算参数，考虑不同的荷载工况，可得到轨道板纵向和横向设计弯矩，如图 5－1－7所示。

(a)轨道板纵向弯矩图

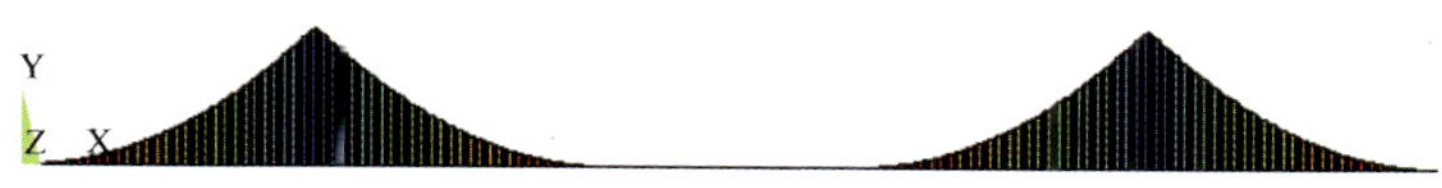

(b)支承状态 1 条件下的横向弯矩图

(c)支承状态 2 条件下的横向弯矩图

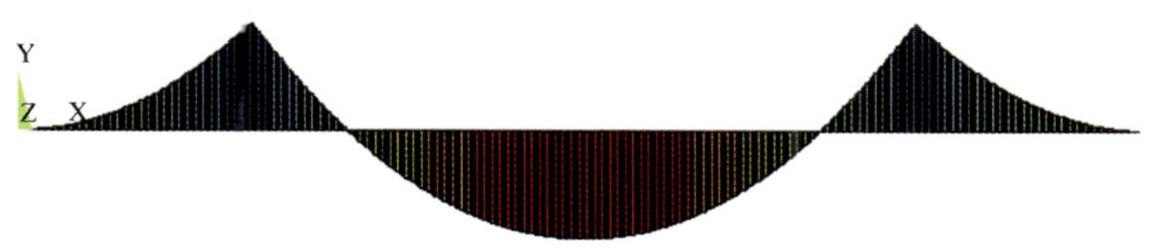

(d)支承状态 3 条件下的横向弯矩图

图 5－1－7　轨道板纵向和横向弯矩图

根据上述计算结果，确定的标准轨道板配筋如下：

(1)轨道板纵向配筋

上　部：2.50 cm^2/m

中性轴位置：6ϕ20 mm(BSt 500)

(2)轨道板横向配筋

上　部：2.50 cm^2/m

预应力钢筋(1 420/1 570)：6ϕ10 mm(每根"宽枕")

箍　筋：ϕ8 / 25 cm

局部抗裂钢筋：2ϕ8

4. 轨道板主要设计技术要求

(1)轨道板混凝土强度等级为C55。

(2)轨道板横向设置60根预应力筋，采用先张长线台座法制造工艺，单根预应力筋设计预应力值为68.3 kN；纵向通过6根精轧螺纹钢筋连接，每根精轧螺纹钢筋张拉力为50 kN。

(3)根据线路的轨道几何参数，采用数控机床对每个扣件承轨槽进行精密加工(精度0.1 mm)。

(4)纵横向钢筋交叉点采用塑料夹和收缩软管进行绝缘处理。

四、支　承　层

路基地段无砟轨道结构中支承层采用强度等级为C15混凝土，厚度300 mm，表面进行拉毛处理。沿线路纵向，至少每5 m设1个横向切缝，深度至少为支承层铺设厚度的35%。主要力学性能指标要求如下：

(1)抗压强度：28 d试件的平均抗压强度不低于15 MPa；

(2)弹性模量：5 000～10 000 MPa；

(3)弯曲抗拉强度≥1.6 MPa；

(4)弯曲疲劳抗拉强度：0.8 MPa。

五、无砟轨道系统对路基的技术要求

1. 土力学评估和验算要求

(1)为了保持长期耐久性，无砟轨道铺设后，路基的固结沉降和下层土的固结沉降(工后沉降)可通过扣件来调整，使轨道几何形位能恢复到设计值。

(2)排水系统的设置必须保证地下水位至少在钢轨顶面以下1.5 m。

(3)铺设无砟轨道的路基，原则上应进行稳定性和变形验算。

(4)对可能出现长期变形而需要顺坡的路基，要预先计划将沉降观测延续到施工期之后。

2. 工后沉降要求

(1)路基地段工后沉降一般不应超过扣件允许的沉降调高量15 mm。

(2)沉降较均匀、长度大于20 m的路基，允许最大工后沉降量为30 mm。

(3)特殊情况下，如果竖曲线半径满足下式，则允许最大沉降值60 mm。

$$R_a \geq 0.4 \times v_e^2$$

式中　R_a——竖曲线半径，m；

　　　v_e——设计速度，km/h。

(4)路桥或路隧交界处的差异沉降不应大于5 mm，过渡段沉降造成的路基与桥梁或隧道的折角不应大于1/1 000。

3. 排水系统

(1)基本原则

多线区段的无砟轨道线路应根据需要设置中间排水，也可采用适当的措施保证轨道表面的地面水从侧面排出。在无砟轨道结构范围内的排水措施必须同时考虑纵向排水，并且确保在下部结构的上部支承层范围内地下水和地面水能够排除。无砟轨道的表面应当确保地面水的流动畅通无阻，并且避免边界范围的冲刷。

(2)路基地段排水系统

直线地段轨道板上表面向轨道外侧设 0.5% 的排水坡，两线之间设 C25 混凝土封层，其上设 2.5% 的人字坡，将水排到线路两侧的排水设施里。为防止渗透，C25 混凝土封层与轨道板间采用热沥青灌缝处理。

曲线地段因超高原因，水无法排到线路两侧，在两线之间每隔一定距离设置一集水井，线间水汇集到集水井后，设横向排水管排向线路两侧。

第二节　桥上 CRTS Ⅱ型板式无砟轨道

一、结构组成

桥上 CRTS Ⅱ型板式无砟轨道系统由 Vossloh300－1 型弹性不分开式扣件、预制混凝土轨道板、水泥乳化沥青砂浆调整层、连续混凝土底座板、滑动层、侧向挡块等部分组成，台后路基上设置摩擦板、端刺及过渡板，梁缝处桥面设置硬泡沫塑料板。如图 5－1－8 所示。

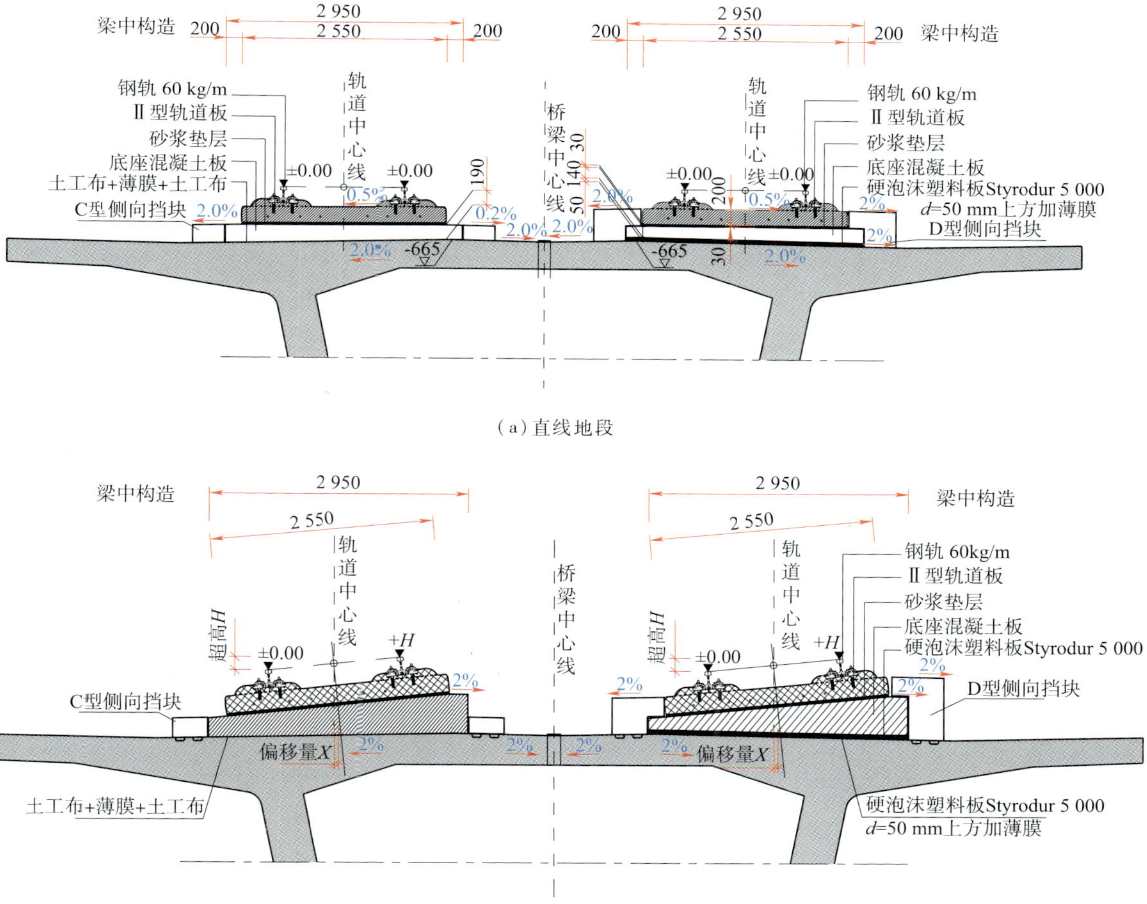

(a)直线地段

(b)曲线地段

图 5－1－8　桥梁 CRTS Ⅱ型板式轨道（单位：mm）

二、主要型式尺寸

1. 轨道结构高度：直线地段轨顶面至底座底面为665 mm，超高为180 mm曲线地段轨顶面至底座底面为738 mm，其余超高地段轨道结构高度按线性内差计算。

2. 底座宽度为2950 mm，直线地段平均厚度为190 mm，梁端硬质泡沫板（厚度50 mm）处的底座厚度为140 mm。

3. 摩擦板宽度一般为9 m，厚度为0.4 m，长度根据不同桥梁结构计算确定。标准端刺型式尺寸：上部结构沿线路纵向厚度为1 m，沿线路横向宽度为9 m，高度为2.75 m；下部结构沿线路纵向为8 m，沿线路横向为9 m，厚度为1 m。

4. 滑动膜采用PE－HD聚乙烯高密度薄膜，厚度为1 mm；土工布采用聚丙烯材料，厚度2.2 mm。

三、主要组成部分的设计技术要求

1. 轨道板设计及其技术要求，见本章第一节“混凝土轨道板的设计”。

2. 底座板

底座板是CRTSⅡ型板式无砟轨道系统的重要组成部分，其为跨梁缝的连续钢筋混凝土结构，承受列车荷载、温度荷载、混凝土收缩荷载等，是该类型无砟轨道结构设计的核心。底座混凝土板设计中主要考虑以下荷载工况：

（1）考虑轨道板和底座混凝土板间温差作用下，底座混凝土板轴向受力工况。在系统升降温、收缩荷载作用下，底座混凝土板的轴向受力状态。

（2）在制动力（或牵引力）荷载作用下，底座混凝土板的轴向受力状况。

（3）活载作用下底座混凝土板轴向受力状况。

（4）在二期恒载、活载、竖向温差荷载和不均匀沉降等荷载组合作用下，梁端轨道结构的弯曲受力状况。

底座板的主要技术要求：混凝土强度等级为C30，现场浇筑；HRB500级钢筋；底座板顶面允许误差值为±5 mm。

3. 滑动层

滑动层由“两布一膜”组成，在梁面连续铺设，在梁端齿槽处和泡沫板区域断开。其中滑动膜采用PE－HD聚乙烯高密度薄膜，宽2.95 m，厚度为1 mm，其主要性能指标要求如表5－1－2所列。土工布采用白色聚丙烯，宽2.95 m，厚度2.2 mm，其主要性能指标要求如表5－1－3所列。

表5－1－2　滑动膜的主要性能指标要求

项目名称	单　位	标准值
单位面积的质量	g/m^2	≥945
厚度（平均偏差）	mm	1.0～1.1
拉伸屈服强度	MPa	≥16
屈服伸长率	%	≥9
拉伸断裂强度	MPa	≥27
断裂伸长率	%	≥750
撕裂强度	N/mm	≥130
7天后的吸水率	%	≤0.1

表5－1－3　土工布的主要性能指标要求

项目名称	单　位	标准值
单位面积的质量	g/m^2	≥200

续上表

项目名称	单　　位	标准值
厚　　度	mm	2.0～2.5
最大拉应力(编制方向/垂直与编制方向)	kN/m	≥7.5/≥14.0
最大拉力延伸(编制方向/垂直与编制方向)	%	≥60/≥40
等效孔径	MPa	≤0.12
渗水性 VIH50	m/s	≤0.1
渗水率 H50	l/sm^2	≤100

4. 硬泡沫塑料板

梁端位置铺设的硬泡沫塑料，宽度 2.95 m，长度 3.10 m，厚度 50 mm。其主要性能指标要求如表 5－1－4 所列。

表 5－1－4　硬质泡沫板主要性能指标要求

项目名称	单　　位	标准值
体积密度	kg/m^3	≥45
厚　　度	mm	50±1
在 10% 压应变时的抗压强度或抗压应力	kPa	≥700
受荷使用寿命 50 年且 2% 压应变时的容许压应力	kPa	≥250
抗剪强度	kPa	≥300
弹性模量	kPa	38 000～42 000
量纲稳定性 70 ℃ 90% RH	%	≤5
荷载 20 kPa，80 ℃ 下的变形特征	%	≤5
荷载 40 kPa，70 ℃ 下的变形特征	%	≤5
扩散实验的吸水率	Vol%	≤5
冻融循环下的吸水率	Vol%	≤1
出厂陈化时间	天	45

5. 侧向挡块

侧向挡块为底座板的横向和垂向的限位机构，分侧向限位挡块（C 型）和扣压型限位挡块（D 型）。

（1）侧向挡块混凝土强度等级 C35，现场浇筑。

（2）采用 HRB335 级钢筋。

（3）C 型侧向挡块长度为 600 mm，宽度为 400 mm，高度为 215 mm；其侧面设置 450 mm×11 mm×100 mm 的硫化橡胶垫板。

（4）D 型侧向挡块长度为 800 mm，顶面宽度为 590 mm，底面宽度为 400 mm，直线地段高度为 459 mm；与底座板接触的两表面分别设置 650 mm×11 mm×100 mm 的硫化橡胶垫板。

四、无砟轨道对桥梁的主要技术要求

1. 梁体竖向变形要求

（1）梁部结构在 ZK 活载静力作用下，梁端竖向转角不宜大于 1‰。

（2）跨度≤50 m 预应力混凝土简支结构，无砟轨道铺设后的徐变上拱度不应大于 10 mm；$L>50$ m 时，无砟轨道铺设后的徐变上拱度不应大于 $L/5\,000$，且不得大于 20 mm。

（3）高墩桥梁、大跨度桥梁应考虑结构长期变形对无砟轨道平顺性的影响；必要时，应把扣件无法调整的长期变形（上拱或下挠）作为轨道附加不平顺进行车桥耦合分析检算。

(4)对于坡道梁,由于活动支座水平位移引起的梁缝两侧钢轨支承点间的相对竖向位移不宜大于1 mm。

2. 梁体横向变形要求:梁缝两侧的钢轨支点横向相对位移不应大于1 mm。

3. 由于结构各种变形引起的梁缝两侧或梁体与路基两侧扣件的附加上拔力和弹性垫板附加压应力不应超过规定的限值。

4. 墩台基础的沉降量按恒载计算,其工后沉降量不应超过下列允许值:

墩台均匀沉降量≤20 mm;

相邻墩台沉降量之差≤5 mm。

5. 其他技术要求

(1)桥面采用六面排水坡,线间位置设置泄水孔,三列排水。

(2)梁面平整度要求:由于底座板需要与梁面相对滑动,对轨道底座板范围的桥面平整度要求≤3 mm/4 m。

(3)预埋件要求:桥梁制造时应预设给底座板提供纵向限位的剪力齿槽以及钢筋套筒、侧向挡块的钢筋连接套筒等。

第三节　岔区无砟轨道

京津城际高速铁路沿线设亦庄、永乐、武清3个中间站和1个南仓线路所,设计铺设26组无砟道岔,包括22组18号、2组39.113号轨枕埋入式无砟道岔和2组18号板式无砟道岔。

一、道　　岔

京津城际高速铁路18号和39.113号道岔的主要结构组成如表5-1-5所列。

表5-1-5　道岔结构的主要组成

分　类	项　目	18号道岔	39.113号道岔
道岔用钢轨	尖轨	60E1A1	60E1A1
	心轨	前部整体与后部钢轨焊接	前部整体与后部钢轨焊接
	基本轨	60 kg/m 钢轨	60 kg/m 钢轨
	翼轨	60 kg/m 钢轨	60 kg/m 钢轨
	材质与强度要求	R350HT	R350HT
	轨顶坡	1: 40	1: 40
扣件系统	扣件类型	Skl 12 扣件	Skl 12 扣件
	扣件系统静刚度	17.5 kN/mm	17.5 kN/mm
	扣压力	12 kN	12 kN
	防爬阻力	8~10 kN	8~10 kN
	垫板	硫化垫板	硫化垫板
	轨距调整方式	调整锥套	调整锥套
	横向调距范围	1~12 mm	1~12 mm
	高度调整方式	调整垫片 Upf	调整垫片 Upf
	高度调整范围	-4~26 mm	-4~26 mm
转辙器	FAKOP 结构*	有	有
	尖轨跟端结构	限位器	限位器
	尖轨是否焊轨	无焊接	无焊接

续上表

分 类	项 目	18 号道岔	39.113 号道岔
转辙器	滑床板结构	可拆装式:硫化滑床板、弹性压条、滑床台板,	可拆装式:硫化滑床板、弹性压条、滑床台板,
	滑床台与底板结合方式	弹性扣压	弹性扣压
	滚轮名称	BWG 弹性滚轮	BWG 弹性滚轮
	尖轨防跳	锁闭装置防跳	锁闭装置防跳
	牵引点岔枕	混凝土岔枕	混凝土岔枕
可动心辙叉	心轨结构	前部整体心轨与后部钢轨焊接单肢弹性可弯	前部整体心轨与后部钢轨焊接双肢弹性可弯
	翼轨结构	60 kg/m 钢轨、外侧弹条扣压	60 kg/m 钢轨、外侧弹条扣压
	翼轨固定结构	间隔铁	间隔铁
	心轨滑床台与底板结合方式	弹性扣压	弹性扣压
	心轨跟端传力结构	大间隔钢板	大间隔钢板
	护轨	无	无
	心轨防跳	下拉装置防跳	下拉装置防跳
其 他	轨下基础	无砟道床	无砟道床
	轨道绝缘类型	胶结绝缘	胶结绝缘
	牵引点个数	转辙器 3 个;辙叉 2 个	转辙器 6,辙叉 3
	锁闭装置允许尖轨的伸缩量	±40 mm	±40 mm

注*:FAKOP 结构为动态轨距优化。上述 2 种道岔的转辙器是带有动态轨距优化的转辙器。这种特殊设计,能够减少磨损面积,改善轮轨的接触状态。FAKOP® 结构轨距是加宽的,这 2 种道岔的最大轨距加宽为 15 mm。直基本轨也不再是一条直线,而是一种特殊的轨道曲线,即直基本轨向外凸起。预组装及铺设时,直基本轨方向调整以外侧 100 mm 处拉弦线为基准,为了测量方便、准确,在直基本轨轨头外侧加工了测量基准,调整方向时,在每根岔枕位置,从轨头的测量基准到弦线的距离调整为 100 mm。

二、岔区轨枕埋入式无砟轨道

京津城际铁路道岔区大多采用了轨枕埋入式无砟轨道结构,其轨道结构高度为自轨顶至底座底面 954 mm。岔枕采用铰接式长、短枕结构,可方便工厂预组装时轨排的节段运输,岔枕内埋入了预应力螺栓装置。

岔区无砟道岔自路基以上依次为 300 mm 厚 C30 钢筋混凝土底座、396 mm 厚 C40 钢筋混凝土道床板,底座宽 3.80 m,道床板宽 3.20 m,道床板顶面设 0.5% 的横向排水坡,道床板与底座之间通过剪力筋连接。施工过程中,按轨道结构和设计需要,在上下混凝土间设置 PE 滑动膜和剪力杆,混凝土节段按一定间距设伸缩缝和传力杆、预埋接地端子及其他部件。

根据道岔类型的不同,轨枕埋入式无砟道岔结构在道岔前后各设置 6.5 m、26 m(45 m)的轨枕埋入式或双块式无砟轨道与正线无砟轨道或站线有砟轨道顺接过渡。

为满足站后信号系统轨道电路传输长度的要求,道床板内的钢筋交叉点采用绝缘卡进行绝缘处理。

三、岔区板式无砟轨道

1. 结构组成

岔区板式无砟轨道由道岔部件、预制道岔板、底座承载板及找平层等部分组成,预制道岔板预设剪力箍筋与底座承载板相连。

2. 主要型式尺寸

(1)轨道结构高度:钢轨顶面至找平层底面为790 mm。

(2)道岔板厚度为240 mm,道岔板的长度和宽度根据道岔合理确定;道岔板上设置300 mm宽、纵向间距600 mm的横向承台,承台表面水平,承台间的道岔板表面设置预裂缝,缝深4 cm;承台间的道岔板表面设置0.5%的横向排水坡;安装道岔设备范围的道岔板上相应设置预留槽,表面设置0.5%横向排水坡。每块道岔板与底座承载板间设置2×3个直径8 mm箍筋连接。

(3)底座承载板厚度为180 mm,横向宽度较相应的道岔板宽400 mm,突出的边缘向轨道系统外侧设置4%的排水坡。

(4)找平层铺设在基床表层上,厚度为130 mm,横向宽度较相应的底座承载板宽300 mm。

(5)岔区扣件节点间距除安装电务设备范围外为600 mm,采用贯通插入式螺栓紧固。

3. 主要技术要求

(1)道岔板

道岔板为工厂预制的普通混凝土结构,混凝土强度等级为C45/55,设置两层非预应力HRB335级钢筋。其承轨台部分的平整度要求±0.5 mm。道岔板上设置标称直径为28 mm的钻孔,钻孔的位置精度公差最大为±0.5 mm。板上设置基准孔,用于安放测量棱镜。板内纵、横向钢筋交叉点采用绝缘卡进行绝缘处理。

道岔板铺设精度要求:高程和平面位置精度±0.5 mm;板接头处的错位±0.2 mm。

(2)底座承载板

底座承载板混凝土强度等级为C30,采用流动性好的混凝土现场浇筑。底座板延展贯穿于整个道岔,设HRB335级钢筋,底座板内纵横向钢筋交叉点采用塑料夹进行绝缘处理。

底座承载板现浇混凝土的技术要求如下:

①腐蚀等级:XF1(适度的水饱和度,不含融化剂);

②最大水灰比:0.6;

③最低水泥含量:280 kg/m^3;

④最大颗粒粒径:16 mm;

⑤细粉颗粒含量(粒径小于0.125 mm):小于450 kg/m^3;

⑥稠度:F5~F6(流动性好~流动性很好);

⑦扩展度:F5为560~620 mm;F6为超过630 mm;

⑧可施工时间:2 h。

(3)找平层混凝土强度等级为C20/25,不配筋,施工精度要求为±2 cm。

(4)防排水设计

左右线间填筑矿物混合料,其顶面采用C25混凝土填充。填充混凝土沿线路纵向与道岔板间以及沿线路横向每隔5 m均设置伸缩缝,采用沥青灌注。

第四节 过渡段

一、无砟与有砟轨道间的过渡段

不同型式的轨道结构,在轨道高度和轨道刚度方面都存在着差异,为减弱轨下基础刚度突变处轮轨间的动力作用,改善列车运行的平稳性,保持良好的舒适性和运行安全性,减少两种轨道结构在过渡处因病害而带来的维修工作量,在两种不同轨道结构型式之间必须按要求设置过渡段进行弹性过渡。

1. 过渡段设置的一般原则

(1)无砟轨道与有砟轨道间过渡段最小长度按列车运行速度计算,且无砟轨道至有砟轨道扣件刚

度宜采用三级刚度过渡的形式。

(2)设置辅助轨。

(3)过渡段范围的有砟轨道道砟分三段进行黏结处理。第一段:全部黏结;第二段:枕下道砟和砟肩黏结;第三段:轨枕下道砟黏结。

(4)下部结构的过渡段应与上部结构的过渡段错开设置,错开的间距根据相关规定依运行动力和结构形式而定。

(5)在过渡段应避免厂焊轨接头,不允许设置现场焊接头和绝缘接头。

2. 技术措施

(1)自轨道结构分界点开始,支承层向有砟轨道延伸10 m,同时满足有砟轨道道砟厚度的要求。

(2)与有砟轨道相邻的最后一块轨道板下部设置钢筋混凝土底座,轨道板与底座间设置锚栓连接。

(3)过渡段范围设置辅助轨及配套扣件,辅助轨长度为25 m(无砟轨道范围约5 m,有砟轨道范围约20 m)。

(4)自轨道结构分界点开始向有砟轨道一定范围内,采用道砟胶分别按全部(枕下道砟、砟肩、轨枕盒)、部分(枕下道砟、砟肩)及局部(枕下道砟)方式黏结道床。

(5)自轨道结构分界点向有砟轨道分别采用刚度为27 kN/mm、35 kN/mm、50 kN/mm的弹性扣件进行三级过渡。

二、路基与桥梁间无砟轨道过渡段

京津城际铁路全线主要采用CRTSⅡ型板式无砟轨道,在顶面无覆土且长度超过40 m的框构桥、刚构连续梁桥、高架桥及特大桥两端的路基上设置了摩擦板、过渡段及端刺,为控制端刺水平位移,根据摩擦板长度不同确定过渡段路基填料技术要求。

按路基上摩擦板和端刺设计原则,并根据位移检算确定,全线共设置摩擦板、端刺及过渡板22处,实现了路桥间无砟轨道的平顺过渡。

1. 不设端刺时的路桥过渡段

(1)路桥过渡段长度$L \geqslant 4H$,且$\nless 20.0$ m。

(2)过渡段范围内路基基床表层和正梯形部分分层填筑水泥稳定级配碎石(掺加3% ~5%水泥),倒梯形部分分层填筑A、B组填料。

(3)过渡段路堤与其连接的路堤按一整体同时施工,并将过渡段与连接路堤的碾压面按大致相同的高度进行填筑。

2. 设置端刺时的路桥过渡段

(1)摩擦板长度为50 m及以下的过渡段,摩擦板、过渡板及端刺以下路基填筑级配碎石(掺加3% ~5%水泥)。

(2)摩擦板长度为100 m的路桥连接处过渡段设置方式与不设置端刺时一致,摩擦板下填筑A、B组填料,端刺及过渡板以下路基采用1∶2坡度渐变方式填筑级配碎石(掺加3% ~5%水泥)。

三、路堤与横向结构物过渡段

路堤与横向结构物(立交框构、箱涵等)过渡段根据横向结构物顶面距离钢轨顶面高度不同采用不同形式。

1. 当横向结构物顶面距离钢轨顶面高度$h \leqslant 2.0$ m时,过渡段长度$L \geqslant 4H$,且$\nless 20.0$ m,横向结构物顶面及过渡段范围内路基基床表层填筑的级配碎石(掺加3% ~5%水泥)。基床表层以下横向结构物顶面及两侧正梯形部分分层填筑水泥稳定级配碎石(掺加3% ~5%水泥),倒梯形部分分层填筑A、B组填料。

2. 当涵洞顶面距离钢轨顶面高度 $h>2.0$ m 时，正梯形部分分层填筑水泥稳定级配碎石（掺加3% ~5% 水泥）。

3. 当横向结构物与线路中线斜交时，应以级配碎石填筑补齐斜交部分，过渡段的尾部保持垂直于线路。

第五节　无砟轨道接口设计

一、无砟轨道绝缘处理措施

京津城际高速铁路信号制式采用基于轨道电路 + 点式设备构成的列车运行控制系统，并预留与基于 GSM－R 无线信息传输方式的接口等，无砟轨道的结构钢筋对信号系统传输有一定的影响。

针对无砟轨道与无绝缘轨道电路的适应性，分别开展了轨道板单元绝缘处理方案及绝缘性能检测、厂内 200 m 试验段多种绝缘方案轨道电路参数测试、200 m 实体工程轨道电路参数测试等多阶段试验研究，经综合技术经济比较确定了利用绝缘夹和收缩软管进行绝缘的处理方案。

1. 轨道板绝缘处理措施

轨道板中 6 根纵向精轧螺纹钢筋采用收缩软管进行绝缘处理；其余钢筋节点之间根据钢筋型号采用不同规格的绝缘夹进行绝缘处理。

2. 底座板的绝缘处理

现浇的混凝土底座板所有钢筋交叉间均采用绝缘夹进行绝缘处理。

3. 轨道板连接绝缘处理措施

轨道板连接采用 6 根螺纹钢筋与张拉锁件间的绝缘采用绝缘垫片进行绝缘处理。

二、无砟轨道综合接地技术

接触网高压线故障时，可能会感应产生很高的跨步电压和接触电位，对无砟轨道混凝土、人身和设备安全造成影响，京津城际高速铁路无砟轨道系统进行了综合接地设计。

在轨道板内，采用 4 根纵向 $\phi16$ 结构钢筋作为轨道板的接地钢筋，与扁钢（2 450 mm × 50 mm × 4 mm）进行焊接，轨道板两端各设置一个接地端子。相邻轨道板间通过热镀锌扁钢相互连接成 100 m 左右的接地段，两个接地段之间电气上互不连通。每个接地段中部适当位置设置一根铜绞线电缆与沿线接地端子连接。

三、信号系统轨旁设备及安装

通过与站后专业动态设计，研究确定了不同轨旁设备的安装方案，并在轨道工程中预留工程条件，保证了工程建设的需要。信号系统的轨旁设备主要包括：

1. 轨道电路设备：调谐匹配单元、空心线圈、补偿电容、扼流变压器（包含空扼流变压器）、电缆箱盒（分线盒、终端盒）。
2. 道岔转辙机。
3. 各种标志牌：禁停标志牌、号码牌等。
4. 应答器等。

第二章　轨道系统精调

第一节　区间轨道精调

受施工误差、测量误差、桥梁徐变、地质沉降及轨道部件制造误差等因素的影响，铺轨完成后的无

砟轨道线型不可避免会存在一些直接影响行车安全性和舒适度的偏差，根据国内外无砟轨道以及有砟轨道的实践经验，在铺轨完成后，需要对超过轨道几何允许偏差的点位进行检查和修正。

一、轨道系统调整标准

根据京津城际铁路无砟轨道系统技术体系和轨道状态动静态检测数据、动力学测试数据及试验列车的运行状态，确定可满足高速列车运行安全性和舒适性的轨道系统精调标准，如表 5－2－1 和表 5－2－2 所列。

表 5－2－1　轨道状态静态检测标准

序　号	指　标	允许偏差	检测方法	备　注
1	轨　距	按相关标准	尺量，轨检小车	
2	轨距变化率	0.5‰		
3	水　平	±1 mm	尺量，轨检小车	
4	水平递减率	1.5‰		即三角坑
5	短波方向	2 mm/30 m 弦	弦线，轨检小车	5 m 间距
6	长波方向	10 mm/300 m 弦	轨检小车	150 m 间距
7	短波高低	2 mm/30 m 弦	弦线，轨检小车	5 m 间距
8	长波高低	10 mm/300 m 弦	轨检小车	150 m 间距
9	钢轨外侧与挡座离缝	1 mm	塞尺	
10	扣件扭矩值	250～300 N.m	测力扳手	
11	弹条中部与挡座间缝隙	1 mm 以内	测力扳手	
12	钢轨焊缝表面平顺度	0，0.2 mm	1 m 平直度尺及塞尺	
13	钢轨作用边平顺度	0，0.2 mm	1 m 平直度尺及塞尺	

表 5－2－2　轨道不平顺动态管理值

项　目		作业验收	计划维修	舒适度	临时补修	限速 200 km/h
偏差等级		－	Ⅰ	Ⅱ	Ⅲ	Ⅳ
42 m 波长	高低(mm)	3	5	8	10	11
	轨向(mm)	3	4	5	6	7
120 m 波长	高低(mm)	4	7	9	12	15
	轨向(mm)	4	6	8	10	12
轨距(mm)		+3、－2	+4、－3	+6、－4	+7、－5	+8、－6
水平(mm)		3	5	6	7	8
扭曲(mm)		3	4	6	7	8
车体垂直加速度(m/s^2)		－	1.0	1.5	2.0	2.5
车体水平加速度(m/s^2)		－	0.6	0.9	1.5	2.0

注：①表中管理值为轨道不平顺实际幅值的半峰值。

②高低、轨向不平顺偏差管理值按照轨道实际情况评定。

③水平偏差管理值不包含曲线按照设计规定设置的超高量及超高顺坡量。

④扭曲基长为 2.5 m，偏差管理值包含缓和曲线超高顺坡造成的扭曲量。

二、无砟轨道状态调整流程图

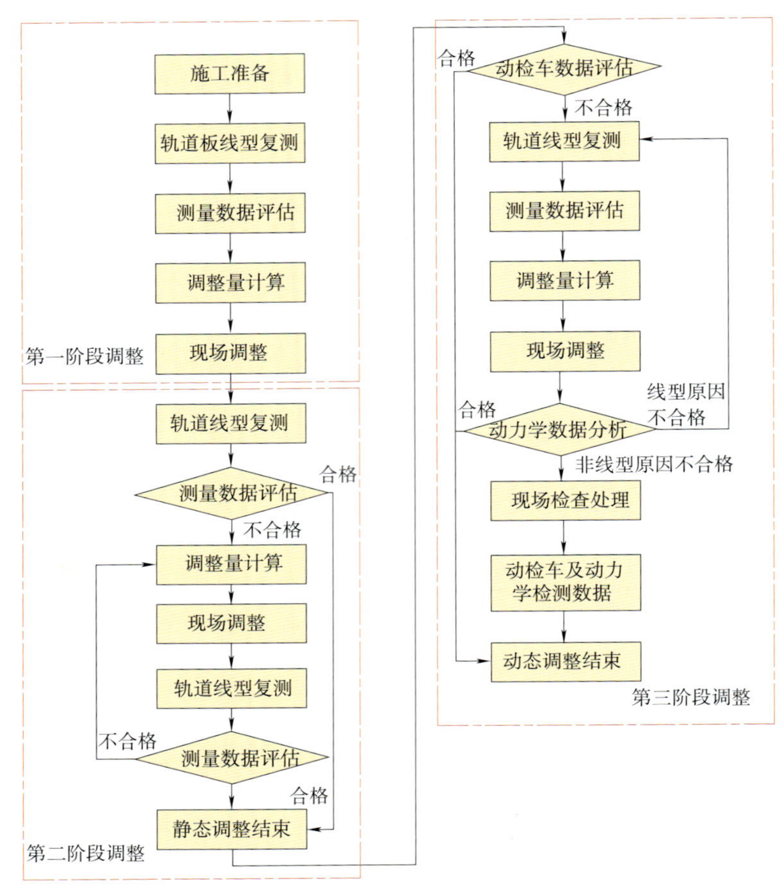

图 5－2－1　无砟轨道状态调整流程图

三、无砟轨道状态调整工艺

1. 第一阶段调整

第一阶段轨道线型调整的工作是 CRTSⅡ型板式无砟轨道线型调整特有的工作，即将铺设完工后的轨道板承轨台三维的竣工测量数据拟合成轨道线型数据后进行综合分析，对导致轨道水平、高低、方向超差点计算调整量，并进行现场调整的过程。

（1）轨道板状态测量

轨道板状态测量在轨道板竣工后进行，依据 CPⅢ基准测量网，使用全站仪按后方交会法进行定位，再将带 2 个反光棱镜的轨道板精调系统精调标架架在轨道板承轨台上，全站仪直接读取测量数据，该数据即为轨道板上安装钢轨的轨道纵、横、竖向的三维坐标。按每块轨道板各测量前、中、后 3 对承轨台数据，每次设站最多测量 80 m 范围，前后两次设站搭接 1 块轨道板。全站仪读取的数据经轨道板快速精调系统软件处理后，即形成轨道板线型的测量数据，如表 5－2－3 所示，该数据能准确反映所测量的每块承轨台位置的里程、轨道方向、高程、轨距的偏差以及连续测量数据所反映的轨道方向、高低的长、短波平顺度。

表 5－2－3　轨道板测量数据列表

#VALUE!	####	#VALUE!	####	####	#VALUE!	####	#VALUE!	####	####	#####	######	#######	#######	#######	#######
078025641	L1	17＋236.6	3.0	1.2	078025646	R2	17＋236.6	3.0	1.2	－0.1	0.0	#REF!	#REF!	#REF!	#REF!
078025642	L1	17＋233.4	2.7	0.7	078025645	R3	17＋233.3	3.0	0.6	0.3	0.1	－0.1	0.0	－0.7	－0.7
078025643	L1	17＋230.7	2.7	1.5	078025644	R3	17＋230.7	3.1	1.4	0.4	0.1	#REF!	0.1M	#REF!	0.0M
078025631	L1	17＋230.1	2.5	1.8	078025636	R3	17＋230.1	3.2	1.4	0.7	0.4	－0.2	0.0	0.3	0.0
078025632	L1	17＋226.9	2.4	1.1	078025635	R3	17＋226.8	2.9	1.1	0.5	0.0	－0.1	－0.3	－0.7	－0.5
078025633	L1	17＋224.3	2.5	1.8	078025634	R3	17＋224.3	3.3	1.7	0.8	0.1	0.2F	－0.2M	－0.3F	－0.3M
078025621	L1	17＋223.6	2.1	1.6	078025626	R3	17＋223.6	2.6	1.5	0.5	0.1	－0.4	－0.7	－0.2	－0.2
078025622	L1	17＋220.4	2.0	1.1	078025625	R3	17＋220.3	2.7	1.3	0.7	－0.2	－0.1	0.2	－0.7	－0.5
078025623	L1	17＋217.8	2.0	2.0	078025624	R3	17＋217.8	2.5	2.0	0.5	0.0	－0.3F	0.2M	－0.0F	－0.3M
078025611	L1	17＋217.1	2.0	1.9	078025615	R3	17＋217.1	2.5	2.0	0.5	－0.1	0.0	0.0	－0.1	0.0
078025612	L1	17＋213.9	1.9	1.0	078025615	R3	17＋213.9	2.4	0.9	0.5	0.1	－0.1	－0.1	－0.8	－1.1
078025613	L1	17＋211.3	1.8	1.7	078025614	R3	17＋211.3	2.5	2.0	0.6	－0.3	0.0F	－0.1M	0.1F	－0.3M
078025601	L1	17＋210.6	2.0	1.6	078025606	R3	17＋210.6	2.5	1.8	0.6	－0.2	0.1	0.1	－0.1	－0.2
078025602	L1	17＋207.4	1.7	0.5	078025605	R3	17＋207.3	2.4	0.8	0.8	－0.3	－0.3	－0.1	－0.9	－0.8
078025603	L1	17＋204.8	1.9	1.1	078025604	R3	17＋204.7	2.5	1.4	0.6	－0.3	－0.1F	0.2M	－0.1F	－0.1M

注：1. 上表格中，从左到右依次为：左轨板号里程及高低、方向，右轨板号里程及方向、高低，左右轨方向、高低偏差，相邻板方向、高低偏差；

2. 上示意图中，5 条线从左到右：蓝色左轨高低、左轨方向、粉红色标准、黑色轨距、右轨方向、右轨高低。

（2）轨道板测量数据评估

轨道线型测量数据评估的判别依据是轨距、水平偏差不超过 2 mm，5 m 范围内方向、高低相差不超过 2 mm。对超标的部分，视为轨道线型不合格。

（3）轨道板调整量计算

对轨道线型测量数据的评估和调整量计算是同步完成的，将轨道线型测量数据导入专用计算机程序，该表能实时反映轨道线型的偏差情况。当轨道线型数值超标时，在列表右侧的两栏中填入各股轨道的方向调整量，表中对应的轨距、方向、绝对精度等会产生变化，该调整量计算是不断优化的过程，当所有数据都在合格范围内，即可完成调整量计算。最后，可通过计算程序输出调整量清单（表 5－2－4）。高低和水平的调整方法与上类同。

表 5－2－4　轨道方向调整量

板号	轨枕号	里程轨道轴线	左轨					右轨				
			竖向调整		侧向调整		调整方向	竖向调整		侧向调整		调整方向
			轨下垫片（mm）	调整铁垫板（mm）	轨距挡板外（mm）	轨距挡板内（mm）		轨下垫片（mm）	调整铁垫板（mm）	轨距挡板内（mm）	轨距挡板外（mm）	
03369	9	24＋139.8										
03369	10	24＋138.5										
03370	1	24＋141.7			Wfp14	Wfp16	向左			Wfp14	Wfp16	向左
03370	2	24＋142.4			Wfp14	Wfp16	向左			Wfp14	Wfp16	向左
03370	3	24＋143.0			Wfp14	Wfp16	向左			Wfp14	Wfp16	向左
03370	4	24＋143.7			Wfp14	Wfp16	向左			Wfp14	Wfp16	向左
03370	5	24＋144.3			Wfp14	Wfp16	向左			Wfp14	Wfp16	向左
03370	6	24＋144.3			Wfp14	Wfp16	向左			Wfp14	Wfp16	向左
03370	7	24＋145.0										
03370	8	24＋145.6	ZW5		Wfp16	Wfp14	向右	ZW5		Wfp16	Wfp14	向右
03370	9	24＋146.3	ZW4		Wfp17	Wfp13	向右	ZW4		Wfp17	Wfp13	向右
03371	1	24＋148.2										
03371	2	24＋148.9										
03371	3	24＋149.5										
03371	4	24＋150.2										
03371	5	24＋150.8										
03371	6	24＋150.9										

注：本表中可显示详细的调整量清单，包括具体轨道板号及承轨台号位置。

（4）现场调整

对照承轨台方向和水平调整量，逐一查找所需更换调整件的承轨台；进行检查并更换调整扣件。

①轨距调整

取出扣件螺栓，拆除弹条，重新更换所需要的轨距挡块。通常应同时松开更换区域及前后各 3 对扣件螺栓，并用轨撑横向调整钢轨位置以保证更换后的轨距挡块顺利落槽。最后恢复扣件系统，并将螺栓扭力施加到 250 N · m。

轨距调整时，可用道尺辅助检查，调整时应将钢轨外侧与轨距挡块离缝值控制在 1 mm 以内。

②高低调整

取出扣件螺栓，拆除弹条、轨距挡块，通常应同时松开更换区域及前后各 3 对扣件螺栓，用起道机略微抬高钢轨，更换所需的调高垫片。最后恢复扣件系统，并将螺栓扭力施加到 250 N · m。

第一阶段调整可基本完成因轨道板安装误差引起的轨道线型偏差调整。

2. 第二阶段调整

轨检小车测量轨道状态数据并进行精调，是在无缝线路焊接锁定完成后进行。

（1）轨检小车复测轨道线型

在 GRP1000 轨检小车测量之前，将 CPⅢ网测量成果及无砟轨道线型数据输送至轨检小车系统软件。

轨检小车与全站仪按“全站仪自由设站，后方交会法”测量。全站仪架设在线路中线上，通过后视线路两侧 8 个 CPⅢ控制点进行自由设站，观测轨检车上的棱镜，之后全站仪将测量数据传递给轨检小车。轨检小车通过自身携带的传感器对轨道的超高、轨距进行测量，并对将所有测量数据进行处

理，实时形成每个测量点的绝对坐标（竖向、横向）、轨距、方向、高低与设计数据的对照，并通过不同的界面予以显示（图5－2－2）或输出打印。

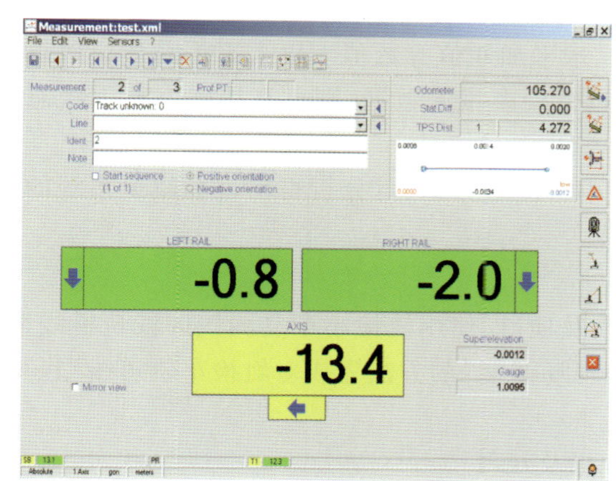

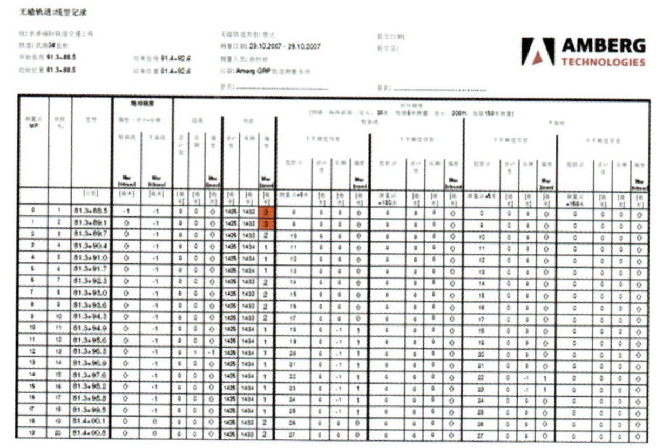

图5－2－2 轨检小车测量数据

轨检小车测量时，一次设站最大测量距离80 m。前后两次测量的搭接区不小于5个测点，同一点不同测站的测量数据不超过0.5 mm。为保证测量数据的一致性，对道岔进行测量时，轨检小车在轨道上的放置方向应将轨检小车的导向边固定在直线段的行车方向的左侧方向和曲线段的外侧方向。

测量每块轨道板第1、5、10共3个位置，当轨道状态波动很大时可加密测量点位置。

测量完成后，轨检小车系统可自动生成测量成果报表，该报表能反映每个测量点的绝对坐标（竖向、横向）、轨距、水平及方向、高低长短波与设计数据的差值，对超标处显示红标记。

（2）轨道状态测量数据评估及调整量计算。（同前）

（3）现场调整

现场调整对照调整量，按“先方向，后水平；先方向，后轨距”的原则依次进行调整。

①对照调整量清单，在拟精调位置的前后，用20 m或30 m弦线测量轨道方向，直线地段以上股为准（行车方向的左侧），曲线地段以外股为准。使用钢板尺检查正矢值，对照调整量清单确定方向调整量，并用更换轨距挡座的方向调钢轨方向，之后使用钢板尺测量正矢值以检查钢轨方向。用道尺检查轨距，调整另外一股钢轨，调整后的轨向应满足轨距±1 mm、轨距变化率1/1 500、方向2 mm，调整轨距的同时，检查并调整水平。

②与方向调整一样，可用电子水准仪测量拟精调位置及前后20 m的轨道高程，直线地段以上股为准（行车方向的左侧），曲线地段以外股为准。根据测量数据，使用调高垫片调整轨道高低，之后用道尺检查水平，并调整另外一股钢轨，调整后的轨道水平应满足轨距±1 mm、高低2 mm，调整水平的同时，检查并调整轨距。

③现场调整过程中，同时修正轨道扣件离缝、扭力不足等问题。

（4）轨检小车复测轨道线型

每次现场调整完成后，及时用轨检小车复测轨道线型，并重复进行数据评估、调整量计算、现场调整和轨道线型复测的工作，直到轨道线型数据达到合格要求。通常无砟轨道的调整工作需要重复3～4次的反复调整，每次调整量会越来越少。

3. 第三阶段调整

轨检车及动力学试验和检测，是在无砟轨道线型静态验收合格后进行，此时会因为试验列车的动载作用导致轨道线型产生变化，或会发现静态检测时无法发现的问题，因而，需要继续对轨检车及动力学检测数据进行评估，并以超差点进行调整。

(1)轨检车数据分析

轨检车数据一般以轨道图谱或报表的形式给出。轨道图谱由轨道高低、方向、轨距、三角坑及垂向、水平加速值波形图组成,各波形图能直观反应轨道几何的情况,对超标点可使用计算机点击查找具体的里程位置及轨道高低、方向、轨距、三角坑及垂向、水平加速值等数值。再人工汇总形成轨道状态列表,确定轨道线型超标的区段及项目、数量。而通过轨检车报表数据,则可直接确定轨道状态超标的区段及项目、数量。

根据动检列车数据,再使用轨道板精调系统或轨检小车测量数据,可分析得出现场轨道系统的超标情况及超标量、调整量。

(2)轨检小车复测轨道状态及静态调整

对照轨检车数据分析结果确定的轨道线型超标区段及项目,使用轨检小车复测该区段轨道线型,并按“第二阶段调整中轨道线型数据评估、调整量计算、现场调整”的方法完成对轨检车轨道线型超标区段及项目的调整。

(3)非轨道状态原因引起的轨检车数据不合格的分析及处理

调整时,根据轨检小车所测数据分析,超标的进行调整,没有超标的则不调整。若轨检车检测结果与轨检小车测量结果不一致且悬殊很大时,则需要对照分析是否因为扣件缺损、扣件扭力不足或钢轨焊接接头打磨不平顺等影响。

检查的方法主要是现场逐一核实,对存在缺陷的及时修正。

(4)动力学检测数据评估

动力学检测与轨检车检测原理一样,反映行车动力学的状态。其数据的分析方法与轨检车数据分析一样,最终通过轨检小车复测予以验证。

第二节　道岔调整

在高速列车开行之前,需要对无砟道岔的轨道线性和内部几何进行检查,并整治超差的部分,即无砟道岔线型调整。

一、无砟道岔线型调整标准

岔区轨道状态调整遵循“先保证短波,再保证长波;先保证直股,再兼顾曲股;转辙器及辙叉区少动,两端线路顺接”的调整原则。根据无砟道岔的线型和结构特点,将轨道线型的方向、高低、水平、轨距及轨距变化率、高低变化率调整至允许值范围,保证前后轨道平顺。

根据京津城际铁路无砟道岔系统技术体系和前期轨道岔轨道型调整、动力学测试数据及试验列车运行状态,确定可满足高速列车运行安全性和舒适性的轨道系统精调标准,如表 5-2-5 所列。

表 5-2-5　岔区轨道几何形位容许偏差

编　号	检查点	容许误差	测量设备
一、总体线性			
1	道岔位置	±10 mm	
2	道岔标高	±10 mm	
3	轨枕分布	±10 mm 布置图	钢卷尺
4	节点线型	±1 mm	尺和塞尺
5	道岔长度	±10 mm 布置图	卷　尺
6	原点夹角区/道岔末端(钢轨末端)	±2 mm	方　尺
7	紧固扣件	0.1-1 mm	塞　尺

续上表

编 号	检查点	容许误差	测量设备
8	轨底与轨距挡块间隙	外侧≤1 mm	目 测
二、转辙器区域			
1	道岔铺设水平、高低	水平≤2 mm，导曲线不得有反超高	
2	道岔方向：目视为直线	≤2 mm	
3	尖轨与基本轨之间的顶铁间隙	≤1mm	塞尺
4	直尖轨第一牵引点与曲基本轨密贴	间隙≤1 mm	塞尺
5	直尖轨其他位置与曲基本轨密贴	间隙≤1 mm	塞尺
6	曲尖轨第一牵引点与直基本轨密贴	间隙≤1 mm	塞尺
7	曲尖轨其他位置与直基本轨密贴	间隙≤1 mm	塞尺
8	转辙器部分最小轮缘槽	>65 mm	塞尺
9	岔枕分布	±5 mm	直尺
10	FAKOP 位置	100 mm ±3 mm	卷尺
三、辙叉区域			
1	道岔铺设水平、高低	水平≤2 mm，导曲线不得有反超高	
2	心轨尖端至第一个牵引点处密贴	≤1 mm	塞尺
3	其余部位心轨与翼轨密贴	≤1 mm	塞尺
4	心轨轨底与台板间隙	≤1 mm，不得连续出现间隙	塞尺
5	叉跟尖端（100 mm）与短心轨密贴	≤1 mm	塞尺
6	叉跟轨其余部分与短心轨密贴	≤1 mm	塞尺
7	长心轨轨腰与顶铁的间隙	≤1 mm	塞尺
8	短心轨轨腰与顶铁的间隙	≤1 mm	塞尺

二、无砟道岔调整流程图

岔区无砟轨道状态调整流程，如图 5－2－3 所示。

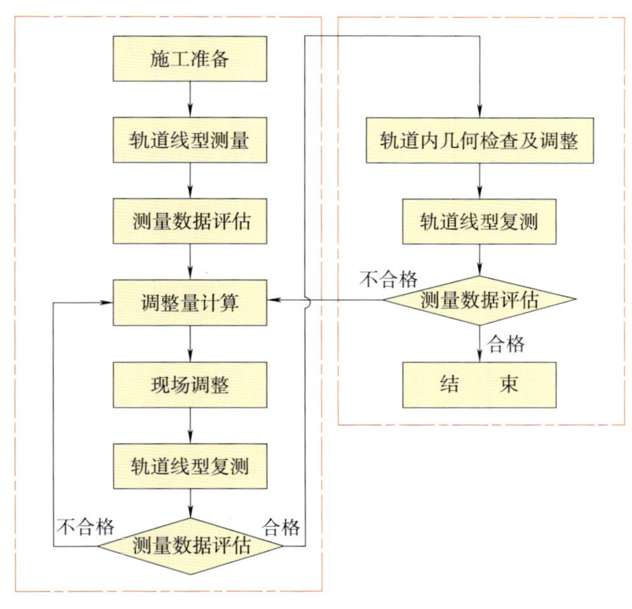

图 5－2－3 无砟道岔状态调整流程图

三、无砟道岔状态调整工艺

1. 岔区轨道状态测量

采用轨检小车测量岔区轨道状态，在道岔线型短波调整阶段，轨道线型的测量范围包括道岔及前后各 30 m 范围，直向和曲向同时测量。轨检小车测量布置如图 5－2－4 所示。

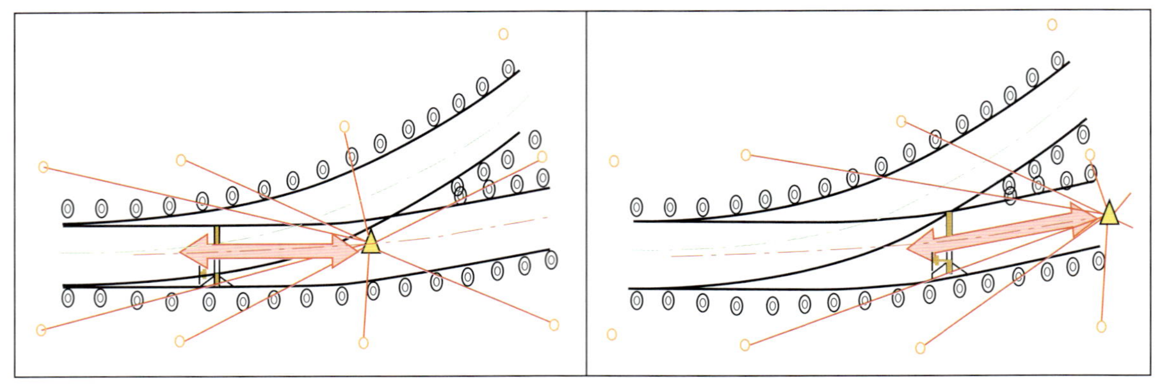

图 5－2－4　轨检小车测量布置示意图

每次测量时全站仪依据 CPⅢ基准测量网按后方交会法在轨道中线位置建立空间坐标体系，轨检小车置于两轨道上，对每对扣件螺栓对应的轨道位置进行逐点测量，为保证测量数据的准确性，全站仪距轨检小车的距离就在 5～80 m，两次设站时测量的搭接区不小于 5 个点，且搭接区应避开转辙器及辙叉区，同时轨检小车的主轴应始终保持在一个方向，通常是直向的直尖轨侧和曲向的曲尖轨侧。

道岔直向轨道状态测量：将道岔尖轨、心轨转至直向位置并锁闭。轨检小车使用道岔直向轨道线型设计完成道岔曲向线型测量。

道岔曲向轨道状态测量：将道岔尖轨、心轨转至侧向位置并锁闭。轨检小车使用道岔侧向轨道线型设计完成道岔曲向线型测量。

为方便道岔直向、曲向线型测量数据与现场的对照检查，测量时应对每 1 对承轨台位置按岔枕编号的方式进行标记。

测量完成后，通过轨检小车系统可直接得到单独的道岔直向、曲向线型数据，每个数据可直接显示轨道的绝对高程、方向、轨距、水平以及 30 m、300 m 的方向短长波和高低短长波。

2. 数据评估及调整量计算

（1）数据评估

道岔线型的轨检小车测量数据可直接通过轨检小车测量数据报表进行评估，评估的标准可提前输入轨检小车软件系统。轨检小车数据评估标准如表 5－2－6 所列。

表 5－2－6　轨检小车数据评估标准

序　号	项　目	允许偏差
1	高程	± 10 mm
2	中线	± 10 mm
3	超高	± 2 mm
4	轨距	± 1 mm
5	高低	± 2 mm /30 m 弦
6	方向	± 2 mm/30 m 弦

由于输入轨检小车系统的轨道设计线型没有反映道岔转辙器 FAKOP 区轨距加宽值，因此，轨检

小车测量显示结果是全部超差。该段线路轨距需要对比设计值与实测值之差单独评估。

道岔辙叉区属结构特殊位置，其轨道轨距、方向应以优先直向兼顾曲向的原则单独评估。

直向、曲向线型数据应对照评估，当直向线型良好，对应的曲向线型有超差时，应作对照分析。若是不在同一弹性基板位置，应按不合格评估，在同一个承轨台位置，则需要综合直向、曲向的方向偏差，以优先直向兼顾曲向的原则酌情判定是否合格。

线型评估还应结合调整量计算综合判定。

(2)调整量计算

京津城际高速铁路使用专业的道岔调整量计算程序，将道岔直向、曲向分别输入计算程序列表，再在计算程序列表所示的调整区内输入计划调整量，此时，列表可实时反映道岔调整后轨道线型数值，通过不断地输入计划调整量，即可得出最优化的轨道线型，即超差点最少、超差值最小。此时，使用计算程序可输送一份对照原有调整件基础上的调整量清单，施工现场对照调整量清单即可开展轨道线型调整工作。

道岔线型横向、轨距、方向的调整量计算应遵循“先保证直股，再兼顾曲股；转辙器及辙叉区少动，两端线路顺接”的原则。轨道线型高程、水平、高低调整量计算与横向、轨距、方向调整量计算方法相似。

3. 现场调整

现场调整按“先方向，后水平；先直股，后曲股；先整体，后局部”的原则，道岔方向调整的同时，消除钢轨外侧与弹性基板挡肩间隙。

第一阶段调整：除调整直基本轨方向外，不需要计算量调整清单。

对照调整量清单，将道岔尖轨、心轨转到直向位置，优先调整道岔直基本轨的岔前缝及与导轨相连的位置，为道岔转辙器调整确定基本方向。

沿道岔直基本轨外侧沿转辙器全长范围安装并张拉 30 m 以上的钢弦线，使用钢板尺检查每个扣件螺栓处弦线距 FAKOP 区拉槽的距离，对偏差超过 1 mm 的点通过更换偏心锥的方式予以调整。

对照设计图，使用支距尺检查曲基本轨与直基本轨间距，对偏差超过 1 mm 的点通过更换偏心锥的方式调整曲基本轨方向。

利用塞尺检查曲尖轨与直基本轨、直尖轨与曲基本轨间隔的间隙，对间隙超过 1mm 的点进行调整，调整的方法：首先调整两尖轨尖端平齐，其次使辙叉跟端以远尖轨外侧与弹性基板挡肩密贴，调整时可在尖轨内侧与弹性基板挡肩间加入间隙片，但间隙片不得加在尖轨外侧与弹性基板挡肩之间。

用轨距尺检查转辙器区段直向轨距，对偏差超过 1 mm 的点通过更换偏心锥的方式调整曲基本轨及直尖轨方向。

根据调整量清单完成直基本轨后导轨的方向调整，其控制方法是先检查并记录调整位置的直向，再通过控制轨距变化调整直基本轨方向。

30 m 钢弦线向岔后方向平移，两次布线至少有 10m 搭接区，使用钢板尺检查每个扣件螺栓处弦线距导轨外侧的距离，对偏差超过 1mm 的点通过更换偏心锥的方式予以调整。

以直向轨距控制完成对尖轨后导轨方向的调整，以支距控制完成对曲向尖轨后导轨方向的调整，以曲向轨距控制完成对曲向基本轨后导轨方向的调整。

辙叉区原则上不作调整，这在调整量计算时已经考虑。

直向调整时，同时完成道岔前 10 m 及道岔后 30 m 线路方向的调整，方法同前。直向调整完成后，将道岔尖轨、心轨转到曲向位置。

通过轨距检查核对转辙器区段轨道线型质量，通常情况下直向调整到位，轨距值偏差不会超出设计范围。

通过轨距控制完成对辙叉区段曲向基本轨后导轨方向的调整。

按上述方法完成道岔后 30 m 线路方向的调整。

调整完成后,使用轨检小车复测道岔轨道线型数据,并评估和计算新的线型调整量。

第二阶段调整:对照调整量清单,逐一完成对轨距、方向超差点的调整。

对照调整量清单,按直接更换偏心锥的方式完成拟定的轨距、方向超差点的调整,通过30 m 弦线、支距尺和轨距尺检查调整效果。

每调整完成一次,即用轨检小车复测道岔轨道线型数据,评估和计算新的线型调整量,再重新调整,再复测,直到评估结果显示道岔轨距、方向合格。

在道岔轨距、方向调整完成后,依据新的道岔轨道线型数据计算道岔高度、水平、高低调整量,现场调整时仍按"先直向,后曲向"分别调整,同样是一个调整、复测、再评估、再调整、再复测的过程,直到轨道线型数据合格,调整道岔高度、水平、高低的同时,须兼顾调整道岔方向、轨距等新出现的超差点。

高程调整时,以尖轨侧为基准轨,对照调整量清单直接更换调高垫片,以水平变化值控制调整量,之后再用电子水准仪复测调整效果,不合格处重复调整及复测,最后再以水平控制完成另一股钢轨水平的调整。

调整曲向高程时,道岔直向与曲向高程在转辙器区和辙叉区是一致的,辙叉区则以直向高程控制曲向高程,导轨段可自由调整。

通过 3 ~ 4 次的反复调整,即可使道岔的轨道线型测量数据评估合格。

4. 岔区轨道内部几何检查及调整

岔区轨道内部几何的检查和调整部位包括:尖轨与基本轨密贴,尖轨与滑床板密贴,尖轨跟端限位器等。

尖轨与基本轨密贴及尖轨跟端限位器调整。

尖轨与滑床板间存在较大间隙的需要调整,优先使用调高垫板,最后再用滚轮调整片调整。

道岔轨道内几何的检查和调整,可以安排在道岔线型调整的后期(即调整量较少时)与道岔线型调整同步进行,每次轨道线型调整完成后,同步检查和调整道岔轨道内几何。

道岔轨道线型最终评估合格,是建立在道岔轨道线型测量数据和道轨道内几何都合格的基础。

5. 岔区轨道长波平顺性调整

在道岔轨道短波平顺性调整合格的基础上,结合道岔前后轨道线型调整,完成对道岔轨道长波平顺性的调整,其调整的工作主要在区间线路,原则上道岔区轨道方向和高低不作大的调整。

第三节　道岔转辙设备安装及联调

在道岔混凝土浇筑之前,需要对道岔转辙设备、密检设备等进行安装并调试,调试合格并拆除后,方可浇筑道床板混凝土。在道岔线型精细调整阶段和系统调试阶段要重新安装道岔转辙设备、密检设备并调试合格。

一、转辙器区域的 HRS 锁闭装置的调试

1. 首先用水平尺检查转辙机支撑托架是否将电转机水平固定,然后将道岔转辙器摇至一侧锁闭状态,并检查斥离轨是否到位。测量各牵引点处的开口值并记录下来与设计尺寸相对照,公差范围 ±10 mm。

2. 用锁闭行程量规测量转辙器两侧各牵引点锁闭行程并记录。

3. 根据上述记录的数值,按设计要求调整转辙器的开口值、锁闭行程以及基尖轨密贴。

4. 将三处牵引点两侧调整完毕后,进行 4 mm 试验。

将一个 4 mm 测试样板放在锁闭装置处基、尖轨贴合面,逐点检测三个牵引点。正线、侧线都要完成以上测试。在第一次测试后,可能会有个别牵引点锁闭,这样就得对未通过测试的点进行检查。

4 mm 测试完成后,紧固所有螺栓,正确安装开口销。

5. 在所有精调完成后,进行辊轮间隙的调整。现场调整尖轨轨底与滑床板的间隙控制范围在 0.3 ~ 1 mm,允许有一块滑床板与尖轨间隙小于 0.3 mm 或大于 1 mm。

二、辙叉区域的 HRS 锁闭装置调整

1. 首先用水平尺检查可动心轨转辙机及下拉装置控制箱支撑托架是否将电转机及控制箱水平固定,将可动心轨摇至一侧锁闭状态。测量各牵引点处的开口值并记录下来与设计尺寸相对照,公差范围 ±10 mm。

2. 用锁闭行程量规测量可动心轨两侧各牵引点的锁闭行程并记录。

3. 根据上述记录的数值,按设计要求调整可动心轨的开口值、锁闭行程以及心轨密贴。

三、液压下拉装置驱动器的现场安装调试

1. 将厂内组装的 4 根六角螺栓把连接横梁和连接块连接紧固到位。检验下拉装置翼缘与连接横梁之间的间距。

2. 调整偏心螺栓使连接杆和弹性辊轮之间的间距大约保持 3 mm(±0.5)

3. 接通电源(380 V 三相电)

4. 把下拉装置驱动器连接到下拉装置上。

5. 下拉装置排气:把通风软管连接到下拉装置的排气设备上,转动下拉装置驱动器上的手动曲柄直到排气软管内所有的空气已排流出。

6. 检验油位及所有连接关节和工具器械的密封性。

7. 液压下拉装置驱动器装配有一个紧急"手动操作",在维护工作或紧急情况下可以操作。

四、双肢弹性可弯心轨辙叉下拉装置的安装调试

1. 检查下拉装置碟形弹簧垫圈是否对正,然后将连接杆与连接杆元件紧固到位。

2. 将下拉装置油管接好并排净液压缸内空气。

3. 安装连杆时,心轨必须停留在两翼轨中心。确保连接横梁让下拉装置在运行状态,翼轨轨底与限位板之间的间隙为 3 mm,连接横梁与心轨之间保证有 0.5 ~ 0.7 mm 间隙。

4. 检验限位板与钢架之间的间隙是否统一为 2 mm。这个间隙也可通过插入衬垫进行调整(衬垫的规定厚度为 10 mm)。

5. 紧固液压下拉装置的各个部件螺栓。

6. 把液压下拉装置驱动器放在手动状态,然后用电动测试,如心轨不动即为正常。

第三章 线路工程状态监测

第一节 沉降区域监测

一、工程沿线区域地面沉降现状

1. 北京段

京津城际铁路北京段主要受两个沉降区影响:东八里庄—大郊亭沉降区和大兴榆垡—礼贤沉降区。工程沿线 1955 ~ 1999 年累计地面沉降量为 100 ~ 200 mm,亦庄附近部分水准点 1999 ~ 2005 年累计地面沉降量为 46.3 ~ 149.4 mm。

最近几年地面沉降发展较快,沉降速率很大,形成了几个新的沉降中心区,如通州梨园—台湖沉

降中心，通州县城沉降中心，顺义北务沉降中心。京津铁路经过朝阳区东郊八里庄—大郊亭大沉降中心区的边缘地带，经过通州梨园—台湖新沉降中心区的边缘地带。

最新的地面沉降监测数据显示，目前北京段地面沉降速率维持在 20 mm/a 左右，部分沉降漏斗中心附近沉降速率可达 50 ~ 80 mm/a，最大可达 112 mm/a。如次渠镇西面监测点 A 处 2006 年沉降速率 23 mm/a，2007 年沉降速率 21.39 mm/a；次渠镇东南监测点 B 处 2006 年沉降速率 29 mm/a，2007 年沉降速率 10.80 mm/a；次渠镇东北监测点 C 处 2006 年沉降速率 42 mm/a，2007 年沉降速率 51.52 mm/a，沉降速率比较大。

图 5-3-1、图 5-3-2 分别为北京段沿线沉降明显地段 2006 年沉降等值线图和 2007 年沉降等值线图。可以看出，2006 年沉降速率约为 15 ~ 35 mm/a；2007 年沉降速率约为 10 ~ 45 mm/a，其中 JJK15 ~ JJK18 段 2007 年沉降速率超过 30 mm/a；说明近两年地面沉降呈快速发展趋势。

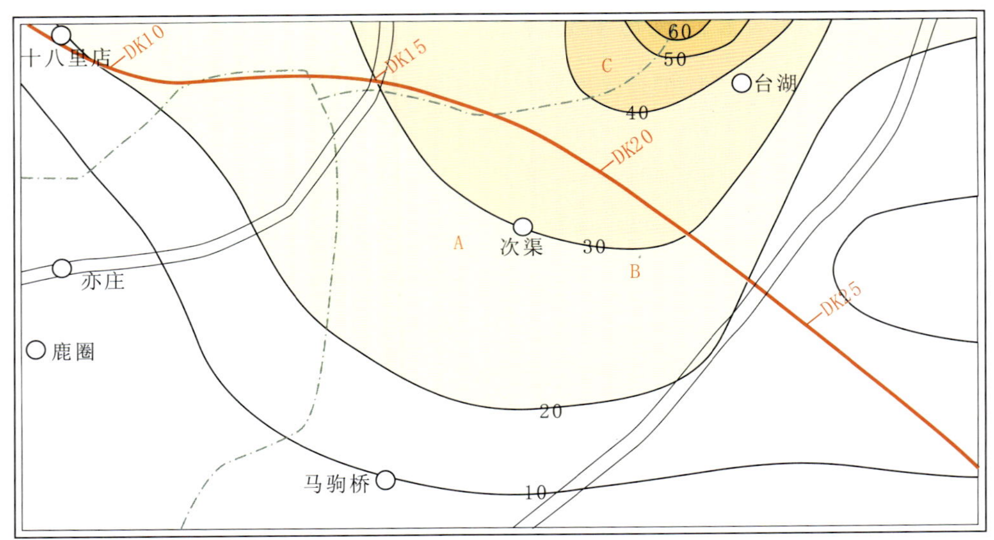

图 5-3-1　2006 年年沉降量等值线图

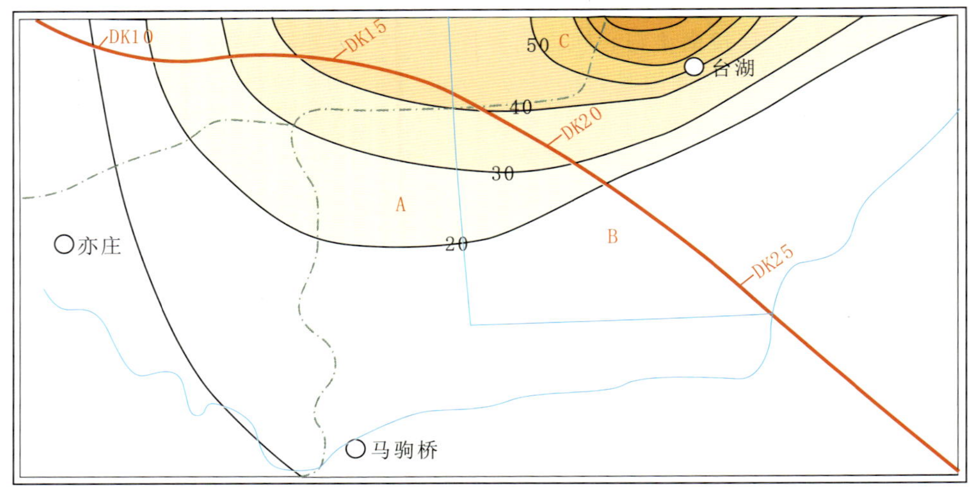

图 5-3-2　2007 年年沉降量等值线图

2. 天津段

天津段由北向南依次穿越武清区和天津市区及近郊（北辰区）两个沉降漏斗区。工程沿线 1985 ~ 2003 年累计地面沉降量在 200 ~ 1 200 mm 之间，1997 ~ 2003 年均沉降速率在 10 ~ 70 mm/a 之间。其中，杨村附近沉降速率在 60 mm/a 以上，最大达 80 mm/a。1993 ~ 2003 年 10 年间，工程沿线地面高

程损失最大达 875.9 mm,最小 92.2 mm。

工程沿线天津段 2006 年沉降速率 10 ~ 50 mm/a 不等,最大沉降地段为 JJK99 ~ JJK102,沉降速率大于 50 mm/a;JJK96 ~ JJK99 段、JJK102 ~ JJK103 段沉降速率介于 40 ~ 50 mm/a 间,见图 5 - 3 - 3。

工程沿线天津段 2007 年沉降速率 20 ~ 50 mm 不等,最大沉降地段为 JJK96 ~ JJK102,沉降速率大于 50 mm/a;JJK94 ~ JJK96 段、JJK102 ~ JJK105 段沉降速率介于 40 ~ 50 mm/a 间,见图 5 - 3 - 4。

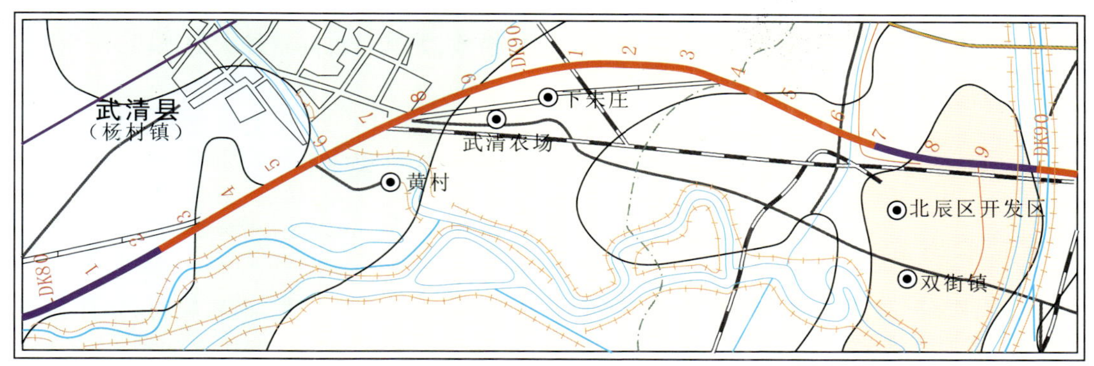

图 5 - 3 - 3 2006 年天津武清、北辰沿线地面沉降速率图

图 5 - 3 - 4 2007 年天津武清、北辰沿线地面沉降速率图

二、技术措施

京津城际铁路地处区域沉降地区,为保证运营的高安全、高舒适要求,特采取如下技术措施:

1. 加强区域地面沉降的控制

地面沉降防治的基本原则是以监测、预防为主,防治结合,并坚持以法治理地面沉降。对于已形成的灾害采取切实有效的措施,控制其发展并采取有效对策减缓或减弱其负面影响,对地面沉降有可能继续发展的地区采取有效的监控措施,掌握其发展变化趋势,做好预测、预报工作。主要采取以下技术措施:

(1)建立工程沿线地下水位、地面沉降及城际轨道工程变形的综合监测网,加强沉降观测,实时监控地下水位变化、地面高程变化、地表变形、铁路工程不均匀变形、纵横向轨道平整度、变形等指标,为预警预报、防灾减灾提供基础依据,以便及时采取有效的处理措施。

(2)加强地面沉降灾害研究。对于工程沿线地质工作程度比较低的地区进行系统的地面沉降专项调查工作,在调查、勘查和长期监测的基础上,建立地下水—地面沉降耦合模型,预测不同开采条件下,工程沿线地面沉降发展趋势,对工程遭受的地面沉降灾害进行预警预报。

2. 加强运营期间的安全管理和运营检查

(1)运营部门安全生产管理人员对铁路线路进行经常性巡查和维护。

(2)运营部门加强轨检、动力学检测工作,通过定期的检测及时分析各沉降段的轨检、动检是否达标,从而为行车安全提供可靠的保障。

(3)加强不间断的观测,切实掌握区域沉降的特征,为超前处理区域沉降问题提供必要的基础资料。

(4)沉降将会对轨道系统产生裂缝,采取加强监控措施,尤其是沉降量较大的地段,产生裂缝及时修补,以免影响结构的耐久性。

第二节　轨道及道岔状态监测

一、轨道状态监测

定期对京津城际高速铁路全线轨道进行检查,主要包括:轨道平顺度、钢轨爬行、扣件扣压力、轨道部件伤损(底座混凝土板裂纹,轨道板预设裂缝处的裂纹,轨道板间宽、窄接缝的裂纹,砂浆调整层与轨道板、混凝土底座的黏结,扣压型挡块的裂纹、滑动层、硬质泡沫塑料的状态,道岔区轨枕埋入式道床板裂纹等)、轨道部件缺失等。

二、道岔状态检查

岔区轨道几何状态检查,主要包括:轨距及与邻近测量点间的轨距差;横向水平;扭曲;尖轨与滑床板、基本轨和顶铁的间隙;可动心轨辙叉区域的轨距等。

第三节　桥梁状态长期监测

桥梁状态长期监测主要针对影响轨道结构运营状态的项目进行监测,主要包括:桥梁结构徐变变形监测;桥梁结构温度场分布及变形监测;梁端竖向和水平转角监测;桥梁基础沉降监测等。

第四节　路基状态长期监测

对京津城际铁路地基及路基顶面沉降量进行监测,分析路基工后沉降变化特性,以及软土或松软土地区采取挡土墙路基结构型式时的变形特点及沉降控制因素。

第六篇　客运服务系统

京津城际铁路是我国第一条设计速度达到350 km/h 的高速铁路,其特点在于客流大,列车运行速度高,开行时间间隔小。客运服务系统作为站后系统集成的重要组成部分,为了保证旅客方便快捷地进站、购票、候车、检票、登乘、出站,采用了一系列的新技术、新方案、新方法和新设备。对于铁路客票发售与预订系统(TRS5.0),在配票策略、售票、改签、退票、换票、磁票印制等方面进行适应性改造,首次采用磁介质车票技术条件下的自动售、检票服务模式,构建了车站旅客服务集成管理平台,实现了客运车站广播、引导、监控、查询、求助、寄存等业务的综合管理、信息共享和联合管控。

京津城际铁路客运服务系统的建设,有效地提高了铁路客运车站管理水平和客运服务质量,同时对于系统设计、开发、测试、安装、调试也提出了极大的挑战。为了确保客服系统安全、稳定、高效、可靠地运行,必须对系统进行全面的系统调试。

系统调试重点在于验证系统的功能、性能、接口、流程,并与相关专业配合对客运服务系统与运营调度、通信、信号、视频监控系统进行联合的调试与测试,对测试结果进行科学严谨的分析,在此基础上不断地对系统进行完善和优化,保证京津城际铁路客运服务系统顺利投入运营,并为后续高速铁路客运服务系统的建设奠定基础。

本篇将按技术方案、系统调试和模拟运行试验三个章节阐述京津城际铁路客运服务系统的系统调试技术。

第一章　系统技术方案

第一节　客运专线客运服务系统总体技术方案简述

铁路客运专线客运服务系统采用系统集成的方式进行建设,在借鉴国外高速铁路客运服务理念、成熟经验、先进技术的基础上,结合我国铁路客运专线的运营特点,形成了《铁路客运专线客运服务系统总体技术方案》(铁集成[2008]41 号),作为后续客运专线客运服务系统设计、开发和建设的指导性文件。

客运专线客运服务系统由票务系统、旅客服务系统、市场营销策划系统、综合服务平台、数据平台和安全保障平台组成。

一、票务系统

票务系统是以席位管理和交易处理为核心,建立广泛的销售渠道,适应多种检票方式,多种支付形式和灵活的营销策略,售票以人工与自助式售票相结合,检票以自动检票为主的实时交易系统。客运专线集中设置一个票务中心系统,通过票务专网与售票终端相连接,完成席位集中管理、交易实时处理、基础数据维护、销售策略实施、统计、收入管理等票务系统核心功能,通过强有力的安全保障措施,确保其安全稳定不间断运行。在车站及相关机构设置业务管理终端,完成日常业务管理。

二、旅客服务系统

旅客服务系统以信息的自动采集为基础,以为旅客提供全方位信息服务为目标,实现客运车站信息自动广播、导向、揭示、监控等功能，并提供互联网、呼叫中心、无线局域通信等多种途径的信息服务，运用多样化的服务手段为旅客提供优质的服务，实现旅客服务的信息化。旅客服务系统设置集成管理平台（IMP）和导向揭示（PIS）、广播（PA）、监控（VM）、时钟（CLK）、查询（IS）、求助（HP）、站台票发售（PT）、无线（WLS）、寄存（BLS）、绿色（GS）子系统。

三、市场营销策划系统

市场营销策划系统以现代营销理念为指导，以科学的数据分析方法为支撑，以先进的信息技术为手段，构建反应敏捷、实时决策、优化方案、综合评价、适应竞争要求的高效系统，为各类管理人员提供信息服务和决策支持。系统设置市场调查与分析预测（R&A）、辅助决策（DSS）、分析评价（A&E）、系统管理（SMS）、数据管理（ETL）和客户关系管理（CRM）六个子系统。

四、综合服务平台

综合服务平台整合客运服务系统内部多种服务资源，以互联网、电话、传真、手机、邮件、即时通信等为主要接入方式，在旅客出行的各个环节中为其提供全方位、多渠道的咨询、订票、投诉和建议等服务。

五、数据平台

数据平台是各种业务系统间信息交换和共享的枢纽，能对不同层次、层面的信息进行收集、汇总、整理和跨平台信息融合，实现最大限度的资源整合和综合利用。

六、安全保障平台

安全保障平台是一套基于 BS7799 信息安全管理体系，根据业务网和管理网的不同特点，合理选择网络安全产品、安全设备，并选择不同的运行策略和安全防护策略所建立的整体安全防御体系。为实现铁路客运专线安全运营的目标，平台采用层次化结构、业务网聚焦和管理网聚焦，并对安全策略、安全管理制度和流程、客票安全管理专用协议、安全技术措施、业务安全措施、内部安全监控和安全评估、业务安全审计等技术手段进行了有机整合。

第二节　京津城际铁路客运服务系统技术方案

京津城际铁路客运服务系统在《铁路客运专线客运服务系统总体技术方案》指导下，适应京津城际铁路运营的特点，按照强本简末的原则实现了旅客服务系统的基本功能。

一、票务系统

京津城际铁路票务系统由客票系统 TRS5.0、自动售/检票系统组成，技术方案分述如下。

1. TRS5.0 改造方案

京津城际铁路客票系统采用 TRS 5.0 进行过渡，将北京南、亦庄、武清、天津、塘沽站的业务接入北京铁路局地区中心系统，由北京铁路局运营。为适应京津城际铁路高密度、高速度和大客流等新特点，在对现有客票系统的软硬件情况进行深入分析的基础上，对 TRS5.0 进行了部分功能改造。

（1）系统总体方案

京津城际铁路客票系统由北京铁路局地区中心和车站两级构成，总体结构见图 6－1－1，具有以下特点：

①京津城际铁路（包括塘沽站）的所有席位集中存放在北京铁路局地区中心，由北京铁路局客票管理部门统一管理。

②北京南和亦庄站设置客票销售和管理终端，接入北京联合站。

③天津和武清站采用取消车站服务器模式，在车站设置客票销售和管理终端，通过网络直接连入北京局地区中心客票系统。

④塘沽站设置客票销售和管理终端，接入天津联合站。

⑤北京南和亦庄站设置为与北京、北京西、北京北等北京地区车站的同城车站，天津、天津北和武清站设置为天津地区的同城车站，在窗口条件具备的情况下实现同城车站的通售通退。

⑥北京南和亦庄站所有售票窗口纳入北京站的下属售票处，在保证北京南站作为独立的统计单位基础上，实现北京站与北京南、亦庄站收入管理报表的统一处理。

⑦对北京铁路局地区中心客票系统的数据库服务器、路由器进行了扩容改造。完善接口服务功能，实现与自动售检票、旅客服务系统的信息交互。

⑧新建车站纳入客票安全防护体系，同步建设。

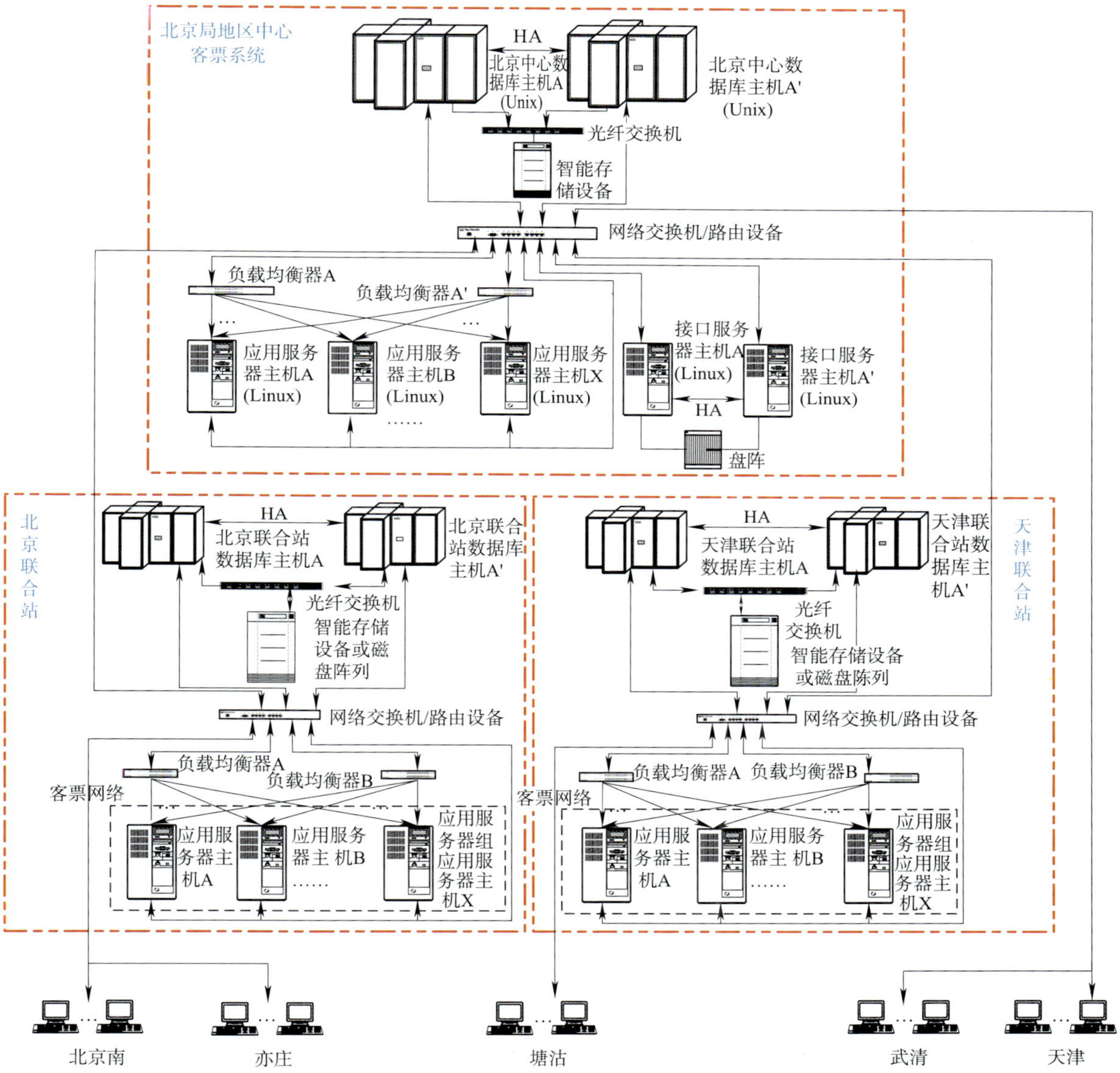

图 6－1－1　京津城际铁路客票（TRS5.0）系统结构图

（2）系统功能

本次改造以客票系统 TRS5.0 为基础，保持系统软硬件结构与全路一致，根据京津城际铁路运营的新需求，改造售票、退票、计划管理、数据维护前台程序及相应的后台系统，开发自动售票、自动检票与旅客服务集成管理平台的接口程序，为相应的系统提供客票接口服务。系统改造实现的主要功能包括：

①售票

按照《铁路客运专线客运服务系统总体技术方案》的要求，京津城际铁路车站使用磁介质车票，因此要对客票系统 TRS5.0 进行相应的改造。

a. 车站终端通过与地区中心客票系统实时信息交互，以人工售票和自动售票两种方式完成普通票、学生票、小孩票、残军票、公免票等各类车票的发售业务，以及始发改签、中转签证、中途下车签证、车票作废等车票变更业务，并实现磁介质车票的印制功能。

b. 根据旅客购票需求和目前铁路运价规则，结合现有的优惠办法与规则，实时计算各类车票价格。在满足既有线计价需求基础上，通过参数化设置实现对新增车票类型计价的平滑扩展，全面适应未来对票价计算的各种需求，以及新的优惠策略的应用。

c. 提供多种车次选择模式，适应京津城际高密度、多车次的业务特点，以降低售票人员车次记忆与选择的难度。

d. 支持分散配票和顺序配票策略，实现旅客分散乘坐，以提高旅客乘坐时的舒适度，并便于车站安全快速组织旅客乘降。

e. 提供同一窗口完成京津城际铁路席位申请与既有线席位申请的统一处理功能，达到发售京津城际高速列车和既有线席位时业务操作无差异的目标。

f. 支撑新型磁介质制票机的打印驱动、汉字处理、状态控制、故障处理等功能。

g. 针对新型磁介质票，当前票卷使用完毕后能提供换卷提示信息，并自动换卷。

h. 提供磁介质车票的信息自动读取功能，为完成废票、改签、中转、换票等业务提供自动化的原票信息录入手段。

i. 针对因机械故障、系统故障等原因而产生的未成功制票或无效票等特殊情况，提供制票机重新初始化、补制空白票、空白票处理等异常处理功能。

j. 原条码制票机制出的车票，都在碳带上保留了票面信息，可供故障处理、应急备用以及收入审核部门的核查使用。磁记录制票机无碳带，需要改造售票程序，增加记录电子日志的功能，为后续业务处理提供电子数据依据。

②退票

配合京津城际磁介质车票的应用，修改退票程序中的票面还原功能。通过调用读磁、解密等制票机驱动函数，实现对车票关键信息的读取。配合客票系统售票存根记录，完成原票详细信息的还原。以此替代条码票扫描还原功能，提高退票业务人员的工作效率，减少退票误操作。

③自动售票机管理

在自动售票机出现票面打印不清等故障时，需要设置专用的管理窗口来处理换票、退票等客票相关业务。为了保证账务的准确和完整，结合现有客票系统的功能，采用以下方案进行相关业务的处理：

在自动售票机附近设置管理窗口，安装售票和退票程序，主要处理自动售票机印制车票的票面不清问题。上述故障发生后，旅客可持票到管理窗口，通过售票程序中的换票功能进行原票信息核实，以获取重新印制的正常车票，要求保持原有的车次和席位信息，原票收回；如果旅客决定取消旅行计划，则办理退票业务，退还旅客全部票款。

④票价和优惠策略

京津城际铁路在运输能力富余的情况下，为了适应市场需求、提高旅客列车上座率和追求利益最大化，运营单位将开展市场营销业务。结合现有客票系统的功能和京津城际的实际运营需求，采用以下方案实现票价计算和优惠策略的实施功能：

a. 按照京津城际票价计算规则，优化现有数据维护程序的一口价维护功能，利用一口价的计价方式实现京津城际售票过程中的票价计算功能。

b. 按参数化设计的原则，预留票价计算的参数接口，按照京津城际铁路计价规则，实现票价维护

和计算功能。

c. 系统设计过程中，预留固定优惠率、按时段、积分等优惠功能，在京津城际铁路优惠方案确定后，实现票价优惠策略的制定，如定义折扣档次规则和优惠率参数，定义分时段列车的折扣档次等等，并完善计价过程，进行优惠计算。

⑤收入统计

针对京津城际铁路新的营销需求，结合现有客票系统的功能，针对票价计算规则和优惠策略的个性化业务，提供相应的统计分项，如分优惠方式、分售票渠道等。

⑥票卷管理

对票卷进行日常管理，完成票卷的库存管理、计划编制、票卷请领、票卷发放、票卷返库、状态查询及统计等业务。支持对磁介质票卷预记录票号的特殊处理。

⑦接口服务

综合分析各个系统的结构特点和业务需求，采用数据接口和应用接口两种方式提供客票接口服务。其中，自动售票系统以应用接口为主要接口方式，辅助采用数据接口服务为其提供路网信息等静态数据；自动检票系统和旅客服务集成管理平台以数据接口为主要接口方式，辅助采用应用接口为其提供部分动态车次信息。

a. 自动售票系统接口

为满足自动售票系统的接口需求，为其提供以下接口功能：

(a)窗口权限信息下载：将自动售票终端比照普通窗口一样的权限管理，所有在客票系统中定义的权限控制信息，对自动售票机均有效；

(b)停靠站信息下载：将指定列车的沿途停站顺序、时刻和里程等信息下载到自动售票终端，提供给旅客查询；

(c)车次概要信息接口：将列车始发站、终到站、开车时间、到达时间、耗时天数等信息下载到自动售票终端，提供给旅客作为购票参考信息；

(d)车次详细信息接口：将符合条件的车次、分席别余票、各席别票价信息提供给自动售票终端，供旅客参考；

(e)记录存根信息接口：将自动售票存根及时记录到客票系统，确保后续业务逻辑的一致性；

(f)自动换卷接口：根据自动售票终端提供的状态信息实现车票自动换卷；

(g)台账接口：根据自动售票终端提供的台账命令，实现系统的封账和新台账日计算等工作；

(h)客运车站信息接口：为实现按拼音查找全国各站，需向自动售票系统提供全国客运车站信息，并保持准实时同步。

b. 自动检票系统接口

按照《铁路客运专线客运服务系统总体技术方案》的要求，京津城际铁路启用自动检票系统，即在京津城际车站范围内，实现进站和出站自动检票。为配合自动检票系统工作，客票系统需改造基础信息、列车开行信息、列车停站等基础信息接口。

c. 旅客服务系统接口

为了体现京津城际铁路以人为本的服务理念，旅客服务系统应提供各类票务信息的发布和查询功能，因此客票系统要为旅客服务系统提供列车开行、列车停站、列车余票等数据。

2. 自动售票系统

京津城际铁路向旅客提供自助式购票服务。自动售票机作为一种新型旅客自助服务设备，纳入京津城际铁路售票体系，一方面扩展铁路的售票途径，另一方面提升铁路的服务形象。

(1)系统总体方案

自动售票系统的基本硬件构成单元包括自动售票机、应用/数据库服务器、管理终端、监控终端。采用银行卡支付需要增加银行接口服务器。

京津城际铁路的自动售票系统以车站为管理单位,每个车站分别设置应用/数据库服务器、自动售票终端、管理及监控终端,其中应用/数据库服务器与自动检票系统共享设备。银行支付平台前置服务器部署在铁路局中心,各车站通过该平台统一与银行系统交互信息。系统结构图见图6-1-2。

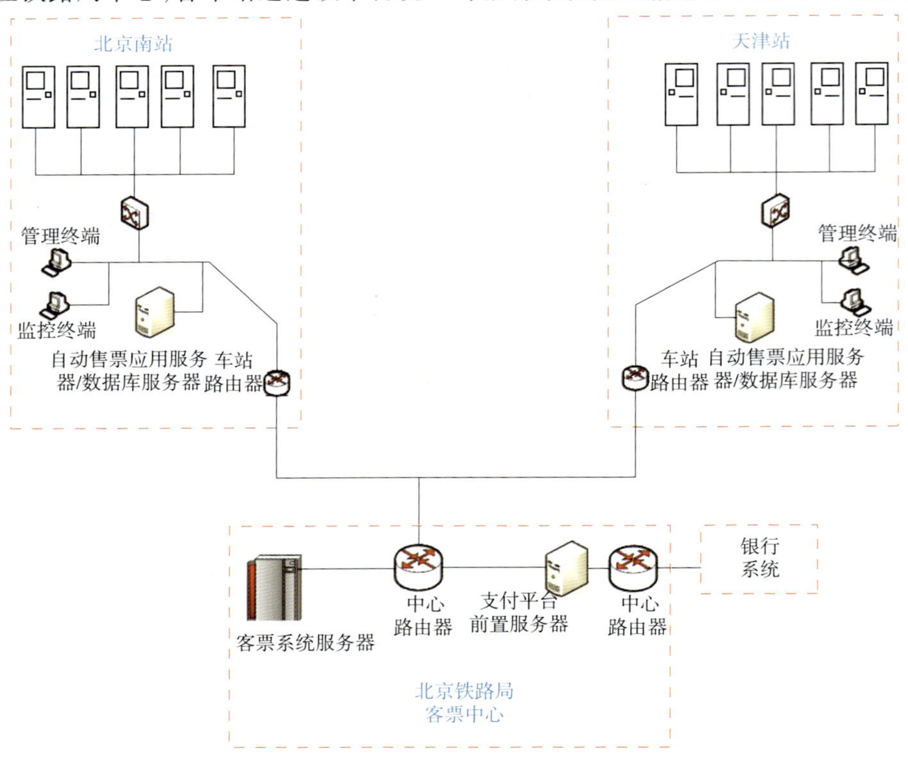

图6-1-2　自动售票系统结构图

京津城际铁路在北京南站和天津站安装自动售票系统,各站自动售票机通过应用服务器接入北京铁路局客票中心,实时获取车次、票价、席位信息,记录售票存根,实现铁路局对自动售票业务的统一管理。

(2)系统功能

自动售票系统按自动售票应用服务功能、自动售票机应用功能、系统管理功能和监控功能四个子系统划分功能模块,功能结构图见图6-1-3。

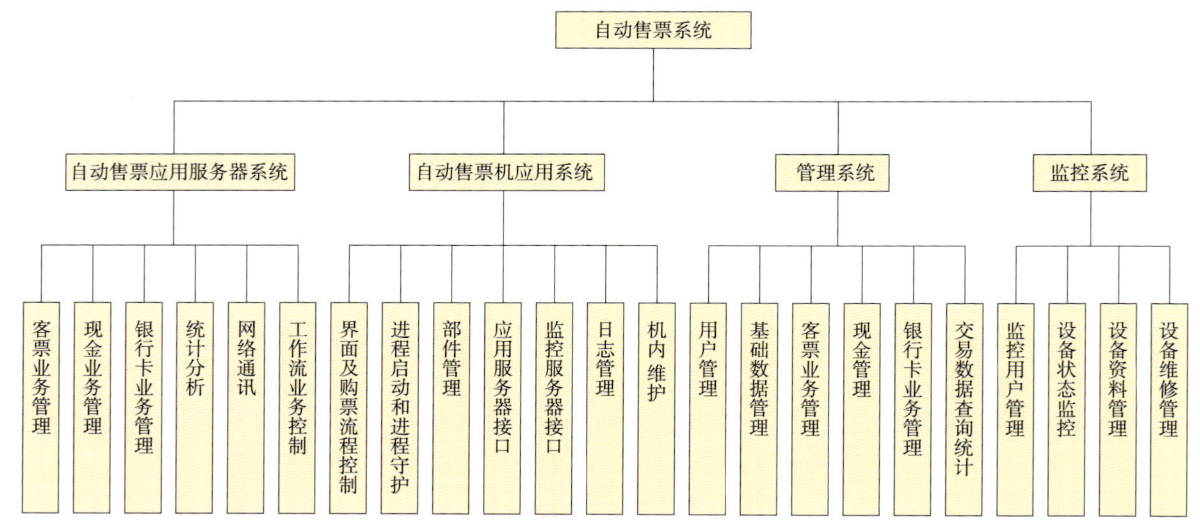

图6-1-3　自动售票系统功能结构图

①自动售票系统应用服务器功能

自动售票系统应用服务器主要功能包括:

a. 负责全部与旅客购票相关的业务处理,包含取票、取车次、记存根、取系统时间、取票号等功能。

b. 负责全部与旅客购票现金相关的设备和交易管理,包含现金设备管理、现金管理、现金支付和结账等功能。

c. 负责处理旅客使用银行卡支付时的相关业务,该功能模块包含申请工作密钥、银行卡支付、银行卡余额查询、交易冲正、交易撤销、批次对账和差分查询功能。

d. 提供参数管理、终端设备管理、钱箱管理和操作人员管理等功能。

e. 提供客票业务统计、现金业务统计、银行业务统计、售票记录明细查询、现金交易明细查询、银行交易明细查询、客票结算信息查询、现金结算信息查询和银行结算信息查询等功能。

f. 提供查看在线终端、查看在线用户、查看服务器当前事务、查看常连接、修复常连接等功能。

g. 工作流业务模块提供工作流使能定义、工作流启动时间定义、定时结算、查看工作流信息等功能。

h. 提供与客票系统通信、与支付平台通信、与系统数据库通信、与自动售票机通信等连接的建立、管理和维护功能。

②自动售票机应用系统功能

自动售票机应用系统主要功能包括:

a. 提供购票过程中的选择日期、选择车站、选择车次、选择席别、选择票种、接收支付、制票及记存根、打印凭条及购返程票的顺序控制。

b. 自动售票机主控软件模块通过部件管理模块调用现金支付设备的驱动程序,接收人民币并识别,将不能识别或非法的纸币退还给旅客;支付设备接收现金后,自动售票机自动计算是否需要找零,能根据找零金额计算找零钱箱的找零币种和张数。

c. 接收银行卡在线支付购票,交易失败则采用冲正方式,如执行退票操作则将票款退回卡内。

d. 根据旅客选择的购票信息,自动打印车票,并完成磁信息的写入、加密、校验。

e. 旅客如采用银行卡支付,在购票完成后,可选择打印交易凭条,打印交易中的相关支付信息。

f. 旅客购票过程中发生错误,自动售票机将打印故障凭条。

g. 自动售票机根据后台定义参数,设置不同的售票模式,如仅售京津城际车票或可售本站发往全国的车票模式等。

h. 实现与自动售票应用服务器通信管理,下载各种参数,接受各种命令并响应,发送交易命令。

i. 实现与监控服务器的通信管理,响应各种监控命令。

j. 自动售票机上旅客的所有操作、部件运行情况、通信数据记录到日志文件中,运行过程中的错误信息以错误日志方式记录到错误日志文件中。

k. 自动售票机提供维护模块,方便维护人员打开维护门,通过操作专用维护显示屏执行各种维护。

l. 自动售票机在识钞、找零或者制票过程中产生异常情况,则按既定的措施予以处理。

m. 在设定的界面或条件下,播放语音提示旅客购票操作。

n. 状态显示屏同步显示自动售票机当前状态和工作模式,接受管理终端的命令显示相应的提示信息。

o. 同步启动或退出自动售票软件的进程;协调多进程同时并发,完成业务逻辑控制。

③系统管理功能

a. 为操作员分配权限和角色,设置管理人员打开维护门时输入工号和密码。

b. 处理各自动售票机需要进行管理票务业务,包括客票存根查询和废票业务处理。

c. 售票窗口表、终端参数表、付款设备表、结账时间表和其他参数维护功能。

d. 提供实时交易情况查询，用户可以随时掌握各台自动售票机的售票交易明细和统计明细，例如客票交易明细、现金交易明细、银行交易明细和结算统计明细。

e. 查看和修复自动售票应用服务器所建立的长连接，在线的终端状态，最近的交易时间、IP 地址等信息。

f. 监控票卷使用情况，显示当前最新票号；监控找零钱箱工作状态，包括正常、将空、已空的状态；监控入钞钱箱工作状态，包括正常、将满、已满的状态。

④系统监控功能

a. 提供图形化的设备状态监视界面，监控设备工作状态，包括正常、故障维修、暂停、通信中断等工作模式；监控设备各部件的工作状态，包括正常、异常状态。

b. 实时记录车站自动售票机发生的各种报警事件，提供查询各类报警事件功能。

c. 提供车站代码、设备事件代码、设备状态码、设备故障代码设定功能，具体包括代码的增加、删除、修改、查询功能；提供设备登记管理功能。

d. 提供维修负责人对系统设备运营状态和故障状态的查询功能，并提供导出、打印功能。

e. 提供设备维修资料的记录、修改、查询、报表输出功能。

f. 提供监控子系统用户权限分配、密码维护等功能。

3. 自动检票系统

根据京津城际铁路建设的总体要求，为了适应客运专线高速度、高密度、大客流的特点，向旅客提供高效、便捷、舒适的服务，在京津城际铁路建设自动检票系统，实现检票业务的自动化。

（1）系统总体方案

自动检票系统根据检票计划和运行参数，实现磁票电子信息自动判读及旅客通行智能监控，记录检票信息，实现旅客进出站自助检票。自动检票系统结构如图 6－1－4 所示。

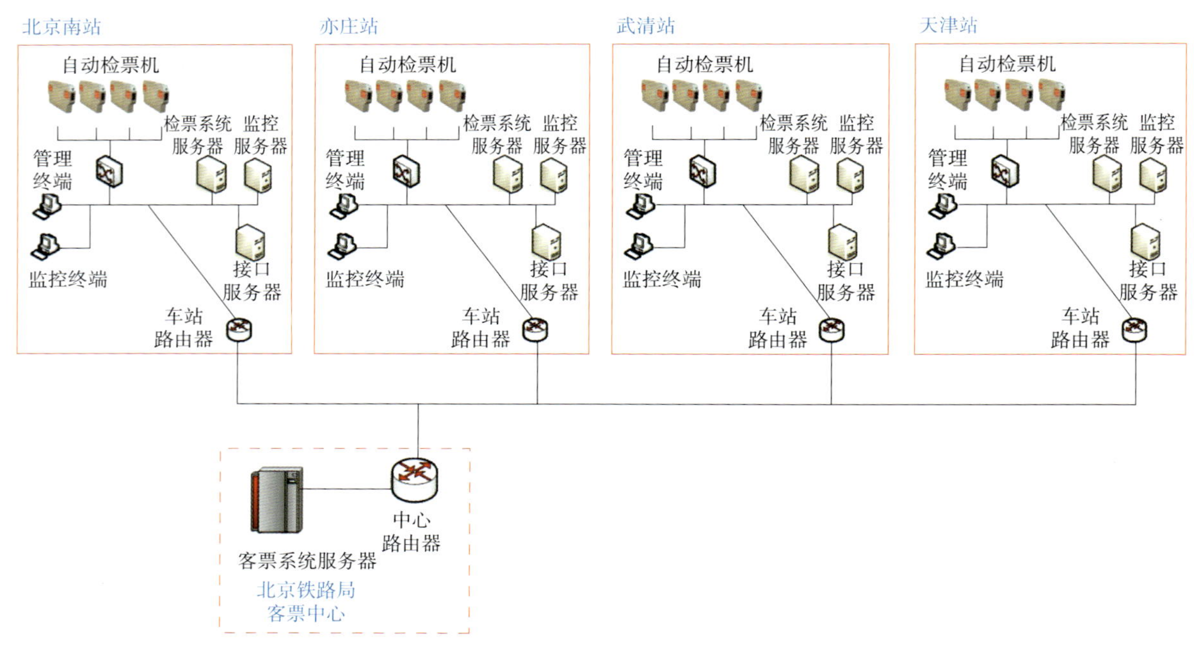

图 6－1－4　自动检票系统结构图

自动检票系统部署在车站，由自动检票系统数据/应用服务器、监控服务器、自动检票机和自动检票管理、监控终端等组成。

自动检票系统所需的列车运行基础数据由地区客票中心传给车站客票接口服务器，再由接口服务器传给自动检票系统服务器。自动检票系统根据收到的列车运行基础数据生成检票计划并定时或

实时下载给相应的自动检票机，自动检票机根据检票计划自动完成进出站检票。

自动检票系统服务器通过旅客服务集成平台系统接口服务器从运营调度系统获取列车运行实际信息，以此为依据调整检票计划。各系统间建立专用数据交换协议，实现信息实时交互。

(2)系统功能

自动检票系统按自动检票应用服务功能、自动检票机功能和设备监控功能三个子系统划分功能模块。系统功能结构如图 6－1－5 所示。

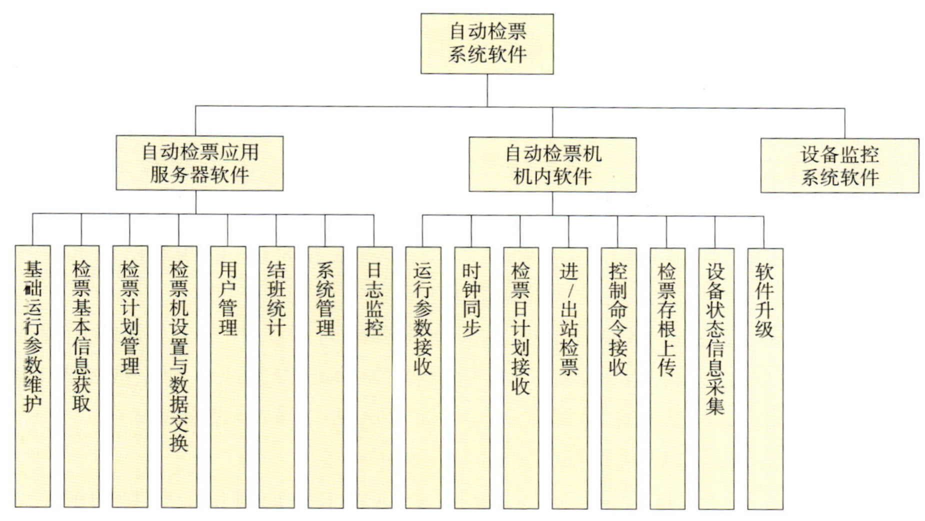

图 6－1－5　自动检票系统功能结构图

①自动检票系统服务器功能

自动检票系统服务器实现的主要功能包括：

a. 对自动检票机、检票口、候车区、站台及股道等信息按照指定规则进行统一编码，方便系统维护和管理。

b. 支持独立服务器、共用服务器、取消车站服务器、大站带小站等多种业务管理模式，实现多种管理模式下的业务权限控制。

c. 提供灵活的运行控制参数设置及下载功能，可按单台自动检票机或检票口分别进行下载，可灵活设置自动检票机检票起止时间、检票类型(进站或出站)、检票票种、席别及处理方式(如警示灯或蜂鸣器提示)、运行模式(无计划或有计划)、工作状态(正常或停用)等。

d. 提供功能完善的检票计划管理手段，包括计划信息的维护、验证、生成、下载等，以车次为单位按基本检票计划和动态调整计划分别进行管理，系统自动生成或修改检票日计划后及时下发到相关自动检票机。

e. 动态调整计划可分为立刻开检、开检取消、立刻停检、停检取消、检票口调整、列车晚点、恢复正点、晚点未定、未定取消、列车停运、列车恢复开行、列车改点、增加临时列车等 13 种业务操作流程。

f. 收集、校验自动检票机上传的检票存根等数据并及时入库。

g. 提供检票数据的统计汇总功能并可形成相关报表，提供多种形式查询和打印输出方式。

h. 提供 SAM 卡密钥管理机制和磁信息验证支持，以及自动检票机安全认证机制。

i. 提供系统内自动检票机的时钟同步功能，根据客服时钟系统自动进行时钟同步。

j. 详细记录数据维护日志、计划操作日志、数据传输日志等各种系统日志，提供日志查询功能。

k. 提供完善的自动检票机软件分发功能。

l. 提供切实可行的数据备份与恢复策略，防止数据库出现异常情况造成数据丢失。

m. 提供健全完善、灵活的操作权限管理机制,实现分级授权管理。

n. 提供与客票系统、旅客服务系统等其他相关系统进行数据交换的接口,获取自动检票系统所必需的基础字典、列车运行图、列车实际运行情况等信息。

②自动检票机功能

自动检票机实现的主要功能包括:

a. 自动检票机分为进站检票机和出站检票机,在自动检票系统服务器统一管理和控制下工作。

b. 可在任意时刻接收自动检票系统服务器下达的运行参数和检票日计划。

c. 支持进站检票无计划运行模式,在此模式下,自动检票机没有检票日计划。

d. 自动检票机具有脱网独立运行能力,检票时不查询售票存根记录,不需要访问自动检票系统服务器。

e. 自动检票机与自动检票系统服务器通信中断时,能独立运行,并保存不少于7天的数据。中断恢复后,能及时将所保存数据自动上传至自动检票系统服务器。

f. 根据运行参数和检票日计划进行检票处理,允许合法旅客通过,拦截非法旅客并报警提示。

g. 可正确识别票面朝上、两个方向插入的磁票信息。

h. 具有语音提示功能,能通过LCD旅客显示器向旅客同时提供中英文双语界面显示。

i. 提供合理、完善的提示标识,借助旅客通行指示器,旅客可方便地自助完成检票过程。

j. 可通过热敏打印、打孔等方式在票面指定位置标记进站、出站检票标志。

k. 原则上不允许多次重复进出站检票。

l. 自动检票机读取车票磁信息后进行校验,并通过SAM卡完成对读取信息的解密。校验失败可自动重复读取,超过设定次数认为读磁出错。

m. 在检票时能同时向磁票写入检票标志等信息,并通过SAM卡完成对写入信息的加密,写磁出错超过设定次数进行报警提示。

n. 进站检票根据票种、席别和列车车次、时间、编组等信息进行通行判断,并可识别越站上车。

o. 出站检票须检查进站检票标志,可控制出站时间范围,并可识别越站下车。

p. 可根据设定时间将检票存根等数据及时上传到自动检票系统服务器。

q. 具有集中式闸门控制机制,在紧急情况下可打开所有闸门。

r. 意外断电恢复后能快速自动恢复检票。

s. 具有软件自动升级功能。

t. 详细记录错误日志、操作日志等各种维护日志,方便日常维护和管理。

u. 可通过USB等方式交换数据,具备数据离线交换功能。

v. 自动检票机内安装有维护模块,管理人员可查询磁读写模块、通行检测模块、通行控制模块等部件的状态,开启或停止自动检票机的检票服务,并进行维护维修。

③监控系统功能

监控系统实现的主要功能包括:

a. 监控设备工作状态,包括正常上班服务、故障维修降级、暂停、下班关闭等正常运营模式及非正常运营模式。

b. 监控设备的操作模式,包括自动检票机的进、出站模式。

c. 采集和记录设备维护信息,包括设备维护操作员登录及退出状态。

d. 监控各电子模块状态,如传感器、门、电子控制单元、读写磁单元等。

e. 采集和记录设备故障自动监测、处理和故障恢复的数据(故障状态、故障记录、故障修复记录、维修记录、人员到位情况等)。

④接口功能

为了保证系统的安全性,自动检票系统通过车站客票系统接口机与外部系统进行数据交换。自

动检票系统的接口实现分为两类:外部业务接口、内部业务接口。

a. 外部业务接口

采用 TCP/IP 以太网传输的方式,通过既有系统的接口通信协议实现自动检票系统和客票系统间的数据交互,获取客票系统的路网基础字典、列车运行图等信息;通过旅客服务网络和客票网络的网闸、TLV 接口通信协议实现自动检票系统和旅客服务集成管理平台间的数据交互,从旅客服务集成管理平台获取列车运行实绩等信息。

b. 内部业务接口

自动检票服务器与自动检票机之间的接口采用 TCP/IP 协议,实现自动检票服务器系统与自动检票机之间的控制指令、业务运行参数和检票计划的下载,检票存根和监控信息的上传功能。

4. 网络系统

(1)广域网

京津城际铁路票务系统广域网络分为地区中心和车站的两级网络构架,其广域网网络拓扑结构如图 6-1-6 所示。

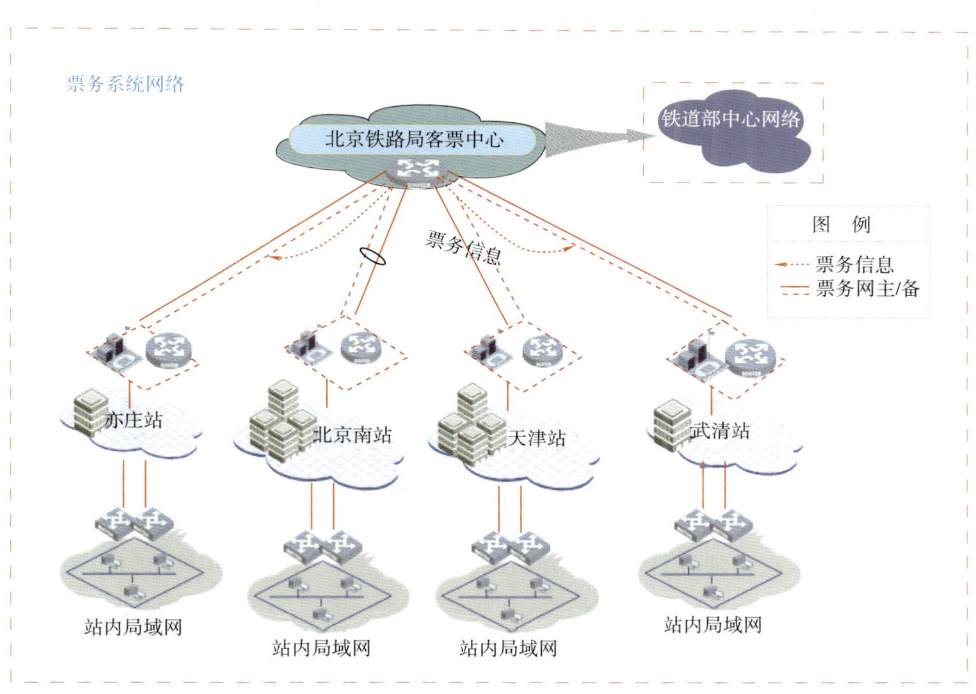

图 6-1-6　京津城际铁路票务系统广域网络拓扑结构图

(2)局域网

京津城际铁路票务系统在车站设有窗口售票、自动售票、自动检票以及车站票务管理设备。为管理和监控车站各类终端设备的运行状态,配置了相应的服务器设备,各类终端设备与车站服务器之间要求能够实时通信。车站票务局域网由核心层和接入层构成,网络结构如图 6-1-7 所示。

①车站票务局域网核心层

车站票务局域网核心层是所有业务数据流经的网络核心层次,为车站设备提供了基本的连接和数据交换功能。根据车站规模在局域网核心层配置适当的核心交换机与骨干路由器互联,实现车站与票务中心系统的通信。核心交换机与接入交换机通过千兆及以上光纤相连,组成局域网骨干。

车站核心层交换机采用冗余设计,避免设备单点故障。

②车站票务局域网接入层

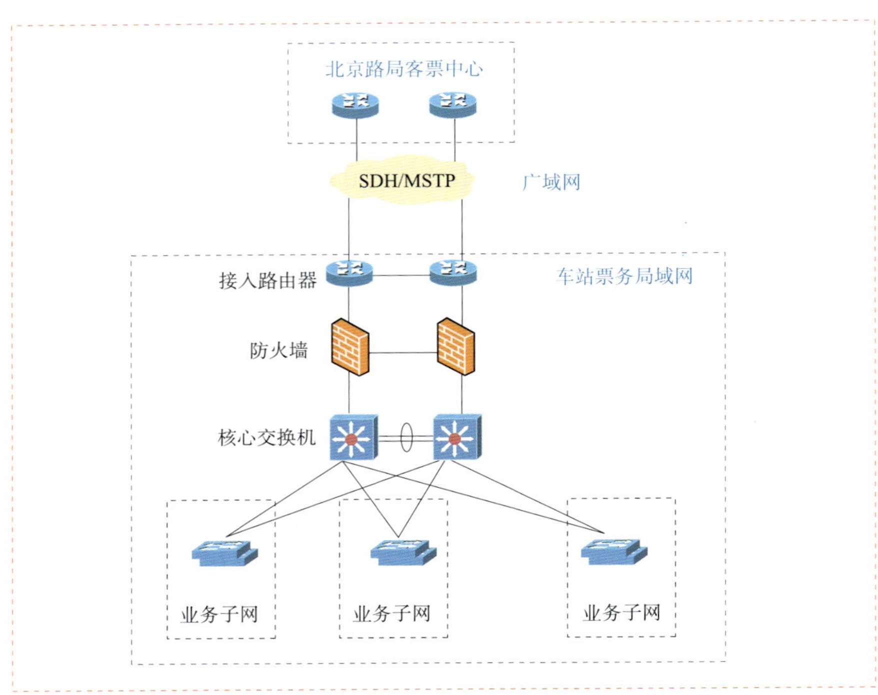

图 6-1-7　京津城际铁路票务系统车站内局域网络结构图

车站票务局域网接入层为各类终端设备提供对网络的访问接口,通过接入层交换机将车站票务系统终端设备接入车站票务局域网核心层,实现 10/100/1 000 M 自适应到终端,满足终端设备应用的网络需求。同时考虑满足未来升级到万兆骨干,千兆到终端的可扩展性。

按照车站票务业务类型进行子网划分,分别接入局域网核心层。

网络主干均采用千兆多模光纤互联,接入路由器、核心交换机及主干链路均采用冗余备份,保证票务网络数据稳定可靠的通信。

票务系统局域网采用双核心双链路的星型物理架构,从结构上保证网络的稳定性;选用企业级核心交换机,配备冗余电源,在物理设备上保证网络的可靠性;通过 VRRP/ECMP 等冗余备份协议,实现网络应用层面的冗余和负载均衡,以上三种方式相辅相成进一步提高了整个票务网络的性能,确保网络的正常不间断运行。

票务系统局域网内部有多种业务同时运行,包括自动售票系统、人工售票系统、自动检票系统等。考虑到各系统需求不同,面向的服务对象不同,采用划分 VLAN 的方式,通过 802.1Q 实现全网的虚拟网络(VLAN)划分,将票务局域网分为若干个虚拟局域网,实现各子系统的逻辑隔离。同时,基于有效规划 IP 地址、网络带宽、QoS 合理部署等原则,保证各系统的安全性。

在票务系统局域网核心交换机与 SDH/MSTP 传输网边界处部署防火墙系统,票务系统局域网和旅客服务系统局域网边界处部署隔离网闸,通过物理隔离、包过滤、端口过滤、状态检测技术,对进出网络的数据进行访问控制、阻止非法数据的流入流出。

通过票务系统局域网核心层的第三层交换机实现全网的集中式路由,在信息点数众多的区域使用第三层交换机进行分布路由。通过核心层的交换机提供 4-7 层交换功能,主要用于业务流量的负载均衡和组播功能。

采用网络管理软件管理全网所有交换设备。

5. 安全系统

票务系统是客运专线客运服务系统的重要组成部分,主要完成票务相关的业务。票务生产是车站最核心的业务之一,信息的安全性保护尤为重要。

京津城际铁路票务系统采用既有线客票 TRS5.0 系统过渡模式，安全产品的部署与既有线客票系统安全体系完全兼容，能够完成既有线安全体系的各种应用。

票务系统在车站内部是独立的网络，要求与其他网络物理隔离，主要解决车站不同业务网络互联边界的安全风险控制、业务终端和设备接入票务系统、车站各业务系统不同用户的安全管理和访问控制、网络攻击防范和风险评估等安全问题。

根据车站的实际需要，依据等级保护的核心思想，优先保证票务系统的应用安全，综合应用系统工程的观点、方法，对车站系统的目标网络环境和系统运行环境进行整体、系统的安全性设计。利用安全隔离网闸、防火墙、安全认证、病毒防控等信息安全技术从不同防御层面，建立车站级的安全防护体系，全面提升系统的安全防护能力、降低系统的安全风险，为实现票务系统各项业务的高效、平稳、安全运营提供支撑。

京津城际铁路票务系统安全结构如图 6－1－8 所示。

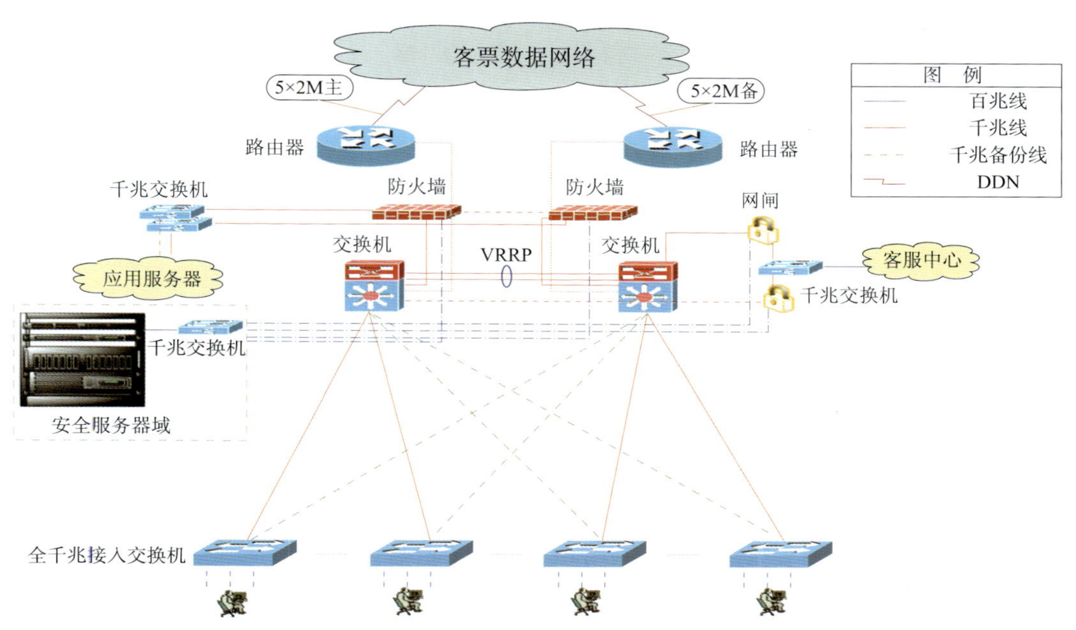

图 6－1－8 京津城际铁路票务系统安全结构图

二、旅客服务系统

京津城际铁路旅客服务系统集成广播、引导、监控、查询、求助、寄存、时钟等业务功能，通过集成管理平台将各项业务统一管理和控制，实现车站客运业务的综合监控。

1. 系统总体方案

京津城际铁路旅客服务系统以集成管理平台为核心，对综合显示、广播、监控、时钟、查询、求助、寄存、站台票发售等旅客服务子系统在统一操作界面下进行集中控制和管理，其旅客服务系统的总体结构如图 6－1－9 所示。

2. 旅客服务集成管理平台

(1)总体方案

集成管理平台以为车站客运组织提供综合管理手段为业务核心，以系统集成和信息的自动采集为基础，以客运组织业务为主要组成部分，向旅客提供全面、准确的旅行信息和自助式旅客服务，体现“以人为本”的服务理念。

集成管理平台通过统一的接口标准，把综合显示、广播、监控、求助、查询、寄存等系统的业务和管

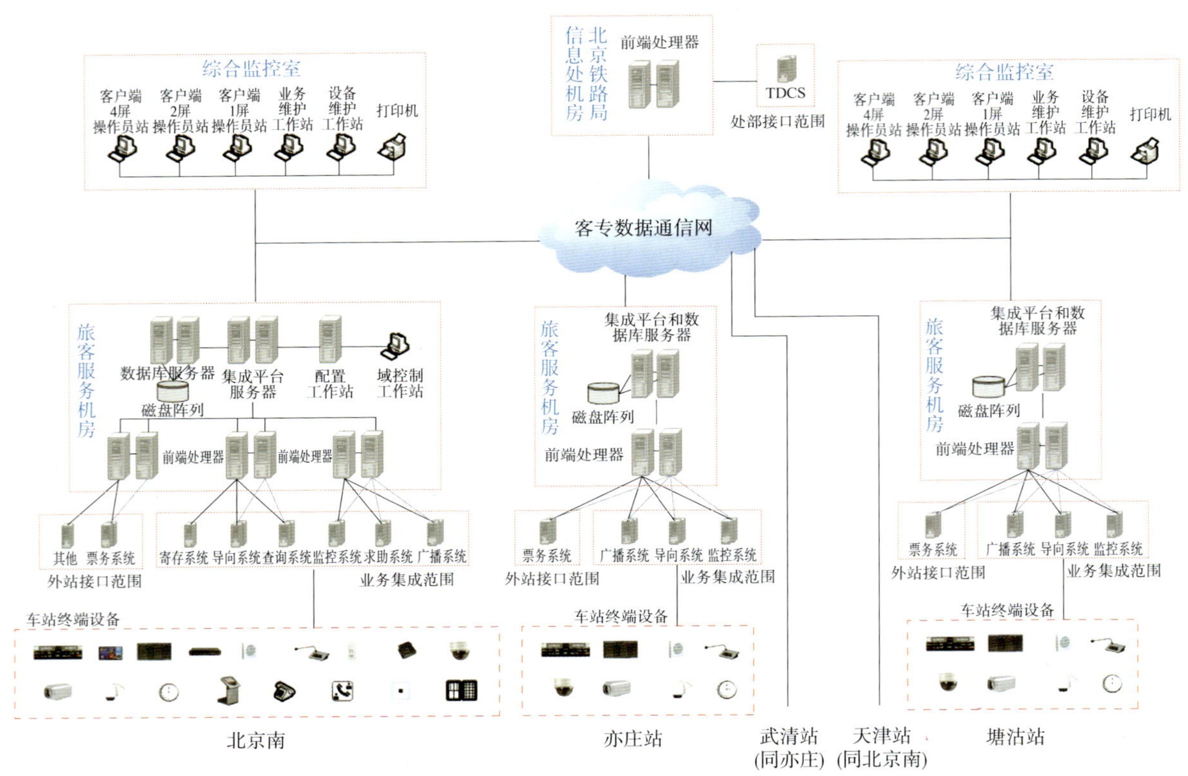

图 6-1-9　京津城际铁路旅客服务系统总体结构示意图

理内容集成在一起。满足对各子系统的接入、信息采集和命令下发,对外部系统信息的自动采集和信息共享,对各类操作人员的统一业务展示和人机交互,对系统的监控和基础数据维护等方面的业务需求。操作人员和管理人员在统一的操作平台上完成原来需要在不同系统中才能完成的业务操作和管理工作,便于快速、正确操作和决策,实现操作和决策的集成,为管理扁平化提供技术基础。集成管理平台根据岗位的不同提供定制化的业务操作内容:根据列车到发情况,自动生成、调整广播和导向计划,向旅客发布及时准确的服务信息;实现大站对小站的代管功能;紧急情况下启动应急预案,为相关决策和操作人员提供决策和操作指导。

集成管理平台采用三层架构接口层、服务器层、客户端操作层。

第一层为接口层,接口层中根据需要设置一对或多对冗余的前端处理器,用于与外部系统和车站各子系统进行接口,并实现集成管理平台与其他系统之间的相互隔离。

第二层为服务器层,服务器层中包括集成平台服务器、数据库服务器、存储设备,以及域控制工作站和配置工作站等,用于进行业务处理、数据处理、车站代管、数据配置、系统监控和安全管理等。

第三层为客户端操作层,包括各种类型的操作员工作站,为车站不同岗位的工作人员提供操作终端。

(2)系统功能

集成管理平台按到发管理、广播管理、导向管理、监控管理、求助管理、设备管理、信息管理、系统管理划分功能模块,总体功能结构见图 6-1-10。

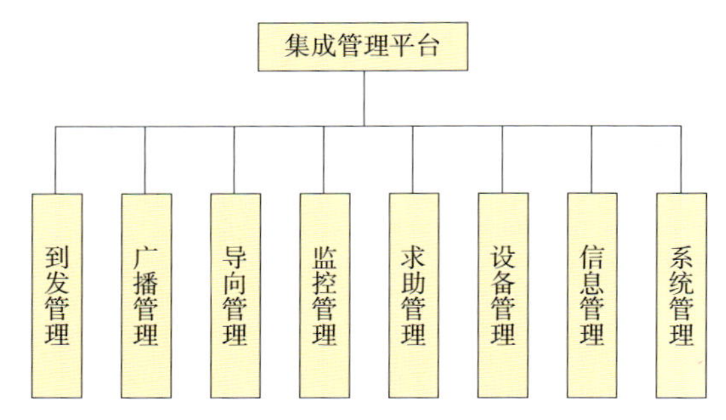

图 6-1-10　集成管理平台功能结构图

①到发管理功能

到发管理提供列车到发信息采集、列车业务变更管理、广播计划编制、导向揭示计划编制、视频监控计划编制、列车到发通告编辑、列车时刻表编辑、广播业

务模版维护、导向揭示业务模板维护、视频监控业务模板维护、客运组织业务模板维护、到发管理参数配置等功能。

②广播管理功能

广播管理提供人工广播、音量调节、广播区分组、广播专题维护等功能。

③导向管理功能

导向管理提供显示屏信息发布、显示屏控制、显示屏版式编辑、导向揭示专题维护等功能。

④监控管理功能

监控管理提供视频监控、录像回放、轮巡组编辑、摄像机配置、大屏幕布局配置等功能。

⑤求助管理功能

求助管理提供旅客求助响应、求助信息管理功能。

⑥设备管理功能

设备管理提供电子地图、设备状态记录、设备实时报警、网络设备状态、广播设备状态、导向设备状态、监控设备状态、求助设备状态、时钟设备状态、查询设备状态、寄存设备状态等查询功能。

⑦信息管理功能

提供列车信息查询、余票信息查询、天气预报编辑、遗失物品管理等功能。

⑧系统管理功能

系统管理提供操作日志查询、权限一览表、权限配置、客运车间日志、客运车间生产日志、交接班会议记录、统计报表及打印、页面配置、多语言词典管理、信息发布黑名单维护、车站基础信息管理、系统参数维护、内部参数维护等功能。

3. 导向揭示系统

(1)系统总体方案

LED/LCD/PDP 显示系统由应用服务器、数据服务器、LED 同步控制器、LED/LCD/PDP 异步控制器、维护终端、显示屏和到发通告终端等设备组成,采用数字和视频显示、播控、编排、多媒体、计算机、网络、数据库和接口等技术从集成管理平台获取播出计划和相关信息,以车站综合监控室为核心,在不同地点的 LED/LCD/PDP 显示屏、到发通告终端上显示动态文字和视频信息。

LED/LCD/PDP 显示系统按照乘客进、出站流向和工作人员业务需要设置各显示屏、到发通告终端,其票额屏、售票窗口屏、站台屏、进站通道屏、出站通道屏等屏幕与静态标示统筹考虑。

应用服务器从集成管理平台获取播出计划和相关信息,以车站为管理单元,通过 LED 控制器在不同地点的 LED 显示屏、到发通告终端上显示动/静态图形、图像、文字等信息。

数据服务器存储播出模版和播出素材。LED/LCD/PDP 显示系统通过数据服务器共享信息,按设置的预案播放文字、视频信息。在紧急情况下,车站工作人员可在车站综合监控室编辑、插播特定的信息到指定的显示终端,系统提供对外数据接口,为车站集成管理平台提供需要的数据和系统联动。

LED、LCD 显示终端通常根据使用环境结合运用,进站大屏采用 LED 全彩显示方案,在显示效果、质量、档次等方面都达到了国际先进水平。

(2)系统功能

①票务信息显示功能

完成实时票务信息发布,车次相关信息显示,可显示至少 3 天的车次信息和余票情况。

②引导信息显示功能

自动接收集成管理平台发送的候车引导信息及相关显示指令,根据接收到的信息和指令按照预先设定的版面,完成进出站信息发布、候车区域信息发布、检票信息发布、站台信息发布并且能够实时显示列车到发信息,引导旅客完成进出站、候车、检票、乘车等过程。

③列车到发信息显示功能

自动接收集成管理平台发送的列车到发信息,对列车开停方式、到发站时间及行车状态等信息,以及阶段性或临时性行车变动,如增开、停开、改变到发时间等临时客运计划,按照预先设定的显示版式进行及时准确的显示发布。

④售票信息显示功能

可根据用户的需求实时定义每个售票区内售票窗口的属性,例如:售票窗口号、售票员信息号、售票窗口属性等信息。

⑤临时信息发布显示功能

向一块或多块引导显示屏发布同样内容或不同内容的临时信息(如临时通知、通告、警示、宣传用语、迎宾、庆典活动用语等),系统临时信息编辑灵活方便,显示方式多样(固定显示,穿插显示,滚动显示等)。

⑥视频信息显示功能

系统不但可以显示图片信息、文字信息,也可以显示视频类信息,完成有线电视、数字电视、高清视频以及站内视频信息的发布和显示。视频类信息可以与其他各类信息同步播出,系统可以预先编辑好各种视频节目,定义播放时间、播放内容及指定的播放终端设备,最后将时间表和节目数据发布至指定终端。

⑦时钟发布显示功能

通过读取时钟系统的时钟基准来同步所有设备的时钟,确保终端显示屏幕显示时钟的准确性。屏幕可以在播出各类信息的同时提供日期及时间显示。在没有和时钟结合的显示终端上,可以通过设定终端显示屏的全屏或指定的子窗口显示多媒体时钟。时钟的显示可分为数字方式或模拟方式。

⑧数据读取、发送、显示及接收功能

自动读取来自集成管理平台的列车到发信息、候车引导信息和票务信息,实时向显示屏发送变更信息。接收显示屏回传的数据,且反馈信息到集成管理平台。

⑨系统显示控制功能

对显示字型的控制:主要字型包括英文、中文;字号大小有 16×16、24×24、32×32 等,根据需要可显示简单图形符号,画面生动、清晰。显示图形和文字稳定、清晰、明亮、可靠、无杂点(盲点、常亮点等)。可控制显示信息内容的左右移动、左右展开、上下展开、闭合展开、简单动画、平滑上卷、局部文字闪耀等。可以进行单屏体多区域、多种显示方式显示,各区域的显示内容及显示方式互不干扰。

⑩系统管理维护功能

系统具备对每块显示屏集中或分区域进行预排、浏览、修改、输入等编辑工作,对显示屏实施单控、组控、群控,系统具备自动或人工对显示屏亮度、色度及对比度进行调节和校正,系统具备人工对显示屏属性信息编辑、修改、查询等操作功能,要求任何人工操作过程中,不影响显示屏正常工作。系统具备通过查看显示屏分布图进行管理,对显示屏进行电源开关和复位操作,向任意一块显示屏发送临时编辑的信息,对服务器及控制器发送“设备开机”、“设备关机”和“设备重启”等指令,要求设备在通电后自动启动操作系统并运行应用程序,而不需人工干涉。系统与显示屏之间的数据通信,具有检验、重发纠错功能,以确保显示信息的准确性。

⑪系统自诊断功能

系统可对内部的通信线路、接口设备、显示屏电源、显示控制板进行实时检测,检测到故障时,能将故障情况显示在维护界面上,并且可将这些信息上传至集成管理平台,便于系统的维护和管理。

⑫信息优先级管理功能

系统支持数据传送优先级别定义,对定义级别高的数据优先传送处理。显示信息具备不同的优先级属性,当各种显示信息在同一时间、同一个显示设备的同一区域需要显示时,高优先级的信息能

够取代低优先级的信息优先显示在屏幕上。同级别的信息按照“先进先出”的原则进行显示（最高优先级除外）。

⑬日志管理功能

系统具备将操作和报警日志进行采集、归类和统计，并可对生成的日志进行查询、处理和储存。主要包括：账户/权限管理类报表、信息播放类日志、设备管理类日志、维修维护管理类日志、广告播放类日志、系统操作类日志、系统登陆日志和设备报警日志等。

⑭参数设置功能

系统管理参数主要包括：预定义信息、信息优先级设定、多区域屏幕分割播放及显示信息预览、系统运营开始及结束时间等。系统运行及参数设置通过维护终端由车站工作人员设定，工作人员进行子系统参数的备份，可使系统发生故障或瘫痪时及时恢复。

⑮用户权限管理功能

系统具备分级权限管理功能，能够创建、删除、修改操作员的操作等级及权限等。

⑯监控功能

系统设备应在客户端操作员站的监控下运行，系统向客户端操作员站传送运行模式、设备状态、报警等信息，通过维护界面监视任一块屏、一组屏、所有屏的状态，包括在线、离线、显示屏电源开关、通信状况（正常，异常等）、显示内容等。客户端操作员站依据车站设备所处的模式、状态、报警及故障的等级发出报警信息，并可将信息上传至内部相关系统。系统能自动生成网络故障统计报表，智能分析故障。

⑰多种语言文字支持功能

至少支持中、英文混合输入、保存、传输、显示等。

⑱人工插播功能

LED/LCD/PDP 显示系统通过应用服务器与集成管理平台前置服务器在车站采用 RJ45 接口形式连接。操作员可以根据需要选择或编辑要播出的信息进行人工插播，并指定显示终端设备。

⑲信息显示功能

根据业务需要，集成管理平台可以向 LED/LCD/PDP 显示系统发送候车、开检、停检、出站等作业数据包，向显示屏发送黑白和彩色图像信息以及模拟表等公共信息和播放节目单。

⑳设备监控功能

集成管理平台能够监控 LED/LCD/PDP 显示系统设备。

4. 广播系统

（1）系统设计方案

北京南站和天津站的广播系统均采用数字化控制和传输方案，系统管理服务器、自动广播服务器、信源设备、监听设备、操作员终端放在综合监控室，旅客服务主机房和配线间内放置数字功率放大器、相关的控制/检测及切换设备，综合监控室和配线间之间通过以太网连接。旅客服务系统局域网采用千兆主干和百兆到端的星型结构，通过 VLAN 划分的方式为广播系统提供独立子网，实现系统服务器到数字音频矩阵及数字功放等设备的连接和数据交换。

亦庄和武清站采用传统的模拟音频传输方式，主控设备和执行设备集中放置在综合监控室。

广播系统有人工广播和自动广播两种方式，采用先进的数字音频传输技术、TTS 技术，用中文普通话、英语等多种语言为旅客提供列车到发、站内通告、票务信息、设施说明、环境说明、安全提示及旅行相关等语音信息，以保障旅客和工作人员能够在整个站区内清晰明确地获取音频信息。

广播系统在正常情况下进行列车到发信息广播、专题广播、编组广播或其他文字信息语音合成广播。当接收到消防广播的控制信号时，能自动中断某些广播区正在广播的内容，把消防广播音频切入，进行消防广播。在所有广播项目中，消防广播具有最高优先级，可以打断所有的广播内容。

广播系统通过系统服务器接口与集成管理平台连接，根据集成管理平台提供的列车到发计划和动态调度信息，播放数字语音自动广播；消防广播通过消防广播接口与消防系统连接，实现消防报警广播；当集成管理平台或广播子系统的计算机发生故障时，将由应急前置控制器同功率放大器构成最简单的系统，以保证任何情况下都不会中断广播。

（2）系统功能

①自动广播

自动广播是主要的业务广播形式，分为自动广播控制和语音合成两种功能，可以完成列车到发信息、专题广播或其他文字信息语音合成广播。

②人工广播

人工广播形式有来自于控制中心的话筒广播，来自于服务台、值班室等处的电话广播，以及来自于现场区域的人工呼叫站广播3种。控制中心可以对任意区域进行广播，电话广播是指具有相应权限的人员拨打指定号码进行广播，人工呼叫站只对本区域广播。

③背景音乐

背景音乐由FM/AM数字调谐收音机、双卡座录放机、CD播放机等信源经过传输，在指定广播区实现背景音乐播放。

④控制与管理

控制与管理功能包括优先级控制和权限分配、广播分组、预示音、录音、监听、信源试听、音量调节、日志和时钟同步等。

⑤监视与检测

支持车站电子地图，能监视所有广播区域的占用/空闲/故障状态，信源使用提示，检测所有扬声器回路的正常/断路/短路状态。当某一个回路扬声器发生短路故障时，可以自动关闭该通道的功放，起到保护作用。

可实时监测车站广播设备的运行状态，包括但不限于信源设备、数字音频矩阵、主备用功率放大器、控制/检测及切换设备、接口设备、通信链路等。

⑥备份/应急广播

具有备份机制或应急广播机制，保证广播系统7×24 h不间断工作。

⑦消防广播

消防广播与广播系统共用扬声器和功放系统，它具有最高优先级。一旦消防广播启动，其他广播（背景音乐、一般广播等）将被暂停。系统仅执行预录的消防自动语音广播（警告和疏散广播）或消防话筒的人工广播，直到紧急广播状态解除。

5. 视频监控系统

（1）系统设计方案

DLP与监控（VM）系统（结构见图6－1－11）：运用多媒体技术、计算机网络技术和音视频处理技术实现对铁路客运专线车站整个站区内的服务对象和服务设施进行监控，并通过DLP大屏幕和其他方式显示，为用户提供一个高分辨率高性能的大型显示终端，供多人共享各种常用的图像显示信息。

大屏幕显示系统主要由以下几部分组成：

①2×8DLP，显示单元拼接墙体；

②多屏处理器；

③显示墙应用管理系统软件等；

④RGB矩阵切换器；

⑤视频矩阵切换器。

（2）系统功能

DLP投影显示墙是专门为视频监控网络应用而设计的多屏幕显示系统，可以显示高清晰的视频图像和高分辨率的计算机工作站图形及数据，基本功能如下：

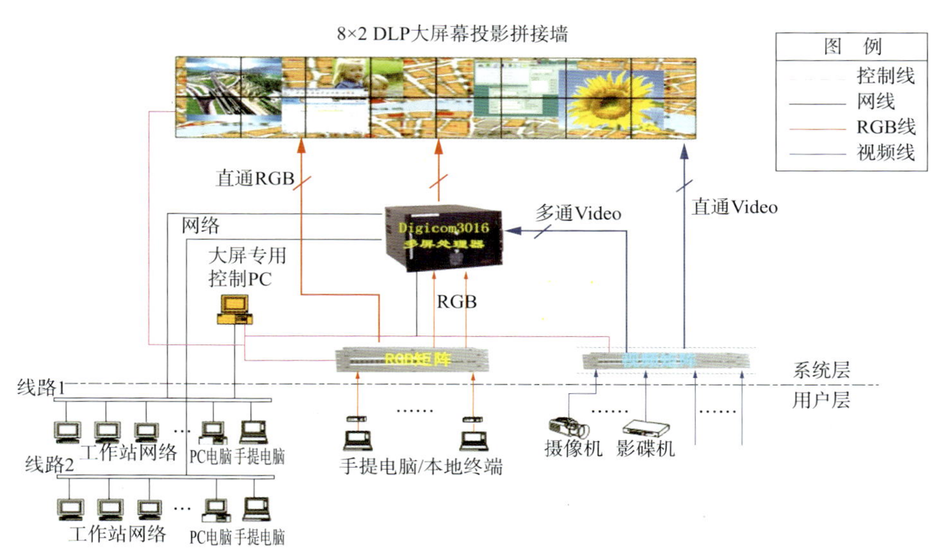

图 6－1－11　DLP 与监控系统结构图

①网络支持

系统是基于 Windows 环境下集软硬件环境为一体的系统，支持 100M/1000M 的以太网，支持 TCP/IP 等协议。

②视频拼接

将 16 个投影单元以 2 行 ×8 列方式拼接组合成单一的逻辑显示屏（大屏幕）。系统支持图像的多屏拼接，画面可整屏、分屏、跨屏显示，画面可位于屏幕任意位置，在叠加显示、跨屏显示时没有“黑屏”或“蓝屏”现象。

③全屏显示

把整个大屏幕作为单一的逻辑显示屏，并以全屏方式显示一幅动态或静态画面。

④多窗口显示

支持多窗口显示，用户可灵活开启/关闭显示窗口，定义显示窗口尺寸，画面能够自由缩放（无级缩放）、移动、不受物理拼缝的限制，屏与屏之间的拼缝不影响文字和图像的正确显示。

⑤多路视频信号输入和显示

在 DLP 投影显示墙上将多路视频信号以多窗口形式分别进行显示，能够同时输入和显示 32 路（北京南站）、48 路（天津站）、6 路（亦庄站、武清站）视频图像，每个图像显示窗口可以在屏幕上的任意位置放大、缩小、跨屏移动和全屏显示。

⑥多路 RGB 信号输入和显示

在 DLP 投影显示墙上将多路 RGB 信号以多窗口形式分别进行显示，能够同时输入和显示多路 RGB 图像信号，每个图像显示窗口可以在大屏幕上的任意位置放大、缩小、跨屏移动和全屏显示。

⑦网络信号显示

抓取网络上任意一台 PC 的屏幕图像，在大屏幕的窗口中显示。该窗口可以在 DLP 投影显示墙上的任意位置放大、缩小、跨屏移动和全屏显示。

⑧应用程序图形界面显示

把屏幕作为单一的逻辑显示屏以窗口方式来实时显示高分辨率的应用程序图形界面，实现全屏显示和分辨率的叠加，并可以对显示窗口进行任意位置的放大、缩小和跨屏移动。

⑨各类信号混合显示

在屏幕上同时显示各类图形图像信号。视频信号、RGB 信号、网络信号和应用程序图形界面的窗口之间可以任意叠加显示。画面能够自由缩放、移动、漫游，不受物理拼缝的限制，屏与屏之间的拼缝不影响文字和图像的正确显示，不会产生画面错位现象，同时屏幕视角满足室内人员观看。

⑩实时刷新

应用程序界面窗口的数据刷新为实时刷新，只要监控数据发生变化，屏幕显示的数据就同步刷新。

⑪多制式支持

输入的视频信号支持各种制式(PAL/NTSC)，输入的 RGB 信号支持的分辨率为 640 ×480 ~ 1 600 ×1 200。

⑫自动检测和匹配

对视频信号、RGB 信号和网络信号的分辨率、频率等属性，系统能进行自动检测和匹配，无需更多的人为干预。

⑬显示参数调节

为保证在室内环境条件下显示效果能够符合人体视觉要求，可对系统亮度、对比度、色彩进行统一调节，调节参数可存储调用。

⑭显示预案

系统具有新建、编辑、执行预案的管理功能，可以制作以不同时间段、不同场合为应用条件的显示预案。显示预案以文件形式存储在多屏拼接控制器中，可以定义显示信号的窗口大小、位置、数量、显示内容等。

⑮计划任务管理

系统具有显示预案调用的计划任务管理功能，用户可以设定屏幕在某一时间所要调用的显示预案，系统能在计划任务管理中按照用户设定的时间自动执行显示预案。

⑯远程控制

可通过计算机控制，调节 DLP 投影显示墙的系统参数、功能调用，并可通过多屏拼接控制器、维护控制工作站或车站集成管理平台的操作员工作站进行本地或以联网方式远程遥控操作显示墙。

⑰多用户操作管理

支持多用户同时登陆，对图像和应用程序图像界面窗口进行操作管理。用户可用单一鼠标和键盘对多屏拼接控制器进行操作，可以在维护管理终端或所连接系统的多个操作员工作站上交互操作对应的显示墙，实现多用户的控制操作。系统实现多用户分级管理，操作员所使用功能应受到权限控制。

⑱设备状态监视

在系统运行过程中对系统内关键设备的工作状态进行监视。

⑲故障报警

当系统出现风扇故障、电源故障、灯泡寿命过期、温度过高等故障时均会产生报警。

⑳网络接口

系统允许通过网络与车站集成管理平台进行接口。可以通过车站集成管理平台在车站综合监控室内的操作员工作站上对大屏幕投影显示墙进行一些基本的监视控制操作，例如控制大屏幕的各种显示方式。系统开放网络接口，并提供接口软件包及开发工具。

6. 查询系统

(1)系统设计方案

查询系统(结构见图 6 - 1 - 12)以计算机技术为基础，通过触摸查询一体机响应旅客的查询需要，使旅客及时获得与旅行相关的信息。利用旅客服务系统局域网实现系统设备之间的网络连接和数据交换。

查询系统由一台维护终端和多台触摸屏查询终端组成，维护终端提供查询内容和一些后台处理，触摸屏查询终端提供给用户查询界面，让用户可以查询相关信息。

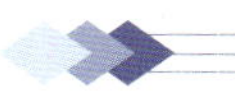

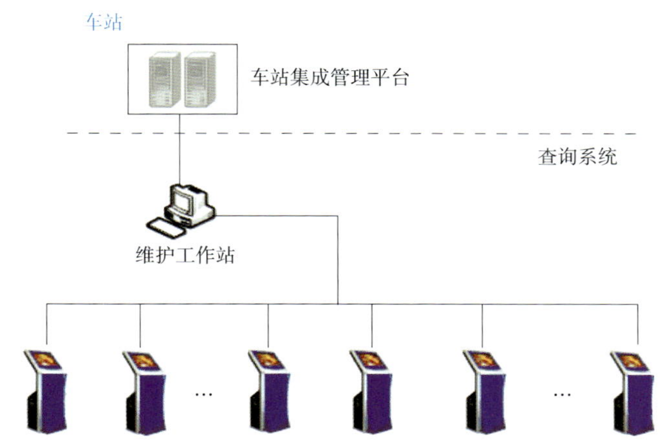

图 6－1－12　查询系统结构图

(2)系统功能

①列车时刻表查询

查询车站列车时刻表,包括车次、始发站、终到站、列车类型、发车时间、到站时间、里程、历时等相关信息,供旅客选择合适的乘车路线,提供按车次查询、按地名查询等查询方式。

②列车沿途停站、停点情况查询

查询列车沿线经过的停靠站、到站时间、发车时间、停留时间,有中途下车的旅客可提前做好准备。

③列车到发信息查询

通过集成管理平台接口查询列车到发信息,包括车次、到站时间、停靠站台,发车时间、候车地点。

④车次信息

提供按始发车、终到车、地名等多种查询方式,点击"始发站"返回北京南站所有始发的车次,点击"终到站"返回所有到达北京南站的车次,点击"地名"输入目的地地名返回到达目的地的所有车次。

⑤票价查询

查询指定日期、指定车次的不同席别票价。

⑥车站基础信息查询

提供车站平面示意图,车站服务设施的分布及服务内容,指定车次候车分区安排,指定车次检票地点、时间、站台等信息查询功能。

⑦余票信息查询

查询指定日期、指定车次车票的有无信息。

⑧旅游公共信息查询

查询市区交通图、站前公交线路、长途汽车等;

查询当地各大宾馆、旅社信息等;

查询当地旅游景点、线路、旅行社情况等。

⑨铁路旅行常识

查询乘车常识及车票知识。

⑩接口功能

通过集成管理平台获取到发通告及客票系统信息。

7. 求助系统

(1)系统设计方案

车站求助系统以 CTI(计算机电话集成)技术为基础,采用求助按钮,通过集成平台与监控、查询系统的联动配合，响应旅客的求助需要，使旅客及时获得车站工作人员的帮助。

车站求助系统以求助主机为中心，与所有的分机组成星型结构，使得值班分机之间可以互相呼叫，而又互不影响，还能够以 $n+1$ 冗余方式保证无阻塞通信。

求助系统由求助主机、值班分机、求助按钮、录音工作站构成，系统结构见图 6－1－13。

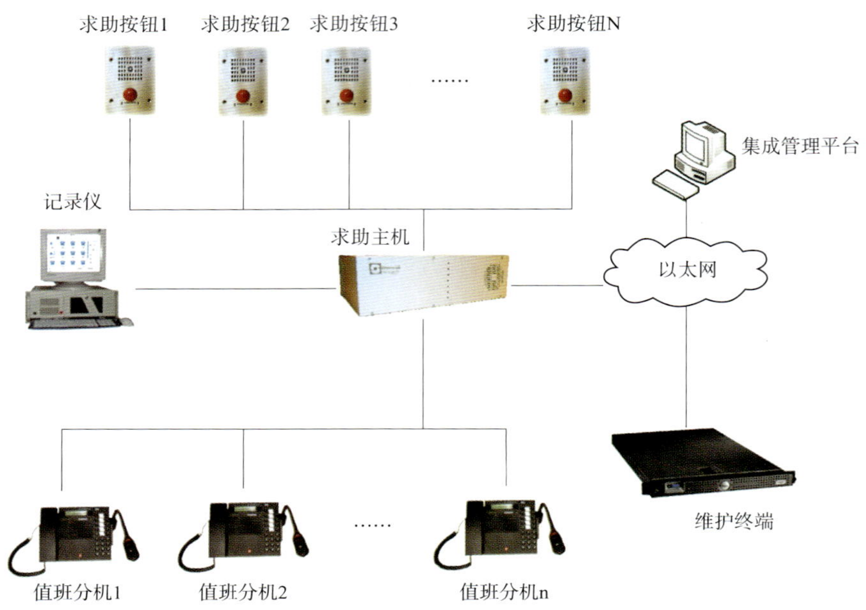

图 6－1－13　求助系统结构图

（2）系统功能

①免拨号通话功能；

②多路呼入排队功能；

③事件记录，电话录音功能；

④自动检测、故障报警、故障定位（详细到板级）及远端维护等功能；

⑤支持分级密码权限管理；

⑥能够与相关系统联动；

⑦提供开放的软件接口；

⑧能够向相关系统上传数据；

⑨查询、监听或维护操作时，不影响设备正常录音功能。

8. 寄存系统

（1）系统设计方案

寄存系统是以旅客自助的方式存放小件物品，为旅客提供方便快捷的服务。

寄存系统由维护管理终端、自助寄存主柜和寄存附柜组成（结构见图 6－1－14）。附柜通过控制电缆连接到主柜上，主柜分别接入附近配线间的网络交换机上，由设置在旅服主机房的维护管理终端统一管理。

寄存柜具有网络接口，能实现与维护终端之间的连接。寄存柜具备标准 RS232 或 RS485 接口。寄存系统将寄存柜存储信息和维护信息传送至集成管理平台，寄存系统和集成管理平台之间采用标准的 TCP/IP 协议，物理形式使用 RJ45 接口。

（2）系统功能

①旅客能够自助存取物品；

②具备远程对寄存柜进行锁定和解锁功能；

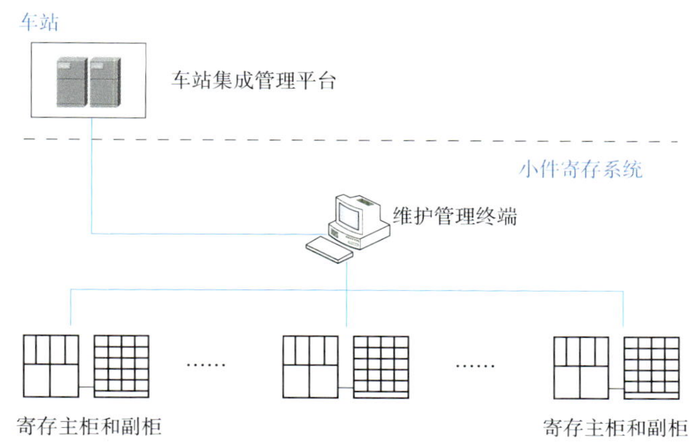

图 6－1－14 寄存系统结构图

③自助寄存设备能接受 1 元、5 元、10 元、20 元面值纸币；

④自助寄存设备能够打印寄存存根供旅客查验(可打印报表)，打印内容可灵活设置；

⑤自助寄存设备可以对寄存的时间和收费额度进行设置(后台管理)；

⑥特殊情况下能够强制打开寄存柜(应急开门)；

⑦寄存箱监视和报警功能(光耦探测功能)；

⑧寄存业务查询功能(可打印报表)；

⑨收费情况统计功能(可打印报表)。

9. 时钟系统

(1)系统方案

时钟系统主要作用是为铁路客运工作人员和乘客提供统一的标准时间，并为其他各有关系统提供统一的标准时间信号，使各系统的定时设备与本系统同步，从而实现全线客运服务系统采用统一的时间标准。时钟系统的设置对提高客运服务质量具有重要作用。

时钟系统构成采用子母钟校时和网络校时方案，利用旅客服务系统局域网实现系统设备之间的网络连接和数据交换。

时钟系统结构如图 6－1－15 所示。

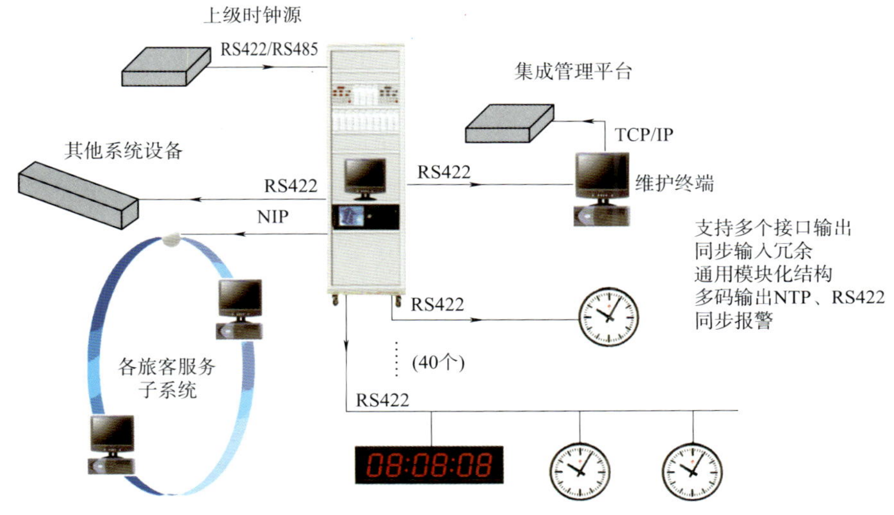

图 6－1－15 时钟系统结构图

各车站的时钟系统主要由车站二级母钟、NTP 网络时间服务器、各类子钟、传输通道及维护终端组成。

(2)系统功能

①同步校对功能

各车站二级母钟能够接收指定时钟源的标准时间信号、产生精确的同步时间码,通过通信线缆控制/驱动管辖范围内的子钟。

NTP 网络时间服务器可以接收母钟的校时信号,同步网上的服务器和工作站,信号中断后能够独立正常工作。

②自动校时和追时功能

车站二级母钟自动接收上级时钟源信号,经过分析、判断对当前时间进行校对。当上级时钟源信号有故障时,车站二级母钟利用自身高精度的晶振信号作为基准信号;当信号恢复正常时,可以自动追时到当前标准时间。

③时间显示功能

车站二级母钟按年、月、日、星期、时、分、秒格式显示时间。

指针式子钟为时:分指示。

数字式子钟为时:分显示(或可选用带日期显示)。

车站二级母钟具有统一调整、变更时钟快慢的功能,可通过设置在前面板上的键盘实现对时间的统一调整。

④监控功能

二级母钟可实现点对点监控、发现故障自动报警。母钟主备单元既可自检也能互检,以便及时发现系统故障,并进行主备单元自动转换。

维护终端除了监控各个子钟运行情况外,还可以监控到各主备二级母钟、RS422/485 输出接口、NTP 时间服务器、BITS 信号接口的工作状态,并控制主备母钟自由切换。

⑤兼容和扩展功能

车站二级母钟提供 RS232、RS422、RS485 接口。

系统设备及接口设备采用模块单元插接结构,支持接口的扩展,满足扩容要求。

10. 磁性站台票售票系统

(1)系统设计方案

磁性站台票发售系统主要由磁性站台票售票机构成。

京津城际铁路的磁性站台票发售系统以车站为管理单位,各车站根据需要安装一定数量的磁性站台票售票机,向旅客提供自助式购买磁性站台票服务。

磁性站台票售票机主要由硬币识别模块、磁性站台票制票机、乘客显示屏构成。磁性站台票制票机安装有 SAM 卡,制票时对写入站台票磁道的磁信息进行加密,保证站台票的安全合法。

(2)系统功能

①提供友好的站台票发售图形界面,接受并识别旅客投入的合法硬币并显示金额,自动完成制票。

②在购票过程中旅客可取消购票,已投入的硬币退还给旅客。

③能识别投入的非法硬币并退还给旅客,限制一次购票过程投入硬币数量。

④提供机内运营维护功能,包括结账和维护功能。可自动统计每次结账的起止时间、售票张数、售票金额;提供添加票卷、硬币识别部件维护、磁处理器部件维护、售票软件重启等功能。

11. 网络系统

(1)广域网

京津城际铁路采取小站接入大站,大站接入铁路局中心和调度所的两级架构,其旅客服务系统广

域网络架构如图 6 - 1 - 16 所示。

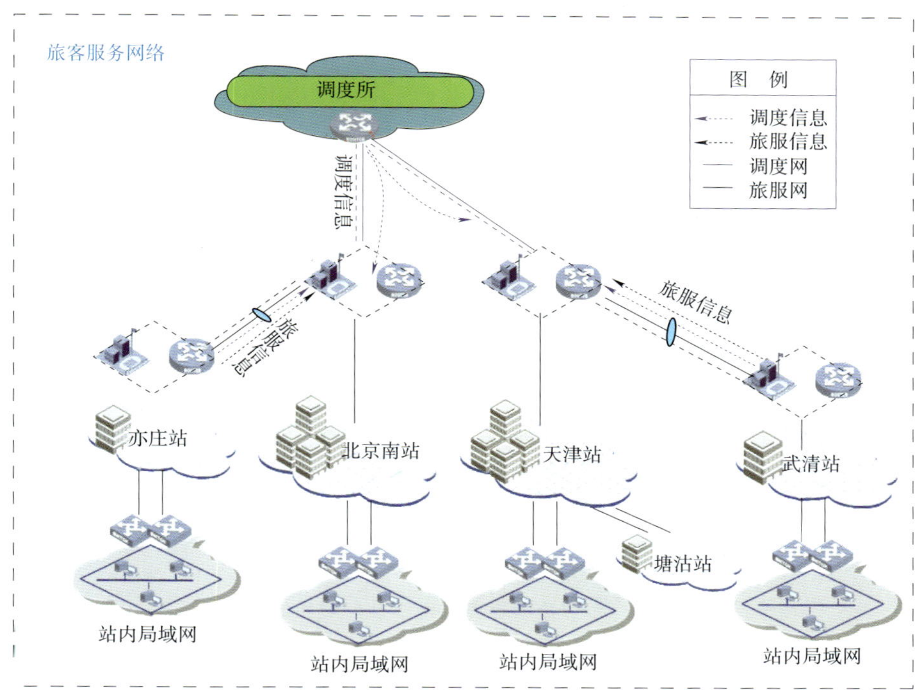

图 6 - 1 - 16　旅客服务系统广域网结构图

(2)局域网

旅客服务系统局域网采用双核心双链路星型结构,构成链路和设备的双冗余。车站广播、PIS、时钟、求助、查询、寄存、无线、站台票系统等均接入旅服局域网络,通过物理隔离及 VLAN 等网络技术,实现各子系统的逻辑隔离;通过三层核心交换机的处理,实现集成平台与各个子系统间的通信。

局域网采用千兆骨干,百兆到终端的组网方式,同时也满足未来升级到万兆骨干,千兆到终端的可扩展性。

旅客服务系统各类终端设备与车站服务器之间能够实时通信。车站旅客服务系统局域网由核心层和接入层构成,其局域网结构如图 6 - 1 - 17 所示。

①局域网核心层

车站旅客服务系统局域网核心层是所有业务数据流经的网络核心层次,为车站设备提供基本的连接和数据交换功能。根据车站规模不同在局域网核心层配置核心交换机与骨干路由器互联,实现车站与中心系统的通信。核心交换机与接入交换机通过千兆及以上光纤相连,组成局域网骨干。

局域网核心层交换机需进行冗余设计,避免设备单点故障。

②局域网接入层

车站局域网接入层为各类终端设备提供对网络的访问接口,通过接入层交换机将旅客服务系统终端设备接入车站局域网核心层,实现 10/100/1 000 M 自适应到终端,满足终端设备应用的网络需求。同时满足未来升级到万兆骨干,千兆到终端的可扩展性。

导向揭示系统、广播系统、监控系统、时钟系统、查询系统、求助系统、站台票发售系统、寄存系统作为独立的子网接入核心层。

旅客服务局域网采用双核心双链路的星型物理架构,从结构上保证网络的稳定性;选用电信级核心交换机,配备冗余电源,在物理设备上保证网络的可靠性;通过 VRRP/ECMP 等冗余备份协议,实现网络应用层面的冗余和负载均衡。以上三种方式相辅相成进一步提高了整个旅服网络的性能,确保网络的正常不间断运行。

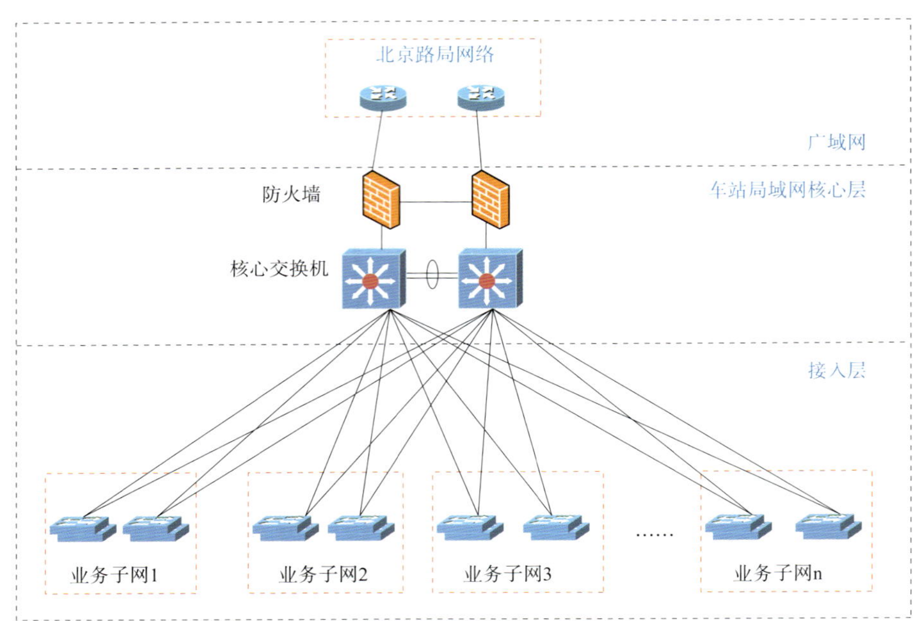

图 6－1－17　旅客服务系统车站局域网结构图

局域网内部有多种业务系统同时运行，包括广播、导向揭示、时钟、求助、查询、站台票、寄存系统等。根据业务需求，广播系统独立组网，其他系统组成一个星型网，所有系统共用核心层交换机。采用 VLAN 技术，将需求不同、面向服务对象不同的各子系统的交换机端口与服务器端口划分到一个虚拟局域网中，实现各子系统的逻辑隔离，同时，基于有效规划 IP 地址、网络带宽、QoS 合理部署等原则，保证各系统的安全性。

12. 安全系统

旅客服务系统在车站内部是独立的网络，与票务系统物理隔离同时又要求有一定的数据交换，并与车站其他业务网络，如调度网等有一定的信息交换。车站旅客服务系统的安全问题主要是解决车站不同业务网络互联边界的安全风险控制、车站各业务系统不同用户的安全管理和访问控制。

根据车站的实际需要，旅客服务系统主要提供大量的音视频数据、列车到发时刻、售检票信息等综合数据，相对票务系统数据安全性要求不高。依据等级保护的核心思想，旅客服务系统保护等级要低于票务系统。利用防火墙、病毒防控等基础信息安全技术从不同防御层面，建立车站级旅客服务系统的安全防护体系，提升系统的基本安全防护能力、降低系统的安全风险，保证旅客服务系统各项业务的高效、平稳、安全的运营。车站级的安全防护体系架构，设备部署见图 6－1－18。

在车站安全防护体系的构架上，针对旅客服务网络采用了安全防护措施。

在与票务网络、监控网络的边界部署两台千兆防火墙，通过防火墙的访问控制功能实现旅服网络与监控网络的视频数据交换，同时与票务网络边界的物理隔离网闸相结合，实现票务网络和旅客服务网络安全域的划分，并进行数据交互过程中的数据流向访问控制，杜绝未经许可的越权访问和网络攻击，保证旅客服务系统业务的安全独立运营。考虑到系统的可靠性和防止单点故障，隔离网闸采用了双机热备份的部署方式。

在与旅服数据网互联边界部署两套互为热备份的千兆防火墙实现对进出数据的访问控制，防止来自其他网络区域的网络攻击和越权访问，同时拦截车站内部对外的一些非法访问及攻击行为。

在旅客服务网络整体部署一套防病毒系统，为旅客服务系统提供一个技术领先、稳定可靠的全方位、多层次病毒立体防御体系，有效抵御各种病毒和混合威胁的攻击。提高客运专线车站旅客服务系统的病毒防御水平。

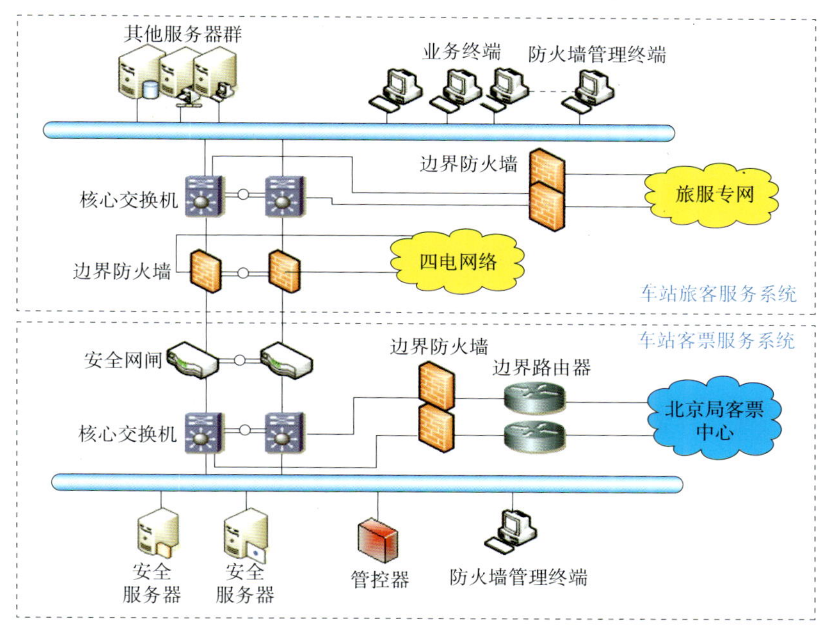

图 6－1－18　车站安全防护体系构架图

第三节　主要技术文件和标准

1. 客票发售和预订系统技术规范。
2. 客票发售和预订系统管理办法。
3. 铁路客票发售和预订系统总体设计。
4. 铁路客票发售和预订系统 5.0 版本需求说明书。
5. 沪宁杭 CRH 型动车组自动售检票系统工程需求分析报告。
6.《关于修改北京南站改扩建工程旅客服务信息系统初步设计》及批复（铁鉴函[2007]1031 号）、《关于新建铁路北京至天津城际轨道交通工程武清、亦庄站客运服务信息系统修改初步设计》及批复（铁鉴函[2007]1098 号）、《关于修改天津站改扩建工程客运服务信息系统初步设计》及批复（铁鉴函[2007]1275 号）。
7. 铁路客票发售和预订系统京津城际轨道交通工程改造需求说明书及评审意见。
8. 京津城际轨道交通工程自动售检票系统需求说明书及评审意见。
9. 京津城际轨道交通工程旅客服务集成管理平台需求说明书及评审意见。
10. 北京南、天津站、京津城际轨道交通工程客运服务信息系统集成项目招标文件。
11.《磁介质热敏车票的技术条件》（铁集成[2008]96 号）。

第四节　系统调试技术要点及参数

一、网络系统及 UPS

1. 技术要点

票务系统、旅客服务系统网络主要设备的规格型号、性能参数和设备连接及通道的性能。

票务系统、旅客服务系统网络功能主要包括：网络配置协议、访问控制策略配置及 VLAN 划分、冗余及热备功能、组播功能、网管功能，验证通过网络管理平台对网络设备进行配置，监控所有网络设备的运行状况及链路状况，通过权限设置可配置和管理权限范围内的网络设备，监控设备的工作状态。

票务系统、旅客服务系统网络安全性能主要包括：安全设备设置情况、防火墙切换机制、防火墙安全控制策略、入侵检测策略配置和联动策略、防病毒软件功能。

票务系统与旅服集成管理平台接口连通性，票务系统与 FAS 系统接口连通性，旅客服务系统与综合视频监控系统接口连通性，旅客服务系统与运营调度系统接口连通性，旅客服务系统与楼宇自动控制系统接口连通性，旅客服务系统与其他系统接口连通性。

UPS 系统输入电压、分路输出电压、UPS 电池供电逆变器工作、UPS 转换工作和电源网管系统功能。

2. 主要技术参数

网络设备的参数：交换容量、包转发率、缓冲区容量。

网络线缆的参数：双绞电缆长度、线图、衰减、回损、近端串扰等；光纤链路长度、衰减等。

网络性能参数：剩余带宽、丢包率、时延等，以及网络接口通信流量。

UPS 系统参数：输入电压、分路输出电压、电池单体电压。

二、TRS 及自动售检票系统

1. 技术要点

(1) TRS 改造系统

TRS 改造系统配票模型能灵活地实现分散或集中的配票策略；计价模型实现基本计价功能，预留了分时段优惠、固定折扣、积分奖励等灵活的优惠策略；车次选择实现输入始发、终到站和分时段选择车次功能；实现磁介质车票的售、退、订、换、改签。

(2) 自动售票系统

自动售票机的购票、支付、找零、制票和机内运营维护操作功能；自动售票系统钱箱管理、现金管理、现金业务管理、终端管理、终端业务管理；自动售票机运行状态的在线监控。

(3) 自动检票系统

自动检票机的检票功能，异常票识读处理功能，通行检测功能；自动检票系统的检票计划生成和计划下发到指定检票机的功能。

2. 主要技术参数

(1) 磁性窗口制票机

制票速度≤3.5 s。

(2) 自动检票机

闸门打开/关闭速度≤0.8 s；

支持纵向两个方向插票；

磁性车票处理时间≤1 s；

乘客通过能力≥20 人/min；

人体通行检测最小间隔≤200 mm。

三、旅客服务系统

1. 技术要点

(1) 集成管理平台

自动采集列车到发信息和变更信息：通过 CTC/TDCS 实时采集列车动态信息，自动生成行车计划、客运计划、广播计划、导向计划、监控计划，自动广播和显示列车到发信息。

集成管理平台的集成功能：集成管理平台将各子系统的核心功能集于一个操作平台上，使不同岗

位的操作人员利用不同终端登录同一个管理平台,即可进行各自的业务操作。

集成管理平台与各子系统的接口:集成管理平台采用统一的接口标准与各子系统传递数据。

(2)导向揭示系统

集中管理控制:与集成平台集成,平台统一进行设备终端的管理和控制。

发布信息多样:系统可通过 LED/LCD/PDP 终端显示出文本、图形和多媒体信息,显示列车到发信息、车次信息、余票信息,完成列车到发信息发布、列车始发/终到信息发布、列车候车区域信息发布、列车检票信息发布和余票信息发布功能。

紧急信息发布:系统允许在所有显示终端设备上全屏或在指定区域上发布紧急信息,或者在指定车站发布紧急信息。

(3)广播系统

多信源广播:能够正常实现 CD 唱机、卡座、收音机、话筒同时或分别广播,话筒插播广播;16 路计算机系统的数字语音系统同时或分别广播;消防广播:预录音和话筒分别广播;现场广播;两路电话广播分别或同时选区广播;

平行广播:将不同信源(如语音合成的八路路信号或以上多个广播)可以任意向不同的广播区广播;

优先级设置:改变信源的优先级别,优先级别低的可以被优先级别高的操作打断;

应急广播:广播系统故障时能启用应急广播系统,可以选择编组进行广播;

消防广播:当火灾出现,能在消防控制室使用话筒广播和自动语音广播。

(4)监控系统

视频拼接:系统支持图像的多屏拼接,画面可整屏、分屏、跨屏显示,画面可位于屏幕任意位置,在叠加显示、跨屏显示时没有“黑屏”或“蓝屏”现象。

多窗口显示:支持多窗口显示,用户可灵活开启/关闭显示窗口,定义显示窗口尺寸,画面能够自由缩放(无级缩放)、移动、不受物理拼缝的限制,屏与屏之间的拼缝不能影响文字和图像的正确显示。

多路视频信号输入和显示:在 DLP 投影显示墙上将多路视频信号以多窗口形式分别进行显示,能够同时输入和显示 32 路(北京南站)、48 路(天津站)、6 路(亦庄站、武清站)视频图像,每个图像显示窗口可以在屏幕上的任意位置放大、缩小、跨屏移动和全屏显示。

(5)查询系统

实时监视查询系统设备的工作状态;

在查询系统上能及时查询到列车到发信息、余票信息和车站通告信息。

(6)求助系统

可以对求助电话进行接听、挂断、保留和转接;监控求助设备的状态,包括空闲、等待、通话和故障等;查询和记录求助信息。

(7)时钟系统

可以读取时钟系统的时钟基准,并同步服务器和工作站、子钟等设备的时钟。引导显示屏可以在播出相关信息的同时提供日期及时间显示。车站二级母钟具有统一调整、变更时钟快慢的功能,可通过设置在前面板上的键盘实现对时间的统一调整。

(8)寄存系统

寄存管理实现对寄存柜的使用状态的查询,寄存柜处于异常时能够发出报警信号。

(9)磁性站台票售票机

具有售票、支付、制票功能和机内运营维护操作功能。

2. 主要技术参数

集成管理平台设备状态监视时间:≤2 s;

LED/LCD/PDP 显示系统响应操作人员操作时间:≤30 s;

PDP 显示系统完成操作人员指令并显示到终端时间：≤5 s；

PDP 显示系统临时信息发布到显示终端时间：≤0.5 s；

磁性站台票售票机出票时间：≤5 s/张。

四、接　口

1. 技术要点

(1)与外部系统接口

CTC/TDCS 将京津城际、普速和未来高速列车的时刻表和到发时刻等信息提供给客运服务系统，实现客运服务系统与 CTC/TDCS 系统信息的交互。

通过与外部视频监控系统的接口，集成管理平台能够查看所有客运服务摄像机的内容，对具有权限的摄像机进行控制，录像回放，监视摄像机的工作状态。

通过外部一级时钟系统与车站二级时钟系统的接口，实现车站指针式时钟、引导屏显示时钟、自动售检票服务器、旅客服务系统服务器的时间同步。

(2)与内部系统接口

通过 TRS 与集成管理平台的接口，完成列车车次、停靠站、余票信息的交互。

通过 TRS 与自动售检票系统的接口，完成列车时刻表、车次和路网基础数据等信息的交互。

通过集成管理平台与自动检票系统的接口，完成列车正晚点信息的交互。

通过集成管理平台，完成对导向揭示、广播、监控、查询等信息的发布和设备的监管，实现求助、寄存与监控设备的联动。

2. 主要技术参数

(1)与外部系统接口

集成管理平台调阅摄像机画面时间≤5 s。

(2)内部接口

TRS 系统每天定时向集成管理平台发送一次京津城际铁路所有列车的基础信息。

TRS 系统按固定时间间隔向集成平台发送一次京津城际铁路所有列车的余票信息。

集成管理平台至少每 2 s 扫描一次各子系统设备状态变化。

求助设备与监控系统联动响应时间≤4 s。

寄存设备与监控系统联动响应时间≤4 s。

第二章　系 统 调 试

第一节　系统调试依据和标准

1.《铁路客运专线客运服务系统总体技术方案》(铁集成[2008]41 号)。

2.《磁介质热敏车票的技术条件》(铁集成[2008]96 号)。

3. 京津城际铁路客运服务系统招标书(第二部分 票务系统)。

4. 京津城际铁路客运服务系统招标书(第三部分 旅客服务信息系统)。

5. 京津城际铁路客运服务系统合同。

6.《自动检票系统与客票系统数据接口技术实现方案》。

7.《关于修改北京南站改扩建工程旅客服务信息系统初步设计》及批复(铁鉴函[2007]1031 号)、《关于新建铁路北京至天津城际轨道交通工程武清、亦庄站客运服务信息系统修改初步设计》及批复(铁鉴函[2007]1098 号)、《关于修改天津站改扩建工程客运服务信息系统初步设计》及批复(铁鉴函

[2007]1275 号)。

8. 铁路客票系统京津城际铁路改造需求说明书。

9. 京津城际轨道交通工程自动售检票系统需求说明书。

10. 京津城际轨道工程车站旅客服务系统集成管理平台需求说明书。

11. 京津城际铁路客运服务系统测试需求分析说明书及评审意见。

12.《100Mbps(100BASE－X)以太网标准》(IEEE 802.3u)。

13.《国际串行通信标准》(EIA RS—232—C)。

14.《建筑与建筑群综合布线系统工程验收规范》(GB/T 50312—2000)。

15.《火灾自动报警系统设计规范》(GB 50116—1998)。

16.《音频、视频及类似电子设备安全要求》(GB 8898—1997)。

17.《视频安防监控系统工程设计规范》(GB 50395—2007)。

18.《民用闭路监视电视系统工程技术规范》(GB 50198—1994)。

19.《视频安防监控系统技术要求》(GA/T 367—2001)。

20.《城市监控报警联网系统通用技术要求》(GAT 669—2006)。

21.《民用建筑电气设计规范》(JGJ/T 16—1992)。

22.《综合布线系统电气性能通用测试方法》(YD/T 1013—1999)。

第二节　调试内容

一、网络和 UPS

1. 功能测试

验证各项网络功能的有效性—网络配置及 VLAN 划分、冗余功能、组播功能、网管功能。

验证 UPS 主机、配电盘(柜)、蓄电池组、UPS 集中监控系统的主要功能。

2. 性能测试

(1)测试票务系统网络—区域客票中心连通性,包括输出口信号比特率、输出抖动特性、输入抖动容限、端到端的误码率。

(2)测试票务系统与旅服集成管理平台接口连通性。

(3)测试旅客服务系统与综合视频监控系统接口连通性。

(4)测试旅客服务系统与 TDCS 接口连通性。

(5)测试旅客服务系统与其他系统接口连通性。

(6)测试安全防护与外部接口连通性。

(7)检测交换设备各项技术指标的符合性。

(8)检测网络各项技术参数—双绞电缆参数、光纤链路参数。

(9)检测 UPS 主机、配电盘(柜)、蓄电池组主要性能指标。

(10)测试 UPS 与外部电源接口连通性。

二、TRS 改造内容

1. 功能测试

(1)进入售票界面,发站位置缺省显示为本站,只输入到站的拼音码(拼音码的 1 ~ 3 位均可),即可显示满足条件的车次。

(2)售票界面中,查询车次信息时,显示车次在本站的发车时间,并按上午、下午、晚上三阶段区域用不同颜色区分;在售票界面中,按上午、下午、晚上不同组合的本站发车时间输入车次,能够正确显示本站的发车时间,并按上午、下午、晚上三阶段区域用颜色区分开。

(3)售票界面中,显示乘车日期列表时,同时显示星期。

(4)验证对磁票的进班功能,制票机初始化过程,在接磁制票机的售票窗口以各种班次能正常进入,制票机能正常初始化。

(5)验证对磁票的看票号功能,能在规定工作环境、规定时间范围内看清楚磁票的票号。

(6)验证对磁票的手工换卷功能,能正常完成磁票的手工换卷功能。

(7)验证对磁票的自动换卷功能,能正常完成磁票的自动换卷功能。

(8)验证对磁票的写磁校验功能,在一个批次中加入多张不同票种、不同席别的车票,能连续正常完成磁票的写磁校验功能。

(9)验证对磁票的改签票面还原功能,对各种票种、各种席别的普通京津城际铁路磁票,在改签界面能正确还原票面信息,正常改签。

(10)对各种票种、各种席别的普通既有线磁票,在改签界面能正确还原票面信息,正常改签。

(11)验证对磁票的票面信息组合算法,在一个批次中加入多张不同票种、不同席别的车票,能连续正常完成票面信息组合算法、适应加密机制。

(12)验证根据配票策略的定义,按车厢顺序售票或均匀售票,在数据维护中定义允许的不同配票策略,对各种票种、各种席别能够按策略正确取票。

(13)按照不同车次类别、业务要求打印车票票面信息,能正确售出各票种、各席别的动车组新票面和既有线旧票面的普通磁票,能正确售出各票种、各席别的动车组新票面和既有线旧票面的始发签证磁票。

(14)支持汉卡接口变更后的新型磁制票机。能在接有汉卡接口变更后的各种新型制票机的售票窗口正常售票。

(15)测试在售票过程中记录磁制票机的制票日志信息,并在交班台账时将日志信息上传到服务器。

(16)按照基本流程正常完成各种票种、各种席别的普通票售票业务。

(17)按照基本流程正常完成各种票种、各种席别的始发签证业务。

(18)按照基本流程正常完成售团体票业务。

(19)按照基本流程正常完成各种票种、各种席别、各种优惠方式的售优惠票业务。

(20)在各种制票机的窗口能正常完成制票机初始化,查看制票机票号业务。

(21)能按照基本流程完成合同制票业务。

(22)按照基本流程正常完成各种废票理由的废票处理业务。

(23)按照基本流程正常完成空白票处理业务。

(24)按照基本流程正常完成补制空白票业务。

(25)按照基本流程正常完成制票故障处理业务。

(26)测试售票窗口封账后,该窗口再不能进行废票业务功能。

(27)测试对自动售票机售出的车票换票功能,对自动售票机售出的白票、票面不清的车票进行窗口换票。

(28)测试通过专用设备读取车票内的磁记录信息功能。对于车站窗口售出的各种票种、各种席别的普通京津城际铁路客票/始发签证,在退票窗口可以正确读取票面信息,并正确还原票面,正常退票;对于车站窗口售出的各种票种、各种席别的普通既有线客票/始发签证,在退票窗口可以正确读取票面信息,并正确还原票面,正常退票;对于自动售票机售出的各种票种、各种席别的京津城际铁路客票,在退票窗口可以正确读取票面信息,并正确还原票面,正常退票。

(29)测试验票功能。对于车站窗口售出的各种票种、各种席别的普通京津城际铁路客票/始发签证,在退票窗口可以读取并还原磁记录信息;对于车站窗口售出的各种票种、各种席别的普通既有线客票/始发签证,在退票窗口可以正确读取并还原磁记录信息;对于自动售票机售出的各种票种、各种

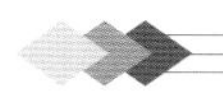

席别的京津城际铁路客票，在退票窗口可以正确读取并还原磁记录信息。

（30）磁记录信息无法正确读取时，进行手工退票。对于车站窗口售出的各种票种、各种席别的普通京津城际铁路客票/始发签证，进行手工退票；对于车站窗口售出的各种票种、各种席别的普通既有线客票/始发签证，进行手工退票；对于自动售票机售出的各种票种、各种席别的京津城际铁路客票，进行手工退票。

（31）测试通过读取磁信息或手工输入方式还原车票信息，进行客运专线和既有线客票的退票处理。

（32）对车站指定窗口班次进行日结账统计，测试售票张数、收入、起止票号等详细分项统计正确；根据各统计规则，实现窗口班次日结账统计，生成窗口日结账表；对交款数错误，通过补款功能实现售票员补款结账；通过封账功能，强制指定未交班窗口终止售票。通过解封功能，恢复被封账的窗口正常售票。实现对自动售票机的现金与非现金支付情况，进行日结账统计，生成日结账表。

（33）测试车站对窗口、班次、退票员的退票统计功能。对车站指定窗口班次进行退票员日结账统计，生成退票报告。

（34）测试对车站窗口、自动售票机、代售点等不同渠道售票情况汇总统计功能；通过车站系统前台收入管理软件，对车站窗口售票情况进行汇总统计；通过车站系统前台收入管理软件，对自动售票机的售票情况进行汇总统计；通过车站系统前台收入管理软件，对代售点的售票情况进行汇总统计；通过车站系统前台收入管理软件，对车站窗口、自动售票机、代售点的售票情况综合进行汇总统计。

（35）针对客运专线车次，发售不同优惠策略的客票，进行票款收入统计，测试优惠款项。针对客运专线车次，对不同优惠策略的客票的售票情况，进行票款收入统计。

（36）测试京津城际铁路的车次收入统计功能。

（37）针对客运专线车次，对售不同到站客票，进行车次收入统计。

（38）针对客运专线车次，对售不同票种的客票，进行车次收入统计。

（39）测试新的计价规则下的票价计算功能。

（40）选取京津城际铁路有代表性的列车，测试发站到终到站以及站间的不同票种、不同席别的票价是否正确。

（41）测试新的优惠策略下的票价计算功能。

（42）针对每一种优惠策略，设定不同的优惠参数，测试优惠策略的维护功能。

（43）针对每一种优惠策略，设定不同的优惠参数，测试优惠后的不同票种、不同席别的站间票价是否正确。

（44）测试按车次进行票价数据复制功能减少维护工作量。在车次票价维护中，测试按车次复制票价数据的功能。针对复制的车次，测试发到站以及站间的不同票种、不同席别的票价是否正确。

（45）测试配票策略的维护功能，并通过窗口售票验证配票策略的实现。对京津城际铁路的车次，设定不同的配票策略，测试配票策略的维护功能。对京津城际铁路的车次，设定顺序和分散的配票策略，并通过售票验证配票策略的实现。

（46）测试铁路局通过管理权限定义授权车站维护配票策略的功能。铁路局用户授权车站用户进行配票策略维护，车站用户可正常维护配票策略，并通过售票验证配票策略的实现。

（47）测试按线统计功能，统计京津城际铁路发送量、席位利用率、区段密度等数据。以京津城际铁路为统计单位，统计其发送量，测试其统计功能是否正确；以京津城际铁路为统计单位，统计其席位利用率，测试其统计功能是否正确；以京津城际铁路为统计单位，统计其区段密度，测试其统计功能是否正确。

2. 性能测试

测试多窗口并发售票的性能。采用性能测试软件，设计不同的负载模式，测试窗口售票并发时，服务器端的 CPU、内存利用率等主要性能指标，以及客户端的事务响应时间、事务成功率等性能指标。

三、自动售检票系统

1. 窗口制票机功能验证

验证磁记录制票机的上电自检功能、查看票号、制票、读磁、废票处理、空白票处理、成票废票、参数查询与设置、异常识别报警、状态显示等功能。

2. 自动售票系统功能验证

(1)自动售票机功能验证

①购票

通过对购买往程票/往返票的到站、乘车日期、车次、席别、票种、张数、屏幕中/英文显示等条件进行组合，测试自动售票机能否正常发售京津城际铁路各站的车票。

②现金支付及找零

使用不同面值纸币组合支付票款，测试自动售票机能否自动识别所投入的现金并计算总额，根据找零币种及剩余张数自动配钞找零。

③制票机票卷切换

测试自动售票机在票卷用完后能否自动启用备用票卷。

④机内运营维护

通过自动售票机维护操作屏，测试设置、打开、关闭纸币找零模块和硬币找零箱功能是否正常；更换纸币接收箱、纸币找零箱、废钞箱，查询更换记录是否符合实际更换操作；测试是否可以正确补充和清空硬币找零箱的硬币；测试能否正确更换票卷、查看当前票号；

测试主要部件模块的维护功能是否正常，模块纸币接收器的开启、退币和停止；硬币处理器的开启、复位与停止；磁票处理器的打印测试票、进票、退票、复位；凭条打印机的打印测试单据；

在 TRS 票号大于当前票号的情况，测试能否通过操作屏补制空白票，使被测试的自动售票机票号与 TRS 票号一致。

⑤日志管理

通过分析自动售票机在购票、维护等操作中记录的通信、旅客操作、现金支付、部件运行等日志内容，查看日志记录是否正确完整。

⑥工作模式切换

通过打开和关闭自动售票机的维护门，测试自动售票机能否及时准确地在旅客显示器进行工作模式与维护模式切换。

⑦软件升级测试

设置服务器端的版本号，测试自动售票机能否自动比较当前版本和服务器的版本号，从服务器端正确下载并更新本地文件。

测试自动售票机能否根据配置文件自动配置服务器端口、下载存档目录、延时时间和升级模式等。

⑧状态显示

测试自动售票机能否响应服务器的命令，在 LED 状态显示屏正确显示相关提示；测试自动售票机能否根据当前售票模式和状态的变化，在 LED 状态显示屏显示相应售票模式和提示信息。

(2)自动售票服务器及管理系统功能验证

①TVM 终端管理

添加并配置一台新的自动售票机信息，测试所配置的自动售票机能否正确连接应用服务器并正常售票；

向自动售票机发送控制命令，测试能否执行暂停售票、恢复售票、重新启动、暂停服务、清空硬币、重启操作系统、重启自动售票机售票程序等命令。

②钱箱管理

对自动售票机的现金识别箱、现金找零箱、现金备用箱、硬币找零箱、硬币回收箱以及硬币备用箱按规定编号并在数据库中记录；

测试能否为车站添加、修改、删除钱箱，记录钱箱的编号、类型、面值等信息；

测试更换和回收入钞箱、找零箱、回收箱时现金记录是否准确。

③现金管理

对被测试的自动售票机的现金识别箱、现金找零箱、现金备用箱、硬币找零箱、硬币备用箱、纸币回收箱和硬币回收箱金额进行编号记录；

模拟车站一天的自动售票运营情况，在开始前为自动售票机添加现金找零钱箱并记录，模拟旅客进行各种购票操作，当识别箱满或每日结账时清点核对钱箱票款，与客票系统记录核对，查看是否一致；对找零箱币种、初始数量、当前剩余数量进行记录，补钱和结账时查看是否与记录相符；

在运营结束时结账，按自动售票机编号统计：每班次开始时发售车票的起始票号，结束票号；现金的进款情况（总进款额、分面值的进款数量和金额），找零情况（总找零金额、分币种和面值的找零数量和金额）；零钱剩余情况（总剩余金额、分币种和面值的剩余零钱数量和金额）；应缴票款总额、客票实际收入。核算现金和票款是否正确。

④基础数据管理

为被测试的自动售票机设置基本信息，包括车站电报码、售票终端号、售票终端名称、售票处号、售票处名、窗口号、操作员号、IP 地址、汉卡号、售票终端位置、售票子系统版本号、维护电话、台账时间，测试能否被保存和修改。

测试能否设置并修改自动售票机可识别的现金面额、找零现金面额及可接受的支付方式。

测试能否设置和修改车站的管理/监控服务器基本信息，包括车站码、车站名称、服务器编号、服务器 IP 地址、服务器端口号。

设置结账时间参数，测试自动售票机能否在指定时间自动结账。

⑤终端业务管理

通过管理终端发送重新启动、关机、暂停售票、恢复售票、清空硬币命令，测试自动售票机能否正确响应上述命令。

通过管理终端查询清空硬币结果是否与实际情况相符。

⑥客票业务管理

测试能否通过管理系统执行手工开班、不结账退出、票号核查、车票作废、查询客票存根等业务。

⑦交易数据查询统计

统计售票日交易总量、查询售票交易明细、查询单笔售票明细、查询入钞箱使用记录、查询出钞箱使用记录，核对查询统计结果是否与实际数据相符。

⑧服务器管理

测试能否显示当前车站所有的自动售票机与服务器的通信连接信息、是否可修复通信常连接。

⑨用户管理

测试能否增加、修改、删除、查询系统用户，能否正确为用户设置、分配角色和操作权限；测试能否正确为维护人员设置用户编号和密码。

⑩部件状态管理

在购票过程中，测试能否通过管理终端查询到自动售票机当前票号变化；

测试管理终端能否监控纸币收集箱的未安装、已满、将满、正常四种状态，以及纸币、硬币找零箱的未安装、正常、将空、已空四种状态。

(3)监控系统功能验证

①设备监控

测试系统能否按车站图形化显示自动售票机的摆放位置、整体状态、部件状态；测试能否以列表方式显示自动售票机所有部件的状态；

测试能否通过各种条件查询自动售票机的报警事件数据。

②设备资料管理

测试增加、修改、删除、查询车站代码、设备事件代码、设备状态码、设备故障代码是否正常。

③设备维修管理

测试能否记录、修改、查询设备维修资料，能否正确统计、导出车站维修报表。

④系统用户管理

测试能否增加、修改、删除监控系统用户和角色，为监控角色分配管理权限，为用户分配角色及设置密码，并以指定用户的身份登录系统后执行各种操作，验证是否具有所分配角色的操作权限。

为指定用户修改密码和重新密码，以被修改后的密码重新登录，测试密码修改功能是否正常。

3. 自动检票系统功能验证

(1)检票计划生成与执行

测试基本计划编制和查询功能是否正确。

测试通过接收旅客服务集成管理平台的列车动态到发时间，执行动态调整计划并下发到检票机；测试各种动态计划调整功能是否正常，包括立即开检、开检取消、立刻停检、停检取消、恢复正点、晚点未定、列车改点、列车停运、增开临时列车、列车恢复开行、检票口调整、列车晚点。

测试设置开检时间和停检时间参数能否自动下发并生效。

(2)计划下发

测试自动检票系统能否以自动检票机为单位在每天固定时间下发检票计划；动态检票计划生成后由操作员确认并下发，通过查询日志验证动态计划是否已下发。

(3)检票参数下发与接收

在服务器端设置检票机系统参数并下发到检票机，测试参数是否生效。

(4)自动检票

测试自动检票机能否支持单向进站和单向出站检票业务功能；测试自动检票机在计划已下发，网络断开时是否仍然能按计划执行检票。

向检票机入票口插入 2 张或 2 张以上车票，测试检票机是否具有自动判断车票叠加的功能。

(5)检票机通行检测

自动检票机能否对手持或手推行李、尾随、反向闯关等情况进行检测。

测试自动检票机对不满足规则的通过行为能否提供声光报警功能。

(6)检票数据上传

从管理终端查询检票机上传的检票记录，验证自动检票机能否自动上传检票存根数据；测试自动检票机能否按设置的时间间隔自动上传检票记录。

(7)检票机紧急事件处理

在自动检票机正常运转的状态下，按下紧急按钮，测试自动检票机闸门是否能打开；测试自动检票机在断电时能否及时打开闸门。

(8)设备信息管理

通过增加、删除、修改维护管理设备基本信息及参数，测试设备信息管理功能是否正常。

(9)结班统计

通过查询自动检票机的作业时序图和作业日报表，测试结班统计功能是否正常。

(10)日志监控

测试动态计划日志监控功能、计划下载日志监控功能、客票传输日志监控功能是否正常。

(11)系统监控

测试能否通过监控终端控制自动检票机暂停服务或恢复检票。

(12)软件升级

升级服务器端数据库中的自动检票机软件版本号,测试自动检票机能否自动升级下载更新软件。

(13)站台票检票

测试能否持站台票通过检票机进出车站。

4. 自动售票系统性能测试

测试自动售票机制票全过程(数据与命令通信、剪切、热敏打印、写磁与校验、传动等)所需时间。

测试在使用现金支付方式下执行一次完整的购票操作所需时间。

采用 LoadRunner 性能测试软件,设计不同的负载模式,模拟 TVM 并发售票的场景,测试应用服务器、数据库服务器的各项性能指标,以及客户端的事务相应时间、事务成功率等性能指标。

5. 自动检票系统性能测试

测试自动检票机对单张正常车票执行检票的处理时间。

测试自动检票机正常执行检票时每分钟通过的客流量。

四、旅客服务系统

1. 旅客服务集成管理平台功能测试

(1)列车到发管理

测试列车到发信息及其变更信息能否从 CTC/TDCS 自动采集;在网络中断的情况下,能否采用人工方式输入列车到发信息和变更信息;能否依据各类业务模板自动编制行车计划、客运计划、广播计划、导向计划、监控计划;能否按广播计划通过扬声器自动/人工广播,按导向计划在显示屏上自动/人工显示列车到发信息,按监控计划在大屏上自动/人工监控列车进出股道画面。

(2)导向揭示管理

测试导向设备分组、导向设备选择、人工信息发布、导向屏版式设计、专题信息发布、售票窗口屏分组、售票窗口屏信息发布、导向设备状态监视、余票信息查询与发布、天气预报信息查询与发布等功能。

(3)广播管理

测试广播专题分类、维护与广播功能,广播区分组与选择、语音转文本(TTS)广播、多音源广播与控制、广播区信源监听、广播内容优先级处理、广播设备状态监视、广播音量调节等功能。

(4)综合监控管理

测试画面浏览、轮巡切换、控制权限设置、云镜控制、摄像机监控停用/启用、图像抓拍、录像回放及下载、设备状态监视等功能。

(5)信息查询

测试能否准确、及时查询本站经停所有车次的到发信息、预售期内本站经停所有车次的余票信息,以及本站所有通告信息。

(6)求助管理

测试求助系统与综合监控系统的联动功能,求助电话接入时应与附近的摄像头进行联动;求助电话接听与控制流程是否正确:在车站只有一个操作员具有首接求助电话的权限,当有求助电话接入时,该操作员能够进行接听和转接,也只有该操作员能够看到有求助电话接入;求助日志的记录功能;求助设备监控功能。

(7)寄存管理

测试寄存系统与综合监控系统的联动功能,寄存柜发生异常时应与附近的视频监控进行联动。

(8)设备管理

测试在集成管理平台上采用电子地图界面方式,能否正常显示设备的工作状态、报警状态,要求电子地图具有缩放功能;是否实现设备状态变化记录、操作员对设备的操作记录、设备报警记录;对日志与报警记录进行筛选、排序、报警确认、打印功能。

(9)系统管理

测试用户权限管理功能;系统操作日志、客运车间日志、客运车间生产日志的记录功能;交接班会议记录功能;车站基础信息管理功能;统计报表(到发计划报表、客运车间生产日志报表、客运广播室工作计划报表、交接班记录报表)及打印功能;参数的设置与维护功能。

2. 导向揭示系统功能测试

系统测试主要包括显示、数据发送和接收、系统显示控制、系统管理维护等功能。当集成管理平台不能正常工作时,导向揭示系统能独立运行,接管平台的导向揭示功能。具体内容有:

(1)LED/LCD 显示系统

测试显示、数据读取、发送、显示及接收、系统显示控制、系统管理维护、系统自诊断、信息优先级管理、日志管理、参数设置、用户权限管理、设备监控、多种语言文字支持等功能。

(2)PDP 显示系统

测试综合资讯发布、检票同步提醒、引导显示、视频直播、临时插播、紧急疏散引导、模版制作、播放列表制作管理、信息优先级管理、设备控制、音量调节、日志管理、分组播放、触发显示、参数设置、用户权限管理、监控、时钟同步、多种语言文字支持等功能。

3. 广播系统功能测试

(1)系统测试主要包括电话广播、消防广播、音量参数调整、应急广播、汉语、英语合成广播、信源试听、话筒插播、录音、预示音、信源优先级访问控制、功放电源时序启动、小区广播、无线传送/接收、功放自动检测负载开路、短路自动检测和防雷保护等功能。

(2)测试在集成管理平台不能正常工作时,广播子系统能接管平台广播功能,独立运行。

4. 综合监控系统功能测试

主要包括对前端摄像机的控制(如旋转、调焦、彩色/黑白转换等),DLP 大屏显示、多屏拼接和 RGB 矩阵功能等的测试,内容如下:

(1)前端摄像机设备的功能性测试;

(2)DLP 大屏功能;

(3)视频解码器视频信号解压缩转换功能;

(4)21 寸液晶电视视频图像显示功能;

(5)42 寸液晶电视视频图像显示功能;

(6)视频图像质量性能;

(7)系统联动响应时间;

(8)单画面显示像素数量;

(9)单路画面显示基本帧数。

5. 查询系统功能测试

查询系统的功能测试包括自助查询机和维护终端的功能测试,内容如下:

(1)自助查询机软件功能

主要包括按车次、按地名查询车次、始发站、终到站、列车类型、发车时间、到站时间、里程等相关信息的功能;查询列车沿线经过的停靠站、到站时间、发车时间、停留时间;查询列车到发信息;按照指定日期、指定车次、指定席别查询票价信息;查询车站平面示意图;查询车站服务设施的分布及服务内

容;查询行李寄存方法;查询指定车次候车分区安排;查询指定车次检票地点、时间、站台;查询乘车常识功能等。

(2)维护终端软件功能

主要包括能够通过网络拓扑图反映各查询终端的位置,包括计算机名称、IP 地址等信息,对出现异常的查询终端能进行快速定位;数据导入功能;权限设置功能,包括参数设置、数据录入、远程维护、权限设置等。

6. 求助系统功能测试

系统测试包括功能测试和硬件指标测试两个方面。

(1)功能测试主要内容有显示求助终端配置地图、显示求助主机和终端的状态等。

(2)硬件指标测试包括确认求助主机设备、值班分机设备、求助按钮设备和录音工作站设备的关键指标。主要有:

①求助主机:每个模块至少支持 6 路;应答前语音提示;支持话路强插;支持呼叫保持;可网络管理,操作方便,易于维护;具有话务员功能;具有连接数字录音记录仪的物理接口。

②值班分机:具有可编程按键、功能键、选叫键、组呼键、大屏幕数字显示屏;有音量调节功能;持麦克风输入;有呼叫保持功能;有自动接听/振铃模式;通话时能显示其他呼入用户。

7. 寄存系统功能测试

测试包括多种开柜方式、密码设置、屏条打印、纸币识别,设置寄存时间和收费额度,查询寄存状态,远程锁定和解锁等主要管理功能。主要有:

寄存柜初始与密码打印功能:测试寄存柜上电后能否正常启动,寄存物品后,是否能打印开柜条码纸,以及对同一个寄存柜,开柜密码每次均不同,不同的寄存柜,开柜密码不能相同。

寄存柜的开启方式:测试寄存柜门锁定后,使用条码纸上的密码开柜,使用扫描条码纸开柜,管理员用钥匙开柜,管理员通过主柜菜单开柜。

寄存柜管理功能:测试管理员能否设置寄存柜密码,凭密码完成寄存柜的各种管理功能,测试管理员凭密码能否打印柜门开关以及清柜信息记录,凭密码能否调阅当前的寄存时间和收费额度信息,以及调整当前的寄存时间和收费额度。

寄存柜纸币识别:测试存入各种版本的 1 元、5 元、10 元纸币,寄存柜能否正确识别。

寄存柜打印存根凭条:测试按照正常业务流程完成寄存操作,维护管理终端能否给旅客打印寄存存根。

寄存柜设置时间与额度:测试能否查询与修改当前寄存时间和收费额度信息。

寄存柜查询功能:测试能否查询各寄存柜的使用状态。

寄存柜密码管理功能:测试管理员输入正确的用户名和密码,系统能否允许登陆,当用户名或密码输入错误,系统是否不允许登陆,并给出提示。

寄存柜异常:测试当寄存费大于或小于预付款,寄存业务功能是否正常。

寄存柜远程管理测试:测试对寄存柜能否进行远程锁定。

8. 时钟系统功能测试

系统功能测试包括对二级母钟和子钟的测试。

(1)二级母钟、子钟、NTP 服务器以及集成平台等之间的同步时间校对功能。

(2)二级母钟、NTP 服务器的同步时间校对功能。

(3)二级母钟、子钟的自动校时和追时功能。

(4)二级母钟、子钟的时间显示功能。

(5)集成平台、维护终端的自动监测功能。

9. 磁性站台票售票机功能测试

投入硬币并选择购票,测试磁性站台票售票机能否自动识别合法硬币并正确显示金额、自动制票,验证其自动售站台票功能和流程是否正常。

投入非法硬币,测试磁性站台票售票机能否自动识别非法硬币并退还给旅客。

测试磁性站台票售票机能否限制旅客在一次购票过程中投入的硬币数量。

在购票过程中,执行取消操作,测试磁性站台票售票机能否自动中断售票过程并退出已投入的硬币。

测试机内的结账统计功能、硬币部件维护功能、磁票处理部件维护功能、重启售站台票软件功能是否正常。

五、系统内外部接口

1. 客运服务系统与外部系统的接口

(1)集成管理平台与 CTC/TDCS 系统接口:测试 CTC/TDCS 每天能否周期性向集成管理平台发送列车运行计划信息和运行动态信息。

①CTC/TDCS 周期性向集成管理平台发送列车运行实绩信息和计划信息。

②CTC/TDCS 按固定间隔时间向集成管理平台发送列车运行动态信息。

③集成管理平台接收后,与平台本地数据进行比较,若车次数据一致,则按计划执行。若车次数据不一致,则产生变更信息(增开车次变更信息、列车晚点变更信息、股道变更信息等),对相应的列车到发计划、客运组织计划、广播计划、导向计划、监控计划做出调整。

(2)视频监控系统与四电视频监控系统的接口:测试当视频监控系统向四电视频监控系统发送视频调用请求时,四电视频监控系统能否响应操作。

①设备工作状态监视:实现集成管理平台实时监视摄像机等相关设备传输的视频图像数据。

②与设备控制联动:实时进行视频图像传输后,系统发送控制指令实现调整相关前端摄像机等设备工作状态。

(3)旅客服务时钟系统与外部时钟源系统的接口:测试旅客服务二级时钟系统与上级时钟源能否同步时钟信息。

2. 客运服务系统内部接口

(1)TRS 系统与集成管理平台接口:集成管理平台从票务系统获取余票信息、车次目录信息、列车停靠站信息,检测集成管理平台是否正常获取。

(2)TRS 系统与自动检票系统接口:TRS 系统向自动检票系统提供基础字典、车次目录和停靠站信息,测试自动检票系统是否正常接收。

(3)TRS 系统与自动售票系统接口:测试自动售票系统在购票过程中,从 TRS 获取车次和车票信息,向 TRS 发送记存根命令。

(4)集成管理平台与自动检票系统接口:测试自动检票系统动态从旅客服务系统集成管理平台获取车次、开停检时间、检票口信息 。

(5)集成管理平台与导向揭示系统接口:测试对各显示屏终端到发信息、公告信息和通知信息的编辑和发布的实现;测试对各显示屏终端内容变更和发布的实现;测试对紧急情况下应急信息发布的实现;测试对各显示屏终端状态监视及 LED 屏开关控制的实现。

(6)集成管理平台与求助系统接口:求助设备状态监控测试,可以对求助系统设备状态进行监视,包括空闲、等待、通话中、故障等。

(7)集成管理平台与查询系统接口:测试从集成管理平台向查询系统发送余票、到发车次、车站通告信息的及时性和准确性。

(8)集成管理平台与寄存系统接口:测试在寄存柜满、寄存柜锁坏、寄存柜遭到暴力入侵时,平台能否接收到报警信号;测试在平台上能否监视寄存柜工作状态。

(9)时钟系统与集成管理平台接口:检测旅客服务集成管理平台服务器与时钟系统服务器的时钟

同步功能。

(10)时钟系统与自动检票系统接口:检测检票服务器与时钟系统服务器的时钟同步功能。

六、主要业务流程

1. 售、检票系统主要业务流程联调

自动售检票系统的测试主要是自动售检票系统与窗口售票、退票、改签之间的联合调试,通过测试整个售票、检票、退票、改签的流程,验证自动售检票系统整体功能。主要测试流程包括:

(1)自动售票机售票后 TRS 人工窗口退票

自动售票机分票种、分席别采用现金方式售票,TRS 退票窗口退票,TRS 系统对该自动售票机窗口进行台账记录。

(2)自动售票机售票 TRS 改签

自动售票机分票种、分席别采用现金方式售票,TRS 系统对该自动售票机窗口所售票进行始发改签,TRS 系统对该自动售票机窗口进行台账记录。

(3)TRS 人工窗口售票后自动检票机检票

TRS 分车次、分票种、分席别售票,检票系统分车次下发检票计划到指定候车区的检票口,先持 TRS 售出的票到进站检票口检票,再持已检车票到出站口检票,检票系统统计进出站检票口检票记录。

(4)TRS 人工窗口售票改签后自动检票机检票

TRS 分车次、分票种、分席别售票,并对上述已售出票进行始发改签,先分车次下发检票计划到指定候车区的检票口,再持 TRS 售出的改签票到进站检票口检票,测试人员持已检车票到出站口检票,检票系统统计进出站检票口检票记录。

(5)自动售票机售票后自动检票机检票

自动售票机分票种、分席别采用现金方式售票,检票系统分车次下发检票计划到指定候车区的检票口,测试人员先持自动售票机售出的票到进站检票口检票,再持已检车票到出站口检票,检票系统统计进出站检票口的检票记录。

(6)自动售票机售票后经 TRS 人工窗口改签到自动检票机检票

自动售票机分票种、分席别采用现金方式售票,TRS 对上述已售出票进行始发改签,检票系统分车次下发检票计划到指定候车室的检票口,测试人员先持 TRS 售出的改签票到进站检票口检票,再持已检车票到出站口检票,检票系统统计进出站检票口检票记录。

(7)磁性站台票售票机售站台票后到自动检票机检票

使用硬币从磁性站台票售票机购站台票,先持站台票到进站检票口检票,再持已进站检票的站台票到出站口检票,检票系统统计进出站检票口检票记录。

(8)自动售票机、TRS 人工窗口采用自动化售票测试软件售指定车次的全部票,分车站进行全部进站检票和出站检票。

(9)京津城际铁路指定时间段开始售指定车次车票,自动售票机和窗口开始自动售票,直至该次车票售完,记录售票起始及终止时间,再指定时间开始进站检票,组织测试人员检票直至全部进站,记录开始检票时间和终止检票时间,通过检票的人员手持已检车票乘坐动车到目的车站,组织出站测试,测试人员乘返程动车执行进出站检票测试。

2. 旅客服务系统主要业务流程联调

(1)列车终到业务的计划编制和广播、导向计划的执行。

按列车开行规律分每日开行、隔日开行、按周开行等图定列车在正常到达情况下广播、导向各环节的计划生成和执行情况。

临时增开列车情况下到达列车广播、导向计划的生成和执行情况。

(2)列车始发业务的计划编制和广播、导向计划的执行

按列车开行规律分每日开行、隔日开行、按周开行等图定列车在正常始发情况下广播、导向各环节的计划生成和执行情况。

临时增开列车情况下始发列车广播、导向计划的生成和执行情况。

(3)列车通过业务的计划编制和广播、导向计划的执行

按列车开行规律分每日开行、隔日开行、按周开行等图定列车在途经站通过情况下广播、导向各环节的计划生成和执行情况。

临时增开列车情况下在途经车站列车广播、导向计划的生成和执行情况。

(4)测试接收到停开列车命令后集成管理平台对该趟车的广播、导向执行情况。停开一趟城际始发列车情况下车站广播、导向功能的执行情况。

(5)始发列车晚点情况下不变更股道、检票、候车等信息时广播、导向计划能否变更执行。

(6)一趟终到列车晚点情况下广播、导向计划的执行情况。

(7)多趟始发列车晚点情况下广播、导向计划的执行情况。

(8)多趟终到列车晚点情况下车站广播、导向计划能否正常执行,是否发生时间冲突。

(9)股道、检票口、候车区变更情况下广播、导向计划的执行情况。

(10)小站被大站代管情况下,在大型车站集成管理平台上能否正常生成小站的广播、导向计划,这些计划能否在小站正常执行。

七、数据备份及设备故障恢复方案

1. 数据备份与恢复

模拟数据库文件损坏、数据误删、口令遗忘等多种非正常情况,测试系统的备份和恢复机制是否健全。

测试内容包括:

(1)模拟数据库相关文件(运行文件、参数文件、接口文件等)损坏或丢失;

(2)模拟各种误删除数据恢复、误删除表恢复情况;

(3)模拟数据库被标记为可疑,不可用等情况时,测试恢复情况;

(4)模拟数据库中数据文件出现坏块情况下的恢复情况;

(5)模拟数据库系统设备损坏,测试恢复情况;

(6)模拟数据库中日志设备损坏的恢复情况;

(7)数据库系统管理员口令遗忘的恢复情况。

在上述情况下测试系统的备份和恢复机制是否健全。

2. 服务器设备的故障恢复

模拟系统异常宕机,进程异常中止、异常切机、网络中断等异常情况,验证系统能否从故障中恢复。

测试内容包括:

(1)模拟系统在异常情况下宕机(由于服务器电源、硬盘、CPU、RAM故障);

(2)模拟服务器关键服务进程异常中断的切机;

(3)模拟系统关键应用进程异常中断的切机;

(4)模拟网络中断的切机。

在上述情况下测试系统的故障恢复机制是否健全。

3. 关键网络设备的故障恢复

验证在以下情况下交换机、路由器、防火墙主备机之间的切换时间及各项网络功能和性能的保持情况:

(1)交换机:交换机间网线单一中断和组合中断方式;主交换机断电。

(2)路由器:路由器间网线单一中断和组合中断方式;核心路由器上联端口或其他端口宕掉;核心路由器断电。

(3)防火墙:防火墙全不通;主防火墙断电。

服务器和终端双网卡切换:网线断开。

第三节　主要测试方法

一、通信网络测试

通信网络的各项性能测试需要借助于专用仪器仪表。

1. 线缆认证测试仪

运用线缆认证测试仪对网络线缆的主要性能进行测试,如:线缆长度、传输时延、衰减(ATTN)、近端串扰、信噪比(ACR)、等级远端串扰(ELFEXT)、延迟偏差、回波损耗、功率总和近端串扰(PSNEXT)、功率相加等级远端串扰(PSELFEXT)等。通过对线缆进行抽样检查,可以发现通信网络综合布线的问题,提出整改措施。图6-2-1是采用Fluke DTX-1200C线缆认证测试仪对天津站北区一层西侧配线间至二层西北端的TVM08号自动售票机线缆的测试情况,从图中可以分析出该测试线缆收发数据包过程所需的时间、信号沿链路传输的衰减情况、线缆中线对之间的信号干扰情况,以及电缆链路由于阻抗不匹配所产生的反射影响等。

2. 网络协议分析仪

采用网络协议分析仪主要检测网络链路的使用状况,如网络丢包和时延、上下行剩余带宽、千兆网剩余带宽等,并利用快速拥塞定位测试方法定位出从测量仪到网络中任意可达主机间的端到端的路径上的瓶颈链路。

实施快速拥塞定位测试方法,需要在所选择的测试端点(如铁路局中心机房)部署网络协议分析仪,在车站任意一台计算机终端上访问该网络协议分析仪,可以测出从计算机终端到网络协议分析仪链路上每一跳的剩余带宽,并以百分比的形式给出该跳的拥塞几率。

表6-2-1及图6-2-2是采用网络协议分析仪对天津站北区高架东侧售票厅北端第一个售票窗口的上行剩余带宽测试结果,从中可以看出,在持续26 min的测试时间内,上行链路的剩余带宽平均保持在96.45 Mb/s,说明该时间段内网络的数据流量不大,该段网络保持了一个良好的运行状态。

在网络流量增大至影响系统运行时,可以借助此方法监测网络的情况,分析网络的瓶颈。

表6-2-1　网络协议分析仪对售票窗口上行剩余带宽测试结果

任务名	网络层_7月2日20时26分_上行剩余带宽	子任务类型	上行剩余带宽
任务执行者	admin	所属公司	admin
链路类型	100 Mbps	测量点 IP	198.42.199.200
起止时间	2008-07-02 20:28:00 至 2008-07-02 20:54:00	剩余带宽平均值	96.45 Mbps(96.45%)
剩余带宽最大值	98.05 Mbps	剩余带宽最小值	93.57 Mb/s

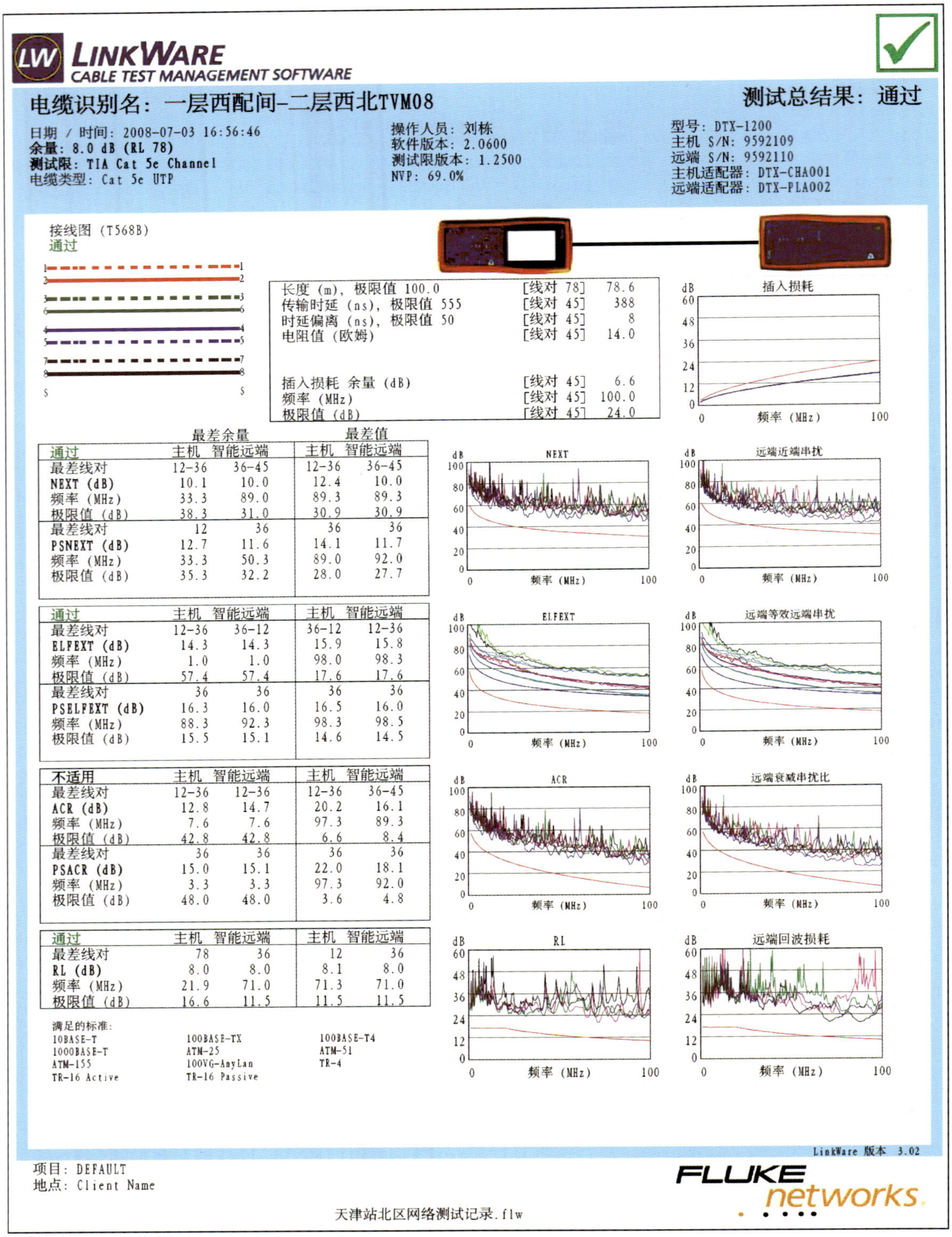

LINKWARE CABLE TEST MANAGEMENT SOFTWARE

电缆识别名：一层西配间–二层西北TVM08　　**测试总结果：通过**

日期 / 时间：2008-07-03 16:56:46
余量：8.0 dB (RL 78)
测试限：TIA Cat 5e Channel
电缆类型：Cat 5e UTP

操作人员：刘栋
软件版本：2.0600
测试限版本：1.2500
NVP：69.0%

型号：DTX-1200
主机 S/N：9592109
远端 S/N：9592110
主机适配器：DTX-CHA001
远端适配器：DTX-PLA002

接线图（T568B）
通过

长度（m），极限值 100.0	[线对 78]	78.6
传输时延（ns），极限值 555	[线对 45]	388
时延偏离（ns），极限值 50	[线对 45]	8
电阻值（欧姆）	[线对 45]	14.0
插入损耗 余量（dB）	[线对 45]	6.6
频率（MHz）	[线对 45]	100.0
极限值（dB）	[线对 45]	24.0

插入损耗

	最差余量 主机	最差余量 智能远端	最差值 主机	最差值 智能远端
通过				
最差线对	12-36	36-45	12-36	36-45
NEXT (dB)	10.1	10.0	12.4	10.0
频率（MHz）	33.3	89.0	89.3	89.3
极限值（dB）	38.3	31.0	30.9	30.9
最差线对	12	36	36	36
PSNEXT (dB)	12.7	11.6	14.1	11.7
频率（MHz）	33.3	50.3	89.0	92.0
极限值（dB）	35.3	32.2	28.0	27.7

NEXT　远端近端串扰

通过	主机	智能远端	主机	智能远端
最差线对	12-36	36-12	36-12	12-36
ELFEXT (dB)	14.3	14.3	15.9	15.8
频率（MHz）	1.0	1.0	98.0	98.3
极限值（dB）	57.4	57.4	17.6	17.6
最差线对	36	36	36	36
PSELFEXT (dB)	16.3	16.0	16.5	16.0
频率（MHz）	88.3	92.3	98.3	98.5
极限值（dB）	15.5	15.1	14.6	14.5

ELFEXT　远端等效远端串扰

不适用	主机	智能远端	主机	智能远端
最差线对	12-36	12-36	12-36	36-45
ACR (dB)	12.8	14.7	20.2	16.1
频率（MHz）	7.6	7.6	97.3	89.3
极限值（dB）	42.8	42.8	6.6	8.4
最差线对	36	36	36	36
PSACR (dB)	15.0	15.1	22.0	18.1
频率（MHz）	3.3	3.3	97.3	92.0
极限值（dB）	48.0	48.0	3.6	4.8

ACR　远端衰减串扰比

通过	主机	智能远端	主机	智能远端
最差线对	78	36	12	36
RL (dB)	8.0	8.0	8.1	8.0
频率（MHz）	21.9	71.0	71.3	71.0
极限值（dB）	16.6	11.5	11.5	11.5

RL　远端回波损耗

满足的标准：

10BASE-T	100BASE-TX	100BASE-T4
1000BASE-T	ATM-25	ATM-51
ATM-155	100VG-AnyLan	TR-4
TR-16 Active	TR-16 Passive	

LinkWare 版本 3.02

项目：DEFAULT
地点：Client Name

FLUKE networks

天津站北区网络测试记录.flw

图 6-2-1　线缆认证测试仪输出结果图

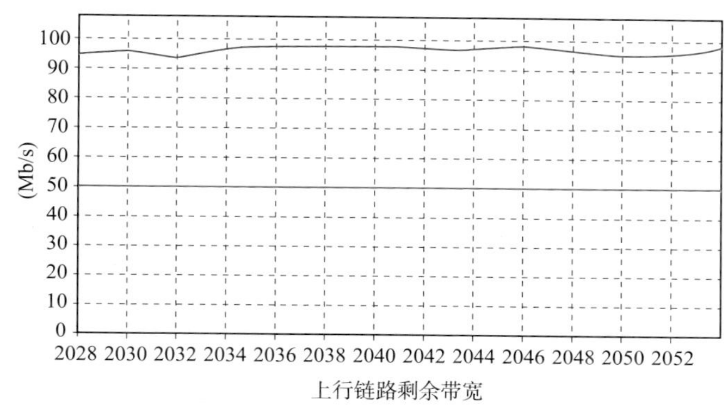

图 6－2－2　网络协议分析仪对售票窗口上行剩余带宽测试结果

二、TRS 及自动售检票系统功能和性能测试

1. 实验室模拟仿真测试

通过搭建客运服务系统专用测试环境，在系统上线运行前先模拟各种实际场景进行测试，尽量在实验室发现系统中存在的问题并加以解决。

根据票务系统和旅客服务系统特点，结合实际情况，搭建了专门的票务系统模拟实验室测试 TRS5.0 改造系统和自动售检票系统的功能和性能，利用已有的旅客服务系统实验室测试旅客服务系统集成管理平台、广播系统、导向揭示系统等相关旅客服务系统的功能。实验室进行的功能测试，起到两方面的作用：一方面测出系统中存在的问题，可在系统正式安装到现场前加以解决，另一方面为客运服务系统上线运行争取了时间。

2. 专用自动化售票测试软件

自动售票机是一种十分复杂的机电系统，售票软件能否让各部分协调工作要经过长期不间断地测试。由于自动售票机属专业设备，没有现成的测试工具可用。为了解决这一问题，专门开发无人操作的自动售票测试应用程序。通过预先设定好系统测试过程中的各项参数，自动化测试软件能自动完成取车次、取席位、记存根、找零（忽略现金识别过程）、制票全过程，按参数设定值循环往复该过程，可以测出在一定售票量的情况下，自动售票机运行的稳定性。

3. 系统性能测试工具

性能测试工具用于测试大量用户同时（系统层面）购票，访问服务器时系统的 CPU 利用率和事务响应时间等系统指标值。

采用 LoadRunner 性能测试工具编写脚本仿真窗口售票和自动售票的购票流程，根据京津城际铁路各车站安装的售票终端数量和经验，TRS5.0 模拟了 200 个用户并发情况，自动售票系统模拟了 50 个用户并发情况，两系统独立测试。测试环境包括：北京中心数据库服务器（一台 HP rx8640 主机，8CPU/64G 内存，HP_UX 操作系统），北京联合站数据库服务器（一台 HP rx8640 主机，8CPU/64G 内存，HP_UX 操作系统），客票应用服务器（一台 Dell PE2950 PC Server，双 4 核 CPU/8G 内存，Linux 操作系统），自动售票应用服务器（一台 Dell PE2950 PC Server，双 4 核 CPU/8G 内存，Linux 操作系统）。模拟的售票业务场景包括取票、记临时存根、记存根、取消票等。图 6－2－3 说明 TRS5.0 改造系统在实验室环境下事务响应测试情况，图 6－2－4 说明自动售票系统在实验室环境下服务器资源占用情况。

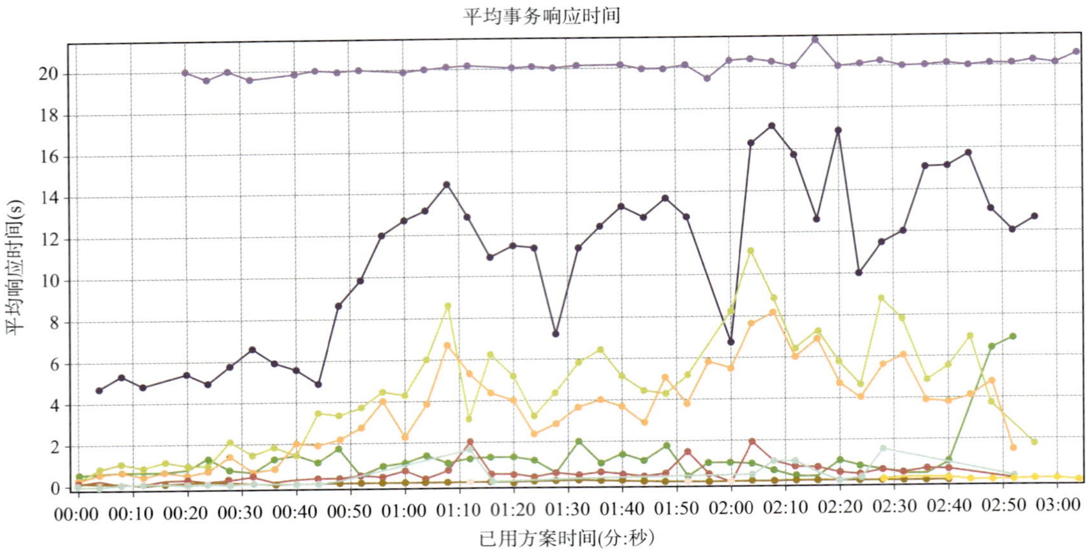

颜　色	比　例	度　　量	最小值	平均值	最大值
	1	00_trs_sale	1. 581	11. 645	22. 249
	1	11_ticket_fetch	0. 141	1. 1	6. 782
	1	12_ticket_write	0. 002	0. 512	3. 278
	1	12_ticket_write_e	0. 0	0. 0	0. 0
	1	21_ticket_cancel	0. 02	0. 085	0. 511
	1	22_ticket_delete	0. 03	0. 415	1. 692
	1	31_ticket_faceinfo	0. 004	0. 015	0. 286
	1	32_ticket_facechange	0. 05	3. 647	9. 758
	1	33_ticket_store	0. 002	4. 791	12. 383
	1	33_ticket_store_e	0. 0	0. 0	0. 0
	1	vuser_init_Transaction	0. 0	0. 0	0. 003

图 6－2－3　TRS5. 0(京津版)平均事务响应时间

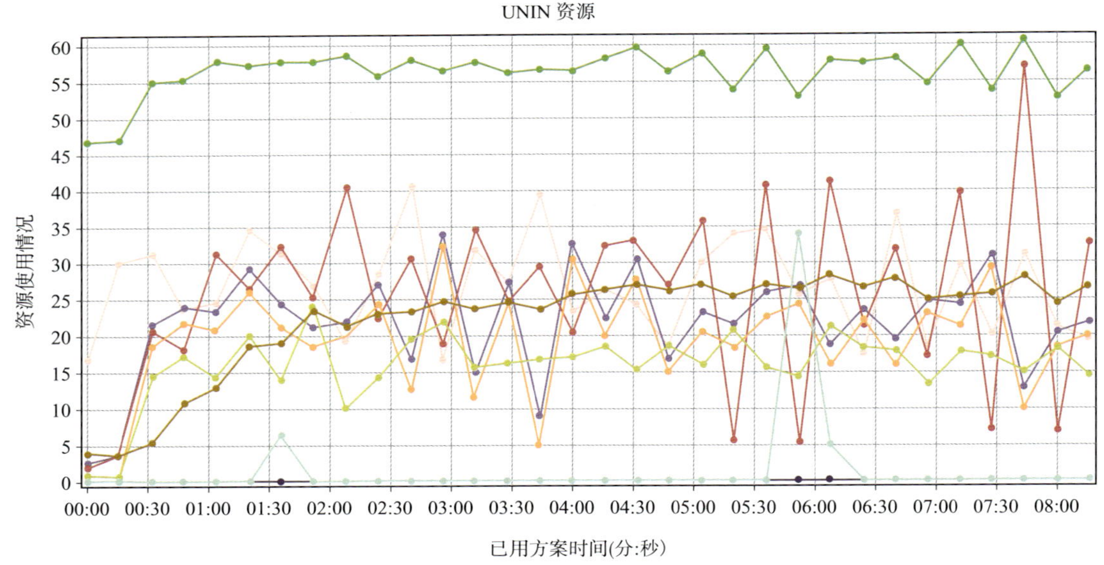

图 6－2－4　自动售票系统应用服务器资源占用情况(一)

颜色	比例	度量	最小值	平均值	最大值
	1	CPU 利用率（利用 CPU 的时间百分比）	1.495	21.606	49
	0.01	中断率（每秒设备中断次数）	4 571.081	5 615.491	6 882.476
	0.1	传出数据包速率（每秒传出以太网数据包数）	0.167	249.226	988.83
	1	冲突率（以太网上检测到的每秒冲突数）	0.0	0.0	0.0
	1	出页率（每秒写入页面文件或从物理内存中移去的页面数）	0.0	0.0	0.0
	10	分页率（每秒读入物理内存或写入页面文件的页面数）	0.0	0.151	10.165
	100	平均负载（最后 1 分钟同时处于"就绪"状态的平均进程数）	0.031	0.22	0.289
	1	用户模式 CPU 利用率（在用户模式下利用 CPU 的时间百分比）	0.0	18.924	48
	0.1	磁盘流量（磁盘传输率）	3	156.228	280.85
	10	系统模式 CPU 利用率（在系统模式下利用 CPU 的时间百分比）	0.333	2.682	5.5

图 6-2-4　自动售票系统应用服务器资源占用情况（二）

三、磁性窗口制票机测试及磁票信息分析

1. 磁性窗口制票机测试

利用磁性窗口制票机专用测试工具控制制票机，完成看票号、制票、读磁票、参数查询与修改等功能。利用售票软件控制制票机完成空白票作废和成票废票功能。利用磁性窗口制票机测试程序控制设备连续打印磁票，打印预先计划的测试组数，并规定每组票制票张数，记录每组票的制票时间，获取合理的计算速度采样值，计算平均制票时间。

2. 磁票信息分析

读取磁道中的二进制数据，利用 SAM 卡还原成明文，并与制票时写入的数据进行对比，确认写入磁道中的信息是否正确。

四、旅客服务系统测试

先分析用户需求，明确测试要点和测试项，编写测试需求，再将每项测试需求分解为多个测试用例。遇到有多个测试条件约束的需求项时，将每个条件的取值范围一一列出，利用正交分析测试工具编制测试用例。

实际测试时按用例执行，避免测试的盲目性。表 6-2-2 给出了测试用例的编写样本。

五、时钟系统测试

根据厂商提供的标准协议，自行开发一套时钟测试软件，主要完成自动时间同步、自动校时、自动输出结果的全自动测试，能保证千分之一秒的测试精度。

六、内外部系统接口测试

运用协议分析仪，测试系统内外部接口的数据传输功能和时间特性。

协议分析仪是一种专用的网络数据传输分析设备，可以部署在数据传输接口的任意一端，通过截取在网络上传输的数据，并分析数据传输协议和传输流量，可将不同协议传输的数据包分解为可识别的数据格式，用以分析数据接口传输信息的正确性和时效性。表 6-2-3 列出了协议分析仪的主要功能。

表 6-2-2　测试用例样本

测试需求编号	功能点分类	序号	测试用例	启动条件	测试用例步骤	预期结果	结果	错误现象描述
JJKF1. TVM - FUNC - 00014. 001	购票测试	001	测试当天,一等席,大人票、小孩票各1张,现金支付,并核对买票前后现金数量是否吻合	自动售票机在服务状态	选择购票日期,选择到站,选择车次,选择席别,选择票种,张数,选择支付方式,进入支付操作,选择打印凭条,一次购票结束返回主界面	买到测试日期、席别、票种、张数的票,正常返回主界面,现金数量正确		
		002	测试当天,2张一等席(1张儿童,1张大人),3张二等席(1张儿童,2张大人),现金支付,并核对买票前后现金数量是否吻合	自动售票机在服务状态	选择购票日期,选择到站,选择车次,选择席别,选择票种、张数,选择支付方式,进入支付操作,选择打印凭条,一次购票结束返回主界面	买到测试日期、席别、票种、张数的票,正常返回主界面,现金数量正确		
		003	测试提前三天购票,一等席,大人票、小孩票各一张,现金支付,并核对买票前后现金数量是否吻合	自动售票机在服务状态	选择购票日期,选择到站,选择车次,选择席别,选择票种、张数,选择支付方式,进入支付操作,选择打印凭条,一次购票结束返回主界面	买到测试日期、席别、票种、张数的票,正常返回主界面,现金数量正确		
		004	测试提前三天购票,2张一等席(1张儿童,1张大人),3张二等席(1张儿童,2张大人),现金支付,并核对买票前后现金数量是否吻合	自动售票机在服务状态	选择购票日期,选择到站,选择车次,选择席别,选择票种、张数,选择支付方式,进入支付操作,选择打印凭条,一次购票结束返回主界面	买到测试日期、席别、票种、张数的票,正常返回主界面,现金数量正确		
		005	测试购买3张当天票(1张儿童一等席,2张大人二等席),以及预购三天后车票,3张(1张儿童一等席,2张大人二等席),现金支付,并核对买票前后现金数量是否吻合	自动售票机在服务状态	选择购票日期,选择到站,选择车次,选择席别,选择票种、张数,选择支付方式,进入支付操作,选择打印凭条,一次购票结束返回主界面	买到测试日期、席别、票种、张数的票,正常返回主界面,现金数量正确		

表 6-2-3　协议分析仪主要功能列表

主要测试功能项
能全方位实时监控网络数据，并可以将相关的数据进行集合
能通过指定端口有针对性的监控并捕获数据
能进行网络监控分析、封包捕获保存、协议解码等功能
提供密碼保护及权限管理功能
能监控并统计网段内各通信协议分布的流量，并可以通过梯形图的方式，形象的展现通信整体过程
支持多种协议的监控及内容回放： HTTP；POP；SMTP；MSN；H. 323；SIP；Megaco；RTP；RTSP；IPTV 等多种 codec 类型音视频的回放
能提供网络流量使用前十名主机、IP 位址、使用通信协议及其通信对象
具备通过条件过滤触发（Trigger）信息来启动和停止捕获的能力；并可以将捕获的数据信息保存下来，记录数据信息的捕获时间，便于事后分析
可提供全面的报表和专业的报警功能

第四节　实施方案

一、实施总体思路

京津城际铁路客运服务系统工期紧，测试任务重，为了缓解现场测试的压力，缩短整个测试工作的周期，在实验室搭建模拟测试环境，在现场设备安装的同时，开展实验室测试，以加快系统调试工作的进程。因此，京津城际铁路客运服务系统调试的工作分为两个阶段开展。

第一阶段：在实验室模拟现场环境进行票务系统、自动售检票系统、旅客服务系统的功能、性能和自动售检票专用设备样机测试。

第二阶段：在北京南、亦庄、天津、武清、塘沽车站进行票务系统、自动售检票系统、旅客服务系统与 CTC/TDCS 系统、视频监控系统、时钟系统之间的接口测试及系统之间的整体测试。根据各车站的工程进度进行分步骤测试，对北京南、天津站进行分区测试。

二、实施工作阶段划分

系统调试实施主要分为测试准备阶段、初步方案制定、需求分析、测试用例编制、测试实施、测试结果评估六个阶段。

在实施测试前，需要编制测试大纲，制定测试计划，大纲明确测试的目的和内容框架结构，计划确定测试阶段的划分及每一阶段的工作周期和目标。

在大纲的基础上，细化工作内容，明确测试依据、测试方法、工具和环境，形成测试方案，根据测试方法确定需要购置的测试设备以及编制的测试软件。

在需求分析阶段，详细确定测试的全部功能和性能点、内外部接口和主要的业务流程，确定测试类型、级别，形成测试需求分析表。

在测试用例编制阶段，根据需求分析所列的详尽的测试需求，根据不同的测试类型、级别，采用不同的测试用例加以验证，测试用例的选择充分考虑了正常、异常、特殊各种情况的验证；同时开发测试软件，搭建测试环境。

在测试执行阶段，分实验室测试和现场实测两个过程，各子系统的功能和主要性能的验证以实验室测试为主，系统的内外部接口和业务流程安排在现场实测。

最后根据测试结果，进行数据分析，编写系统调试报告，报告分为总报告、分报告和总结报告等几类。客运服务系统调试报告是整个京津城际铁路系统调试总报告的一个重要组成部分，它通过大量实际测试数据汇总，总结测试结果，得出测试结论，对系统建设的后续工作提出合理化建议。

各阶段划分及相互关系见表6-2-4。

表6-2-4　客运服务系统调试阶段划分

	开始时机	需要文档	工作内容
测试准备阶段	接受测试任务	系统初步设计方案	编写大纲、计划
初步方案制定	测试大纲编制完成，测试任务明确	系统总体设计方案，系统运行环境配置方案	了解系统结构，掌握系统硬件环境和功能，确定测试设备及工具购置清单，编写测试方案
需求分析	测试方案编制完成，业务需求明确	详细的业务需求说明书	编写测试需求分析表，召开测试需求评审会
测试用例编制	测试需求评审结束，各系统开发任务告一段落，能提供测试人员使用	概要设计方案，测试需求分析表	编写测试用例，开发测试软件，购置测试设备，搭建测试环境
测试执行	测试用例编写完成，系统内部测试完成，并提交测试	用户操作使用说明书，测试用例	按测试用例和测试方案执行测试任务，记录测试过程
测试结果评估	整体测试结束	测试结果记录	编写测试报告和缺陷分析报告

三、实验室测试过程

1. 票务系统实验室测试实施过程

为完成京津城际铁路客运服务系统的测试工作，专门搭建了客运服务系统实验室。该实验室测试实施过程分为硬件环境搭建、系统安装及数据装载、测试用例执行、测试日报和缺陷分析报告编制几个过程。

根据京津城际铁路票务系统的实际情况，首先构建模拟环境。模拟环境的主要配置情况为：北京中心数据库服务器（一台 HP rx8640 主机，8CPU/16G 内存），北京联合站数据库服务器（一台 PC Server，8CPU/8G 内存），客票应用服务器（一台 PC Server，8CPU/8G 内存），按照客票系统技术标准，该配置可以支持日均10万~15万售票量的地区中心和日均5万售票量的车站。同时模拟环境中还搭建了自动售票系统数据库服务器/应用服务器（一台 HP rx8640 主机，8CPU/16G 内存）、监控服务器（一台 PC Server，8CPU/8G 内存），客票接口服务器（一台 PC Server，8CPU/8G 内存）。

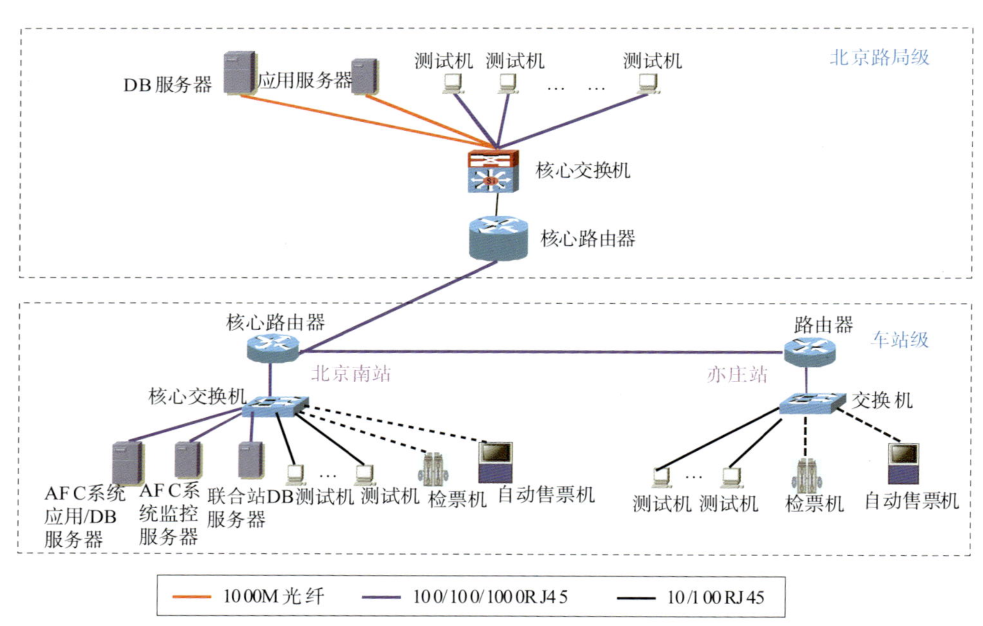

图6-2-5　票务系统实验室结构图

票务系统实验室模拟的中心和车站有：TRS5.0 系统的北京中心和北京联合站、北京南站、亦庄

站，自动售票系统模拟北京南站，亦庄站按取消服务器模式配置，具体配置情况见图 6－2－5。

在模拟环境中配置了北京中心 CTMS 环境，配置北京南、亦庄各车站的 CTMS 环境，北京中心接口服务器环境，北京南的自动售票系统，包括数据库/应用服务器、监控服务器、自动售票终端等环境。

在模拟环境中装载了北京中心实际环境中的客票基础数据和测试所需的客票运行数据（车次等基础数据、席位、窗口、操作员等），增加了北京南、亦庄各站的测试所需的客票运行数据。

使用模拟的车次数据、窗口权限数据等，可以进行车站窗口售票、窗口退票、窗口结账、铁路局计划管理等功能的测试，可以通过自动售票终端进行开班、售票、收款、找零、查询、台账、监控功能的测试。

测试工作按先功能后性能的方式进行。各系统的功能测试按测试用例逐条进行，每天编写测试报告及缺陷分析报告，及时将测试结果反馈给系统开发组，开发人员根据缺陷分析表逐条改进测试中发现的问题，再进行回馈测试。

性能测试工作主要进行了 TRS 系统和自动售票系统从售票端到服务器端的压力测试。根据性能测试方案，按 10、20、50、100、200 等不同用户数逐渐递增，测试在不同用户数情况下系统的运行情况及服务器端资源的占用情况，为系统的上线运行提供最优参数配置。

2. 旅客服务系统实验室测试实施过程

旅客服务系统实验室模拟一个车站旅客服务系统应用环境，安装旅客服务集成管理平台和导向揭示设备、广播设备、监控设备、求助设备等，测试旅客服务集成管理平台的功能及与相关设备之间的互动情况。

实验室集成管理平台的配置如下：集成平台服务器 1 台，集成平台配置服务器兼数据库服务器 1 台，域控制器 1 台，客户端操作员站（4 屏）1 台，客户端操作员站（2 屏）1 台，客户端操作员站（1 屏）1 台。

实验室由集成管理平台、广播子系统、导向揭示子系统（LED 子系统、PDP 子系统、LCD 子系统）、求助子系统、监控子系统、寄存子系统、查询子系统、DLP 子系统组成。

由集成管理平台产生系统运行需要的到发数据、票务数据等，通过集成管理平台处理基础数据，向各子系统发送控制命令，监视各子系统的执行情况。

实验室环境按照车站的运营流程和车站的场所进行配置，一方面进行集成管理平台与各子系统之间的接口调试，另一方面作为整个旅客服务系统进行系统的调试和功能测试，模拟整个旅客服务系统的运行。

四、现场测试实施过程

现场测试工作主要完成网络测试、UPS 电源测试、接口测试、主要业务流程测试和整体系统联调。

实施现场测试首先需要具备以下条件：

(1)被测试车站的票务系统网络和旅客服务系统网络安装完成，且与铁路局广域网连通；

(2)被测试车站的机房设备安装到位，并调试通过；

(3)被测试车站的窗口售票机、自动售票机、自动检票机、导向揭示设备、广播设备、监控设备、查询设备、求助设备、寄存设备、时钟设备安装到位，并调试通过；

(4)被测试车站的 TRS 改造系统、自动售票系统、自动检票系统、旅客服务系统等软件安装到位，并调试通过；

(5)被测试车站的客运服务系统的相关基础数据准备就绪，并录入计算机系统。

在上述条件具备的情况下，进入现场测试的第二步骤：根据现场情况制定周密的实施计划。

计划中包含测试内容、测试时间、测试地点、参与测试的人员四个要素。测试内容需要详细描述，让参与测试的人员一看就明了具体的测试工作内容，测试地点与测试内容要吻合。现场测试时间有限,在时间安排上尽量把测试任务分解到天,时间紧迫的情况下也可按上下午时段分解。人员安排上要把参与测试的人员按测试内容进行分组,每组由专业测试人员和现场工作人员构成,按组织人员、实际测试人员、测试记录人员、配合人员进行分工。要特别强调组与组之间,组内成员之间的相互协作和配合。

现场测试的第三步是执行测试。参与测试的人员按计划开展工作,各司其职。测试人员按事先拟定的测试用例,逐条测试相关接口的功能和性能,测试主要业务流程是否满足实际情况,测试系统整体运作情况,测试记录人员详细记录测试数据。

每日测试工作结束后,需要开碰头会,各方面的人员在一起交换测试过程中发现的问题,测试工作的进展情况。当遇到系统原因造成测试工作无法进行下去等重大问题时,协商如何变更工作计划。

测试工程师每天需要将测试情况记录汇总,形成每日测试报告,并将报告发送给相关人员。

第五节　工作计划编制与执行

一、工作结构分解

京津城际铁路系统调试和试运行概要计划(以下简称概要设计,见第一篇第三章第五节)将京津城际铁路系统调试及试运行工作划分为京津工程、系统调试、试运行三个阶段,在每个阶段对任务进行工作结构分解,对每项工作进行编码,产生工作结构分解码(WBS)。

客运服务系统在工程阶段需要完成设备安装与调试工作,其WBS码为1.5,该项工作进一步划分为:机房、配线间、监控中心内装修,配电,弱电综合布线(WBS码为1.5.1),主机房、配电间UPS安装、调试(WBS码为1.5.2),主机房核心交换机、配线间接入交换机安装、调试(WBS码为1.5.3),安全设备安装、调试(WBS码为1.5.4),主机存储设备安装、调试(WBS码为1.5.5),旅客服务系统外围设备安装、调试(WBS码为1.5.6),自动售检票系统专用设备安装调试(WBS码为1.5.7)。

客运服务系统在系统调试阶段完成客服子系统调试(WBS码为2.2.7)和客服系统调试(WBS码为2.3.1.15)。子系统调试工作进一步划分为:编制测试用例(WBS码为2.2.7.1),网络系统调试(WBS码为2.2.7.1),安全系统调试(WBS码为2.2.7.1),主机系统调试(WBS码为2.2.7.1),TRS改造系统调试(WBS码为2.2.7.1),旅客服务集成平台调试(WBS码为2.2.7.1),旅客服务子系统调试(WBS码为2.2.7.1),自动售检票系统调试(WBS码为2.2.7.1)。

二、周工作计划编制

概要计划是指导性计划,只对系统调试的整体时间进度进行安排和工作任务进行初步划分,各系统需要在此基础上进一步将工作分解,使之成为可操作的工作结构分解,将各项测试任务按周分配,编制周工作计划,便于掌握测试工作的整体进度,当发生时间、任务变更时能合理调整各项工作计划。

客运服务系统测试周工作计划的编制依据是概要计划、施工方的工作进度计划和集成商的工作进度计划。

客运服务系统测试周工作计划按下列内容编制:每周开始时间,测试任务所处的工作阶段、每周的测试任务名称,任务描述、任务开始时间、任务结束时间、所用工时、测试条件及环境描述、测试地点、任务需求方、任务配合方、配合工作内容。这些内容重点说明每周的工作时间安排和工作任务,以及为完成这些任务需要调用什么资源进行配合,配合的具体工作任务等。

三、周工作计划执行与变更

客运服务系统测试周工作计划确定后,需要督促集成商、施工方等按计划规定的时间完成各项任务,为测试工作提供必要的环境和条件。在测试条件具备的情况下,按计划开展各项测试工作。

测试计划原则上不允许随意改动和变更,若相关单位根据实际情况确需对计划进行变更,要在协

调会上提出，如果该周的工作进度确有调整余地，集成商和施工方的工作计划也要做相应调整，并相互交换变更后的工作计划，确保各方步伐协调一致。实际工作中往往是由于施工进度滞后，造成设备安装调试进度发生变化，相应的调试计划也要随之延后。

第六节　调 试 结 论

一、网络和 UPS 测试结论

1. 功　　能

能够形象化的显示每个联网设备的网络连接状态，实时监视网络设备的运行状况，帮助用户通过可视化的网络拓扑界面及时了解网络的变化情况。可以实现设备管理、拓扑管理、告警管理、性能管理、软件升级管理、配置文件管理等功能。

路由器、核心交换机、防火墙具有热备切换功能。电源网管系统能对 UPS 不间断电源及备用蓄电池故障进行监测和报警。

2. 性　　能

网络性能指标测试实测结果见表 6－2－5。

表 6－2－5　网络性能指标测试结果

序　号	测试项	测试数值	标准值
1	网络剩余带宽	90. 5 ~ 98	> 90 Mb/s
2	丢包率	0. 03%　~ 0. 00%	3 × 10 － 4
3	时　延	0. 2 ~ 0. 01	5 ms
4	衰　减	4. 9 ~ 18. 5	≤21. 6 dB
5	回　损	17. 6 ~ 20. 7	≥12 dB
6	近端串扰	39. 3 ~ 43. 6	≥30. 1 dB
7	光纤链路长度	54. 8 ~ 151. 6	5 000 m
8	衰　减	3. 35 ~ 3. 6	3. 5 dB
9	UPS 输入电压	227 ~ 230 388 ~ 398	220/380 V （－15%　~ 10%）
10	UPS 输出电压	227 ~ 230 388 ~ 390	220/380 V（±5%）
11	分路输出电压	227 ~ 230	220（±5%）

3. 结　　论

（1）京津城际铁路各车站的局域网的通信质量能够满足票务系统和旅客服务系统正常通信的要求，通信网络系统具备辅助管理功能，能提供安全措施。

（2）UPS 系统的输入、输出电压指标符合标准要求，可以在断电情况下保证客运服务系统的正常工作。

二、TRS 改造系统测试结论

1. 功　　能

TRS5. 0 系统测试涉及数据维护、计划管理、售票、退票和收入统计等功能。数据维护实现了票价计算和优惠策略功能，并对票价维护中的一口价复制进行了优化。计划管理能组合日期、车次、交路、预分站、车厢和席别等项灵活定制配票策略，实现了车次收入统计功能。车站窗口售票增加了车厢位图显示，能够发售各种席别、票种的动车和普通车磁票，完成客票的始发改签、换票、作废票，以及上传制票日志功能；可以按照时间和颜色分时段显示车次查询结果，优化了日期输入、到站输入和余票查询功能。车站窗口退票提供磁票机读磁退票和输入票面的21位码退票功能，可以手工退票，满足磁票的窗口退票需求。车站收入统计实现了售票、退票、改签客票的汇总统计功能，可生成窗口日台账、退票报告、改签报告的统计报表。窗口日台账的补款、封账、解封功能正常，在代管模式下可以通过主站查询子站的财收数据。

2. 性　　能

根据京津城际铁路各站安装的售票终端数和既有线售票经验综合考虑并发用户数选择为200，在模拟环境中测试出的平均事务响应时间值见表6－2－6。

表6－2－6　TRS压力测试平均事务响应时间

序　号	事　务	最小值(s)	平均值(s)	最大值(s)
1	取　票	0.141	1.1	6.782
2	记临时存根	0.002	0.512	3.278
3	取消票	0.05	0.500	2.203
4	票面转换	0.05	3.647	9.758
5	记存根	0.002	4.791	12.383

3. 结　　论

(1)TRS系统从配票策略、售票、改签、退票、换票、对磁票的控制、计划管理、收入统计等方面进行了改造，满足京津城际铁路开行动车组的要求。

(2)在200个并发用户数的情况下，TRS5.0改造系统主要事务的平均响应时间小于5 s，可以适应高峰客流售票的要求。

三、自动售、检票系统测试结论

1. 功　　能

磁性窗口制票机实现了上电自检、制票、读磁票信息、废票处理、空白票处理、成票废票、关键参数查询修改(如通信波特率、打印能量级、打印坐标、写磁重复校验次数、打印总张数)、设备状态指示和查看票号等功能。

自动售票机提供自助操作界面，供旅客自由选择京津城际铁路单程及往返车票的日期、到站、车次、席别、票种、张数，提供现金支付方式，实现一键购票功能。机内维护模块实现了结账、更换票卷、查询当前票号、查询纸币/硬币找零箱剩余张数、查询纸币接收箱剩余张数、补充硬币、更换硬币回收箱、更换纸箱回收箱、更换纸币接收箱、清空硬币钱箱、开启/停止/退回纸币接收器，以及开启硬币处理器、重启磁性制票机、打印维护屏条、重启操作系统、关闭硬件设备、重启TVM售票程序、补制空白票等功能。

自动售票系统实现了终端业务管理、客票业务管理、现金业务管理、钱箱管理、基础数据管理、系统权限管理、服务器管理、用户管理和交易数据统计查询等功能。提供监控手段显示每台自动售票机的整机状态和机内部件状态，能查询每台设备的报警事件数据和维修日志，正确统计车站相关报表。

自动检票机能自动识别符合当前检票计划和通行规则的磁性车票，能分辨尾随和携带行李两种通行状况；能对反向闯闸行为进行报警，可与自动检票服务器自动同步时钟。

自动检票系统提供自动或操作员下发基本检票计划功能，具有立刻开检、开检取消、立刻停检、停检取消、检票口调整、列车晚点、恢复正点、晚点未定、未定取消、列车停运、列车恢复开行、列车改点、增开临时列车、列车定员减少、列车恢复定员、检票时间调整等动态计划调整功能，提供用户管理功能。

2. 性　　能

自动售检票系统性能指标测试实测结果见表 6－2－7。

表 6－2－7　自动售检票系统性能指标测试结果

序　号	测 试 项	测试数值	标准值
1	磁性窗口制票机的平均制票速度	3.2 s/张	≤3.5 s
2	自动检票机单张车票进站检票时间	3 s	
3	自动检票机单张车票出站检票时间	3 s	
4	自动检票机每分钟进站检票通过的客流量	20 人	≥20 人/min
5	自动检票机每分钟出站检票通过的客流量	20 人	≥20 人/min
6	自动检票机闸门打开/关闭速度	0.8 s	≤0.8 s
7	自动检票机人体通行检测最小间隔	200 mm	≤200 mm

每个车站实际安装的自动售票机数量不超过 40 台，按 50 台自动售票机并发工作的极限情况测试自动售票应用服务器的压力，得出 CPU 利用率等指标值（见表 6－2－8）。

表 6－2－8　自动售票系统压力测试结果

序　号	自动售票应用服务器性能测试项（HP UNIX 系统）	最小值	平均值	最大值
1	CPU 利用率（利用 CPU 的时间百分比）	1.495	21.606	49
2	中断率（每秒设备中断次数）	4 571.081	5 615.491	6 882.476
3	传出数据包速率（每秒传出以太网数据包数）	0.167	249.226	988.83
4	冲突率（以太网上检测到的每秒冲突数）	0.0	0.0	0.0
5	出页率（每秒写入页面文件或从物理内存中移去的页面数）	0.0	0.0	0.0
6	分页率（每秒读入物理内存或写入页面文件的页面数）	0.0	0.151	10.165
7	平均负载（最后 1 min 同时处于“就绪”状态的平均进程数）	0.031	0.22	0.289
8	用户模式 CPU 利用率（在用户模式下利用 CPU 的时间百分比）	0.0	18.924	48
9	磁盘流量（磁盘传输率）	3	156.228	280.85
10	系统模式 CPU 利用率（在系统模式下利用 CPU 的时间百分比）	0.333	2.682	5.5

3. 结　　论

（1）京津城际铁路自动售检票系统实现了需求说明书中要求的相关功能，为旅客自助购/检票提供技术支撑手段。

（2）磁性窗口制票机的制票速度为 3.2 s/张，低于 3.5 s/张标准值。自动检票机每分钟进/出站检票通过的客流量为 20 人，符合标准值要求。

（3）自动售票系统应用服务器在 50 台终端并发工作情况下 CPU 平均利用率为 21.606%，可以满足高峰客流售票的要求。

四、旅客服务系统测试结论

1. 功　　能

旅客服务集成管理平台实现了列车时刻表编辑，客运组织业务模板维护，客运组织计划、广播计划、导向计划、监控计划接收与调整，到发管理流程配置，应急信息发布功能，以及广播管理（人工广播、专题广播、TTS 广播、多音源广播、广播区监听），导向管理（导向设备分组、导向设备信息发布、显示版式编辑、导向计划编辑、导向业务模板维护），寄存柜设备状态查询，系统/内部参数维护和车站基础信息管理等功能。

导向子系统实现了 LED /PDP 显示系统综合咨询发布、PDP 系统临时插播、PDP 显示系统模版制作、PDP 系统播放列表制作等管理功能。

广播子系统提供音量参数调整、信源试听、话筒插播、应急广播、信源优先级访问控制、小区广播、功放自动检测、负载开路、短路自动检测等功能。

查询子系统具备数据导入、权限设置和查询(车次、余票、乘车接站信息、列车时刻表)等功能。

求助子系统实现了旅客求助电话接听、挂断、保留和转接功能。

寄存子系统实现了纸币识别,1 元、5 元、10 元面值纸币累加,收费额度与寄存时间设置/修改,寄存柜开柜信息打印、清柜信息、应急开柜记录,以及寄存凭条条形码与密码开柜等功能。

时钟子系统能提供二级母钟与一级母钟自动校时,子钟与二级母钟的时间同步,以及子钟与二级母钟的自动校时等功能。

磁性站台票售票机能识别合法硬币,退回非法硬币,出售站台票,控制一次购票过程中投入的硬币数量;机内维护软件能正确统计交易金额、售票张数,提供机内部件的维护功能。

2. 性　　能

旅客服务系统性能指标测试实测结果见表 6 - 2 - 9。

表 6 - 2 - 9　旅客服务系统性能指标测试结果

序　号	测 试 项	测试数值	标 准 值
1	LED/LCD/PDP 显示系统响应操作人员时间	LED 5 s	≤30 s
2	PDP 显示系统完成操作人员指令并显示到终端时间	5 s	≤5 s
3	PDP 显示系统临时信息发布到显示终端时间	0. 5 s	≤0. 5 s
4	磁性站台票售票机出票时间	3. 75 s/张	≤5 s/张

3. 结　　论

(1)旅客服务系统在统一界面下,实现了综合显示、广播、监控、求助、查询、寄存等子系统的集成控制,满足旅客服务系统联动控制和信息共享的业务需求。

(2)站台票售票机实现了发售磁性站台票的要求,旅客持站台票可通过自动检票机进出站。

(3)磁性站台票售票机出票时间为 3. 75 s/张,低于 5 s/张标准值。

五、系统内外部接口

1. 功　　能

客运服务系统实现了 TRS 系统与旅客服务集成管理平台、TRS 系统与自动售票系统、TRS 系统与自动检票系统、集成管理平台与导向揭示子系统、集成管理平台与查询系统、集成管理平台与寄存系统、自动检票系统与时钟系统、集成管理平台与时钟系统、旅客服务时钟系统与外部时钟源系统等的内部接口功能。

客运服务系统实现了一级时钟源与二级时钟的外部接口功能。

2. 性　　能

TRS 系统向集成管理平台发送京津城际铁路所有列车的基础信息时间间隔:每天传输一次。

TRS 系统向集成平台发送京津城际铁路所有列车的余票信息时间间隔:每 10 min 一次。

集成管理平台扫描各子系统设备状态变化时间间隔:每 2 s 一次。

3. 结　　论

(1)京津城际铁路客运服务系统的 TRS、自动售票、自动检票、旅客服务集成管理平台、广播、引导揭示、查询等内部系统之间实现了数据交换。

(2)外部时钟系统与旅客服务二级母钟之间,旅客服务系统的二级母钟、NTP 服务器、子钟、旅客服务集成管理平台服务器、自动检票系统服务器之间实现了时钟同步。

六、系统主要业务流程

1. 售、检票系统主要业务流程

售、检票系统主要业务流程测试实测结果见表6-2-10。

表6-2-10 售、检票系统主要业务流程测试结果

序号	测试流程	测试结果
1	自动售票后自动检票,测试从自动售票机购买的京津城际铁路动车组车票(各种席别、票种进行组合)能否在自动检票机正常检票进站	正常
2	自动售票后窗口退票,测试从自动售票机购买的京津城际铁路动车组车票(各种席别、票种进行组合)能否在窗口正常退票	正常
3	自动售票经窗口换票后自动检票,测试从自动售票机购买的京津城际铁路动车组车票(各种席别、票种进行组合)能否在窗口换票后,能否正常进站检票	正常
4	自动售票后窗口改签日期,测试从自动售票机购买的京津城际铁路动车组车票(各种席别、票种进行组合)在窗口改签成其他日期的相同车次车票	正常
5	自动售票经窗口改签席别后自动检票,测试从自动售票机购买的京津城际铁路动车组车票(各种席别、票种)进行组合在窗口改签席别后,能否正常进站检票	正常
6	自动售票后窗口改签车次后自动检票,测试从自动售票机购买的京津城际铁路动车组车票(各种席别、票种进行组合)能否在窗口改签车次后,能否正常进站检票	正常
7	自动售票及窗口退票、换票、改签结束后TRS系统结账	正常
8	窗口售票后自动检票,测试从窗口购买的车票(各种席别、票种进行组合)能否在自动检票机正常检票进站	正常
9	窗口售票后窗口退票,测试从窗口购买的车票(各种席别、票种进行组合)能否在窗口正常退票	正常
10	窗口售票后窗口废票,测试从窗口购买的车票(各种席别、票种进行组合)能否在窗口正常废票	正常
11	窗口售票经窗口换票再自动检票,测试从窗口购买的京津城际铁路动车组车票(各种席别、票种进行组合)在窗口换票后,能否在自动检票机正常检票进站	正常
12	窗口售票后窗口改签日期,测试从窗口购买的京津城际铁路动车组车票(各种席别、票种进行组合)能否在窗口改签成其他日期的相同车次车票	正常
13	窗口售票经窗口改签席别后自动检票,测试从窗口购买的京津城际铁路动车组车票(各种席别、票种进行组合)在窗口改签席别后,能否在自动检票机正常检票进站	正常
14	窗口售票经窗口改签车次后自动检票,测试从窗口购买的京津城际铁路动车组车票(各种席别、票种进行组合)在窗口改签车次后,能否在自动检票机正常检票进站	正常
15	窗口出售异地车票到达本站,测试能否在自动检票机正常检票出站	正常
16	使用在窗口被退、废的车票在检票机进站检票,测试自动检票机能否识别被退、废的车票	自动检票机能识别被退、废的车票,不予以放行
17	窗口售票、改签、换票、退票、换票后TRS系统结账	正常
18	磁性站台票售票机售票经自动检票机检票进出站	正常

2. 旅客服务系统主要业务流程

旅客服务系统主要业务流程测试实测结果见表6－2－11。

表6－2－11　旅客服务系统主要业务流程测试结果

序　号	项目名称	测试结果
1	正常情况下列车到达业务的计划编制和广播、导向计划的执行	正常
2	正常情况下列车始发业务的计划编制和广播、导向计划的执行	正常
3	正常情况下列车通过业务的计划编制和广播、导向计划的执行	正常
4	停开一趟城际始发列车情况下车站广播、导向功能的执行情况	正常
5	一趟始发列车晚点情况下广播、导向计划的执行情况	正常
6	一趟终到列车晚点情况下广播、导向计划的执行情况	正常
7	多趟始发列车晚点情况下广播、导向计划的执行情况	正常
8	多趟终到列车晚点情况下广播、导向计划的执行情况	正常
9	股道、检票口、候车区变更情况下广播、导向计划的执行情况	正常
10	大站代管小站的列车到发、广播、导向计划的生成和执行情况	正常

3. 结　　论

(1)TRS5.0改造系统、自动售票系统、自动检票系统对磁性车票可以完成各种情况下的售、签、退、换、检操作。

(2)旅客服务系统可以在列车正常情况、增/停开列车情况、列车晚点情况下正确生成并执行导向和广播计划。

七、数据备份及设备故障恢复方案

1. 旅客服务系统数据备份、恢复机制测试数据分析

自动售检票系统采用SYBASE数据库提供的数据备份与恢复机制进行数据备份与恢复，旅客服务系统提供每日备份机制，数据备份与恢复机制测试数据见表6－2－12。

表6－2－12　旅客服务系统数据备份、恢复机制测试结果

测试项目	采取备份措施	测试结果
数据库相关文件损坏恢复	定时备份数据库目录下文件	可恢复备份的数据
各种误删除数据恢复、误删除表恢复	每日定时进行全备份	可恢复备份的数据
数据库被标记为可疑，不可用等情况时，测试恢复	每日定时进行全备份	可恢复备份的数据

2. 服务器双机热备机制测试数据分析

服务器双机热备机制测试实测结果见表6－2－13。

表6－2－13　服务器双机热备机制测试结果

测试项目	测试步骤	测试结果
模拟网络中断的切机功能	连主机的交换机故障时，集群主机网络都同时中断时不切机	通过
直接拔网线，测试切机功能	主机都配有双网卡。拔集群双机中一台的第一根网线时不切机，再拔掉第二根网线时切机	通过
直接关闭连接的交换机，测试切机功能	连主机的交换机故障时，集群主机网络都同时中断时不切机	通过

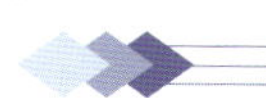

续上表

测试项目	测试步骤	测试结果
主机配备双网卡，宕掉或拔掉一根网线时，测试切机功能	主机都配有双网卡。拔集群双机中一台的第一根网线时不切机，再拔掉第二根网线时切机	通过
模拟系统异常宕机	直接 halt 主机时，切换到集群中另一主机	通过
模拟系统关键应用进程异常中断的切机	停止数据库进程，测试切机	通过

3. 网络交换机热备机制测试数据分析

在关闭主核心交换机后，备份核心交换机接管网络的平均时间为 13.6 s。

4. 结　　论

京津城际铁路客运服务系统提供数据备份与恢复措施，服务器和网络核心交换设备具有双机热备份功能。

第三章　系统模拟运行试验

第一节　试验目的

1. 全面综合检验窗口售票、自动售票、自动检票、集成管理平台、业务广播、引导显示屏显示、视频监控、自助查询、旅客求助、时钟显示等客运服务系统和设施在模拟完全真实环境下接待旅客的能力。

2. 使客运管理人员和工作人员熟练新系统情况，熟悉操作规程、故障处理规程和维修规程，保证各项系统安全、有序、稳定运行。

3. 检验客运服务系统应对各种非正常行车的能力，特别是设备故障条件下车站客运组织应对能力，提高应急救援和指挥水平。

4. 为优化设备配置、提高设备性能、制定科学合理的客运组织管理办法和应急救援预案，提供技术依据。

第二节　试验场景设计

一、试验对象选择

旅客试验对象由志愿者担当，工作人员试验对象由车站员工担当，每个岗位安排正式员工正常开展工作，测试人员由专业测试组成员和管理者担当，全程记录旅客购票、检票、引导揭示、广播、求助、查询、小件寄存等服务的实际过程和感受。

二、试验流程

从北京南到天津站按上、下行组织两次试验，模拟旅客从购票、进站、候车、上车、乘车、下车一直到出站全流程试验，从旅客的视角来验证客运服务系统是否满足试运营的各项要求。

1. 正常情况下试验流程

(1)在购票环节，将志愿者分为两组，分别采用自动售票和窗口售票方式循环购买沿途各站车票，直至购完。

(2)在进站候车环节，组织志愿者通过引导揭示、广播、查询、求助等服务找到候车地点，准确掌握所乘车次检票上车、发车时间、检票口、乘车站台等重要信息，并能进行列车时刻查询、广播找人求助、小件寄存等操作。

(3)在检票上车环节,组织志愿者通过引导揭示、广播等服务,迅速检票上车。

(4)在下车出站环节,组织志愿者通过引导揭示、广播、检票等服务,迅速下车出站。

(5)在接站环节,组织车站工作人员在出站口和站台迎接志愿者到站,检验接站过程中的引导揭示、广播、检票等服务环节。

2. 设备故障情况下试验流程

(1)在购票环节,客票系统不能正常工作,启动应急购票系统,志愿者通过应急购票系统购票。

(2)在进站候车环节,广播系统和引导显示系统不能正常工作,车站工作人员组织志愿者候车。

(3)在检票上车环节,自动检票机不能正常工作,车站工作人员组织志愿者通过应急通道人工检票上车。

(4)在下车出站环节,出站检票机不能正常工作,车站工作人员组织志愿者出站检票。

三、试验工作安排

系统模拟试运行工作由铁路局组织,北京南、天津车站按正常试验流程和设备故障试验流程组织志愿者购票、候车、乘车,到站后组织旅客下车。车站的售票、检票、广播、引导等服务设施设置按正常模式和故障模式两种方式开启。车站各客运工作岗位人员到位。

参试人员全程跟踪试验过程,记录每一环节客运服务系统的运行情况和旅客的真实感受。

第三节　试验结果

试验结果表明,可以通过窗口和自动售票机购买到京津城际铁路动车组车票,可以正常通过检票闸机进出站,能按照广播、引导系统提供的信息正常上下车。

在设备故障情况下,应急售票系统能向旅客发售无座席车票,车站工作人员能按应急预案组织旅客候车、检票和乘车、出站。

第七篇　动 车 组

第一章　CRH2－300型动车组

第一节　动车组基本情况

一、概　述

CRH2－300型动车组由南车四方机车车辆股份有限公司（以下简称南车四方股份公司）设计制造，是在时速200 km及以上动车组的技术平台上，通过系统优化弓网、轮轨、流固等耦合关系，结合我国高速铁路的运营特点和线路状况，对系统集成、动力学、车体、转向架、牵引系统、制动系统、环境控制系统、旅客服务系统等方面进行创新，突破核心技术，解决了制约速度提升的关键问题，实现了技术升级。2007年12月22日，首列动车组成功下线。现动车组已批量交付，在京津城际铁路投入运营，其中的CRH2－061C和CRH2－062C号动车组参加了京津系统调试综合试验。

二、基本结构和性能

1. 动车组基本结构

（1）编组结构（图7－1－1）

CRH2－300型动车组由6动2拖8辆车组成，其中，两头车为拖车，均设司机室，可双向驾驶。正常情况下前端头车驾驶，后端驾驶室操作设备处于锁闭状态。

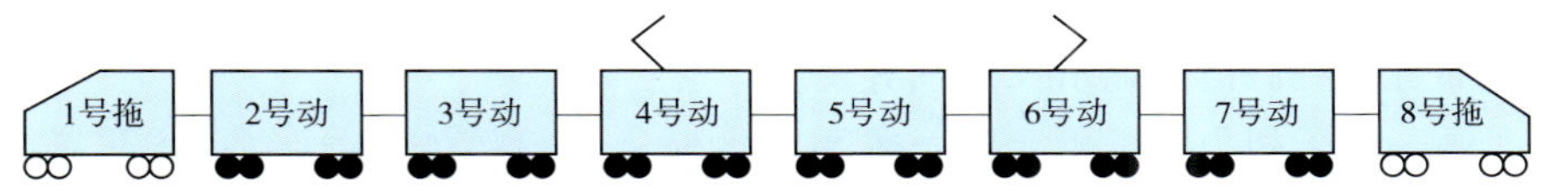

图7－1－1　动车组编组形式

（2）轴重

动车组各车辆最大轴重14 t，各车辆重量分配如表7－1－1。

表7－1－1　各车辆重量配置表

车　号	1	2	3	4	5	6	7	8
车　种	T1C	M2	M1	M2	M1K	M2	M1S	T2C
定　员（人）	55	100	85	100	55	100	51	64
车　体（t）	6.7	7.5	7.5	7.5	7.6	7.5	7.6	6.6
内　装（t）	9.3	8.0	8.6	8.0	8.9	8.0	8.7	8.9
电缆、裙板等（t）	3.5	4.4	3.9	4.4	4.9	4.4	3.9	3.7
电气零部件（t）	7.4	11.7	9.6	11.7	10.9	11.7	9.7	6.9

续上表

车　号	1	2	3	4	5	6	7	8
转向架(t)	14.0	15.0	15.0	15.0	15.0	15.0	15.0	14.0
水、其他(t)	1.9	1.4	1.9	1.4	1.9	1.4	1.9	1.4
整备重量(t)	42.8	48.0	46.5	48.0	49.2	48.0	46.8	41.5
定员(t)(80 kg/人)	4.4	8.0	6.8	8.0	4.4	8.0	4.1	5.1
定员时重量(t)	47.2	56.0	53.3	56.0	53.6	56.0	50.9	46.6
轴　重(t)	11.8	14.0	13.3	14.0	13.4	14.0	12.7	11.7

(3)车辆长度

动车组头车长度25.7 m,中间车长度25 m,总长201.4 m,车体宽度3.38 m,车体高度3.7 m。

(4)车顶设备

车顶设备主要包括:受电弓及附属装置、导流罩、保护接地开关、高压电缆、高压电缆连接器、各种无线天线等。

在4、6号车上设受电弓及附属装置并设有导流罩,动车组正常运行时,采用单弓受流,另一台备用,处于折叠状态。

(5)车端设备

设有密接式车钩装置、风挡及空气、电的连接设施等,包括:列车通信总线连接、制动控制线连接、供电母线连接、直流供电母线连接、列车总风管、电路电气设备连接、电缆连接、高压电线连接。

(6)车下悬吊设备

动车组的大型设备均安装在车下设备舱内,如牵引变压器、牵引变流器、辅助电源装置、控制回路分线箱、蓄电池箱、接触器箱、空气压缩机等。

车下裙板采用安全设计,保证裙板不会发生脱落;裙板检查门采用具有自锁功能的拉紧锁并设置安全锁,保证运行时不会自行打开。

设备仓采用密封结构,根据风冷设备冷却通风要求,在裙板相应位置设易于清洗的滤网,以方便维护、检修。根据车下气流组织在端板和裙板设置风口及过滤网,满足车下设备冷却和维护要求。

(7)车内布置

动车组车内设坐椅、行李架、照明设施、卫生间、洗脸间、大件行李柜、备品室、多功能室、乘务员室、餐饮区、小卖部、饮水机、信息显示及影视等设施。

全列车设1辆一等车和7辆二等车。一等车内坐椅2+2布置,二等车2+3布置。全列车定员610人,定员布置如表7-1-2。

表7-1-2　列车各车辆定员

车厢顺位	1	2	3	4	5	6	7	8
定　员	55	100	85	100	55	100	51	64

(8)车体结构

动车组车体为通长大型中空铝合金挤压型材组焊成的薄壁筒型整体承载结构。车门处地板距轨面高度1 300 mm,适合1 100~1 250 mm站台。

2. 动车组各系统、部件性能

(1)牵引系统

牵引系统主要由受电弓、牵引变压器、牵引变流器及牵引电机组成。受电弓通过电网接入25 kV的高压交流电,输送给牵引变压器,降压成1 500 V的交流电。降压后的交流电再输入牵引变流器,通过一系列的处理,变成电压和频率均可控制的三相交流电,输送给牵引电机牵引整个列车。动车组有

3 个相对独立的主牵引动力单元,两辆动车组成一个动力单元。正常情况下,3 个牵引单元均工作,当任一牵引单元发生故障时,可以自动切断故障源,继续运行。

(2)制动系统

动车组采用电制动和空气制动的复合制动形式,电制动为再生制动,即将牵引电机转换成发电机形式工作;空气制动为电空制动形式。

当列车实施制动时,先实施电制动,制动力不足时由空气制动补充。整个制动过程完全由制动控制装置的微机系统来控制完成,实施复合制动。

空气制动系统由制动控制器、空气压缩机、干燥器、制动控制装置、制动缸及相关的电气和空气管路组成。

(3)车体

动车组车体为通长大型中空铝合金挤压型材组焊成的薄壁筒型整体承载结构。车体主结构主要由底架、侧墙、车顶、端墙、司机室(头车)等组成。

头车采用流线型头型。为降低运行空气阻力,车头采用大细长比结构,头部总长 8.5 m,头部结构为网状筋板外加铝板焊接结构。

(4)转向架

动车组每节车厢下有两个转向架。两头车下是拖车转向架,其他全为动车转向架。转向架由构架、轮对轴箱、驱动装置(仅动车有)、基础制动装置、二系悬挂装置等组成。每台动力转向架有两根动力轴,电机采用架悬方式。拖车转向架组成结构基本与动力转向架一致,但没有牵引电机和驱动装置。

相关技术参数:

①定员时轴重(100% 定员)/t:14;

②编组通过的最小曲线半径/m:250;

③车轮直径 新/磨耗到限/mm:ϕ860/ϕ790;

④轮对内侧距/mm:1 353;

⑤适用轨距/mm:1 435;

⑥一系悬挂:螺旋弹簧 + 橡胶垫 + 定位节点;

⑦二系悬挂:空气弹簧;

⑧基础制动方式:动车轮盘,拖车轮盘 + 轴盘。

(5)辅助供电系统

AC25 kV 的高压电输入牵引变压器,经过降压变成 AC400 V,再输入辅助电源装置,经过处理后,从辅助电源装置输出相应制式电源,为列车各辅助设备供电。

动车组在 1 号、8 号车分别设置一套辅助电源装置(APU1 和 APU2),为各单元内的空气压缩机、照明、控制、广播、列车无线、牵引系统设备的辅助风机等设备提供电源;在 5 号车还设一套辅助电源装置(APU3),为 4、5 号车牵引变压器、牵引变流器和牵引电机辅助风机提供电源。

(6)车钩及缓冲装置

动车组两端设有全自动车钩,车辆间由半自动车钩连接。车钩均采用密接方式,全自动车钩内有机械、空气、电气连接机构和通路,半自动车钩内有机械、空气连接机构和通路。缓冲器采用基层橡胶方式,位于车钩后端,可缓冲车厢间的压缩和拉伸的冲击。车钩及缓冲器可以在不架起车体的情况下拆装和检修。

(7)车辆信息控制系统

车辆信息控制系统通过贯穿列车的总线来传送信息,为自律分散型。控制传输部分为双重系统,系统有冗余性。

系统由列车信息中央装置、列车信息终端装置、列车信息显示器、车内信息显示器组成,具有牵引/制动控制、设备状态监视与控制、现车性能检测与试验等功能，可以记录、储存数据，实现车内信号传输和与地面系统的远程传输。

(8)司机室

动车组两头车各设一个司机室，两个司机室的设备布置相同，设有司机席和助手席；在驾驶室后部设置了两组弹簧升降式坐椅，供乘务员乘车时使用；在操作台上分别设有制动和牵引手柄，可以进行自动和手动驾驶。操作台正面有 ATP 显示器、列车信息显示器和无线信息显示器。其中列车信息反映包括列车车门、车内电气和牵引系统等设备的工作状态，有关旅客信息和维修故障信息等。

(9)集便装置

在单号车设集便装置，由水箱，集便器及污物箱组成，污物箱和水箱容积均大于 700 L，在车体下部两侧裙板设有上水口和排污口。上水嘴组装型式符合 TB/T112—1974“客车用注水(A、B 型)型式与尺寸”，排污嘴型式符合 UIC563 规定的通用 2.5″快速接头。

三、主要技术参数

1. 编组形式：6 动 2 拖。
2. 动车组形式：动力分散交流传动电动车组。
3. 动车组全长：201.4 m。
4. 车钩中心线间距：中间车：25 000 mm；
头　车：25 700 mm。
5. 通过最小曲线半径：单车：R150 m；
连挂：R250 m。
6. 车顶距轨面高：3 700 mm。
7. 定员：610 人。
8. 最大轴重：14 t。
9. 轴距：2 500 mm。
10. 轮径：860 mm。
11. 齿轮传动比：85/28。
12. 电机悬挂方式：架悬式。
13. 一系悬挂：螺旋弹簧 + 橡胶垫 + 定位节点。
14. 二系悬挂：空气弹簧。
15. 动车组运营速度：300 ~ 350 km/h。
16. 动车组编组总牵引功率：8 208 kW(电机输出 342 kW)。
17. 供电方式：AC25 kV，50 Hz。
18. 起动加速度：0 ~ 200 km/h 平均加速度不小于 0.39 m/s^2。
19. 剩余加速度：300 km/h 时不小于 0.06 m/s^2；
350 km/h 时不小于 0.01 m/s^2。
20. 制动形式：再生制动 + 直通式电空制动。
21. 基础制动：盘制动，空气增压，液压制动。
22. 制动距离：初速 300 km/h 时，不大于 3 800 m；
初速 350 km/h 时，不大于 6 500 m。

第二节　动车组试验

为了确保动车组在京津城际铁路高速运营的可靠性、可用性、可维护性和安全性，在 CRH_2 - 300

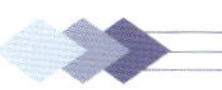

型动车组及各其车辆生产工序、调试、交车过程中，安排了一系列的试验，其中包括例行试验、型式试验和试运行试验。此外，为进一步研究高速列车技术提供试验数据，在完成系列试验的同时，还开展了一些项目的研究性试验工作。

一、例行试验

例行试验是动车组制造过程中重要的、必不可少的工序，是检验各车辆和动车组整列在各制造工序中是否符合设计要求，是否满足各项性能指标的关键环节。每辆车和每列动车组均需完成例行试验并符合相关要求，方可进行车辆或列车生产制造的下一工序，直至完成交验。CRH2－300 型动车组例行试验均在南车四方股份公司实施。

1. 牵引和制动能力试验

根据南车四方股份公司环线的条件，完成部分牵引和制动能力试验，在厂内环线进行启电试验和低速（45 km/h 以下）行车试验，对动车组牵引、制动性能进行测试。测试按调试文件进行，牵引、制动能力试验详见以下各例行试验项目。

2. 静态制动性能试验

（1）试验目的

在静态条件下，检测动车组制动系统各项性能是否符合设计要求。

（2）测定项目

测定项目见表 7－1－3。

表 7－1－3　静态制动性能试验项目

NO	测定项目		车　号	测定位置	
1	BC 压力	P_{BC1}	T1－1	制动控制装置	BCT（BC 压力 减压旋塞）
2	BC 压力	P_{BC2}	M1－2	制动控制装置	BCT（BC 压力 减压旋塞）
3	BC 压力	P_{BC3}	M2－3	制动控制装置	BCT（BC 压力 减压旋塞）
4	BC 压力	P_{BC4}	M3－4	制动控制装置	BCT（BC 压力 减压旋塞）
5	BC 压力	P_{BC5}	M4－5	制动控制装置	BCT（BC 压力 减压旋塞）
6	MR 压力	P_{MR}	T1－1	制动控制装置	MRT（MR 压力 减压旋塞）
7	61	v_{B1}	T1－1	LJB1	LJB1
8	64	v_{B4}	T1－1	LJB1	LJB1
9	67	v_{B7}	T1－1	LJB1	LJB1
10	152	v_{EB1}	T1－1	LJB1	LJB1
11	154	v_{EB2}	T1－1	LJB1	LJB1

（3）试验方法

①设备和工具：静止制动试验台、数字压力表、救援试验车、万用表、电流卡表、数字水温计、秒表、短路线、接地线、对讲机等。

②试验前准备：空压机的充气→制动试验测定准备→BC 测定（空车）→BC 测定（定员）→BC 测定（实际车辆）→紧急制动试验。

③空车阶段和定员阶段测定试验：

a. 无再生制动；

b. 设定空车 AS 压力（T 车 320 kPa，M 车 365 kPa），通过试验用压力表或监视器显示值进行记录；

c. 司机室 ATP 隔离开关放在关闭位置；

d. 司机制动控制器手柄从运转到快速，然后快速到运转，使其制动阶段上升或下降测量每车的 BC 压力。

④BC 测定(实际车辆):将 BCU 内部的 AS1/AS2 旋塞打开,将制动试验台模拟的 AS 管拆下,同时将 AST 塞门关闭。通过车辆自身实际的 AS 压力进行阶段制动的测定。制动手柄由缓解至 EB 然后由 EB 至缓解。记录每个挡位的 BC 压力 ,同时通过 BCU 内部设定记录 AS1/AS2 压力。

⑤紧急制动试验:

a. 再生制动无效;

b. 将司机制动控制器手柄处于运转位;

c. 通过制动试验台模拟速度为 165 km/h,30 s 后动作;

d. 全车配电盘中拉下紧急短路开关;

e. 全车配电盘中 UVN 开关置于 OFF;

f. 记录制动压力同时通过后位贯通试验器确认 30 线非加压;

g. 将速度降为 150 km/h,30 s 后测定;

h. 记录制动压力同时通过后位贯通试验器确认 30 线加压。

(4)判定标准

各条件下 BC 压力值、快速制动响应速度应符合例行试验检查规定。

3. 制动运行试验

(1)试验目的

低速运行检验制动各系统性能。

(2)测定项目

制动动作。

(3)试验方法

①设备和工具:驾驶台指令试验器、万用表、电流卡表、短路线、对讲机等。

②试验前准备→试车(牵引制动)→压路→制动试验→试验结束。

在静止状态下确认制动系统工作正常,然后进入[牵引变流器编]画面,制动缓解,前向牵引 1 挡,观察电机电流,车速到 5 km/h 后,B1 制动停车,观察制动缸压力,重复操作两次,确认牵引制动系统工作正常。

牵引列车以 5 km/h 的速度在试验线路上运行一趟,列车在环线运行时,在 99 杆和 98 杆处要减速慢行(5 km/h)。禁止在弯道或低速(30 km/h 一下)运行时施加 B2 以上制动。

分别以 15 km/h、20 km/h、25 km/h、30 km/h 的运行速度下实施 B1、B2 级制动,以 35 km/h、40 km/h、45 km/h、50 km/h 的运行速度实施 B3、B4、B5 级制动,做试验记录。

(4)判定标准

①从速度 15 km/h 的程度开始通过制动操作进行减速,下列各项为良好(通过监控画面确认)。

显示对应于制动挡的 BC 压力;

没有制动装置故障/异常。

②没有爆震等异常,减速平稳。

③没有来自转向架的异常噪声、异常振动。

4. 防滑保护性能试验

(1)试验目的

检验防滑保护动作是否正常。

(2)测定项目

①防止滑行阀自诊断试验;

②滑行动作;

③抱死动作。

(3)试验方法

①设备和工具:静止制动试验台、对讲机等。

②试验前准备→防滑阀自检动作确认→滑行动作试验→抱死动作→试验结束。

③静止制动试验台上完成滑行保护性能试验。

防滑阀自检动作确认:

a. 配电盘"防滑阀"NFB 设为开;

b. 制动试验台输入速度为 0 km/h;

c. 制动手柄设为"B7"位置;

d. 制动装置内"SW1"、"SW2"设为"4"、"0",把 SW6 向上操作。

滑行动作试验:

a. 通过试验台将四个轴的基准速度设为 28 km/h;

b. 使司机台表示灯"转向架"熄灭;

c. 驾驶室　打开蜂鸣器 SW 设为"定位"位置;

d. 通过制动试验台向被测车辆输入速度为 28 km/h(基准轴的速度);

e. 司机台制动手柄设为"B7"位置;

f. 将 1 轴的速度由 28 km/h 降到 10 km/h;

g. 将 2 轴的速度由 28 km/h 降到 10 km/h;

h. 将 3 轴的速度由 28 km/h 降到 10 km/h;

i. 将 4 轴的速度由 28 km/h 降到 10 km/h。

抱死动作:

a. 驾驶台制动手杆设为"运行"挡位;

b. 制动试验台的速度设为 28 km/h;

c. 制动手柄设为"B7"位置;

d. 各车将 1 ~4 轴的速度按照规定依次转换。

(4)判定标准

①监视器"运行状态"画面中滑行车轮色用紫色表示。

②监视器"空转滑行"画面中统计滑行次数。

③ATP 轴滑行时,司机台试验器的 SKVRR 亮灯(T1 或 T2 车的 2 轴和 3 轴)。

④速度下降过程中,转向架的各轴的防滑阀动作并没有漏气现象的发生。

⑤ATP 轴仅动作一回(T1 或 T2 车的 2 轴和 3 轴)。

5. 总风缸气密性试验

(1)试验目的

验证总风缸密封性能是否符合要求。

(2)试验方法

在静止状态下,静止制动试验台完成试验。

司机台制动手柄调到"运行"位置,MR 压力达到(880 ±10 kPa)后,将两车间的"总风缸"旋塞关闭,将辅助空压机侧的"总风供给"截断塞门关闭。当车的总风压力高于 865 kPa 稳定后,通过在制动控制装置上的 MRT 检测口检测各车 MR 压力。

(3)判定标准

总风缸压力充至(880 ±10)kPa,保压 2 min,压力下降值不得大于 10 kPa。

6. 整车压缩空气系统气密性试验

(1)试验目的

验证列车管路系统的密封性是否符合设计要求。

(2)测定项目

①MR 总风管系的气密性试验。

②BC 制动管系的气密试验。

③控制用风管系的气密性试验。

(3)试验方法

①试验前准备→BC 制动管系的漏气→控制用风管系漏气→制动控制装置漏气→侧压气缸漏气(侧拉门)→试验结束。

②试验过程：

a. MR 压力达到(880 ± 10)kPa 后，将两车间的“总风缸”旋塞关闭，司机台制动手柄调到“B7”位置，全车辆的塞门处于运行正常状态。

b. MR 压力设为(880 ± 10)kPa，驾驶室背面、空挡 SW 设为“开(ON)”，司机台制动手柄放在“B1”位置上，启动清扫踏面的操作，在制动装置“CTRT”上安装试验用压力计，关闭制动装置内“控制”旋塞。

c. 制动装置内的阀、管座等用听觉来确认，或是涂上肥皂水。

d. 通过手动数次让侧加压汽缸动作。

(4)判定标准

总风缸压力充至(880 ± 10)kPa，保压 2 min，压力下降值不得大于 10 kPa。

7. 升弓风缸气密性试验

(1)试验目的

验证升弓风缸的密封性能是否符合设计要求。

(2)试验方法

①将总风管供给辅助空压机的塞门关闭(受电弓没有升起)。

②把辅助空气压缩机装置“辅助空气总风缸(储气缸)”排水栓打开，将空气排空。

③将排水栓关闭。

④开启辅助空气压缩机，使风缸压力达到(880 ± 10)kPa。

(3)判定标准

总风压力充至(880 ± 10)kPa，保压 2 min，压力下降值不得大于 10 kPa。

8. 主空压机供风能力试验

(1)试验目的

验证主空压机供风量是否符合设计要求。

(2)试验方法

开启列车全部主空气压缩机，测试总风管压力 0 到(880 ± 10)kPa 的时间。

①使空压机运转。

②动车组 8 辆编组后，将每辆车的 LV 阀关闭，防止空簧排风。

③将 VCB 断开，通过 BCU 的排水阀排风将 MR 管风排空。

④将排水阀恢复，合上 VCB。

(3)判定标准

测量编组 MR 压力由 0 到(880 ± 10)kPa(调压器动作)的时间，应在 10 min 以下(理论值为 7.72 min)。

9. 辅助空压机性能试验

(1)试验目的

验证辅助空压机动作、充风能力是否符合设计要求。

(2)测定项目

①E5 调压器控制辅助空气压缩机动作试验；

②打风能力试验；

③F3A 安全阀动作试验。

(3)试验方法

①将总风管供给辅助空压机的塞门关闭。(受电弓没有升起)；

②把辅助空气压缩机装置“辅助空气总风缸(储气缸)”排水栓打开，将空气排空；

③将排水栓关闭；

④104D 线上安装钳形电流测量器；

⑤辅助空气压缩机接触器或辅助空气压缩机 NFB 的(104D 线—车体接地之间)上安装电压测试器；

⑥用“绝缘物”手动操作辅助空气压缩机接触器；

⑦用辅助空气压缩机箱内的压力计测定压力值；

⑧用电压表测定 DC 电压值；

⑨用钳形电流表测定 DC 电流值；

⑩每隔 30 s 测定各数值；

⑪测定达到 780 kPa 时的时间及 DC 电压、DC 电流值。

(4)判定标准

关闭辅助空压机出口处塞门，操作启动辅助空压机，用辅助空压机装置内的单针压力表测试，辅助风缸压力升至 930 ~ 950 kPa 时，F3A 安全阀应开启排风，压力降至 880 kPa 以上应关闭，安全阀开始喷气和停止喷气的压力差设为 30 kPa 以上。

10. 受电弓静态性能试验

(1)试验目的

验证动车组受电弓静态特性是否符合规定。

(2)试验条件

受电弓装车后，无明显异状，各部分处于正常技术状态。动车组受电弓气缸达到额定工作压力，保证受电弓试验期间能在额定气压下工作。

(3)试验方法

①静态压力：测量受电弓上升和下降时在不同高度时的静态压力，受电弓升降速度为 0.05 m/s。

②升降弓时间特性：受电弓在额定压力的压缩空气驱动下，测试受电弓的升降弓时间，观察受电弓的动作状态。

③紧急降弓系统(ADD)性能：在最高工作高度和高于最低工作高度 20% 的两个位置测试 ADD 装置的动作时间。模拟自动紧急降弓装置启动，测试受电弓从开始动作至降至 200 mm 的时间。

④横向刚度：受电弓在最高工作高度，在受电弓框架顶端左右两侧分别施加 300 N 的力，测量其两侧的位移。

(4)试验评定

①静态压力：受电弓静态压力评定标准见图 7 - 1 - 2。

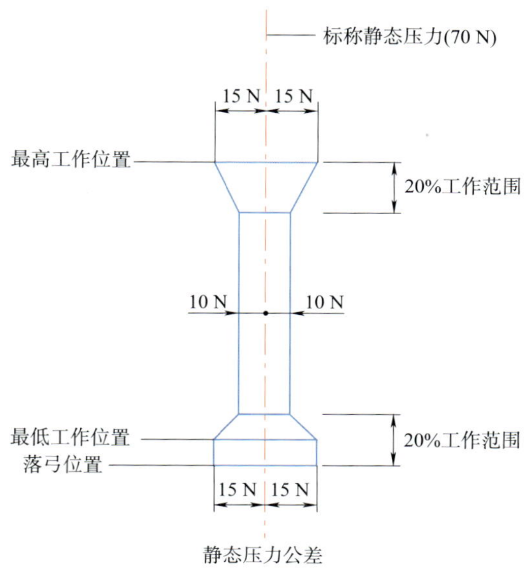

图 7 - 1 - 2　受电弓静态压力评定数值图

②升降弓时间特性：受电弓平稳升到最高工作高度，无有害的冲击。从落弓高度到最高工作高度，受电弓从开始动作到升起的上升时间不超过 10 s。在工作

范围的任何高度降弓时,开始降弓时应快速动作。降弓动作应无有害的冲击,降弓时间小于6 s。

③横向刚度:受电弓处于最高工作位置时,在水平方向上分别以300 N的力施加在框架左右顶端,两侧位移应保持均衡,取消力后不得有永久变形300 N作用力下,每侧的位移应不超过30 mm。

④紧急降弓系统(ADD)性能:动作时间不大于1 s。

11. 接地回流装置检查试验

(1)试验目的

检查动车组接地与回流电路的连接是否可靠。

(2)试验条件

动车组整备状态,静置;动车组降弓且无外接电源。

(3)试验方法

①目测各连接线的长度、接线端子所处的位置及接触面的大小是否与设计图纸相符。

②检查各连接线及变压器一次绕组侧绝缘电缆连接线、轮对车轴上的电流返回线的截面尺寸。

③测量回流接地装置的电阻。

(4)试验评定

①所有软连接线应有合适的长度,保证车体与转向架产生最大相对位移时不会使导线产生不应有的应力。

②轮对车轴上的电流返回线的截面尺寸以及接线端子处接触面符合规定。

③接地回路电阻值应不大于0.05 Ω。

12. 车载计算机网络基本功能试验

(1)试验目的

检验动车组基本网络配置及控制功能是否正确。

(2)试验条件

试验前动车组各项基本功能正常。

(3)试验方法

①系统启动试验:动车组控制系统启动后,检查各牵引单元间和单元内通信状态与控制设备实际状态。

②网络配置试验:系统成功启动后,通过操作动车组驾驶方向、左右侧列车门、升/降受电弓、合/分主断等操作,验证网络设备配置正确。

③基本牵引/制动/辅助控制功能:动车组实施牵引、制动、辅助系统设备控制动作。

④空调、照明等功能:通过对具体功能进行实际操作确认。

⑤轴温报警、转向架监视报警、火灾报警等功能:通过对具体功能进行实际操作确认。

(4)试验评定

系统启动后动车组网络设备应能正常激活,车辆间通信正确建立;控制系统能够正确识别驾驶方向和左右侧等功能;牵引/制动/辅助控制基本功能正确;确认空调、照明、轴温报警、转向架监视报警、火灾报警等功能符合规定。

13. 逻辑控制试验

(1)试验目的

确定动车组逻辑控制功能正确。

(2)试验条件

动车组各项基本功能正常,无故障网络设备。

(3)试验方法

①在两头车进行操作和MON进行远程操作;

②控制顺序操作(如升弓与合主断顺序,合主断与方向手柄操作顺序等);

③联锁操作(如牵引/制动联锁,牵引与车门联锁等);

④无效编码信号的缺省动作;

⑤数据传输可靠性操作确认;

⑥其他与具体动车组功能相关的控制逻辑动作确认。

(4)试验评定

试验结果应符合规定,满足用户运营和使用要求。

14. 故障诊断系统试验

(1)试验目的

确认动车组诊断系统功能满足以下要求:

①系统应能识别偶发性故障;

②将故障限制在发生故障的单一功能或部件范围内;

③在故障情况下指示排除措施、运行方式和维修建议;

④指示紧急制动;

⑤自动化整备作业。

(2)试验条件

动车组各项基本功能正常,无故障网络设备,显示屏功能正常。

(3)试验方法

通过在动车组上模拟故障或输入故障信息,进行以下试验:

①自诊断功能测试;

②故障优先级试验;

③故障格式内容检查;

④面向不同对象的故障检查;

⑤检查严重故障情况下的紧急制动功能;

⑥整备功能。

(4)试验评定

①自诊断功能能诊断出被模拟故障。

②能按紧急程度报警。

③故障信息包含:故障名称、故障原因、解决方法与操作建议,特别是某些故障工况下的紧急操作建议明确。

④结合诊断系统的设计,对面向司机或维修人员的故障权限情况予以检查,试验结果符合规定。

⑤具备故障记录下载功能,能在地面进行故障数据分析。

⑥严重情况下,动车组具备实施紧急制动的故障导向安全功能。

⑦能通过诊断系统检查牵引、制动等系统或设备是否存在故障。

15. 旅客信息系统试验

(1)试验目的

对动车组广播、电话、视频、显示等功能进行验证。

(2)试验条件

旅客信息系统工作正常。

(3)试验方法

在静止和运行状态下,检查以下各系统。

①广播系统功能试验:

同时广播:取下话筒 按下[广播]灯亮时,对着话筒广播;

车内扬声器:车内广播中;

广播关：监控器 服务设备画面 中 广播 [关] · [设定] 操作（用话筒向车内广播）；

监控器 服务设备画面 中 广播 [开] · [设定] 操作（车内广播）。

②通话系统功能：对全体传呼、通话、联络装置、个别传呼及优先广播进行功能确认。

③视频系统功能：对音频播放、视频播放、机械设备功能及耳机功能进行确认。

④内外部显示功能：确认信息显示、目的地显示、速度、报站等显示功能。

(4)试验评定

各系统功能符合规定。

16. 网络重联控制功能试验

(1)试验目的

确认重联动车组网络控制功能正确。

(2)试验条件

动车组重联控制功能正常。

(3)试验方法

动车组重联后，从操作或驾驶的角度进行以下试验：

①牵引和制动电路；

②换端操作和禁止双端操作；

③后前弓禁升操作；

④故障显示与报警；

⑤压缩机联锁；

⑥辅助电源或蓄电池的并联装置或转换；

⑦门的操纵；

⑧用于制动或门控制的安全回路；

⑨照明、采暖及其他辅助设备的控制；

⑩旅客紧急系统；

⑪旅客信息系统；

⑫根据动车组重联设计，对在运行中应用到的重联组合进行检验，如 AB—CD、AB—DC、CD—AB 以及 DC—AB 组合。

(4)试验评定

各种重联组合下，从控动车组能可靠接收到主控动车组的控制指令，并能将状态信息和故障报警及时可靠地传送到列车主控端。

17. 辅助电气设备和辅助电源试验

(1)试验目的

检查辅助系统是否正常，辅助机组在最高、最低网压下启动是否正常。

(2)试验条件

网压可调。

(3)试验方法

在正常网压、高低网压下和启动、额定工况下，分别对辅助电气设备和辅助电源进行测试。同时验证相邻单元的相互支援功能和冗余功能。

测量以下电气参数验证动车组辅助电源和辅助电气设备系统性能：

①网压；

②辅助变流器输入电压；

③辅助变流器输入电流；

④辅助变流器中间直流电压；

⑤辅助变流器输出电压；

⑥辅助变流器输出电流；

⑦一台牵引风机电流；

⑧一台主变压器风机电流；

⑨一台主压缩机电流；

⑩一台油泵电流；

⑪一台水泵电流。

(4)试验评定

辅助电源输入输出符合规定。在高、低网压下，辅助电源设备和辅助机组能正常启动。相邻单元的相互支援功能和冗余设计应符合规定。

18. 安全设备的检查

(1)试验目的

检查车内安全设备是否符合设计要求。

(2)试验方法

①司机室：铁鞋放置位置正确，状态良好。

②各车辆：灭火器放置可靠，取出动作无障碍，确认均有水性灭火器和干式灭火器。

③防火门：车辆端部不锈钢防火门开启和关闭动作灵活。

④逃生窗：逃生创标示和逃生铁锤安放位置正确，铁锤取出动作灵活。

(3)试验评定

检查车内灭火器、防火门、铁鞋状态良好。

19. 安全措施的检查

(1)试验目的

检查车内安全措施是否符合设计要求。

(2)试验方法

①司机室：各制动手柄动作灵活，快速制动动作可靠。

②侧拉门功能：集控、单控功能正常，应急门开启动作灵活，紧急阀动作灵活。

③火灾报警和应急报警装置：按下各车辆的火灾报警和应急报警按钮，司机台出现轰鸣，动作正常。

④保护接地开关：操作司机台和配电盘设备，开启、关闭保护接地开关，车外、车内确认其状态正确。

⑤故障隔离开关：操作司机台设备，在车外和车内确认开关状态和状态对应显示，状态均正确。

(3)试验评定

检查火灾报警装置、紧急停车装置、应急报警、侧拉门应急开关阀、接地保护开关、故障隔离开关的状态或性能良好。

20. 电气系统的各种保护试验

(1)试验目的

检查动车组的主电路和辅助电路的保护功能。

(2)试验方法

分别在动车组主电路和辅助电路的电气设备、传感器或信息检测装置上人为设置如下故障点，然后升弓合主断，观察记录保护动作的反应和司机室显示的故障信息。

①牵引电机断相；

②中间直流环节短路；

③牵引变压器次边短路；

④牵引变流器输出短路；

⑤牵引变压器原边、次边过流；

⑥牵引变压器次边接地；

⑦变流器输出过流；

⑧中间直流环节接地；

⑨牵引电机接地；

⑩同步电源异常(过电压、低电压)；

⑪直流母线欠压；

⑫脉冲发生器异常；

⑬牵引电机风机、变流器风机停止；

⑭运行牵引变压器油泵停止；

⑮运行牵引变压器温度上升；

⑯牵引不工作；

⑰辅助变流器输出短路；

⑱辅助电源装置接地；

⑲试验压缩机过负荷；

⑳列车采暖电路过负荷。

(3)试验评定

动车组司机室显示屏上应该显示相应故障信息，相应保护应启动，并根据需要切除相应故障设备。

21. 绝缘试验

(1)试验目的

验证动车组电气设备绝缘性能。

(2)试验条件

动车组可以是整列，也可以是其中的一个动力单元。

(3)试验方法

①分别对每个电压等级电路进行对地工频耐受电压试验，而此时其他所有电路原则上接地。必要时接触器与开关电路闭合或短路，以确保试验电路的所有部件全部连接在内。有接地电路者拆除，采取措施以防电容或电感影响而在某些点上出现异常电压。

②易受损伤的静止变流器与电子设备在试验前预先切除或短路。

③车顶高压布线和贯通电缆对地施加试验电压 45 kV，历时 10 min。其他各电路对地施加符合规定的试验电压，历时 1 min。

a. M1 系车 1 位端的高压用电力连接器 1501 · 1502(各 2 个)应分解并用橡胶管绝缘处理(AC 1 175 V加压)；

b. M2 系车的牵引变流器箱内压接端子 1503 · 1504(各 2 个)应分解并用橡胶管绝缘处理(AC 1 175 V加压)；

c. M 车转向架上 PG 和 SS 速度传感器拆下，连接器插头和插座并进行防护，并固定防止拖车时滑落(4 对/M 车)；

d. 受电弓“折叠”，保护接地切除(OFF)，确认车顶安全，加压特高压 25 kV；

e. 各转向架上的制动塞门打开(与管路同一方向)。

(4)试验评定

试验中车顶和/或电缆的高压端，无对地放电或击穿等异常现象发生，试验前后各电路的绝缘电阻无明显变化。

22. 称重试验

(1)试验目的

检验列车各车辆落车后,其轮重、轴重和轮重差是否符合设计要求,如不符,必须通过空气弹簧的高度调整,使其符合要求。

(2)试验设备

液压称重台(精度:1 kg)

(3)试验方法

①车辆需完成总装及落车工序;

②在空车状态下进行测定,不装载备品及工具类;

③水箱在水满状态下;

④对测定时安装困难的部件进行换算;

⑤出厂时超过 4% 低于 10% 时,允许通过高度控制阀调整空气弹簧工作高度满足要求。

(4)考核指标

列车每节辆须符合以下指标:

①任一侧各车轮上测得的轮重和与该车辆两侧测得的轮重和的平均值之差不超过 ±4% 。

②每条轮对左右轮重之差与该轮对的左右轮重和之比不得超过 ±4%(出厂时超过 ±4% 低于 ±10% 时,允许通过高度控制阀调整空气弹簧工作高度满足要求)。

23. 车载列控设备试验

试验方法

通过电路检测等手段,确认设备安装,以及和外围线路布置、校核,具体功能测试在线路上实施。

24. 过分相试验

(1)试验目的

验证动车组车载自动过分相系统功能是否正常。

(2)试验条件

动车组状态正常,通电状态下。

(3)试验方法

①确认"过分相控制 1.2"、"过分相 VCB 控制 1.2"、"过分相装置电源"NFB 为 OFF,拔出过分相信号处理装置 CN - X2(4/6 号车垃圾箱上方,由左向右第 1 个插)。

②将 4·6 号车运行配电盘"过分相控制 1·2"、"过分相 VCB 控制 1·2"、"过分相装置电源"NFB 为 ON。

③确认方向指令正确。

④确认 VCB 控制指令正确。

⑤将 ATP 系统断电后,拔取 X11. D 连接器,确认(VCB [ON] 后进行确认),在 ATP 装置的 X11. D 连接器中给 9 针 DC 100 V 加压⇒到"无加压。

⑥确认牵引指令、故障信息正确。

(4)试验内容

进行过分相系统的综合性能测试,其中包括系统的自检、试验按钮试验以及划磁铁试验。记录过分相装置收到的信息和发出的指令,判断动车组控制系统是否收到或发出过分相预告信号、强断信号、主断路器切断和复位信号等。

(5)试验评定

进行过分相系统的综合性能测试时,预告信号、强断信号、主断路器切断和复位信号能准确发出,系统功能正常,设备工作正常。

25. 整车气密性试验

(1)试验目的

检查动车组车辆的气密性能。

(2)试验方法

用专用气密试验设备,对组装完成的车辆进行密封,同时,通过气压装置,使车内压力上升至8 kPa后停止加压,车内气压下降至4 kPa时开始计时,车内气压下降至1 kPa时记录的时间作为评判依据,需实施以下密封作业:

①通道密封;

②地板下风道与换气装置间隙处密封;

③灰水装置排水口密封;

④车辆侧门排水管密封;

⑤空调装置排水管密封。

(3)试验评定

①泄漏检查:检查车内压强在3.8 kPa至3.5 kPa时门、窗等、机组与车下风道连接处、应急通风口等处是否泄漏,对泄漏部位进行标示整改。

②整车气密性能检查:向车内充风,压强达到8 kPa后,停止供风,压强自然下降,记录压强从4 kPa下降到1 kPa的时间,并与试验标准作比较,看是否合格。

26. 淋雨试验

(1)试验目的

检查动车组车体及整车的水密性能。

(2)试验方法

①浇水试验用于全部焊接完成后的车体。车体焊接完成后,清除油污、焊渣、铁锈等杂物,处于尚未涂装油漆(板料预涂底漆的除外)的状态。

②喷水试验用于全车落成的车辆;门、窗等应处于关闭状态;车辆外侧的检查孔盖、通风孔盖等应处于雨天运行状态。

③浇水试验装置:浇水试验装置可以是喷头,也可以是水管,应使车顶表面和其他必要部位能形成大致均匀的缓慢水流。

④整车采用固定喷水方式:车辆与喷水装置都不移动,向车辆的喷水时间应不少于3 min。

⑤车体采用浇水试验方式:在车体结构的车顶及其他必要部位浇水,浇水时间不限。

⑥给车辆总风管充风,充风管路之间连接过滤装置,打开门总控制阀门、侧开窗控制阀、司机室侧门控制阀。

⑦打开侧门上部用于单独控制每一个门的控制阀门,侧拉门关闭到位,用工装压住SJ-3P电磁阀的手动按钮,保证侧拉门压紧密封。

⑧关闭乘务员室侧开窗,打开窗下气密窗供风控制阀门。

⑨封堵换气装置新风口、废排风口、水封装置的排水口。

⑩确认以下部位没有密封,保持正常运用状态:侧拉门、司机室侧门、乘务员室侧开窗排水管开孔;空气调节装置排水管、应急通风释放阀装置。

⑪用试验用设备封堵外端门门口。

(3)试验评定

①喷水试验:在喷水结束后10~20 min内,从车内各个部位检查有无渗漏。

②浇水试验:在浇水结束后,从车体各个部位检查有无渗漏。

27. 回送救援试验

(1)试验目的

检查机车连挂动车组实施救援时,各系统功能正常。

(2)试验内容

救援机车连挂后，可以对动车组实施常用制动、紧急制动和缓解。

(3)试验方法

动车组的回送采用回送车与动车组固定连接，而后由客运机车牵引回送。要求机车具有双管供风，供风压力600 kPa。回送救援试验主要确认在回送救援状态时，各制动状态下动车组是否能正常实施本车制动，制动控制用电源是否能正常供给。

由于动车组两头车采用密接车钩，其高度为1 000 mm，而回送车车钩距轨面高度为880 mm，为15号车钩，所以回送车与动车组通过过渡车钩连接，连接方式见图7－1－3。

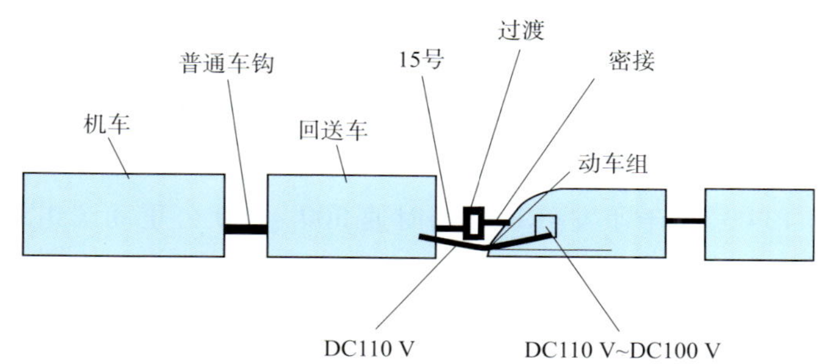

图7－1－3　回送车与动车组通过过渡车钩连接

1列动车组回送时，先与1辆回送车连接组成固定编组，在动车组1、2位端均可。由客运机车牵引。机车在1位端和2位端均可连挂和牵引。

机车与回送车连接和机车与动车组直接连接见图7－1－4、图7－1－5。

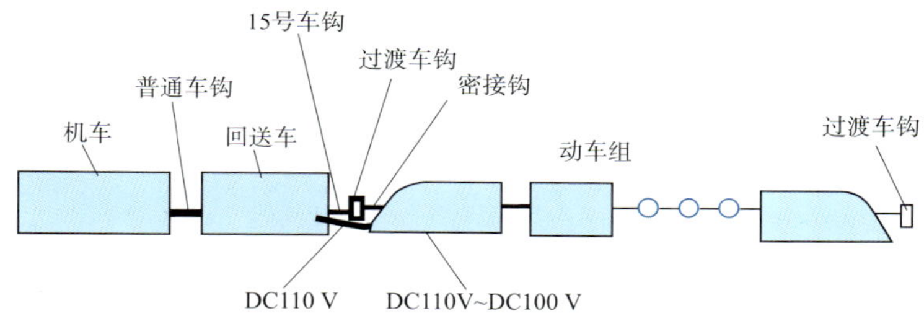

图7－1－4　机车通过回送车连挂方式

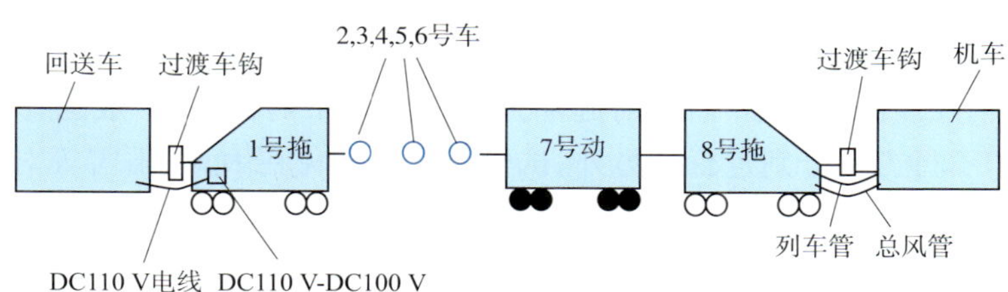

图7－1－5　机车直接与动车组连挂方式

回送前需进行如下准备。解除防止溜车措施，并再进行以下检查：

①动车组所有罩盖是否安装完好。

②动车组所有检查盖是否正常。

③动车组窗、门、风挡是否正常。

④车顶高压连接线是否正常。

⑤受电弓是否正常落下。

⑥过渡车钩与回送车(或机车)连接端与回送车(或机车)车钩中心高度差在15 mm以内，并与两

端连接是否正常。

⑦110VDC 电源线、BP 及 MR 空气软管连接是否正常，长度是否合适，电源线是否有固定措施。

正式回送前先使机车移动几十厘米，确认连接是否正常。

(4)试验评定

救援机车制动管减压量与动车组制动级位对应关系应满足表 7－1－4 的要求。

表 7－1－4　救援机车制动管减压量与动车组制动级位对应关系

制动管减压量(kPa)	50～70	70～90	90～110	110～130	130～150	150～170	≥170
对应动车组制动级位(N)	1	2	3	4	5	6	7

二、型式试验

依据铁运函[2008]134 号关于印发《CRH2 型时速 300～350 公里动车组综合性能试验及评价实施方案》的通知，按照《CRH2 型时速 300～350 公里动车组综合性能试验大纲》及有关标准、技术文件，对 CRH2－300 型动车组进行了型式试验。动车组型式试验分为厂内试验、环行铁道试验基地(简称"环行线")试验和正线运行试验。

2007 年 12 月，在四方股份进行了厂内试验，完成受电弓、牵引、制动等静态试验。

2008 年 1 月，在北京环行线完成了限界试验、低速动力学、弓网试验，网压波动、突变、中断，辅助电气设备和辅助电源、电磁兼容、车载计算机网络等试验项目。

2008 年 2 月动车组在秦沈线进行了 250 km/h 以下动力学、弓网、牵引特性、制动特性以及车载 GFX－3A 装置自动过分相等试验。

2008 年 4～6 月，动车组在京津城际铁路进行了高速动力学、弓网以及牵引特性、制动特性、噪声、空气动力学等试验项目。

2008 年 7 月在京津城际铁路进行了空调试验。

1. 牵引性能

(1)起动加速试验

①试验目的：测试动车组起动加速能力。起动加速性能是评价动车组牵引系统综合能力的重要指标，反映了动车组牵引传动系统与动车组结构设计的综合效果。一般通过两个指标对起动加速性能进行评价：平均起动加速度和剩余加速度。平均起动加速度指动车组从静止加速到某一规定速度的平均加速度，该指标为过程指标，反映动车组低速段的加速能力。剩余加速度指动车组在规定速度条件下仍保有的加速度，该指标为瞬态指标，反映动车组规定速度运行条件下牵引系统裕量。

②试验方法：为消除线路纵断面、曲线对起动加速试验结果的影响，一般选择在平直道上进行该试验，且尽可能在上、下行方向分别进行。另外，试验应尽量避免在大风、雨雪等对试验结果有较大影响条件下进行。试验时，对网压进行监测，以解除起动加速能力与供电系统耦合关系，确保试验时网压在动车组全功率发挥所要求的范围内。

测量列车速度和加速时间，用于计算平均加速度。平均加速度的计算公式如下：

$$a=\frac{v_2-v_1}{3.6\times\Delta t} \tag{7-1-1}$$

式中　v_2、v_1——测量规定的列车运行速度，km/h($v_2>v_1$)；

Δt——列车从 v_1 加速到 v_2 所用的时间，s；

a——加速度，m/s^2。

根据京津城际铁路特点，选择起动加速试验实施地点见表 7－1－5。其中，试验开始位置的选择综合考虑了整列动车组均处于平直道和司机控制余量等因素。

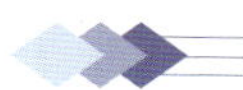

表 7－1－5　京津城际铁路起动加速试验位置信息

区　　间	平直道起点	平直道终点	试验开始位置
北京－天津(下行)	JJK55＋527	JJK58＋927	JJK55＋800
天津－北京(上行)	JJK58＋927	JJK55＋527	JJK58＋700
北京－天津(下行)	JJK100＋893	JJK104＋873	JJK101＋100
天津－北京(上行)	JJK104＋873	JJK100＋893	JJK104＋600

考虑选定的平直道长度、动车组加速能力以及线路限速、分相区位置等因素影响,起动加速性能试验将加速过程分若干段进行。试验时,通过合理控制列车速度,保证动车组在到达试验开始位置时,速度在规定速度点附近,且为满级牵引状态。

起动加速试验前对风速进行测量,试验过程中,全程采集动车组速度、走行距离、加速时间、网压以及牵引系统电气参数。

试验完成后,将各分段试验结果进行合并得到加速过程特性,进而导出平均加速度和剩余加速度。

(2)牵引特性试验

①试验目的:测试动车组的牵引特性,考核全动力、5/6 动力、2/3 动力牵引特性曲线是否符合设计要求。

牵引特性是列车最重要的特性之一,用轮周牵引力与速度的关系曲线表示,是计算列车牵引性能最重要的原始数据。通过牵引特性试验可对高速列车牵引传动这一多变量、非线性和强耦合的系统做出综合评估。该试验不仅直接检验了牵引控制系统的有效性和准确性,而且验证了车顶高压设备、牵引变压器、牵引变流器、牵引电机、齿轮传动系统等牵引传动系统关键环节的工作状态和综合作用结果。

②试验方法:牵引特性试验考核的是牵引系统极限特性,即在满级位条件下的牵引力发挥情况。在动车组试验中,轮周牵引力不是直接测得,而是通过计算间接得到。轮周牵引力的计算方法有两种:

a. 方法一——根据加速时间和速度进行推算,推算步骤如下:

(a)根据加速时间得到每个速度下的加速度;

(b)根据每个速度下的加速度得到该速度下的加速力;

(c)用各速度下的加速力加上该速度下的运行阻力得到轮周牵引力。

b. 方法二——在电机效率和齿轮传动效率已知的情况下,根据电参数计算轮周牵引力,计算方法如下:

$$F_i = 3.6 \times \sum_{i=1}^{n} p_i \times \eta_i \times \eta_e / v \quad (\text{kN}) \tag{7-1-2}$$

式中　p_i——电机瞬时有功功率,kW;

n——电机台数,CRH2－300 为 24 台;

v——动车组瞬时速度,km/h;

η_i——电机效率,恒功区 CRH2－300 取 0.94;

η_e——机械传动效率,恒功区 CRH2－300 取 0.95。

牵引特性试验在京津城际铁路进行,考虑京津城际铁路线路实际特点,动车组牵引特性试验按速度分两段进行:非恒功区段和恒功区段。由于 CRH2－300 型动车组起动加速过程直接使用满级牵引,因而非恒功区牵引特性试验可与起动加速试验同步进行,该速度区间牵引特性通过方法 1 计算得到;恒功区牵引特性通过测量动车组满级位持续加速过程中的速度、牵引电机功率等参数,用方法 2 计算得到。

根据牵引特性试验要求,在动车组主电路系统各个环节布置了相应的电压、电流传感器,见表 7－1－6。其中电机电压、电流信号和速度信号用于牵引特性计算,其他信号作为参考。

表 7－1－6　牵引特性试验测点布置

序　号	测　试　参　数		动车组电路线号
1	2号车	牵引绕组电压	1502/1501
2		牵引绕组电流	1501
3		牵引变流器输出 U 相电压	511
4		牵引变流器输出 U 相电流	511
5		变压器原边电流	2 500 A
6	3号车	牵引绕组电压	1502/1501
7		牵引绕组电流	1501
8		牵引变流器输出 U 相电压	511
9		牵引变流器输出 U 相电流	511
10	4号车	牵引绕组电压	1502/1501
11		牵引变流器输出 U 相电压	511
12		牵引变流器输出 U 相电流	511
13		变压器原边电流	2 500 A
14	5号车	牵引绕组电压	1502/1501
15		牵引变流器输出 U 相电压	511
16		牵引变流器输出 U 相电流	511
17		APU3 输入电压	751/704
18		APU3 输入电流	751Z
19		APU3 输出三相 AC400V 电压 U 相	771/781/791
20		APU3 输出 U 相电流	772
21	6号车	变压器原边电流	2 500 A
22		牵引绕组电压	1502/1501
23		牵引绕组电流	1502
24		牵引变流器输出 U/V/W 相电压	511/512/513
25		牵引变流器输出 U 相电流	511
26		电机 1 W 相电流	513－1
27		电机 2 W 相电流	513－2
28		电机 3 W 相电流	513－3
29		电机 4 W 相电流	513－4
30		中间电压	501/502
31		VCB 分合信号	M613(SCR)
32		电机 1 进风口温度	
33		电机 1 出风口温度	
34	7号车	牵引绕组电压	1502/1501
35		变流器输出 U 相电压	511
36		变流器输出 U 相电流	511
37	8号车	速度传感器	
38		APU2 输入 AC400V 电压	704/754
39		APU2 的非稳定单相 AC 100 V 输出电压	251/200J
40		APU2 的稳定三相 AC 400 V 输出电压 U、V、W 相	771/781/791
41		APU2 的稳定三相 AC 400 V 输出电流 U、V、W 相	771/781/791
42		APU2 的稳定单相 AC 100 V 输出电压	202/200
43		APU2 的稳定单相 AC 220 V 输出电压	302/300 A
44		ATP 过分相信号	M614(8 号 10 针)
45		ATP 分相区离开信号	M615(8 号 27 针)

2、3 车主电路传感器布置见图 7－1－6。4、5、6、7 车主电路传感器布置与之类似，在此不再赘述。

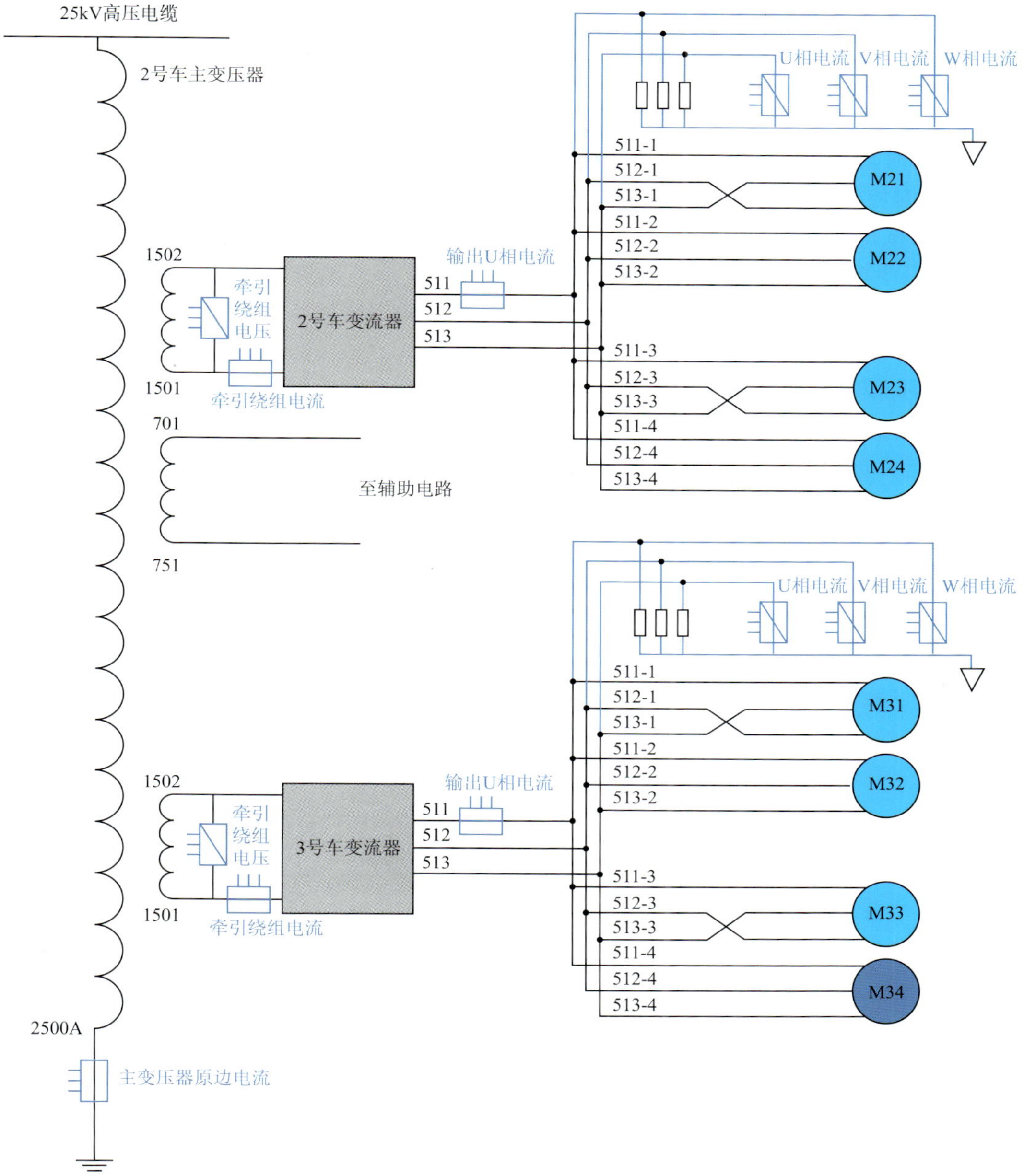

图 7－1－6　2、3 车主电路测点布置

低于恒功点速度的牵引特性直接用起动加速试验结果计算得到。恒功点速度以上部分采用持续加速法得到。试验时控制动车组以规定速度到达试验地点，司控器手柄保持牵引满级，动车组持续加速，直至动车组驶出测试地点。过程中记录动车组加速时间和速度，同时监测整列车 3 台牵引变压器、6 台牵引变流器、24 台牵引电机的电参数。

（3）动力制动试验

①试验目的：测试动车组电气制动性能，电制动特性曲线应符合动车组电制动特性设计曲线。

动力制动特性是列车最重要的特性之一，用轮周电制力与速度的关系曲线表示，是计算列车制动性能的重要依据。

②试验方法：由于动车组采用复合制动，难以通过减速度方法对电制动特性进行计算。因此，通过测量动车组速度、网压、各牵引电机电流、电压、有功功率，根据下式计算轮周再生制动力，最后绘制

电制动力－速度关系曲线。

$$B_i = 3.6 \times \sum_{i=1}^{n} p_i/\eta_i/\eta_e/v \quad (\text{kN}) \tag{7-1-3}$$

式中　p_i——电机瞬时有功功率，kW；

n——电机台数，CRH2－300 为 24；

v——瞬时动车组速度，km/h；

η_i——v 对应的电机效率，取 0.94；

η_e——机械传动效率，取 0.95。

该试验在京津城际铁路进行，将动车组加速到 350 km/h 后实施快速复合制动，同时测量动车组速度、网压、各牵引电机电流、电压、有功功率。传感器布置和牵引特性试验相同。

(4) 防空转/电制防滑行性能试验

①试验目的：模拟空转/滑行过程，对电动车组的防空转/电制防滑行性能进行检验。

为了有效利用黏着力，动车组牵引变流器设有牵引时监测空转并实施再黏着控制的功能；电制动时设有检测滑行并进行再黏着控制的功能。防空转/电制防滑行性能试验通过人为模拟轮轨间低黏着状态，测试在黏着破坏条件下牵引系统的响应。动轴发生空转/滑行时，系统应能进行有效抑制，同时动车组监控系统应有空转/滑行显示；当轨面黏着恢复后，动车组应能尽快恢复牵引/电制力。

②试验方法：通过向轨面喷洒减摩液模拟轨面低黏着状态。动车组满级起动加速，检查被测动轴是否空转并得到有效抑制；达到指定速度后，动车组转为最大电制，检测动车组动轴是否滑行并得到有效抑制。同时采集被测动车各牵引电机相电流、各动轴转速和动车组速度。试验进行 3 次。绘制各个动轴速度、动车组速度、电机电流的变化曲线。

防空转试验在北京环行线进行。试验时在 6 号车设减摩液喷洒装置如图 7－1－7 所示。

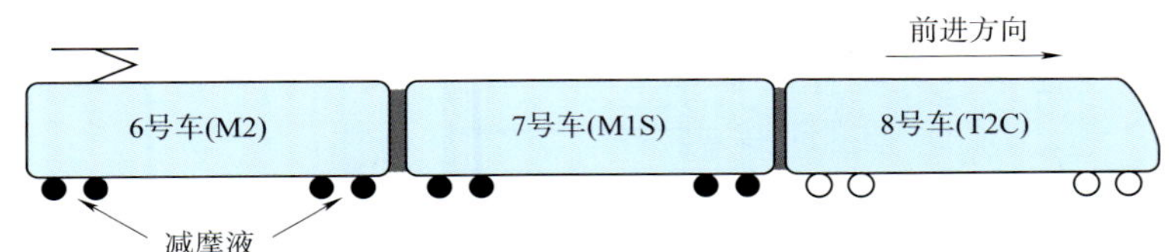

图 7－1－7　防空转试验洒水装置布置

试验进行 3 次，第 1、2 次试验时切除其他 5 个动车，仅由 6 号车牵引，第 3 次试验保留 2、6 号车牵引力，切除其他 4 个动车。试验时监测动车组速度、6 号车 4 个轴速度、4 个电机相电流及变流器输出相电流。

电制防滑行试验在京津城际铁路进行，洒水装置布置见图 7－1－8。试验时动车组在规定初速下施加快速复合制动，同时往轨道喷洒减摩液。

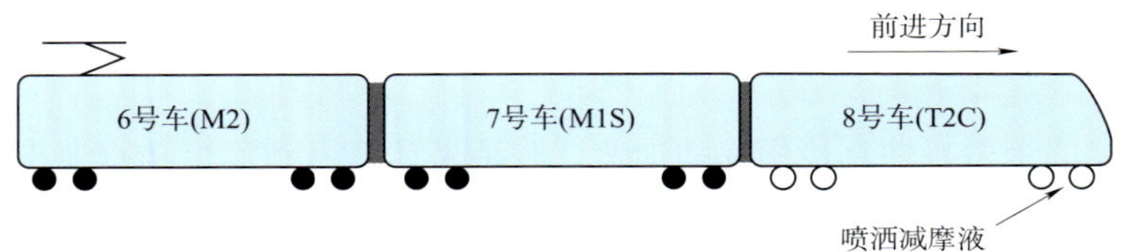

图 7－1－8　防滑行试验洒水装置布置图

(5) 速度控制系统试验

①试验目的：验证动车组速度控制是否平稳，检查速度表指示的准确性与动车组定速控制功能是否正常。

速度控制功能是动车组控制系统最基本功能之一。司机通过司控台界面操纵动车组时，控制系统应采用合理的控制策略调节牵引系统和制动系统输出，使动车组平稳运行，在定速模式下，控制系统应能自动控制列车按照给定速度平稳运行，且保证牵引和制动设备不承受过量的通/断操作。速度

控制系统试验是对动车组速度调节能力和控制精度的验证。

②试验方法：试验时将动车组加速到目标速度后，按下定速按钮，动车组以定速模式在线路坡度变化较大的线路上运行，在定速运行过程中实时监测列车速度以及动车牵引电机的输入电压、电流和有功功率等参数。检查动车组运行速度波动情况。

（6）牵引能力试验

①试验目的：测量牵引主变压器（二次侧绕组）和牵引电机（定子绕组）装车后的持续温升。

牵引能力试验俗称温升试验。在电气设备安全检验中，设备温升是考核设备部件安全性和使用寿命的重要指标之一。作为整车型式试验的一项重要内容，牵引能力试验是对牵引传动系统能力及其冷却系统容量的综合评估，通过该试验，可确认牵引设备能否在规定的温度限定范围内按额定负载周期运行。

②试验方法：用电阻法测量牵引电机温升。

试验前，测试牵引电机 U－V 相绕组的冷态直流电阻。试验时动车组在京津城际铁路 JJK3～JJK116 区间按照典型运行图往返运行，立折时间 10min，连续运行 4 个往返。

试验过程中，监测动车组速度、牵引电机电压、油温，牵引变压器电压、电流、电流，环境温度，牵引电机进、出风口温度。

在第四个往返运行至上行方向 JJK5 处时，动车组实施紧急制动停车，开始用电阻法测量电机绕组温升。

（7）运行阻力试验

①试验目的：测试动车组惰行阻力，按 $\omega = A + Bv + Cv^2$ 形式给出阻力公式。

动车组运行中存在与线路的轮轨耦合、与空气的流固耦合以及与接触网的弓网耦合等关系，这三方面是动车组运行阻力的来源。通过运行阻力试验可对这三方面的综合作用结果进行评估。另外，运行阻力试验结果也是进行牵引计算等仿真研究的重要基础数据。

②试验方法：运行阻力试验一般采用惰行法，试验时选择在平直线路或者坡道已知的直线上进行。当试验列车以指定速度到达试验区间时，牵引手柄回零直至动车组驶出试验区间。记录惰行时间和惰行速度，按照下面的公式计算每个速度下的动车组基本阻力：

$$\omega = \frac{1\,000(1+\gamma)}{3.6} \times (\Delta v / \Delta t) \quad (\mathrm{N/t}) \qquad (7-1-4)$$

式中　γ——回转质量系数，CRH_2－300 取 0.0582；

ω——单位惰行基本阻力，N/t；

Δt——计算步长，s；

Δv——Δt 内的速度变化值，km/h。

采用上式求出各速度点的惰行单位基本阻力，再用最小二乘法回归后得到惰行单位基本阻力公式。

惰行阻力试验在京津城际铁路 JJK55＋400～JJK58＋800 间和 JJK101＋100～ JJK104＋600 间平直道进行，试验时将减速过程分成若干段，各段速度尽量有一定重叠。

当试验列车以指定速度到达试验区间时，牵引手柄回零，同时观察牵引电机电流变化情况，记录电流下降到 0 时的速度和时间作为惰行起点数据，动车组头部驶出试验区间时，记录速度和时间，作为惰行结束点数据。惰行过程中全程采集惰行时间和惰行速度、公里标等数据。

（8）网压波动试验

①试验目的：测试网压波动对动车组电气设备、轮周功率的影响。检查动车组是否正确发挥“网侧功率限制”功能。

动车组的运行实际上就是列车与牵引供电系统的能量交换过程，电动车组通过接触网与牵引供电系统形成机电耦合关系。牵引供电系统入口电压波动、同一供电臂下列车密度和各列车工作状态、本列车运行工况转换等因素都会引起接触网供电电压波动，因此，牵引控制系统应具有快速的动态响应性能，在规定的网压波动范围内保持牵引系统稳定运行。网压波动试验是确认接触网电压波动对动车组牵引/再生制功率发挥的影响是否符合动车组技术规范规定要求的重要途径。

②试验方法：在动车组允许网压范围内调整接触网网压，调节的步长为 1 kV。在每个网压下，控制列车在全功率牵引或再生制动工况，各重复试验 3 次。测试并记录网压、各牵引电机的有功功率等参数。绘制网压和牵引/再生轮周功率关系曲线。

能够控制网压变化是实施网压波动试验的必要前提，鉴于京津城际铁路无法调节网压，该试验在中国铁道科学研究院环行铁道试验基地进行，试验结果适用于京津城际铁路。环行铁道试验基地的网压可调整范围为 18 ~ 30 kV，调节步长 1 kV。试验时，事先通知环行铁道试验基地变电所将网压调整到给定数值，完成调节后，牵引手柄置牵引满级位，控制动车组从 125 km/h 加速到 170 km/h，然后实施最大常用制动，控制动车组速度从 170 km/h 降低到 125 km/h。测试并记录网压、各牵引电机的有功功率等参数。

(9)网压突变试验

①试验目的：检查网压的突变是否对动车组的高压、牵引、辅助系统等电气设备造成不利影响。

②试验方法：动车组以额定功率运行，牵引时，供电电压从接近标称供电电压值开始，突然增加 10%；电制时，供电电压从接近标称供电电压值突降(减少)10%。

测试并记录动车组速度、主断路器状态、网压、网流、牵引变流器输入输出电压和电流、司机操作等；观察司机显示屏相关信息。

该试验在中国铁道科学研究院环行铁道试验基地进行，试验结果适用于京津城际铁路。试验分牵引和制动两种模式，牵引模式试验时，首先将网压调整到 25 kV，然后控制动车组加速，当速度进入恒功范围后，通知变电所将网压尽快调整到 28 kV，观察网压变化前后动车组牵引功率发挥情况；电制模式试验时，首先将网压调整到 25 kV，当动车组加速到环行线最高允许速度 170 km/h 时实施制动(制动级位选择应确保电制动发挥到最大)，同时通知变电站将网压尽快调至 22 kV，观察网压变化前后动车组电制动功率发挥情况。

(10)网压中断试验

①试验目的：检查网压的中断是否对动车组的高压、牵引、辅助系统等电气设备造成不利影响。网压恢复后所有系统应能重新平稳投入工作。

②试验方法：当动车组分别在牵引和电制工况下运行时，人为制造接触网电压中断，其中断时间在 10 ms ~ 10 s 的范围内，此时动车组的零电压保护装置等均应投入工作，然后恢复正常工作网压。试验在以下每种工况下重复 3 次：

a. 牵引电机电流最大时；

b. 牵引变流器输出最高电压时；

c. 动车组发挥额定功率时。

测试并记录动车组速度、主断路器状态、网压、网流、牵引变流器输入输出电压和电流、司机操作等；观察司机显示屏相关信息。

该试验在中国铁道科学研究院环行铁道试验基地进行，试验结果适用于京津城际铁路。

2. 制　动

(1)基础制动装置试验

①试验目的：测试基础制动装置在不同制动缸压力下的静态闸片压力和静态传动效率，检验动车组基础制动装置静态传动效率是否满足要求。

当动车组制动手柄实施一定级别制动后，由制动控制单元给出的制动缸压力空气，通过基础制动装置，作用于制动盘上产生闸片推力。由于制动缸缓解弹簧恢复力、制动夹钳、鞲鞴等机械装置的摩擦阻力使闸片推力产生一定损失，实际作用在制动盘上的闸片推力与理论计算值之比，即基础制动装置静态传动效率，该效率是制动计算的重要参数。

②试验方法：试验时采用测力闸片换下原有的制动闸片。分别测试动车组在不同制动级位下的

静态闸片推力。动车组还需在模拟额定载荷状态和整备重量状态下分别进行试验。

根据闸片推力测试结果,计算出各基础制动单元的静态传动效率。

基础制动装置静态传动效率公式:

$$\eta = K'/K \tag{7-1-5}$$

式中　η——传动效率;

K'——实测闸片推力,kN;

K——计算闸片推力,kN。

其中 K 由下面公式得到:

$$K = \frac{\pi}{4}d^2P \cdot \gamma \tag{7-1-6}$$

式中　π——取 3.1416;

d——制动缸直径,m;

γ——制动倍率;

P——制动缸压力,制动控制器在不同位置时的制动缸压力。

CRH_2-300 型动车组试验时,测试了一辆动车(车号 ZE206104)和一辆拖车(车号 ZE206101)各基础制动装置的静态传动效率。动车组分别在 1 级、4 级、7 级和快速制动位进行试验。

(2)静态制动性能试验

①试验目的:验证动车组静态时各制动级位对应的制动缸压力、制动响应时间、缓解时间以及安全保护措施是否满足要求,为运行试验测试结果的分析提供数据。

②试验方法:试验应在整备重量状态和额定载荷状态分别进行,其中在额定载荷状态试验时,动车组应按定员重量进行装载。

分别在动车组 1~8 车制动缸、总风缸和空气簧压力测点上安装空气压力传感器,在制动控制系统安装制动施加信号接收装置。试验数据的采集和分析采用分布式数据采集系统,在动车组车内布置两处工作站,一处集控站,通过网络实现数据采集设备的集中控制和数据传输,利用同步线实现各采集系统间的时钟同步。

制动手柄分别由零位推向常用 1 级~常用 7 级制动位、快速制动位,待压力稳定后,再由各级制动位退回零位。记录制动缓解过程,动车组各车制动缸压力、空气簧压力、总风压力、制动响应时间、缓解时间等参数。

检查动车组安全环路系统内与制动相关的各项安全保护措施,例如检查制动力不足、总风压力低保护、司机室紧急制动按钮、乘务员室紧急制动按钮、紧急电磁阀失电保护等。

CRH_2-300 型动车组进行了常用 1 级~7 级制动与缓解性能、快速制动与缓解性能、阶段制动和阶段缓解、各项安全保护措施性能等项目的试验。

(3)制动运行试验

①试验目的:检验动车组制动系统的动态性能,如快速制动、常用制动(包括纯空气制动和空气与动力制动的复合制动)的制动距离、制动减速度、制动控制模式及动车组安全环路系统内与制动相关的安全保护措施是否符合规定。

②试验方法:试验在额定载荷状态下进行,动车组应按定员重量进行装载。

试验时,动车组按预定速度以惰行工况进入试验区段后,按规定要求的制动方式实施制动。

记录动车组的制动初速度、制动距离、制动时间、平均减速度,以及制动过程中各车制动缸压力,动车的电机制动电流,动车和拖车的制动盘、闸片的温度。

每次试验前应检查总风缸的压力,确定其在下次测试开始之前能恢复到正常水平。

如果以上试验不能在一段完全水平的轨道上进行,所选轨道坡度应在 ±4‰以内。如果轨道水平状态或制动初速度 v 值有任何不符,应按下式修正:

$$L_1 = L \times \frac{3.92 \times (1 + R_0) \times v_0^2}{[3.92 \times (1 + R_0) \times v^2] \pm i \times L} \quad (7-1-7)$$

式中 L_1——修正的停车制动距离，m；

L——测得的停车制动距离，m；

v_0——目标初速度，km/h；

v——实际制动初速度，km/h；

i——试验地点坡度，"+"用于下坡，"-"用于上坡，‰；

R_0——转动惯量系数。

CRH2-300型动车组的制动运行试验在京津城际铁路进行。

快速制动按快速复合制动和快速空气制动两种工况进行。

常用制动试验按常用7级复合、常用7级空气制动、常用6级复合制动～常用1级复合制动试验。

对"制动力不足检测"、"紧急电磁阀失电"、"制动控制手柄取出"、"乘务员室紧急制动按钮"、"司机室紧急制动按钮"试验安全保护措施性能进行了检查。

(4)防滑保护性能试验

①试验目的：验证动车组防滑保护性能是否满足要求，防滑保护性能试验中动车组各车防滑器压力控制阀充、排气和单元制动器应动作正常，车轮不应擦伤，制动距离应满足相应速度等级的要求。

②试验方法：动车组按预定速度以惰行工况进入试验区段后，在实施制动前使用减摩液（可以采用50%乙二醇与50%水的混合液），以10～20 kPa的压力由喷嘴喷至被试车两个车轮前的轨面上，以便造成轮轨间的低黏着状态。按规定的制动方式实施制动。

记录动车组的制动初速度、制动距离、制动时间、平均减速度，以及制动过程中各车制动缸压力，动车的电机制动电流，动车和拖车的制动盘、闸片的温度，被试车辆的4个轴速度。

CRH2-300型动车组进行了快速复合制动和快速空气制动两种工况的防滑保护性能。

3. 风源系统

(1)总风缸气密性试验

①试验目的：测试动车组总风缸气密性是否满足要求。

②试验方法：当总风缸空气压力在规定范围内，关闭总风缸出口塞门、停止主空压机工作，测试在规定的时间内，总风缸压力下降值。

CRH2-300型动车组试验时，在3车、5车、7车总风缸压力测点上安装空气压力传感器。试验时当总风缸压力达到880 kPa后空压机停止打风，关闭3车、5车、7车总风缸出口塞门，待总风缸压力稳定后，分别记录5 min内三个车总风缸压力下降值。

(2)整车压缩空气系统气密性试验

①试验目的：测试动车组整车压缩空气系统气密性是否满足要求。

主空压机生产的压缩空气除供给制动系统外，还为动车组其他系统，如空气簧、门控系统、集便系统等提供压力空气，测试动车组整车压缩空气系统气密性目的是确保不会因某子系统漏泄过大而功能失效、浪费风源。

②试验方法：在各种压缩空气设备压力达到规定值但不工作的情况下，主空压机停止工作，测试总风缸在规定时间的压力下降值。

CRH2-300型动车组试验时，开放动车组制动系统、空气弹簧、门控等所有用风装置管路（但不工作）。总风缸压力维持在880 kPa，空压机停止打风，禁止人员在车内走动和使用用风设备，保压5 min，测试整车总风系统压力下降值。

(3)升弓风缸气密性试验

①试验目的：测试动车组升弓风缸气密性是否满足要求。

②试验方法：关闭升弓风缸入口塞门和出口塞门，停止辅助空压机工作，降下受电弓，测试在规定

的时间，升弓风缸压力下降值。

CRH_2 - 300 型动车组试验时，降下受电弓，隔离总风与升弓风缸的通路，启动辅助空压机，待升弓风缸内压缩空气压力达到在 780 kPa 后，停止辅助压缩机组工作。待压力稳定后，记录 3 min 内升弓风缸的压力下降值。

(4) 主空压机供风能力试验

①试验目的：测试动车组主空压机供风能力是否满足要求。

②试验方法：关闭主空压机，排尽动车组内除空气簧外的所有压力空气后，启动主空压机，记录总风缸压力上升时间。

CRH_2 - 300 型动车组试验时关闭 3 车、5 车、7 车总风缸出口塞门，排尽 3 车、5 车、7 车总风缸和附属管路的余风，启动主空压机，分别记录三组空气压缩机单独正常工作时，各车总风缸压力由 0 kPa 升到 880 kPa 的时间。

(5) 辅助空压机性能试验

①试验目的：测试动车组辅助空压机性能是否满足要求。

②试验方法：试验时排尽动车组总风缸及升弓风缸内的压缩空气，按下升弓按钮（开关），记录升弓风缸升压时间。

CRH_2 - 300 型动车组试验时，分别在 4 车、6 车升弓风缸排水塞门处安装空气压力传感器，对 4 车、6 车辅助空压机分别进行试验，记录升弓风缸压力从 0 升至 780 kPa 的时间。

(6) 其他压缩空气设备试验

①试验目的：验证其他压缩空气设备工作状态，包括增压气缸气密性、压力调节器压力设置、总风安全阀保护设定值、辅助压力调节器压力、辅助安全阀动作压力等是否满足要求。

②试验方法：

a. 增压气缸气密性。用肥皂水检查动车组各车由气缸部分、液压发生部分、压力控制阀（防滑控制阀）构成的 180 - 42 × 55 增压气缸，应无漏泄和气泡。

b. 压力调节器压力设置。微开总风缸排水塞门或排风阀，使总风缸压力缓慢下降，记录主空压机起机压力和停机压力。

c. 总风安全阀保护设定值。关闭总风缸出口塞门，切除总风压力调节器，强迫主空压机打风，记录总风安全阀动作压力。

d. 辅助压力调节器压力。排空总风缸内的压力空气或关闭升弓风缸供给塞门，排空升弓风缸内的压力空气，按下升弓按钮，记录辅助空压机停机压力。

e. 辅助安全阀动作压力。关闭升弓风缸出口塞门，切除辅助空压机调节器，强迫辅助空压机打风，记录辅助安全阀动作压力。

CRH_2 - 300 型动车组试验时，分别对 3、5、7 车总风压力调节器和总风安全阀及 4、6 车辅助压力调节器和辅助安全阀进行了试验。

4. 动力学性能

(1) 运行稳定性试验

①试验目的：动车组运行稳定性的试验主要是通过测量轮轨间的作用力，计算脱轨系数、轮重减载率、轮轴横向力和轮轨最大垂向力，以此检验 CRH_2 - 300 型动车组在运用线路条件下（包括直线、道岔、曲线及缓和曲线）脱轨可能性的大小以及对轨道破坏性的大小。

②试验方法：试验中，动车组为整备载荷状态，被试车辆在试验编组中的位置和运行方向应处于最不利的运用工况，轮轨力的测量使用测力轮对直接测量，测力轮对布置在一个转向架上。在测量轮轨力的同时，还需使用速度传感器测量列车运行时的速度和里程，以及使用 GPS 和陀螺仪进行精确授时和定位，保证所测的轮轨力与线路一一对应，同时在对应测力轮对的轴箱上安装加速度传感器，以便分析线路的不平顺状态对轮轨力的影响。

试验时动车组首先要更换测力轮对，安装相应的传感器和数据采集系统，通过静态和动态调试后，开始线路试验。线路试验中动车组要求匀速运行，试验速度由低到高逐级提速，每个速度级试验完毕后，必须计算分析轮轨力指标的大小，确定有足够的安全余量后，再进行下一个速度级的试验，试验的最高速度必须超过最高运行速度 10% 。

根据 CRH_2 – 300 型动车组的特点，选取 CRH_2 – 061C 的 6、7、8 车为被试车，在 3 辆被试车的 2 位转向架安装测力轮对，每辆被试车的 7、8 位轴箱上安装横向和垂向加速度，同时在 7 号车的 1 位端安装速度传感器，在 7 号车的车顶布置 GPS，在 7 车地板上安装陀螺仪，数据采集系统则分布在各被试车上，通过局域网组成网络化的分布式采集系统。通过安装调试后，试验从 2008 年 4 月 11 日开始在京津城际铁路上进行，速度从 200 km/h 起步，根据实测的数据情况，速度每次增加 10 ~ 20 km/h，直到最高的试验速度，4 月 27 日试验结束。

(2) 横向稳定性试验

①试验目的：验证 CRH_2 – 300 型动车组在运用线路条件下（包括直线、道岔、曲线及缓和曲线）的横向稳定性。

②试验方法：试验中，动车组为整备载荷状态，被试车辆在试验编组中的位置和运行方向应处于最不利的运用工况，横向稳定性的测量通过在构架上安装横向加速度计进行，在测量构架横向加速度的同时，还需使用速度传感器测量列车运行时的速度和里程，以及使用 GPS 和陀螺仪进行精确授时和定位，保证所测的构架横向加速度与线路状态一一对应，同时在构架横向加速度对应的轴箱上安装加速度传感器，以便分析线路的不平顺状态对横向稳定性的影响。

试验时动车组首先要安装相应的传感器和数据采集系统，通过静态和动态调试后，开始线路试验。线路试验中动车组要求匀速运行，试验速度由低到高逐级提速，每个速度级试验完毕后，必须计算分析构架横向加速度的大小，确定有足够的安全余量后，再进行下一个速度级的试验，试验的最高速度超过最高运行速度 10% 。

横向稳定性试验与运行稳定性试验同步进行。

(3) 运行品质试验

①试验目的：检验 CRH_2 – 300 型动车组在运用线路条件下（包括直线、道岔、曲线及缓和曲线）的运行品质。

②试验方法：试验中，动车组为整备载荷状态，被试车辆在试验编组中的位置和运行方向应处于最不利的运用工况，运行品质通过在车辆地板面上安装垂向、横向加速度计进行测量，在测量车体振动加速度的同时，还需使用速度传感器测量列车运行时的速度和里程，以及使用 GPS 和陀螺仪进行精确授时和定位，保证所测的加速度与线路一一对应，同时在被试车的部分轴箱上安装加速度传感器，以便分析线路的不平顺状态对运行品质的影响。

试验时动车组首先要安装相应的传感器和数据采集系统，通过静态和动态调试后，开始线路试验。线路试验中动车组要求匀速运行，试验速度由低到高逐级提速。

运行品质试验与运行稳定性试验同步进行。

(4) 运行平稳性试验

①试验目的：检验 CRH_2 – 300 型动车组在运用线路条件下（包括直线、道岔、曲线及缓和曲线）的运行平稳性。

②试验方法：试验中，动车组为整备载荷状态，被试车辆在试验编组中的位置和运行方向应处于最不利的运用工况，运行平稳性通过在车辆地板面上安装垂向、横向和纵向加速度计进行测量，在测量车体振动加速度的同时，还需使用速度传感器测量列车运行时的速度和里程，以及使用 GPS 和陀螺仪进行精确授时和定位，保证所测的加速度与线路一一对应，同时在被试车的部分轴箱上安装加速度传感器，以便分析线路的不平顺状态对运行平稳性的影响。

试验时动车组首先要安装相应的传感器和数据采集系统，通过静态和动态调试后，开始线路试

验。线路试验中动车组要求匀速运行,试验速度由低到高逐级提速。

平稳性试验与运行稳定性试验同步进行。

5. 受电弓及弓网受流性能

(1)受电弓静态性能试验

①试验目的:验证动车组受电弓各项静态特性是否符合规定要求。

②试验方法:

a. 整列动车组受电弓静态试验主要考虑涉及受电弓的基本参数及与受电弓运行性能和安全性能的项目,试验分为一般性检验与功能性试验两类。

一般性检验包括目检、弓头长度、弓头宽度、弓头外形、滑板长度、落弓高度、最大升弓高度、电气区域、标志等项目。

功能性试验包括 ADD 功能检测、静态压力、升降系统检查、横向刚度试验、落弓保持力等项目。

动车组受电弓静态性能各项指标经检验合格后,才能进行运行试验。

b. 进行动车组受电弓静态试验的基本试验条件是,试验受电弓运行 5 000 km 之后,受电弓无明显异状,各部分处于正常技术状态;动车组受电弓气缸达到额定工作压力,保证受电弓试验期间能在额定气压下工作。

c. 动车组受电弓静态性能各参数的试验方法如下:

(a)静态压力:静态压力测试时,需拆除受电弓的阻尼器。受电弓处于升弓状态,在动车组车顶安装专用的试验台,驱动受电弓的升降,用负荷测试传感器和计算机组成的测力装置进行测定,分别记录受电弓上升和下降时在不同高度时的静态压力,受电弓的速度为 0.05 m/s,绘制受电弓的静压力曲线。

(b)升降弓时间特性:在动车组车顶上安装试验台,受电弓在额定压力的压缩空气驱动下,用电秒表测试受电弓的升降弓时间,观察受电弓的动作状态。

(c)紧急降弓系统(ADD)性能:分别在最高工作高度和高于最低工作高度 20% 的两个位置测试 ADD 装置的动作时间。

模拟自动紧急降弓装置启动,测试受电弓从开始动作至下降 200 mm 的时间。

(d)横向刚度:受电弓升至最高工作高度,在受电弓框架顶端左右两侧分别施加 300 N 的力,测量其两侧的位移。加力方式是利用库内移动天车作为支点滑轮,在拉力绳上加 300 N 砝码。

(e)落弓保持力:受电弓处于落弓状态,向受电弓弓头支承轴上施加垂直向上的力,用测力计测量弓头刚离开底架时的力。

(f)一般性检查:测量受电弓的各种静态尺寸。

CRH_2-300 型动车组受电弓静态性能的试验时间为 2007 年 12 月 25 日,试验地点为南车四方股份公司的动车库。

试验之前动车组充电充风,使气缸的风压达到额定值,将动车组调入库内,进行受电弓各静态参数测试,各项目的试验次序为:受电弓的一般性检查、升降弓时间特性试验、静态压力试验、ADD 试验、横向刚度试验、落弓保持力测试。

(2)弓网受流性能试验

①试验目的:验证 CRH_2-300 型动车组受电弓的各项动态性能是否符合相关标准要求;测试 CRH_2-300 型动车组受电弓在中国试验线路接触网下的受流性能是否符合相关标准要求。

②试验方法:

a. 弓网受流试验项目和分析参数包括:

(a)弓网接触力:最大接触力、最小接触力、平均接触力、标准方差。

(b)离线(火花)性能:最大离线时间、离线次数、离线率。

(c)硬点:垂向加速度最大值。

(d)受电弓运行轨迹:一跨内最高高度、最低高度和高度差。

b. 进行动车组受电弓弓网受流性能试验的基本条件:

(a)试验受电弓:受电弓静态试验各项指标合格后,方可进行弓网受流性能试验。

(b)试验线路和接触网:试验线路的最高允许速度应高于弓网试验速度。接触网应处于良好的运行状态,其设计速度与试验速度一致。

(c)试验速度:试验最高速度 $v_{max} \geq 1.1v_{lim}$,试验速度应在最高速度下分若干速度级。

c. 弓网受流性能各参数的试验方法:

(a)弓网动态接触力测试:在动车组被试受电弓弓头上安装测力传感器,测试动车组运行时的弓网动态接触力性能。力传感器安装在尽可能与力接触平面近的位置。测试系统将测量垂向力。每一个滑板都要测量。测试系统不会对所测的力造成任何影响,不影响受电弓的运行性能。

CRH2-300 型动车组受电弓测力传感器根据受电弓的弓头结构特殊设计制造,为专用测力传感器,每台受电弓共安装 4 个传感器,每个滑板条下安装 2 个测力传感器。

(b)离线(火花)测定:在动车组车顶受电弓附近安装离线(火花)测量仪,测定离线火花发生的地点,统计离线时间和次数,检出最大离线时间。记录不同车速运行状态下的数据,考核弓网受流质量。

电弧探测器对滑板和接触网之间接触材料所释放的光的波长应非常敏感。探测器要离受电弓足够近;探测器要离纵向轴足够近;根据行车方向,尽量安装在受电弓的后部。

(c)硬点(受电弓所受的垂向加速度):在受电弓滑板底部安装加速度计,测试受电弓运行时所受的垂向加速度,以此来评价受电弓运行的安全性。

(d)受电弓运行轨迹(动态高度):在被测受电弓上安装高度测量装置,测试受电弓弓头的运行轨迹,也是接触导线动态振动,以此来评价弓网运行的的振动情况。

(e)受电弓运行状态图像监视:在动车组车顶安装摄像机,监视弓网运行状态,并与有关测试数据进行图像合成。

各项试验数据用计算机数据采集系统存储数据,对弓网受流性能试验除用计算机存储数据外,还可用图像合成技术将受电弓运行状态图像与对应的测试数据合成后,录像保存。

弓网受流性能各参数的测量装置组成一个测量系统,与数据定位系统、图像监视系统和数据采集系统组成一个有机的整体,在动车组运行时测量各种性能。

测试系统电气框图见图 7-1-9。

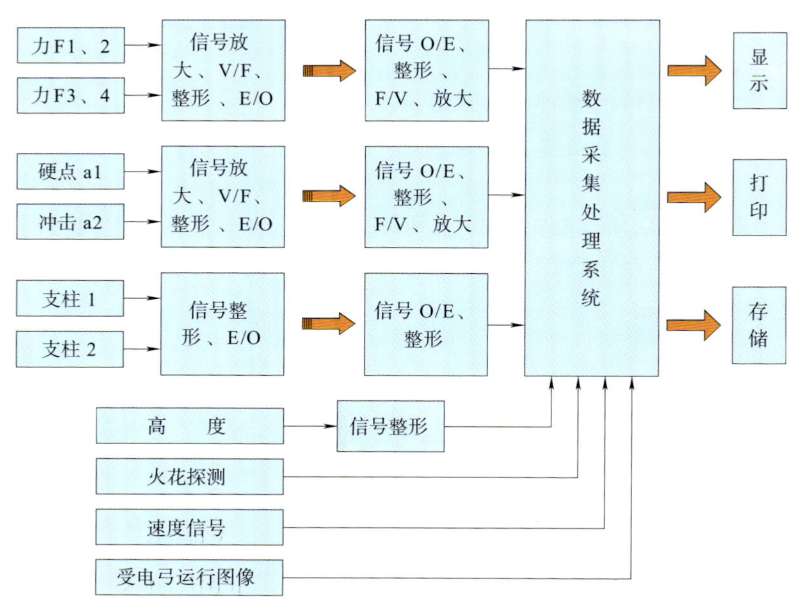

图 7-1-9　弓网受流性能测量系统电气总体方案图

试验的具体过程如下：

动车组弓网受流性能试验一般与动车组的动力学性能联合进行，首先在北京环行试验基地安装受流试验设备，进行测试设备动态调试，完成测试设备调整后，在环线进行初步的弓网受流性能测试，最高试验速度为 170 km/h，以后在京津城际铁路进行试验。

CRH_2 – 300 型动车组弓网受流性能试验在 CRH_2 – 300 061C 列车进行。被试受电弓均为 4 车受电弓，在京津城际铁路运行方向是，上行为开口方向运行，下行为闭口运行方向。2008 年 4 月 11 日至 27 日，CRH_2 – 300 型动车组在京津城际铁路进行了弓网受流性能试验。

(3) 接地和回流电路检查试验

①试验目的：检查 CRH_2 – 300 型动车组接地与回流电路的连接线实际运行中是否可靠，回流接地装置的电阻是否符合标准要求。

②试验方法：

a. 目测各连接线的长度、接线端子所处的位置及接触面的大小是否与设计图纸相符。

b. 检查各连接线及变压器一次绕组侧绝缘电缆连接线、轮对车轴上的电流返回线的截面尺寸。

c. 测量回流接地装置的电阻。

在主变压器原边绕组接地端与被测轮对间接入电流源，测量动车组主变压器原边绕组接地端被测轴的接地回流装置的电阻值，测试时拆除被测车辆其他轮对轴头碳刷电流返回线，拆除被测车辆与其前后车辆的车间连接线。

用钳形电流表测量试验回路的电流，并设置电流输入回路电流约 20 ~ 50 A（有效值），测量接地电阻的电压和电流。用多用数字表测量牵引变压器接地端与钢轨之间的电压；计算接地回流装置电阻。

参照图 7 – 1 – 10 连接试验装置。

首先目测各连接线的长度、接线端子所处的位置及接触面的大小是否与设计图纸相符。检查各连接线及变压器一次绕组侧绝缘电缆连接线、轮对轴头碳刷电流返回线的截面尺寸。

通过在主变压器原边绕组接地端与轮对间接入电流源，测量动车组 2 号车主变压器原边绕组接地端至 2 位轴的接地回流装置的电阻值；测试时拆除被测车辆其他 3 个轮对轴头碳刷电流返回线，拆除 2 号车与其前后车辆的车间连接线。

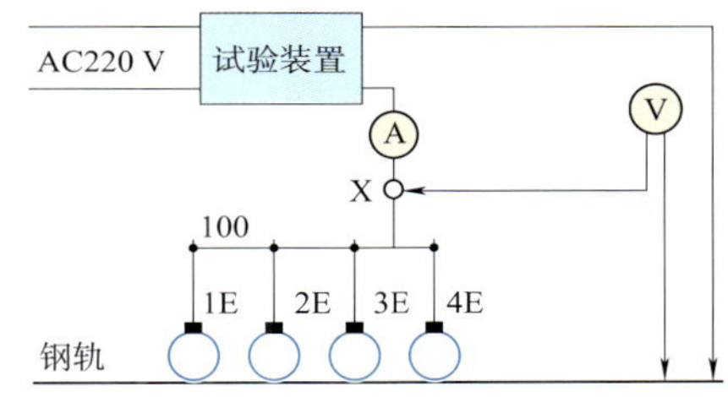

图 7 – 1 – 10　接地回流装置测试电路图

6. 车载计算机网络系统

(1) 基本功能试验

①试验目的：检验 CRH_2 – 300 型动车组基本网络配置及控制功能是否正确。

②试验方法：

a. 系统启动试验：动车组控制系统启动后，检查各牵引单元间和单元内通信状态与控制设备的实际状态是否正确。

b. 网络配置试验：系统成功启动后，通过操作动车组驾驶方向、左右侧列车门、升/降受电弓、合/分主断等，验证网络设备配置是否正确。

(2) 冗余功能试验

①试验目的：检验 CRH_2 – 300 型动车组网络控制系统是否具备冗余设计和安全设计，确定在个别或部分网络设备故障情况下，列车能够继续运行或降级运行，不应导致列车停运。

②试验方法：

a. 关键节点冗余试验：将关键节点置于故障状态进行冗余试验。

b. 列车级总线通道冗余试验：切断任一通道或同时切断两个通道进行试验。

c. 车辆级总线通道冗余试验：切断任一通道或同时切断两个通道进行试验。

d. 车辆总线上非网络管理器节点损坏对其余部件通信的影响试验:将试验节点置于故障状态进行试验。

e. 冗余设备双重故障试验:将两个或以上冗余节点同时置于故障状态进行试验。

具体试验过程如下:

(a)司机室拖车光节点的冗余试验:在一端司机室拖车内断开处于工作状态的中央装置1系或2系光节点的一根光纤,列车的正常通信功能应不受影响,系统应有报警出现。

(b)列车级网络通道的冗余试验:列车低速运行时,在一端司机室拖车内断开处于工作状态的中央装置1系或2系光节点的环路(2根光纤),动车组前后单元应仍然可以通信,牵引力没有中断,该端司机室可以控制全列设备,并能够观察到全列车的信息。

(c)列车中部两车厢间一侧环路中断的冗余试验:列车低速运行时,将列车中部两车厢间一侧的光纤环路断开,信息应能够通过另一侧环路传输,牵引力没有中断,整列车的通信应不受影响。

(d)司机室拖车控制发信部/监视部的冗余试验:列车低速运行时,将处于工作状态的一个中央装置电源断开,显示屏应有故障报警,另一中央装置应能够正常工作,全列车的通信功能不受影响,列车运行不受影响。

(e)司机室拖车显示器的冗余试验:将处于工作状态的一个司机显示屏的电源断开,另一个显示屏应仍能够正常显示列车信息。

(f)列车信息传送线与备份传送线(即自我诊断信息传送线)的冗余试验1:列车低速运行,在一端司机室拖车内将处于工作状态的中央装置1系和2系光节点的环路(4根光纤)都断开,检查列车控制指令应能够自动转换到备份传送线传输,完成列车的基本控制,并能走车。

(g)列车信息传送线与备份传送线的冗余试验2:列车低速运行时,将处于工作状态的自我诊断信息传送线置于故障状态,检查列车的控制与监控性能应不受影响,列车牵引性能不受影响。

(h)动车终端装置传送IF故障试验:列车低速运行时,将处于工作状态的某动车终端装置传送IF的光纤通信断开,检查该车的牵引变流器应仍然能够通过终端装置接点IF工作。

(3)逻辑控制试验

①试验目的:检验CRH2-300型动车组的逻辑控制功能是否正确,是否满足用户运营和使用要求。

②试验方法:逻辑控制试验主要包括以下几项试验:

a. 控制顺序(如升弓与合主断顺序,合主断与方向手柄操作顺序等);

b. 操作联锁(如牵引/制动联锁,牵引与车门联锁等);

c. 其他与具体动车组功能相关的控制逻辑。

具体试验过程如下:

(a)列车门关与牵引的联锁试验:在列车门未关闭的情况下,列车的牵引指令应被禁止。

(b)列车门开与牵引的联锁试验:在列车速度高于5 km/h的情况下,列车门开指令应被禁止。

(c)受电弓与主断路器的操作逻辑顺序试验:在不升受电弓的情况下,闭合主断路器,操作升弓开关,受电弓升指令应被列车控制系统禁止。

(d)方向选择与牵引/制动手柄的操作关系试验:方向手柄在中立位置时,牵引手柄的操作应无效;牵引手柄处于中立位以外的位置时,方向手柄的操作应无效。

(e)换端试验:在列车换端过程中,列车应处于安全状态。

(4)故障诊断试验

①试验目的:检验CRH2-300型动车组诊断控制系统功能是否满足以下要求:

a. 系统应能识别偶发性故障;

b. 将故障限制在发生故障的单一功能或部件范围内。

②试验方法:通过在动车组上模拟故障或输入故障信息,进行以下试验:

a. 自诊断功能试验;

b. 故障格式内容检查试验。

具体试验过程如下：

(a)"车上试验功能"试验1:制造一个牵引变流器故障,然后进行"车上试验"功能,列车控制系统应能够诊断出此故障。

(b)"车上试验功能"试验2:制造一个辅助电源故障,然后进行"车上试验"功能,列车控制系统应能够诊断出此故障。

(c)"车上试验功能"试验3:制造一个制动装置故障,然后进行"车上试验"功能,列车控制系统应能够诊断出此故障。

(d)"车上试验功能"试验4:通过对开/关列车门进行操作,检查列车对开关门时间的诊断功能。

(e)电气设备切除试验:在司机室显示屏中切除受电弓和主断路器后,应无法通过司控台按钮进行升受电弓、合主断操作;当切除5号动车后,列车低速运行时,该动车应不能发挥牵引力。

(f)轴温报警试验:列车低速运行时,将2号车轴温反馈信号置于故障状态,司控台显示屏应出现报警提示。

(g)模拟故障记录检查试验:动车组控制系统正常工作后,将显示屏设置为检修模式,输入模拟故障编码后在故障记录中应能够检查到该故障。

(h)故障记录检查试验:检查显示屏应能够显示列车发生的故障数据,并能够通过车载计算机下载列车故障记录,使用地面专用软件分析浏览。

(5)旅客信息系统试验

①试验目的:检验CRH_2-300型动车组广播、电话、视频、显示等功能,确保播音系统、电话功能以及内/外部显示功能良好。

②试验方法:在静止和运行状态下,检查以下各系统:

a. 广播系统;

b. 通话系统;

c. 内外部显示系统。

具体试验过程如下:

(a)人工播音系统功能试验:在车厢内进行人工公共广播,并在各车厢收听播音效果。在两端司机室进行公共广播时,检查通过台之间的通话应能够被静音。

(b)内部通信系统功能试验:在司机室之间、主控司机室与2号车厢之间、主控司机室与乘务员室之间、乘务员室与2号车厢之间进行通话,检查通话质量。

(c)旅客信息系统装置上电试验:旅客信息系统上电时进行自检,应无故障产生。

(d)内部显示功能试验:检查动车组应具备内部显示信息的输入设备和显示设备。

(e)外部显示功能试验:检查动车组应具备外部显示信息的输入设备和显示设备。

(6)网络重联控制功能试验

①试验目的:检验重联列车网络控制功能是否正确。确保在各种重联模式下,从控动车组应能可靠接收到主控动车组的控制指令,并能将状态信息和故障报警及时可靠地传送到列车主控端。

②试验方法:动车组重联后,从操作或驾驶的角度进行以下试验:

a. 牵引和制动试验;

b. 后前弓禁升试验;

c. 故障显示与报警试验;

d. 压缩机联动试验;

e. 辅助电源或蓄电池的并联装置或转换试验;

f. 门操作试验;

g. 用于制动或门控制的安全回路试验;

h. 照明、采暖及其他辅助设备的控制试验；

i. 旅客紧急系统试验。

具体试验过程如下：

AB－CD 模式重联试验（AB 代表第一列动车组 CRH2061C（A 代表 1 号车厢，B 代表 8 号车厢），CD 代表第二列动车组 CRH2062C（C 代表 1 号车厢，D 代表 8 号车厢）。

（a）重联列车通信情况试验：两列动车组处于连挂状态，控制系统正常工作，通过司机室显示屏检查另一列车的信息是否存在通信不良的情况。

（b）受电弓和主断信号试验：两列动车组处于连挂状态，依次操作升弓、合主断、分主断、降弓指令，检查从控列车应能够通过列车总线可靠地接收到主控列车的受电弓和主断路器操作命令。

（c）后－前弓模式禁止功能试验：两列动车组在连挂前，CRH2061C 列车 6 号车受电弓升起，CRH2062C 列车 4 号车受电弓升起，准备连挂（即所谓的后前弓模式连挂），检查列车连挂完毕后，应出现受电弓位置异常报警，当在 CRH2061C 列车 1 号车进行牵引操作时，列车应不能牵引走车。

（d）牵引和制动控制试验：两列动车组处于连挂状态，牵引列车低速运行时，通过主控列车显示屏观察重联列车牵引、制动功能是否正常，检查从控列车应能够通过列车总线可靠地接收到主控列车的牵引和制动命令。

（e）故障显示试验：两列动车组处于连挂状态，在从控列车上将 2、4 号车厢间右侧通信光纤断开，检查主控列车应能够通过列车总线可靠地接收到从控列车的故障信息，同时司控台显示屏出现报警提示。

（f）空气压缩机的联动试验：两列动车组处于连挂状态，将两列车所有空气压缩机同步开关置于 ON 位，压缩机控制开关置于 OFF 位，总风缸压力降低到一定值后，在主控列车上将压缩机的开关置于 ON 位，通过显示屏观察所有压缩机状态，检查从控列车应能够通过列车总线可靠地接收到主控列车的空气压缩机操作命令，并启动。

（g）辅助电源装置转换试验：两列动车组处于连挂状态，在主控列车上将从控列车 4U 单元的 APU（辅助电源装置）切除，然后在主控列车上对从控列车 5U 单元 BKK 开关进行闭合操作，检查从控列车应能够通过列车总线可靠地接收到主控列车对辅助电源装置的操作命令，使从控列车 5U 单元的辅助电源装置能够向从控列车的 4U 单元线路供电。

（h）牵引和门控装置的安全试验：两列动车组处于连挂状态，列车起动时，如果列车门处于打开状态，牵引指令应被封锁，列车不能走动；另一方面，车速在 5 km/h 以上时，操作列车门集中打开指令，列车门应不能被打开。

（i）照明、空调和其他辅助设备的控制试验：两列动车组处于连挂状态，检查司机显示屏应可以显示全列车照明、空调状态，主控列车应能够通过显示屏对从控列车的照明、空调进行控制。

（j）乘客用非常警报试验：两动车组处于连挂状态，在 9 号车上分别按下乘客紧急报警和火灾报警按钮后，检查主控列车应能够通过列车总线可靠地接收到来自从控列车的故障信息，同时司控台显示屏出现报警提示。

在 CD－AB 模式下以 CRH2061C 的 8 号车为主控司机室进行重联试验，试验过程与上述相同。

7. 辅助电气设备

（1）辅助电气设备和辅助电源试验

①试验目的：检查辅助系统是否正常，辅助机组在最高、最低网压下启动是否正常。

②试验方法：辅助电源电路系统采用各电源系统贯穿全列车的方式。辅助电路系统由牵引变压器辅助绕组提供电源。

每列车头车各设置 1 台辅助电源装置（1 车称为 APU1，8 车称为 APU2），分别向 4 辆车的辅助负载（4、5 号车变压器油泵、变压器风机、变流器风机、牵引电机风机除外）提供辅助电源。另外，为 4 号、5 号车的变压器油泵、变压器风机、变流器风机、牵引电机风机专设了 1 个小型辅助电源装置（APU3）。当

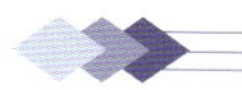

APU1 或 APU2 发生故障时，除 4、5 号车变压器油泵、变压器风机、变流器风机、牵引电机风机外的辅助负载由 APU2 或 APU1 提供电源；当 APU3 发生故障时，可通过 APU1、APU2 向全列车提供辅助电源。

通过测量以下参数验证动车组辅助电源和辅助电气设备系统性能：

a. 网压；

b. APU2 输入绕组电压；

c. APU2 输出 1 电压（非稳压单相 AC100 V）；

d. APU2 输出 2 电压（稳压单相 AC100 V）；

e. APU2 输出 3 电压（单相 AC220 V）；

f. APU2 输出 4 电压（三相 AC400 V）；

g. APU2 输出 4 电流；

h. APU3 输入绕组电压；

i. APU3 输入绕组电流；

j. APU3 输出电压；

k. APU3 输出电流。

辅助电气设备和辅助电源试验方法如下：

a. 常规检查：辅助电源正常安装检查，所有牵引风机、冷却塔风机、空气压缩机、油泵、水泵正常安装检查。

检查所有辅机的旋转方向与交流电源的相位旋转方向是否符合设计图纸的要求。

b. 辅助电源装置规格检查：该试验与网压波动试验同时进行。在整个网压波动范围内，对辅助电源装置的输入输出规格进行检查。

c. 辅助机组启动试验及其参数测试：对于断续工作的辅机利用间断操作连续 6 次启动（第一次试验时，电机应处于冷态），其中一半次数在最高网压下进行，另一半次数在最低网压下进行；对连续运行的辅机进行 4 次完整的连续启动试验。

测试对象为 1 台牵引风机、1 台牵引变流器风机、1 台牵引变压器风机、1 台主压缩机、1 台油泵电机。

d. 相邻单元的相互支援功能和冗余功能检查（表 7－1－7）。

图 7－1－7　相邻单元相互支援功能和冗余功能检查表

序号	检查项目	试验步骤	要　求	备　注
1	APU1 故障	切除 APU1 后，起动列车，使辅助电源系统满功率运行	除 4、5 号车变压器油泵、变压器风机、变流器风机、牵引电机风机外的辅助负载由 APU2 提供电源；动车组动力性能不受影响	相邻单元的相互支援功能
2	APU2 故障	切除 APU2 后，起动列车，使辅助电源系统满功率运行	除 4、5 号车变压器油泵、变压器风机、变流器风机、牵引电机风机外的辅助负载由 APU1 提供电源；动车组动力性能不受影响	
3	APU3 故障	切除 APU3 后，起动列车，使辅助电源系统满功率运行	由 APU2 为 4、5 号车的变压器油泵、变压器风机、主变流器风机、牵引电机风机供电；动车组动力性能不受影响	
4	2 号车牵引变压器故障	切除 2 号车牵引变压器后，起动列车	通过 6 号车牵引变压器的辅助绕组可向 8 节车厢供电；当辅助绕组电源切换后，应使空调装置半功率运行	冗余功能检查
5	6 号车牵引变压器故障	切除 6 号车牵引变压器后，起动列车	通过 2 号车牵引变压器的辅助绕组可向 8 节车厢供电；当辅助绕组电源切换后，应使空调装置半功率运行	

(2)蓄电池充电试验

①试验目的:检查蓄电池系统能量消耗和蓄电池充电特性,确认当外部供电终止时,蓄电池可以对应急照明、列车无线装置、广播装置、尾灯及应急通风等装置提供2 h以上的用电。

②试验方法:通过测量蓄电池电压、电流值,记录充、放电时间等参数,考核蓄电池及其充放电设备的性能。

试验时先将蓄电池充满,然后动车组降弓、断主断。开启所有直流负载。蓄电池持续放电直至直流欠压保护装置动作。

放电结束后,升弓、合主断,检查充电机能否给蓄电池充电,测量充电过程中蓄电池电压和充电电流变化情况。

8. 安全与保护

(1)安全设备的检查

①试验目的:用以对安全设备动作的正确性进行检查,确认在规定距离处鸣笛装置声响应达到规定要求,紧急报警装置和火灾报警装置应该工作正常。

②试验方法:

a. 音响警告装置试验:动车组停在水平线轨道上,测量在开阔的场地进行且风速小于3 m/s。在距离鸣笛装置5 m处中心线上进行测量。重复试验3次。

b. 紧急警报装置:分别按下1~8号车的紧急报警开关,1号车和8号车上的蜂鸣器应该开始报警。分别按下1~8号车的紧急报警复位开关,1号车和8号车上的蜂鸣器停止报警。

c. 火灾报警装置:分别按下1~8号车的火灾报警开关,1号车和8号车上的火灾报警蜂鸣器应该开始报警,火灾报警灯点亮。分别按下1~8号车的火灾报警复位开关,1号车和8号车上的火灾蜂鸣器停止报警,火灾报警灯熄灭。

该试验在中国铁道科学研究院环行铁道试验基地进行。

(2)安全措施的检查

①试验目的:检查为了保护司乘及运行维护人员人身安全而采取的各项措施是否符合安全要求。

②试验方法:对下列项目进行检查:

a. 离静止的带电设备或旋转带电设备是否有足够的安全距离;

b. 由外部供电电源向高压回路供电的联锁是否作用正常;

c. 电气设备保护性接地是否良好;

d. 防止触及旋转部分的措施是否正常;

e. 各电气设备门的联锁作用是否正常;

f. 灭弧及防止电弧危害的设备是否具备;

g. 是否具备使接触网接地的设备;

h. 消防设备是否装载。

(3)电气系统的各种保护试验

①试验目的:测试动车组主电路和辅助电路的保护功能。

②试验方法:试验方法见表7-1-8。

表7-1-8 动车组电气系统保护试验

序号	故障种类	试验方法
1	牵引电机电流不平衡	任选一台牵引变流器,断开变流器输出的任意一相大线,升弓,合主断,给出牵引级位信号
2	中间直流环节短路	选择任意动车变流器,将中间直流环节通过短路线短接
3	牵引绕组短路保护	选择任意动车变流器,将牵引绕组通过短路线短接

续上表

序　　号	故 障 种 类	试 验 方 法
4	牵引变流器输出短路	选择任意动车变流器，将牵引变流器输出通过短路线短接
5	牵引变压器1次过流	任选一台牵引变压器，用一根至少能通过40 A电流的导线在CT1上绕9圈，然后将该导线接入恒流源。升弓，合主断，将恒流源的输出电流从25 A往上调，直到主断路器跳开
6	牵引变压器2次过流保护	将变压器次边过流保护值调整设定为1 000 Arms，升弓合主断路，牵引满级起动加速
7	变流器输出过流保护	将变流器输出过流保护值调整设定为1 000 Arms，升弓合主断路，牵引满级起动加速
8	牵引变压器3次过电流	任选一台牵引变压器，断开900 B和906号线，往AOCN端送入4.5 A/50 Hz电流，升弓，合主断。将送入AOCN的电流逐渐提高，直到主断跳开，K断开
9	牵引变压器3次侧接地	任选一台牵引变压器，将751号线直接接地，升弓，合主断
10	牵引变压器2次侧接地	任选一台牵引变压器，将牵引变压器2次侧1501号线接地，升弓，合主断，给出牵引级位信号
11	中间直流环节接地	通过电缆将中间直流环节接地
12	牵引电机接地	任选一台牵引电机，将牵引电机的一相接地，升弓，合主断，给出牵引级位信号
13	同步电源异常(过电压)	将网压调整到32 ±1 kV，此时主变压器3次绕组电压为512 V ±16 V
14	同步电源异常(低电压)	将网压调整到16.5 ±1 kV，此时主变压器3次绕组电压为262 V ±16 V
15	直流100 V母线欠压	关闭蓄电池充电机，并将DC100 V的负载全部打开，检测蓄电池电压，直到发生直流100 V母线欠压故障
16	脉冲发生器异常	任选一台牵引变流器，将脉冲发生器PGD的接线断开，升弓，合主断，给出牵引级位信号，动车组处于牵引工况
17	MM、CI风机停止运行	任选一台MM、CI风机，升弓合主断，将MMBMN或CIBMN的NFB断开
18	牵引变压器油泵停止运行	任选一台牵引变压器，升弓，合主断，然后断开MTOPMN的NFB，主断路器将跳开、K断开
19	牵引变压器温度上升	将7B和8R短路，升弓，合主断，给出牵引级位信号
20	牵引不工作	任选一台牵引变流器，拆下四个牵引电机的电缆，升弓，合主断
21	APU的AC输出短路	将771、781和791三根导线中的任意两根导线短接，升弓，合主断
22	辅助电源装置接地试验	将771、781和791三根导线中的任意一根导线接地，升弓，合主断

9. 网侧谐波

①试验目的：验证动车组功率因数及谐波、等效干扰电流是否符合规定的指标；测试电动车组运行中，与不同速度相对应的电流、电压、功率、功率因数、等效干扰电流、谐波含有率。

②试验方法：由动车组高压互感器TV(25 000/100 V)的输出端子取得电压信号U，由安装在动车组两个动力单元的主变压器TM原边绕组的穿芯式电流互感器(250 V/5 A)取得动车组三个动力单元网侧电流信号I；所有获得的信号经适配器U/U、I/U变换后输入数据采集系统，经A/D转换后由计算机进行数据采样、处理。

对CRH_2-300型动车组运行的不同级位、牵引、制动的不同工况、对应的不同网压，对上述变换器

输出信号进行采样。

计算动车组网侧电压、电流的有效值、相位，对采样信号进行谐波分析，计算电压、电流的综合畸变率、等效干扰电流。对电压、电流进行相关分析计算动车组功率、功率因数。

由于 CRH2－300 型动车组没有测量全列车 3 个动力单元，总网侧电流信号的电流互感器，为此对三个动力单元网侧电流信号用同一 A/D 采样卡同时采集，将同一采样时刻的三个动力单元，网侧电流信号的采样点逐点相加，以此作为总网侧电流信号。

在 CRH2－300 型动车组上，取用该车电压互感器次边输出的接触网电压信号，取用 2、4、6 号车上分别计量 2、4、6 号车牵引变压器 25 kV 侧取用电流的电流互感器输出信号，将为计算机采样提供输入信号的电压变换器并接于列车电压互感器、电流变换器串接于列车电流互感器。

在京津城际铁路，CRH2－300 型动车组进行牵引性能试验的同时，当 CRH2－300 型动车组运行于不同级位，牵引、制动的不同工况、对应的不同网压，对上述变换器输出信号进行采样。

测试动车组以 3 个动力单元（2、4、6 号车牵引变压器所供牵引变流器，全部投入），牵引时列车的功率因数、谐波、等效干扰电流。

测试动车组分别以 1 个动力单元（单独由 2 号、4 号或 6 号车牵引变压器所供牵引变流器投入），牵引时列车的功率因数、谐波、等效干扰电流。

10. 电磁兼容性

（1）动车组对外部的射频骚扰测试

①试验目的：

a. 验证动车组的电磁兼容性能（对外部的射频骚扰）是否符合现行标准的规定。

b. 验证动车组对外部的射频骚扰试验结果，是否符合关于外部射频骚扰限值的技术要求。

②试验方法：CRH2－300 型动车组分别处于静置受电（辅助变流器应满负荷运行）、牵引（1/3 以上功率运行状态）、再生（1/3 以上功率运行状态）三种工况，测试动车组的 9 kHz ~ 150 kHz、150 kHz ~ 30 MHz、30 MHz ~ 1 GHz 的各频段对外部射频骚扰。

测试动车组远离测试位置时的背景射频骚扰。

按试验要求，在环线外侧距线路中心 10 m 设置测量天线及 EMC 测试仪。

试验场地应做到能区分来自动车组的射频骚扰和环境噪声，应尽可能在现有的铁路环境限制下满足“自由空间”的要求。试验场地应足够大，以便在规定距离处安放天线。铁路试验线应为平直道，沿铁路试验线应无架空电力线，无树木、围墙、桥梁、隧道或其他电力机车、电动车组车辆。为了排除环境噪声的影响，将记录试验开始前和结束后的环境噪声，应保证环境噪声电平至少比评判标准规定限值低 6 dB。

测试天线、EMC 接收机摆放与线路相对位置见图 7－1－11、图 7－1－12。

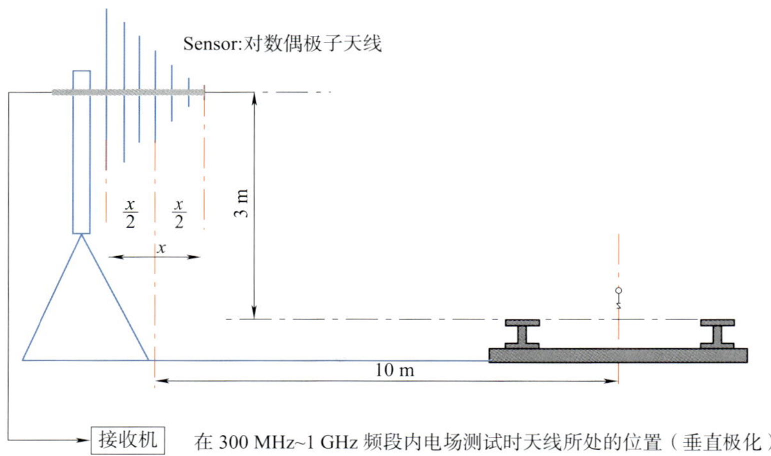

图 7－1－11　测试天线（对数周期天线）、EMC 接收机摆放与线路相对位置

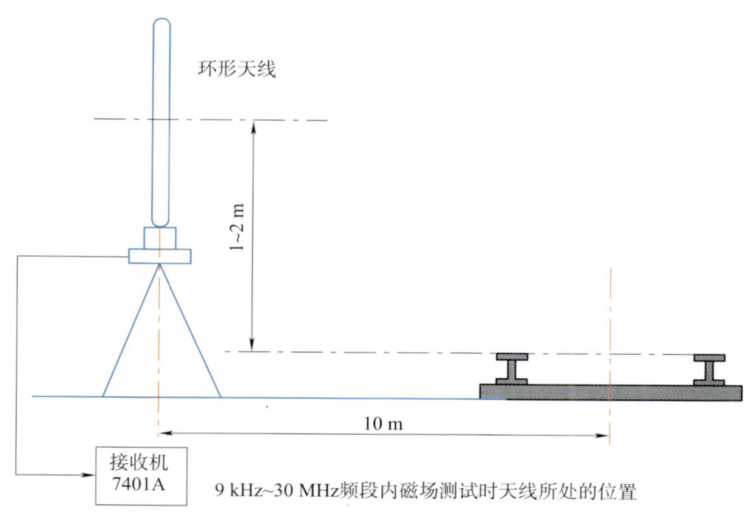

图 7－1－12　测试天线(环形天线)、EMC 接收机摆放与线路相对位置

测量动车组静态和低速行驶两种工况下的射频骚扰,试验应涵盖可能产生辐射发射的动车组上的所有系统和设备。

静态工况:动车组上的所有系统和设备处于正常工作状态,辅助变流器应满负荷运行,牵引变流器应通电,但不启动牵引电机。

低速行驶工况:动车组以(50 ± 10)km/h 运行,当经过测量天线时,动车组在给定速度范围内以不低于其最大牵引力或制动力的 1/3 加速或减速。

在慢行试验时应避免受电弓拉弧或跳动。

CRH_2－300 型动车组对外部的射频骚扰试验在中国铁道科学研究院环行试验线进行。

动车组运行前完成架设测试天线,动车组分别以静置、牵引、再生制动工况进行测试。

动车组在环行试验线指定地点进行。

a. 静置工况:动车组上的所有系统和设备处于正常工作状态,辅助变流器应满负荷运行,牵引变流器应通电,但不启动牵引电机。

b. 低速行驶工况:动车组以(50 ± 10)km/h 运行,当经过测量天线时,动车组在给定速度范围内以不低于最大牵引力的 1/3 加速和以不低于最大电制力的 1/3 减速。

CRH_2－300 型动车组按试验大纲规定的工况在环行试验线运行或静置,测试了动车组以静置、牵引、再生制动 3 种工况,9 kHz ~ 150 kHz、150 kHz ~ 30 MHz、30 MHz ~ 1 GHz 各频段的动车组对外射频骚扰曲线。

(2)静电放电抗扰度试验

①试验目的:检查 CRH_2－300 型动车组司机台、电器柜、控制柜等是否满足抗静电要求,试验中及试验结束后动车组所有控制装置应能正常工作。

②试验方法:动车组处于静止工况,即及车主电路通电静置。车上所有的电气、电子控制装置均处于正常工作状态。

使用 ESD－dito 静电放电仪,对驾驶室司机台前面板、电器柜、控制柜,进行放电操作。

对司乘人员通常能触及的装置进行此项试验,具体位置:

电气柜前面板,侧板,顶板等处选择 10 点;

控制柜前面板及周边、端口等处选择 10 点。

严酷等级:3 级。

接触放电:6 kV。

空气放电:8 kV(优先采用接触放电)。

(3)内部电磁干扰试验

①试验目的:检查CRH2-300型动车组内部接触器、继电器及其他干扰源的动作产生的电磁辐射或传导干扰不会引起动车组上电气、电子控制装置发生故障、误动作或出现其他异常情况。

②试验方法:动车组处于静止工况,即动车组主电路通电静置。车上所有的电气、电子控制装置均处于正常工作状态。

按照动车组操作规程依次操作动车组上所有的接触器、继电器以及电路中其他可能的干扰源,同时监视车上所有的电气、电子控制装置的工作状态。

动车组静置,升弓、合主断路器,车上所有的电气、电子控制装置均处于正常工作状态。在动车组前端(1号车)司机室进行以下操作(各5次,每次间隔:$10\ s < t < 30\ s$)。

升/降受电弓、合/分主断路器,空气压缩机投/切,辅助变流器启动/切断,主变流机组启动/切断,电机启动/切断,空调、通风机投/切,车内照明投、切空气制动等。

试验期间,监视车上所有的电气、电子控制装置的工作状态是否出现异常。

11. 过电压

(1)雷电过电压试验

①试验目的:验证动车组抵御外部(雷电冲击)过电压的能力。给动车组提供电能的接触网沿线路露天架设,不可避免的会遭到雷击。和网侧直接相连的动车组高压设备,必须具备一定的抗雷电冲击能力,以抵御沿接触网经受电弓侵入动车组的雷电冲击波。

②试验方法:试验仅对车顶受电弓部分进行,而此时应断开其他所有设备与受电弓部分的电气连接,并接地。雷电冲击波由冲击电压发生器产生,对动车组受电弓高压侧施加170 kV符合标准的雷电冲击电压3次。试验接线原理如图7-1-13。

a. 将动车组调至试验库内,受电弓对正高压室大门。试验按图7-1-13原理接线。

b. 断开受电弓与其他高压电气设备的电气连接,并保持足够的距离(大于300 mm)。空载调整冲击电压发生器输出波形。

c. 带负载调整冲击电压波形,幅值在额定耐受试验电压的约80%,波头、波尾调整至标准值范围:波头时间1.2(1±30%)μs;波尾时间50(1±20%)μs。观察峰值过冲是否在标准范围,如过冲超过5%时,应采取适当的阻尼措施,抑制过冲幅值。

d. 根据以上试验结果,计算出额定冲击试验电压时冲击电压发生器的充电电压。

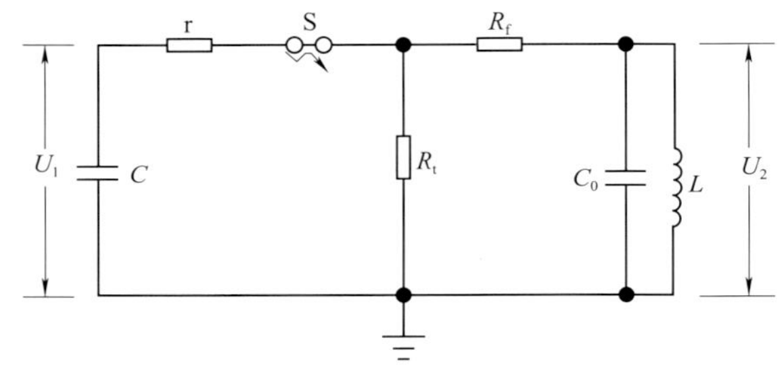

C—主电容;C_0—等效的负荷电容;L—等效电抗;
r—阻尼电阻;R_f—波头电阻;R_t—波尾电阻

图7-1-13　冲击试验原理图

e. 施加冲击耐受试验电压3次,间隔时间大于1 min。每次施加冲击电压后,记录波形数据,及时观察冲击波形有无异常情况发生,否则应找出原因,方可进行下一步操作。

(2)操作过电压试验

①试验目的:检查限制动车组设备上出现的内部过电压幅值的各项措施的有效性。动车组运行过程中,可能需要经常对主断路器进行分、合闸操作,这时在动车组主电路中的过渡过程,可能在与回路连接的设备上引起过电压。掌握动车组的内部过电压情况,有助于判断运行故障和维护工作。

②试验方法:测试点为:测试电压为牵引主变压器原边电压(网压),次级绕组(牵引绕组)电压。试验接线原理如图7-1-14所示。

a. 将高压分压器放置于车顶适当位置,高压端接车顶高压侧,低压输出通过电缆进瞬态记录仪。

b. 牵引绕组S2/S1、S4/S3电压分别通过双端分压器输出后进入瞬态记录仪。测量电压和对应绕

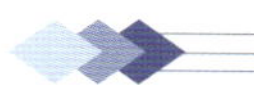

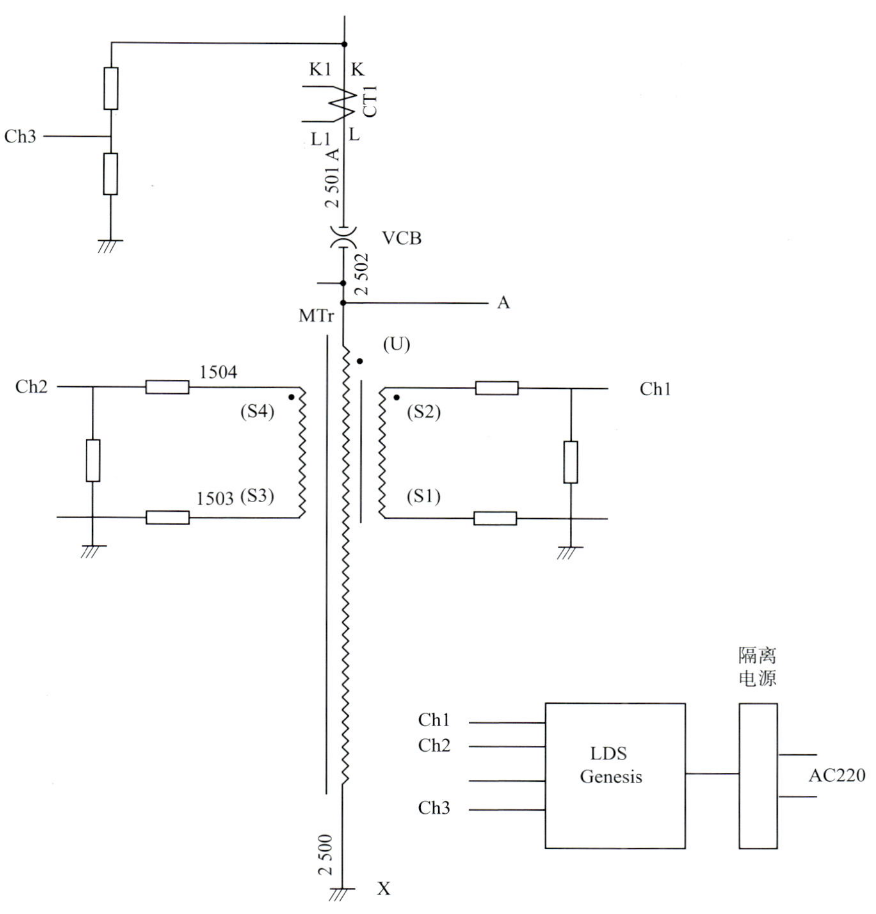

图 7－1－14 内部过电压试验接线原理图

组并联连接。

c. 瞬态记录仪放在车下，由外部电源供电，连接好各测试信号电缆。

d. 升弓，合主断路器，确认测量信号正常。动车组处于惰行工况，进行主断路器分、合操作，操作次数不少于 15 次，每次操作距上次操作时间间隔应大于 20 s。

e. 升、降受电弓各 4 次，每次操作间隔时间大于 30 s。

由于在动车组主断路器和变压器入口间无法接出高压引线，此次原边电压直接接在动车组受电弓上，实测为接触网的网压，因此，分闸时的原边过电压是接触网上的过电压，不反映动车组的原边过电压。

12. 噪声

(1) 车辆辐射噪声试验

①试验目的：检验 CRH_2－300 型动车组起动加速时、恒速运行时、静止时辐射噪声水平。

②试验方法：

a. 静止辐射噪声：静止时辐射噪声试验主要测试列车静止时车载电器辐射噪声。列车停放在线路上，车载电器按照站内停车和线路临时停车两种工况运行，测点按照这两种工况进行布置，具体见表 7－1－9。

表 7－1－9 测点布置

工 况	测点数	位 置
站内停车	5	布置 5 个测点。测点距轨道中心线 2.7 m，距轨面高度 2.45 m
线路停车	5	布置 5 个测点。测点距轨道中心线 7.5 m 和距轨面高度 1.2 m

b. 运行时车辆辐射噪声：运行时车辆辐射噪声试验主要测试列车运行时轮轨噪声和列车高速运行引起的空气噪声。在京津城际铁路试验时，测点选择点在 JJK46 +100 处。测点的选择有 2 个条件：运行线路为平直道，列车能恒速运行；测点周围地势平坦、开阔。

c. 起动加速辐射噪声：起动加速辐射噪声试验主要测试动车组起动加速时车载电器的辐射噪声。试验地点选择在铁科院东郊分院环行线 K3 +100 处，布置 2 个测点，传声器之间的距离为 8.75 m，传声器距轨道中心线 25 m，距轨道上表面 3.5 m。测点的选择有 2 个条件：测点周围地势平坦、开阔，测点之间的纵向距离为转向架中心距的 1/2。

试验前布置测点，连接并校验仪器后，调整车载电器达到试验规定要求。每个试验工况至少进行 3 次有效测量。

(2) 车辆内部噪声试验

①试验目的：检验 CRH_2 –300 型动车组运行时车辆内部噪声水平。

②试验方法：车辆内部噪声试验时首先选择被测车辆，选择车辆时考虑了如下因素：被测车辆要覆盖所有车辆类型；车内电器工作正常；车内布置与实际运行时一致。其次布置测点，主要考虑因素如下：测点能代表客室噪声分布；测点高度与乘客耳朵高度一致，具体被测车辆和测点布置见表 7 –1 –10。

表 7 –1 –10　车内噪声测点布置

被测车辆	头车(T1C)	二等动车	二等拖车	一等动车	餐、座合造车
测点数	4	4	4	4	4
位　置	头车测点位于司机室、客室中央、客室两端；其他被测车测点位于客室中央、客室两端和走廊				

试验在京津城际铁路进行。试验前布置测点，连接并校验仪器后，调整车载电器达到试验规定要求。每个试验工况至少进行 3 次有效测量。

13. 称　重

①试验目的：对 CRH_2 –300 型动车组进行重量测定，确定车辆的各项轮重指标是否满足规定要求。

②试验方法：

a. 以同时测定动车组各个轮重的方法测定动车/拖车轮重；

b. 根据左右轮重之和得到轴重，以同时测定各根轴重的方法测定动车/拖车轴重；

c. 根据所有轮重之和或所有轴重之和得到动车组重量，以同时测定轮重或轴重的方法测定动车/拖车重量；

d. 测定值的读数以“kg”为单位，测定进行 3 次，测定值为算术平均值。

14. 限　界

①试验目的：检查动车组外形尺寸，以确保动车组各部分结构在任何使用条件下互相不出现实质性的妨碍。

②试验方法：在合同规定的载荷状态下由牵引车牵引(或推进)以小于 5 km/h 的速度送抵限界规检查区段，准确停放在限界规处进行限界测试。同一行进方向共测量 3 次，原则上在动车组车辆的头部、中部、尾部以及超出车体活动的门、窗等与限界规间距最小部位检测其上部、下部及侧向间隙；以基准轮廓尺寸减去测量数据与标准轮廓尺寸比较。

15. 曲线通过

(1) 曲线通过试验

①试验目的：对 CRH_2 –300 型动车组进行曲线通过试验，确定其小曲线通过性能是否满足规定要求。

②试验方法：机车低速牵引单车通过曲线，动车组低速通过最小曲线和 S 型曲线，中途单车或动

车组停在曲线上后进行如下观察：

a. 目测转向架间隙；

b. 目测转向架和车体间间隙；

c. 目测车钩间隙；

d. 目测车体之间间隙；

e. 目测通过台间隙；

f. 目测电缆和软管活动余量；

g. 目测车辆和轨道间活动余量。

具体试验过程如下：

单车调车曲线通过试验于 2008 年 2 月 15 日上午在南车四方股份有限公司进行，受试车辆为 CRH_2 – 300 型动车组中两辆车，车号分别为：头车 ZE206301，中间车 ZY206607，试验时用机车分别将两辆车推送通过 R145 曲线，然后牵出曲线，双方向通过的中途均停车检查。

R180 m S 形曲线通过试验于 2008 年 1 月 6 日上午在中国铁道科学研究院环行铁道试验基地进行，试验时用两个反向 9 号道岔形成 R180 m S 形曲线。CRH_2 – 061C 型动车组正向低速通过两个连续 9 号反向道岔，途中停车检查，然后反向低速通过两个 9 号岔，中途再停车检查。动车组正向、反向通过两个反向 9 号岔，重复进行 3 次。

16. 空调采暖性能

(1)静置车辆通风性能试验

①试验目的：检验动车组的通风性能是否满足规定要求。

②试验方法：测试客室坐席（距地板面 1.2 m 处）与通过台（在天花板出风口位置）处的微风速，客室内微风速的测点数量及测点位置与温度测点相同。两次平均值的相对偏差应不超过 10%，否则应继续测量，至相邻两次平均值的相对偏差符合要求为止。

车厢内微风速应按客室内 3 个测温断面中距地板面 1.2 m 高度的 6 个微风速测点测试结果进行评定。

另外，在每端通过台两侧天花板上各有一个长条形送风口，在每个送风口的两端和中间距出风口 5 mm 远处分别进行风速测试，3 个测点的平均值作为送风口风速，两次平均值的相对偏差应不超过 10%，否则应继续测量，至相邻两次平均值的相对偏差符合要求为止。

4 个通过台送风口的微风速测点测试结果都将参与评定。

头车还应包括司机室内 4 个测点以及天花板上送风口处微风速测点（与通过台类似布点，在送风口两端和中间分别布置一个测点，共计 7 个微风速测点。

(2)静止车辆空调性能试验

①试验目的：检验动车组的通风和空调采暖装置性能是否满足规定要求。

②试验方法：车辆静止、不载客、空调控制器置于强制位。试验前，被试车辆置于日光直射地方，开启门窗，使车辆充分吸热，空调机组置于通风状态，待车内外温度一致后关闭门窗，空调机组置于强制制冷位开始试验。开机试验前，先记录一组车内外温度和湿度原始数据，然后开启空调机组，每隔 10 min 测量一次温度、相对湿度、电流、电压及功率、连续测记 1 h 以及通风量测定。

(3)空调制冷运行试验

①试验目的：检验动车组的通风和空调系统在运行时是否符合规定要求。

②试验方法：

a. 车辆运行时，车内温度数据读取周期为 10 min，电加热器、电热水壶的功率读取周期为 30 min，并取外气参数 2 h 以上符合规定的条件，作为试验有效数据。

b. 空调机组处于自动位时观察空调显示设定器的工作情况。空调机组处于自动位，当车内温度接近或达到规定温度时，注意观察空调显示设定器的工作情况，了解并记录空调机组的工作状态。

c. 确认车厢内各点温度分布在 ±2 ℃以内。指车厢内三个测温断面内布置的 24 个温度测点中最高温度值和最低温度值之差小于 2 ℃。

d. 试验过程中,要观察车内有无喷雾及漏水现象。

e. 试验过程中,要观察并记录空调机组的工作情况。

f. 试验过程中,在空调机组启动时测试记录一次电流、电压和功率值,在机组运行 10 min 后进入稳定工作状态测试记录一次电流、电压和功率值,在试验结束前再测试记录一次电流、电压和功率值。

g. 试验过程中,记录微风速值。

17. 空气动力学试验

①试验目的:验证动车组在会车时压力波大小和车内空气压力变化情况。

明线上高速运行的动车组交会时,由于相向运行的列车对其间空气的排挤,使两交会列车之间的空气产生很大的波动,形成会车压力波。会车压力波对列车运行安全性及乘坐舒适性都具有重要影响。为了获得 CRH_2-300 型动车组的会车压力波大小,2008 年 6 月 2 日 ~2008 年 6 月 4 日、2008 年 7 月 11 日在京津城际铁路上进行了 CRH_2-300 型动车组会车压波试验。

②试验方法:

a. 试验列车情况:CRH_2 型动车组会车压力波现车试验共用车两列(CRH_2-061C、CRH_2-062C),两列车均为 8 节编组,线间距为 5.0m,两动车组在等速条件下运动交会。

由于压力传感器位于 CRH_2-061C 车的头部,当 CRH_2-061C 车下行运行(北京→天津)时,CRH_2-061C 的头部首先与 CRH_2-062C 的头部交会,再与 CRH_2-062C 的尾部交会,此种交会情况通常称为“头-头”交会;而当 CRH_2-061C 上行运行(天津→北京)时,CRH_2-061C 的尾部首先与 CRH_2-062C 的头部首先交会,再与 CRH_2-062C 的尾部交会,此种交会情况通常称为“头-尾”交会。

b. 会车压力测点布置:CRH_2-300 型动车组会车压力波测点布置在 CRH_2-061C 的第 1 节车的外侧面上,测点共 7 个,测点分布见图 7-1-15。

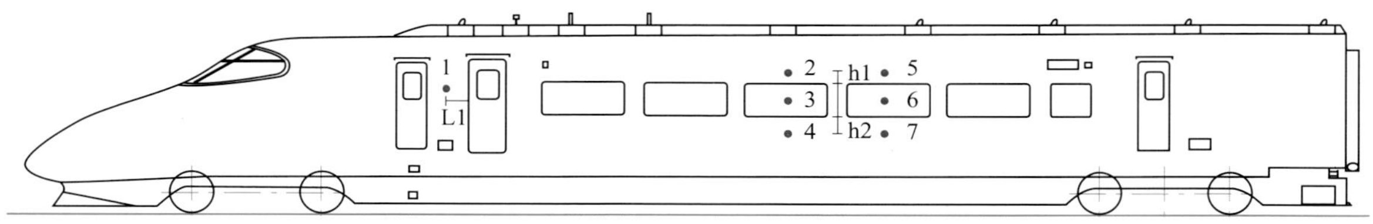

图 7-1-15　CRH_2-061C 型动车组会车压力波测点布置示意图

c. 车内压力测点布置及安装:在进行会车压力波测量的同时,对交会过程中车内的压力变化也进行了测试,以便进一步评估车体的密封性。

车内压力波变化布置了 1 个测点,位于第 4 节车厢的中部位置。

d. 气象参数测量:在测量会车压力波时需要同时测量环境气象条件,包括环境温度、压力、湿度、风速和风向。在预计的交会地点附近,采用 Davis 移动气象站测量气象参数,气象站位于轨道轨面以上 2 m、水平距轨道 4 m 的位置。

18. 典型运行图的检查

①试验目的:检查动车组满足规定的运行图的能力,给出全程各区间运行时分测量结果。

②试验方法:动车组在指定线路按照运行图运行,全程测量动车组速度、运行时间,计算各区间运行时分、里程。监测网压、网流等参数。试验进行 1 个往返。

19. 能量消耗试验

①试验目的:测量动车组在其运营线路上的典型能耗,给出全程各个区间的用电情况。

②试验方法:动车组在指定运营线路上按运行图运行,全程记录动车组的速度、里程、网流、网压等参数,计算能量消耗。试验进行 1 个往返。

该试验在京津城际铁路与典型运行图检查同步进行。

20. 过分相

过分相试验:

①试验目的:测试动车组自动过分相装置性能是否满足要求。确认动车组是否能够安全通过中国铁路电网系统分相区,不对动车组高压系统、牵引系统、辅助系统等造成损害。目前,我国铁路绝大多数采用车载自动过分相方式通过分相区,基本原理是动车组上安装车载自动过分相装置,当接收到地面信号后,动车组控制系统启动过分相程序,进行必要的状态转换操作,离开分相区后,控制系统将动车组自动恢复到过分相前状态。过分相试验是对这一基本功能的检查。

②试验方法:动车组在既有线上采用车载过分相装置 GFX－3A 提供信号,实现自动过分相;在京津城际铁路上,动车组通过 ATP 提供的信息,实现自动分相。

在两种不同的过分相信号系统条件下,通过记录相关的测试参数,测量动车组自动过分相时的一系列动作。

GFX－3A 自动过分相试验在秦沈线进行。ATP 自动过分相试验在京津城际铁路进行。

试验时监测主断状态、ATP 过分相信号、GFX－3A 过分相信号、网压、牵引绕组电压、电机电压和电流等信号。

三、试运行

2008 年 7 月 1 日起,CRH_2－300 型动车组在京津城际铁路实施了为期一个月的模拟试运行试验,通过试运行对动车组牵引、制动、网络控制、车体、转向架、旅客信息服务、车辆电器、给水卫生、空调采暖等系统和部件性能进一步验证,总结运用情况,确保动车组正式运营的安全可靠、设备工作正常。

1. 转向架

试运行期间对转向架的轮缘和踏面磨耗进行了测试和跟踪,对易损易耗部件进行了寿命统计。

2. 牵引系统

牵引系统是试运行期间动车组重点考核和验证的主要技术系统之一。通过线路模拟试验,记录了牵引系统部件的运行情况。

3. 制动系统

验证了制动系统在各速度等级的制动性能,可满足追踪运营的要求。

4. 受电弓

对受电弓滑板磨耗情况进行了跟踪,提出了初步检修规程和维护更换周期。

5. 车载列控及无线通信设备

检查了速度传感器使用情况。

6. 空调系统

空调系统总体运行良好,满足设计要求。

7. 服务设施

通过试运行期间车内服务设置的运用考验,检查了广播和展示柜等服务设施设计功能。

8. 小结

试运行是动车组在线路运营前必须实施的重要工作。通过试运行,对动车组各系统进行了全面的功能考验,积累了数据,为下一步的维护检修打下了基础;同时,发现了一些设计缺陷和部件质量问题,为尽快完善和改进提供了运营实例。

第三节　评价标准

依据《高速动车组整车试验规范》、《高速动车组技术条件》、《高速动车组供货技术条件》、《动车组试验大纲》和《高速动车组总体技术方案》等，制定了高速动车组评价标准和评价指标，对高速动车组及其各子系统的试验结果或参数进行定性、定量、定位和定形相结合的分析，系统评价高速动车组可靠性、可用性、可维护性和安全性。

CRH_2-300 型动车组评价标准见表 7-1-11。

表 7-1-11　CRH_2-300 型动车组评价标准

序　号	评价项目	主要评价内容	试验标准/试验方法	评 价 指 标
1	牵引性能试验	牵引特性	试验大纲	全动力、5/6 动力、2/3 动力牵引特性曲线符合规定
		动力制动特性		动力制动特性曲线应符合动车组动力制动特性设计曲线； 动力制动的轮周制动功率应不小于轮周牵引功率
		起动加速性能		在定员、平直线路上，动车组的速度从 0 到 200 km/h 平均加速度≥0.39 m/s^2
		惰行阻力		隧道外区间阻力不大于 $\omega=8.63+0.07295v+0.00112v^2$ [N/t]
		坡道起动加速		动车组在全动力时，应能平稳起动，并持续加速，主回路和辅助回路各部件应该正常工作
		温升		牵引电机定子绕组温升应不大于 200 K； 牵引变压器二次侧绕组温升不应大于 125 K
		防空转/防滑行性能		动轴发生空转/滑行时，系统应能进行有效抑制，同时动车组监控系统应有空转/滑行显示；当轨面黏着恢复后，动车组应能尽快恢复牵引/电制力
		辅助电气设备和辅助电源		辅助电源输入输出规格符合技术规范要求
		网压波动、网压中断和网压突变		牵引和电制工况下的网压-轮周功率符合要求； 接触网网压突变时不会造成动车组高压系统、牵引系统、辅助系统等故障发生； 接触网电压中断不会造成动车组高压系统、牵引系统、辅助系统等故障发生；不会出现无关错误信息；网压恢复后所有系统能重新平稳投入工作
		接地回流装置的检查		接地回路电阻值应不大于 0.05 Ω
		动车组自动过分相		自动过分相装置满足设计规范要求； 动车组手动过分相功能正常
2	制动性能试验	制动试验（静态）	试验大纲	功能正常
		制动性能试验（动态）	《京津城际铁路技术管理暂行办法》 试验大纲	制动初速 300 km/h 时≤3 800 m，制动初速 350 km/h 时≤6 500 m； 紧急制动时的瞬时减速度不大于 1.4 m/s^2

续上表

序　号	评价项目	主要评价内容	试验标准/试验方法	评 价 指 标
3	动力学性能试验	运用安全性	试验大纲《动力学性能试验鉴定方法及评定标准》	脱轨系数:$Q/P \leq 0.8$; 轮重减载率: 准静态 $\Delta P/P \leq 0.65$;动态 $\Delta P/P \leq 0.8$; 轮轴横向力: $H \leq (10 + P_0/3)$ Have≤ 20 kN (P_0表示静轴重)
		运用舒适性		舒适度等级:2 级
4	动车组供电试验	绝缘/耐压试验	试验大纲	电缆的高压端,无对地放电或击穿等异常现象发生
		功能试验	试验大纲	满足设计要求
5	车内照明测量	室内照度分布	试验大纲	满足标准要求
6	通风和空调装置的试验	静态试验	试验大纲	室内空调微风速 车厢:<0.4 m/s 通过台:<2.0 m/s; 车厢内温度分布:±2 ℃以内。 新鲜空气量 正常通风≥14.4 m^3/人/h; 应急通风≥5.6 m^3/人/h
		动态试验	试验大纲	标准工况及 150% 定员时客室温度保持在 26 ℃以下; 超负荷工况及 100% 定员时,客室温度保持在 28 ℃以下; 冬季在气温为 −15 ℃时,客室温度保持在20 ℃以上; 车内的压力变化小于1000 Pa,压力变化率控制在 200 Pa/s 以下; CO_2浓度(在定员状态下):<0.15%; 室内空气粉尘浓度:<0.15 mg/m^3
7	称重和轴重检验	完成车辆重量、轴重轮重	试验大纲	轮重允差:±4%; 定员轴重小于 14 t
8	受电性能试验	静态压力公差	试验大纲	符合 TB/T1456—2004《铁路应用 机车车辆 干线机车车辆受电弓特性和试验》附录 B 的规定
		升降弓时间特性		升降弓时间特性试验符合规定要求
		最大、最小接触力		最大接触力 $F_{max} = F_m + 3\sigma$(N),最小接触力 $F_{min} = F_m - 3\sigma$(N)
		平均接触力		平均接触力 $F_m = 0.00097 v^2 + 70$(N),动态接触力标准差 $\sigma \leq 0.3$ Fm
		离线率及离线时间		离线率不大于 0.14%,一次最大离线时间不大于 100 ms,离线次数小于 1 次/160 m
9	车载计算机网络试验	网络启动检验	试验大纲	满足设计要求
		网络的冗余功能检验		
		网络控制的故障导向安全试验		
		列车旅客信息系统检验		
10	电气系统的各种保护试验	主电路保护试验	试验大纲	满足设计要求
		辅助电路保护试验		

续上表

序　号	评价项目	主要评价内容	试验标准/试验方法	评 价 指 标
11	网侧谐波组成与测定试验	功率因数及谐波、等效干扰电流	试验大纲	额定负荷时除去辅助回路的网侧总功率系数 λ ≥0.97； 主变压器原边电流畸变率（THD）<10%； 1 个基本动力单元发挥额定功率时的等效干扰电流（Jp）<2A
12	电磁兼容性试验等	电动车组对外部的射频骚扰试验	试验大纲	满足要求
		电动车组内部干扰试验		电动车组上所有电气、电子控制装置，不得因接触器、继电器等的动作产生的电磁辐射或传导干扰而发生故障、误动作或出现其他异常情况
13	车体强度	刚度评价	《200 km/h 及以上速度级铁道车辆强度设计及试验鉴定暂行规定》及相关标准	整备状态下车体一阶垂向弯曲固有频率应不低于规定值 10 Hz
		静强度评价		低于所用材料的许用应力
		疲劳强度评价		低于所用材料的疲劳许用应力
14	气密性能	气密性试验	试验大纲	车厢内压力从 4 000 Pa 降低至 1 000 Pa 的时间为 50 s 以上

第四节　研究性试验

在京津城际铁路的动车组型式试验和试运行过程中，对 CRH2－300 型动车组有计划安排开展了一些研究性试验。通过大量研究试验数据分析，探索了高速动车组运行规律。研究试验对完善高速动车组基础理论、应用与发展高速动车组系统动力学理论以及深入开展再创新并形成我国高速动车组标准体系等工作起到了积极推动作用。

一、高速列车耦合大系统研究

1. 科学研究试验目的

以高速列车为核心，研究高速列车耦合大系统的动态行为。揭示高速列车在高速运行条件下的动态行为机理，掌握高速列车运行时对固定设备和周围环境的影响规律，探明高速列车耦合大系统中轮轨、弓网、流固和机电的耦合关系，掌握高速列车及其耦合系统在服役过程中的性能演变规律。

为高速列车耦合大系统的建模和仿真进行试验验证，为高速铁路特别是京沪高速铁路的研究、设计、施工、运行和维修维护提供理论基础和科学依据。

2. 科学研究试验内容

以京津城际铁路科学研究试验为基础，开展以高速列车为核心的耦合大系统研究，在获取高速列车及其相关运行系统的动态行为的基础上，研究各子系统的内部的振动特征和传动关系，研究各子系统和高速列车之间的相互作用关系，验证耦合大系统的建模和仿真方法，完善和发展高速列车耦合大系统理论。具体研究内容如下：

（1）高速动车组系统动态行为

①高速列车动态行为表征及列车系统动力学；
②车辆结构振动特性及其传递关系；
③旅客乘坐综合舒适度。
(2)车－线－桥－路耦合振动
①列车－轨道－桥梁(路基)－大地耦合系统的动态特性及相互间的振动传递规律；
②道岔区轮轨接触运行轨迹研究；
③路基长期服役性能演变对动力学性能的影响；
④大跨度混凝土桥徐变上拱变形对车－线－桥系统动力响应的影响。
(3)弓网关系动态行为
①高速接触网振动特性及其振动传播；
②高速弓网相互作用；
③高速弓网系统电弧的产生与影响。
(4)流固耦合关系动态行为
①列车－空气流固耦合动力学；
②车载侧风检测方法与列车运行安全性评估；
③动态气场对列车车体结构强度的影响。

3. 总体试验方案

本试验是为了开展高速列车耦合大系统动力学研究而开展的，试验测量的范围根据以上研究内容确定。为了确定高速列车耦合大系统动态性能，首先对整个高速铁路的各子系统的动态行为进行测定，并根据各子系统的响应，确定相应的轮轨、弓网、流固和机电耦合关系，如图 7－1－16 所示。

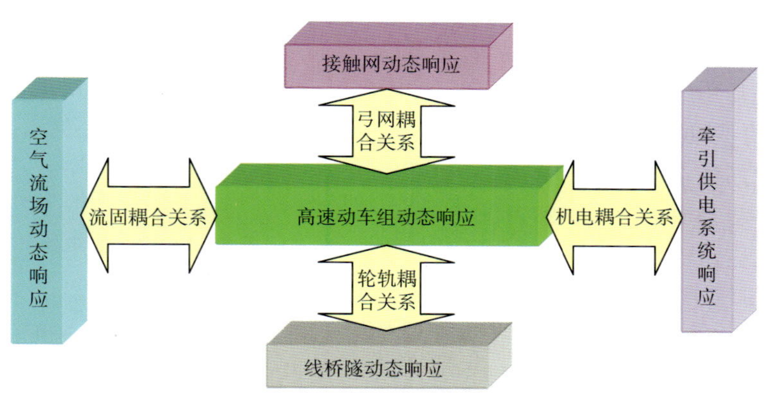

图 7－1－16　列车耦合大系统关系图

由于专业的不同和检测工点不同，各子系统检测相对独立进行，考虑到进行的是耦合大系统动态性能测试，因此，各子系统采用同步联合检测，即利用 GPS 系统在时间和空间上同步。

(1)高速动车组系统动态行为

①试验目的：通过测定不同速度、不同运行工况和不同运行环境的高速列车振动，确定高速列车运行时的动态行为，并为高速动车组耦合大系统动力学研究提供重要的基础试验数据；通过动车组各零部件的振动检测，确定车辆结构振动特性及其各零部件之间的振动传递关系；通过综合检测振动、声场、气压、温湿度等指标，为旅客乘坐综合舒适度研究提供基础数据。

②检测内容：检测的内容是根据不同的研究目的安排的。根据动车组的相关研究内容，确定相关的检测内容。

a. 高速列车动态行为表征及列车系统动力学：动车组各车安装三向加速度仪测量。

b. 车辆结构振动特性及其传递关系：车体、转向架构架和轴箱振动加速度以及弹性振动传递关系。

c. 旅客乘坐综合舒适度：车体不同位置的振动加速度、车内环境噪声。

③试验方案：

a. 高速列车动态行为表征和高速列车系统动力学：在动车组各车的车体两端对角安装三向振动加速度，以研究列车各车辆之间振动传递关系，特别是在起动和制动工况下的列车纵向动力学行为。

b. 车辆结构振动特性及其传递关系：

(a)车体、转向架构架和轴箱振动加速度：通过测量车体、构架、轴箱等主要部件的振动加速度响应来研究轴箱到构架、构架到车体的振动传递关系，通过车体阵列加速度响应来研究车体弹性振动特征和传递关系。研究高速列车各主要部件的频率响应特性及与车速的关系。

在动车的轴箱、构架、车体对应的传递位置安装三向加速度传感器，布点总图如图 7 – 1 – 17 所示。

(b)弹性振动传递关系：在单节动车的一侧安装分 9 个断面安装传感器，传感器为三向加速度传感器。车体上无线三向加速度传感器自带电源，无需另外接线。

c. 旅客乘坐综合舒适度：列车综合舒适度测试采用综合舒适度测试系统，保证测试的同步性和系统性。

④初步结果：

a. 会车振动测试初步分析结果：

(a)会车区比非会车区的振动大；

(b)会车对横向振动影响较大，对纵向振动影响次之，对垂向振动影响很小；

(c)会车开始的振动最大，会车结束时的振动次之，会车过程中的振动介于二者之间。

会车时横向振动加速度的影响如图 7 – 1 – 18。

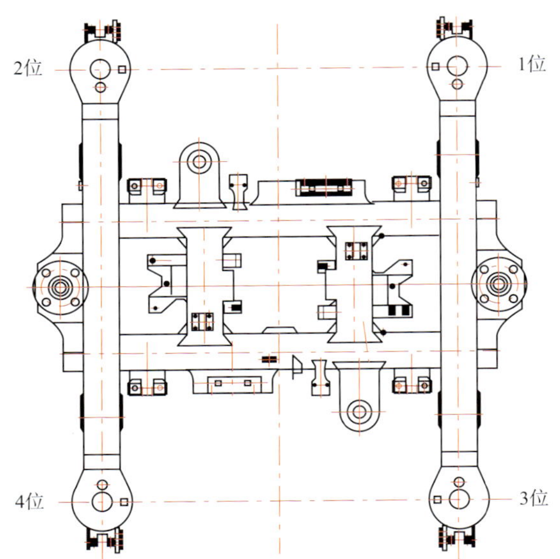

图 7 – 1 – 17　构架测点布置总图

b. 牵引制动对加速度的影响结果：

(a)动车组从停车到起动时，纵向加速度会突然增大到某一值，随着运行速度的增大，空气阻力越来越大，所以纵向加速度会逐渐减小；在匀速运行过程中，纵向加速度在 0 附近振动；从匀速运行到开始电制动时，纵向加速度会突然增大到某一值(负值)，随着运行速度的减小，空气阻力越来越小，因此纵向加速度会逐渐减小，当进一步施加机械制动时，纵向加速度又会突然增大(负值)；当车停下来时，纵向加速度趋于 0。

(b)“北京—天津”与“天津—北京”的纵向加速度的变化趋势相反，是因为加速度传感器的感应方向始终不变造成的。

(c)在“加速—匀速—减速”过程中，横向加速度基本在 0 附近振动，在牵引加速和制动减速的过程中，横向加速度振动幅度大一些，在匀速运行时，横向加速度振动幅度小一些；在停车时，横向振动很小。

(d)垂向振动随着运行速度的增大而增大，随着运行速度的减小而减小。

(e)在停车时，如果电机仍然工作，垂向仍有小幅振动产生，而当电机停止工作时，垂向振动趋于 0，这说明电机的工作对车辆的垂向振动有较大影响；但电机的工作对横向和纵向振动影响较小。

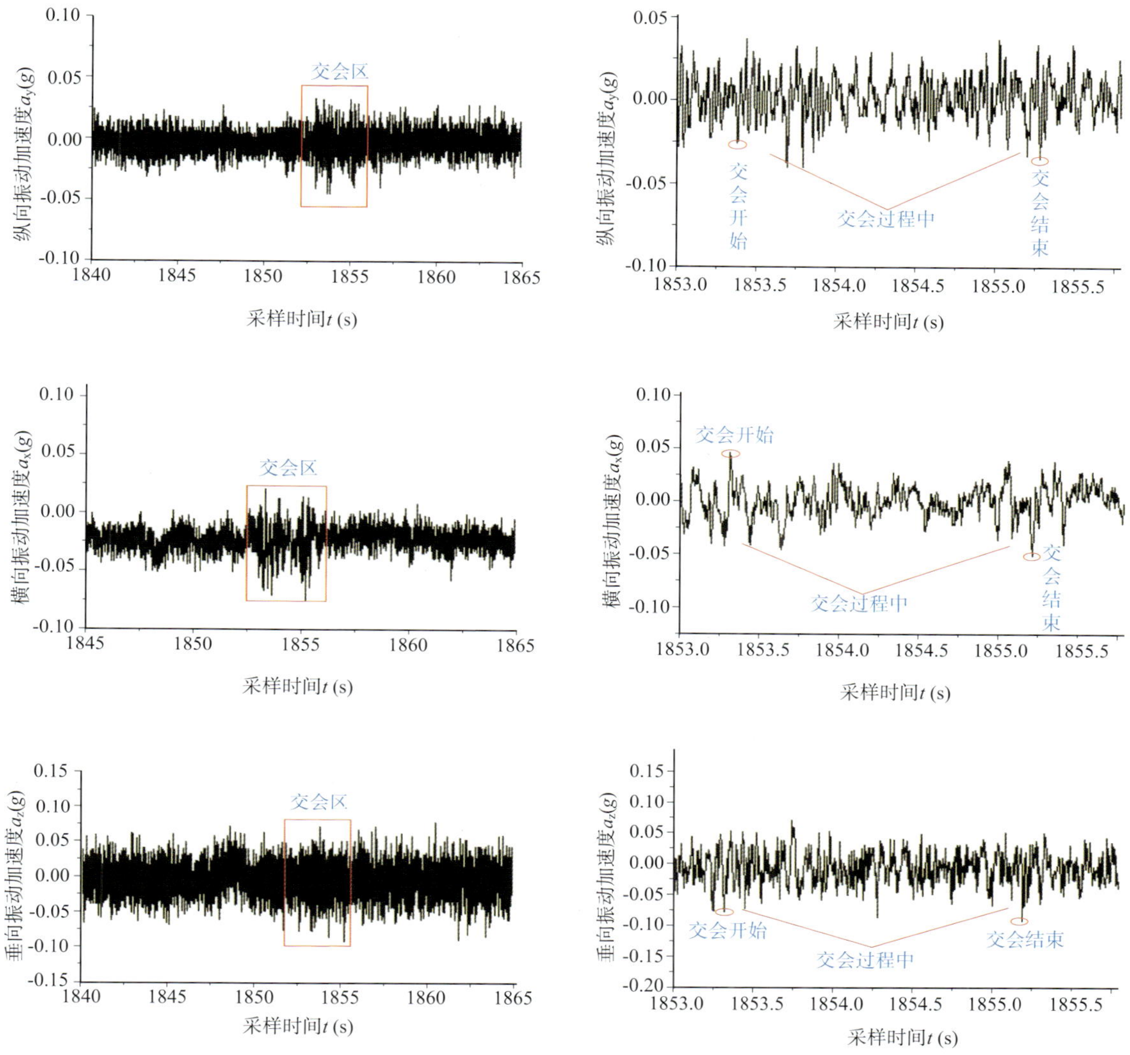

图 7-1-18

牵引制动时对加速度的影响如图 7-1-19 所示。

c. 从轴箱到车体振动加速度变化规律结果：

(a)从轴箱到构架再到车体的垂向振动加速度的幅值分别以数量级的形式递减：轴箱垂向振动加速度为 20 ~ 30g，构架垂向振动加速度为 2 ~ 3g，车体垂向振动加速度为 0.2 ~ 0.3g。

(b)从轴箱到构架再到车体的垂向振动加速度的高频成分所占的比例越来越少，而低频成分占的比例越来越多。

(c)从轴箱到构架再到车体的垂向振动加速度的振动频率峰值越来越明显：轴箱振动加速度的峰值不明显，构架振动加速度的峰值频带较宽，车体振动加速度的峰值频带较窄（峰值非常明显）。

(d)构架与车体的振动加速度的峰值频率基本上完全对应，这说明二系悬挂系统对强迫振动的隔离效果还不够充分。

(2)车—线—桥—路耦合振动

①试验目的：高速行车加剧了列车与线—桥结构及大地间的动态相互作用。以京津城际高速铁路为载体，从系统工程的角度，对高速轮轨关系、线—桥关系及周边环境的振动传递关系进行基础性试验，探明高速车辆—轨道—桥梁—大地耦合系统的动态特性，以及高速列车引发的振动自上而下及向周边环境传递的基本规律。

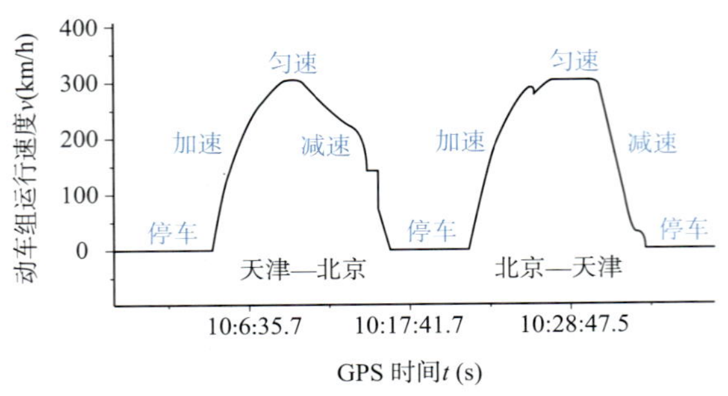

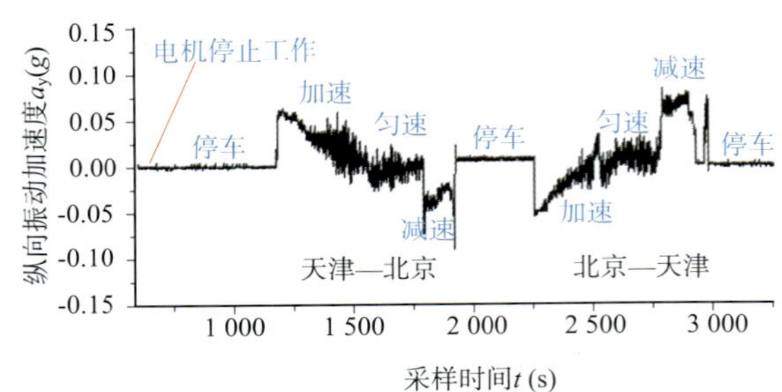

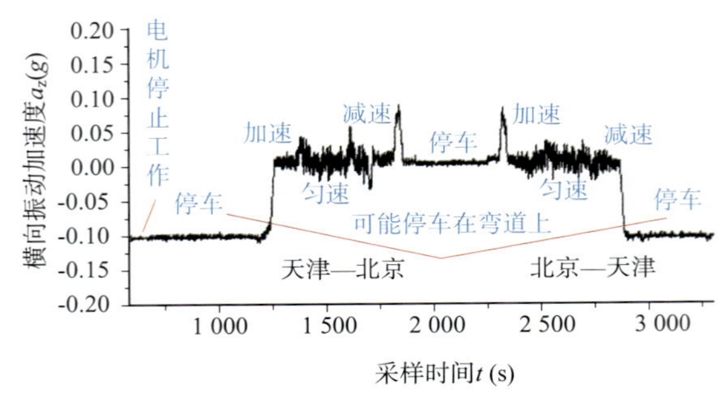

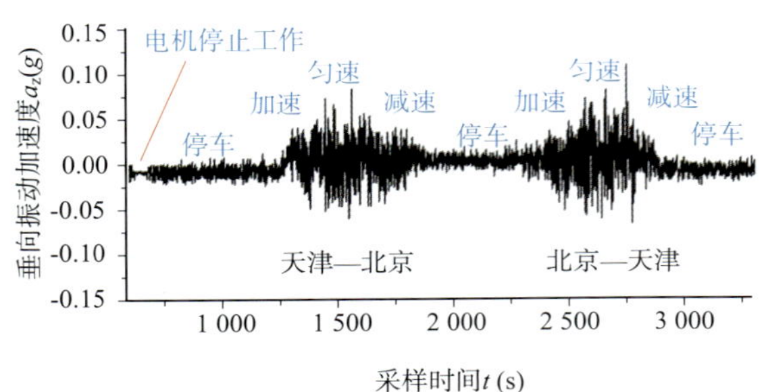

图 7－1－19

②测试内容：从车对地及地对车两方面，同步测取高速动车组通过地面测区时车、线、桥及地面振动参数。

a. 车辆动力学测试内容；

b. 轨道结构动力学测试内容；

c. 道岔区轮轨接触运行轨迹测试；

d. 路基及过渡段长期服役性能演变历程观测内容；

e. 桥梁结构动力学测试内容；

f. 地面振动测试内容；

g. 轮轨垂向力及横向水平力；

h. 钢轨支点压力；

i. 轨道结构部件振动加速度；

j. 轨道结构部件位移；

k. 梁体竖向动挠度；

l. 梁体竖向与横向振幅以及墩顶振幅；

m. 桥梁支坐位移；

n. 梁体竖向与横向振动加速度；

o. 梁端转角；

p. 环境振动测试方法；

q. 轮对横移测试方法；

r. 路基及过渡段长期服役性能演变历程测试方法。

③初步测试结果：

a. 跨中轮轨动态相互作用测试结果：桥梁跨中轮轨动态相互作用测试结果如表 7－1－12 所列。

表 7－1－12　动车组过桥梁时的动态作用力(最大值统计结果)

序　号	项　　目	300 km/h	304 km/h	311 km/h	325 km/h
1	跨中外轨垂向力(kN)	95.86	96.82	102.78	104.59
2	跨中外轨横向力(kN)	4.6	2.73	13.11	12.10
3	跨中内轨垂向力(kN)	80.87	82.15	66.03	70.75
4	跨中内轨横向力(kN)	8.52	8.15	14.61	18.27
5	梁端外轨垂向力(kN)	75.82	76.50	69.29	80.65
6	梁端外轨横向力(kN)	7.42	10.89	20.73	25.12
7	梁端内轨垂向力(kN)	77.14	72.75	82.22	84.78
8	梁端内轨横向力(kN)	5.87	3.62	2.24	2.89
9	跨中轨道板垂向位移(mm)	0.44	0.33	0.59	0.58
10	跨中内轨横向位移(mm)	0.64	0.55	0.46	0.42
11	跨中内轨垂向位移(mm)	0.84	0.84	0.79	0.24
12	跨中外轨横向位移(mm)	0.92	1.14	1.03	1.03
13	跨中外轨垂向位移(mm)	0.82	0.86	0.84	0.94
14	跨中底座垂向位移(mm)	0.05	0.04	0.03	0.04
15	跨中底座垂向加速度(m/s^2)	7.33	8.66	9.24	9.56
16	跨中外轨垂向加速度(m/s^2)	2143.43	1794.04	2242.37	1688.52
17	跨中内轨垂向加速度(m/s^2)	1583.85	1281.12	3013.09	1626.3
18	跨中轨道板垂向加速度(m/s^2)	17.93	6.03	22.77	26.04

桥梁跨中梁体垂向位移测试结果如图 7－1－20 所示。

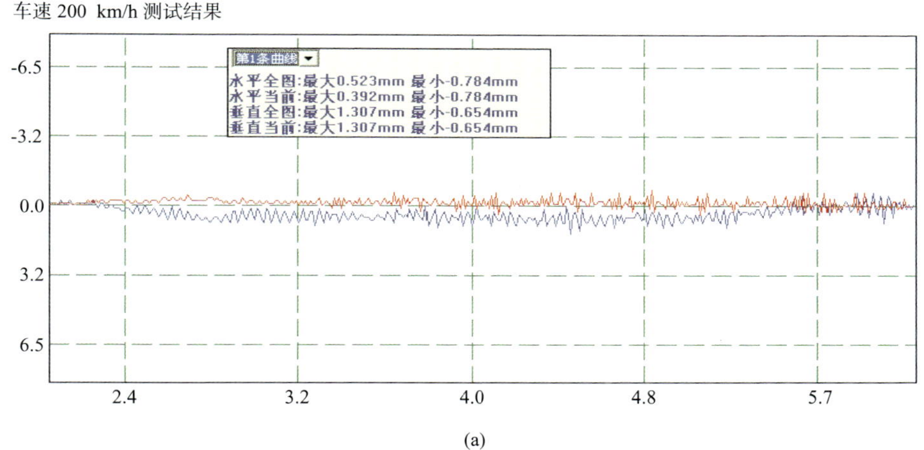

(a)

图 7－1－20(一)

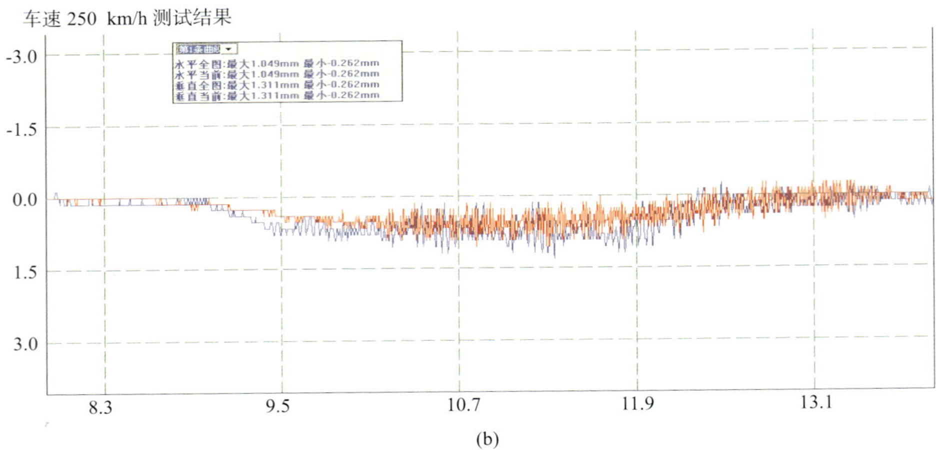

(b)

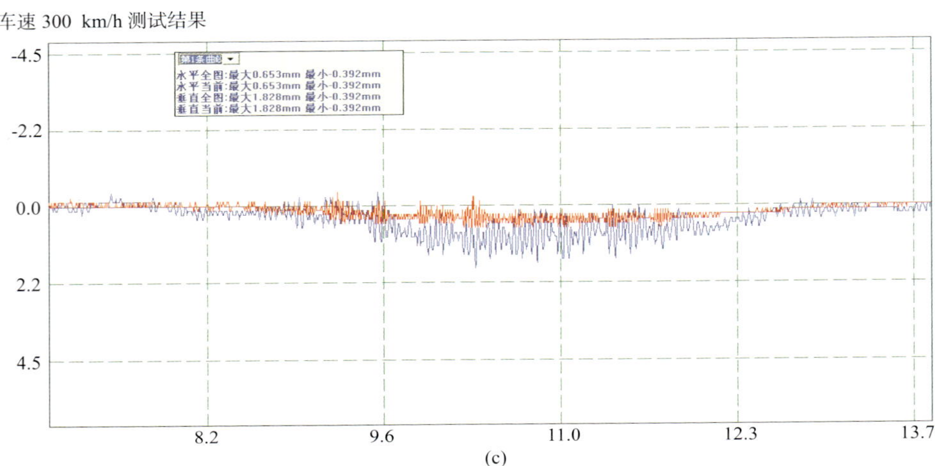

(c)

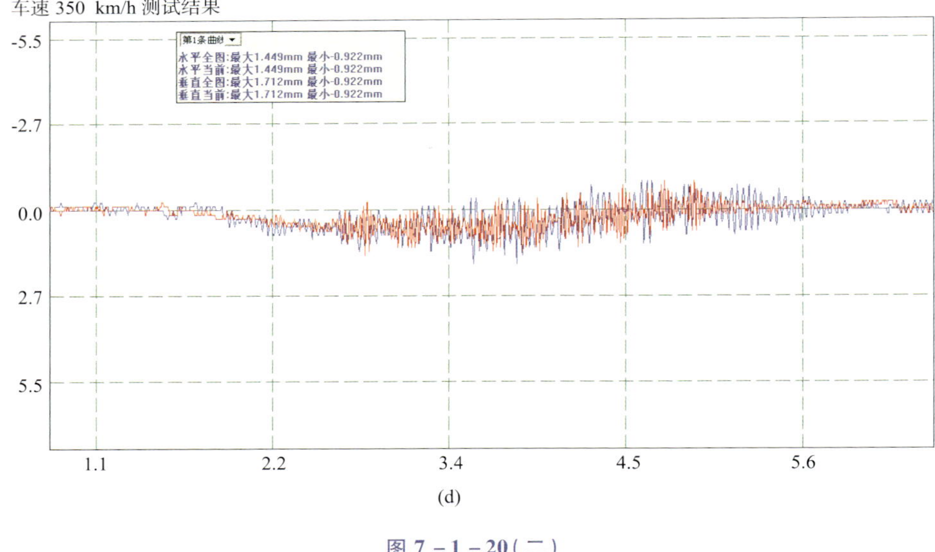

(d)

图 7－1－20(二)

桥梁跨中轮轨动态相互作用测试结果如表 7－1－13 所列。

表 7－1－13　桥梁跨中轮轨动态作用力(最大值统计结果)

速　　度	300 ~ 350 km/h
轮轨垂向力(kN)	95 ~ 110
轮轨横向力(kN)	3 ~ 15
轨道板垂向位移(mm)	0.3 ~ 0.6
钢轨横向位移(mm)	0.9 ~ 1.2
钢轨垂向位移(mm)	0.8 ~ 1
底座垂向位移(mm)	0.03 ~ 0.05
底座垂向加速度(m/s^2)	7 ~ 10
钢轨垂向加速度(m/s^2)	1 500 ~ 2 500
轨道板垂向加速度(m/s^2)	10 ~ 30

结果表明,所有测试结果均正常。

(3)弓网系统动态行为

①试验目的:根据高速列车耦合大系统动力学研究内容,本子系统检测旨在获取弓网运动的规律,掌握弓网相互作用的动态过程,包括弓网接触力和弓网系统电弧的变化过程、接触网振动与波动传播规律等。为弓网关系研究提供基础试验数据。用于弓网仿真模型和仿真结果的验证,受流质量的评价等基础研究。

②检测内容:

a. 接触网的垂向振动位移;

b. 弓网接触电弧;

c. 弓网接触取流量;

d. 弓网接触压力(由系统调试提供测试结果);

e. 受电弓振动位移或加速度(由系统调试提供测试结果);

f. 硬度冲击(由系统调试提供测试结果)。

③试验方案:在京津城际铁路列车运行的最高速度段中选取一个接触网锚段(长度约 1 200 m,约 25 个支柱)为研究对象,在此锚段内的每个支柱上安装接触线振动测量设备(非接触)。高速列车进入该锚段前的某一时刻,启动每套测量单元同时工作,对接触网的振动状态进行同步测量,并记录系统试验的统一的 GPS 同步时钟信号,直到列车离开该接触网锚段为止(图 7－1－21)。

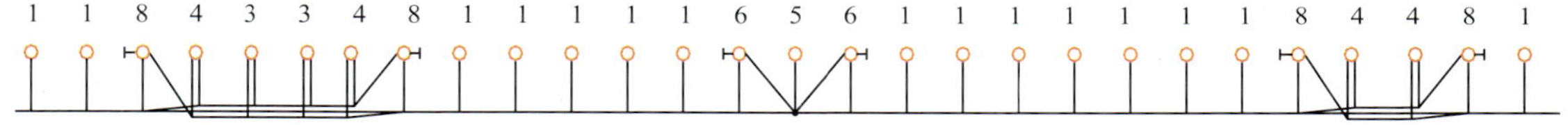

图 7－1－21　接触网振动检测布点(一个锚端)

在被试列车的动车组车顶安装弓网系统电弧测量设备,对弓网系统电弧进行测量,同时采集列车的单弓取流量及列车运行速度。

利用引进的弓网接触压力测量设备(该设备即为安在被试列车的动车组上检测用受电弓),对弓网接触压力、受电弓振动及硬度冲击进行测量。

④数据处理:接触网振动和弓网受流的电弧检测均采用图像方式,其中车载的电弧检测系统采用试验过程全程检测,接触网振动采用触发检测。接触压力和受电弓振动,应采用全程检测,具体由系统调试的检测方案定。

接触网的振动将从图像信息,通过图像识别转化成接触网检测点的垂向位移信号,得到垂向位移变化的时间历程。

⑤试验结果:2008 年 7 月 9 日上午,晴天。列车运行方向:上行(天津至北京),只有 1、2、3、4 定位

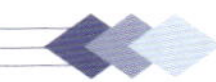

点处测量设备能正常工作,记录如图 7－1－22 所示。

a. 09:01,CRH3,304 km/h,后弓。

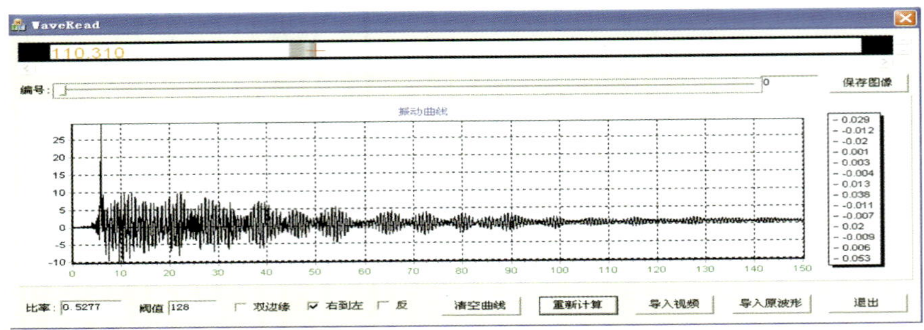

定位点 1

(a)

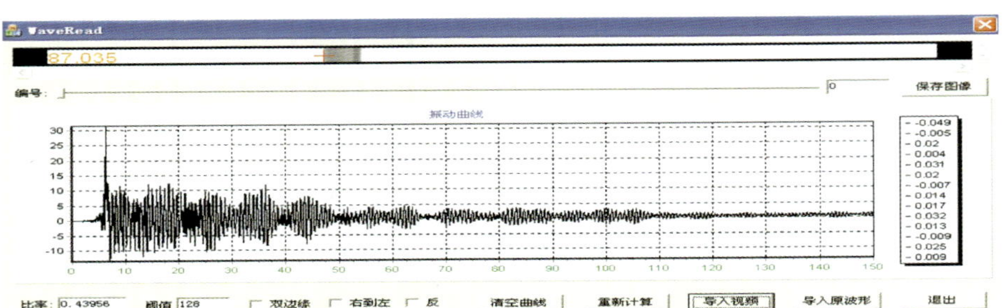

定位点 2

(b)

b. 09:07,CRH2,343 km/h,后弓。

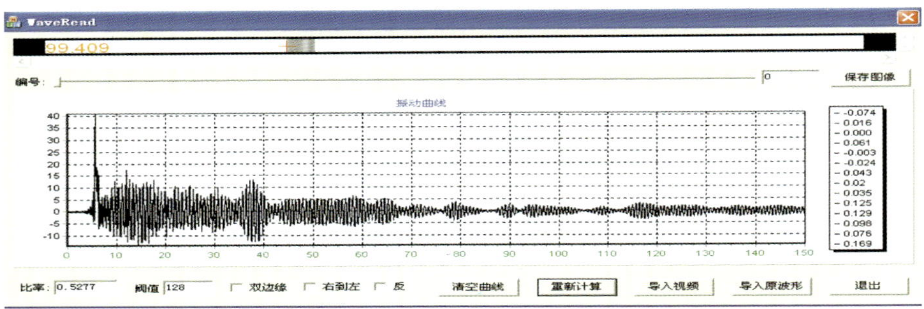

定位点 1

(c)

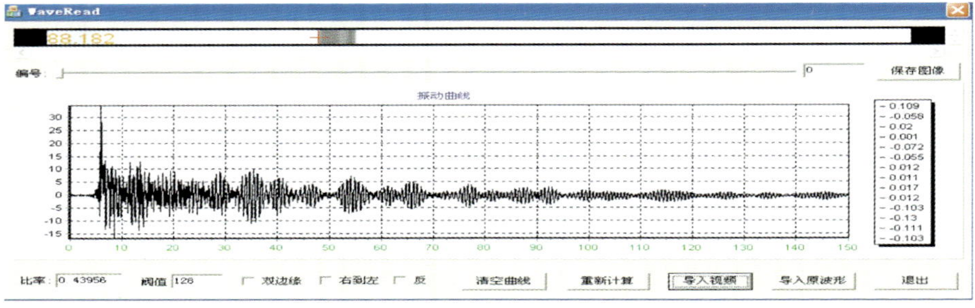

定位点 2

(d)

图 7－1－22

（4）流固耦合关系动态行为

①试验目的：在京津城际铁路开展高速列车空气动力学试验，通过测量列车受到的空气动力学作用参数和列车风对临近线路环境的气动作用，结合列车在各种运行条件下的运动姿态、动力学测试结果，建立系统完整的高速列车流固耦合动力学试验基础数据，为高速列车流固耦合动力学计算模型及方法的研究提供准确、丰富和可靠的试验依据。

②试验内容：

a. 空气阻力：空气阻力是高速列车运行的主要阻力，是评价列车空气动力学性能的一项主要指标。在进行高速列车动力学分析时，必须考虑空气阻力的作用。因此，空气阻力测量是高速列车研究的基础工作之一。

b. 列车表面压力：列车表面压力分布是空气绕流列车的结果。表面压力分布状况，不仅反映了高速列车本身气动性能的优劣，而且对车体结构强度、空调通风设备、气动噪声等诸多方面产生影响。其中，列车头、尾部表面压力分布对研究列车头形优化及列车对环境的影响有更重要的意义。

③试验方案：

a. 空气阻力：采用惯性滑行方法，在 300 km/h 速度下，让列车惯性滑行，通过 GPS 测量列车速度随时间的变化曲线，近似计算出列车的空气阻力。

b. 列车表面气压分布：测量列车在 200 km/h、250 km/h、300 km/h 及以上的速度运行时列车表面的压力分布。

④数据处理：整个测试系统由传感器、放大器、A/D 转换器及计算机等部分组成，如图 7－1－23 所示。各传感器将测得的压力信息经放大器、AD/DA 转换记录在计算机中进行处理。为了在最高速度时压力达到最大分辨率，采样频率设置为 5 kHz，滤波器设置为 1 kHz。除压力传感器外，测试系统的其他装置全部放于列车内进行数据采集和处理。

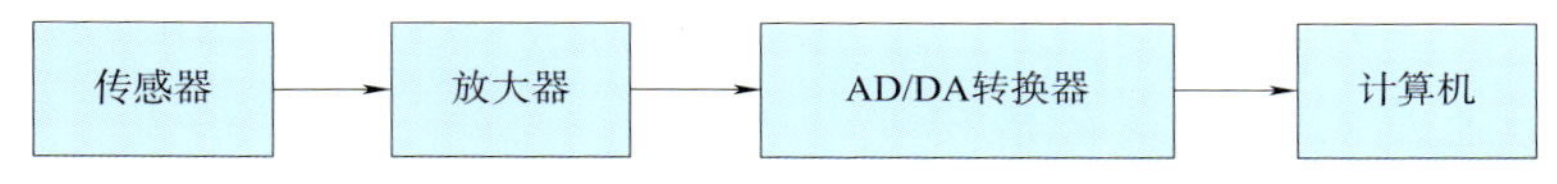

图 7－1－23　测试系统的组成

⑤会车压力波初步试验结果：在 5.0 m 线间距情况下，共进行了 250 km/h、275 km/h、300 km/h 和 350 km/h 四个速度等级的列车交会试验。为了为保证数据的可靠性，同一测量状态进行多次重复性测量，试验工况统计见表 7－1－14。

表 7－1－14　CRH_2 型动车组会车压力波试验工况

工况序号	试验日期	速度等级（km/h）	动车组实际速度（km/h）		测量位置
			CRH_2－061C	CRH_2－062C	
1	6.2	250	250.6	250.2	车尾
2			250.8	250.8	车头
3			248.8	250.3	车尾
4	6.2	275	276.2	276.9	车头
5			276.4	276.5	车尾
6			276.7	276.4	车头
7	6.4	300	301.1	302.2	车尾
8			300.2	301.9	车头
9	6.4	350	341.0	349.3	车头
10			346.0	345.5	车尾
11			343.0	350.1	车头
12			347.0	344.0	车尾

各交会的试验结果见表 7－1－15。

表 7-1-15　CRH2-061C 下行运行时的会车压力波

工况序号	试验日期	速度等级(km/h)	动车组实际速度(km/h)		会车压力波(Pa)						
			CRH2-061C	CRH2-062C	1	2	3	4	5	6	7
2	6.2	250	250.8	250.8	593	610	713	749	581	678	794
4	6.2	275	276.2	276.9	731	776	913	946	754	914	981
6			276.7	276.4	739	728	886	920	694	820	969
8	6.4	300	300.2	301.9	896	954	1 105	1 153	970	1 083	1 114
9	6.4	350	341.0	349.3	1 148	1 264	1 513	1 570	1 252	1 463	1 415
11			343.0	350.1	1 263	1 338	1 560	1 638	1 275	1 466	1 455

从表 7-1-15 中可以看出，会车压力波的大小与通过列车速度密切相关，理论分析与试验都表明了会车压力波幅值的大小近似与列车速度的平方成正比。

从上述对试验结果的分析，可以得出 CRH2 型动车组会车压力波试验初步分析如下：

a. 当 CRH2 型动车组以 250 km/h、275 km/h、300 km/h 和 350 km/h 的速度等速交会时，列车“头-头”交会压力波分别为 821 Pa、1 002 Pa、1 185 Pa 和 1 675 Pa，列车“头-尾”交会压力波分别为 899 Pa、1 153 Pa、1 262 Pa 和 1 808 Pa。

b. 会车压力波的大小近似与列车速度的平方成正比。

c. 由于受边界层的影响，列车“头-尾”交会压力波比“头-头”交会压力波大。

d. 当列车以 250 km/h、275 km/h、300 km/h 和 350 km/h 的速度等速交会时，列车车厢内的压力变化分别为 15 Pa、26 Pa、32 Pa 和 77 Pa。

e. 由于会车过程中车内的压力变化微小且迅速，对人耳膜的作用微弱，因此会车引起的车内压力变化不会影响人体的舒适性。

二、动应力、加速度测试及载荷谱研究

1. 测试目的

根据铁道部“引进、消化、吸收、再创新”的部署，北京交通大学与南车四方机车车辆股份有限公司合作，依据动车组轮对性能等检测大纲，承担了在中国实际运用条件下，对 CRH2-300 型动车组进行线路动应力、加速度实测的任务。通过测试为评估 CRH2-300 型动车组提供基础数据。

2. 测试基本情况

2008 年 4 月 ~2008 年 5 月，铁道部在京津城际铁路对 CRH2-300 型动车组组织了动力学、牵引与制动试验。在试验中，北京交通大学随车测试了相关部件的动应力和加速度，测试对象编号为 CRH2-061C 的 CRH2-300 型动车组。

在试验过程中，北京交通大学对 CRH2-300 型动车组的动车转向架构架、车轴、轴箱、齿轮箱、弹簧的动应力，拖车构架、车轴、轴箱、弹簧的动应力，牵引电机及变压器、牵引变流器动应力，动车轴箱、齿轮箱、拖车轴箱振动加速度以及车体的振动加速度进行了测试，本报告整理了 300 ~355 km/h 速度等级下上述零部件的数据，对数据进行了初步分析。

2008 年 7 月 1 日 ~10 日在京津城际铁路随试运行，对 CRH2-300 型动车组的载荷谱的数据进行了初步测试。

3. 测试设备及数据处理

本次对 CRH2-300 型动车组进行的测试，采用 3 套 Agilun 数据采集系统(150 个通道)，两台 IMC 数字式动态信号采集系统(16 个通道)。

各个测点的应变信号采用 Agilun 采集系统，采样频率为 1 000 Hz，各个加速度测点的信号采用 IMC 采集系统进行全程连续采集，采样频率为 5 000 Hz。根据动车组结构动应力和振动加速度的特点，上述采样频率足以保证采样数据的真实性。通过全程连续采集，能够保证动应力测试数据的完备性。

按照疲劳损伤的观点，影响结构疲劳强度最主要的因素是动应力的变化范围 $\Delta\sigma$（$\Delta\sigma = \sigma_{max} - \sigma_{min}$），通常用动应力幅值 σ_a（$\sigma_a = \frac{\Delta\sigma}{2}$）这个参量，本研究对动应力的讨论，亦采用动应力幅值 σ_a。

对于加速度的处理，参考动力学试验中的方法，取 18 秒数据分成 3 段，分别计算每个小段的均方根值，以上述 3 个小段的平均值作为衡量加速度振动水平的大小。下面分别就各个部件的测试结果进行报告。

4. 测试结果及分析

（1）转向架动应力测试

动车转向架构架测点布置在构架横梁与侧梁连接处、齿轮箱吊座与横梁连接处、电机吊座与横梁、定位臂与侧梁连接处、小纵梁与横梁连接处、一系垂向减振器座、制动吊座与横梁连接处、制动吊座等部位共计 32 个测点。

从北京—天津或天津—北京区段全程动应力统计结果可知：重车工况下动车转向架动应力大于空车工况；各个最大动应力幅值没有超过 40 MPa。

所有测点最大动应力等效应力幅值没有超过 45 MPa，根据相关标准：焊缝未修磨许用疲劳极限为 70 MPa，修磨后许用疲劳极限为 110 MPa，所以动车转向架的疲劳强度满足要求。

（2）轴箱动应力

在动车转向架 2 位轴箱布置了动应力测点，共 4 个测点，见图 7－1－24。

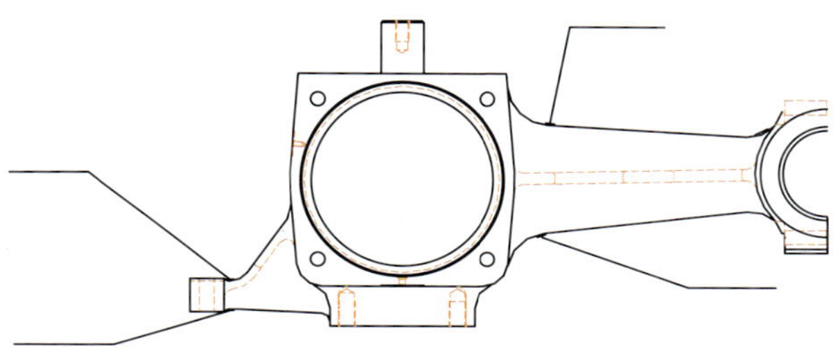

图 7－1－24 动车转向架轴箱动应力测点

从北京—天津或天津—北京区段全程动应力统计结果可知：重车工况下动车转向架动应力大于空车工况；动车转向架轴箱安装座 T20 和 T24 动应力幅值很小，没有超过 14 MPa；然而轴箱体上面的动应力幅值比较大，测点 T23 在重车工况下的动应力幅值达到了 41. 64 MPa。

由于轴箱采用铝合金材料，其疲劳许用应力为 44 MPa，因此在目前运行工况下，该结构强度虽然满足使用要求，但是应在今后检修中引起重视。

拖车转向架轴箱动应力测点共 4 个，见图 7－1－25。

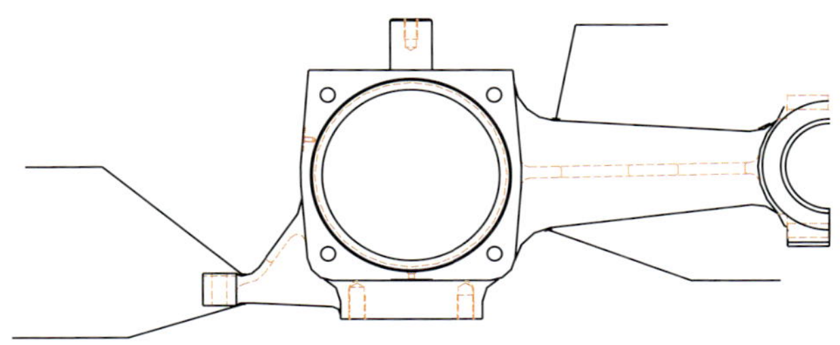

图 7－1－25 拖车转向架轴箱动应力测点

从北京—天津或天津—北京区段全程动应力统计结果可知：重车工况下动车转向架动应力大于空车工况；拖车转向架轴箱安装座 T8 和 T9 的动应力幅值很小，没有超过 14 MPa；然而轴箱体上面 T12 和 T18 的动应力幅值比较大，测点 T12 在重车工况下的动应力幅值为 35. 4 MPa。由于轴箱采用铝合金材料，其疲劳许用应力为 44 MPa，因此在目前运行工况下，该轴箱结构强度满足使用要求。

(3)弹簧动应力测试

从北京—天津或天津—北京区段全程动应力统计结果可知:动车弹簧最大动应力幅值为 49 MPa,满足要求。

(4)牵引牵引电机动应力测试结果

牵引牵引电机上布置了 5 个测点,从北京—天津或天津—北京区段全程动应力统计结果可知:5 个应力测点中最大应力幅值没有超过 30 MPa。牵引电机采用铸钢材料时,其许用应力为 70 MPa,说明结构安全。

(5)车轴动应力测试

动车车轴测点共计 8 个,其中 7 个弯曲测点,1 个扭转测点。从北京—天津或天津—北京区段全程动应力统计结果可知:弯曲应力幅值为 60 MPa,明显大于扭转应力 16 MPa。根据标准,车轴疲劳强度为 147 MPa,因此在目前运行工况和条件下,动车车轴结构强度满足要求。

拖车车轴测点共计 10 个,均为弯曲测点。从北京—天津或天津—北京区段全程动应力统计结果可知:拖车车轴弯曲最大动应力幅值没有超过 69 MPa;根据标准,车轴疲劳强度为 147 MPa,因此在目前运行工况和条件下,拖车车轴结构强度满足安全要求。

(6)齿轮箱动应力测试结果

齿轮箱上共计布置了 5 个动应力测点。从北京—天津或天津—北京区段全程动应力统计结果可知:最大应力幅值没有超过 20 MPa。

(7)变压器动应力测试结果

牵引变压器上布置了 4 个测点。从北京—天津或天津—北京区段全程动应力统计结果可知:最大应力幅值没有超过 10 MPa,说明结构安全。

(8)牵引变流器动应力测试结果

在牵引变流器 3 个测试位置布置了 7 个应变片。从北京—天津或天津—北京区段全程动应力统计结果可知:最大应力幅值没有超过 10 MPa,说明结构安全。

(9)车体动应力测试

车体在下窗角,窗下车体侧墙,车体底架枕梁,牵引梁,车体抗蛇形减振器座,牵引梁,端部牵引梁与盖板连接处等部位共计 25 个测点。

从北京—天津或天津—北京区段全程动应力统计结果可知:不论是重车还是空车,头车车体的动应力幅值都比较小,动应力幅值最大的部位发生在牵引梁,为 10.3 MPa。上述数值小于标准中疲劳强度为 39 MPa 的要求。

(10)车体加速度测试

动车车体加速度测试了横向和垂向加速度,垂向加速度最大值为 0.11g,横向最大值为 0.07g。

拖车车体加速度测试了横向和垂向加速度,垂向加速度最大值为 0.12g,横向最大值为 0.06g。

(11)轴箱加速度测试

动车轴箱测试了横向和垂向加速度,垂向加速度最大值为 6.5g,横向最大值为 0.9g。

拖车轴箱测试了横向和垂向加速度,垂向加速度最大值为 2.8g,横向最大值为 0.9g。

(12)电机加速度测试结果

牵引电机加速度垂向、横向加速度的最大值分别为 5.8g 和 0.7g。

(13)变压器加速度测试结果

变压器测试了垂向加速度,其最大值为 0.12g。

(14)牵引变流器加速度测试结果

牵引变流器测试了其垂向和横向加速度值,其最大值分别为 0.13g 和 0.09g。

(15)齿轮箱加速度测试结果

分别测试了大齿轮端和小齿轮端的垂向和横向加速度,其最大值分别为:垂向 4.5g,横向 2.3g。

5. 载荷谱测试

将转向架构架所受的主要载荷分为垂向载荷系和横向载荷系,垂向载荷系由分为浮沉载荷系、侧滚载荷系和扭转载荷系,将动车和拖车的各四组一系轴箱弹簧制成力传感器,直接测试一系轴箱弹簧的载荷,然后得出构架的浮沉载荷、侧滚载荷和扭转载荷;通过测试轴箱转臂的动应力,采用准静态方法识别出构架的横向载荷。在获得各个载荷系的载荷时间历程后,采用雨流方法,编制各个载荷系的实测载荷谱;与此同时测试构架疲劳关键部位的动应力,计算其实测损伤;采用准静态方法结合有限元方法,获得各个载荷系与构架疲劳关键部位的传递系数,通过最优化方法使得各个载荷系在构架疲劳关键部位的计算损伤覆盖各个关键部位的实测损伤,完成对实测载荷谱的修正,从而获得可以用于构架可靠性设计和疲劳试验评定的载荷谱,本次测试为以后的编谱提供了基础数据。

6. 小　结

依据上述对 CRH_2-300 型动车组的头车车体,动车转向架构架、车轴、轴箱、齿轮箱的动应力,拖车转向架构架、车轴、轴箱的动应力的测试,结果表明:

CRH_2-300 型动车组的头车车体动应力幅值最大的部位发生在牵引梁,为 10.3 MPa。上述数值小于车体疲劳许用应力 39 MPa,说明在目前的运用工况和条件下,车体结构强度满足要求。

动车转向架构架所有测点中,最大动应力幅值为 45 MPa,小于开坡口焊接结构疲劳许用应力 70 MPa,在目前的运用工况和条件下,动车转向架构架结构安全。

拖车转向架构架所有测点中,最大动应力幅值为 42.5 MPa,小于开坡口焊接结构疲劳许用应力 70 MPa,在目前的运用工况和条件下,拖车转向架构架结构安全。

动车车轴弯曲应力 60 MPa 明显大于扭转应力 16 MPa,拖车车轴弯曲最大动应力幅值没有超过 69 MPa,小于车轴疲劳许用应力 147 MPa,说明在目前的运用工况和条件下,动车和拖车车轴结构强度满足要求。

齿轮箱最大动应力幅值没有超过 13 MPa,动车轴箱体最大动应力幅值为 41.6 MPa,拖车轴箱体的最大动应力幅值为 35.4 MPa。上述数值小于铝合金材料疲劳许用应力 44 MPa,说明在目前的运用工况和条件下,齿轮箱、动车和拖车轴箱结构强度满足要求。

三、电磁兼容性研究

1. 研究目的

根据铁道部"引进、消化、吸收、再创新"的部署,南车四方股份公司与沈阳飞机设计研究所合作,对 CRH_2-300 型动车组进行系统的电磁辐射干扰测试,研究动车组电磁干扰问题,提高动车组各电气系统间的电磁兼容性能以及最大限度地减少列车与外界环境的干扰问题。

2. 引用标准

EN50121-2:2000　铁道应用电磁兼容性第二部分:整个铁路系统对外界的辐射

EN50121-3-1:2000　铁道应用电磁兼容性第 3-1 部分:铁路车辆-列车与整车

TB/T 3034—2002　机车车辆电气设备电磁兼容性试验及其限值。

3. 测试地点

京津城际铁路永乐站站台东侧的开阔区域(JJK48 处左右)。

4. 环境噪声测试(背景噪声测试)

列车在离测试点 500 m 以外处,且全列停电。在测试点处进行环境噪声测试,要求架空线有电。

(1)磁场测试:9 kHz-150 kHz　带宽:200 Hz;

(2)磁场测试:150 kHz-30 MHz　带宽:9 kHz;

(3)电场测试(水平极化):30 MHz-300 MHz　带宽:120 kHz;

(4)电场测试:(垂直极化):30 MHz-300 MHz　带宽:120 kHz;

(5)电场测试(水平极化):300 MHz-1 000 MHz　带宽:120 kHz;

(6)电场测试:(垂直极化):300 MHz - 1 000 MHz　带宽:120 kHz。

5. 静态测试:(磁场测试和电场测试)

列车按要求停止在测试点(天线)处,以1号车T车的中间(安装辅助电源装置处)对准测试天线。

磁场测试:9 kHz - 150 kHz　带宽:200 Hz(调整扫描时间为1 s,扫描次数为5次);

磁场测试:150 kHz - 30 MHz　带宽:9 kHz;

电场测试(水平极化):30 MHz - 300 MHz　带宽:120 kHz;

电场测试:(垂直极化):30 MHz - 300 MHz　带宽:120 kHz;

电场测试(水平极化):300 MHz - 1 000 MHz　带宽:120 kHz(调整扫描时间为100 ms,扫描次数为10次);

电场测试:(垂直极化):300 MHz - 1 000 MHz　带宽:120 kHz(调整扫描时间为100 ms,扫描次数为2次)。

6. 动态测试:(磁场测试和电场测试)

列车以约45 km/h(50 ± 10 km/h)的速度接近测试点(天线),接到指令后以约动车组最大牵引力的1/3开始牵引,当整列车离测试点约500 m远时可以开始制动停车。测试车辆分别以M车(M1 ~ M6,带牵引变流器,M3或M5带受电弓)通过测试点(天线)为准。根据测试情况需要反复做多次。

列车以牵引模式通过测试点:列车以约45 km/h(50 ± 10 km/h)的速度接近测试点(天线),听到指令后以约动车组最大牵引力的1/3开始牵引。

磁场测试:9 kHz - 150 kHz　带宽:200 Hz(调整扫描时间为1 s,扫描次数为1次);

磁场测试:150 kHz - 30 MHz　带宽:9 kHz;

电场测试(水平极化):30 MHz - 300 MHz　带宽:120 kHz;

电场测试:(垂直极化):30 MHz - 300 MHz　带宽:120 kHz;

电场测试(水平极化):300 MHz - 1 000 MHz　带宽:120 kHz(调整扫描时间为100 ms,扫描次数为2次);

电场测试:(垂直极化):300 MHz - 1 000 MHz　带宽:120 kHz(调整扫描时间为100 ms,扫描次数为1次)。

7. 评定指标:辐射电磁干扰极限值

(1)静态测试的限值

静态测试的限值为图7 - 1 - 26中A线。

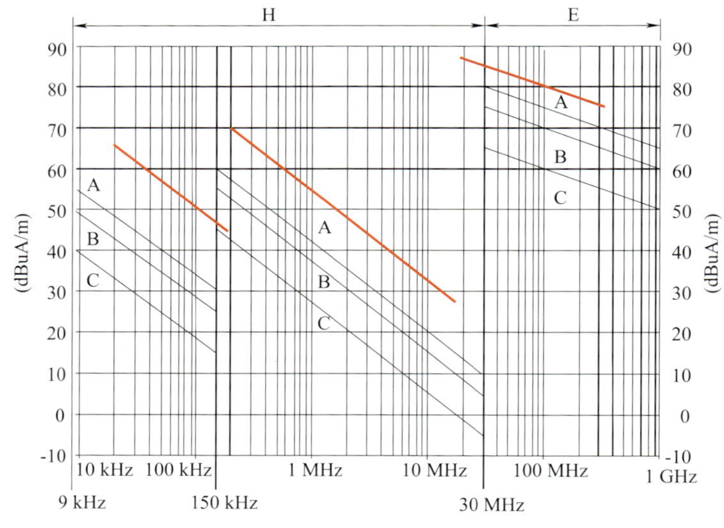

图7 - 1 - 26

(2)低速行驶(动态)测试的限值

低速行驶(动态)测试的限值为图 7－1－27 中 A 线。

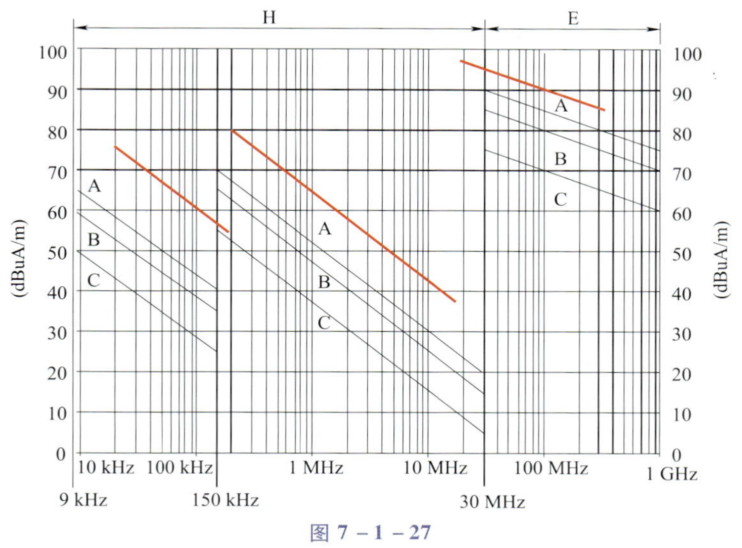

图 7－1－27

8. 测试设备

测试设备见表 7－1－16。

表 7－1－16

设备名称	型　号	指　　标	生产厂家	编　号	有效期
频谱分析仪	E4447A	3 Hz～40 GHz	Agilent	MY45300072	2008 年 7 月 19 日
接收天线	LPA30	200 MHz～1 000 MHz	EM	512	2008 年 7 月 28 日
接收天线	3110B	30 MHz～300 MHz	ETS	00046686	2008 年 7 月 28 日
接收天线	6507	1 kHz～30 MHz	ETS	049474	2008 年 7 月 28 日
风速计	DEM06	≤30 m/s	天津气象仪器厂	53045	2009 年 5 月 10 日
温湿度计	WHM5	－20 ℃～40 ℃ 0～100% RH	天津气象仪器厂	8793	2009 年 4 月 20 日

9. 测试现场

测试现场位于永乐站站台东侧(JJK48 处左右),测试点位于两个架空线线杆之间,天线距轨道中心 10 m,测试现场环境如图 7－1－28 所示。

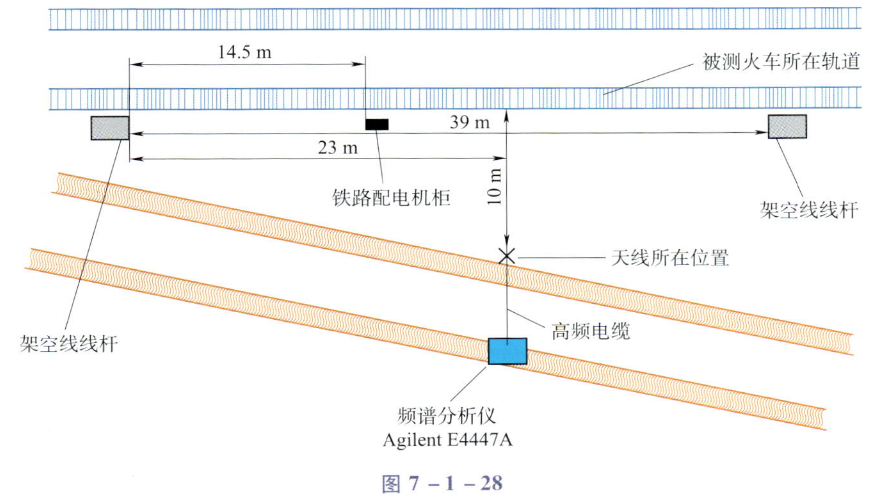

图 7－1－28

10. 测试数据(部分数据)

(1)环境噪声测试

环境噪声测量——磁场辐射发射(9 kHz~150 kHz),见图 7-1-29。

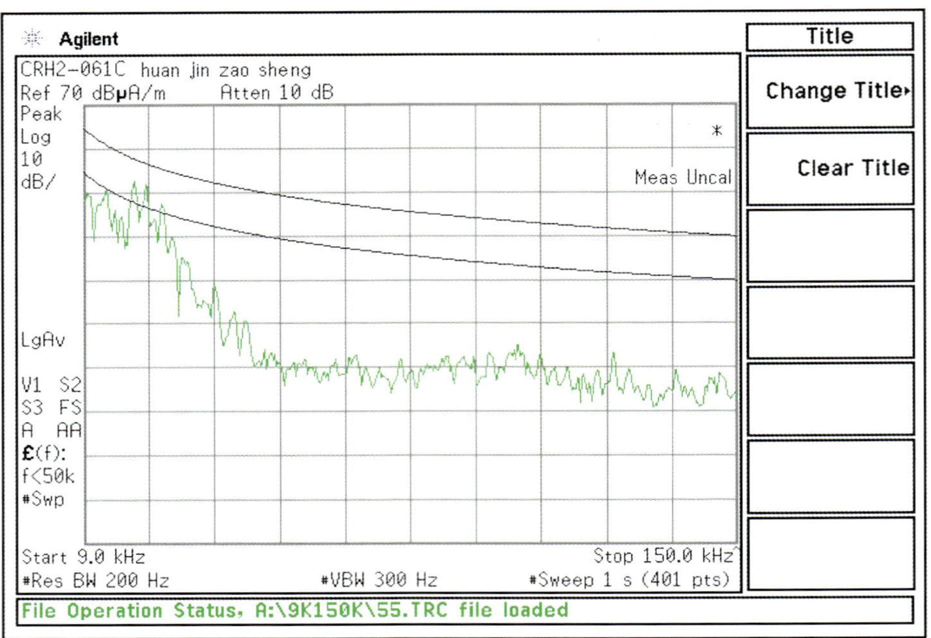

图 7-1-29

环境噪声测量记录,见表 7-1-17、表 7-1-18。

表 7-1-17

被测样品状态	背景,远离测试点		
测试现场温度	29 ℃	测试现场相对湿度	24%
测试现场风速	4.3 m/s	测试人员	雷虹、刘岳峰、洪铁山、孙敏

表 7-1-18

频率(kHz)	测试值(dBμA/m)	静止状态限值(dBμA/m)	相对静止状态的余量(dB)	低速状态限值(dBμA/m)	相对低速状态的余量(dB)
9.5	50.02	54.52	4.50	64.52	14.50
10.2	48.97	53.89	4.92	63.89	14.92
13.7	50.85	51.27	0.42	61.27	10.42
15.5	45.88	50.17	4.29	60.17	14.29
16.9	44.53	49.40	4.87	59.40	14.87
19.7	52.49	48.04	-4.45	58.04	5.55
22.2	51.84	46.98	-4.86	56.98	5.14
25.7	47.33	45.68	-1.65	55.68	8.35
27.9	39.61	44.95	5.34	54.95	15.34

(2)静止状态测试

静止状态测量——磁场辐射发射(9 kHz～150 kHz),见图 7－1－30。

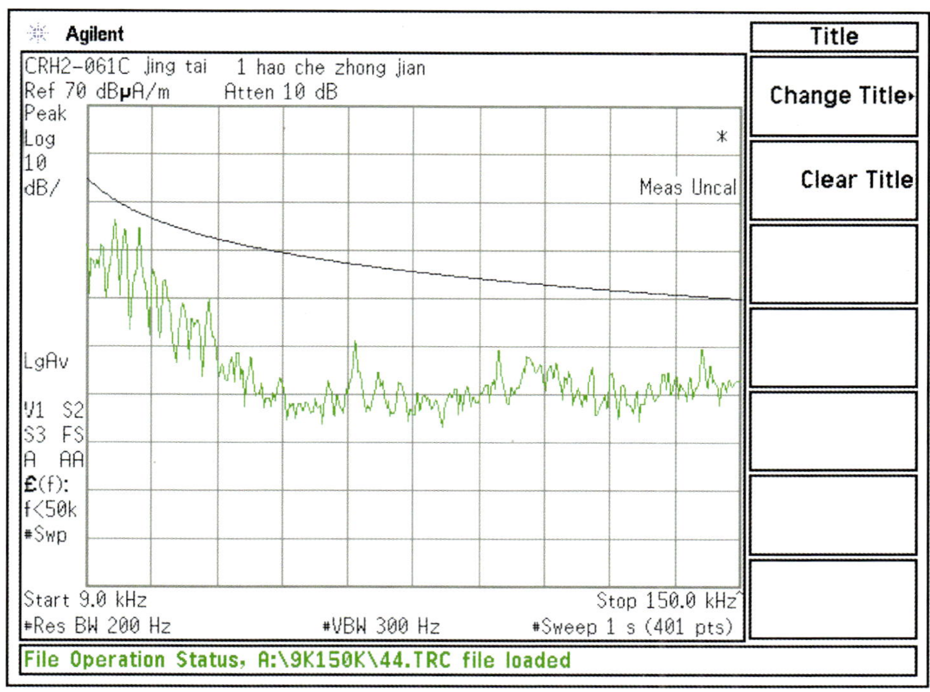

图 7－1－30

静止状态测量记录,见表 7－1－19、表 7－1－20。

表 7－1－19

被测样品状态	车辆处于静止状态,电动车组用电设备全部通电,辅助电源装置工作且牵引变流器通电但不工作		
测试现场温度	29 ℃	测试现场相对湿度	24%
测试现场风速	4.3 m/s	测试人员	雷虹、刘岳峰、洪铁山、孙敏
备注:测试位置,1 号车中部;扫描次数 5 次。扫描时间 1 s。			

表 7－1－20

频　率(kHz)	测试值(dBμA/m)	限　值(dBμA/m)	余　量(dB)
14.8	46.31	50.58	4.27
16.9	44.43	49.40	4.97
20.1	44.51	47.86	3.35
23.3	36.01	46.55	10.54
141.6	19.34	30.51	11.17

(3)低速状态(动态)测试

低速状态(动态)测量——磁场辐射发射(9 kHz～150 kHz),见图 7－1－31。

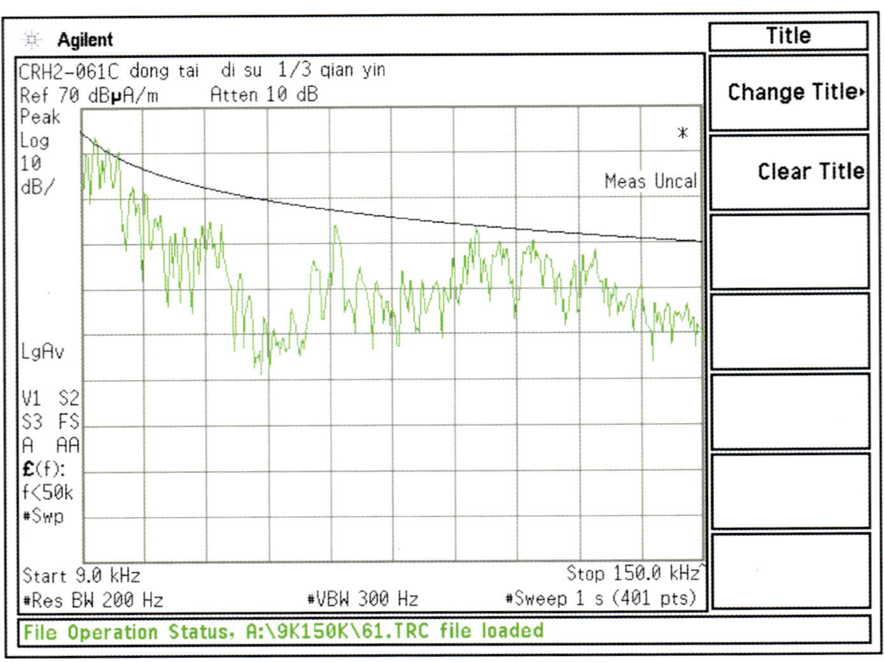

图 7－1－31

静止状态测量记录，见表 7－1－21、图 7－1－22。

表 7－1－21

被测样品状态	速度 50 km/h ± 10 km/h，以最大牵引力的 1/3 加速		
测试现场温度	29 ℃	测试现场相对湿度	24%
测试现场风速	4.3 m/s	测试人员	雷虹、刘岳峰、洪铁山、孙敏
备注：扫描次数 1 次，扫描时间 1 s。			

表 7－1－22

频　率(kHz)	测试值(dBμA/m)	限　值(dBμA/m)	余　量(dB)
9.8	59.67	64.24	4.57
11.9	63.54	62.52	－1.02
14.8	61.02	60.58	－0.44
17.2	60.27	59.24	－1.03
20.4	52.54	57.73	5.19
23.3	50.96	56.55	5.59
66.8	43.93	47.19	3.26
97.1	40.73	43.86	3.13
98.6	43.12	43.73	0.61
102.1	37.48	43.42	5.94
105.6	38.56	43.12	4.56
109.1	37.85	42.83	4.98
114.4	37.25	42.41	5.16
120.8	35.84	41.92	6.08
122.5	37.14	41.80	4.66
125.7	38.57	41.57	3.00

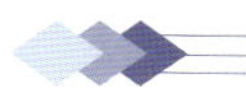

(4)环境噪声测试

环境噪声测量——磁场辐射发射(9 kHz～150 kHz),见图 7－1－32。

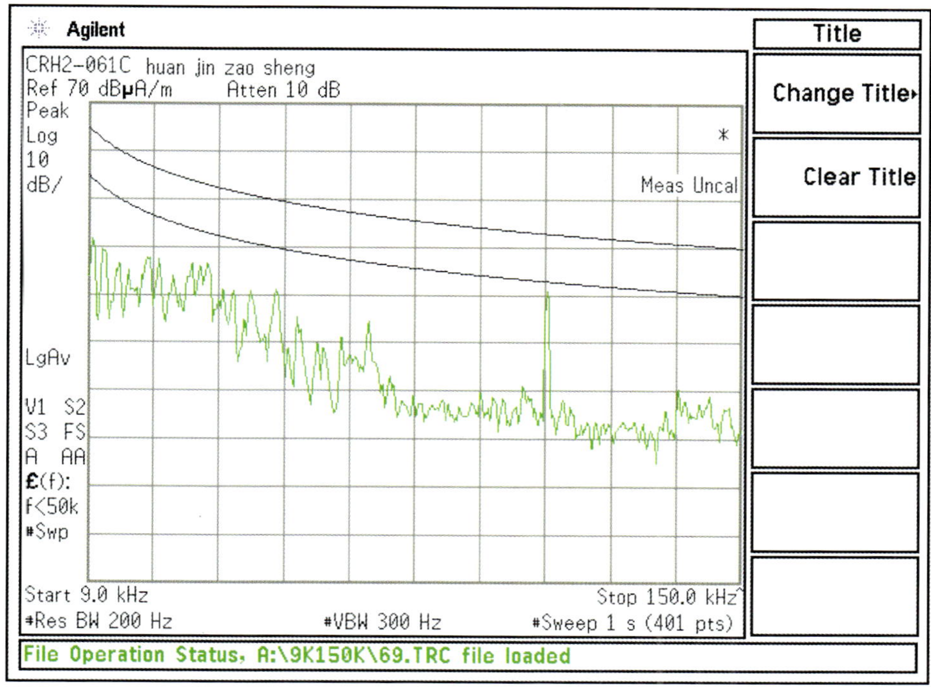

图 7－1－32

环境噪声测量记录,见表 7－1－23、表 7－1－24。

表 7－1－23

被测样品状态	背景,远离测试点		
测试现场温度	29 ℃	测试现场相对湿度	24%
测试现场风速	4.3 m/s	测试人员	雷虹、刘岳峰、洪铁山、孙敏

表 7－1－24

频率(kHz)	测试值(dBμA/m)	静止状态限值(dBμA/m)	相对静止状态的余量(dB)	低速状态限值(dBμA/m)	相对低速状态的余量(dB)
31.4	36.49	43.90	7.41	53.90	17.41
32.8	35.99	43.51	7.52	53.51	17.52
34.6	36.49	43.03	6.54	53.03	16.54
37.8	30.97	42.25	11.28	52.25	21.28
44.3	30.62	40.84	10.22	50.84	20.22
44.2	30.83	40.86	10.03	50.86	20.03
49.5	30.93	39.85	8.92	49.85	18.92
69.6	24.47	36.82	12.35	46.82	22.35
108.1	30.75	32.91	2.16	42.91	12.16

11. 结　论

(1)动车组静止状态下的磁场辐射发射(9 kHz～30 MHz)测试结果达到了试验要求。

(2)动车组低速运行状态下的磁场辐射发射(9 kHz ~ 30 MHz)测试结果达到了试验要求。
(3)动车组静止状态下的电场辐射发射(30 MHz ~ 300 MHz)测试结果达到了试验要求。
(4)动车组低速运行状态下的电场辐射发射(30 MHz ~ 300 MHz)测试结果达到了试验要求。
(5)动车组静止状态下的电场辐射发射(300 MHz ~ 1 000 MHz)测试结果达到了试验要求。
(6)动车组低速运行状态下的电场辐射发射(300 MHz ~ 1 000 MHz)测试结果达到了试验要求。

第二章　CRH3 型动车组

第一节　动车组基本情况

一、概　述

CRH3 型动车组是由中国北车集团唐山轨道客车有限责任公司生产制造,代表了当今世界高速铁路移动装备的先进水平。2008 年 4 月 11 日,首列 CRH3 型动车组下线,首批国产化 CRH3 型动车组也于 2008 年 8 月 1 日在京津城际铁路投入商业运营,其中的 CRH3 - 001C、CRH3 - 002C 和 CRH3 - 004C 号动车组参加了本次京津系统调试。

二、基本结构和性能

CRH3 型动车组为 4 动 4 拖 8 辆编组,采用电力牵引交流传动方式,由 2 个牵引单元组成,每个牵引单元按两动一拖构成。动车组具有良好的气动外形,两端为司机室,列车正常运行时由前端司机室操纵。两列动车组可以连挂运行,自动解编。

CRH3 型动车组设置一等坐车一辆、二等坐车 6 辆和一辆带厨房的二等坐车。一等车厢坐席采取 2 + 2 布置,二等车车厢坐席采取 2 + 3 布置,除带厨房的二等坐车采用固定坐椅外,其余车型均采用了可旋转坐椅,全车定员 556 人及 1 个轮椅存放区。

CRH3 型动车组配置以及平面布置如图 7 - 2 - 1 所示。

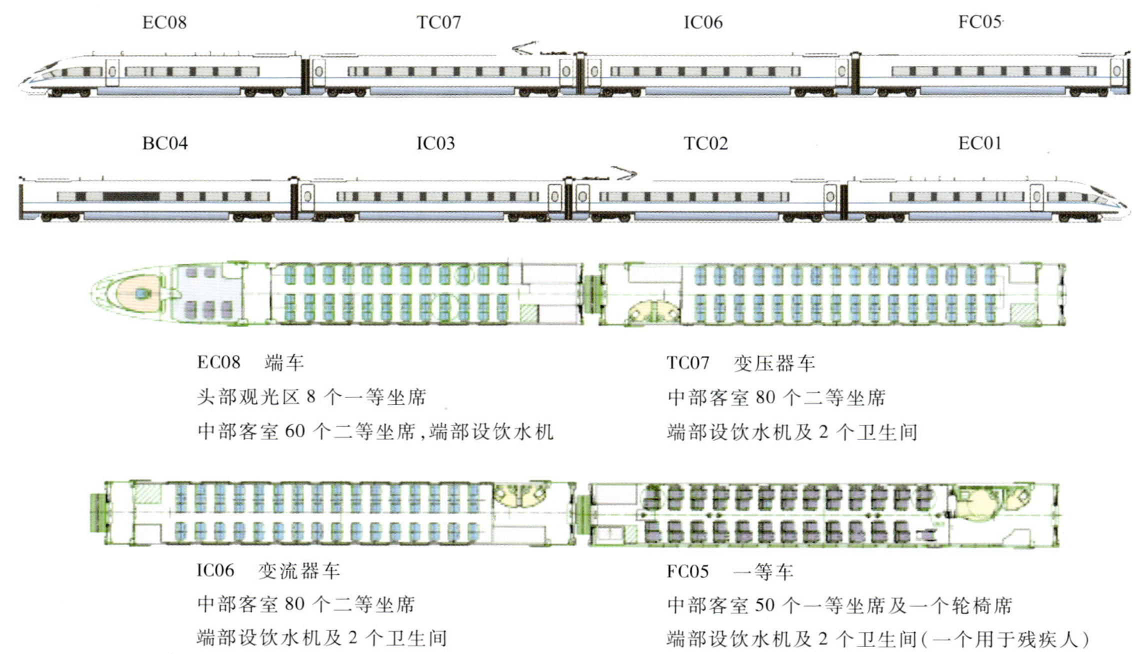

图 7 - 2 - 1　CRH3 型动车组配置及平面布置图(一)

BC04　餐车
中部为厨房，两端设乘务员室
50 个二等坐席、饮水机及 2 个卫生间

IC03　变流器车
中部客室 80 个二等坐席
端部设饮水机及 2 个卫生间

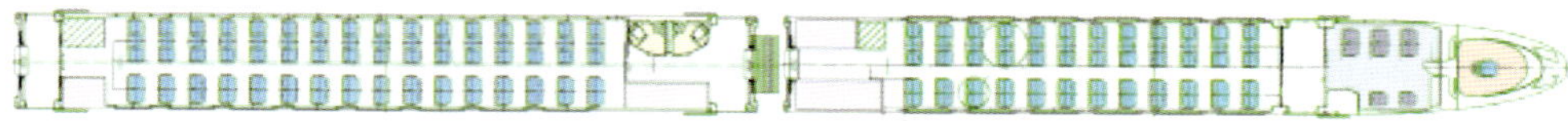

TC02　变压器车
中部客室 80 个二等坐席
端部设饮水机及 2 个卫生间

EC01　端车
头部观光区 8 个一等坐席
中部客室 60 个二等坐席，端部设饮水机

图 7－2－1　CRH3 型动车组配置及平面布置图(二)

如图 7－2－1 所示，在动车组的端车(EC01/08)上设司机室、观光一等区和二等客室，设有电热饮水机，配有一个动力单元；变压器车(TC02/07)设两个标准卫生间、电热饮水机和二等客室，并安装牵引变压器；中间变流器车(IC03/IC06)设有两个标准卫生间、电热饮水机和二等客室，并安装牵引变流器和压缩空气单元；餐车和二等车的合造车(BC04)设有厨房、吧台、就餐区、多功能乘务员室和二等客室，车下设有辅助变流器；一等车 FC05 设有设一个标准卫生间和一个残疾人卫生间、电热引水机和一等客室，在车端靠近车门处设有残疾人轮椅存放区，车下安装有辅助变流器。

动车组外形经过空气动力学优化设计，车顶空调和电气设备设有导流罩，车下设有封闭的设备舱，两端设有车钩导流罩，采用流线形设计，降低空气动力学阻力和噪声。

CRH3 型动车组的主要技术特点：

(1)动车组具有优良的牵引特性，在车轮半磨耗状态下，动车组牵引动力性能满足最小追踪间隔时间 3 min 的要求；动车组在 15 m/s 风速的逆风下能正常运行；牵引动力装置可利用的黏着系数 μ 在起动时大约为 0.15，如果 μ 小于此值，将启动防滑保护。

当动车组 25% 及以下动力失效时，在定员载荷下，可全程往返一次；当动车组 25% ～50% 动力失效时，在定员载荷下，可在 12‰的坡道上起动；当一列定员载荷的动车组因故障停在 12‰的坡道上，另一列空载动车组能够从坡底将故障动车组顶推到下一站。当动车组失去 25% 动力时，仍可以在 30‰坡道上起动。

(2)制动系统及其特性

CRH3 型动车组采用微机控制的直通电空制动系统，备用制动装置采用间接作用的空气分配阀，制动的复合方式为再生制动＋盘型制动。动车组的轮周再生制动功率约为 8 000 kW。

(3)辅助供电系统采用列车线供电方式，由分散布置在若干车厢的各电源设备向干线供电。车辆的车载电源的电力是通过牵引变流器的直流环节获得的。辅助变流器把直流电转换为车辆的车载电源系统的三相交流电。

(4)网络控制系统由列车控制微机网络系统完成信息传输功能。列车控制网络系统由两级传输组成：MVB 和 WTB。列车通信和控制微机网络系统应为车载分布式计算机网络系统。可由多级网络构成。通信协议基本上基于标准 UIC556 和 IEC61375－1：1999。

(5)车体采用大型挤压中空铝型材焊接而成，具有良好的绝缘及防腐特性，司机室采用弯曲铝型材梁和板状铝型材作蒙皮的焊接结构。车体筒形整体承载结构，强度按 EN12663 进行设计。车钩设有可自动回复的能量吸收装置。可保证与静止的相同的列车以 5 km/h 的速度进行非常规调车/挂车作业时，车钩装置不出现永久变形。车头前端鼻部的开闭机构能在司机室中操纵。车下安装设备采用吊挂安装方式，保证运用安全和安装方便。司机室前端下方装有排障器，排障器中央的底部能承受 137 kN 的静压力。

(6)转向架采用经过实践验证、性能优良的 SF500 转向架。为适应车体的加宽和速度的要求，仅对枕梁、减振器、弹簧参数、传动比等进行了适应性的改变和优化。其构架为 H 型焊接构架，圆锥滚柱轴承单元，轴箱转臂定位，一系悬挂是螺旋弹簧加垂向减振器，二系悬挂为带有辅助橡胶堆的空气弹簧直接支撑车体，在车体和转向架之间装有主动控制的抗蛇行减振器，采用 Z 型拉杆牵引装置。

（7）内装及车内设备

CRH3 采用了照明良好的开敞式平面布置概念。内装结构件是灵活性与模块化设计结合的典范。1 等车和 2 等车的基本原则是大多数内装设备采用标准化的、结构优雅的、有特色的部件组合来满足不同乘客的要求。特别注意了内饰布置和颜色方案的设计。颜色、形状和材料的结合突出高技术的要求和舒适的环境，又不会忽略动车组的成本效益和运行环境。动车组每侧有 11 个电动塞拉门，车门在关闭位置上是压力密封的，能够车辆运行时的气动载荷。车窗黏接在车体上，通过密封化合物与车体黏接在一起。坐椅采用轻量化可旋转坐椅。车内设电开水炉及带有真空便器的卫生间。

（8）空调系统

每辆车配有一套独立的空调系统。空调装置由紧凑的单元式空调机组、司机室空调装置、废气排放单元、压力保护系统、调节和控制装置组成。单元式空调机组安装在车顶上。卫生间和通过台加热器集成于空调控制系统中。利用来自客室内的废排空气来满足厕所和通过台的通风，通过与废排风道直接相连的风道将厕所内的空气排出。

（9）旅客信息系统

CRH3 型动车组上设旅客信息中心，设于乘务员室内，每车均设旅客信息系统、播音系统和共线电话，所有客室都装配有扬声器。在一等车坐位区域的顶板上安装 15 英寸平面液晶视频显示器，由视频中心向显示器发送视频信号，利用列车乘务室内的控制模块来控制视频节目。列车上设 GSM 手机通信系统，为旅客提供移动通信信号。

（10）运行控制系统车载设备

CRH3 型动车组上设有列车运行控制系统车载设备。这些车载设备包括列车自动防护系统（ATP）车载设备、轨道电路读取器（TCR）、机车综合无线通信设备（CIR）及自动过分相系统（GFX－3A）。

（11）防火安全性

按 DIN5510 和 EN45545 设计，火灾发生后，可以 80 km/h 的速度运行 10 min 的要求，车体、电气柜和重要电缆、外端门、重要电缆和系统的防护、材料选择等都采用特殊的设计。

三、主要技术参数

CRH3 型动车组主要技术参数见表 7－2－1。

表 7－2－1　CRH3 型动车组主要技术参数表

项　　目	参　数	单　位
最高运营速度	350	km/h
动车组定员	556＋1	人
动车组长度	200	m
平直道上纯空气紧急制动时的制动距离		
制动初速 300 km/h 时 制动初速 350 km/h 时	＜3 800 ＜6 500	m m
速度从 0 到 200 km/h 的平均加速度	～0.38	m/s^2
轮周最大牵引功率	8 800	kW
传动比	2.788	
动车组的轮周再生制动功率	～8 000	kW
列车两端过渡车钩中心高度	880^{+10}_{-5}	mm

续上表

项　　目	参　数	单　位
中间车辆长度	24 825	mm
头车长度	25 860	mm
车体宽度	3 265	mm
车辆高度（车顶距轨面高度，新轮，不含受电弓）	3 890	mm
受电弓落弓时高度	~4 500	mm
地板面距轨面高度（整备状态）	1 260	mm
最大静轴重	≤17	t
转向架中心距	17 375	mm
转向架固定轴距	2 500	mm
通过最小曲线半径		
连挂运行时	250	m
单车调车时	150	m
S 型曲线时：曲线 180 m + 最小过渡直线 10 m + 曲线 180 m		
车钩中心线距轨面高度	1 000	mm
车轮直径	ϕ920 动轮 ϕ860 拖轮	mm

第二节　动车组试验

为了确保动车组高速运营的可靠性、可用性、可维护性和安全性，在动车组本身调试完成后安排了一系列的整车试验，其中包括例行试验、型式试验和研究性试验。

动车组静态试验主要在中国铁道科学研究院环形铁道试验基地（以下简称“铁科院环行线”）实施，动态试验分别在铁道科学研究院环行线（170 km/h 以下）和京津城际铁路（200 km/h 以上）上进行。

一、例行试验

例行试验是为了证明所生产的动车组满足所有的规定指标。每节车辆和动车组都需要进行例行试验。需要完成测量和检查以说明符合设备、单车或者动车组型式试验定义的特性和标准。CRH3 型动车组例行试验分静态和动态试验，其中静态试验和低速动态试验分别在唐山轨道客车有限责任公司调试车间和试验线完成，高速动态试验分别在铁道科学研究院环形铁道和京津城际铁路上完成。

1. 静态制动性能试验

（1）试验目的

静止状态下检测动车组制动系统性能。

（2）试验依据

制动系统和压缩空气供应设计概念；

安全回路设计概念；

静态列车调试文件。

（3）试验方法

①直通式制动系统性能试验：

a. 常用制动和直接缓解试验。制动控制手柄由缓解迅速推到制动级位 1A－8 位，通过 HMI 观察制动显示信号，通过 ST03A 软件检查制动缸压力值，检测各个级位下常用制动性能。

将制动控制手柄由常用制动位迅速推到 REL 位，通过 HMI 观察缓解显示信号，通过 ST03A 软件检查制动缸压力值，检测常用制动各个级位到缓解的性能。

b. 紧急制动和缓解试验。制动控制手柄由 REL 位迅速拉到 EB 位，产生紧急制动作用，通过 HMI 观察制动信号显示状态为蓝色，通过 ST03A 软件检测制动缸最大压力值和相关变量值的改变情况，记录列车管减压到小于 0.7 bar 的时间和制动缸压力达到 95% 的时间。将制动控制手柄推到 OC 位，缓解紧急制动，通过 HMI 观察制动信号显示，通过 ST03A 软件检测制动缸压力值和相关变量值的改变情况，记录列车管增压到额定压力 95% 的时间和制动缸压力小于 0.4 bar 的时间。

将司机控制台上的蘑菇紧急按钮按下，将产生紧急制动作用，通过 HMI 观察制动信号显示，通过 ST03A 软件检测制动缸最大压力值和相关变量值的改变情况，记录列车管减压到小于 0.7 bar 的时间和制动缸压力达到 95% 的时间。将蘑菇紧急按钮拔出，缓解紧急制动，通过 HMI 观察制动信号显示，通过 ST03A 软件检测制动缸压力值和相关变量值的改变情况，记录列车管增压到额定压力 95% 的时间和制动缸压力小于 0.4bar 的时间。

通过操作使车下紧急制动阀（N04）动作，产生紧急制动作用，通过 HMI 观察制动信号显示，通过 ST03A 软件检测制动缸最大压力值和相关变量值的改变情况，记录列车管减压到小于 0.7 bar 的时间和制动缸压力达到 95% 的时间。

②备用制动系统试验。将司机室内的 C14 阀打开，激活备用制动系统。待制动管压力达到 6 bar，操纵备用制动手柄，将压力降到 4 bar ~ 4.5 bar 之间，通过 HMI 观察制动信号显示状态为蓝色，测量各车制动控制箱内 B02B60.18（DV 压力值）和 B02B60.22（制动缸压力值）。

将备用制动缓解，列车管压力达到 6 bar，操作备用制动手柄将列车管排空，记录相应时间应为 t > 10 s。给列车管充风，备用制动缓解，记录相应时间应为 t > 45 s。

2. 制动运行试验

（1）试验目的

在不同速度等级和不同制动状态下，检测 CRH_3 型动车组制动系统动态性能。

（2）试验依据

制动系统和压缩空气供应设计概念；

列车动态正线调试文件；

安全回路设计概念。

（3）试验方法

①直通式电空制动系统试验：

常用制动试验，测试制动软件功能：在各规定速度级实施制动试验，观察 HMI 制动信号状态的显示状况，通过软件检查制动功能情况，包括制动压力、制动距离等。

紧急制动试验，测量软件功能：在各速度级实施规定制动试验，以调整电制动的施加和退出的速度值，经过不同速度等级紧急制动的试验，主要用以调整电制动和空气制动的匹配关系，对软件进行数据调整；以及在纯空气制动情况下制动系统性能的试验。

②备用制动系统试验：备用制动作为电空直接制动的冗余，使用控制列车管压力实施制动。试验最高速度 80 km/h，将列车管压力由 6 bar 降至小于 4.5 bar，车辆的制动距离 S < 890 m。观察 HMI 制动信号显示为蓝色，检查制动压力值。

备用制动为间接制动，要求只能在低速情况下使用，试验验证了备用制动阀的工作压力；并且在启动了此阀后电空制动手柄失效，说明直接制动手柄和备用制动手柄互锁。

③停放制动安全试验：停放制动试验要求在行驶速度 20 km/h 情况下，施加停放制动，同时停放制动安全环路将断开，将会产生紧急制动，并且司机通过制动手柄的 OC 位也不能缓解直到车辆停止。此功能可以避免停放制动在行驶过程中突然施加后，带闸运行对车辆产生的损害。

④制动缓解回路试验：根据试验要求将头车上的压力开关(B60.11)断开，系统将无法获到通向制动缸的压力。将列车牵引加速，在20 s内牵引会被切除，将牵引手柄回到原始位置，制动使列车停止。在控制柜中将制动缓解回路关闭，列车牵引加速20 s后牵引不会被切除。

试验过程主要完成证明车辆缓解回路的功能，当车辆不能监测到来自压力开关信号时，缓解回路将被断开，因此牵引被切除。当将车上的缓解回路控制关闭后，车辆将可以运行，但这种状态只能用于应急情况。

⑤乘客紧急制动试验：乘客紧急制动由车箱内的乘客紧急手柄施加，产生最大常用制动力，如果司机将制动手柄推至OC位，可以将乘客紧急缓解。

试验验证乘客紧急手柄作用正常，同时证明司机对其的控制作用，保证司机可以将车停在安全的地方，保证乘客安全。所有的乘客紧急手柄在厂内都进行了调试，保证其电信号的正确。

3. 总风缸气密性试验

(1)试验目的

检查IC03，IC06车上的A14/2总风缸，其余车上A14总风缸和附属装置的气密性。

(2)试验依据

制动系统和压缩空气供应设计概念；

静态列车调试文件。

(3)试验方法

动车组空压机启动，将压缩空气压力达到最大工作压力，关闭相应车上的Z17、Z21、B20、B27和L02阀。测量总风缸压力下降值，其下降值不得大于20 kPa/5 min。

4. 整车压缩空气系统气密性试验

(1)试验目的

检测整车压缩空气系统气密性。

(2)试验依据

制动系统和压缩空气供应设计概念；

静态列车调试文件。

(3)试验方法

动车组在正常状态下，使总风压力下降到8.5 bar以下，将空气压缩机启动，空气压力达到最大工作压力。此时要求车内无人或无人走动，塞拉门关闭。通过HMI将空气压缩机关闭，保压5 min，压力下降应小于30 kPa。

5. 升弓风缸气密性试验

(1)试验目的

检查升弓风缸的气密性。

(2)试验依据

制动系统和压缩空气供应设计概念；

单车静态调试文件。

(3)试验方法

需要将受电弓降下，排空总风缸压力，将B20，U03.07阀关断，通过软件启动辅助空压机，检查制动控制箱内压力表U03.05的压力，压力必须大于8.0 bar，测量升弓风缸和其附属装置的气密性，保压5 min，压力下降需小于0.15 bar。分别对TC02/TC07车进行试验。

6. 主空压机供风能力试验

(1)试验目的

检查空压机工作状态，及给车辆供风的时间。

(2)试验依据

制动系统和压缩空气供应设计概念；

静态列车调试文件。

(3)试验方法

将总风缸、制动风缸、总风管、列车管、空簧内的压缩空气全部排空，此时启动空气压缩机给列车供风，通过压力表在C07/1检测，管路内压力从0 ~10 bar的时间应该小于25 min。

保留空簧内的压缩空气，将其他储风设备排空后，启动空气压缩机给列车供风，通过压力表在C07/1检测，管路内压力从0 ~10 bar的时间应该小于12 min。

7. 辅助空压机性能试验

(1)试验目的

检验在没有总风压力的情况下，辅助空压机的供风性能试验和时间。

(2)试验依据

制动系统和压缩空气供应设计概念；

静态列车调试文件；

单车静态调试文件。

(3)试验方法

将受电弓降下，总风缸的压缩空气排空，在制动控制箱U03.08上连接压力表进行监测，在司机室推动受电弓升弓按钮，同时辅助空压机启动，在空气压力达到8.0 bar ± 25 kPa时辅助空压机停止，辅助空压机工作时间小于6 min。此试验需要在两个司机室分别进行。

8. 其他压缩空气设备的试验

(1)试验目的

检查风笛，撒沙装置，雨刷装置等压缩空气装置的功能试验。

(2)试验依据

制动系统和压缩空气供应设计概念；

静态列车调试文件。

(3)试验方法

①风笛装置试验

在司机室操纵台上启动风笛按钮进行试验，风笛的声音分为低音和高音两种，而且需要两个司机室进行试验。

②撒沙装置试验

在司机室操纵台上启动撒沙装置按钮进行试验，撒沙装置有两种工作方式：前进方向上撒沙管撒沙；所有撒沙管撒沙。通过操作在车下对撒沙情况进行检查。在正常状态下，撒沙管应有低压空气排除，需要对每一个撒沙管进行检查。

③雨刷装置试验

通过操作司机室操作台上的旋钮，对雨刷装置进行功能试验。

9. 受电弓静态性能试验

(1)试验目的

调整受电弓，检验快速降弓功能，检查辅助空气压缩机、车顶导线隔离器和总开关的控制装置的功能。

(2)试验依据

高压系统设计概念；

受电弓调整调试文件。

(3)试验方法

①接触电动势的调整：在受电弓上开始检验工作之前将受电弓的抬升高度限制在2.4 m ± 0.1 m

上，调整接触电动势为 80 N。

②接触电动势的检查：在向下缓慢运动的情况下，当抬升高度为 2 m、1.5 m 和 1 m 时接触电动势应在 85 N 至 90 N 之间；在向上缓慢运动的情况下，当抬升高度为 1 m、1.5 m 和 2 m 时接触电动势应在 70 N 至 75 N 之间。

③升降时间的调整：通过阀门盘上的节流阀调整升弓和降弓时间，受电弓在 8 s ± 2 s 时间内抬升完毕，在 5 s ± 1 s 时间内降弓完毕。

④自动降弓装置的检验：受电弓处于升起状态，打开检验阀，触发快速降弓系统。受电弓应在 1 s 内降至规定值。

⑤接触滑板监控装置压力开关的调整：旋转调节轮，调整开关点，接通点在 3.0 bar（ +／－0.1 bar）上，关闭点在 2.8 bar（ +／－0.1 bar）上。

⑥测试辅助空气压缩机功能。

⑦测试车顶导线隔离器（DLTR）和总开关（真空断路器）功能。

10. 接地回流装置检查试验

（1）试验目的

保证经由轮对触点工作接地点正确。

（2）试验依据

安全回路设计概念；

车辆接地设计概念；

静态列车调试文件。

（3）试验方法

在保证车辆在关断状态下，拔除外部电源。不能有到轨道或框架内任何其他等电势轨道的外部保护连接。断开车体和轴轮接地触点之间的保护性接地。连接实验装置测量，测量电阻值应小于等于 50 mΩ。

11. 基本功能试验

（1）试验目的

检验照明、空调、及内外门的动作是否正常。

（2）试验依据

外部和内部照明设计概念；

外门系统设计概念；

静态列车调试文件。

（3）试验方法

①控制照明的 MVB 信号通过 SIMIT 试验台来模拟实现，根据试验文件检测主照明、应急照明的功能及主照明、应急照明、阅读灯等不同电路的灯的位置的分布的正确性。

②测试完接触器控制后，将测试耗电连接器的 380 V/440 V 供电电压，确保供电电压正确，且为顺时针相序。然后对空调进行制冷制暖等功能测试，主要包括测试设定点温度与监控器上温度、压力点接近，“回风”设定点与实际“回风”信号接近。

③在司机室占用头车，测试从司机室进行操作的左右两边门缓解和全车门的禁用功能；同时还控制在开关车门时不会出现车门故障消息；测试远程关闭命令的功能。具体有：门编码校验、遥测传感器调整与配置、电子位置测量—脉冲设定、内门通过触发红外遥测传感器来测试门的功能，并测试其紧急按钮和锁闭功能。

12. 旅客信息系统试验

（1）试验目的

检验列车大范围通信，视频和音频总线的功能，GPS 的功能，以及在 FC05 车上的音频模块的寻址功能。

(2)试验依据

静态列车调试文件

(3)试验方法

①UIC 对讲机功能检验连续通过完整 EMU 的 UIC－电缆,在先头车上开始广播,检查各节车厢内的广播。

②PIS 系统控制器(STC)－网络和－显示器,连接到 EMU 内所有 PIS 元件和 MVB 上的系统控制器的功能和控制。内部和外部显示器的功能和控制。

③扩展的对讲机和 PA 功能性,听筒间的功能通信。

④预定义广播和－文本的 PIS 系统控制器,预定义声音广播的功能,优先广播。

⑤背景音乐,背景音乐的功能和控制。

⑥音频/视频系统,视频系统的功能和控制。

⑦紧急和服务信号,门信号的处理,触发紧急制动器的指示,在残疾人坐位和 WC 内呼救的功能和指示。

13. 网络重联控制功能试验

(1)试验目的

本试验的目的在于检测前车钩处的硬件控制信号。

(2)试验依据

连挂和解编设计概念;

监控等级(EMU 重联)调试文件。

(3)试验方法

①为了实施该试验,必须应使两列 EMU 的连挂方向开关都打到一个确定位置。一列固定不动,当此列连挂准备完成后另一列靠近连挂,在连挂程序启动后进行新的列车配置。此过程应使用前车钩转接器连接前车钩电动头。前车钩信号可通过指示灯和开关在前车钩转接器控制板上进行检测和操纵。

②可通过向列车控制器发送脉冲信号并等待响应来使用标准网卡检测 PIS 数据总线。

③可重新布置 CCU 中的 WTB 接线,从可在 TE1 和 TE2 的 WTB 连接处形成前车钩的 WTB 电缆回路,从而可实施功能试验。

14. 辅助电气设备和辅助电源试验

(1)试验目的

检查三相耗电器的供电,包括空调系统、开水炉、230 V 插座、司机室前窗加热装置的供电和由车载电源变压器送电的那些耗电器的供电。

对车载直流和交流电源系统进行测试。

(2)试验依据

车载电源设计概念;

电源模块(EVB)调试文件。

(3)试验方法

①检查外部电源键锁开关:使用万用表检测文件所要求的点的电气连接情况。

②正常运行的 ACU:蓄电池接通、在占用司机室后,对应开关移到对应位置,将手提电脑连接 ACU,用软件 SIBMON 检查输入电压、电流,输出电压、电流。

③正常运行的 BC:蓄电池接通、占用司机室后,各开关移到对应位置,将手提电脑连接至车辆 BC04 和 FC05 内的 BC 服务接口,并启动服务软件 SIBMON,检查输入电压、蓄电池电压和蓄电池充电电压。

④交流和直流接地故障值检查:蓄电池接通、占用司机室后,各开关移到对应位置,在(电源→蓄

电池状况)CCU 菜单中,检查直流接地故障值(接地故障值 <25% 或 >70% 时会出现接地故障,必须进行校正,正常值约为 45%)。

在(电源→CS CONVSTAT)下的 CCU 菜单内检查交流接地故障值,交流网络中 ACU1 接地故障值、交流网络中 ACU2 接地故障值、交流网络中 ACU2 接地故障值共 3 个交流接地故障值全都 <100%,并且 3 个值几乎相同的。

⑤外部 ACU 电源:在蓄电池接通、不占用司机室、受电弓步升起的状态下,将"EXT. POWER SUPPLY"(外部电源)钥匙锁闭开关 =31 - S01 移动到位。将所用钥匙从"EXT. POWER SUPPLY"(外部电源)钥匙锁闭开关 =31 - S01 中取出并用其打开车辆 BC04 内的"EXT. POWER SUPPLY"(外部电源)插座 =31 - T02 - X20。"EXT. POWER SUPPLY"(外部电源)插座 =31 - T02 - X20 被打开后,所用钥匙不能从"EXT. POWER SUPPLY"(外部电源)钥匙锁闭开关 =31 - S01 中取出。

在车辆 BC04 内,将外部电源从"EXT. SHORE SUPPLY"(外部电源)插座 =31 - T02 - X20 中去除,并取出所用钥匙。使用从"EXT. POWER SUPPLY"(外部电源)=31 - S01 中取出的钥匙打开车辆 FC05 内的"EXT. POWER SUPPLY"(外部电源)插座 =31 - T02 - X20。"EXT. POWER SUPPLY"(外部电源)插座 =31 - T02 - X20 打开时,所用钥匙不能从"EXT. POWER SUPPLY"(外部电源)钥匙锁闭开关 =31 - S01 中取出。最后,将钥匙锁闭开关 =31 - S01 移动至"440V ON"(440V 接通)位置。

15. 安全设备的检查

(1)试验目的

检查有关行车安全的各部位检查。

(2)试验依据

静态列车调试文件。

(3)试验方法

①司机室:各手柄动作灵活;左侧开关柜内各开关均在打开位置,右侧开关柜内开关在垂直位置;停放制动按钮、紧急制动按钮功能正常。

②塞拉门功能:集控、单控功能正常,机械锁功能正常。

③转向架:制动软管连接无泄漏,齿轮箱油位正常,制动盘无划伤,制动闸片无严重磨损。

④车下悬挂件:吊装螺栓无松动;各设备箱盖板安装牢固,底板、裙板螺栓紧固。

⑤制动系统:制动测试通过,各车的制动显示正确,各速度传感器、加速度传感器安装紧固,各阀手柄位置正常。

⑥车内各空调工作正常;受电弓升降正常;车内外信息显示正常。

16. 电气系统的各种保护试验

(1)试验目的

此试验目的是为了检查 CCU 内网络电压、网络电流、变压器电流和接地电流互感器、蓄电池测量点和差动电流的功能状态

(2)试验依据

电源区域保护功能调试文件。

(3)试验方法

①检查 TC02、TC07 车 内的网络变压器和变压器 - 电流互感器已正确安装,主要通过测量其接线之间的阻值,检查变压器电路和连接至端子"L"的接地连接的总电阻应低于 5 Ω。

②测量 TC02、TC07 车辆内网络电压互感器的映射电压在 23.75 kV 和 26.25 kV 之间(即在 25 kV 的上下 5% 范围内)。

③测量网络电流互感器 =10 - T03 的实际值映射,使试验线路从网络电流互感器 10 - T03 处通过 5 次,同样使试验线路通过钳形电流表 5 次,连接调压变压器和网络电流互感器 =10 - T03,使用调压变压器将电流设定为 10 A。分别在 EC01 的 CCU1 和 CCU2 菜单上检查网络电流应在 47.5 A 和

52.5 A 之间(即在 50 A 的上下 5% 范围内)。

④变压器 - 电流互感器 =10 - T04 的实际值映射:使试验线路通过钳形电流表 5 次,连接调压变压器和变压器 - 电流互感器 =10 - T04,使用调压变压器将电流设定为 10 A。分别在 EC01 的 CCU1、CCU2 和 TCU 以及 IC03 的 TCU 菜单上检查变压器 - 电流(谐波电流)应在 47.5 A 和 52.5 A 之间(即在 50 A 的上下 5% 范围内)。

17. 绝缘试验

(1)试验目的

为排除对电线绝缘材料的损坏,要对车辆布线进行耐压试验、绝缘电阻测量与对车顶高压电缆及电缆接头局部放电情况的检测。

(2)试验依据

电气绝缘试验文件。

(3)试验方法

首先用不同电压等级的短路插头将不同的电压等级的配线接地。然后在试验进行期间将一个电压等级与接地分离,以便检测接地时或其他电压等级时潜在的短路。最后,所试验的电压等级必须重新接地并对下一个电压等级重复此过程。主要分为:

①绝缘电阻:用于排除对内装电缆绝缘材料的损坏,在电压等级试验期间,重要的是要把短路插头处的实际电压等级从车辆接地处断开且用试验电压进行试验。短路插头处的其他电压等级要保持连接在车辆接地上。电压等级分为:AC25 KV、DC3 KV、AC1 550 V、AC440 V、AC230 V、DC110 V。

②耐压试验:用于排除对内装电缆绝缘材料的损坏,在电压等级试验期间,重要的是要把短路插头处的实际电压等级从车辆接地处断开且用试验电压进行试验。短路插头处的其他电压等级要保持连接在车辆接地上。电压等级分为:AC25 KV、DC3 KV、AC1 550 V、AC440 V、AC230 V、DC110 V。

③局部放电试验:用于检测车顶高压电缆及电缆接头的局部放电情况。

18. 称重试验

(1)试验目的

测量车辆总重及轮重差和轴重差。

(2)试验依据

称重试验规程及相关文件。

(3)试验内容

必须是在无连挂和无制动的情况下对车辆逐个轴地进行称重。称重前安放在弹簧和滑动部件上的车辆必须行驶在不平的线路上或变换装置上,然后给车体定中心(检查转向架横向通过曲线)。要在紧急弹簧和空气弹簧上分别实施 4 次完整的称量。如果证明在紧急弹簧和空气弹簧上进行称重之间没有产生重大的车轮荷载差值(在 8 个车体上得到证明),就可以放弃在空气弹簧上的称重。

19. 车载列控设备试验

(1)试验目的

本试验确保列车控制系统的电源及其中断和软件信号路径正确布置,测试了属于电路图组 =44 组成部分的所有接触器、开关元件和显示屏元件。

(2)试验依据

静态列车调试文件。

(3)试验内容

调整并检查接触电动势;检查列车控制系统中的电源及其中断和软件信号路径正确布置;检查连接器 X10,连接器 X11,连接器 X14 等的接线情况并在 SIMIT 的操作屏中检查 MCB 的反馈情况,最后做列车静态和动态试验(由供应商进行)。

在京津城际铁路上主要是配合 ETCS 供应商进行 ETCS 联调试验,主要包括:

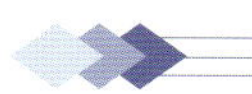

①TCR 问题处理,对接收线圈接线进行更改,配合完成 TCR 系统地面测试,以及线路测试。

②ETCS 系统应答器测试。

③进站出站交路测试。

④正线交路测试。

⑤侧线测试。

⑥逆行交路测试。

⑦公里标标定试验。

⑧跨线试验。

⑨ATP 控车自动过分相试验。

20. 过分相试验

(1)试验目的

测试 GFX-3A 系统中天线的运行及设置。

(2)试验依据

静态列车调试文件;

单车静态调试文件。

(3)试验内容

天线设置高度和距离准确;测试 EC01, EC08 过分相设备的功能进入分相区和分相区结束等,然后进行过分相动态运行试验。

GFX-3A 功能在公司动调线和京津城际高速上无法试验,需要在既有线上进行 GFX-3A 动态调试。

①手动过分相:手动过分相分为两种方式:手动主断路器分断、闭合方式;通过过分相按钮进行主断路器分断、然后手动闭合。

以上两种手动过分相方式已经在出厂调试阶段或线路试验完成,经过京津城际铁路线路实际考验,没有问题。图 7-2-2 为手动过分相数据监控。

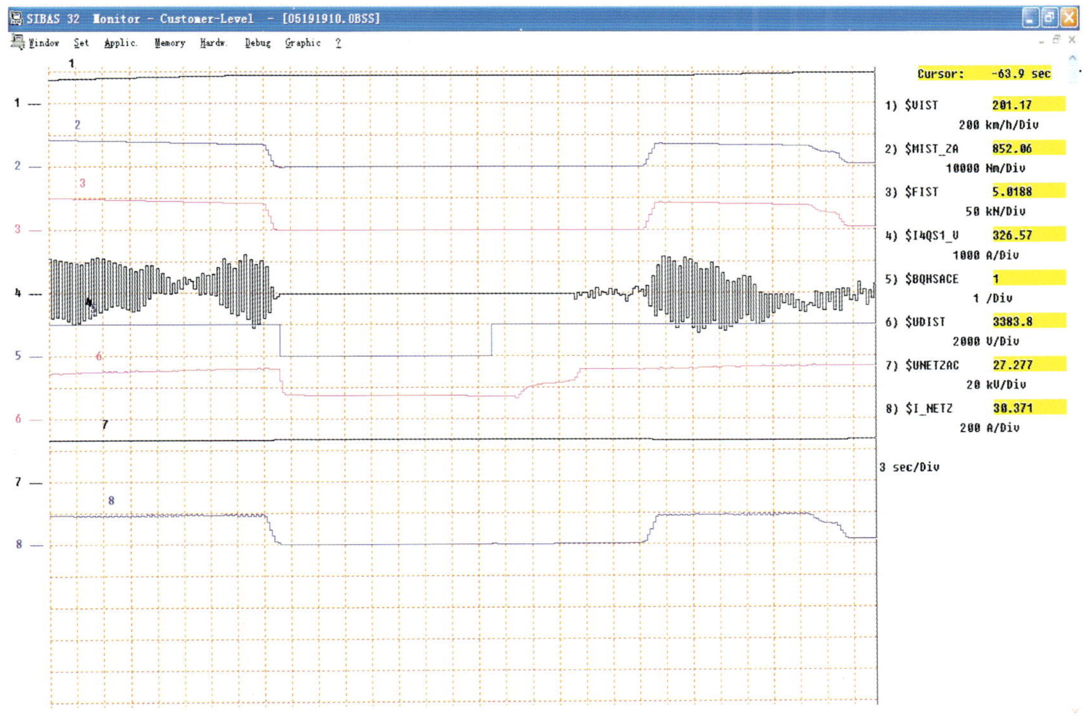

图 7-2-2　手动过分相数据监控图

②GFX－3A 自动过分相：通过 GFX－3A 自动过分相设备，在 200 km/h 以下的速度实施自动过分相。

③ETCS 自动过分相：需要与 ETCS 供应商配合，才可以进行，而且地面 ETCS 系统必须具备条件。

21. 整车气密性试验

(1)试验目的

通过气密性试验检查列车是否能满足旅客的舒适性要求。检查车体、组装在生产、装配过程中是否满足气密性要求，影响试验的问题应由相关单位进行修改。

(2)试验依据

车体动力学－压力紧密性试验文件。

(3)试验方法

①起始压力条件规范：设置车厢内过压及欠压的开始值为 ±4 000 Pa。压力衰减时间测量开始前，最小的过压或最大的欠压至少维持 60 s，允许超出起始压力 20%。关闭送风机阀门开始测量衰减时间。

表 7－2－2 中数值为理论要求值。

表 7－2－2

P 测量值(Pa)	t 测量值(s)	Δt 测量值(s)	＞Δt 极限值(s)	通过
4 000	0			
3 000	17	17	15	是
2 000	44	27	25	是
1 000	84	40	38	是
总计		84	78	是
P 测量值(Pa)	t 测量值(s)	Δt 测量值(s)	＞Δt 极限值(s)	通过
－4 000	0			
－3 000	14	14	10	是
－2 000	42	28	20	是
－1 000	80	38	38	是
总计		80	78	是

表 7－2－3 中数值为前三列实际测量值。

表 7－2－3

001－1

压　力(Pa)	时　间(s)
4 000 ~ 3 000	19.5
3 000 ~ 2 000	26.7
2 000 ~ 1 000	37.7
总　和	83.3
－4 000 ~ －3 000	21.7
－3 000 ~ －2 000	28.6
－2 000 ~ －1 000	41.8
总　和	92.1

002－1

压　力(Pa)	时　间(s)
4 000 ~ 3 000	27.0
3 000 ~ 2 000	37.5
2 000 ~ 1 000	57.1
总　和	121.6
－4 000 ~ －3 000	26.5
－3 000 ~ －2 000	35.4
－2 000 ~ －1 000	52.4
总　和	114.8

003－1

压　力(Pa)	时　间(s)
4 000 ~ 3 000	20.6
3 000 ~ 2 000	27.4
2 000 ~ 1 000	39.3
总　和	87.3
－4 000 ~ －3 000	18.9
－3 000 ~ －2 000	24.7
－2 000 ~ －1 000	37.7
总　和	81.3

001 －2

压　力(Pa)	时　间(s)
4 000 ~3 000	16.5
3 000 ~2 000	25.6
2 000 ~1 000	39.5
总　和	81.6
－4 000 ~ －3 000	19.8
－3 000 ~ －2 000	26.0
－2 000 ~ －1 000	38.7
总　和	84.5

002 －2

压　力(Pa)	时　间(s)
4 000 ~3 000	25.9
3 000 ~2 000	36.4
2 000 ~1 000	55.0
总　和	117.3
－4 000 ~ －3 000	24.9
－3 000 ~ －2 000	33.5
－2 000 ~ －1 000	50.6
总　和	109

003 －2　　续上表

压　力(Pa)	时　间(s)
4 000 ~3 000	29.6
3 000 ~2 000	41.2
2 000 ~1 000	62.1
总　和	132.9
－4 000 ~ －3 000	22.6
－3 000 ~ －2 000	31.0
－2 000 ~ －1 000	46.5
总　和	100.1

001 －3

压　力(Pa)	时　间(s)
4 000 ~3 000	18.2
3 000 ~2 000	26.9
2 000 ~1 000	41.7
总　和	86.8
－4 000 ~ －3 000	27.8
－3 000 ~ －2 000	36.1
－2 000 ~ －1 000	52.9
总　和	116.8

002 －3

压　力(Pa)	时　间(s)
4 000 ~3 000	18.9
3 000 ~2 000	26.4
2 000 ~1 000	41.0
总　和	86.3
－4 000 ~ －3 000	17.6
－3 000 ~ －2 000	24.3
－2 000 ~ －1 000	34.6
总　和	76.5

003 －3

压　力(Pa)	时　间(s)
4 000 ~3 000	25.7
3 000 ~2 000	34.7
2 000 ~1 000	52.4
总　和	112.8
－4 000 ~ －3 000	22.6
－3 000 ~ －2 000	31.0
－2 000 ~ －1 000	46.5
总　和	100.1

001 －4

压　力(Pa)	时　间(s)
4 000 ~3 000	18.2
3 000 ~2 000	26.9
2 000 ~1 000	41.7
总　和	86.8
－4 000 ~ －3 000	27.8
－3 000 ~ －2 000	36.1
－2 000 ~ －1 000	52.9
总　和	116.8

002 －4

压　力(Pa)	时　间(s)
4 000 ~3 000	18.9
3 000 ~2 000	26.4
2 000 ~1 000	41.0
总　和	86.3
－4 000 ~ －3 000	17.6
－3 000 ~ －2 000	24.3
－2 000 ~ －1 000	34.6
总　和	76.5

003 －4

压　力(Pa)	时　间(s)
4 000 ~3 000	25.7
3 000 ~2 000	34.7
2 000 ~1 000	52.4
总　和	112.8
－4 000 ~ －3 000	22.6
－3 000 ~ －2 000	31.0
－2 000 ~ －1 000	46.5
总　和	100.1

001 －5

压　力(Pa)	时　间(s)
4 000 ~3 000	29.0
3 000 ~2 000	40.7
2 000 ~1 000	57.8
总　和	127.5
－4 000 ~ －3 000	24.8
－3 000 ~ －2 000	33.6
－2 000 ~ －1 000	49.3
总　和	107.7

002 －5

压　力(Pa)	时　间(s)
4 000 ~3 000	22.5
3 000 ~2 000	30.7
2 000 ~1 000	45.2
总　和	98.4
－4 000 ~ －3 000	24.5
－3 000 ~ －2 000	32.3
－2 000 ~ －1 000	47.2
总　和	104

003 －5

压　力(Pa)	时　间(s)
4 000 ~3 000	23.3
3 000 ~2 000	30.5
2 000 ~1 000	44.5
总　和	98.3
－4 000 ~ －3 000	21.5
－3 000 ~ －2 000	29.7
－2 000 ~ －1 000	43.9
总　和	95.1

续上表

001－6

压　力(Pa)	时　间(s)
4 000～3 000	23.0
3 000～2 000	30.5
2 000～1 000	44.8
总　和	98.3
－4 000～－3 000	22.0
－3 000～－2 000	29.9
－2 000～－1 000	44.7
总　和	96.6

002－6

压　力(Pa)	时　间(s)
4 000～3 000	26.2
3 000～2 000	35.6
2 000～1 000	51.2
总　和	113
－4 000～－3 000	20.6
－3 000～－2 000	26.6
－2 000～－1 000	40.2
总　和	87.4

003－6

压　力(Pa)	时　间(s)
4 000～3 000	23.0
3 000～2 000	29.6
2 000～1 000	44.9
总　和	97.5
－4 000～－3 000	21.8
－3 000～－2 000	28.3
－2 000～－1 000	41.9
总　和	92.0

001－7

压　力(Pa)	时　间(s)
4 000～3 000	23.1
3 000～2 000	35.9
2 000～1 000	62.1
总　和	121.1
－4 000～－3 000	24.5
－3 000～－2 000	32.5
－2 000～－1 000	45.8
总　和	102.8

002－7

压　力(Pa)	时　间(s)
4 000～3 000	29
3 000～2 000	39.3
2 000～1 000	58.1
总　和	126.4
－4 000～－3 000	31.9
－3 000～－2 000	44.1
－2 000～－1 000	66.0
总　和	142

003－7

压　力(Pa)	时　间(s)
4 000～3 000	22.5
3 000～2 000	30.4
2 000～1 000	44.9
总　和	97.8
－4 000～－3 000	21.3
－3 000～－2 000	28.7
－2 000～－1 000	41.6
总　和	91.6

001－8

压　力(Pa)	时　间(s)
4 000～3 000	20.9
3 000～2 000	29.2
2 000～1 000	43.1
总　和	93.2
－4 000～－3 000	21.7
－3 000～－2 000	28.7
－2 000～－1 000	41.6
总　和	92.0

002－8

压　力(Pa)	时　间(s)
4 000～3 000	21.3
3 000～2 000	29.5
2 000～1 000	44.1
总　和	94.9
－4 000～－3 000	22.1
－3 000～－2 000	30.2
－2 000～－1 000	45.3
总　和	97.6

003－8

压　力(Pa)	时　间(s)
4 000～3 000	18.3
3 000～2 000	25.0
2 000～1 000	37.3
总　和	80.6
－4 000～－3 000	20.4
－3 000～－2 000	26.4
－2 000～－1 000	39.2
总　和	86.0

②带泡沫的皂液试验：所有窗口用皂液弄湿，测试期间的压力在2 000～4 000 Pa，没有出现从黏结表面空气泄漏形成的泡沫。

22. 淋雨试验

(1)试验目的

借助喷淋系统检验动车组的密封性能。

(2)试验依据

静态列车调试文件。

(3)试验方法

以2.7 cm/s速度使车辆通过淋雨系统，且车辆无漏水。特别注意车门区域和车辆通过台区域、空调系统以及司机室侧窗。在完成喷淋和十几分钟的等待间歇之后必须重新检查各区域是否进水。

二、型式试验

动车组型式试验是对动车组综合性能的测试和评估。依据《高速动车组整车试验规范》及相关文件，2008 年 3 月至 2008 年 7 月在铁道科学研究院环行线和京津城际铁路对 CRH3 型三列动车组（即 CRH3－001C、CRH3－002C 和 CRH3－004C）进行了整车动态调试和综合性能试验，试验内容包括：牵引性能、制动性能、动力学性能、弓网受流性能、噪声、辅助电气设备、安全与保护、过分相等。铁道科学研究院环行线最高试验速度为 170 km/h，在京津城际铁路最高试验速度达到 394.3 km/h，试验运行总里程达到 6 万多 km。

1. 牵引性能

（1）起动加速试验

①试验目的：考核 CRH3 型动车组起动加速能力，验证起动加速性能是否符合规定的指标。

起动加速性能是评价动车组牵引系统综合能力的重要指标，反映了动车组牵引传动系统与动车组结构设计的综合效果。一般通过两个指标对起动加速性能进行评价：平均起动加速度和剩余加速度。平均起动加速度指动车组从静止加速到某一规定速度的平均加速度，该指标为过程指标，反映动车组低速段的加速能力。剩余加速度指动车组在规定运行速度条件下仍保有的加速度，该指标为瞬态指标，反映动车组规定速度运行条件下牵引系统裕量。

②试验方法：起动加速试验需要测试动车组起动加速度和平直道剩余加速度。为消除线路纵断面对试验结果的影响，一般选择在平直道上进行。试验时应避免在大风、雨雪等对试验结果有较大影响条件下进行。同时，试验时应对网压进行监测，确保试验时网压在动车组全功率发挥所要求的范围内。

动车组在平直道上进行加速，测量动车组速度和加速时间，平均加速度的计算公式如下：

$$a = \frac{v_2 - v_1}{3.6 \times \Delta t} \tag{7-2-1}$$

式中　v_2、v_1——测量规定的列车运行速度，km/h（$v_2 > v_1$）；

Δt——列车从 v_1 加速到 v_2 所用的时间，s；

a——加速度，m/s^2。

在试验过程中，全程采集动车组速度、走行距离、加速时间以及牵引系统各电气参数等。

在京津城际铁路试验时，将起动加速过程分成若干速度段，分别在平直道上进行。将各段数据结果进行合并后得到动车组在平直道上的起动加速试验结果，进而计算得到平均加速度和剩余加速度。

起动加速试验前应对风速进行测量。

（2）牵引特性试验

①试验目的：验证动车组的牵引特性是否满足规定的要求。

牵引特性即列车轮周牵引力与列车速度的关系，是列车最重要的特性，是计算列车牵引与制动性能的重要依据，是进行列车运输组织、确定列车运输时间间隔和运输时刻表的重要基础数据，也是列车运用部门和列车乘务员操纵列车的指导依据。

②试验方法：牵引特性试验在京津城际铁路进行，动车组以规定的速度到达试验地点之后，手柄推到牵引满级位，开始记录动车组的加速时间和速度，同时监测整列车 2 台牵引变压器、4 台牵引变流器、16 台牵引电机的电参数，根据记录数据计算轮周牵引力。轮周牵引力无法直接测量得到，采用以下两种方法分别计算非恒功区和恒功区的轮周牵引力。

一种是根据加速时间和速度进行推算，推算步骤如下：

a. 根据加速时间得到每个速度下的加速度；

b. 根据每个速度下的加速度得到该速度下动车组的加速力；

c. 用各速度下动车组的加速力加上动车组的阻力得到动车组的轮周力。

另外一种方法是在电机效率和齿轮传动效率已知的情况下，根据电参数计算，轮周牵引力的计算方法如下：

$$F_i = 3.6 \times \sum_{i=1}^{16} p_i \times \eta_i \times \eta_e / v \quad (\text{kN}) \tag{7-2-2}$$

式中 p_i——电机瞬时有功功率，kW；

v——动车组瞬时速度，km/h；

η_i——v 对应的电机效率(持续点电机效率取 0.947)；

η_e——机械传动效率，取 0.975。

由于进入恒功区后，电机效率和机械传动效率基本为额定值，因此恒功区范围内可通过测量得到的电机电功率计算得到轮周牵引力，进而得到恒功区的牵引特性曲线。

在非恒功区采用第一种方法计算轮周牵引力，恒功区采用第二种方法计算轮周牵引力，最后得到 CRH3 牵引特性。

(3)动力制动试验

①试验目的：考核动车组电气制动性能。动力制动特性即列车轮周电制力与列车速度的关系，与牵引特性一样，也是列车最重要的特性。

②试验方法：由于动车组采用复合制动，难以通过减速度方法对动力制动特性进行计算。因此，与恒功区的牵引特性计算方法相同，通过测量动车组速度、网压、各牵引电机电流、电压、有功功率，根据下式计算轮周动力制动力，最后绘制动力制动力－速度关系曲线。

$$B_i = 3.6 \times \sum_{i=1}^{16} p_i / \eta_i / \eta_e / v \quad (\text{kN}) \tag{7-2-3}$$

式中 p_i——电机瞬时有功功率，kW；

v——瞬时动车组速度，km/h；

η_i——v 对应的电机效率，持续点电机效率取 0.947；

η_e——机械传动效率，取 0.975。

(4)防空转/电制防滑行性能试验

①试验目的：模拟空转/防滑行过程，对电动车组的防空转/电制动防滑行性能进行检验。

黏着控制是牵引传动控制系统中的一个重要组成部分。当轨面条件不好、黏着降低，出现空转/滑行现象时，黏着控制系统应能检测到并降低给定值，有效抑制空转/滑行；黏着恢复后，系统应能迅速恢复牵引力/制动力。

②试验方法：通过洒水装置向轨面喷洒减摩液，模拟轨面低黏着状态。监测动车组发生空转或滑行时能否有效抑制；在空转或滑行消失后牵引力/电制动力能否快速恢复。

CRH3 型动车组为车控方式，即一台变流器驱动 4 台牵引电机，为观察被测动车 4 个动轴空转/滑行情况，需要对被试各台电机电流和 4 个轴速度进行测试。记录以下参数：动车组速度、运行时间、运行距离、接触网电压、各牵引电机相电压相电流、各动轴速度等。试验时观察司机显示屏是否有空转/滑行指示。

试验时选择 8 号车为被试动车，测试了 8 号车 4 个轴速、4 个牵引电机相电流等。洒水装置布置见图 7－2－3。

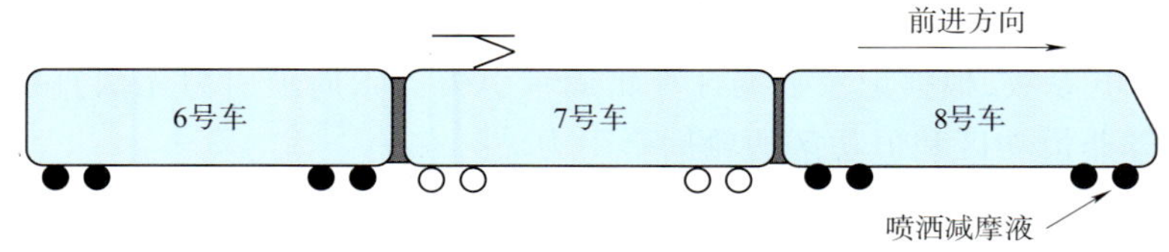

图 7－2－3　防空转/电制防滑行试验洒水装置布置图

第 1 次防空转试验时切除 1、3 号动车，由 6、8 号车牵引；第 2 次防空转试验时切除 3、6 号动车，由 1、8 号车牵引；第 3 次防空转试验时为全动力牵引。对比各动车牵引功率发挥情况。

进行不同工况下的电气防滑试验：按不同速度和不同模式制动，同时往轨道喷洒减摩液。

(5)速度控制系统试验

①试验目的：验证动车组速度控制系统精度是否满足要求，控制是否平稳。

②试验方法：根据动车组速度控制系统设计规范，将进行以下速度控制模式试验：

a. 速度调节试验；

b. 速度微调控制；

c. 速度大幅度调节控制；

d.“10 km/h 调车”运行模式；

e.“25 km/h 调车”运行模式；

f.“5 km/h 库内”运行模式；

g.“2 km/h 连挂”运行模式。

记录动车组给定速度、运行时的实际速度、时间及电气参数等。

试验过程：

a. 动车组速度约 30 km/h 左右时切换至定速模式，设定速度给定值为 200 km/h，在此速度等级运行约 2 min 后将速度给定设为最高运行速度，同样持续运行 2 min。

b. 动车组速度约 250 km/h 时切换至定速模式，设定速度给定值为 100 km/h，在此速度等级运行约 2 min 后将速度给定设为 50 km/h，当稳定后，持续运行约 2 min。

c. 通过司机显示屏分别将动车组切换至“10 km/h 调车”、“25 km/h 调车”、“5 km/h 库内”、“2 km/h连挂”运行模式，监测动车组速度。

(6)牵引能力试验

①试验目的：验证牵引设备在设计温升限值内按规定的负载周期运行的能力。

②试验方法：试验按照设计运营要求进行，动车组在京津城际铁路 JJK3 ~ JJK116 间往返运行，立折时间不大于 16 min(控制立折时间约 10 min)，往返运行 3 h。试验过程中，监测动车组速度、牵引电机电压、电流，牵引变压器电压、电流，记录牵引电机绕组实际温度，冷却系统进出风口温度，环境温度。

(7)运行阻力试验

①试验目的：测试动车组惰行阻力，按 $\omega = A + Bv + Cv^2$ 形式给出惰行阻力公式，动车组在各个速度级下的实测惰行阻力应小于规定的阻力。

②试验方法：在平直道上采用惰行法测量动车组的阻力。惰行阻力试验在京津城际铁路平直道进行，试验时采集惰行时间和速度、公里标等数据。当试验列车以指定速度到达试验区间时，牵引手柄回零直至动车组驶出试验区间。记录惰行时间和速度，按照下面的公式计算每个速度下的动车组基本阻力：

$$\omega = \frac{1\,000(1+\gamma)}{3.6} \times (\Delta v/\Delta t) \quad (\mathrm{N/t}) \qquad (7-2-4)$$

式中　γ——回转质量系数，取 0.05；

ω——单位惰行基本阻力，N/t；

Δt——计算步长，s；

Δv——Δt 内的速度变化值，km/h。

采用上式求出各速度点的惰行单位基本阻力，再用最小二乘法回归后得到惰行单位基本阻力公式；根据 CRH_3 型动车组实际重量求出动车组惰行阻力，并将实测动车组惰行阻力与规定的阻力进行比较。

(8)网压波动试验

①试验目的:测试网压波动对动车组电气设备的影响。检验系统是否稳定以及“网侧功率限制”功能是否得到发挥,功率的限制值是否正确。

②试验方法:该试验在环行铁道试验基地进行,试验时在环行铁道试验基地网压的可调整范围内(18~30 kV)调整网压,调节步长为1 kV。在每个网压下,动车组主手柄置于牵引满级,动车组从约60 km/h加速到160 km/h,然后主手柄置于电制动满级位,动车组速度从160 km/h降低到60 km/h左右后主手柄回零。每个网压下重复3次。测试得到不同网压下动车组各电机电功率,换算得到轮周牵引/电制功率,绘出功率发挥-网压曲线。

(9)网压突变试验

①试验目的:验证动车组的高压、牵引、辅助系统等电气设备在网压突变时的适应性,接触网电压突变时动车组高压系统、牵引系统、辅助系统等不应发生故障和错误信息;网压恢复后,系统能正常工作,无可见性损伤。

②试验方法:动车组以额定功率运行时,网压从标称值突然增加10%;电制时,网压从标称值突然减少10%。测试并记录网压、牵引变流器中间电压、牵引电机功率、辅助变流器输出等。

试验在中国铁道科学研究院环行铁道试验基地进行,试验结果适用于京津城际铁路。

(10)网压中断试验

①试验目的:验证动车组的高压、牵引、辅助系统等电气设备在网压中断时的适应性。

②试验方法:通过变电站快速切除/恢复接触网电压,模拟网压中断,监测动车组高压、牵引、辅助系统在网压中断/恢复过程中的保护。

对于牵引与再生制动,外部供电电压切断与重合闸,其总的中断时间在10 ms至10 s的范围内。动车组保护装置,包括零电压保护装置均应在做这些试验时投入工作,然后恢复正常工作网压。动车组在下列3种不同条件下各进行3次:

a. 模式1:牵引电机最大电流;

b. 模式2:变流器最高输出电压;

c. 模式3:动车组额定功率(速度140 km/h左右)。

2. 制动

(1)静态传动效率试验

①试验目的:测试基础制动装置在不同制动缸压力下的静态闸片压力和静态传动效率,检验动车组基础制动装置静态传动效率是否满足要求。

当动车组制动手柄实施一定级别制动后,由制动控制单元给出的制动缸压力空气,通过基础制动装置,作用于制动盘上产生闸片推力。由于制动缸缓解弹簧恢复力,制动夹钳、鞲鞴等机械装置的摩擦阻力使闸片推力产生一定损失,实际作用在制动盘上的闸片推力与理论计算值之比,即基础制动装置静态传动效率,该效率是制动计算的重要参数。

②试验方法:试验时采用测力闸片换下原有的制动闸片。分别测试动车组在不同制动级位下的静态闸片推力。动车组还需在模拟额定载荷状态和整备重量状态下分别进行试验。根据闸片推力测试结果,计算出各基础制动单元的静态传动效率。

基础制动装置静态传动效率计算公式:

$$\eta = K'/K \tag{7-2-5}$$

式中 η——传动效率;

K'——实测闸片推力,kN;

K——计算闸片推力,kN。

其中K由下面公式得到:

$$K = \frac{\pi}{4} d^2 P \cdot \gamma \tag{7-2-6}$$

式中 π——3.141 6;

d——制动缸直径，m；

γ——制动倍率；

P——制动缸压力，制动控制器在不同位置时的制动缸压力。

CRH3 型动车组试验时，测试了一辆动车 EC08 和一辆拖车 TC07 各个基础制动装置的静态传动效率，分别按 2 级、4 级、8 级和紧急制动 4 个级位进行试验。

根据相关要求，在计算紧急制动静态传动效率时，还需考虑 1.5 kN 的缓解弹簧力，因此 K 按下面公式进行计算：

$$K = \left(\frac{\pi}{4}d^2 P - 1.5\right) \cdot \gamma \tag{7-2-7}$$

（2）停放制动试验

①试验目的：验证动车组施加停放制动后，整列停放制动力是否能够满足额定载荷状态下动车组在规定坡道上停放的要求。

②试验方法：停放制动试验与静态传动效率试验同时进行。试验时采用测力闸片换下原有的制动闸片。

动车组施加停放制动，分别测试安装停放制动单元制动闸片推力。据此计算整列动车组的停放制动力。

停放制动坡度按下式计算：

$$\frac{\sum K \cdot r_z \cdot \varphi}{R_c \cdot P \cdot g} \geqslant i \tag{7-2-8}$$

式中　$\sum K$——动车组所有安装停放制动单元制动器作用在制动盘上的总推力，kN；

φ——静摩擦系数，取 0.35；

r_z——制动盘平均摩擦半径，取 251 mm；

R_C——车轮半径，取 460 mm；

P——动车组总重量，制动计算时按 536 t 计算；

g——重力加速度，取 9.81 m/s^2；

i——停放坡度，‰。

CRH3 型动车组仅拖车安装停放制动单元。试验中测试了拖车 TC07 停放制动时的闸片推力。按 4 辆拖车的停放制动力相同，计算全列车停放制动力。

（3）静态制动性能试验

①试验目的：静态时验证动车组各制动级位对应的制动缸压力、制动响应时间、缓解时间以及安全保护措施是否满足要求，为运行试验测试结果的分析提供数据。

②试验方法：试验应分别在整备重量状态和额定载荷状态分别进行试验，其中在额定载荷状态试验时，动车组应按定员进行装载。

分别在动车组 1～8 车制动缸、总风缸和空气簧压力测点上安装空气压力传感器，在制动控制系统安装制动施加信号接收装置。试验数据的采集和分析采用分布式数据采集系统，在动车组车内布置两处工作站，一处集控站，通过网络实现数据采集设备的集中控制和数据传输，利用同步线实现各采集系统间的时钟同步。

制动手柄分别由零位推向常用 1 级～常用 8 级制动位、紧急制动位，待压力稳定后，再由各级制动位退回零位。记录制动缓解过程，动车组各车制动缸压力、空气簧压力、总风压力、制动响应时间、缓解时间等参数。

检查动车组安全环路系统与制动相关的各项安全保护措施，例如唤醒按钮保护、司机室紧急制动按钮、ETCS 系统施加紧急、乘客紧急制动手柄等。

CRH3 型动车组进行了常用 1 级～常用 8 级制动与缓解性能、紧急制动与缓解性能、阶段制动和阶段缓解、安全保护措施性能等项目的试验。

(4)制动运行试验

①试验目的:检验动车组制动系统的动态性能,如紧急制动、常用制动(包括纯空气制动和空气与动力制动的复合制动)的制动距离、制动减速度、制动控制模式及动车组制动相关的安全保护措施(制动安全环系统)是否符合规定。

②试验方法:线路制动试验分别在整备重量和额定载荷状态下进行。

试验时,动车组按预定速度以惰行工况进入试验区段后,按规定要求的制动方式实施制动。

记录动车组的制动初速度、制动距离、制动时间、平均减速度,以及制动过程中各车制动缸压力,动车的电机制动电流,动车和拖车的制动盘、闸片的温度。

每次试验前应检查制动风缸、制动管内的压力,确定其在下次测试开始之前能恢复到正常水平。

如果以上试验不能在一段完全水平的轨道上进行,所选轨道坡度应在 ±4‰以内。如果轨道水平状态或制动初速度 v 值有任何不符,应按以下公式修正:

$$L_1 = L \times \frac{3.92 \times (1 + R_0) \times v_0^2}{[3.92 \times (1 + R_0) \times v^2] \pm i \times L} \tag{7-2-9}$$

式中 L_1——修正的停车制动距离,m;

L——测得的停车制动距离,m;

v_0——目标初速度,km/h;

v——实际制动初速度,km/h;

i——试验地点坡度,“+”用于下坡,“-”用于上坡,‰;

R_0——转动惯量系数。

CRH3 型动车组的制动运行试验在京津城际铁路进行。

紧急制动试验分别按紧急复合制动和紧急空气制动工况进行。

常用制动试验进行了 8 级、7 级、6 级、4 级、3 级、2 级试验,以上试验均分别按复合制动和空气制动两种工况进行试验。

关门车试验按紧急空气制动和常用 8 级空气制动,任一拖车空气制动隔离、任一动车空气制动隔离、两辆拖车空气制动隔离;紧急和常用 8 级复合制动,任一拖车空气制动隔离、任一动车电制动和空气制动均隔离等工况进行。

安全保护措施试验分别按“紧急制动按钮”、“乘客紧急制动阀”、“唤醒按钮”、“运行过程中模拟施加停放制动”、“ETCS 实施紧急制动”等工况进行。

(5)防滑保护性能试验

①试验目的:验证动车组防滑保护功能是否满足低黏着状态制动的要求,防滑保护性能试验中动车组各车防滑器压力控制阀充、排气和单元制动器应动作正常,车轮不应擦伤。

②试验方法:动车组按预定速度以惰行工况进入试验区段后,在实施制动前使用减摩液(可以采用 50% 乙二醇与 50% 水的混合液),以 10~20 kPa 的压力由喷嘴喷至被试车两个车轮前的轨面上,以便造成轮轨间的低黏着状态。按要求规定的制动方式实施制动。

记录动车组的制动初速度、制动距离、制动时间、平均减速度,以及制动过程中各车制动缸压力,动车的电机制动电流,动车和拖车的制动盘、闸片的温度,被试车辆的 4 个轴速度。

CRH3 型动车组进行了紧急复合制动和紧急空气制动两种工况的防滑保护性能。

3. 风源系统

(1)总风缸气密性试验

①试验目的:测试动车组制动系统总风缸气密性是否满足要求。

②试验方法:当总风缸空气压力在规定范围内,关闭总风缸出口塞门、停止主空压机工作,测试在规定时间内的总风缸压力下降值。

CRH3 型动车组试验时,3 车、6 车总风缸和附属装置应分别充到最大工作压力,关闭主空气压缩

机，手动关闭塞门 Z17、Z21、B20、B27、L14。检查 A14/1 总风缸压力 5 min 内降低值。每次试验结束后，通过总风缸排水塞门排空 A14/1 总风缸内的压缩空气。

(2)整车压缩空气系统气密性试验

①试验目的：测试整车压缩空气系统气密性是否满足要求。主空压机生产的压缩空气除供给制动系统外，还为动车组其他系统，如空气簧、门控系统、集便系统等提供压力空气，测试动车组整车压缩空气系统气密性目的是确保不会因某子系统漏泄过大而功能失效、浪费风源。

②试验方法：在各种压缩空气设备压力达到规定值但不工作的情况下，主空压机停止工作，测试总风缸在规定时间的压力下降值。

CRH3 型动车组试验时，开放动车组制动系统、空气簧、门控等所有用风装置管路(但不工作)。总风缸处于最大工作压力，空压机停止打风，禁止人员在车内走动和使用用风设备，保压 5 min，测试整车总风系统压力下降值。

(3)升弓风缸气密性试验

①试验目的：测试动车组升弓风缸气密性是否满足要求。

②试验方法：关闭升弓风缸入口塞门，停止辅助空压机工作，降下受电弓，测试在规定的时间升弓风缸压力下降值。

CRH3 型动车组试验时，打开辅助空压机，升弓风缸内压缩空气压力稳定在最高压力时降下受电弓，排尽总风缸压力，记录 5 min 内升弓风缸压力下降值。

(4)主空压机供风能力试验

①试验目的：测试主空压机供风能力是否满足要求。

②试验方法：关闭主空压机，排尽动车组内除空气簧外的所有压力空气后，启动主空压机，记录总风缸压力上升时间。

CRH3 型动车组试验时，在 3、6 车总风缸排水塞门处安装空气压力传感器，记录总风缸压力从 0 升至 1 000 kPa 的时间。

(5)辅助空压机性能试验

①试验目的：测试辅助空压机供风能力是否满足要求。

②试验方法：试验时排尽动车组总风缸及升弓风缸内的压缩空气，按下升弓按钮(开关)，记录升弓风缸升压时间。

CRH3 型动车组试验时，分别在安装受电弓的 2 车、7 车升弓风缸测点安装空气压力传感器，对 2 车、7 车的辅助空压机分别进行试验，记录升弓风缸压力从 0 升至 800 kPa 的时间。

(6)其他压缩空气设备试验

①试验目的：验证其他压缩空气设备，如压力调节器工作压力设置是否正确，总风安全阀保护设定值是否满足要求。

②试验方法：测试压缩空气设备功能是否正常，设定值是否正确。

a. 总风压力调节器试验：微开总风缸排水塞门或排风阀，使总风缸压力缓慢下降，记录主空压机起机压力和停机压力。

b. 总风安全阀试验：关闭总风缸出口塞门，切除总风压力调节器，强迫主空压机打风，记录总风安全阀动作压力。

c. 辅助压力调节器试验：排空总风缸内的压力空气或关闭升弓风缸供给塞门，排空升弓风缸内的压力空气，按下升弓按钮，记录辅助空压机停机压力。

CRH3 型动车组试验时，分别对 6 车和 3 车总风缸压力调节器和总风安全阀及 2 和 7 车辅助压力调节器进行试验。

4. 动力学性能

(1)运行稳定性试验

①试验目的：动车组运行稳定性的试验主要是通过测量轮轨间的作用力，计算脱轨系数、轮重减载率、轮轴横向力和轮轨最大垂向力，以此检验 CRH_3 型动车组在运用线路条件下（包括直线、道岔、曲线及缓和曲线）脱轨可能性的大小以及对轨道破坏性的大小。

②试验方法：试验中，动车组为整备载荷状态。被试车辆在试验编组中的位置和运行方向应处于最不利的运用工况。轮轨力的测量使用测力轮对直接测量，测力轮对布置在一个转向架上。在测量轮轨力的同时，还需使用速度传感器测量列车运行时的速度和里程，以及使用 GPS 和陀螺仪进行精确授时和定位，保证所测的轮轨力与线路一一对应。同时在对应测力轮对的轴箱上安装加速度传感器，以便分析线路的不平顺状态对轮轨力的影响。

试验时动车组首先要更换测力轮对，安装相应的传感器和数据采集系统，通过静态和动态调试后，开始线路试验。线路试验中动车组要求匀速运行，试验速度由低到高逐级提速。每个速度级试验完毕后，必须计算分析轮轨力指标的大小，确定有足够的安全余量后，再进行下一个速度级的试验。试验的最高速度必须超过最高运行速度 10% 。

根据 CRH_3 型动车组的特点，选取 CRH_3 - 001C 的 5、6、8 车为被试车。在 3 辆被试车的 2 位转向架安装测力轮对，每辆被试车的 7、8 位轴箱上安装横向和垂向加速度，同时在 6 号车的 1 位端安装速度传感器，在 6 号车的车顶布置 GPS，在 6 车地板上安装陀螺仪，数据采集系统则分布在各被试车上，通过局域网组成网络化的分布式采集系统。通过安装调试后，试验从 2008 年 5 月 21 日开始在京津城际铁路上进行，速度从 200 km/h 起步，根据实测的数据情况，速度每次增加 10 ~ 20 km/h，直到最高的试验速度。6 月 24 日试验结束。

（2）横向稳定性试验

①试验目的：验证 CRH_3 型动车组在运用线路条件下（包括直线、道岔、曲线及缓和曲线）的横向稳定性。

②试验方法：试验中，动车组为整备载荷状态。被试车辆在试验编组中的位置和运行方向应处于最不利的运用工况。横向稳定性的测量通过在构架上安装横向加速度计进行。在测量构架横向加速度的同时，还需使用速度传感器测量列车运行时的速度和里程，以及使用 GPS 和陀螺仪进行精确授时和定位，保证所测的构架横向加速度与线路一一对应。同时在构架横向加速度对应的轴箱上安装加速度传感器，以便分析线路的不平顺状态对横向稳定性的影响。

试验时动车组首先要安装相应的传感器和数据采集系统，通过静态和动态调试后，开始线路试验。线路试验中动车组要求匀速运行，试验速度由低到高逐级提速。每个速度级试验完毕后，必须计算分析构架横向加速度的大小，确定有足够的安全余量后，再进行下一个速度级的试验。试验的最高速度必须超过最高运行速度 10% 。

横向稳定性的试验与运行稳定性试验同步进行。

（3）运行品质试验

①试验目的：检验 CRH_3 型动车组在运用线路条件下（包括直线、道岔、曲线及缓和曲线）的运行品质。

②试验方法：试验中，动车组为整备载荷状态。被试车辆在试验编组中的位置和运行方向应处于最不利的运用工况。运行品质通过在车辆地板面上安装垂向、横向加速度计进行测量。在测量车体振动加速度的同时，还需使用速度传感器测量列车运行时的速度和里程，以及使用 GPS 和陀螺仪进行精确授时和定位，保证所测的加速度与线路一一对应。同时在被试车的部分轴箱上安装加速度传感器，以便分析线路的不平顺状态对运行品质的影响。

试验时动车组首先要安装相应的传感器和数据采集系统，通过静态和动态调试后，开始线路试验。线路试验中动车组要求匀速运行，试验速度由低到高逐级提速。

运行品质试验与运行稳定性试验同步进行。

（4）运行平稳性试验

①试验目的：检验 CRH3 型动车组在运用线路条件下（包括直线、道岔、曲线及缓和曲线）的运行平稳性。

②试验方法：试验中，动车组为整备载荷状态。被试车辆在试验编组中的位置和运行方向应处于最不利的运用工况。运行平稳性通过在车体地板面上安装垂向、横向和纵向加速度计进行测量。在测量车体振动加速度的同时，还需使用速度传感器测量列车运行时的速度和里程，以及使用 GPS 和陀螺仪进行精确授时和定位，保证所测的加速度与线路一一对应。同时在被试车的部分轴箱上安装加速度传感器，以便分析线路的不平顺状态对运行平稳性的影响。

试验时动车组首先要安装相应的传感器和数据采集系统，通过静态和动态调试后，开始线路试验。线路试验中动车组要求匀速运行，试验速度由低到高逐级提速。

平稳性试验与运行稳定性试验同步进行。

5. 受电弓及弓网受流性能

（1）受电弓静态性能试验

①试验目的：根据《高速动车组整车试验规范》及相关文件的规定，验证 CRH3－001C 型动车组两架受电弓静态性能的各项指标是否符合规定。

动车组受电弓静态性能各项指标经检验合格后，才能进行运行试验。

②试验方法：

a. 整列动车组受电弓静态试验主要考虑涉及受电弓的基本参数及与受电弓运行性能和安全性能的项目，分为一般性检验和功能性试验。

一般性检验包括：目检、弓头长度、弓头宽度、弓头外形、滑板长度、落弓高度、最大升弓高度、电气区域、标志等项目；

功能性试验包括：ADD 功能检测、静态压力测试、升降弓系统检查、横向刚度试验、落弓保持力测试等项目。

b. 进行动车组受电弓静态试验的基本试验条件：试验受电弓运行 5000 km 之后，受电弓无明显异状，各部分处于正常技术状态；动车组受电弓气缸达到额定工作压力，保证受电弓试验期间能在额定气压下工作。

c. 动车组受电弓静态性能各参数的试验（功能性试验）方法如下：

（a）静态压力：静态压力测试时，需拆除受电弓的阻尼器。受电弓处于升弓状态，在动车组车顶安装专用的试验台，驱动受电弓的升降，用负荷测试传感器和计算机组成的测力装置进行测定，分别记录受电弓上升和下降时在不同高度时的静态压力，受电弓的速度为 0.05 m/s，绘制受电弓的静压力曲线。

（b）升降弓时间特性：在动车组车顶上安装试验台，受电弓在额定压力的压缩空气驱动下，用电秒表测试受电弓的升降弓时间，观察受电弓的动作状态。

（c）紧急降弓系统（ADD）性能：分别在最高工作高度和高于最低工作高度 20% 的两个位置测试 ADD 装置的动作时间。模拟自动紧急降弓装置启动，测试受电弓从开始动作至下降 200 mm 的时间。

（d）横向刚度：受电弓升至最高工作高度，在受电弓框架顶端左右两侧分别施加 300 N 的力，测量其两侧的位移。加力方式是利用库内移动天车作为支点滑轮，在拉力绳上加 300 N 砝码。

（e）落弓保持力：受电弓处于落弓状态，向受电弓弓头支承轴上施加垂直向上的力，用测力计测量弓头刚离开底架时的力。

（f）一般性检查：测量受电弓的各种静态尺寸。

具体试验过程如下：

CRH3 型动车组受电弓的试验时间为 2008 年 5 月 14 日，试验地点：环行铁道试验基地内电库。

先将动车组安装受电弓的车辆调入内电库二道，进行受电弓各静态参数测试，再将动车组掉头，将安装另一台受电弓的车辆调入内电库二道，进行受电弓各静态参数测试。各项目的试验次序为：受电弓的一般性检查、升降弓时间特性试验、静态压力试验、ADD 试验、横向刚度试验、落弓保持力测试。

(2)弓网受流性能试验

①试验目的:验证 CRH3 型动车组受电弓的动态性能是否符合相关标准要求;测试 CRH3 型动车组受电弓在中国试验线路接触网下的受流性能是否符合相关标准要求。

②试验方法:

a. 弓网受流试验项目和分析参数包括:

(a)弓网接触力:最大接触力、最小接触力、平均接触力、标准方差。

(b)离线(火花)性能:最大离线时间、离线次数、离线率。

(c)硬点:垂向加速度最大值。

(d)受电弓运行轨迹:一跨内最高高度、最低高度和高度差。

b. 进行动车组受电弓弓网受流性能试验的基本条件有:

(a)试验受电弓:受电弓静态试验各项指标合格后,方可进行弓网受流性能试验。

(b)试验线路和接触网:试验线路的最高允许速度应高于弓网试验速度。接触网应处于良好的运行状态,其设计速度与试验速度一致。

(c)试验速度:试验最高速度 $v_{max} \geq 1.1 v_{lim}$,试验速度应在最高速度下分若干速度级。

c. 弓网受流性能各参数的试验方法:

(a)弓网动态接触力测试:在动车组被试受电弓弓头上安装测力传感器,测试动车组运行时的弓网动态接触力性能。力传感器安装在尽可能与力接触平面近的位置。测试系统将测量垂向力。每一个滑板都要测量。测试系统不会对所测的力造成任何影响,不影响受电弓的运行性能。

CRH3 型动车组受电弓测力传感器根据受电弓的弓头结构特殊设计制造,为专用测力传感器,每台受电弓共安装 4 个传感器,每个滑板条下安装 2 个测力传感器。

(b)离线(火花)测定:在动车组车顶受电弓附近安装离线(火花)测量仪,测定离线火花发生的地点,统计离线时间和次数,检出最大离线时间。记录不同车速运行状态下的数据,考核弓网受流质量。

电弧探测器对滑板和接触网之间接触材料所释放的光的波长应非常敏感。探测器要离受电弓足够近;探测器要离纵向轴足够近;根据行车方向,尽量安装在受电弓的后部。

(c)硬点(受电弓所受的垂向加速度):在受电弓滑板底部安装加速度计,测试受电弓运行时所受的垂向加速度,以此来评价受电弓运行的安全性。

(d)受电弓运行轨迹(动态高度):在被测受电弓上安装高度测量装置,测试受电弓弓头的运行轨迹,也是接触导线动态振动,以此来评价弓网运行的的振动情况。

(e)受电弓运行状态图像监视:在动车组车顶安装摄像机,监视弓网运行状态,并与有关测试数据进行图像合成。

各项试验数据用计算机数据采集系统存储数据,对弓网受流性能试验除用计算机存储数据外,还可用图像合成技术将受电弓运行状态图像与对应的测试数据合成后,录像保存。

弓网受流性能各参数的测量装置组成一个测量系统,与数据定位系统、图像监视系统和数据采集系统组成一个有机的整体,在动车组运行时测量各种性能。

测试系统电气框图见图 7-2-4。

试验的具体实施情况如下:

动车组弓网受流性能试验一般与动车组的动力学性能试验联合进行,首先在北京环行试验基地安装受流试验设备,进行测试设备动态调试,完成测试设备调整后,在环线进行初步的弓网受流性能测试,最高试验速度为 170 km/h,以后在京津城际铁路进行试验。

CRH3 型动车组弓网受流性能试验共对两组动车组进行,CRH3 004C 和 CRH3 001C。两组动车组的被试受电弓均为 7 车受电弓,在京津城际铁路运行方向是,上行受电弓为闭口运行方向,下行受电弓为开口运行方向。2008 年 5 月 23 日至 6 月 24 日期间在京津城际铁路进行了 CRH3 型动车组的弓

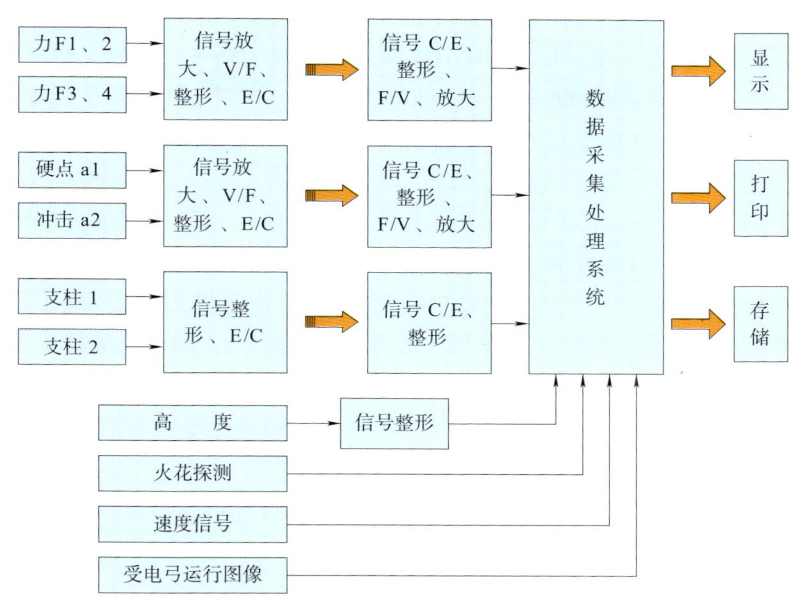

图 7－2－4　弓网受流性能测量系统电气总体方案图

网受流性能试验，其中 CRH3 001C 型动车组最高试验速度为 394.3 km/h。

（3）接地和回流电路检查试验

①试验目的：检查 CRH3 型动车组接地与回流电路的连接线是否可靠，测量接地回流电路的电阻值。

②试验方法：

a. 目测各连接线的长度、接线端子所处的位置及接触面的大小是否与设计图纸相符。

b. 检查各连接线及变压器一次绕组侧绝缘电缆连接线、轮对车轴上的电流返回线的截面尺寸。

c. 测量回流接地装置的电阻。

在主变压器原边绕组接地端与被测轮对间接入电流源，测量动车组主变压器原边绕组接地端被测轴的接地回流装置的电阻值，测试时拆除被测车辆其他轮对轴头碳刷电流返回线，拆除被测车辆与其前后车辆的车间连接线。

用钳形电流表测量试验回路的电流，并设置电流输入回路电流 20～50 A（有效值），测量接地电阻的电压和电流。用多用数字表测量牵引变压器接地端与钢轨之间的电压，计算接地回流装置电阻。

参照图 7－2－5 连接试验装置。

在主变压器原边绕组接地端与轮对间接入电流源，测量动车组 7 号车主变压器原边绕组接地端至 3 位轴的接地回流装置的电阻值，测试时拆除被测车辆其他 3 个轮对轴头碳刷电流返回线。

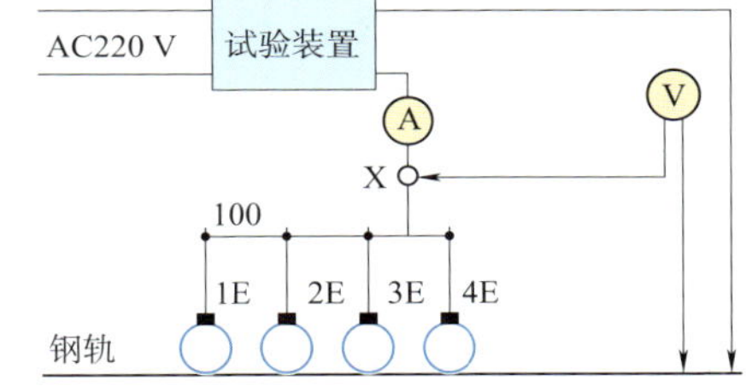

图 7－2－5　接地回流装置测试电路图

作为对比，测试了 7 号车 2 位轴的接地回流装置的电阻值，测试时拆除被测车辆其他 3 个轮对轴头碳刷电流返回线。

测试了动车组 5 号车（非变压器安装车）车体至一位轴轮对间的电阻值。

6. 辅助电气设备

（1）辅助电气设备和辅助电源试验

①试验目的：考核辅助系统性能，辅助机组在最高、最低网压下启动是否正常。

②试验方法：在辅助变流器输出侧布置测点，测量 ACU 输出功率和功率因数。测量 3 相母线电压、电流、频率。根据动车组辅助电源系统设计规范，分别进行以下试验项目。

正常模式下的负荷和谐波成分：设置列车处于正常工作模式，启动所有负载，测量三相参数，检查辅助电源负载功率是否不超过 6 个 ACU 同时工作所提供的最大功率，且各个 ACU 负荷分配均匀。

1 个 ACU 故障情况下的辅助系统状态：按照正常模式起动列车，启动所有负载，切除一台 ACU，测量三相参数，检查辅助电源负载功率是否不超过剩余 5 个 ACU 能提供的最大功率，且各个 ACU 负荷分配均匀。

2 个 ACU 故障情况下辅助系统状态：按照正常模式起动列车，启动所有负载，切除 2 台 ACU，测量三相参数，检查此时动车组辅助负载的工作情况。

1 个 TRC 故障情况下辅助系统状态：切除 1 台 TRC，按照正常模式起动列车，启动所有负载，加速列车到 160 km/h，检查 ACU 输出和各主要辅机工作状态，检查 1 台 TRC 故障情况下，辅助系统能否正常工作。

230 V 逆变器性能：设置列车为正常模式起动，开启 AC230V 逆变器所有负载，选取其中一个逆变器，检测其输出性能是否符合技术规范要求。

最高网压和最低网压下辅助机组的启动试验：对辅机进行连续多次启动，即每次启动后，立即关闭该辅机，在辅机完全停止工作后重新启动。连续启动的次数取决于辅机在正常情况下是连续工作还是间断工作。

对于断续工作的辅机则利用间断操作连续 6 次启动（第一次试验时，电机应处于冷态）。对连续运行的辅机进行 4 次完整的连续启动试验。

启动次数的一半在最高网压下进行，另一半在最低网压下进行。

测试对象包括牵引辅助系统、主变压器辅助系统、主空气压缩机、辅助变流器冷却单元、蓄电池充电机等。

（2）蓄电池充电试验

①试验目的：检查蓄电池容量和蓄电池充电性能。

②试验方法：通过测量蓄电池充放电压、电流、功率，考核蓄电池工作时间及蓄电池充电设备性能。打开蓄电池充电机，蓄电池所有负载应当投入使用。关闭其中一台充电机，蓄电池母线上的所有负载应当能正常工作。选取其中一组蓄电池，将其一极接地，观测系统是否显示此故障信息。

7. 安全与保护

对动车组的安全设备检查：

①试验目的：验证动车组自动警惕装置、速度表、音响警告装置、自动紧急制动装置、火灾报警装置、制动和门控安全电路等的工作性能是否符合规定要求。

②试验方法：

a. 速度表检查：司机将列车速度分别控制在各指定速度，司机室向试验人员通报当前司机台上显示器的速度，和速度测量值比较。同时记录司机室速度显示值和测试系统速度值。

b. 自动警惕装置试验：当列车速度达到某一数值后，如果在设定时间内没有响应无人警惕按钮，司机室报警器应发出报警，稍后实施紧急制动，同时相关信息在 IDU 上显示。

c. 火灾报警装置试验：在列车某车厢模拟发生火灾报警故障，列车控制系统应能通过 IDU 进行报警。

d. 自动紧急制动装置试验：分别对紧急制动安全环路中的关键点进行故障模拟（如按下紧急制动按钮，将制动手柄置于 EB 位等），检查安全环是否断电，列车是否实施紧急制动；

e. 门控安全试验：列车门未关闭的情况下，当列车速度高于 5 km/h 时，车门应自动关闭；动车组在 5 km/h 以上运行时，对列车门进行集中开操作，车门应不能被打开。

8. 网侧谐波

（1）试验目的

验证 CRH3 型动车组功率因数及谐波、等效干扰电流是否符合规定的指标；测试电动车组运行

中，与不同速度相对应的电流、电压、功率、功率因数、等效干扰电流、谐波含有率。

（2）试验方法

由动车组高压互感器 TV（25 000/100 V）的输出端子取得电压信号 U，由安装在动车组两个动力单元的主变压器 TM 原边绕组的穿芯式电流互感器，取得动车组两个动力单元网侧电流信号 I；由安装在动车组车顶，测量 CRH3 型动车组网侧总电流的电流互感器取得全列车总网流信号，将所有取得的信号经适配器 U/U、I/U 变换后输入数据采集系统，经 A/D 转换后由计算机进行数据采样、处理。

CRH3－004 型动车组在京津城际铁路进行动力学性能试验的同时，当动车组运行于不同级位，牵引、制动的不同工况，对应不同网压，对上述变换器输出信号进行采样。

计算动车组网侧电压、电流的有效值、相位，对采样信号进行谐波分析，计算电压、电流的综合畸变率、等效干扰电流。对电压、电流进行相关分析计算动车组功率、功率因数。

CRH3 型动车组进行动力学性能试验的同时，进行功率因数及谐波、等效、干扰电流测试。

在动车组的 TC01、TC08 车司机室，取用该列车网侧运行参数信号：

①电压互感器次边输出的接触网电压信号；

②计量全列车用电的电流互感器输出信号；

③TC02 、TC07 车两个动力单元牵引变压器网侧电流的电流互感器输出信号。

将为计算机采样提供输入信号的电压变换器并接于列车电压互感器，电流变换器串接于列车电流互感器，测量动车组网侧功率因数、谐波和等效干扰电流。

9. 电磁兼容性

（1）动车组对外部的射频骚扰测试

①试验目的：确认动车组对外部的射频骚扰电磁兼容性能是否符合规定。

②试验方法：CRH3－004 型动车组分别处于静置受电（辅助变流器应满负荷运行）、牵引（1/3 以上功率运行状态）、再生（1/3 以上功率运行状态）三种工况，测试动车组的 9 kHz～150 kHz、150 kHz～30 MHz、30 MHz～1 GHz 的各频段对外部射频骚扰。

测试动车组远离测试位置时的背景射频骚扰。

按试验规定要求，在环线外侧距线路中心 10 m 设置测量天线及 EMC 测试仪。

试验场地应做到能区分来自动车组的射频骚扰和环境噪声，应尽可能在现有的铁路环境限制下满足“自由空间”的要求。试验场地应足够大，以便在规定距离处安放天线。铁路试验线应为平直道，沿铁路试验线应无架空电力线，无树木、围墙、桥梁、隧道或其他电力机车、电动车组车辆。为了排除环境噪声的影响，将记录试验开始前和结束后的环境噪声，应保证环境噪声电平至少比评判标准规定限值低 6 dB。

测试天线、EMC 接收机摆放与线路相对位置见图 7－2－6、图 7－2－7。

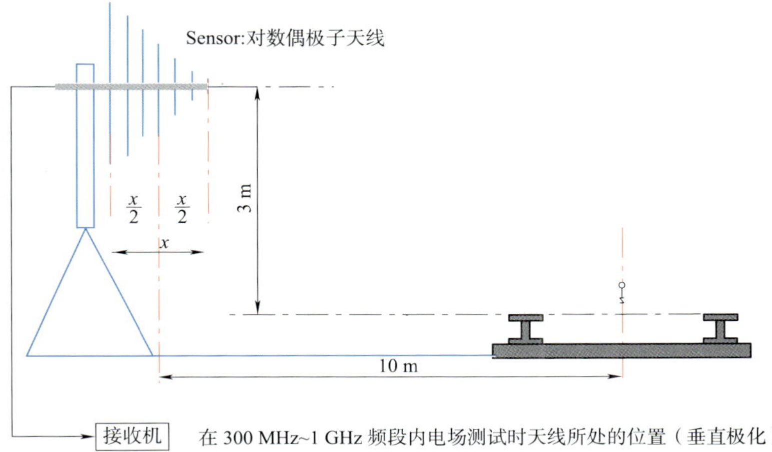

图 7－2－6　测试天线（对数周期天线）、EMC 接收机摆放与线路相对位置

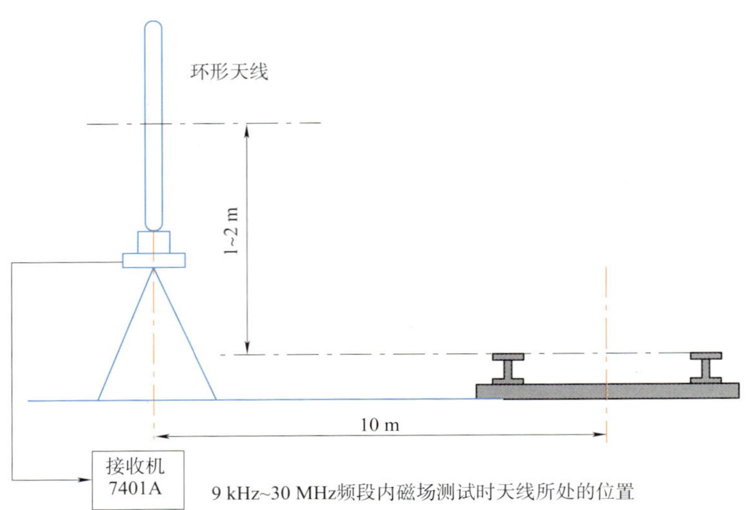

图 7-2-7　测试天线(环形天线)、EMC 接收机摆放与线路相对位置

测量动车组静态和低速行驶两种工况下的射频骚扰,试验应涵盖可能产生辐射发射的动车组上的所有系统和设备。

动车组在环行试验线指定地点进行。

a. 静置工况:动车组上的所有系统和设备处于正常工作状态,辅助变流器应满负荷运行,牵引变流器应通电,但不启动牵引电机。

b. 低速行驶工况:动车组以(50 ± 10) km/h 运行,当经过测量天线时,动车组在给定速度范围内以不低于最大牵引力的 1/3 加速和以不低于最大电制力的 1/3 减速。

CRH_3-004 型动车组按试验大纲规定的工况在环行试验线运行或静置,测试了动车组以静置、牵引、再生制动 3 种工况,9 kHz~150 kHz、150 kHz~30 MHz、30 MHz~1 GHz 各频段的动车组对外射频骚扰曲线。

(2)静电放电抗扰度试验

①试验目的:检查 CRH_3 型动车组司机台、电器柜、控制柜等是否满足抗静电要求,试验中及试验结束后动车组所有控制装置应能正常工作。

②试验方法:动车组处于静止工况,即及车主电路通电静置。车上所有的电气、电子控制装置均处于正常工作状态。

使用 ESD-dito 静电放电仪,对驾驶室司机台前面板、电器柜、控制柜进行放电操作。

对司乘人员通常能触及的装置进行此项试验,具体位置:

电气柜前面板,侧板,顶板等处选择 10 点;控制柜前面板及周边、端口等处选择 10 点。

严酷等级:3 级。

接触放电:6 kV。

空气放电:8 kV(优先采用接触放电)。

10. 噪声

(1)车辆辐射噪声试验

①试验目的:检验 CRH_3 型动车组静止、起动加速、运行时的辐射噪声水平。

②试验方法:

a. 静止辐射噪声:静止时辐射噪声试验主要测试列车静止时车载电器辐射噪声。CRH_3 型动车组静止时车外噪声测量时考虑两种工况下静止噪声测量:第一种工况是所有设备在额定状态下(最少的通风机,最少的空调通风)工作;第二种工况是空调工作,但牵引设备以及牵引冷却设备不工作。被测车辆和测点布置的原则是:被测车辆要覆盖所有车辆类型,测点布置能代表被测列车的噪声分布,

具体见表 7－2－4。

表 7－2－4　静止辐射噪声测点布置

被测车辆	头　车	二等动车	二等拖车	一等动车	餐、座合造车
测点数	5	5	5	5	5
位　置	头车端部布置 3 个传声器，车体每侧布置 5 个传声器，距离轨道中心线 7.5 m，距轨平面 1.2 m，其他车车体每侧布置 5 个传声器，距离轨道中心线 7.5 m，距轨平面 1.2 m，车体中央布置 1 个测点，中央测点两侧布置 2 个测点，测点之间相距 5 m				

b. 运行时车辆辐射噪声：运行时车辆辐射噪声试验主要测试列车运行时轮轨噪声和列车高速运行引起的空气噪声。在京津城际铁路试验时，测点选择点在 JJK46＋100 处。测点的选择有 2 个条件：运行线路为平直道，列车能恒速运行；测点周围地势平坦、开阔。布置 1 个测点，测点距离轨道中心线 25m，距离轨道上表面 3.5 m。

c. 起动加速辐射噪声：起动加速辐射噪声试验主要测试动车组起动加速时车载电器的辐射噪声。试验地点选择在铁科院东郊分院环行线 K3＋100 处，布置 2 个测点，传声器之间的距离为 9.5 m，传声器距轨道中心线 25 m，距轨道上表面 3.5 m。测点的选择有 2 个条件：测点周围地势平坦、开阔，测点之间的纵向距离为转向架中心距的 1/2。

（2）车辆内部噪声试验

①试验目的：检验 CRH3 型动车组运行时和静止时车辆内部噪声水平。

②试验方法：车辆内部噪声试验主要内容是运行时车辆内部噪声和静止时车辆内部噪声。两者被测车辆的选择和测点布置是一致的。车辆内部噪声试验时首先选择被测车辆，选择车辆时考虑了如下因素：被测车辆要覆盖所有车辆类型；车内电器工作正常；车内布置与实际运行一致。其次布置测点，主要考虑因素如下：测点能代表客室噪声分布；测点高度与乘客耳朵高度一致，具体被测车辆和测点布置见表7－2－5。

表 7－2－5　车内噪声测点布置

被测车辆	头　车	二等动车	二等拖车	一等动车	餐、座合造车
测点数	5	3	3	3	5
位　置	头车测点位于司机室、客室中央、客室两端；其他被测车测点位于客室中央、客室两端，餐、座合造车测点位吧台内外，客室中央和客室两端				

11. 称重试验

（1）试验目的

对 CRH3 型动车组进行重量测定，确定车辆的重量指标是否满足规定要求。

（2）试验方法

使用机车车辆称重装置进行。

轮重：以同时测量车辆各个轮重的方法测定车辆轮重。

轴重：根据上述轮重测量结果得到轴重。

车辆总重：根据各轮重（或轴重）测量结果，得到车辆总重。

测定进行 6 次，即前进或后退两个方向各 3 次。测定值取四次有效记录的算术平均值，测量值的读数以“kg”为单位。

12. 空气动力学试验

（1）试验目的

验证动车组在会车时压力波大小和车内空气压力变化。

明线上高速运行的动车组交会时，由于相向运行的列车对其间空气的排挤，使两交会列车之间的空气产生很大的波动，形成会车压力波。会车压力波对列车运行安全性及乘坐舒适性都具有重要影响，为了获得 CRH3 型动车组的会车压力波大小，2008 年 6 月 2 日 ~6 月 4 日、2008 年 7 月 11 日在京津城际铁路上进行了 CRH3 型动车组会车压波试验。

(2)试验方法

①试验列车情况：CHR3 型动车组会车压力波现车试验共用车两列，列车编号分别为 CRH3－004A 和 CRH3－005C，两列车均为 8 节编组，观测列车为 CRH3－004A，测点位于第 8 节车的两侧，通过列车为 CRH3－005C，线间距为 5.0 m，两动车组在接近等速的条件下运动交会。

由于 CRH3 型动车组的会车试验是在随着列车的试运行进行的，在试运行过程中，CRH3－004A 在往返于北京和天津的过程中分别在上、下行线上运行，即当 CRH3－004A 由北京开往天津(北京→天津)下行运行时，CRH3－004A 在下行线上运行，CRH3－005C 在上行线上运行，CHR3－004A 的头部首先与 CHR3－005C 的头部交会，再与 CHR3－005C 的尾部交会，此种交会情况为“头－头”交会；而当 CRH3－004A 由天津开往北京时(天津→北京)，CRH3－004A 在上行线上运行，CRH3－005C 在下行线上运行，CHR3－004A 的尾部首先与 CHR3－005C 的头部交会，再与 CHR3－005C 的尾部交会，此种交会情况为“头－尾”交会。

②会车压力测点布置：对于 CHR3 型动车组，由于 CRH3－004A 在上、下行线上交替运行，为了在上、下行时均能够进行测量，会车压力波测点对称布置在 CRH3－004A 第 8 节车的两侧，每侧 5 个，共计 10 个测点，测点布置示意见图 7－2－8。

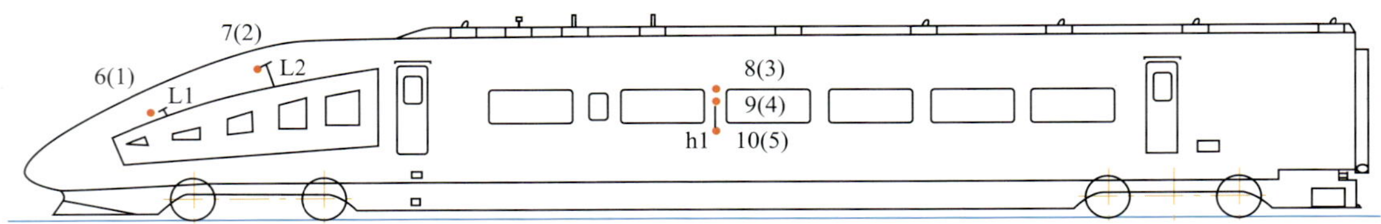

图 7－2－8　CHR3 动车组会车压力波测点布置示意图

③车内压力测点布置及安装：在进行会车压力波测量的同时，对交会过程中车内的压力变化也进行了测试，以便进一步评估车体的密封性。

车内压力波变化布置了 1 个测点，位于第 4 节车厢的中部位置。

④气象参数测量：在测量会车压力波时需要同时测量环境气象条件，包括环境温度、压力、湿度、风速和风向。在预计的交会地点附近，采用 Davis 移动气象站测量气象参数，气象站位于轨道轨面以上 2 m、水平距轨道 4 m 的位置。

13. 典型运行图试验

(1)试验目的

检查动车组满足规定的运行图的能力，给出全程各区间运行时分测量结果。

(2)试验方法

动车组按照规定运行图运行，全程测量动车组的速度、里程、运行时间、网压、网流等参数。试验进行 1 个往返。

14. 能量消耗试验

(1)试验目的

测量动车组在其运营线路上的典型能耗。

(2)试验方法

在动车组指定运营线路上按照运行图运行，全程记录动车组的速度、里程、网压、网流、网端功率因数、电机电压、电机电流等参数，计算能量消耗。

该试验与典型运行图试验同时进行。

15. 自动过分相试验

(1)试验目的

测试动车组自动过分相装置性能是否满足要求。确认动车组自动通过分相区不会对动车组高压系统、牵引系统、辅助系统等造成损害。

(2)试验方法

动车组在既有线上采用车载过分相装置 GFX－3A 提供信号,实现自动过分相;在京津城际铁路,动车组通过 ATP 提供的信息,实现自动过分相。

在两种不同的过分相信号系统条件下,通过记录相关的测试参数,测量动车组自动过分相时的一系列动作。

试验时记录如下信号:速度、距离、网压、主断路器反馈信号、GFX－3A 的预告/恢复信号、GFX－3A 的强制断主断信号、ATP 提供的分相开始信号、ATP 提供的分相结束信号、电机电压、电机电流、中间电压、辅助变流器输出电压、各主要辅机工作状态等。

三、试运行

2008 年 7 月 1 日起,CRH3 型动车组在京津城际铁路实施了为期一个月的模拟试运行试验,通过试运行对动车组牵引、制动、网络控制、车体、转向架、旅客信息服务、车辆电器、给水卫生、空调采暖等系统和部件性能进一步验证,总结运用情况,确保动车组正式运营时的安全可靠、设备工作正常。

1. 转向架

试运行期间,CRH3 型动车组转向架总体运行稳定,动车组行驶总里程 13 万 km,其中 CRH3－001C 运行 34 203 km、CRH3－002C 运行 38 895 km、CRH3－004C 运行 42 155 km、CRH3－005C 运行 31 515 km、CRH3－006C 运行 18 958 km。

轮对磨耗轻微,悬挂系统总体良好。

2. 牵引系统

试运行期间,CRH3 型动车组牵引性能稳定。对于出现的个别问题现象进行了及时分析和处理。

3. 制动系统

试运行期间,CRH3 型动车组制动系统稳定。

4. 受电弓

试运行期间,CRH3 型动车组受电弓及弓网受流性能运行稳定。

5. 车载列控及无线通信设备

试运行期间,CRH3 型动车组车载列控及无线通信设备工作正常,性能稳定。对于出现的个别问题现象进行了及时分析和处理。

6. 空调系统

试运行期间,CRH3 型动车组空调系统设备工作正常,性能稳定。

7. 主要服务设施

试运行期间,CRH3 型动车组主要服务设施如厨房设备、卫生间、电子架、饮水机、坐椅、PIS 系统设备等未出现故障和损坏。

8. 试运行过程中出现的问题及解决办法

CRH3 型动车组试验和试运行过程中,也遇到了一些故障和技术问题,下面就这些典型问题进行简要的归纳总结。

(1)列车连挂拖拽

2008 年 4 月 20 日晚,CRH3－001C 型动车组更换了 BC04 车与 FC05 车测力轮对(都是一次侧的)后,测力轮对上的速度传感器输出有问题,输出的速度为零,BCU 得到该速度信号之后将这一信号发送给 CCU,CCU 得到的信息是有的轴的速度信号不为零,有的轴的速度信号为零,此时 CCU 基于安全的考虑会认为信号为零的轴是抱死的状态或者是出现了转向架方面的故障问题,因此 CCU 在速度超过 40 km/h 时会进入制动(首先是常用制动(电制动和空气制动同时使用),如果常用制动不行就执行紧急制动)。解决的措施是将测力轮对上的速度传感器重新处理,之后就再未出现此类问题。

(2)主断路器不能闭合

在配合 ATP 试验的过程中,遇到了过分相区时,主断合不上的问题,经过 Monitor32 查询原因是油流继电器故障,但是使用软件复位后仍然无法解决问题,最后采用了断电重启的方法,之后主断能够顺利合上。在随后的 ATP 试验过程中都遇到了主断合不上的问题,同时使用 Monitor32 查询出来的故障各有不同,经过分析,总结出了正线试验期间突发状况及相应处理方法。

①高压设备锁死

条件:自动或手动过分向时。

现象:偶尔会导致主断合不上,并且从 HMI 上看车顶高压设备包括受电弓、真空断路器、车顶高压隔离开关、牵引变流器被锁死(Block),且手动无法释放(Release)。

解决办法:使用串口数据线将装有 Monitor32 的 PC 连接到主控 CCU 上,启动 Monitor32 软件程序,在 Maintain 下拉菜单下选择 RA－RESETALL 选项。如果处理后故障仍然存在,则采用方法 4。

处理结果:从 HMI 上可以看到表示锁死(Block)的红叉在各高压设备符号上消失,主断闭合。

②油流继电器故障

条件:自动或手动过分向时。

现象:主断无法闭合,通过 HMI 故障信息显示或者在装有 Monitor32 的 PC 连接到主控 CCU 上之后通过 Event 下拉菜单下 Status 查找当前故障记录可以发现有关于油流故障的记录。

解决办法:使用串口数据线将装有 Monitor32 的 PC 连接到主控 CCU 上,启动 Monitor32 软件程序,在 Power 下拉菜单下选择 R HVS Reset 选项,在弹出选项里选择第 5 项,重新复位变压器参数。

处理结果:主断闭合。

③TCU 故障

条件:自动或手动过分向时。

现象:主断无法闭合,使用 Monitor32 软件连接主控 CCU,通过 Event 下拉菜单下 Status 或者 History 查找当前故障记录可以发现有关于 TCU 故障的记录。

解决办法:在 HMI 上使用牵引画面,将光标移动到牵引变流器位置,对四个牵引变流器逐个使用锁死(Block)命令,等待约 30 s 后,再逐个释放(Release)牵引变流器。

处理结果:主断闭合。

④无法断定故障原因

条件:自动或手动过分向时。

现象:主断无法闭合,使用 Monitor32 软件或 HMI 等手段无法查找出故障原因。

解决办法:“复位处理”(即断真空断路器、降弓、断开蓄电池,等待车辆完全停机后,重新启动)。

处理结果:主断闭合。

采用所总结出来的方法,在遇到主断合不上的问题时,可以尽快地解决问题,保证了动车组在正线上出现问题时,故障可以得到迅速的解决。

(3)外门故障

①现象:3 车一位端左侧门外侧,开门按钮不能正常使用。

分析原因:可能连接按钮和门控单元的线路问题。

解决办法:检查发现,有两根线是接错,造成不能正确的发送开关门信号 ,改线后,能够正确开关门。

②现象:6 车关门后,紧急解锁不能打开门。

分析原因：可能是电磁阀坏。

解决办法：电磁阀拆开，检查线路，发现没有故障。发现有个风管弯折，不能送风，造成不能打开门。

(4)内门故障

①门自动开闭

现象：门关闭以后会自动开启。

分析原理：有可能是主传感器感应不到，因为当门全部关闭时，门控单元应该感应到主传感器发来的“门已关闭”的一个信号，然后给门一个夹紧力，但由于门控未得到门主传感器的信号，则它会认为遇到了障碍物。

解决办法：一是，移动主传感器位置，试验几次得到一个比较准确的位置；二是，传送带上有一个金属片，这个金属片和主传感器共同构成感应单元，所以移动金属片可以达到相同的效果。

②门关不到位

现象：当门打开后未全部关闭，又自动打开。过10 s之后再闭合，再打开。

分析原理：由于门的开动作，是通过红外感应器感应的，当它感应到有移动物体时，就会发信号给门控制器，然后打开门。

原因：感应器的角度不正确，有可能造成感应器能感应到门的关门动作，所以再次打开。感应器坏，感应器过于灵敏，都有可能造成门刚移动到一半位置就再次打开；当两个感应器，感应区域有交叉时，如果他们感应器的频率相同，也会造成这种后果。有摩擦，摩擦力太大，所以不能完全关闭。

解决办法：

a. 调整感应器的角度20°；

b. 换感应器，或调整灵敏度；

c. 设置感应器的频率，使其不同；

d. 机械调整，使门正常。

(5)厨房水管破裂

厨房水管破裂导致车辆终端箱内积水，时而有部分TCU或BCU信号丢失的情况发生。由于是供应商的供货范围内，在等待供应商解决。在处理完终端箱内积水后，信号丢失问题得到了解决。

(6)车下过滤网堵塞

试验过程中发现车辆侧窗上有类似于水的痕迹，停车检查发现是车顶某部位漏出来的油，回库里检查后确定为变压器膨胀油箱冒油，检查过程中发现变压器冷却单元入风口处有大量柳絮堆积，导致没有冷却风进入冷却单元，油温过高，涨出油箱。

解决办法为放掉变压器冷却用油，并更换膨胀油箱的硅胶颗粒过滤器。解决过滤网堵塞问题可以考虑将单层过滤网改为三层过滤，其中中间一层改用目多的过滤网以增加过滤效果，减少堵塞几率。

(7)PIS系统

车次号只能为数字，不能输入字母。目前动车组车次号均为“D×××”，不能输入字母影响车次号输入；两列连挂时车厢号从1至16，而不是第一列为1至8，第二列为11至18；由于无法实现滚动字幕，所以当长站名出现时可能会导致站名显示不全；通过已交付软件无法将始发站与终点站之间用箭头替代短线；通过已交付软件无法将“温度××℃”改为“外温××℃”或“车厢外温度××℃”；通过已交付软件无法将速度信息出现频率提高及持续显示时间延长。最终解决这些问题的方法是软件版本升级。

(8)制动系统

试验初期，车辆紧急制动后无法缓解，主要是制动系统软件问题。应急解决方法先将停放制动缓解，再施加停放制动后，将制动手柄推至OC位就可以对紧急制动进行缓解。最终问题的解决是对软件进行了版本升级。

司机室MMI上制动状态显示，有时个别车的制动信号检测不到。此问题是由于软件检测的BCU

与 TCU、CCU 之间 MVB 信号传输问题，需要对软件进行改进升版。出现此问题，可以通过 MMI，进行自动制动试验中的直接制动试验，即可重新检测到制动信号。

(9)牵引系统

CRH3 型动车组核心软件是 Moniter32，但目前 Moniter32 软件版本仅仅是 customer－level 版，权限受到限制，无法对动车组参数进行更改，有些诊断功能也无法实现，比如速度设定的更改，空调参数的设定以及空调温度的设定等，必须对软件进行升级。

第三节 评价标准

高速动车组是一个综合了材料、机械、冶金、电子电工、化工等多个领域技术的复杂系统，根据时速 300～350 km 动车组创新研究的系统性、试验性和实践性的特点，必须依据《高速动车组整车试验规范》及相关文件，最终利用线路运行试验，进行动车组在运行条件下的综合性能评估，从而建立起对动车组不同功能和结构、不同零部件的科学评价方法，最终形成系统的高速动车组的综合评价体系。

本章通过对 CRH3 型动车组涉及系统安全性、可靠性、可用性及可维护性等指标的检验、分析和评价，建立了 CRH3 型动车组评价标准。

CRH3 型动车组评价标准见表 7－2－6。

表 7－2－6 CRH3 型动车组评价标准

序 号	评价项目	主要评价内容	试验标准/试验方法	评 价 指 标
15	牵引性能试验	牵引特性	试验大纲	全动力、3/4 动力牵引特性曲线符合规定
		动力制动特性		动力制动特性曲线应符合动车组动力制动特性设计曲线
		起动加速性能		在定员、平直线路上，动车组的速度从 0 到 200 km/h 平均加速度≥0.38 m/s^2
		惰行阻力		隧道外区间 $R[N]=0.000\,755\times m\times g+120.344(v+\mathrm{d}v)+7.838(v+\mathrm{d}v)^2$
		坡道起动加速		动车组在全动力时，应能平稳起动，并持续加速，主回路和辅助回路各部件应该正常工作
		温升		牵引电机定子绕组温升应不大于 200 K； 牵引变压器二次侧绕组温升不应大于 125 K
		防空转/防滑行性能		动轴发生空转/滑行时，系统应能进行有效抑制，同时动车组监控系统应有空转/滑行显示；当轨面黏着恢复后，动车组应能尽快恢复牵引/电制力
		辅助电气设备和辅助电源		辅助电源输入输出规格符合技术规范要求
		网压波动、网压中断和网压突变		牵引和电制工况下的网压—轮周功率符合要求； 接触网网压突变时不会造成动车组高压系统、牵引系统、辅助系统等故障发生； 接触网电压中断不会造成动车组高压系统、牵引系统、辅助系统等故障发生；不会出现无关错误信息；网压恢复后所有系统能重新平稳投入工作
		接地回流装置的检查		接地回路电阻值应不大于 0.05 Ω
		动车组自动过分相		自动过分相装置满足设计规范要求； 动车组手动过分相功能正常

续上表

序号	评价项目	主要评价内容	试验标准/试验方法	评价指标
16	制动性能试验	制动试验(静态)	试验大纲	功能正常
		制动性能试验(动态)	《京津城际铁路技术管理暂行办法》试验大纲	制动初速 300 km/h 时≤3 800 m,制动初速 350 km/h 时≤6 500 m; 紧急制动时的瞬时减速度不大于 1.4 m/s^2
17	动力学性能试验	运用安全性	试验大纲《动力学性能试验鉴定方法及评定标准》	轮轴横向力: H≤(10 + P_0/3) Have≤20 kN (P_0表示静轴重); 车轮力:Q≤170 kN 脱轨系数:Q/P≤0.8; 轮重减载率:准静态 $\Delta P/P$≤0.65,动态 $\Delta P/P$≤0.8; 倾覆系数:D≤0.80; 构架横向加速度:大于 6 个周期时不超过 8 ~ 10 m/s^2
		乘坐舒适性		平稳性按 UIC518、GB 5599—1985 评定:平稳性 W≤2.5 (司机室 W≤3.5) 振动舒适性按 UIC513 评定:2 级
18	动车组供电试验	绝缘/耐压试验	试验大纲	电缆的高压端,无对地放电或击穿等异常现象发生
		功能试验	试验大纲	满足设计要求
19	车内照明测量	室内照度分布	试验大纲	满足标准要求
20	通风和空调装置的试验	静态试验	试验大纲	室内空调微风速 车厢:<0.4 m/s,通过台:<2.0 m/s; 车厢内温度分布:±2 ℃以内。 新鲜空气量 正常通风≥10 ~ 15 m^3/人/h; 应急通风≥10 m^3/人/h
		动态试验	试验大纲	标准工况及 150% 定员时客室温度保持在 26 ℃以下; 超负荷工况及 100% 定员时,客室温度保持在 28 ℃以下; 冬季在气温为 -15 ℃时,客室温度保持在 20 ℃以上; 车内的压力变化小于 1 000 Pa,压力变化率控制在 200 Pa/s以下; CO_2浓度(在定员状态下):<0.15%; 室内空气粉尘浓度:<0.15 mg/m^3
	称重和轴重检验	完成车辆重量、轴重轮重	试验大纲	轮重允差:±4%; 定员轴重小于等于 17 t
21	受电弓性能试验	静态压力公差	试验大纲	符合 TB/T 1456—2004《铁路应用 机车车辆 干线机车车辆受电弓特性和试验》附录 B 的规定
		升降弓时间特性		升降弓时间特性试验符合规定要求
		最大、最小接触力		最大接触力 $F_{max} = F_m + 3\sigma$(N),最小接触力 $F_{min} = F_m - 3\sigma$(N)
		平均接触力		平均接触力 $F_m = 0.000\,97v^2 + 70$(N),动态接触力标准差 $\sigma \leq 0.3\,F_m$
		离线率及离线时间		离线率不大于 0.14%,一次最大离线时间不大于 100 ms,离线次数小于 1 次/160 m

续上表

序　号	评价项目	主要评价内容	试验标准/试验方法	评 价 指 标
22	车载计算机网络试验	网络启动检验	试验大纲	满足设计要求
		网络的冗余功能检验		
		网络控制的故障导向安全试验		
		列车旅客信息系统检验		
23	电气系统的各种保护试验	主电路保护试验	试验大纲	满足设计要求
		辅助电路保护试验		
24	网侧谐波组成与测定试验	功率因数及谐波、等效干扰电流	试验大纲	额定负荷时除去辅助回路的网侧总功率系数 λ≥0.97； 主变压器原边电流畸变率(THD)：<10%； 1 个基本动力单元发挥额定功率时的等效干扰电流(Jp)：<2A
25	电磁兼容性试验等	电动车组内部传导辐射干扰试验	EN50121－3－1 EN50121－3－2	符合标准要求
		电动车组对外部的射频骚扰试验		
		动车组牵引控制系统、车载设备抗线路基础设施干扰试验		
26	车体强度	静强度评价	EN12663 UIC566	整备状态下车体一阶垂向弯曲固有频率应不低于规定值 12 Hz
		刚度评价		低于所用材料的许用应力
		疲劳强度评价		低于所用材料的疲劳许用应力
27	气密性能	气密性试验	试验大纲	车厢内压力从 4 000 Pa 降低至 1 000 Pa 的时间为 50 s 以上

第四节　研究性试验

在京津城际铁路的动车组型式试验和试运行过程中，对 CRH3 型动车组有计划安排开展了部分研究性试验。该研究试验验证了高速动车组运行的一些规律，对深入开展再创新工作起到了积极推动作用。

一、高速动车组的弓网关系

动车组的弓网受流性能取决于接触网和受电弓两个方面的因素。受电弓的动态性能是影响弓网受流性能的关键因素，受电弓的静态抬升力必须符合相关标准要求。速度提高后，受电弓的动态性能在很大程度上取决于受电弓受高速气流的影响。气流对受电弓的影响有下列几个因素：气流速度、受电弓附近的气流场分布、受电弓本身的结构等。对于高速动车组，由于车顶形状不同、受电弓的安装位置不同、车顶其他设备的影响等因素直接影响受电弓的空气动力学性能，所以对于高速动车组，必须对受电弓进行空气动力学性能测试和优化，这种优化主要解决三个方面的问题：(1)受电弓开口和闭口方向的性能；(2)两条滑板的力的平衡；(3)四个滑板支点的力的平衡问题。

为调节受电弓的空气动力学性能，高速受电弓均设置不同位置和不同形状的导流板，通过导流板不同的组合调节受电弓的气动力性能，以保证弓网受流性能满足运行要求。

CRH3 型动车组的受电弓空气动气学性能参照 CRH2－300 的优化结果进行调整，使动车组的试验运行速度达 350 km/h 以上，弓网受流性能满足运行要求。

二、高速动车组的空气动力学

列车空气动力研究的目的主要是减小气动阻力，改善操纵稳定性，提高安全舒适性及减小其对环境的影响。其主要研究内容有：作用在列车上的空气动力和力矩，及其对列车性能的影响；列车运行时，自然风（强风、横风）对列车性能的影响及列车风对人和建（构）筑物的影响；列车通过隧道和列车会车时的压力波特性；列车气动噪声和气候条件及其对车厢内人员舒适性的影响。

为了最大限度地提高 CRH3 型动车组运行速度，必须从两个方面着手：加大牵引功率和降低运行阻力。CRH3 型动车组 2008 年 4 月在京津城际铁路创造了 374.2 km/h 的最高试验速度后，进一步提高动车组最高速度要考虑牵引动力不变的情况下，只有通过对空气动力学优化、降低运行阻力措施来实现。

1. 高速动车组气动阻力

理想的列车系统应具有空气动力学稳定性和较低的气动力。列车运行时受到的阻力可分为基本阻力和附加阻力两大部分。其中基本阻力由机械阻力和气动阻力即空气阻力两部分组成；附加阻力包括坡道、弯道、隧道等阻力。

（1）阻力公式

①对于露天运行的列车，统一形式为

$R = A + (B_1 + B_2)V + Cv^2$

其中 R 为列车运动总阻力，v 为列车相对静止空气的速度．

当环境风比较明显时，以上公式可改为

$R = A + B_1 v_G + B_2 v_A + CvA^2$

式中 v_G 为列车相对地面的速度，而 v_A 为列车相对于空气的速度。其中：系数 A 为滚动机械阻力；B_1 为其他机械阻力，包括传递损耗和刹车阻力；B_2 为空气动量阻力，在列车运行时，发动机热力循环、发动机冷却和车内空调等过程需要吸入大量空气，B_2 就与加速这些空气所需要的能量有关。

外部气动阻力，主要表示为系数 C

$$CvA^2 = 1/2\rho vA^2 SC_D \tag{7-2-10}$$

式中　ρ——密度，kg/m³；

S——列车迎风面积，m²；

C_D——阻力系数。

②根据有关试验中得出的总阻力图，通过拟合得出的总阻力公式：

$$D = 12.484 + 0.04915v + 0.001654v^2$$

③CRH3 型动车组平直线路上 列车阻力公式为：

$$R[N] = 0.000755 \times m \times g + 120.344(v + dv) + 7.838(v + dv)^2 \tag{7-2-11}$$

其中　m——列车质量，kg；

g——重力加速度，m/s²；

dv——逆风风速，m/s；

v——列车速度，m/s。

高速列车的阻力主要是气动阻力，当高速列车行驶速度为 200 km/h 时，列车牵引动力中约有 70% 被用来克服气动阻力；而当高速列车行驶速度增大到 300 km/h 时，列车牵引动力中约有 80% 的功率用来克服气动阻力。因此，减小列车运行时的气动阻力是列车设计师和制造厂商共同追求的目标，也是重要的研究对象。列车的气动阻力包括压差阻力、摩擦阻力和干扰阻力。列车的压差阻力主要取决于列车头部和尾部的形状，特别是头部的形状；列车的摩擦阻力主要取决于列车的长度；列车的干扰阻力包括转向架、车底及车厢连接处产生的阻力。

对于时速为 250 ~ 300 km/h 的流线型列车来说，总阻力的 75% ~80% 起因于外部气动阻力，在这些外部气动阻力中，大约 30% 为表面摩阻，8% ~13% 为车首对于车尾的压差阻力，38% ~47% 为和转向部件相关的干扰阻力，还有 8% ~20% 为导电架和其他车顶设备的阻力。图 7 -2 -9 是德国西门子公司为俄罗斯开发的一组动车组空气阻力在列车元件中的分配示意图。

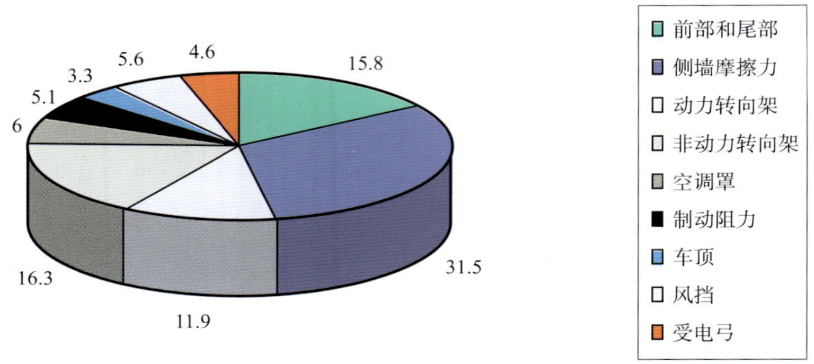

图 7 -2 -9　空气阻力在列车元件中的分配

(2)阻力系数的相关标准

国际上高速列车气动阻力系数达到的水平是：头车为 0.17，尾车为 0.19，客车车厢为 0.07。要达到这一水平阻力系数的头、尾车流线型部位的长度都很长，会增大制造成本、降低运量，应综合考虑各种因素，选取合适的阻力系数。

我国铁道行业标准《高速列车空气动力外形设计、计算及实验技术条件》也对阻力系数有明确规定。

不同列车行驶速度下的头车阻力系数及头部长细比的推荐值见表 7 -2 -7。

表 7 -2 -7

最高行驶速度/(km/h)	200	250	300
头车气动阻力系数 C_D	≤0.28	≤0.24	≤0.20
头部长细比 λ	≥2.0	≥2.5	≥3.0

(3)部件空气动力特性

①转向架：从列车的侧面看，转向架部分是一个很大的豁口。由于这个豁口的存在，不但转向架本身会引起底部严重的气流分离，产生旋涡，而且两侧下部流向底部的气流在豁口处也受到严重的干扰，当车轮旋转时，产生明显的旋涡区，干扰并阻碍侧面下部和底部的气流顺畅地流动，从而使气动阻力增大。当转向架外侧加上裙板后，裙板使纵向向后流动的气流顺畅地流动，并隔离了列车下部周围气流涌向列车底部，起到减阻作用，同时对改善横向绕流特性也有利。

②风挡：风挡是用于封闭列车前、后两节车厢间的一个过渡装置，具有柔性且能满足列车弯道行驶时的要求。风挡有大、小(内、外)风挡两种，与前后车厢外形保持一致的称为大风挡，上部和两侧面都小于前后车厢外形的称为小风挡。从外形特征上可以看出，小风挡会使表面连续的流线在该处产生弯折，并出现局部分离和旋涡，增大了能量损失，使车厢的阻力增大，最大时可使阻力系数增大 30% 左右，对其他气动特性影响不大。所以，高速列车一般采用大风挡连接前后车厢，可以降低阻力系数。

③受电弓：受电弓上部是近“Π”字形体的复杂构件，完全暴露在自由大气中，因此其气动阻力不容忽视。法国 TGV 高速列车在 6 车编组时受电弓的气动阻力占整列车气动阻力的 19%；而德国 ICE 高速列车在长编组时，受电弓的气动阻力占整列车气动阻力的 7% ~9%。减少阻力的主要措施有：

a. 在受电弓装置周围加整流罩，整流罩将使受电弓装置部分遮蔽起来，并与车体顶部形状形成有利于气流流动的整流外形，减小迎风面积，使气动阻力和抬升力减小。

b. 改变传统受电弓顶部滑板的截面形状及支撑杆系的结构形式。如采用单臂式翼型受电弓支撑杆系统取代传统的"Ⅱ"型受电弓结构形式，它不仅使气动阻力降低，而且使噪声降低。

2. 技术方案

为确保 CRH3 型动车组高速运行的稳定性和可靠性，通过理论分析以及在京津城际铁路试验的初步结果，唐车公司正在从减小车端连接、转向架处裙板以及底架下部空气阻力等几个方面对 CRH3 型动车组进行空气动力学结构优化改造。通过这一系列的结构改造，希望达到减小空气阻力 20% 以上的目标。

(1) 裙板结构优化(图 7-2-10)

(a) 拖车裙板结构优化

(b) 头车转向架处裙板结构优化

图 7-2-10　裙板结构优化

(2) 车辆连接结构优化(图 7-2-11)

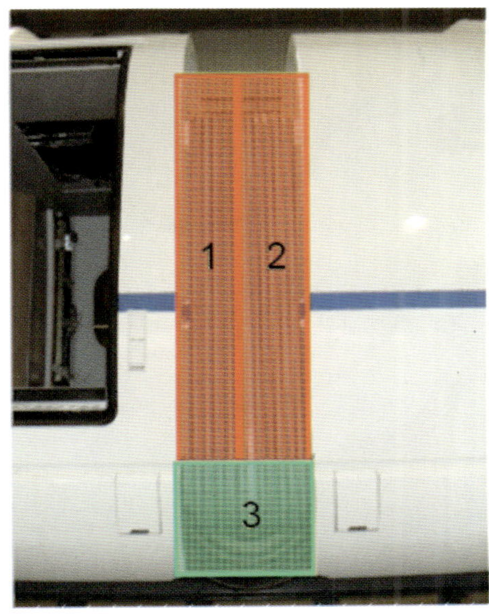

(a) 车端过渡连接结构优化(侧面)

图 7-2-11　车辆连接结构优化(一)

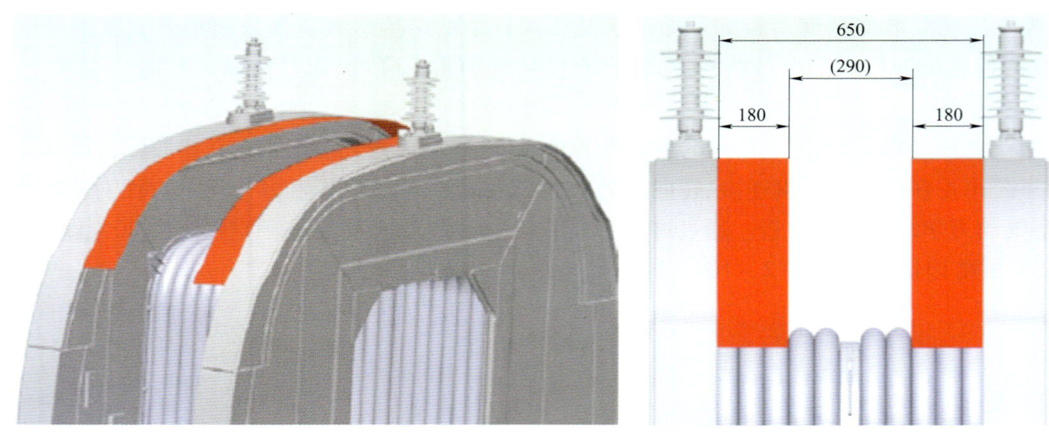

(b)车端过渡连接结构优化(顶部)

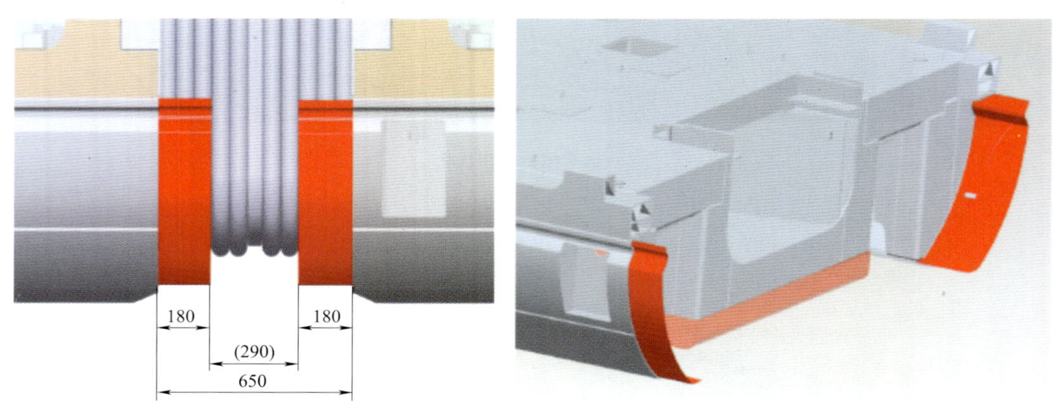

(c)车端过渡连接结构优化(底部)

图 7-2-11　车辆连接结构优化(二)

(3)底架下部平滑化结构优化(图 7-2-12)

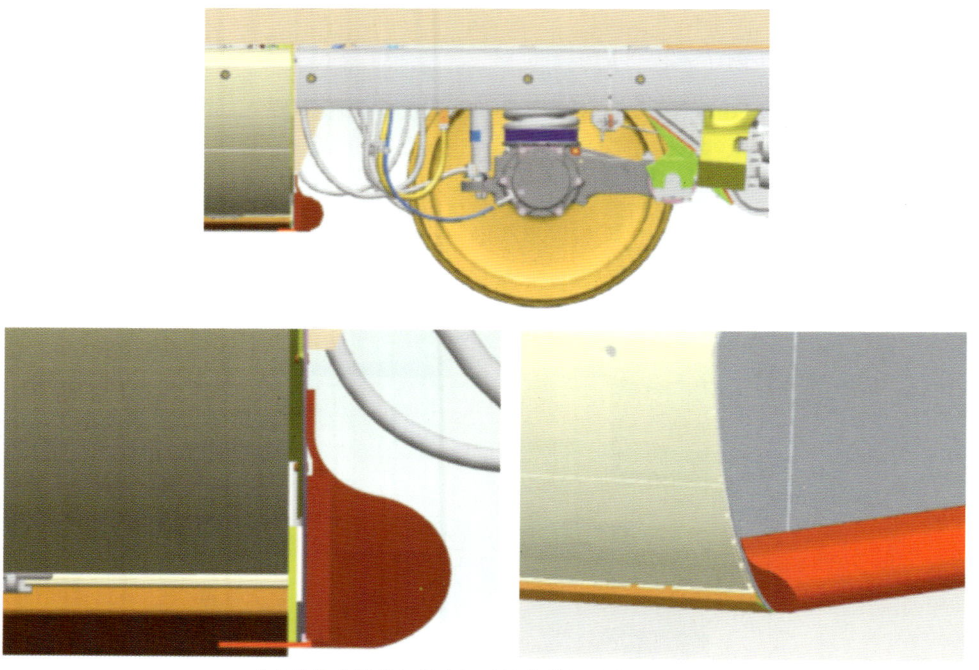
(a)设备仓端板与转向架过渡处增加平滑过渡结构

图 7-2-12　底架下部平滑结构优化(一)

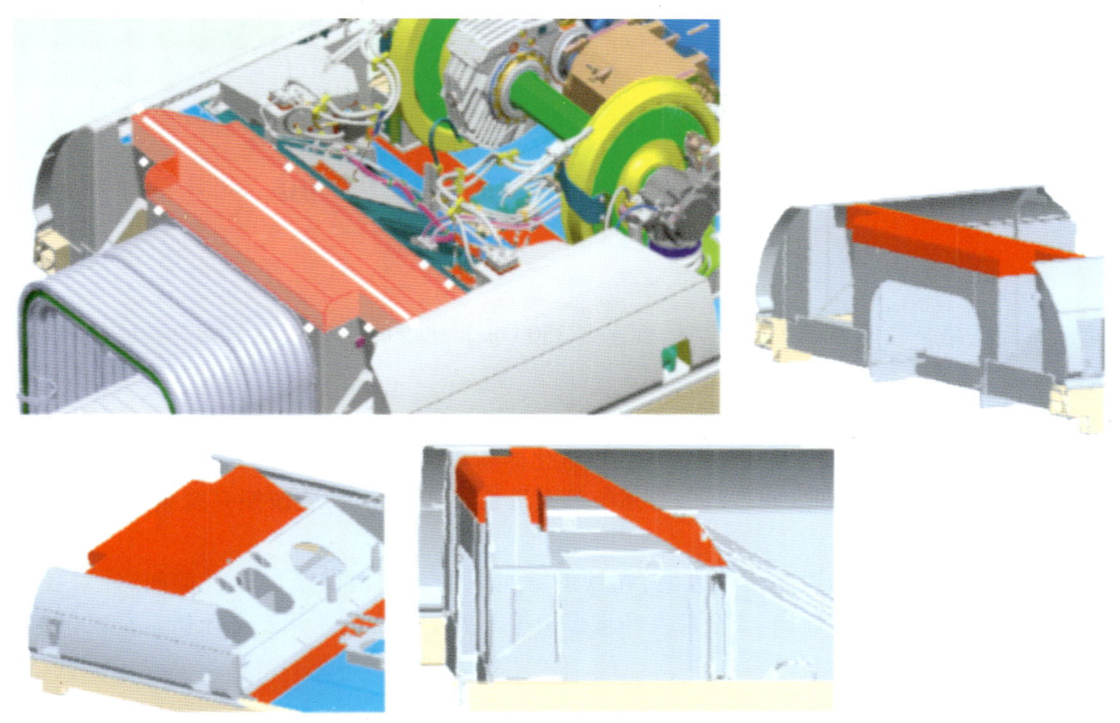

(b)底架前端处增加平滑过渡结构

图 7－2－12　底架下部平滑结构优化(二)

(4)头型结构优化(图 7－2－13)

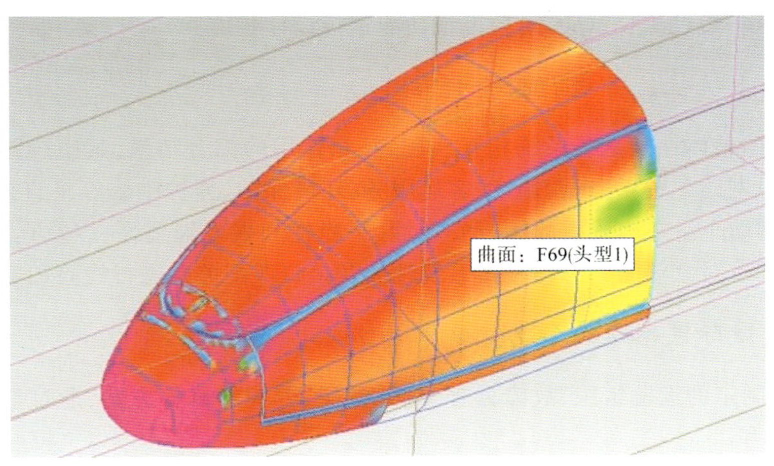

图 7－2－13　头型结构优化

国外的设计经验表明,车头的研发一般需要 3 年左右的时间。因此,对车头的空气动力学优化目前主要集中在概念设计计阶段。

根据整体技术方案,唐车公司目前已完成部分空气动力学优化,即车端过渡连接结构优化(侧面),并在 CRH3－001C 型动车组实施完成。

3. 研究结论

经过空气动力学优化的 CRH3－001C 型动车组在 2008 年 6 月 24 日京津城际铁路上试验运行时,打破 2008 年 4 月创造的试验速度纪录,最高速度至 394.3 km/h,最高速度提高了 20 km/h,这也与我们的理论分析计算结果一致。

第八篇　综合试验篇

京津城际铁路是我国首条按照最高运营速度350 km/h建设的高速铁路，是我国高速铁路技术创新的重大工程实践。

京津城际铁路采用了CRTSⅡ型板式无砟轨道、大跨度高速铁路桥梁、350 km/h的CRH_2和CRH_3型高速动车组、CTCS－3D列车运行控制系统、轻量化的简单链型悬挂接触网系统、先进的综合检测和运用维修技术、全新的运营调度和客运服务系统等大量技术创新成果，并按照系统集成的模式进行建设，是一项庞大的系统工程。

为了全面检验京津城际铁路技术方案，在铁道部组织的系统调试及试运行期间，针对各系统功能、接口匹配关系、整体运行性能、安全性及环境保护等开展了综合试验和安全评估。

第一章　综合试验目的

一、验证各系统功能

京津城际铁路是高新技术的集成，涉及牵引供电、动车组、通信信号、运营调度、客运服务、养护维修、工务工程等系统。通过综合试验，对各系统功能进行设计验证。

二、检验整体系统性能并进行安全评估

京津城际铁路的整体性能是各系统相互匹配、互相作用的综合结果，其中线路工程与动车组、列车运行控制系统、弓网匹配关系、运营调度、客运服务、环境保护、养护维修等将直接影响350 km/h的CRH_2型和CRH_3型动车组在本线上的运行安全性、平稳性和乘坐舒适性，以及运输组织和客运服务质量。通过综合试验，对京津城际铁路整体系统性能及接口匹配关系进行检验和安全评估。

三、确认京津城际铁路运输能力

根据整体性能制定的运输组织、故障处理、应急救援、养护维修等方案，通过综合试验，确认京津城际铁路的运输能力。

四、构建客运专线综合评价体系

结合京津城际铁路综合试验，进一步完善客运专线综合试验技术，建立试验检测手段，探索大型综合试验的管理方法，形成客运专线综合评价成套技术规范，为构建客运专线综合评价体系奠定基础。

五、开展高速铁路科研试验

京津城际铁路综合试验期间，为了加强高速铁路基础理论研究，铁道部组织了大量科研试验，在轮轨关系，弓网匹配，流固耦合等应用基础研究领域，首次获得大量宝贵的科研试验数据，极大地丰富了我国高速铁路轮轨系统动力学理论，为完善我国高速铁路技术体系提供了技术支撑。

第二章　综合试验主要内容

第一节　供变电系统

一、试验目的

1. 通过对京津城际铁路牵引供变电系统的系统调试，掌握不同列车密度下的牵引取流负荷特性，以及变电所、分区亭的电压水平、谐波、功率因数、变压器利用率等参数。

2. 测试引入电源供电系统的背景电压波动，背景谐波电压、负序电压水平。检验变电所的供电能力。

二、试验内容

1. 牵引变电所（亦庄（TSS1）、武清（TSS2））

（1）220 kV 侧电源进线三相电压 U_A、U_B、U_C；

（2）220 kV 侧电源进线三相电流 I_A、I_B、I_C；

（3）55 kV 侧母线电压 U_a、U_b；

（4）55 kV 侧馈线电流 I_{T1}、I_{F1}，I_{T2}、I_{F2}，I_{T3}、I_{F3}，I_{T4}、I_{F4}。

2. AT 所、分区所（ATS3（兼分区所）、ATS1）

（1）AT 所两侧上、下行 27.5 kV T 线电压 U_1、U_2；

（2）分区所两侧上、下行接触网末端 27.5 kV T 线电压 U_1、U_2、U_3、U_4；

（3）AT 电流。

第二节　接触网系统

京津城际铁路接触网系统试验内容包括：弓网受流性能试验、接触网性能试验和接触网状态检测等部分。

一、弓网受流性能测试

京津城际铁路弓网受流性能试验的试验车型包括 350 km/h 的 CRH2 型动车组、CRH3 型动车组。弓网受流试验项目包括：

（1）弓网接触力：最大接触力、最小接触力、平均接触力、标准方差。

（2）离线（火花）性能：最大离线时间、离线次数、离线率。

（3）硬点：垂向加速度最大值。

（4）受电弓运行轨迹：一跨内最高高度、最低高度和高度差。

（5）接触网受电弓运行图像监视、数据图像叠加。

二、接触网性能测试

接触网性能测试包括：接触网静态弹性测试和接触线动态抬升量测试。

1. 接触线动态抬升量测量

测量动车组运行时接触线的振动性能，计算接触线振动的最大振幅、振动频率、振动衰减系数等参数。测试断面为接触网各典型环节，如跨中、定位点、线岔、锚段关节等。

2. 接触网静态弹性测量

接触网静态弹性是接触网的基本参数，主要反映接触网静态弹性的大小和接触网的弹性不均匀性。接触网建成后，使用专用仪器在接触网作业车的平台上对各测点的接触网静态弹性进行测量和记录，分析接触网的静态弹性和弹性差异系数。

三、接触网状态检测

使用接触网检测车检测京津城际铁路接触网的安全性能，测量接触网的安全参数是否符合设计和施工要求，保证接触网的状态满足各种试验列车的安全运行。

接触网动态检测项目包括：

(1)拉出值；

(2)接触线高度；

(3)硬点(垂直方向加速度)；

(4)冲击(水平方向加速度)。

第三节　通 信 系 统

一、传输和接入系统故障模拟测试

传输故障模拟测试包括 GSM－R 2 M 专网传输通道故障模拟、调度系统 2 M 专网传输通道故障模拟、调度系统主备用倒换功能、MSP 1＋1 保护倒换过程对调度系统的影响、MSP 1＋1 保护倒换过程对数据网的影响、MSP 1＋1 保护倒换过程对视频系统的影响等。

二、数据网测试

主要测试数据链路性能指标、VPN 通道性能指标、数据网安全性功能(含链路保护功能、以太网二层和 IP 三层的网络安全保护功能和 SDH 自愈环切换对于数据网的影响)、组播功能等。

三、调度通信系统测试

静态测试包括点到点语音主叫测试、VGCS 语音主叫测试、点到点语音被叫测试、VGCS 语音呼被叫测试、语音补充业务测试等。

动态测试包括个呼功能、组呼功能、紧急呼叫、组呼功能、多优先级处理等。

四、应急救援指挥通信系统测试

应急救援指挥通信系统测试包括现场功能测试(动图上传、现场静图和数据上传、指挥中心与现场语音通信和现场内部通信)、应急救援与铁路专网电话接口、应急救援与传输系统接口、应急救援与视频监控的接口测试等。

五、综合视频监控系统测试

综合视频监控系统测试包括云台和镜头控制功能、图像质量、显示功能、监控中心系统软件功能(存储、检索、回放、软件管理功能)、语音通信功能测试。

六、通信综合网管系统测试

功能测试包括网管系统的故障管理、网络拓扑管理、故障工单管理、GSM－R 性能管理等。

接口测试包括通信综合网管系统与 GSM－R、SDH、DNS、PABX、NTP、调度电话、视频监控、SCADA、UPS 等系统的接口。

七、时钟分配系统测试

一级母钟测试包括对二级母钟及调度中心子钟的时间校对、与监控系统的通信、对 GPS 信号的接收、标准时间的输出、主备母钟自动切换等功能的测试。

监控系统测试包括与一级母钟的通信、故障显示查询和报警、对二级母钟的通信查询、子钟设置和调整、时间制式转换功能的测试。

NTP 测试包括母钟的通信、网络校时功能的测试。

调度中心子钟时间、日期显示、单机运行、联网运行、自动对时等功能的测试。

车站二级母钟及子钟测试包括对车站子钟的时间校对、对二级母钟的时间校对等功能的测试。

八、GSM－R 专用移动通信系统测试

1. GSM－R 无线覆盖

京津城际铁路共新建 GSM－R 基站 44 个，对场强进行了测试，统计了 95% 时间、地点概率条件下的车顶无线接收电平。

2. GSM－R 服务质量

服务质量测试分别在全部基站打开、奇数基站打开、偶数基站打开三种条件下完成，以测得交织单网的服务质量是否满足技术标准要求。

服务质量测试包括呼叫建立时间和呼叫失败概率测试（MS－FT、FT－MS、MS－MS 运营呼叫、铁路紧急呼叫、同一区域内 MS 之间的组呼）、切换成功率、切换执行时间、GPRS 数据传输延时和丢包率、GPRS 数据吞吐量、列控业务服务质量（连接建立时间、连接建立失败率、数据传输延时、连接失效率、传输干扰率、网络注册延时）。

3. GSM－R 电磁环境

试验车在北京南至天津区间进行了电磁环境动态测试。

九、车次号和调度命令传送系统

测试包括 CIR 接收调度命令、发送车次号等功能和成功率。

十、电话业务

京津城际铁路新建公务电话，包括北京南、亦庄、永乐、武清、天津等 19 个接入网 ONU 结点接入的公务电话用户。

对京津城际铁路公务电话呼入、呼出功能和通话质量进行测试、评价。

第四节　信　号　系　统

京津城际铁路信号系统由列车运行控制系统、计算机联锁系统、调度集中系统、微机监测系统等组成，采用 CTCS－3D 列控系统。北京南城际场（含）—天津站城际场（含）全线配置 CTCS－3D 列控系统轨旁设备，同时配置列控中心设备和 ZPW－2000A 轨道电路设备；亦庄、永乐、武清设置 SIMIS W 联锁系统，北京南、天津站配置 DS6－K5B 联锁系统；全线采用 CTC 集中控制，通过协议转换器实现对北京南和天津联锁系统的操作。

京津城际铁路信号系统是第一次采用 CTCS－3D 技术方案，设备型号多、接口关系复杂。为确保京津城际铁路信号系统按期开通运营，根据京津城际铁路信号系统的特点，信号系统的系统调试包括铁科院环行道 CTCS－3D 列控系统车载设备调试及基本功能试验、京津城际铁路实际运营条件 CTCS－3D 列控系统功能试验、京津城际铁路 CTCS－3D 列控系统调试、联锁系统和列控中心测试、CTC 系

统测试、无砟轨道结构条件下轨道电路传输性能测试等。

一、CTCS－3D 列控系统测试

1. 环行道 CTCS－3D 列控车载设备调试

通过模拟 CTCS－3D 列控系统地面环境，对 CTCS－3D 列控车载设备的基本功能，包括与动车组接口、测速测距、基本模式转换及控车功能等进行测试与调试，验证车载设备能否正确地接受地面发送的列控信息/命令，能否正确控制列车运行，为京津城际铁路 CTCS－3D 列控系统功能试验和系统调试提供条件。

环行道 CTCS－3D 车载设备测试包括静态测试和动态试验。

静态测试内容包括：

上电、常用制动缓解、方向手柄零位测试、司法记录仪软件上载升级、速度传感器的故障查找、速度传感器的方向测试、测速雷达序列号检查、应答器通道测试、列车接口测试、司法记录仪功能测试、DMI 功能测试、多功能车辆总线（MVB）功能测试、测速雷达标定、切除牵引、常用制动、紧急制动测试等。

动态试验内容包括：

（1）正常控车试验

① 由甲站正线发车，乙站正线接车（站内停车）。验证：车载设备根据地面给出的行车许可和线路参数，产生正确的控车模式曲线，使列车具备高速运行的条件；列车在站内正线准确停车。

② 由甲站侧线发车，乙站侧线接车（站内停车）。验证：在办理侧线进路时，车载设备产生正确的控车模式曲线；列车在站内到发线准确停车。

（2）应答器信息丢失试验

由甲站侧线发车，乙站侧线接车（站内停车）。地面模拟定位应答器丢失和提供行车许可信息的应答器组丢失。验证：列车按照应答器报文中的 5 包（应答器链接包）内的定义作出反应（无反应、常用制动或紧急制动）；在行车许可和线路参数没有接续情况下的目标距离模式曲线的生成。

（3）区间临时限速试验

区间设置临时限速（K14＋500～K15＋500 临时限速 45 km/h）。由甲站侧线发车，乙站侧线接车（站内停车）。验证：车载根据地面给出的行车许可、线路参数和运行前方的临时限速，产生正确的控车模式曲线；车载根据地面信息的要求能够在变速点处考虑车长延迟问题。

（4）在 CSM 区（顶棚速度监视区）的超速防护试验

列车由甲站侧线发车，乙站侧线接车，列车出发且提速到线路最高允许速度，当到达区间时：

① 司机在 CSM 区提速，使列车运行速度超过警告速度限 W，验证车载是否输出超速警告信息；

② 司机在 CSM 区继续提速，使列车运行速度超过常用制动干预限 SBI，验证车载是否输出常用制动；

③ 当列车运行速度低于允许速度限 P 时，验证常用制动是否缓解。司机在 CSM 区继续提速，使列车运行速度超过紧急制动干预限 EBI，验证车载是否输出紧急制动。

（5）在 TSM 区（目标速度监视区）的超速防护试验

列车由甲站侧线发车，乙站侧线接车（站内停车），当列车进入乙站的侧线接车进路后：

① 司机在 TSM 区提速，使列车运行速度超过警告速度限 W，验证车载是否输出超速警告信息；

② 司机在 TSM 区继续提速，使列车运行速度超过常用制动干预限 SBI，验证车载是否输出常用制动；

③ 当列车实际运行速度低于允许速度限 P 时，验证常用制动是否缓解；

④ 司机在 CSM 区继续提速，使列车运行速度超过紧急制动干预限 EBI，验证车载是否输出紧急制动。

（6）站内冒进防护试验

① 列车由甲站侧线发车，乙站侧线接车（站内停车）。地面模拟乙站到发线股道应答器组丢失，车载在 EOA（行车许可结束点）之前如果触发了缓解速度监视功能，司机忽视速度警告，在接近 EOA 时以最大缓解速度行进，在最小安全天线位置经过 EOA 后由于未能读到应答器组信息，验证车载进

入冒进防护模式 TR，越过 EOA 之后的行驶距离。

② 车载退出 TR 模式，进入冒进防护后模式 PT，列车退行一段距离，使列车重新具备正常发车的条件。地面恢复到发线股道应答器组，在出发信号未开放的情况下，列车加速，当列车被临近 EOA 的应答器组触发冒进制动后，验证车载进入冒进防护模式 TR，越过 EOA 之后的行驶距离。

③ 列车由甲站侧线发车，乙站侧线接车（站内停车）。司机忽视速度警告，在接近 EOA 时以最大缓解速度行进，当列车被临近 EOA 的应答器组触发冒进制动后，验证车载进入冒进防护模式 TR，越过 EOA 之后的行驶距离。

④ 列车由甲站侧线发车，乙站侧线接车（站内停车）。地面模拟乙站到发线股道应答器组丢失，列车在接近 EOA 时以最大缓解速度行进，在出发信号未开放的情况下，列车加速，在最小安全天线位置经过 EOA 后由于未能读到应答器组信息，验证车载进入冒进防护模式 TR，越过 EOA 之后的行驶距离。

（7）区间冒进防护试验

地面模拟甲乙站之间的 X6G 有车占用，重复站内冒进防护试验中相应项目，验证列车在进入 5G 后，在接近 EOA 时输出的冒进防护功能。

（8）控车模式试验

控车模式试验，包括完全监控模式、目视行车模式、调车模式、人控模式和冒进/冒进后模式等。

2. 京津城际铁路 CTCS－3D 列控系统功能试验

京津城际铁路 CTCS－3D 列控系统功能试验与集成商集成试验相结合，通过车地联动试验，在京津城际铁路 CTCS－3D 列控系统地面环境下，验证 CTCS－3D 列控系统的主要功能和技术条件，包括车载设备和地面设备，特别是地面联锁、列控中心、轨道电路等系统之间的接口关系，列控车载设备对地面应答器报文的兼容性，为系统的设计与完善提供技术支持。

京津城际铁路 CTCS－3D 列控系统功能试验先后运用了 ATP 测试轨道车、350 km/h 的 CRH_2 型、CRH_3 型动车组进行了动态试验，通过在 C_LOW、LOW 排列典型进路，对 CTCS－3D 列控地面设备一致性、列控系统的基本功能进行了调试试验，同时也验证了 CTC 与联锁、联锁与列控中心、轨道电路等设备之间的接口关系。

（1）测试前提条件

为满足动态功能试验要求，满足的测试前提条件包括：

①道岔一致性；

②信号机一致性；

③MSTT 与应答器的一致性；

④LEU 与应答器的一致性；

⑤轨道电路区段一致性；

⑥外部接口一致性（CTC、联锁、列控中心、轨道电路等）；

⑦车载设备静态测试通过（上电、动车组接口、测速等）；

⑧联锁系统一致性通过。

（2）测试内容

试验内容包括基本功能试验、控车模式及模式转换试验、故障模拟试验三个方面，测试分成三个阶段。

①地面数据一致性动态检查

地面数据一致性动态检查试验以 ATP 轨道测试车试验为主，通过在 CTC 或集装箱 LOW 设置基本进路，由 ATP 轨道车对地面数据进行一致性检查，测试区段包括北京南城际场（含）—天津站城际场（含）。

②北京南—天津列控系统功能试验

根据京津城际铁路 CTCS－3D 运营功能，在北京南（不含）—天津（不含）区段，对系统功能、接口关系以及对地面应答器报文的兼容性等进行综合试验。

③北京南城际场、天津站城际场列控系统功能测试

根据京津城际铁路 CTCS－3D 列控系统运营功能，在两个端站测试列控系统的功能，以及与 CTC、SIMIS W 联锁系统的接口关系。

测试项目如表 8－2－1 所示。

表 8－2－1　列控系统功能验证测试项目

序　号	测　试　内　容	测　试　项　目
1	基本功能试验	轨道电路连续信息接收
		应答器信息接收
		测速、测距及列车位置修正功能
		正线发车、通过、停车
		侧线发车、通过、接车
		临时限速
		反向运行
		超速防护
2	控车模式及模式转换试验	完全监控模式 FS、目视行车模式、引导模式、系统切换与隔离模式、调车模式、机车信号模式、待机模式 SB
3	故障模拟试验	轨道电路故障（无码、故障占用）
		应答器故障（丢失、默认报文）
		车载单元故障

（3）运营场景

集成试验计划中的典型运营场景：

①正向停车精度测试，仅人工设置一条进路。

列车以 20 km/h 的速度运行，在达到目的信号机/SMB 的停车点前，不会设置下一个进路。

车载设备为 FS 模式，主进路为正向行驶，在干线上正向行驶所有可能的情况，包括车站股道的正向行驶。

②反向停车精度测试，仅人工设置一条进路。

列车以 20 km/h 的速度运行，在达到目的信号机/SMB 的停车点前，不会设置下一个进路。

车载设备为 FS 模式，主进路为反向行驶，在干线上反向行驶所有可能的情况，包括车站股道的反向行驶。

③正向基本测试运行，列车前方设置进路。

列车以 20 km/h 的速度运行，在下一个信号机/SMB 停车点可以不停车继续运行。

车载设备为 FS 模式，主进路为正向行驶，在干线上正向行驶所有可能的情况，包括车站股道的正向行驶。

④反向基本测试运行，列车前方设置进路。

列车以 20 km/h 的速度运行，在下一个信号机/SMB 停车点可以不停车继续运行。

车载设备为 FS 模式，主进路为反向行驶，在干线上反向行驶所有可能的情况，包括车站股道的反向行驶。

⑤正向折返与反向折返。

⑥正向与反向运行之间的转换。

⑦模式转换，包括 FS、OS、SH、CO、CS 等。

⑧降级操作：模拟各种故障条件下的运行，包括轨道电路、信号灯、应答器、MSTT、车载设备等。

结合集成试验，进行 CTCS－3D 列控系统功能验证的主要运营场景有 16 个。

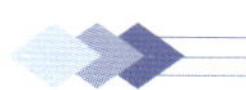

场景 1：正线发车、正线通过、正线接车，测试项目见表 8－2－2。

表 8－2－2　场景 1

运行进路	北京南　亦庄　永乐　武清　天津	
试验方法	北京南正线 4G 发车，亦庄、永乐、武清正线通过，天津 IG 接车	
ATP 模式	SB－OS－FS	
速度监督	0－20－300－0	
测试项目	1. 正线发车、通过、接车	5. 速度监督功能
	2. 点式、连续式信息接收	6. 停车精度
	3. 测速、测距与位置修正	7. 模式变换
	4. 应答器报文兼容性	

场景 2：侧线发车、侧线通过与侧线接车，测试项目见表 8－2－3。

表 8－2－3　场景 2

运行进路	北京南　亦庄　永乐　武清　天津	
试验方法	北京南正线 4G 发车，亦庄侧线 3G 接车再发车、永乐 3G 通过、武清 3G 接车再发车，天津 IG 接车	
ATP 模式	SB－OS－FS	
速度监督	0－20－300－80－0，0－20－80－300－80－300－80－0，0－20－80－300－0	
测试项目	1. 侧线发车、通过、接车	5. 模式变换
	2. 速度监督功能	6. 车尾保持
	3. 停车精度	
	4. 应答器报文兼容性	

场景 3：反向运行（直进弯出），测试项目见表 8－2－4。

表 8－2－4　场景 3

运行进路	北京南　亦庄　永乐　武清　天津	
试验方法	天津 IG 反向发车，武清、永乐 IG 反向通过，亦庄经 2/4 道岔转上行线、北京南 3G 接车	
ATP 模式	SB－OS－FS	
速度监督	0－20－250－80－250－0	
测试项目	1. 反向发车	5. 模式变换
	2. 反向通过	6. 车尾保持
	3. 速度监督	7. 上下行载频切换
	4. 应答器报文兼容性	

场景 4：反向运行（弯进直出），测试项目见表 8－2－5。

表 8－2－5　场景 4

运行进路	北京南　亦庄　永乐　武清　天津
试验方法	北京南 4G 发车，亦庄Ⅰ G 通过、永乐经 1/3 道岔转上行线，武清Ⅱ G 反向通过，天津 2G 接车
ATP 模式	SB－OS－FS
速度监督	0－20－300－80－250－0
测试项目	1. 模式变换 / 5. 车尾保持
	2. 反向运行 / 6. 上下行载频切换
	3. 速度监督
	4. 应答器报文兼容性

场景 5：反向运行（弯进弯出），测试项目见表 8－2－6。

表 8－2－6　场景 5

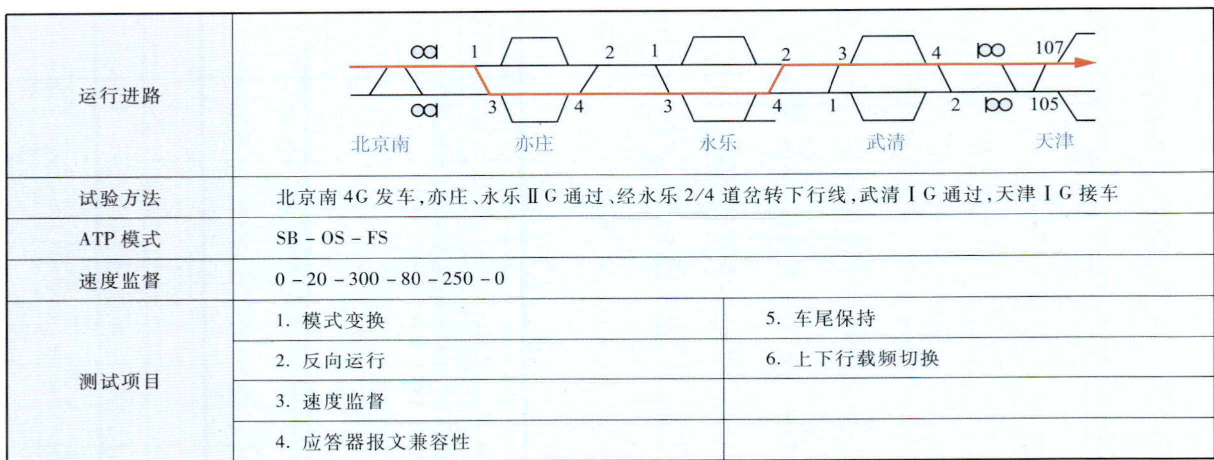

运行进路	北京南　亦庄　永乐　武清　天津
试验方法	北京南 4G 发车，亦庄、永乐Ⅱ G 通过、经永乐 2/4 道岔转下行线，武清Ⅰ G 通过，天津Ⅰ G 接车
ATP 模式	SB－OS－FS
速度监督	0－20－300－80－250－0
测试项目	1. 模式变换 / 5. 车尾保持
	2. 反向运行 / 6. 上下行载频切换
	3. 速度监督
	4. 应答器报文兼容性

场景 6：临时限速，测试项目见表 8－2－7。

表 8－2－7　场景 6

运行进路	结合其他试验项目运行进路进行
试验方法	分别在区间、站内股道、离去区段设置临时限速，限速等级为 45 km/h、80 km/h、160 km/h 三挡，限速区长度以闭塞分区为单位
ATP 模式	FS
速度监督（45 km/h，1 个分区）	临时限速45 km/h　车尾保持　45 km/h
测试项目	1. 区间临时限速 45 km/h，1 个闭塞分区 / 5. 离去区段限速 45 km/h
	2. 区间临时限速 80 km/h，2 个闭塞分区 / 6. 车尾保持功能
	3. 区间临时限速 160 km/h，3 个闭塞分区 / 7. 速度监督功能
	4. 股道临时限速 45 km/h

场景7:引导接车,测试项目见表8-2-8。

表8-2-8　场景7

运行进路	结合其他试验项目运行进路进行	
试验方法	列车机外停车后,开放引导信号,分别在亦庄、永乐、武清测试引导接车功能	
ATP模式	引导模式	
速度监督	40 km/h	
测试项目	1. 正线引导接车	3. 速度监督功能
	2. 侧线引导接车	4. 模式转换

场景8:调车模式与调车危险,测试项目见表8-2-9。

表8-2-9　场景8

运行进路	北京南站、永乐站调车区	
试验方法	地面排列调车进路,按进路运行	
ATP模式	调车模式	
速度监督	40 km/h	
测试项目	1. 调车模式	3. 调车危险功能
	2. 速度监督功能	

场景9:目视行车与越行,测试项目见表8-2-10。

表8-2-10　场景9

运行进路	结合其他试验项目运行进路进行,选择典型的信号点	
试验方法	列车运行前方信号关闭,司机启用越行程序	
ATP模式	目视模式	
速度监督	40 km/h	
测试项目	1. 越行功能	3. 速度监督功能
	2. 模式转换	

场景10:超速防护,测试项目见表8-2-11。

表8-2-11　场景10

运行进路	结合其他试验项目运行进路进行	
试验方法	在FS模式运行条件下,分别在TSM区和CSM区超过固定速度2 km/h、5 km/h、10 km/h	
ATP模式	FS模式、OS模式、SH模式	
速度监督	超过2 km/h报警输出,超过5 km/h输出最大常用制动,超过10 km/h输出紧急制动	
测试项目	1. 超速报警	
	2. 超速防护功能	

场景11:测速测距、停车精度与自动过分相,测试项目见表8-2-12。

表8-2-12　场景11

运行进路	结合其他试验运行进路
试验方法	通过测速测距及机控条件下停车精度测试,验证车载ATP系统与动车组牵引、制动等方面的接口
ATP模式	FS模式
速度监督	按线路允许速度运行

续上表

测试项目	1. 测速测距精度	3. 自动过分相
	2. 自动停车精度	

场景 12:轨道电路码序,测试项目见表 8-2-13。

表 8-2-13　场景 12

运行进路	典型运行进路,包括侧线接发车与通过、正线接发车、机外停车等	
试验方法	以静态测试为主,通过排列各种进路,模拟列车占用过程进行测试;通过动态试验运行进路对码序进行进一步验证	
ATP 模式	FS 模式	
速度监督	按线路允许速度运行	
测试项目	1. 轨道电路码序	
	2. 轨道电路连续信息接收	

场景 13:应答器丢失故障,测试项目见表 8-2-14。

表 8-2-14　场景 13

运行进路	典型运行进路,包括侧线接发车与通过、正线接发车与通过、区间停车等	
试验方法	分别测试区间丢 1 个、2 个应答器,SMB 处应答器丢失、股道应答器丢失等状态	
ATP 模式	FS 模式	
速度监督	按线路允许速度运行,根据丢失应答器的链接反应,分别输出无反应、常用制动、紧急制动	
测试项目	1. 应答器丢失判别	
	2. ATP 链接反应	

场景 14:应答器默认报文,测试项目见表 8-2-15。

表 8-2-15　场景 14

运行进路	典型运行进路,包括侧线接发车与通过、正线接发车、机外停车等	
试验方法	在主信号机位置模拟 MSTT 故障,测试车载设备接收到应答器默认报文后的反应	
ATP 模式	FS 模式	
速度监督	按线路允许速度运行	
测试项目	1. 应答器默认报文发送	
	2. 车载设备的反应	

场景 15:轨道电路故障与灾害防护,测试项目见表 8-2-16。

表 8-2-16　场景 15

运行进路	典型运行进路,包括侧线接发车与通过、正线接发车、机外停车等	
试验方法	人工模拟轨道电路故障(无码、故障占用),测试车载设备的反应;人工模拟码序突变,验证灾害防护功能	
ATP 模式	FS 模式	
速度监督	按线路允许速度运行	
测试项目	1. 轨道电路码序突变	
	2. 轨道电路故障占用	

场景 16:机车信号模式,测试项目见表 8-2-17。

表 8-2-17 场景 16

运行进路	典型运行进路，包括侧线接发车与通过、正线接发车、机外停车等	
试验方法	停车人工切换到 CTCS-0 级，选择非头车模式（机车信号模式）	
ATP 模式	CS 模式	
速度监督	只监不控	
测试项目	1. 轨道电路信息接收	
	2. 应答器信息接收	

3. CTCS-3D 列控系统调试

CTCS-3D 列控系统调试是在所有子系统集成试验结束后进行的综合试验，对 CTCS-3D 级列控系统的综合功能、整体性能和接口关系进行验证测试。

测试区段为京津城际铁路北京南—天津站正线，包括北京南城际场、天津站城际场，亦庄、永乐、武清所有侧线股道和渡线道岔。

按照运营场景，通过 CTC 在北京南—天津间排列典型进路，包括两端站城际场各到发线股道进路，操纵道岔和下达临时限速命令等，正线试验最高速度 350 km/h，侧线最高速度 80 km/h，京津城际铁路 CTCS-3D 级列控系统调试试验部分进路如图 8-2-1 所示。

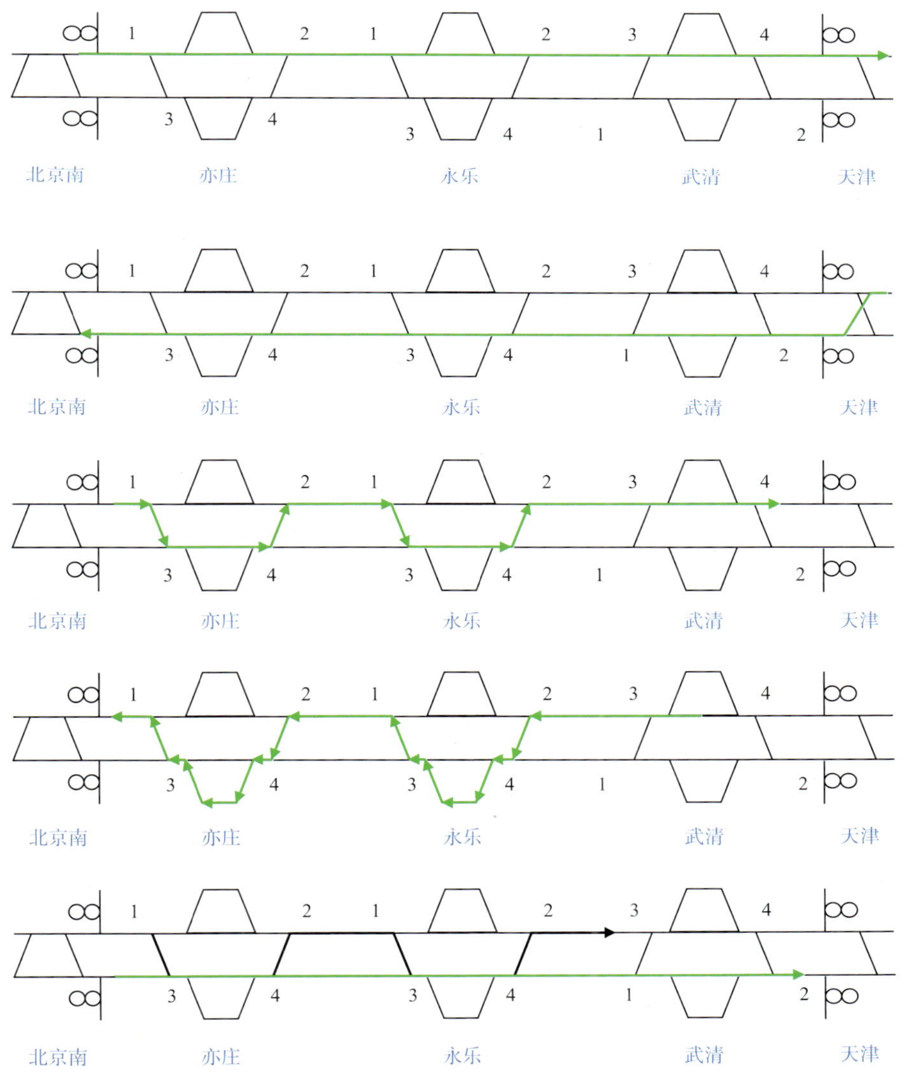

图 8-2-1 CTCS-3D 系统调试部分进路图（一）

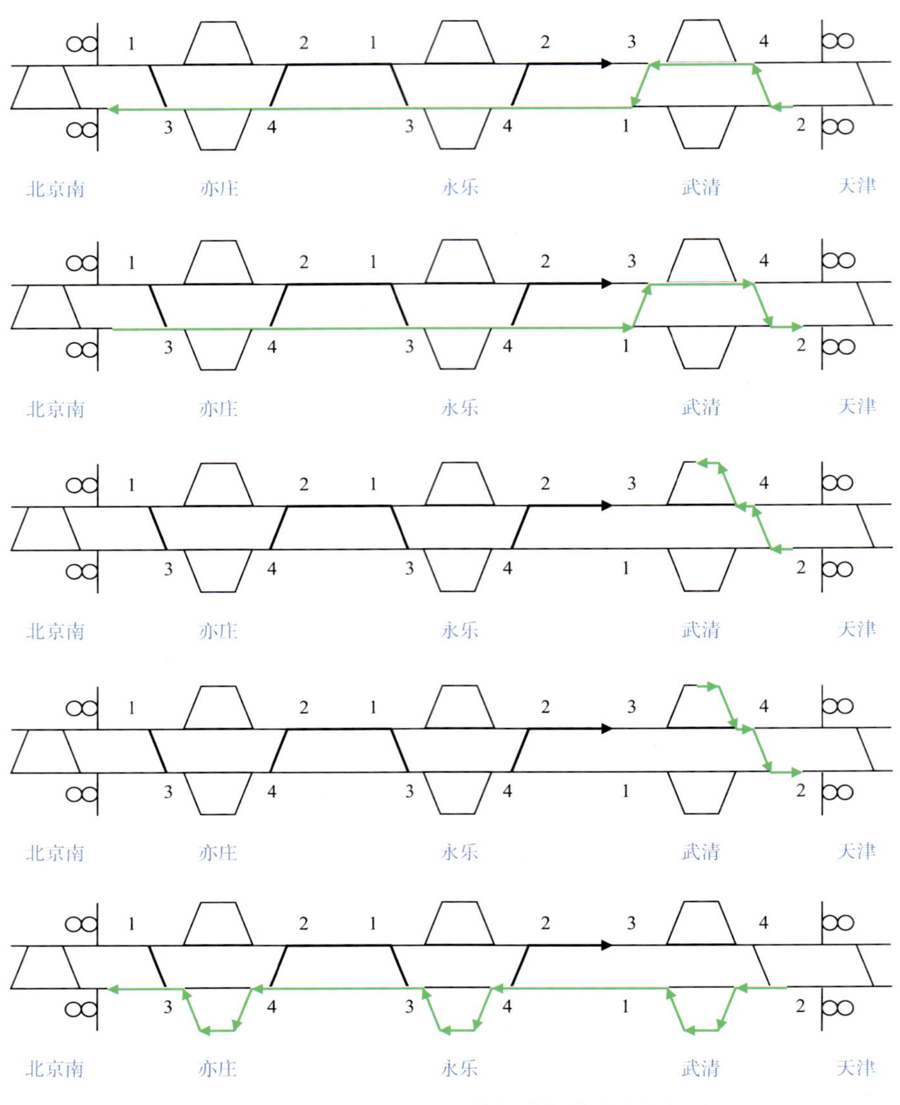

图 8－2－1　CTCS－3D 系统调试部分进路图(二)

二、CTCS 列控系统兼容性试验

京津城际铁路必须满足装备 CTCS 车载设备的动车组上线运行的需求，包括 CTCS2－200H 和 CTCS2－200C 车载设备。

通过 CTCS 列控系统兼容性试验，验证地面列控系统技术方案是否满足本线运行动车组和跨线运行动车组的列控车载设备正常控车需求，包括应答器布置、报文编写规则、接口方案等。

根据京津城际铁路列控系统运营需求，确定的列控系统兼容性测试内容见表 8－2－18。

表 8－2－18　CTCS 列控系统兼容性测试内容

序　号	试　验　项　目	说　　明
1	轨道电路、应答器信息接收(正向、反向)	全线
2	轨道电路编码与报文选择功能测试：正线通过	全部正线
3	轨道电路编码与报文选择功能测试：正线停车	全部正线
4	轨道电路编码与报文选择功能测试：正线发车	北京南—天津
5	轨道电路编码与报文选择功能测试：侧线停车	北京南—天津

续上表

序　号	试　验　项　目	说　　明
6	轨道电路编码与报文选择功能测试:侧线发车	北京南—天津
7	轨道电路编码与报文选择功能测试:侧线通过	亦庄、永乐、武清
8	轨道电路编码与报文选择功能测试:区间停车	北京南—天津
9	轨道电路编码与报文选择功能测试:弯进直出	北京南—天津
10	轨道电路编码与报文选择功能测试:直进弯出	北京南—天津
11	轨道电路编码与报文选择功能测试:弯进弯出	北京南—天津
12	正线引导接发车	北京南—天津
13	区间停车后再发车	北京南—天津
14	侧线股道停车后再发车	北京南—天津
15	正线股道停车后再发车	北京南—天津
16	机外停车后侧线引导接车	北京南—天津
17	临时限速试验(站内、区间)	北京南—天津
18	超速防护试验(CSM 区间和 TSM 区间)	北京南—天津
19	反向运行试验:直进弯出	北京南—天津
20	反向运行试验:弯进直出	北京南—天津
21	上下行载频切换试验	亦庄、永乐、武清
22	列车过分相报警功能试验	北京南—天津
23	轨道电路故障试验	环行道
24	灾害防护试验(码序突变)	北京南—天津

三、联锁子系统测试

通过联锁系统测试,验证联锁的室内外一致性以及相关接口,验证地面列控中心编码功能以及相关接口。

京津城际铁路联锁、列控中心静态测试结合集成商调试工作进行。试验内容包括联锁系统一致性测试、地面列控中心功能测试、接口测试三个方面,测试项目见表 8－2－19。

表 8－2－19　京津城际铁路联锁、列控中心测试项目

序　号	测　试　内　容	测　试　项　目
1	联锁系统一致性测试	道岔一致性测试
		SMB/信号机一致性测试
		应答器一致性测试
		轨道电路一致性测试
2	地面列控中心功能测试	轨道电路编码测试
		轨道电路故障编码测试
		列控中心冗余、同步测试等
3	接口测试	联锁与列控中心接口测试
		联锁与轨道电路接口测试
		SIMIS W 与 K5B 接口测试
		SIMIS W、地面列控中心与防灾系统测试
		SIMIS W 与 SIMIS W 系统接口测试

(1)联锁系统一致性测试

联锁一致性测试主要是验证室内外设备的一致性，测试方法根据室外设备的类型不同而不同。

(2)地面列控中心功能测试

轨道电路状态处理功能测试，包括：

①轨道电路状态通信接收功能；

②轨道继电器状态采集功能；

③区间轨道电路状态防护功能。

本项测试主要是验证 TCC 能正确判断轨道电路占用/出清状态，及对占用/出清状态采取的处理措施。

轨道电路发码控制功能测试，内容包括：

①边界信息处理功能；

②列车进路信息处理功能；

③轨道电路载频编码功能；

④区间轨道电路低频编码功能；

⑤站内轨道电路低频编码功能；

⑥编码发送功能。

本项测试目的是验证列控中心能根据进路状态和轨道电路状态实现对站内轨道电路和区间轨道电路的正确编码。

列控中心根据轨道状态信息、进路信息、相邻 TCC 提供的边界信息等，产生相应的控制命令，控制轨道电路发送相应的载频和低频信息，该控制信息应该符合发码原则。轨道电路发送器输出信号的载频和低频应该与其保持一致。

灾害防护编码功能测试目的是验证当灾害发生时，列控中心能正确采集灾害防护继电器，并控制相应区段发送 H 码防护。灾害清除时，能够取消对灾害相关区段的防护。

轨道电路方向控制功能测试目的是验证列控中心能根据进路和区间方向，控制站内和区间轨道电路方向继电器动作到正确位置。

四、CTC 子系统测试

京津城际铁路调度集中(CTC)系统将监视和控制北京南站(除普速场外)至天津站全线。北京南站京津城际场和京沪高速受 CTC 监督和控制，普速场不受 CTC 监督和控制，CTC 系统对动车段只监督，不进行控制。SIMIS 联锁与 CTC 直接相连，K5B 联锁通过中国铁路通信信号集团公司提供的转换器与 CTC 相连。

整个系统由以下部件组成：

(1)位于控制中心的 CTC 系统；

(2)位于车站的本地操作员工作站(LOW)；

(3)位于联锁集装箱的服务与诊断系统(S&D)；

(4)位于培训中心的培训与仿真系统(T&S)。

测试以静态测试为主，对 CTC 的基本综合功能、整体性能、接口关系等进行试验和验证，并在 CTC 模拟故障情况下，测试故障的影响范围，以及集成商提供的应对该故障的备有手段的有效性和合理性，保证 CTC 系统安全、有序、稳定运行。

1. CTC 系统基本功能测试

基本功能测试包括列车运行监视、车次追踪、调度命令管理、集中控制、车站控制、数据回放、统计分析等。

(1)列车运行监视

列车运行监视包括实时显示列车运行位置、列车车次、列车速度、列车早晚点、联锁和列控系统（主要包括：轨道电路状态、道岔位置、车站股道及区间封锁、临时限速）信息、以及列车出入段状态和动车基地内作业状态。

显示范围包括管辖范围内的全部车站、区间、与所管辖调度区段衔接的相邻客运专线至少两个车站站场、与所管辖调度区段衔接的相邻既有线路至少两个车站站场、相关动车段及动车段走行线等。

（2）车次追踪

①车次号的产生

a. 接收来自车次校核系统的车次号；

b. 按照列车运行调整计划自动产生的车次号；

c. 调度员人工输入的车次号；

d. 列车始发车站值班员人工输入的车次号。

②车次号的显示

a. 早晚点信息、列车运行速度与列车运行方向的显示；

b. 重点列车的跟踪；

c. 车次号的查询。

（3）调度命令管理

包括调度命令模板、调度命令发送、签收，对历史记录的查询等。并且能够向调度区段所管辖车站及列车下达调度命令，与既有线相关调度台互发调度命令。

（4）集中控制

包括自动列车进路控制、手动进路控制、临时限速、区段封锁等。

（5）数据回放

列车运行历史数据回放包括对列车运行位置、列车车次、列车速度、列车早晚点、联锁和列控系统状态（主要包括：轨道电路状态、道岔位置、车站股道及区间封锁、临时限速），以及所有自动、手动控制命令等列车运行历史数据进行存储，至少可保存 3 个月，并可转录至光盘或磁带作永久保留。系统具有对列车运行历史数据进行回放的功能，并以图形方式进行显示，可作为故障分析的依据和模拟培训的数据。为保证数据的真实性，系统对数据进行加密处理，只能通过专用的软件读取数据内容，任何人无法修改。

（6）统计分析

具备对本调度区段管辖范围内的列车运行数据进行统计制表的功能，列车运行数据主要指列车运行早晚点时分、列车运行正点率、列车旅行速度、列车技术速度等，所有的统计数据均在系统数据库中保留 1 年以上，以便用户随时查阅、检索，同时统计数据可以进行打印、拷贝转存、远程访问与交换，以便进行离线分析。所有统计数据和分析结果可以转储到光盘或磁带上进行永久保存。

（7）车站控制与作业管理

包括列车运行计划管理、车站作业计划管理、调度命令管理、列车运行监督与控制等功能。

列车运行计划管理包括计划的接收、存储、显示、打印等。

调度命令管理包括调度命令的接收、请求、签收、存储、打印等。

实时显示本站和相邻车站列车运行位置、列车车次、列车速度、列车早晚点、联锁和列控系统（主要包括：轨道电路状态、道岔位置、车站股道及区间封锁、临时限速）信息。显示不同方向相邻各两个车站的功能，相邻各两个车站可以是本调度区段内的车站或其他客运专线的车站，也可以是既有线管辖的车站。

控制功能包括集中控制与车站控制的控制权切换，在车站本地控制，列车和调车进路的控制、临时限速、区段封锁等。

2. 接口关系测试

与受控系统通信时，CTC 系统控制功能、模式切换试验。受控系统包括联锁系统、列控中心设备、无线通信系统等。

(1)与联锁系统接口

与联锁系统采用的接口形式、协议,在 CTC 各种控制模式下与联锁系统接口,CTC 能够显示全部联锁系统信息,联锁系统能够接受并执行 CTC 系统发来的命令。

(2)与列控中心接口

与列控中心采用的接口形式、协议,在 CTC 各种控制模式下与列控中心接口,CTC 能够显示全部列控中心信息,列控中心能够接受并执行 CTC 系统发来的命令。

(3)与通信系统接口(包括有线通信和无线通信)

与通信系统采用的接口形式、协议、标准等。

(4)与 TDCS 系统接口

接收 TDCS 系统发来的基本计划、日班计划、调度命令、车次信息、列车运行状态等,CTC 系统实时向北京铁路局 TDCS 系统发送调整计划、调度命令等信息。

(5)与客服系统接口

向客服系统发送基本计划、调整计划、调度命令、车次信息、列车运行状态等信息。接收来自客服系统的客流、票务等信息。

(6)与防灾安全监控系统接口

接收来自防灾安全监控系统的设备监控信息、故障报警信息等。

3. 故障模拟测试

测试故障的影响范围,以及集成商提供的应对该故障的备有手段的有效性和合理性。

(1)与受控系统通信故障测试

主要测试与受控系统通信故障时,CTC 系统控制功能、模式切换试验,受控系统包括联锁系统、列控中心设备、无线通信系统等。

(2)CTC 设备故障测试

数据库服务器、通信服务器、通信前置机、调度员工作站等故障时 CTC 系统可用性试验。

(3)CTC 系统通信故障测试

路由器、交换机、通信通道等通信故障时 CTC 系统可用性试验。

(4)错误操作故障测试

在 CTC 系统正常情况下,测试错误操作对 CTC 系统的影响及范围。在 CTC 系统故障情况下,测试错误操作对 CTC 系统的影响,是否会扩大故障范围和故障程度。

五、轨道电路测试

轨道电路测试包括动态测试和静态测试。

动态测试结合动车组运行进行,通过实时采集记录轨道电路原始信息,并选择典型区段进行数据分析,对列车运行过程中轨道电路信号质量及电气谐波干扰特性进行评价。

静态测试重点验证轨道电路在最不利条件下的传输特性,包括调整、分路和机车信号三种状态,以及邻线干扰、模拟故障测试等,内容包括:

(1)验证无砟轨道条件下区间轨道电路的传输性能;

(2)验证道岔区段多分支并联方式轨道电路的传输性能;

(3)站内轨道电路的邻线干扰量测试;

(4)道岔跳线故障、补偿电容断线故障时轨道电路传输特性测试;

(5)载频切换发码时间特性测试;

(6)轨道电路调谐区死区段长度测试。

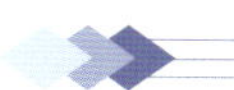

第五节　客运服务系统

客运服务系统综合试验内容共分6部分。

一、通信网络、UPS测试

1. 网络接口测试

测试票务系统网络和旅客服务系统网络以太网接口的吞吐量、丢包率和时延，测试RS232/RS422接口的误码率。

2. 缆线测试

测试网络电缆(五类或六类)的线图、长度、衰减和双向近端串扰，测试光纤链路的衰减情况，测试同轴电缆的衰减、长度、内外导体绝缘、导通。

3. 网管功能测试

测试票务系统网络和旅客服务系统网络的配置、故障、性能和安全管理功能。

4. UPS测试

测试交流配电设备的交流输入和输出电压、电流、自动(人工)输入切换；测试UPS输入、输出电压，限流性能，短路保护电路动作检验和告警电路工作检验；测试蓄电池在充电和放电情况下的单体电压；检测UPS的输入电流与电压、逆变器电流与电压、旁路电流与电压、负载电流与电压等运行参数。

二、子系统功能测试

1. TRS5.0(改造版)

测试票价、优惠策略、配票策略、售票、改签、退票、换票、对磁票的控制、计划管理、收入统计等内容；测试窗口售票速度；测试应用服务器的性能。

2. 自动售检票系统

(1)磁性窗口制票机：测试磁性窗口制票机上电自检、看票号、制票、读票、废票处理、空白票作废、成票废票、参数修改、总张数查询、故障检测与报警和人机交互等功能，测试制票速度。

(2)自动售票系统：测试自动售票机的购票、支付、找零、制票、凭条打印等功能；测试自动售票系统的钱箱管理、现金管理、银行业务管理、终端管理、统计分析、维护管理、日志管理、错误处理、终端状态查询等功能；测试自动售票系统故障报警、耗材情况监控、现金情况监控等功能；测试自动售票系统使用现金支付出售单张车票速度；测试应用服务器的性能。

(3)自动检票系统：测试自动检票机的进出站检票功能、通道通行情况、非正常状态识别和报警情况、故障状态处理等功能；测试自动检票系统进行设置检票参数、生成检票计划、下发检票计划、检票数据上传、时钟同步、授权管理、设备信息管理、统计分析、系统监控、软件升级等功能；测试正常情况下每分钟进出站闸机的平均客流量；测试闸门的开关速度。

(4)旅客服务系统

①集成管理平台：测试与列车相关的业务类功能，包括列车综合到发业务，导向揭示业务，自动广播与人工广播业务，列车出入站视频监控，各类业务模板编制等；测试与业务管理相关的功能，包括车站基础数据维护，业务数据采集、分析和统计，车次、余票信息查询，对显示、广播、查询、求助、寄存等设备管理、监控与查询，求助系统与视频系统联动，寄存柜异常情况下与视频系统联动，对寄存柜强制锁等功能；测试与系统管理相关的功能，包括大站代管小站的业务授权与控制，用户管理与权限分配，参数的设置与维护，系统日志记录等。

②导向揭示系统：测试导向揭示系统在应急情况下独立运作能力，包括：测试LED显示系统的数据读取、发送、显示及接收功能，显示控制功能，系统管理维护功能，系统自诊断功能，信息优先级管理

功能，参数设置功能和多种语言文字支持功能；测试 PDP 显示系统的综合资讯发布功能，检票同步提醒功能，引导显示功能，临时插播功能，模版制作功能，播放列表制作管理功能，信息优先级管理功能和设备控制功能等。

③广播系统：测试广播系统在应急情况下独立运作能力，包括：测试广播系统的信源试听、话筒插播、汉英双语合成广播、应急广播、小区广播、人工广播、信源优先级访问控制、功放自动检测、负载开/短路自动检测、贵宾室现场音量调节和电源强切、防雷保护等功能。

④监控系统：测试室内快球摄像机功能、室外快球摄像机功能、DLP 大屏整体功能功能、DLP 显示单元功能、RGB 矩阵功能、视频矩阵功能；测试视频监控系统与求助系统和寄存系统的联动功能。

⑤查询系统：测试查询系统为旅客提供列车时刻表、停靠站、车次基本信息、票价信息、余票信息、车站基础信息、铁路旅行常识等查询功能；测试查询系统数据导入、权限设置、对查询终端进行远程维护等管理功能。

⑥求助系统：测试求助主机、值班分机、求助分机、求助按钮、录音工作站等构成求助系统的相关组成部分的功能。包括求助主机的应答前语音提示、话路强插、背景音乐、呼叫保持功能，值班分机的音量调节、噪音补偿、麦克风输入、自动接听/振铃、呼叫保持、组呼/群呼功能，求助分机的摘机直接通话、音量调节、噪音补偿功能，求助按钮的摘机直接通话、音量调节、噪音补偿、求助电话接听、转接、通话保留和挂断功能，录音工作站的录音和回放功能等。测试求助系统求助信息录入、求助信息检索与回放、求助主机和终端的状态显示功能等。

⑦寄存系统：测试寄存时间和收费额度设置，测试寄存柜的占用情况监视，测试通过主寄存柜指令紧急开门等功能。

⑧时钟系统：测试二级母钟与一级母钟的时间同步及时间信号校准，测试二级母钟发送标准时间信号到客运车站控制管辖范围内的子钟和 NTP 服务器，以及 NTP 服务器向旅客服务集成管理平台服务器和检票系统服务器同步标准时间信号等功能。

⑨站台票发售系统：测试自助售站台票设备发售磁介质站台票的功能；测试站台票发售时间段设置功能；测试磁介质站台票能否正常通过检票机。

三、子系统间接口测试

1. 测试 TRS5.0(改造版)向旅客服务系统集成管理平台发送车次、停靠站、余票等信息的准确性和时效性，性能测试见图 8－2－2。

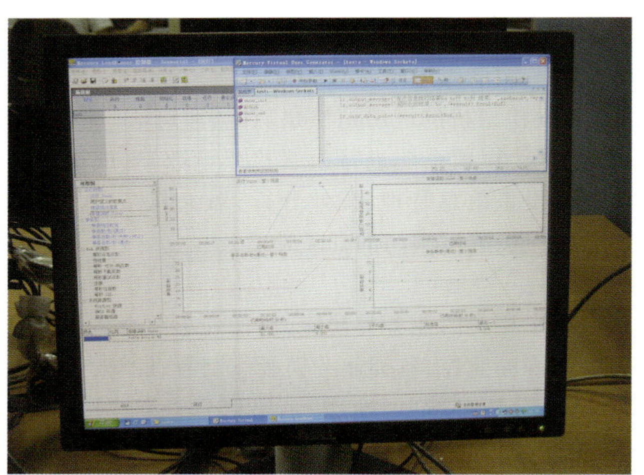

图 8－2－2　TRS5.0(改造版)性能测试实验室环境

2. 测试自动售票系统与 TRS5.0(改造版) 动态交换车次、票价、席位、运行参数、存根等信息的准确性和时效性。

3. 测试自动检票系统定时从 TRS5.0(改造版)获取路网和列车开行等基础信息的准确性和时效性。

4. 测试自动检票系统动态从旅客服务集成管理平台获取检票时间变更、检票口变更等信息的准确性和时效性。

5. 测试旅客服务集成管理平台向导向揭示子系统发送列车到发、通告、票务、显示屏开关控制等信息的准确性和时效性;测试旅客服务集成管理平台能否获取导向揭示子系统的显示屏工作状态信息,功能测试见图 8－2－3。

图 8－2－3　旅客服务系统功能测试现场环境

6. 测试旅客服务集成管理平台向查询子系统发送余票信息、车次信息、动态列车到发时间信息、股道信息的准确性和时效性。

7. 测试在集成管理平台上监视求助按钮与求助分机通话回路建立情况的准确性和时效性。

8. 测试集成管理平台获取寄存柜状态信息的准确性和时效性。

9. 测试旅客服务集成管理平台服务器与时钟系统 NTP 服务器的时钟同步与校时功能。

10. 测试自动检票系统服务器与时钟系统 NTP 服务器的时钟同步与校时功能,见图 8－2－4。

图 8－2－4　自动检票系统功能测试现场环境

四、客运服务系统与外部系统间接口测试

1. 测试 TDCS 周期性向集成管理平台发送当前时间前 1 h 的列车运行实绩信息和当前时间后 4 h

内预计到发列车信息的准确性和时效性。

2. 测试综合视频监控系统响应旅客服务视频监控系统视频调用请求的时效性。

3. 测试旅客服务二级时钟系统与一级时钟源能否同步时钟信息。

五、主要业务流程测试

1. 测试TRS系统、自动售票系统、自动检票系统整体功能的完整性和正确性,验证票务系统的整体运营情况。包括:TVM售票、TRS退票、结账流程;TVM售票、TRS改签、结账;TRS售票、AG检票、统计进出站检票口检票记录;TRS售票改签、AG检票、统计进出站检票口检票记录;TVM售票、AG检票、统计进出站检票口检票记录;TVM售票、TRS改签、AG检票、统计进出站检票口检票记录。

2. 测试TDCS、票务系统、旅客服务系统整体功能的完整性和正确性,验证整体运营情况。包括:测试列车正常到达情况下的到发、广播、导向;测试列车正常始发情况下的到发、广播、导向;测试列车正常通过情况下的到发、广播、导向;测试停开一趟城际始发车的到发、广播、导向;测试一趟始发列车晚点的到发、广播、导向;测试一趟终到列车晚点的到发、广播、导向;测试多趟始发列车晚点的到发、广播、导向;测试多趟终到列车晚点时到发、广播、导向;测试始发车次晚点情况下的股道、检票口、闸机变更的到发、广播、导向;测试一趟列车在天津始发,另一趟列车在武清通过,在天津站能同时监控两站情况(双屏操作)。

六、数据备份与恢复

测试自动售检票系统、旅客服务系统数据备份与恢复方案的可用性。测试数据库服务器、应用服务器双机切换方案的可用性。

第六节　动车组动力学、牵引制动和气动力性能

一、动力学性能测试

动力学测试的主要目的是使用通过鉴定性能良好的动车组在新建的客运专线上运行,检验该线路能否满足动车组安全平稳的运行。

动力学测试的内容主要包括稳定性和平稳性测试,具体包括:

1. 脱轨系数;
2. 轮重减载率;
3. 轮轴横向力;
4. 横向运行稳定性(构架横向加速度);
5. 车体振动加速度(垂直、横向加速度);
6. 平稳性指标W。

二、牵引性能测试

牵引性能试验主要包括动车组起动加速性能、牵引特性、惰行阻力、动车组在各种网压条件下功率发挥情况以及自动过分相的试验验证。

三、制动性能试验

动车组制动性能是动车组达到高速运行安全性的基本保证,制动性能试验主要是对动车组常用制动时制动控制功能和紧急制动时的制动距离进行考核。

制动性能试验主要包括动车组常用制动减速性能试验和紧急制动试验两部分。

四、气动力性能测试

测试350 km/h的CRH2及CRH3型动车组空气动力学性能，从空气动力学角度检验动车组是否满足列车安全运行及旅客乘坐舒适性要求。

气动力性能测试主要包括会车压力波测试和车内压力变化测试。

第七节 综合接地

本次综合接地测试是国内首次对采用ZPW－2000A轨道电路，无砟轨道和AT供电方式的350 km/h客运专线综合接地系统的现场测试，通过测试可获得综合接地系统重要实测数据和性能参数。测试将通过对高速动车组正常运行条件下和故障状态下轨道电位、牵引回流等内容的测试与分析，对京津城际铁路综合接地系统的实施方案、技术性能与指标等进行检验，对综合接地系统降低信号、通信等设备受牵引回流的不利影响，降低钢轨电位和接触电势对人员安全威胁的作用进行评估。

综合接地检测包括静态检测、动态检测和短路检测三部分内容。静态检测进行了综合地线接地电阻、桥梁结构接地电阻、大地导电率和结构接续性测试。动态检测进行了5个测点56次过车的测试，最高速度385 km/h。短路检测进行了2次3个短路点的钢轨电位和综合地线电流的测试。

一、综合接地静态参数测试

静态测试主要是为了获取一些重要的静态参数，了解系统静态技术指标，包括隐蔽工程的质量指标，从而对综合接地系统的静态性能指标做出评估。

本次静态试验包括综合地线接地电阻测试、桥梁结构接地电阻测试、大地导电率测试、结构接续性测试等4项内容。

1. 综合地线接地电阻测试

综合地线接地电阻测试选择了2个测点：JJK21＋340路基上行编号3170支柱接地螺栓和JJK46＋900路基下行45－11支柱接地螺栓。

2. 桥梁结构接地电阻测试

桥梁结构接地电阻测试选择了2个测点：JJK21＋500北京方向第1桥墩和JJK48＋100第5号桥墩。

3. 大地导电率测试

大地导电率测试选择了2个测点：JJK21＋340，测点位于线路南侧，距上行线路外轨垂直距离40 m，4个电极沿线路平行排列；JJK46＋900，测点位于线路北侧，距下行线路外轨垂直距离40 m，4个电极沿线路平行排列。

4. 结构接续性测试

结构接续性测试选择了1个测点，线路里程：JJK48＋200。以23号桥墩和24号桥墩与桥梁的连接跳线作为接续性测试的两个端点。

二、综合接地动态测试

动态测试通过对高速动车组正常运行状态下轨道电位、牵引回流分配比例等相关内容的测试，获取京津城际铁路正常运行时综合接地系统的动态数据。根据动态测试数据，对综合接地系统降低钢轨电位，均衡钢轨电位电压，保障人身安全，为全线各子系统提供稳定地电位，保证信号、通信等设备可靠工作的作用进行检验和评估。本次动态测试内容包括钢轨电位、轨旁设施感应电位、牵引回流和轨道不平衡电流4项内容。

根据京津城际铁路牵引供电方案，变电所、自耦所和信号设备的布置特点，以及车站所在位置，所有综合接地测点均选择在亦庄牵引变电所天津方向一个供电臂范围内。该供电臂包含亦庄和永乐两个车站、凉水河特大桥，同时包含最高速度段，是一个完整的牵引供电回路，具备选择各种类型代表性的综合接地测点的条件。

本次测试选择综合测点 2 处、桥梁测点 1 处、牵引变电所、AT 所和分区所测点各一处，共 6 个测点。综合测点选择亦庄站天津侧咽喉信号机和永乐站北京侧咽喉信号机处，桥梁测点选择在永乐站综合测点北京方向 1.13 km 凉水河特大桥上。测点布置见图 8－2－5，牵引回流传感器连接见图 8－2－6，架空保护线电流环安装见图 8－2－7。

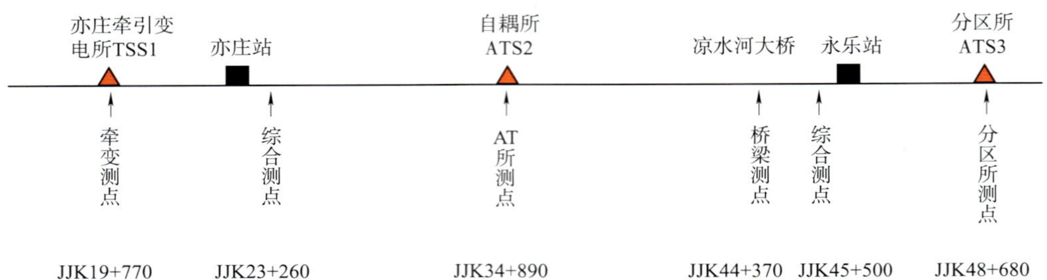

图 8－2－5　京津城际铁路综合接地测点布置图

各测点具体测试内容见表 8－2－20 和表 8－2－21。

表 8－2－20　区间测点测试内容

测　点		亦庄综合测点		永乐综合测点		桥　梁　测　点	
测　试　参　量		电　位	电　流	电　位	电　流	电　位	电　流
探头安装位置	1. 钢轨电位	V×2		V×2		V×2	
	2. 钢轨电流		I×2		I×2		
	3. 不平衡电流		I_1+I_2		I_1+I_2		
	4. 综合地电位	V×2		V×2		V×2	
	5. 综合地电流		I×2		I×2		I×2
	6. 保护线电流		I×2		I×2		
	7. 支柱电位						
	8. 护栏电位	V		V			
探头数量	上　行	2	4	2	4	2	1
	下　行	3	4	3	4	2	1
测点选择		站东侧绝缘节处		站西侧绝缘节处		闭塞分区中点	

表 8－2－21　变电所、AT 所、分区所测试内容

测　点			亦庄变电所测点		AT 所测点		分区所 ATS3 测点	
测　试　参　量			电　位	电　流	电　位	电　流	电　位	电　流
传感器安装位置	机房内	1. T 线电流		I×2				
		2. F 线电流		I×2				
		3. 轨回流						
		4. 地回流				I×2		I×2
	机房外	5. 钢轨电位	V×2					
		6. 综合地电流		I×2				
		7. 保护线电流		I×2				
		8. 两轨电流		I×2				

注：动态检测期间，ATS2 所一直未投运，因此 ATS2 所未进行测量。

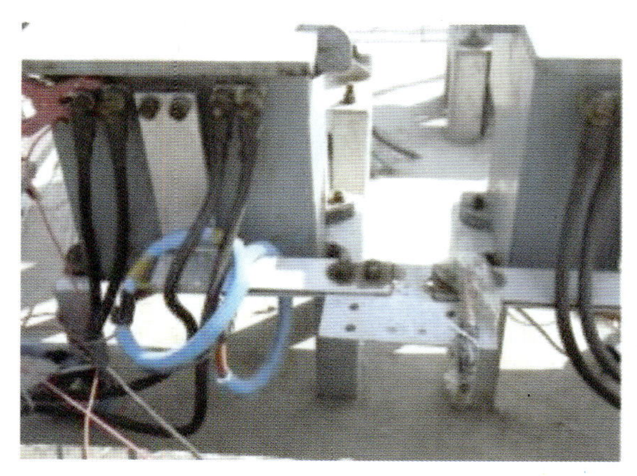
图 8-2-6　牵引回流传感器连接图

图 8-2-7　架空保护线电流环安装

三、综合接地短路测试

综合接地短路测试是利用接触网短路测试的条件，在接触网短路的同时，进行钢轨电位测试，从而得出接触网故障条件下钢轨电位的数据，检验钢轨电位是否符合标准中故障条件下瞬时电位限值。在有测试条件的短路点，还同时测出短路点附近综合地线中的电流，为综合地线的功能评价和截面积设计的合理性提供实测数据。测试内容包括短路点附近上下行钢轨电位；短路点附近综合地线中电流（有条件的测点）。

第八节　电磁兼容性

本次电磁兼容测试是国内首次对 350 km/h 高速铁路进行的测试，通过测试可获得高速铁路电磁兼容性重要实测数据，得出其对外部电磁辐射的时域、频域特性，获得接触网和牵引变电所低频电磁场、车内电磁环境和电能质量等数据。通过对这些数据的分析，可对京津城际铁路电磁兼容性指标进行检验，对人员和设备受电磁辐射的影响程度进行评估。

电磁兼容检测包括列车通过时无线电干扰测试、接触网工频电磁场测试、牵引变电所工频电磁场和无线电干扰测试、信号电缆受电力电缆和牵引网干扰影响测试、车上电磁环境测试五项内容。列车通过时无线电干扰共测试了 92 次通过列车的数据，最高速度 360 km/h；接触网工频电磁场测试在永乐站区进行了一个完整断面的测量；牵引变电所工频电磁场和无线电干扰测试对亦庄牵引变电所进行了测试；车上电磁环境测试对 CRH_2-061C 和 0 号高速综合检测列车进行了测试。

一、列车通过时无线电干扰测试

测量列车通过时产生的电磁辐射场强，可检验以设计速度运行的列车产生的电磁辐射是否满足《IEC 62236-2 铁路应用电磁兼容性-第 2 部分：整个铁路系统对外界的辐射》的限值要求。测量结果可为判断线路运营后对附近电磁敏感设备的影响程度提供基础数据。

测点选择在没有其他电磁辐射源（高压电力线、其他并行电气化铁路等）的开阔场地。根据现场调查，选择永乐站区 JJK46+670 附近开阔场地作为列车通过时电磁辐射测点。

二、接触网工频电磁场测试

测量接触网工频电场、磁感应强度是为了检验接触网产生的工频电磁场是否满足 HJ/T 24—1998《500 kV 超高压送变电工程电磁辐射环境影响评价技术规范》的要求。测得数据可为沿线低频电磁环境和人体受工频电磁场影响的评价提供实测数据。

测点位置选在永乐站台 JJK46 +670 处。

三、变电所无线电干扰和工频电磁场测试

测量变电所无线电干扰和工频电磁场是为了检验牵引变电所是否满足 IEC 62236—2《铁路应用 电磁兼容性 第 2 部分 整个铁路对外界的电磁发射》和 HJ/T 24—1998《500 kV 超高压送变电工程电磁辐射环境影响评价技术规范》的要求。测得数据可为牵引变电所低频电磁环境和人体受牵引变电所工频电磁场影响的评价提供实测数据。

选择已投运的亦庄牵引变电所为被测变电所。无线电干扰和工频电磁场测试天线布置见图 8－2－8。

图 8－2－8　无线电干扰和工频电磁场测试天线布置

四、信号电缆受电力电缆和牵引网干扰影响测试

为了检验京津城际铁路信号电缆受电力电缆和牵引网干扰影响的程度，测试轨道电路时域波形和频谱。测点位置选在凉水河特大桥上行线 JJK44 +370 处。

使用高阻录波仪测量两轨条上的轨道电路信号时域波形，进行 FFT 分析，得出频谱特性。测量时轨道电路闭塞区间空闲，钢轨回流为 151 A。

五、电磁兼容车上测试

车上电磁兼容测试是为了检验车厢内低频电磁场是否满足 HJ/T 24—1998《500 kV 超高压送变电工程电磁辐射环境影响评价技术规范》的要求；检验车厢内射电磁场是否满足 GB 8702—1988《电磁辐射防护规定》的要求；检验重要设备电源质量是否满足相应设备电源质量标准的要求；检验信号传感器捡拾波形中干扰分量的时域和频域特性，判断其是否会对信号系统的功能造成有害影响。

车上电磁兼容测试包括列车车厢内低频电磁场、列车车厢内射频综合场强、列车电源质量和 ATP 等车载设备接收信号受干扰情况。

第九节　环境噪声、振动及声屏障

一、列车辐射噪声、环境噪声测试

测试京津城际铁路桥梁区段、路堤区段，在高速动车组不同速度运行时的声场分布、环境噪声源特性及其传播特性，同时监测运营期铁路边界环境噪声水平及达标情况。为我国其他客运专线（高速

铁路)的建设、调试、运营及相应的环境管理提供技术依据。

现场测试布点见图 8－2－9。

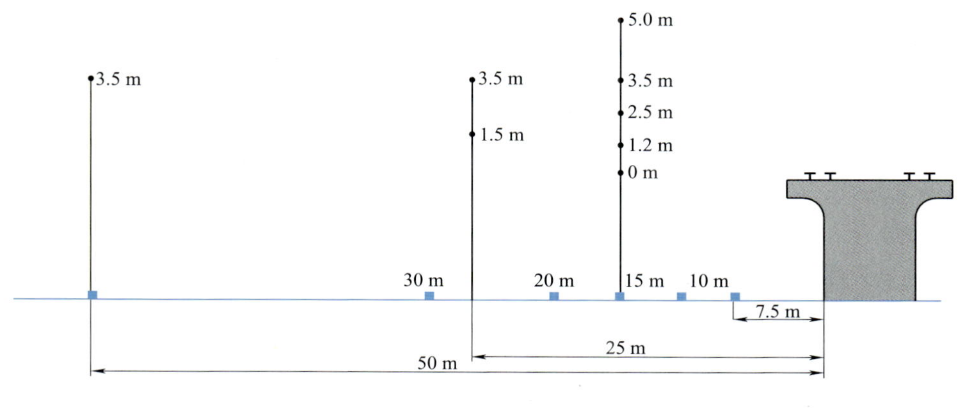

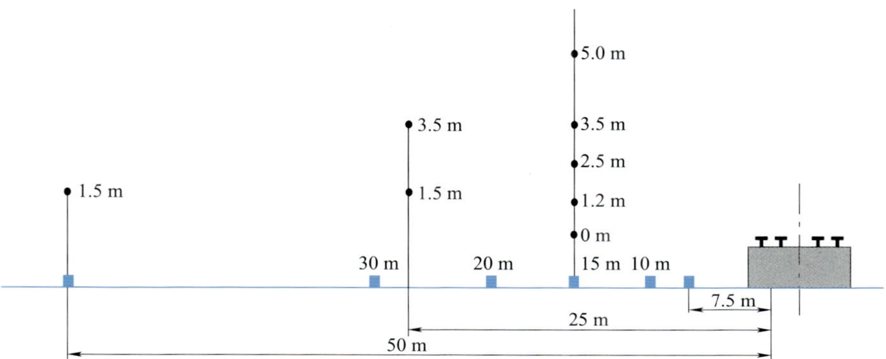

图 8－2－9　桥梁、路堤区段环境噪声及噪声源识别测点分布图

测试项目及测试参数为:列车运行辐射噪声测量,测量列车通过时辐射声级水平;铁路环境噪声测量,测量京津城际铁路按运行图进行运行时,铁路边界 30 m 处昼、夜间等效连续 A 声级 L_{eq}。

二、列车运行环境振动测试

测试京津城际铁路桥梁区段、路堤区段,在高速动车组不同速度运行时的环境振动源特性及其传播特性,为我国新建客运专线建设的环境影响评价及环境管理提供依据。

测试项目及测试参数为:铁路环境振动测量,测量列车通过时最大 Z 振级 $VL_{Z,max}$。

三、声屏障降噪效果及气动力对声屏障结构影响测试

测试京津城际铁路声屏障设施在高速动车组不同速度运行时的降噪效果和高速列车运行气动力对声屏障结构的影响，为我国客运专线声屏障深化设计提供技术依据。

测试项目及测试参数为：声屏障降噪效果测量，测量声屏障降噪效果（插入损失 IL）；气动力影响测量，测量声屏障气动压力、声屏障结构自振频率。声屏障降噪效果及气动力测试见图 8－2－10。

图 8－2－10　声屏障降噪效果及气动力测试

四、动车组车内噪声、振动测试

测试高速动车组车内噪声振动水平，为我国高速动车组司乘人员安全健康保证及旅客舒适性评价提供技术依据。

测试项目及测试参数为：动车组运行时车内噪声测量，测量等效连续 A 声级 L_{eq}；动车组运行时车内振动测量，测量等效连续振级 $VL_{Z,eq}$、$VL_{Y,eq}$。

第十节　路基及过渡段动力性能

路基及过渡段动力性能测试主要包括基床内动应力、振动加速度的幅值水平及其在基床内的分布规律和基床表面的动变形，分别在基床相应位置布置传感器，现场测点布置及测试系统见图 8－2－11 和图 8－2－12。

图 8－2－11　现场测点布置及数据采集系统图

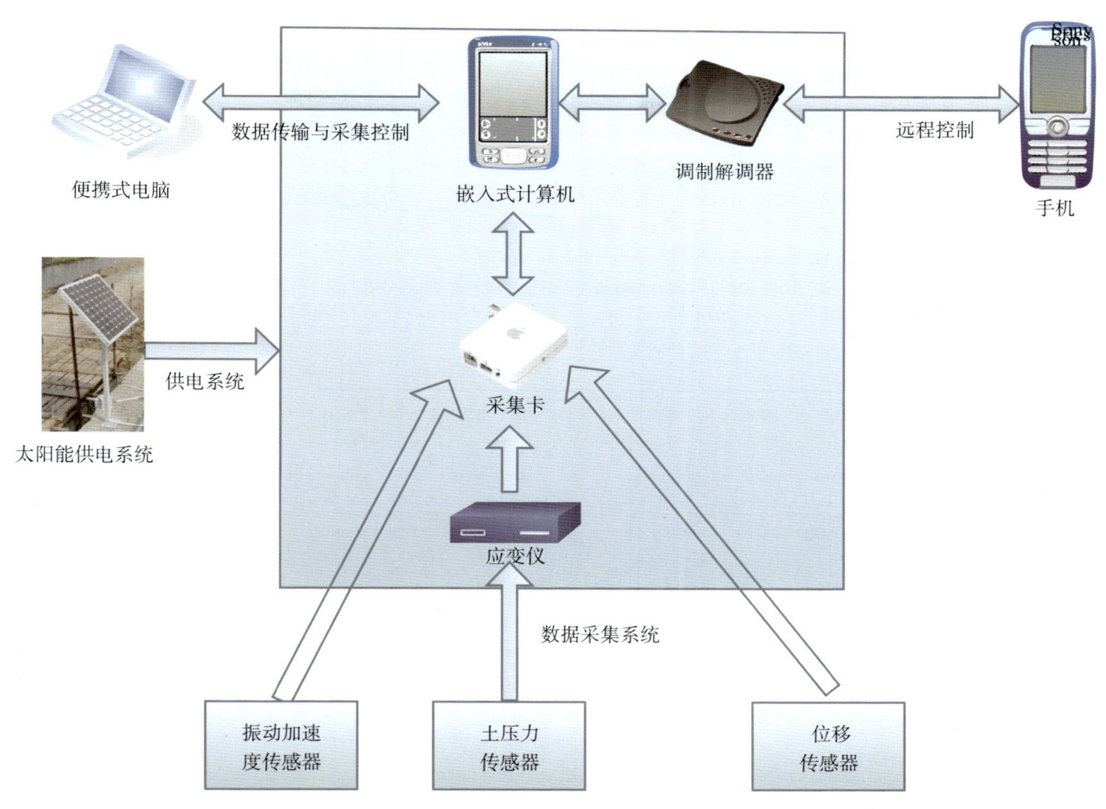

图 8－2－12　测试系统图

典型断面的传感器布置如图 8－2－13～图 8－2－15 所示。路基测点见表 8－2－22。

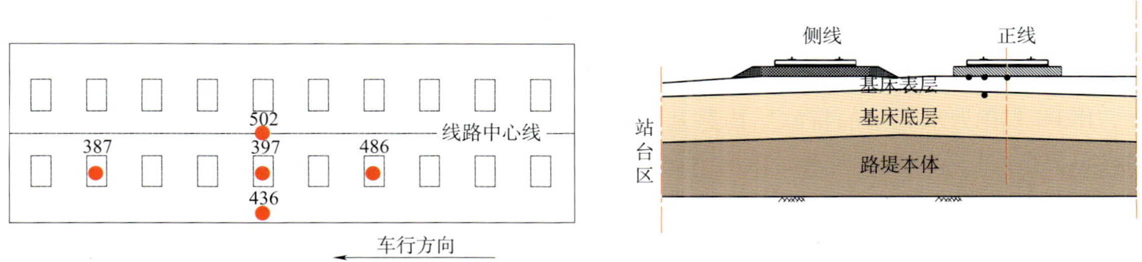

图 8－2－13　高路堤压力传感器布置图

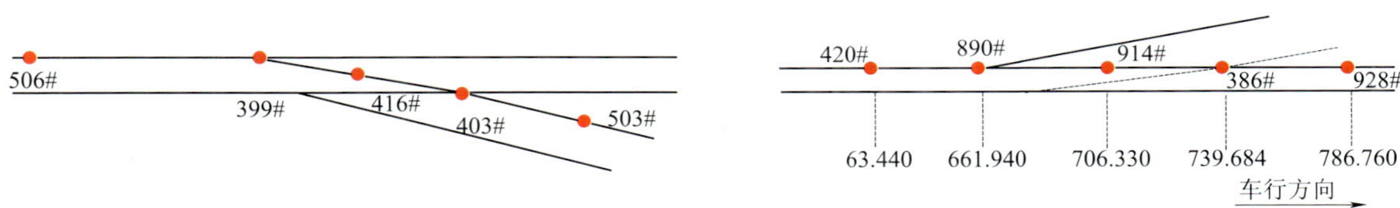

图 8－2－14　道岔区压力传感器布置图

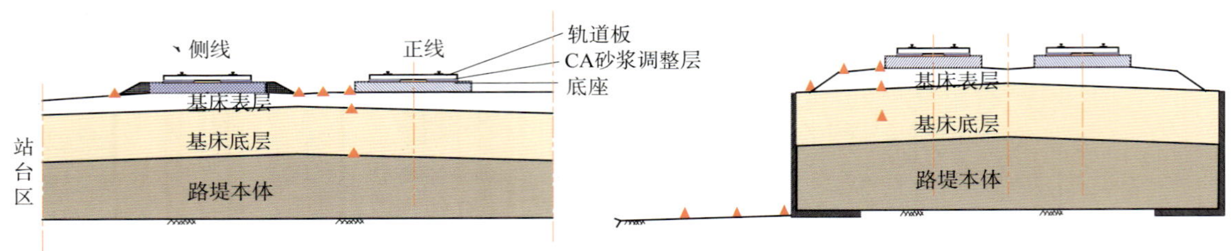

图 8-2-15 路堤振动加速度传感器布置图

表 8-2-22 路基监测工点

序　号	里　　程	结 构 形 式	测 点 描 述
1	JJK2 +290	路　堤	特殊结构(2.0 m 水泥土)
2	JJK46 +500	路　堤	350 km/h 高速区
3	JJK86 +287	路　堤	高速区(两侧设有挡土墙)
4	JJK110 +083	路　堤	特殊结构(桩顶板上无填土)
5	JJK44 +938 ~978	过渡段	路桥过渡段
6	JJK47 +678 ~728	过渡段	路桥过渡段
7	JJK23 +027 ~107	道　岔	亦庄车站岔区(路涵过渡段)
8	JJK107 +870 ~999	道　岔	京沪高速联络线(无砟道岔)

一、路基基床动应力测试

路堤基床动应力主要测试动应力幅值水平以及动应力沿线路纵横向的分布规律。主要选取 6 个断面,JJK3 +130 为水泥土的特殊结构路基,主要测试基床表面及表层底面的动应力;JJK46 +500 为站台区高路堤,主要测试基床表面横向不同位置和基床表层底面的动应力,用以分析动应力沿基床表层横向和深度的分布规律;JJK86 +287 为两侧设有扶壁式挡墙的高路堤,主要测试基床表面及表层底面的动应力;JJK110 +083 为桩板结构路基,测试基床表面及表层底面的动应力。道岔区选取 JJK23 +027 ~107 及 JJK107 +870 ~999 两个典型断面进行测试,主要分析基床表层动应力沿线路纵向的分布规律。

二、路基及过渡段动变形测试

路基基床表层位移测试主要选在路堤填筑较高的 JJK46 +500、JJK86 +287 和水泥土特殊结构路基 JJK3 +130,测试基床表层动变形的幅值水平,分析无砟轨道结构高路堤及特殊路基结构的变形特性。

过渡段基床表面动变形测试选取高速区永乐车站附近的凉水河特大桥及杨村特大桥端的路桥过渡段,两路桥过渡段在基床表层设有 50 m 长的钢筋混凝土摩擦板,在距桥头 50 m 处设有端刺,端刺外有 5 m 长的过渡板,然后与路基相连。在两桥端沿一定距离布置位移计,测试列车运营时桥端至端刺及路基的动变形,分析过渡段纵向变形的均匀性,评价其过渡效果。

三、路基基床振动加速度测试

路基基床振动加速度测试包括基床内沿深度及线路横向的振动加速度测试，主要选在路堤填筑较高的 JJK46 +500 和 JJK86 +287 以及采用桩板结构的 JJK110 +083，测试列车通过时基床表层的振动加速度幅值水平并分析其衰减规律。其中 JJK46 +500 处为永乐车站，传感器主要布置在正线边缘至侧线外的电缆槽边，并沿深度在表层底面和基床底面部置了传感器。JJK86 +287 为高路堤段，除了测试基床内不同深度和横向的加速度，还增加了对挡土墙外地基面振动加速度的测试。JJK110 +083 处主要测试基床表面的振动加速度。

除了对路堤振动加速度的测试，还对大号码道岔处的加速度进行了测试。测点主要沿道岔不同位置沿线路纵向布置，用以分析道岔不同结构处的振动情况。

四、挡土墙横向动变形测试

挡土墙横向动变形测试选在挡土墙较高的 JJK47 +700 和 JJK86 +287 两个断面，在墙顶侧面设置位移计，用以测试挡土墙横向动变形的幅值水平，并对挡土墙的横向振动频谱特性进行分析，以评价挡土墙设计的合理性。

第十一节　无砟轨道动力性能

由于京津城际铁路以高架桥上 CRTSⅡ型板式无砟轨道为主，只有少量的路基无砟轨道，因此测试工作以桥上无砟轨道为重点，针对梁上轨道结构与梁面间的相对位移、泡沫塑料板的变形、沥青砂浆填充层的弹性、滑动层的作用效果、轨道结构的横向稳定性、桥梁轨道固结机构纵向位移和侧向挡块横向位移及垂向位移、梁轨相对位移、轨道部件的振动特性等内容，结合不同桥梁结构、路基结构及路桥过渡段结构的型式和特点安排不同的测试内容进行测试。

在本次综合试验，无砟轨道动力性能测试的 6 个测试工点均采用网络和无线控制轨道测试系统（图 8 –2 –16），各测试工点布置情况如图 8 –2 –17 ~ 图 8 –2 –21 所示，图 8 –2 –22 为无砟轨道测试现场照片。

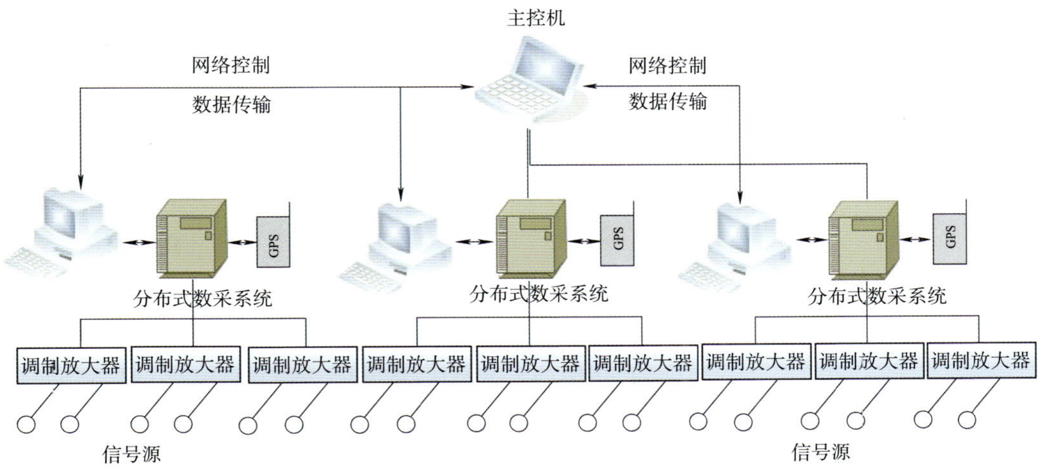

图 8 –2 –16　轨道结构测试系统示意图

凉水河路桥过渡段测点布置图

里程:JJK44+938~JJK45+038

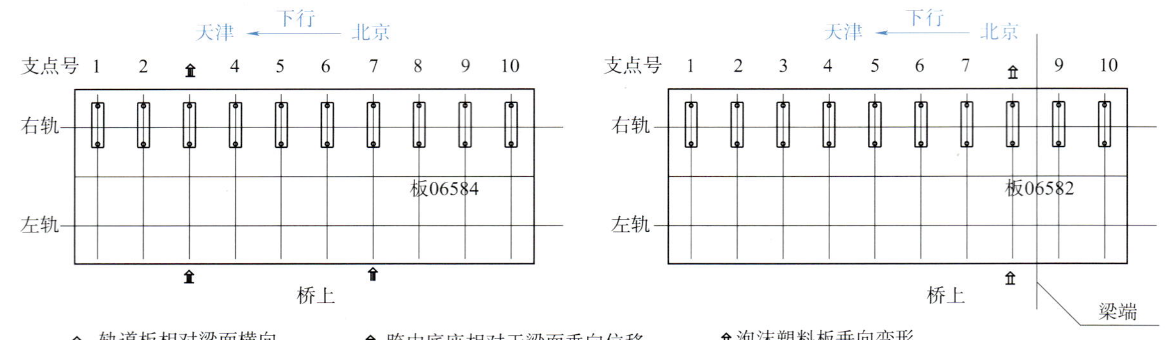

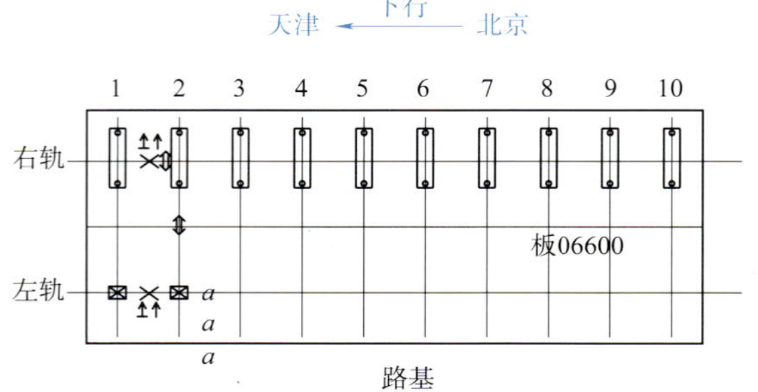

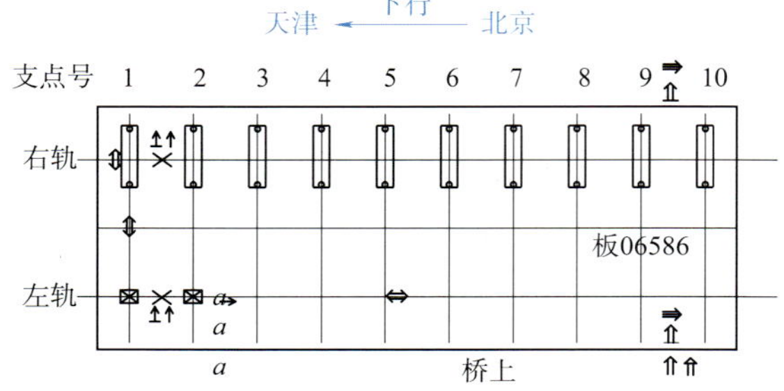

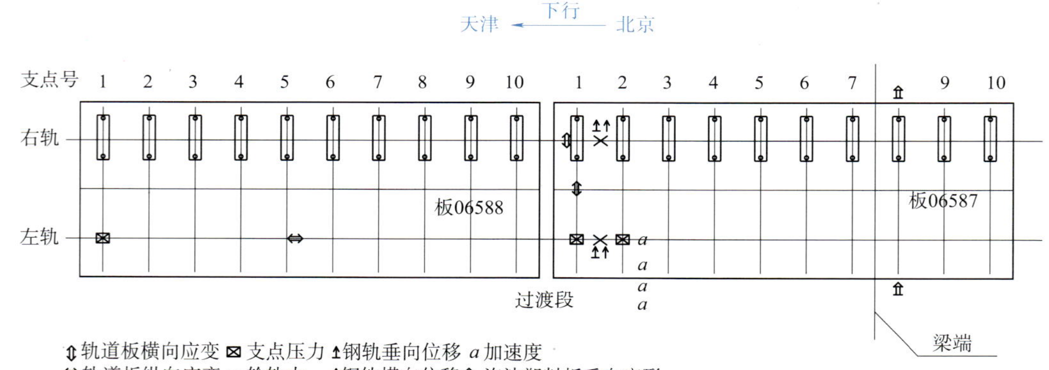

图 8-2-17 凉水河桥过渡段测点布置示意图

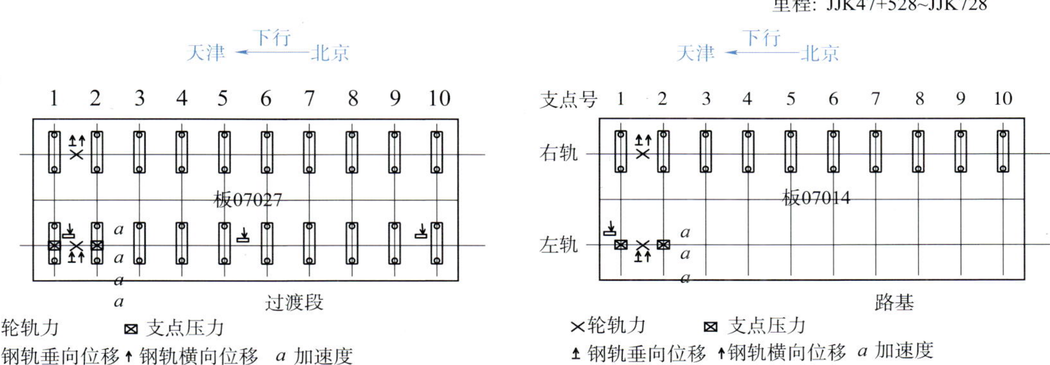

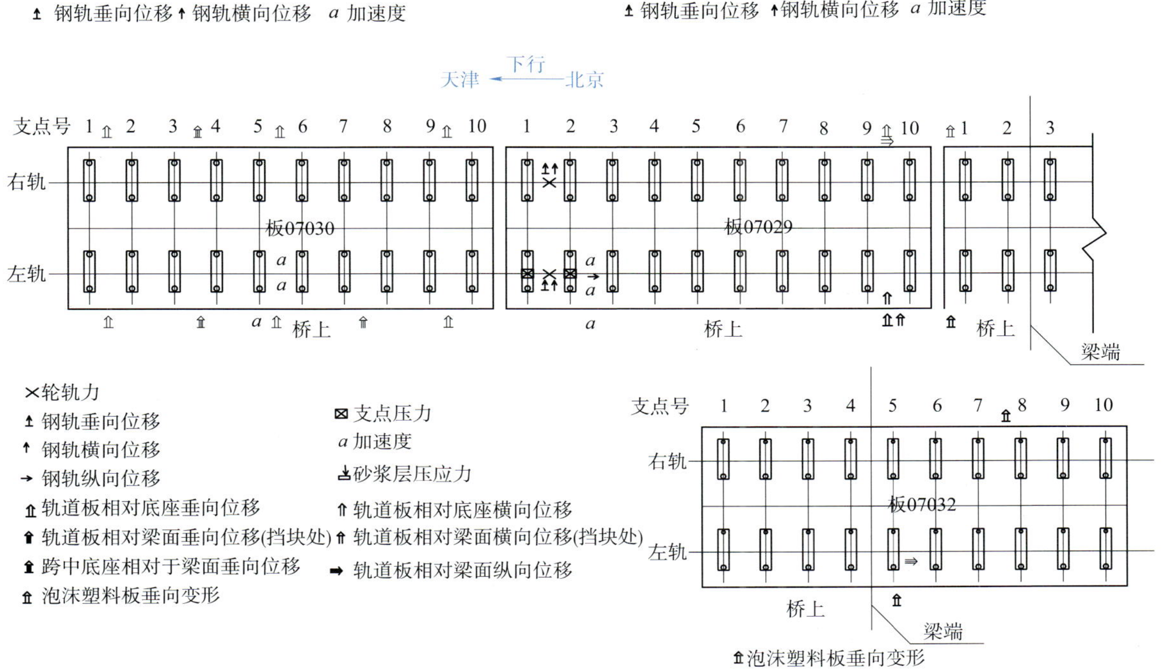

图 8－2－18　杨村特大桥路桥过渡段测点布置示意图

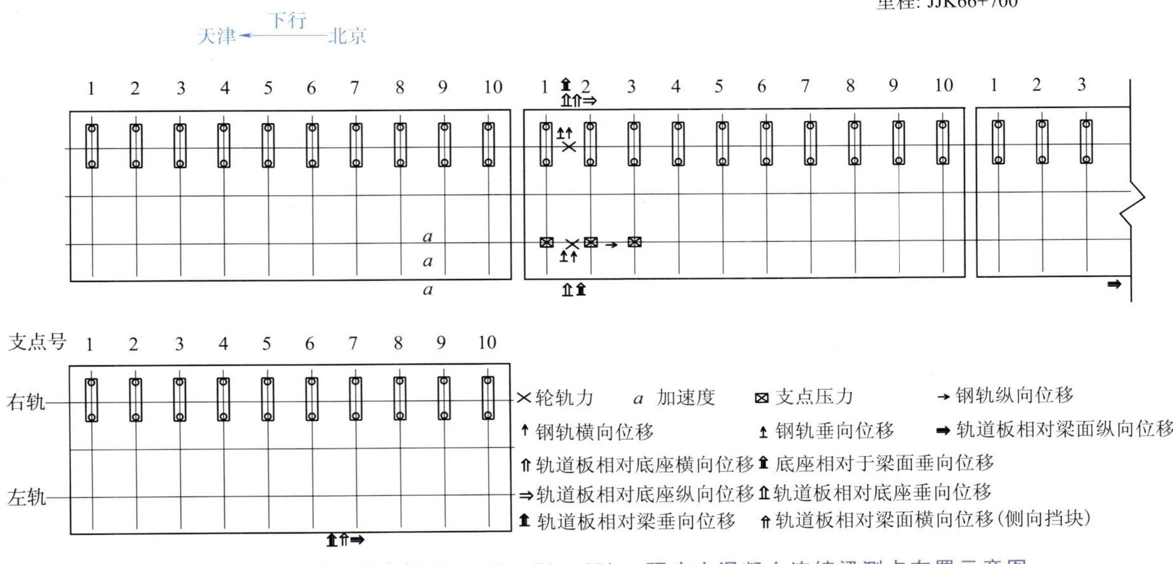

图 8－2－19　杨村特大桥(45＋70＋70＋45)m 预应力混凝土连续梁测点布置示意图

澇小路桥连续刚构测点布置图

里程:JJK45+309

天津 ← 下行 北京

支点号 1 2 3 4 5 6 7 8 9 10

右轨

左轨

× 轮轨力　a 加速度　→ 钢轨纵向位移

↑ 钢轨横向位移　↥ 钢轨垂向位移　➡ 轨道板相对梁面纵向位移

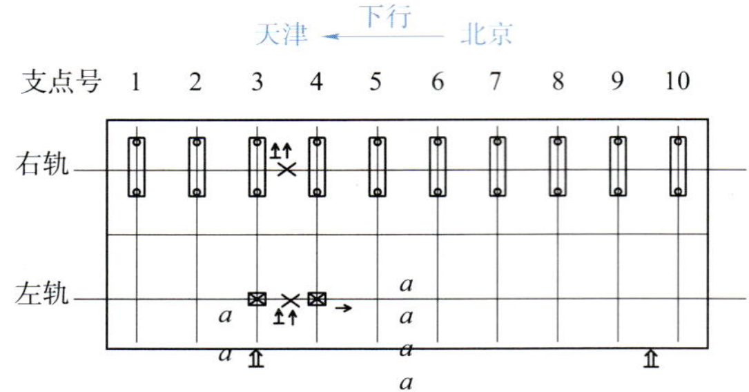

图 8－2－20　澇小路桥(18＋3×24＋18)m 连续刚构和直线路基测点布置示意图

杨村特大桥R7 000 m曲线桥测点布置图

圆曲线测点里程: JJK51+245

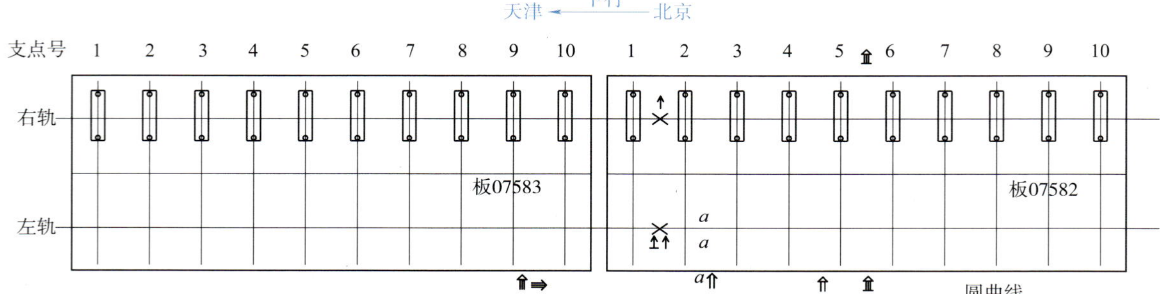

× 轮轨力　a 加速度　↥ 钢轨垂向位移 ↑ 钢轨横向位移

⇮ 底座相对于梁面垂向位移 ➡ 轨道相对梁面纵向位移

⇑ 轨道板相对底座横向位移 ⇮ 轨道板相对梁面横向位移(扣压式挡台)

缓和曲线测点里程: JJK51+417

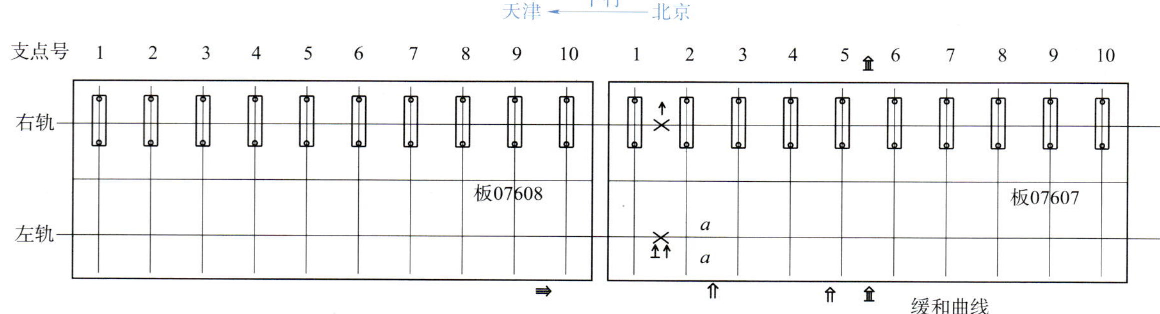

× 轮轨力　a 加速度　↥ 钢轨垂向位移　↑ 钢轨横向位移　⇑ 轨道板相对梁面横向位移(侧向挡块)

⇮ 底座相对于梁面垂向位移 ⇑ 轨道板相对底座横向位移 ➡ 轨道板相对梁面纵向位移

图 8－2－21　杨村特大桥 *R*7 000 m 曲线测点布置示意图

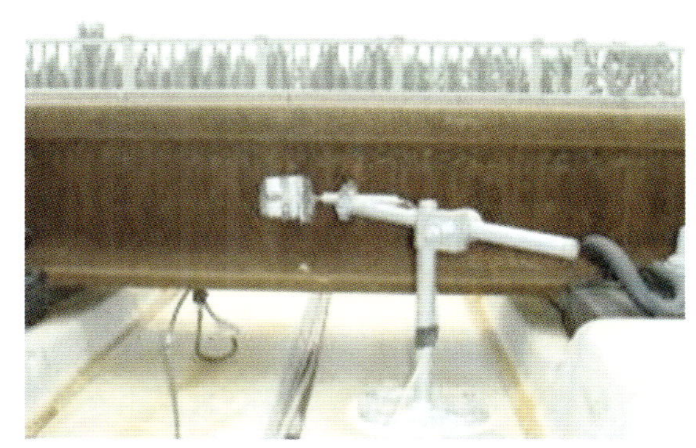

图 8-2-22　京津城际铁路无砟轨道结构测试现场照片

测试内容主要包括路基、桥上CRTS Ⅱ型板式无砟轨道结构的动力性能、路基—桥梁过渡段无砟轨道结构的动力平顺性及列车运行安全性。

一、列车运行安全性

通过测试动车组以不同速度通过各测试工点时的轮轨垂直力 P 和轮轨水平力 Q 参数，据此计算动车组左右轮脱轨系数 Q/P、轮重减载率 $\Delta P/P$ 及轮对横向力$(Q_1 - Q_2)$，根据安全评判标准判定试验列车运行的安全性。

二、无砟轨道结构部件受力

通过测试无砟轨道结构部件受力参数，分析动车组动力作用对轨道结构不同部件的动力影响和部件的动力性能。受力测试主要包括以下几个方面：

(1)轮轨垂直力；

(2)轮轨水平力；

(3)钢轨支点压力；

(4)轨道板的纵、横向应变；

(5)混凝土支承层的纵向拉应变；

(6)沥青砂浆填充层压应力。

三、无砟轨道结构振动

通过测试钢轨、轨道板、底座(混凝土支承层)、梁面(路基面)的垂向加速度，分析在列车动载作用下桥上无砟轨道及路基上无砟轨道的振动特性及传递关系。具体加速度测试包括下面三方面：

(1)钢轨、轨道板的垂向振动加速度；

(2)底座、混凝土支承层垂向振动加速度；

(3)梁面、路基面垂向振动加速度。

四、无砟轨道结构变形

通过测试钢轨与轨道板、轨道板与梁面、轨道板与底座(混凝土支承层)间、底座与梁面间相对位移等参数，分析轨道结构稳定性、轨道板与底座间和底座与梁面间的横向及垂向变形情况、桥上轨道结构与梁面间的横向及垂向相对运动特性，验证桥上、过渡段及路基上无砟轨道的适应性。需要测试的相对位移主要有：

(1)钢轨与轨道板间垂向相对位移；

(2)钢轨与轨道板间横向相对位移；

(3)钢轨与轨道板间纵向相对位移；

(4)底座与梁面间垂向相对位移(泡沫塑料板变形)；

(5)底座与梁面垂向相对位移(扣压式挡块处)；

(6)轨道板与梁面间横向相对位移(横向挡块处)；

(7)轨道板与梁面间纵向相对位移；

(8)轨道板与底座(混凝土支承层)间垂向相对位移；

(9)轨道板与底座间横向相对位移。

五、无砟轨道扣件系统性能

通过测试扣件轨下垫板的垂向动态变形、钢轨轨头横向位移、钢轨动态轨距变化量(主要是轨距扩大量)等参数，结合轮轨垂直力、水平力和钢轨支点压力，综合分析轨道稳定性。

第十二节　道岔动力性能

通过实车逐级提速试验，考核动车组直、侧向通过京津城际铁路 18 号和直向通过 39.113 号无砟道岔的安全性、平稳性和旅客舒适性；探索和验证动态轨距优化技术和关键部件的适应性；验证道岔轨道刚度设置的合理性、轨道刚度的均匀性；为评估道岔区的列车运行安全性、平稳性、道岔部件强度的安全储备提供科学依据，为科学认识和进一步掌握高速道岔技术积累试验资料。

一、道岔安全性指标测试

测试动车组以不同速度通过各测试工点时的轮轨垂直力 P 和轮轨水平力 Q，据此计算动车组左右轮脱轨系数 Q/P、轮重减载率 $\Delta P/P$ 及轮对横向力（Q_1-Q_2），根据安全评判标准判定试验列车运行的安全性。

二、道岔部件的变形测试

道岔部件的变形测试包括：

（1）60 kg/m 钢轨制造翼轨的轨头横移；

（2）尖轨尖端前基本轨轨头横向位移；

（3）导曲线区段钢轨轨头横向位移；

（4）尖轨和心轨尖端开口量。

三、道岔部件的强度测试

通过测试以下参数，分析动车组动力作用对轨道结构不同部件的动力影响和部件强度储备。

（1）Zul－60 尖轨轨头宽 40 mm、50 mm 处轨底应力；

（2）翼轨刨切区段轨底应力。

四、振动特性测试

无砟岔枕、轨道板、钢轨件的振动特性测试。

五、轨道刚度测试

过渡段、尖轨前部、尖轨中部、尖轨跟端、连接部分支距垫板处、连接部分通用垫板处、翼轨处、心轨中部、心轨跟端处各 1 点测试钢轨的垂向位移，验证垫板刚度取值 17.5 kN/mm 的合理性，考核轨道刚度均匀化技术的实际使用效果。

六、转换设备动态试验测试

验证道岔在多机多点方式的牵引杆件所受动态力，密贴检查器在列车通过时尖轨振动位移对接点系统及控制电路的影响，为今后维护提供技术参数。转换设备动态试验测试内容包括：

（1）尖轨牵引杆件动态力；

（2）心轨牵引杆件动态力；

（3）密贴检查器位置尖轨与基本轨动态位移；

（4）密贴检查器振动加速度；

（5）转辙机三向加速度。

七、多机控制器性能试验测试

多机控制器性能试验测试包括：

(1)多机控制电压、电流试验；
(2)转辙机电缆网络试验；
(3)多机控制转换时间；
(4)正常转换试验；
(5)电路保护试验；
(6)故障及返回试验。

八、液压下拉装置性能试验测试

液压下拉装置性能测试包括：
(1)正常转换试验；
(2)转换中途返回试验；
(3)转换中途故障试验。

九、轨道静态观测

轨道静态观测对象包括：
(1)道岔区几何状态(轨距、方向、水平、高低)；
(2)尖轨和心轨在转换前后的不足位移,顶铁间隙,尖轨和心轨同台板的缝隙；
(3)尖轨和心轨在转换过程中有否卡阻现象发生,穿过轨腰的转换杆件是否和孔的边缘相接触、碰撞。

第十三节　桥梁动力性能

一、梁体控制截面的动应变及动力系数

测试列车以 5 km/h 和其他速度通过桥梁时的梁体控制截面的动应变,分析动应力的大小和应变动力系数,以评定是否满足设计动力系数的要求。

二、梁体动挠度及动力系数

测试列车以 5 km/h 速度通过桥梁时的梁体控制截面准静态竖向挠度(扣除橡胶支座竖向位移),换算至 ZK 活载,得到竖向挠跨比,以评定桥跨竖向刚度;换算至 ZK 活载下的梁端竖向转角,以评定是否满足限值的要求。通过测试列车以其他速度通过桥梁时测试得到的动挠度,分析挠度动力系数,以评定是否满足设计动力系数的要求。

三、梁体竖向振动

测试列车通过桥梁时梁体竖向振动(含强振频率、振幅),分析竖向激励特征和梁体是否产生竖向共振现象。通过用环境微振动法或余振法测试梁体竖向固有特性(含自振频率、阻尼比),以评定梁体竖向刚度和状态。

四、梁体横向振动

测试列车通过桥梁时梁体横向振动(含强振频率、振幅),以分析横向激励特征和评定梁体横向刚度。通过用环境微振动法或余振法测试梁体横向固有特性(含自振频率、阻尼比),以评定梁体横向刚度和状态。

五、桥面竖向和横向振动加速度

测试列车通过桥梁时桥面竖向振动加速度,以评定桥上无砟轨道是否能保持良好状态;通过测试

桥面横向振动加速度，以评定梁体横向刚度。

六、桥墩或桥台横向振动

测试列车通过桥梁时墩顶或桥台顶横向振动（含强振频率、振幅），以分析横向激励特征和评定桥墩台横向刚度。通过用环境微振动法或余振法测试桥墩横向自振频率，以评定桥墩横向刚度。

七、支座的横向和竖向位移

测试列车通过桥梁时支座的横向和竖向位移，以评定支座的横向位移是否过大。

八、跨梁缝处相邻两个钢轨支承点间的相对横向和竖向位移

测试列车通过桥梁时跨梁缝处相邻两个钢轨支承点间的相对横向和竖向位移，以评定梁体横向和竖向变形是否过大。

九、测试工点和测点布置

1. 测试工点

根据试验目的，选择试验桥梁基于以下几个原则：

(1)选择全线数量较多的梁型，即 32 m 简支箱梁；

(2)24 m 箱梁竖向刚度合理性（24 m 箱梁主要用于调整孔跨，为了照顾景观，24 m 箱梁的梁高与 32 m 箱梁相同，这样就会使得 24 m 箱梁竖向刚度较大）；

(3)选择新型结构、特殊结构，即加劲拱连续梁、预应力混凝土连续梁、刚构连续梁等；

(4)选择连续等跨布置的长大桥梁的头尾进行竖向周期性不平顺效应的测试。

基于以上原则，结合设计资料，分析典型桥梁的分布状况，确定了京津城际铁路综合试验桥梁工点，见表 8－2－23。

表 8－2－23　桥梁测试工点

序　号	里　程	桥　名	梁　型	测试孔跨	选择目的
1	JJK11＋110	跨北京环线特大桥	(60＋128＋60) m 系杆拱连续梁	第 159、160 孔和 158#、159#墩	属于特殊结构
2	JJK15＋696	跨北京环线特大桥	(80＋128＋80) m 预应力混凝土连续梁	第 283、284 孔和 283#、284#墩	属于特殊结构
3	JJK45＋309	漷小路大桥	(18＋3－24＋18) m 刚构连续梁	第 1、2、3 孔和桥台、1#墩	属于特殊结构
4	JJK66＋700	杨村特大桥	(45＋70＋70＋45) m 预应力混凝土连续梁	第 581、582 孔和 581#、582#墩	属于特殊结构
5	JJK90＋418.9	永定新河特大桥	84×32 m 预应力混凝土箱梁的第 8、9 跨	第 122、123 孔和 121～123#墩	检验连续等跨布置的长大桥梁的竖向周期性不平顺效应
6	JJK92＋900.1	永定新河特大桥	84×32 m 预应力混凝土箱梁的第 84 跨、1－24 m 预应力混凝土箱梁	第 198、199 孔和 197～199#墩	检验连续等跨布置的长大桥梁的竖向周期性不平顺效应、24 m梁竖向刚度合理性
7	JJK93＋247.3	永定新河特大桥	(32＋48＋32) m 预应力混凝土连续梁	第 209、210 孔和 208～210#墩	属于特殊结构
8	JJK102＋155.3	永定新河特大桥	8×40 m 预应力混凝土箱梁的第 1、2 跨	第 484、485 孔和 483～485#墩	属于特殊结构

2. 测点布置

(1)跨四环(60+128+60)m系杆拱连续梁(表8-2-23中序号1),如图8-2-23所示。

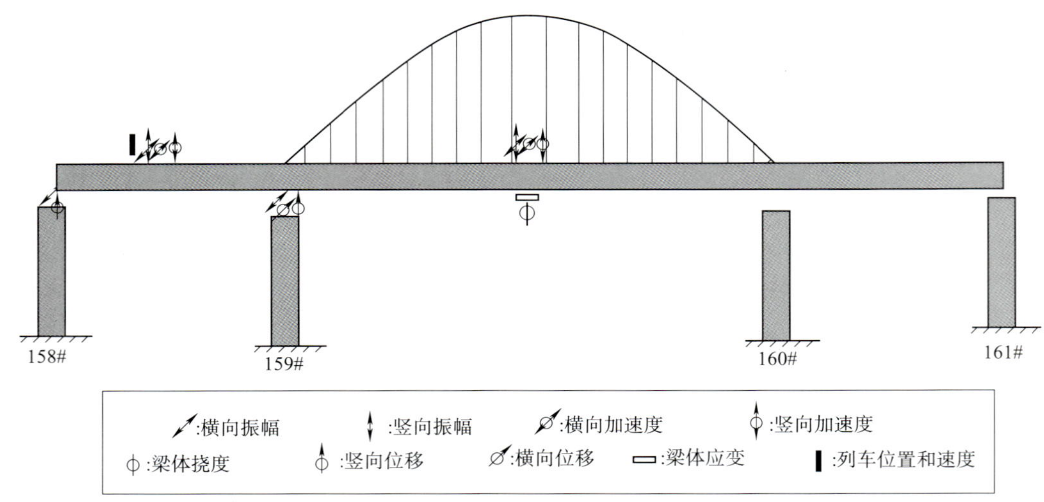

图8-2-23　(60+128+60)m系杆拱连续梁测点布置图

(2)跨五环(80+128+80)m预应力混凝土连续梁(表8-2-23中序号2),如图8-2-24所示。

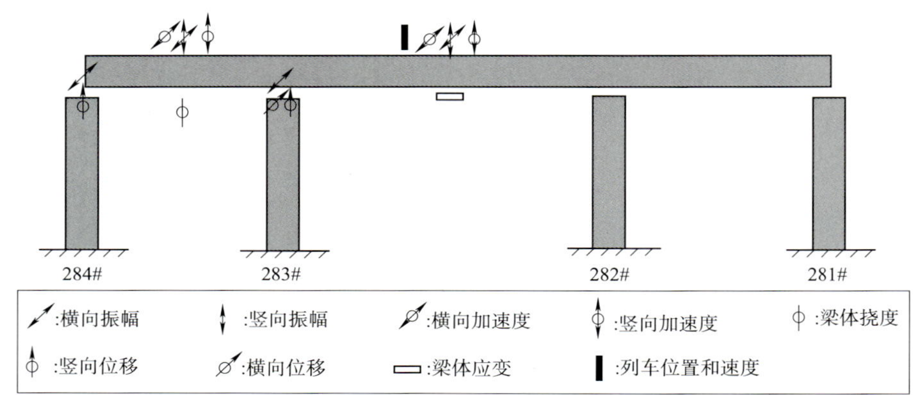

图8-2-24　(80+128+80)m预应力混凝土连续梁测点布置图

(3)渤小路刚构连续梁(表8-2-23中序号3),如图8-2-25所示。

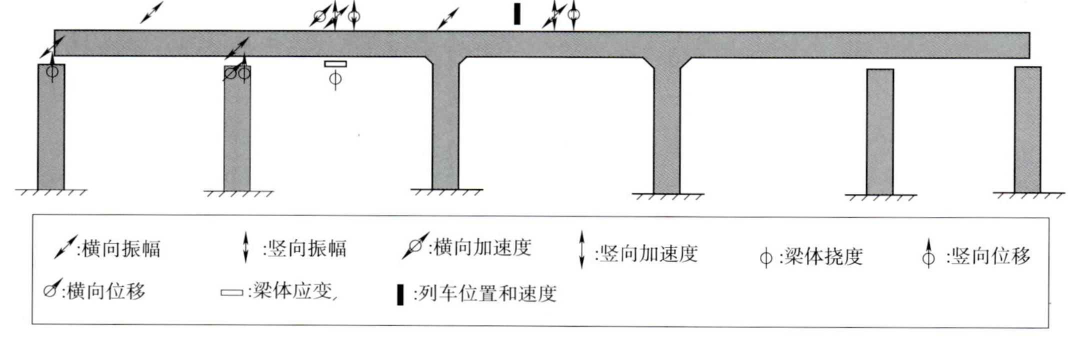

图8-2-25　刚构连续梁测点布置图

(4)杨村特大桥(表 8－2－23 中序号 4),如图 8－2－26 所示。

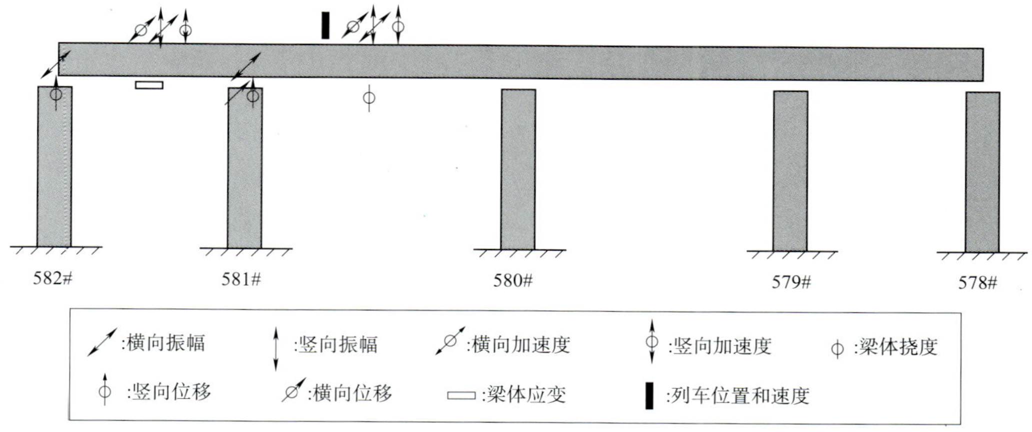

图 8－2－26　(45＋70＋70＋45)m 预应力混凝土连续梁测点布置图

(5)2 跨 32 m 简支预应力混凝土箱梁(表 8－2－23 中序号 5),如图 8－2－27 所示。

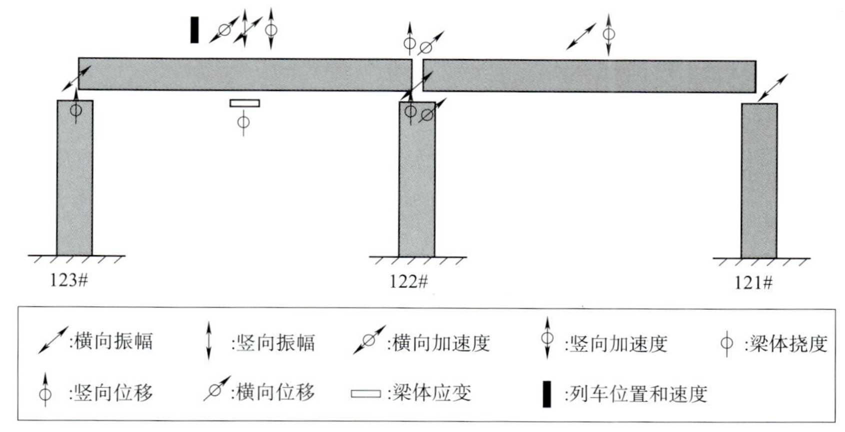

图 8－2－27　2 跨 32 m 简支预应力混凝土箱梁测点布置图

(6)32 m、24 m 简支预应力混凝土箱梁(表 8－2－23 中序号 6),如图 8－2－28 所示。

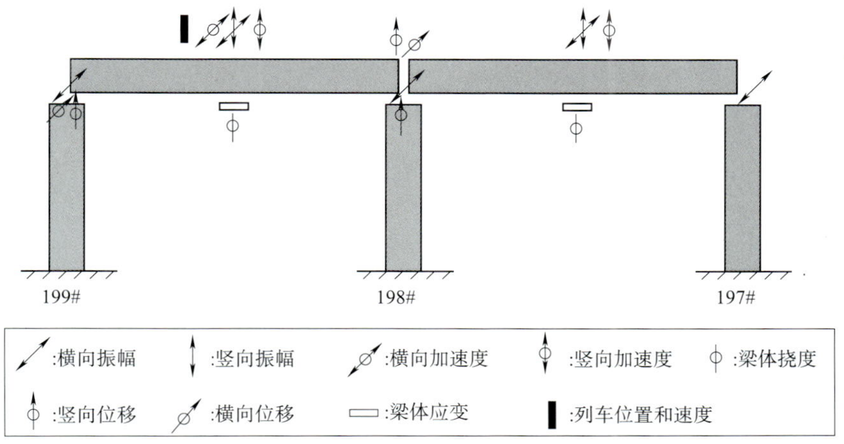

图 8－2－28　32 m、24 m 简支预应力混凝土箱梁测点布置图

(7)(32＋48＋32)m 预应力混凝土连续梁(表 8－2－23 中序号 7),如图 8－2－29 所示。

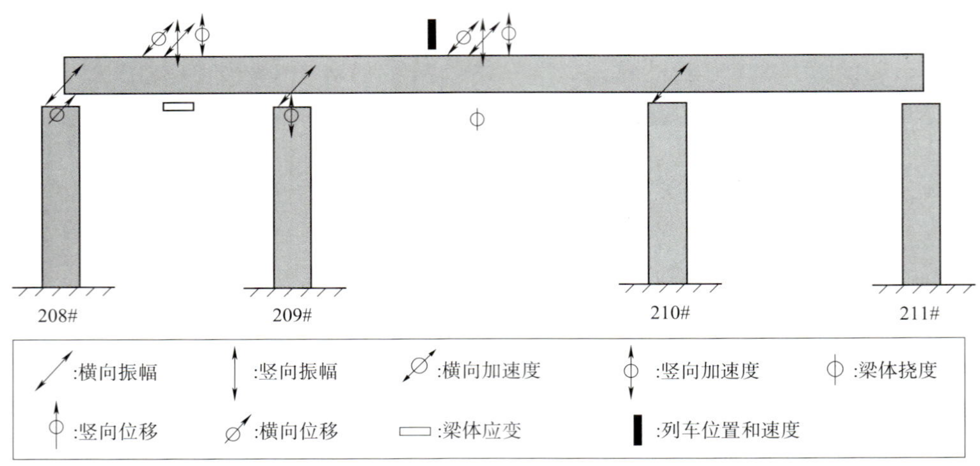

图 8－2－29　(32＋48＋32)m 预应力混凝土连续梁测点布置图

(8)2 跨 40 m 简支预应力混凝土箱梁(表 8－2－23 中序号 8),如图 8－2－30 所示。

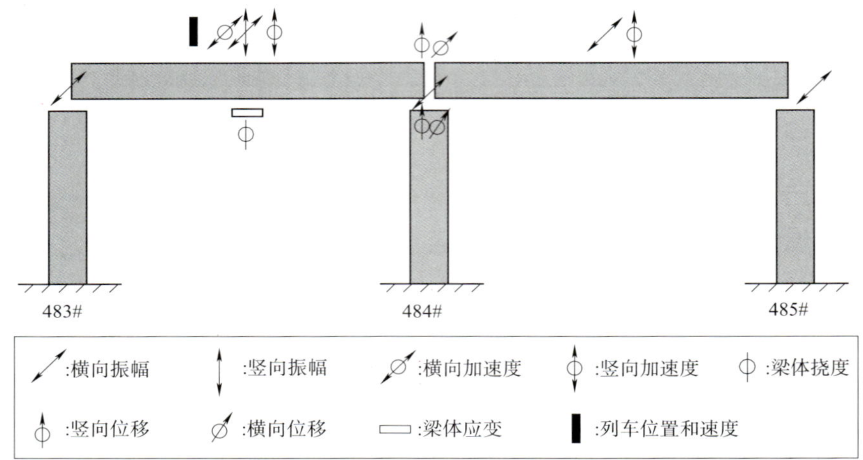

图 8－2－30　2 跨 40 m 简支预应力混凝土箱梁测点布置图

京津城际铁路综合试验桥梁测试的仪器见图 8－2－31,传感器安装见图 8－2－32。

图 8－2－31　测试仪器

图 8－2－32　传感器安装

第十四节　轨 道 状 态

轨道状态动态检测包括轨道几何尺寸和车辆动态响应。

1. 轨道几何状态检测

轨道几何状态检测项目包括高低、轨向、轨距、轨距变化率、水平、三角坑、超高、曲线半径、曲率变化率、复合不平顺等。

2. 车辆动态响应检测

车辆动态响应检测包括车体横向加速度、车体横向加速度变化率、车体垂向加速度、构架横向和垂向加速度、轴箱垂向加速度等。

第十五节　防灾安全监控系统

通过对现场监测设备、监控单元、车站级网络设备、监控中心系统、调度所防灾安全监控设备、传输网络及系统对外接口组成的防灾安全监控系统的动态检测，验证系统的大风、落物报警功能是否符合系统功能设计要求。

一、冗余功能测试

1. 网络设备

随机关闭永乐综合养护点两台交换机中的任意一台，通过观察北京调度所监控终端实时监控界面中风速实时变化情况，测试系统核心交换机的网络冗余功能。

随机关闭北京调度所两台交换机中的任意一台，通过观察北京调度所监控终端实时监控界面中风速实时变化情况，测试调度所交换机的网络冗余功能。

随机关闭亦庄、武清、天津三个车站两台交换机中任意一台，观察北京调度所监控终端实时监控界面中通过该车站上传数据监测点的风速实时变化情况，测试系统车站汇聚层网络交换机的网络冗余功能。

2. 服务器功能测试

选择关闭永乐综合养护点两台系统数据库服务器中群集服务所在服务器，通过观察北京调度所监控终端查询软件功能，测试数据库服务器的双机热备功能。

随机关闭永乐综合养护点两台系统应用服务器中任意一台，通过观察北京调度所监控终端实时监控界面中风速实时变化情况，测试系统应用服务器的双机并行功能。

3. 异物侵限监控单元功能测试

随机拔出异物侵限监控单元主机中两块主机板任意一块主板，通过观察永乐综合养护点监控终端设备监控界面中该监控单元显示变化情况，测试系统异物侵限监控单元主机的冗余功能。

二、大风报警功能测试

因在现场条件无法生成系统报警所需要的大风报警信息，采用模拟监测点的风速数据输入方式，通过观察北京调度所监控终端实时监控界面中防风报警窗口提示信息，测试系统防风报警功能。

三、落物报警功能测试

电缆传感器的破坏性试验在动态检测试验前完成测试，落物报警功能动态检测不再采用直接砸断电缆传感器的破坏性试验方法，将该试验分为两步进行。

1. 落物报警功能测试

利用现场控制箱中的试验按钮，模拟异物落下砸断电缆传感器，通过观察北京调度所监控终端实时监控界面中异物报警处理界面，测试系统异物报警功能。

2. 落物防限指标测试

在实验室环境下，搭建与现场电缆传感器同样材料、工艺和安装方式的试验环境，测试其是否满足防限指标的要求。

四、系统接口功能测试

1. 与 CTC 系统接口功能测试

因无法产生真正的大风和落物报警信息，采用在系统中模拟大风和异物侵限报警数据，通过防灾安全监控系统通信服务器传递给 CTC 系统，观察 CTC 系统监控终端显示报警信息。

2. 与列控系统接口功能测试

因不便采用直接砸断电缆传感器产生报警的破坏性试验，利用现场控制箱的试验按钮或永乐防灾监控终端的远程试验功能模拟落物砸断电缆传感器产生落物报警，观察北京调度所 CTC 监控终端轨道电路变化情况。玉蜓桥、112 国道桥、南仓道桥、普济河桥四个测点，通过北京调度所 CTC 监控终端观察轨道电路变化情况，金纬路异物监测点通过天津站 CTC 监控终端观察落物报警提示。

第十六节　接口关系试验验证

京津城际铁路各系统接口匹配关系的试验验证，对于保证高速铁路整体功能至关重要。系统主要功能接口需要试验验证的主要匹配关系包括：轮轨关系、弓网关系、列车运行与列车控制系统关系、限界匹配关系、轨道与信号关系、调度集中系统与其他相关系统关系、客运服务系统与其他相关系统关系、京津城际铁路与相邻线路互联互通关系、噪声和电磁兼容与其他相关系统关系、站后和站前施工接口关系等，在系统集成综合试验过程中，应重点试验验证各系统之间的接口匹配关系是否能够满足系统设计要求和发挥正常运行功能。

一、轮轨关系接口

对于京津城际铁路上运行的动车组和轨道线路来说，轮对内侧距、车轮踏面外形、轨底坡、轨道刚度等是直接影响动车组运行安全性和平稳性的关键技术功能接口。京津城际铁路采用的是与国外高速铁路不完全相同的、具有我国铁路特点的钢轨参数和与其相互匹配的车轮踏面和轮对内侧距。系统试验验证时应分别在动车组和基础设施上同时测试轮轨相互作用力、振动加速度、振动位移等参数。

二、弓网关系接口

京津城际铁路采用高速接触网供电技术，可以使动车组受电弓与接触网导线、悬挂系统间具有良好的匹配性能，保证可靠的高速受流性能。应当对弓网受流性能、受电弓运行状态、接触网动态特性、离线和硬点、弓网接触力等参数进行调试和试验验证。

京津城际铁路接触网系统的形式、设备材料和技术参数必须严格执行铁道部已颁布的有关标准。对于受电弓的动态性能，应考虑受电弓的空气动力学性能，对受电弓的结构和高速导流装置进行适当调整，以适应高速列车车顶的气流形态和高速运行需要，并进行弓网受流性能试验，使在京津城际铁路运行的 CRH 系列动车组采用不同速度等级的受电弓性能，满足高速受流要求。

应严格要求京津城际铁路接触网导线的平顺性，一旦接触线存在超过标准的不平顺，如硬弯等，将会使受电弓沿接触线高速滑动受流时产生离线火花，同时撞击受电弓滑板，损坏滑板，甚至造成弓网事故。应利用接触网检测设备进行高速接触网导线的平顺性检测，发现问题及时进行整修。

采用接触网与受电弓受流性能评价体系，对弓网关系接口进行系统调试和评价。分别在动车组

受电弓和接触网上测试接触网接触压力、振动加速度、振动位移等参数，验证弓网关系在京津城际铁路上的安全性和适应性。

三、列车运行控制系统与其他相关系统接口

京津城际铁路高速列车运行控制采用 CTCS－3D 列车运行控制系统，具备升级为 CTCS－3 级列车运行控制系统的功能。调试时，应确认 CTCS－3D 列控系统的兼容性和实时转换性。在时速达到 350 km 高速运行时，要求达到最小列车追踪间隔时间 3 min，采用 GSM－R 无线方式实现列车通信信息的传输。列车运行控制系统应覆盖安全追踪间隔距离范围内轨道电路载频、轨道电路长度数据、线路参数、进路参数、线路限速、临时限速等要求，并要求列车控制信息和车载设备接收信息的实时性、连续性功能，满足高速、高密度运行的需要。因此，与 CTCS－2 级列控系统相比，时速 300～350 km 客运专线对列车运行控制系统提出了更高的要求。

京津城际铁路列车运行控制系统与其他相关系统匹配关系是否满足互联互通条件，列车运行控制系统车载设备是否与地面设备相匹配，应当作为京津城际铁路系统试验验证的关键功能接口来考虑。

四、动车组与限界匹配关系

动车组与限界的匹配关系试验验证，主要包括区间安全限界的试验验证，站台安全限界的试验验证，列车交会时的空气压力冲击波试验验证等。

五、信号与轨道接口

无砟轨道结构内部存在的大量钢筋及其形成的闭合回路，与轨道电路信号电流之间的电磁感应效应及涡流效应，恶化了轨道电路一次参数，是导致轨道电路传输长度缩短的重要原因。为改善轨道电路参数和传输性能，应对无砟轨道结构内部钢筋及扣件系统进行处理。

为保证京津城际铁路轨道电路在 CRTS Ⅱ型板式无砟轨道条件下 1 200 m 的传输长度和工作的可靠性，针对博格板无砟轨道结构所采取的绝缘措施，对无砟轨道绝缘处理的效果进行试验验证。

六、调度集中系统与其他相关系统接口

调度集中系统，是动车组、牵引供电、通信信号、客运服务系统等各系统的上层管理信息平台和高端管理系统。京津城际铁路目前采用 CTC 作为调度集中系统来实现动车组列车运营控制和管理。

调度集中系统内部采用面向服务的体系结构，采用总线技术构成统一的系统信息共享与交换平台。调度集中系统同外部系统数据交换通过系统接口管理实现。与外部的主要接口包括：与动车组管理、综合维修、供电管理、安全防灾、既有线调度网、营销、客服等系统的接口。

应对调度集中系统和各支撑系统之间接口的功能进行试验验证。检查和调试调度集中系统采用独立的业务专网，在实施强制保护、严格可控的前提下，它与其他信息系统进行必要数据交换的可用性和可靠性。

七、客运服务系统与其他相关系统接口

客运服务系统与外部系统的接口通过数据交换平台对接，实现与银行系统、既有线客票系统、调度集中系统、火灾报警系统和建筑设备自动化系统之间的信息交换和应用服务。

数据交换平台作为铁路客运专线客运服务业务系统间信息交换和共享的枢纽，整合客运服务系统各类共享信息，采用统一、规范的数据标准，以数据和应用两种接口形式实现客运服务系统内各子系统间，以及客运服务系统与其他外部系统间的信息交换、数据处理及应用服务。

安全保障系统作为客运服务系统对外和对内的安全屏障，建立一套整体的安全防御体系，包括建

立安全策略、安全管理制度和流程、客票安全管理专用协议、安全技术措施、内部安全监控和安全评估、业务安全审计等，从而实现铁路客运专线安全运营的目标。

灾备系统作为客运服务系统的后备，在灾备中心设立灾备数据库，对票务和市场营销策划系统核心数据和必要业务处理数据建立完整的备份和恢复机制，保证铁路客运专线客运服务核心业务可靠运行，实现核心业务应用的不间断处理。

应对客运服务系统与外部系统的接口数据交换平台对接情况进行试验验证，检查和确认安全保障系统，灾备系统的可用性和可靠性。

八、京津城际铁路与相邻线路互联互通接口

京津城际铁路通过采用兼容的技术标准，搭建统一的技术装备平台，可实现与邻线的互联互通。

京津城际铁路与相邻线路互联互通主要反应在列车的跨线运行上。为充分发挥京津城际铁路的作用，尤其是时速 300 ~ 350 km 客运专线的作用，最大限度方便旅客，提高运输效率和社会效益，应当能够满足 350 km/h 及以上的高速列车与 250 km/h 的跨线列车混跑的运输组织模式。

京津城际铁路线、桥等土建工程采用的技术标准及牵引供电系统，通信信号的设计，既应满足 350 km/h高速列车运行的要求，也应兼容 250 km/h 跨线列车运行的条件。

京津城际铁路主要枢纽站北京南站和天津站都设有联络线与邻线贯通，不但构成了便捷的跨线列车运行径路，也为应急应变、抢险救灾时与邻线间组织列车跨线运行创造了条件。通过 250 km/h 及以上动车组（上高速线）或 350 km/h 及以上动车组（下高速线）跨线运行而实现的互联互通。需要试验验证跨线列车采用 250 km/h 及以上列控系统的动车组车载设备能与京津城际铁路列控系统的地面设备相匹配，能够保证跨线列车的运行安全。应当试验验证京津城际铁路调度所与相邻既有线调度所间的接口是否可以衔接，列控系统车载设备与轨旁信号设备之间是否可以做到兼容。

九、声屏障与其他相关系统接口以及噪声检测

噪声源与动车组、轨道结构系统密切相关，应对系统噪声进行检测和评价。通过对京津城际铁路轮轨噪声、空气动力噪声、集电系统噪声源鉴别，对减振降噪措施效果进行分析和评价。对声屏障的隔音效果进行检测和评价。

十、各系统之间电磁兼容性检测

电磁兼容与动车组、信号系统、通信系统、牵引供电与电力系统设计密切相关，系统调试需要检测电磁兼容和电磁干扰情况，对电磁兼容和电磁干扰对系统的影响进行检测和评价。

功能接口调试是验证京津城际铁路建设目标的关键技术之一。京津城际铁路建设涉及到多门类、多专业的高新技术，主要包括工务工程、通信信号、牵引供电及电力、动车组、调度集中、客运服务、运营管理、养护维护及检测、防灾及安全防护等多个系统，其中各系统之间既相互关联，本身又自成体系，各系统之间既有硬件接口，又有软件接口。在系统集成试验和系统调试过程中，应按照系统集成的方法，将其作为一个统一完整的整体系统来考虑，对系统集成接口进行调试，对系统之间的接口匹配关系进行试验确认，以便更好地验证系统设计和工程施工的效果，期望取得京津城际铁路最佳的总体系统功能。

第十七节　高速综合检测列车

通过实验室验证、环行线实车逐级提速试验，京津城际铁路高速调试和试运行试验，考察 0 号高速综合检测车、轨道、接触网、轮轨力、通信和信号检测系统的功能、测试精度和重复性以及系统可靠性等；同时，验证综合检测列车动车组的各项性能。

一、动车组性能测试

测试0号高速综合检测列车动车组不同速度级的性能指标，测试高速运行工况下动车组性能和可靠性。

二、综合系统性能测试

测试综合系统的定位同步系统距离脉冲、定位信息传输的实时性，测试车载专用网络的数据、视频流量传输特性、网络的冗余和自愈性能、网络的自诊断功能；测试车载数据综合处理系统、环境视频采集处理系统和多媒体显示系统性能。

三、轨道检测系统性能测试

测试轨道检测系统的不同速度级、不同运行方向的重复性，测试不同波长的检测系统测试项目和性能指标，测试高速运行工况的检测系统功能和系统可靠性。

四、轮轨力检测系统性能测试

测试轮轨力检测系统的不同速度级的检测系统测试项目和性能指标，测试高速运行工况的检测系统功能和系统可靠性。

五、接触网检测系统性能测试

测试接触网检测系统的不同速度级、不同运行方向的重复性，测试检测系统的测试项目和性能指标，测试高速运行工况的检测系统功能和系统可靠性。

六、通信检测系统性能测试

测试通信检测系统的不同速度级的检测系统测试项目和性能指标，测试高速运行工况的检测系统功能和系统可靠性。

七、信号检测系统性能测试

测试信号检测系统的不同速度级的检测系统测试项目和性能指标，测试高速运行工况的检测系统功能和系统可靠性。

第十八节　试　运　行

一、运行图参数测试

1. 测试项目

(1)全程运行时分及各区间运行时分

北京南和天津站列车始发时间、两站间列车运行时分、列车到达时间、列车最高运行速度。

(2)本线列车追踪间隔时分

① 中间站起停车附加时分

② 连续追踪间隔时间

连续追踪间隔时间的测试，采用3组及以上的动车组连续追踪的方式进行测试。为提高追踪间隔测试的效率及安全，首先利用仿真软件中的牵引计算功能，根据动车组牵引、制动特性及京津城际铁路线路情况，对列车的追踪间隔时间进行试算，依据仿真结果，铺画试运行列车运行图，与列车实际运行试验数据进行比对，得出符合实际的追踪间隔时间。

③ 中间站先到后通时间间隔

测试和分析中间站侧线停车的列车到达后多长时间，后续列车可不减速正线通过该站。

④ 中间站先通后发时间间隔

测试和分析中间站正线通过的列车通过后多长时间，侧线停车的列车可以发车。

⑤ 中间站先发后通时间间隔

测试和分析中间站侧线停车的列车发车后多长时间，后行列车可以正线不减速通过中间站。

⑥ 中间站先发后到时间间隔

由于亦庄站和武清站单方向只有 1 条侧线供接发列车使用，所以在中间站连续停车的列车，需要确定前行列车发车后多长时间，允许侧线再次接车。

(3)始发站列车到、发间隔时间(同一股道或具有进路冲突的股道)

① 先到后发时间间隔

指列车到发进路存在冲突的情况下，前次列车到站停稳后，与后次列车发车之间的时间间隔。

② 先发后到时间间隔

指列车发到进路存在冲突的情况下，前次列车发车后，与后次列车到达之间的时间间隔。

③ 进、出站及折返线调车占用咽喉时间

进出站、动车组出入段、进出折返线等作业占用咽喉时间，可归结为进站占用咽喉时间和出站占用咽喉时间。进站占用咽喉时间是指列车头部进入进站信号机至尾部越过到发线警冲标这段时间。出站占用咽喉时间是指列车从到发线出发运行至尾部越过出站信号机这段时间。

(4)列车在站技术作业时分

① 本线折返、转线折返时间

本线折返时间，指列车停稳开始到发车起动为止的时间。在有乘客的情况下，测试上、下车时间、保洁时间、排污时间、配餐时间和其他作业时间。

转线折返时间，指列车停稳开始到发车起动为止的时间(包括转线时间)。主要测试动车组停车时间、折返线转线时间(含牵出、换端、转入)、发车时间。

② 司机换端作业时间

司机换端分本线折返换端和转线折返换端两种。

本线折返换端，指列车停稳开始到司机换端后重新启动设备为止的时间。

转线折返换端，指司机在折返线尽端停稳到重新起动动车组之间时间。

③ 中间站停站时间

指列车停稳至列车重新起动所经历的时间。

④ 排污时间

(5)跨线列车相关作业时分

① 出入段运行时分；

② 天津—塘沽之间的运行时间和折返时间；

③ 北京南—天津西之间跨线列车运行时分。

(6)列车故障类别、处理时间、列车延误时间

2. 测试参数

测试参数包括：

(1)单列车运行时间参数，主要是列车运行时分、占用咽喉时间、在站各项作业时间等；

(2)多列车追踪运行时间参数，主要是动车组在不同车型及速度下的追踪间隔时间及车站存在进路冲突情况下的列车发到、到发间隔；

(3)中间站起停车附加时分；

(4)北京南站、天津站立折和转线时间；

(5)动车组出入段走行、整备时间,出入段追踪间隔;
(6)区间连续追踪间隔时间、越行间隔时间;
(7)排污时间、司机换端时间。

二、故障模拟试验

1. 故障模拟场景

故障模拟场景计划设置如下:

(1) 动车组制动单元故障,运行速度不能得到有效控制,或动车组牵引单元故障,造成列车慢行;
(2) 恶劣环境条件(大风预报、暴雨、轻微地震)影响全部列车运行速度;
(3) 动车组控制系统中断、受电弓损毁等需要(故障车)临时停车;
(4) 人员或物体从站台跌落,列车进站前临时停车;
(5) 接触网失电、自然灾害(强侧风、地震)造成区段列车全部停车;
(6) 调度集中设备故障,影响设置进路,需采用 C - LOW 设置进路;
(7) 区间信号点故障,转入目视模式行车;
(8) 车载 ATP 故障(黑屏或死机),停车转入隔离模式运行;
(9) CTC 与各站间信号通信中断,北京南、天津站、中间站 LOW 设置进路;
(10) GSM - R 系统故障,不能实现列车调度指挥;
(11) 中间站道岔或转辙机故障,列车侧线通过;
(12) 单线区间封锁,需要反向行车;
(13) 区间正线地面应答器连续丢失(实设故障);
(14) 头部驾驶室故障,尾部驾驶室操作运行;
(15) 中间站轨道电路故障,需办理引导接车进路;
(16) 桥梁落物,监测系统报警,调度紧急处理;
(17) 售票系统故障或闸机不能动作(不在行车期间试验);
(18) 亦庄或武清变电所变压器故障,跨区供电。

2. 测试参数

(1)司机发现故障的时间、故障类型、故障发生的区段;
(2)司机向调度报告故障的程序、时间和内容;
(3)调度下达调度命令的时间、内容;
(4)故障排除过程及时间;
(5)恢复正常运行时间和影响范围。

三、突发事故应急预案模拟试验

1. 试验项目

应急预案模拟试验项目包括:

(1)因事故的发生,京津城际铁路从常规运营模式向紧急状态转换;

(2)测试司机、乘务人员在事故状态下应急处理能力,包括事故报告(通过铁路通信系统或其他手段)、应急设备设施的利用、旅客疏散和组织自救,相邻车站人员现场处置等;

(3)应急启动:接警后各级应急机构启动应急程序,包括向上级机构报告、通知应急领导小组和应急专家、铁路应急力量准备、事故应急信息收集与初步分析;

(4)应急救援实施:应急领导小组和现场指挥系统实施救援,包括相关指挥人员和专家到达现场、接警后铁路公安到达现场、救援列车组织待命及到达现场、旅客转移及输送;

(5)适时信息发布;

(6)现场恢复:现场清理、警戒解除、宣布本次应急救援行动结束;
(7)恢复正常运营。

2. 测试参数

应急预案模拟试验测试参数有:
(1)事故现场人员事故报告的程序、时间及内容;
(2)事故现场人员的紧急处理:车上旅客疏散组织及疏散时间(包括旅客疏散到临时避难场所的时间)、利用应急设备实施自救的情况;
(3)接警后铁路各级应急办公室通知领导小组成员和专家的时间和组建应急领导小组的时间;
(4)现场警戒、管理和临时处置的情况,应急通信和图像传输保证;
(5)各级应急指挥系统建立后向上级机构报警的时间及内容;
(6)接到应急指挥部命令后铁路救援及维修装备就绪待命时间、到达现场时间;
(7)铁路应急指挥部与地方政府通报信息的有效性和时效性(仅确认联系方式、手段和相关程序);
(8)旅客进一步疏散和安置;
(9)试验评估(程序、响应时间、设备和人员准备情况、未完成项目、安全性、改进措施)。

四、按图行车模拟试验

1. 试验项目

根据客流预测和客运营销方案制定列车开行方案,根据运行图铺画参数及车站技术作业时间确定运行图。按运行图配置动车组数量和试运行,包括动车调度、列车运行组织、客运组织及旅客服务、车站技术作业、线路及设备检修维护、安全防护等,全面模拟运营状态试验。

按图行车模拟试验主要项目包括:
(1)列车运行时间测试统计;
(2)列车追踪间隔测试统计;
(3)动车所、存车场走行时间测试统计;
(4)车站技术作业时间测试统计;
(5)设备故障测试统计。

2. 测试参数

按图行车模拟试验测试参数包括:
(1)全程运行时分及区间运行时分、中间站起停车附加时分;
(2)北京南站、天津站立折和转线时间;
(3)动车组出入段走行时间;
(4)区间连续追踪间隔时间、越行间隔时间;
(5)排污时间、司机换端时间。

第三章　综合试验的流程

第一节　各系统试验流程

一、供变电系统试验流程

供变电系统试验流程如图 8 - 3 - 1 所示。

试验开始前需要做好试验大纲的详细编制,在此阶段,需要供电系统集成商提供牵引供变电所的

基本布局、设备配置及型号等基本参数，据此确定测点布置、测试内容、测试方法及测试的评判标准等，大纲编制好后，需要与系统集成商进行充分讨论并经双方确认后报铁道部审查批准。

大纲批复后即进入检测的准备阶段，主要是要到牵引变电所、分区所/AT所安装检测用设备、传感器及连线。

对牵引变电所、分区所运行参数、供电能力测试分线路在“列车正常运行”和“列车紧密运行”两阶段进行，以掌握不同列车密度下的牵引取流负荷特性，以及变电所、分区亭的电压水平、谐波、功率因数、变压器利用率等参数，同时检验变电所的供电能力。

在试验进行过程及全部试验完成后，试验组将对采集到的所有数据进行分析整理并得出结论，同时编制测试报告。

报告审查分内部审核、集成商答疑及确认、铁道部审查等部分。

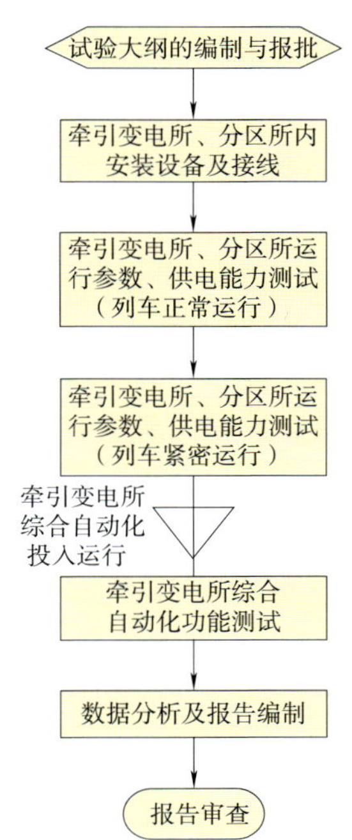

图 8-3-1　供变电系统试验流程

二、接触网系统试验流程

接触网系统试验流程如图 8-3-2 所示。

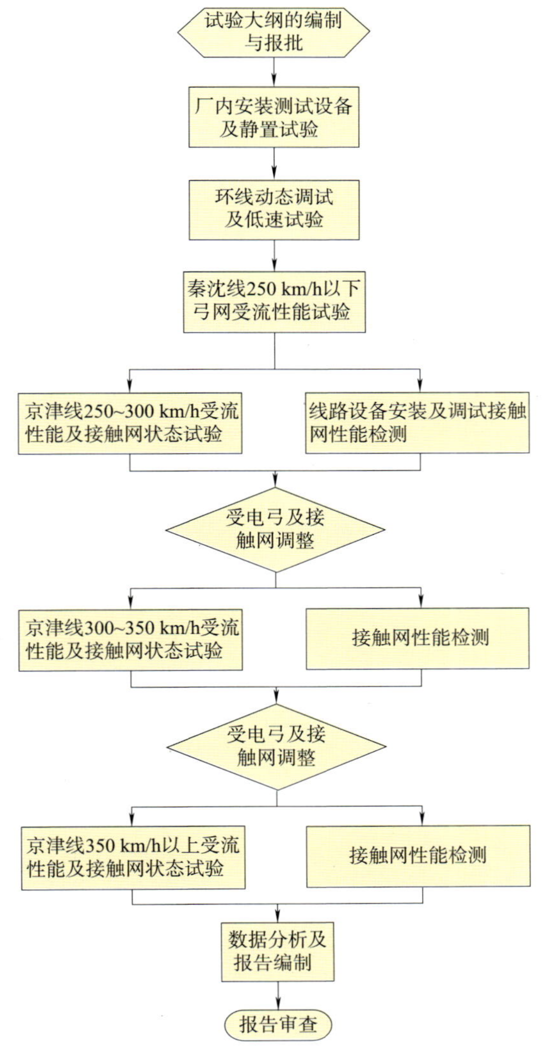

图 8-3-2　接触网系统试验流程

京津城际铁路接触网系统试验内容包括:弓网受流性能试验、接触网动态性能试验和接触网状态检测等三部分。其中,弓网受流性能和接触网状态检测设备安装在动车组上、接触网动态性能试验设备安装在线路接触网上,试验时,车上、线上同步测试。

试验组根据批复后的试验大纲确定的测点布置同时在动车组内、受电弓上及线路选定接触网测点处安装测试用仪器设备及传感器。

通过动车组上设备测量弓网受流性能前需要进行静态调试、静置试验及低速动态调试。350 km/h的 CRH_2 型动车组在京津城际铁路试验前还在秦沈线进行了 250 km/h 以下速度级的调试,以充分调整好受电弓状态。

京津城际铁路试验时分三个阶段(250 ~ 300 km/h、300 ~ 350 km/h、350 km/h 以上速度级)进行,每个阶段试验完成后根据测试结果相应对车上受电弓及线上接触网进行调整以保证下阶段的试验,如无法满足则停止下步试验。

在试验进行过程及全部试验完成后,采集到的所有数据进行分析整理并得出结论,同时编制测试报告。

报告审查分:内部审核、集成商答疑及确认、铁道部审查等部分。

三、通信系统试验流程

通信系统试验流程如图 8 - 3 - 3 所示。

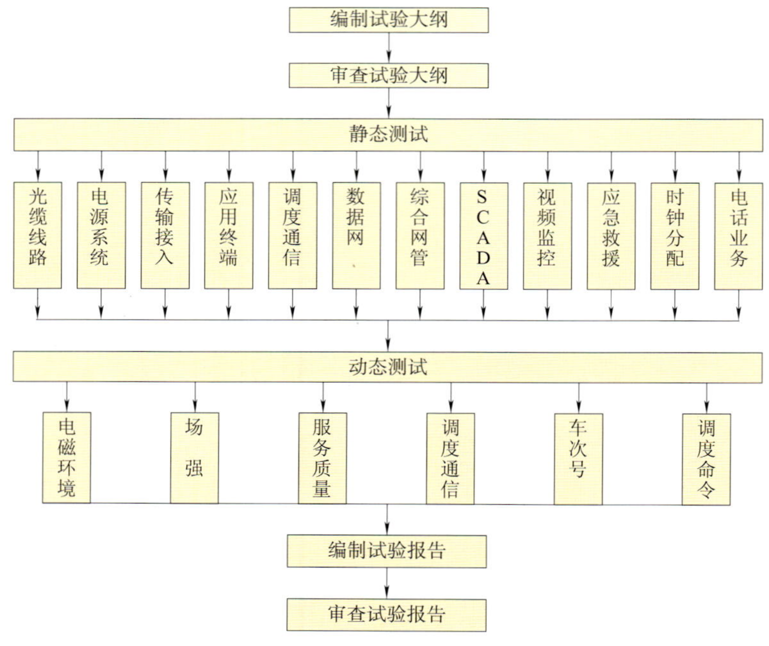

图 8 - 3 - 3　通信系统试验流程

1. 编制和审查试验大纲

2. 静态测试

(1)光缆线路:要求光缆线路全部铺设完毕,并完成自测。

(2)电源系统:要求电源设备安装调试完毕,并完成自测。

(3)传输和接入系统:要求传输和接入设备(含传输网管)安装调试完毕,并完成自测。

(4)交换系统:要求交换设备和交换网管设备安装调试完毕,并完成自测。

(5)无线系统:要求基站控制器、无线网管、沿线基站安装调试完毕,并完成自测。

(6)应用终端:要求 OPH、GPH 和 CIR 具备测试条件。

(7)调度通信系统:要求 GSM－R 系统和 FAS 系统完成互联,具备数字调度和 GSM－R 调度通信功能。

(8)数据网:要求数据网设备安装、调试完毕,并完成自测。

(9)综合网管:综合网管设备安装、调试完毕,与各系统网管实现互联,并完成自测。

(10)通信 SCADA 监控系统:通信 SCADA 监控系统设备安装、调试完毕,与各系统网管实现互联,并完成自测。

(11)综合视频监控系统:综合视频监控调试完毕,与通信 SCADA 监控系统联动功能调试完毕,并完成自测。

(12)应急救援指挥通信系统:应急救援指挥通信系统完成调试和自测。

(13)电话业务:程控交换机、自动电话均安装调试完毕,号码分配完毕,并完成自测。

(14)时钟同步系统:时钟同步系统完成调试和自测。

3. 动态测试

(1)GSM－R 电磁环境测试:在 GSM－R 建设初期,对 GSM－R 电磁环境进行摸底测试。根据测试结果,尽快和相关方开展清频工作。在 GSM－R 网络调试和优化阶段,应对 GSM－R 电磁环境再次测试,确认清频结果,便于对服务质量进行综合分析。

(2)GSM－R 场强和服务质量:全线 GSM－R 基站开通;网络具备个呼、组呼、紧急呼叫、功能寻址、位置寻址、CSD 数据、GPRS 数据等业务功能。

(3)GSM－R 调度通信功能:在全线基站开通,根据调度通信技术条件要求,组呼区域数据配置、组呼 ID 数据配置、用户编号全部完成,并完成自测。

(4)GSM－R 车次号、调度命令功能:CIR、GRIS 服务器安装调试完毕,与 GROS 系统完成互通,铁路局管辖范围等数据写入 GRIS 和 GROS 服务器中,机车号 CTC 系统具备发送调度命令和接收车次号信息的功能。

四、信号系统试验流程

1. CTCS－3D 列控系统功能试验流程

测试基本流程如图 8－3－4 所示。

2. CTCS－3D 列控系统调试流程

测试基本流程如图 8－3－5 所示。

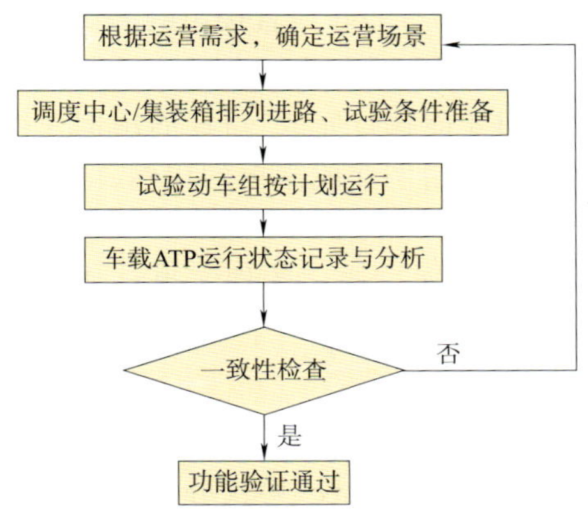

图 8－3－4　京津城际铁路 CTCS－3D 列控系统功能试验流程图

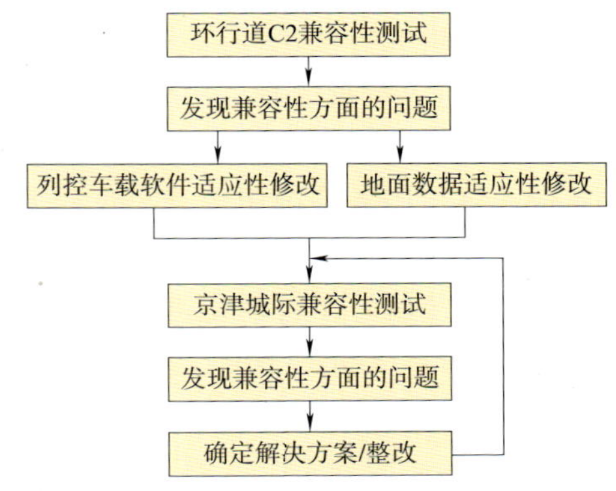

图 8－3－5　CTCS－3D 列控系统调试流程图

五、客运服务系统试验流程

客运服务系统试验按六个阶段组织，分别是试验大纲编写阶段、试验方案确定阶段、试验需求整理和分析阶段、试验用例编写和测试工具准备阶段、测试执行阶段、试验总结和报告编写阶段，流程见图 8－3－6。

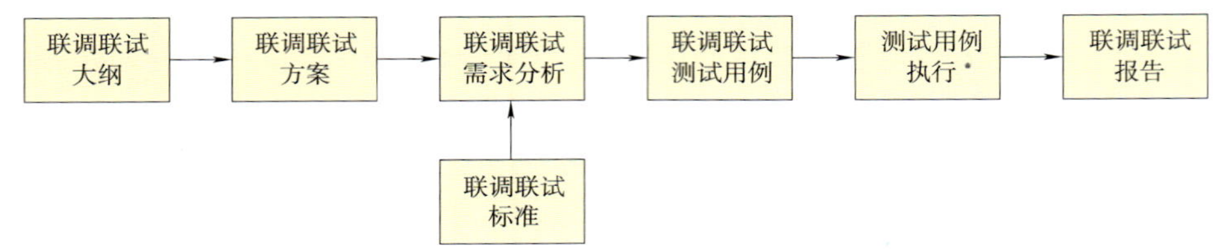

图 8－3－6　客运服务系统调试工作流程图

每个阶段的工作侧重点描述如下：

1. 试验大纲编写阶段

在试验大纲编写阶段，需要明确客运服务系统的试验目的和内容提要，为下一阶段的工作提供指导性意见。

2. 试验方案确定阶段

根据客运服务系统试验大纲的内容提要，确定试验的工作范围，明确试验工作的理论依据，细化测试工作内容，规划每项测试工作所采用的测试方法、拟采用的软硬件工具以及测试步骤。

3. 试验需求整理和分析阶段

测试需求整理和分析阶段是将客运服务系统的业务实现过程与测试过程密切关联的环节，通过分析业务需求，明确具体的测试需求，进行测试规格分析。

经过分析，客运服务系统的测试类型分四类，分别是：功能、性能、压力、硬件技术指标。测试级别分四类，分别是：子系统功能验证、内部接口、外部接口、业务流程。其中测试功能集合分 14 项，内部接口集合分 10 项，外部接口集合分 3 项，主要业务流程分 12 项。

4. 测试用例编写和测试工具准备阶段

该阶段为测试执行过程准备工具，分编写测试用例、开发测试工具、购置专用软硬件测试仪器仪表几个准备过程。

测试工程师通过测试用例完成人工测试工作，因此，测试用例编写的好坏直接影响测试工作的质量。用例编写要讲究方法论，有的业务功能可能涉及到多个约束条件，如果要将每一种情况都考虑到，需要编写几何级数量的测试用例，花费 1 年甚至更长的时间才能执行完成，这样的用例往往不可取，需要借助理论分析工具和方法（如正交分析法），将这种复杂的用例变成简单的用例，同时又不影响测试质量。客运服务系统用例编写过程大量采用了正交分析法。

有的测试项重复性工作较多，这就需要编写专用的测试软件，通过测试软件实现自动化测试过程。客运服务系统编写了自动化售票软件、时钟测试软件、磁信息分析软件三个工具强化自动售票、时钟同步、磁票信息分析三个测试过程。

有的测试工作需要借助成熟的测试工具才能完成，如服务器的性能，通信网络的质量，数据接口的响应时间等，客运服务系统购置了 LoadRunner 性能测试软件、网络分析仪、协议分析仪等设备对系统性能、通信网络参数、数据通信接口进行测试。

5. 测试执行阶段

测试执行过程也是测试工作的实现过程，是京津城际铁路客运服务系统调试工作的具体体现，前期大量的工作已为该阶段工作的开展做好准备。

功能测试严格按设计好的用例执行测试工作，在测试执行过程中，测试工程师也会根据实际情况

对测试用例进行完善和优化。

性能测试按性能测试方案执行，性能测试是一个循序渐进的过程，通过逐步加压，测试应用软件和服务器的响应情况，找出系统存在的问题和最佳资源配置参数。

在执行阶段借助专用测试工具完成网络、时钟等相关测试数据的采集。

客运服务系统的测试工作分两阶段执行，主要功能的验证性测试和性能测试在实验室进行，与设备、接口关系密切的内外部接口测试和业务流程测试工作在京津城际铁路车站开展。

6. 试验总结和报告编写阶段

客运服务系统试验总结工作的主要内容是对前期的测试执行结果进行数据整理，分析客运服务系统通信网络、票务、自动售检票、旅客服务各系统的功能是否达到设计要求，性能是否满足客运业务的需要，业务流程是否合理。并将试验过程整理成文，进一步提出后续工作的建议。

六、动车组动力学、牵引制动性能和气动力性能等测试流程

1. 动车组动力学、牵引制动性能

动力学试验准备工作包括测力轮对的安装及一系二系加速度传感器和位移计的安装，在北京环线进行低速的调试后，动车组在京津城际铁路进行高速试验。

牵引制动试验是在动车组按定员载重装载后进行的，速度级由 0 ~ 350 km/h，验证动车组在各种工况下的牵引和制动性能。

通过试验对采集的各项数据进行分析后，给出测试结论。具体测试流程如图 8 - 3 - 7 所示。

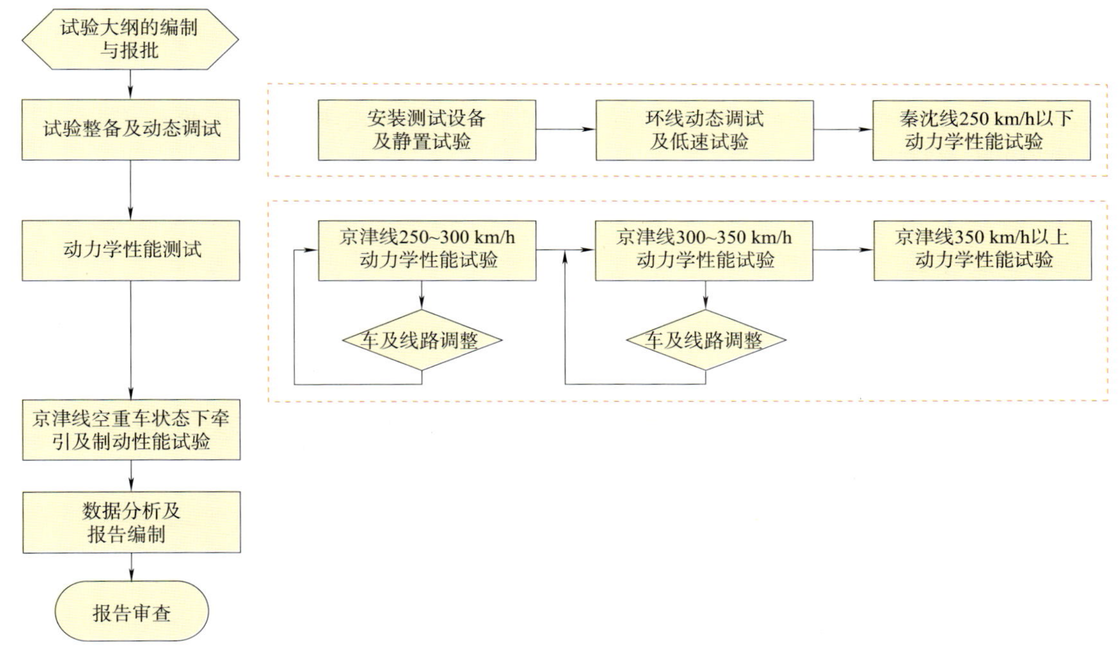

图 8 - 3 - 7　动力学性能测试流程

2. 气动力性能测试

整个测试系统由传感器、多芯屏蔽信号线、放大器、A/D 转换器、触发器、GPS 及计算机等部分组成。各传感器将测得的压力信息经放大器、AD/DA 转换记录在计算机中进行处理，GPS 用于测量两交会列车的速度。为了在最高速度时压力波达到最大分辨率，把采样频率置为 5 kHz，滤波器设置为 1 kHz。除压力传感器外，测试系统的其他装置全部放于列车内进行数据采集和处理。系统组成见图 8 - 3 - 8。

七、综合接地测试流程

综合接地测试流程如图 8－3－9 所示。

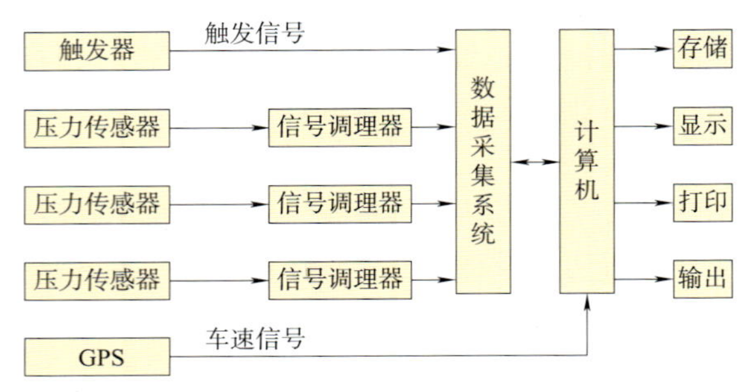

图 8－3－8　测试系统组成

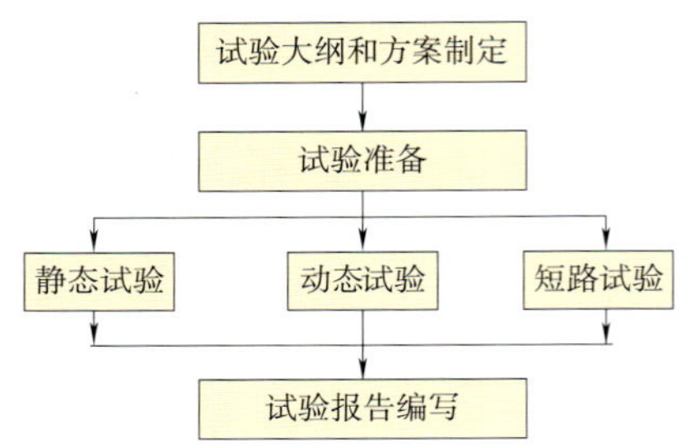

图 8－3－9　综合接地测试工作流程图

1. 试验大纲和方案制定阶段

确定综合接地测试目的、测试内容和标准；确定测点位置和各测点测试项目，制定每项测试的测试方案，包括所采用的测试方法和拟采用的仪器设备；各测试项目测试时间与进度安排。试验实施阶段可根据需要调整试验大纲。

2. 试验准备阶段

仪器设备调试较准；传感器、电缆、接线夹准备；传感器上道安装，架空保护线传感器停电安装。

3. 试验实施阶段

静态试验需线路不跑车时测试，一般在系统调试早期进行；动态试验在单列运行和追踪运行条件下测试；短路试验结合牵引供电短路试验进行。试验应在牵引供电系统正常供电状态下进行。

4. 试验报告编写阶段

进行数据处理，统计分析，试验报告编制。

八、电磁兼容性测试流程

电磁兼容性测试流程如图 8－3－10 所示。

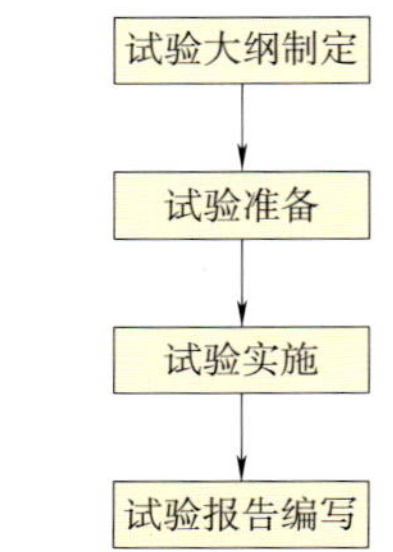

图 8－3－10　电磁兼容性测试工作流程图

1. 试验大纲制定阶段

确定电磁兼容性测试目的、测试内容和标准；确定各测试内容的测点位置；制定每项测试内容的测试方案，包括所采用的测试方法和拟采用的仪器设备；拟定各测试项目测试时间与进度安排。在试验实施阶段可根据需要调整试验大纲。

2. 试验准备阶段

仪器仪表计量较准；电缆、附件及电源准备。

3. 试验实施阶段

列车通过时无线电干扰试验：需列车以设计速度运行且具备较高行车密度条件下进行。

其他电磁兼容各项测试内容需列车以设计速度运行时进行。

试验实施阶段可根据需要调整试验方案。

4. 试验报告编写阶段

对试验得出的数据进行处理和统计分析，编写试验报告。

九、环境振动、噪声及声屏障测试流程

环境振动、噪声及声屏障测试流程如图 8－3－11 所示。

1. 系统调试大纲编写阶段

在大纲编写阶段,需要明确试验目的和主要测试内容,为下一阶段的工作提供指导性意见。

2. 试验方案编制阶段

根据试验大纲的主要测试内容,细化测试工作内容,确定典型测试工点和测点布置,每项测试工作所采用的测试方法,拟采用的仪器以及测试步骤。

3. 测试准备阶段

该阶段主要包括测试仪器准备和现场测试准备。

4. 现场测试阶段

现场测试阶段主要包括整体系统调试测试和试运行测试两个阶段。

整体系统调试阶段主要进行列车运行辐射噪声,列车运行环境振动,声屏障降噪效果及气动力对声屏障结构影响,动车组车内噪声、振动测试。

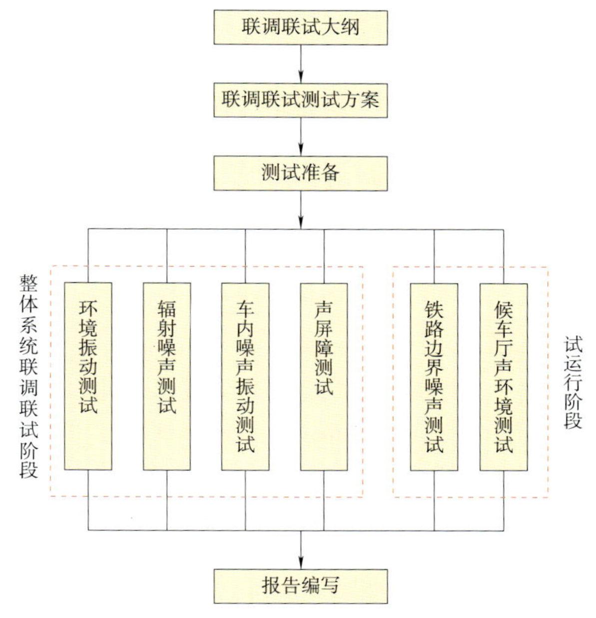

图 8－3－11　环境噪声、振动及声屏障测试工作流程图

试运行阶段阶段主要进行铁路边界噪声、北京南站候车声环境质量测试。

5. 报告编写阶段

报告编写阶段的主要内容是对测试数据进行分析处理;高速动车组运行时的环境噪声、振动源特性及其传播特性;声屏障降噪效果及气动力对声屏障结构的影响等,并编写测试报告,进一步提出后续工作的建议。

十、路基及过渡段动力性能测试流程

通过调研国外高速铁路路基的试验方法和测试技术,结合京津城际铁路路基结构的特点,提出了合适的测试和分析方法,制定了相应的测试大纲,并报部审批。根据大纲的要求成立了测试项目组进行了测试仪器及系统的前期准备,按施工进度在现场埋设了传感器,在现场布置了设备,进行现场测试和数据分析。京津城际铁路路基的工作流程如图 8－3－12 所示。

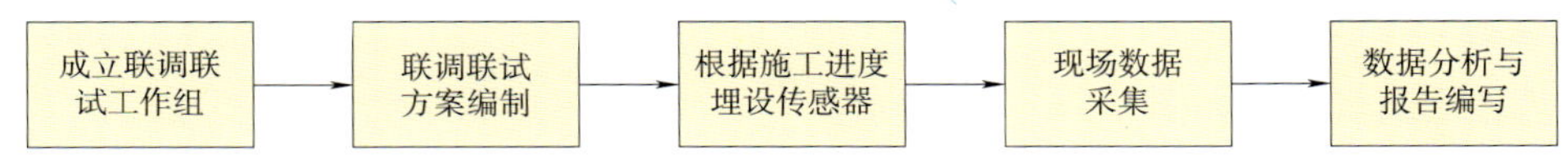

图 8－3－12　路基及过渡段动力性能测试工作流程图

十一、无砟轨道动力性能测试流程

1. 工作流程

结合不同轨道下部基础(桥梁、路基及路桥过渡段)的结构型式和特点,安排了列车运行安全性、梁上轨道结构与梁面间的相对位移、泡沫塑料板的变形、沥青砂浆填充层的弹性、滑动层的作用效果、轨道结构稳定性、轨道部件的振动特性等测试内容,对各参数测试数据作综合分析。工作流程如图 8－3－13 所示。

图 8－3－13　无砟轨道动力性能测试工作流程图

2. 测试流程

通过收集 CRTS Ⅱ 型板式无砟轨道相关设计资料，调研国外高速铁路轨道结构的测试技术和试验方法，结合京津城际铁路无砟轨道结构的特点，提出了合适的测试和分析方法，制定了相应的测试大纲，并报部审批。根据大纲的要求成立了测试项目组进行了测试仪器及系统的前期准备，按施工进度在现场埋设了传感器，测试前，在现场布置了各项参数测试传感器，安装试验设备及测试系统，进行测试模拟调试、现场测试和数据分析。

十二、道岔动力性能测试流程

通过调研国外高速铁路道岔的试验方法和测试技术，结合我国客运专线道岔相关技术标准和技术水平，研究并掌握高速铁路道岔的实车试验方法和测试技术，制定出切实可行的时速 350 km 客运专线 18 号道岔实车试验及研究大纲和试验计划，并报部审批。根据试验计划和试验大纲的要求开展道岔的实车试验，采集测试数据，发现并解决试验中可能出现的问题，对测试数据进行分析，撰写试验与研究报告。京津城际铁路道岔的测试流程如图 8－3－14 所示。

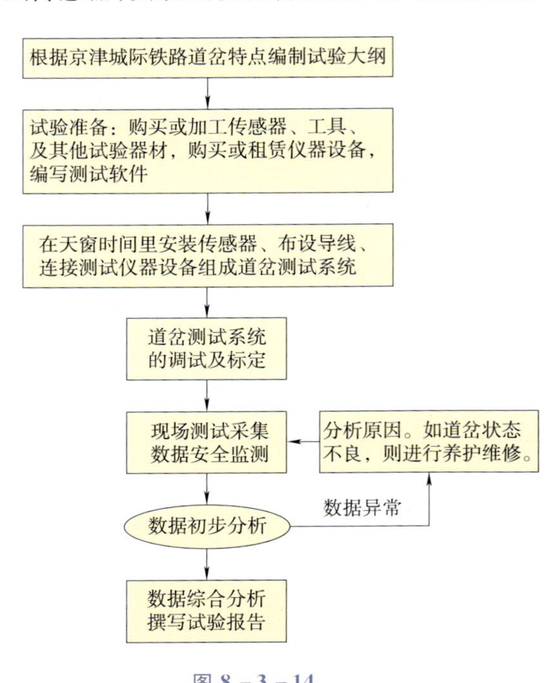

图 8－3－14

十三、桥梁动力性能测试流程

1. 工作流程

通过调研国外高速铁路桥梁的试验方法和测试技术，结合京津城际铁路桥梁结构的特点，提出了合适的测试和分析方法，制定了相应的测试大纲，并报部审批。根据大纲的要求成立了测试项目组进行了测试仪器及系统的前期准备，在现场布置了传感器、仪器设备，在开始测试前完成了测试系统的调试，进行现场测试和数据分析。京津城际铁路桥梁的工作流程如图 8－3－15 所示。

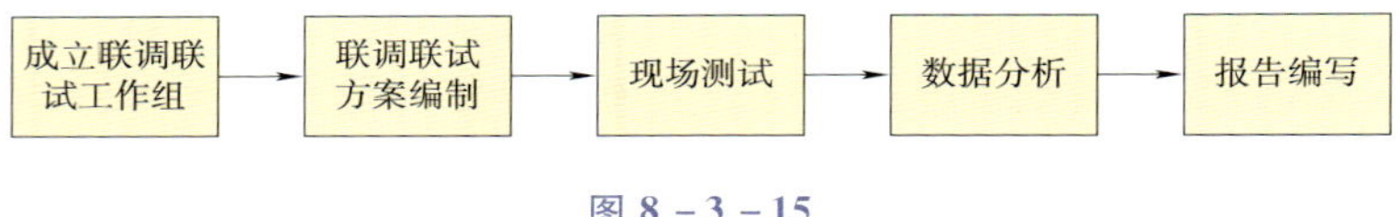

图 8－3－15

2. 试验流程

桥梁动力性能测试流程如图 8－3－16 所示。

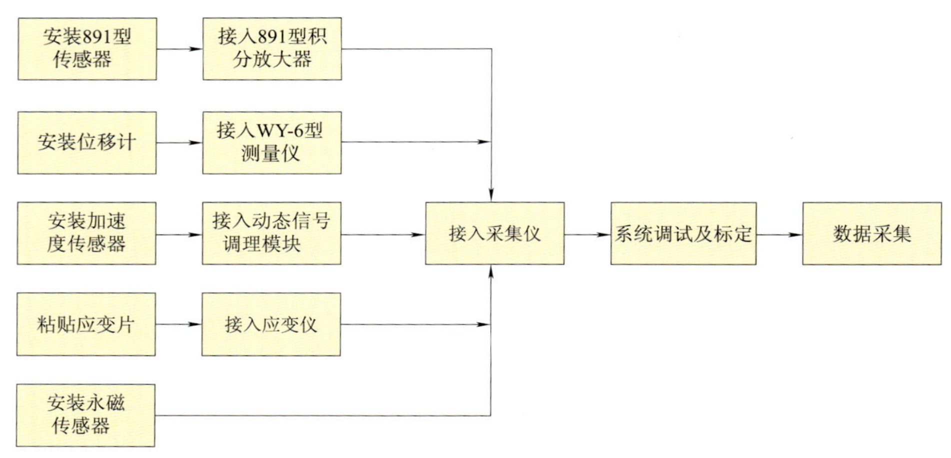

图 8－3－16

十四、轨道状态检测试验流程

轨道状态检测试验流程如图 8－3－17 所示。

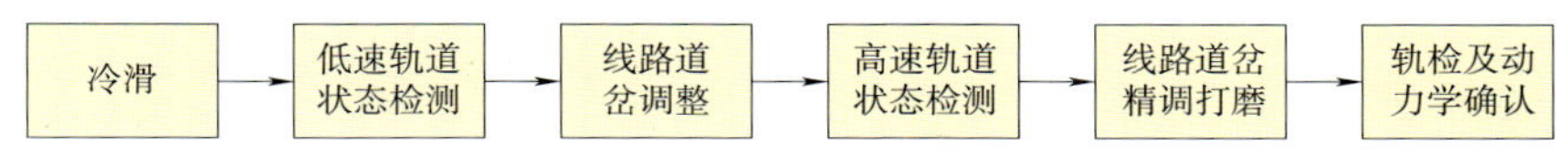

图 8－3－17　轨道状态检测试验流程

十五、防灾安全监控系统

1. 工作流程

防灾安全监控系统工作流程如图 8－3－18 所示。

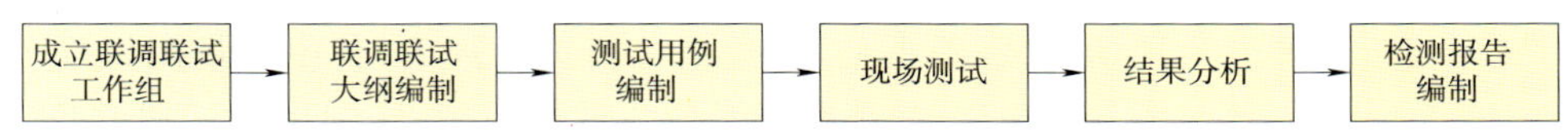

图 8－3－18　防灾安全监控系统工作流程图

2. 试验流程

防灾安全监控系统试验流程主要分为冗余、大风报警、落物报警和对外接口四部分，其中冗余功能测试包括北京调度所网络交换机、亦庄/武清/天津三个车站的网络交换机、玉蜓桥等五个异物监控单元主机，永乐综合维护点的数据库服务器的双机主备功能测试和应用服务器的双机并行功能测试；大风报警功能测试包括沿线 12 个风速风向监测点和北京调度所防灾监控终端；落物报警功能测试包括沿线 5 个异物侵限监测点、电缆传感器和北京调度所防灾监控终端；与外系统接口功能测试包括与列控系统和 CTC 系统接口。

十六、高速综合检测列车

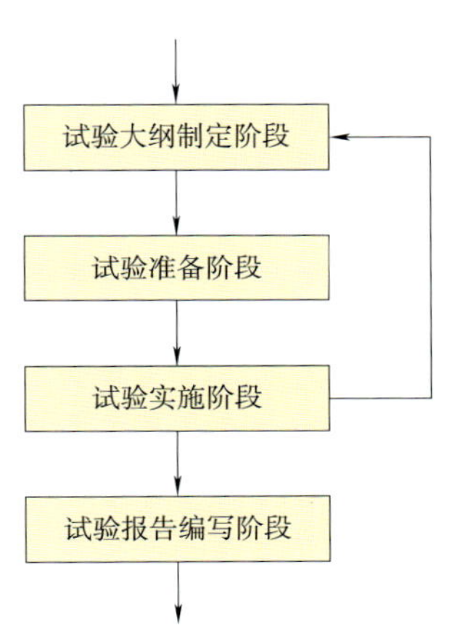

图 8－3－19　高速综合检测列车试验工作流程图

高速综合检测列车测试流程如图 8－3－19 所示。

1. 试验大纲制定阶段

确定高速综合检测列车测试目的、测试内容；制定每项测试内容的测试方案，包括所采用的测试方法和拟采用的仪器设备；拟定各测试项目、测试时间与进度安排。在试验实施阶段可根据需要调整试验大纲。

2. 试验准备阶段

联系确认试验时司机、机师，确认列车运行时间和计划，准备相关测试仪器和工具。

3. 试验实施阶段

在实验室、环行线、京津城际进行动车组型式试验和各检测系统功能调试、重复性测试及高速检测性能测试。

试验实施阶段可根据需要调整试验方案。

4. 试验报告编写阶段

对试验得出的数据进行处理和统计分析，编写试验报告。

第二节　试运行流程

一、工作流程

试运行流程如图 8－3－20 所示。

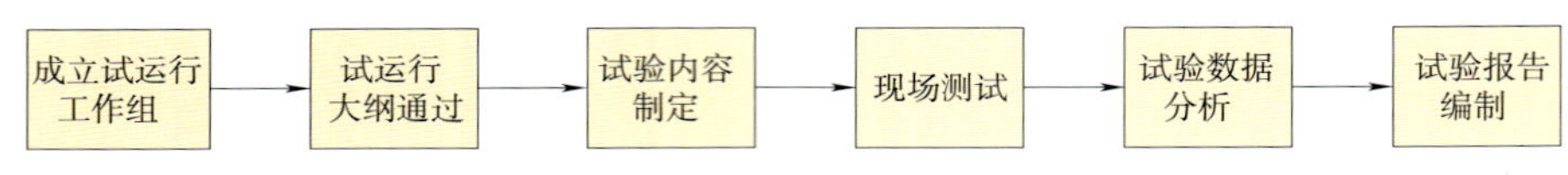

图 8－3－20　试运行工作流程图

二、试验流程

试运行试验流程主要分为现场测试、数据处理、数据分析三个环节，其中现场测试环节随着试运行的不同阶段将分别进行运行图参数测试、故障模拟及应急救援演练、满图运行三种试验内容。每阶段试验中，现场测试都分为车上测试组、地面测试组、调度所测试组对试运行数据和信息进行测试和记录，然后将数据提交于数据处理环节，进行实时数据预处理，经过预处理的数据提交于数据分析环节，进行数据深加工、阶段总结和报告撰写，最后形成研究报告。具体试验流程见图 8－3－21 所示。

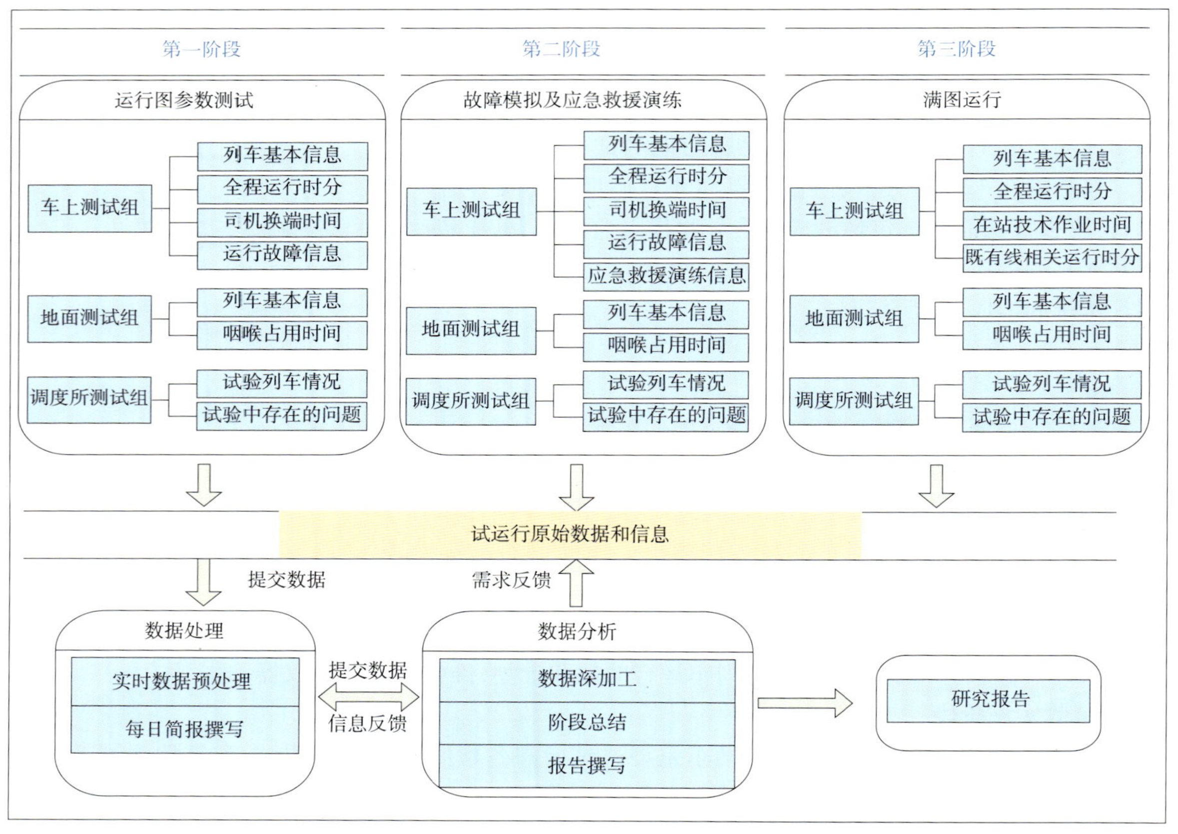

图 8－3－21　试运行试验流程图

第四章　试 验 方 法

第一节　牵引供变电系统

在线路开行试验列车的同时，对牵引供电设备运行参数进行测试，测试不同车流密度的动车组取流特点，变电所牵引变压器原、次边及分区亭、AT 所的电压水平，谐波、负序、功率因数、变压器利用率、过负荷能力等参数，校核供电能力的设置、供电制式的合理性及其对电力系统的影响。测试某一变电所因故障退出运行，牵引供电系统采用越区供电方式时，牵引网末端的电压水平。

使用微机数据采集系统，对牵引变电所、AT 所、分区所的测试信号连续采样记录，对采样结果经过相关分析、DFT 谐波分析计算、统计归纳取得个测试信号的有效值、最大值、波形、各次谐波分量；变压器原、次边输入、输出功率、功率因数；分析 220 kV 侧负序电压、电流；输出相关参数曲线、变电所 220 kV 引入电源的背景谐波电压水平；变电所不同电压侧的母线、馈线电压、电流、功率因数、谐波参数。

第二节　接触网系统

一、动车组弓网受流性能试验

在动车组被测受电弓上安装各种测量传感器，信号处理及传输装置，将信号引至检测车内的数据采集系统，在动车组运行时测量弓网受流性能。单台受电弓的测量系统示意图见图 8－4－1。

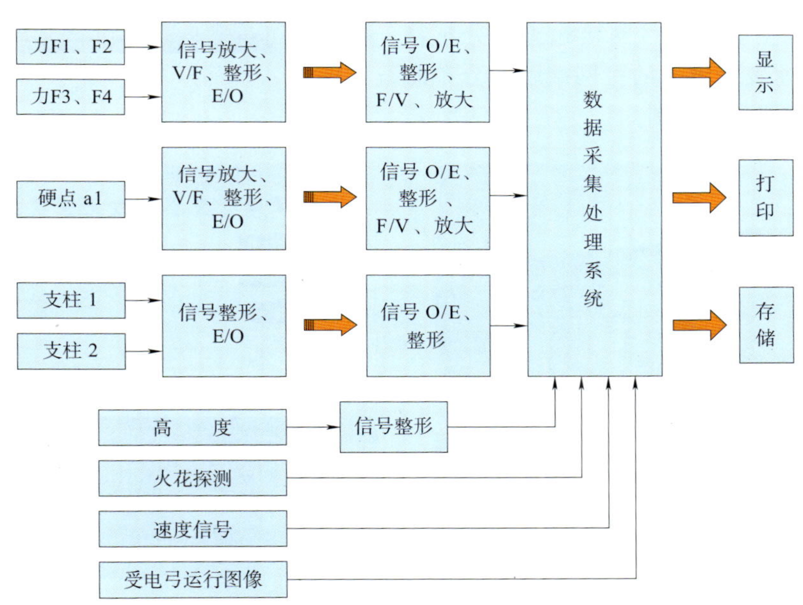

图 8－4－1　单台受电弓测量系统电气总体方案图

1. 弓网受流性能参数测量方法

(1)弓网动态接触力测试：在动车组被试受电弓弓头上安装测力传感器，测试动车组运行时的弓网动态接触力性能。

(2)离线(火花)测定：在动车组车顶受电弓附近安装离线(火花)测量仪，测定离线火花发生的地点，统计离线时间和次数，检出最大离线时间。记录不同车速运行状态下的数据，考核弓网受流质量。

(3)硬点(受电弓所受的垂向加速度):在受电弓滑板底部安装加速度计,测试受电弓运行时所受的加速度,以此来评价受电弓运行的安全性。

(4)受电弓运行轨迹(动态高度):在被测受电弓上安装高度测量装置,测试受电弓弓头的运行轨迹,也是接触导线动态振动,以此来评价弓网运行的的振动情况。

(5)受电弓运行状态图像监视:在动车组车顶安装摄像机,监视弓网运行状态,并与有关测试数据进行图像合成。

2. 测试仪器

弓网接触力测量装置、接触线动态高度测量仪、硬点加速度测试仪、离线火花探测仪、信号传输通道、支柱探测器、高压侧电源、数据采集及处理系统、图像监视系统、测速传感器等。测试受电弓仪器与系统见图 8-4-2 ~ 图 8-4-4。

3. 试验数据记录

各项试验数据用计算机数据采集系统存储数据,对弓网受流性能试验除用计算机存储数据外,还可用图像合成技术将受电弓运行状态图像与对应的测试数据合成后,录像保存。

图 8-4-2 测试受电弓

4. 试验结果分析处理方法

弓网受流性能测试数据的统计方法是以接触网的跨距作为基本统计单位,在每一跨内,分析统计出弓网接触力的最大值、平均值和最小值;硬点的最大值;接触线的最高动态高度、最小动态高度和动态高度差。对于弓网受流性能,给出上下行最高检测速度等级下的汇总结果,列出区段内各参数的极限值。

弓网受流性能主要分析弓网接触力的分布特性,动车组各试验速度等级下的弓网接触力分布曲线和对应速度下的硬点分布图。

图 8-4-3 弓网受流性能测量系统

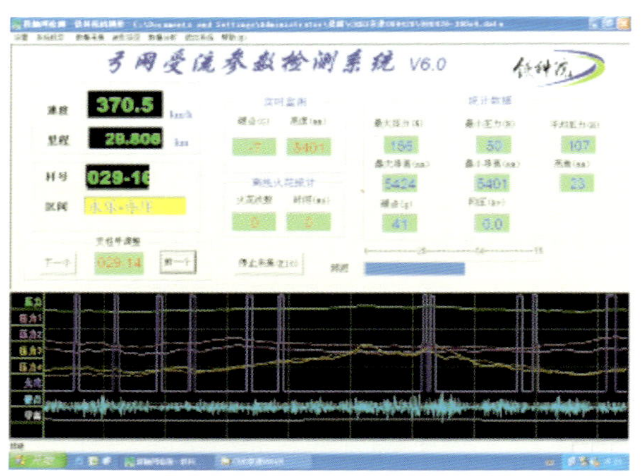

图 8-4-4 弓网受流性能测量系统显示界面

京津城际铁路试验速度等级为 180、200、220、240、260、280、300、310、320、330、340、350、360 km/h 及以上。

二、接触线抬升量测试

1. 图像处理法

选择接触网上要测量的位置,在被测的接触导线附近安装标准参照板,作为振动位移的尺寸参照

物。测量时，用摄像机对准这一点，当受电弓通过这一位置时，摄像机录像，事后对所录图像进行分析处理，可计算出接触导线的振动情况，得出导线振动的最大振幅、振动频率、振动衰减系数等参数。具体如图 8－4－5 所示。

图 8－4－5　图像处理法测量接触线抬升量

2. 位移传感器法

在测点安装专用的测量传感器、数采系统、数据传输系统和高压侧电源。

当动车组受电弓经过测点时，测量系统自动记录和储存接触网振动数据，在地面可通过无线数据传输系统收取测量数据。测量系统安装示意图见图 8－4－6。

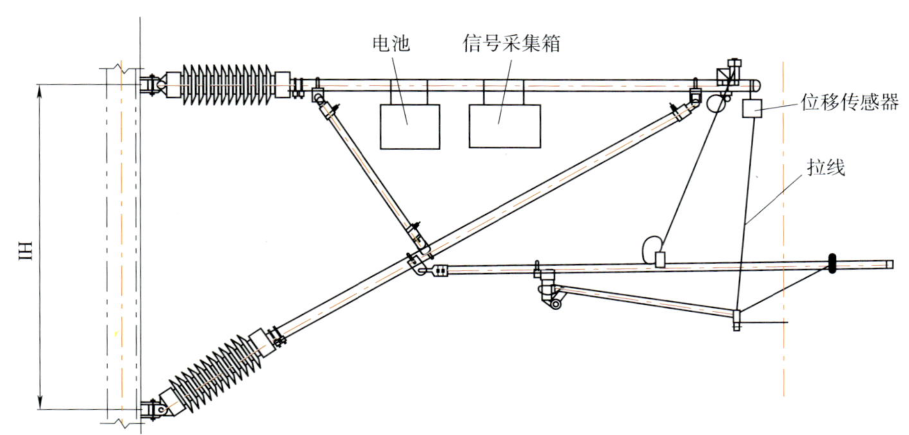

图 8－4－6　接触线抬升量测量系统安装示意图

测试断面为接触网各典型环节，如跨中、定位点、线岔、锚段关节等。

三、接触网静态弹性测试

使用专用仪器在接触网作业车的平台上对接触网定位点处及吊弦处的接触网静态弹性进行测量和记录。

四、接触网参数和状态检测

使用接触网检测车检测京津城际铁路接触网的参数和状态，精调接触网。

1. 检测列车编组

检测列车编组如图 8－4－7 所示。

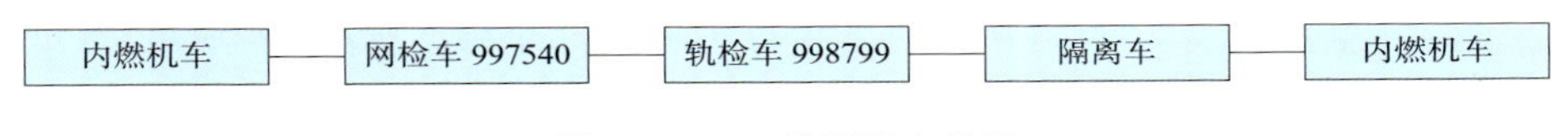

图 8－4－7　检测列车编组

2. 检测速度

检测速度为 120 km/h、160 km/h。

3. 检测数据

接触网检测车的检测结果给出检测线路所有跨距内的接触网相关参数，如：区间、杆号、跨距、拉出值、硬点、冲击、接触线高度（定位点高度、一跨内最高高度、最低高度、高差）、检测速度等，施工单位根据每跨的参数对接触网进行维修和调整。

第三节　通 信 系 统

一、传输和接入系统故障模拟测试

1. GSM－R 2M 专网传输通道故障模拟

选择 PCMB 12 环。通过人为模拟 GSM－R PCMB0 环 2M 通道故障，试验当 GSM－R 专用移动通信系统 BSC 和 BTS 之间的 2M 环有一处 2M 链路中断时，对 GSM－R 系统的影响。并通过 BSC 本地维护终端观察 PCMB0 环上的四个基站的工作状态。

GSM－R 2M 环 PCMB0 传输故障试验的断点选择如图 8－4－8 和图 8－4－9 所示。

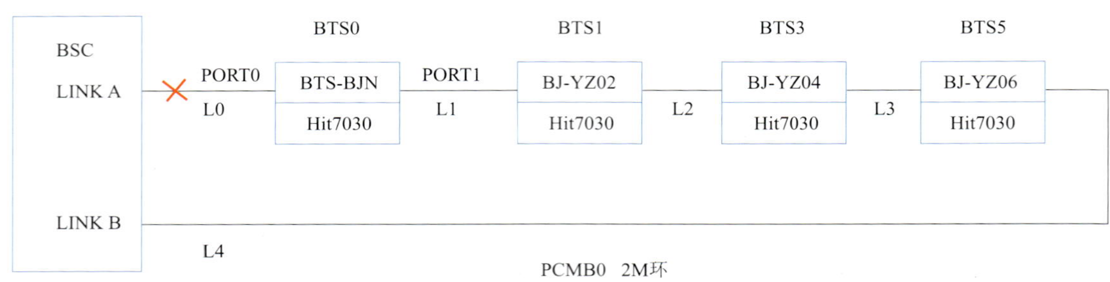

图 8－4－8　BSC A 端口到 BTS0 的 PORT0 端口之间的 L0 中断

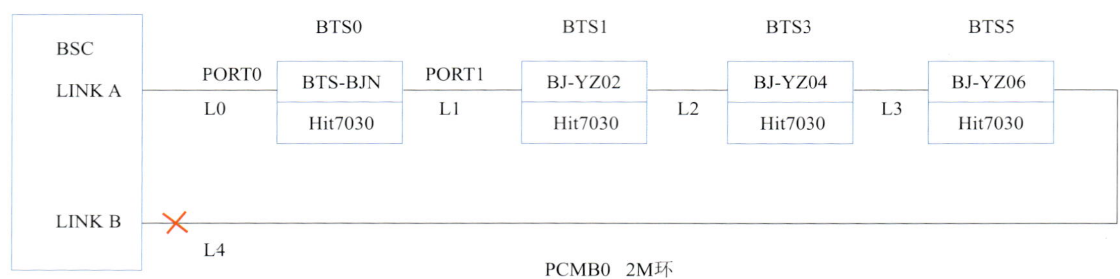

图 8－4－9　BSC B 端口到 BTS5 的 PORT1 端口之间的 L4 中断

具体包括：基站从 PORT0 到 PORT1 的倒换、基站从 PORT1 到 PORT0 的倒换时间、基站端口倒换过程中的通话、基站端口倒换过程中的呼叫等测试。

2. 调度系统 2M 专网传输通道故障模拟

调度系统正常条件下，人为模拟调度主系统主用 2M 通道故障，测试调度系统倒换到迂回 2M 通道的过程对调度系统业务的影响。测试选择京津电调系统。

京津电调调度台和各个车站台通话正常，保持电调调度台—永乐车站台处于通话过程中，通过调度所 DDF 架上拔 2M 端口的方式，断开调度所 FAS 主系统到北京南的主用 2M 通道，通过 FAS 主系统本地维护终端观察告警状态。

将北京调度所到北京南的 2M 通道恢复，通过 FAS 主系统本地维护终端观察告警状态。

在主用 2M 端口中断和恢复后，测试电调调度台和各车站的通话、呼叫功能。

3. 调度系统主备用倒换功能

调度主用系统到备用系统倒换以及备用系统到主用系统的恢复功能测试。

调度系统正常条件下，通过关闭 FAS 主系统设备电源的方式模拟调度 FAS 主系统设备故障，测试调度系统主用到备用的倒换功能。重新打开 FAS 主系统设备电源，测试调度系统从备用恢复到主用的功能。

4. MSP 1 +1 保护倒换过程对调度系统的影响

人为模拟工作光缆传输中断故障，测试传输系统的 MSP 1 +1 保护倒换过程对调度系统的影响。传输光缆中断故障模拟点选取北京核心网机房到北京南站之间的骨干层光缆，如图 8 -4 -10 所示。

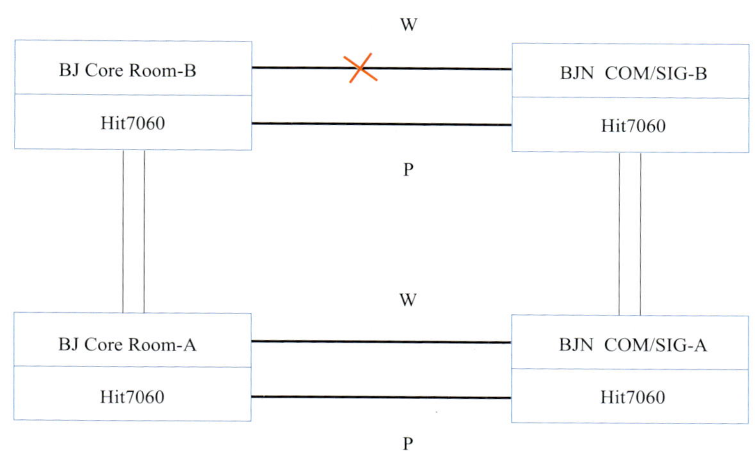

图 8 -4 -10　光缆传输中断故障模拟试验点

通过拔 2M 端口的方式人为断开 FAS 主系统的通道保护环、并断开 FAS 备用系统，确定调度系统的业务经由北京核心网机房到北京南骨干层。

通过北京核心网机房的传输网管配置北京核心网机房到天津的 2M 通道，并在天津铁通机房 DDF 架上将 2M 环回。通过此 2M 利用 SDH 分析仪监测监测保护倒换过程，记录倒换时间。

调度系统正常条件下，京津行调调度台和永乐车站台处于通话状态中。

通过在北京核心网机房拔工作光纤的方式模拟北京核心网机房到北京南骨干层工作光缆传输中断故障。

通过传输网管观察 W 工作光缆到 P 保护光缆的倒换过程。

将工作光纤重新连接、传输故障清除后，通过传输网管观察传输系统的恢复情况。

5. MSP 1 +1 保护倒换过程对数据网的影响

骨干层光缆故障对数据网影响的测试如图 8 -4 -11 所示。接入层光缆故障对数据网影响的测试如图 8 -4 -12 所示。

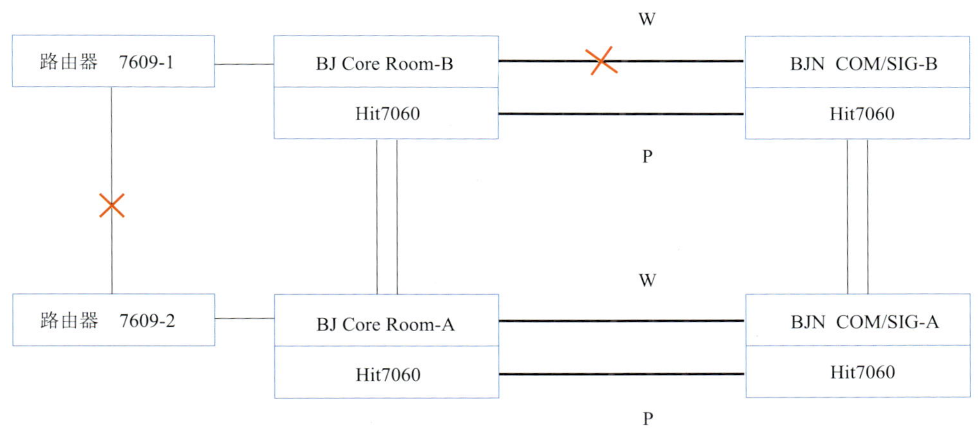

图 8 -4 -11　骨干层光缆故障对数据网影响的测试

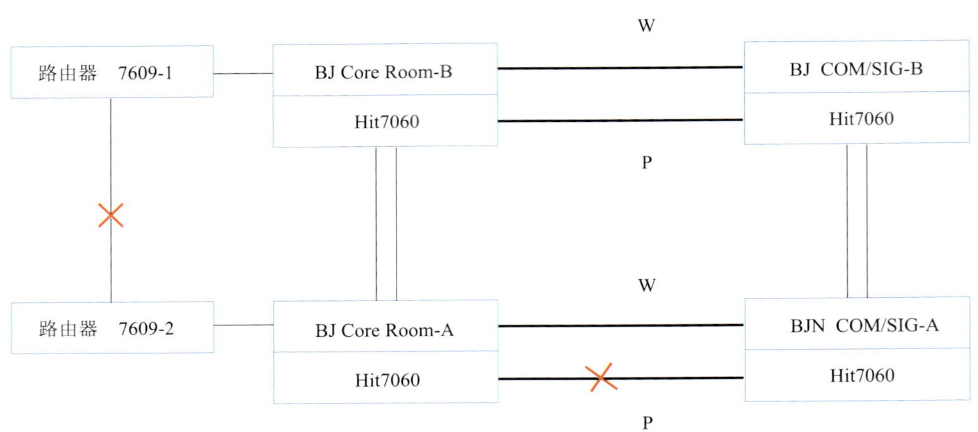

图 8-4-12 接入层光缆故障对数据网影响的测试

测试地点选择北京核心网机房。

通过在核心网机房 ODF 架上拔光纤的方式模拟光缆故障。

数据网系统业务是否受影响通过利用北京核心网机房的数据网业务接口 Ping 北京南通信信号楼的路由器、北京南视频业务接口的方式来检测。

通过 SDH 分析仪监测 MSP 1+1 保护倒换功能,记录保护倒换时间。通过 Ping 观察在保护倒换过程前、过程后数据网的丢包率和时延。

测试骨干层 MSP 1+1 保护倒换。

测试接入层 MSP 1+1 保护倒换。

6. MSP 1+1 保护倒换过程对视频系统的影响

通过视频监控客户端判断传输故障模拟过程对视频监控系统的影响。

测试地点选择北京核心网机房。

通过视频监控客户端调用多画面(同时显示 4 路视频图像)模式,不采用丢帧的方式显示采集的视频信号。

传输光缆故障模拟和测试点同数据网的测试。在传输故障模拟过程中,通过图像实时从前端处理设备传输过来的时间秒判断视频流有无传输质量变化,测试传输倒换过程对视频系统图像的影响。

通过视频监控客户端观察传输保护倒换前、后的图像质量,观察传输故障模拟过程中图像流畅度,测评人员 5 人。主观对图像质量变化给出对比结果。

二、数据网测试

1. 数据链路性能指标

测试对象为由核心网机房到各个车站的 10 条 IP 承载链路和从北京南站和永乐站通过接入网延伸到城际公司和维修中心的 4 条数据链路和相应数据设备。测试项目是数据网最重要的网络和设备基本性能。性能测试根据 RFC 2544,采用以太网测试仪作为测试仪器,分别测试不同帧长度下的性能。其测试指标包括:吞吐量、时延、丢包率、等三项,以最终验证建立在 MSTP 传输系统之上的 IP 支撑网整体提供的数据通信性能是否到达设计标准。

检测方法是在核心网远端环回测试。在核心机房内的两台 7609 核心路由器上接入以太网测试仪,被测链路对应的车站路由器将连接核心机路由器 1 的链路链接到连接核心路由器 2 的链路上,同时断两台核心路由器之间的链路;断开所有其他车站的路由器连接核心路由器 2 的链路。

2. VPN 通道性能指标

测试对象为由核心网机房到各个车站各业务系统的 VPN 通道的性能指标测试,其中视频监控系统的测试点选择在该系统设置的交换机接口上,其他测试点在数据网路由器的接口处。其测试指标

包括吞吐量、时延、丢包率等三项。最终验证为各业务系统提供的 VPN 数据通道的性能是否到达设计标准。

3. 数据网安全性功能

(1)链路保护功能

京津城际铁路的数据网系统采用辐射式拓扑结构,双链路保护模式。测试方法是切断一条工作链路时,观察系统联通性从而验证另一条链路提供的路由保护功能。

(2)以太网二层和 IP 三层的网络安全保护功能

京津城际铁路的数据网系统根据各种数据业务应用部署了 VPN 和与 VPN 捆绑的 VLAN,最终实现在第三层 IP 层将同一数据链路内各种业务的流量互相隔离。测试方法,通过同一业务的 VPN 通道的联通实验和不同业务的两个 VPN 通道之间的联通实验,以验证 VPN 逻辑隔离功能。

(3)SDH 自愈环切换对于数据网的影响

选择一到两条 IP 数据链路,并断开冗余链路,连续进行联通实验。SDH 系统切断光路,设备自动倒换的备用光纤。观察并记录对数据通道联通是否影响。

4. 组播功能

京津城际铁路的数据网系统根据数据业务系统的要求,设置了组播功能以节省带宽。测试方法从组播组源数据端口接入的计算机发送数据,在该组播组中的计算机能够同时接收到该数据,而连接在网上不属于该组播组的计算机不能收到该数据。

三、调度通信系统测试

1. 静态测试

主要针对数调功能和值班台、调度台与移动用户的呼叫功能测试,依据《GSM - R 数字移动通信应用技术条件 第一分册:调度通信系统(V3.0)》和《铁路调度通信系统技术条件》编制的测试案例进行测试,主要测试内容包括点到点语音主叫测试、VGCS 语音主叫测试、点到点语音被叫测试、VGCS 语音呼被叫测试、语音补充业务测试。

2. 动态测试

依据《GSM - R 数字移动通信应用技术条件 第一分册:调度通信系统(V3.0)》编制的测试案例,利用动车组 CIR 进行测试,主要测试内容包括个呼、组呼、紧急呼叫、多优先级处理等功能测试。

四、应急救援指挥通信系统测试

1. 功能测试

应急救援的功能测试包括:应急救援现场动图上传、现场静图和数据上传、指挥中心与现场语音通信和现场内部通信的测试。

应急救援现场动图上传是将事故现场摄像机采集的动图传到应急通信包、再通过传输设备实时上传至指挥中心,验证现场动图传输能力。

应急救援现场静图和数据上传是将事故现场数码相机采集到的静图和其他数据上传至指挥中心,验证静图上传能力。

指挥中心与现场语音通信是指挥中心可对现场用户发起个呼,组呼等呼叫,同时呼出的所有成员进行通话,形成多方会议电话并进行录音,验证个呼、组呼和会议功能的实现。

现场内部通信是指现场电话(包含固定电话和 GSM - R 手持终端)加入到指挥中心的语音指挥系统,现场电话直接呼叫语音指挥系统中的其他电话,并且参与电话会议,验证现场电话加入到指挥中心并进行电话会议的功能。

2. 应急救援与铁路专网电话接口

验证应急中心与铁路专网电话之间通话,并能加入到现场的电话会议中;现场电话拨打铁路电话功能。

3. 应急救援与传输系统接口

与传输系统的试验，主要是确保指挥中心设备与现场设备通信的顺畅。

4. 应急救援与视频监控的接口测试

验证应急救援现场动图上传可以传至调度中心的视频监控系统内，通过视频监控系统可以观看应急指挥现场实时图像，并进行存储。

五、综合视频监控系统测试

1. 云台、镜头控制功能

从核心网机房客户端抽调现场摄像机图像，通过客户端提供的操作界面分别控制云台水平、垂直转动，观察监视器所得到的图像变化。通过客户端提供的操作界面分别控制镜头变焦、聚焦、光圈和预置位，观察监视器所得到的图像变化。

2. 图像质量

对京津城际铁路视频监控系统显示终端显示出的图像进行抽测。从核心网机房客户端抽调现场摄像机图像，测评人员根据 MOS 五级图像质量评定标准打分，得到平均值。

3. 显示功能

从核心网机房客户端抽调现场摄像机图像，分别测试单画面、多画面、轮巡切换等多种显示模式，观察画面流畅度，多画面、轮巡画面显示功能。

4. 监控中心系统软件功能

存储、检索、回放功能测试：通过核心网机房客户端选择车站处理系统，确定测试视频通道，配置指定通道存储选项，根据配置选项确定测试时间，从指定客户端按照指定检索方式查询录像文件，从核心网机房客户端重新播放测试录像资料。

软件管理功能：登录视频系统，通过核心网机房客户端登陆视频系统增加新用户并且配置权限，以新用户从客户端登录系统，逐项检验各项权限，退出系统并删除测试用户。

5. 语音通信功能

通过前端麦克风采集现场声音，在视频监视系统客户端播放实时声音，并与实时视频图像同步，实现点对点语音通信。

六、通信综合网管测试

综合网管通过综合网管系统 IP 局域网实现综合网管客户端与综合网管服务器端的链接，通过操作综合网管 PC 终端来进行系统功能测试，并按照相关测试文档来检查系统功能。

1. 故障管理功能

观测 TeMIP 平台是否有告警存储、告警过滤、告警聚合、告警归档和清除工具等功能。

2. 网络拓扑管理功能

测试网络拓扑管理视图是否能展现如下三层次逻辑图：

(1)顶层拓扑视图用不同的图标显示所有通信子系统，通信子系统之间不存在连线连接。

(2)用户在顶层拓扑视图中双击某个通信子系统的图标，进入第二层网络拓扑视图，该拓扑图由代表网元的图标和连接线组成。

(3)用户在第二层网络拓扑视图中双击某个网元的图标，进入第三层网元面板图，面板图展示给定网元主要部件的逻辑排列示意图。

3. 故障工单管理功能

(1)测试告警满足预定义的告警列表，并且告警级别满足预定义条件情况下，系统是否能自动创建故障工单案例。另外，操作维护人员在告警监视界面上，手动选取需要派故障单的告警，生成故障

工单。

（2）测试故障工单是否能包含工单状态、工单描述信息、工单关联的所有告警ID、工单关联的最高级别告警信息：事件类型、事件时间、管理对象、告警级别、可能原因、附加信息。除此之外，还能有5个客户自定义字段。

（3）在TeMIP平台下手工创建或自动创建故障工单。

（4）当故障工单创建后，在Service Desk客户端图形用户界面上手动操作标准的故障工单管理功能，包括查看/搜索故障工单、更新故障工单、关闭故障工单、修改关联的工单。

4. GSM－R性能管理功能

（1）测试SPOTS系统对交换机的性能实时监控。通过预先对交换机的某些重要性能指标阀门值的设定，一旦该指标未达到用户的满意程度，SPOTS的告警显示面板会自动产生告警提示而一旦该指标达到用户设定的阀门值后，此告警会自动清除。

（2）SPOTS系统的用户管理功能。

5. 其他系统功能

人为制造TeMIP和Oracle主节点的故障，观测TeMIP能否切换到TeMIP备用节点上。

6. 与其他系统的接口测试

（1）与GSM－R系统的接口测试：在GSM－R系统专业网管上人为制造各种级别的告警，观测INMS上是否同步有正确格式的告警上告；测试综合网管告警确认和告警终止操作只影响TeMIP网管系统的告警数据状态，不会改变GSM－R系统EMS/NE的告警状态；人为中断GSM－R系统和INMS的连接，观察断开期间的告警是否可以立即上传到INMS；在GSM－R系统中，准备若干条网络配置信息，随后在INMS系统侧，手工运行网络配置数据采集功能，观察INMS是否可以采集到配置信息。

（2）与SDH系统的接口测试：在SDH系统专业网管上人为制造告警，观测INMS上是否同步有正确格式的告警上告；测试综合网管告警确认和告警终止操作只影响TeMIP网管系统的告警数据状态，不会改变SDH系统EMS/NE的告警状态；人为中断SDH系统和INMS的连接，观察断开期间的告警是否可以马上上传到INMS；在SDH系统中，准备若干条网络配置信息，随后在INMS系统侧，手工运行网络配置数据采集功能；观察INMS是否可以采集到配置信息。

（3）与DNS系统的接口测试：在DNS系统专业网管上人为制造告警，观测INMS上是否同步有正确格式的告警上告；测试综合网管告警确认和告警终止操作只影响TeMIP网管系统的告警数据状态，不会改变DNS系统EMS/NE的告警状态；人为中断DNS系统和INMS的连接，观察断开期间的告警是否可以马上上传到INMS；在DNS系统中，准备若干条网络配置信息，随后在INMS系统中，手工运行网络配置数据采集功能；观察INMS是否可以采集到配置信息。

（4）与PABX系统的接口测试：在PABX系统专业网管上人为制造告警，观测INMS上是否同步有正确格式的告警上告；测试综合网管告警确认和告警终止操作只影响TeMIP网管系统的告警数据状态，不会改变PABX系统EMS/NE的告警状态；人为中断PABX系统和INMS的连接，观察断开期间的告警是否可以马上上传到INMS；在PABX系统中，准备若干条网络配置信息，随后在INMS系统侧，手工运行网络配置数据采集功能；观察INMS是否可以采集到配置信息。

（5）与NTP时间系统的接口测试：在NTP系统专业网管上人为制造告警，观测INMS上是否同步有正确格式的告警上告；测试综合网管告警确认和告警终止操作只影响TeMIP网管系统的告警数据状态，不会改变NTP系统EMS/NE的告警状态；人为中断NTP系统和INMS的连接，观察断开期间的告警是否可以马上上传到INMS；在NTP系统中，准备若干条网络配置信息，随后在INMS系统侧，手工运行网络配置数据采集功能；观察INMS是否可以采集到配置信息。

（6）与调度电话系统的接口测试：在调度电话系统专业网管上人为制造告警，观测INMS上是否同步有正确格式的告警上告；测试综合网管告警确认和告警终止操作只影响TeMIP网管系统的告警数据状态，不会改变调度电话系统 EMS/NE 的告警状态；人为中断调度电话系统和 INMS 的连接，观察断开期间的告警是否可以马上上传到 INMS；在调度电话系统中，准备若干条网络配置信息，随后在 INMS 系统侧，手工运行网络配置数据采集功能；观察 INMS 是否可以采集到配置信息。

(7)与视频监控系统的接口测试：在视频监控系统专业网管上人为制造告警，观测 INMS 上是否同步有正确格式的告警上告；测试综合网管告警确认和告警终止操作只影响 TeMIP 网管系统的告警数据状态，不会改变视频监控系统 EMS/NE 的告警状态；人为中断视频监控系统和 INMS 的连接，观察断开期间的告警是否可以马上上传到 INMS；在视频监控系统中，准备若干条网络配置信息，随后在 INMS 系统侧，手工运行网络配置数据采集功能；观察 INMS 是否可以采集到配置信息。

(8)与 SCADA 系统的接口测试：在 SCADA 系统专业网管上人为制造告警，观测 INMS 上是否同步有正确格式的告警上告；测试综合网管告警确认和告警终止操作只影响 TeMIP 网管系统的告警数据状态，不会改变 SCADA 系统 EMS/NE 的告警状态；人为中断 SCADA 系统和 INMS 的连接，观察断开期间的告警是否可以立即上传到 INMS；在 SCADA 系统中，准备若干条网络配置信息，随后在 INMS 系统侧，手工运行网络配置数据采集功能。观察 INMS 是否可以采集到配置信息。

(9)与 UPS 电源系统的接口测试：与电源系统的接口试验，用万用表检测电源系统供电是否符合 PABX 系统标准。

七、时钟同步系统测试

1. 一级母钟

(1)对二级母钟及调度中心子钟的时间校对功能：在一级母钟端断开与二级母钟及调度中心子钟的网络连接，修改二级母钟及调度中心子钟的时间，恢复连接，观察并记录恢复时间，看能否校对二级母钟及调度中心子钟的时间。

(2)与监控系统的通信功能：观察监控系统软件界面上是否能查到母钟状态。

(3)对 GPS 信号的接收功能：观察 GPS 指示灯，修改中心母钟时间观察并记录恢复时间。

(4)标准时间的输出功能：用 422 - 232 转换器，连接母钟 RS - 422 端口，用超级终端读取时间信号。

(5)主备母钟自动切换功能：模拟故障使主母钟掉电、拔板、去 GPS 信号，看一级母钟是否能自动切换。

2. 监控系统

(1)与一级母钟的通信功能：观察监控软件，看是否能收到一级母钟的状态信息。

(2)故障显示查询和报警功能：模拟故障，看监控软件能否显示和查询到故障。

(3)对二级母钟的通信查询：面板操作、看是否能实时查询。

(4)子钟设置和调整功能：操作监控系统软件看能否实现子钟设置和调整功能。

(5)时间制式转换功能：操作监控系统软件看能否实现时间制式转换功能；

(6)GPS 标准时间信号接收功能，修改母钟时间，观察 GPS 标准时间信号是否能自动校对母钟时间。

3. NTP

(1)母钟的通信功能：连接母钟和 NTP，观察时间同步情况。

(2)网络校时功能：断开网络内终端设备，更改网络内终端设备的系统时间，连接母钟和网络内终端设备，观察是否能接收母钟时间，是否可以校对网络内终端设备的系统时间。

4. 调度中心子钟

(1)时间、日期显示功能：观察能否正确显示时间和日期。

(2)单机运行功能：断开母钟连接，观察子钟运行情况。

(3)联网运行功能：接通母钟，观察子钟运行情况。

(4)自动对时功能:断电后,再上电观察是否在3 s内能跟踪标准时间。

5. 车站二级母钟及子钟

(1)对车站子钟的时间校对功能:在车站二级母钟端断开与一级母钟的网络连接,修改二级母钟时间,观察并记录车站子钟校准时间。

(2)对二级母钟的时间校对功能:在车站二级母钟端断开与一级母钟的网络连接,修改二级母钟时间,恢复连接,观察并记录恢复时间。

八、GSM－R专用移动通信系统测试

1. GSM－R无线覆盖

京津城际铁路正线共新建GSM－R基站40个,含5个车站基站。

按照客运专线场强覆盖的要求,京津城际铁路无线覆盖采用单网交织覆盖方式,每个基站的信号均可覆盖到两个相邻基站站址。这种覆盖方式可保证在非连续基站故障的情况下,GSM－R无线覆盖仍能满足应用要求。

在京津城际铁路,对各基站的BCCH的车顶接收电平值进行往返动态测试。京津城际铁路正线共40个基站,使用了9个EGSM频点作为BCCH。

铁路无线通信涉及到列车运行安全,铁道部参照国际铁路联盟的相关标准,制定了较公网更为严格的场强测试和统计方法。公网采用中值,而我们采用95%时间地点概率统计值,这就要求更高的采样率。选用4cm作为采样间隔,满足抽样定理要求,保证了统计结果准确性。

按照铁道部相关标准要求,测量接收机设置为峰值检波方式,取样间隔4 cm,统计区间取为100 m;按95%时间地点概率统计分析得出京津城际铁路GSM－R工程无线场强覆盖情况;统计的接收电平是ESPI接收机入口接收电平减去车顶天线增益,再加上馈线损耗得到的,为折合到车顶天线处的接收电平。

2. GSM－R服务质量

服务质量测试分别在全部基站、奇数基站、偶数基站打开条件下完成,以测得交织单网的服务质量是否满足技术标准要求。

(1)呼叫建立时间和呼叫失败概率

①MS－FT呼叫:测试模块(8W)拨打FAS终端并通话,FAS终端设置为立即自动接听。呼叫优先级3,最大接入时间15 s,每次通话时长5 s,呼叫间隔30 s。

②FT－MS呼叫:FAS拨打移动终端,移动终端设置为立即自动接听。呼叫优先级3,最大接入时间15 s,每次通话时长5 s,呼叫间隔30 s。

③MS－MS运营呼叫:无线模块(8W)拨打无线模块并通话,被叫移动终端设置为立即自动接听。呼叫优先级3,最大接入时间20 s,每次通话时长5 s,呼叫间隔30 s。

④铁路紧急呼叫:测试模块(8W)发起299紧急呼叫,呼叫优先级0,最大接入时间15 s,每次通话时长5 s,呼叫间隔30 s。

根据《GSM－R数字移动通信网总体技术规范》要求,铁路紧急呼叫建立时间:<2 s(95%),<3 s(99%);呼叫(连接)建立失败概率:$<10^{-2}$。

⑤同一区域内MS之间的组呼:测试模块(8W)发起220紧急呼叫,呼叫优先级2,最大接入时间15 s,每次通话时长5 s,呼叫间隔30 s。

(2)切换成功率:MS采用长时间与固定终端通话方式,在列车移动过程中跟踪切换信令,完成切换功能。根据切换信令计算切换成功率。

(3)切换执行时间:MS采用长时间与FAS终端通话方式,统计切换执行时间。

(4)GPRS数据传输延时和丢包率:测试手机接到车顶天线,激活GPRS PDP上下文;在测试手机和地面服务器之间20 s周期性传送128 Byte和1 024 Byte的数据包;根据发送和返回数据包的时间间

隔计算传输延时和接收到服务器响应的成功率。

(5)GPRS 数据吞吐量:地面服务器设置为 FTP 服务器,通过长时间下载、上传文件,统计峰值吞吐量和均值吞吐量。

(6)列控业务服务质量

列控 CSD 数据连接优先级为 1 级。

①连接建立时间:通过电路数据移动模块周期性发起连接建立请求。连接建立最大时限设为 10 s,连接建立成功后,保持 5 s,中断连接,重新发起连接。两次连接之间的间隔大于 30 s。

②连接建立失败率:与连接建立时间测试方法相同。

③数据传输延时:通过电路数据移动模块与地面服务器之间连接建立后,长期保持,周期性发送 30 Byte 用户数据块,由地面电路数据服务器转发回电路数据移动模块,统计数据传输往返延时,除以 2 得到数据端到端单程传输延时。

④连接失效率:通过电路数据移动模块与地面服务器之间连接建立后,长期保持,意外中断后,应重新建立连接;连接失效率的要求与 CTCS 系统变量 T_NVCONTACT 有关,该变量表示连接失效后列车在不同时间内可能的操作。

⑤传输干扰率:车载电路数据模块与地面数据服务器建立连接后保持,连续互发 30 Byte 数据包,测量传输干扰时间 T_{TI} 和无错误持续时间 T_{Rec}。

⑥网络注册延时:通过 AT 指令控制模块,周期性强制注册和注销网络,得到网络注册延时。网络注册最大时延为 40 s,超过 40 s 视为注册失败。

3. GSM－R 电磁环境

将测试子系统设定为频谱扫描测试方式,扫描 GSM－R 下行频段 930～934 MHz,扫描周期 100 ms,分辨带宽 30 kHz,最大峰值检波,分别记录频谱扫描范围内接收电平的最大值、最小值和当前值。同时启动 GPS 定位子系统,存储定位信息,定位信息包括经纬度、行驶速度,并计算出行驶距离。将频谱测试与路径测试绑定,利用 GPS 定位系统使每个时段的频谱扫描数据与试验车行经地点相对应。频谱扫描最大值用于表征在测试区间被测频带内出现过的电平最大值,可以直观地反映被测区间 GSM－R 频段内的干扰分布和强度。

九、车次号和调度命令传送系统

1. CIR 接收调度命令业务测试

地面测试服务器模拟 CTC 向 CIR 发送调度命令,CIR 接收到调度命令后发送自动确认信息、手动签收信息,查看 GRIS 是否收到自动确认信息、手动签收信息。

2. CIR 发送车次号业务测试

查看 GRIS 是否收到 CIR 发送的车次号信息,并向 CTC 转发车次号信息。

3. 调度命令接收成功率测试

地面测试服务器模拟 CTC 按固定的间隔周期自动向 CIR 发送调度命令,CIR 把收到的调度命令、自动确认、手动签收信息传送给应用功能测试系统控制器,应用功能测试系统控制器最后把收到的调度命令做一个统计最终输出一个调度命令接收成功率。

4. 车次号发送成功率测试

应用功能测试系统控制器控制 CIR 向地面测试服务器发送车次号信息,地面测试服务器再把收到的车次号信息数量发送给应用功能测试系统控制器,地面测试服务器根据地面测试服务器接收到的车次号信息数量和已发送的车次号信息总数统计出发送成功率。

十、电话业务

京津城际铁路新建公务电话,包括北京南、亦庄、永乐、武清、天津等 19 个接入网 ONU 结点接入

的公务电话用户。对京津城际铁路公务电话呼入、呼出功能和通话质量进行测试、评价。用本地自动电话拨叫接入网电话进行通话测试，根据 2 次测试结果，综合给出通话质量评价，并做测试记录。通话话音质量评价分为三类。一类：音质清晰，音量正常，通话感觉良好，为合格话音。二类：音质一般，稍有串音或杂音，但不影响正常通话，为基本合格话音。三类：音质不良，音量较小，通话不畅，为不合格话音。

第四节　信 号 系 统

一、CTCS－3D 列控系统测试

1. 环行道 CTCS－3D 列控车载设备调试

环行道 CTCS－3D 列控系统试验区段选择在铁科院东郊分院环线 1 个主站、2 个中继站和 5 个闭塞分区，全长 8.5 km。

在小环线设置一个有岔车站（主控车站）和两个中继车站。车站及环线地面设置三个列控中心（一个主控站 TCC、两个中继站 TCC 和三个 TCC 维护终端）、计算机联锁、CTC 站机、轨道电路和应答器（固定信息应答器、可变信息应答器）；车载设备安装在动车组上，最高车速 135 km/h。见图 8－4－13 和图 8－4－14。

由一个真实的主控车站模拟两个主控车站，甲站为始发站，乙站为终到站。列车从站内发车到最终进站停车，在环行线上完整行驶一圈，可以模拟发车、接车的全过程。

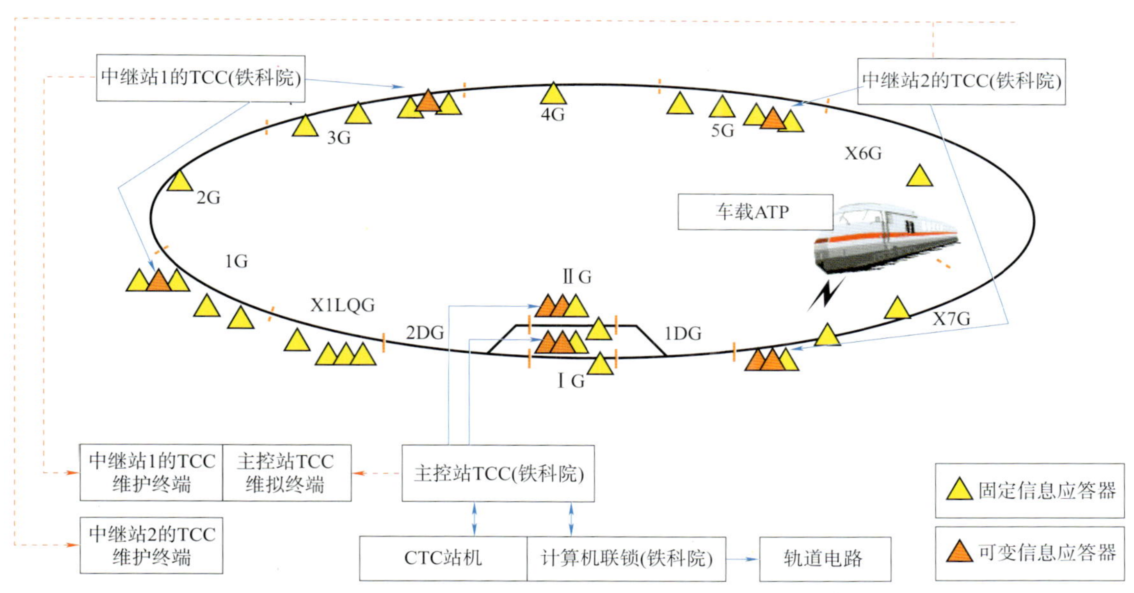

图 8－4－13　小环试验列控系统结构图

环行道 CTCS－3D 车载设备测试包括静态测试和动态测试，静态测试内容包括上电、常用制动缓解、方向手柄零位测试、司法记录仪软件上载升级、速度传感器的故障查找、速度传感器的方向测试、测速雷达序列号检查、应答器通道测试、列车接口测试、司法记录仪功能测试、DMI 功能测试、多功能车辆总线（MVB）功能测试、测速雷达标定、切除牵引、常用制动、紧急制动测试等。

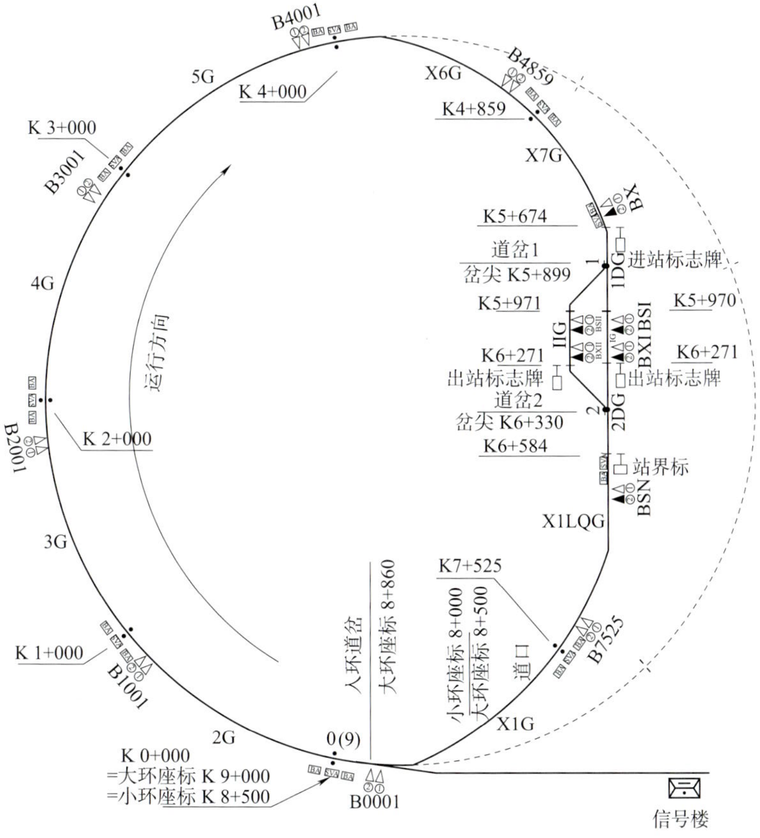

1.图中所有电气绝缘节处的坐标均指空芯线圈(SVA)的座标。区间八段轨道电路分为八个闭塞分区。轨道电路信息如下表所示。区间轨道电路长度按运行方向调谐区第一个BA至下一调谐区的第一个BA间距离计算。

轨道电路

	名称	长度(m)	载频
车站	1DG	297	1700-1
	IG	301	1700-2
	2DG	313	2300-2
	ⅡG	300	2300-1
区间	X1LQG	926	1700-1
	X1G	977	2300-2
	2G	1000	1700-2
	3G	1000	2300-1
	4G	1000	1700-1
	5G	1000	2300-2
	X6G	857	1700-2
	X7G	830	2300-1

注意：区间7个电气绝缘节中，仅K4+859和K7+525两处调谐区(即BA至BA间距)长为29米，其余5处调谐区均为26米。

2.布置应答器如左图：

△表示无源应答器；▲表示有源应答器；

3.如下图所示，车站应答器组按虚拟进出站信号机名称命名；区间应答器组按电气绝缘节坐标来命名；具体应答器名称、位置、编号参看右侧“应答器位置表”。

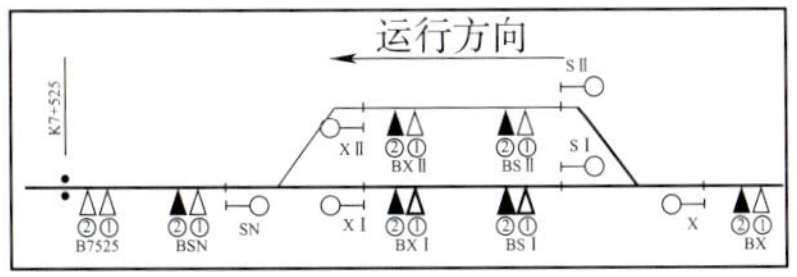

运行方向

应答器位置表

序号	应答器名称	地区编号 NID_C	应答器编号 NID_BG	组内位置 N_PIG	坐标	应答器类型
1	BX-1	1	1	0	K5+648	无源
2	BX-2	1	1	1	K5+654	有源
3	BSI-1	1	3	0	K5+990	无源
4	BSI-2	1	3	1	K5+996	有源
5	BXI-1	1	5	0	K6+245	无源
6	BXI-2	1	5	1	K6+251	有源
7	BSN-1	1	7	0	K6+604	无源
8	BSN-2	1	7	1	K6+610	有源
9	B7525-1	1	9	0	K7+484	无源
10	B7525-2	1	9	1	K7+490	无源
11	B0001-1	1	11	0	K8+461	无源
12	B0001-2	1	11	1	K8+467	无源
13	B1001-1	1	13	0	K0+961	无源
14	B1001-2	1	13	1	K0+967	无源
15	B2001-1	1	15	0	K1+961	无源
16	B2001-2	1	15	1	K1+967	无源
17	B3001-1	1	17	0	K2+961	无源
18	B3001-2	1	17	1	K2+967	无源
19	B4001-1	1	19	0	K3+961	无源
20	B4001-2	1	19	1	K3+967	无源
21	B4859-1	1	21	0	K4+818	无源
22	B4859-2	1	21	1	K4+824	无源
23	BSII-1	1	23	0	K5+991	无源
24	BSII-2	1	23	1	K5+997	有源
25	BXII-1	1	25	0	K6+245	无源
26	BXII-2	1	25	1	K6+251	有源

注：组内位置(N_PIG)描述该应答器在组内位置，“0”表示组内第一个，“1”表示组内第二个。

4.两组道岔纳入联锁，道岔类型表如下：

道岔类型表

钢轨类型	辙叉号	道岔编号	转辙机类型
60 kg/m	1/12	1、2	ZYJ7

图 8－4－14　环线信号平面布置图

2. 京津城际铁路 CTCS－3D 列控系统功能验证试验

通过 C_LOW（集中操作终端）在北京南—天津间排列典型进路，操纵道岔和下达临时限速命令等，正线试验最高速度 250 km/h，侧线最高速度 45 km/h，重点验证系统功能。

CTCS－3D 列控系统功能试验与集成商的调试相结合，每次试验前集成商提交测试计划。

为满足动态功能试验要求，满足的测试前提条件：

（1）道岔一致性检查；

（2）信号机一致性检查；

（3）MSTT 与应答器的一致性；

（4）LEU 与应答器的一致性；

（5）轨道电路区段一致性；

（6）外部接口一致性（CTC、联锁、列控中心、轨道电路等）；

（7）车载设备静态测试通过（上电、动车组接口、测速等）；

（8）联锁系统一致性通过。

3. 京津城际铁路 CTCS－3D 列控系统调试

系统调试结合集成试验，同步进行。

按照运营场景，通过 CTC 在北京南—天津间排列典型进路，包括两端站城际场各到发线股道进路，操纵道岔和下达临时限速命令等，正线试验最高速度 350 km/h，侧线最高速度 80 km/h，京津城际铁路 CTCS－3D 级列控系统调试试验部分进路如图 8－4－15 所示。

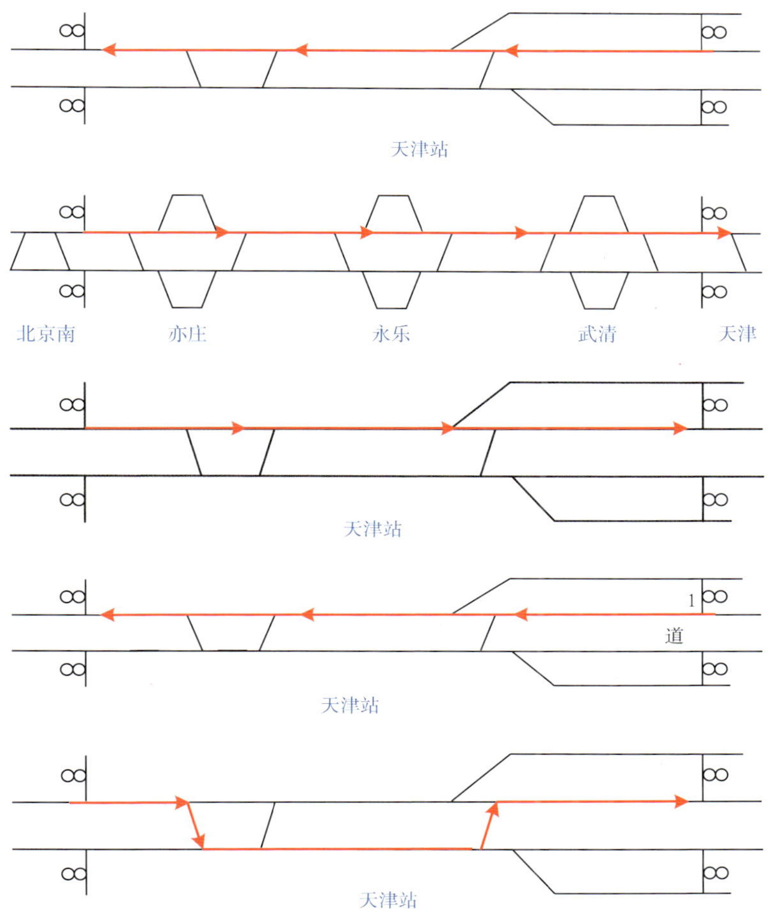

图 8－4－15　CTCS－3D 系统调试部分进路图（一）

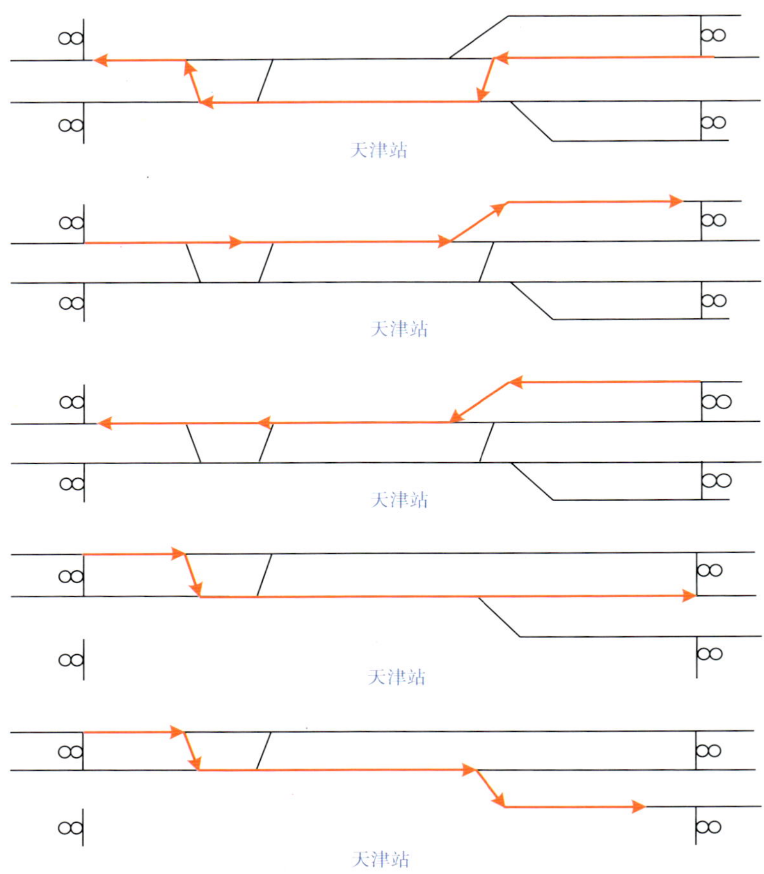

图 8-4-15　CTCS-3D 系统调试部分进路图(二)

二、跨线列车列控车载设备适应性试验

根据京津城际铁路跨线列车运营需求,确定跨线列车列控车载设备测试内容。

三、联锁系统、列控中心测试

京津城际铁路联锁、列控中心测试从 2008 年 2 月 1 日起介入集成商的集成试验,于 7 月 8 日结束。其中,联锁系统一致性测试、地面列控中心功能测试、接口测试结合集成商的集成测试进行,测试点主要为亦庄、北京南;联锁系统补充测试结合北京局联锁试验同期进行,测试点为亦庄;列控中心的系统调试结合列控中心专家组测试完成,测试点为亦庄、天津站。

1. 联锁系统一致性测试

联锁系统一致性测试的目的在于验证室内外设备的一致性,测试方法根据室外设备的类型不同而不同,室外设备主要包括道岔、信号机、应答器、轨道电路等。该项测试结合集成商集成测试完成,测试地点为亦庄。

2. 地面列控中心功能测试

(1)轨道电路发码功能测试

该项测试的目的在于验证列控中心能够根据进路状态、道岔位置和轨道电路状态实现对站内轨道电路和区间轨道电路的正确编码,间接验证 TCC 与 ZPW-2000A 轨道电路的接口的正确性。

根据《京津城际铁路整体系统联调联试及试运行大纲》的要求,测试案例中采用的进路类型被划分为:正线通过、正线停车、正线发车、侧线通过、侧线停车、侧线发车、弯进直出、直进弯出、弯进弯出等类型,同时对引导进路也进行了测试。

(2)轨道电路状态处理功能测试

该项测试的目的是验证TCC能正确判断轨道电路的故障占用并对上述状态采取的正确的处理措施。

(3)灾害防护编码功能测试

本测试目的是验证当灾害发生时,列控中心能正确采集灾害防护继电器,并控制相应区段发送H码防护,其他区段发送追踪码。灾害清除时,能够取消对灾害相关区段的防护。

(4)启动类测试

启动类测试主要包括主机单系启动测试、主机双系同步测试、CI－TC启动测试、CI－TC主备测试等项目,主要是为了验证列控中心和CI－TC等的启动和同步功能。

(5)冗余类测试

冗余类测试主要是为了验证列控中心、通信通道、CI－TC等设备在单系故障时可自动切换至另一系且不会对系统输出造成影响。

3. 接口测试

根据《京津城际铁路整体系统联调联试及试运行大纲》要求,信号系统接口测试结合系统调试进行,以监测为主。在集成商的集成测试期间,京津城际接口测试主要对SIMIS W联锁系统、TCC的相关接口进行测试,该项测试结合集成商的集成测试进行。

4. 联锁系统补充测试

联锁系统补充测试在试运行期间进行,结合北京局的联锁试验同期进行,测试地点为亦庄,测试内容主要包括基本联锁功能验证、故障—安全测试、故障报警测试等。

(1)联锁系统常规功能测试

该项测试的目的是检查系统进路的办理和操作功能及基本联锁功能。

测试方法:在操作终端LOW上操作,并在室内ZPW－2000A侧模拟列车运行等状态,测试内容主要包括常规进路的正常排列、进路的正常取消试验、进路的正常解锁试验、发车进路解锁股道可留车试验、进路延时解锁等子项。

(2)联锁系统故障报警测试

该项测试的目的是检查设备硬件故障或软件执行失败时是否提供各类报警。

测试方法:测试人员在室内或室外模拟各种故障条件,然后在车站的LOW和S&D上检查是否提供了必要的报警信息。

(3)联锁系统故障—安全测试

该项测试的目的是检查系统在出现各种故障时,必须保证不会有危险侧信号的输出。

测试方法:通过在室外设备或室内硬件设备、接口电路等模拟设备故障,测试人员在LOW观察系统的反应,判断是否符合故障—安全原则。

5. 列控中心专家组测试

列控中心专家组测试在试运行期间进行,测试地点为亦庄、天津站。测试内容主要包括列控中心启动、冗余测试、列控中心功能测试、列控中心故障诊断测试,其测试方法与地面列控中心功能测试基本相同,不再叙述。

四、CTC系统测试

1. 测试工点

试验区段为北京南(不含普速场)—天津全线以及动车走行线;控制区域包括:动车段连接线,北京南,亦庄,永乐,武清,天津。

CTC系统的监测点主要为北京调度所、各车站、相关动车段(所)等处,主要利用系统自有的操作、监控和维护终端,以及设备状态指示等。

2. 测试条件

(1)通过 CTC 系统可以实现列车的远程控制和本地控制功能。

(2)CTC 系统试验时要求不能影响正常的铁路运营,因此应在开通运营前进行相关试验。CTC 系统应具备设备、通信状态监视功能。联锁系统、列控中心设备、通信系统等受控系统应具备设备、通信状态监视功能。

五、轨道电路测试

1. 京津城际铁路无砟轨道典型结构

北京南—天津正线全线采用博格型无砟轨道结构,包括桥梁区段和路基区段,站内侧线为有砟轨道结构。典型区段包括:

(1)预应力混凝土连续梁区段;

(2)预应力混凝土厢梁区段;

(3)加劲拱连续梁区段;

(4)刚构连续梁区段;

(5)路基区段。

2. 测试方法

根据不同工作状态的最不利条件,分别在自然道床条件和人工道床条件下进行测试。

(1)动态测试

使用磁带记录仪采集记录轨道电路原始信号,通过对记录信号回放,并使用 HP35670A 频谱分析仪对信号进行 FFT 变换,观察干扰频谱在信号频谱带内的分布情况;使用 HP54645D 示波器在时域观察信号受干扰后的畸变情况。

记录车型为 0 号高速综合检测列车;

运行区段:北京南 JJK3—天津站 JJK116。

上行线记录从北京南 JJK3 处发车至天津站 JJK116 处停车上行反向行车过程中的轨道电路,下行线记录从北京南 JJK3 处发车至天津站 JJK116 处停车下行正向行车过程中的车载感应轨道电路信号。

(2)静态测试

① 区间轨道电路传输性能测试

调整状态测试:在人工道床条件下,对轨道电路各部分的电压和电流进行测试,在允许的误差范围内是否满足要求。

分路状态测试:在自然道床条件下,使用标准分路电阻在轨道区段内各处进行分路,测试接收设备的分路残压,检验是否满足分路要求。

机车信号状态测试:在人工道床条件下,使用标准分路电阻在轨道区段入口处进行分路,利用机车信号车载设备接收感应器在分路器前方测试其感应电压值,检验是否满足机车信号接收器感应电压的要求。

调谐区分路死区段长度测试:在自然道床条件下,测试调谐区分路死区段长度。

补偿电容断线故障传输性能测试:模拟轨道电路一处补偿电容断线故障,测试其在人工道床条件下的调整状态特性和机车信号状态特性。

②站内多分支并联方式轨道电路传输特性测试

调整状态测试:在自然道床条件下,对轨道电路各部分的电压和电流进行测试,在允许的误差范围内是否满足要求。

分路状态测试:在自然道床条件下,使用标准分路电阻在轨道区段内各处进行分路,测试接收设备的分路残压,检验是否满足分路要求。

机车信号状态测试:在自然道床条件下,使用标准分路电阻在轨道区段各处进行分路,利用机车信号车载设备接收感应器在分路器前方测试其感应电压值,检验是否满足机车信号接收器感应电压的要求。

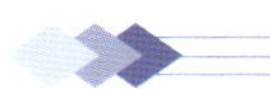

并联线断线故障传输性能测试:模拟轨道电路一处并联线断线故障,测试其在自然道床条件下的调整状态、分路状态和机车信号状态特性。

③站内轨道区段邻线干扰测试

在现场使用人工分路器和机车信号车载设备接收感应器进行测试。

在主串轨道电路内,使用零欧姆短路线、在不同的地点对轨道电路进行分路。

在被串轨道电路内,分别使用零欧姆短路线和标准分路线,模拟列车由远及近向主串轨道电路的发送端方向移动,在不同地点对轨道电路进行分路。将机车信号车载设备接收感应器放置在短路线前方,测试其上在不同分路地点的感应电压值。

根据测试数据结果和机车信号接收灵敏度判断邻线干扰情况。

测试电路如图 8-4-16 所示。

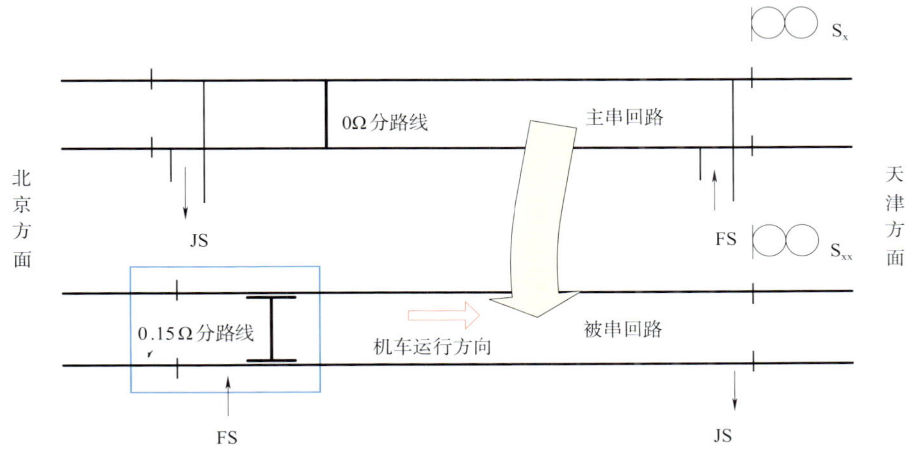

图 8-4-16 邻线干扰测试电路示意图

④上下行载频切换 25.7 Hz 发码时间特性测试

测试点选择在亦庄 1/3 道岔区段,分别办理从ⅡG 至 X 进站信号机的发车进路和从 X 进站信号机至ⅡG 的接车进路,在室外分别模拟 1DG 和 3DG 占用和出清的过程(室内增加 1DG GJF 和 3DG GJF 条件,用于切换 25.7 Hz 发码),通过机车信号车载设备接收感应器在轨面接收 25.7 Hz 信息,考察其发码时间特性。

测试条件 1:X→ⅡG 接车,1DG GJ↓,3DG 发送 25.7 Hz,3DG GJ↓,保持 2 s 后停发;

测试条件 2:ⅡG→X 发车,3DG GJ↓,1DG 发送 25.7 Hz,3DG GJ↓,保持 2 s 后停发。

第五节 客运服务系统

一、分类测试

将客运服务系统按功能、性能、硬件指标符合性等不同类型进行划分,从不同层面确定测试类型。

功能验证:验证系统是否实现测试所依据文档中规定的功能。

性能指标:确认系统性能指标是否满足设计需求。

硬件设备指标验证:验证系统中使用的硬件设备是否符合规定的标准。

内部接口测试:包括自动售票系统与 TRS5.0(改造版)接口、自动检票系统与 TRS5.0(改造版)接口、旅客服务集成管理平台与 TRS5.0(改造版)接口、自动检票系统与旅客服务集成管理平台接口和旅客服务集成管理平台与各旅客服务子系统接口。

外部接口测试:包括旅客服务集成管理平台与 TDCS 系统接口、旅客服务集成管理平台与监控系统接口、自动售票系统与银行系统接口和旅客服务集成管理平台预留与FAS、BAS等相关外部系统的接口。

业务流程测试:通过业务流程测试验证被测系统的整体性能。

二、分析法测试

采用软件测试分析法,从分析所测系统的规格和原始需求着手,按测试类型和功能交互关系逐步细化测试需求。分析京津城际铁路客运服务系统招标书及票务系统总体设计方案,确定各子系统的功能测试、性能测试、硬件指标测试和压力测试等各项需求;确定系统内部接口测试需求,包括自动售票系统与TRS5.0(改造版)接口、自动检票系统与TRS5.0(改造版)接口、旅客服务集成管理平台与TRS5.0(改造版)接口、自动检票系统与旅客服务集成管理平台接口和旅客服务集成管理平台与各旅客服务子系统接口;确定系统外部接口测试需求,包括旅客服务集成管理平台与TDCS系统接口、旅客服务集成管理平台与监控系统接口、自动售票系统与银行系统接口和旅客服务集成管理平台预留与FAS、BAS等相关外部系统的接口。分析测试需求,确定管理平台及各子系统的测试内容,编制测试用例表。

将测试需求分解为测试用例,采用人工操作,确定系统功能和性能的符合性。根据测试分析表,组织集成管理平台、旅客服务各子系统、各子系统间及旅客服务系统与TRS5.0(改造版)之间接口的测试,验证每个测试用例是否达到预期结果。

采用正交分析法,确定用例的编写范围,避免丢失测试项或穷举测试项,造成测试工作的被动。

三、实验室模拟测试

实验室模拟测试的目的旨在通过搭建客运服务系统专用测试环境,在系统上线运行前先在实验室环境中模拟各种实际场景进行测试,尽量在实验室发现系统中存在的问题并加以解决。

京津城际铁路客运服务系统实验室测试工作分别在"客运服务系统实验室(以下简称客运服务系统实验室)"和"旅客服务系统演示厅(以下简称旅客服务系统实验室)"两地进行。

在客运服务系统实验室完成对TRS5.0(改造版)和自动售检票系统功能和主要性能测试,在旅客服务系统实验室完成对旅客服务集成管理平台及相关子系统的功能性测试。

所构建的实验室环境要求基本满足模拟运行和调试的要求,将大量的测试工作在实验室完成,使得测试中发现的问题可以得到及时的确认和修改,提供给试运行的系统功能更加稳定和易用,缩短现场系统调试的时间,最大可能地避免对现场运行环境的干扰。

四、专用软件测试

1. 开发专用测试软件

自动化售票软件、时钟系统测试软件、磁信息分析软件对自动售票机、时钟系统等功能进行测试。

(1)自动化售票软件

自动化售票软件的主要目的是测试自动售票系统连续运行时的各软件模块和部件的稳定性;自动化售票软件通过设定指定的日期、指定到站、固定车次、固定席别及张数、固定票种、模拟现金支付、制票及记存根、找零、打印凭条的顺序控制;自动化售票软件具有获取车次及票价、票面信息、模拟现金支付、使用现金找零、制票、记存根、记录日志的功能,在出现故障时能自动打印凭条。

使用自动化售票软件测试,能最大限度地测试自动售票系统在连续运行时系统、部件的可靠性,发现系统中存在的缺陷和错误。

(2)时钟同步测试软件

根据厂商提供的标准协议交互内容,自行开发基于NTP协议的时钟测试软件,主要完成自动时间同步、自动校时、自动输出结果的全自动测试。该专用测试软件可以保证千分之一秒的测试精度。

2. 购置成熟的压力测试等自动化测试软件

运用 LoadRunner 压力测试软件对 TRS5.0(改造版)、自动售票系统后台进行自动化大负荷测试。

TRS5.0(改造版)和自动售票系统的关键业务是售票,通过分析售票业务流程和现场的实际情况,在模拟窗口售票和自动售票的业务场景时包含了一定比例的取消票业务,车次、席位等测试数据准备也考虑到实际环境的数据规模,尽可能地模拟实际业务环境。运用 LoadRunner 测试软件,设计了不同的负载模式,模拟车站窗口和自动售票机并发售票的场景,测试应用服务器、数据库服务器的各项性能指标,以及客户端的事务响应时间、事务成功率等性能指标,并对测试结果进行分析。

五、专用工具测试

1. 网络电缆认证测试仪

运用线缆认证测试仪对网络线缆主要性能进行测试。使用 Fluke DTX - 1200C 线缆认证测试仪网络线缆的各项技术指标。如:长度、传输时延、衰减(ATTN)、近端串扰、信噪比(ACR)、等级远端串扰(ELFEXT)、延迟偏差、回波损耗、功率总和近端串扰(PSNEXT)、功率相加等级远端串扰(PSELFEXT)等。

2. 网络性能测试仪

运用网络协议分析仪对网络连通性和内外部接口性能进行测试。

网络层性能测试主要是针对网络中链路状况进行检测,包括网络时延丢包、上行剩余带宽、下行剩余带宽、千兆网剩余带宽 4 个项目的测试。

快速拥塞定位测试:快速拥塞定位可以定位出从测量器到网络中任意可达主机间的端到端的路径上的瓶颈链路。

网络主流业务测试:对网络中 WEB、FTP、EMAIL 服务器的业务性能进行测试。

3. 网络协议分析仪

运用协议分析仪,分析系统内外部接口中存在的传输问题。实时网络监控显示理解并排除网络故障,能通过端口指定,有针对性地监控并从网络捕获数据,包括捕获配置选项和显示强大的捕获分析功能解释、理解并排除网络数据故障。

第六节　动车组动力学、牵引制动和气动力性能

一、动力学性能测试

1. 脱轨系数

用于评定车辆的车轮轮缘在横向力作用下是否会爬上轨面而脱轨。脱轨系数定义为爬轨侧车轮作用于钢轨上的横向力 Q 与其作用于钢轨上的垂直力 P 的比值,即脱轨系数 $=Q/P$。

2. 轮重减载率

轮重减载率:轮重减载率是评定在特定工况下因轮重减载过大而引起脱轨的另一种脱轨安全指标。轮重减载率定义为轮重减载量 ΔP 与该轴平均静轮重 $\bar{P}$ 的比值。即:轮重减载率 $=\frac{\Delta P}{\bar{P}}$;式中:$\Delta P=P_d-\bar{P}$,$P_d$ 为实际轮重。

3. 轮轴横向力

用于评定车辆在运行过程中是否会因为过大的横向力而导致轨距扩宽或线路产生严重变形等。轮轴横向力用 H 表示。

4. 横向运行稳定性(构架横向加速度)

用于评定车辆是否会出现蛇行失稳。

当构架加速度滤波 10 Hz、峰值有连续振动 6 次以上达到或超过极限值 8 ~ 10 m/s²(与转向架构架

设计相适应)时,判定转向架失稳。

5. 车体振动加速度(垂直、横向加速度)

用于评定车辆的振动品质。

6. 平稳性指标 W

用于评定车辆的运行是否平稳。

轮轨间作用力采用测力轮对方法测定,测力轮对安装在被试车的1个转向架上;横向运行稳定性通过在构架上安装横向加速度,判断车辆是否会出现横向失稳;车体振动加速度和平稳性测试则是通过在一、二位转向架中心附近地板面上各安装垂直、横向加速度计。

试验列车一般为空车状态(整备重量),试验时速度由低到高逐级提速,最高速度为线路设计运营速度的1.1倍,试验过程中,如果发现列车在某些区段的动力学性能超标或相比其他区段明显恶化,则需对该区段进行调查处理,再重复进行相关速度级的试验。

京津城际铁路试验中使用的检测列车为 CRH_2 - 061C 和 CRH_3 - 004C、CRH_3 - 001C 动车组。其中 350 km/h 型 CRH_2 型动车组是由3个动力单元组成,全列为8辆编组,由6动2拖组成。检测车辆为动车组中的8号车 T2c、7号车 M1s 和6号车 M2;CRH_3 型动车组是由4个动力单元组成,全列为8辆编组,由4动4拖组成,检测车辆为动车组中的8号车 EC08、6号车 IC06 和5号车 FC05。试验速度分15个速度级采样:200 km/h、220 km/h、240 km/h、260 km/h、280 km/h、300 km/h、310 km/h、320 km/h、330 km/h、340 km/h、350 km/h、360 km/h、370 km/h、380 km/h、385~390 km/h。

二、牵引性能测试

1. 起动加速性能试验方法

起动加速性能的试验方法是选取一段平直道,动车组在该平直道上最大牵引级位由静止起动加速到最高运行速度,加速过程中测量动车组的速度、走行时间、走行距离等以计算平均加速度和剩余加速度(实施时需根据线路实际特点将静止到最高运行速度的加速过程分为若干段进行试验)。

2. 牵引特性试验方法

动车组牵引特性指动车组轮周牵引力和速度的关系曲线,一般通过轮周牵引力—速度曲线进行评价。

动车组牵引特性的试验方法是在动车组最大牵引级位由静止加速到最高运行速度的过程中,测量动车组的速度、走行时间、走行距离及与其相对应的各牵引电机的电流、电压、功率和功率因数等。根据记录数据计算轮周牵引力。轮周牵引力的计算方法有两种:一种方法是在电机效率和机械传动效率已知的情况下,根据测得的电参数得到轮周牵引力,计算公式如下:

$$F_i = 3.6 \times \sum^{n} p_i \times \eta_i \times \eta_e / v \quad (\text{kN}) \tag{8-4-1}$$

式中 P_i——电机瞬时有功功率,kW;

n——电机台数;

v——动车组瞬时速度,km/h;

η_i——v 对应的电机效率(持续点电机效率,CRH_2 - 300 型取 0.94、CRH_3 型取 0.947);

η_e——机械传动效率,CRH_2 - 300 型取 0.95,CRH_3 型取 0.975。

另一种方法是根据加速时间和速度进行推算,首先根据每个速度下的加速度得到该速度下动车组的加速力,再用各速度下动车组的加速力加上各速度下动车组的运行阻力得到动车组的轮周力。

3. 动车组惰行阻力方法

惰行阻力试验旨在测试动车组惰行状态下的运行阻力。

惰行阻力试验在平直道上进行,当试验列车以指定速度到达试验区间前,动车组处于惰行状态,直至动车组驶出试验区间。记录惰行时间和速度,按照下面的公式计算每个速度下的动车组基本阻力,然后用最小二乘法对各速度下的基本阻力进行回归,得到动车组基本阻力公式。

$$\omega = \frac{1\,000(1+\gamma)}{3.6} \times (\Delta v/\Delta t) \quad (\mathrm{N/t}) \tag{8-4-2}$$

式中　γ——回转质量系数（CRH2-300 型取 0.0582，CRH3 型取 0.05）；

ω——单位惰行基本阻力，N/t；

Δt——计算步长，s；

Δv——Δt 内的速度变化值，km/h。

4. 网压波动试验方法

网压波动试验旨在确认接触网电压波动对动车组牵引功率发挥的影响。

试验在接触网电压的可调整范围内（17.5～31 kV）进行，网压调节步长为 1 kV，在每个网压下，动车组进入恒功区时分别以牵引/电制满级运行，测试各网压下牵引电机的有功功率等参数，绘制网压和牵引/再生轮周功率关系曲线。

5. 自动过分相试验方法

动车组在牵引、制动模式下自动过分相。过分相前司机控制列车在牵引或电制动状态，过分相过程中司机不进行任何操作，测试列车在过分相过程中的动作序列。测量动车组速度、牵引功率、网压、网流、过分相信号。

三、制动性能试验

1. 常用制动减速性能试验

常用制动减速性能试验主要考核动车组制动控制方式是否满足供货技术条件的要求，为动车组的实际运营提供技术数据。

试验时应测试以下参数：动车组速度、制动距离、制动时间、公里标、制动施加信号；动车组各车制动缸压力和空气簧压力、总风缸压力；一辆动车和一辆拖车选定制动盘和制动闸片温度；动车选定电机的制动电流。

试验时，在通过施加制动的标志之前，应断开牵引电动机电源，动车组的速度接近预定速度。当通过施加制动的标志时，按要求的制动方式实施制动，直至停车，单纯使用空气制动工况时，需提前切除动力制动。

制动初速度 v 与制动目标速度 v_0之差不应超 ±3 km/h。

如果试验不可能在一段绝对平直的线路上进行，则所选的直线轨道的坡度不应超过 ±4 mm/m。测得的制停距离 L 与平直线路或 v_0值之间的偏差用下式修正：

$$L_1 = L \times \frac{3.92 \times (1+R_0) \times v_0^2}{[3.92 \times (1+R_0) \times v^2] \pm i \times L} \tag{8-4-3}$$

式中　L_1——修正后的制停距离，m；

L——实测制停距离，m；

v_0——目标初速度，km/h；

v——实际初速度，km/h；

i——坡度，‰；

R_0——转动惯量。

每次试验之前总风缸（制动风缸）压力应恢复正常。

根据 350 km/h 的 CRH2 和 CRH3 型动车组供货技术条件，两型动车组均采用复合制动方式，即动车使用电制动、拖车使用空气制动的复合制动方式，动车中电制动优先，低速区域的电制动停止工作时或电制动故障时，不足的部分由空气制动力补充。

根据 350 km/h 的 CRH2 型动车组供货技术条件，常用 7 级制动减速度须满足：制动初速度为 275 km/h，平均减速度不低于 0.400 m/s^2；制动初速度为 300 km/h，平均减速度不低于 0.365 m/s^2。

根据 CRH3 型动车组供货技术条件，各级常用制动减速度须满足图 8-4-17 的要求。

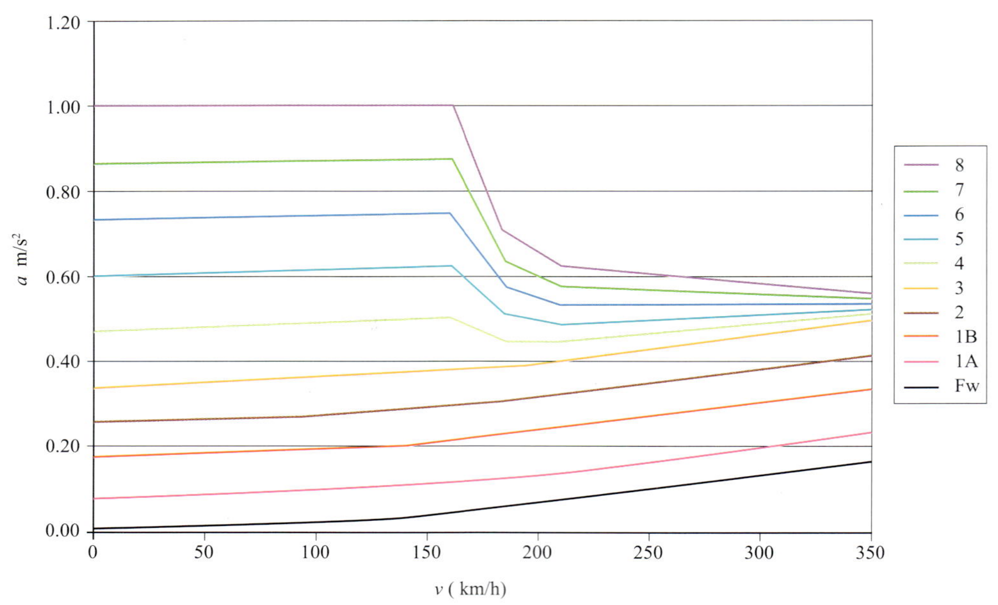

图 8－4－17　CRH3 型动车组常用制动减速特性曲线

2. 紧急(快速)制动

紧急(快速)制动试验的目的是验证不同制动类型(复合制动和空气制动)紧急(快速)制动时,动车组制动停车距离是否满足《京津城际铁路技术管理暂行办法》的要求。

根据 350 km/h 的 CRH2 和 CRH3 型动车组供货技术条件,紧急(快速)制动距离应满足下列标准:制动初速度为 300 km/h,制动距离不大于 3 700 m;制动初速度为 200 km/h,制动距离不大于 2 000 m;制动初速度为 160 km/h,制动距离不大于 1 400 m。

根据铁道部铁科技［2008］99 号文《京津城际铁路技术管理暂行办法》第 49 条规定,制动初速度为 350 km/h 时,列车紧急制动距离限值为 6 500 m;制动初速度为 300 km/h 时,列车紧急制动距离限值为 3 800 m。

四、气动力性能测试

1. 会车压力波测量

(1)试验列车情况

350 km/h 的 CRH2 型动车组会车压力波现车试验共用车两列,列车编号分别为 CRH2－061C(位于上行线)和 CRH2－062C(位于下行线),两列车均为 8 节编组,观测列车为 CRH2－061C,通过列车为 CRH2－062C,线间距为 5.0m,两动车组在等速条件下运动交会,如图 8－4－18 所示。

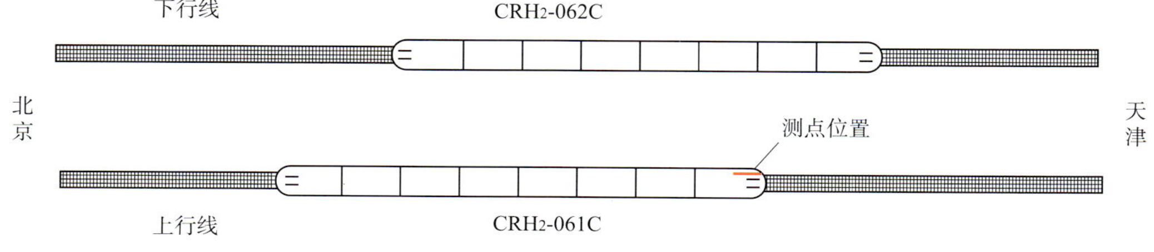

图 8－4－18　350 km/h 的 CRH2 型动车组交会试验列车情况

从图 8－4－18 中可以看出:由于压力传感器位于 CRH2－061C 的头部,当 CRH2－061C 下行运行(北京→天津)时,CRH2－061C 的头部首先与 CRH2－062C 的头部交会,再与 CRH2－062C 的尾部交会,此种交会情况通常称为“头—头”交会;而当 CRH2－061C 上行运行(天津→北京)时,CRH2－061C

的尾部首先与 CRH2－062C 的头部首先交会，再与 CRH2－062C 的尾部交会，此种交会情况通常称为“头—尾”交会。

CRH3 型动车组会车压力波现车试验共用车两列，列车编号分别为 CRH3－004A 和 CRH3－005C，两列车均为 8 节编组，观测列车为 CRH3－004A，测点位于第 8 节车的两侧，通过列车为 CRH3－005C，线间距为 5.0 m，两动车组在接近等速的条件下运动交会，如图 8－4－19 所示。

由于 CRH3 型动车组的会车试验是在随着列车的试运行进行的，在试运行过程中，CRH3－004A 在往返于北京和天津的过程中分别在上、下行线上运行，即当 CRH3－004A 由北京开往天津（北京→天津）下行运行时，CRH3－004A 在下行线上运行，CRH3－005C 在上行线上运行，如图 8－4－19（a）所示，CRH3－004A 的头部首先与 CRH3－005C 的头部交会，再与 CRH3－005C 的尾部交会，此种交会情况为“头—头”交会。而当 CRH3－004A 由天津开往北京时（天津→北京），CRH3－004A 在上行线上运行，CRH3－005C 在下行线上运行，如图 8－4－19（b）所示，CRH3－004A 的尾部首先与 CRH3－005C 的头部交会，再与 CRH3－005C 的尾部交会，此种交会情况为“头—尾”交会。

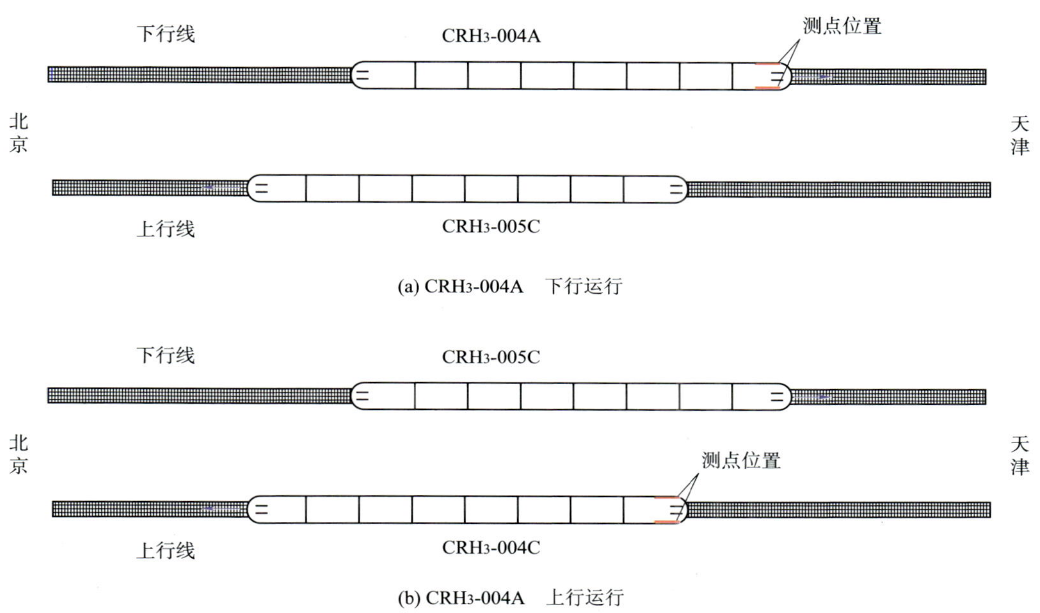

图 8－4－19 CRH3 型动车组交会试验列车情况

（2）测点布置

350 km/h 的 CRH2 型动车组会车压力波测点布置在 CRH2－061C 的第 1 节车的外侧面上，测点布置示意见图 8－4－20，共 7 个。其中测点 1 布置在司机室与第 1 节车之间，高度为司机室车门玻璃中心，距离第一节车门左侧边距离为 200 mm（L_1 = 200 mm），测点 2～4 及测点 5～7 分别两个测试断面上，其中测点 3 及测点 6 分别位于第 1 节车的第 3、4 个车窗中点，测点 2 和测点 5 分别位于测点 3 及测点 6 的正上方，距车窗上边缘 100 mm（h_1 = 100 mm），测点 4 和测点 7 分别位于测点 3 及测点 6 的正下方，距车窗下边缘 160 mm（h_2 = 160 mm）。实际的测点分布见图 8－4－21，图中只有测点 2～7。

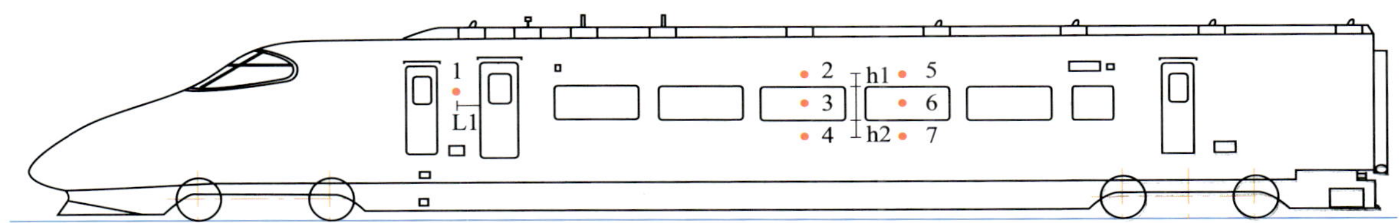

图 8－4－20 CRH2－061C 型动车组会车压力波测点布置示意图

对于 CRH3 型动车组，由于 CRH3－004A 在上、下行线上交替运行，为了在上、下行时均能够进行测量，会车压力波测点对称布置在 CRH3－004A第 8 节车的两侧，每侧 5 个，共计 10 个测点，测点布置示意见图 8－4－22。其中测点 6(1)布置在车头第 1 和第 2 个车窗之间，距离车窗区域顶部 100 mm；测点 7(2)布置在车头第 3 和第 4 个车窗之间，距离车窗区域顶部 300 mm；测点 8(3)～10(5)位于同一个测试断面，布置在第 8 节车的第 3 和第 4 个车窗之间，其中测点 8(3)位于车窗上沿的高度，测点 9(4)位于车窗中心高度位置，测点 10(5)距车窗下沿 160 mm 高度的位置。

图 8－4－21　会车压力波实际测点布置

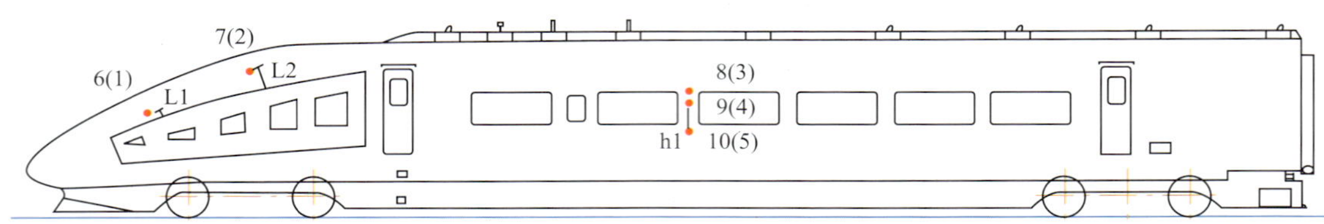

图 8－4－22　CRH2－061C 型动车组会车压力波测点布置示意图

(3)压力传感器的选择和安装

传感器的选择应以测量精度高、对流场影响小为原则。本试验选择 ENDEVCO 公司生产的压阻式传感器 8515C－15。该传感器体积小，直径 6.35 mm，厚度只有 0.76 mm，因其很薄，对流动影响小，灵敏度高，全刻度范围为 1 bar。传感器见图 8－4－23。该传感器的安装也很方便，可以用双面胶布直接贴附于列车表面，如图 8－4－24 所示。

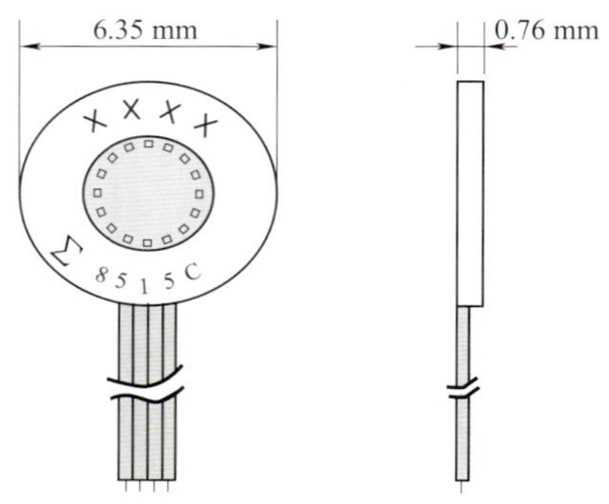

图 8－4－23　ENDEVCO　8515C－15 压力传感器

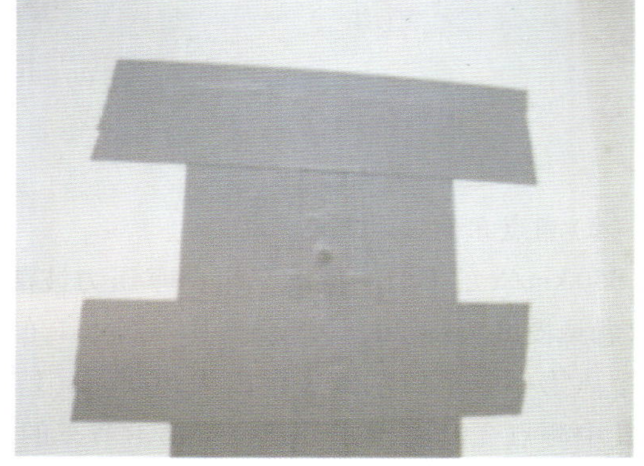

图 8－4－24　压力传感器的安装

2. 车内压力测量

(1)测点布置及安装

在进行会车压力波测量的同时，对交会过程中车内的压力变化也进行了测试，以便进一步评估车体的密封性。

车内压力波变化布置了 1 个测点，位于第 4 节车厢的中部位置，为了能够模拟车内压力对人体舒适度的影响，压力传感器安装在一个由尺度为 250 mm×250 mm×250 mm 的密闭保温箱上，如图 8－4－25 所示。保温箱在尺度和安装高度上模拟了车内人员的头部，并为车内压力测量提供了恒温、恒压环境。

图 8－4－25　车内压力传感器的布置及安装

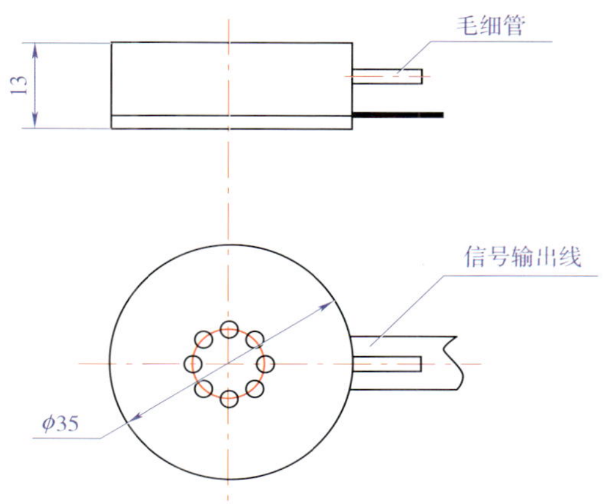

图 8－4－26　CYG1520 压力传感器

(2)CYG1520 压力传感器

车内压力变化测量采用的江苏昆山双桥传感器有限公司生产的 CYG1520 型压差式压力传感器，该传感器尺寸为 ϕ35 mm × 13 mm，如图 8－4－26 所示，传感器静态精度为 0.5% Fs，动态响应频率为0～5 kHz。

(3)测试系统的组成

车内压力测量系统与会车压力波的测量系统组成基本相同，压力传感器测得的压力信号经放大器和 A/D 转换器输入计算机进行处理，得到车内压力变化的大小。

3. 气象参数测量

在测量会车压力波时需要同时测量环境气象条件，包括环境温度、压力、湿度、风速和风向。在预计的交会地点附近，采用 Davis 移动气象站测量气象参数，气象站的布置如图 8－4－27 所示，气象站距测点位于轨道轨面以上2 m、水平距轨道 4 m 的位置。

图 8－4－27　气象站布置

4. 试验评定

试验评定依据《高速列车空气动力学性能计算和试验鉴定暂行规定》，在 5 m 线间距和 350 km/h 速度时，明线会车压力波不超过 1 920 Pa，车内压力变动不大于 1 000 Pa。

第七节　综 合 接 地

一、综合接地静态参数测试

1. 综合地线接地电阻测试

采用三极法进行测试。测试时，为了确保探针安装在接地电极和辅助接地电极的电势梯度范围之外，接地电极和接地钉之间以及接地钉相互之间距离为 20 m。

2. 桥梁结构接地电阻测试

测采用三极法进行测试。接地电极为桥梁与桥墩连接钢带。

3. 大地导电率测试

采用四极法进行测试。测试采用四个长度相同的接地钉成一均匀直线安置在土壤中并且相互之间距离相同，均为 20 m。

4. 结构接续性测试

测试表连接见图 8－4－28。

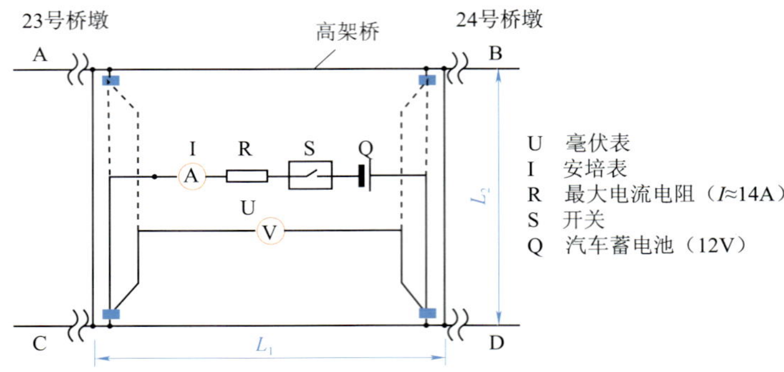

图 8－4－28 接续性测试仪表连接图

通过闭合开关，记录毫伏表电压值和安培表电流值进行测试，用电压值除以电流值可得两桥墩之间接续性电阻值。

二、综合接地动态测试

1. 电位测试

(1)钢轨电位

采用分压探头一端接钢轨线夹，一端接参考地线端子(距线路 100 m 的钢钎电极)，两端子之间电位差即为钢轨电位，测得的钢轨电位由录波仪或数采仪记录。

(2)综合地线电位

采用分压探头一端接综合接地线的接地母排，一端接参考地线端子，两端子之间电位差即为综合地线电位，测得的综合地线电位由录波仪或数采仪记录。

(3)支柱(护栏)电位

采用分压探头一端接支柱(护栏)金属螺栓，一端接参考地线端子，两端子之间电位差为支柱(护栏)电位，由录波仪或数采仪记录。

2. 电流测试

(1)钢轨电流

采用电流钳套住两个扼流变压器中心抽头联线，所测得电流值即为钢轨回流；采用电流钳套住扼流变压器连接两个钢轨的电缆，可分别测出两根钢轨的电流，由录波仪或数采仪记录。

(2)综合地线电流

采用电流钳套住综合地线，所测得电流值即为综合地线电流，由录波仪或数采仪记录。

(3)架空保护线电流

采用电流钳套住保护地线(停电安装)，所测得电流值即为保护地线电流，由录波仪或数采仪记录。

三、综合接地短路测试

1. 短路测试

(1)短路点位置

上行线 JJK4＋800，JJK49＋100；下行线：JJK115。

(2)短路方案

上行线 JJK4＋800，JJK49＋100 短路时，武清变电所为全线送电。

JJK4＋800 接触网短路投运 3、5AT 所，负馈线短路所有 AT 所退出运行。

JJK49＋100 接触网短路投运 1、3、5AT 所，负馈线短路所有 AT 所退出运行。

下行线 JJK117 短路时，亦庄变电所为全线送电。

JJK117 接触线短路投运 3、4、5、6AT 所，负馈线短路所有 AT 所退出运行。

每个短路点做两次短路，一次是接触导线对钢轨短路，一次是负馈线对钢轨短路。

每次短路分三个阶段：第一阶段变电站正常送电状态下，短路点短路，变电站跳闸保护，持续时间约 100 ms；第二阶段持续 5 s，网上无电；第三阶段短路点保持短路，变电站送电，然后保护，持续时间约 400 ms。

2. 钢轨电位和综合地线电流测试

(1)钢轨电位测试

在距离短路点 45 m 处设置测点，测试上下行钢轨电位。钢轨电位采用 FLUKE1735 测试有效值，采用横河 DL750 录波仪测试电位瞬时值。

(2)综合地线电流测试

在可安装电流传感器的短路测点附近，采用 FLUKE1735 测试综合地线中电流有效值。

第八节　电磁兼容

一、列车通过时无线电干扰测试

依据 IEC 62236－2 标准，测量天线距线路外轨中心线 10 m，环天线环面平行于线路，对数天线和鼠笼天线垂直极化，天线底部高出轨面 2 m，测量接收机设置为峰值检波，记录每次过车最大值为此次测量代表值。得出 0.009～0.15 MHz、0.15～30 MHz、30～1 000 MHz 三个频段的频率特性。

二、接触网工频电磁场测试

1. 工频电场测量

工频电磁场探头距地面(或轨面)1.8 m，在无车通过时，从下行正线正下方开始测量，直至距侧线中心线 6 m 的距离。

2. 工频磁场测量

工频电磁场探头距地面 1.8 m，距侧线中心 4 m，测量过车时磁场变化值。

三、变电所无线电干扰和工频电磁场测试

1. 工频电场和磁感应强度

探头距地面 1.8 m，测量距变电所围墙 20 m 处工频电场和磁感应强度。间隔一定距离测量场强沿某方向衰减特性。

2. 无线电干扰场强

环型天线距地面 1.8 m，采用准峰值检波，测量距变电所围墙 20 m 处侧量 0.5 MHz 无线电干扰场强。

四、信号电缆受电力电缆和牵引网干扰影响测试

使用高阻录波仪测量两轨条上的轨道电路信号时域波形，进行 FFT 分析，得出频谱特性。测量时轨道电路闭塞区间空闲。

五、电磁兼容车上测试

1. 列车车厢内低频电磁场

采用低频场强仪进行测试，选择车厢内易产生低频电磁场的位置(如动车主变压器、牵引变流器等)和列车工作人员和旅客乘坐时敏感位置(地板、坐位和胸部高度)进行测试。

2. 列车车厢内射频综合场强

采用综合场强仪进行测试,选择车厢内列车工作人员和旅客乘坐时敏感位置(地板、坐位和胸部高度)进行测试,同时进行了特殊点试验性测试。

3. 列车电源质量

采用电能质量记录仪,对 CRH_2 - 061C4 号动车车厢内 220V 电源的电能质量进行了记录和分析。

4. ATP、应答器等车载设备接收信号受干扰测试

采用波形记录仪,对 0 号高速综合检测车车厢内蓝信公司信号动态检测评估系统的轨道电路上传信号进行了记录和分析。

第九节　环境噪声、振动及声屏障

一、列车运行辐射噪声、环境噪声测试

列车辐射噪声测量符合《声学 铁路机车车辆辐射噪声测量》(GB/T 5111—2002)中 11.1 或《铁路车辆辐射噪声测量》(ISO/DIS 3095:2004)中及《声学 环境噪声测量方法》(GB/T 3222—1994)中的规定。

铁路边界噪声测量符合《铁路边界噪声限值及其测量方法》(GB 12525—1990)及《铁路沿线环境噪声测量技术规定》(TB/T 3050—2002)中的规定。

二、列车运行环境振动测试

环境振动 Z 振级的测试方法符合《城市区域环境振动测量方法》(GB 10071—1988)、《铁路环境振动测量方法》(TB/T 3152—2007)的规定。

三、声屏障降噪效果及气动力对声屏障结构影响测试

声屏障插入损失的测试及评价方法符合国家现行标准《声屏障声学设计和测量规范》(HJ/T 90—2004)、《铁路声屏障声学构件技术要求和测试方法》(TB/T 3122—2005)中的有关规定、《客运专线铁路工程竣工验收动态检测指导意见》中的相关要求。

四、动车组车内噪声、振动测试

动车组车内噪声水平的测试方法符合《铁道机车和动车组司机室噪声限值及测量方法》(GB/T 3450—2006)、《铁路机车车辆内部噪声测量》(GB/T 3449—1994)的规定。动车组车内振动水平的测试方法符合《铁道机车和动车组司机室人体全身振动限值和测量方法》(TB/T 1828—2004)、《铁道车辆乘客及乘务员所承受的振动的测量与分析》(GB/T 13670—2004)的规定。

第十节　路基及过渡段

路基及过渡段动力性能试验流程见图 8 - 4 - 29。

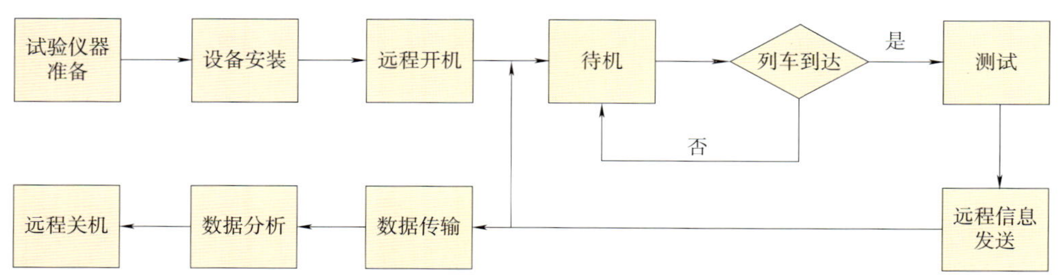

图 8 - 4 - 29　路基及过渡段动力性能试验流程图

一、动应力测试

采用应变式土压力传感器，通过动态应变仪将信号放大，由数据采集与处理系统进行记录和分析处理。

二、路基动变形测试

采用电涡流位移计测试动变形，在基床中设置5 m深的基桩作为基点，测试基点与路基各测试点的相对位移作为动变形，由数据采集与处理系统进行记录和分析处理。

三、挡土墙横向动变形测试

采用电涡流位移计测试动变形，在挡土墙外侧设置基准架，测试基点与挡土墙的相对横向位移，由数据采集与处理系统进行记录和分析处理。

四、振动加速度测试

采用压电加速度传感器，经电荷放大器将信号放大，由数据采集与处理系统进行记录和分析处理。

五、测试系统

现场测试采用自动触发记录方式，由太阳能供电，通过远程终端控制系统的动作和监测系统的工作状态。

六、分析方法

通过实测数据针对具体路基结构作反分析，确定相应的计算参数，分析路基最大剪应变达到临界剪应变时对应的动应力和动变形的临界值，作为测试参数的限值。

第十一节　轨道结构

一、轮轨垂直力和水平力

参照TB/T 2489—1994《轮轨水平力、垂直力地面测试方法》采用剪应力法测试动车组通过轨道结构动力作用测点时的轮轨垂直力和横向水平力。根据轮轨垂直力和水平力测试数据计算动车组内外轮脱轨系数、轮重减载率及轮对横向力等列车运行安全性参数。

轮轨垂直力采用垂直力标定架现场标定，并根据动车组5 km/h通过测点进行准静态标定和校核，轮轨水平力采用水平力标定架现场标定。

二、无砟轨道结构变形

采用压电式和电阻应变式位移计测试各项变形参数。电阻应变式位移计测试采用塞尺现场标定。

三、无砟轨道结构振动

采用压电式或电阻应变式加速度计测试钢轨、轨道板、底座、混凝土支承层、梁面或路基面垂向振动加速度。

四、钢轨支点压力

采用测力垫板测试钢轨支点压力，实验室标定。

五、轨道板纵向、横向应变

采用应力法测试轨道板纵向、横向应变。

六、砂浆层压应力

采用压力传感器测试砂浆层压应力，实验室标定，在施工过程中预埋。

七、测试仪器校核

在正式测试前，用标准应变源对所有测试仪器校核，并修正导线误差。

八、子测试系统控制

现场测试采用自动触发、记录和存储方式，通过无线或有线网络远程控制各子测试系统的操作和监测各子系统的工作状态。

第十二节　道　　岔

一、轮轨垂直力 P、水平力 Q

根据《轮轨水平力、垂直力地面测试方法》(TB/T 2489—1994)标准的要求，采用"剪应力法"测试列车以不同速度通过岔区的轮轨垂直力 P 和横向水平力 Q，从而计算出脱轨系数 Q/P 及轮重减载率 ΔP/P，以判定列车运行的安全性和道岔的平顺性。

二、尖轨、基本轨、翼轨横向、竖向弹性位移

采用弹片式位移计测试岔区钢轨、翼轨横向、竖向弹性位移和心轨、尖轨的开口量。

三、牵引点处岔枕和钢轨的振动加速度

用加速度计测试道岔牵引点处岔枕和钢轨振动加速度，转辙机安装位置、密贴检查器安装位置振动加速度。

四、转辙机拉杆应力及尖轨、翼轨应力

采用"应力法"测试尖轨、翼轨、转辙机拉杆应力。

五、道岔区几何状态变化

试验前后，用轨距尺(道尺)、支距尺、弦绳测量道岔区轨道几何尺寸。

六、测试车上的轮轨动力学参数

在试验车上，采用测力轮对测试道岔区的轮轨垂直力、水平力等指标。

七、测试转换阻力

采用测力销测试转辙机的转换阻力。

八、测试多机控制器

采用电流互感器等对多机控制器进行试验测试。

九、测试下拉装置位移

采用直滑式导电塑料位移传感器进行下拉装置位移测试。

第十三节　桥　　梁

一、梁体竖向、横向振幅和墩顶横向振幅

梁体竖向、横向振幅和墩顶横向振幅均采用891－Ⅱ传感器和891－Ⅱ型积分放大器进行测定。

二、梁体动挠度、支座动位移

梁体动挠度、支座动位移和梁缝两侧钢轨支点处的横、竖向相对位移采用差动变压器式位移计(LVDT)和WY－6型测量仪进行测定，部分桥梁挠度采用光电图像式桥梁挠度检测仪(BJQN－IV)和微变形监测系统(IBIS－S)进行测定。

三、梁体竖向与横向振动加速度

梁体竖向与横向振动加速度采用内装IC压电加速度传感器(LC0104)和动态信号调理模块(CM3504)进行测定。

四、梁体动应力

梁体动应力采用MCC和DPM动态应变仪进行测定。

五、列车速度

列车速度采用永磁传感器(CYC_3)进行测定。

六、信号采集和分析处理系统

信号采集和分析处理系统采用北京东方振动和噪声技术研究所生产的INV306型数据采集仪及其相应的数据分析软件。

第十四节　轨道几何状态

一、轨道几何状态检测方法

京津城际轨道状态检测采用轨道检查车和综合检测列车两种方式以不同速度检测，速度160 km/h以下时使用GJ－5型轨道检查车，大于160 km/h使用CRH2－010A过渡综合检测车、350 km/h的CRH2－061C综合检测车和0号高速综合检测列车。

GJ－5型轨道检查车最高检测速度160 km/h。该车采用梁结构方式的惯性测量及摄像式的图像测量原理。采样间隔0.25 m。主要检测轨距、水平、三角坑、轨距变化率、曲率、曲率变化率、42 m和70 m波长范围的高低、轨向、车体水平、垂直加速度等项目。检测设备如图8－4－30所示。

CRH2－010A和300 km/h的CRH2－061C综合检测车最高检测速度250 km/h和300 km/h，该列车采用自主研发方式，轨道几何检测系统采用惯性测量原理，由于车下受到传感器安装位置限制，该车缺少轨距、轨向检测功能，主要检测高低、水平、三角坑、曲率、车体水平、垂直加速度等项目。其中300 km/h的CRH2－061C综合检测车轨道几何状态检测系统尚处在设备调试过程。

0号高速综合检测列车是自主创新的最高时速250 km/h综合检测列车，外观见图8－4－31。轨道几何检测系统采用梁结构方式的惯性测量及摄像式的图像测量原理。主要检测轨距、水平、三角坑、轨距变化率、曲率、曲率变化率、42 m和120 m波长范围的高低、轨向、车体水平、垂直加速度等项目。

图 8-4-30　轨道检测车设备图

图 8-4-31　0 号高速综合检测列车

2008 年 7 月前京津城际轨道几何状态检测主要以 GJ-5 型轨道检查车为主。

二、数据处理

线路质量动态检测数据处理应符合下列规定：

(1)连续检测和记录检测数据,根据检测波形和线路设备台账信息编辑检测数据,剔除影响检测数据中的干扰值。

(2)对检测数据按幅值和区段标准差进行评判。按每公里统计超过轨道不平顺幅值和标准差管理值偏差处数对线路进行评价。

(3)幅值评价项目连续超过Ⅰ级标准但低于Ⅱ级标准的处所记作一处Ⅰ级偏差,对于连续超过Ⅰ级标准并且超过Ⅱ级标准的处所记作一处Ⅱ级偏差。

(4)区段标准差不允许超过标准值。

三、检测条件和方式

1. 试验采用的各型检测(列)车需保证其运行状态正常,由北京局负责车辆整备、编组。轨检车编组要求两端加挂隔离车。

2. 检测列车每天检查整备地点要求无接触网区段。

3. 轨检车最高检测速度 160 km/h,CRH_2 - 010A 和 300 km/h 的 CRH_2 - 061C 综合检测车最高检测速度 250 km/h 和 300 km/h,0 号高速综合检测列车最高检测速度 250 km/h。

第十五节　防灾安全监控系统

防灾安全监控系统按设备构成可分为硬件设备和应用软件两部分,针对软、硬件的不同特点采用不同的试验方法。

一、硬件测试方法

系统应用服务器、数据库服务器、交换机、监控单元等硬件设备均配置为双机,采用"对比测试法",任意关闭一台设备,观察系统应用软件是否正常,随后将该机重新开启,再将另一台设备关闭,观察系统应用软件是否正常,通过上述方法重点测试设备的冗余功能是否正常。

二、软件测试方法

大风、落物报警和与外系统接口功能测试采用软件功能测试中常用的"黑匣测试法",通过模拟大风、落物报警数据输入,预先设定软件输出结果,将软件实际运行结果与预测结果相比较,检测大风、落物报警和与外系统接口功能是否满足设计要求。

第十六节　高速综合检测列车

一、动车组型式试验方法

参照 CRH_5 型动车组型式试验相关办法,根据综合检测列车实际情况,对综合检测列车动车组设计改造部分做部分型式试验,包括车体铝结构的强度、刚度试验、气密性试验,长途可靠性试验、照度试验、电磁兼容试验和制动试验;其他直接采用 CRH_5 型动车组型式试验结果;采用实验室、静态和不同工况动态试验的方法。

二、各检测系统试验方法

1. 综合系统

进行系统静态功能试验。

进行系统动态试验。在列车专用网络上传输各检测系统数据和视频流,通过 OPC Server 协议实时监控网络传输流量,在网络上设置故障点测试网络自诊断性能;在定位同步网络上实时传输定位同步脉冲和里程同步信息;在各检测系统接收点测试其准确性和时延;切换各检测系统实时检测波形界面和环境视频监测图像到大屏幕显示;动态测试各综合报表和波形综合显示功能。

2. 轨道检测系统

进行系统静态功能试验。

进行系统动态试验。在地面选择不少于 10 个固定点,预设轨道不平顺,采用静态测量和动态检测相结合的方式,进行系统测试。同一方向,不同速度(30、60、90、120、150、200、250 km/h),每个速度

3 次动态检测试验；不同方向，不同速度（30、60、90、120、150、200、250 km/h），每个速度 3 次动态检测试验；各次检测结果进行对比，分析其重复性，各次检测结果与静态测量结果进行对比，分析其检测精度。

3. 接触网检测系统

进行系统静态功能试验。

进行系统动态试验。前弓闭口，不同速度（30、60、90、120、150、200、250 km/h）动态检测试验；后弓开口，不同速度（30、60、90、120、150、200、250 km/h）动态检测试验；各次检测结果进行对比，分析其重复性。

4. 轮轨力检测系统

进行系统静态试验。在 MM&T 的实验室标定台上进行。采用高精度力传感器输出作为实际加力输入值，高精度位移传感器输出作为轮轨接触点输入，记录测力轮对系统输出的轮轨力和轮轨接触点输出，考察输出与输入的偏差，对测力轮对系统进行精度评价。加载位置选择：踏面中心、踏面侧边、轮缘；加载点选择：0°、90°、180°、270°四个位置，结合若干随机角度点。

进行系统动态试验。列车在固定直线段和曲线段以不同速度运行，分析横向力、垂向力、脱轨系数和减载率等检测参数的变化趋势是否正确。

5. 通信检测系统

进行系统静态功能试验。

进行系统动态试验。在京津城际铁路实施往返的隔站测试、4 个基站交叉覆盖测试，测试 GSM－R 场强覆盖子系统；使用 ROMAS 测试软件测试通用服务质量，包括呼叫成功率、切换成功率、呼叫建立时间、话音质量等；测试 CSD，包括连接建立时间、连接失败率、数据传输时间、干扰率等；使用 GPRS 模块进行测试，测试 GPRS 数据的传输延时和成功率；测试 GPRS 调度命令和车次号传输成功率等指标，测试应用功能子系统。

6. 信号检测系统

进行系统静态功能试验。

进行系统动态试验。列车 ATP 在 CTCS－0/1/2 及 TVM 各种模式下，进行运行试验；在京津城际铁路实施 STM 信号接收天线、轨道电路处理机、轨道电路检测、ASTM 天线、牵引回流处理机、CTM－S 天线调试、CTM－R 天线等动态功能试验和重复性验证。

第十七节　试　运　行

试运行试验采用了模拟计算、运行实测、数据处理与仿真分析等方法。在测试运行图参数前，为了提高测试效率，根据车型、线路、信号等数据，采用运行仿真技术中的牵引计算功能，计算出列车运行时间、最小列车追踪间隔、起停车附加时分、车站到发间隔等数据，并据此铺画测试运行图作为试验基础。为了保证测试数据的可靠性，采用了时间基准每天核对、测试参数多路并测、数据相互校验的方法，实现了原始数据的准确无误。列车运行时间测试以后，因列车运行不稳定影响了运行时间，使得部分测试数据不能达到预期的目标值，为了确认数据的可靠性和代表性，又采用了牵引计算分析，将理论数据与实测数据对比，分析列车运行和实测数据存在的问题，对测试数据进行了准确筛选，得到了大量可靠的测试数据，但其中随机因素的影响依然存在，运用了列车运行分析理论进行计算，使得分析结论具有较高的置信度。最后，对测试数据和参数进行了全面论证，采用仿真技术进行全面模拟，检验了参数的合理性及运行图的可靠性。

第五章　综合试验评价体系与标准

第一节　京津城际铁路系统评价体系概述

京津城际铁路是高新技术的高度集成。线路工程、牵引供电、高速动车组、通信信号、客运服务和运营维护等各系统既自成体系、又相互关联，既有硬件接口、又有软件联系，对整体性和系统性有很高的要求。

京津城际铁路作为我国高速铁路建设的示范性工程，在可行性研究、系统设计、设备制造、施工安装、调试试验直至正式运营的整个系统生命周期各阶段，均建立了完善的系统评价体系。以确保系统建成后高效、安全、可靠地运营。京津城际铁路系统生命周期各阶段评价体系结构如图 8－5－1 所示。

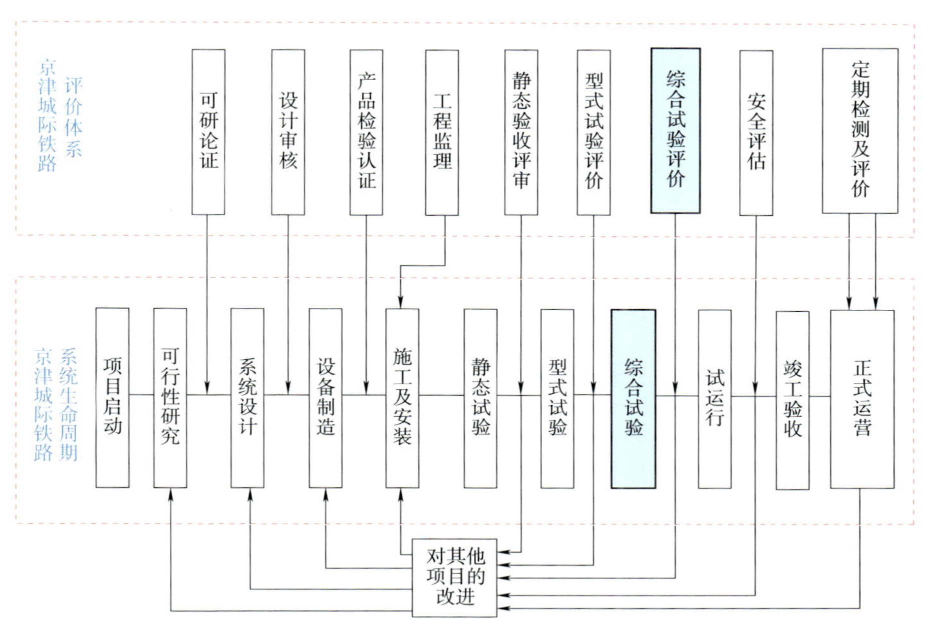

图 8－5－1　京津城际铁路系统评价体系

在京津城际铁路系统评价的工程实践中，应用了系统工程学的原理和方法，通过识别系统中的各种危害因素，对系统安全性、可靠性、可用性及可维护性建立科学合理的评价指标体系，并进行定性、定量分析。依据评价结果来调整可研、设计、制造、施工及运营维护措施，控制或消除系统可能发生的故障或事故，以期最大限度地实现系统的功能。同时，京津城际铁路是我国首条 350 km/h 高速铁路，是我国高速铁路建设的典范，对其进行科学完整的系统评价，对改进和优化我国其他高速铁路系统可研、设计、设备制造、工程施工等过程，完善我国高速铁路系统评价体系，具有重要的意义。

在京津城际铁路系统生命周期中，静态试验、型式试验、综合试验阶段主要是对系统设计、制造、施工等阶段实施验证和确认。在国际通行的"V 型生命周期"模型中，系统验证主要过程如图 8－5－2 所示。

京津城际铁路综合试验是系统交付运营前对设计需求的验证阶段，也是对系统整体运行性能、各系统接口匹配关系、安全性及环境保护等进行全面试验评估和对系统集成效果的全面检验。主要过程是对实际装备在实际基础设施环境下的性能、功能和安全性等方面进行实时验证。

因此，在综合试验阶段必须对京津城际铁路的各系统及接口进行科学、完整的系统评价。包括线

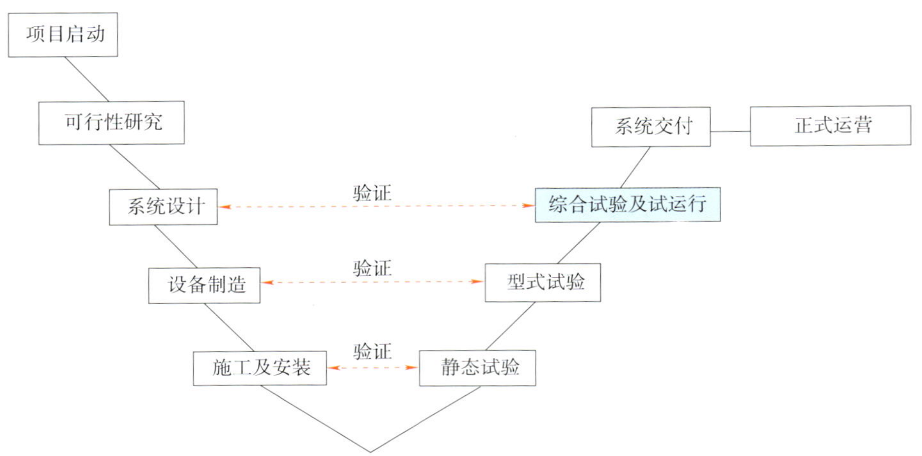

图 8－5－2　在"V 型生命周期"模型中的试验验证

路工程、供变电，接触网，动车组、通信，信号，客运服务等系统，及轮轨动力学、弓网动力学、弓网受流性能、流固耦合、机电耦合、电磁兼容性、综合接地、振动噪声等系统间接口或系统与外部的接口。

京津城际铁路的综合试验是在型式试验、静态试验已经完成的条件下进行的。本章所描述的评价指标主要是针对综合试验。对前期已进行的系统自身功能的测试和试验（如动车组），本章不过多涉及。

京津城际铁路综合试验评价指标体系主要由各系统评价指标、系统间接口评价指标和与外部系统接口评价指标三个部分组成，主要结构如图 8－5－3 所示。

第二节　各系统评价

一、线路工程

1. 评价内容

通过对测试结果的分析，对 CRTS Ⅱ 型板式无砟轨道结构型式及道岔区长枕埋入式无砟轨道下路基动力性能进行评价。

对京津城际铁路采用 CRTS Ⅱ 型板式无砟轨道结构和与之相配套的扣件系统使用情况进行评价。

对系统调试过程中所进行的系统动力性能测试结果和相应的长期观测分析研究结果进行分析评价，验证一些关键技术以及分析国内外技术特点的差异。

对动车组直、侧向通过京津城际铁路 18 号和直向通过 39.113 号无砟道岔的安全性、平稳性和旅客舒适性进行评价。

对动态轨距优化技术和关键部件的适应性进行验证和评价。

对道岔轨道刚度设置的合理性、轨道刚度的均匀性进行评价。

通过监测桥梁自振特性和 300 ~ 350 km/h 动车组以各种速度通过时桥梁动力响应，据以判断结构在动载作用下的工作状态（包括长大桥梁等跨布置引起的竖向周期性不平顺效应），评价桥梁是否具有合理的竖向和横向刚度，评价动车组通过桥梁时的安全性。

2. 评价项目

（1）轨道状态

高低、轨向、轨距、水平、三角坑、车体横向加速度、车体垂向加速度。

（2）路基及过渡段动力学性能

①路基动力性能，包括：动荷载、动变形、振动。

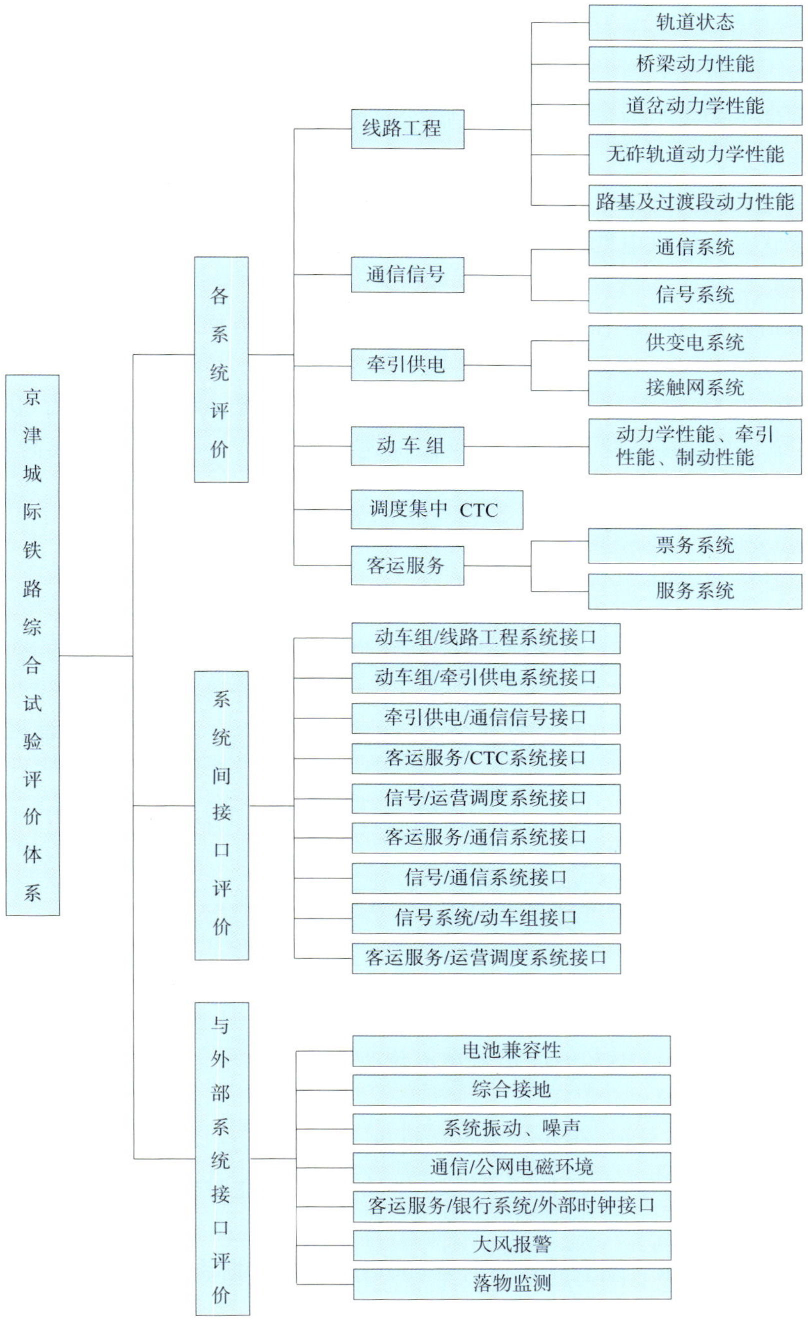

- 京津城际铁路综合试验评价体系
  - 各系统评价
    - 线路工程
      - 轨道状态
      - 桥梁动力性能
      - 道岔动力学性能
      - 无砟轨道动力学性能
      - 路基及过渡段动力性能
    - 通信信号
      - 通信系统
      - 信号系统
    - 牵引供电
      - 供变电系统
      - 接触网系统
    - 动车组
      - 动力学性能、牵引性能、制动性能
    - 调度集中 CTC
    - 客运服务
      - 票务系统
      - 服务系统
  - 系统间接口评价
    - 动车组/线路工程系统接口
    - 动车组/牵引供电系统接口
    - 牵引供电/通信信号接口
    - 客运服务/CTC系统接口
    - 信号/运营调度系统接口
    - 客运服务/通信系统接口
    - 信号/通信系统接口
    - 信号系统/动车组接口
    - 客运服务/运营调度系统接口
  - 与外部系统接口评价
    - 电池兼容性
    - 综合接地
    - 系统振动、噪声
    - 通信/公网电磁环境
    - 客运服务/银行系统/外部时钟接口
    - 大风报警
    - 落物监测

图 8－5－3　京津城际铁路综合试验评价指标体系结构

②挡土墙性能（横向位移）。

（3）轨道动力学性能。包括：无砟轨道结构几何状态、列车运行安全性指标（脱轨系数、轮重减载率、轮轴横向力、无砟轨道结构振动、无砟轨道结构变形、扣件系统）。

（4）道岔。包括：轨道竖向位移、钢轨件横向弹性位移、脱轨系数、减载率、转换阻力、尖轨、心轨第一牵引点外锁闭的锁闭量。

（5）桥梁动力学性能。包括：梁体竖向参数（挠度限值、转角限值、自振频率、加速度、动力系数）、梁体横向参数（加速度、自振频率、位移）。

二、牵引供电系统

1. 评价内容

对不同列车密度下的牵引取流特点、变电所、分区亭的电压水平、谐波、负序、功率因数、变压器利用率等参数进行评价。

对引入电源供电系统的背景电压波动,背景谐波电压、负序电压水平进行评价。

对变电所正常状态下的供电能力和故障状态下的越区供电能力,以及接触网末端解裂状态下的供电能力进行评价。

对接触网动态抬升量、接触网静态弹性、接触网安全检测等方面进行评价。

2. 评价项目

(1)供变电系统,包括:接触网电压、220 kV 母线电压、变电所、AT 所供电能力、供电质量。

(2)接触网系统,包括:接触网几何参数、垂向加速度(硬点)、一跨内接触线高差、接触网动态抬升量、接触网静态弹性测试。

三、通信信号系统

1. 评价内容

评价 GSM-R 数字移动通信系统在列车高速运行条件下的场强覆盖、网络服务质量、承载业务可靠性。

评价京津城际铁路通信系统为客运服务、综合调度、牵引供电、信号等系统提供通信服务的质量和可靠性。

根据 CTCS-3D 技术规范和合同要求,在实际运行环境条件下,对 CTCS-3D 列控系统功能、地面设备功能、接口以及兼容性进行评价。

对京津信号系统的综合功能、整体性能、接口关系等进行评价。

2. 评价项目

(1)通信系统

通信系统包括:

①GSM-R 场强覆盖测试(95% 时间地点概率接收电平);

②GSM-R 网络服务质量。

a. 呼叫(连接)建立失败概率、移动—固定呼叫建立时间、移动—移动呼叫建立时间、固定—移动呼叫建立时间、铁路紧急呼叫建立时间、同一区域内 MS 组呼建立时间、切换成功率、切换执行时间等一系列指标。

b. 连接建立失败概率、最大端到端传输时延(30byte 用户数据块)、连接丢失概率、传输干扰时间 TT1、传输无差错时间等指标。

c. PING 延时、PING 丢包/误包率。

③传输系统故障模拟测试

环路倒换和恢复功能验证、模拟传输设备故障测试(功能测试,无标准)。

(2)信号系统

①环行道 CTCS-3D 车载设备测试

包括:正常控车开始流程、正常控车模式、正常控车准确停车、正常控车制动接口、正常控车信息接收、应答器信息丢失速度监督、应答器报文、区间临时限速应答器报文、区间临时限速速度监督、区间临时限速时机、CSM 区超速防护(速度监督)、CSM 区超速防护(制动输出)、CSM 区超速防护(超速报警)、CSM 区超速防护(制动缓解)、TSM 区超速防护(速度监督)、TSM 区超速防护(制动输出)、TSM 区超速防护、TSM 区超速防护(制动缓解)、冒进防护制动输出、冒进模式、冒进后模式、冒进防护语音

报警等项目。

②京津 CTCS－3D 列控系统功能验证

包括：轨道电路信息接收灵敏度、轨道电路信息载频、轨道电路信息低频、轨道电路信息码序、轨道电路信息电气干扰、应答器信息接收速度监督、应答器报文、应答器报文兼容性、车载测速误差、列车位置修正、临时限速试验速度监督、临时限速试验制动输出、临时限速试验超速报警、临时限速试验制动缓解、运行模式与模式转换（FS、SH、OS、SB、IS、CO）、轨道电路码序突变、轨道电路故障制动输出、应答器专用电缆故障、应答器 LEU 故障、应答器 MSTT 故障、地面应答器丢失、CTCS－3D 车载单元单系故障、CTCS－3D 车载单元双系故障等项目。

③京津跨线列车列控地面设备系统调试

包括：应答器信息接收（正向、反向）速度监督、应答器信息接收（正向、反向）应答器报文、应答器信息接收（正向、反向）报文兼容性、TCR 轨道电路信息接收灵敏度、TCR 轨道电路信息接收载频、低频、运行模式与模式转换（FS、SH、OS、SB、IS、PS、CO）、自动过分相预告功能、自动过分相控制输出、超速防护 CSM 区、超速防护 TSM 区等项目。

④信号系统接口测试

包括：SIMIS W 联锁与 ZPW－2000A 轨道电路接口、SIMIS W 联锁与 CTC 的接口、SIMIS W 联锁与 TCC 的接口、SIMIS W 联锁与邻站 SIMIS W 或 DS6－K5B 联锁的接口、SIMIS W 联锁 ACC 与 MSTT 的接口、DS6－K5B 联锁与 TCC 的接口、DS6－K5B 联锁与 CTC 的接口、TCC 与 LEU 的接口、TCC 与轨道电路的接口、车载 ATP 与 TCR 的接口等项目。

四、动车组

1. 评价内容

动车组系统综合试验评价是在型式试验、静态试验已经完成的条件下进行的。动车组本身的各项技术指标、性能、功能及参数均已经在型式试验、静态试验阶段完成。因此，在综合试验阶段，主要是根据 350 km/h 的 CRH_2 型、CRH_3 型动车组在京津城际铁路的运行安全性与运行平稳性，评价动车组通过京津城际铁路不同区段时的运行品质，评估京津城际铁路不同路段对动车组动力学性能的影响。

以上方面的测试内容均体现在动车组与各个相关系统的接口评价部分，参见本章第三节的内容。

2. 评价项目

对动车组动力学性能、牵引性能、制动性能等进行评价。

动车组动力学性能评价内容主要包括稳定性和平稳性评价。主要评价指标包括脱轨系数、轮重减载率、轮轴横向力、横向运行稳定性（构架横向加速度）、车体振动加速度（垂直、横向加速度）、平稳性指标等。

动车组牵引性能评价的主要项目包括：动车组起动加速性能、牵引特性、惰行阻力、动车组在各种网压条件下功率发挥情况以及以及自动过分相等。

动车组制动性能评价的主要项目包括：常用制动减速性能、紧急制动距离等。

五、客运服务系统

1. 评价内容

评价京津城际铁路客运服务系统的功能、性能、专用设备、通信网络。

评价系统的整体功能，专用设备是否满足相关技术条件，客运服务系统内部衔接是否顺畅，保证客运服务系统达到试运行的要求。

2. 评价项目

（1）通信网络测试

包括:线缆性能指标;光纤链路性能;RS232/RS422 接口;网络管理功能。

(2)票务系统功能

包括:新的计价规则和优惠策略;新的配票策略和统计功能;窗口售票功能以及对磁票的控制;窗口退票功能以及对磁票信息的读取。

(3)AFC 系统功能测试

包括:窗口制票机功能和制票速度;自动检票机功能;自动售票系统;自动检票系统。

(4)AFC 系统接口测试

包括:自动售票系统与票务系统的接口;自动检票系统与票务系统的接口。

(5)票务系统与 AFC 系统主要业务流程

包括:TVM 售票 TRS 退票;TVM 售票 TRS 改签;TRS 售票 AG 检票;TRS 售票改签后 AG 检票;TVM 售票 AG 检票;TVM 售票 TRS 改签 AG 检票。

(6)集成管理平台功能验证

包括:系统管理功能;列车到发功能;综合监控功能;综合显示管理功能;广播功能;遗失物品管理功能;求助管理功能。

(7)集成管理平台接口测试

包括:与 TRS 系统接口;与检票系统接口;与导向揭示系统接口;与查询系统接口;与寄存系统接口。

(8)集成管理平台联动功能测试

包括:求助系统与监控的联动;寄存系统与监控的联动。

(9)导向揭示系统功能验证

包括:LED 系统功能验证测试;PDP 系统功能验证测试。

(10)广播系统功能

包括:声学特性指标;消防广播设备;无线/有线转接接口;话筒插播功能;自动、半自动、人工和应急广播;平行广播功能;汉语、英语多语种合成广播;安全性要求;广播区分组与选择功能;广播专题分类与维护;多种音源广播;广播监听;设备状态监视。

(11)视频监控系统性能测试

包括:优先级处理;单路画面显示基本帧数;监视图像质量;系统联动相应时间;视频信号端到端的延时时间。

(12)查询系统功能验证

包括:维护终端功能验证;自助查询机功能验证。

(13)求助管理系统功能验证

(14)寄存子系统功能验证

包括:随机密码设置;开柜方法;纸币识别;柜满或异常状态报警;远程控制。

(15)时钟系统功能

第三节　系统间接口评价

京津城际铁路系统间接口评价应依据相关的标准、合同及用户需求,对全线各个系统的运转和系统之间的配合进行有效的评价,系统间接口关系涉及到轮轨关系、弓网关系、通信信号系统、客运服务系统、运营调度系统之间的接口关系等。

一、动车组/牵引供电系统接口

1. 评价内容

为验证动车组受电弓在京津城际铁路接触网下运行的受流性能,保证动车组的运行安全,对高速

弓网关系下动车组的弓/网受流质量、弓网适应性进行评价。评价内容包括弓网动态接触力、离线电弧、接触线平顺性、受电弓运行轨迹等。

2. 评价项目

评价项目包括：

(1)弓网动态接触力；

(2)一次最大离线时间；

(3)火花次数；

(4)离线率；

(5)接触线垂向加速度；

(6)接触导线最大垂直振幅。

二、牵引供电系统/通信信号系统接口

1. 评价内容

评价牵引回流和不平衡电流对通信/信号电路影响，包括钢轨回流对通信/信号电路影响、保护地回流对通信/信号电路影响、综合地线回流对通信/信号电路影响，及电力贯通线对信号线的电磁兼容性评价，检验电力贯通线对信号电缆的干扰影响。

2. 评价项目

评价项目包括：

(1)牵引回流(A)；

(2)不平衡系数(%)；

(3)电力贯通线对信号电缆干扰分量频谱。

三、动车组/线路工程系统接口

1. 评价内容

检验动车组在京津城际铁路的运行稳定性，检验动车组通过京津城际铁路不同区段时的运行品质，评价轮轨相互作用下动车组动态特性，保证动车组运行安全。

2. 评价项目

评价项目包括：

(1)脱轨系数；

(2)轮重减载率；

(3)轮轴横向力；

(4)轮轨最大垂向力；

(5)横向稳定性；

(6)车体振动加速度；

(7)平稳性指标。

四、信号系统/通信系统接口

1. 评价内容

对信号系统与有线通信、无线通信系统的接口进行评价，包括通信/信号系统之间采用的接口形式、接口协议、接口标准的评价。

2. 评价项目

包括车次号传送功能和成功率、调度命令传送功能和成功率等。

(1) CIR 接收调度命令业务测试；

（2）CIR 发送车次号业务测试，查看 GRIS 是否收到 CIR 发送的车次号信息，并向 CTC 转发车次号信息；

（3）调度命令接收成功率测试；

（4）车次号发送成功率测试。

五、信号系统/动车组接口

1. 评价内容

对信号系统列控车载设备 ATP 与 350 km/h 的 CRH_2、CRH_3 型动车组间的接口进行评价，确定动车组车载 ATP 在京津区段的适应性。

2. 评价项目

根据欧标 SUBSET－026－1、工程总承包合同技术条件、《既有线 CTCS－2 级列控系统车载设备技术规范》及工程总承包合同等的相关要求进行评价。

六、客运服务系统/CTC/TDCS 系统接口

1. 评价内容及目的

对 CTC/TDCS 系统与客运服务系统之间的信息交换接口进行评价，包括 CTC/TDCS 系统向客运服务系统发送基本计划、调整计划、调度命令、列车运行动态信息。

2. 评价项目

评价项目包括：

（1）计划的发送与接收准确性和时效性；

（2）调度命令发送与接收的准确性和时效性；

（3）列车运行动态信息发送与接收的准确性和时效性。

七、客运服务系统/通信系统接口

1. 评价内容

评价京津城际铁路通信系统为客运服务系统提供通信服务的质量和可靠性，包括数据网、视频监控等。

2. 评价项目

评价项目包括：

（1）E1 接口；

（2）100 M 以太网接口；

（3）车站客运服务局域网与广域网络的连通性。

八、信号系统/运营调度系统接口

1. 评价内容

评价信号系统接受 TDCS 系统发来的基本计划、值班计划、调度命令、车次信息、列车。

2. 评价项目

包括：车次追踪；列车运行监视；计划调整与列车晚点预测；计划的接收与发送；实绩运行图描绘；调车计划的编制与调整；调车进路控制；列车运行计划管理；车站作业计划管理；调度命令管理、控制功能；实时显示本站和相邻车站、接收、审批、转发等功能。

第四节　与外部系统的接口评价

一、系统振动、噪声及声屏障

1. 评价内容

评价噪声振动水平对动车组司乘人员安全健康的影响，保证为旅客提供舒适的环境，评价京津城际铁路系统对周围环境的影响，包括列车运行辐射噪声、铁路环境噪声、铁路环境振动、声屏障降噪效果、动车组运行时车内噪声、动车组运行时车内振动。

2. 评价项目

评价项目包括：

(1)列车通过时辐射声级水平。

(2)运营时段昼、夜间等效连续 A 声级 L_{eq}；

(3)铁路环境振动：列车通过时最大 Z 振级；

(4)声屏障降噪效果(插入损失)；

(5)动车组运行时车内噪声等效连续 A 声级 L_{eq}；

(6)动车组运行时车内振动等效连续振级。

二、电磁兼容性

1. 评价内容

评价列车通过时电磁辐射，检验列车通过时电磁辐射是否满足相关要求；评价接触网工频电磁辐射，检验接触网工频电磁场对环境影响；评价牵引变电所电磁辐射和工频电磁场，检验牵引变电所装置和仪器的辐射性；评价送变电工程电磁辐射环境影响；评价车厢内低频电磁场、射频电磁场对环境的影响。

2. 评价项目

评价项目包括：

(1)接触网、变电所工频电磁场；

(2)列车通过时电磁辐射场强；

(3)车上信号设备受干扰分量频谱；

(4)地面信号电缆干扰分量频谱。

三、综合接地

1. 评价内容

通过对高速动车组运行条件下轨道电位、牵引回流等内容的测试与分析，对京津城际铁路综合接地系统的实施方案、技术性能与指标等进行检验，对综合接地系统降低牵引回流对信号、通信等设备的不利影响，降低钢轨电位和接触电势对人员安全威胁的作用进行评估。

2. 评价项目

评价项目包括：

(1)综合地线接地电阻测量；

(2)钢轨电位；

(3)牵引回流及不平衡电流；

(4)轨旁设备设施感应电位。

四、客运服务系统/银行系统接口/外部时钟源系统接口

1. 评价内容

对客运服务系统/银行系统接口进行评价。自动售票系统采用银行卡支付，通过银行接口服务器实现与银行系统的数据交换。为验证自动售票系统与银行系统之间交易接口的有效性，对自动售票机从银行系统获取密钥、自动售票机采用银行卡支付购票、执行冲正交易、当日撤消、当日部分撤消、退货交易的有效性，购票后银行卡余额查询、日终结算时与银行系统对账进行评价。

对客运服务系统/外部时钟源系统接口进行评价，即旅客服务二级时钟系统与上级时钟源能否同步时钟信息。

2. 评价项目

评价项目包括：

(1)银行交易数据格式；

(2)时钟校对。

五、通信系统/公网通信系统电磁环境接口

1. 评价内容

为确定 GSM－R 工作频段是否被占用或受到干扰，特别是公网 GSM 系统对 GSM－R 工作频段的干扰情况，保证后期 GSM－R 网络服务质量、场强覆盖等测试结果正确和可靠，对 GSM－R 电磁环境进行评价。

2. 评价项目

评价项目主要为干扰强度。

六、防灾安全监控

1. 评价内容

通过对现场监测设备、监控单元、车站级网络设备、监控中心系统、调度所防灾安全监控设备、传输网络及系统对外接口组成的防灾安全监控系统的功能测试与评估分析，评价系统的大风、落物报警功能是否符合系统功能设计要求。

2. 评价项目

评价项目包括：

(1)冗余功能测试，包括网络设备、服务器功能测试及异物侵限监控单元功能；

(2)大风报警功能测试；

(3)落物报警功能测试，包括落物报警功能联试测试、落物防限指标测试；

(4)与 CTC 系统接口功能测试；

(5)与列控系统 CTCS－3D 接口功能测试。

第五节　总体指标及评判标准

为保证京津城际铁路在总体评价工作的顺利进行，能够对全线各系统功能、系统间的配合进行比较充分的分析和评估，确保标准正确合理，确保整体系统的运行安全性、平稳性、舒适性等特性，特编制了京津城际铁路总体评价指标汇总。

京津城际铁路系统应该按照相关标准进行科学的评价，评价内容全面，重点突出。各项评价指标参照表 8－5－1～表 8－5－3 执行。

表 8-5-1　各系统评价指标及判别标准

<table>
<tr><th>系统</th><th>评价项目</th><th colspan="2">评　价　指　标</th><th>依据标准、指标取值或功能要求</th></tr>
<tr><td rowspan="18">线路工程</td><td>轨道状态</td><td colspan="2">高低、轨向、轨距、水平、三角坑、车体横向加速度、车体垂向加速度</td><td>依据《秦沈客运专线 300 km/h 综合试验段轨道不平顺管理标准建议值的研究》、《客运专线动态检测评价指南》、《客运专线 350 km/h 轨道几何参数优化及不平顺管理值的研究》等文件的内容，采用如下标准值（将作业验收定义为验收Ⅰ级，日常保养定义为验收Ⅱ级）
<table>
<tr><td colspan="2">项　　目</td><td>作业验收管理值</td><td>作业验收管理值</td></tr>
<tr><td colspan="2">偏差等级</td><td>Ⅰ</td><td>Ⅱ</td></tr>
<tr><td rowspan="2">42 m 波长</td><td>高低（mm）</td><td>3</td><td>5</td></tr>
<tr><td>轨向（mm）</td><td>3</td><td>4</td></tr>
<tr><td rowspan="2">120 m 波长</td><td>高低（mm）</td><td>4</td><td>7</td></tr>
<tr><td>轨向（mm）</td><td>4</td><td>6</td></tr>
<tr><td colspan="2">轨距（mm）</td><td>+3、-2</td><td>+4、-3</td></tr>
<tr><td colspan="2">水平（mm）</td><td>3</td><td>5</td></tr>
<tr><td colspan="2">扭曲（mm）</td><td>3</td><td>4</td></tr>
<tr><td colspan="2">车体垂直加速度（m/s^2）</td><td>-</td><td>1.0</td></tr>
<tr><td colspan="2">车体水平加速度</td><td>-</td><td>0.6</td></tr>
</table></td></tr>
<tr><td rowspan="3">路基及过渡段动力性能</td><td colspan="2">动荷载</td><td>≤55.3 kPa（挡土墙结构路基）、≤32.6 kPa（边坡结构路基），依据当地基土体最大剪应变小于临界体积效应剪应变时，路基基床将不出现累积变形。对于京津采用的填料控制最大剪应变不超过 0.013%</td></tr>
<tr><td colspan="2">动变形</td><td>≤0.17 mm（挡土墙结构路基），《既有线提速 200～250 km/h 线桥设备维修标准及管理暂行规定》。动变形不大于 1 mm（有砟）</td></tr>
<tr><td colspan="2">振　动</td><td>依据《城市区域环境振动测量方法》（GB 10071—1990）、《铁路环境振动测量方法》（TB/T 3152—2007）、《城市区域环境振动标准》（GB 10070—1988）的规定，要求：VLZ，max≤80 dB</td></tr>
<tr><td rowspan="9">轨道动力性能</td><td rowspan="3">列车运行安全性</td><td>脱轨系数</td><td>参照《200 km/h 及以上速度级动车组动力学性能试验鉴定方法及评定标准》、《铁道车辆动力学性能评定和试验鉴定规范》（GB 5599—1985），要求脱轨系数≤0.8</td></tr>
<tr><td>轮重减载率 $\Delta P/P$</td><td>参照《200 km/h 及以上速度级动车组动力学性能试验鉴定方法及评定标准》、《铁道车辆动力学性能评定和试验鉴定规范》（GB 5599—1985），要求轮重减载率≤ 0.8</td></tr>
<tr><td>轮轴横向力（kN）</td><td>参照《200 km/h 及以上速度级动车组动力学性能试验鉴定方法及评定标准》、《铁道车辆动力学性能评定和试验鉴定规范》（GB 5599—1985），要求轮轨横向力≤$(10+P_0/3)$（P_0：静轴重）</td></tr>
<tr><td rowspan="5">无砟轨道结构受力</td><td>轮轨垂直力</td><td>依据《动车组技术条件》，要求≤170 kN</td></tr>
<tr><td>支点压力</td><td>依据轨道板设计荷载，要求≤150 kN</td></tr>
<tr><td>砂浆压应力</td><td>依据 BZM 砂浆设计参数，要求≤15 MPa</td></tr>
<tr><td>轨道板混凝土抗拉强度</td><td>依据《铁路桥涵钢筋混凝土和预应力混凝土结构设计规范》，要求≤2.97 MPa</td></tr>
<tr><td>轨道板混凝土抗压强度</td><td>依据《铁路桥涵钢筋混凝土和预应力混凝土结构设计规范》，要求≤18.5 MPa</td></tr>
<tr><td colspan="2">扣件系统</td><td>Vossloh 扣件弹性垫板刚度为 22.5±2.5 kN/mm</td></tr>
<tr><td rowspan="5">高速道岔</td><td colspan="2">轨道竖向位移（mm）</td><td>依据《客运专线道岔技术条件（招标）》，要求轨道竖向位移为±1.5 mm（客车）</td></tr>
<tr><td colspan="2">钢轨件横向弹性位移（通过道岔直向，mm）</td><td>≤1.0 mm（指通过道岔直向）</td></tr>
<tr><td colspan="2">脱轨系数</td><td>依据《客运专线道岔暂行技术条件》，要求脱轨系数为 0.8</td></tr>
<tr><td colspan="2">减载率</td><td>依据《客运专线道岔暂行技术条件》，0.6</td></tr>
<tr><td colspan="2">转换阻力（N）</td><td>依据《客运专线道岔暂行技术条件》，要求小于转辙机额定牵引力</td></tr>
</table>

续上表

<table>
<tr><th>系统</th><th>评价项目</th><th colspan="2">评价指标</th><th>依据标准、指标取值或功能要求</th></tr>
<tr><td rowspan="9">线路工程</td><td>高速道岔</td><td colspan="2">尖轨、心轨第一牵引点外锁闭的锁闭量(mm)</td><td>依据《客运专线道岔暂行技术条件》,要求≥35</td></tr>
<tr><td rowspan="8">桥梁动力学性能</td><td rowspan="5">梁体竖向参数</td><td>挠度限值</td><td>《新建时速300~350公里客运专线铁路设计暂行规定》规定,梁部结构在ZK活载静力作用下,梁体的竖向挠度不应大于下表所列数值
<table><tr><th>项目＼跨度</th><th>$L \leq 24$ m</th><th>24 m $< L \leq 80$ m</th><th>$L > 80$ m</th></tr><tr><td>多跨</td><td>$L/1\,800$</td><td>$L/1\,500$</td><td>$L/1\,000$</td></tr></table>《铁路桥梁检定规范》规定,普通高度预应力混凝土梁跨中竖向挠跨比(静活载,换算至中—活载)的通常值为1/1 800</td></tr>
<tr><td>转角限值</td><td>依据《新建时速300~350公里客运专线铁路设计暂行规定》梁部结构在ZK活载静力作用下,无砟轨道桥梁梁端竖向转角不应大于1‰</td></tr>
<tr><td>自振频率</td><td>依据《新建时速300~350公里客运专线铁路设计暂行规定》,规定简支梁竖向自振频率不应低于:
$n_0 = \begin{cases} \dfrac{120}{L} & (L \leq 40\,m) \\ 23.58L^{-0.592} & (40\,m < L \leq 80\,m) \end{cases}$
式中 n_0——简支梁竖向自振频率限值,Hz;
L——简支梁跨度,m。</td></tr>
<tr><td>加速度</td><td>依据《新建时速300~350公里客运专线铁路设计暂行规定》,无砟桥面强振频率不大于20 Hz的竖向振动加速度 a≤0.50 g</td></tr>
<tr><td>动力系数</td><td>依据《新建时速300~350公里客运专线铁路设计暂行规定》,要求弯矩动力系数乘以试验列车静荷载不宜大于
$\dfrac{1.494}{\sqrt{L_\phi}-0.2}+0.851$ 乘以ZK活载
式中:L_ϕ——加载长度(m),其中 $L_\phi < 3.61$ m时按3.61 m计;简支梁时为梁的跨度;n 跨连续梁时取平均跨度乘以下列扩大系数:
$n=2$ 1.20;$n=3$ 1.30;$n=4$ 1.40;$n \geq 5$ 1.50</td></tr>
<tr><td rowspan="3">梁体横向参数</td><td>加速度</td><td>依据《铁路桥梁检定规范》,要求梁体横向振动加速度不大于1.4 m/s^2</td></tr>
<tr><td>自振频率</td><td>依据《既有线提速200 km/h技术条件(试行)》,要求横向自振频率(Hz)不小于 $60/L^{0.8}$;80+128+80预应力混凝土连续梁1.35</td></tr>
<tr><td>位移</td><td>依据《新建时速300~350公里客运专线铁路设计暂行规定》、《客运专线无砟轨道铁路设计指南》、《新建时速200公里客货共线铁路设计暂行规定》、《既有线提速200 km/h技术条件(试行)》规定,梁缝两侧的钢轨支点横向和竖向相对位移不应大于1 mm,支座横向位移不大于±1 mm;《铁路桥梁检定规范》规定,支座横向位移不大于±2 mm</td></tr>
<tr><td rowspan="6">牵引供电</td><td rowspan="3">供变电系统</td><td colspan="2">接触网电压</td><td>标称电压27.5 kV,最小值19 kV,瞬时最大值29 kV</td></tr>
<tr><td colspan="2">110 kV母线电压</td><td>依据《电能质量 供电电压允许偏差》(GB 12325—1990),《电能质量 三相电压允许不平衡度》(GB 12325—1990)的规定,牵引负荷引起110 kV母线电压正负偏差绝对值之和不超过10%;110 kV母线的正常电压不平衡度低于2%,短时值不超过4%</td></tr>
<tr><td colspan="2">变电所综合自动化功能验证</td><td>按《京津城际铁路牵引供电综合自动化技术条件》所列功能</td></tr>
<tr><td rowspan="3">接触网系统</td><td colspan="2">接触网几何参数</td><td>依据京津城际铁路接触网设计文件和相关标准,拉出值和接触线高度应符合京津城际铁路接触网设计文件和相关标准要求</td></tr>
<tr><td colspan="2">垂向加速度(硬点)</td><td>小于490 m/s^2(50g)(检测速度160 km/h)</td></tr>
<tr><td colspan="2">一跨内接触线高差</td><td>$2A = H\max - H\min < 150$ mm</td></tr>
</table>

续上表

系统	评价项目	评价指标	依据标准、指标取值或功能要求
牵引供电	接触网系统	接触网动态抬升量测试(接触线抬升量)	根据京津合同中的规定,要求接触线抬升量≤100 mm
		接触网静态弹性测试(弹性差异系数)	弹性差异系数 $\mu < 25\%$
通信信号	通信系统	GSM－R 电磁环境(干扰强度)	《关于铁道部和中国移动共用 900 MHz 移动通信网频率资源问题的函》(信部函[2007]186 号) 中国移动使用 EGSM 频段的信号电平在铁路轨道上方 4.5 m 处的最大值不大于－105 dBm。对于其他干扰,要求频谱扫描最大值小于－95 dBm
		GSM－R 场强覆盖测试(95% 时间地点概率接收电平)	《铁路 GSM－R 数字移动通信系统最小可用接收电平测量方法》 列控类数据传输通信接收电平 95% 时间地点概率条件下不小于－92 dBm
		GSM－R 网络服务质量测试	依据《GSM－R 数字移动通信网总体技术规范》
		呼叫(连接)建立失败概率	依据《GSM－R 数字移动通信网总体技术规范》、《UIC Project EIRENE Function Requirements Specification》要求,$< 10^{-2}$
		移动～固定呼叫建立时间	依据《GSM－R 数字移动通信网总体技术规范》、《UIC Project EIRENE Function Requirements Specification》要求,<5 s(95%),<7.5 s(99%)
		移动～移动呼叫建立时间	依据《GSM－R 数字移动通信网总体技术规范》、《UIC Project EIRENE Function Requirements Specification》要求,<10 s(95%),<15 s(99%)
		固定～移动呼叫建立时间	依据《GSM－R 数字移动通信网总体技术规范》、《UIC Project EIRENE Function Requirements Specification》要求,固定～移动呼叫建立时间 7 s(95%),<10.5 s(99%)
		铁路紧急呼叫建立时间	依据《GSM－R 数字移动通信网总体技术规范》、《UIC Project EIRENE Function Requirements Specification》要求,<2 s(95%),<3 s(99%)
		同一区域内 MS 组呼建立时间	依据《GSM－R 数字移动通信网总体技术规范》、《UIC Project EIRENE Function Requirements Specification》要求,<5 s(95%),<7.5 s(99%)
		切换成功率	依据《GSM－R 数字移动通信网总体技术规范》、《UIC Project EIRENE Function Requirements Specification》要求,≥99.5%
		切换执行时间	依据《GSM－R 数字移动通信网总体技术规范》、《UIC Project EIRENE Function Requirements Specification》要求,<0.5 s(95%)
		连接建立失败概率	依据《GSM－R 数字移动通信网总体技术规范》、《ERTMS/ETCS－GSM－R Interfaces Class 1 Requirements SUBSET－093 V2.3.0》要求,$< 10^{-2}$
		最大端到端传输时延(30byte 用户数据块)	依据《GSM－R 数字移动通信网总体技术规范》、《ERTMS/ETCS－GSM－R Interfaces Class 1 Requirements SUBSET－093 V2.3.0》要求,≤0.5 s(99%)
		连接丢失概率	依据《GSM－R 数字移动通信网总体技术规范》、《ERTMS/ETCS－GSM－R Interfaces Class 1 Requirements SUBSET－093 V2.3.0》要求,$\leq 10^{-2}$/h
		传输干扰时间 TT1	依据《GSM－R 数字移动通信网总体技术规范》、《ERTMS/ETCS－GSM－R Interfaces Class 1 Requirements SUBSET－093 V2.3.0》要求,<0.8 s(95%),<1 s(99%)
		传输无差错时间	依据《GSM－R 数字移动通信网总体技术规范》、《ERTMS/ETCS－GSM－R Interfaces Class 1 Requirements SUBSET－093 V2.3.0》要求,TREC >20 s(95%),>7 s(99%)
		PING 延时	《GSM－R 数字移动通信网总体技术规范》
		PING 丢包/误包率	《GSM－R 数字移动通信网总体技术规范》

续上表

系统	评价项目	评价指标		依据标准、指标取值或功能要求
通信信号	信号系统	环行道车载设备	正常控车开始流程	采用欧标 SUBSET－026－1,5.1
通信信号	信号系统	环行道车载设备	正常控车控车模式	采用欧标 SUBSET－026－1,4.6
通信信号	信号系统	环行道车载设备	正常控车准确停车	采用欧标 SUBSET－026－1,3.14
通信信号	信号系统	环行道车载设备	正常控车制动接口	采用欧标 SUBSET－026－1,3.18.3
通信信号	信号系统	环行道车载设备	正常控车信息接收	采用欧标 SUBSET－026－1,4.8～4.10
通信信号	信号系统	环行道车载设备	应答器信息丢失速度监督	采用欧标 SUBSET－026－1,3.13
通信信号	信号系统	环行道车载设备	应答器报文	采用欧标、部暂行技术条件欧标 SUBSET－026－1,3.16.2,7.2,《CTCS 技术规范总则(暂行)》(科技运函[2004]14 号),《应答器报文编制规则(暂行)》
通信信号	信号系统	环行道车载设备	区间临时限速应答器报文	采用欧标、部暂行技术条件欧标 SUBSET－026－1,3.16.2,8.4.2,7.2、《CTCS 技术规范总则(暂行)》(科技运函[2004]14 号)、《应答器报文编制规则(暂行)》
通信信号	信号系统	环行道车载设备	区间临时限速速度监督	采用欧标 SUBSET－026－1,3.11
通信信号	信号系统	环行道车载设备	区间临时限速时机	采用欧标 SUBSET－026－1,3.11
通信信号	信号系统	环行道车载设备	CSM 区超速防护速度监督	采用欧标 SUBSET－026－1,3.13
通信信号	信号系统	环行道车载设备	CSM 区超速防护制动输出	采用欧标 SUBSET－026－1,3.18.3
通信信号	信号系统	环行道车载设备	CSM 区超速防护超速报警	采用欧标 SUBSET－026－1,3.18.3
通信信号	信号系统	环行道车载设备	CSM 区超速防护制动缓解	采用欧标 SUBSET－026－1,3.13
通信信号	信号系统	环行道车载设备	TSM 区超速防护速度监督	采用欧标 SUBSET－026－1,3.13
通信信号	信号系统	环行道车载设备	TSM 区超速防护制动输出	采用欧标 SUBSET－026－1,3.18.3
通信信号	信号系统	环行道车载设备	TSM 区超速防护	采用欧标 SUBSET－026－1,3.18.3
通信信号	信号系统	环行道车载设备	TSM 区超速防护制动缓解	采用欧标 SUBSET－026－1,3.13
通信信号	信号系统	环行道车载设备	冒进防护制动输出	采用欧标 SUBSET－026－1,3.18.3
通信信号	信号系统	环行道车载设备	冒进模式	采用欧标 SUBSET－026－1,4.4.13
通信信号	信号系统	环行道车载设备	冒进后模式	采用欧标 SUBSET－026－1,4.4.14
通信信号	信号系统	环行道车载设备	冒进防护语音报警	采用欧标 SUBSET－026－1,4.7～4.9
通信信号	信号系统	京津列控系统功能验证	轨道电路信息接收灵敏度	《200～250 km/h 列控系统车载设备技术规范》、《ZPW－2000A 技术条件》 450～500 mA
通信信号	信号系统	京津列控系统功能验证	轨道电路信息载频	《ZPW－2000A 技术条件》 1 700 Hz～2 600 Hz
通信信号	信号系统	京津列控系统功能验证	轨道电路信息低频	《200～250 km/h 列控系统车载设备及列控中心技术规范》 10.3 Hz～29 Hz
通信信号	信号系统	京津列控系统功能验证	轨道电路信息码序	《200～250 km/h 列控系统车载设备及列控中心技术规范》 国内标准确定的码序
通信信号	信号系统	京津列控系统功能验证	轨道电路信息电气干扰	《ZPW－2000A 技术条件》 1 000 A,不平衡 10%
通信信号	信号系统	京津列控系统功能验证	应答器信息接收速度监督	采用欧标 SUBSET－026－1,3.13
通信信号	信号系统	京津列控系统功能验证	应答器报文	采用欧标 SUBSET－026－1,3.13,3.4.3,欧标 SUBSET－036
通信信号	信号系统	京津列控系统功能验证	应答器信报文兼容性	根据第三次设计联络会“E1 与 C2 的切换”,工程总承包合同技术条件,满足兼容性要求
通信信号	信号系统	京津列控系统功能验证	车载测速误差	《200～250 km/h 列控系统车载设备技术规范》 ≤2%

续上表

系统	评价项目	评　价　指　标	评　价　指　标	依据标准、指标取值或功能要求
通信信号	信号系统	京津列控系统功能验证	列车位置修正	欧标 SUBSET－026－1，3.6、《200～250 km 列控车载设备技术规范》，规定位置精度 ds＝5 m＋5％
			临时限速试验速度监督	采用欧标 SUBSET－026－1，3.11
			临时限速试验制动输出	采用欧标 SUBSET－026－1，3.11
			临时限速试验超速报警	采用欧标 SUBSET－026－1，3.18.3
			临时限速试验制动缓解	采用欧标 SUBSET－026－1，3.13
			运行模式与模式转换	欧标 SUBSET－026－1，《客运专线 CTCS－2 级列控系统配置及运用技术原则（暂行）》（铁集成［2007］124 号），欧标、国内标准模式定义一致
			轨道电路码序突变	根据第三次设计联络“TCR 功能需求”，“列控中心功能需求”，按设计联络会与合同要求
			轨道电路故障制动输出	根据《总承包合同技术条件 5.6》、第三次设计联络“车载单元机电接口”，按设计联络会与合同要求
			应答器专用电缆故障	根据第二次设计联络会，运营功能 3.8.4，按设计联络会确定的原则
			应答器 LEU 故障	根据第二次设计联络会，运营功能 3.8.4，按设计联络会确定的原则
			应答器 MSTT 故障	根据第二次设计联络会，运营功能 3.8.4，按设计联络会确定的原则
			地面应答器丢失	根据第二次设计联络会，运营功能 3.8.5，按设计联络会确定的原则
			CTCS 车载单元单系故障	根据第二次设计联络会，运营功能 3.8.6，按设计联络会确定的原则
			CTCS 车载单元双系故障	根据第二次设计联络会，运营功能 3.8.6，按设计联络会确定的原则
		京津CTCS—2地面设备联调联试	应答器信息接收（正向、反向）速度监督	采用欧标 SUBSET－026－1，3.13、《CTCS 技术规范总则（暂行）》（科技运函［2004］14 号）
			应答器信息接收（正向、反向）应答器报文	采用欧标 SUBSET－026－1，3.13，3.4.3、欧标 SUBSET－036、《客运专线应答器报文编制规则（暂行）》
			应答器信息接收（正向、反向）报文兼容性	第三次设计联络会“E1 与 C2 的切换”、工程总承包合同技术条件，按合同与设计联络会要求
			TCR 轨道电路信息接收接收灵敏度	《200～250 km/h 列控系统车载设备技术规范》，《ZPW－2000A 技术条件》450～500 mA
			TCR 轨道电路信息接收载频、低频	《ZPW－2000A 技术条件》1 700 Hz～2 600 Hz
			运行模式与转换试验	欧标 SUBSET－026－1，《客运专线 CTCS－2 级列控系统配置及运用技术原则（暂行）》（铁集成［2007］124 号）
			自动过分相预告功能	按工程总承包合同技术条件 5.2.9 要求
			自动过分相控制输出	按工程总承包合同技术条件 5.2.9 要求
			超速防护 CSM 区	《200～250km/h 列控系统技术规范》（铁科技［2006］68 号）、《200～250 km/h 客运专线站后系统技术框架方案》
			超速防护 TSM 区	《200～250km/h 列控系统技术规范》（铁科技［2006］68 号），《200－250 km/h 客运专线站后系统技术框架方案》

续上表

系统	评价项目	评价指标	依据标准、指标取值或功能要求
动车组	动车组动力学性能	脱轨系数	CRH2 和 CRH3 型动车组供货技术条件
		轮重减载率	CRH22 和 CRH3 型动车组供货技术条件
		轮轴横向力	CRH2 和 CRH3 型动车组供货技术条件
		横向运行稳定性(构架横向加速度)	CRH2 和 CRH3 型动车组供货技术条件
		车体振动加速度(垂直、横向加速度)	CRH2 和 CRH3 型动车组供货技术条件
		平稳性指标 W	CRH2 和 CRH3 型动车组供货技术条件
	动车组牵引性能测试	起动加速性能	CRH2 和 CRH3 型动车组供货技术条件
		牵引特性	CRH2 和 CRH3 型动车组供货技术条件
		惰行阻力	CRH2 和 CRH3 型动车组供货技术条件
		动车组在各种网压条件下的功率	CRH2 和 CRH3 型动车组供货技术条件
	动车组制动性能	减速性能	CRH2 和 CRH3 型动车组供货技术条件
		制动距离	CRH2 和 CRH3 型动车组供货技术条件
客运服务系统	通信网络	线缆性能指标抽检	《建筑与建筑群综合布线系统工程验收规范》(GB/T 50312—2000)、《综合布线系统电气性能通用测试方法》(YD/T 1013—1999),要求长度:双绞线 < 100 m,衰减:≤21.6 dB(100 MHz),近端串扰:≥27.1 dB(100 MHz)
		光纤链路性能抽检	依据《铁路运输通信工程施工质量验收标准》(TB 10418—2003) 线路衰减:< 2.2 dB/100 m(1 310 nm); < 2.2 db/100 m(1 550 nm) 回波损耗:< −26 dB(单模)
		RS232/RS422 接口	依据《国际串行通信标准》(EIA RS-232-C)、《铁路运输通信工程施工质量验收标准》(TB 10418—2003)
		网络管理功能验证	按设计文件要求
	票务系统功能	新的计价规则和优惠策略	《京津城际铁路线票务系统总体技术方案》第六章 TRS 改造方案、京津城际铁路新的计价规则和优惠策略
		新的配票策略和统计功能	《京津城际铁路线票务系统总体技术方案》第六章 TRS 改造方案,分散配票策略,实现按线统计功能
		窗口售票功能以及对磁票的控制	《北京南站改扩建工程客运服务信息系统修改初步设计》第三章系统功能
		窗口退票功能以及对磁票信息的读取	《北京南站改扩建工程客运服务信息系统修改初步设计》第三章系统功能
	AFC 系统功能	窗口制票机功能和制票速度	按《新建铁路北京至天津城际轨道交通工程亦庄站、武清站、永乐工区客运服务信息系统集成项目合同》第三部分 技术条件之客票系统 2.1. 窗口售票系统
		自动检票机功能	按《新建铁路北京至天津城际轨道交通工程亦庄站、武清站、永乐工区客运服务信息系统集成项目合同》第三部分 技术条件之客票系统 2.2. 自动检票系统
		自动售票系统	按《新建铁路北京至天津城际轨道交通工程亦庄站、武清站、永乐工区客运服务信息系统集成项目合同》第三部分 技术条件之客票系统 2.3. 自动售票系统
		自动检票系统	按《新建铁路北京至天津城际轨道交通工程亦庄站、武清站、永乐工区客运服务信息系统集成项目合同》第三部分 技术条件之客票系统 2.2. 自动检票系统

续上表

系统	评价项目	评　价　指　标	依据标准、指标取值或功能要求
客运服务系统	AFC系统接口	自动售票系统与票务系统的接口	按《新建铁路北京至天津城际轨道交通工程亦庄站、武清站、永乐工区客运服务信息系统集成项目合同》第三部分 技术条件之客票系统 2.3. 自动售票系统
		自动检票系统与票务系统的接口	按《新建铁路北京至天津城际轨道交通工程亦庄站、武清站、永乐工区客运服务信息系统集成项目合同》第三部分 技术条件之客票系统 2.2. 自动检票系统
	票务系统与AFC系统主要业务流程	TVM 售票 TRS 退票	按合同及设计文件要求
		TVM 售票 TRS 改签	按合同及设计文件要求
		TRS 售票 AG 检票	按合同及设计文件要求
		TRS 售票改签后 AG 检票	按合同及设计文件要求
		TVM 售票 AG 检票	按合同及设计文件要求
		TVM 售票 TRS 改签 AG 检票	按合同及设计文件要求
	集成管理平台功能验证	系统管理功能	根据《京津城际轨道交通工程旅客服务集成管理平台需求说明书及评审意见》
		列车到发功能	根据《京津城际轨道交通工程旅客服务集成管理平台需求说明书及评审意见》
		综合监控功能	根据《京津城际轨道交通工程旅客服务集成管理平台需求说明书及评审意见》
		综合显示管理功能	根据《京津城际轨道交通工程旅客服务集成管理平台需求说明书及评审意见》
		广播功能	根据《京津城际轨道交通工程旅客服务集成管理平台需求说明书及评审意见》
		求助管理功能	根据《京津城际轨道交通工程旅客服务集成管理平台需求说明书及评审意见》
	集成管理平台接口	与 TRS 系统接口	根据《京津城际轨道交通工程旅客服务集成管理平台需求说明书及评审意见》
		与检票系统接口	根据《京津城际轨道交通工程旅客服务集成管理平台需求说明书及评审意见》
		与导向揭示系统接口	根据《京津城际轨道交通工程旅客服务集成管理平台需求说明书及评审意见》
		与查询系统接口	根据《京津城际轨道交通工程旅客服务集成管理平台需求说明书及评审意见》
		与寄存系统接口	根据《京津城际轨道交通工程旅客服务集成管理平台需求说明书及评审意见》
	导向揭示系统功能验证	LED 系统功能验证测试	《新建铁路北京至天津城际轨道交通工程亦庄站、武清站、永乐工区客运服务信息系统集成项目合同》第三部分技术条件之旅服系统（上册）2.2LED/LCD 系统
		PDP 系统功能验证测试	《新建铁路北京至天津城际轨道交通工程亦庄站、武清站、永乐工区客运服务信息系统集成项目合同》第三部分技术条件之旅服系统（上册）2.3PDP 系统
	广播系统功能	声学特性指标	按合同要求，语言扩声二级标准
		消防广播设备	《火灾自动报警系统设计规范》(GB 50116—1998)
		无线/有线转接接口	《铁路车站客运广播设备制式系列及主要技术条件》(TB/T 1777—2000)
		话筒插播功能	按合同要求
		自动、半自动、人工和应急广播	《铁路车站客运广播设备制式系列及主要技术条件》(TB/T 1777—2000)
		平行广播功能	按合同及设计文件要求
		汉语、英语多语种合成广播	按合同及设计文件要求

续上表

系统	评价项目	评 价 指 标	依据标准、指标取值或功能要求
客运服务系统	广播系统功能	安全性要求	按《铁路车站客运广播设备制式系列及主要技术条件》(TB/T 1777—2000)《音频、视频及类似电子设备安全要求》(GB 8898—1997)要求
		广播区分组与选择功能	按合同及设计文件要求
		广播专题分类与维护	按合同及设计文件要求
		多种音源广播	按合同及设计文件要求
		广播监听	按合同及设计文件要求
		设备状态监视	按合同及设计文件要求
	视频监控系统性能	优先级处理	按合同及设计文件要求
		单路画面显示基本帧数	《视频安防监控系统工程设计规范》(GB 50395—2007)的5.0.10
		监视图像质量	《民用闭路监视电视系统工程技术规范》(GB 50198—1994)的表4.3.1-1
		系统联动相应时间	响应时间应不大于4 s,《视频安防监控系统技术要求》(GA/T 367—2001)
		视频信号端到端的延时时间	前端设备信号与直接接到监控中心相应解码器设备的信息延时时间不大于2 s;前端设备摄像机与用户终端设备间的端到端的信息延时时间不大于4 s;《视频安防监控系统技术要求》(GA/T 367—2001)和《城市监控报警联网系统通用技术要求》(GAT 669—2006)
	查询系统功能	维护终端功能验证	按合同及设计文件要求
		自动查询机功能验证	按合同及设计文件要求
	求助管理系统功能	求助管理系统功能验证	按合同及设计文件要求
	寄存子系统功能	随机密码设置	按合同及设计文件要求
		开柜方法	按合同及设计文件要求
		纸币识别	按合同及设计文件要求
		柜满或异常状态报警	按合同及设计文件要求
		远程控制	按合同及设计文件要求
	时钟系统功能	时间校对	按合同及设计文件要求

表8-5-2 系统间接口评价指标及判别标准

名 称	评 价 指 标	依据标准、指标取值或功能要求
动车组/牵引供电系统	弓网动态接触力	依据《铁路设施．集流系统．电杆和架空线之间交互作用的技术标准(实现自由通道)》EN50367 $F_{max} = F_m + 3\sigma_{(N)}$ $F_{min} = 20_{(N)}$ $F_m \leqslant 0.00097V^2 + 70_{(N)}$ $\sigma \leqslant 0.3 \times F_{m(N)}$
	一次最大离线时间	根据EN50367—7.3要求,一次最大离线时间 < 100 ms
	火花次数	< 1 次/160 m
	离线率	依据EN50367 7.3,燃弧率 $\mu < 0.14\%$
	接触线垂向加速度	200 km/h以下: < 490 m/s^2(50 g);200 ~ 300 km/h: < 588 m/s^2(60 g);300 ~ 350 km/h: < 686 m/s^2(70 g)
	接触导线最大垂直振幅	2A ≤ 150 mm
牵引供电系统/通信信号系统	牵引回流(A)	依据ZPW-2000A的技术标准,1 000 A
	不平衡系数(%)	依据ZPW-2000A的技术标准,小于10%

续上表

名　称	评　价　指　标		依据标准、指标取值或功能要求
轮轨动力学	脱轨系数		依据《动力学性能试验鉴定方法及评定标准》，$Q/P \leq 0.8$
	轮重减载率		依据《动力学性能试验鉴定方法及评定标准》，准静态 $\Delta P/P \leq 0.65$；动态 $\Delta P/P \leq 0.8$
	轮轴横向力		依据《动力学性能试验鉴定方法及评定标准》要求，$H \leq (10 + P_0/3)$，Have≤ 20 kN
	轮轨最大垂向力		依据《动力学性能试验鉴定方法及评定标准》要求，Plim≤170 kN
	横向稳定性		依据《动力学性能试验鉴定方法及评定标准》，当构架加速度滤波 10 Hz、峰值有连续振动 6 次以上达到或超过极限值 8～10 m/s^2（与转向架构架设计相适应）时，判定转向架失稳，即停止提速
	车体振动加速度		依据《动力学性能试验鉴定方法及评定标准》要求，Ayblim = 2.5 m/s^2，Azblim = 2.5 m/s^2
	平稳性指标（W）		依据《动力学性能试验鉴定方法及评定标准》
信号系统/通信系统	车次号传送功能和成功率		依据《GSM－R 数字移动通信应用技术条件 第二分册：列车无线车次号校核信息传送系统》 车次号传送成功率不低于 99%
	调度命令传送功能和成功率		依据《GSM－R 数字移动通信应用技术条件 第三分册：调度命令信息无线传送系统》 调度命令信息一次传送成功率应不低于 95%
信号系统/动车组	车载 ATP 与动车组的接口		依据欧标 SUBSET－026－1 3.10、《工程总承包合同技术条件》5.9、《既有线 CTCS－2 级列控系统车载设备技术规范》、工程总承包合同
客运服务系统/信号系统接口	CTC 系统与客服系统接口	计划的接收与发送	《分散自律调度集中系统技术条件（暂行）》修订稿
		列车运行计划管理	《分散自律调度集中系统技术条件（暂行）》修订稿
		调度命令管理	《分散自律调度集中系统技术条件（暂行）》修订稿
		接收、审批、转发等列车运行计划管理	《分散自律调度集中系统技术条件（暂行）》修订稿
		车站作业计划管理	《分散自律调度集中系统技术条件（暂行）》修订稿
		调车计划的编制与调整	《分散自律调度集中系统技术条件（暂行）》修订稿
		集成管理平台与 CTC（及 TDCS）接口功能	《易通平台需求文件 V1.0.pdf》 第三部分 到发管理 第三章 1. 到发信息的采集 CTC 每 3 min 发送 3 h 内的调度计划
客运服务系统/通信系统	E1 接口		依据《铁路光缆通信同步数字系列（SDH）工程施工规范》（TB 10219—1999）、《铁路光缆 PDH 通信工程施工规范》（TB 10215—2000） 输出口信号比特率：±50 ppm 输出抖动和漂移容限：端到端的误码率（性能测试）：$<2.2\times10^{-6}$/km
	100 M 以太网接口		依据《100 Mbps（100BASE－X）以太网标准》（IEEE802.3u） 吞吐量 f/s（帧/秒），丢包率%，时延 10 ms
	视频监控系统联动响应时间		根据 GA367－2001《视频安防监控系统技术要求》，响应时间不大于 4 s
客运服务系统/运营调度系统	与消防系统接口		《火灾自动报警系统设计规范》（GB 50116—1998） 消防广播启动时，其他信源的广播被消防广播接管
	集成管理平台与 TDCS 接口		《易通平台需求文件 V1.0.pdf》第三部分 到发管理 第三章 1. 到发信息的采集 CTC 每 3 min 发送 3 h 内的调度计划
通信系统/运营调度系统	调度通信通话功能验证		《GSM－R 数字移动通信应用技术条件 第一分册：调度通信系统》调度通信功能应满足中国铁路 GSM－R 调度通信技术条件

续上表

名　称	评　价　指　标		依据标准、指标取值或功能要求
信号系统/运营调度系统	信号系统与 TDCS 系统	车次追踪	《分散自律调度集中系统技术条件(暂行)》修订稿
		列车运行监视	《分散自律调度集中系统技术条件(暂行)》修订稿
		计划调整与列车晚点预测	《分散自律调度集中系统技术条件(暂行)》修订稿
		计划的接收与发送	《分散自律调度集中系统技术条件(暂行)》修订稿
		实绩运行图描绘	《分散自律调度集中系统技术条件(暂行)》修订稿
		调车计划的编制与调整	《分散自律调度集中系统技术条件(暂行)》修订稿
		调车进路控制	《分散自律调度集中系统技术条件(暂行)》修订稿
		列车运行计划管理	《分散自律调度集中系统技术条件(暂行)》修订稿
		车站作业计划管理	《分散自律调度集中系统技术条件(暂行)》修订稿
		调度命令管理	《分散自律调度集中系统技术条件(暂行)》修订稿
		控制功能	《分散自律调度集中系统技术条件(暂行)》修订稿
		实时显示本站和相邻车站	《分散自律调度集中系统技术条件(暂行)》修订稿
		接收、审批、转发等	《分散自律调度集中系统技术条件(暂行)》修订稿

表 8-5-3　与外部系统接口评价指标及判别标准

名　称	评　价　指　标	依据标准、指标取值或功能要求
GSM-R 电磁环境测试	干扰强度	《关于铁道部和中国移动共用 900 MHz 移动通信网频率资源问题的函》(信部函[2007]186 号) 针对中国移动干扰，采用信产部规定，铁路轨道上方 4.5 m 处的干扰电平 50% 时间地点概率条件下最大值不大于 -105 dBm。采用该标准判定干扰，可通过信产部与中国移动协调频率干扰问题 对于其他干扰，要求频谱扫描最大值小于 -95 dBm
电磁兼容性	工频电磁场	依据《铁路应用电磁兼容性，铁路送变电设施电磁兼容性》(IEC 62236-5)、《500 kV 超高压送变电工程电磁辐射环境影响评价技术规范》(HJ/T 24—1998) 工频电场小于 4 kV/m，工频磁感应强度小于 0.1 mT
	列车通过时电磁辐射场强	依据《铁路应用电磁兼容性，铁路系统对外部电磁辐射》(IEC 62236-2)，不同频段对应不同的限值曲线
	车上信号设备受干扰分量频谱	《铁路应用电磁兼容性-第 3.2 部分，车载设备电磁兼容性》(IEC 62236-2)；《铁道机车车辆电子装置》(TB/T 3021—2001)
	地面信号电缆干扰分量频谱	《铁路应用电磁兼容性，信号与通信设备的发射和抗扰度》(IEC 62236-4)；《铁路信号设备电磁兼容性试验及其限值》(TB/T 3073—2007) 不同端口，不同物理量规定了不同的限值
环境噪声、振动及声屏障测试	运营时段昼、夜间等效连续 A 声级 L_{eq}	《铁路边界噪声限值及其测量方法》(GB 12525—1990)、《铁路沿线环境噪声测量技术规定》(TB/T 3050—2002)：L_{eq} 昼、夜 ≤70 dBA
	列车通过时最大 Z 振级	《城市区域环境振动测量方法》(GB 10071—1988)、《铁路环境振动测量方法》(TB/T 3152—2007)、《城市区域环境振动标准》(GB 10070—1988)：$VL_{Z,max}$ ≤80 dB
	声屏障降噪效果(插入损失)	根据《声屏障声学设计和测量规范》(HJ/T 90—2004)、《铁路声屏障声学构件技术要求和测试方法》(TB/T 3122—2005)，设计文件规定 8~10 dB
客运服务系统/银行系统接口	银行交易数据格式	中国银联股份有限公司企业标准《银行卡联网联合技术规范 V2.0》(Q/CUP 006.2—2004)第二部分 报文接口规范 6 报文域说明，符合中国银联股份有限公司企业标准及接入银行报文数据格式

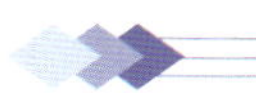

续上表

名　称	评　价　指　标	依据标准、指标取值或功能要求
综合接地	综合地线接地电阻测量	根据铁道部工管中心[18]号文，综合地线接地电阻不大于1 Ω
	钢轨电位（V）	根据铁道部《铁路防雷、电磁兼容及接地工程技术暂行规定》（铁建设[2007]39号）要求。接触电压：正常、长期情况（≤300 s）65（V）；故障、短时情况（0.1 s）842。钢轨电位（V）正常、长期情况（≤300 s）130（V）；故障、短时情况（0.1 s）1684
	牵引回流（A）	根据ZPW－2000A的技术标准，1000A
	不平衡系数（%）	根据ZPW－2000A的技术标准，不平衡系数（%）小于10%
	轨旁设备设施感应电位	同钢轨电位
防灾安全监控	网络冗余功能	依据《新建铁路北京至天津城际轨道交通工程施工图——第十二篇防灾安全监控系统》（铁道第三勘察设计院集团有限公司）、《新建铁路北京至天津城际轨道交通项目防灾安全监控系统工程招标书》及补充文件（京津城际铁路有限责任公司），对网络设备、服务器、监控单元进行功能测试
	大风报警功能	依据同上
	落物监测功能	依据同上
	与CTC系统接口功能	依据同上

第六章　主要试验数据及分析

第一节　供变电系统

一、变电所、AT所、分区所运行参数统计

1. TSS2（武清）牵引变电所各测试时段测试数据统计（见表8－6－1）

表8－6－1　TSS2（武清）牵引变电所各测试时段测试数据统计

①7月9日14:18－12日15:43　TSS2																		
P（kW）	U_-（V）	I_-（A）	U_A	U_B	U_C	U_{ATHD}	U_{BTHD}	U_{CTHD}	I_A	I_B	I_C	U_{bt}	U_{bf}	U_{jt}	U_{jf}	$I_{bt下}/I_{bt上}$	$I_{jt下}/I_{jt上}$
			（kV）			（%）			（A）			（kV）				（A）	
43148	1381	97.0	131.7	132.5	133.4	1.03	0.80	0.85	136.4	184.3	116.7	28.3	28.1	28.0	27.9	478.4	495.7
－19149			127.6	127.9	129.4	1.35	0.91	1.10				27.1	27.0	26.8	26.9	499.1	532.5
②7月18日12:18－20日9:00　TSS2																	
P（kW）	U_-（V）	I_-（A）	U_A	U_B	U_C	U_{ATHD}	U_{BTHD}	U_{CTHD}	I_A	I_B	I_C	U_{bt}	U_{bf}	U_{jt}	U_{jf}	$I_{bt下}/I_{bt上}$	$I_{jt下}/I_{jt上}$
			（kV）			（%）			（A）			（kV）				（A）	
47337	967	96.7	133.7	134.1	135.0	1.11	0.69	0.79	145.9	201.6	170.5	27.9	27.7	27.8	27.7	551.9	511.8
－14017			130.8	130.8	131.6	1.20	0.85	0.95				26.9	26.7	26.7	26.8	471.0	586.2

续上表

③7 月 20 日 9:00－21 日 18:00　TSS2																	
P (kW)	U_- (V)	I_- (A)	U_A	U_B	U_C	U_{ATHD}	U_{BTHD}	U_{CTHD}	I_A	I_B	I_C	U_{bt}	U_{bf}	U_{jt}	U_{jf}	$I_{bt下}/I_{bt上}$	$I_{jt下}/I_{jt上}$
			(kV)			(%)			(A)			(kV)				(A)	
52 410	1 255	102.3	134.0	134.4	135.1	1.19	0.69	0.79	154.7	199.2	162.4	28.0	27.7	27.8	27.7	459.7	517.3
－17 760			130.7	130.0	131.7	1.29	0.89	1.01				26.8	26.8	26.7	26.8	451.8	698.9
④7 月 21 日 18:00－23 日 24:00　TSS2																	
P (kW)	U_- (V)	I_- (A)	U_A	U_B	U_C	U_{ATHD}	U_{BTHD}	U_{CTHD}	I_A	I_B	I_C	U_{bt}	U_{bf}	U_{jt}	U_{jf}	$I_{bt下}/I_{bt上}$	$I_{jt下}/I_{jt上}$
			(kV)			(%)			(A)			(kV)				(A)	
44 769	1 112	83.2	133.7	133.9	134.6	1.05	0.71	0.82	139.4	167.8	126.9	27.9	27.7	27.7	27.6	361.2	547.3
－15 682			130.3	130.4	131.2	1.30	0.85	0.92				26.8	26.8	26.3	26.7	460.3	536.2
⑤7 月 24 日 00:00－25 日 17:00　TSS2																	
P (kW)	U_- (V)	I_- (A)	U_A	U_B	U_C	U_{ATHD}	U_{BTHD}	U_{CTHD}	I_A	I_B	I_C	U_{bt}	U_{bf}	U_{jt}	U_{jf}	$I_{bt下}/I_{bt上}$	$I_{jt下}/I_{jt上}$
			(kV)			(%)			(A)			(kV)				(A)	
47 608	1 069	90.0	133.5	133.9	134.6	1.05	0.65	0.75	157.1	177.7	138.0	27.9	27.6	27.6	27.5	462.2	578.1
－15 345			130.2	130.8	131.0	1.35	0.90	1.00				26.8	26.6	26.6	26.7	436.0	508.2
⑥7 月 25 日 17:00－27 日 11:00　TSS2																	
P (kW)	U_- (V)	I_- (A)	U_A	U_B	U_C	U_{ATHD}	U_{BTHD}	U_{CTHD}	I_A	I_B	I_C	U_{bt}	U_{bf}	U_{jt}	U_{jf}	$I_{bt下}/I_{bt上}$	$I_{jt下}/I_{jt上}$
			(kV)			(%)			(A)			(kV)				(A)	
42 875	989	77.6	133.4	133.8	134.6	1.07	0.66	0.72	135.8	159.9	88.4	27.8	27.6	27.6	27.6	369.4	477.2
－14 024			131.0	130.9	132.1	1.30	0.87	0.96				26.7	26.9	26.7	26.9	379.9	335.4

表中参数定义：

P:220 kV 三相总功率,(kW)(测试时段内最大取用、反馈功率)；

U_- :220 kV 负序电压（V)(测试时段内最大值)；

I_- :220 kV 负序电流（A)(测试时段内最大值)；

U_A、U_B、U_C: 220 kV 三相电压(kV)(测试时段内最大值、最小值)；

U_{ATHD}、U_{BTHD}、U_{CTHD}:220 kV 三相电压综合畸变率(%)（测试时段内最小值、最大值)；

I_A、I_B、I_C:220 kV 三相电压流(A)(测试时段内最大值)；

U_{bt}、U_{bf}:北京方向 27.5 kV T 线、F 线电压(kV)（测试时段内最大值、最小值)；

U_{jt}、U_{jf}:天津方向 27.5 kV T 线、F 线电压(kV)（测试时段内最大值、最小值)；

$I_{bt上}$、$I_{bt下}$:北京方向 27.5 kV T 线上、下行电流(A)（测试时段内最大值)；

$I_{jt上}$、$I_{jt下}$:天津方向 27.5 kV T 线上、下行电流(A)（测试时段内最大值)。

从表 8－6－1 可以看出：

(1) 测试期间,TSS2(武清）变电所主变压器原、次边电压稳定,变电所馈出最高电压为 28.3 kV；

(2) 7 月 10 日前 T 线最大电流 532.5 A；

(3) 7 月 20 日 T 线最大电流 698.9 A。

2. ATS1(玉蜓桥)AT 所各测试时段测试数据统计(见表 8－6－2)

表 8－6－2　ATS1（玉蜓桥）AT 所各测试时段测试数据统计

测试时段	U_T	U_F	AT1		AT2	
			I_T	I_F	I_T	I_F
① 7 月 3 日 9:40 ~9 日 16:50	27.9	27.8	320.1	301.6	AT2 未投入	
	26.2	26.2				
② 7 月 9 日 17:00 ~18 日 18:00	27.9	27.8	231.3	229.6	228.1	227.2
	26.7	26.8				
③7 月 18 日 18:00 ~18 日 22:30	27.8	27.7	110.8	109.6	109.0	108.5
	27.1	27.1				
④ 7 月 28 日 8:50 ~9:59	27.6	27.6	142.0	140.7	AT2 未投入	
	27.0	27.1				

表中参数定义：

U_T、U_F：27.5 kV T 线、F 线电压（kV）、（测试时段内最大值、最小值）；

I_T、I_F：自耦变压器 T 线、F 线电流（A）、（测试时段内最大值）。

3. ATS3（永乐）AT 兼分区所各测试时段测试数据统计（见表 8－6－3）

表 8－6－3　ATS3（永乐）AT 兼分区所各测试时段测试数据统计

测试时段	U_{bT}	U_{jT}	AT1		AT3	
			I_T	I_F	I_T	I_F
① 7 月 3 日 11:30 ~5 日 14:00	27.7	28.8	104.8	105.4	97.9	99.1
	27.3	28.3				
② 7 月 9 日 11:00 ~10 日 20:00	28.2	29.3	192.9	191.8	224.0	224.6
	25.9	26.8				
	26.7	26.7				
③ 7 月 10 日 0:00 ~12 日 10:40	28.2	29.4	203.2	201.0	221.2	221.8
	26.7	26.7				
④ 7 月 12 日 10:40 ~13 日 24:00	28.2	28.9	226.3	224.1	196.3	196.8
	25.9	26.9				
⑤ 7 月 14 日 00:00 ~15 日 9:30	28.0	28.8	213.2	210.9	183.1	183.5
	26.7	27.3				
⑥7 月 15 日 9:30 ~17 日 9:00	28.2	29.4	213.2	210.9	147.4	148.1
	26.7	26.7				
⑦ 7 月 17 日 9:00 ~18 日 16:00	28.1	28.6	226.4	224.7	217.0	217.4
	26.3	27.0				

续上表

测试时段	U_{bT}	U_{jT}	AT1		AT3	
			I_T	I_F	I_T	I_F
⑧7 月 18 日 16:00 ~20 日 1:30	28.1 26.7	28.9 27	213.2	211.2	223.2	221.9
⑨ 7 月 23 日 7:23 ~24 日 16:43	28.1 26.5	29.0 26.9	218.4	216.7	187.0	188.4
⑩ 7 月 24 日 16:43 ~26 日 9:36	28.1 26.0	28.7 26.6	251.1	248.9	206.3	206.9
⑪7 月 26 日 9:36 ~27 日 17:00	28.1 26.6	29.1 26.9	198.1	196.6	177.4	177.9
⑫7 月 27 日 17:00 ~28 日 13:18	28.0 26.5	28.9 27.1	213.4	211.3	211.2	212.1

表中参数定义：

I_T、I_F：自耦变压器 T 线、F 线电流（A）（测试时段内最大值）；

AT1：北京方向自耦变压器；

AT3：北京方向自耦变压器；

U_{bT}、U_{jT}：北京方向、天津方向接触网电压（kV）（测试时段内最大、最小值）。

二、变电所、AT 所、分区所电能质量测试结果

1. 220 kV 侧电能质量测试结果

图 8－6－1 为 TSS2（武清所）7 月 18 日 12:18～20 日 9:00，220 kV 侧 A 相电压及其综合畸变率随电流的变化。

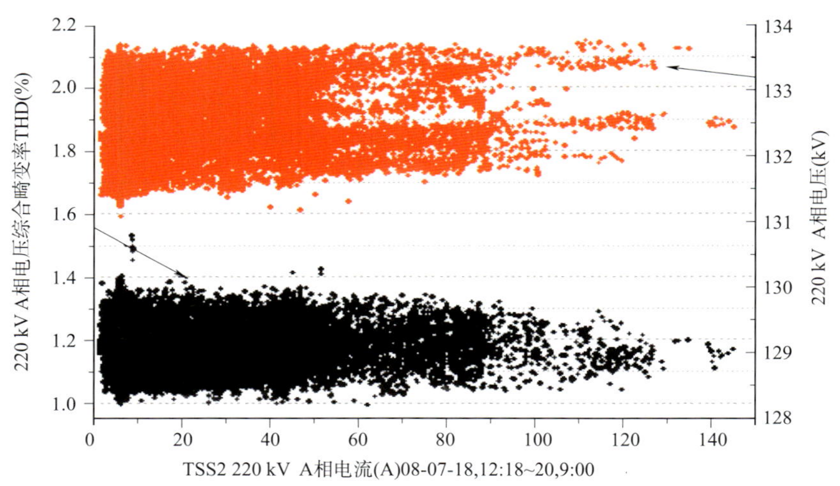

图 8－6－1 武清所 220 kV 侧 U_A 及 U_A 综合畸变率 THD（%）随 I_A 的变化趋势

从图 8－6－1 中可以看出，测试时段 220 kV 侧最大相电流 $I=147$ A，（牵引变压器容量：2×31.5 MVA，$I_e=2\times147$ A），与此相对应的 220 kV 侧相电压波动范围为 2 kV，占 220 kV 侧相电压的 1.57%。

这 2 kV 的电压波动是由 3 个因素构成：

(1)牵引负荷引起的电压降；

(2)220 kV 系统电源电压波动；

(3)牵引负荷再生制动向电源系统反馈电能引起的电压波动。

从图中可以看出 220 kV 侧电压综合畸变率的变化与牵引取流的变化没有对应关系。

由于电源系统容量较大(武清所约 3 400 MVA,亦庄所约 4 000 MVA),可以认为 27.5 kV 侧电压降,是由牵引变压器阻抗和接触网阻抗所引起。

由于测试时段内绝大部分测点为低负荷,较大负荷($I>80$A)测点很少,低负荷测试时段长,该时段的系统电源侧的电压、电压综合畸变率的变化也反映到我们的测试结果中,所以与低负荷相对应的电压、电压综合畸变率的变化较大,并不是牵引取流所造成。

其他 U_B、U_C的变化与 U_A一致。

图 8-6-2 为 7 月 9 日武清牵引变电所 220 kV 侧 B 相电流综合畸变率随电流的变化。

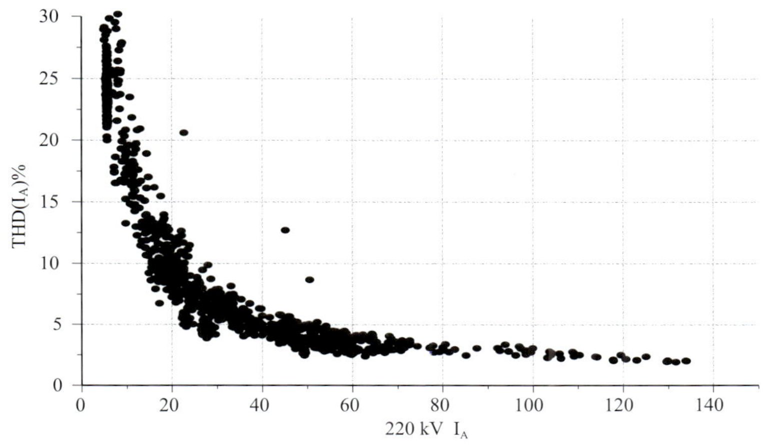

图 8-6-2 武清所 220 kV 侧 I_A综合电流畸变率 THD(%)随 I_A的变化趋势

从图 8-6-2 中可以看出:电流综合畸变率随电流的增加呈明显的衰减趋势。

图 8-6-3 为 TSS1 (亦庄所)6 月 20 日 5:30~6 月 22 日 22:17,220 kV 侧 B 相电压及其综合畸变率随电流的变化,图 8-6-4 为同一时段 B 相电流综合畸变率随取用电流的变化。

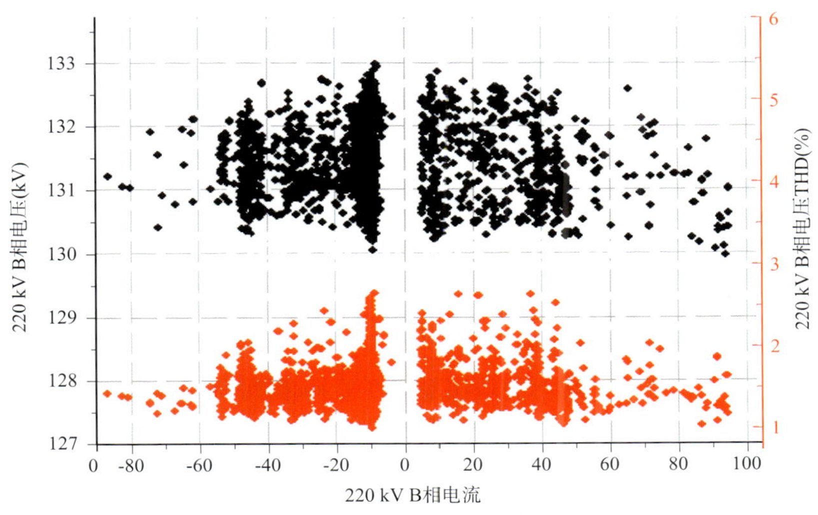

图 8-6-3 亦庄所 220 kV 侧 U_B综合电压畸变率 THD(%)随 IB 的变化趋势

从图 8－6－3 中可以看出，亦庄所 220 kV 侧电压综合畸变率的变化与牵引取流的变化没有对应关系。

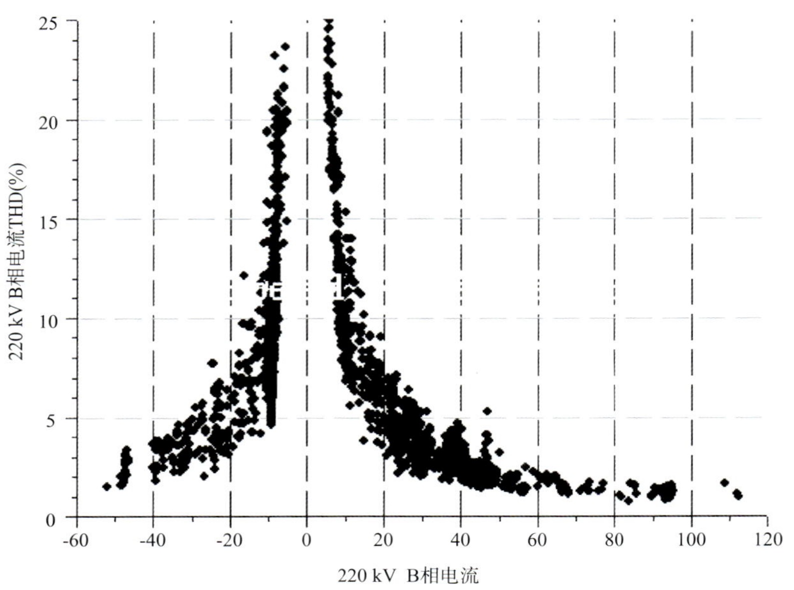

图 8－6－4　亦庄所 220 kV 侧 I_B 综合电流畸变率 THD(%)

图 8－6－5、图 8－6－6 为 TSS2(武清所)7 月 9 日和 7 月 18 日 220 kV 正序、负序电流和取用负荷的关系。

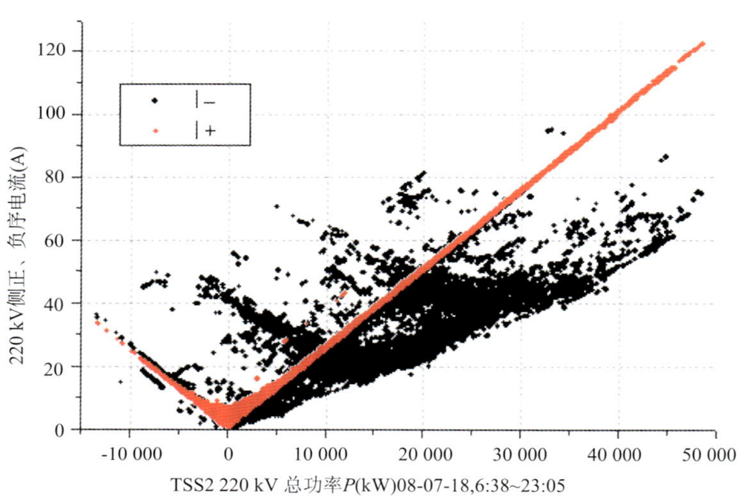

图 8－6－5　7 月 18 日武清所 220 kV 侧正序、负序电流和取用负荷的关系

从图 8－6－5、图 8－6－6 中可以看出：

(1)正序电流随列车取用或再生功率的增加呈线性关系，同时负序电流在其下部有一个线性跟随的趋势。这属于一侧供电臂有负荷运行，此时虽然另一侧供电臂空载，由于 V 型接线的另一台单相变压器的空载取流，导致与功率形成线性关系的正、负序电流，正序总是在负序的上方。

(2)由 V 型接线性质决定，负序电流与正序电流之比不小于 1/2。

(3)由于交流动车组有较强的再生反馈能力和电流相位关系，再生反馈时(变电所一侧反馈电能，

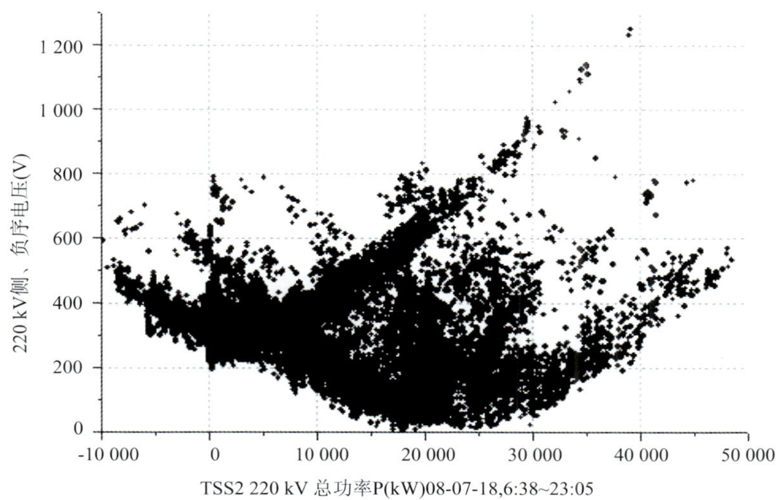

图 8－6－6　7 月 18 日武清所 220 kV 侧负序电压和取用负荷的关系

一侧牵引），负序电流大于正序电流，这一现象是交流动车组运行所特有的。

最典型的现象是，当变电所两侧供电臂分别为一臂电制动再生，另一臂牵引，且两臂功率数值相等，此时变电所不向系统电源取用有功功率，则正序电流为零，负序电流仍存在，图 8－6－5 正序电流（红色）上部的负序电流，就是由于两侧供电臂负荷性质不同所产生。

（4）图 8－6－6 所示的负序电压，既有系统电源既有的负序电压成分，也有由牵引负荷的负序电流引起的负序电压成分，两者的作用为向量合成。由于上述（3）的作用，图 8－6－6 中变电所有功功率为零所对应的负序电压，也不完全是系统电源既有的负序电压成分，对负序电压的产生进行分析较为复杂。由于测试期间测得的最大负序电压，距离标准要求的不平衡度小于 2% 尚有很大裕度，按 95% 最大概率考核则裕度更大，所以对负序电压的产生没有必要进一步划分。TSS1（亦庄所）系统容量大于武清所，其负序电压应该小于武清所的水平。

图 8－6－7 为 TSS2（武清所）7 月 18 日 220 kV 总功率因数和取用负荷的关系。

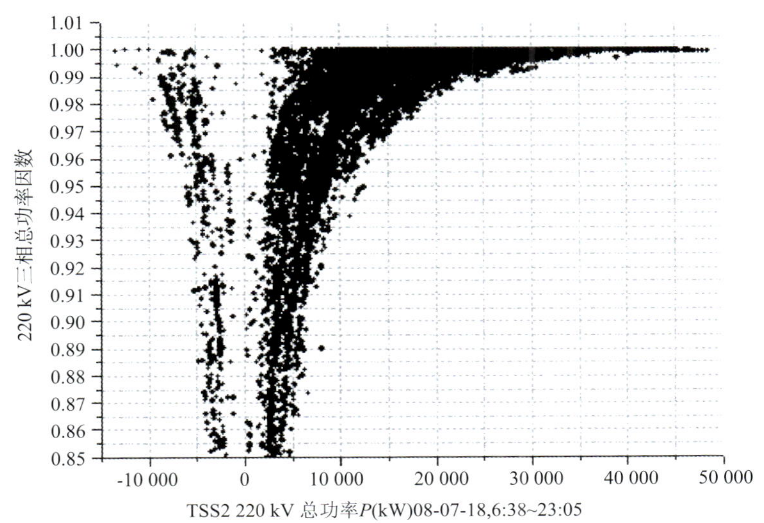

图 8－6－7　7 月 18 日武清所（TSS2）220 kV 侧功率因数

从图 8－6－7 中可以看出：

CRH_2 型、CRH_3 型动车组功率因数达到 0.95 对应的功率分别为 1 000 ~ 5 000 kW，图 8－6－7 显示变电所 220 kV 侧功率因数为 0.95 对应的功率范围为 2 000 ~ 8 000 kW。

2. 27.5 kV 侧电能质量测试结果

图 8－6－8、图 8－6－9 为 7 月 9 日、20－21 日武清所两侧供电臂 T 线电压随功率变化关系。

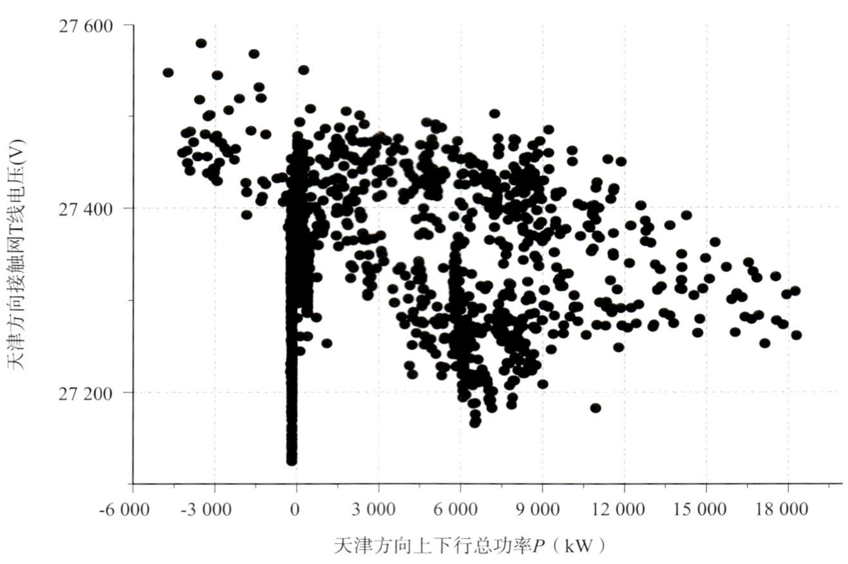

图 8－6－8　武清所 27.5 kV 侧天津方向 T 线电压和取用功率的关系

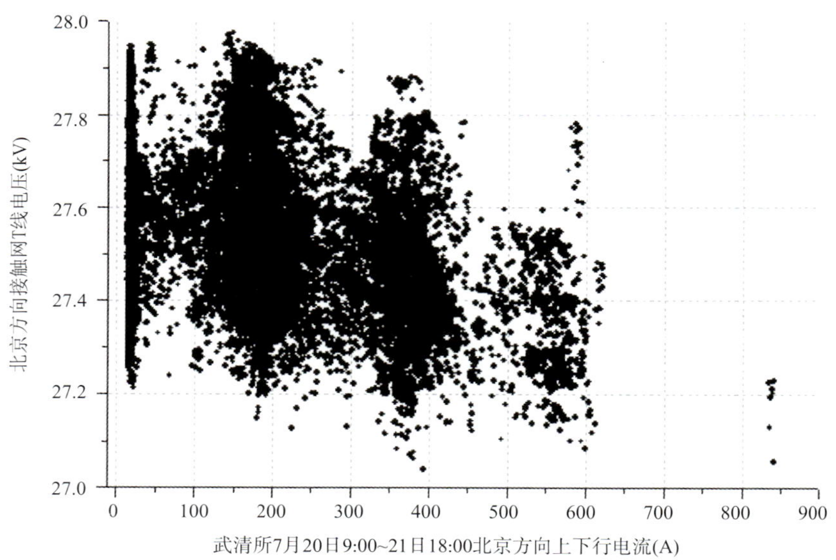

图 8－6－9　武清所 27.5 kV 侧北京方向 T 线电压和北京方向上、下行电流和的关系

从图 8－6－8、图 8－6－9 中可以看出：

（1）7 月 9 日牵引变电所 27.5 kV 两侧牵引工况电压波动范围最大为 600 V（对应功率为 8 000 kW）、300 V（对应功率为 6 000 kW），较低负荷时反而有较大的电压波动，说明较低负荷存在时段长对应的 220 kV 侧系统电压波动更大。

（2）供电臂出现再生反馈时电压略有升高，再生反馈功率为 6 000 kW 时网压升高 200 V。

（3）7 月 20 ~ 21 日供电臂一侧电流为 600 ~ 700 A 时，供电臂首端馈出电压变化最大为 800 V。

需要说明的是，图 8－6－9 中的电流包括了再生反馈电流，该电流产生负的电压降。

图 8－6－10、图 8－6－11 为 7 月 9 日、20～21 日武清所供电臂 T 线电压综合畸变率 THD 随电流变化关系。

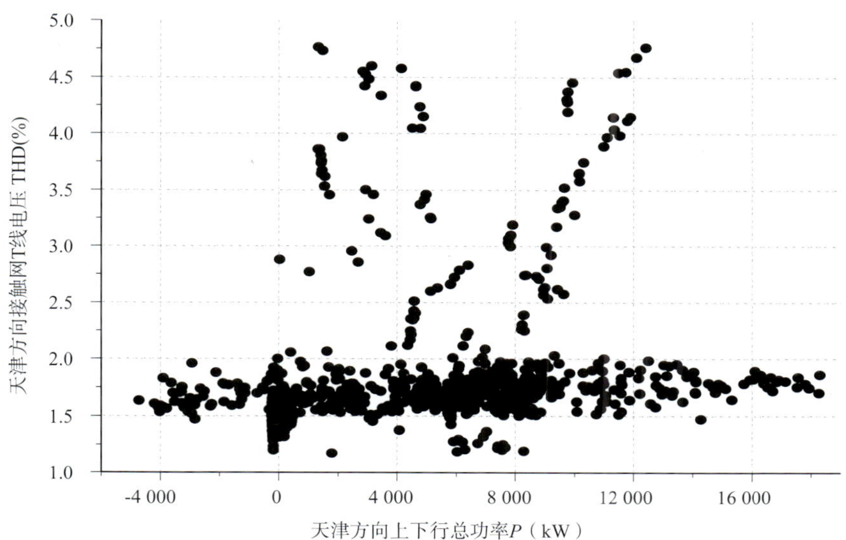

图 8－6－10　武清所 27.5 kV 侧天津方向 T 线电压畸综合变率 THD(％)

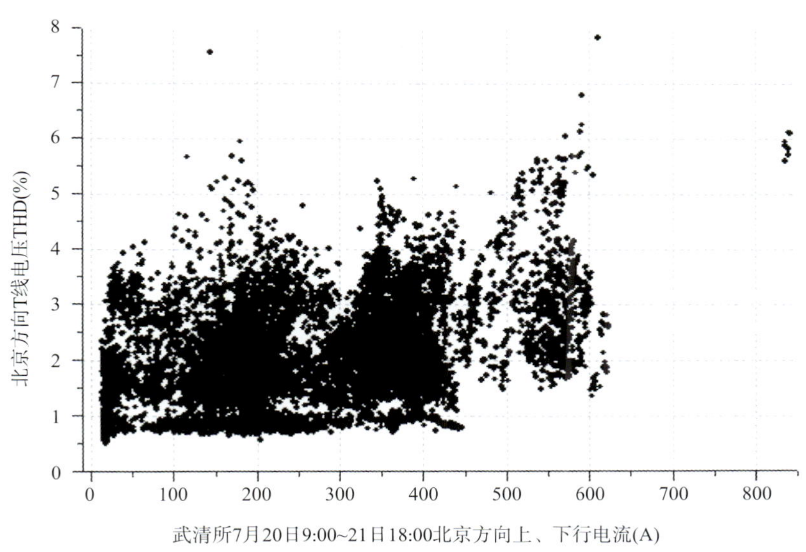

图 8－6－11　武清所 27.5 kV 侧北京方向 T 线电压综合畸变率 THD(％)

从图 8－6－10、图 8－6－11 中可以看出：随牵引负荷变化 T 线电压综合畸变率北京方向大于天津方向，电压综合畸变率多数不大于 6％ 。

图 8－6－12 为 6 月 23 日亦庄所供电臂 T 线电压综合畸变率 THD(％)随电流变化关系，可以看出：测试时段内 T 线电流最大为 300 A，但 T 线电压综合畸变率 THD 并不随电流的增加而增加，T 线电压综合畸变率 THD 不大于 2.4％ 。

图 8－6－13 为武清所供电臂 T 线电流综合畸变率 THD(％)，可以看出：电流综合畸变率随电流的增加呈明显的衰减趋势。

图 8－6－14 为武清所供电臂 T 线 2～61 次谐波电流含有率，可以看出：谐波测试计算至 61 次谐波，在变电所未发现有谐波放大现象。

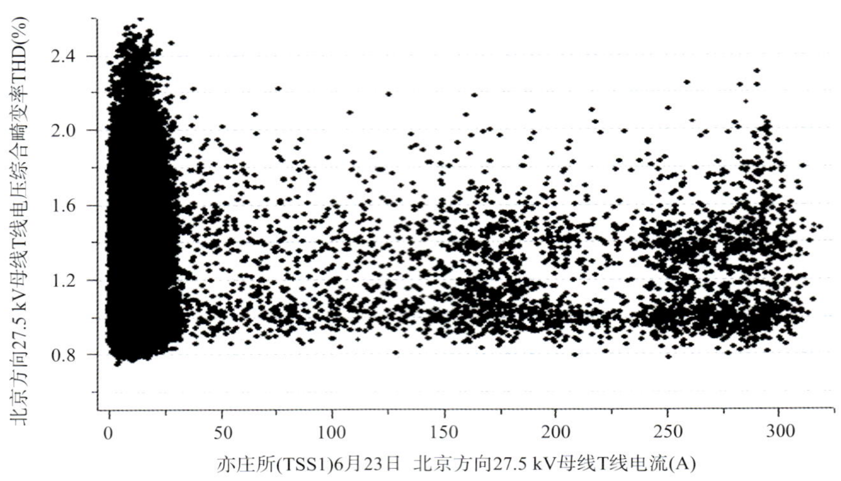

图 8-6-12 亦庄所北京方向 T 线电压综合畸变率 THD 随电流(北京方向上、下行之和)变化关系

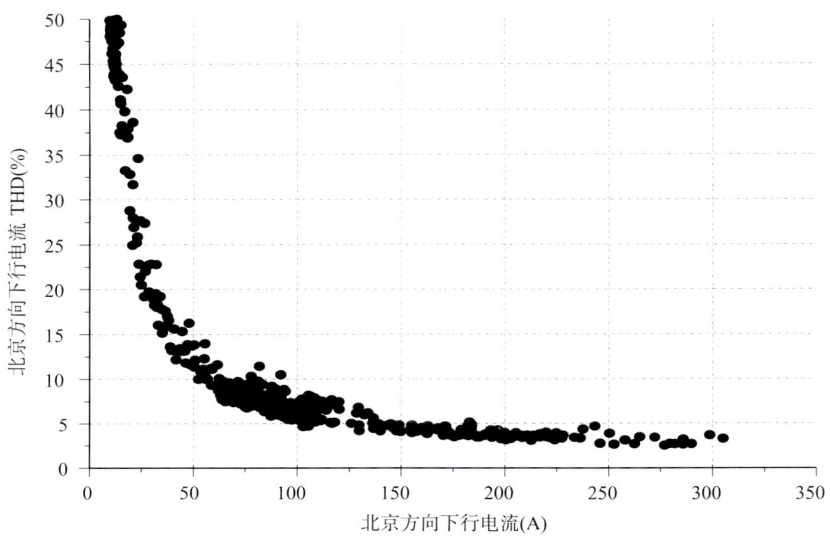

图 8-6-13 武清所 27.5 kV 侧北京方向下行 T 线电流综合畸变率 THD(%)

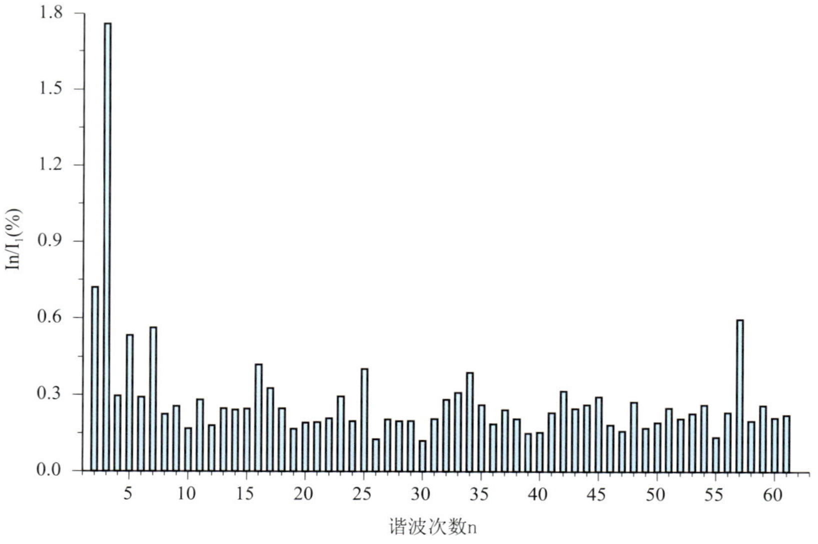

图 8-6-14 武清所 27.5 kV 侧北京方向下行 T 线电流谐波含有率

（I=300 A 10 个采样点平均值）

图 8-6-15～图 8-6-22 为 ATS1、ATS3 AT 所、分区所测试结果。可以看出：AT 所、分区所一部分测试点测得的电压、电流综合畸变率明显高于变电所的测试值。

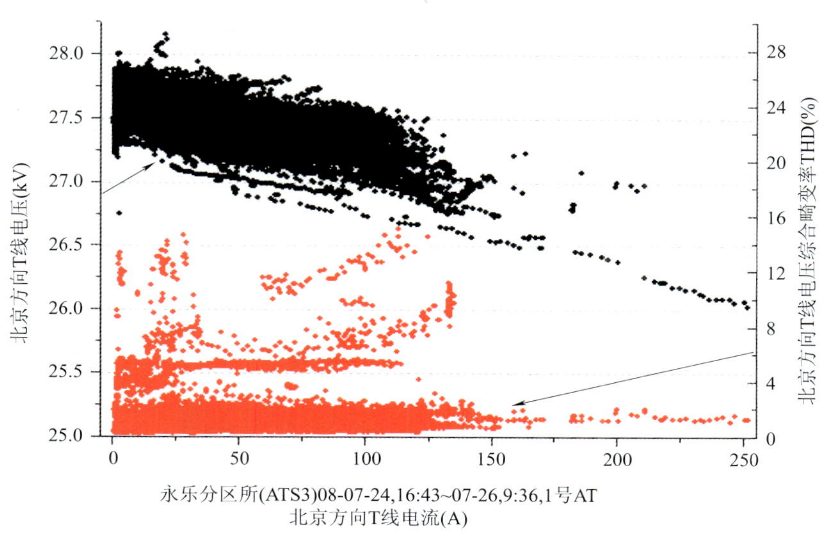

图 8-6-15　ATS3 北京方向接触网 T 线电压、THD 随 AT T 线电流变化

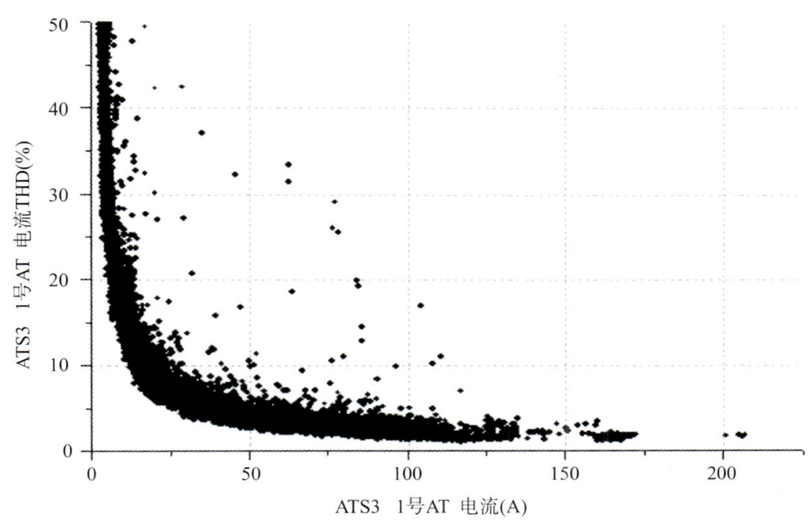

图 8-6-16　ATS3 1 号 AT T 线电流综合畸变率 THD(%)

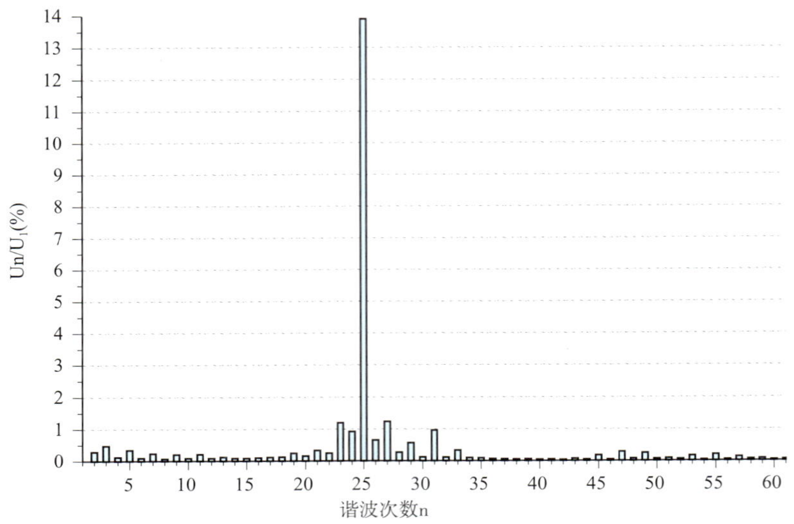

图 8-6-17　ATS3 1 号 AT T 线电流 $I \approx 110$ A　北京方向 T 线电压谐波含有率

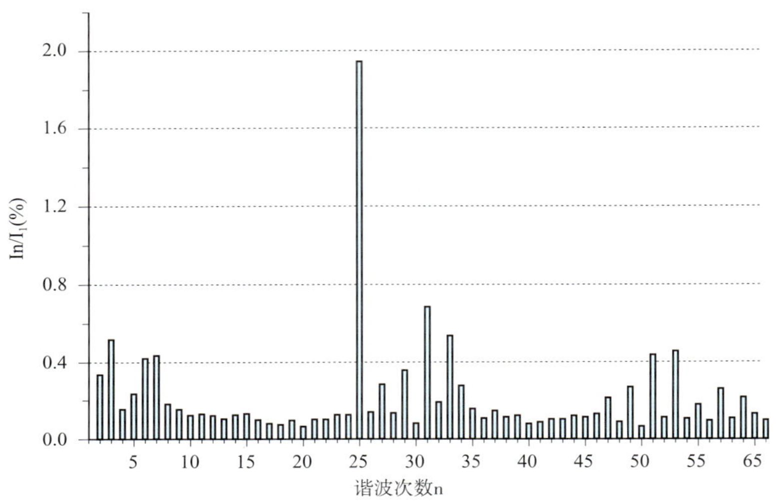

图 8-6-18　ATS3 1AT T 线电流 $I \approx 110$ A　北京方向 T 线电流谐波含有率

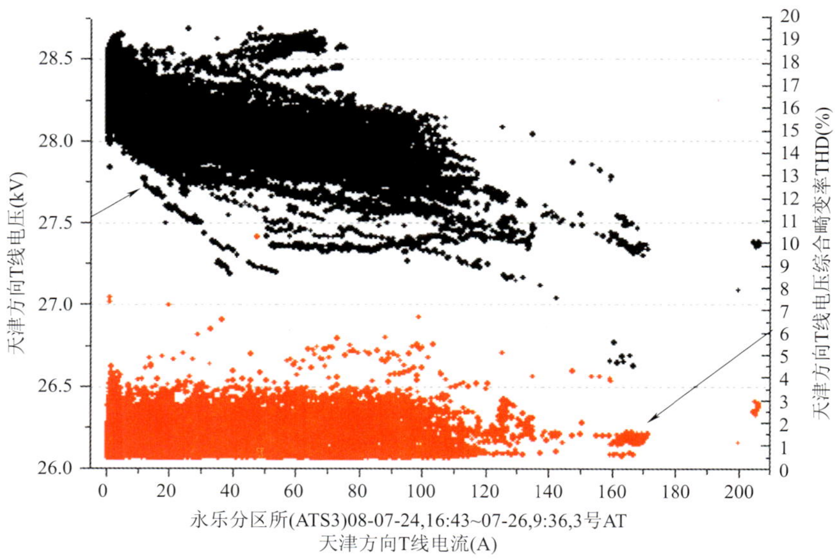

图 8-6-19　ATS3 天津方向接触网 T 线电压、THD 随 AT T 线电流变化

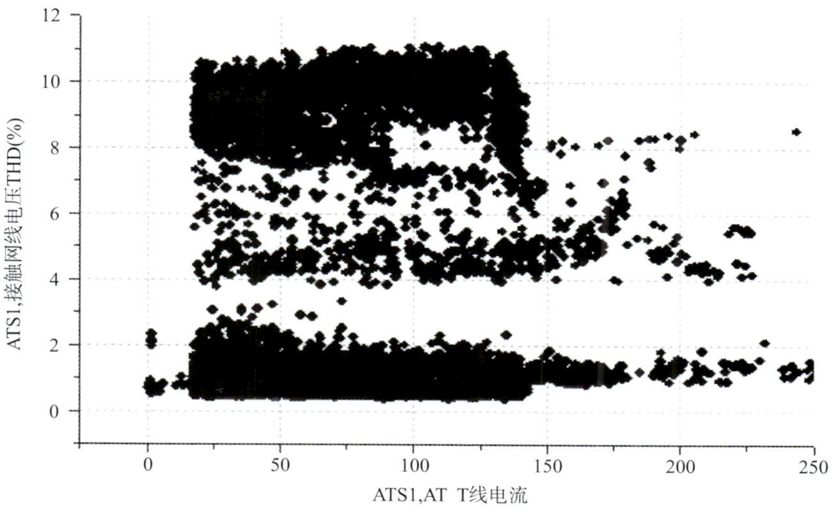

图 8－6－20　ATS1 接触网 T 线电压 THD 随 AT T 线电流变化

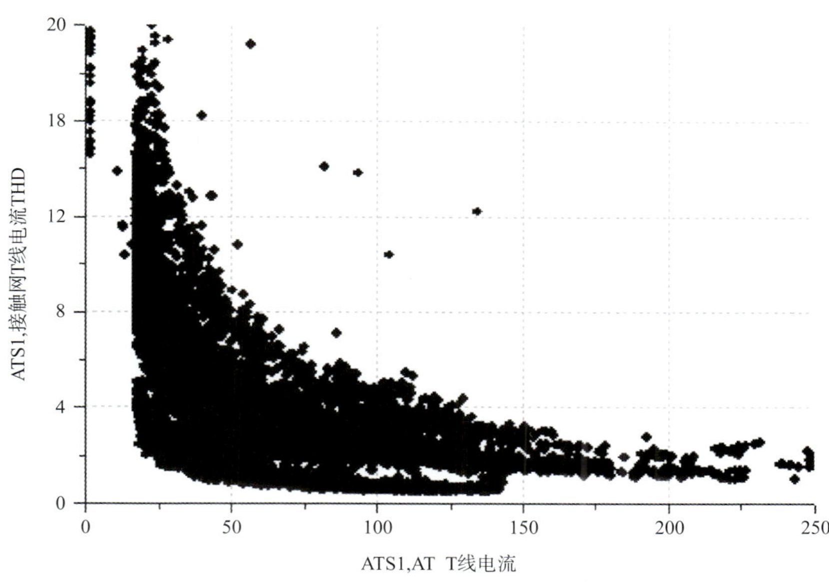

图 8－6－21　ATS1ATT 线电流综合畸变率 THD(％)

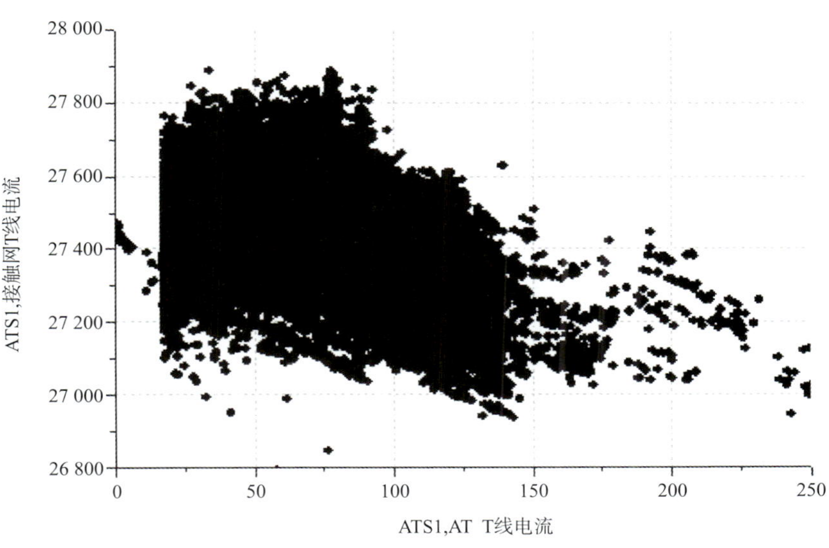

图 8－6－22　ATS1 接触网 T 线电压随 AT T 线电流变化

ATS3 北京方向接触网 T 线电压 THD 值达 15% 。经谐波分析发现,T 线电压和 AT 电流中含有明显的 25 次谐波成分,见图 8-6-17、图 8-6-18。此外图 8-6-16 中 ATS3 AT 电流某些测点电流综合畸变率较大 。

京津城际铁路动车组谐波电流在接触网末端存在放大现象,但未构成谐振过电压。从图 8-6-15 可以看出,T 线电压综合畸变率大于 10% 的测点出现的概率很低,即构成谐波电流放大的谐波源或条件并不固定存在。

AT 所、分区所接触网电压普遍高于 27 kV。

三、供电能力测试验结果及最小列车追踪间隔时间 3 min 供电能力分析

前两节的测试结果统计、电能质量测试结果中的最大电流值、电压范围也是属于供电能力的内容,本节统计分析的重点在于牵引变压器最大功率、馈线最大电流的持续时间。

图 8-6-23 ~ 图 8-6-28 为武清所、ATS1、ATS3 不同测试时段的取用功率和取用电流的以时间为坐标的分布。

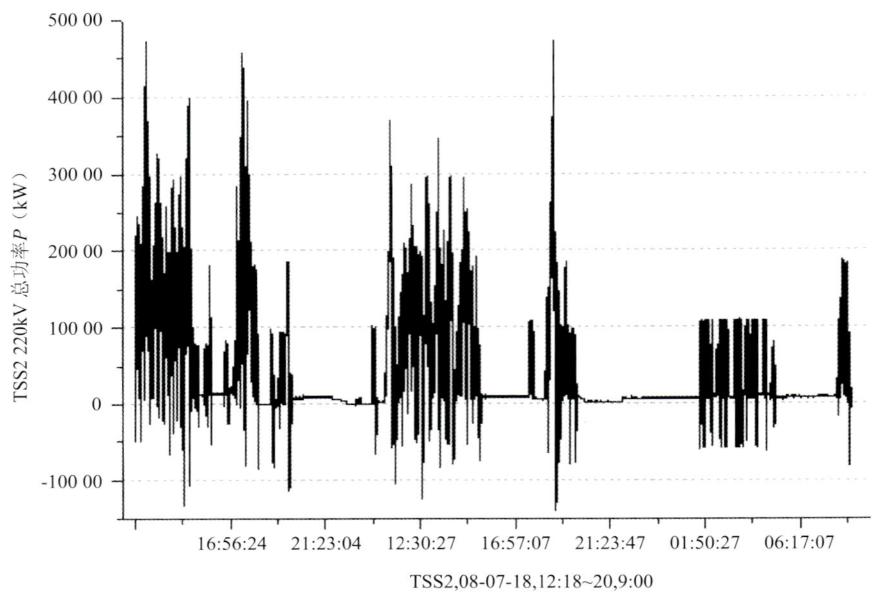

图 8-6-23　武清所 08-07-18,12:18 ~ 20,9:00, 220 kV 侧总功率随时间变化

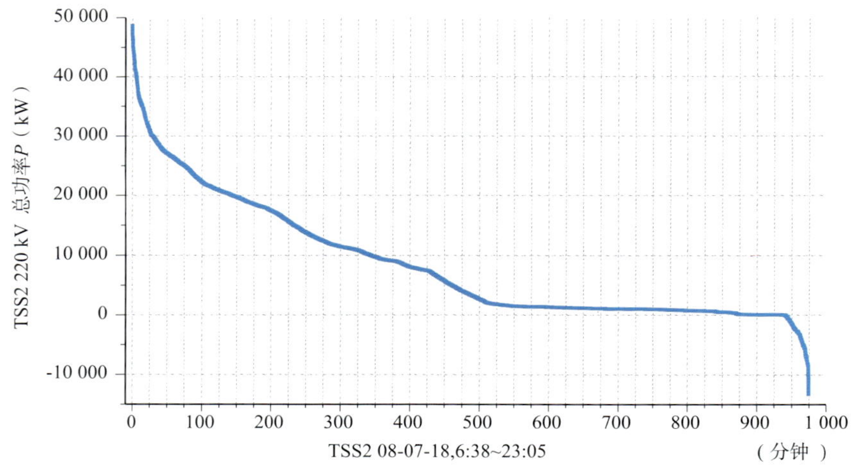

图 8-6-24　武清所 08-07-18, 6:18 ~ 23:05, 220 kV 侧各功率值在测试时段的时间分布

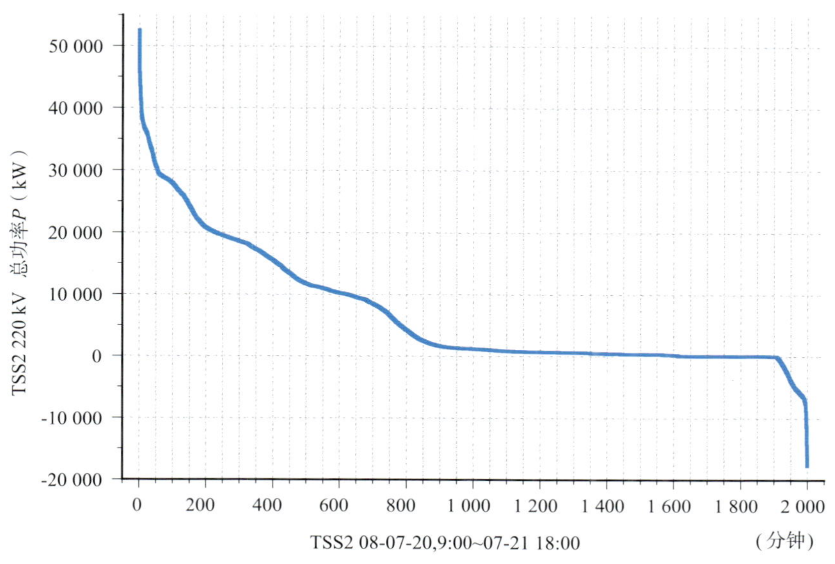

图 8－6－25　武清所 08－07－20，9:00～21,18:00，220 kV 侧各功率值在测试时段的时间分布

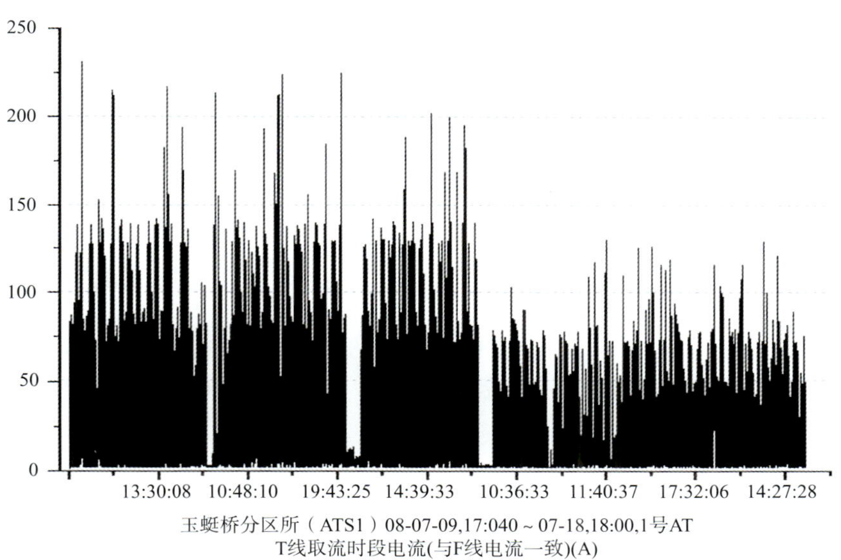

图 8－6－26　ATS1 1 号 AT T 线电流（取用电流时段）

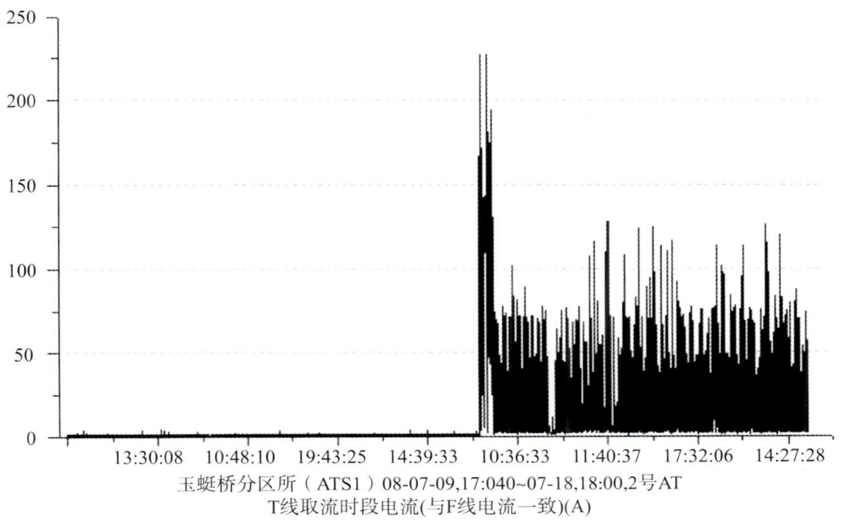

图 8－6－27　ATS1 2 号 AT T 线电流（取用电流时段）

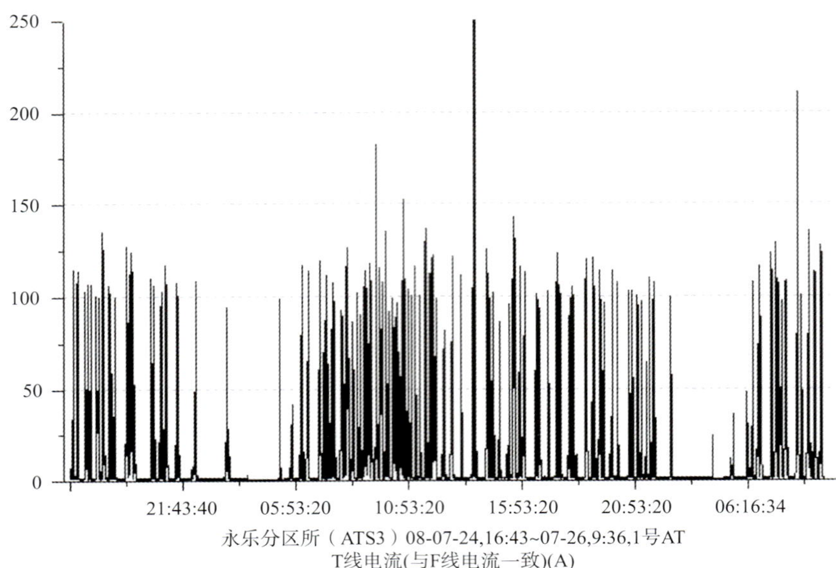

图 8-6-28　ATS3 1 号 AT T 线电流（取用电流时段）

从图 8-6-23～图 8-6-28 中可以看出：

（1）从 7 月 18、20、21、24、25 日武清所的功率曲线、电流曲线可以看到，每天 30 对列车（7 月 11～20 日）变电所最大功率为 48 000 kW，每天 61 对列车（7 月 21～30 日）变电所最大功率为 52 000 kW，对应上述功率值，武清所 4 个供电臂内有 5～6 列列车运行。

（2）上述测试时段试验列车运行速为 350 km/h，追踪间隔为 5 min。

（3）虽然每天变电所最大功率达到约 50 000 kW，但变压器等负荷率很低，30 000 kW 以上负荷出现约 25 min，20 000 kW 以上负荷出现约 120 min。

（4）3 min 追踪间隔运行模式下，AT 会出现极短时的过载。AT 在上述测试时段列车经过取流时的平均电流均未达到其额定值的 1/3，京津城际铁路 AT 所间距约 10 km，AT 的供电能力完全可以满足最小列车追踪间隔时间 3 min 的要求。

（5）3 min 追踪间隔双向连发运行模式下，武清所 4 个供电臂内应按 8～9 列列车运行考虑，届时变电所最大功率将超过 80 000 kW，馈线的 T 线电流将达到 900～1 000 A、F 线电流将达到 700～800 A，考虑到 3 min 间隔双向连发追踪运行模式的持续时间仅为个别运输高峰时段，利用牵引变压器短时过载能力可以满足运输高峰时段 3 min 追踪间隔供电要求。馈线断路器额定电流为 2 000 A，开关设备、接触导线、正馈线满足最小列车追踪间隔时间 3 min 供电要求。

四、分析结果

1. 测试期间，牵引变电所 220 kV 母线电压均为正偏差，最大相电压值为 135.1 kV，为额定值的 1.064 倍，220 kV 母线负序电压最大值为 1381 V，与此对应 220 kV 母线电压不平衡度为 1.087%；220 kV 母线正负偏差绝对值之和低于 10%；220 kV 母线的正常电压不平衡度低于 2%，符合试验大纲要求。

220 kV 母线电压综合畸变率最大值为 1.35%、最小值为 0.66%。220 kV 侧电压综合畸变率的变化与牵引取流的变化没有对应关系。

2. 测试期间，牵引变电所馈线电压最大值为 28.3 kV、最小值为 26.3 kV，AT 所接触网电压最大值为 29.4 kV、最小值为 25.9 kV。牵引负荷较小时，有 40% 时段变电所馈线电压大于 27.5 kV，但不超过 29 kV，最小值大于 25 kV；AT 所、分区所 50% 以上时段接触网电压高于 27 kV，最小值大于 25 kV。接触网电压水平符合试验大纲要求。

3. 接触网未出现高次谐波引起的谐振过电压。

4. 京津城际铁路供变电设备能力，满足动车组运营速度 350 km/h、3 min 最小追踪间隔运行要求。

第二节　接触网系统

一、CRH2 型动车组受流性能测试结果

1. 测试数据

CRH2 型动车组受流性能测试数据见表 8－6－4。

表 8－6－4　测试数据汇总表

速度级 (km/h)	受电弓运行方向	最大接触力 (N)	最小接触力 (N)	最大平均接触力 (N)	硬点最大值 (m/s^2)	接触线最大高差 (mm)
380	下行闭口	381	60	225	872	162
370	上行开口	298	19	162	735	104
350	下行闭口	321	38	207	823	138
	上行开口	296	31	155	764	102
340	下行闭口	329	26	191	941	76
	上行开口	258	14	132	686	75
320	下行闭口	245	35	142	784	83
	上行开口	206	12	113	853	79
310	下行闭口	262	20	152	804	78
	上行开口	220	12	113	598	124
300	下行闭口	234	31	144	784	114
	上行开口	207	20	102	696	73

2. 试验结果曲线以及散点图

为了掌握全部检测速度等级和整个检测区段的弓网受流性能，绘制了 200～380 km/h 分速度等级的接触力曲线散点图，见图 8－6－29、图 8－6－30，350 km/h 速度等级的全程接触力曲线图和硬点散点图，见图 8－6－31、图 8－6－32。

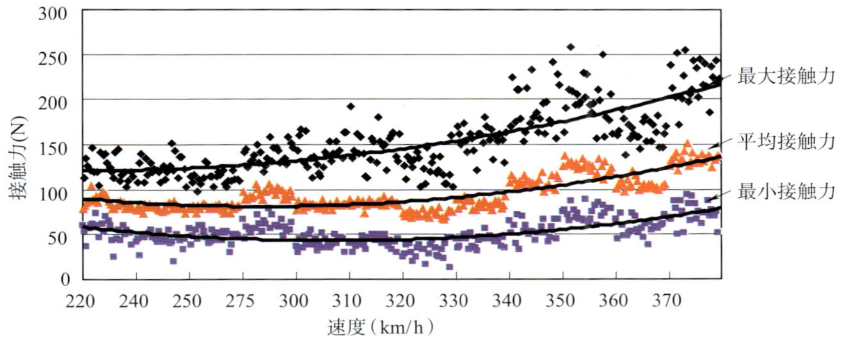

图 8－6－29　分速度等级接触力散点图(开口方向)

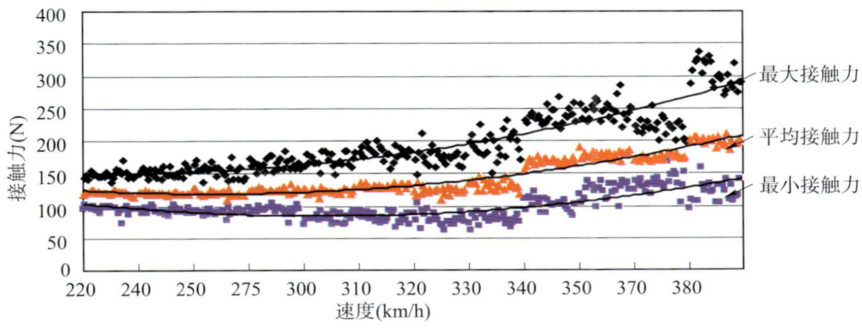

图 8－6－30　分速度等级接触力散点图(闭口方向)

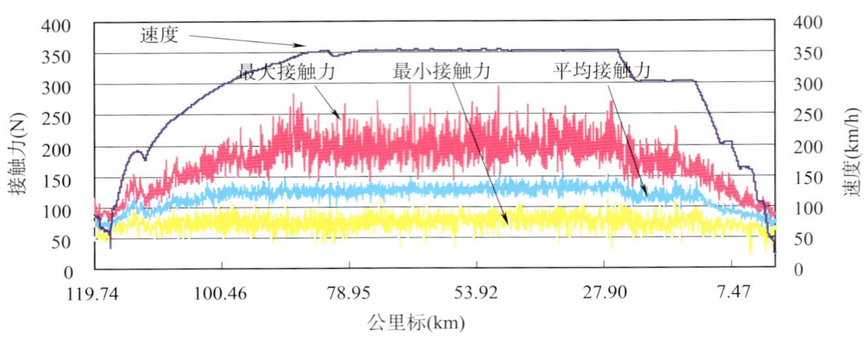

图 8－6－31　全程接触力曲线图(速度 350 km/h,开口方向)

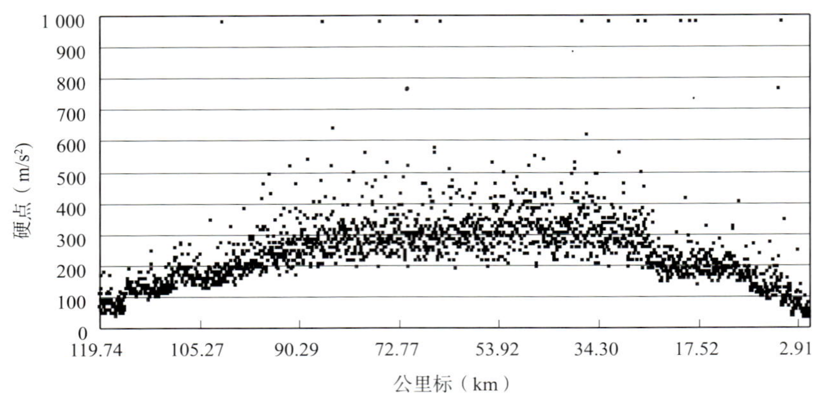

图 8－6－32　全程硬点散点图(速度 350 km/h,开口方向)

二、CRH3 型动车组受流性能测试结果

1. 测试数据

CRH3 型动车组受流性能测试数据见表 8－6－5。

表 8－6－5　测试数据汇总表

速度级(km/h)	受电弓运行方向	最大接触力(N)	最小接触力(N)	最大平均接触力(N)	硬点最大值(m/s^2)	接触线最大高差(mm)
350	上行闭口	226	0	128	843	113
	下行开口	261	0	126	931	75
340	上行闭口	243	0	126	764	131
	下行开口	234	15	123	784	77
330	上行闭口	234	6	141	725	102
	下行开口	250	16	157	764	70
320	上行闭口	227	26	130	755	118
	下行开口	224	21	142	833	75
310	上行闭口	207	29	132	872	112
	下行开口	234	25	158	706	78
300	上行闭口	212	33	128	598	113
	下行开口	233	22	142	647	74

2. 试验结果曲线以及散点图

为了掌握全部检测速度等级和整个检测区段的弓网受流性能，统制了200～350 km/h分速度等级的接触力曲线散点图，见图8－6－33、图8－6－34，350 km/h速度等级的全程按触力曲线图和硬点散点图，见图8－6－35～图8－6－38。

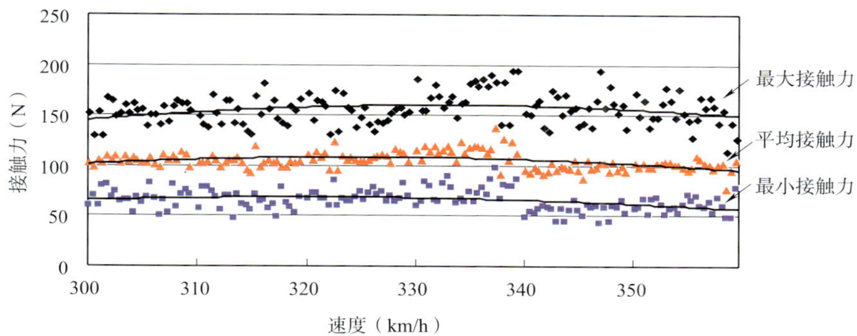

图8－6－33　分速度等级接触力散点图（闭口方向）

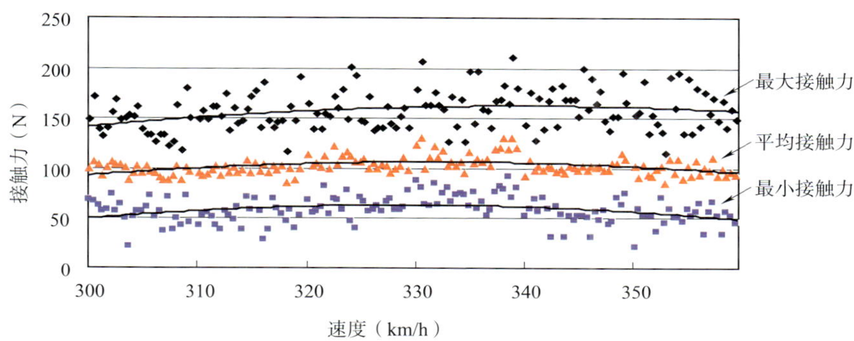

图8－6－34　分速度等级接触力散点图（开口方向）

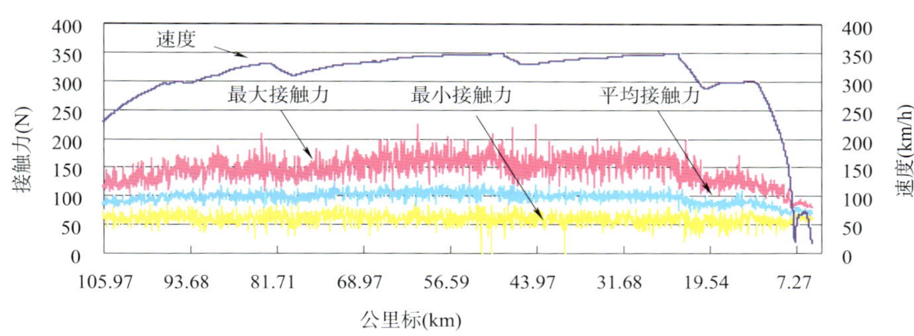

图8－6－35　全程接触力曲线图（速度级350 km/h，闭口方向）

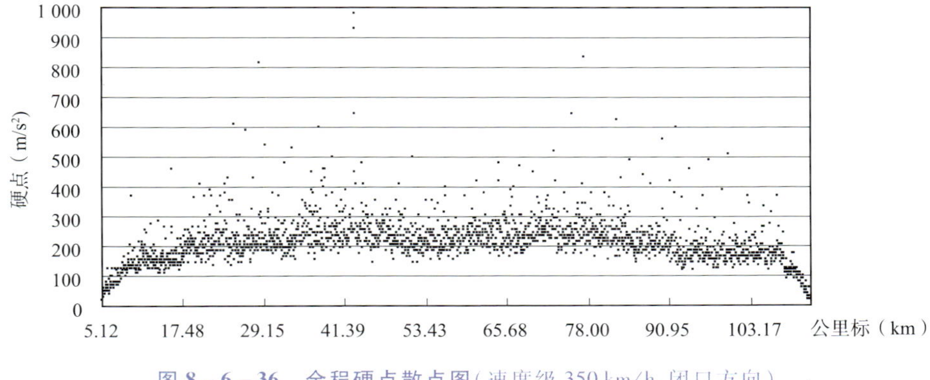

图8－6－36　全程硬点散点图（速度级350 km/h，闭口方向）

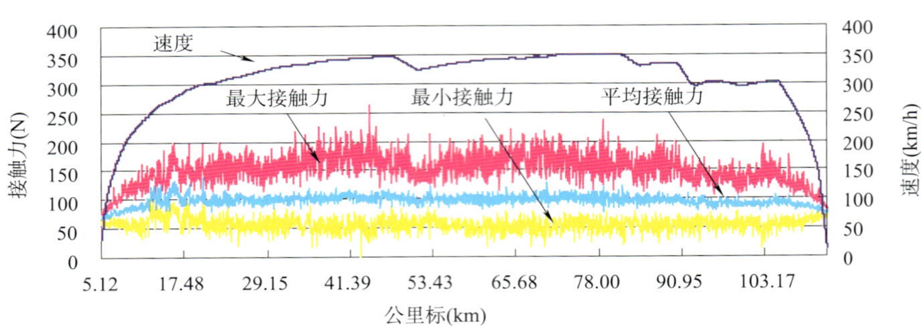

图 8-6-37　全程接触力曲线图(速度级 350 km/h 开口方向)

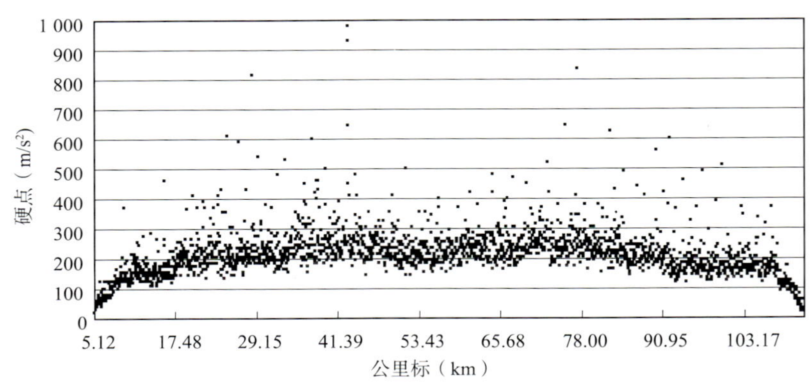

图 8-6-38　全程硬点散点图(速度级 350 km/h 开口方向)

三、接触线抬升量试验结果

1. 接触线抬升量最大值

接触线抬升量最大值见表 8-6-6。

表 8-6-6　接触线抬升量最大值

位置速度(km/h)	锚段关节定位(mm)	区间定位点(mm)
350	83	68
360	82	73
370	78	69

2. 试验波形

动车组 350 km/h 试验速度下的接触线振动波形图,见图 8-6-39。

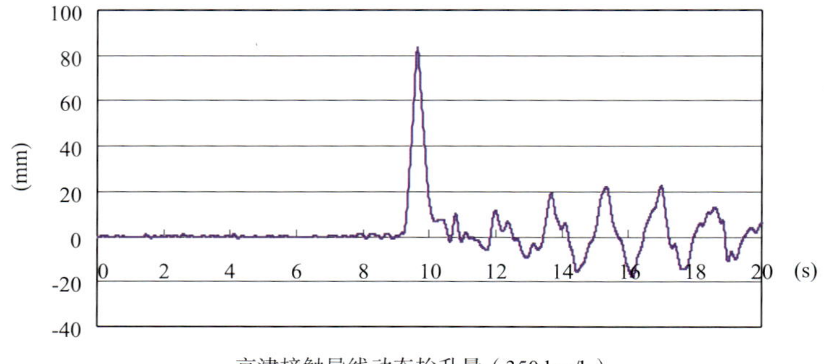

图 8-6-39　接触线振动波形图

第三节　通 信 系 统

一、传输和接入系统故障模拟

1. 传输系统 MSP 1 +1 保护倒换

传输系统 MSP 1 +1 保护倒换测试结果见表 8 -6 -7。

表 8 -6 -7　MSP 1 +1 保护倒换测试结果

倒换点	保护倒换时间(ms)	恢复倒换时间(ms)	恢复时间(min)
北京核心网机房到北京南接入层	27.906	6.758	5
北京核心网机房到北京南骨干层	34.304	10.035	5

2. GSM -R 2M 专网传输通道故障模拟

(1)GSM -R 基站从 PORT0 到 PORT1 的 2M 端口倒换时间

GSM -R 基站从 PORT0 到 PORT1 的 2M 端口倒换时间测试结果见表 8 -6 -8。

表 8 -6 -8　基站通道传输故障模拟试验结果表一

序　号	被　测　基　站	试验次数	倒换时间(s)
1	BTS0 (BTS - BJN)	第 1 次	27
2		第 2 次	22
3		第 3 次	46
4	BTS1 (BJ - YZ -02)	第 1 次	33
5		第 2 次	33
6		第 3 次	27
7	BTS5 (BJ - YZ -06)	第 1 次	33
8		第 2 次	43
9		第 3 次	33

(2)GSM -R 基站从 PORT1 到 PORT0 的倒换时间测试结果

GSM -R 基站从 PORT1 到 PORT0 的倒换时间测试结果见表 8 -6 -9。

表 8 -6 -9　基站通道传输故障模拟试验结果表二

序　号	被　测　基　站	试验次数	倒换时间(s)
1	BTS0 (BTS - BJN)	第 1 次	33
2		第 2 次	26
3		第 3 次	43
4	BTS1 (BJ - YZ -02)	第 1 次	61
5		第 2 次	26
6		第 3 次	41
7	BTS5 (BJ - YZ -06)	第 1 次	14
8		第 2 次	27
9		第 3 次	27

(3)GSM－R 基站端口倒换过程对通话功能的影响

GSM－R 基站端口倒换过程对通话功能的影响测试结果见表 8－6－10。

表 8－6－10　基站通道传输故障模拟试验结果表三

被测基站	链路故障	试验次数	通话过程中主观感受	是否掉话
北京南 BTS－BJN	PCMB LINK A	3	约 2～3 s 的静音	否
北京南 BTS－BJN	PCMB LINK B	3	约 2～3 s 的静音	否
北京—亦庄 BJ－YZ－02	PCMB LINK A	3	约 2～3 s 的静音	否
北京—亦庄 BJ－YZ－02	PCMB LINK B	3	约 2～3 s 的静音	否

(4)基站端口倒换过程中的呼叫试验

基站端口倒换过程中的呼叫试验测试结果见表 8－6－11。

表 8－6－11　基站通道传输故障模拟试验结果表四

被测基站	链路故障	试验次数	呼叫结果	呼叫失败时间(s)
北京南 BTS－BJN	PCMB LINK A	3	失败	约 20
北京南 BTS－BJN	PCMB LINK B	3	失败	约 20
北京—亦庄 BJ－YZ－02	PCMB LINK A	3	失败	约 20
北京—亦庄 BJ－YZ－02	PCMB LINK B	3	失败	约 20

3. 调度系统 2M 专网传输通道故障模拟

将调度所到北京南的主用 2M 通道中断后,FAS 主系统本地维护终端显示收到 4 条告警消息:北京调度大楼 2 号槽位 DTP 运行告警;北京调度大楼主环(下行 2M 口)帧同步丢失(红)色告警;北京南 2 号槽位 DTP 运行告警;北京南主环(上行 2M 口)帧同步丢失(红)色告警。

将调度所到北京南的 2M 通道恢复后,FAS 主系统本地维护终端显示收到上述 4 条告警已清除的消息。在主用 2M 通道中断前、后以及恢复后,京津行调调度台和永乐车站台的通话正常、通话质量良好、没有掉话。

4. 调度系统主备用倒换功能

通过调度台显示状态观察,倒换功能正常。主用 FAS 主系统断电前,行调调度台指示灯显示绿灯,表示主用 FAS 主系统在工作。主用 FAS 主系统断电后,行调调度台指示灯显示黄灯,表示备用 FAS 主系统在工作。当主用 FAS 主系统断电后,处于通话中的调度业务将中断,倒换过程中调度台呼叫车站台、车长台呼叫调度台失败。主用 FAS 主系统重新加电后,通过 FAS 主系统本地维护终端强制备用系统倒换到主用系统,功能正常。

5. MSP 1＋1 保护倒换过程对调度系统的影响

光缆的保护倒换过程中,调度台和车站台的通话正常、通话质量良好、没有掉话;故障清除光缆恢复过程前、后,调度台和车站台的通话正常、通话质量良好、没有掉话。

6. MSP 1＋1 保护倒换过程对数据网的影响

北京核心网到北京南路由器 PING 的测试结果见表 8－6－12,数据网业务接口 PING 的测试结果见表 8－6－13。

表 8－6－12　北京核心网到北京南路由器 PING 的测试结果

序　号	MSP 1＋1 保护倒换	保护倒换前	保护倒换后
1	北京核心网机房到北京南骨干层	时延 1 ms 无丢包	时延 1 ms 无丢包
2	北京核心网机房到北京南接入层	时延 1 ms 无丢包	时延 1 ms 无丢包

表 8－6－13　北京核心网到北京南数据网业务接口 PING 的测试结果

序　号	MSP 1＋1 保护倒换	保护倒换前	保护倒换后
1	北京核心网机房到北京南骨干层	时延 1 ms 无丢包	时延 1 ms 无丢包
2	北京核心网机房到北京南接入层	时延 1 ms 无丢包	时延 1 ms 无丢包

7. MSP 1＋1 保护倒换过程对视频系统的影响

MSP 1＋1 保护倒换过程对视频系统影响的测试结果见表 8－6－14。

表 8－6－14　MSP 1＋1 保护倒换过程对视频系统影响的测试结果

序　号	MSP 1＋1 保护倒换	倒换前、后视频传输流畅度	倒换前、后视频图像对比
1	北京核心网机房到北京南骨干层	无变化	无变化
2	北京核心网机房到北京南接入层	无变化	无变化

8. 传输故障对各系统影响的分析

(1)传输故障对 GSM－R 系统业务的影响

基站传输 2M 通道故障模拟的试验结果表明:如果由于该 2M 通道故障导致 GSM－R 2M 环路的工作方向发生改变,则此 2M 环路上受影响的某些或全部基站需发生端口倒换过程。倒换时间大约需要 0.5 min 到 1 min。在基站端口倒换过程中 GSM－R 呼叫失败,但处于通话状态的 GSM－R 话音业务没有掉话,在通话过程中通过主观感觉到有约 3 s 左右的静音。

(2)传输故障对调度系统业务的影响

调度系统传输 2 M 通道故障模拟的试验结果表明:调度系统的 2 M 环保护功能正常。在主用 2 M 通道故障后,系统利用迂回 2 M 通道工作。调度系统业务无影响。处于通话中的业务不会掉话,通话质量无影响。

光缆传输中断故障模拟试验结果:传输系统 MSP 1＋1 保护倒换功能正常。利用 SDH 分析仪测试保护倒换时间小于 50 ms。符合规范要求。传输系统的保护倒换过程对调度系统的业务功能无影响。

(3)传输故障对数据网的影响

本测试分别选择京津城际铁路北京核心网机房到北京南的骨干层和接入层做光缆中断故障模拟,利用 SDH 分析仪测试 MSP 1＋1 保护倒换时间均 <50 ms。符合规范要求。

传输系统的 MSP 1＋1 保护倒换过程中,数据网 PING 未丢包。

(4)传输故障对视频系统业务的影响

传输系统的 MSP 1＋1 保护倒换过程对视频监控系统未观察到有影响。

二、数据网

1. 数据链路性能:测试完成了核心机房至北京南站、亦庄、永乐站、武清站、天津站的链路性能,吞吐量、时延、丢包率三项指标均达到设计要求。

2. VPN 通道性能指标:测试完成了核心机房至北京南站、亦庄、永乐站、武清站、天津站各业务系统的 VPN 通道的性能指标,其中吞吐量、时延、丢包率三项指标均到达设计标准。

3. 数据网安全性功能:

(1)链路保护功能:切断一条工作链路时,另一条链路可提供路由保护功能。

(2)以太网二层和 IP 三层的网络安全保护功能:通过同一业务的 VPN 通道的联通实验和不同业务的两个 VPN 通道之间的联通实验,VPN 具备逻辑隔离功能。

(3) SDH 自愈环切换对于数据网的影响:SDH 自愈环倒换不影响对数据通道的性能,倒换过程中无丢包。

4. 组播功能:

从正在应用的视频系统VPN通道中的4个端口接入计算机,其中3个端口启用了组播功能,一个端口未启用组播功能,这4台计算机分别作为组播组源计算机、组播组员计算机、非组播组员计算机。由组源计算机向组内发送数据,组员计算机可以收到,非组员计算机接收不到,组播功能满足设计要求。

三、调度通信系统

1. 静态测试

(1) 值班台、调度台在语音点对点主叫测试中,值班台和调度台均能分别以功能号、MSISDN号码成功与GSM-R移动终端建立并完成呼叫。

(2) 值班台、调度台在语音点对点被叫测试中,GSM-R移动终端均能分别以ISDN号码、功能号、短号码与值班台、调度台成功建立并完成呼叫。

(3) 调度台、值班台均实现呼叫限制功能。

(4) 值班台、调度台在语音组呼主叫测试中,调度台、值班台分别能够成功发起组呼,并成功释放,非主叫组呼成员不能释放组呼。

(5) 值班台、调度台在语音组呼被叫测试中,移动用户发起组呼,调度台、值班台成功加入组呼,并成功退出组呼。

(6) 在语音补充业务测试中,调度台、值班台能够成功实现主叫线识别显示业务、呼叫前转业务、呼叫转接业务、多优先级呼叫与抢占、呼叫等待、呼叫保持业务。

(7) 调度台与值班台之间成功实现个呼、组呼、会议功能。

(8) FAS录音系统回放声音清晰。

2. 动态测试

(1) 车站位置区(1300呼叫)确认测试满足技术标准要求。

(2) 车站位置区(210组呼)确认测试满足技术标准要求。

(3) 列调位置区(1200呼叫)确认测试满足技术标准要求。

(4) 相邻三车站及区间基站区(220组呼)确认测试满足技术标准要求。

(5) GSM-R手持终端功能满足技术标准要求。

(6) CIR个呼功能满足技术标准要求。

(7) CIR无应答前转满足技术标准要求。

(8) CIR录音满足技术标准要求。

(9) 紧急呼叫满足技术标准要求。

(10) 功能号注册、注销功能除CIR复位后功能号保持原注册状态及车次号发生变化时,新车次号功能号自动注册成功,满足技术标准要求。

(11) 非主叫CIR退出VGCS呼叫后重新加入、CIR不能退出非主叫2级组呼、组呼30 s内组内无通话,组呼自动拆除,满足技术标准要求。

四、应急救援指挥通信系统

应急救援指挥通信系统功能基本满足技术标准和验收要求。事故模拟点现场语音终端呼入、呼出正常,话音可懂,但有断续。核心机房应急语音指挥台呼入、呼出正常,声音清晰可懂。在组呼测试过程中,组呼通话正常。在电话会议测试过程中,会议通话正常。动图上传测试中,视频动态连续、清晰、稳定。静图上传和数据上传测试中,接收现场静态图片和数据正常。

五、综合视频监控系统

测试的摄像机安置地点包含了京津城际铁路各类视频采集点(电源室、开闭所、自动变电系统机

房、牵引变电所），完全可以全面地反映京津城际铁路综合视频监视系统的性能。

京津城际铁路综合视频监控系统符合《民用闭路监视电视系统工程技术规范》、《视频安防监控系统技术要求》，图像清晰流畅，监视范围准确，功能实现基本正常，基本满足新建京津城际铁路工程的技术设计要求。

测试结果为：摄像机图像清晰；焦距、光圈可调，360°全视角，可设置预置位；话音质量清晰流畅；系统平台正常运行，可选择视频监视客户端；从客户端调用现场摄像机图像；通过系统提供的操作界面分别控制云台水平、垂直转动；通过系统提供的操作界面分别控制镜头变倍、聚焦、光圈和预置位；系统可以分别调用单画面、多画面、轮巡切换等多种显示模式（图 8－6－40），显示采集的视频信号；系统具有存储、检索、回放视频信息的功能；快球摄像头转动平均延时为 0.64 s，调用画面平均延迟为 0.98 s，摄像头聚焦平均延迟为 0.47 s。

图 8－6－40　九画面监控图像

六、时钟分配系统

时钟分配系统符合设计技术要求。

七、GSM－R 专用移动通信系统

1. GSM－R 无线覆盖

考虑到单网交织覆盖的要求，在基站有效覆盖范围内（被测基站到上下行两个相邻基站之间），北京南站的覆盖大于－80 dBm，其余基站 95% 时间地点概率条件下的接收电平均大于－70 dBm。满足大于－92 dBm 的验收要求。

2. GSM－R 服务质量

（1）呼叫建立时间和呼叫失败概率

①MS－FT 呼叫

MS－FT 呼叫建立失败概率和呼叫建立时间见表 8－6－15。

表 8－6－15　MS－FT 呼叫建立失败概率和呼叫建立时间

基站打开情况	呼叫次数	失败概率	呼叫建立时间	
			<5 s	<7.5 s
全基站	1 427	0.7%	99.36%	99.79%
偶数基站	609	0.66%	99.67%	99.83%
奇数基站	363	0	98.90%	99.45%

在全部基站、偶数基站和奇数基站打开的情况下，MS－FT 呼叫指标均满足技术标准要求。

测试过程中，发现并解决了以下问题：

a. FAS 交换机自动电话接口发送 SETUP 消息中，缺少 SENDING COMPLETE 字段，导致 MSC 等该字段 5 s 后，再继续接续呼叫，延长了呼叫建立时间。后经中软公司修改软件后解决。

b. FAS 调度终端接口呼叫等待时间初始时设置为 10 s，当呼叫建立时间超过该定时器时，FAS 会主动发送 NORMAL CALL CLEARING 消息，终止呼叫。经过与 MSC 对应的定时器进行比较，并结合 FT－MS 呼叫建立时间可能较长的特点，将呼叫等待时间改为 15 s。

②FT－MS 呼叫

FT－MS 呼叫建立成功率和呼叫建立时间见表 8－6－16。

表 8－6－16　FT－MS 呼叫建立成功率和呼叫建立时间

基站打开情况	呼叫次数	失败概率	呼叫建立时间	
			<7 s	<10.5 s
全基站	372	0.538%	99.73%	100%
偶数基站	396	0.758%	99.23%	100%
奇数基站	331	0.604%	100%	100%

在全部基站、偶数基站和奇数基站打开的情况下，FT－MS 呼叫指标均满足技术标准要求。

测试过程中，发现并解决了以下问题：

a. FAS 交换机自动电话接口发送 SETUP 消息中，缺少 SENDING COMPLETE 字段，导致 MSC 等该字段 5s 后，再继续接续呼叫，延长了呼叫建立时间。后经中软公司修改软件后解决。

b. FAS 调度终端接口呼叫等待时间初始时设置为 10 s，当呼叫建立时间超过该定时器时，FAS 会主动发送 NORMAL CALL CLEARING 消息，终止呼叫。经过与 MSC 对应的定时器进行比较，并结合 FT－MS呼叫建立时间可能较长的特点，将呼叫等待时间改为 15 s。

③MS－MS 运营呼叫

MS－MS 呼叫建立成功率和呼叫建立时间见表 8－6－17。

表 8－6－17　MS－MS 呼叫建立成功率和呼叫建立时间

基站打开情况	呼叫次数	失败概率	呼叫建立时间	
			<10 s	<15 s
全基站	475	0.42%	98.94%	100%
偶数基站	179	0	98.88%	99.44%
奇数基站	321	0.93%	98.43%	99.69%

在全部基站、偶数基站和奇数基站打开的情况下，MS－MS 呼叫指标均满足技术标准要求。

④铁路紧急呼叫

铁路紧急呼叫建立成功率和建立时间见表 8－6－18。

表 8－6－18　铁路紧急呼叫建立成功率和建立时间

呼叫次数	失败概率	呼叫建立时间	
		<2 s	<3 s
285	0	100%	100%

紧急呼叫建立时间满足技术要求。

⑤同一区域内 MS 之间的组呼

同一区域内 MS 之间组呼建立成功率和呼叫建立时间见表 8－6－19。

表 8－6－19　组呼 220 建立成功率和呼叫建立时间

基站打开情况	呼叫次数	失败概率	呼叫建立时间	
			<5 s	<7 s
全 基 站	242	0	99.17%	99.59%
偶数基站	255	0	100%	100%
奇数基站	212	0.47%	100%	100%

组呼的呼叫建立成功率和呼叫建立时间满足技术标准要求。

(2)切换成功率和切换执行时间

切换成功率和切换执行时间见表 8－6－20。

表 8－6－20　切换成功率和切换执行时间

基站打开情况	切换次数	成 功 率	切换执行时间
全 基 站	227	100%	<235 ms
偶数基站	152	100%	<375 ms
奇数基站	96	100%	<235 ms

在全部基站、偶数基站和奇数基站打开的情况下，切换指标满足技术标准要求。

(3)GPRS 数据传输延时和丢包率

GPRS 数据传输延时和丢包率见表 8－6－21，GPRS 数据传输成功率见表 8－6－22。

表 8－6－21　GPRS 数据传输延时

基站打开情况	128 Byte			1 024 Byte		
	PING 次数	平均延时	95% 延时	PING 次数	平均延时	95% 延时
全 基 站	11 374	0.80 s	<1.0 s	2 730	1.65 s	<2.0 s
偶数基站	2 059	0.76 s	<1.5 s	2 409	1.81 s	<3.0 s
奇数基站	2 164	0.84 s	<1.5 s	1 400	1.85 s	<3.0 s

在全部基站、偶数基站和奇数基站打开的情况下，GPRS 数据传输延时等级均到达 2 级要求。

表 8－6－22　GPRS 数据传输成功率

基站打开情况	128 Byte		1 024 Byte	
	PING 次数	成功率	PING 次数	成功率
全 基 站	11 374	97.37%	2 730	95.79%
偶数基站	2 059	93.35%	2 409	91.12%
奇数基站	2 164	93.11%	1 400	83.86%

(4)GPRS 数据吞吐量

GPRS 数据吞吐量见表 8－6－23。

表 8－6－23　GPRS 数据吞吐量

基站打开情况	下　行			上　行		
	测试持续时间	峰值吞吐量	均值吞吐量	测试持续时间	峰值吞吐量	均值吞吐量
全 基 站	6.0 h	5.6 KB/s	14.3 MB/h	2.8 h	2.68 KB/s	9.32 MB/h
偶数基站	1.1 h	6.7 KB/s	20.8 MB/h	1.1 h	2.25 kB/s	6.80 MB/s
奇数基站	1.2 h	5.6 KB/s	13.5 MB/h	1.1 h	3.16 KB/s	9.81 MB/h

下行：峰值吞吐量满足 3 级要求，平均吞吐量满足 16 级要求。

上行：峰值吞吐量满足 2 级要求，平均吞吐量满足 15 级要求。

(5)列控业务服务质量

①连接建立失败概率和连接建立时间

连接建立失败概率和连接建立时间见表 8－6－24。

表 8－6－24　连接建立失败概率和连接建立时间

基站打开情况	连接次数	失败概率	连接建立时间	
			<8.5 s	<10 s
全 基 站	172	0	100%	100%
偶数基站	250	0.8%	100%	100%
奇数基站	62	0	100%	100%

在全部基站、偶数基站和奇数基站打开的情况下，连接建立指标满足技术标准要求。

②数据传输延时

CSD 数据最大端到端传输延时见表 8－6－25。

表 8－6－25　CSD 数据最大端到端传输延时

基站打开情况	测试包数	端到端延时 <0.5 s
全 基 站	10671	100%
偶数基站	9154	99.98%
奇数基站	7379	100%

在全部基站、偶数基站和奇数基站打开的情况下，CSD 数据最大端到端传输延时满足技术标准要求。

③连接失效率

CSD 连接失效概率见表 8－6－26。

表 8－6－26　CSD 连接失效概率

基站打开情况	连接失效率
全 基 站	0
偶数基站	0
奇数基站	0

在全部基站、偶数基站和奇数基站打开的情况下，CSD 连接失效概率满足技术标准要求。

④网络注册延时

网络注册延时见表 8－6－27。

表 8－6－27　网络注册延时

测试次数	注册延时		
	≤30 s	≤35 s	≤40 s
374	100%	100%	100%

网络注册延时指标满足技术标准要求。

八、车次号和调度命令传送系统

调度命令传送成功率统计见表 8－6－28，车次号传送成功率统计见表 8－6－29。

表 8－6－28　调度命令传送成功率统计表

基站打开情况	调度命令条数	手动签收条数	成功率
全部基站	6 304	6 236	98.92%
偶数基站	2 829	2 817	99.58%
奇数基站	1 319	1 314	99.6%

表 8－6－29　车次号传送成功率统计表

基站打开情况	发送条数	接收条数	成功率
全部基站	8 693	8 402	96.55%
偶数基站	3 527	3 456	97.98%
奇数基站	1 707	1 681	98.5%

(1)在 GRIS 和 CIR 之间实现了调度命令和车次号传送功能。

(2)调度命令传送发送成功率满足《GSM－R 数字移动通信应用技术条件 第三分册 调度命令信息无线传送系统》的要求。

九、电话业务

通过对 ATS1/SIG1/亦庄、亦庄、亦庄/TSS1 、TSS1/ATS4/武清、武清/SIG8/TSS2、TSS2/ATS2/3/5/SIG3/6/永乐、永乐 /SIG5/ATS6/SIG9、SIG9、南站 F2 楼的公务电话业务呼入、呼出进行测试，功能均正常实现，通话话音质量可达 1 级(音质清新)。

测试初始阶段，ATS4、TSS1、武清 3 个站点的 ONU 设备处于中断状态，北京南站公务电话测试中出现电话单通问题，调整跳线后测试恢复正常。

电话业务功能实现正常，语音质量清晰，满足设计和技术标准要求。

第四节　信号系统

一、CTCS－3D 列控系统测试

1. 环行道 CTCS－3D 列控车载设备调试

环行道 CTCS－3D 列控车载设备调试结论见表 8－6－30。

表 8-6-30 环行道 CTCS-3D 列控车载设备调试结论

序 号	测 试 项 目	测试地点	测试结论
1	上电、常用制动缓解	环行道	正常
2	方向手柄零位测试	环行道	正常
3	速度传感器方向测试	环行道	正常
4	测速雷达序列号检查	环行道	正常
5	多功能车辆总线(MVB) 功能	环行道	正常
6	应答器位置标定	环行道	正常
7	测速、测距与列车位置修正	环行道	正常
8	应答器信息接收	环行道	正常
9	轨道电路连续信息接收	环行道	正常
10	正线发车车载模式变化	环行道	正常
11	正线接车车载模式变化	环行道	正常
12	ATP 与动车组接口	环行道	正常
13	ATP 与 TCR 接口	环行道	正常
14	DMI 功能测试	环行道	正常
15	DRU 数据记录	环行道	正常
16	定点停车	环行道	正常
17	FS 模式起模时机	环行道	正常
18	临时限速区段降速功能	环行道	正常
19	区间定位应答器丢失 1 个	环行道	正常
20	区间 SMB 处应答器丢失 1 组	环行道	正常
21	区间 SMB 处应答器连续丢失 2 组	环行道	正常
22	主信号机处应答器丢失	环行道	正常
23	站内冒进防护功能	环行道	正常
24	码序突变防护功能	环行道	正常
25	应答器报文兼容性 16383	环行道	正常
26	TCR 故障测试	环行道	正常
27	行车中 DMI 切换测试	环行道	正常

2. 京津城际铁路 CTCS-3D 列控系统功能验证试验

CTCS-3D 列控系统功能验证试验结论见表 8-6-31。

表 8-6-31 京津城际铁路 CTCS-3D 列控系统功能试验

序 号	试 验 项 目	试验地点	试验结论
1	应答器位置标定	京津城际铁路	正常
2	测速、测距与列车位置修正	京津城际铁路	正常
3	ATP 与动车组接口	京津城际铁路	正常
4	应答器信息接收	京津城际铁路	正常
5	轨道电路连续信息接收	京津城际铁路	正常
6	ATP 与 TCR 接口	京津城际铁路	正常
7	DMI 显示与报警功能	京津城际铁路	正常
8	正线发车车载模式	京津城际铁路	正常

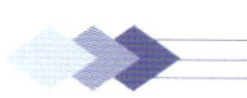

续上表

序　号	试　验　项　目	试验地点	试验结论
9	正线接车车载模式	京津城际铁路	正常
10	正线通过车载模式	京津城际铁路	正常
11	停车精度	京津城际铁路	正常
12	侧线发车车载模式	京津城际铁路	正常
13	侧线接车车载模式	京津城际铁路	正常
14	侧线通过车载模式	京津城际铁路	正常
15	车尾保持功能	京津城际铁路	正常
16	区间临时限速功能	京津城际铁路	正常
17	应答器报文兼容性	京津城际铁路	正常
18	引导接车模式	京津城际铁路	正常
19	机车信号模式	京津城际铁路	正常
20	速度监督功能	京津城际铁路	正常
21	反向运行	京津城际铁路	正常
22	系统切换与隔离模式	京津城际铁路	正常
23	区间停车与越行功能	京津城际铁路	正常
24	机外停车	京津城际铁路	正常
25	自动过分相	京津城际铁路	正常

3. 京津城际铁路 CTCS－3D 列控系统调试

CTCS－3D 列控系统调试试验内容及结论如表 8－6－32。

表 8－6－32　京津城际铁路 CTCS－3D 级列控系统调试

序　号	测　试　项　目	测试地点	测试结论
1	应答器位置标定	京津城际铁路	正常
2	测速、测距与列车位置修正	京津城际铁路	正常
3	ATP 与动车组接口	京津城际铁路	正常
4	应答器信息接收	京津城际铁路	正常
5	轨道电路连续信息接收	京津城际铁路	正常
6	ATP 与 TCR 接口	京津城际铁路	正常
7	DMI 显示与报警功能	京津城际铁路	正常
8	正线发车车载模式	京津城际铁路	正常
9	正线接车车载模式	京津城际铁路	正常
10	正线通过车载模式	京津城际铁路	正常
11	侧线发车车载模式	京津城际铁路	正常
12	侧线接车车载模式	京津城际铁路	正常
13	侧线通过车载模式	京津城际铁路	正常
14	高速运行停车精度	京津城际铁路	正常
15	车尾保持功能	京津城际铁路	正常
16	区间临时限速功能(正向)	京津城际铁路	正常
17	区间临时限速功能(反向)	京津城际铁路	正常
18	侧线股道临时限速 45 km/h	京津城际铁路	正常

续上表

序　号	测　试　项　目	测试地点	测试结论
19	引导接车模式	京津城际铁路	正常
20	超速防护(CSM、TSM)	京津城际铁路	正常
21	反向运行(直进弯出)	京津城际铁路	异常
22	反向运行(弯进直出)	京津城际铁路	正常
23	反向运行(弯进弯出)	京津城际铁路	正常
24	区间停车与停车精度	京津城际铁路	正常
25	机外停车	京津城际铁路	正常
26	自动过分相	京津城际铁路	正常
27	调车模式与调车危险	京津城际铁路	正常
28	码序突变(降级)	京津城际铁路	正常
29	应答器丢失故障	京津城际铁路	正常
30	应答器默认报文	京津城际铁路	正常

二、跨线列车列控车载设备适应性试验

200 H 的试验集中在 4 月 16 日 ~6 月 15 日，由于地面 CTC、道岔锁闭等问题，很多试验项目受到限制。200 H 试验内容及结论如表 8－6－33，200C 试验内容及结论如表 8－6－34。

表 8－6－33　跨线列车列控车载设备适应性测试(200H)

序　号	测　试　项　目	测　试　地　点	测试结论
1	应答器报文兼容性	京津城际铁路	正常
2	正线发车	京津城际铁路	正常
3	正线通过	京津城际铁路	正常
4	正线接车	京津城际铁路	正常
5	侧线发车	京津城际铁路	正常
6	侧线通过	京津城际铁路	正常
7	侧线接车后再发车	京津城际铁路	正常
8	正线停车后再发车	京津城际铁路	正常
9	区间停车后再发车	京津城际铁路	正常
10	机外停车再侧线引导接车	京津城际铁路	正常
11	反向运行(直进弯出)	京津城际铁路	正常
12	反向运行(弯进直出)	京津城际铁路	正常
13	反向运行(弯进弯出)	京津城际铁路	正常
14	车尾保持功能	京津城际铁路	正常
15	区间临时限速功能(正向)	京津城际铁路	正常
16	区间临时限速功能(反向)	京津城际铁路	正常
17	侧线股道临时限速 45 km/h	京津城际铁路	正常
18	16 383 报文兼容性	京津城际铁路	正常
19	应答器丢失故障	环行道	正常
20	应答器默认报文	环行道	正常
21	轨道电路故障(码序突变)	环行道	正常

表 8-6-34　跨线列车列控车载设备适应性测试(200C)

序　号	测　试　项　目	测　试　地　点	测试结论
1	应答器报文兼容性	京津城际铁路	正常
2	正线发车	京津城际铁路	正常
3	正线通过	京津城际铁路	正常
4	正线接车	京津城际铁路	正常
5	正线停车后再发车	京津城际铁路	正常
6	侧线接车后再发车	京津城际铁路	正常
7	区间停车后再发车	京津城际铁路	正常
8	侧线发车	京津城际铁路	正常
9	侧线通过	京津城际铁路	正常
10	机外停车再侧线引导接车	京津城际铁路	正常
11	反向运行(直进弯出)	京津城际铁路	正常
12	反向运行(弯进直出)	京津城际铁路	正常
13	反向运行(弯进弯出)	京津城际铁路	正常
14	车尾保持功能	京津城际铁路	正常
15	区间临时限速功能(正向)	京津城际铁路	正常
16	区间临时限速功能(反向)	京津城际铁路	正常
17	侧线股道临时限速 45 km/h	京津城际铁路	正常
18	16 383 报文兼容性	京津城际铁路	正常
19	应答器丢失故障	京津城际铁路	正常
20	应答器默认报文	京津城际铁路	
21	轨道电路故障(码序突变)	京津城际铁路	

三、联锁系统、列控中心测试

联锁系统、列控中心测试结果见表 8-6-35。

表 8-6-35　联锁系统、列控中心测试结果

序　号	测　试　内　容	测　试　项　目	测试结论
1	联锁系统一致性测试	道岔一致性测试	正常
		SMB/信号机一致性测试	正常
		应答器一致性测试	正常
		轨道电路一致性测试	正常
2	地面列控中心功能测试	轨道电路发码功能测试	正常
		轨道电路状态处理功能测试	正常
		灾害防护编码功能测试	正常
		启动类测试	正常
		冗余类测试	正常
3	接口测试	SIMIS W 联锁与 TCC 接口测试	正常
		SIMIS W 联锁/TCC 与 ZPW-2000A 轨道电路接口测试	正常
		SIMIS W 联锁与 DS6-K5B 联锁系统接口测试	正常
		SIMIS W、地面列控中心与防灾系统测试	正常
		SIMIS W 与 SIMIS W 系统接口测试	正常
		TCC 与 LEU 接口测试	正常

续上表

序 号	测 试 内 容	测 试 项 目	测试结论
4	联锁系统补充测试	联锁系统常规功能测试	正常
		联锁系统故障报警测试	
		联锁系统故障—安全测试	
5	列控中心专家组测试	列控中心启动、冗余测试	正常
		列控中心功能测试	
		列控中心故障诊断测试	

四、CTC 系统测试

对 CTC 系统中各个测点的状态和数值进行记录，结合系统结构，通过人工分析得出结论。对 CTC 系统的相应时间、数据采集时间、故障切换时间等进行记录，采用统计分析方法，得出最佳值、最劣值以及均值。

1. 控制模式转换

CTC 系统控制模式转换结果见表 8－6－36。

表 8－6－36　控制模式转换结果

控 制 模 式 转 换	模式转换结果
集中控制到非常站控	满足
非常站控到集中控制	满足

2. 功能测试

CTC 系统控制功能测试结果见表 8－6－37。

表 8－6－37　功能测试结果

功 能		测试结果
系统登录、注销		满足
调度命令	调度命令的编制	满足
	调度命令的下达	满足
	调度命令的签收	满足
	调度命令的查询	满足
	调度命令的打印	满足
	向列车发送调度命令	满足
	与既有线相关调度台互发调度命令	满足
运行计划	运行计划的编制	满足
	运行计划的下达	满足
	运行计划的签收	满足
	运行计划的自动调整	满足
	按计划自动排列列车进路	满足
	CTC 应具有人工办理试排进路	满足
运行图	基本运行图	满足
	实际运行图的描绘	满足

续上表

功　　能		测试结果
临时限速命令	临时限速命令生成(正线和侧线限速)	满足
	直接临时限速命令的下达(正线和侧线限速)	满足
	临时限速命令下发	满足
	临时限速命令取消	满足
车次跟踪功能		满足
报警信息		满足

3. 区段显示/邻站显示测试

CTC 系统区段显示/邻站显示测试结果见表 8-6-38。

表 8-6-38　区段显示/邻站显示测试结果

功　　能		测试结果
区段显示界面(调度台)	各站连接是否正确	满足
	站场回放功能	满足
	站选条状态显示	满足
邻站显示界面(车务终端)	邻站显示是否正确	满足

4. 单站控制界面测试

CTC 系统单站控制界面测试结果见表 8-6-39。

表 8-6-39　单站控制界面测试结果

功　　能		测　试　结　果
单站控制界面中站场布置是否正确		满足
车次窗显示是否正确	车次窗位置是否正确	满足
	车次号显示是否正确	满足
	列车运行方向是否正确	满足
车次号功能是否正确	增加车次号	满足
	删除车次号	满足
	车次号变更	满足

五、轨道电路测试

1. 静态测试

自然道床条件下的分路状态测试数据分布见图 8-6-41。

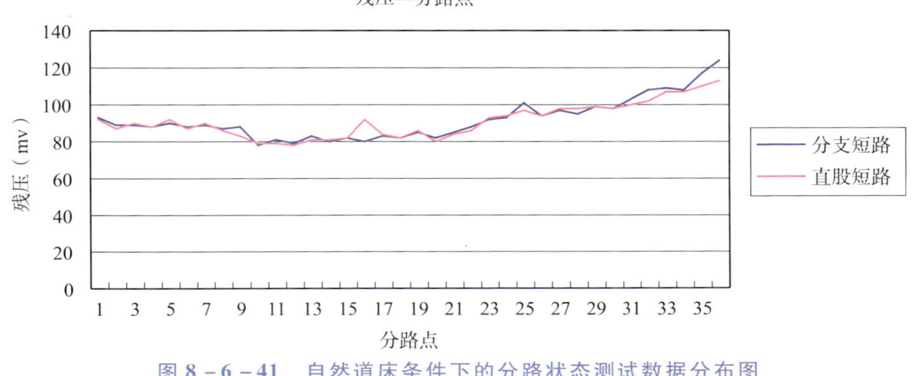

图 8-6-41　自然道床条件下的分路状态测试数据分布图

2. 邻线、邻区段干扰测试

轨道电路邻线、邻区段干扰测试结果见表 8－6－40。

表 8－6－40　邻线、邻区段干扰测试结果

轨道区段性质	主串轨道电路			被串轨道电路	
区段名称	亦庄 3G1			亦庄 1G1	
载　　频	2300－2			2300－1	
序　　号	机车感应电压（mV）		1G1FS 状态	主串分路点距接收端距离（m）	被串分路点距发送断处轨道电路设备的距离（m）
	1 700	2 300	关机	0	
1	1				
2	2.9	6			0
3	26	5			20
4	23	4			40
5	23	3			60
6	23	2			80
7	22	1			100
8	21	1			120
9	23	1			140
10	24	0			160

3. 动态测试

结合 0 号高速综合检测列车 ATP 试验，记录了上下行正线所有区段的轨道电路原始信号，最高运行速度 300 km/h，对数据进行频谱分析。

4. 测试结果

轨道区段动态测试结果如表 8－6－41 所示，存在瞬间干扰时的轨道电路信号时域波形见图 8－6－42。

表 8－6－41　轨道区段动态测试结果

无砟轨道结构	邻线干扰	邻区段干扰	谐波干扰	测试结论		
				调　整	分　路	机车信号
预应力混凝土连续梁区段	正常	正常	正常	正常	正常	正常
预应力混凝土厢梁区段	正常	正常	正常	正常	正常	正常
加劲拱连续梁区段	正常	正常	正常	正常	正常	正常
刚构连续梁区段	正常	正常	正常	正常	正常	正常
路基区段	正常	正常	正常	正常	正常	正常

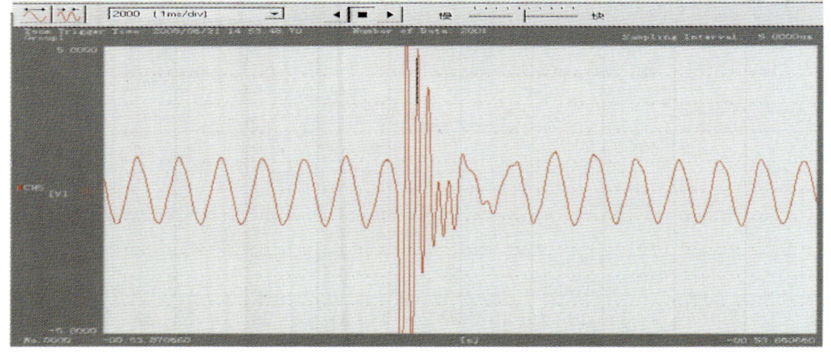

图 8－6－42　存在瞬间干扰时的轨道电路信号时域波形

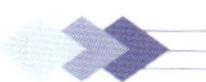

六、分析结果

1. 京津城际铁路信号系统采用 CTCS－3D 列控系统技术方案，满足最高速度 350 km/h 条件下 CTCS－3D 列控系统功能需求，满足跨线列车列控车载设备控车需求。

2. 动态试验过程中运行的进路地面应答器数据、轨道电路码序正确，车站联锁、列控中心控制功能正常，CTCS－3D 列控车载设备可以按照规定的模式和速度监督曲线监督列车运行。

3. CTC 系统具备人工进路排列、自动进路排列、道岔操纵、临时限速下达、列车运行监视等功能。

4. 联锁与列控中心：联锁系统的联锁功能正常，可以满足列车的正常运行需求；列控中心的功能可以满足列车的正常运行需求。

5. 轨道电路：无砟轨道结构条件下区间轨道电路在最不利条件下测试，满足调整、分路、机车信号三种工作状态技术要求；站内轨道电路采用并联线方式，在自然道床条件下满足调整、分路、机车信号三种工作状态技术要求；不同无砟轨道结构对信号传输质量的影响不大，车载设备能可靠接收和译码。

综上所述，京津城际铁路信号系统满足相关技术规范和功能需求；CTCS－3D 列控系统满足运行 350 km/h 控车功能需求；满足跨线列车上线运行需求；信号系统满足北京南—天津 30 min 之内到达的运营要求。

第五节　客运服务系统

一、通信网络、UPS

1. 测试数据

通信网络、UPS 测试数据见表 8－6－42～表 8－6－47。

表 8－6－42　线缆性能测试数据

序　号	测试项目	测试时间	测试数据	标　准	测试结果
1	超五类线双绞线长度	2008.7.2～2008.7.4	20.1～102 m	标准值 < 100 m	通过
2	衰　减	2008.7.2～2008.7.4	4.9～18.5 dB	标准值≤21.6 dB	通过
3	回　损	2008.7.2～2008.7.4	17.6～20.7 dB	标准值≥12 dB	通过
4	近端串扰	2008.7.2～2008.7.4	39.3～43.6 dB	标准值≥30.1 dB	通过
5	光纤链路长度	2008.7.2～2008.7.4	54.8～151.6 m	标准值 5 000 m	通过
6	衰　减	2008.7.2～2008.7.4	3.35～15.03 dB	标准值 3.5 dB	通过

表 8－6－43　车站局域网络性能测试数据

序　号	测试项目	测试时间	测试数据	标　准	测试结果
1	网络剩余带宽	2008.7.2～2008.7.4	90.5～98 Mb/s	标准值 > 90 Mb/s	通过
2	丢包率	2008.7.2～2008.7.4	0.03%～0.00%	标准值 3×10^{-4}	通过
3	时　延	2008.7.2～2008.7.4	0.2～0.01 ms	标准值 5 ms	通过

表 8－6－44　广域网络性能测试数据

序　号	测试项目	测试时间	测试数据	标　准	测试结果
1	网络剩余带宽	2008.7.13	6.32～7.5 Mb/s	10 Mb/s	通过
2	丢包率	2008.7.13	0.013%	3×10^{-4}	通过
3	时　延	2008.7.13	4.2 ms	5 ms	通过

表 8-6-45　UPS 性能测试数据

序　号	测试项目	测试时间	测试数据	标　准	测试结果
1	UPS 输入电压	2008.7.2～2008.7.4	405～406 V	220/380 V(-15%～+10%)	通过
2	UPS 输出电压	2008.7.2～2008.7.4	384～385 V	220/380 V(±5%)	通过
3	分路输出电压	2008.7.2～2008.7.4	221～222 V	220(±5%)	通过

表 8-6-46　UPS 功能测试数据

序　号	项　目　名　称	测试时间	测试结果	备　注
1	故障时，可无间断地转到旁路继续向负载供电，并提供声光报警	2008.7.13	通过	
2	UPS 主机具备完善的电池检测功能，根据负载实时显示电池真实后备时间及电池可用寿命	2008.7.13	通过	
3	UPS 的各种参数在人机界面上显示，通过设置可对 UPS 进行多种功能的直接控制	2008.7.13	通过	
4	UPS 主机可直接与网络连接，提供实时的 UPS 系统工作状态信息	2008.7.13	通过	
5	UPS 主备切换工作	2008.7.13	通过	
6	UPS 电池供电	2008.7.13	通过	

表 8-6-47　网络功能测试数据

序　号	项　目　名　称	测试时间	测试结果	备　注
1	主/备核心交换机切换	2008.7.13	通过	人工让主核心交换机宕机后，观察到在中断连接过程中，丢包 6～8 个。人工重启主核心交换机后，重新连接过程中丢包 6～8 个

2. 数据分析

车站局域网络已按设计要求安装、调试，并与铁路局中心连通，主要性能和功能符合设计和相关标准要求。机房 UPS 系统已全部开启，主要性能和功能符合设计和相关标准要求。

二、TRS5.0(改造版)系统

1. 测试数据

TRS5.0 改造系统功能测试数据见表 8-6-48，TRS5.0 改造平均事务响应时间见图 8-6-43 和表 8-6-49。

表 8-6-48　TRS5.0(改造版)功能测试数据

序　号	测　试　项　目	测试时间	测试版本	测试结果	备　注
TRS 系统功能					
1	售票到站简拼输入，站名按照使用频度排列	2008.6.23～2008.7.1	5.0 改造	通过	
2	查询车次信息时，显示车次在本站的发车按照发车时间，分上午、下午、晚上三阶段区域用不同颜色区分	2008.6.23～2008.7.1	5.0 改造	通过	
3	售票界面中，显示乘车日期列表时，同时显示星期	2008.6.23～2008.7.1	5.0 改造	通过	
4	售票余票查询，选中的车次可以直接回到售票界面，发售此次车的客票	2008.6.23～2008.7.1	5.0 改造	通过	
5	验证对磁票的手工、自动换卷功能	2008.6.23～2008.7.1	5.0 改造	通过	
6	验证根据配票策略的定义，按车厢顺序售票或均匀售票	2008.6.23～2008.7.1	5.0 改造	通过	

续上表

序 号	测 试 项 目	测试时间	测试版本	测试结果	备 注
TRS 系统功能					
7	测试在售票过程中记录磁制票机的制票日志信息,并在交班结账时将日志信息上传至服务器	2008.6.23~2008.7.1	5.0 改造	通过	
8	按照基本流程正常完成各种票种、各种席别的售普通票、动车票业务	2008.6.23~2008.7.1	5.0 改造	通过	
9	按照基本流程正常完成各种票种、各种席别的始发签证业务	2008.6.23~2008.7.1	5.0 改造	通过	
10	在各种制票机的窗口能正常完成制票机初始化,查看制票机票号业务	2008.6.23~2008.7.1	5.0 改造	通过	
11	按照基本流程正常完成各种废票理由的废票处理业务	2008.6.23~2008.7.1	5.0 改造	通过	
12	按照基本流程正常完成空白票处理、补制空白票业务	2008.6.23~2008.7.1	5.0 改造	通过	
13	按照基本流程正常完成制票故障处理业务	2008.6.23~2008.7.1	5.0 改造	通过	
14	测试对自动售票机售出的车票换票功能	2008.6.23~2008.7.1	5.0 改造	通过	
15	按照基本流程正常完成读磁、还原票面、退票业务	2008.6.23~2008.7.1	5.0 改造	通过	
16	测试退差价功能	2008.6.23~2008.7.1	5.0 改造	通过	
17	磁记录信息无法争取读取时,进行手工退票	2008.6.23~2008.7.1	5.0 改造	通过	
18	对车站指定窗口班次进行日结账统计,测试售票张数、收入、起止票号等详细分项统计正确	2008.6.23~2008.7.1	5.0 改造	通过	
19	测试车站对窗口、班次、退票员的退票统计功能	2008.6.23~2008.7.1	5.0 改造	通过	
20	测试对车站窗口、自动售票机等不同渠道售票情况汇总统计功能	2008.6.23~2008.7.1	5.0 改造	通过	
21	测试车次一口价维护中的正向、反向复制功能	2008.6.23~2008.7.1	5.0 改造	通过	
22	测试铁路局通过管理权限定义授权车站维护配票策略的功能	2008.6.23~2008.7.1	5.0 改造	通过	

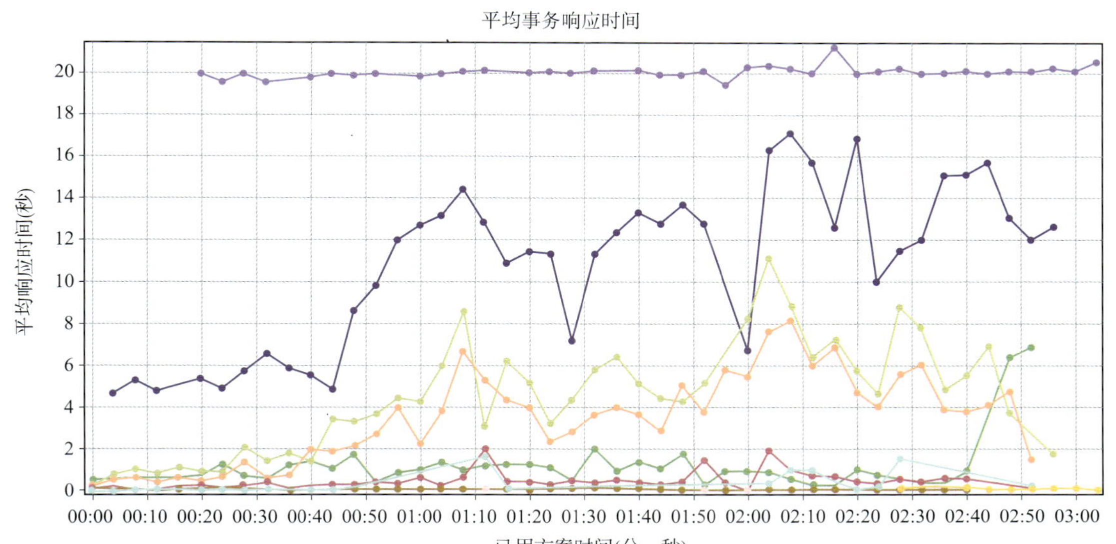

图 8-6-43 TRS5.0(改造版)平均事务响应时间

表 8-6-49　TRS5.0(改造版)平均事务响应时间

序　号	事　务	最　小　值	平　均　值	最　大　值
1	取票	0.141	1.1	6.782
2	记临时存根	0.002	0.512	3.278
3	取消票	0.05	0.500	2.203
4	票面转换	0.05	3.647	9.758
5	记存根	0.002	4.791	12.383

2. 数据分析

TRS5.0(改造版)系统功能符合设计和相关标准要求。当并发用户达到200时,TRS5.0(改造版)系统中心服务器的CPU利用率为15.8%,车站服务器的CPU利用率34.7%,主要事务的平均响应时间小于5 s,符合设计和相关标准要求。

三、自动售检票系统

1. 测试数据

自动售检票系统功能测试数据见表8-6-50和表8-6-51,自动售票系统应用服务器平均事务响应时间见图8-6-44和表8-6-52。

表 8-6-50　自动售检票系统功能测试数据(一)

序　号	项　目　名　称	测试时间	测试结果	备　注
磁性窗口制票机				
1	上电自检	2008.07.22	通过	排出残留车票未打印作废标识
2	查看票号	2008.06.11	通过	
3	制　票	2008.06.12	通过	
4	读磁票信息	2008.06.12	通过	
5	废票处理	2008.06.13	通过	
6	空白票处理	2008.06.13	通过	
7	成票废票	2008.06.13	通过	
8	关键参数查询修改(通信波特率、打印能量级、打印坐标、写磁重复校验次数,打印总张数)	2008.06.14	通过	
9	异常识别	2008.06.14	通过	
10	设备状态指示	2008.06.20	通过	
自动售票系统(含TVM)				
1	购票、现金支付及找零	2008.06.13	通过	
2	运营维护操作	2008.06.13	通过	
3	TVM终端管理	2008.06.13	通过	
4	基础数据管理	2008.06.16	通过	
5	终端业务管理	2008.06.17	通过	
6	客票业务管理	2008.06.18	通过	
7	服务器管理	2008.06.19	通过	
8	日志管理	2008.06.20	通过	
9	交易数据查询统计	2008.06.23	通过	
10	工作模式切换	2008.06.23	通过	

续上表

序　号	项　目　名　称	测试时间	测试结果	备　注
11	监　控	2008. 06. 24	通过	
12	系统权限管理	2008. 06. 25	通过	
13	现金管理	2008. 07. 15	通过	
自动检票系统(含 GATE)				
1	检票机紧急事件处理	2008. 06. 03	通过	
2	检票计划生成与执行	2008. 06. 10	通过	
3	计划下发	2008. 06. 10	通过	网络下发
4	检票参数下发与接收	2008. 06. 12	通过	
5	自动检票	2008. 06. 13	通过	
6	检票机通行检测	2008. 06. 11	通过	
7	检票数据上传	2008. 06. 12	通过	网络上传
8	设备信息管理	2008. 06. 13	通过	
9	结班统计	2008. 06. 13	通过	
10	日志监控	2008. 06. 13	通过	
11	系统监控	2008. 06. 13	通过	
12	软件升级	2008. 06. 17	通过	
13	闸机确保单张票插入	2008. 07. 14		
磁性站台票发售机				
1	前台购票	2008. 07. 29	通过	
2	前台购票取消	2008. 07. 29	通过	
3	超过一次允许购最大数量的购票	2008. 07. 29	通过	
4	工作模式切换	2008. 07. 29	通过	
5	后台维护系统登录	2008. 07. 29	通过	
6	后台维护操作中返回上一步的操作	2008. 07. 29	通过	
7	后台维护系统中的运营操作	2008. 07. 29	通过	
8	后台维护系统中的维护操作	2008. 07. 29	通过	
9	后台维护系统中的管理操作	2008. 07. 29	通过	
10	外部电源断电后工作模式切换	2008. 07. 29	通过	

表 8－6－51　自动售检票系统性能测试数据(二)

序　号	项　目　名　称	测试时间	测试结果	备　注
1	磁性窗口制票机制票速度(包括数据通信、剪切、写磁与校验、热敏打印、传动等总用时)	2008. 6. 20	通过	平均制票速度 3. 2022 s，合同规定≤3. 5 s
2	闸机每分钟通行人数	2008. 07. 11	通过	实测通行人数为每分钟 20 人，标准为≥20 人/min
3	自动检票机闸门打开/关闭速度	2008. 07. 11	通过	实测 0. 8 s，标准值≤0. 8 s
4	磁性站台票发售机出票速度	2008. 07. 29	通过	实测 3. 75 s/张，标准值≤小于 5 s/张

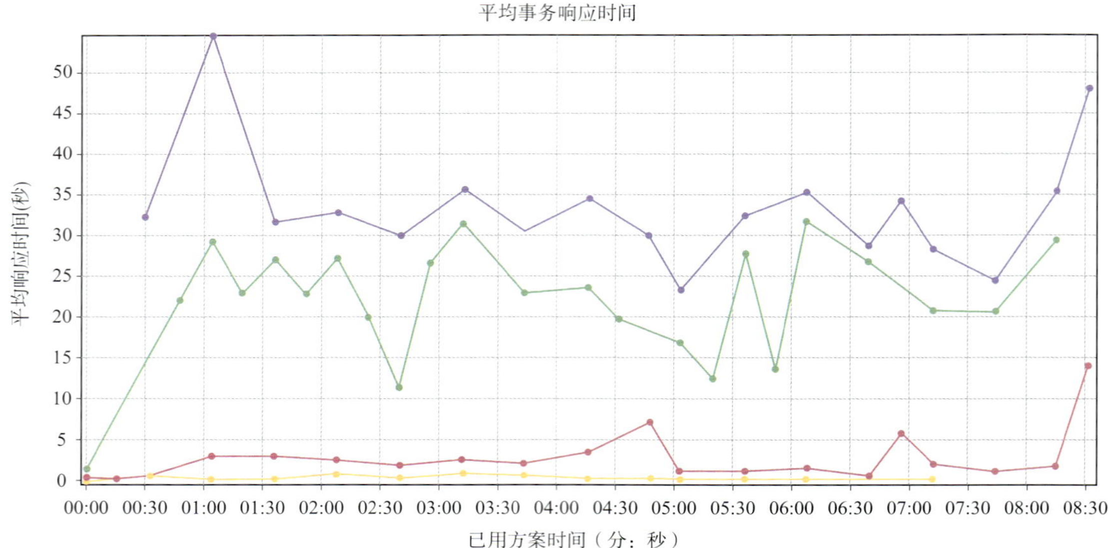

图 8－6－44　自动售票系统应用服务器平均事务响应时间

表 8－6－52　自动售票系统应用服务器平均事务响应时间

颜色	比例	度　量	最小值	平均值	最大值	SD
（绿）	1	取车次	1.42	21.996	31.623	7.106
（红）	1	取　票	0.338	2.98	14.05	3.147
（黄）	1	取票号	0.014	0.365	0.958	0.304

2. 数据分析

自动售、检票系统、磁性窗口制票机、磁介质站台票售票机的主要功能和性能符合设计和相关标准要求。

四、旅客服务系统

1. 测试数据

旅客服务系统测试数据见表 8－6－53、表 8－6－54。

表 8－6－53　旅客服务系统功能测试数据

序 号	项 目 名 称	测试时间	测试结果	备　注
旅客服务集成管理平台				
1	列车时刻表编辑	2008.7.11	通过	
2	客运组织业务模板维护	2008.7.11	通过	
3	客运组织计划、广播计划、导向计划、监控计划的接收与调整	2008.7.12	通过	
4	到发管理流程配置	2008.7.11	通过	
5	列车业务类型配置	2008.7.13	通过	
6	售票窗口屏分组、信息发布	2008.7.11	通过	
7	平台余票信息查询与发布	2008.7.29	通过	
8	正常信息发布功能	2008.7.11	通过	
9	应急信息发布功能	2008.7.11	通过	

续上表

序号	项目名称	测试时间	测试结果	备注
10	导向设备分组	2008.7.11	通过	
11	导向设备信息发布	2008.7.11	通过	
12	导向设备选择	2008.7.11	通过	
13	显示屏版式编辑	2008.7.11	通过	
14	导向计划编辑	2008.7.12	通过	
15	导向专题信息维护	2008.7.11	通过	
16	列车到发导向业务模版维护	2008.7.11	通过	
17	导向专题业务模版维护	2008.7.12	通过	
18	广播区分组与选择	2008.7.11～2008.7.29	通过	
19	广播专题分类与维护	2008.7.11～2008.7.13	通过	
20	人工广播	2008.7.11～2008.7.13	通过	
21	自动广播	2008.7.11～2008.7.29	通过	
22	专题广播	2008.7.11～2008.7.13	通过	
23	TTS 广播	2008.7.11～2008.7.13	通过	
24	多种音源广播	2008.7.11～2008.7.13	通过	
25	广播音源控制	2008.7.11～2008.7.13	通过	
26	广播区监听	2008.7.11～2008.7.13	通过	
27	音量调节	2008.7.11～2008.7.13	通过	
28	旅客求助接听、挂断、保留和转接	2008.7.13	通过	
29	在集成平台上查询列车时刻表信息	2008.7.31	通过	
30	通过电子地图进行设备管理	2008.7.29	通过	
31	权限配置与浏览	2008.7.12	通过	
32	统计报表及打印	2008.7.29	通过	
33	多语言词典管理	2008.7.13	通过	
34	信息发布黑名单维护	2008.7.13	通过	
35	车站基础信息管理	2008.7.13	通过	
36	系统参数、内部参数维护	2008.7.13	通过	
37	通过集成平台查看寄存柜使用状态	2008.7.13	通过	
38	寄存柜发出报警信号，集成平台显示寄存柜状态	2008.7.13	通过	
39	日志管理	2008.7.29	通过	
导向揭示子系统				
1	LED 显示系统功能	2008.7.13	通过	
2	PDP 显示系统－综合咨询发布功能	2008.7.12	通过	
3	PDP 显示系统－临时插播功能	2008.7.12	通过	
4	PDP 显示系统－模版制作功能	2008.7.12	通过	
5	PDP 显示系统－播放列表制作管理功能	2008.7.12	通过	
查询子系统				
1	测试数据导入功能	2008.7.13	通过	
2	测试权限设置功能	2008.7.13	通过	

续上表

序号	项 目 名 称	测试时间	测试结果	备 注
3	查询机状态显示	2008.7.13	通过	
4	查询列车时刻表	2008.7.13	通过	
5	查询车次	2008.7.13	通过	
6	查询票价	2008.7.13	通过	
7	查询余票	2008.7.13	通过	
8	查询乘车接站信息	2008.7.13	通过	
9	查询铁路旅行常识	2008.7.13	通过	
10	站内导航	2008.7.13	通过	
11	触摸屏反应情况	2008.7.13	通过	
求助子系统				
1	确认求助主机设备指标	2008.06.17	通过	
2	确认值班分机设备指标	2008.06.17	通过	
3	确认求助按钮设备指标	2008.06.17	通过	
4	确认录音工作站设备指标	2008.06.17	通过	
寄存子系统				
1	寄存柜上电及电池启动测试	2008.7.13	通过	
2	管理员密码登录及管理寄存柜	2008.7.13	通过	
3	寄存柜纸币识别，并对各种面值(1元、5元、10元)的纸币进行累加功能测试	2008.7.13	通过	
4	收费额度与寄存时间设置、修改功能	2008.7.13	通过	
5	寄存柜使用状态查询、锁定功能	2008.7.13	通过	
6	寄存柜打印开柜信息、清柜信息、应急开柜记录	2008.7.13	通过	
7	寄存凭条条形码与密码开柜功能	2008.7.13	通过	
时钟子系统				
1	二级母钟与一级母钟自动效时	2008.7.13	通过	
2	集成平台与二级母钟自动效时	2008.7.13	通过	
3	子钟与二级母钟的时间同步	2008.7.13	通过	
4	子钟与二级母钟的自动效时	2008.7.13	通过	
广播子系统				
1	音量参数调整	2008.7.9～2008.7.10	通过	
2	信源试听	2008.7.9～2008.7.10	通过	
3	话筒插播	2008.7.9～2008.7.10	通过	
4	录 音	2008.7.9～2008.7.10	通过	
5	预示音	2008.7.9～2008.7.10	通过	
6	应急广播	2008.7.9～2008.7.10	通过	
7	信源优先级访问控制	2008.7.9～2008.7.10	通过	
8	功放电源时序启动	2008.7.9～2008.7.10	通过	
9	小区广播、无线传送/接收功能	2008.7.9～2008.7.10	通过	
10	功放自动检测	2008.7.9～2008.7.10	通过	
11	负载开路、短路自动检测	2008.7.9～2008.7.10	通过	
12	防雷保护	2008.7.9～2008.7.10	通过	

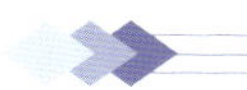

表 8－6－54　旅客服务系统性能测试数据

序　号	项　目　名　称	测试时间	测试结果	备　　注
1	LED/LCD/PDP 显示系统响应时间	2008.07.11	通过	测试结果 LED＝5 s 标准值＜＝30 s
2	PDP 显示系统临时信息发布到显示终端的时间	2008.07.13	通过	测试结果＝0.5 s 标准值≤0.5 s

2. 数据分析

旅客服务系统集成管理平台及其他各子系统的主要功能和性能符合设计和相关标准要求。当与外部时钟源发生通信故障时，旅客服务系统内部的时钟可能发生不同步现象，需要完善系统方案。

五、内外部接口

1. 测试数据

内外部接口测试数据见表 8－6－55。

表 8－6－55　客运服务系统内外部接口测试数据

序　号	项　目　名　称	测试时间	测试结果	备　　注
1	TRS5.0(改造版)系统与旅客服务集成管理平台接口	2008.7.11	通过	
2	TRS5.0(改造版)系统与自动售票系统接口	2008.7.2	通过	
3	TRS5.0(改造版)系统与自动检票系统接口	2008.7.13	通过	
4	自动检票系统与时钟系统的接口	2008.7.13	通过	
5	集成管理平台与导向揭示子系统的接口	2008.7.29	通过	
6	集成管理平台与查询系统的接口	2008.7.31	通过	
7	集成管理平台与寄存系统的接口	2008.7.13	通过	
8	集成管理平台与时钟系统的接口	2008.7.13	通过	
9	旅客服务集成管理平台与 CTC/TDCS 系统接口	2008.7.31	未测	不影响正常运营，目前人工输入信息
10	旅客服务视频监控系统与四电视频监控系统的接口	2008.7.31	通过	
11	旅客服务时钟系统与外部时钟源系统的接口	2008.7.13	通过	

2. 数据分析

客运服务系统的 TRS、自动售票、自动检票、旅客服务系统之间数据交换及时、准确。

六、主要业务流程

1. 测试数据

票务系统业务流程测试数据见表 8－6－56，旅客服务系统业务流程测试数据见表 8－6－57。

表 8－6－56　票务系统业务流程测试数据

序　号	项　目　名　称	测试时间	测试结果	备　注
TRS、自动售票系统、磁性站台票发售机、自动检票系统之间主要业务流程				
1	TVM 售票 TRS 退票	2008.7.12	通过	
2	TVM 售票 TRS 改签	2008.7.12	通过	
3	TRS 售票 AG 检票	2008.7.12	通过	
4	TRS 售票改签后 AG 检票	2008.7.12	通过	

续上表

序 号	项 目 名 称	测试时间	测试结果	备 注
5	TVM 售票 AG 检票	2008.7.12	通过	
6	TVM 售票 TRS 改签 AG 检票	2008.7.12	通过	
7	磁性站台票发售机售票 AG 检票	2008.7.29	通过	

表 8-6-57 旅客服务系统业务流程测试数据

序 号	项 目 名 称	测试时间	测试结果	备 注
列车正常业务流程				
1	正常情况下始发列车的到发、广播、导向业务流程	2008.7.29	通过	建议完善
2	正常情况下到达列车的到发、广播、导向业务流程	2008.7.29	通过	
3	正常情况下通过列车的到发、广播、导向业务流程	2008.7.29	通过	
增加列车业务流程				
1	手动增开每日开行的始发列车流程	2008.7.29	通过	建议完善
2	手动增开每日开行的终到业务列车流程	2008.7.29	通过	
3	手动增开隔日开行的始发业务列车流程	2008.7.29	通过	
4	手动增开隔日开行的终到业务列车流程	2008.7.29	通过	
列车变更业务流程				
1	停开列车变更业务流程	2008.7.29	通过	
2	单趟晚点列车引起的到发时间、股道、候车室、开停检时间、检票口变更业务流程	2008.7.29	通过	建议完善
3	多趟晚点列车引起的到发时间、股道、候车室、开停检时间、检票口变更业务流程	2008.7.29	通过	

2. 数据分析

TRS5.0(改造版)、自动售票系统、自动检票系统对磁性车票可以完成各种情况下的售、签、退、换、检操作;站台票售票机出售的磁介质站台票在有效时间内可通过进/出站自动检票机;旅客服务系统可以在列车正常情况、增/停开列车情况、列车晚点情况下正确生成导向和广播计划。

七、系统备份与恢复

1. 测试数据

自动售检票系统采用 SYBASE 数据库提供的数据备份与恢复机制,进行数据备份与恢复;旅客服务系统数据备份与恢复机制测试数据见表 8-6-58、表 8-6-59。

表 8-6-58 旅服系统数据备份、恢复测试数据

测 试 项 目	采取备份措施	测 试 结 果
数据库相关文件损坏恢复	定时备份数据库目录下文件	可恢复,测试通过
各种误删除数据恢复、误删除表恢复	每日定时进行全备份	可恢复备份的数据
数据库被标记为可疑,不可用等情况时,测试恢复	每日定时进行全备份	可恢复备份的数据

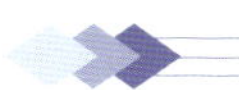

表 8－6－59　服务器双机热备测试数据

测　试　项　目	测　试　步　骤	测试结果
模拟网络中断的切机	连主机的交换机故障时，集群主机都网络都同时中断时不切机	通过
直接拔网线，测试切机	主机都配有双网卡拔集群双机中一台的第一根网线时不切机；再拔掉第二根网线时切机	通过
直接关闭连接的交换机，测试切机	连主机的交换机故障时，集群主机都网络都同时中断时不切机	通过
主机配备双网卡，宕掉或拔掉一根网线时，测试是否切机	主机都配有双网卡；拔集群双机中一台的第一根网线时不切机；再拔掉第二根网线时切机	通过
模拟系统异常宕机	直接 halt 主机时，切换到集群中另一主机	通过
模拟系统关键应用进程异常中断的切机	停止数据库进程，测试切机	通过

2. 数据分析

系统具备数据备份、恢复功能，具备服务器双机热备机制，旅客服务系统采用每日一次的数据定时备份策略。

第六节　综　合　接　地

一、静态测试

1. 测量数据

（1）综合地线接地电阻

综合地线接地电阻测试结果见表 8－6－60。

表 8－6－60　综合地线接地电阻测试结果

测点位置	JJK21.34 上行 3170 编号支柱接地螺栓	JJK46.9 下行 45－11 支柱接地螺栓
综合地线接地电阻（Ω）	0.375	0.285

综合地线接地电阻小于 1 Ω，满足设计要求。

（2）桥梁结构接地电阻

桥梁结构接地电阻测量结果见表 8－6－61。

表 8－6－61　桥梁结构接地电阻测试结果

测点位置	JJK21＋500 北京方向第 1 桥墩	JJK48.1 第 5 号桥墩
桥梁结构接地电阻（Ω）	0.375	0.155

桥梁结构接地电阻小于 1 Ω，满足设计要求。

（3）大地导电率

大地导电率测试结果见表 8－6－62。

表 8－6－62　大地导电率测试结果

测点位置	JJK48＋200 上行侧（线路南）	JJK46.9 下行侧（线路北）
大地电阻率（Ω.m）	19.04	91.06

大地电阻率较低，在本地区黏土层电阻率典型范围内，永乐测点大于亦庄测点电阻率值。

(4)结构接续性测试

结构接续性测试结果见表 8-6-63。

表 8-6-63 结构接续性测试结果

测点位置	JJK48+200,23 号桥墩跳线与 24 号桥墩跳线之间
通过电流(A)	13.6
两端电压(V)	0.053
两端电阻(Ω)	0.0039

实测结果为 0.0039 Ω。经计算,各钢筋并联后电阻为 0.0055 Ω。实测值小于计算值,满足设计要求。

2. 结论

京津城际铁路综合地线接地电阻和桥梁结构接地电阻测试点接地电阻小于 1 Ω,满足设计要求;京津城际铁路大地电阻率在黏土层电阻率典型范围内;接续性测试点接续电阻实测值小于计算值,满足设计要求。

二、动态测试

1. 测试分析

(1)牵引回流

根据亦庄和永乐两个回流断面的测试数据,可以得出测点处在过车瞬间牵引回流在上下行钢轨、架空保护线和综合地线中所占的比例。

图 8-6-45 和图 8-6-46 给出亦庄和永乐测点多次过车各途经回流所占百分比的平均值。图中,钢轨、架空保护线和综合地线后面标“1”为运行轨,“2”为非运行轨。

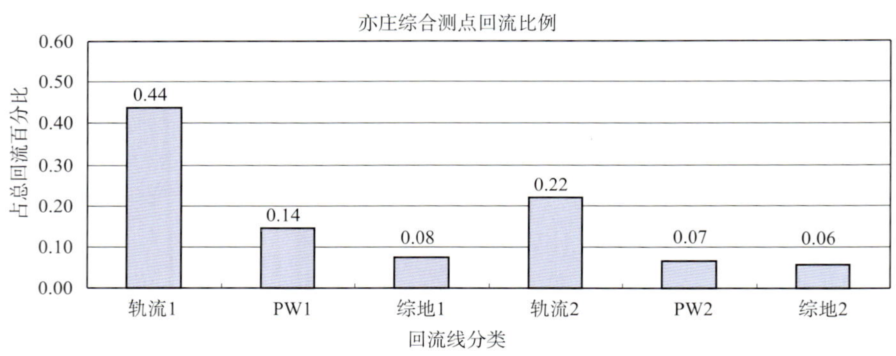

图 8-6-45 亦庄测点多次过车各途经回流所占百分比的平均值

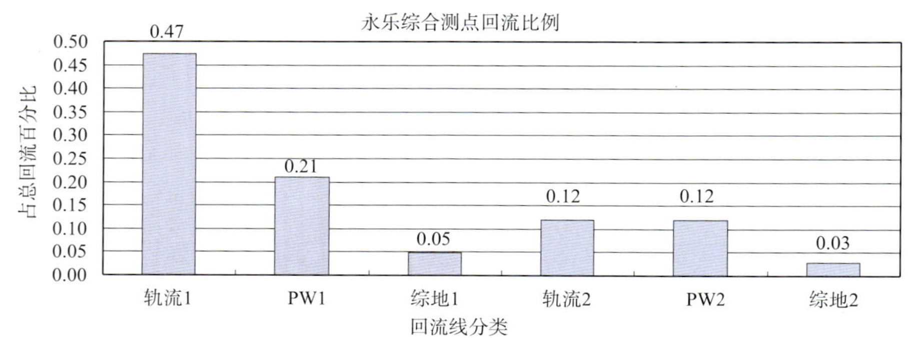

图 8-6-46 永乐测点多次过车各途经回流所占百分比的平均值

由上图可知：与运行轨同侧的回流是异侧回流的1.8～2.7倍；钢轨回流占59%～66%，保护线回流占21%～33%，综合地线回流占8%～14%。与合宁线相比，京津城际铁路保护线回流和综合地线回流所占比例略高（合宁线保护线回流占18.6%，综合地线回流占8%）。

（2）电位

根据亦庄、永乐和凉水河桥上三测点的测试数据，可以看出完全横联点（亦庄）和两个完全横联点中间的点（永乐、凉水河桥测点）在轨流逐渐增大的情况下，钢轨电位变化趋势有较大的不同。图8－6－47给出亦庄、永乐和凉水河测点在轨流不断增大的情况下，钢轨、地线和护栏电位变化趋势 。

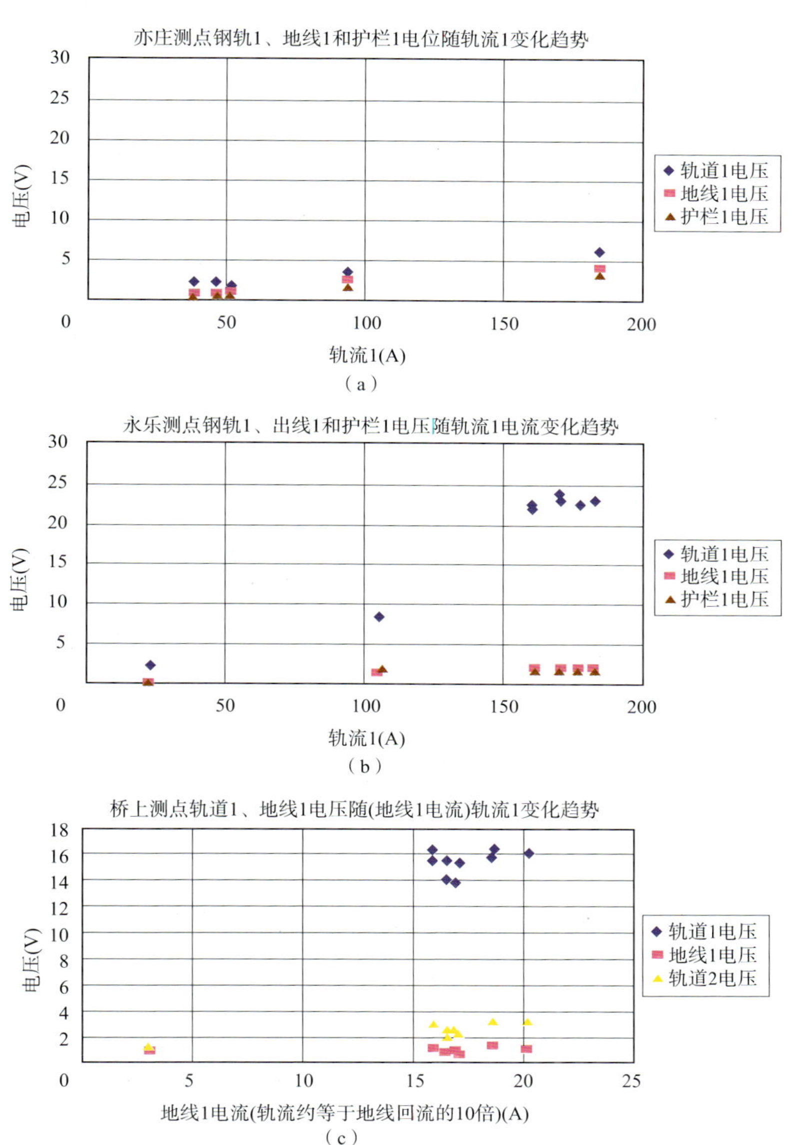

图8－6－47　轨流增大导致钢轨电位、地线和护栏电压的变化

由图可见，轨流增大至180 A时，亦庄测点钢轨电位、地线电压和护栏电压仅为5 V左右，说明完全横联点有较强电压箝位作用；而轨流增大至180 A时，永乐测点钢轨电位、地线电压和护栏电压可升高至23 V左右，桥上测点升至16 V左右，说明两个完全横联点的中间点是轨道上最易产生高电位的地方。从图中还可以看出，永乐和桥上即使是钢轨电位较高的点，地线电压和护栏电压仍很低（0.4～3.5 V）。

与合宁线相比较，同样的轨流，京津城际铁路钢轨电位要低得多。合宁线轨流与钢轨电位之比为2∶1～3∶1，即100 A轨流有50～33 V的钢轨电位；而京津城际铁路轨流与钢轨电位之比为8∶1～10∶1，即 100 A 轨流有 12.5 ~ 10 V 的钢轨电位，将近为合宁线的 1/3 ~ 1/4。

图 8 - 6 - 48 中的测试数据表明完全横联有较好的均压作用。

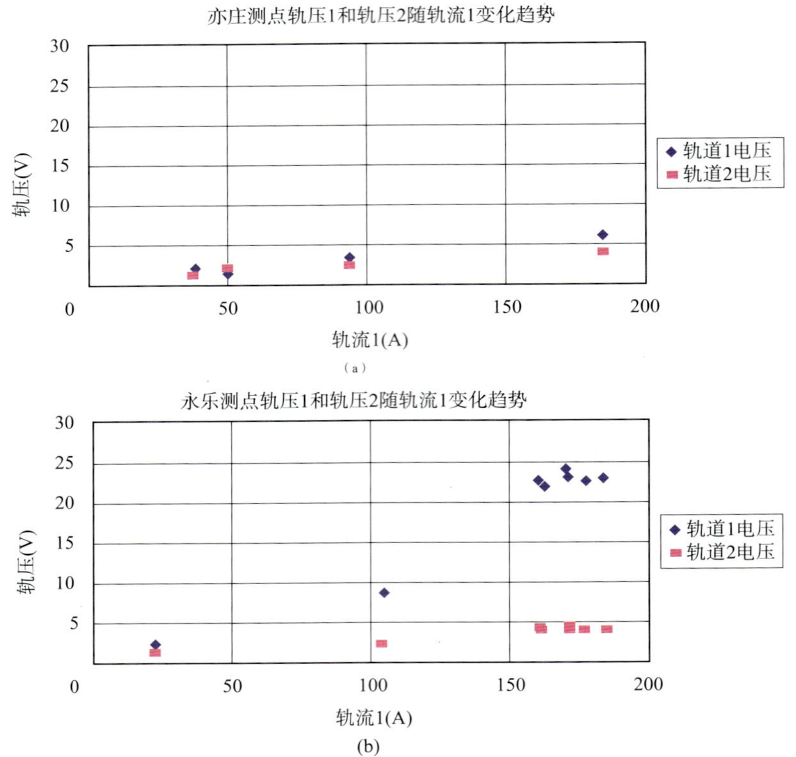

图 8 - 6 - 48　完全横联的均压作用

图中，轨流逐渐增大时，亦庄完全横联测点上下行轨道电位一直十分接近，且保持低电位；而永乐测点上下行轨道电位逐渐拉开，轨流 1 达到 180 A 时，轨道 1 电位和轨道 2 电位相差达 20 V。由此可知，完全横联具有很好的均压和箝位作用。

牵引回流引起的钢轨电位影响的线路长度仅为运行列车所在的一个区间（该区间两端为完全横联点）的长度。该区间之外的线路由于完全横联点的较强的箝位作用和分流作用，钢轨电位电压很低。

（3）综合地线

流过同样的电流，综合地线上的电位越低越好，电位越低越能为连接其上的各类信号和通信等设备提供稳定可靠，各点等值的大地电位，从而使这些设备安全工作。图 8 - 6 - 49 给出京津城际铁路与合宁线综合地线电流电压比较。从图中可以看出，流过同样的电流，京津城际铁路综合地线上的电压仅是合宁线综合地线电压的一半。

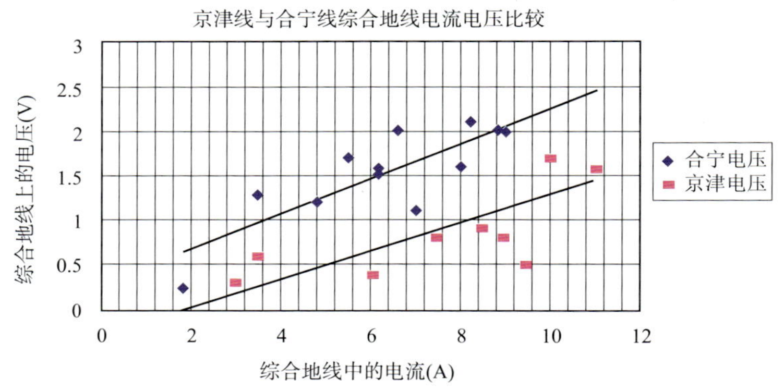

图 8 - 6 - 49　京津城际铁路与合宁线综合地线电流电压比较

(4)轨道不平衡电流

根据亦庄和永乐测点动车组运行期间下行线两根轨条回流数据,计算得出亦庄测点不平衡度平均为2.43%,最大为6.7%,永乐测点不平衡度平均为1.18%,最大为3.0%,均满足小于10%的要求。

(5) 追踪运行

根据试运行阶段在列车速度310 km/h追踪运行条件下进行的永乐测点电位和电流测试数据,可绘出图8-6-50和图8-6-51钢轨电位和电流等数值随时间变化曲线。

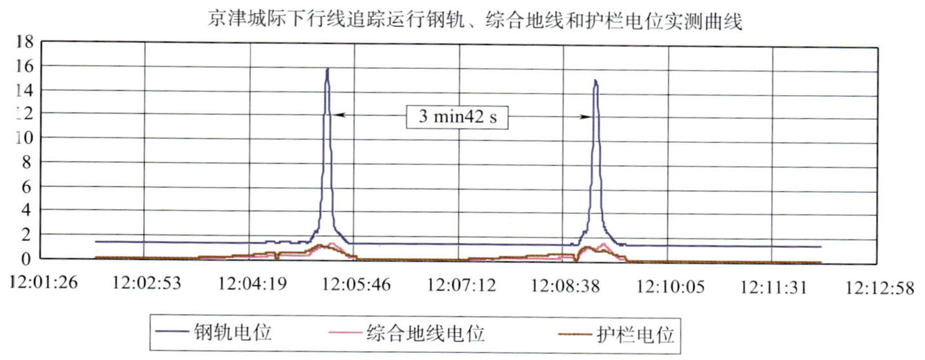

图8-6-50 钢轨、综合地线和护栏电位随时间变化曲线

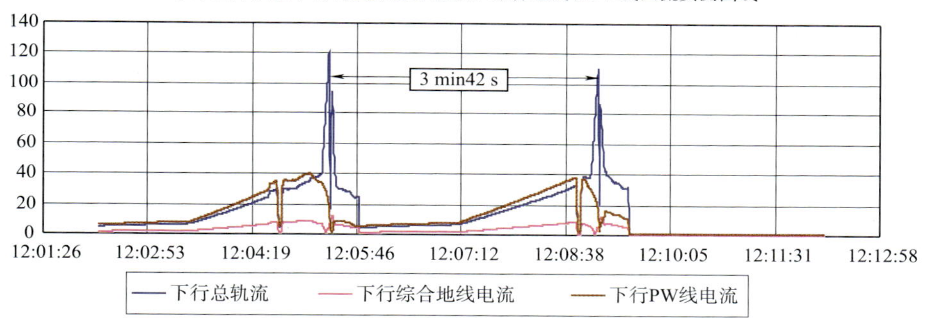

图8-6-51 钢轨、综合地线和架空保护线电流随时间变化曲线

由图8-6-50可见:追踪间隔为3 min 42 s时,前车过通时产生的钢轨电位与后车通过时产生的钢轨电位没有叠加。可以看出,即使3 min极限追踪密度,钢轨电位最大值仍然与大间隔单列车产生的电位相同。

由图8-6-51可见:追踪间隔为3 min 42 s时,前车过通时产生的钢轨电流与后车通过时产生的钢轨电流也未出现叠加现象。可以看出,即使3 min追踪间隔,钢轨电流最大值仍然与大间隔单列车产生的钢轨电流相同。

由此可知,追踪运行不改变单列运行得出的牵引回流比例和钢轨电位各项结论。

2. 结　论

(1)牵引回流

京津城际铁路钢轨回流占59%~66%,保护线回流占21%~33%,综合地线回流占8%~14%。保护线回流和综合地线回流所占比例略高(合宁线保护线回流占18.6%,综合地线回流占8%)。

(2)钢轨及轨旁设施电位

同样的轨流,京津城际铁路钢轨电位要低得多。合宁线轨流与钢轨电位之比为2:1~3:1,即100 A轨流有50~33 V的钢轨电位,而京津城际铁路轨流与钢轨电位之比为8:1~10:1,即100 A轨流仅有12.5~10 V的钢轨电位,将近为合宁线的1/3~1/4。即使是钢轨电位较高的点,地线电压和护栏电压仍很低,说明护栏接地及地线本身设计水平和施工质量较好。牵引回流引起的钢轨电位影响的线路长度仅为运行列车所在的一个区间（该区间两端为完全横联点）的长度。京津城际铁路钢轨电位和轨旁设施电位较低，满足 EN 50122－1 规定的正常、长期情况（>300 s）下小于 120 V 的要求。

（3）综合地线

京津城际铁路综合地线流过同等的电流，可为连接其上的各类信号和通信等设备提供更为稳定可靠，各点等值的大地电位。

（4）钢轨不平衡电流

根据亦庄和永乐测点动车组运行期间下行线两根轨条回流数据，计算得出亦庄测点不平衡度平均为 2.43%，最大为 6.7%，永乐测点不平衡度平均为 1.18%，最大为 3.0%，均满足小于 10% 的要求。

（5）追踪运行

试运行阶段列车速度 310 km/h 追踪试验表明，即使 3 min 追踪间隔，相邻追踪列车产生的钢轨电位和牵引回流在测试点没有叠加现象，单列车运行测试得出钢轨电位和钢轨电流的各项结论仍然适用。

三、短路测试

1. 测试数据

（1）钢轨电位

距短路点 45 m，测得数据中，接触线对钢轨短路时钢轨电位有效值在 112.5～600 V 之间，负馈线对钢轨短路时钢轨电位有效值在 36.3～100 V 之间。

接触导线对地短路时附近钢轨瞬时电位较高，短路电流 1.35 kA 时，距短路点 45 m 所测数据中，钢轨电位瞬时最高可达 600 V，但持续时间很短，仅为 3 ms。

实测数据表明，故障情况下，持续时间小于 100 ms 的钢轨电位均未超过标准中规定的 1 680 V，因而符合铁道部《铁路防雷、电磁兼容及接地工程技术暂行规定》（铁建设[2007]39 号）中轨道电位容许值的要求。

（2）综合地线中电流

短路点 DK46.2，短路电流 3.32 kA 时，距短路点距离45 m，与短路轨同侧综合地线电流最大为 520 A，异侧综合地线电流有效值最大为 77 A。短路点 DK2.9 短路电流 1.05 kA 时，距短路点距离 45 m，综合地线电流有效值最大为 45 A。

2. 结　论

距变电所不同距离的三次短路测试实测数据表明，接触网短路的故障情况下，距短路点 45 m，持续时间小于 100 ms 的钢轨电位最大 600 V，未超过标准中规定的 1 680 V，符合铁道部《铁路防雷、电磁兼容及接地工程技术暂行规定》（铁建设[2007]39 号）中轨道电位容许值的要求。

短路点距变电所 40 km，距短路点 45 m，实测与短路轨同侧的综合地线电流最大为 520 A，该值随短路点与附近接地系统相对位置的不同而有较大的不同。

四、小　结

1. 静态测试

测试数据表明，京津城际铁路综合地线接地电阻和桥梁结构接地电阻测试点接地电阻小于 1 Ω，满足设计要求。京津城际铁路大地电阻率较低，在黏土层电阻率典型范围内；接续性测试点接续电阻实测值小于计算值，满足设计要求。

2. 动态测试

（1）牵引回流

京津城际铁路钢轨回流占 59%～66%，保护线回流占 21%～33%，综合地线回流占 8%～14%。保护线回流和综合地线回流所占比例略高。

（2）钢轨及轨旁设施电位

京津城际铁路钢轨电位和轨旁设施电位较低，满足 EN 50122－1 规定的正常、长期情况（>300 s）

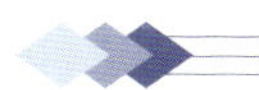

下小于 120 V 的要求。

(3)综合地线

京津城际铁路综合地线有较强的泻流能力,可为连接其上的各类信号和通信等设备提供稳定可靠,各点近似等值的大地电位。

(4)钢轨不平衡电流

根据亦庄和永乐测点动车组运行期间下行线两根轨条回流数据,计算得出亦庄测点不平衡度平均为 2.43%,最大为 6.7%,永乐测点不平衡度平均为 1.18%,最大为 3.0%,均满足小于 10% 的要求。

(5)追踪运行

即使 3 min 追踪间隔,相邻追踪列车产生的钢轨电位和牵引回流在测试点没有叠加现象,单列车运行测试得出钢轨电位和钢轨电流的各项结论仍然适用。

3. 短路测试

京津城际铁路 3 次短路测试钢轨电位测试结果表明:在短路点距牵引变电所分别为 40 km、77 km 和 97 km 的情况下,距短路点 45 m,持续时间小于 100 ms 的钢轨电位实测最大 600 V,未超过标准中规定的 1 680 V,符合铁道部《铁路防雷、电磁兼容及接地工程技术暂行规定》(铁建设[2007]39 号)中故障情况下轨道电位容许值的要求。

综合接地系统检测表明,京津城际铁路综合接地系统满足铁道部《铁路防雷、电磁兼容及接地工程技术暂行规定》中正常和故障情况下轨道电位容许值的要求,符合设计要求。

第七节　电磁兼容性

一、列车通过时无线电干扰

1. 测试数据

(1)频率特性

根据测试获取的各次过车数据峰值检波最大值,可得出图 8－6－52～图 8－6－54 三个频段的频率特性回归直线,图中给出标准中的发射限值。

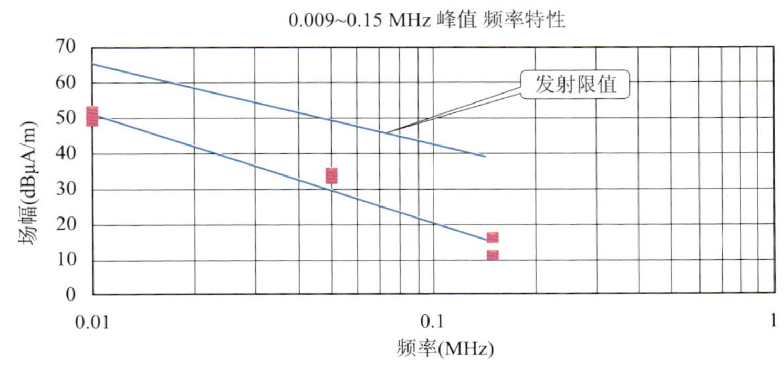

图 8－6－52　0.009～0.15 MHz 辐射场强

由图可见,京津城际铁路动车组运行产生的射频电磁场未超过 IEC 62236－2 标准中的限值。

(2)速度特性

峰值检波实测数据表明 180～360 km/h 速度段 150 MHz 频点,电磁辐射随速度变化不大,速度每增加 10 km/h,辐射场强增加 0.2～0.3 dB。1 MHz 频点,电磁辐射随速度增加而增加,速度每增加 10 km/h,辐射场强增加 0.9～1.47 dB。

2. 结　论

京津城际铁路动车组运行产生的射频电磁场满足 IEC 62236－2 标准中的限值要求。180～

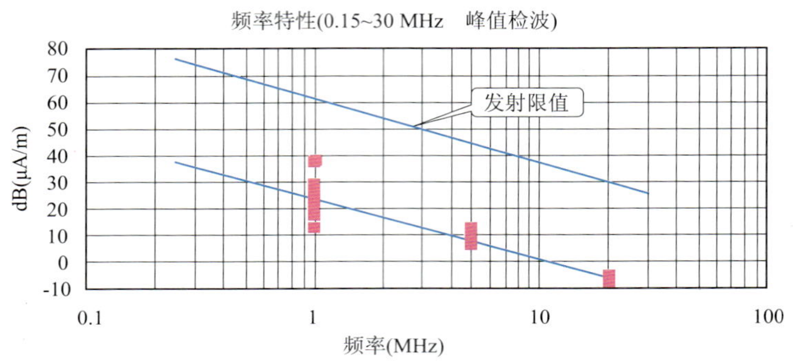

图 8－6－53　0.15～30 MHz 辐射场强

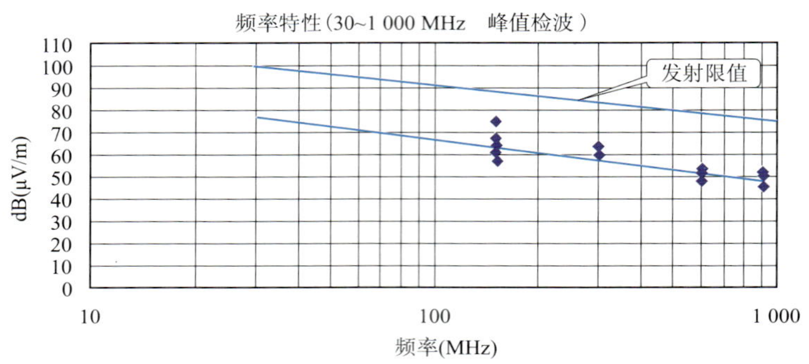

图 8－6－54　30～1 000 MHz 辐射场强

360 km/h速度段,150 MHz 频点,速度每增加 10 km/h,辐射场强增加约 0.2～0.3 dB。1 MHz 频点,速度每增加 10 km/h,辐射场强增加 0.9～1.47。

二、接触网工频电磁场

京津城际铁路接触网工频电场线下最大值为 3 500 V/m,未超过国家标准 4 kV/m 的限值要求。京津城际铁路接触网工频磁感应强度线下最大值为 1.65 μT,未超过国家标准 100 μT 的限值要求。

三、变电所无线电干扰和工频电磁场

京津城际铁路亦庄牵引变电所周围工频电场最大值位于高压输电线斜下方,为 705.3 V/m,其他测点工频电场强度很小,工频电场最大值未超过国家标准 4 kV/m 的限值要求。工频磁感应强度最大值为 0.015 μT,未超过 100 μT 的标准要求。

京津城际铁路亦庄牵引变电所周围无线电干扰在 0.5 MHz 未超过 53 dBμV/m,满足国家标准和 IEC 62236－2 的要求。

四、信号电缆受电力电缆和牵引网干扰影响测试

采用高阻测量两轨条电压,实测时域波形为规律的 2 000 Hz 轨道电路信号,频域图中 2 000 Hz 轨道电路信号频谱谱线远高于其他杂波谱线,轨道电路信号与干扰的信干比很高。由此可以判断,信号电缆受电力电缆和牵引网干扰影响很小。信号与干扰的信噪比完全满足 ZPW－2000A 的技术标准中轨道电路接收设备信干比为 1:1 的要求。

五、电磁兼容车上测试

1. 测试数据

(1)列车车厢内低频电磁场

动车组 CRH_2 - 061C 和 CRH_3 - 006C 内的工频电磁场较低，工频电场最大为 3(V/m)，工频磁感应强度最大为 5.5(μT)。测得数据满足标准《500 kV 超高压送变电工程电磁辐射环境影响评价技术规范》(HJ/T 24—1998)中工频电场强度不超过 4 000 V/m 和工频磁感应强度不超过 0.1 mT 的要求。同时满足 EN 45502 - 2 - 1(2003 - 12) 中 50 Hz 不超过 60 μT 的限值要求。

(2)列车车厢内射频综合场强

列车车厢内射频综合场强实测数据表明：动车组 CRH_2 - 061C 和 CRH_3 - 006C 车厢内各处的射频综合场强均满足标准《电磁辐射防护规定》(GB 8702—1988)中规定的不超过 12 V/m 的要求。

(3)列车电源质量

CRH_2 - 061C 型动车组内 2 个记录时段共 30 min，平均 1.7 min 发生一次电压事件，电压事件主要有脉冲、电涌和断电。脉冲持续时间从 10 μs 到 10 s，幅度最高达 590 V。断电事件总持续时间 160 s。

CRH_3 - 006C 型动车组内 1 个记录时段共 29 min，平均 7.8 min 发生一次电压事件，电压事件为瞬间脉冲，发生在起动和停车。脉冲持续时间 10 μs，幅度最高达 480 V。

(4)ATP、应答器等车载设备接收信号受干扰情况

京津城际铁路运行动车组 ATP 车载设备通过传感器接收的轨道电路信号从时域和频域分析，均符合相关标准的信干比的要求，能够保证车载设备接收到稳定可靠的控车信息，牵引回流对轨道电路信号的影响甚微。测试过程中存在瞬间突发脉冲干扰(记录约 3 h 出现过 1 次，持续时间 1 ms)，但不影响车载 ATP 设备对轨道电路信号的正确判读。

2. 结　论

动车组 CRH_2 - 61C 和 CRH_3 - 006C 内的工频电磁场较低，工频电场最大为 0.55(V/m)，工频磁感应强度最大为 0.098 μT。满足标准《500 kV 超高压送变电工程电磁辐射环境影响评价技术规范》(HJ/T 24—1998)中工频电场强度不超过 4 000 V/m 和工频磁感应强度不超过 0.1 mT 的要求，同时满足 EN 45502 - 2 - 1(2003 - 12)移动可植入医疗设备标准中 50 Hz 不超过 60 μT 的限值要求。

动车组 CRH_2 - 61C 和 CRH_3 - 006C 车厢内各处的射频综合场强均满足标准《电磁辐射防护规定》(GB 8702—1988)中规定的不超过 12 V/m 的要求。

京津城际铁路动车组 ATP 车载设备通过传感器接收的轨道电路信号受牵引回流影响甚微。偶发瞬间脉冲干扰，不会影响车载 ATP 设备对轨道电路信号的正确判读。

六、小　结

1. 无线电干扰

京津城际铁路动车组运行产生的射频电磁场满足 IEC 62236 - 2 标准中的限值要求。代表性频点 150 MHz，180 ~ 360 km/h 速度段，速度每增加 10 km/h，辐射场强增加约 0.2 ~ 0.3 dB，1 MHz 频点，速度每增加 10 km/h，辐射场强增加 0.9 ~ 1.47。

2. 接触网工频电磁场

京津城际铁路接触网工频电场线下最大值为 3 500 V/m，但衰减很快。在站台上已衰减至 300 V/m，远低于标准规定的 4 000 V/m 的限值要求。接触网工频磁感应强度线下最大值为 1.65 μT，未超过国家标准 100 μT 的限值要求。

3. 变电所无线电干扰和工频电磁场

京津城际铁路牵引变电所周围工频电场最大值位于高压输电线斜下方，为 705.3 V/m，其他测点工频电场强度较小，工频电场最大值未超过国家标准 4 kV/m 的限值要求。工频磁感应强度最大值为 0.015 μT，未超过 100 μT 的标准要求。

京津城际铁路牵引变电所周围无线电干扰在 0.5 MHz 为 45 dBμV/m，未超过国家标准规定的 46 dBμV/m，同时满足 IEC 62236 - 2 的要求。

4. 京津城际铁路信号电缆受电力电缆和牵引网干扰影响测试

京津城际铁路信号电缆受电力电缆和牵引网干扰影响很小。轨道电路信干比完全满足 ZPW -

2000A 的技术标准中轨道电路接收设备信干比为1:1 的要求。

5. 车上电磁环境

动车组内的工频电磁场较低，工频电场最大为3 V/m，工频磁感应强度最大为5.5 μT。满足标准《500 kV 超高压送变电工程电磁辐射环境影响评价技术规范》(HJ/T 24—1998)中工频电场强度不超过4 000 V/m 和工频磁感应强度不超过0.1 mT 的要求，同时满足 EN 45502 -2 -1(2003 -12)移动可植入医疗设备标准中50 Hz 不超过60 μT 的限值要求。

动车组车厢内各处的射频综合场强均满足标准《电磁辐射防护规定》(GB 8702—1988)中规定的不超过12 V/m 的要求。

京津城际铁路动车组 ATP 车载设备通过传感器接收的轨道电路信号受牵引回流影响甚微。测试期间偶发瞬间脉冲干扰，未影响车载 ATP 设备对轨道电路信号的正确判读。

电磁兼容检测表明，京津城际铁路地面和车内电磁环境满足相关标准，符合设计要求。

第八节　环境噪声、振动及声屏障

一、列车运行辐射噪声、环境噪声测试结果

1. 列车辐射噪声

(1)辐射最大声级 L_{max}

根据京津城际铁路线路条件情况，选取桥梁(JJK56 +670)、路堤(JJK47 +340)各一处，测量动车组通过时，距线路中心线25 m、轨面以上3.5 m 处的列车辐射最大声级 L_{max}。

①对于路堤区段，距线路中心线25 m、轨面以上3.5 m 处，CRH3 型平均辐射最大声级 L_{max} 为90.2 ~96.2dB(A)。

②对于桥梁区段，距线路中心线25 m、轨面以上3.5 m 处，CRH3 型动车组平均辐射最大声级 L_{max} 为85.1 ~91.4 dB(A)。由于桥梁区段两侧距离外侧轨道中心线2.2 m，设置高于桥面1.0 m 的防护墙，桥面系及防护墙起到声屏障作用，因此 CRH3 型动车组在桥梁区段运行时的辐射噪声水平低于路堤区段4 ~5 dB(A)。

(2) 列车通过时段等效声级 L_{eq}

根据京津城际铁路线路条件情况，选取桥梁(JJK56 +670)、路堤(JJK47 +340)各一处，测量动车组通过时距线路中心线25 m、轨面以上3.5 m 处的等效声级$_{Leq}$。

①对于路堤区段，距线路中心线25 m、轨面以上3.5 m 处，CRH3 型动车组以260 ~380 km/h 速度运行时，动车通过时段的平均等效声级 L_{eq} 为89.0 ~93.7 dB(A)。

②对于桥梁区段，距线路中心线25 m、轨面以上3.5 m 处，CRH_3 型动车组以260 ~380 km/h 速度运行时，动车通过时段的平均等效声级 L_{eq} 为83.1 ~88.6 dB(A)。由于桥梁区段两侧距离外侧轨道中心线2.2 m，设置高于桥面1.0 m 的防护墙，桥面系及防护墙同时起到声屏障作用，因此 CRH3 型动车组在桥梁区段运行时的辐射噪声水平低于路堤区段4 ~5 dB(A)。

2. 列车辐射噪声源强特性分析

(1)列车辐射噪声的时域、频域特征

图8 -6 -55 ~图8 -6 -58 给出了动车组以300 km/h、350 km/h 速度通过路堤区段、桥梁区段时，辐射噪声空间分布及其时域、频域信号。

由图8 -6 -55 ~图8 -6 -58 可知：

①当动车组通过测点位置时，瞬时声级水平高于本底噪声20 dB(A)以上，声级变化率在10 dB(A)/s 以上；噪声能量主要集中在列车通过测点正前方位置；列车通过时声级无明显的峰值出现，这与动车组动力分散及良好的流线性外形有关。

②动车组高速运行时，在桥梁区段峰值均出现在低频段(31.5≤f≤63 Hz)；路基区段的噪声频谱

呈宽频特性，在低频段（31.5≤f≤63 Hz）和中高频段（500≤f≤8 kHz）声能量均较为集中。

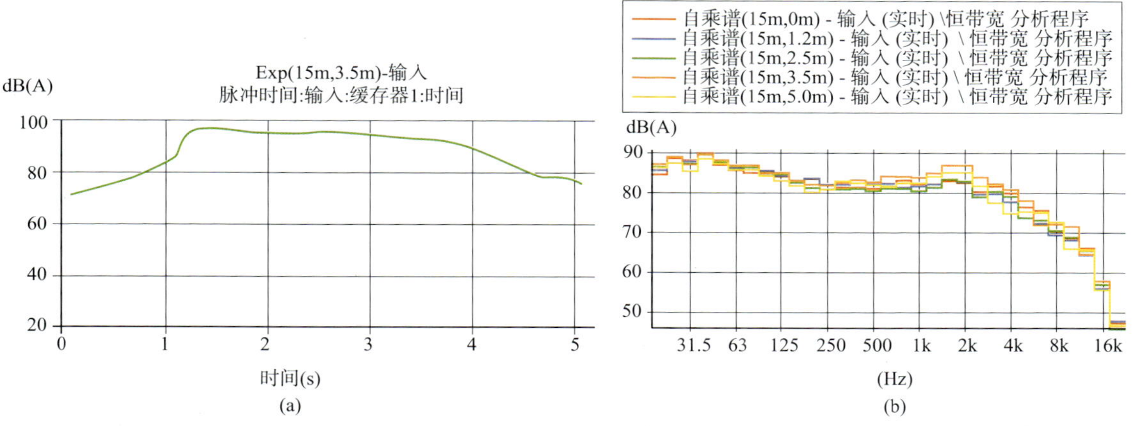

图 8－6－55　路基区段动车组辐射噪声空间分布及其时域、频域信号（300 km/h）

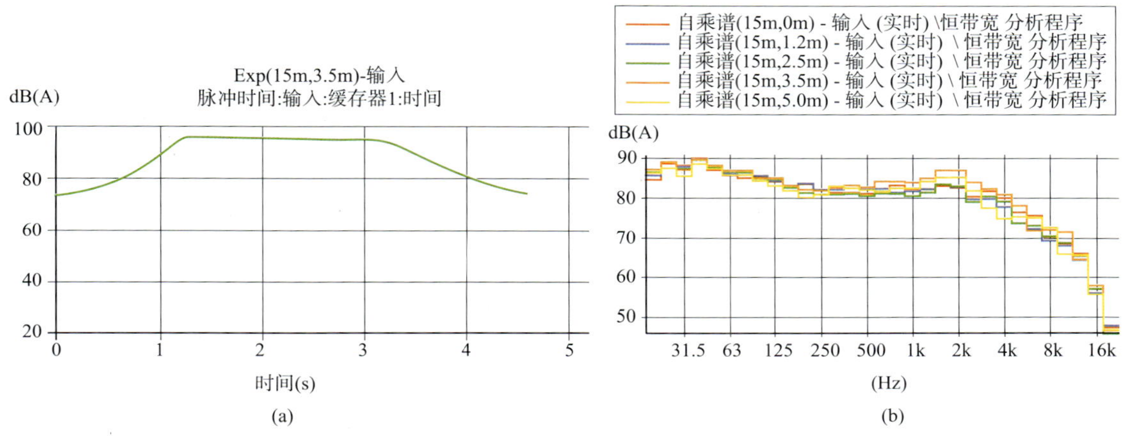

图 8－6－56　路基区段动车组辐射噪声空间分布及其时域、频域信号（350 km/h）

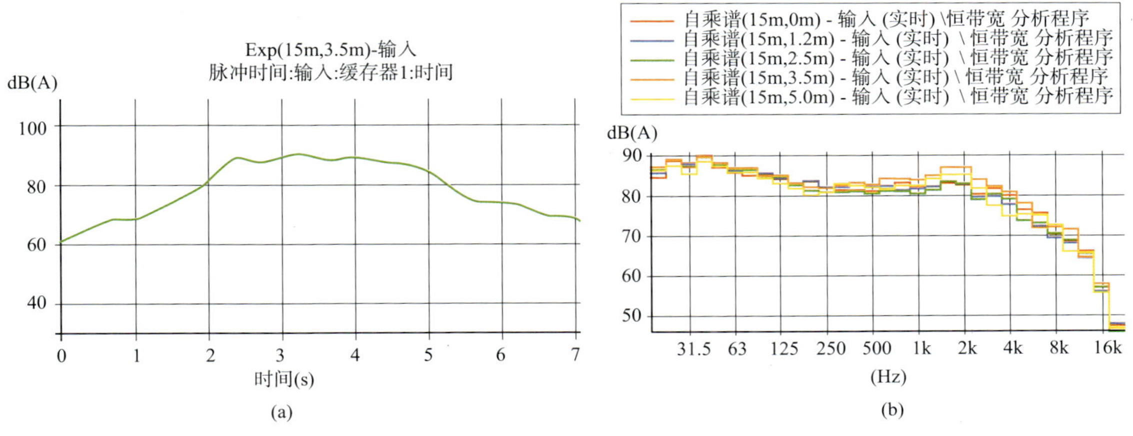

图 8－6－57　桥梁区段动车组辐射噪声空间分布及其时域、频域信号（300 km/h）

（2）列车辐射噪声的空间分布

对 CRH3 型动车组以 300 km/h、350 km/h 速度通过路堤、桥梁区段时，距离铁路外轨中心线 15 m 处动车通过时段的平均等效声级空间分布情况分析可知，CRH3 型动车组以 300～350 km/h 速度运行

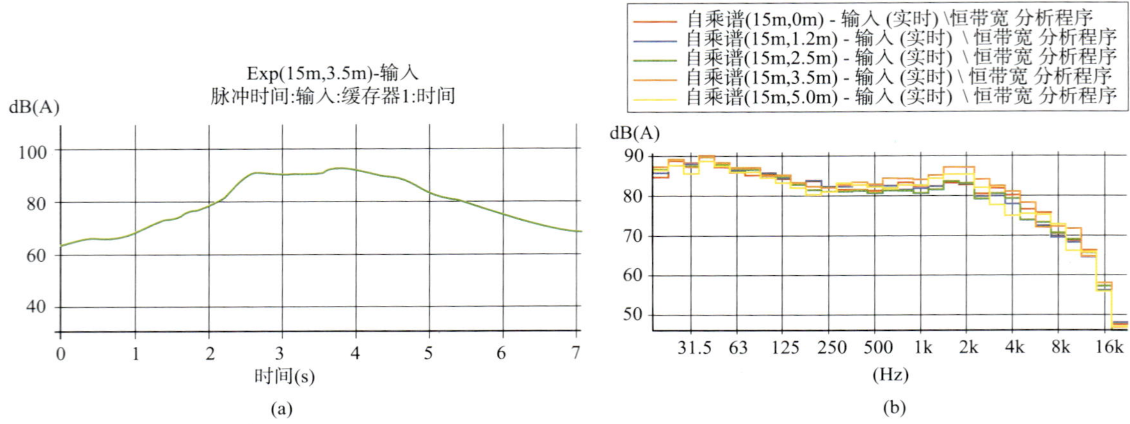

图 8－6－58　桥梁区段动车组辐射噪声空间分布及其时域、频域信号(350 km/h)

时,辐射声级峰值均出现在距轨面 3.5 m～5.0 m 高度处,即对应于动车组上部空气动力噪声源和受电弓位置处。

(3) 动车组列车辐射噪声源强分析

桥梁区段高速动车组辐射噪声源(图 8－6－59)由集电系统噪声、车辆上部空气动力噪声、车辆下部噪声(包括轮轨噪声、车辆机械噪声和车辆下部空气动力噪声)及桥梁结构噪声组成。

在桥梁区段动车组高速运行时,车辆下部及桥梁结构噪声源贡献率为 25% 以上,车辆上部空气动力噪声和集电系统噪声源贡献率为 75% 以下,车辆上部空气动力噪声和集电系统噪声为主要的噪声源,因此,应加大对集电系统噪声和空气动力噪声控制的研究。同时高速铁路声屏障设计也应针对该噪声源特性,进行专项声学设计研究。

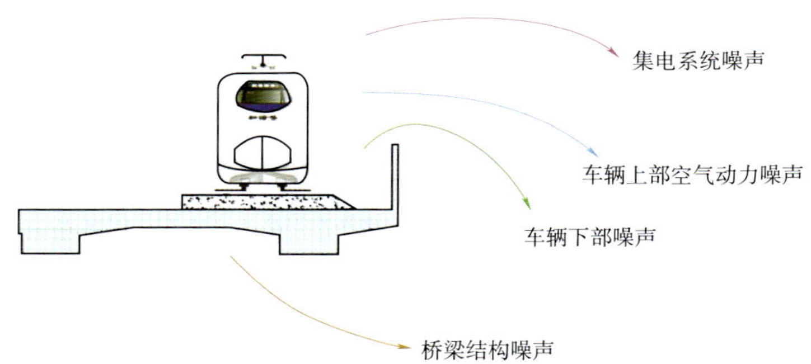

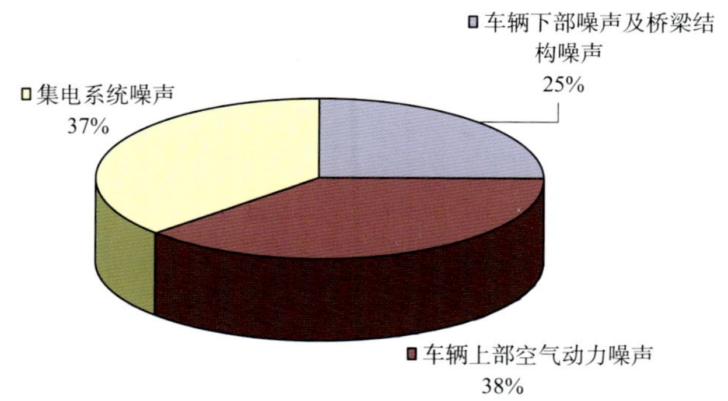

图 8－6－59　桥梁区段高速动车组辐射噪声源组成

3. 列车辐射噪声的传播规律

对CRH3型动车组以300 km/h、350 km/h速度通过路堤、桥梁区段时，列车辐射环境噪声随距离增加而衰减的变化情况分析可知，CRH3型动车组运行时的列车动车通过时段的平均等效声级 L_{eq} 与距铁路外轨中心线距离的统计回归关系为：

路堤区段：$L_{ep}=(14\sim15)\times\lg\left(\frac{r}{r_0}\right)$

桥梁区段：$L_{ep}=(9\sim13)\times\lg\left(\frac{r}{r_0}\right)$

动车组列车辐射噪声的几何衰减传播规律为：距线路距离加倍，辐射等效声级衰减3～4 dB，满足有限长线声源随距离衰减规律。

二、列车环境振动测试结果

1. 动车组环境振动测试结果

京津城际铁路桥梁（JJK56+670）、路堤（JJK47+340）两侧，距铁路外侧轨道中心线30 m地表面处，动车组运行速度为300～380 km/h时的地面环境振动铅垂向Z振级测量结果见图8-6-60、图8-6-61。

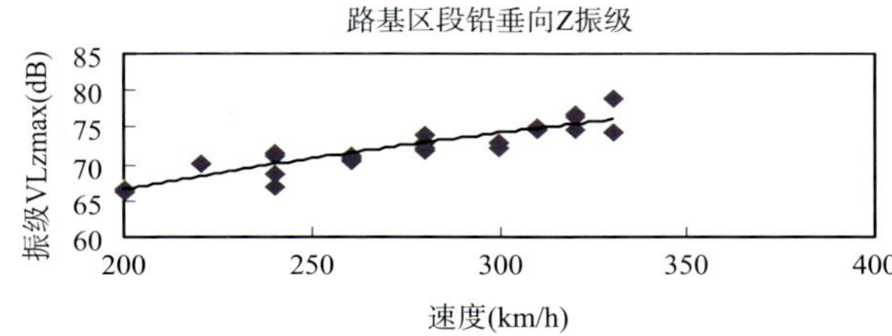

图8-6-60　路基区段动车组铅垂向Z振级测量结果

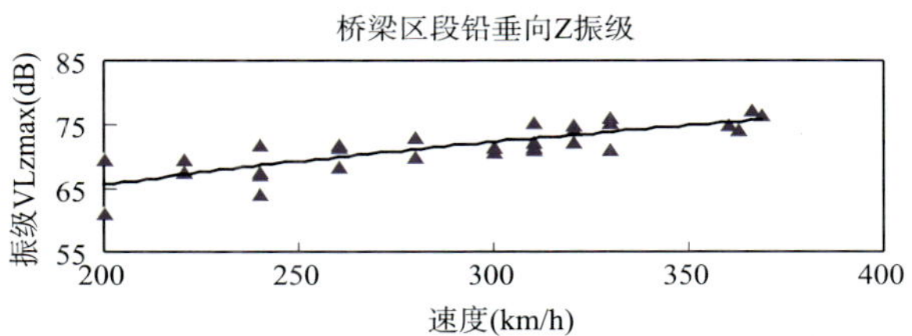

图8-6-61　桥梁区段动车组铅垂向Z振级测量结果

由图8-6-60、图8-6-61地面环境振动铅垂向Z振级 VLZ_{max} 测量结果可知：

CRH3型动车组以300～350 km/h动车组运行时，地面环境振动可满足GB 10070《城市区域环境振动标准》中铁路环境振动评定指标 $VLZ_{max}\leqslant 80$ dB要求。

根据本次试验测试数据，对列车环境振动与动车组运行速度的关系进行了回归分析，分析结果如下。

在路堤区段CRH3型动车组高速运行时，环境振动与速度变化的关系为：

$VLZ_{max}=(32\sim43)\times\lg(v/v_0)$；

在桥梁区段CRH3型的变化关系为：

$VLZ_{max}=(28\sim38)\times\lg(v/v_0)$。

无论是路堤线路还是桥梁线路，环境振动与高速动车组运行速度的关系基本一致，说明路堤区段的CFG桩与桥梁钻孔桩对轮轨接触振动的衰减作用基本一致。

2. 动车组环境振动传播规律

图6-6-62、图8-6-63给出了动车组以300 km/h、350 km/h速度通过路堤、桥梁区段时，列车环境振动随距离增加变化情况。

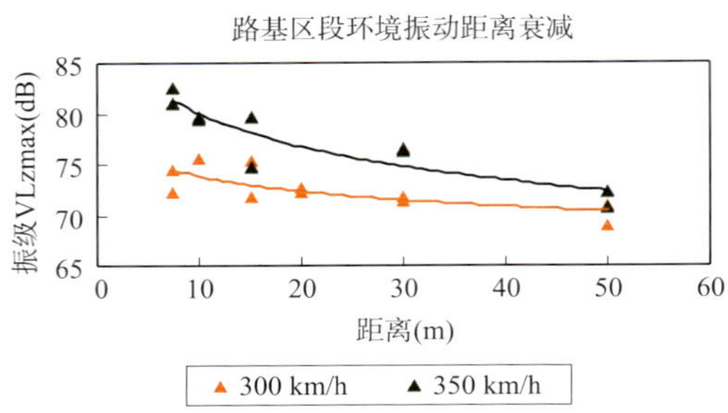

图 8-6-62 路基断面动车组列车环境振动随距离增加变化情况

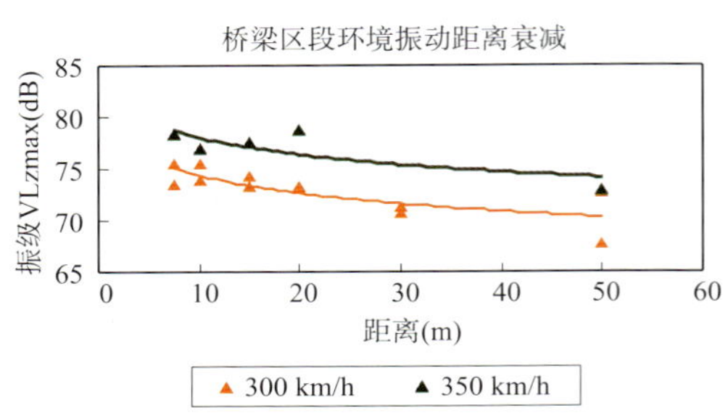

图 8-6-63 桥梁断面动车组列车环境振动随距离增加变化情况

CRH3 型动车组运行时的列车环境振动与距铁路外轨中心线距离的统计回归关系为：

对于路堤区段，CRH3 型动车组：$VLZ_{max}=(5\sim11)\times\lg\left(\frac{r}{r_0}\right)$

对于桥梁区段，CRH3 型动车组：$VLZ_{max}=(6\sim9)\times\lg\left(\frac{r}{r_0}\right)$

可以看出，动车组列车运行时的地面环境振动传播规律为：近场范围内，距线路距离加倍，环境振动衰减 2～3 dB。

3. 动车组列车环境振动时域、频域特性

图 8-6-64～图 8-6-67 给出了动车组以 300 km/h、350 km/h 速度通过路堤、桥梁区段时，列车环境振动时域、频域信号。

测试结果表明：

(1) 当动车组通过测点位置时，通过瞬时振级高于本底振动 10 dB/s 以上；列车通过时振级无明显的峰值出现，这与动车组动力分散有关。

(2) 动车组通过时，路堤区段和桥梁区段的环境振动频谱特性相似，均在 31.5～40 Hz 频段出现峰值，该频率特性表明：高速动车组运行时以低频振动为主。

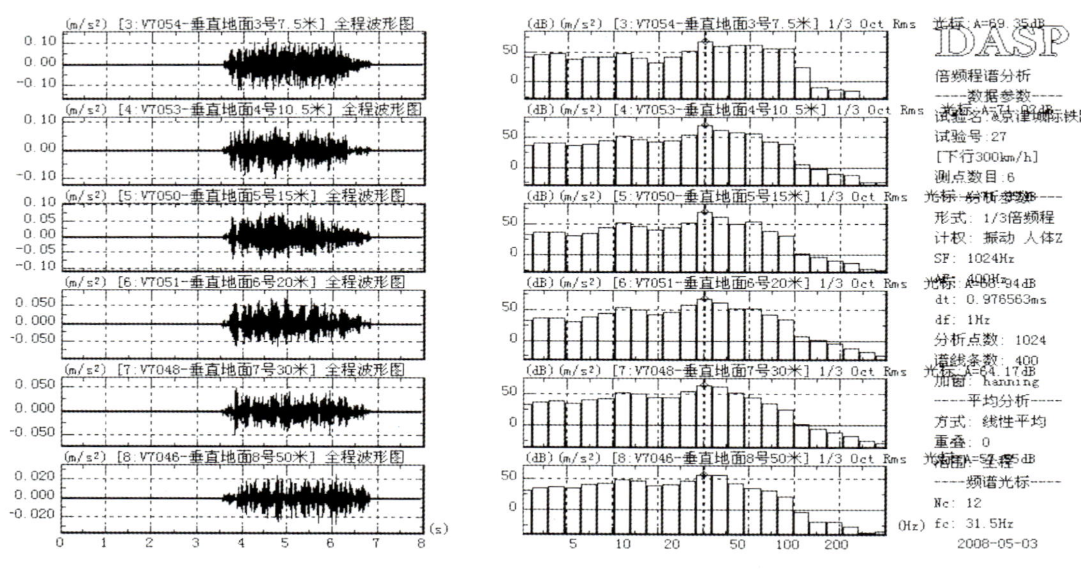

图 8-6-64 路堤区段列车环境振动时域、频域信号(300 km/h)

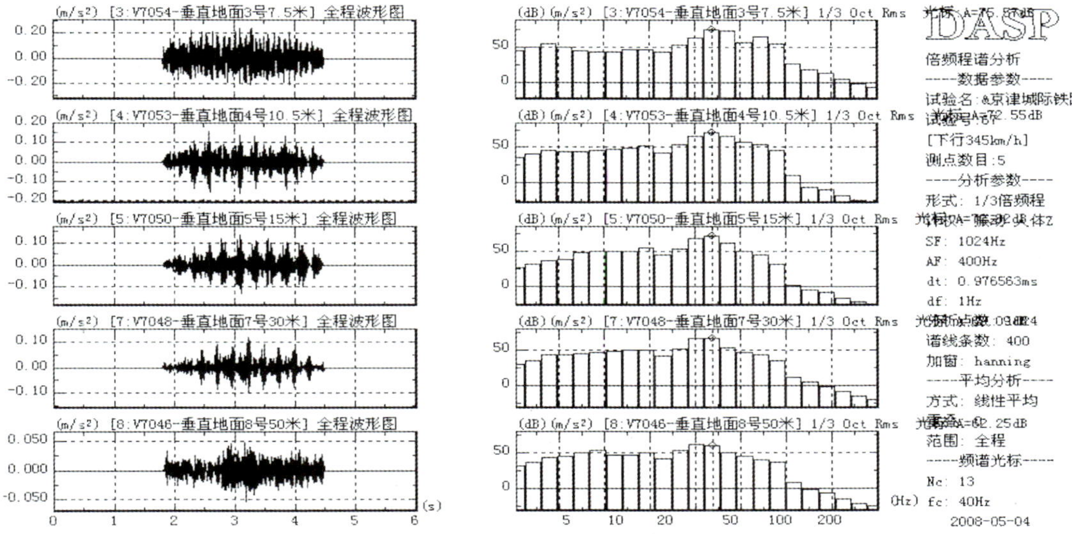

图 8-6-65　路堤区段列车环境振动时域、频域信号(350 km/h)

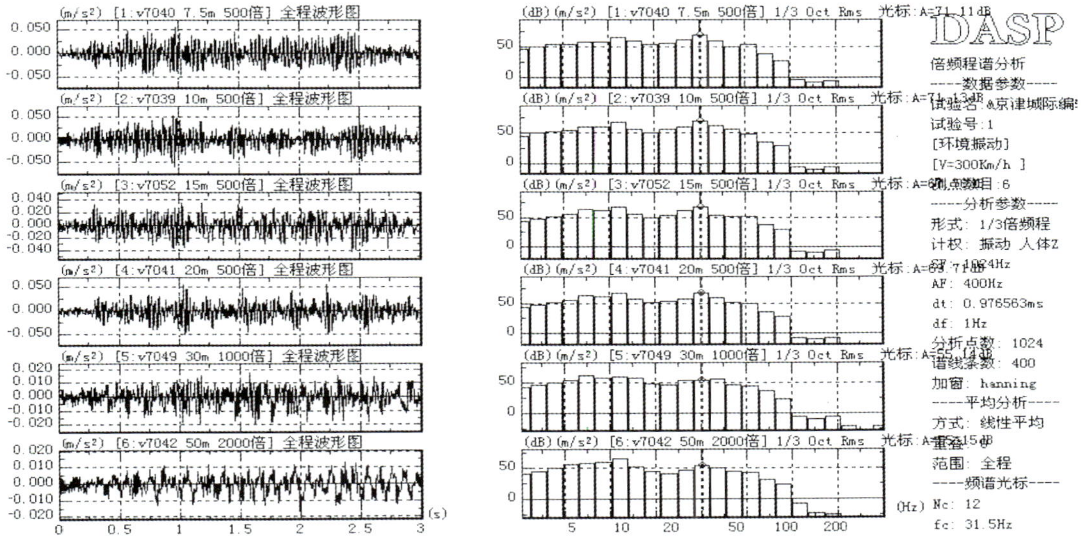

图 8-6-66　桥梁区段列车环境振动时域、频域信号(300 km/h)

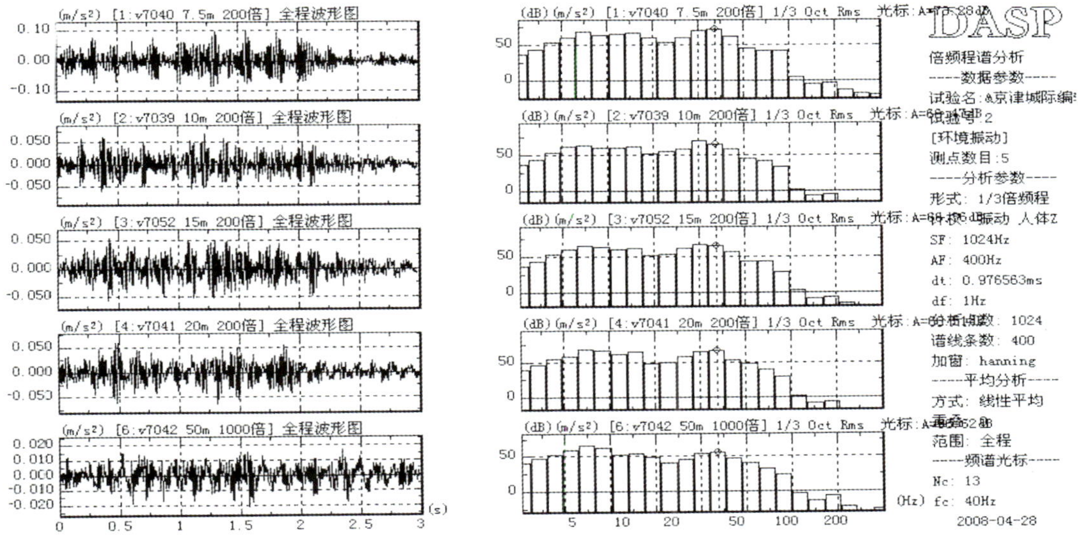

图 8-6-67　桥梁区段列车环境振动时域、频域信号(350 km/h)

三、典型声屏障降噪效果及气动力测试结果

1. 典型声屏障降噪效果测试结果及分析

根据京津城际铁路线路及声屏障设置条件，选取张家场（JJK55 +200）、静湖花园（JJK91 +177）2处典型声屏障进行测试，测量距铁路外侧轨道中心线30 m，轨面高度处、地面1.5 m高度处声屏障降噪效果—声屏障插入损失 *IL*。张家场、静湖花园声屏障插入损失值（*IL*）测量结果见图8 -6 -68、图8 -6 -69。

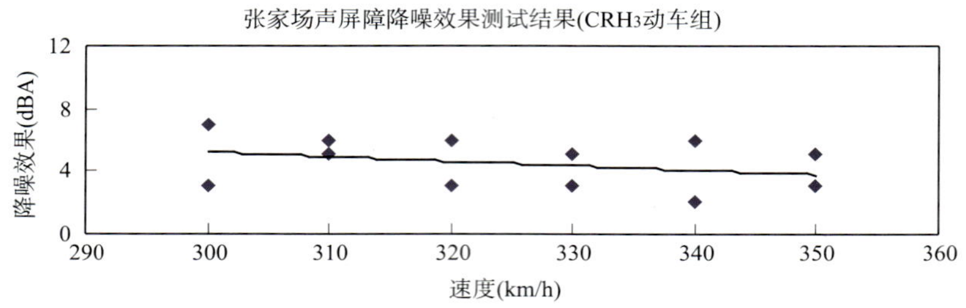

图8 -6 -68　张家场（JJK55 +200）单侧2.15 m高桥梁声屏障降噪效果

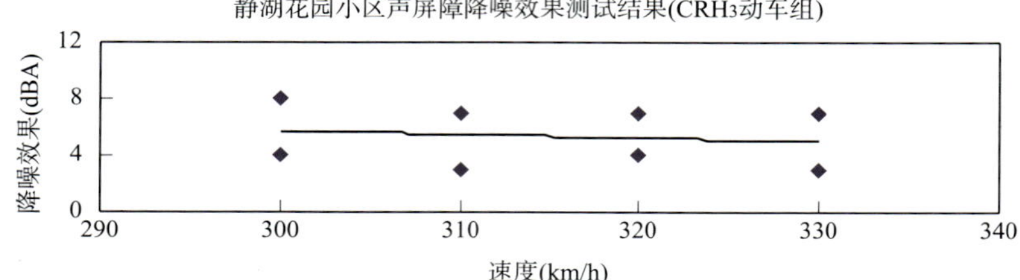

图8 -6 -69　静湖花园（JJK91 +177）双侧3.15 m高桥梁声屏障降噪效果

由图8 -6 -68、图8 -6 -69声屏障插入损失（*IL*）测量结果可知：距铁路外侧轨道中心线30 m，轨面高度及高于地面1.2 m测点处，对于2.15 m高的桥梁声屏障，降噪效果为2 ~6 dB（A）；对于3.15 m高的桥梁声屏障，降噪效果为3 ~6 dB（A）。

2. 典型声屏障气动力测试结果

典型声屏障气动力测试结果见图8 -6 -70、图8 -6 -71。

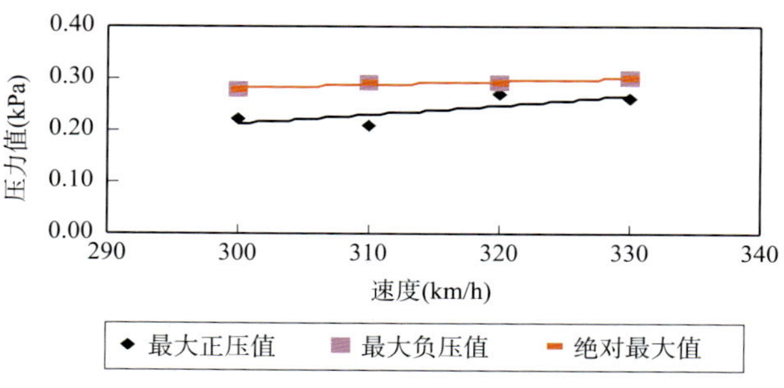

图8 -6 -70　张家场（JJK55 +200）声屏障气动压力测试结果

通过现场实测和有限元数值计算验证得到，张家场（JJK55 +200）声屏障气动压力最大正压值为0.21 ~0.27 kPa、最大负压值为0.28 ~0.30 kPa；对应静湖花园小区（JJK91 +177）声屏障气动压力最大正压值为0.59 ~0.70 kPa、最大负压值为0.56 ~0.60 kPa。

固有频率测试结果表明：3.15 m高静湖花园声屏障板的固有频率为12.2 Hz，立柱的固有频率为24.9 Hz。当动车组以300 ~350 km/h速度运行时，动车组气动力的振动频率 f_d 为3.2 ~3.8 Hz，声屏障的自振频率远大于动车组气动力的激励频率，未发生共振效应，声屏障板的衰减波形见图8 -6 -72。

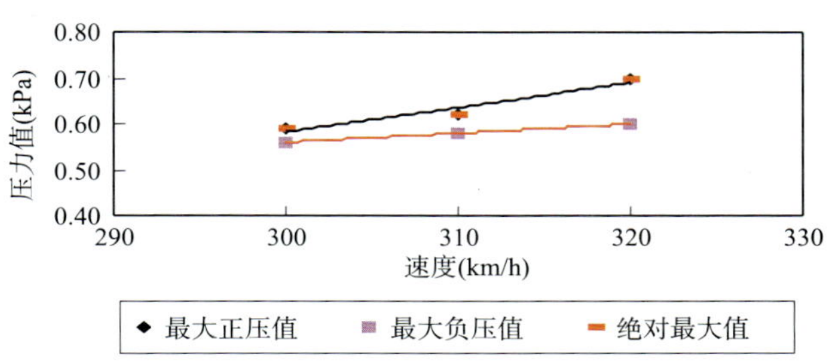

图 8－6－71　静湖花园(JJK91＋177)声屏障气动压力测试结果

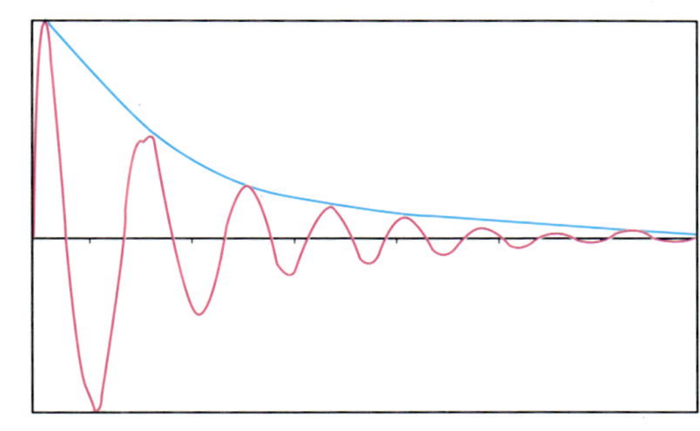
图 8－6－72　声屏障板的衰减波形

四、动车组内噪声振动水平测试结果

1. 动车组车厢内部噪声测量结果

动车组车内噪声测量结果见图 8－6－73。

在此次试验的测量条件下，当运行速度为 300～350 km/h 时，CRH3 型动车组二等车车厢中部等效声级满足《铁道客车噪声的评定》(GB/T 12816－1991)之 68 dB(A)的评判标准限值要求。

2. 动车组车厢内部振动测量结果

高速动车组车厢内部振动测量结果见图 8－6－74。

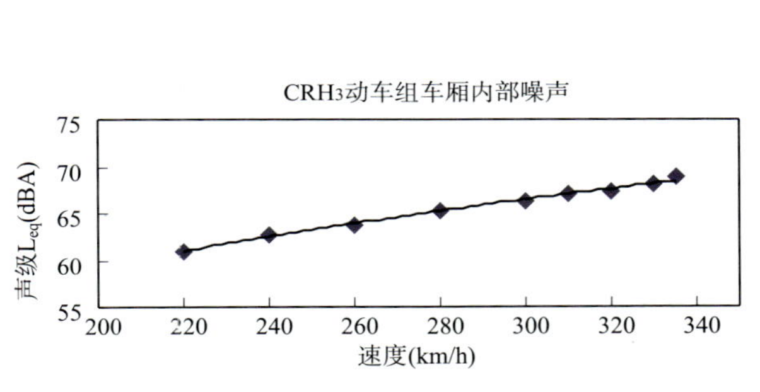

图 8－6－73　动车组车内噪声测量结果

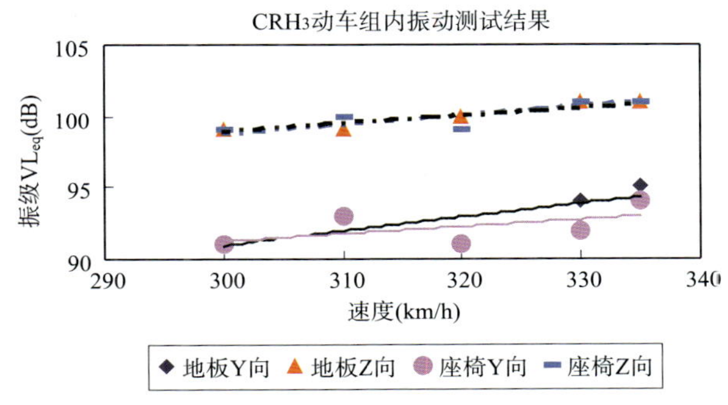

图 8－6－74　CRH3 型动车组车内振动测量结果

当列车运行速度为 300～350 km/h 时，CRH3 型动车组车厢中部地板和座椅处的振动水平，均满足 TB/T 1828－2004《铁道机车和动车组司机室人体全身振动限值和测量方法》标准中评判标准限值要求。

五、铁路边界噪声

在京津城际铁路试运行期间，对沿线 4 个有代表性的断面，在不同距离、不同建筑群高度，共设置 16 个测点，测量铁路环境噪声影响。

测试期间，2008 年 7 月 28 日，列流量为 36.5 对/日；2008 年 7 月 29 日，列流量为 47 对/日；2008 年 7 月 30 日，列流量为 18 对/日。

铁路边界噪声(L_{eq})测试结果见表 8－6－64、图 8－6－75、图 8－6－76。

由表 8－6－64、图 8－6－75、图 8－7－76 测试结果可知：京津城际铁路按运行图运行后，铁路边界 30 m 处噪声可满足《铁路边界噪声限值及测量方法》(GB 12525—1990)昼、夜间 70 dB(A)的标准限值要求。

表 8-6-64　铁路边界噪声(Leq)测试结果　　单位:dB(A)

测点位置	列流量(对/日)	运行速度(km/h)	测试结果		对标情况		备注
			昼间 dB(A)	夜间 dB(A)	昼间 dB(A)	夜间 dB(A)	
JJK11+820(北京十八里店)	18~47	150~240	52~58	43~50	达标	达标	设置 2.15 m 高声屏障
JJK48+040(北京半截河村)		330~350	67~68	55~56	达标	达标	正线区间无声屏障
JJK56+200(天津张家场)		330~350	63~65	51~54	达标	达标	设置 2.15 m 高声屏障
JJK91+177(天津静湖花园)		250~300	66~67	56~57	达标	达标	设置 3.15 m 高声屏障

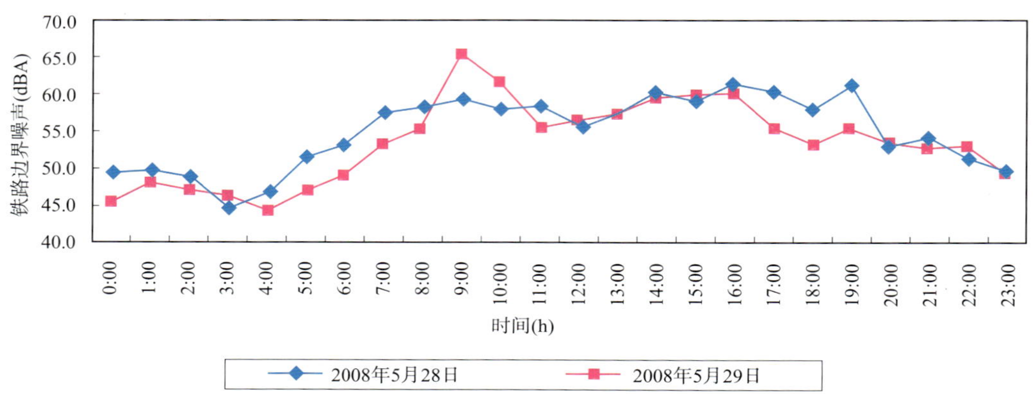

图 8-6-75　JJK11+820 十八里店铁路边界噪声 24 h 监测结果

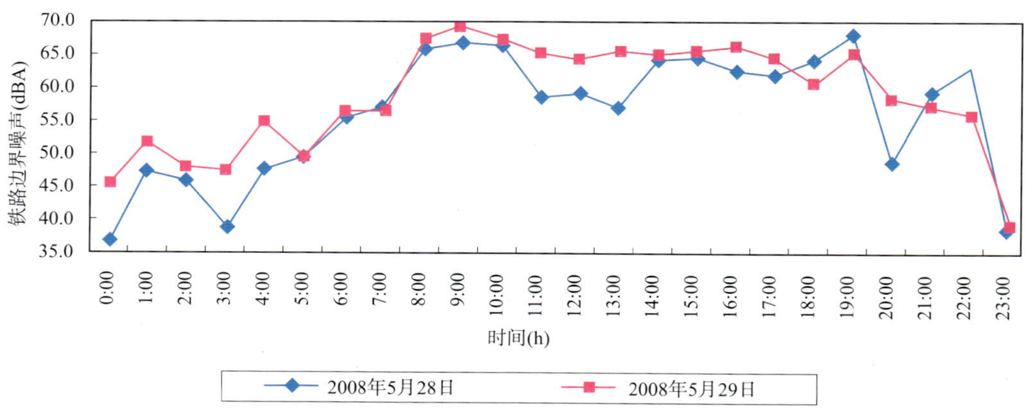

图 8-6-76　JJK55+200 张家场铁路边界噪声 24 h 监测结果

第九节　路基及过渡段动力性能

一、测试数据分析

1. 动应力分析

动应力分析包括路堤基床内列车动荷载作用下的动应力幅值及分布规律、道岔区沿线路纵向路基基床内动应力变化规律以及砂浆填充层动应力幅值水平。各断面动应力典型时程曲线如图 8－6－77 所示。

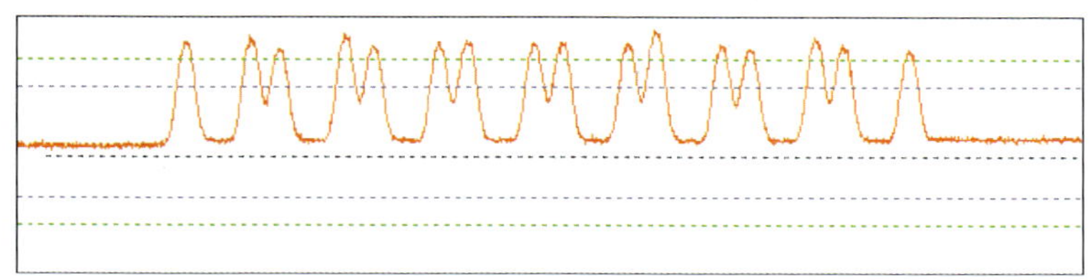

图 8－6－77　动应力典型时程曲线图

(1)路堤动应力分析

① JJK3＋130 动应力分析

基床表层两个测点动应力数据均在 13～19 kPa，数据点比较集中。表层底面动应力处于 9～13 kPa，均值在 10～11 kPa，数据点较集中，数据呈正态分布。对此断面动应力进行统计，其分析结果见表 8－6－65，测试基床表层动应力 95% 上限均小于 55.3 kPa 的限值，路基在列车动荷载作用下不会产生累积变形。

表 8－6－65　JJK3＋130 动应力统计结果　　单位：kPa

测点位置	均值	中位数	25% 上限	75% 上限	95% 上限
基床表层 1	16.88	17.17	15.95	17.61	18.23
基床表层 2	15.94	16.07	14.53	17.05	17.75
表层底面	10.62	10.61	10.05	11.00	11.59

为了分析列车荷载作用下基床动应力沿深度分布规律，对基床表层底面动应力与基床表层动应力的比值进行统计分析，数值多数在 0.6～0.7，其统计分析结果见表 8－6－66。

表 8－6－66　JJK3＋130 动应力比值统计结果

测点位置	均值	中位数	25% 上限	75% 上限	95% 上限
与基床表层 1 比值	0.63	0.63	0.60	0.64	0.70
与基床表层 2 比值	0.67	0.66	0.64	0.69	0.74

② JJK46＋500 动应力分析

a. 350 km/h 的 CRH_2 空车运行时动应力分析

除去 5 km/h 准静态标定速度外，此测点所测 350 km/h 的 CRH_2 空车动车组运行速度在 199～383 km/h之间，运行速度在 300～360 km/h 之间车次最多。350 km/h 的 CRH_2 型动车组以不同速度通过时动应力随速度变化曲线如图 8－6－78 所示。

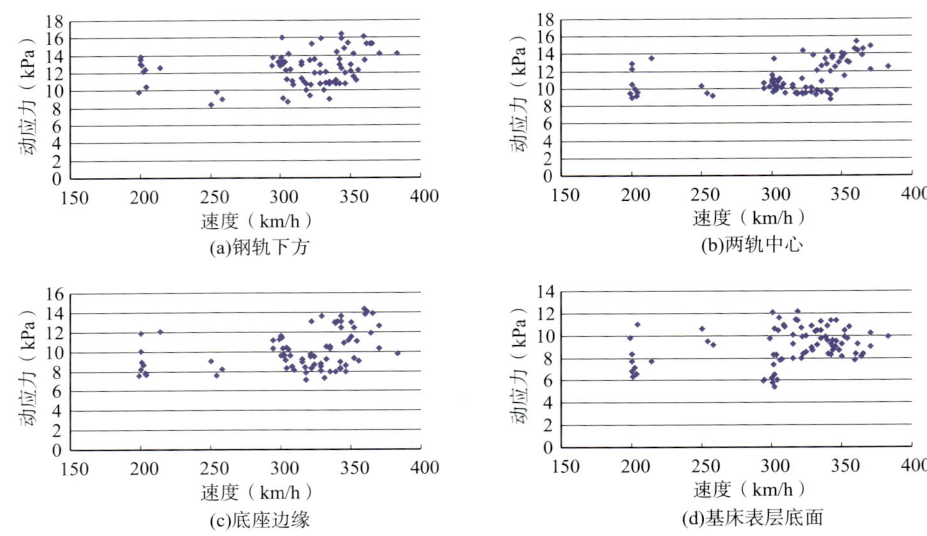

图 8－6－78　CRH2 空车运行时动应力随速度变化曲线

随着动车组速度的提高基床动应力有所增加，但数据相关性很小，波动幅度大。350 km/h 的 CRH2 型动车组通过时钢轨正下方所测动应力变化范围 8.38～16.48 kPa，两钢轨中间动应力变化范围 8.7～15.38 kPa，支承层边缘动应力变化范围 7.14～14.38 kPa，基床表层底面动应力变化范围 5.42～12.18 kPa 。各测点测试数据具体统计分析见表 8－6－67。测试基床表层动应力 95% 置信上限均小于 55.3 kPa 的限值，路基在列车动荷载作用下不会产生累积变形。

表 8－6－67　JJK46＋500 动应力统计结果　　单位：kPa

测点位置	均值	中位数	25% 上限	75% 上限	95% 上限
表层底面	9.06	9.22	7.98	10.45	11.40
两轨中心	11.41	10.66	9.59	13.01	14.59
钢轨下方	12.54	12.69	10.90	13.73	16.07
支承层边缘	10.27	9.71	8.54	11.55	13.87

表层底面与表层顶面动应力比值均值为 0.73，两钢轨中心与钢轨下基床表面动应力比值均值为 0.90，支承层边缘与钢轨下基床表面动应力比值均值为 0.80。结果统计见表 8－6－68。

表 8－6－68　JJK46＋500 动应力比值统计结果

测点位置	均值	中位数	25% 上限	75% 上限
表层底面	0.73	0.70	0.55	0.89
两轨中心	0.90	0.88	0.81	0.95
支承层边缘	0.80	0.77	0.72	0.87

b. CRH3 空车运行时动应力分析

所测 CRH3 空车动车组运行速度在 184～384 km/h 之间，运行速度在 300～380 km/h 之间车次最多。JJK46＋500 处 CRH3 型动车组以不同速度通过时动应力随速度变化曲线如图 8－6－79 所示。

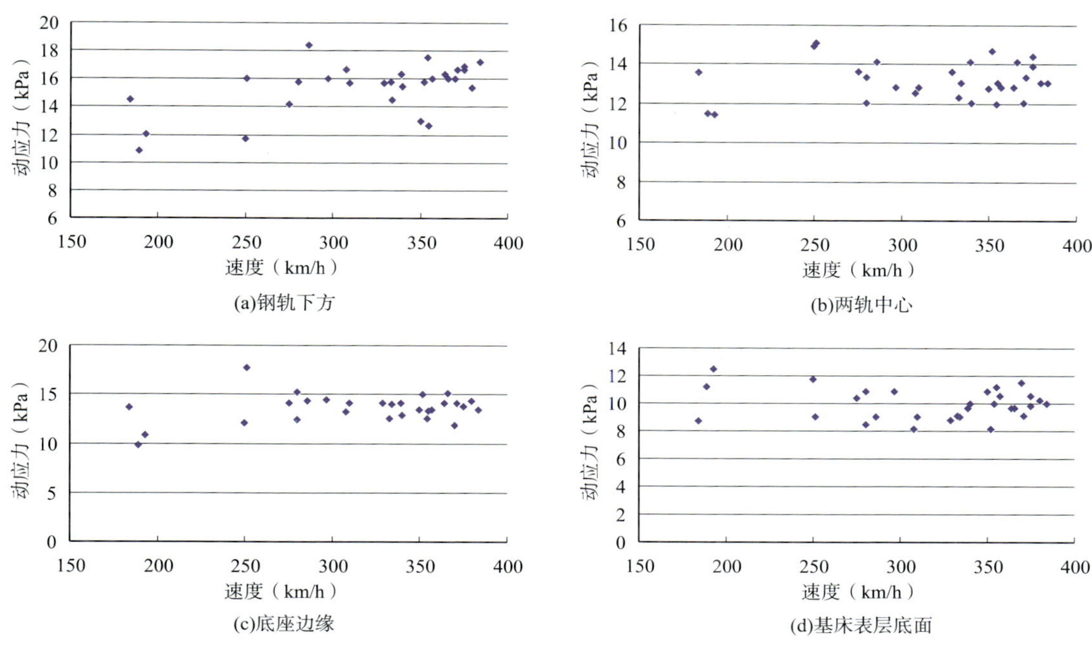

图 8-6-79　CRH3 空车运行时动应力随速度变化曲线

不同车速下动应力基本上维持在同一个应力水平，随着动车组速度的提高基床动应力有增加的趋势，但无明显相关性。

CRH3 型动车组通过时钢轨正下方所测动应力变化范围 10.78～18.36 kPa，两钢轨中间动应力变化范围 11.38～15.03 kPa，支承层边缘动应力变化范围 9.74～17.59 kPa，基床表层底面动应力变化范围 8.04～12.42 kPa 。各测点测试数据具体统计分析见表 8-6-69。测试基床表层动应力 95% 置信上限均小于 55.3 kPa 的限值，路基在列车动荷载作用下不会产生累积变形。

表 8-6-69　动应力统计结果　　单位：kPa

测点位置	均值	中位数	25% 上限	75% 上限	95% 上限
表层底面	9.86	9.84	8.97	10.76	11.68
两轨中心	13.12	13.00	12.51	13.88	14.86
钢轨下方	15.32	15.68	14.43	16.27	17.47
支承层边缘	13.49	13.66	12.76	14.00	15.11

表层底面与表层顶面动应力比值均值为 0.66，两钢轨中心与钢轨下基床表面动应力比值均值为 0.87，支承层边缘与钢轨下基床表面动应力比值均值为 0.89。动应力比值统计见表 8-6-70。

表 8-6-70　JJK46+500 动应力比值统计结果

测点位置	均值	中位数	25% 上限	75% 上限
表层底面	0.66	0.60	0.57	0.69
两轨中心	0.87	0.85	0.78	0.94
支承层边缘	0.89	0.89	0.81	0.95

c. 350 km/h 的 CRH2 重车运行时动应力分析

所测 350 km/h 的 CRH_2 重车动车组运行速度在 34.4～375 km/h 之间，运行速度分布较广，在 150～350 km/h 之间车次最多。JJK46 + 500 处 350 km/h 的 CRH_2 重车以不同速度通过时动应力随速度变化曲线如图 8－6－80 所示。

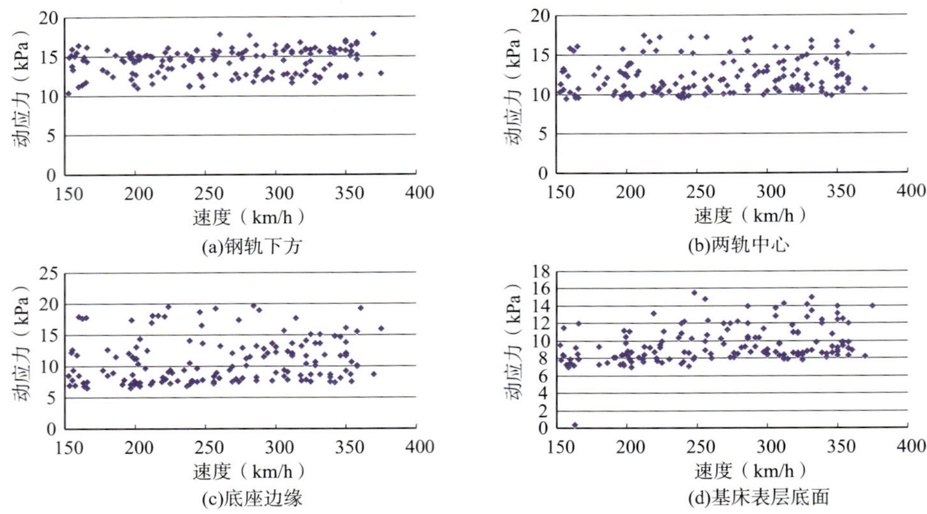

图 8－6－80　CRH_2 重车运行时动应力随速度变化曲线

不同车速下动应力基本上维持在同一个应力水平，随着动车组速度的提高基床动应力有增加的趋势，但无明显相关性。

350 km/h 的 CRH_2 型动车组通过时钢轨正下方所测动应力变化范围 9.75～17.72 kPa，两钢轨中间动应力变化范围 9.32～17.68 kPa，支承层边缘动应力变化范围 6.49～19.54 kPa，基床表层底面动应力变化范围 6.72～15.41 kPa 。各测点测试数据具体统计分析见表 8－6－71。测试基床表层动应力 95% 上限均小于 55.3 kPa 的限值，路基在列车动荷载作用下不会产生累积变形。

表 8－6－71　JJK46 + 500 动应力统计结果　　单位：kPa

测点位置	均值	中位数	25% 上限	75% 上限	95% 上限
表层底面	9.43	8.81	8.03	10.42	13.88
两轨中心	12.23	11.86	10.34	13.73	16.78
钢轨下方	14.23	14.69	12.61	15.43	16.66
支承层边缘	10.77	9.85	7.73	12.87	17.99

表层底面与表层顶面动应力比值均值为 0.64，两钢轨中心与钢轨下基床表面动应力比值均值为 0.77，支承层边缘与钢轨下基床表面动应力比值比较分散。动应力比值统计见表 8－6－72。

表 8－6－72　JJK46 + 500 动应力比值统计结果

测点位置	均值	中位数	25% 上限	75% 上限
表层底面	0.64	0.60	0.52	0.72
两轨中心	0.77	0.72	0.66	0.85
支承层边缘	0.65	0.58	0.49	0.77

③JJK86 + 287 动应力分析

a. 350 km/h 的 CRH_2 空车运行时动应力分析

所测 350 km/h 的 CRH_2 空车动车组运行速度除 5 km/h 准静态标定速度外，基本上在 199 ~ 350 km/h之间。运行速度在 280 ~ 350 km/h 之间车次最多。350 km/h 的 CRH_2 型动车组以不同速度通过时动应力随速度变化曲线如图 8 - 6 - 81 所示。

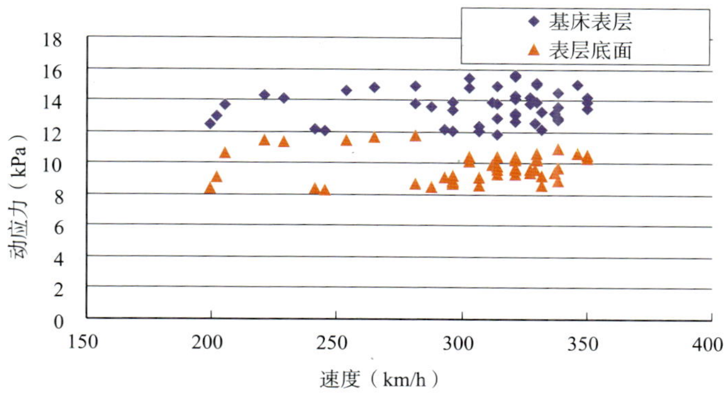

图 8 - 6 - 81　动应力随速度变化图

随着速度的增加，动应力值有所增大，数据比较分散，无明显相关性。基床表面动应力变化范围 12.46 ~ 16.36 kPa，基床表层底面动应力变化范围 8.47 ~ 11.19 kPa。数据统计结果见表 8 - 6 - 73。测试基床表层动应力 95% 上限小于 55.3 kPa 的限值，列车动荷载作用下不会产生累积变形。

表 8 - 6 - 73　动应力统计结果　　单位：kPa

测点位置	均值	中位数	25% 上限	75% 上限	95% 上限
基床表层	13.68	13.81	12.86	14.36	15.49
表层底面	9.80	9.70	9.09	10.42	11.50

基床表层底面动应力与基床表面的比值均值为 0.72。动应力比值统计见表 8 - 6 - 74。

表 8 - 6 - 74　JJK86 + 287 动应力比值统计结果

测点位置	均值	中位数	25% 上限	75% 上限
表层底面	0.72	0.72	0.70	0.74

b. CRH_3 空车运行时动应力分析

此测点所测 CRH_3 空车动车组运行速度在 44 ~ 350 km/h 之间，运行速度在 300 ~ 350 km/h 之间车次最多。CRH_3 型动车组以不同速度通过时动应力随速度变化曲线如图 8 - 6 - 82 所示。

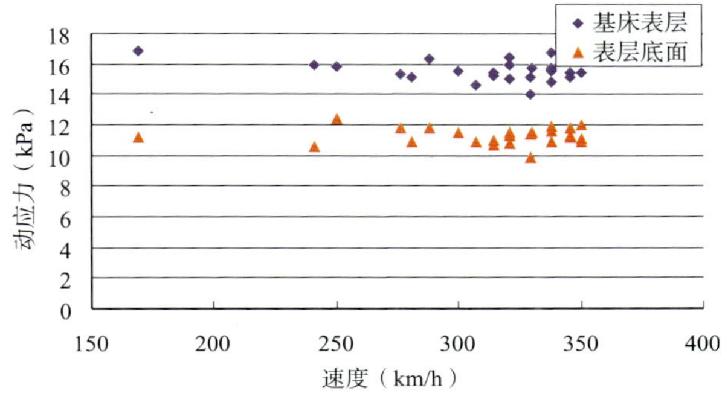

图 8 - 6 - 82　动应力随速度变化图

随着速度的增加，动应力变化不大，保持在同一应力水平，数据比较分散，无明显相关性。对基床表面及表层底面动应力进行统计分析，基床表面动应力变化范围 12.46～16.36 kPa，基床表层底面动应力变化范围 8.47～11.19 kPa。数据统计结果见表 8－6－75。测试基床表层动应力 95% 上限小于 55.3 kPa 的限值，路基在列车动荷载作用下不会产生累积变形。

表 8－6－75　动应力统计结果

单位：kPa

测点位置	均值	中位数	25% 上限	75% 上限	95% 上限
基床表层	15.62	15.58	15.21	15.96	16.75
表层底面	11.30	11.30	10.92	11.64	12.14

基床表层底面动应力与基床表面的比值均值为 0.72，动应力比值统计见表 8－6－76。

表 8－6－76　JJK86＋287 动应力比值统计结果

测点位置	均值	中位数	25% 上限	75% 上限
表层底面	0.72	0.72	0.70	0.74

c. 350 km/h 的 CRH2 重车运行时动应力分析

350 km/h 的 CRH2 重车动车组运行速度在 71.1～342.4 km/h 之间，运行速度分布较广，在 200～350 km/h 之间车次最多。JJK86＋287 处 350 km/h 的 CRH2 重车以不同速度通过时动应力随速度变化曲线如图 8－6－83 所示。

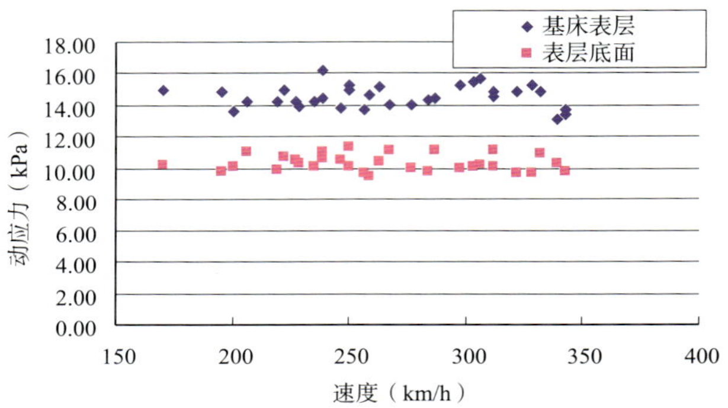

图 8－6－83　动应力随速度变化曲线

不同车速下动应力基本上维持在同一个应力水平，随着动车组速度的提高基床动应力变化不大，数据比较离散。

350 km/h 的 CRH2 型动车组通过时钢轨正下方基床表层所测动应力变化范围 13.2～16.22 kPa，基床表层底面动应力变化范围 9.58～11.41 kPa 。各测点测试数据具体统计分析见表 8－6－77。测试基床表层动应力 95% 上限均小于 55.3 kPa 的限值，路基在列车动荷载作用下不会产生累积变形。

表 8－6－77　动应力统计结果

单位：kPa

测点位置	均值	中位数	25% 上限	75% 上限	95% 上限
基床表层	14.65	14.69	14.25	15.14	15.71
表层底面	10.40	10.29	9.98	10.80	11.24

表层底面与表层顶面动应力比值均值为 0.71，动应力比值统计见表 8－6－78。

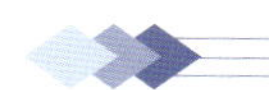

表 8－6－78　动应力比值统计结果

测点位置	均值	中位数	P25 上限	P75 上限
表层底面	0.71	0.72	0.68	0.74

④JJK110＋083 动应力分析

所测 350 km/h 的 CRH2 重车动车组运行速度基本上在 99～235 km/h 之间，在 160～220 km/h 之间车次最多。350 km/h 的 CRH2 重车以不同速度通过时动应力随速度变化曲线如图 8－6－84 所示。

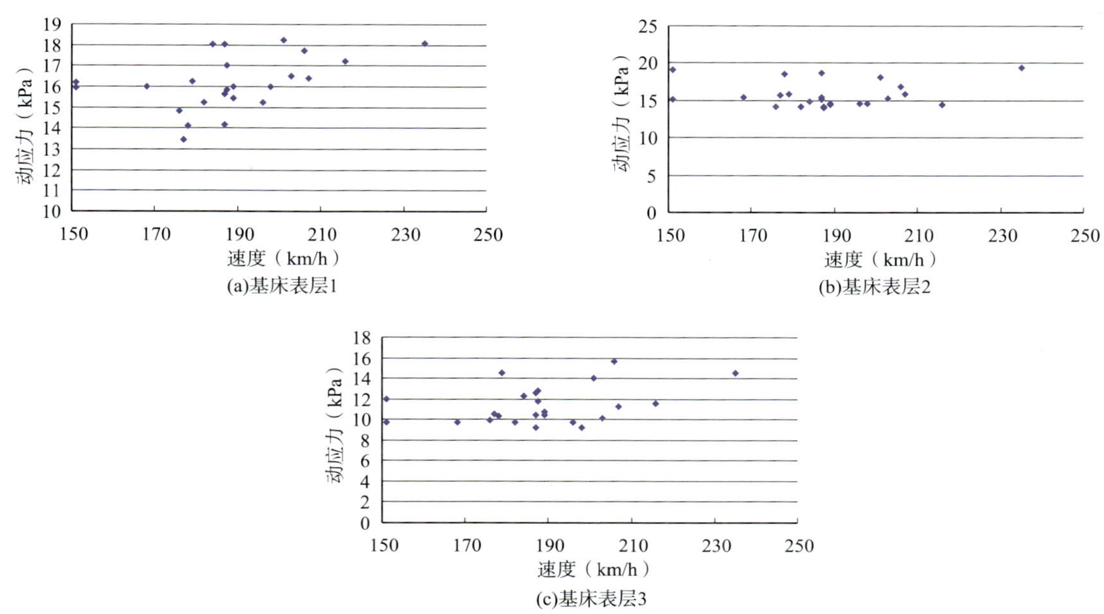

图 8－6－84　CRH2 重车运行时动应力随速度变化曲线

JJK110＋083 处路基为桩板结构，主要测试基床表层及表层底面的动应力。不同车速下动应力基本上维持在同一个应力水平，随着动车组速度的提高基床表层 1 处动应力和表层底面动应力有增加的趋势，但数据较分散，无明显相关性，基床表层 2 处动应力随速度变化不大，数据比较离散。

350 km/h 的 CRH2 型动车组通过时基床表层 1 处所测动应力变化范围 13.47～18.23 kPa，基床表层 1 处所测动应力变化范围 13.97～19.72 kPa，基床表层底面动应力变化范围 9.2～15.72 kPa 。各测点测试数据具体统计分析见表 8－6－79。测试基床表层动应力 95% 上限均小于 55.3 kPa 的限值，路基在列车动荷载作用下不会产生累积变形。

表 8－6－79　动应力统计结果　单位：kPa

测点位置	均值	中位数	25% 上限	75% 上限	95% 上限
表层底面	11.68	11.25	9.88	12.78	15.68
基床表层 1	16.17	16.02	15.42	17.02	18.06
基床表层 2	15.92	15.33	14.57	16.83	19.35

基床表层底面与基床表面 1、基床表面 2 处动应力比值统计见表 8－6－80。

表 8－6－80　JJK110＋083 动应力比值统计结果

测点位置	均值	中位数	25% 上限	75% 上限
基床表层 1	0.72	0.70	0.64	0.77
基床表层 2	0.74	0.71	0.63	0.84

(2)道岔区动应力分析

①JJK23+027~107 动应力分析

a. 350 km/h 的 CRH_2 空车运行时动应力分析

350 km/h 的 CRH_2 空车动车组运行速度在 72~342 km/h 之间,在 200~350 km/h 之间车次最多。350 km/h的 CRH_2 型动车组以不同速度通过时道岔区各部位动应力随速度变化曲线如图 8-6-85 所示。

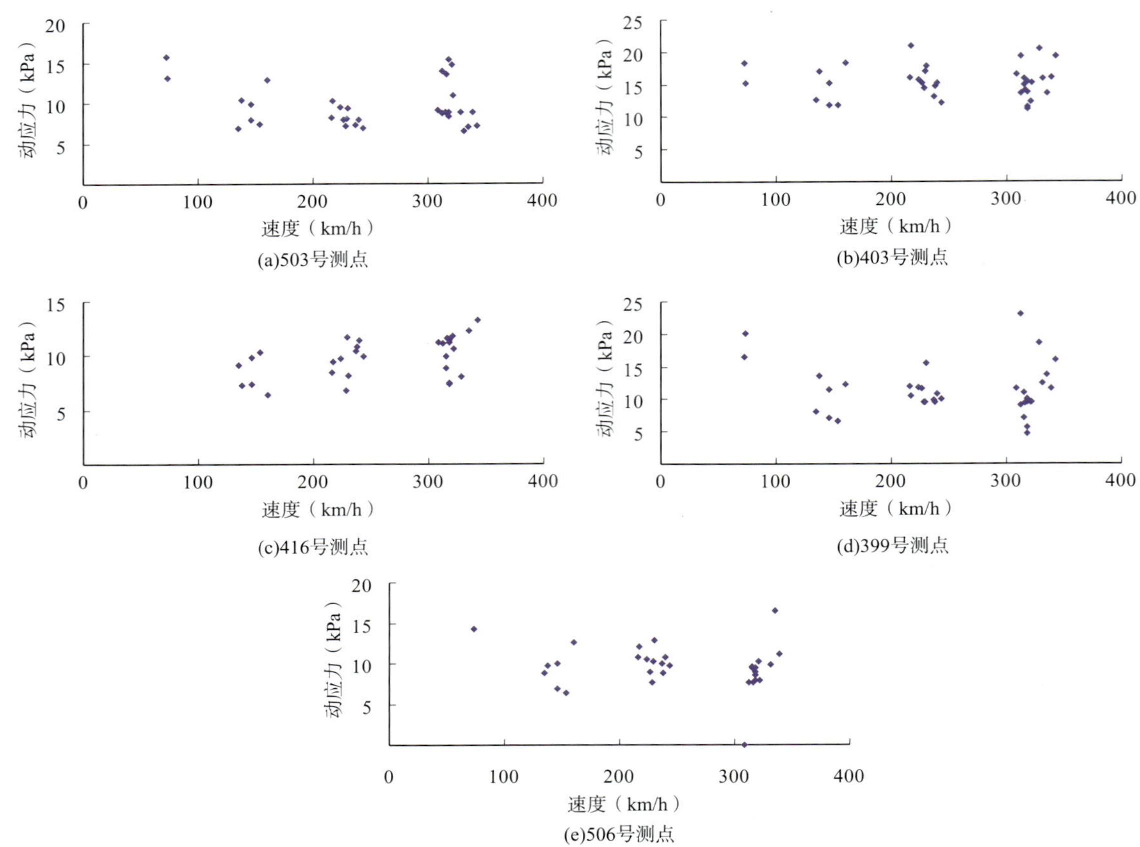

图 8-6-85 CRH_2 空车运行时动应力随速度变化曲线

各测点动应力随速度变化不显著,数据比较分散。503 号测点数据变化范围 6.45~15.26 kPa,均值为 9.47 kPa;403 号测点数据变化范围 11.17~20.41 kPa,均值为 15.15 kPa;416 号测点数据变化范围 6.77~13.25 kPa,均值为 10.06 kPa;399 号测点数据变化范围 4.64~22.97 kPa,均值为 11.77 kPa;506 号测点数据变化范围 7.63~16.47 kPa,均值为 9.98 kPa,汇总见表 8-6-81,从表中可以看出各测点 95% 上限均未超过 32.6 kPa,路基在列车动荷载作用下不会产生累积变形。

表 8-6-81 道岔区动应力汇总表 单位:kPa

传感器编号	均值	中位数	25% 上限	75% 上限	95% 上限
503#	9.54	8.77	7.87	10.39	15.26
403#	15.34	15.27	13.61	16.57	20.41
416#	9.83	9.98	8.22	11.22	12.28
399#	11.41	10.69	9.53	12.34	20.16
506#	9.90	9.71	8.51	10.75	14.22

b. CRH_3 空车运行时动应力分析

所测 CRH_3 空车动车组运行速度基本上在 86.78~342.93 km/h 之间,在 250~350 km/h 之间车次

最多。CRH3 型动车组以不同速度通过时道岔区各部位动应力随速度变化曲线如图 8-6-86 所示。

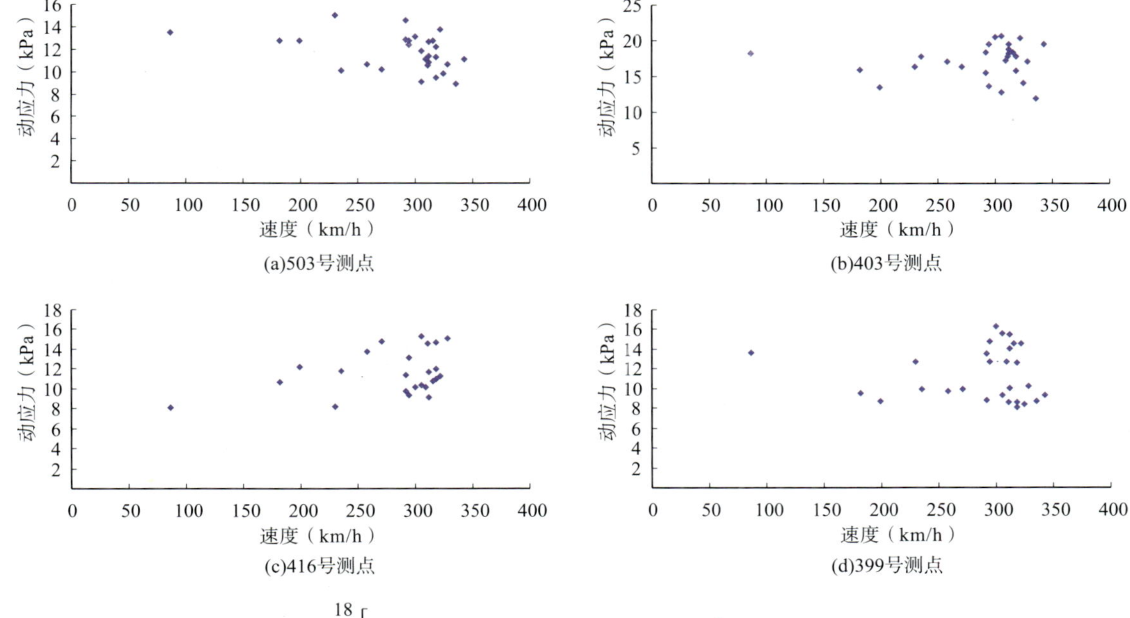

(a)503号测点　(b)403号测点

(c)416号测点　(d)399号测点

动应力（kPa）

速度（km/h）

(e)506号测点

图 8-6-86　CRH3 空车运行时动应力随速度变化曲线

各测点动应力随速度变化不显著，各测点数据比较分散，503 号测点数据变化范围 8.94～15.12 kPa，均值为 11.78 kPa；403 号测点数据变化范围 12.04～20.76 kPa，均值为 17.22 kPa；416 号测点数据变化范围 8.09～15.36 kPa，均值为 11.67 kPa；399 号测点数据变化范围 8.10～16.30 kPa，均值为 11.51 kPa；506 号测点数据变化范围 8.04～16.55 kPa，均值为 11.14 kPa，汇总见表 8-6-82，从表中可以看出各测点 95% 上限均未超过 32.6 kPa，路基在列车荷载作用下不会产生累积变形。

表 8-6-82　道岔区动应力汇总表　　单位：kPa

传感器编号	均值	中位数	25% 上限	75% 上限	95% 上限
503#	11.76	11.66	10.57	12.81	14.67
403#	17.22	17.80	15.88	18.49	20.59
416#	11.67	11.39	10.19	13.21	15.12
399#	11.51	10.18	8.88	13.70	15.63
506#	11.14	9.89	9.44	13.03	15.84

c. 350 km/h 的 CRH2 重车运行时动应力分析

350 km/h 的 CRH2 重车运行速度在 72.58～338.71 km/h 之间，在 250～350 km/h 之间车次最多。CRH2 重车以不同速度通过时道岔区各部位动应力随速度变化曲线如图 8-6-87 所示。

各测点动应力随速度变化不显著，各测点数据比较分散，503 号测点数据变化范围 7.4～15.6 kPa，均值为 10.34 kPa；403 号测点数据变化范围 9.87～24.27 kPa，均值为 15.99 kPa；416 号测点

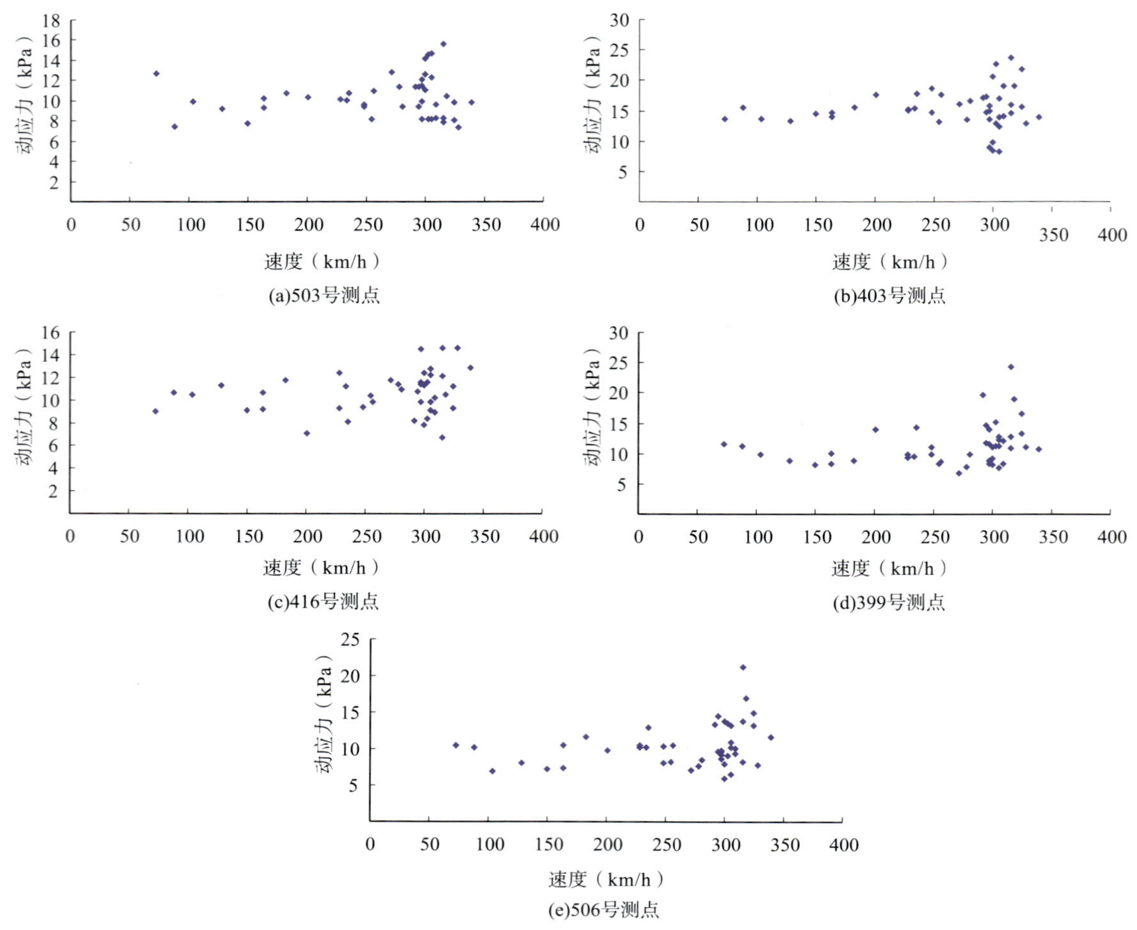

图 8－6－87　CRH2 重车运行时动应力随速度变化曲线

数据变化范围 6. 77 ~ 14. 64 kPa，均值为 10. 62 kPa；399 号测点数据变化范围 6. 86 ~ 19. 77 kPa，均值为 11. 45 kPa；506 号测点数据变化范围 5. 94 ~ 16. 94 kPa，均值为 10. 24 kPa，汇总见表 8－6－83，从表中可以看出各测点 95% 上限均未超过 32. 6 kPa，路基在列车动荷载作用下不会产生累积变形。

表 8－6－83　道岔区动应力汇总表　　单位：kPa

传感器编号	均值	中位数	25% 上限	75% 上限	95% 上限
503#	10. 34	10. 00	8. 37	11. 37	14. 64
403#	16. 00	15. 63	14. 60	17. 48	22. 21
416#	10. 62	10. 73	9. 32	11. 62	14. 56
399#	11. 17	11. 00	8. 88	12. 41	16. 65
506#	10. 24	10. 12	8. 27	11. 64	14. 62

②JJK107＋870 ~ 999 动应力分析

动应力随速度的增大无明显提高，变化不大，数据主要分布在 13. 5 ~ 15 kPa 之间，均值为14. 64 kPa。测试基床表层动应力 95% 上限均小于 55. 3 kPa 的限值，列车动荷载作用下不会产生累积变形。

（3）砂浆填充层动应力分析

①350 km/h 的 CRH2 空车运行时动应力分析

选取典型的压力盒数据进行分析，各压力盒所测动应力随速度变化曲线如图 8－6－88 所示。

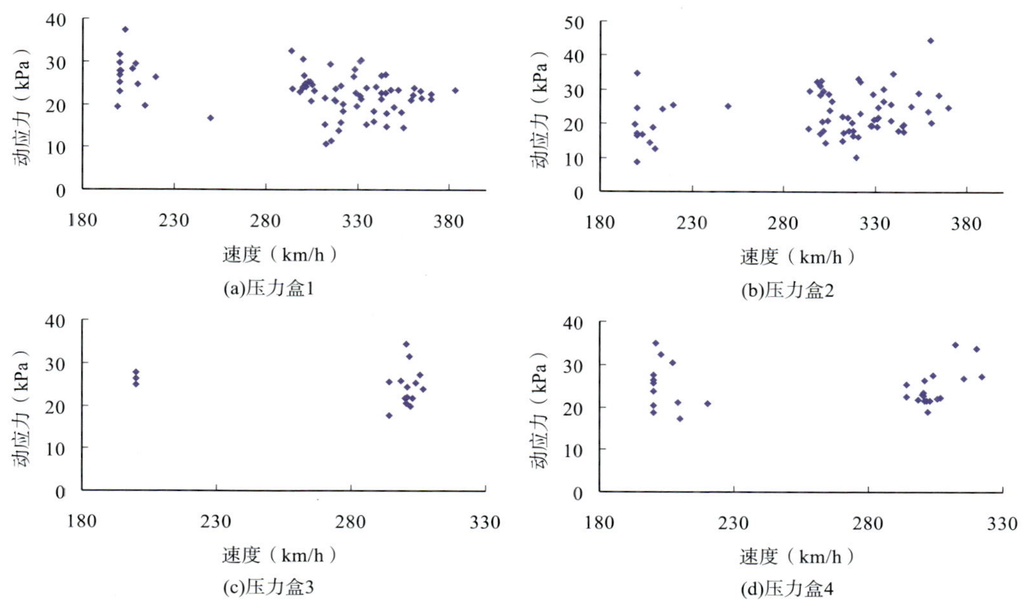

图 8－6－88　CRH2 空车运行时动应力随速度变化曲线

动应力随车速变化不大，数据比较分散。对各测点数据进行统计分析，各测点数据大致呈正态分布。压力盒 1 动应力均值为 22.3 kPa，压力盒 2 动应力均值为 24.1 kPa，压力盒 3 动应力均值为 25 kPa，压力盒 4 动应力均值为 25 kPa。所测砂浆填充层动应力最大值变化区间见表 8－6－84。

表 8－6－84　砂浆填充层动应力最大值变化区间表

传感器	压力盒 1	压力盒 2	压力盒 3	压力盒 4
最小值	11.07	10.62	18.00	17.48
最大值	37.53	44.86	34.74	35.15

②CRH3 空车运行时动应力分析

动应力随车速变化不大，数据比较分散。数据大致呈正态分布，均值为 23 kPa，数据基本上在15～30 kPa 之间。动车组运行时砂浆填充层动应力随速度变化不大，数据点比较分散，均值在 22～25 kPa，最大值能达到 30 kPa。

(4)动应力测试小结

路堤各测点的动应力随车速变化不显著，基本上在同一个应力水平呈波动状态，均值及 95% 上限值均未超过 55.3 kPa，不会产生累积变形。

道岔区各测点动应力随速度变化不显著，辙叉部位动应力最大。道岔区路基结构为边坡型式，最大剪应变为 0.013% 时轨下动应力为 32.6 kPa，各测点 95% 上限均未超过 32.6 kPa，不会产生累积变形。路堤基床动应力测试均值及中位数统计见表 8－6－85。

表 8－6－85　动应力统计结果　　单位：kPa

里程	车型	测点位置	均值	中位数
JJK3＋130	CRH2 重车	基床表层 1	16.88	17.17
		基床表层 2	15.94	16.07
		表层底面	10.62	10.61

续上表

里程	车型	测点位置	均值	中位数
JJK46 +500	CRH2 空车	表层底面	9.06	9.22
		两轨中心	11.41	10.66
		钢轨下方	12.54	12.69
		支承层边缘	10.27	9.71
	CRH3 空车	表层底面	9.86	9.84
		两轨中心	13.12	13.00
		钢轨下方	15.32	15.68
		支承层边缘	13.49	13.66
	CRH2 重车	表层底面	9.43	8.81
		两轨中心	12.23	11.86
		钢轨下方	14.23	14.69
		支承层边缘	10.77	9.85
JJK86 +287	CRH2 空车	基床表层	13.68	13.81
		表层底面	9.80	9.70
	CRH3 空车	基床表层	15.62	15.58
		表层底面	11.30	11.30
	CRH2 重车	基床表层	14.65	14.69
		表层底面	10.40	10.29
JJK110 +083	CRH2 重车	表层底面	11.68	11.25
		基床表层 1	16.17	16.02
		基床表层 2	15.92	15.33

动应力随轴重变化如图 8 -6 -89 所示，动应力与轴重有较高相关性，随着轴重的增加动应力增大。

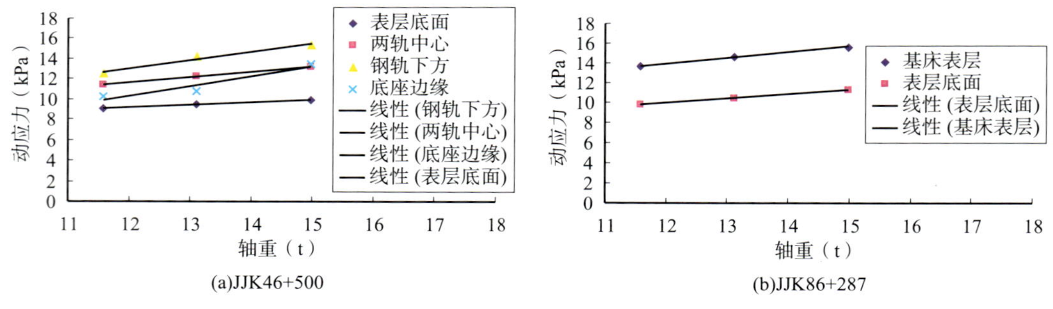

图 8 -6 -89　动应力随轴重变化曲线

动应力沿路基表面横向分布规律如图 8 -6 -90 所示。相比于钢轨下动应力，钢轨中心在 0.85 ~ 0.9 之间，支承层边缘则比较分散，在 0.75 ~0.9 之间。

对京津城际铁路基床表层动应力在 315 km/h 车速下的作用范围进行分析，列车作用下动应力分布曲线如图 8 -6 -91 所示。分析可得在一个转向架作用下动应力分布范围为 8.75 m，转向架轴距 2.5 m，单轴作用下动应力分布范围 6.25 m。钢轨支撑点间距 0.65 m，转向架作用下各钢轨支撑点下基床表面受力与最大值比值分布规律如图 8 -6 -92 所示。

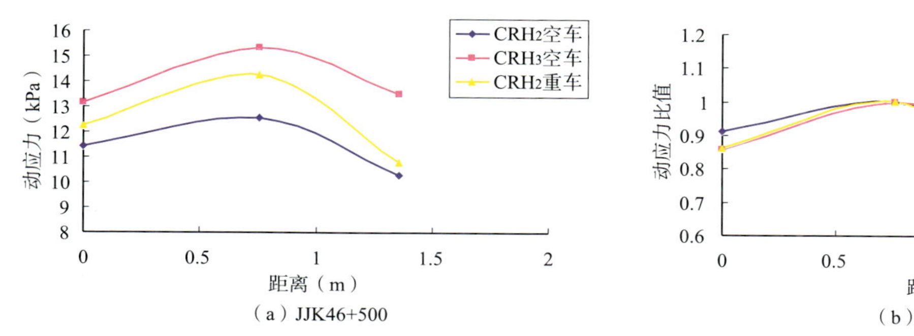

（a）JJK46+500

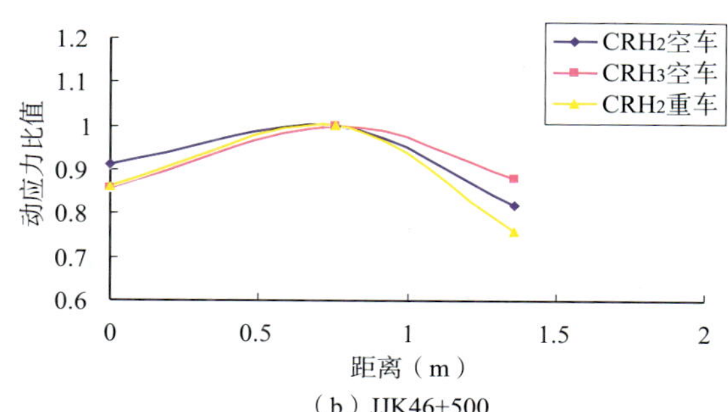

（b）JJK46+500

图 8－6－90　动应力沿横向分布曲线

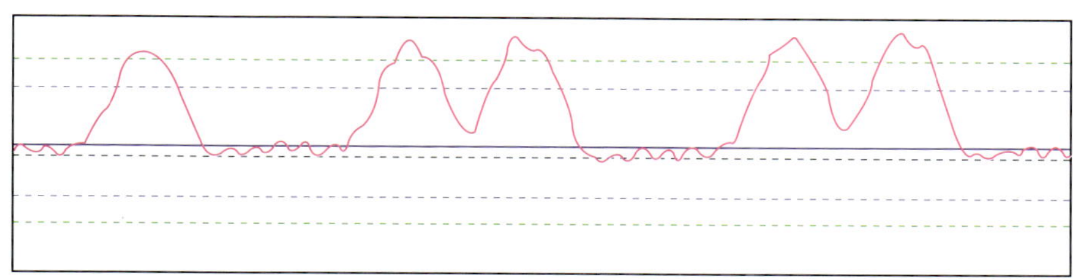

图 8－6－91　基床表层动应力分布曲线

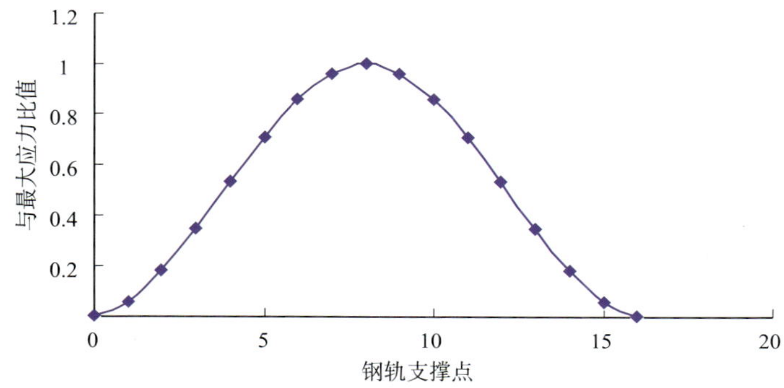

图 8－6－92　转向架作用下动应力分布曲线拟合图

2. 动变形分析

测试各断面典型时程曲线如图 8－6－93 所示。

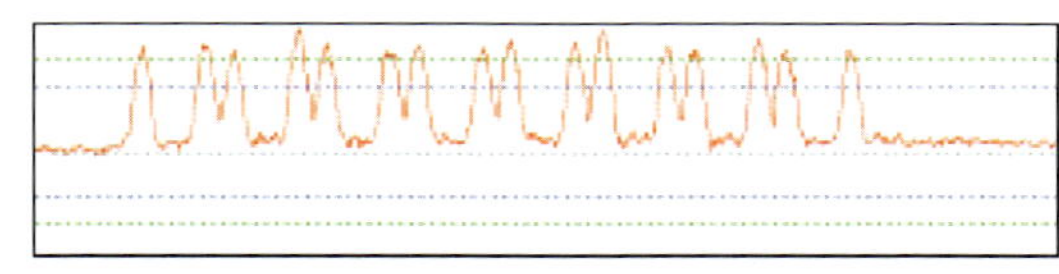

（a）路基基床动变形时程曲线

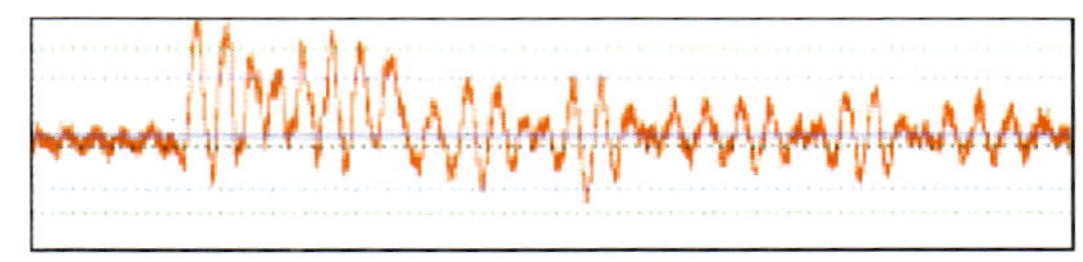

（b）挡墙横向动变形时程曲线

图 8－6－93　动变形典型时程曲线图

（1）路堤动变形分析

①JJK3＋130 动变形分析

JJK3＋130 断面主要测试了 350 km/h 的 CRH_2 重车通过时的基床表面动变形，变形值在 0.04～0.08 mm 之间，均值均为 0.06 mm，小于 0.17 mm 的限值。

②JJK46＋500 动变形分析

a. 350 km/h 的 CRH_2 空车运行时动变形分析

350 km/h 的 CRH2 型动车组通过时动变形随速度变化曲线如图 8－6－94 所示，基床动变形随速度变化不显著，两个位移计数值均在 0.02～0.08 间波动，动变形小于 0.17 mm，具体数据统计见表 8－6－86。

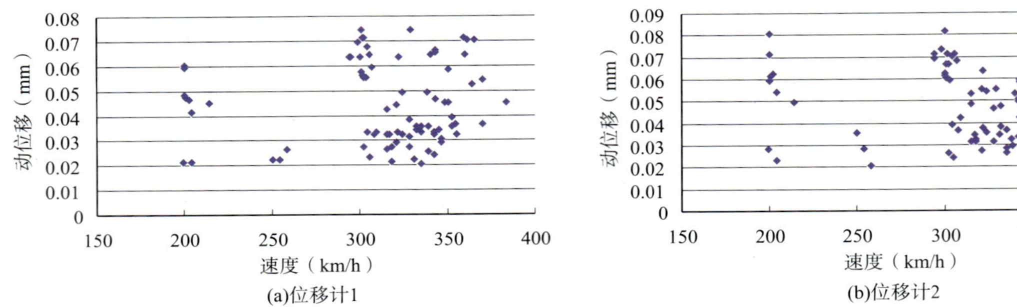

图 8－6－94　CRH2 空车运行时动变形随车速变化曲线

表 8－6－86　动变形统计结果　　单位：mm

测点位置	均值	中位数	25% 上限	75% 上限	95% 上限
位移计 1	0.044	0.042	0.032	0.059	0.071
位移计 2	0.047	0.047	0.034	0.060	0.071

b. CRH3 空车运行时动变形分析

CRH3 型动车组以不同速度通过时动变形随速度变化曲线如图 8－6－95 所示，基床动变形数据比较分散，随速度提高动变形有一定的增加，但无明显相关性。两个位移计数值均在0.02～0.07 mm 间波动，动变形小于 0.17 mm，具体数据统计见表 8－6－87。

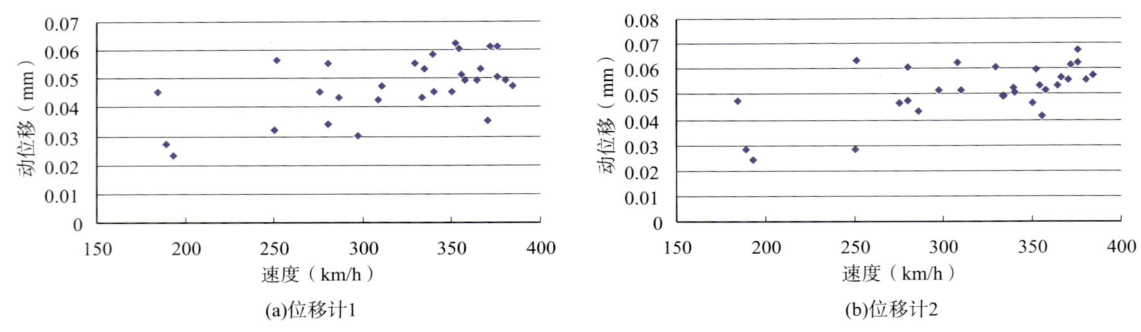

图 8－6－95　CRH3 空车运行时动变形随车速变化曲线

表 8－6－87　动变形统计结果　　单位：mm

测点位置	均值	中位数	25% 上限	75% 上限	95% 上限
位移计 1	0.047	0.048	0.043	0.055	0.061
位移计 2	0.051	0.052	0.047	0.059	0.063

c. 350 km/h 的 CRH2 重车运行时动变形分析

350 km/h 的 CRH2 重车通过时动变形随速度变化曲线如图 8－6－96 所示，基床动变形数据比较分散，随速度提高动变形变化不显著，数据无明显相关性。两个位移计数值均是在 0.02～0.07 mm 间波动，动变形小于 0.17 mm，具体数据统计见表 8－6－88。

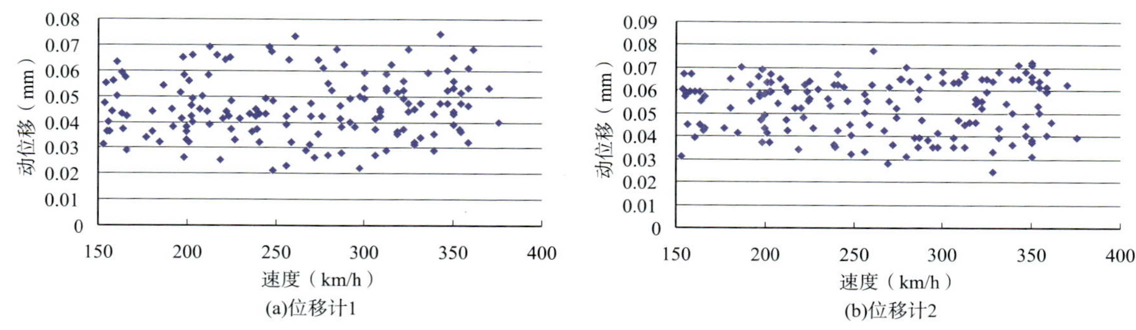

图 8－6－96　CRH2 重车运行时动变形随车速变化曲线

表 8－6－88　动变形统计结果　　单位：mm

测点位置	均值	中位数	25% 上限	75% 上限	95% 上限
位移计 1	0.048	0.044	0.037	0.053	0.067
位移计 2	0.053	0.056	0.043	0.063	0.069

③ JJK86＋287 动变形分析

a. 350 km/h 的 CRH2 空车运行时动变形分析

350 km/h 的 CRH2 空车通过时动变形随速度变化曲线如图 8－6－97 所示，基床动变形数据比较分散，随速度提高动变形变化不显著，数据无明显相关性。两个位移计数值均是在 0.04～0.012 mm 间波动，动变形小于 0.17 mm，具体数据统计见表 8－6－89。

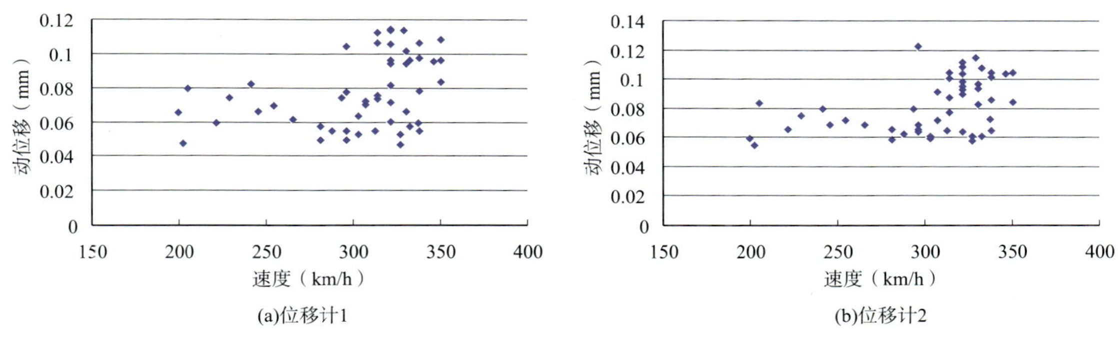

图 8－6－97　CRH2 空车运行时动变形随车速变化曲线

表 8－6－89　动变形统计结果　　单位：mm

测点位置	均值	中位数	25% 上限	75% 上限	95% 上限
位移计 1	0.077	0.074	0.059	0.096	0.113
位移计 2	0.082	0.079	0.064	0.100	0.111

b. CRH3 空车运行时动变形分析

CRH3 空车通过时动变形随速度变化曲线如图 8－6－98 所示。基床动变形数据比较分散，随速度提高动变形变化不显著，数据无明显相关性。两个位移计数值多数在 0.06～0.012 mm 间波动，动变形小于 0.17 mm，具体数据统计见表 8－6－90。

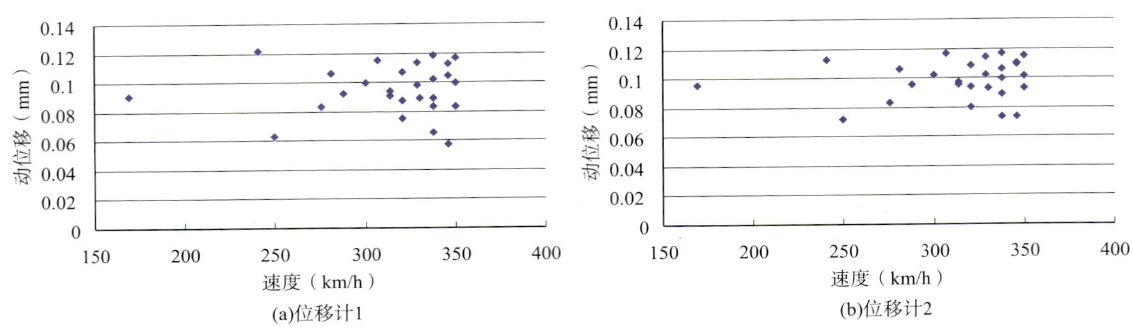

图 8－6－98　CRH_3 空车运行时动变形随车速变化曲线

表 8－6－90　动变形统计结果　　单位：mm

测点位置	均值	中位数	25% 上限	75% 上限	95% 上限
位移计 1	0.093	0.093	0.083	0.106	0.118
位移计 2	0.097	0.098	0.089	0.108	0.116

c. 350 km/h 的 CRH_2 重车运行时动变形分析

350 km/h 的 CRH_2 重车通过时动变形随速度变化曲线如图 8－6－99 所示，基床动变形数据比较分散，随速度提高动变形变化不显著，数据无明显相关性。两个位移计数值多数在 0.06 ~ 0.012 mm 间波动，大致呈正态分布规律，两位移计均值分别为 0.076、0.079，动变形小于 0.17 mm，具体数据统计见表 8－6－91。

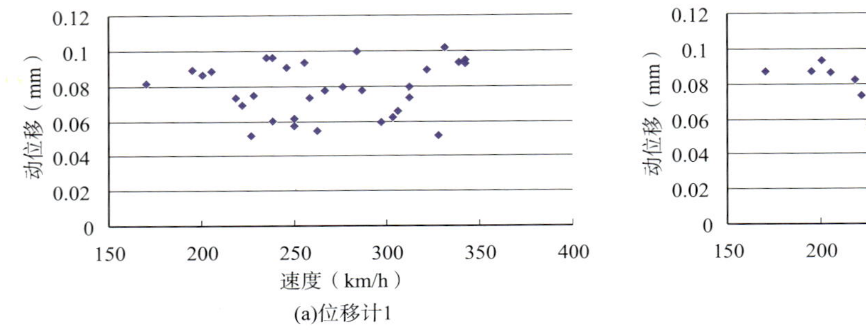

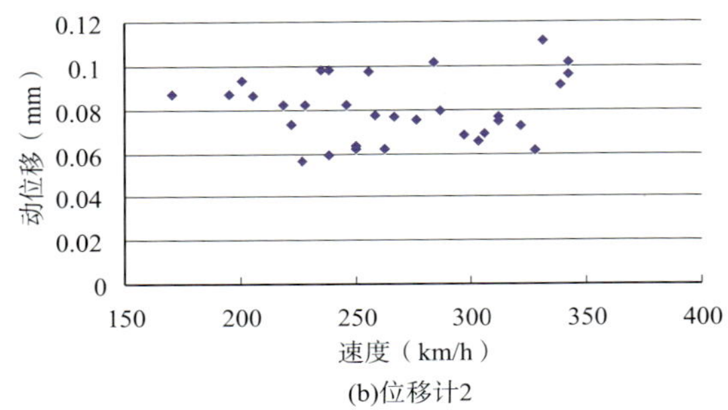

图 8－6－99　CRH_2 重车运行时动变形随车速变化曲线

表 8－6－91　动变形统计结果　　单位：mm

测点位置	均值	中位数	25% 上限	75% 上限	95% 上限
位移计 1	0.076	0.077	0.062	0.089	0.099
位移计 2	0.079	0.077	0.068	0.087	0.101

（2）过渡段动变形分析

①JJK44 +938 ~978 动变形分析

a. 350 km/h 的 CRH_2 空车运行时动变形分析

从桥端起传感器编号为 1 号、2 号、3 号、4 号、5 号及 6 号，1 号距桥台 5 m，其他按 5 m 间距向路基延伸。选取比较典型的 1 号与 4 号分析变形与速度的关系，各测点动变形随动车组速度变化曲线如图 8－6－100 所示，各测点数据比较分散，动变形随车速变化不显著，数据相关性差。测点数据大致呈正态分布。桥端 1 号处均值为 0.034 mm，过渡段中间 4 号处均值为 0.006 mm，动变形均小于 0.17 mm。

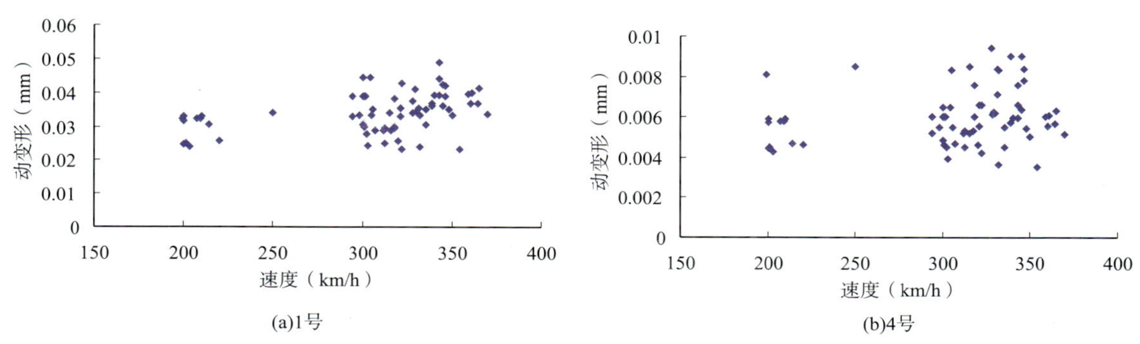

图 8-6-100　CRH2 空车运行时动变形随车速变化曲线

b. CRH3 空车运行时动变形分析

选取比较典型的 1 号与 4 号分析变形与速度的关系，各测点动变形随动车组速度变化曲线如图 8-6-101所示，各测点数据比较分散，动变形随车速变化不显著，数据无明显相关性，测点数据大致呈正态分布。桥端 1 号处均值为 0.041 mm，过渡段中间 4 号处均值为 0.0046 mm，动变形小于 0.17 mm。

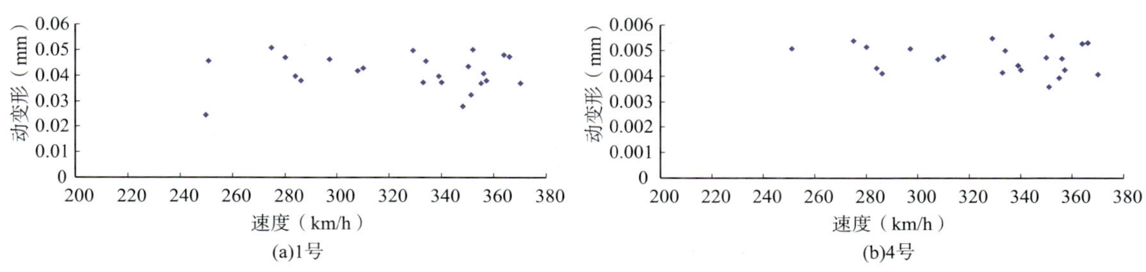

图 8-6-101　CRH3 空车运行时动变形随车速变化曲线

②JJK47+678～728 动变形分析

a. 350 km/h 的 CRH2 空车运行时动变形分析

从桥端起传感器编号为 1 号、2 号、3 号、4 号、5 号、6 号及 7 号，1 号距桥台 5 m，其他按 10 m 间距向路基延伸。5 号位于端刺附近，6 号及 7 号位于路基内。选取比较典型的 1 号、2 号、3 号与 7 号分析变形与速度的关系，各测点动变形随动车组速度变化曲线如图 8-6-102 所示。

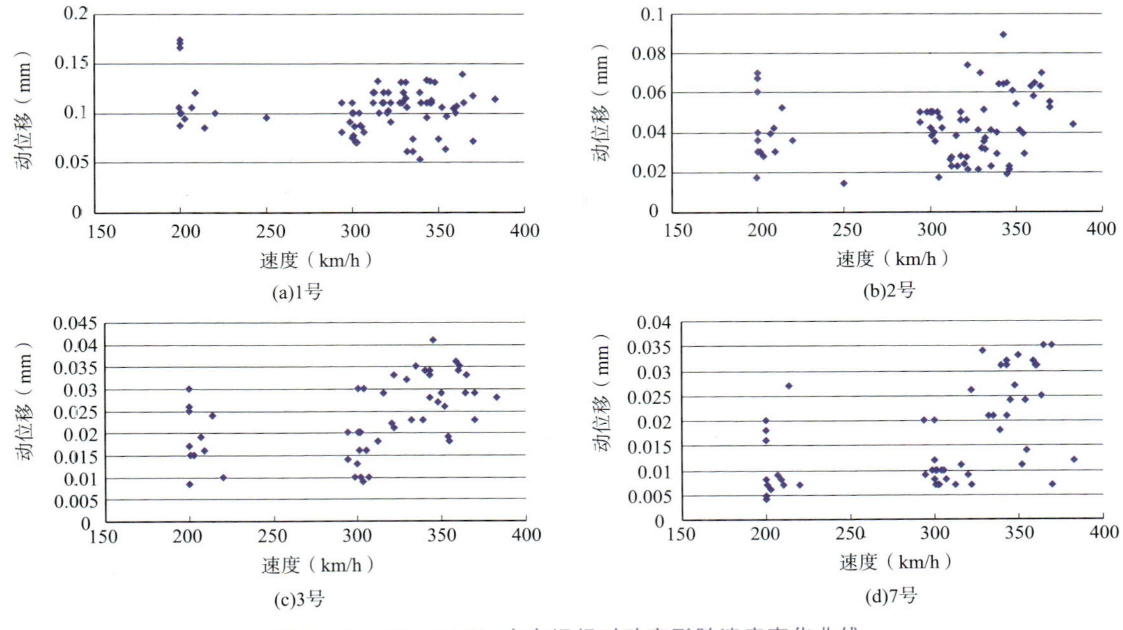

图 8-6-102　CRH2 空车运行时动变形随速度变化曲线

各测点数据比较分散，动变形随车速变化不大，数据无明显相关性，各测点数据大致呈正态分布。1 号动变形均值为 0.112 mm，2 号动变形均值为 0.042 mm，3 号动变形均值为 0.02 mm，4 号动变形均值为 0.007 mm，5 号动变形均值为 0.007 mm，6 号动变形均值为 0.025 mm，7 号动变形均值为 0.025 mm，动变形均小于 0.17 mm。

b. CRH_3 空车运行时动变形分析

各测点动变形随动车组速度变化曲线如图 8－6－103 所示，动变形随速度变化不显著，数据比较分散，各测点数据大致呈正态分布。1 号动变形均值为 0.103 mm，2 号动变形均值为 0.048 mm，3 号动变形均值为 0.022 mm，4 号动变形均值为 0.007 mm，5 号动变形均值为 0.008 mm，6 号动变形均值为 0.018 mm，7 号动变形均值为 0.017 mm，动变形均小于 0.17 mm。

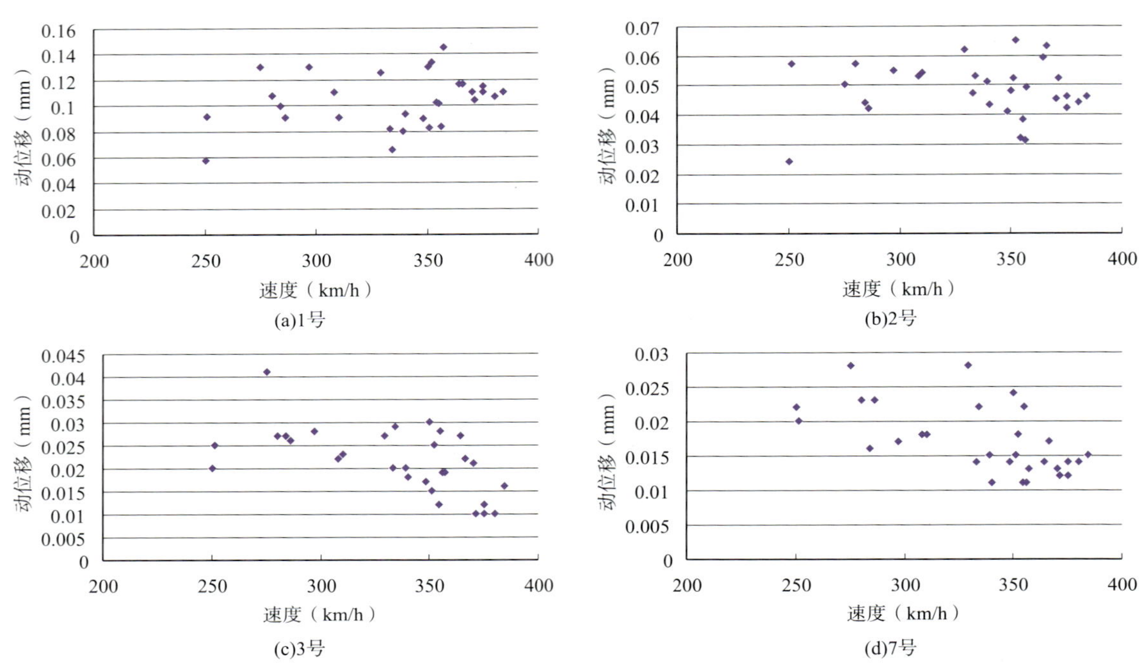

图 8－6－103　CRH_3 空车运行时动变形随速度变化曲线

c. 350 km/h 的 CRH_2 重车运行时动变形分析

各测点动变形随动车组速度变化曲线如图 8－6－104 所示，动变形随速度变化不显著，数据比较分散，各测点数据大致呈正态分布。1 号动变形均值为 0.114，2 号动变形均值为 0.048 mm，3 号动变形均值为 0.022 mm，4 号动变形均值为 0.009 mm，5 号动变形均值为 0.008 mm，6 号动变形均值为 0.021 mm，7 号动变形均值为 0.022 mm，动变形均小于 0.17 mm。

（3）挡土墙横向动变形分析

①JJK47＋700 挡土墙横向动变形分析

a. 350 km/h 的 CRH_2 空车运行时动变形分析

挡土墙横向动变形随速度变化曲线如图 8－6－105 所示，在 350 km/h 的 CRH_2 空车运行时挡土墙横向动变形随速度增加变化不显著，数据点比较分散，无明显相关性。对这两点数据进行统计分析，结果见表 8－6－92。

表 8－6－92　动变形统计结果

单位：mm

测点位置	均值	中位数	25% 上限	75% 上限	95% 上限
位移计 1	0.11	0.11	0.10	0.13	0.17
位移计 2	0.12	0.13	0.09	0.14	0.19

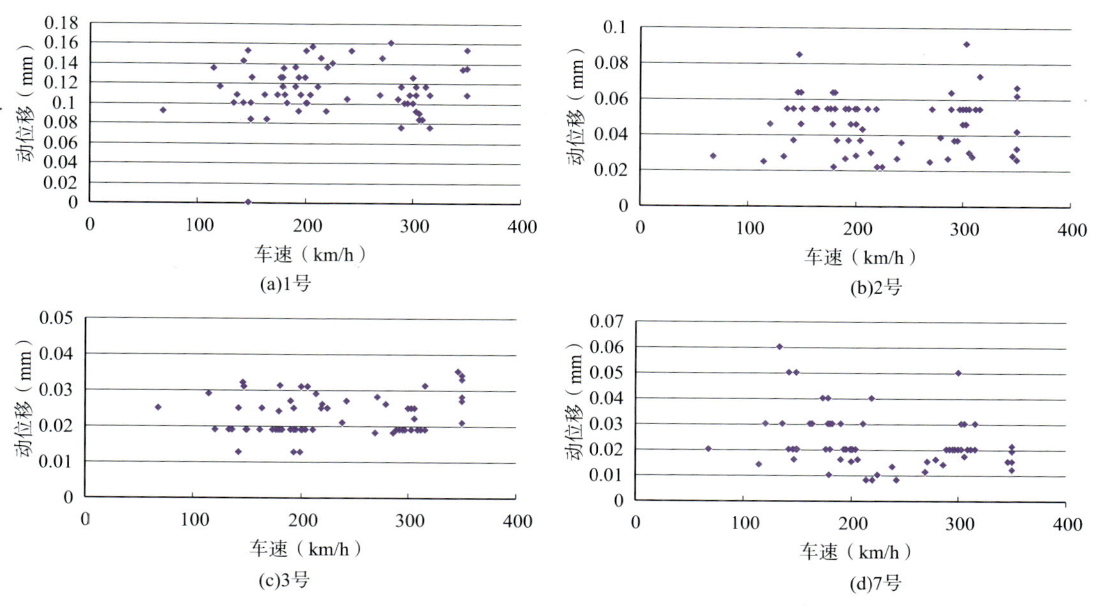

图 8－6－104　CRH2 重车运行时动变形随速度变化曲线

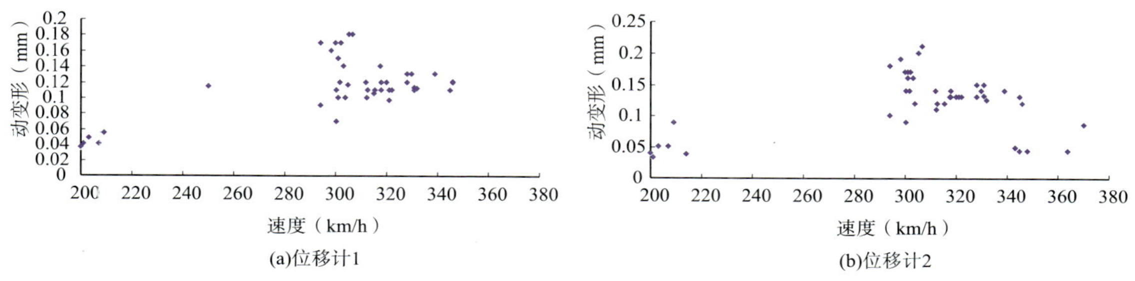

图 8－6－105　CRH2 空车运行时动变形随车速变化曲线

b. CRH3 空车运行时动变形分析

挡土墙横向动变形随速度变化曲线如图 8－6－106 所示，在 CRH3 空车运行时挡土墙横向动变形随速度增加变化不显著，数据点比较分散，无明显相关性。对这两点数据进行统计分析，结果见表8－6－93。

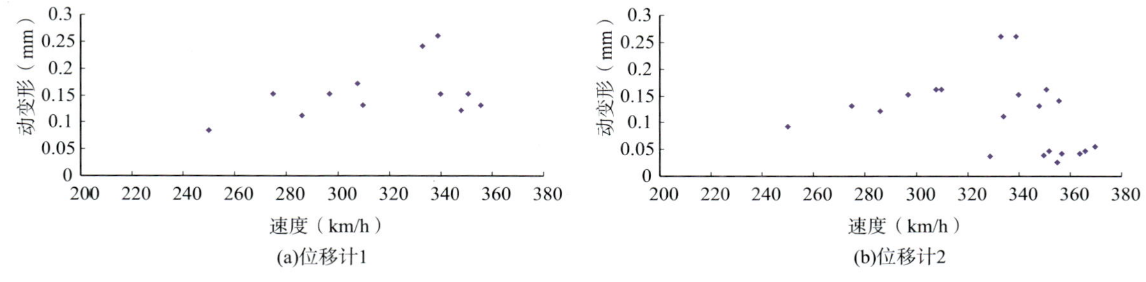

图 8－6－106　CRH3 空车运行时动变形随车速变化曲线

表 8－6－93　动变形统计结果　　单位：mm

测点位置	均值	中位数	25% 上限	75% 上限	95% 上限
位移计 1	0. 15	0. 15	0. 12	0. 15	0. 26
位移计 2	0. 11	0. 12	0. 045	0. 15	0. 26

c. 350 km/h 的 CRH_2 重车运行时动变形分析

挡土墙横向动变形随速度变化曲线如图 8－6－107 所示，在 350 km/h 的 CRH_2 重车运行时挡土墙横向动变形随速度增加数值有所增大，数据点比较分散，无明显相关性。对这两点数据进行统计分析，结果见表 8－6－94。

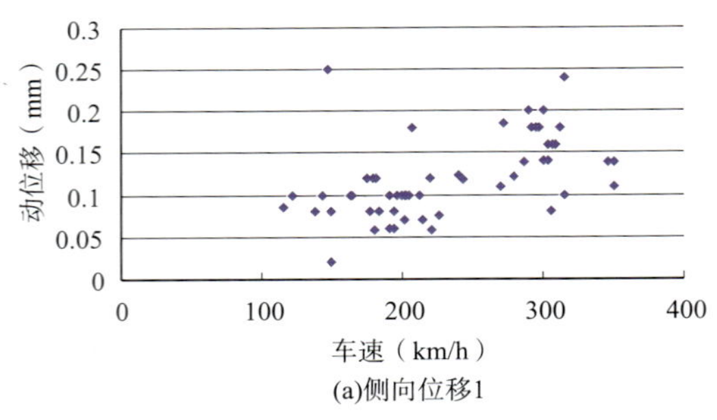

(a)侧向位移1

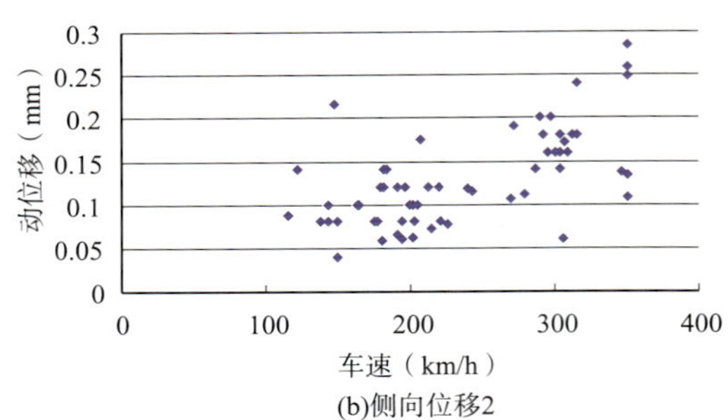

(b)侧向位移2

图 8－6－107　CRH_2 重车运行时动变形随车速变化曲线

表 8－6－94　动变形统计结果　单位：mm

测点位置	均值	中位数	25% 上限	75% 上限	95% 上限
位移计 1	0. 12	0. 11	0. 09	0. 14	0. 20
位移计 2	0. 13	0. 12	0. 08	0. 16	0. 24

②JJK86＋287 挡土墙横向动变形分析

a. 350 km/h 的 CRH_2 空车运行时动变形分析

挡土墙横向动变形随速度变化曲线如图 8－6－108 所示，在 350 km/h 的 CRH_2 空车运行时挡土墙横向动变形随速度增加变化不显著，数据点比较分散，无明显相关性。对这两点数据进行统计分析，结果见表 8－6－95。

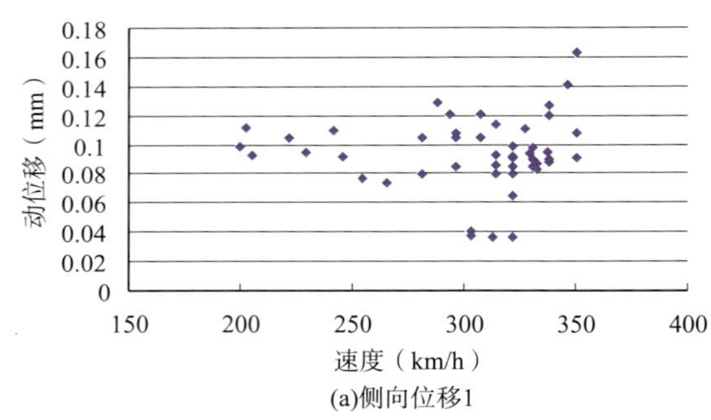

(a)侧向位移1

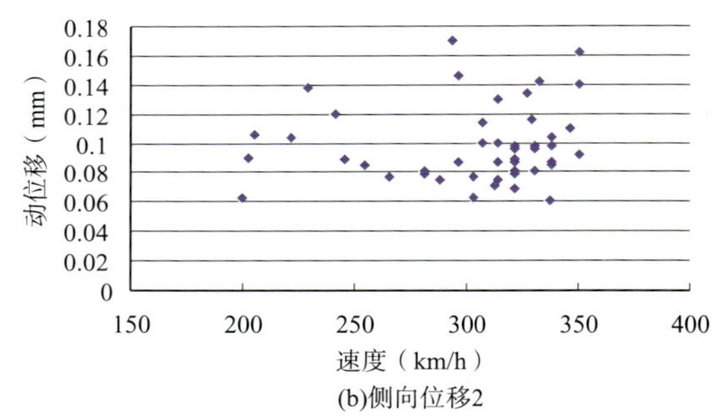

(b)侧向位移2

图 8－6－108　CRH_2 空车运行时动变形随车速变化曲线

表 8－6－95　动变形统计结果　单位：mm

测点位置	均值	中位数	25% 上限	75% 上限	95% 上限
位移计 1	0. 093	0. 093	0. 084	0. 108	0. 129
位移计 2	0. 098	0. 090	0. 080	0. 110	0. 146

b. CRH_3 空车运行时动变形分析

挡土墙横向动变形随速度变化曲线如图 8－6－109 所示，在 CRH_3 空车运行时挡土墙横向动变形随速度增加变化不显著，数据点比较分散，无明显相关性。对这两点数据进行统计分析，结果见表8－6－96。

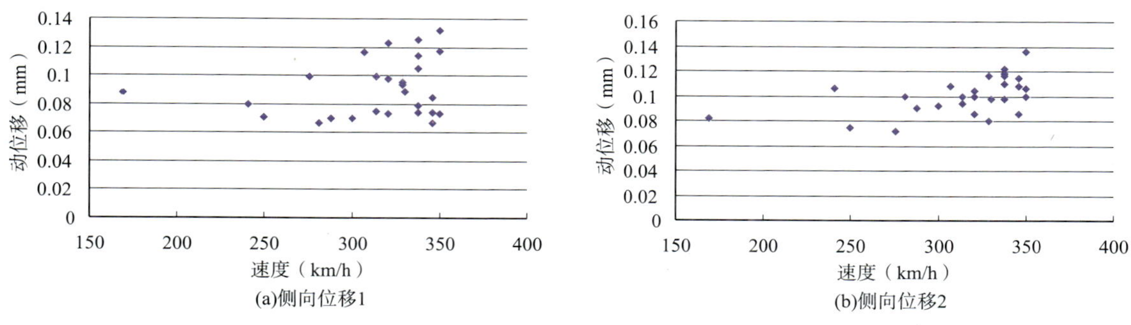

图 8－6－109　CRH3 空车运行时动变形随车速变化曲线

表 8－6－96　动变形统计结果　　单位：mm

测点位置	均值	中位数	25% 上限	75% 上限	95% 上限
位移计 1	0.090	0.087	0.073	0.099	0.125
位移计 2	0.100	0.100	0.086	0.108	0.122

c. 350 km/h 的 CRH2 重车运行时动变形分析

挡土墙横向动变形随速度变化曲线如图 8－6－110 所示，在 350 km/h 的 CRH2 重车运行时，1 测点挡土墙横向动变形随速度增加变化不显著，数据点比较分散，无明显相关性；2 测点随速度增加有增大的趋势。对两个测点的数据进行统计分析，结果见表 8－6－97。

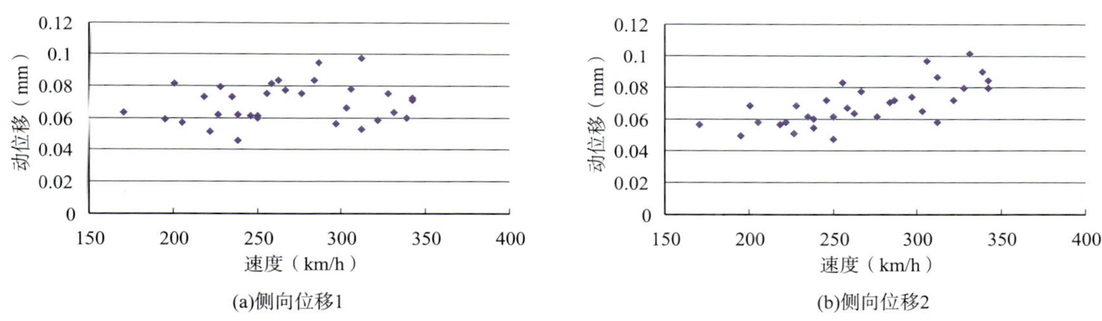

图 8－6－110　CRH2 重车运行时动变形随车速变化曲线

表 8－6－97　动变形统计结果　　单位：mm

测点位置	均值	中位数	25% 上限	75% 上限	95% 上限
位移计 1	0.068	0.064	0.059	0.075	0.094
位移计 2	0.068	0.065	0.058	0.077	0.096

（4）变形测试小结

各测点数据对京津城际所测路堤基床表层动变形值进行统计见表 8－6－98。

路堤所测支承层边缘的动变形均小于限值 0.17 mm，（JJK86＋287）处 95% 上限值达到 0.118 mm，各断面在列车动荷载作用下不会产生累积变形。

表 8－6－98　路堤动变形统计结果　　单位：mm

里程	车型	测点位置	均值	中位数
JJK3＋130	CRH2 重车	位移 1	0.06	

续上表

里程	车型	测点位置	均值	中位数
JJK46 +500	CRH2 空车	位移 1	0.044	0.042
		位移 2	0.047	0.047
	CRH3 空车	位移 1	0.047	0.048
		位移 2	0.051	0.052
	CRH2 重车	位移 1	0.048	0.044
		位移 2	0.053	0.056
JJK86 +287	CRH2 空车	位移 1	0.077	0.074
		位移 2	0.082	0.079
	CRH3 空车	位移 1	0.093	0.093
		位移 2	0.097	0.098
	CRH2 重车	位移 1	0.076	0.077
		位移 2	0.079	0.077

动变形随轴重变化如图 8－6－111 所示，在高速列车运行下动变形随轴重变化不显著。

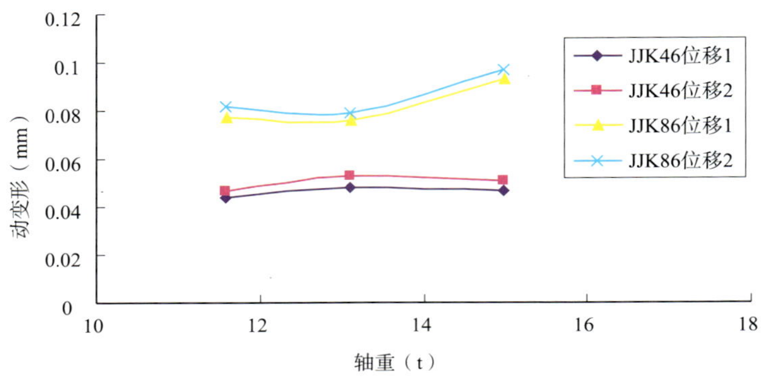

图 8－6－111　动变形随轴重变化图

挡土墙横向动变形统计结果见表 8－6－99。

表 8－6－99　JJK3 +130 动变形统计结果　　单位：mm

里程	车型	测点位置	均值	中位数
JJK47 +700	CRH2 空车	位移 1	0.11	0.11
		位移 2	0.12	0.13
	CRH3 空车	位移 1	0.15	0.15
		位移 2	0.11	0.12
	CRH2 重车	位移 1	0.12	0.11
		位移 2	0.13	0.12
JJK86 +287	CRH2 空车	位移 1	0.093	0.093
		位移 2	0.098	0.090
	CRH3 空车	位移 1	0.090	0.087
		位移 2	0.100	0.100
	CRH2 重车	位移 1	0.068	0.064
		位移 2	0.068	0.065

不同速度列车通过时挡土墙横向动变形频谱特征曲线如图 8－6－112 所示，当列车速度从 200 km/h增大到 370 km/h 时，挡土墙横向动变形频谱曲线均会在 3 Hz 左右出现振幅的最大值，说明墙体本身固有频率为 3 Hz 左右，而列车对路基的激励频率 7 ~ 14 Hz，列车激励频率大于路基固有频

率,不会使路基产生共振。

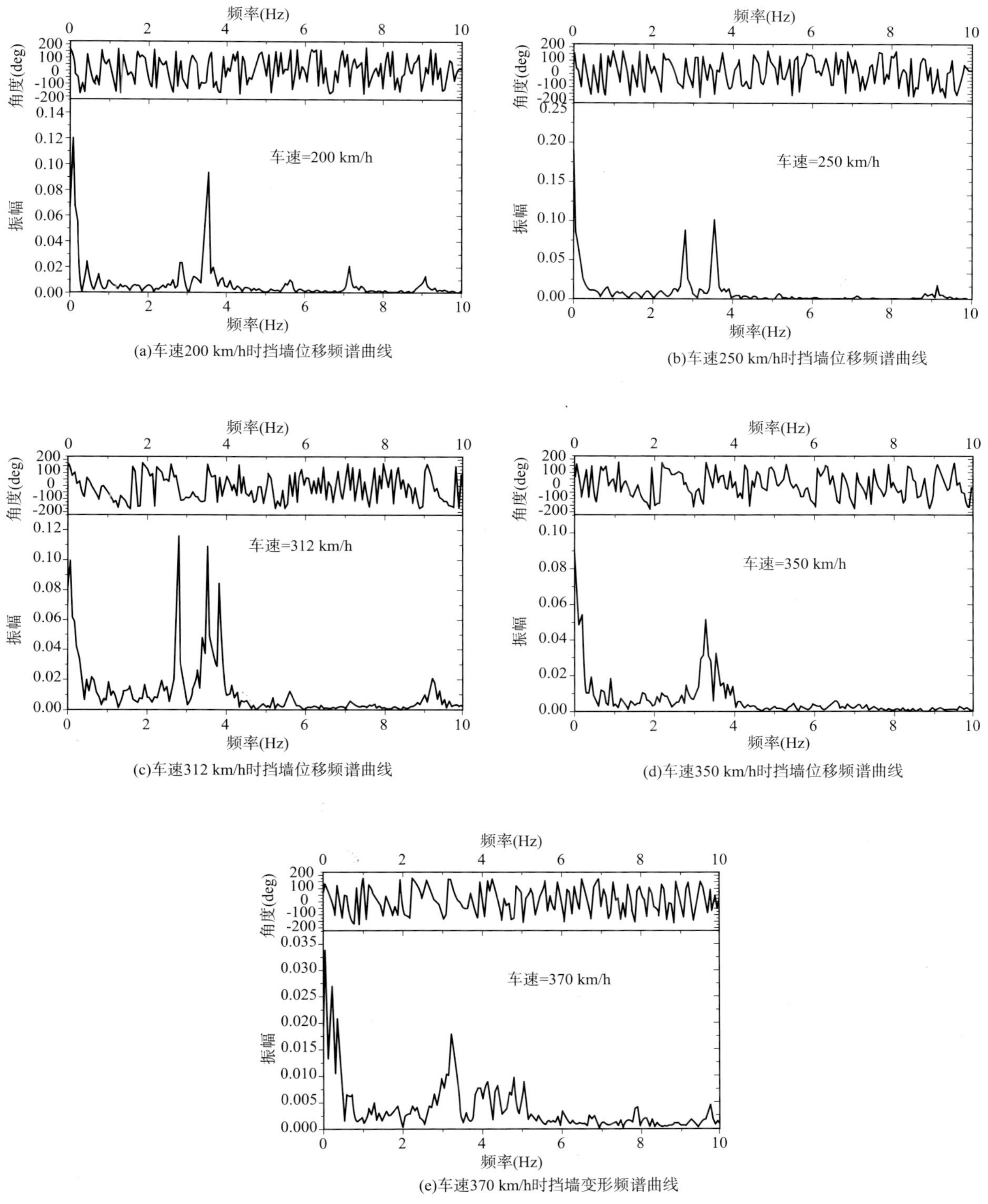

(a)车速200 km/h时挡墙位移频谱曲线

(b)车速250 km/h时挡墙位移频谱曲线

(c)车速312 km/h时挡墙位移频谱曲线

(d)车速350 km/h时挡墙位移频谱曲线

(e)车速370 km/h时挡墙变形频谱曲线

图 8－6－112　不同车速时挡土墙动变形频谱曲线

路桥过渡段沿线路纵向的动变形分布规律如图 8－6－113 所示,路桥过渡段靠近桥端动变形较大,随着与桥台距离增大,动变形逐渐减小,到端刺附近动变形只有 0.008 mm 左右,路基段动变形有所加大,达到 0.02 mm 左右,过渡段测试数据小于 0.17 mm,在列车动荷载作用下不会产生累积变形。

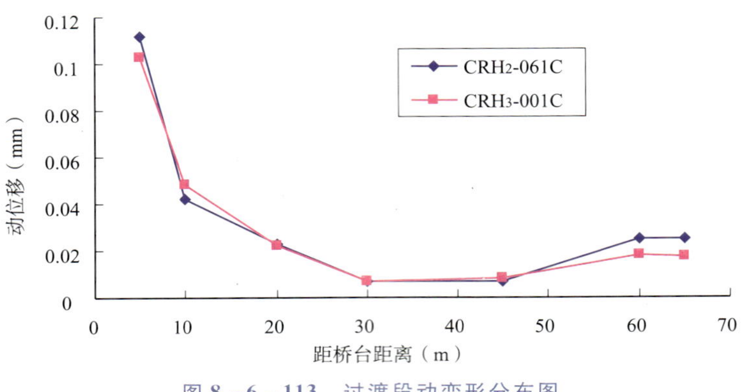

图 8－6－113　过渡段动变形分布图

3. 振动加速度分析

所测各断面典型时程曲线如图 8－6－114 所示。

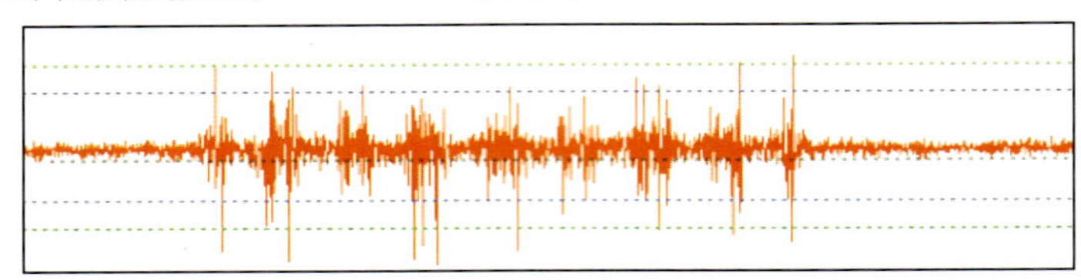
图 8－6－114　振动加速度典型时程曲线

（1）路堤振动加速度分析

①JJK46＋500 路堤振动加速度分析

a. 350 km/h 的 CRH2 空车运行时加速度分析

350 km/h 的 CRH2 型动车组以不同速度通过时振动加速度随车速变化曲线如图 8－6－115 所示。

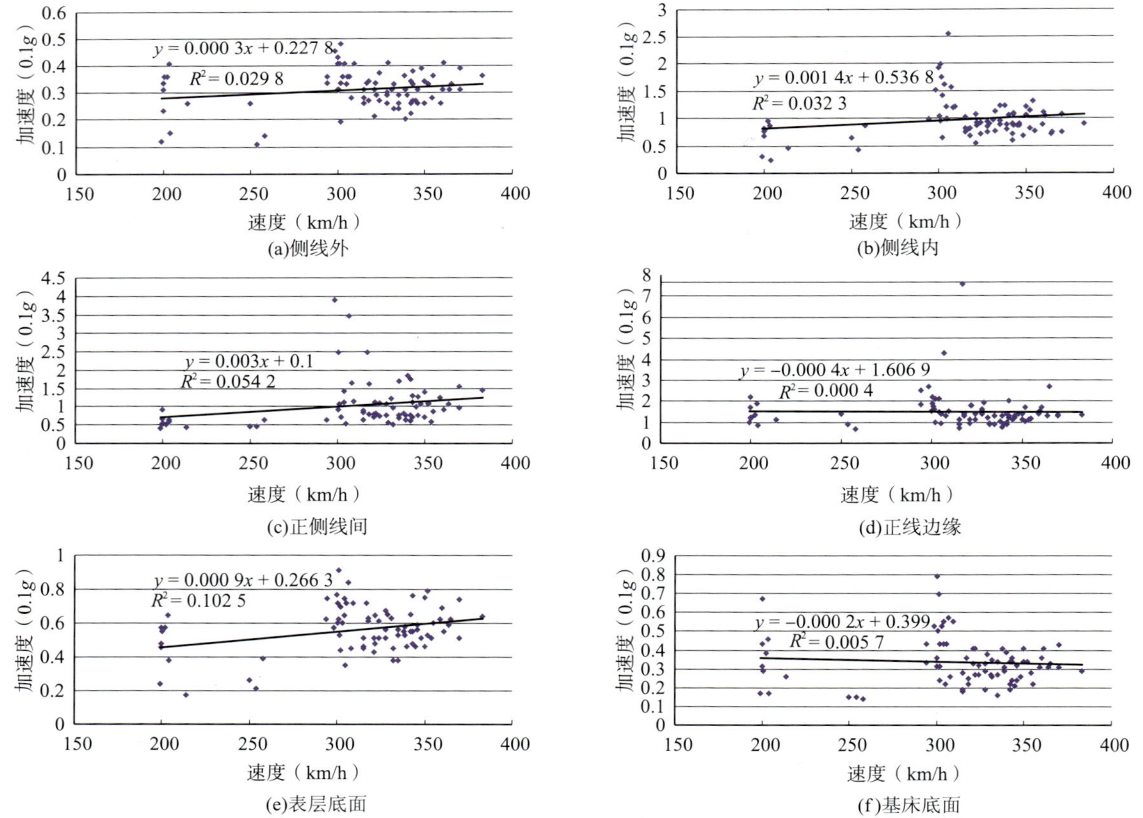

图 8－6－115　CRH2 空车运行时振动加速度随车速变化曲线

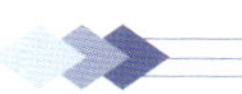

各测点数据比较分散，数据无明显相关性。多数测点振动加速度随着车速的提高有所增加，振动较大的测点增加的趋势比较明显。各测点数据统计见表 8－6－100。

表 8－6－100　振动加速度统计表　　单位：m/s²

测点位置	均值	中位数	25% 上限	75% 上限	95% 上限
岔区侧线外	0.31	0.31	0.26	0.36	0.41
岔区侧线内	0.98	0.89	0.77	1.07	1.75
正侧线间	1.07	0.88	0.64	1.15	2.49
正线边缘	1.53	1.30	1.10	1.70	2.69
基床表层底面	0.56	0.56	0.48	0.65	0.77
基床底面	0.34	0.32	0.26	0.41	0.57

b. CRH3 空车运行时加速度分析

CRH3 型动车组以不同速度通过时振动加速度随车速变化曲线如图 8－6－116 所示，各测点振动加速度随着车速的提高有所增加，数据具有一定的相关性，其系数为 0.0007～0.004，各测点数据统计见表 8－6－101。

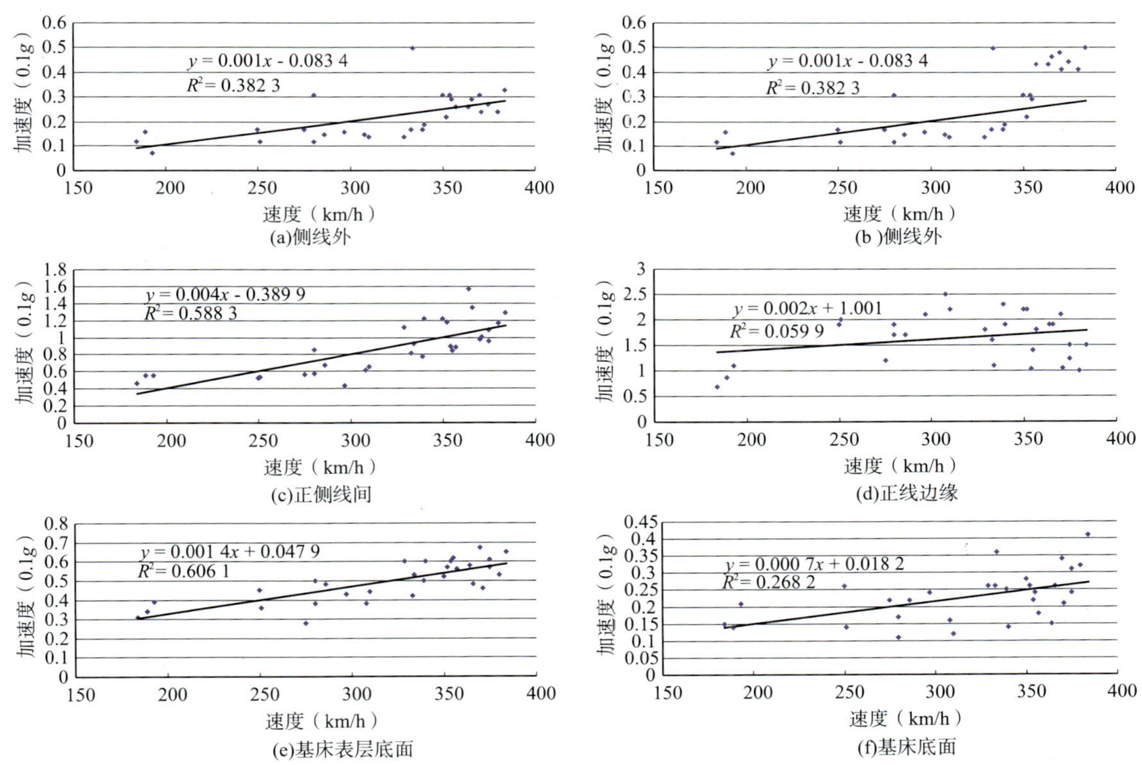

图 8－6－116　CRH3 空车运行时振动加速度随车速变化曲线

表 8－6－101　振动加速度统计表　　单位：m/s²

测点位置	均值	中位数	25% 上限	75% 上限	95% 上限
岔区侧线外	0.22	0.21	0.15	0.29	0.33
岔区侧线内	0.70	0.72	0.58	0.82	0.98

续上表

测点位置	均值	中位数	25% 上限	75% 上限	95% 上限
正侧线间	0.87	0.87	0.57	1.12	1.35
正线边缘	1.65	1.75	1.20	2.00	2.30
基床表层底面	0.49	0.50	0.42	0.58	0.65
基床底面	0.23	0.23	0.16	0.26	0.36

c. 350 km/h 的 CRH2 重车运行时加速度分析

350 km/h 的 CRH2 重车以不同速度通过时振动加速度随车速变化曲线如图 8－6－117 所示。

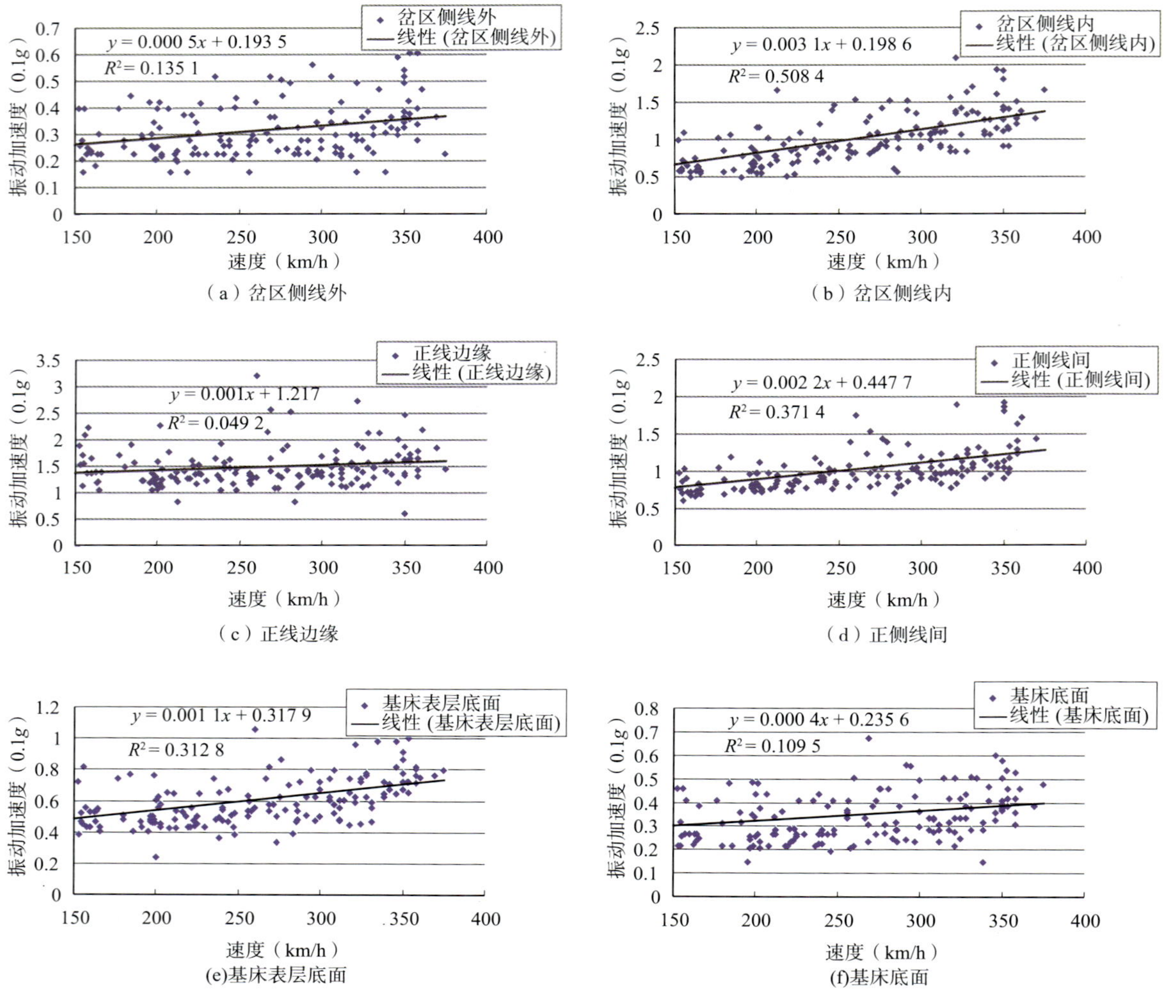

$y = 0.000\,5x + 0.193\,5$，$R^2 = 0.135\,1$

（a）岔区侧线外

$y = 0.003\,1x + 0.198\,6$，$R^2 = 0.508\,4$

（b）岔区侧线内

$y = 0.001x + 1.217$，$R^2 = 0.049\,2$

（c）正线边缘

$y = 0.002\,2x + 0.447\,7$，$R^2 = 0.371\,4$

（d）正侧线间

$y = 0.001\,1x + 0.317\,9$，$R^2 = 0.312\,8$

(e)基床表层底面

$y = 0.000\,4x + 0.235\,6$，$R^2 = 0.109\,5$

(f)基床底面

图 8－6－117 CRH2 重车运行时振动加速度随车速变化曲线

各测点数据比较分散，数据无明显相关性。振动加速度随着车速的提高有所增大。各测点数据统计见表 8－6－102。

表 8－6－102 振动加速度统计表

单位：m/s^2

测点位置	均值	中位数	25% 上限	75% 上限	95% 上限
岔区侧线外	0.31	0.28	0.23	0.37	0.52

续上表

测点位置	均值	中位数	25% 上限	75% 上限	95% 上限
岔区侧线内	0.97	0.91	0.69	1.17	1.62
正侧线间	1.00	0.94	0.80	1.08	1.73
正线边缘	1.47	1.40	1.25	1.61	2.16
基床表层底面	0.59	0.56	0.47	0.68	0.87
基床底面	0.34	0.32	0.27	0.41	0.51

②JJK86＋287 路堤振动加速度分析

a. 350 km/h 的 CRH_2 空车运行时加速度分析

350 km/h 的 CRH_2 型动车组以不同速度通过时加速度随车速变化曲线如图 8－6－118 所示，振动加速度较大的地方其数值随车速变化较大，随着车速的提高加速度值有所提高，振动加速度较小的地方随车速变化不大。整体上各测点数据比较分散，无明显相关性。基床表层振动加速度最大，其均值为 2.59 m/s^2，挡土墙外 15 m 处振动加速度最小，其均值为 0.43 m/s^2，对各点振动加速度进行统计见表 8－6－103。

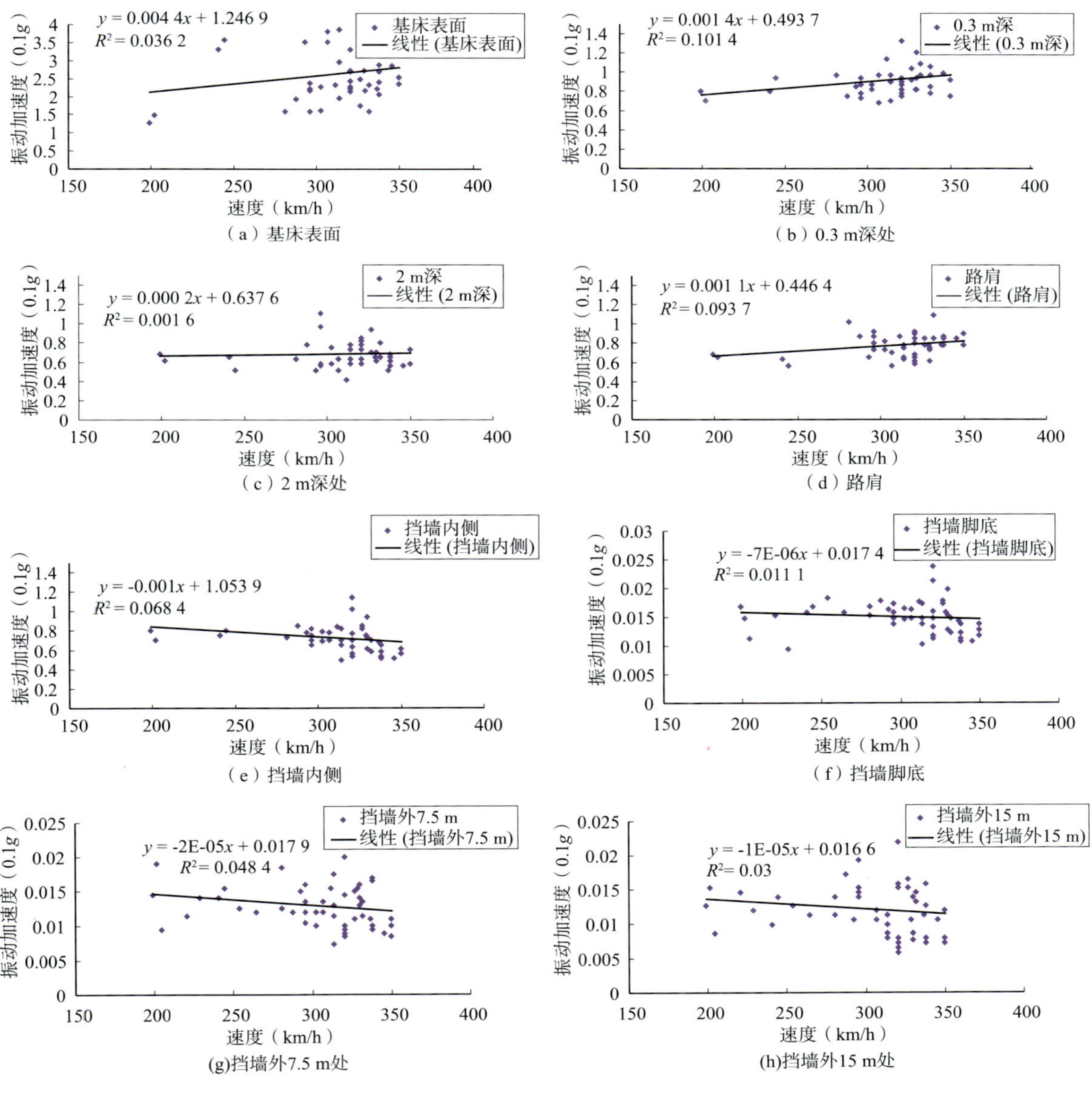

图 8－6－118　CRH_2 空车运行时振动加速度随车速变化曲线

表 8-6-103　振动加速度统计表　　单位:m/s²

测点位置	均值	中位数	25% 上限	75% 上限	95% 上限
基床表层	2.59	2.42	2.15	2.92	4.16
0.3 m 深处	0.90	0.89	0.79	0.98	1.22
2 m 深处	0.68	0.65	0.60	0.74	0.96
路肩边缘	0.77	0.79	0.67	0.86	0.93
挡土墙内侧	0.72	0.72	0.62	0.81	0.96
挡土墙脚底	0.0151	0.0150	0.0130	0.0170	0.0199
墙外 7.5 m	0.0129	0.0126	0.0101	0.0151	0.0186
墙外 15 m	0.0120	0.0120	0.0087	0.0147	0.0174

b. CRH3 空车运行时加速度分析

CRH3 型动车组以不同速度通过时振动加速度随车速变化曲线如图 8-6-119 所示。振动加速度较大的地方其数值随车速变化较大,随着车速的提高加速度值有所提高,振动加速度较小的地方随车速变化不大。整体上各测点数据比较分散,无明显相关性。基床表层振动加速度最大,其均值为 2.2 m/s²,挡土墙外 15 m 处振动加速度最小,其均值为 0.36 m/s²,对各点振动加速度进行统计见表8-6-104。

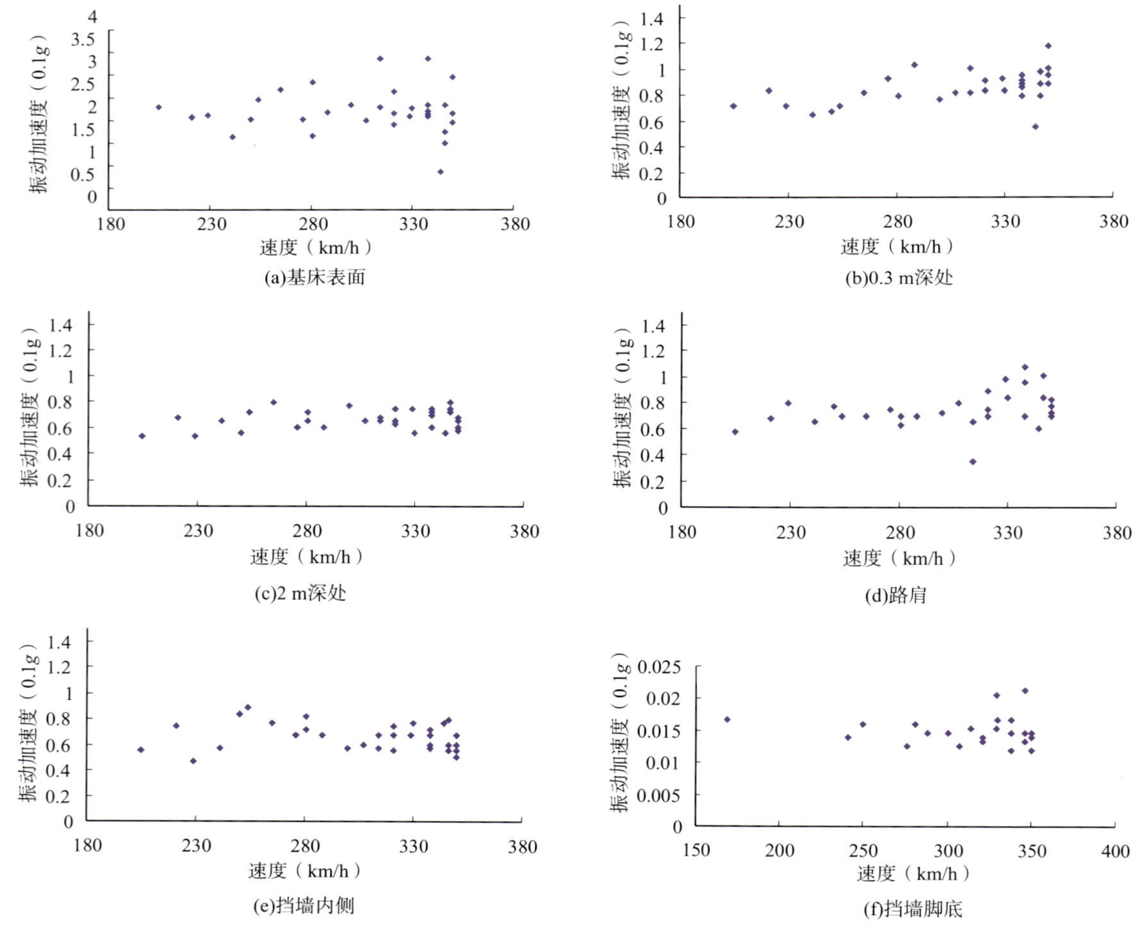

图 8-6-119　CRH3 空车运行时振动加速度随车速变化曲线(一)

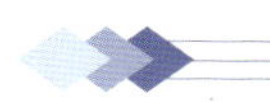

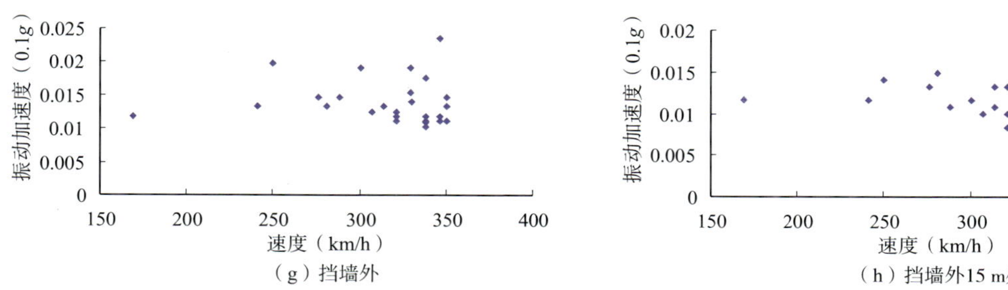

图 8－6－119　CRH3 空车运行时振动加速度随车速变化曲线(二)

表 8－6－104　振动加速度统计表　　单位:m/s²

测点位置	均值	中位数	25% 上限	75% 上限	95% 上限
基床表层	2.15	2.11	1.92	2.35	3.37
0.3 m 深处	0.87	0.87	0.79	0.93	1.03
2 m 深处	0.66	0.66	0.60	0.72	0.77
路肩边缘	0.76	0.73	0.69	0.84	1.01
挡土墙内侧	0.65	0.63	0.57	0.72	0.79
挡土墙脚底	0.0150	0.0146	0.0133	0.0159	0.0206
墙外 7.5 m	0.0140	0.0132	0.0117	0.0147	0.0198
墙外 15 m	0.0120	0.0116	0.0099	0.0132	0.0181

c. 350 km/h 的 CRH2 重车运行时加速度分析

350 km/h 的 CRH2 重车以不同速度通过时振动加速度随车速变化曲线如图 8－6－120 所示。振动加速度较大的地方其数值随车速变化较大,随着车速的提高加速度值有所提高,振动加速度较小的地方随车速变化不大。整体上各测点数据比较分散,无明显相关性。基床表层振动加速度最大,其均值为 2.39 m/s²,挡土墙外 15 m 处振动加速度最小,其均值为 0.36 m/s²,数据统计见表8－6－105。

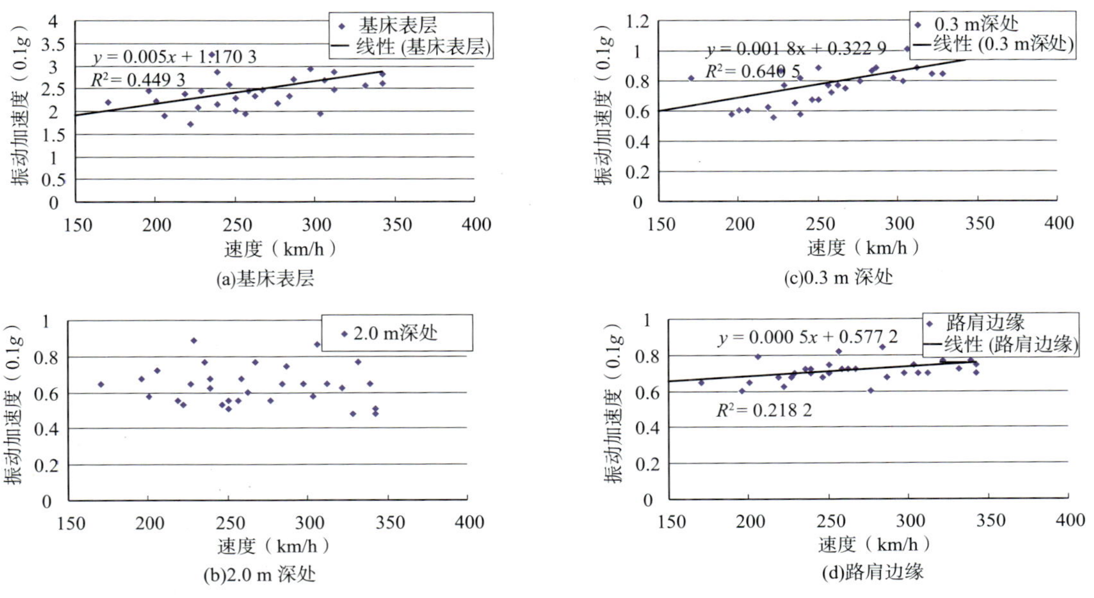

图 8－6－120　CRH2 重车运行时振动加速度随车速变化曲线(一)

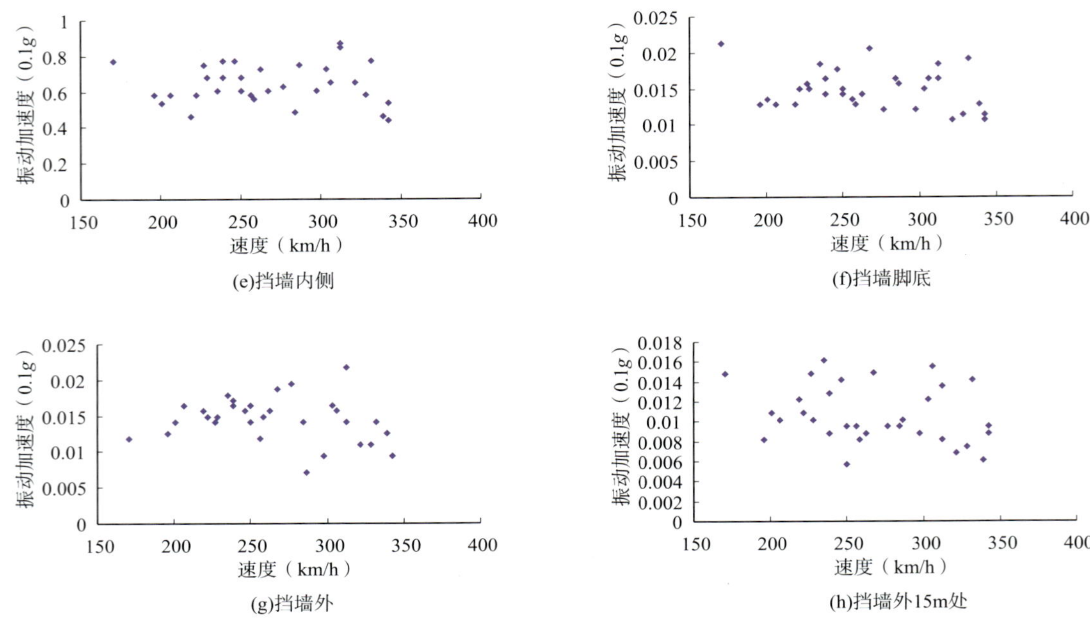

图 8－6－120　CRH2 重车运行时振动加速度随车速变化曲线(二)

表 8－6－105　振动加速度统计表　　单位：m/s^2

测点位置	均值	中位数	25% 上限	75% 上限	95% 上限
基床表层	2.39	2.37	2.06	2.66	3.37
0.3 m 深处	0.77	0.77	0.65	0.86	1.03
2 m 深处	0.63	0.65	0.55	0.67	0.86
路肩边缘	0.71	0.69	0.67	0.74	0.84
挡土墙内侧	0.63	0.60	0.57	0.74	0.86
挡土墙脚底	0.0148	0.0148	0.0127	0.0162	0.0204
墙外 7.5 m	0.0138	0.0139	0.0116	0.0155	0.0193
墙外 15 m	0.0102	0.0094	0.0087	0.0121	0.0154

③JJK110＋083 路堤振动加速度分析

随着车速的增加，各测点振动加速度有所增加，离线路中心越近，其系数越大，相关性也较好，各测试部位数据大致呈正态分布，支承层边缘加速度均值为 1.44 m/s^2，基床表层边缘加速度均值为 1.11 m/s^2，路肩边缘加速度均值为 0.30 m/s^2，数据统计结果见表 8－6－106。

表 8－6－106　振动加速度统计表　　单位：m/s^2

测点位置	均值	中位数	25% 上限	75% 上限	95% 上限
支承层边缘	1.44	1.43	1.22	1.63	1.98
基床表层	1.11	1.12	0.98	1.26	1.53
路肩边缘	0.30	0.30	0.27	0.33	0.35

(2)道岔区振动加速度分析

350 km/h 的 CRH2 重车运行时加速度随车速变化曲线如图 8－6－121 所示。随着车速的增

加，各部位振动加速度有所增加，离线路中心越近，其系数越大，相关性也较好。统计结果见表8－6－107。

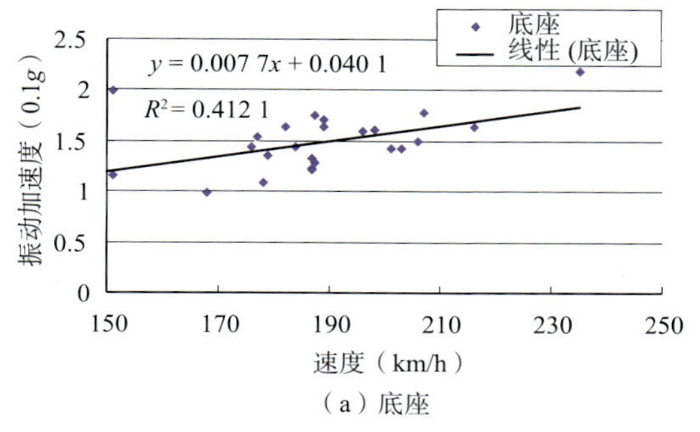

（a）底座

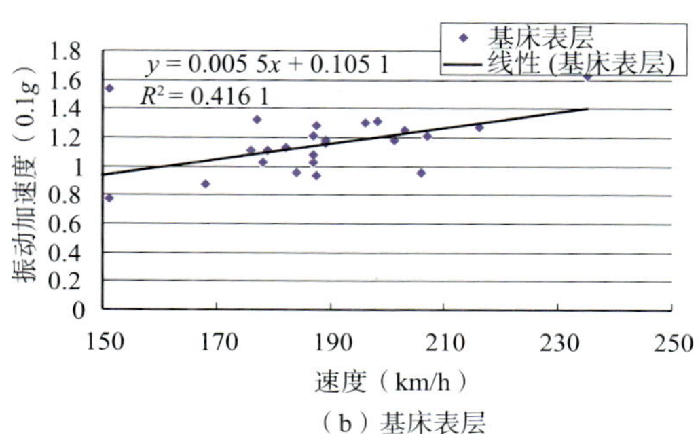

（b）基床表层

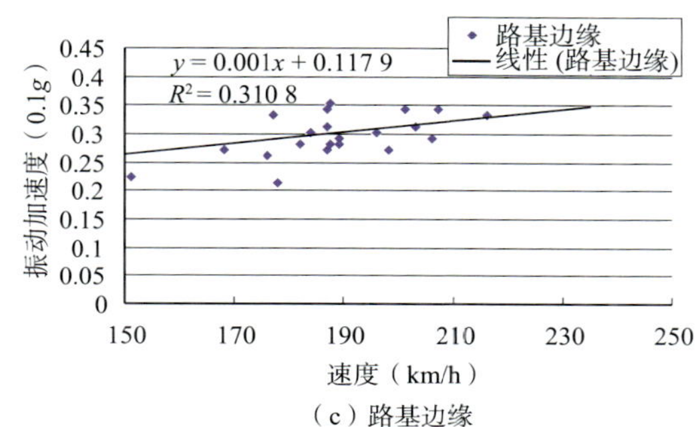

（c）路基边缘

图8－6－121　CRH2重车运行时振动加速度随车速变化曲线

表8－6－107　振动加速度统计表　　单位：m/s^2

测点位置	均值	中位数	25%上限	75%上限	95%上限
支承层边缘	1.21	1.21	0.91	1.53	1.74
基床表层1	0.78	0.72	0.62	0.86	1.25
基床表层2	0.98	0.77	0.62	1.19	2.10
基床表层3	1.19	1.19	0.91	1.39	1.60
路肩边缘	0.46	0.46	0.4	0.55	0.65

（3）振动加速度测试小结

根据《城市区域环境振动标准》（GB 10070）要求距离外侧线路中心线30 m外，环境振动最大振级$VLZ_{max} \leq 80$ dB，测试中地基振动响应频率在60 Hz左右，环境振动Z计权因子为18 dB，所以测试中外侧线路中心线30 m外最大振级应小于98 dB，换算成振动加速度为0.079 m/s^2。根据经验公式，加速度在地基中将呈指数或对数形式衰减，试验中所测的地基振动点离振源距离小于30 m，所测值均小于0.079 m/s^2，所以30 m外加速度也应小于0.079 m/s^2。JJK86＋287能够满足振动要求，JJK46＋500处地基中没有进行振动测试，但在相同部位所测振动加速度值小于JJK86＋287，所以也能够满足振动测试要求。加速度随轴重变化不显著。

对各测点不同深度的加速度值进行统计，振动加速度沿深度的衰减情况见图8－6－122。

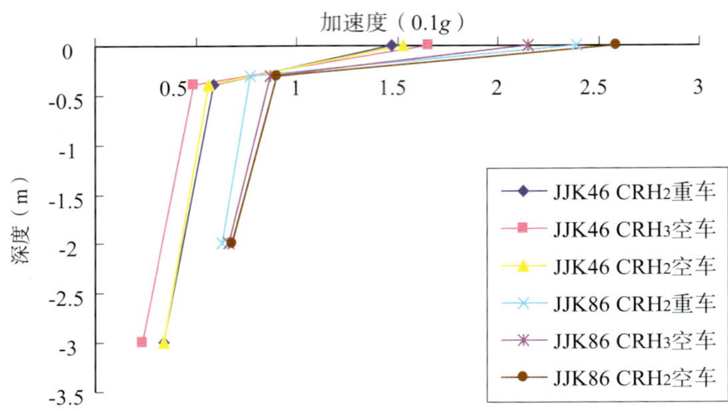

图 8－6－122　振动加速度沿深度方向传递曲线

由图可知，在 0.3 m 以内，振动加速度衰减较快，然后沿深度衰减较慢，以基床表层加速度为基点对基床表层下加速度进行归一处理，加速度沿深度衰减情况如图 8－6－123 所示。

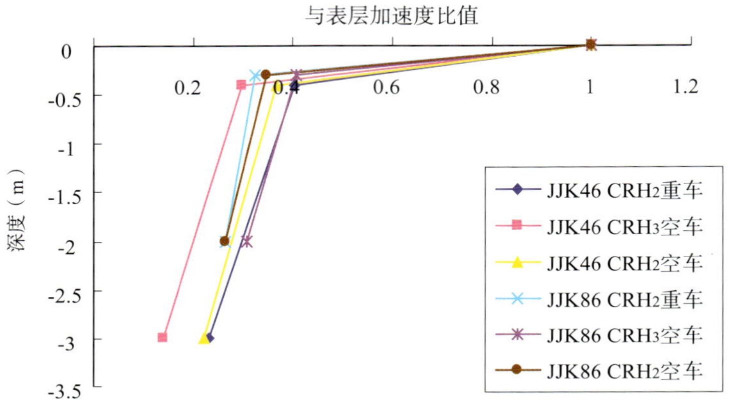

图 8－6－123　振动加速度沿深度方向传递曲线

对各测点横向不同宽度的加速度值进行统计，振动加速度沿横向的衰减情况见图 8－6－124、图 8－6－125，归一化处理后见图 8－6－126。

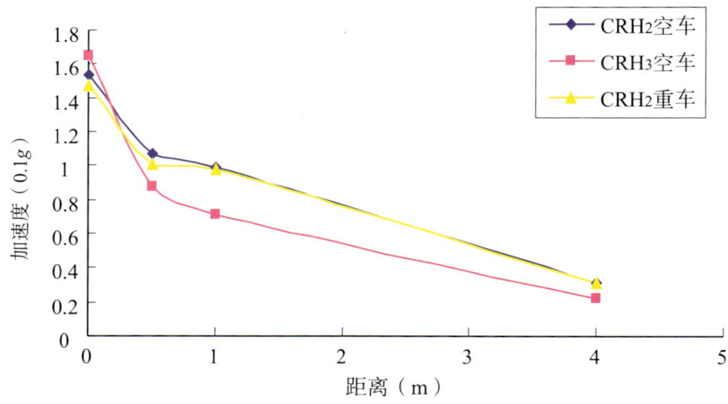

图 8－6－124　JJK46＋500 处振动加速度沿横向的衰减情况

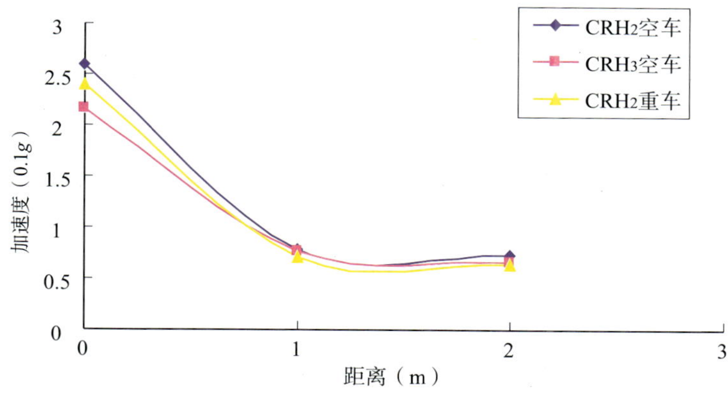

图 8-6-125 JJK86+287 处振动加速度沿横向的衰减情况

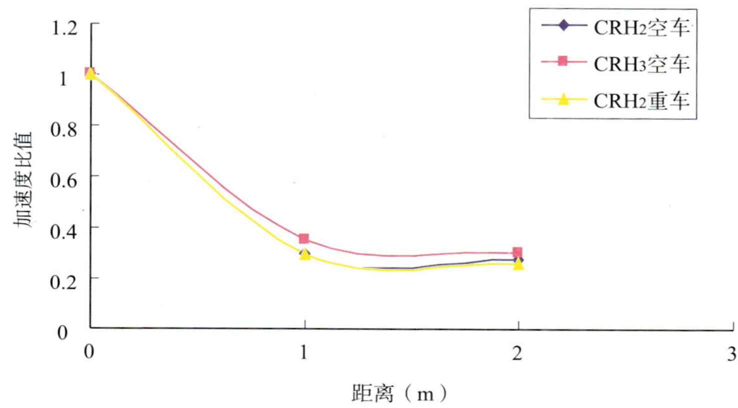

图 8-6-126 JJK86+287 归一化处处理后振动加速度沿横向的衰减情况

JJK46+500 横向 0.5 m 内的振动加速度衰减较快，再往外逐渐衰减，图 8-6-125 中横坐标轴中 1 代表路肩边缘，2 代表挡土墙内侧，路肩范围内衰减较快，路肩边缘归一化后为 0.3 左右，挡土墙外地基中振动加速度非常小，列车运行时加速度主要在路基体内。

振动加速度随列车轴重变化曲线如图 8-6-127 所示。加速度随轴重变化不明显。

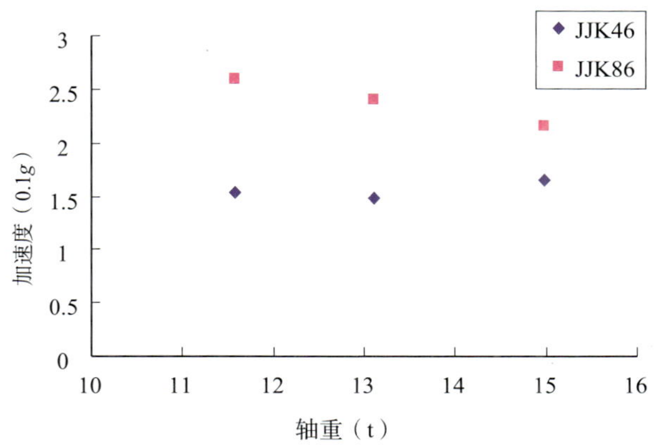

图 8-6-127 振动加速度随列车轴重变化曲线

由前面分析可知，当测点比较接近钢轨时，振动加速度随车速变化比较明显，较远的地方则随车速变化很小。

二、理论分析

土体在动荷载作用下会有一定的变形。当土体发生的剪应变较小时，路基在动荷载作用下只发生弹性变形而不会有塑性累积变形。Vucetic 汇总的临界体积效应剪应变与模量比之间的关系如图 8－6－128所示，对于京津城际采用的填料约为 0.013%，即通过地基中动应力与动变形测试，求得路基土体中的最大剪应变，与图中限值进行对比，若是小于界限值，则土体在动荷载作用下不会产生累积变形，不会对轨道结构产生不利影响。

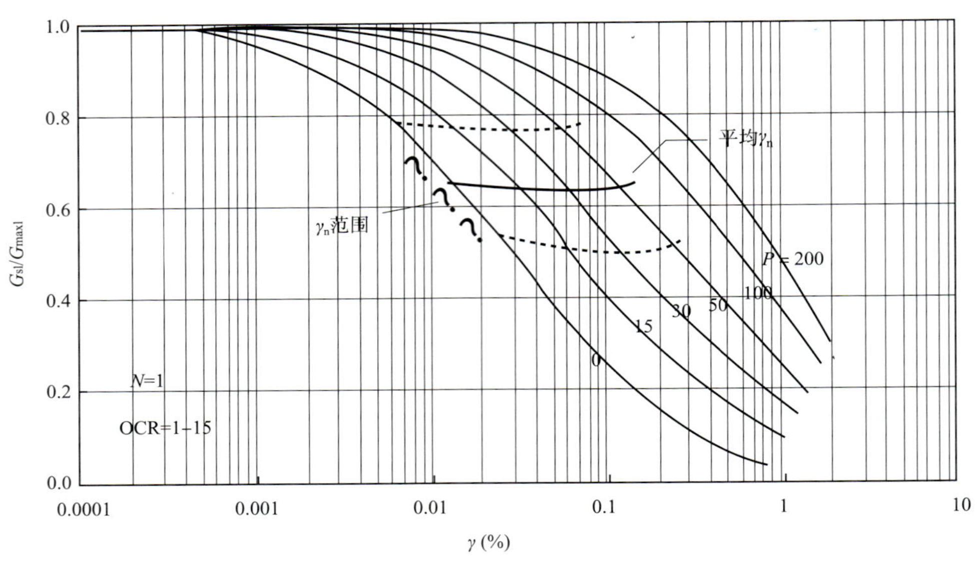

图 8－6－128　应变与模量比的关系

京津城际轨道交通工程是我国第一条铺设无砟轨道的客运专线，并采用以板式无砟轨道为主，设计时速达 350 km。路基形式主要以挡土墙和边坡两种形式，采用 ABAQUS 有限元软件对京津城际板式无砟轨道系统在静荷载和 300 km/h 动车组作用下的路基变形与剪应变特性进行数值分析。

1. 计算模型与参数

模型主要几何尺寸根据京津城际典型实际尺寸建立，路基分为边坡形式和挡土墙形式，长 32.5 m，高 6.43 m。模型中，钢轨采用 8 节点实体减缩积分单元，扣件系统由弹簧和阻尼器单元模拟，轨道板、CA 砂浆、支承层和路基均采用 8 节点实体减缩积分单元，轨道板以下各层间的滑动相对很小，各结构间建立变形协调关系，对于挡土墙与路基之间的接触关系采用库仑接触模型，摩擦系数取为 0.4，在路基的两个横断面和底面施加三维一致黏弹性人工边界以确保计算精度基础上缩小计算量[1]。各结构均采用线弹性本构关系，列车动荷载采用荷载移动方法实现，有限元模型横断面和网格划分见图 8－6－129 ~ 图 8－6－132，主要模型尺寸和参数见表 8－6－108，挡土墙结构示意图见图8－6－133。

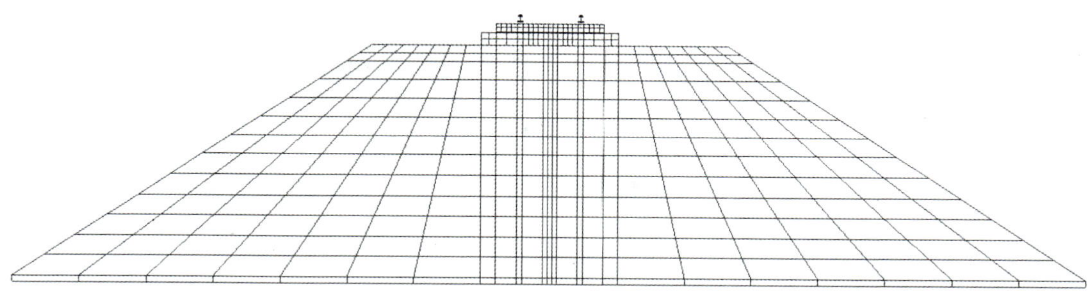

图 8－6－129 路基为边坡形式的模型横断面图

图 8－6－130 路基为边坡形式的模型网格划分

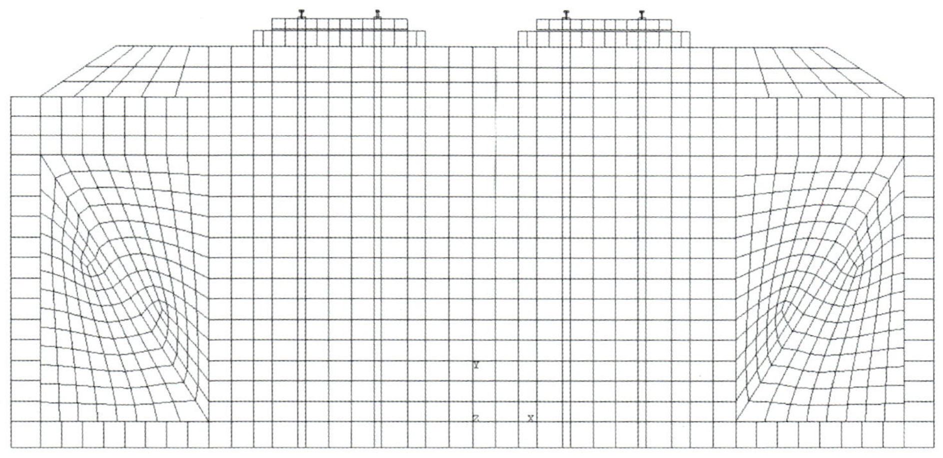

图 8－6－131 路基为挡土墙形式的模型横断面图

图 8－6－132　路基为挡土墙式的模型网格划分

表 8－6－108　模型主要几何尺寸和参数

项目	高度（m）	宽度（m）	模量（MPa）	泊松比
轨道板	0. 2	2. 56	3. 5 × 104	0. 167
CA 砂浆	0. 03	2. 56	200	0. 167
支承层	0. 3	3. 25	2. 5 × 104	0. 167
基床表层	0. 7	–	250	0. 25
基床底层	2. 3	–	200	0. 25
路基本体	3. 0	–	150	0. 25
挡土墙	5. 7	0. 56	2. 5 × 10^4	0. 167
注：肋板宽度 0. 5 m，高度 5. 1 m，间隔 2. 5 m，角度 30°				

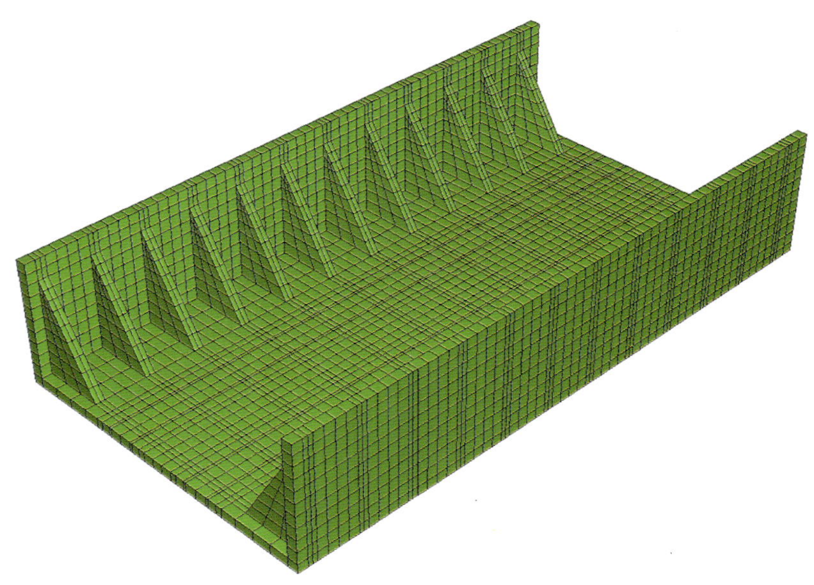

图 8－6－133　挡土墙结构示意图

从实测结果可知，对于板式无砟轨道在动荷载作用下相邻两个转向架对京津城际典型的两种形式路基钢轨下方竖向应力在动车组 5 km/h 实测和静荷载作用下计算结果，以及 300 km/h 通过时实测和计算结果进行比较，挡土墙形式路基应力偏大于边坡形式，300 km/h 速度通过时路基产生应力偏大于静载作用，如图 8－6－134、图 8－6－135 所示，实测与计算具有较好的一致性。

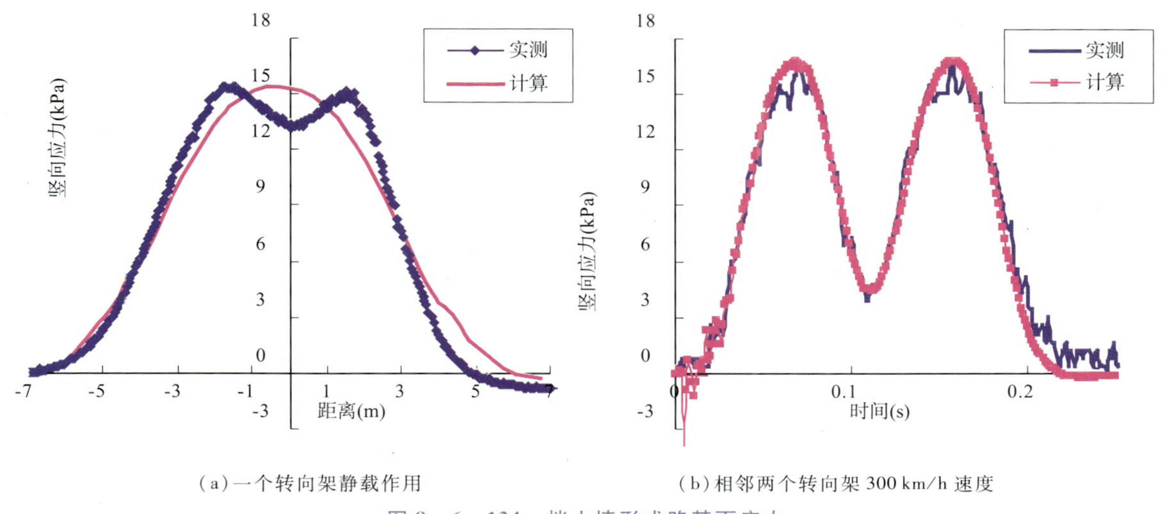

(a)一个转向架静载作用　　(b)相邻两个转向架 300 km/h 速度

图 8－6－134　挡土墙形式路基面应力

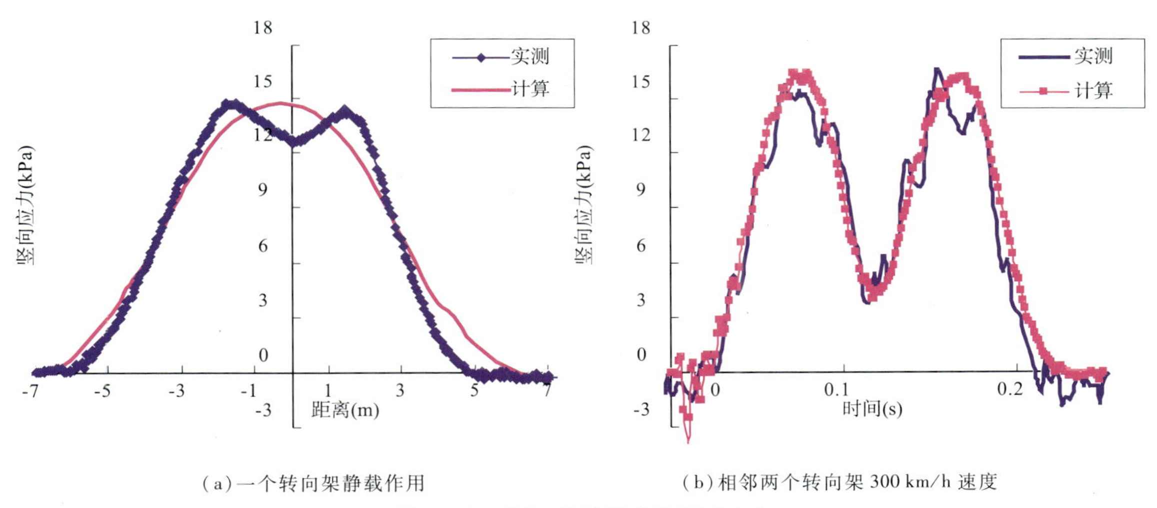

(a)一个转向架静载作用　　(b)相邻两个转向架 300 km/h 速度

图 8－6－135　边坡形式路基面应力

2. 计算结果与分析

为获得路基面不同变形条件下的最大剪应变变化特性，分别针对两种形式路基在不同轴重荷载条件下的情况进行计算，并主要围绕静载作用和 300 km/h 速度条件展开。

以路基中心为原点，在不同轴重条件下两种形式路基横断面变形见图 8－6－136、图 8－4－137。路基横断面变形在路基中心处竖向变形最大，钢轨下变形稍小，距离路基中心越远，变形越小。京津城际板式无砟轨道支承层宽度为 3.25 m，位于支承层外缘 0.3 m 处变形显著减小，变形随着荷载增加而增加；静载荷载作用下的变形略小于 300 km/h 速度条件下的变形；挡土墙形式路基变形小于边坡形式。

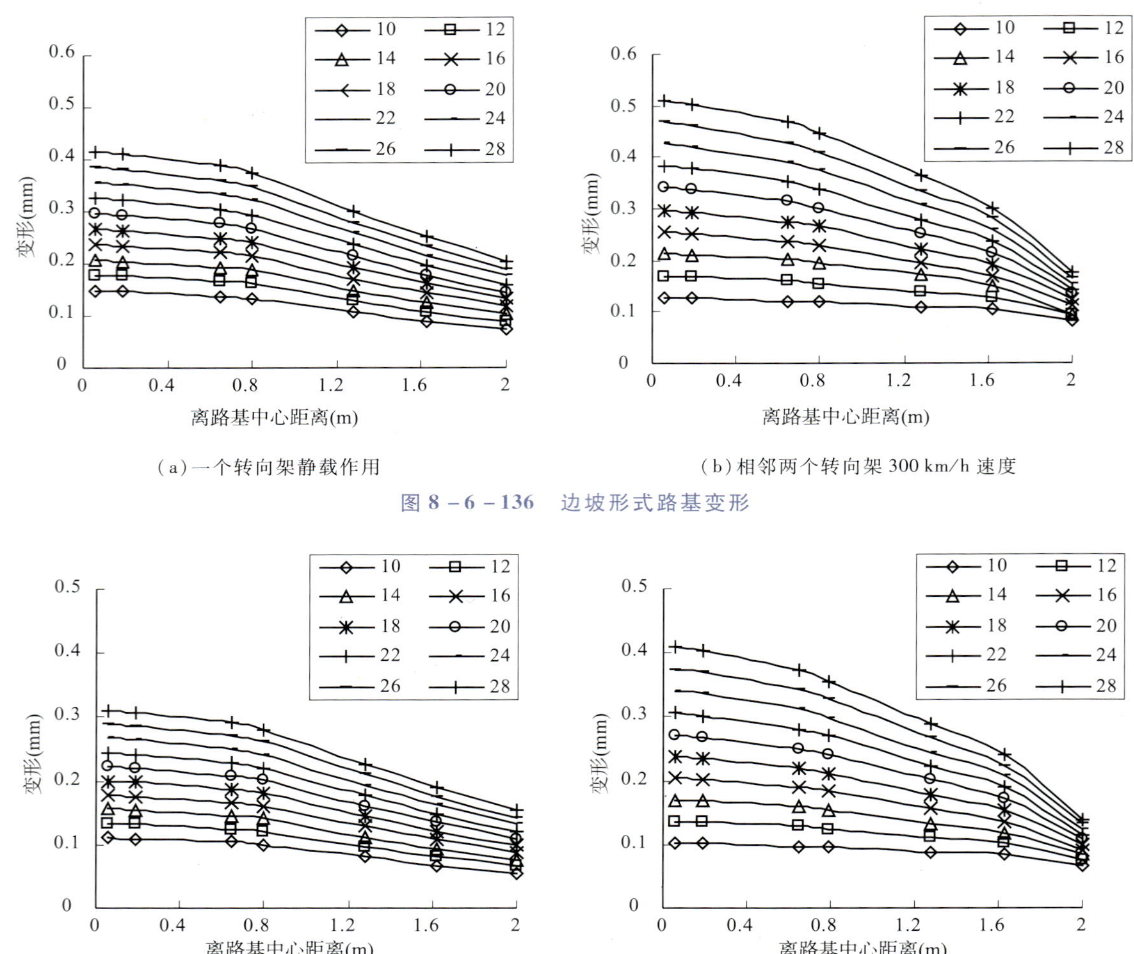

图 8-6-136　边坡形式路基变形

(a)一个转向架静载作用　　(b)相邻两个转向架 300 km/h 速度

图 8-6-137　挡土墙形式路基变形

图 8-6-138 为路基面不同位置处剪应变典型时程曲线，列车动荷载作用下路基最大剪应力发生在支承层边缘附件，挡土墙形式路基最大剪应变小于边坡形式路基。两种形式路基在不同轴重条件下支承层外缘 0.3 m 处、支承层外缘、钢轨下方和路基中心下方的变形与最大剪应变之间关系见图 8-6-139、图 8-6-140 及表 8-6-109 ~ 表 8-6-112。

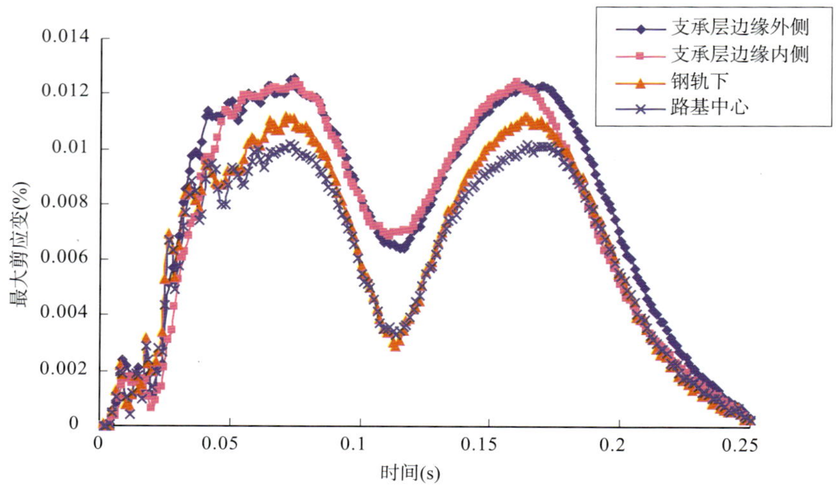

图 8-6-138　路基面剪应变典型时程曲线(v = 300 km/h)

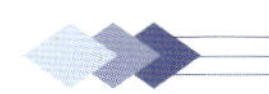

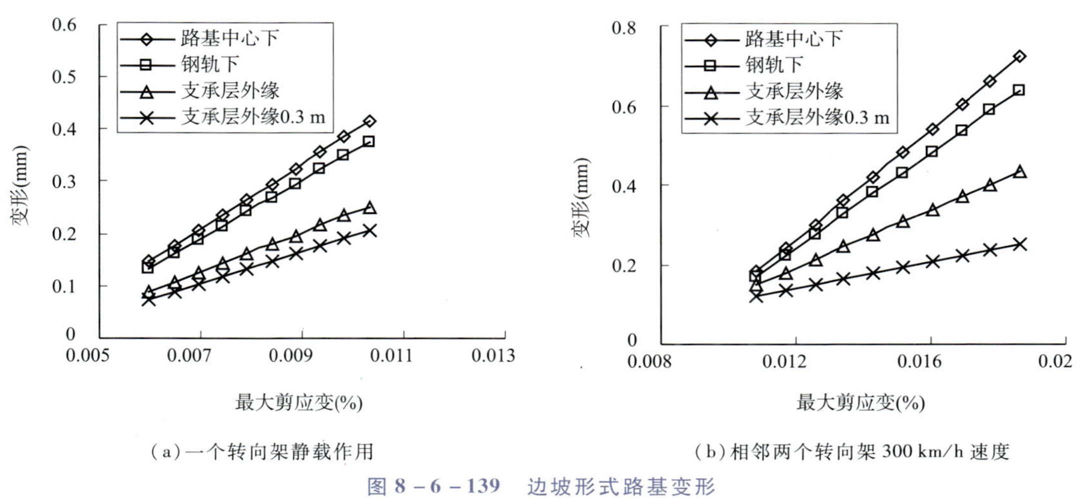

(a)一个转向架静载作用　　(b)相邻两个转向架 300 km/h 速度

图 8－6－139　边坡形式路基变形

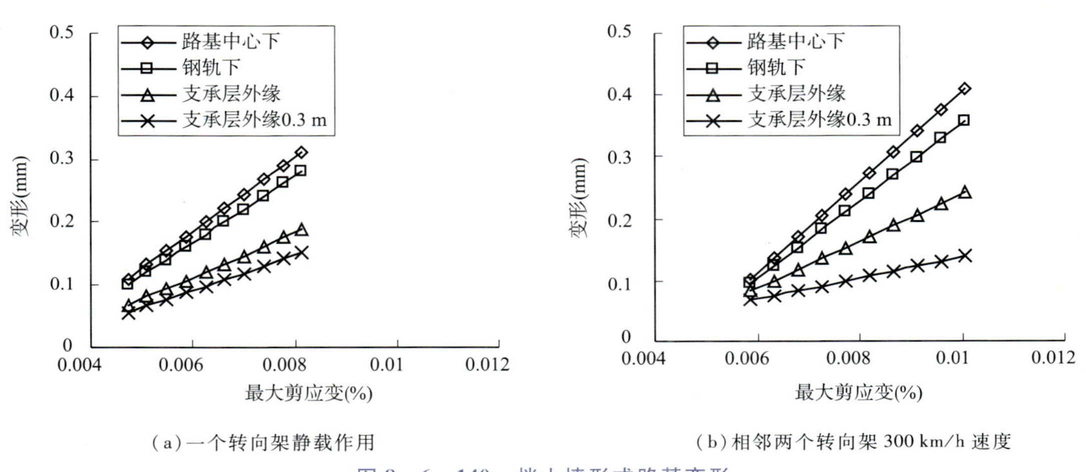

(a)一个转向架静载作用　　(b)相邻两个转向架 300 km/h 速度

图 8－6－140　挡土墙形式路基变形

表 8－6－109　边坡形式路基最大剪应变与变形(v = 300 km/h)

最大剪应变(%)	变　形(mm)			
	路基中心下	钢轨下	支承层外缘	支承层外缘 0.3 m
0.007 5	0.13	0.12	0.10	0.08
0.008 1	0.17	0.16	0.13	0.09
0.008 7	0.22	0.20	0.15	0.09
0.009 3	0.26	0.23	0.17	0.11
0.009 9	0.30	0.26	0.19	0.12
0.010 5	0.34	0.30	0.21	0.13
0.011 1	0.38	0.34	0.24	0.14
0.011 7	0.43	0.37	0.26	0.15
0.012 3	0.47	0.41	0.28	0.16
0.012 9	0.51	0.45	0.30	0.17

表 8-6-110　边坡形式路基最大剪应变与变形(静载条件)

最大剪应变(%)	变　　形(mm)			
	路基中心下	钢轨下	支承层外缘	支承层外缘 0.3 m
0.006	0.15	0.13	0.09	0.07
0.0065	0.18	0.16	0.11	0.09
0.007	0.21	0.19	0.13	0.10
0.0074	0.24	0.21	0.14	0.12
0.0079	0.27	0.24	0.16	0.13
0.0084	0.30	0.27	0.18	0.15
0.0089	0.32	0.29	0.20	0.16
0.0094	0.36	0.32	0.22	0.18
0.0098	0.39	0.35	0.23	0.19
0.0103	0.41	0.38	0.25	0.20

表 8-6-111　挡土墙形式路基最大剪应变与变形(v=300 km/h)

最大剪应变(%)	变　　形(mm)			
	路基中心下	钢轨下	支承层外缘	支承层外缘 0.3 m
0.0058	0.10	0.10	0.08	0.07
0.0063	0.14	0.12	0.10	0.07
0.0068	0.17	0.15	0.12	0.08
0.0073	0.20	0.18	0.14	0.09
0.0077	0.24	0.21	0.15	0.10
0.0082	0.27	0.24	0.17	0.11
0.0087	0.31	0.27	0.19	0.12
0.0091	0.34	0.30	0.21	0.12
0.0096	0.37	0.33	0.22	0.13
0.0101	0.41	0.36	0.24	0.14

表 8-6-112　挡土墙形式路基最大剪应变与变形(静载条件)

最大剪应变(%)	变　　形(mm)			
	路基中心下	钢轨下	支承层外缘	支承层外缘 0.3 m
0.0047	0.11	0.10	0.07	0.05
0.0051	0.13	0.12	0.08	0.07
0.0055	0.16	0.14	0.09	0.08
0.0059	0.18	0.16	0.11	0.09
0.0063	0.20	0.18	0.12	0.10
0.0066	0.22	0.20	0.13	0.11
0.0070	0.24	0.22	0.15	0.12
0.0074	0.27	0.24	0.16	0.13
0.0078	0.29	0.26	0.18	0.14
0.0082	0.31	0.28	0.19	0.15

三、分析结果

1. 对于京津城际铁路边坡形式与挡土墙形式路基，在0.013%的临界体积剪应变控制条件下，经分析挡土墙路基基床表层动应力允许值为55.3 kPa，挡土墙路基混凝土支承层边缘0.3 m处动变形允许值为0.17 mm，边坡路基基床表层动应力允许值为32.6 kPa。

2. 路基基床动应力均不超过限值，路基基床不会因列车动荷载的作用产生累积变形。挡土墙路基动应力值在10～20 kPa，为允许值55.3 kPa的18%～36%，边坡路基动应力最大达22 kPa，为允许值32.6 kPa的67.5%，挡土墙路基的安全储备要高于边坡路基。

3. 混凝土支承层边缘0.3 m处路基基床表面动变形的95%上限值为0.118 mm，达到控制值0.17 mm的69.4%。动变形数据的95%上限范围的值均不超过0.17 mm的限值，动变形不会使路基基床产生累积变形。

4. 过渡段实测靠近桥端处的动变形为0.12 mm，到端刺附近最小，只有0.01 mm左右，到路基端动变形略有增加，为0.02 mm左右。过渡段不同位置动变形的差别不大，不到轨道结构动变形的1/10，对线路的综合刚度影响不大。

5. 挡土墙横向动变形均值在0.06～0.15 mm，挡土墙自振频率3 Hz左右，列车对挡土墙的激励频率7～14 Hz，列车激励频率大于挡土墙固有频率，不会使挡土墙产生共振。

6. JJK86＋287基床表层振动加速度均值在2.5 m/s^2左右，JJK46＋500基床表层振动加速度均值在1.5 m/s^2左右。

京津城际铁路路基在列车动荷载作用下具有足够的动刚度，动力性能好，能够满足350 km/h动车组的安全性、平稳性的要求。

第十节　无砟轨道动力性能

根据京津城际铁路的轨道结构特点及测试内容安排，选择了六个具有代表性的测试工点，见表8－6－113。其中路基上1个工点，路基及路桥过渡段2个工点，桥上3个工点（鄚小路桥连续刚构梁、杨村特大桥桥上 R7000曲线和杨村特大桥预应力混凝土连续梁），各工点测点均布置在京津城际铁路的下行线上。

表8－6－113　无砟轨道动力性能测试工点

工点号	工点里程	工点位置	特点描述
1	JJK44＋938～ JJK45＋038	路桥过渡段 （桥上、过渡段、路堤）	凉水河桥 （桥上、过渡段及路基无砟轨道）
2	JJK45＋309	鄚小路桥上	（18＋3×24＋18）m连续刚构 （桥上无砟轨道）
3	JJK46＋515	路基	直线高挡土路基段无砟轨道
4	JJK47＋528～ JJK47＋728	路桥过渡段 （路堤、过渡段、桥上）	杨村特大桥 （桥上、过渡段及路基无砟轨道）
5	JJK51＋245～ JJK51＋417	桥上 （杨村特大桥曲线）	R7 000 m曲线（L＝3 221.01 m，l＝670 m） （桥上曲线无砟轨道）
6	JJK66＋885	桥上 （杨村特大桥曲线）	（45＋70＋70＋45）m预应力混凝土连续梁 （大跨度桥上无砟轨道）

本次测试历时近三个月（从2008年3月开始试验准备，4月14日开始正式测试，6月20日结束常规测试，后期又进行了CRH3型空车380、390 km/h试验），试验列车主要有CRH2、CRH3型动车组，先

进行空载（以下简称空车）试验，然后进行装载（以下简称重车）试验。

不同型式动车组试验期间，各测试工点实际所测动车组通过最高速度如表 8－6－114 所示。

表 8－6－114　各型动车组通过轨道结构各测试工点的最高速度统计表

测点名称	测点里程	最高通过速度（km/h）			
		CRH2 空车	CRH3 空车	CRH2 重车	CRH3 重车
路桥过渡段轨道（凉水河桥天津端）	JJK44＋938～JJK45＋038	377.4	392.2	360.7	352.9
桥上轨道（漷小路桥连续刚构）	JJK45＋309	378.9	375.0	—	—
直线路基轨道	JJK46＋515	382.9	371.7	364.5	—
路桥过渡段轨道（杨村特大桥北京端）	JJK47＋528～JJK47＋728	380.6	393.0	358.4	349.1
R7 000 m 曲线轨道（杨村特大桥）	JJK51＋245～JJK51＋417	365.1	369.6	352.3	—
连续梁轨道（杨村特大桥）	JJK66＋885	364.9	389.7	352.4	330.9

一、无砟轨道结构安全性、平顺性测试

列车脱轨系数、轮重减载率和轮对横向力是评判列车通过时安全性的关键参数。因此，在京津城际铁路下行线无砟轨道结构 6 个测试工点均布置了 1～3 个安全参数测试断面。

CRH2 型和 CRH3 型动车组空车及重车以不同速度通过轨道结构 6 个测试工点时的脱轨系数 Q/P、轮重减载率 $\triangle P/P$ 和轮轴横向力（Q_1-Q_2）等安全参数实测数据的统计结果见表 8－6－115，各安全性参数与列车速度的关系见图 8－6－141～图 8－6－143。

1. 脱轨系数

（1）空车通过直线桥上、路桥过渡段及直线路基段 4 个工点的脱轨系数实测最大值为 0.67，重车通过时实测最大值为 0.41。

（2）空车通过桥上曲线地段 2 个工点的脱轨系数实测最大值为 0.34，重车通过时实测最大值为 0.35。

（3）动车组通过直线桥、路桥过渡段及直线路基段测点时，脱轨系数实测值与列车速度的关系不明显；但通过桥上曲线地段时，外轮脱轨系数实测值随列车速度的提高呈明显增大趋势，而内轮脱轨系数则呈明显下降趋势。

各型动车组以不同速度通过轨道结构 6 个测试工点时脱轨系数均在安全限度 0.8 以内。

2. 轮重减载率

（1）空车通过直线桥上、路桥过渡段及直线路基段 4 个工点的轮重减载率最大值为 0.38，重车通过时实测最大值为 0.41。

（2）空车通过桥上曲线地段 2 个工点的脱轨系数实测最大值为 0.45，重车通过时实测最大值为 0.39。

（3）动车组通过直线桥、路桥过渡段及直线路基段测点时，轮重减载率随列车速度的提高略有增大；但通过桥上曲线地段时，外轮减载率实测最大值随列车速度的提高呈明显下降趋势，而内轮减载率则呈明显上升趋势。

各型动车组以不同速度通过轨道结构 6 个测试工点时轮重减载率均在安全限度 0.80 以内。

3. 轮对横向力

（1）空车通过直线桥上、路桥过渡段及直线路基段 4 个工点的轮对横向力最大值为 35.5 kN，重车通过时最大值为 29.0 kN。

（2）空车通过桥上曲线地段 2 个工点的轮对横向力最大值为 28.9 kN，重车通过时最大值为 42.7 kN。

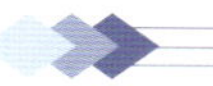

(3)动车组通过直线桥、路桥过渡段及直线路基段测点时，轮对横向力随列车速度的提高略有增大；通过桥上曲线地段时，轮对横向力随列车速度的提高呈明显增大趋势。

综上所述，CRH_2 和 CRH_3 型动车组通过所有工点时的脱轨系数最大值为 0.67，轮重减载率最大值为 0.45，轮对横向力最大值为 42.7 kN。各型动车组通过时的脱轨系数、减载率以及轮对横向力测试结果均在其相应安全限值以内。

表 8-6-115　动车组通过轨道结构各工点安全性参数最大值统计表

项目	车型	工点 1	工点 2	工点 3	工点 4	工点 5	工点 6
脱轨系数	CRH_2 空车	0.16	0.19	0.20	0.67	0.14	0.29
	CRH_2 重车	0.15		0.20	0.41	0.18	0.35
	CRH_3 空车	0.09	0.12	0.14	0.11	0.12	0.34
	CRH_3 重车	0.09			0.07		0.28
轮重减载率	CRH_2 空车	0.32	0.31	0.38	0.13	0.32	0.45
	CRH_2 重车	0.31		0.41	0.22	0.33	0.39
	CRH_3 空车	0.20	0.13	0.34	0.13	0.25	0.38
	CRH_3 重车	0.18			0.12		0.23
轮对横向力(kN)	CRH_2 空车	15.0	5.5	10.9	35.5	11.8	28.2
	CRH_2 重车	14.0		18.4	29.0	14.4	42.7
	CRH_3 空车	10.2	5.1	10.0	10.2	9.2	28.9
	CRH_3 重车	9.6			5.0		42.1

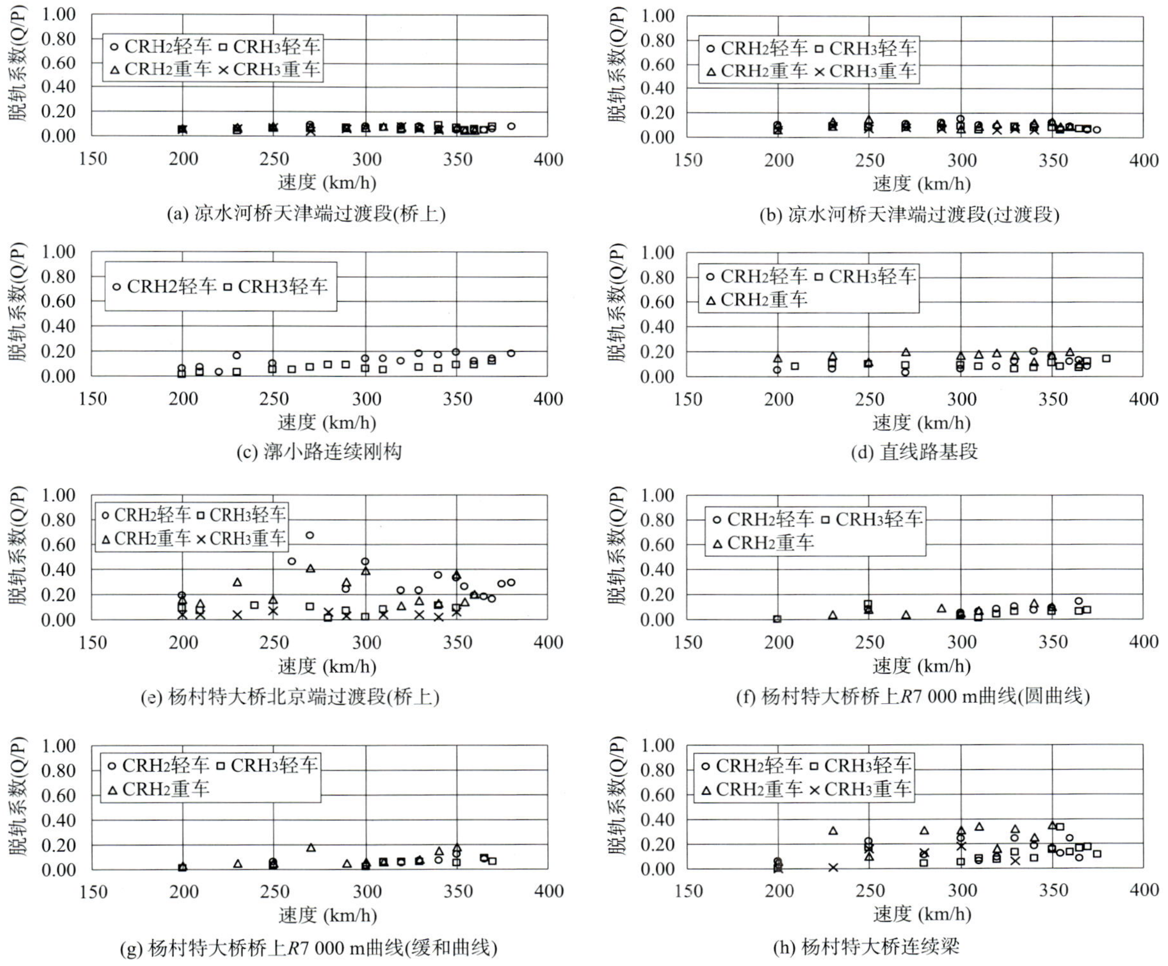

(a) 凉水河桥天津端过渡段(桥上)

(b) 凉水河桥天津端过渡段(过渡段)

(c) 漷小路连续刚构

(d) 直线路基段

(e) 杨村特大桥北京端过渡段(桥上)

(f) 杨村特大桥桥上R7 000 m曲线(圆曲线)

(g) 杨村特大桥桥上R7 000 m曲线(缓和曲线)

(h) 杨村特大桥连续梁

图 8-6-141　脱轨系数与列车速度关系图

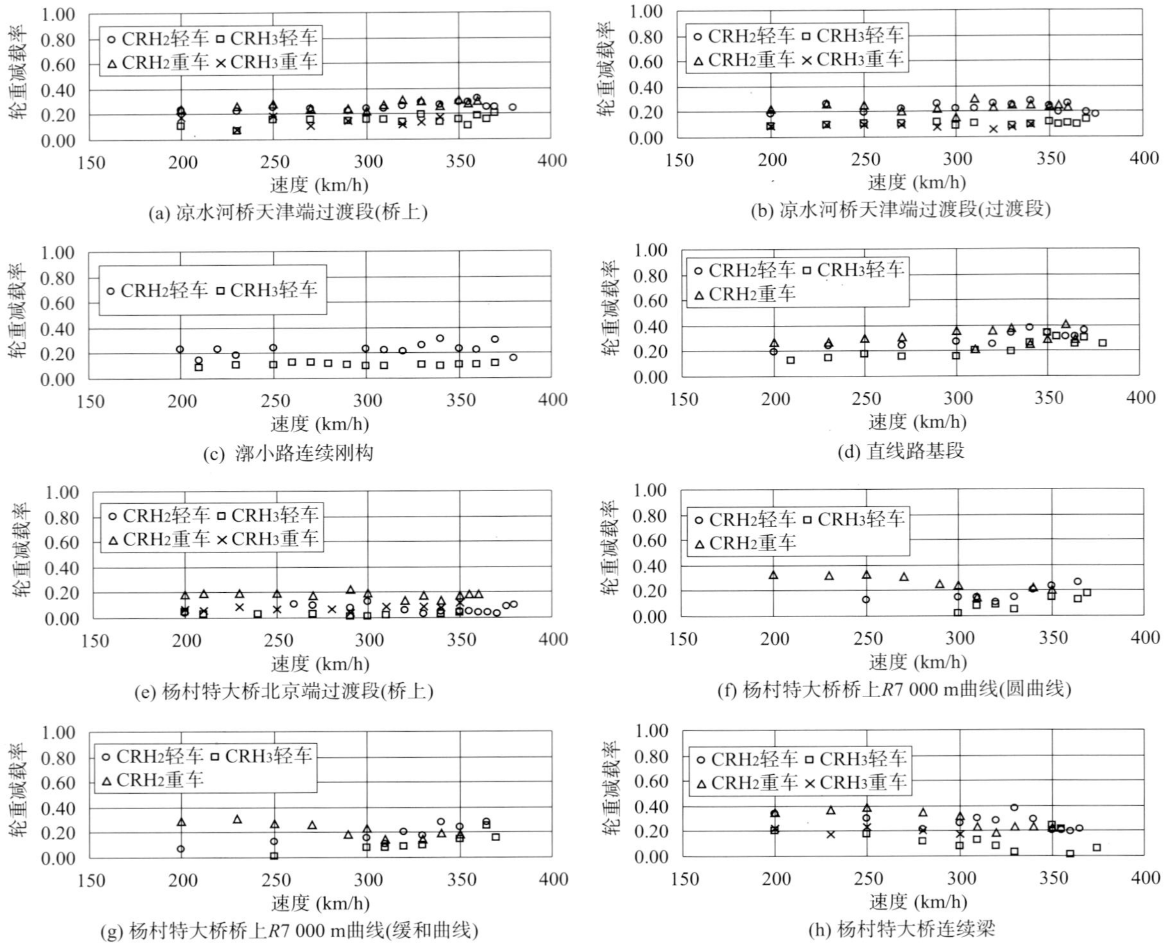

(a) 凉水河桥天津端过渡段(桥上)

(b) 凉水河桥天津端过渡段(过渡段)

(c) 潮小路连续刚构

(d) 直线路基段

(e) 杨村特大桥北京端过渡段(桥上)

(f) 杨村特大桥桥上R7 000 m曲线(圆曲线)

(g) 杨村特大桥桥上R7 000 m曲线(缓和曲线)

(h) 杨村特大桥连续梁

图 8－6－142　轮重减载率与列车速度关系图

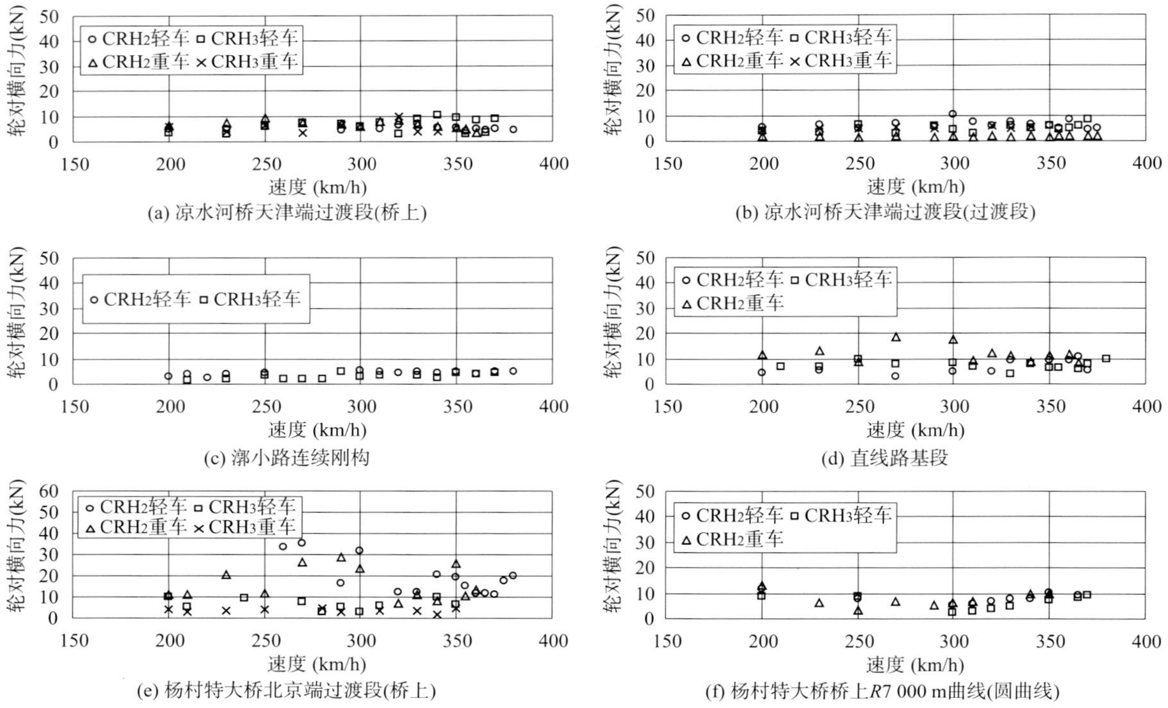

(a) 凉水河桥天津端过渡段(桥上)

(b) 凉水河桥天津端过渡段(过渡段)

(c) 潮小路连续刚构

(d) 直线路基段

(e) 杨村特大桥北京端过渡段(桥上)

(f) 杨村特大桥桥上R7 000 m曲线(圆曲线)

图 8－6－143　轮对横向力与列车速度关系图(一)

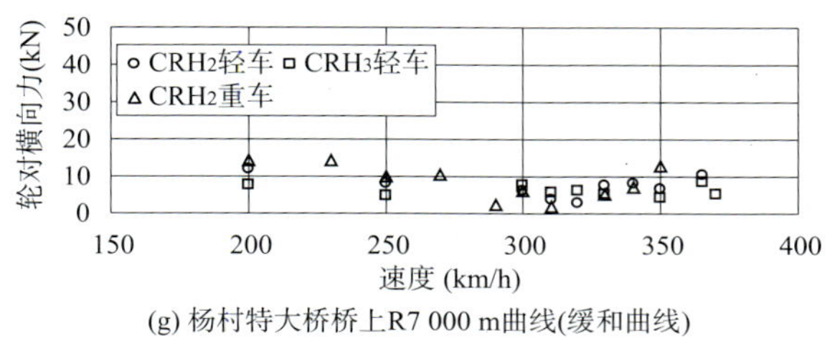

(g) 杨村特大桥桥上R7 000 m曲线(缓和曲线)

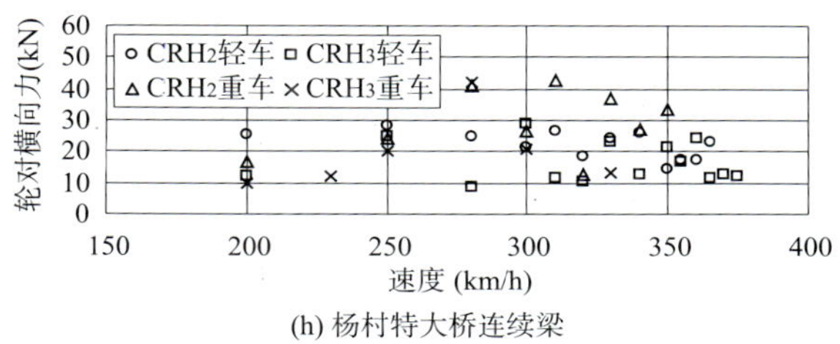

(h) 杨村特大桥连续梁

图 8－6－143　轮对横向力与列车速度关系图(二)

二、无砟轨道结构部件受力测试

1. 轮轨垂直力

轮轨垂直力是列车作用于轨道结构的主要荷载，是分析轨道结构强度的主要参数，通过本项目测试可以了解高速列车通过时作用于无砟轨道的垂向动荷载，为无砟轨道结构的强度校核和设计提供依据。

表 8－6－116、表 8－6－117 分别为各工点不同列车以不同速度通过时轮轨垂直力的最大值、平均值统计；表 8－6－118、表 8－6－119 为不同动车组通过各轨道测试工点时的轮轨垂直力平均值统计；图 8－6－144、图 8－6－145 为各工点不同列车以不同速度通过时轮轨垂直力测试结果的最大值和平均值分布。

(1)轮轨垂直力幅值

① 受不同位置、不同列车和不同速度的影响，轮轨垂直力最大值为 60～120.5 kN，轮轨最大垂直力为 120.5 kN。

② 各种列车通过不同工点时的轮轨垂直力平均值为 49～88.9 kN，最大轮轨垂直力平均值为 88.9 kN，总平均值为 71.0 kN。

(2)各工点变化规律

① 随速度的不断提高，轮轨垂直力无较大变化，呈微小的增大趋势；在列车速度大于 350 km/h 后个别工点的轮轨垂直力出现略微减小。

② 路桥过渡段和路基上无砟轨道地段比桥上无砟轨道地段轮轨垂直力略大。

(3)不同车型变化规律

① 轴重增加，轮轨垂直力也随之增大，重车比相应的空车通过时的轮轨垂直力明显增大，在不同地段增大幅度不同：CRH_2 型重车轮轨垂直力比空车平均增大 10.0%～25.8%，CRH_3 型重车轮轨垂直力比空车平均增大 3.9%～25.1%。

② CRH_3 型空车的轮轨垂直力明显大于 CRH_2 型空车，平均值大 7.3～11.0 kN；CRH_3 型重车的轮轨垂直力也明显大于 CRH_2 型重车，平均值大 3.0～10.0 kN。

(4)动力系数

动力系数由轮轨垂直力与静轮重的比计算所得。CRH_2 型空车和重车的静轮重分别按 57.9 和 65.4 kN 计，CRH_3 型空车和重车的静轮重分别按 67.2 和 74.7 kN 计。

随着速度的提高，轮轨动力作用并无明显增大，CRH_2 型空车动力系数最大为 1.95，平均为 1.12；其重车动力系数最大为 1.84，平均为 1.12。CRH_3 型空车动力系数最大为 1.69，平均为 1.09；其重车动力系数最大为 1.29，平均为 1.06。

综上所述，轮轨垂直力测试值均在设计荷载以内，各型动车组动荷载下的动力系数平均值为 1.06～1.12，最大动力系数为 1.95。随着运营时间的延长，轨道平顺性将降低，轮缘状态也将恶化，动力系数会有所增大，在运营中应加强对轨道和车辆状态的检查和维护。

表 8-6-116　动车组通过轨道结构各工点轮轨垂直力最大值统计表　单位：kN

工点名称		凉水河桥天津端过渡段			漷小路桥连续刚构	直线路基	杨村特大桥北京端过渡段	杨村特大桥 R7 000 m 曲线		杨村特大桥连续梁
车型	速度(km/h)	桥上	过渡段	路基				圆曲线	缓和曲线	
CRH2空车	$v<250$	73.0	74.6	75.1	81.3	89.1	77.8	60.3	68.1	75.8
	$250\leqslant v<300$	70.9	80.8	76.8	78.2	83.6	86.7	66.1	74.5	79.8
	$300\leqslant v<350$	73.7	82.6	82.9	86.8	94.8	88.9	70.2	88.3	79.6
	$v\geqslant 350$	74.7	87.2	84.8	86.6	113.0	98.0	71.6	81.8	80.0
CRH3空车	$v<250$	67.3	81.5	80.8	79.0	95.6	82.5	61.2	65.9	70.9
	$250\leqslant v<300$	75.8	80.7	86.1	81.0	102.1	87.6	65.3	71.1	75.3
	$300\leqslant v<350$	75.4	84.3	84.7	83.2	113.7	93.0	76.4	87.2	79.7
	$v\geqslant 350$	84.4	93.6	93.1	83.4	106.7	86.9	79.8	85.6	103.5
CRH2重车	$v<250$	85.5	103.2	91.3	—	113.4	110.4	72.0	74.6	92.3
	$250\leqslant v<300$	87.3	104.5	87.0	—	109.1	97.6	76.2	83.6	90.6
	$300\leqslant v<350$	95.6	116.1	101.1	—	120.5	100.8	77.2	87.0	99.4
	$v\geqslant 350$	93.4	116.9	97.9	—	109.2	95.0	78.6	87.4	95.1
CRH3重车	$v<250$	90.6	87.6	88.9	—		—96.4	—	—	73.2
	$250\leqslant v<300$	88.6	84.4	92.9	—	—	96.2	—	—	81.4
	$300\leqslant v<350$	94.0	89.9	93.9	—	—	94.7	—	—	87.8
	$v\geqslant 350$	—	—	—	—	—	95.8	—	—	—

表 8-6-117　动车组通过轨道结构各工点轮轨垂直力平均值统计表　单位：kN

工点名称		凉水河桥天津端过渡段			漷小路桥连续刚构	直线路基	杨村特大桥北京端过渡段	杨村特大桥 R7 000 m 曲线		杨村特大桥连续梁
车型	速度(km/h)	桥上	过渡段	路基				圆曲线	缓和曲线	
CRH2空车	$v<250$	55.8	60.8	59.8	60.3	76.0	60.2	49.0	52.6	57.6
	$250\leqslant v<300$	50.4	58.9	62.7	60.8	71.2	65.4	54.0	56.7	60.8
	$300\leqslant v<350$	53.9	64.3	64.8	59.8	72.1	69.7	56.5	66.9	63.4
	$v\geqslant 350$	56.7	66.9	67.2	62.9	78.9	68.2	58.7	68.9	63.9
CRH3空车	$v<250$	63.4	70.7	70.8	71.0	84.1	70.0	54.9	57.0	63.0
	$250\leqslant v<300$	62.0	67.9	72.5	69.7	83.5	78.5	57.5	61.9	66.9
	$300\leqslant v<350$	65.8	76.3	75.0	71.5	87.9	76.9	66.3	76.6	70.2
	$v\geqslant 350$	68.5	79.3	77.4	69.7	86.5	70.8	69.9	78.7	75.0
CRH2重车	$v<250$	67.2	66.9	67.0	—	86.0	75.7	59.6	61.6	63.8
	$250\leqslant v<300$	67.5	70.4	68.8	—	85.5	72.5	63.2	71.0	66.9
	$300\leqslant v<350$	69.9	76.9	71.5	—	82.1	75.2	64.2	73.2	71.3
	$v\geqslant 350$	68.2	82.3	73.0	—	88.3	76.7	65.6	66.8	70.9
CRH3重车	$v<250$	79.0	76.8	77.5	—	—	84.0	—	—	68.0
	$250\leqslant v<300$	81.1	75.2	76.9	—	—	86.4	—	—	69.4
	$300\leqslant v<350$	83.7	83.1	84.3	—	—	82.9	—	—	77.2
	$v\geqslant 350$	—	—	—	—	—	80.7	—	—	—

表 8－6－118　不同动车组通过轨道结构各工点的轮轨垂直力平均值统计表　　单位：kN

工　点		车　型					
		CRH2 空车	CRH2 重车	CRH2 重车比空车增大	CRH3 空车	CRH3 重车	CRH3 重车比空车增大
凉水河桥天津端路桥过渡段	桥上	54.2	68.2	25.8%	64.9	81.2	25.1%
	过渡段	62.7	74.1	18.2%	73.6	78.4	6.5%
	路基	63.6	69.9	10.0%	73.7	79.6	8.0%
漷小路桥连续刚构		61.0	—	—	70.5	—	—
直线路基		74.6	85.5	14.6%	85.5	—	—
杨村特大桥北京端过渡段		66.0	75.0	13.6%	74.1	83.5	12.7%
杨村特大桥 R7 000 m 曲线	圆曲线	54.6	63.2	15.8%	62.2	—	—
	缓和曲线	61.3	68.2	11.3%	68.6	—	—
杨村特大桥预应力混凝土连续梁		61.4	68.2	11.1%	68.8	71.5	3.9%
平均值		62.1	71.6	—	71.3	78.8	—

表 8－6－119　不同动车组通过轨道结构各工点的动力系数统计表

工点名称	CRH2 空		CRH3 空		CRH2 重		CRH3 重	
	最大值	平均值	最大值	平均值	最大值	平均值	最大值	平均值
凉水河桥过渡段	1.51	1.08	1.39	1.09	1.79	1.06	1.26	1.05
漷小路连续刚构	1.50	1.05	1.24	1.03	—	—	—	—
直线路基	1.95	1.27	1.69	1.23	1.84	1.28	—	—
杨村特大桥过渡段	1.69	1.13	1.38	1.07	1.69	1.12	1.29	1.10
杨村特大桥 R7 000 m 曲线	1.53	1.10	1.30	1.10	1.34	1.06	—	—
杨村特大桥连续梁	1.38	1.07	1.34	1.05	1.52	1.06	1.18	1.03
总统计	1.95	1.12	1.69	1.09	1.84	1.12	1.29	1.06

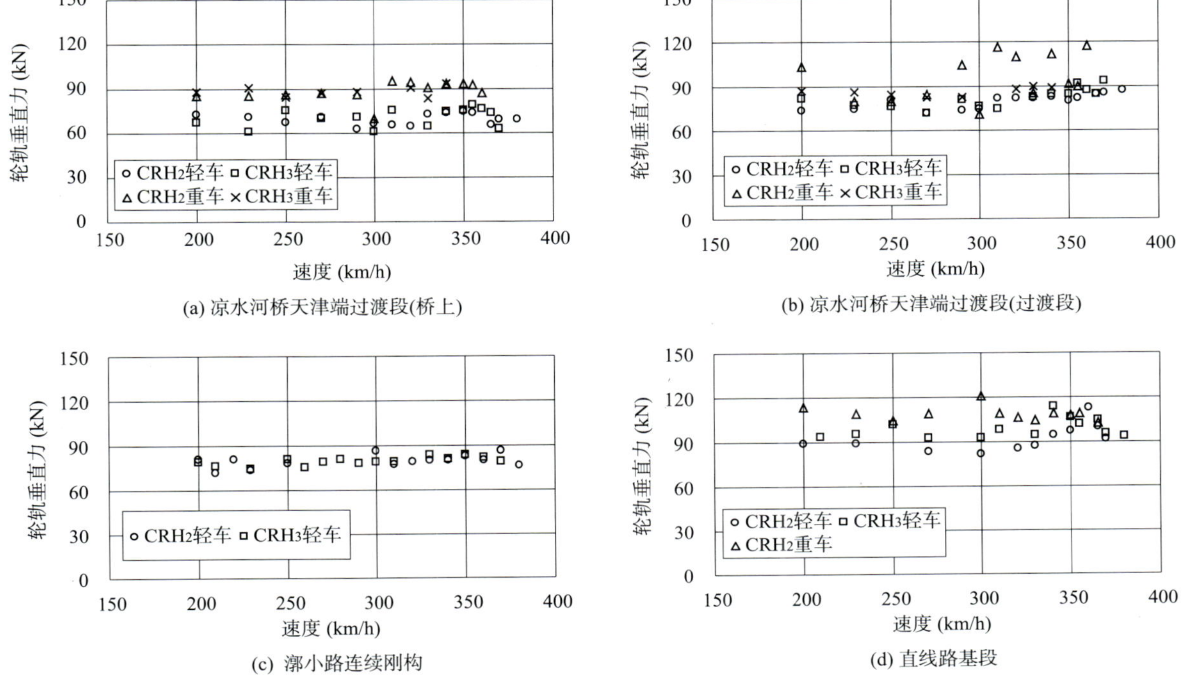

图 8－6－144　动车组以不同速度通过轨道结构(一)

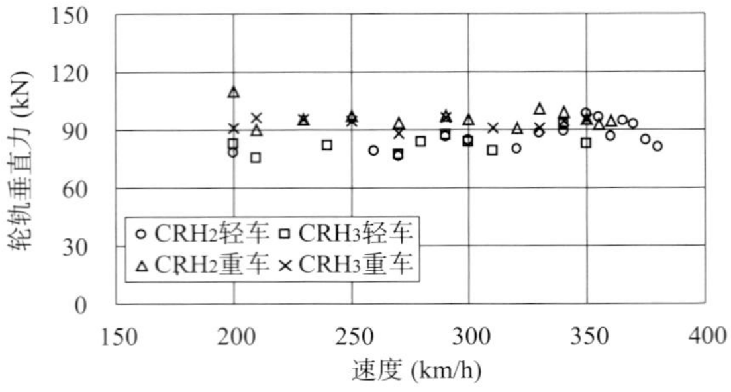

(e) 杨村特大桥北京端过渡段(桥上)

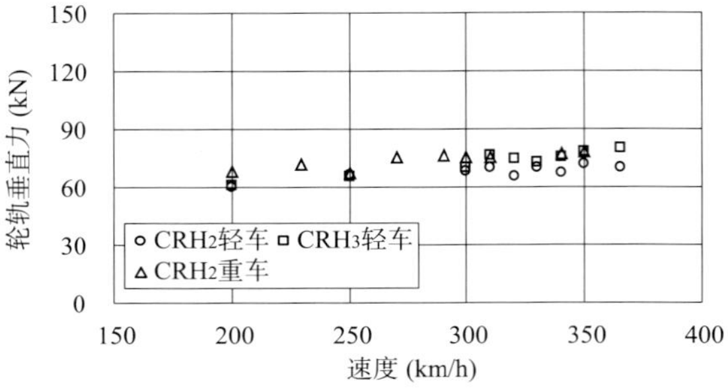

(f) 杨村特大桥桥上R7 000 m曲线(圆曲线)

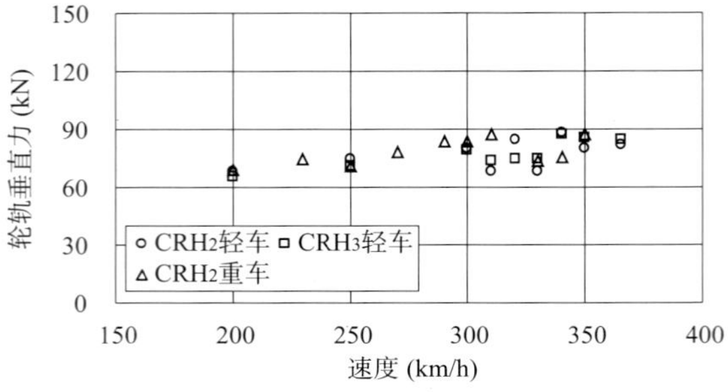

(g) 杨村特大桥桥上R7 000 m曲线(缓和曲线)

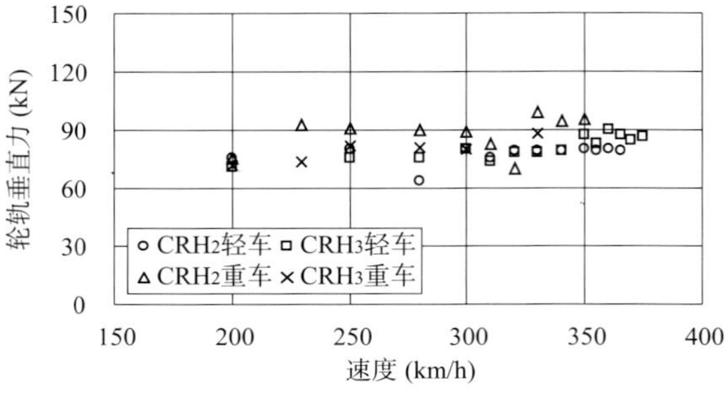

(h) 杨村特大桥连续梁

图 8-6-144　动车组以不同速度通过轨道结构(二)

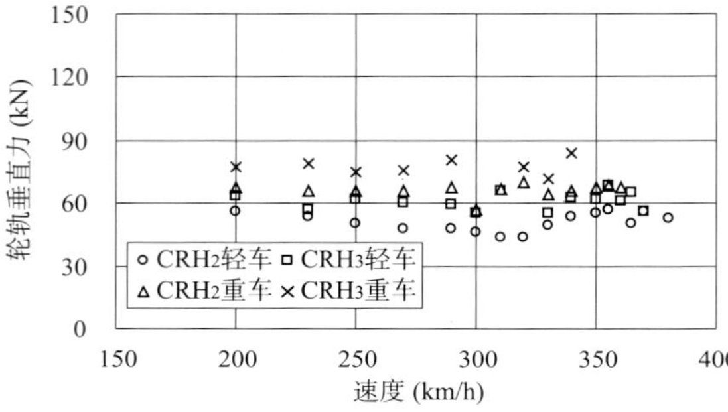

(a) 凉水河桥天津端过渡段(桥上)

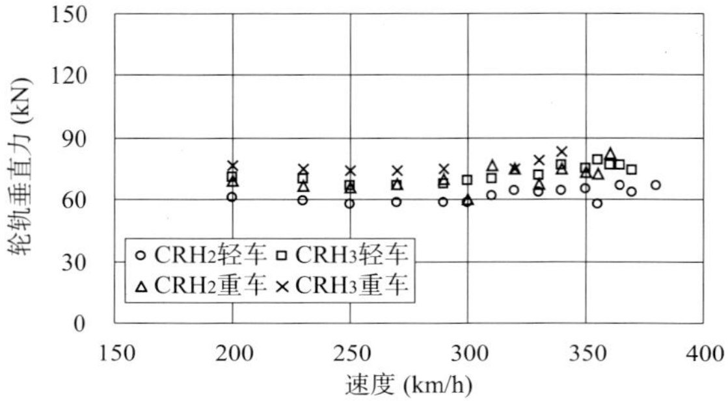

(b) 凉水河桥天津端过渡段(过渡段)

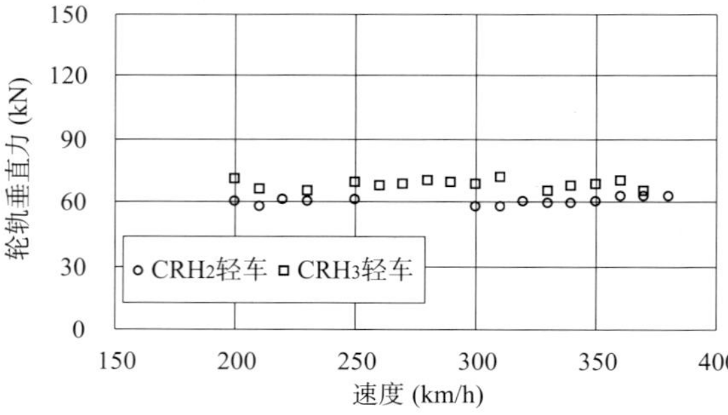

(c) 漷小路连续刚构

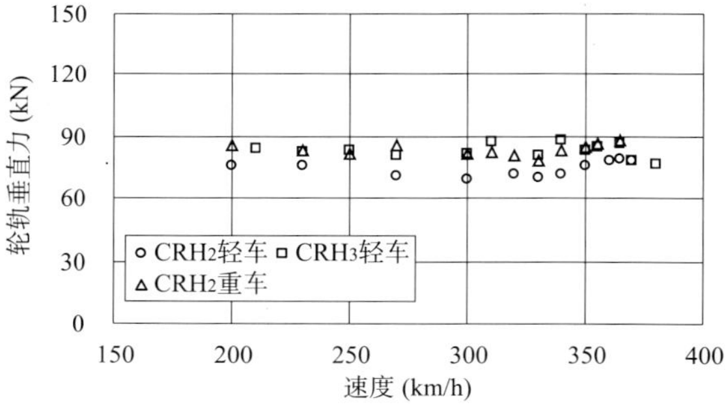

(d) 直线路基段

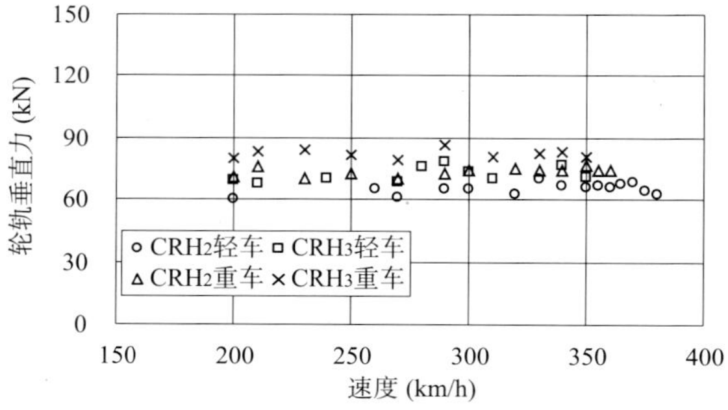

(e) 杨村特大桥北京端过渡段(桥上)

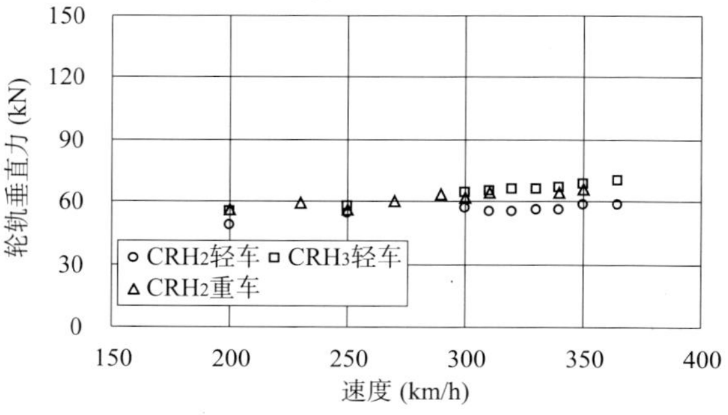

(f) 杨村特大桥桥上R7000 m曲线(圆曲线)

图 8-6-145　动车组以不同速度通过轨道结构各工点时轮轨垂直力平均值分布(一)

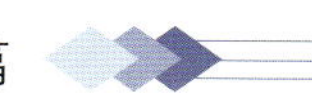

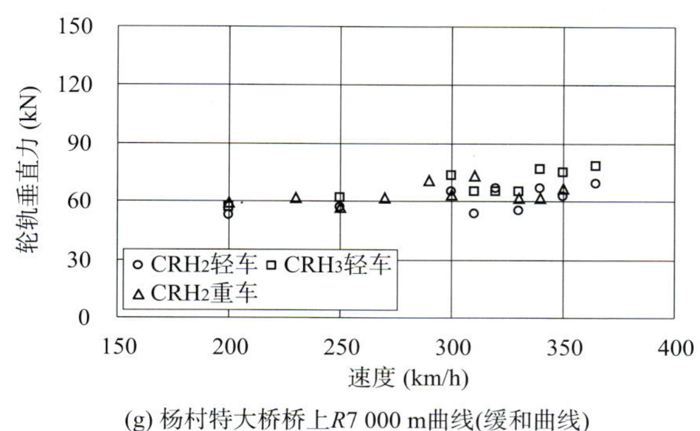

(g) 杨村特大桥桥上R7 000 m曲线(缓和曲线)

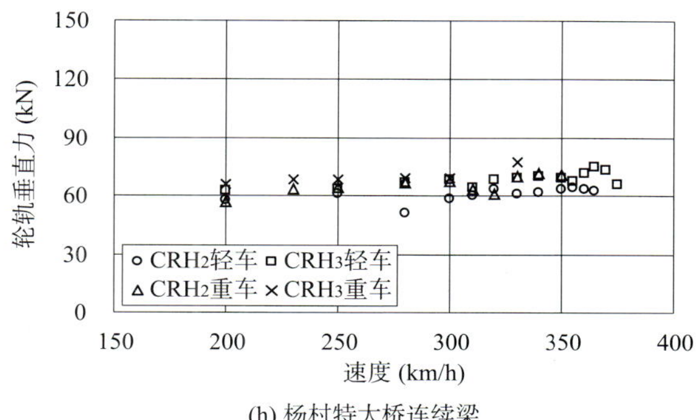

(h) 杨村特大桥连续梁

图 8－6－145　动车组以不同速度通过轨道结构各工点时轮轨垂直力平均值分布(二)

2. 支点压力

在列车荷载作用下,钢轨各支点的支点压力是轨下基础强度设计的关键参数,也是衡量各支点压力分配传递性能和确定钢轨节点支承刚度的参数。

表 8－6－120 为各工点不同列车以不同速度通过时钢轨支点压力的测试结果,表 8－6－121 为不同动车组通过轨道结构各工点的钢轨支点压力平均值统计;图 8－6－146 为扣件支点间距 650 mm、单轮载、不同支点刚度下钢轨支点压力分配曲线理论计算值,图 8－6－147 为列车以不同速度通过时钢轨支点压力的分布。

(1)钢轨支点压力幅值

① 受不同位置、不同列车和不同速度的影响,钢轨支点压力最大值为 32～59.3 kN。

② 各种列车通过不同工点时的钢轨支点压力平均值为 24.4～46.3 kN,总平均值为 34.6 kN。

(2)各工点钢轨支点压力变化规律

① 随速度的不断提高,钢轨支点压力无较大变化。

② 在列车速度大于 350 km/h 后,由于线路精调,个别工点的钢轨支点压力出现略微减小现象。

(3)不同车型变化规律

轴重增加,钢轨支点压力也随之增大,但由于 CRH_3 型重车测试是在线路精调后进行,轨道平顺性提高,造成 CRH_3 型重车比空车通过时的平均钢轨支点压力小。

(4)钢轨支点压力分配

综合各工点轮轨垂直力和钢轨支点压力测试值,轮轨垂直力平均值为 71.0 kN,钢轨支点压力平均值为 34.6 kN,计算钢轨支点压力分配系数约 0.49。

表 8－6－120　动车组以不同速度通过轨道结构各工点支点压力统计表　　单位:kN

工点名称		直线路基段		杨村特大桥北京端过渡段								杨村特大桥连续梁(曲线)			
				桥上				过渡段		路基		支点 1		支点 2	
				支点 1		支点 2									
车型	速度(km/h)	最大	平均	最大	平均	最大	平均	最大	平均	最大	平均	最大	平均	最大	平均
CRH_2 空车	$v<250$	40.3	33.2	39.8	32.1	36.5	30.2	35.7	29.0	38.9	32.1	40.5	31.8	45.2	35.8
	$250\leqslant v<300$	37.8	32.2	38.5	31.9	37.6	30.1	35.1	28.0	41.8	33.1	39.0	31.3	42.8	33.6
	$300\leqslant v<350$	41.2	32.1	45.5	34.0	41.6	31.0	38.1	24.4	49.0	35.0	47.0	35.0	50.2	36.9
	$v\geqslant 350$	46.7	37.8	44.6	34.7	44.4	31.7	41.1	27.0	51.4	34.7	51.3	36.8	54.4	41.8
CRH_3 空车	$v<250$	43.6	38.4	42.9	37.2	39.6	34.7	38.1	33.0	38.7	35.5	40.9	35.1	45.9	39.5
	$250\leqslant v<300$	46.9	38.5	45.6	37.4	41.5	34.9	38.4	32.3	48.1	37.4	45.8	37.0	50.5	41.7
	$300\leqslant v<350$	49.6	38.7	46.0	37.1	44.7	35.4	35.9	30.5	47.1	39.6	49.6	41.2	51.9	43.7
	$v\geqslant 350$	51.1	38.4	40.8	36.5	36.8	33.6	39.3	31.8	44.9	38.0	51.4	41.5	59.3	46.3

续上表

工点名称		直线路基段		杨村特大桥北京端过渡段								杨村特大桥连续梁（曲线）			
				桥上				过渡段		路基		支点 1		支点 2	
				支点 1		支点 2									
CRH2 重车	$v<250$	45.5	36.6	40.8	32.1	41.3	31.5	41.3	30.0	43.1	33.7	40.2	31.3	43.1	34.9
	$250\leqslant v<300$	47.3	37.1	43.4	32.0	43.3	32.1	40.9	30.3	46.8	34.4	40.8	33.2	44.7	36.1
	$300\leqslant v<350$	47.8	36.8	43.3	31.7	40.5	32.1	36.8	28.2	47.7	35.1	43.7	33.8	47.3	37.9
	$v\geqslant350$	49.2	39.7	41.0	32.2	43.4	32.3	39.1	27.7	45.4	34.5	45.0	35.6	48.4	39.1
CRH3 重车	$v<250$	—	—	40.7	34.7	40.3	34.2	38.6	32.2	42.9	36.4	35.9	31.0	40.2	36.2
	$250\leqslant v<300$	—	—	39.6	34.6	39.8	34.1	38.0	32.7	42.8	36.3	40.1	33.6	44.5	38.4
	$300\leqslant v<350$	—	—	41.9	33.6	39.6	34.5	38.3	31.0	47.6	37.5	42.8	36.6	45.8	40.7
	$v\geqslant350$	—	—	40.2	34.2	34.6	30.6	32.0	27.7	43.3	34.7	—	—	—	—

表 8－6－121　动车组通过轨道结构各工点支点压力统计表　　单位：kN

工点名称		车型							
		CRH2 空车		CRH2 重车		CRH3 空车		CRH3 重车	
		最大	平均	最大	平均	最大	平均	最大	平均
直线路基段		46.7	33.8	49.2	37.6	51.1	38.5	—	—
杨村特大桥北京端过渡段	桥上支点 1	45.5	33.2	43.4	32.0	46.0	37.1	41.9	34.3
	桥上支点 2	44.4	30.8	43.4	32.0	44.7	34.7	40.3	33.4
	过渡段	41.1	27.1	41.3	29.1	38.4	31.3	38.6	30.9
	路基	51.4	33.7	47.7	34.4	48.1	37.4	47.6	36.2
杨村特大桥连续梁（曲线）	支点 1	51.3	33.7	45.0	33.5	51.4	38.7	42.8	33.7
	支点 2	54.4	37.0	48.4	37.0	59.3	42.8	45.8	38.4
平均值		—	32.8	—	33.7	—	37.2	—	34.5

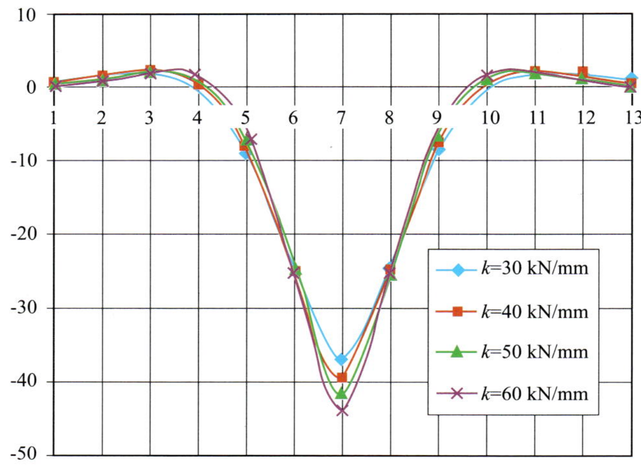

图 8－6－146　钢轨支点压力分配曲线

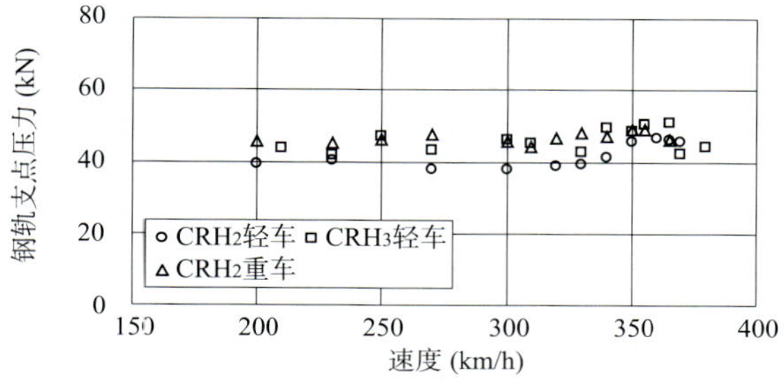

(a) 直线路基段(最大值)

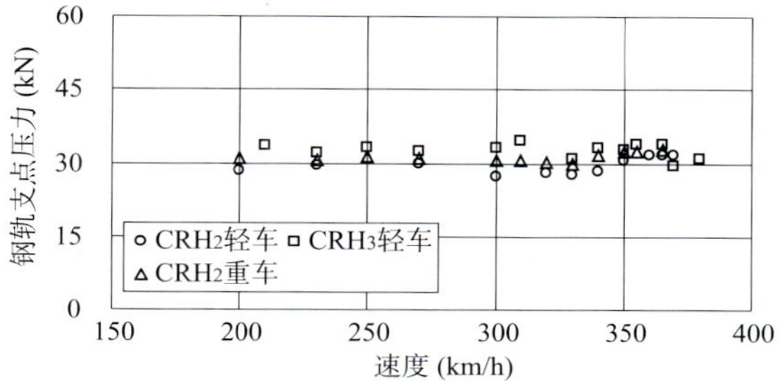

(b) 直线路基段(平均值)

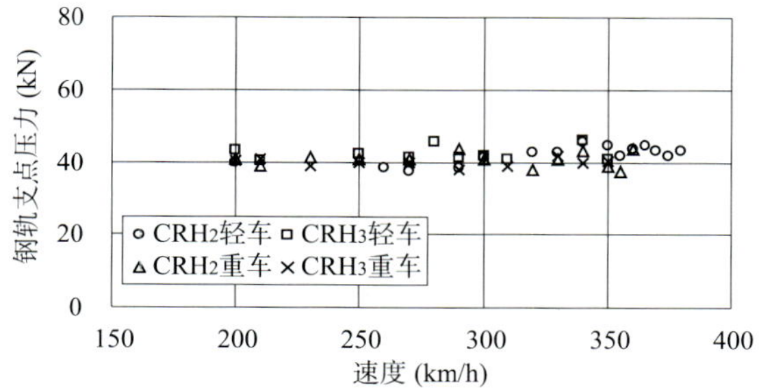

(c) 杨村特大桥北京端过渡段(桥上，最大值)

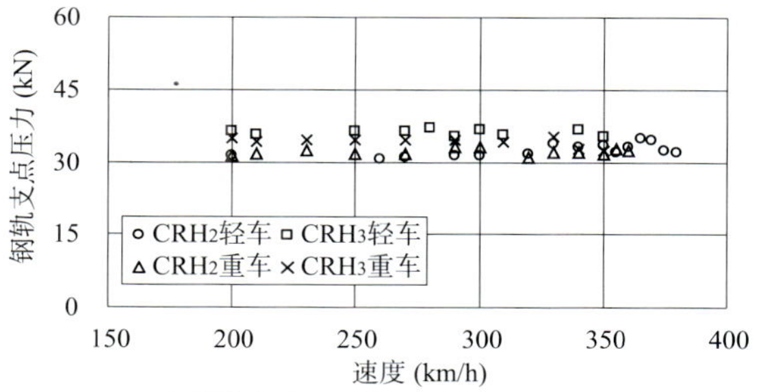

(d) 杨村特大桥北京端过渡段(桥上，平均值)

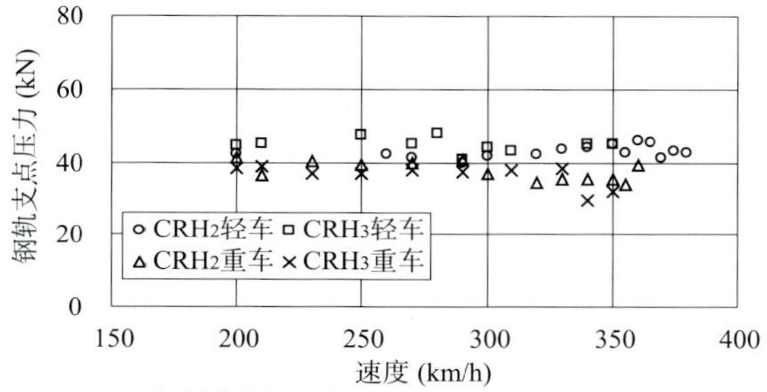

(e) 杨村特大桥北京端过渡段(过渡段，最大值)

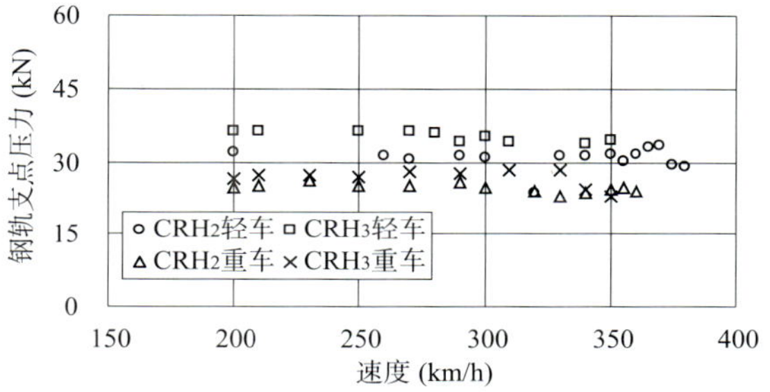

(f) 杨村特大桥北京端过渡段(过渡段，平均值)

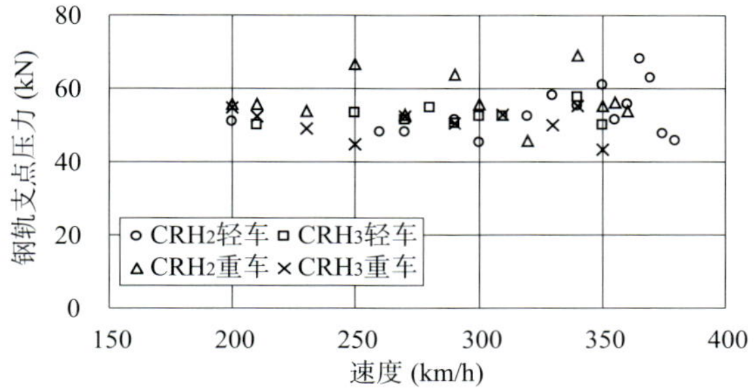

(g) 杨村特大桥北京端过渡段(路基，最大值)

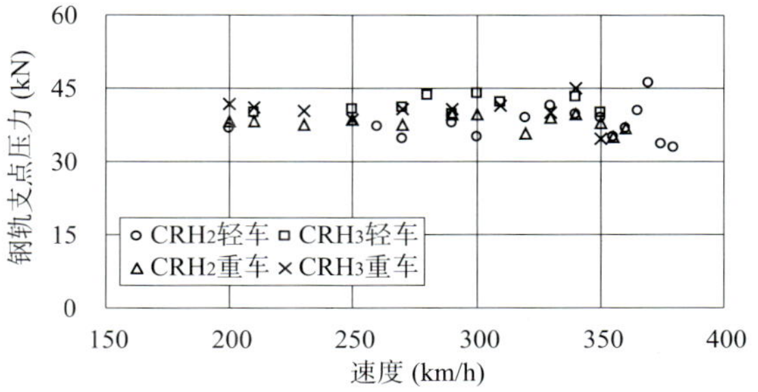

(h) 杨村特大桥北京端过渡段(路基，平均值)

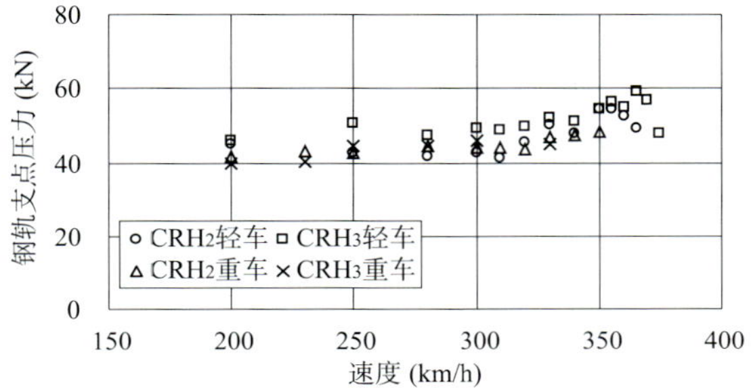

(i) 杨村特大桥连续梁(最大值)

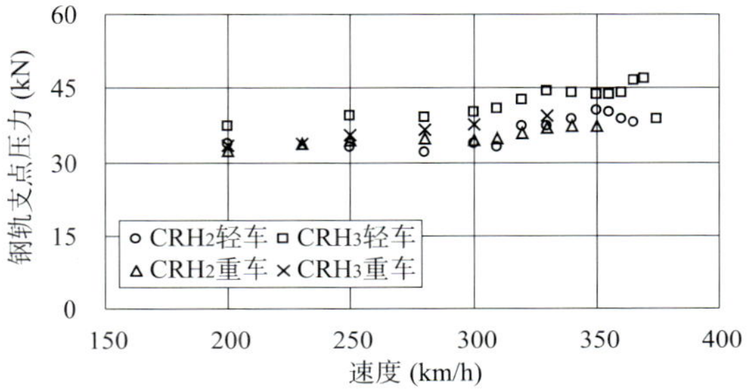

(j) 杨村特大桥连续梁(平均值)

图 8－6－147　动车组以不同速度通过轨道结构各工点时钢轨支点压力分布

3. 轨道板应变

为分析在动车组动载作用下,轨道板混凝土会不会产生开裂,其结构强度是否具有一定的安全储备,在凉水河桥过渡段测试工点布置了轨道板混凝土应变参数测点。根据板式轨道的理论计算分析以及室内实尺模型的试验结果,轨道板拉应变的最大值一般出现在板端的线路中心线位置(即板端中部),轨下截面处轨道板的应变一般为压应变。

测点布置:桥上,分别为板中轨下纵向、板端中间横向和轨下横向应变;过渡段,布置了板中轨下纵向和板端轨下横向应变;路基上,布置了板端中间横向和轨下横向应变。

轨道板应变的实测波形及与列车速度的关系见图 8-6-148。

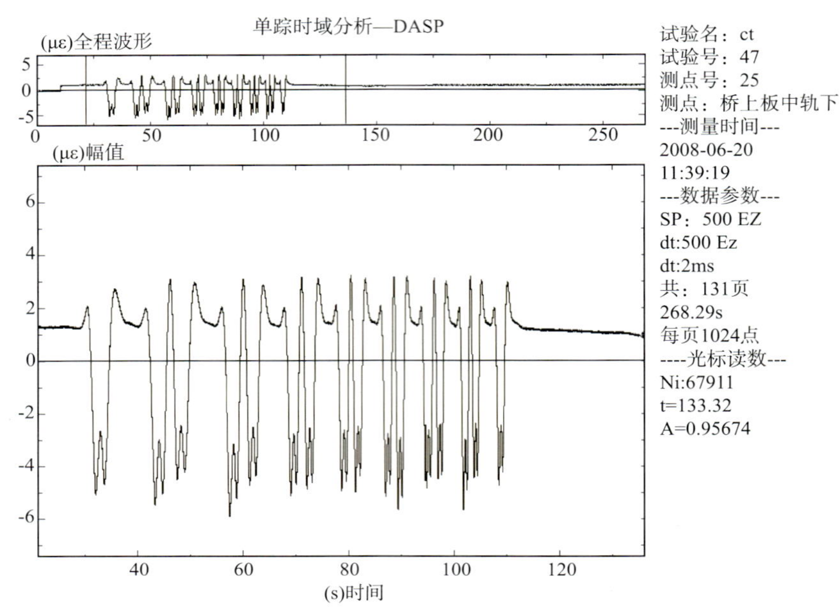

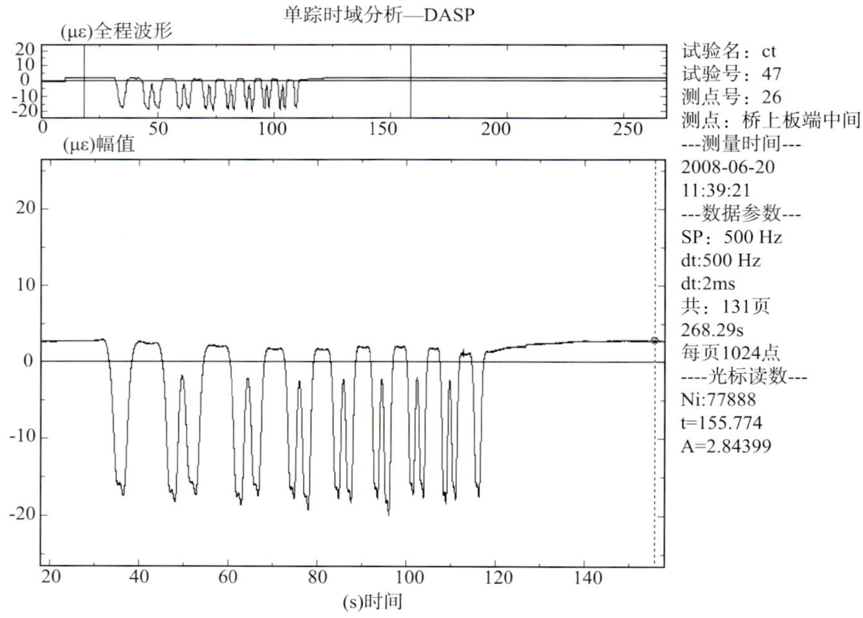

图 8-6-148　轨道板应变实测波形及与列车速度关系图(凉水河桥天津端过渡段)(一)

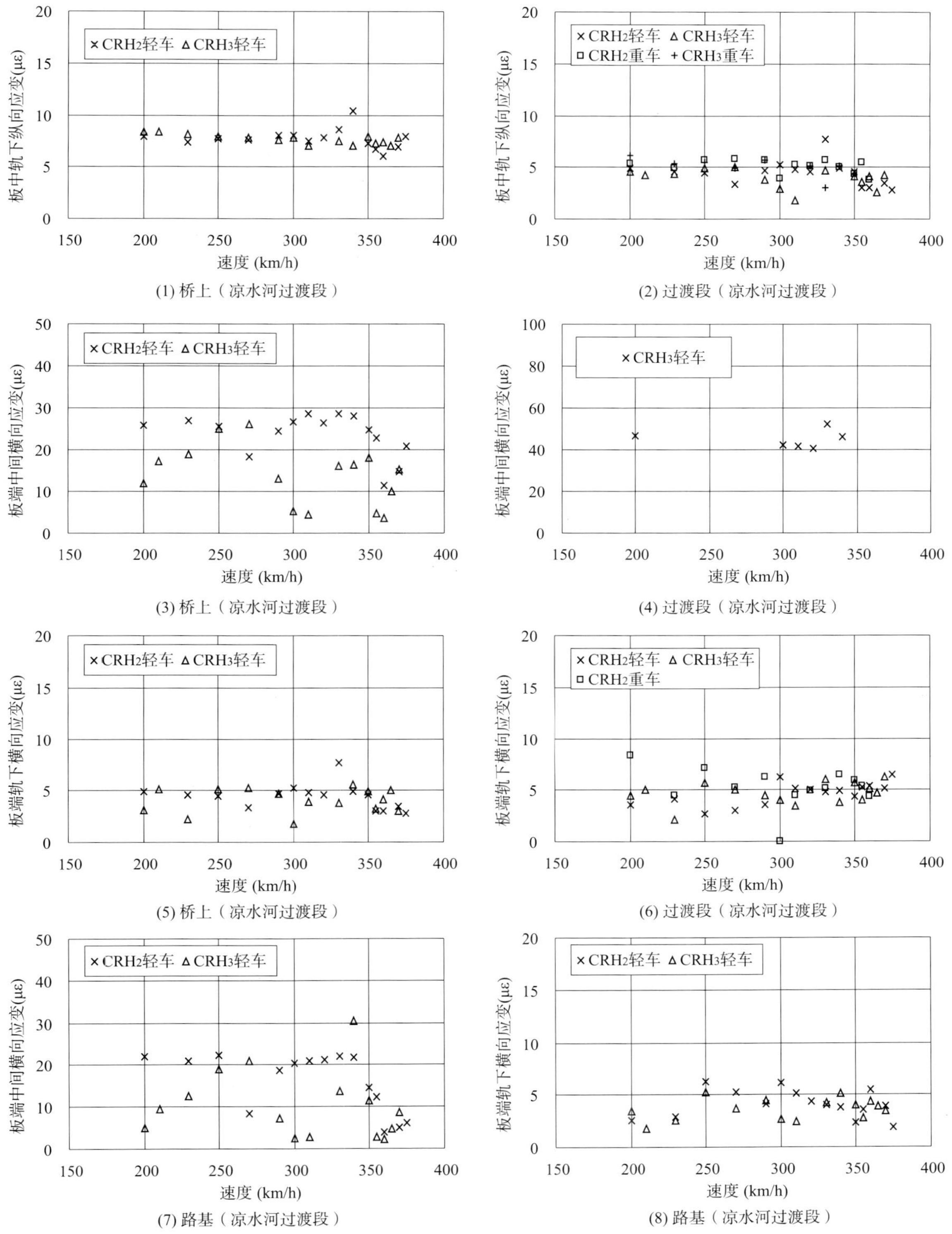

(1) 桥上（凉水河过渡段）

(2) 过渡段（凉水河过渡段）

(3) 桥上（凉水河过渡段）

(4) 过渡段（凉水河过渡段）

(5) 桥上（凉水河过渡段）

(6) 过渡段（凉水河过渡段）

(7) 路基（凉水河过渡段）

(8) 路基（凉水河过渡段）

图 8－6－148　轨道板应变实测波形及与列车速度关系图(凉水河桥天津端过渡段)(二)

CRH_2 型和 CRH_3 型动车组空车及重车以不同速度通过凉水河桥天津端过渡段测试工点时的轨道板应变参数实测数据的统计结果见表 8－6－122、表 8－6－123，可以看出：

①轨道板在线路中心线横向位置和轨下纵向的应变均为拉应变；在轨下截面横向位置的应变均为压应变。这与理论计算分析及室内实尺模型试验结果一致。

②在列车动荷载下，轨道板应变幅值均较小。

③过渡段轨道板的板中轨下纵向拉应变略小于桥上轨道板；路基段板端中间横向应变略小于桥上轨道板；桥上、过渡段及路基上轨道板的板端轨下横向应变实测值大小基本相当。

④在列车动荷载作用下，板中轨下纵向拉应变实测最大值为10με，混凝土弹性模量取 3.6×10^4 MPa，换算拉应力为0.36 MPa；板端中间横向拉应变实测最大值为29με，换算拉应力为1.06 MPa；板端轨下横向压应变实测最大值为8με，换算压应力为0.29 MPa。分别小于混凝土的抗拉强度2.97 MPa和抗压强度18.5 MPa允许值。

表 8-6-122　轨道板应变统计（凉水河桥过渡段，空车）　单位：με

车型	速度 km/h	桥上			过渡段		路基	
		板中轨下纵向	板端中间横向	板端轨下横向	板中轨下纵向	板端轨下横向	板端中间横向	板端轨下横向
CRH2 空车	$v<250$	-8	-27	4	-5	4	-22	3
	$250\leq v<300$	-8	-26	4	-5	4	-22	6
	$300\leq v<350$	-10	-29	6	-8	6	-22	6
	$v\geq350$	-8	-25	6	-5	7	-15	5
CRH3 空车	$v<250$	-8	—	5	-5	5	—	3
	$250\leq v<300$	-8	—	5	-5	6	—	5
	$300\leq v<350$	-8	—	4	-5	6	—	4
	$v\geq350$	-8	—	5	-4	6	—	4

注：表中数据，压应变为“+”，拉应变为“-”。

表 8-6-123　轨道板应变统计（凉水河桥过渡段，重车）　单位：με

速度 km/h	轨道板应变（过渡段）		
	板中轨下纵向		板端轨下横向
	CRH2 重车	CRH3 重车	CRH2 重车
$v<250$	-5	-6	8
$250\leq v<300$	-6	-6	7
$300\leq v<350$	-6	-5	6
$v\geq350$	-6	—	6

注：表中数据，压应变为“+”，拉应变为“-”。

4. 砂浆填充层动应力

为分析无砟轨道结构动应力的传递规律，掌握砂浆填充层的应力等级和砂浆层强度，在施工过程中预埋压力传感器以测试砂浆层的压应力。

沥青砂浆填充层动应力（压应力）测试数据统计见表8-6-124，动车组通过各测点时砂浆填充层动应力概率分布直方图如图8-6-149所示。测试结果表明：

① 砂浆层动应力与列车速度关系不明显，各测点数据大致呈正态分布。

② 动车组作用下砂浆层动应力实测最大值为0.045 MPa，平均值在0.022～0.025 MPa之间，小于砂浆层设计指标值15 MPa。

表 8-6-124　砂浆填充层动应力统计表　单位：MPa

项目内容	压力传感器1	压力传感器2	压力传感器3	压力传感器4
最小值	0.011	0.011	0.018	0.018
最大值	0.038	0.045	0.035	0.035
平均值	0.022	0.024	0.025	0.025

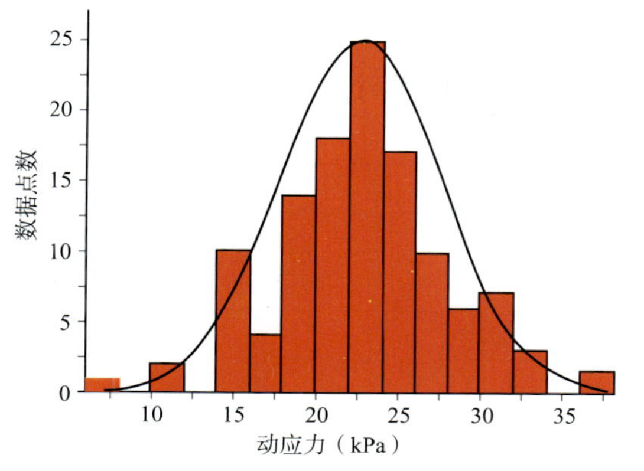

(a)压力传感器 1 所测动应力概率直方图

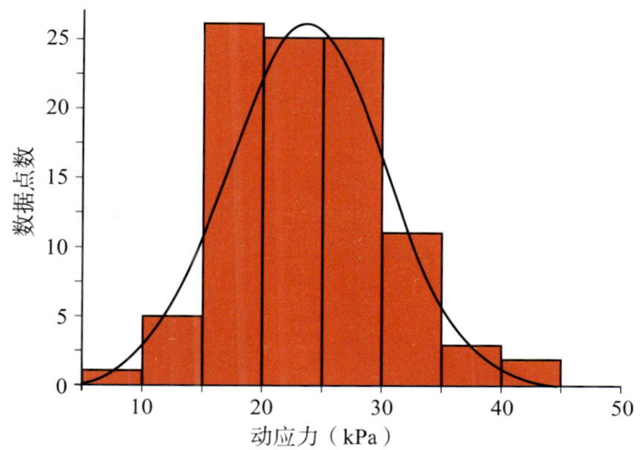

(b)压力传感器 2 所测动应力概率直方图

图 8 - 6 - 149　砂浆填充层动应力直方图(杨村特大桥路桥过渡段)

三、无砟轨道结构变形测试

1. 轨道板相对位移

(1)轨道板相对底座位移

轨道板相对底座位移测试了轨道板相对于底座垂向和横向位移,以分析轨道板与底座间砂浆填充层的变形以及轨道板横向稳定性。由图 8 - 6 - 150 和表 8 - 6 - 125 中数据可以看出:

① 轨道板相对于底座横向位移的测试主要是为了验证轨道板和砂浆填充层之间是否有脱空现象了。实测最大值:空车 0.09 mm,重车 0.14 mm,测试数据表明横向位移均较小,轨道板横向稳定性较好。

② 轨道板相对于底座的垂向位移反映的是砂浆填充层压缩变形的特性,各工点测试数据说明其变形有一定的离散性。实测最大值:空车作用下为 0.38 mm,重车作用下为 0.39 mm。

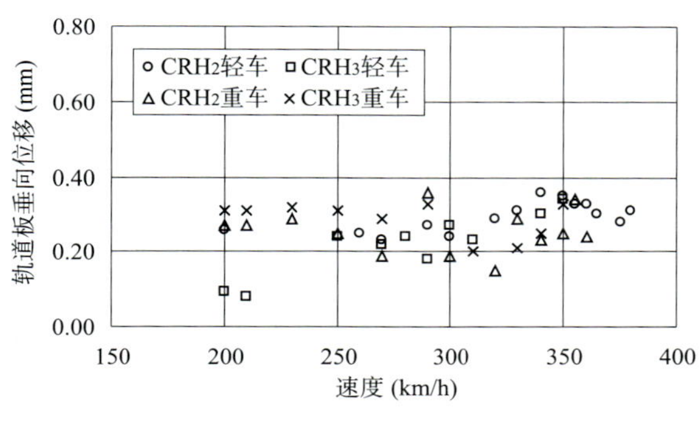

(a) 杨村特大桥北京端过渡段(板与底座间)

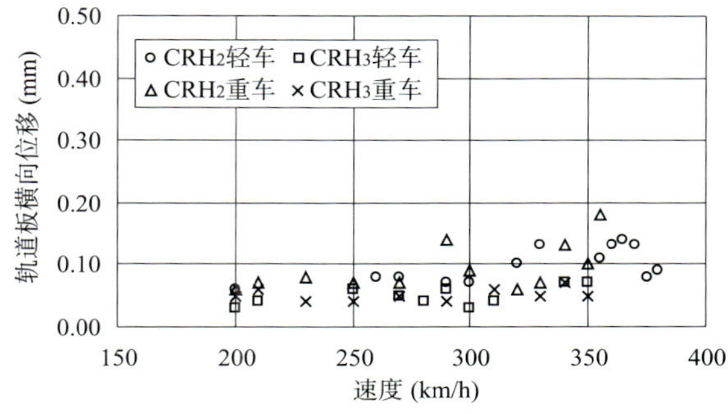

(b) 杨村特大桥北京端过渡段(板与底座间)

图 8 - 6 - 150　轨道板相对于底座垂向和横向位移与列车速度关系图

表 8 - 6 - 125　各测点轨道板相对于底座位移统计　　单位:mm

车型	速度(km/h)	轨道板与底座间相对垂向位移				轨道板与底座间相对横向位移		
		工点 1	工点 3	工点 4	工点 6	工点 1	工点 4	工点 5
CRH2 空车	$v<250$	0.28	0.28	0.26	0.18	0.03	0.06	0.08
	$250\leqslant v<300$	0.27	0.30	0.27	0.19	0.04	0.08	0.07
	$300\leqslant v<350$	0.30	0.38	0.36	0.26	0.04	—	0.04
	$v\geqslant 350$	0.20	0.27	0.28	0.27	0.04	—	0.09

续上表

车型	速度(km/h)	轨道板与底座间相对垂向位移				轨道板与底座间相对横向位移		
		工点1	工点3	工点4	工点6	工点1	工点4	工点5
CRH3空车	$v<250$	0.19	0.26	0.09	0.18	—	0.04	0.02
	$250\leq v<300$	0.28	0.31	0.24	0.18	—	0.06	0.02
	$300\leq v<350$	0.24	0.28	0.30	0.19	—	0.07	0.05
	$v\geq350$	0.21	0.27	0.34	0.23	—	0.07	0.05
CRH2重车	$v<250$	0.13	0.39	0.29	0.23	—	0.08	0.05
	$250\leq v<300$	0.16	0.35	0.36	0.25	—	0.14	0.07
	$300\leq v<350$	0.21	0.36	0.29	0.32	—	0.13	0.08
	$v\geq350$	0.17	0.37	0.34	0.32	—	—	0.06
CRH3重车	$v<250$	0.10	—	0.32	0.16	—	0.06	—
	$250\leq v<300$	0.22	—	0.33	0.19	—	0.05	—
	$300\leq v<350$	0.18	—	0.25	0.16	—	0.07	—
	$v\geq350$	—	—	0.33	—	—	0.05	—

(2)轨道板相对梁面位移

轨道板相对梁面位移测试了轨道板相对于梁面横向、纵向位移，以分析轨道板相对于梁面的纵横向滑动量。

由图8-6-151和表8-6-126中数据可以看出：

① 轨道板相对于梁面纵向位移最大值为0.34 mm(v=393 km/h)，说明底座与梁面之间的"两布一膜"滑动层起到作用，轨道结构和梁面之间产生一定的纵向位移，但"两布一膜"性能随时间、环境条件的变化趋势以及纵向位移的大小还要结合长期观测进行综合评判。其方向与行车方向相反(由于车轮与钢轨之间黏着力是一对作用力与反作用力，车轮对钢轨施加一与行车方向相反的作用力)。

② 轨道板相对于梁面横向位移数据离散性较大，实测数值变化范围为0.01～0.19 mm，说明轨道结构横向稳定性较好。

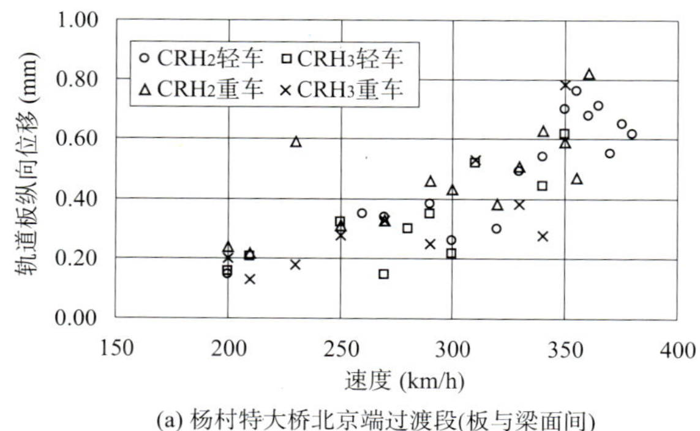

(a) 杨村特大桥北京端过渡段(板与梁面间)

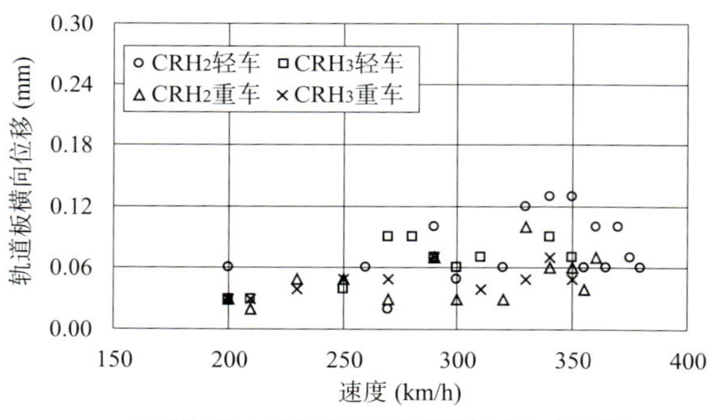

(b) 杨村特大桥过渡段(横向挡块处,板与梁面间)

图8-6-151 轨道板相对于梁面纵向和横向位移与列车速度关系图

表8-6-126 各测点轨道板相对于梁面位移统计

单位：mm

车型	速度(km/h)	工点1		工点2	工点4		工点5		工点6	
		横向	纵向	纵向	横向	纵向	横向	纵向	横向	纵向
CRH2空车	$v<250$	0.02	0.10	0.07	0.06	0.06	0.03	0.07	0.08	0.09
	$250\leq v<300$	0.03	0.14	0.07	0.10	0.15	0.01	0.05	0.11	0.22
	$300\leq v<350$	0.06	0.18	0.14	0.13	0.22	0.06	0.11	0.19	0.28
	$v\geq350$	0.03	0.19	0.12	0.13	0.30	0.03	0.08	0.18	0.27

续上表

车型	速度(km/h)	工点1		工点2	工点4		工点5		工点6	
		横向	纵向	纵向	横向	纵向	横向	纵向	横向	纵向
CRH3空车	$v<250$	—	—	0.08	0.03	0.08	0.05	0.09	0.08	0.10
	$250\leqslant v<300$	0.03	0.12	0.12	0.09	0.14	0.01	0.05	0.12	0.24
	$300\leqslant v<350$	0.03	0.18	0.11	0.09	0.21	0.01	0.06	0.13	0.25
	$v\geqslant350$	0.04	0.17	0.11	0.11	0.34	0.02	0.08	0.19	0.28
CRH2重车	$v<250$	—	0.12	—	0.05	0.24	0.04	0.06	—	—
	$250\leqslant v<300$	—	0.14	—	0.07	0.18	0.04	0.09	—	—
	$300\leqslant v<350$	—	0.25	—	0.10	0.25	0.04	0.09	—	—
	$v\geqslant350$	—	0.20	—	0.07	0.33	0.03	0.14	—	—
CRH3重车	$v<250$	—	0.08	—	0.04	0.08	—	—	—	—
	$250\leqslant v<300$	—	0.12	—	0.07	0.13	—	—	—	—
	$300\leqslant v<350$	—	0.18	—	0.07	0.21	—	—	—	—
	$v\geqslant350$	—	—	—	0.05	0.31	—	—	—	—

2. 桥梁跨中底座相对梁面垂向位移

由于京津城际铁路采用 CRTS Ⅱ 型板式无砟轨道，桥上无砟轨道的底座与梁面间设有滑动层，为分析动车组作用下桥梁挠曲变形对轨道结构的影响，是否会出现因轨道结构与梁面间发生脱离而拍打梁面现象，在桥上无砟轨道及路桥过渡段各测试工点均布置了桥梁跨中位置底座与梁面间的垂向相对位移参数测点。由图 8-6-152 和表 8-6-127 中数据可以看出：在 CRH2 型和 CRH3 型动车组动载作用下，底座与梁面间相对垂向位移实测值均较小，实测数据在 0.04 ~ 0.19 mm 范围内。

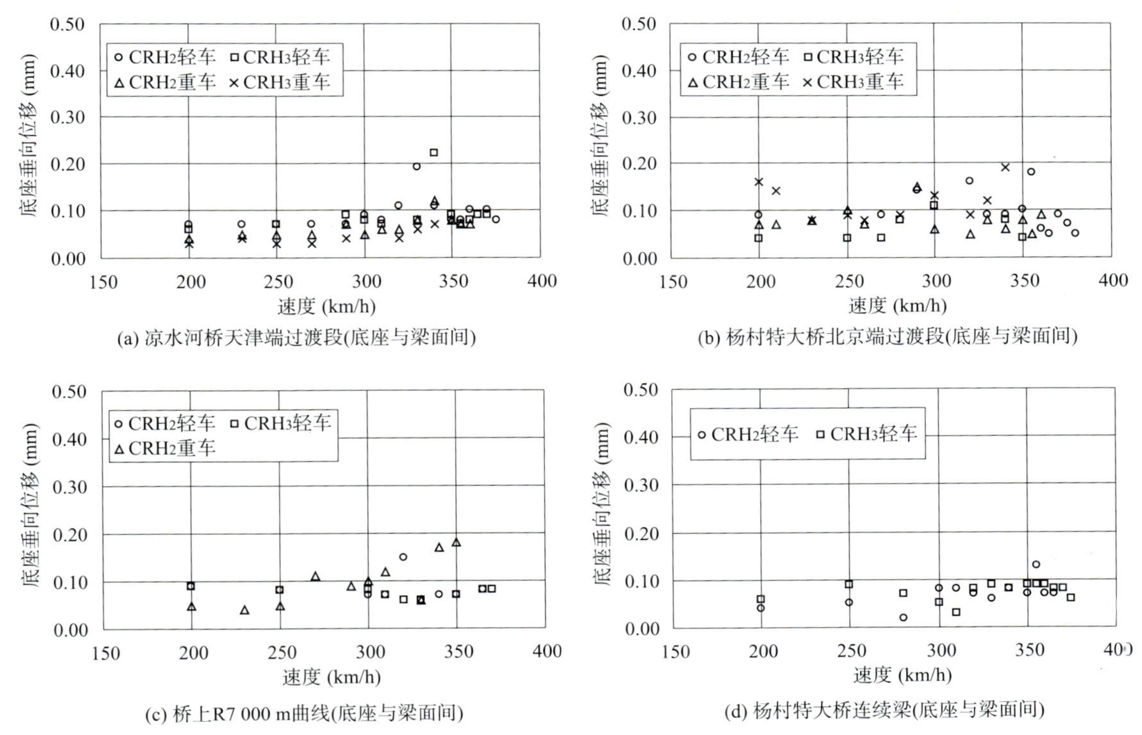

(a) 凉水河桥天津端过渡段(底座与梁面间)

(b) 杨村特大桥北京端过渡段(底座与梁面间)

(c) 桥上R7 000 m曲线(底座与梁面间)

(d) 杨村特大桥连续梁(底座与梁面间)

图 8-6-152　底座相对于梁面垂向位移与列车速度关系图

表 8－6－127　各测点底座相对于梁面垂向位移统计　单位：mm

车型	速度(km/h)	工点1	工点4	工点5	工点6
CRH2 空车	$v<250$	0.07	0.09	0.09	0.04
	$250\leqslant v<300$	0.07	0.14	0.08	0.05
	$300\leqslant v<350$	0.19	0.16	0.15	0.08
	$v\geqslant350$	0.10	0.18	0.08	0.13
CRH3 空车	$v<250$	0.06	0.04	0.09	0.06
	$250\leqslant v<300$	0.09	0.08	0.08	0.09
	$300\leqslant v<350$	0.22	0.11	0.08	0.09
	$v\geqslant350$	0.09	0.04	0.08	0.09
CRH2 重车	$v<250$	0.05	0.08	0.05	—
	$250\leqslant v<300$	0.07	0.15	0.11	—
	$300\leqslant v<350$	0.12	0.08	0.17	—
	$v\geqslant350$	0.08	0.09	0.18	—
CRH3 重车	$v<250$	0.04	0.16	—	—
	$250\leqslant v<300$	0.04	0.09	—	—
	$300\leqslant v<350$	0.07	0.19	—	—

3. 梁端泡沫塑料板变形

在桥上Ⅱ型板式无砟轨道设计中，为了减小梁端转角对上部轨道结构受力的影响，桥梁伸缩缝处的底座直接支撑在5 cm厚泡沫塑料板上。为考察泡沫塑料板在动车组作用下压缩变形情况，在凉水河桥过渡段及杨村特大桥过渡段测试工点桥台和桥墩梁端测试了底座相对于梁面的垂向变形。由图8－6－153和表8－6－128中数据可以看出：

（1）桥台和桥墩梁端处泡沫塑料板变形与列车速度的关系不明显，CRH2和CRH3型空车及重车对泡沫塑料板压缩变形的影响基本相当。

（2）杨村特大桥过渡段工点桥墩梁端处泡沫塑料板变形大于凉水河桥过渡段，2个工点的桥台梁端处测试值相近。

（3）在相同列车作用下，同一工点，桥墩梁端处泡沫塑料板变形随列车速度的提高略有增大，桥台梁端处泡沫塑料板变形与列车速度关系不明显；桥墩梁端处泡沫塑料板变形大于桥台梁端处。

（4）CRH2型和CRH3型空车动载作用下，泡沫塑料板变形实测最大值分别为0.26 mm（$v=340$ km/h）和0.18 mm（$v=340$ km/h）；重车作用下实测最大值为0.16 mm（$v=340$ km/h）和0.14 mm（$v=270$ km/h）。

表 8－6－128　各测点梁端泡沫塑料板变形统计　单位：mm

车型	速度(km/h)	凉水河路桥路桥过渡段				杨村特大桥路桥过渡段			
		桥墩		桥台		桥墩		桥台	
		左侧	右侧	左侧	右侧	左侧	右侧	左侧	右侧
CRH2 空车	$v<250$	0.09	0.14	0.06	0.04	0.11	0.19	0.03	0.16
	$250\leqslant v<300$	0.09	0.17	0.06	0.05	0.08	0.16	0.06	0.05
	$300\leqslant v<350$	0.10	0.17	0.08	0.06	0.15	0.26	0.11	0.05
	$v\geqslant350$	0.08	0.15	0.08	0.06	0.18	0.23	0.13	0.08

续上表

车型	速度(km/h)	凉水河路桥路桥过渡段				杨村特大桥路桥过渡段			
		桥墩		桥台		桥墩		桥台	
		左侧	右侧	左侧	右侧	左侧	右侧	左侧	右侧
CRH3空车	$v<250$	0.08	0.14	0.09	0.05	0.07	0.14	0.07	0.03
	$250\leqslant v<300$	0.08	0.16	0.09	0.05	0.13	0.16	0.09	0.05
	$300\leqslant v<350$	0.10	0.17	0.08	0.05	0.13	0.18	0.09	0.05
	$v\geqslant350$	0.09	0.17	0.12	0.11	0.10	0.16	0.09	0.07
CRH2重车	$v<250$	—	—	0.16	0.12	—	—	0.08	0.11
	$250\leqslant v<300$	—	—	0.11	0.11	—	—	0.07	0.09
	$300\leqslant v<350$	—	—	0.16	0.12	—	—	0.10	0.14
	$v\geqslant350$	—	—	0.11	0.10	—	—	0.08	0.10
CRH3重车	$v<250$	—	—	0.14	0.10	—	—	0.05	0.05
	$250\leqslant v<300$	—	—	0.14	0.11	—	—	0.05	0.05
	$300\leqslant v<350$	—	—	0.08	0.11	—	—	0.06	0.07
	$v\geqslant350$	—	—	—	—	—	—	0.05	0.05

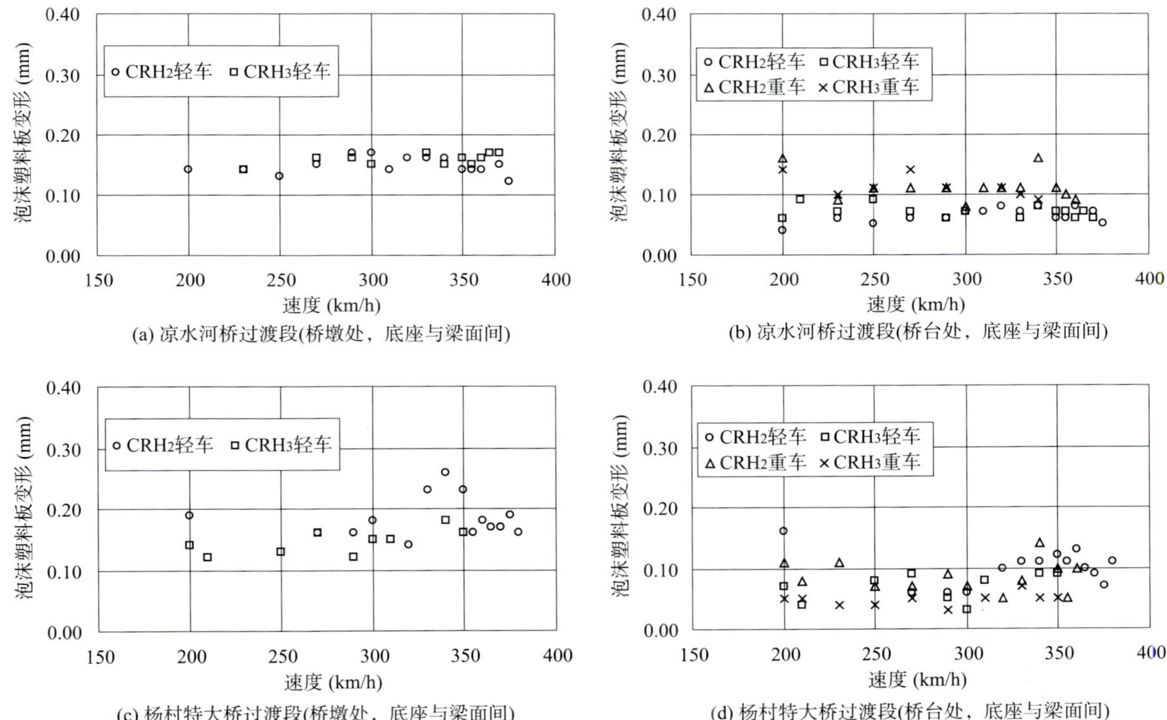

图 8－6－153　梁端泡沫塑料板变形与列车速度关系图

四、无砟轨道结构振动测试

轮轨垂向动力作用下轨道结构的垂向振动加速度特性是分析轨道及部件伤损的主要参数。为分析动车组动载作用下桥上、路桥过渡段和路基段无砟轨道结构部件的振动特性及传递关系，在桥上布置同一断面的钢轨、轨道板、底座的垂向振动加速度测点，在过渡段同一断面布置钢轨、轨道板、底座（混凝土支承层）、梁面的垂向振动加速度测点，在路基段同一断面布置钢轨、轨道板、混凝土支承层及路基面的垂向振动加速度测点。

1. 钢轨振动加速度

CRH2 型和 CRH3 型动车组以不同速度通过各测试工点时钢轨垂向振动加速度实测数据的统计结果见表 8－6－129、表 8－6－130，与列车速度的关系见图 8－6－154。由图表中数据可知：

(1) CRH2 型空车、CRH3 型空车、CRH2 型重车、CRH3 型重车作用下钢轨加速度实测最大值分别为 9 866、9 086、8 642 和 7 957 m/s^2。

(2) CRH2 型动车组作用下实测钢轨加速度最大值幅值大于 CRH3 型动车组，同种车型时空车作用下实测钢轨加速度最大值幅值大于重车。

(3) CRH2 型动车组动载作用下，钢轨垂向振动加速度随列车速度的提高呈明显上升趋势，而 CRH3 型动车组动载作用下的钢轨垂向振动加速度与列车速度变化关系不明显。

(4) 两个路桥过渡段测试工点的钢轨振动加速度大于其他测试工点。

表 8－6－129　钢轨振动加速度最大值统计(路—桥过渡段)　　单位：m/s^2

车型	速度(km/h)	凉水河桥过渡段			杨村特大桥过渡段			
		桥上	过渡段	路基	桥上		过渡段	路基
					天津端	北京端		
CRH2 空车	$v<250$	2 408	2 243	1 999	4 170	1 773	3 320	3 012
	$250\leqslant v<300$	2 243	4 044	3 668	5 427	3 708	6 212	2 993
	$300\leqslant v<350$	7 047	6 876	6 393	9 081	8 582	8 857	5 629
	$v\geqslant 350$	5 063	5 789	8 716	9 800	9 866	8 922	8 119
CRH3 空车	$v<250$	2 670	2 942	3 690	3 395	1 214	2 894	1 332
	$250\leqslant v<300$	2 438	3 226	2 277	4 565	3 088	3 523	2 379
	$300\leqslant v<350$	3 235	3 271	7 193	7 316	9 086	6 860	4 202
	$v\geqslant 350$	5 658	3 708	4 718	7 474	8 899	4 792	6 341
CRH2 重车	$v<250$	1 816	2 200	2 008	5 700	1 955	2 980	1 958
	$250\leqslant v<300$	4 422	3 485	4 306	6 399	2 984	5 034	3 469
	$300\leqslant v<350$	3 897	4 663	5 771	8 160	8 198	6 128	4 399
	$v\geqslant 350$	5 142	4 263	5 392	5 816	8 642	4 928	5 460
CRH3 重车	$v<250$	1 401	2 090	2 652	4 541	3 549	2 006	1 447
	$250\leqslant v<300$	1 782	2 518	4 050	6 225	4 662	4 509	6 364
	$300\leqslant v<350$	3 769	2 290	3 595	5 368	5 698	6 037	5 374
	$v\geqslant 350$	—	—	—	7 957	5 745	4 783	5 122

表 8－6－130　钢轨振动加速度最大值统计(桥上及路基上)　　单位：m/s^2

车型	速度(km/h)	潮小路桥连续刚构	直线路基段		杨村特大桥 R7 000 曲线		杨村特大桥连续梁
			北京端	天津端	圆曲线	缓和曲线	
CRH2 空车	$v<250$	1 379	1 748	2 380	3 955	—	2 027
	$250\leqslant v<300$	—	2 070	3 592	1 980	—	2 093
	$300\leqslant v<350$	2 666	4 446	6 136	1 772	—	4 181
	$v\geqslant 350$	1 872	4 661	4 724	3 469	3 883	3 342
CRH3 空车	$v<250$	1 893	1 828	2 489	3 090	3 005	1 931
	$250\leqslant v<300$	2 666	2 071	3 836	4 062	3 089	2 919
	$300\leqslant v<350$	1 872	3 375	5 218	3 090	3 005	3 165
	$v\geqslant 350$	1 748	5 101	6 780	4 062	3 089	3 775

续上表

车型	速度(km/h)	漷小路桥连续刚构	直线路基段		杨村特大桥 R7 000 曲线		杨村特大桥连续梁
			北京端	天津端	圆曲线	缓和曲线	
CRH2重车	$v<250$	—	2 377	3 238	—	—	2 807
	$250\leqslant v<300$	—	2 898	4 605	—	—	2 830
	$300\leqslant v<350$	—	3 681	5 768	—	—	4 901
	$v\geqslant350$	—	2 672	4 478	—	—	4 141
CRH3重车	$v<250$	—	—	—	—	—	1 460
	$250\leqslant v<300$	—	—	—	—	—	2 306
	$300\leqslant v<350$	—	—	—	—	—	1 722
	$v\geqslant350$	—	—	—	—	—	

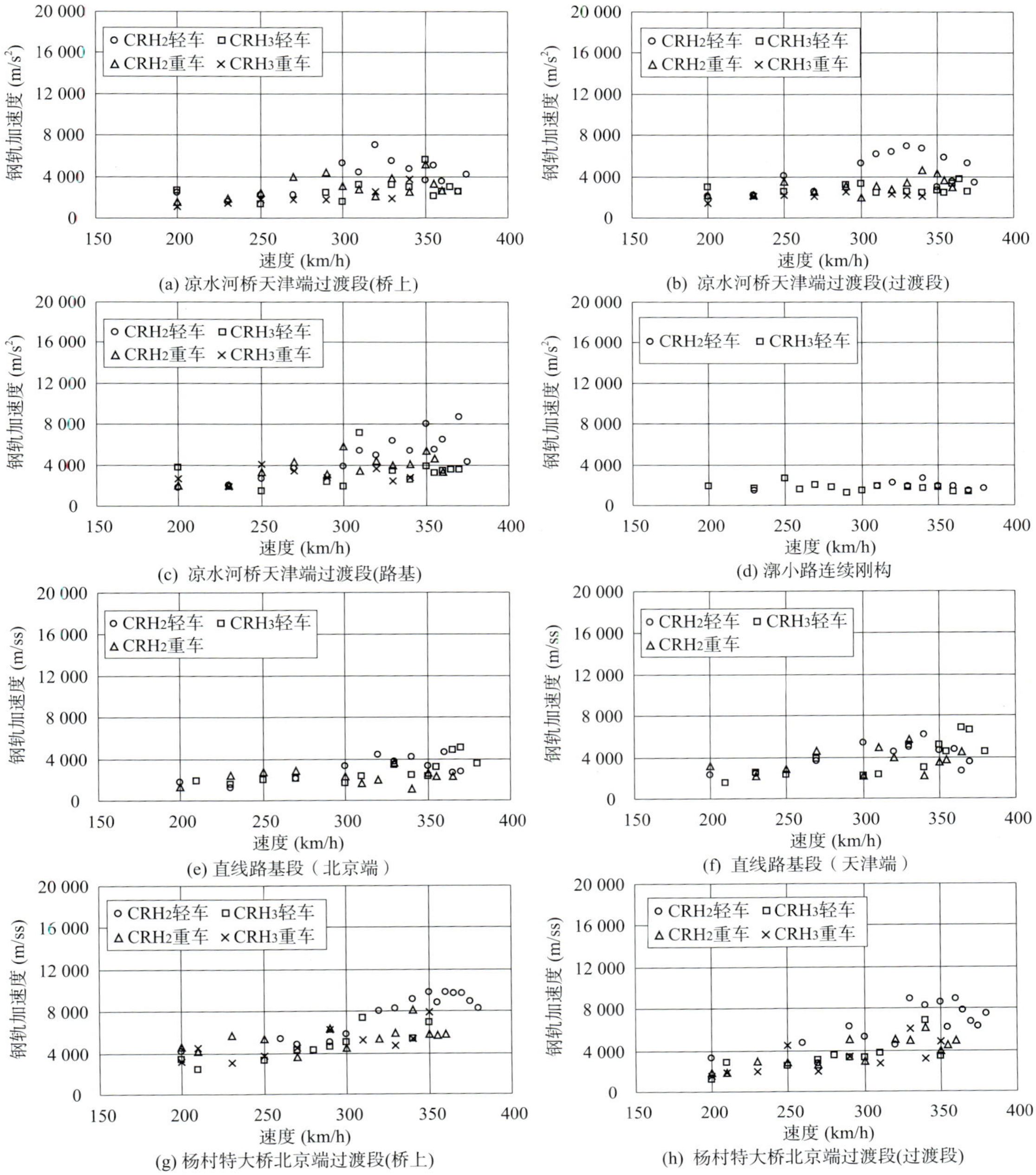

(a) 凉水河桥天津端过渡段(桥上)

(b) 凉水河桥天津端过渡段(过渡段)

(c) 凉水河桥天津端过渡段(路基)

(d) 漷小路连续刚构

(e) 直线路基段（北京端）

(f) 直线路基段（天津端）

(g) 杨村特大桥北京端过渡段(桥上)

(h) 杨村特大桥北京端过渡段(过渡段)

图 8－6－154　钢轨振动加速度与列车速度关系图(一)

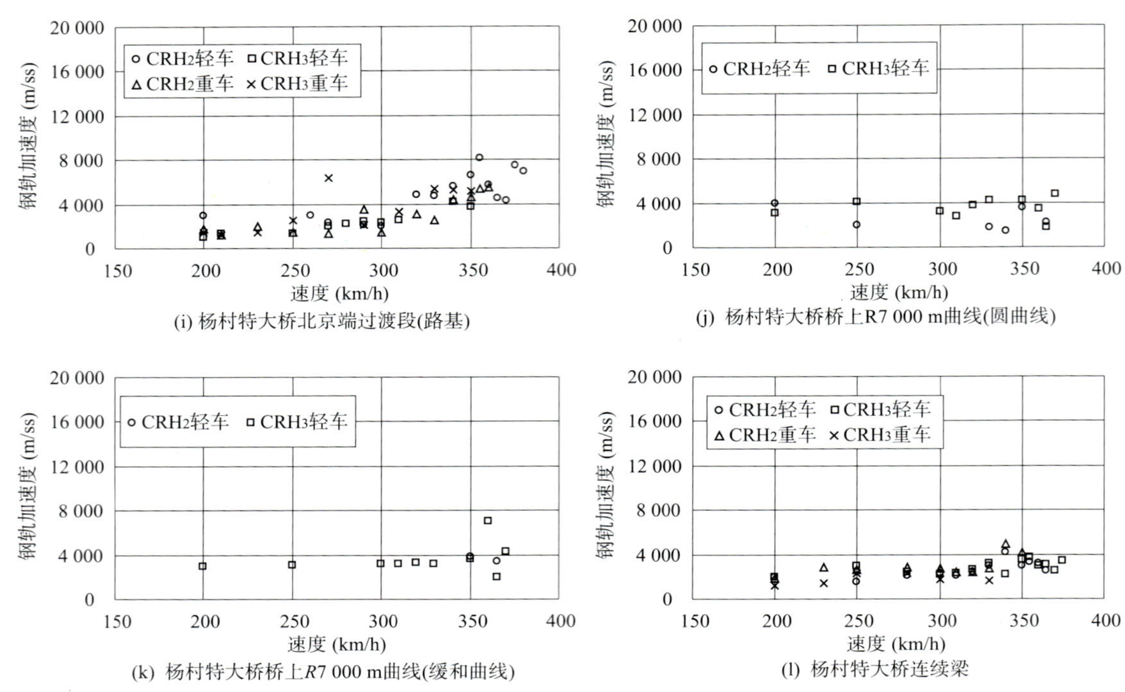

图 8－6－154 钢轨振动加速度与列车速度关系图(二)

2. 轨道板振动加速度

CRH2 型和 CRH3 型动车组以不同速度通过各测试工点时轨道板垂向振动加速度实测数据的统计结果见表 8－6－131、表 8－6－132，与列车速度的关系见图 8－6－155。由图表中数据可以看出：

(1)CRH2 型空车、CRH3 型空车、CRH2 型重车、CRH3 型重车作用下轨道板加速度实测最大值分别为 156.3 m/s^2、82.7 m/s^2、141.9 m/s^2 和 45.2 m/s^2。

(2)CRH2 型动车组作用下实测轨道板加速度最大值幅值大于 CRH3 型动车组，同种车型时空车作用下实测轨道板振动加速度最大值幅值大于重车。

(3)CRH2 型动车组动载作用下，轨道板垂向振动加速度随列车速度的提高呈明显上升趋势，而 CRH3 型动车组动载下的轨道板垂向振动加速度随速度变化不明显。

(4)两个路桥过渡段测试工点的轨道板振动加速度大于其他测试工点。

表 8－6－131 轨道板振动加速度实测最大值统计(路—桥过渡段) 单位：m/s^2

车型	速度(km/h)	凉水河桥过渡段			杨村特大桥过渡段			
		桥上	过渡段	路基	桥上		过渡段	路基
					天津端	北京端		
CRH2 空车	$v<250$	47.0	33.3	34.0	48.4	35.4	49.4	36.7
	$250\leqslant v<300$	52.2	31.3	33.7	45.6	42.9	53.1	43.1
	$300\leqslant v<350$	143.8	54.5	156.3	72.5	88.1	97.8	67.0
	$v\geqslant350$	96.9	45.4	54.7	55.9	82.2	88.7	95.4
CRH3 空车	$v<250$	59.0	28.0	36.5	20.6	18.5	36.0	23.4
	$250\leqslant v<300$	68.5	28.8	34.3	42.6	35.8	47.4	42.7
	$300\leqslant v<350$	64.9	29.6	52.4	40.2	48.7	82.7	33.7
	$v\geqslant350$	66.3	31.7	45.3	46.1	51.2	53.5	49.5

续上表

车型	速度(km/h)	凉水河桥过渡段			杨村特大桥过渡段			
		桥上	过渡段	路基	桥上		过渡段	路基
					天津端	北京端		
CRH2重车	$v<250$	50.2	26.8	33.2	36.7	30.2	44.4	43.1
	$250\leqslant v<300$	50.2	41.7	46.1	32.8	31.3	48.1	44.2
	$300\leqslant v<350$	69.4	41.5	141.9	38.5	40.7	50.5	36.6
	$v\geqslant 350$	132.9	44.0	129.7	38.8	45.6	56.2	35.8
CRH3重车	$v<250$	33.6	22.8	30.4	27.9	22.4	30.6	25.1
	$250\leqslant v<300$	32.9	25.4	34.1	30.6	36.6	44.6	31.1
	$300\leqslant v<350$	35.3	26.2	32.7	32.7	36.1	42.6	34.4
	$v\geqslant 350$	—	—	—	32.4	32.6	45.2	42.2

表 8－6－132　轨道板振动加速度实测最大值统计(桥上及路基上)　　单位：m/s^2

车型	速度(km/h)	潮小路桥连续刚构	直线路基段		杨村特大桥 R7 000 曲线		杨村特大桥连续梁
			北京端	天津端	圆曲线	缓和曲线	
CRH2空车	$v<250$	34.5	26.8	27.5	23.9	41.4	26.0
	$250\leqslant v<300$		34.7	6.0	14.8	26.9	24.4
	$300\leqslant v<350$	40.4	58.0	68.6	15.5	17.6	38.4
	$v\geqslant 350$	37.0	46.0	43.6	18.3	75.9	36.2
CRH3空车	$v<250$	29.8	40.0	25.4	18.5	19.8	27.6
	$250\leqslant v<300$	32.0	50.0	30.9	44.7	20.3	32.2
	$300\leqslant v<350$	37.1	30.7	31.6	18.5	19.8	25.2
	$v\geqslant 350$	37.1	34.7	61.2	44.7	20.3	42.0
CRH2重车	$v<250$	—	24.1	31.7	—	—	38.7
	$250\leqslant v<300$	—	36.4	35.9	—	—	40.3
	$300\leqslant v<350$	—	46.0	56.4	—	—	54.8
	$v\geqslant 350$	—	33.2	63.6	—	—	41.9
CRH3重车	$v<250$	—	—	—	—	—	24.7
	$250\leqslant v<300$	—	—	—	—	—	23.4
	$300\leqslant v<350$	—	—	—	—	—	19.4

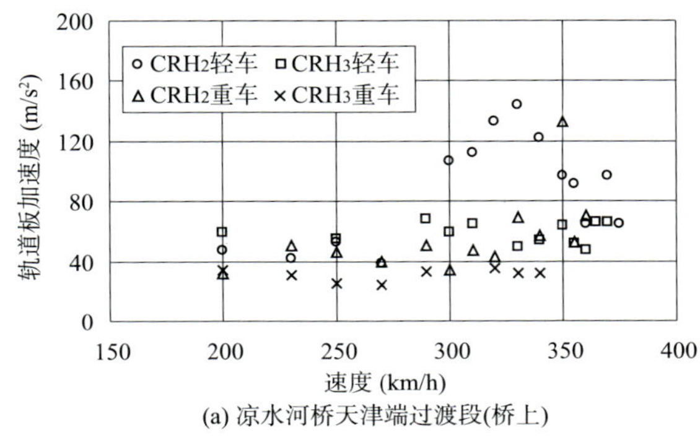

(a) 凉水河桥天津端过渡段(桥上)

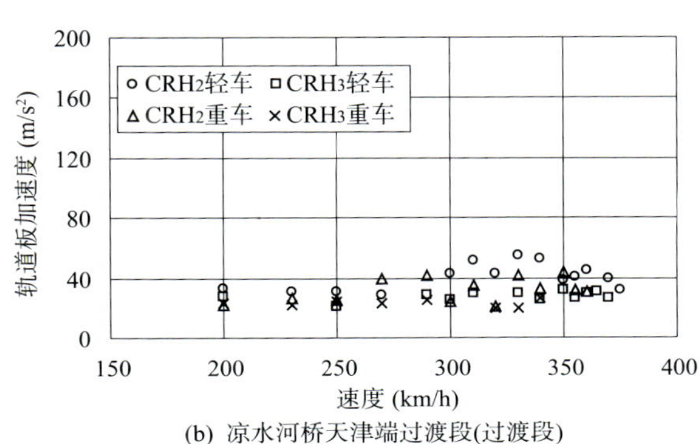

(b) 凉水河桥天津端过渡段(过渡段)

图 8－6－155　轨道板振动加速度与列车速度关系图(一)

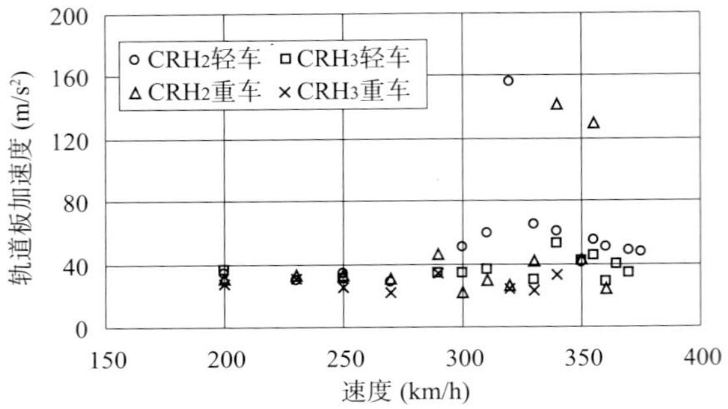

(c) 凉水河桥天津端过渡段(路基)

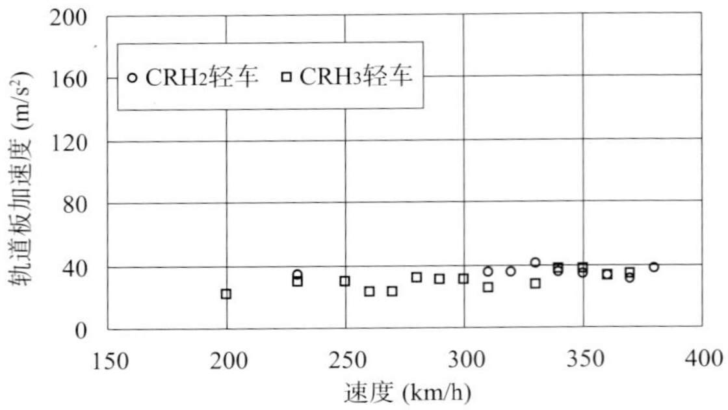

(d) 漷小路连续刚构

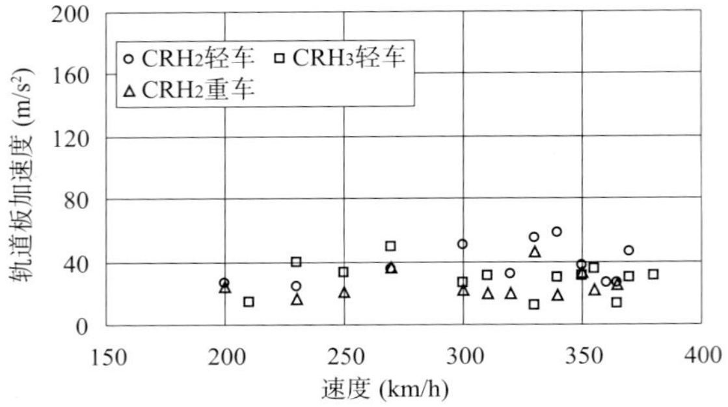

(e) 直线路基段（北京端）

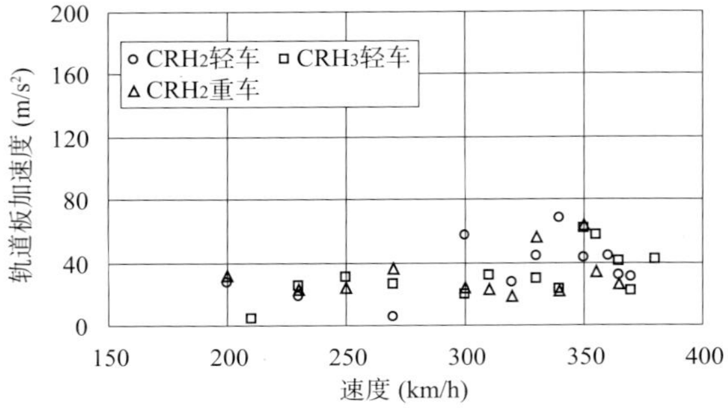

(f) 直线路基段（天津端）

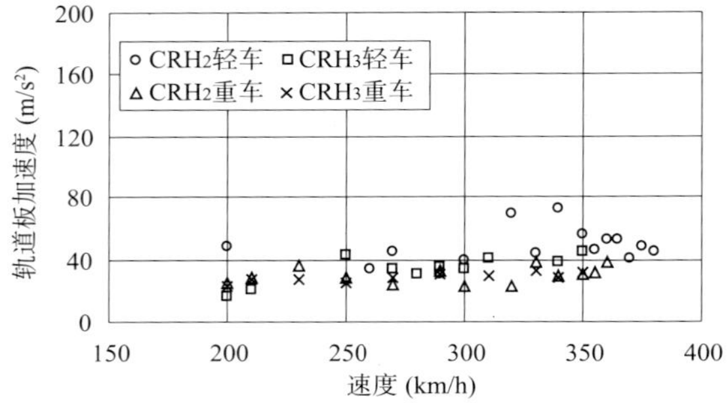

(g) 杨村特大桥北京端过渡段(桥上)

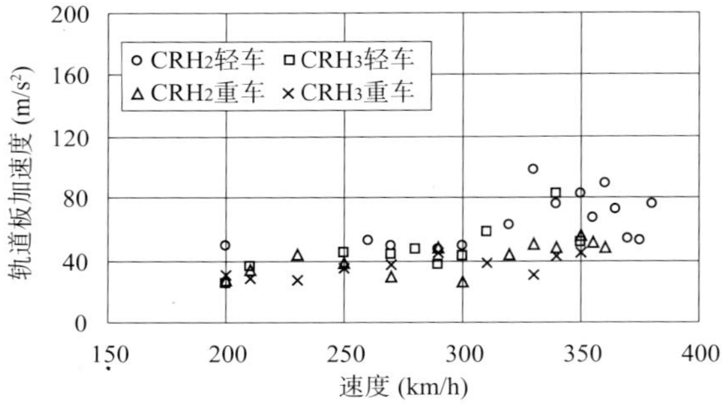

(h) 杨村特大桥北京端过渡段(过渡段)

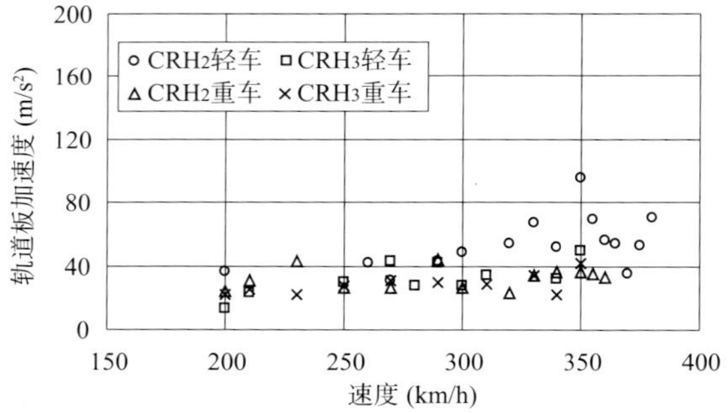

(i) 杨村特大桥北京端过渡段(路基)

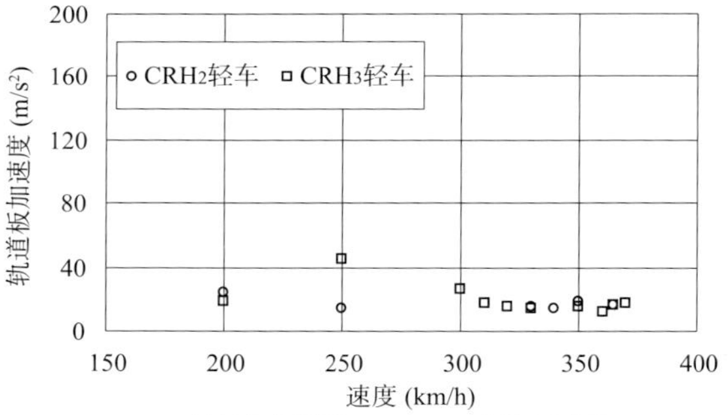

(j) 杨村特大桥桥上R7 000 m曲线(圆曲线)

图 8-6-155　轨道板振动加速度与列车速度关系图(二)

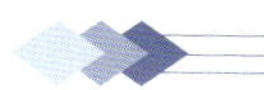

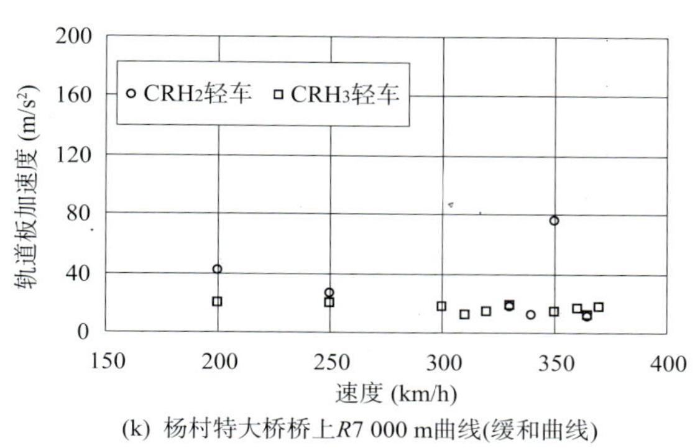

(k) 杨村特大桥桥上R7 000 m曲线(缓和曲线)

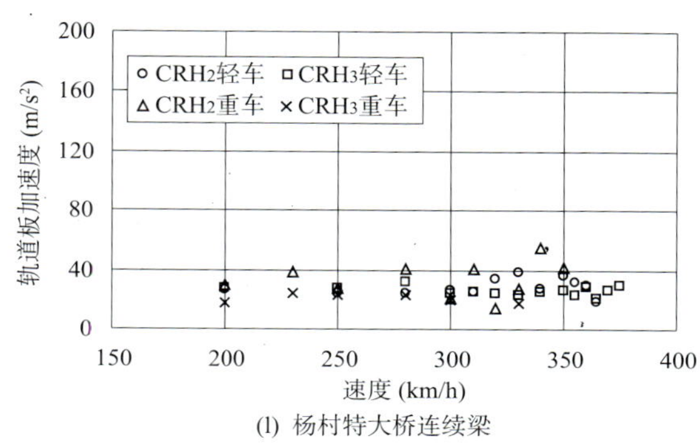

(l) 杨村特大桥连续梁

图 8－6－155　轨道板振动加速度与列车速度关系图(三)

3. 底座(混凝土支承层)振动加速度

CRH_2 型和 CRH_3 型动车组空车及重车以不同速度通过测试工点时底座(混凝土支承层)垂向振动加速度实测数据的统计结果见表 8－6－133、表 8－6－134，与列车速度的关系见图 8－6－156。由图表中数据可以看出：

(1) CRH_2 型空车、CRH_3 型空车、CRH_2 型重车、CRH_3 型重车作用下底座(混凝土支承层)加速度实测最大值分别为 35.3 m/s^2、32.8 m/s^2、49.8 m/s^2 和 28.8 m/s^2。

(2) 底座(混凝土支承层)垂向振动加速度随列车速度的提高有上升趋势，但增幅不是很明显，各工点的增幅也有差别。

(3) 两个路桥过渡段工点的底座(混凝土支承层)振动加速度最大值大于其他工点；路桥过渡段工点最大值一般在 28 m/s^2 以上，而其他工点最大值在 30 m/s^2 以下。

表 8－6－133　底座(混凝土支承层)振动加速度最大值统计　　单位：m/s^2

车型	速度(km/h)	凉水河桥过渡段			杨村特大桥过渡段			
		桥上	过渡段	路基	桥上		过渡段	路基
					天津端	北京端		
CRH_2 空车	$v<250$	15.3	16.5	11.7	15.3	17.8	13.5	4.1
	$250\leq v<300$	8.9	14.7	28.3	9.0	9.8	10.0	5.3
	$300\leq v<350$	19.2	35.3	22.5	20.1	20.1	25.0	15.3
	$v\geq 350$	20.8	22.8	16.6	19.5	25.2	34.2	18.7
CRH_3 空车	$v<250$	15.0	17.0	8.0	12.3	8.4	13.4	10.4
	$250\leq v<300$	12.3	17.9	9.0	16.6	28.9	17.1	15.6
	$300\leq v<350$	14.7	18.3	8.4	15.5	23.1	32.8	15.4
	$v\geq 350$	26.9	30.3	13.9	24.2	12.7	15.5	13.5
CRH_2 重车	$v<250$	28.9	14.7	9.6	27.3	33.1	16.8	19.5
	$250\leq v<300$	29.7	19.0	20.3	29.3	37.3	21.4	10.2
	$300\leq v<350$	34.1	22.8	28.7	27.5	34.0	26.1	30.8
	$v\geq 350$	26.0	21.4	19.0	40.2	49.8	25.1	8.2
CRH_3 重车	$v<250$	8.9	15.1	7.0	8.4	10.1	9.0	8.7
	$250\leq v<300$	8.9	18.5	10.0	8.8	13.9	22.0	11.7
	$300\leq v<350$	10.3	21.6	28.8	10.9	19.7	14.6	7.4
	$v\geq 350$	—	—	—	11.2	18.3	15.2	7.2

表 8－6－134　底座（混凝土支承层）振动加速度最大值统计　　单位：m/s^2

车型	速度 (km/h)	潞小路桥连续刚构	直线路基段		杨村特大桥 R7 000 曲线		杨村特大桥连续梁
			北京端	天津端	圆曲线	缓和曲线	
CRH2 空车	$v<250$	14.0	6.0	5.4	6.1	5.6	10.7
	$250\leq v<300$	—	4.8	5.9	3.7	5.2	8.0
	$300\leq v<350$	24.8	16.8	9.9	6.2	6.7	18.5
	$v\geq350$	21.2	19.2	7.6	15.7	8.9	26.1
CRH3 空车	$v<250$	13.1	5.7	4.0	10.8	8.8	7.9
	$250\leq v<300$	19.1	9.1	4.9	13.0	9.5	13.9
	$300\leq v<350$	21.2	12.6	6.8	10.8	8.8	18.8
	$v\geq350$	20.9	12.6	6.0	13.0	9.5	20.7
CRH2 重车	$v<250$	—	1.6	—	—	—	14.8
	$250\leq v<300$	—	9.5	—	—	—	19.3
	$300\leq v<350$	—	8.8	—	—	—	24.8
	$v\geq350$	—	5.3	—	—	—	29.2
CRH3 重车	$v<250$	—	—	—	—	—	13.3
	$250\leq v<300$	—	—	—	—	—	14.8
	$300\leq v<350$	—	—	—	—	—	14.8

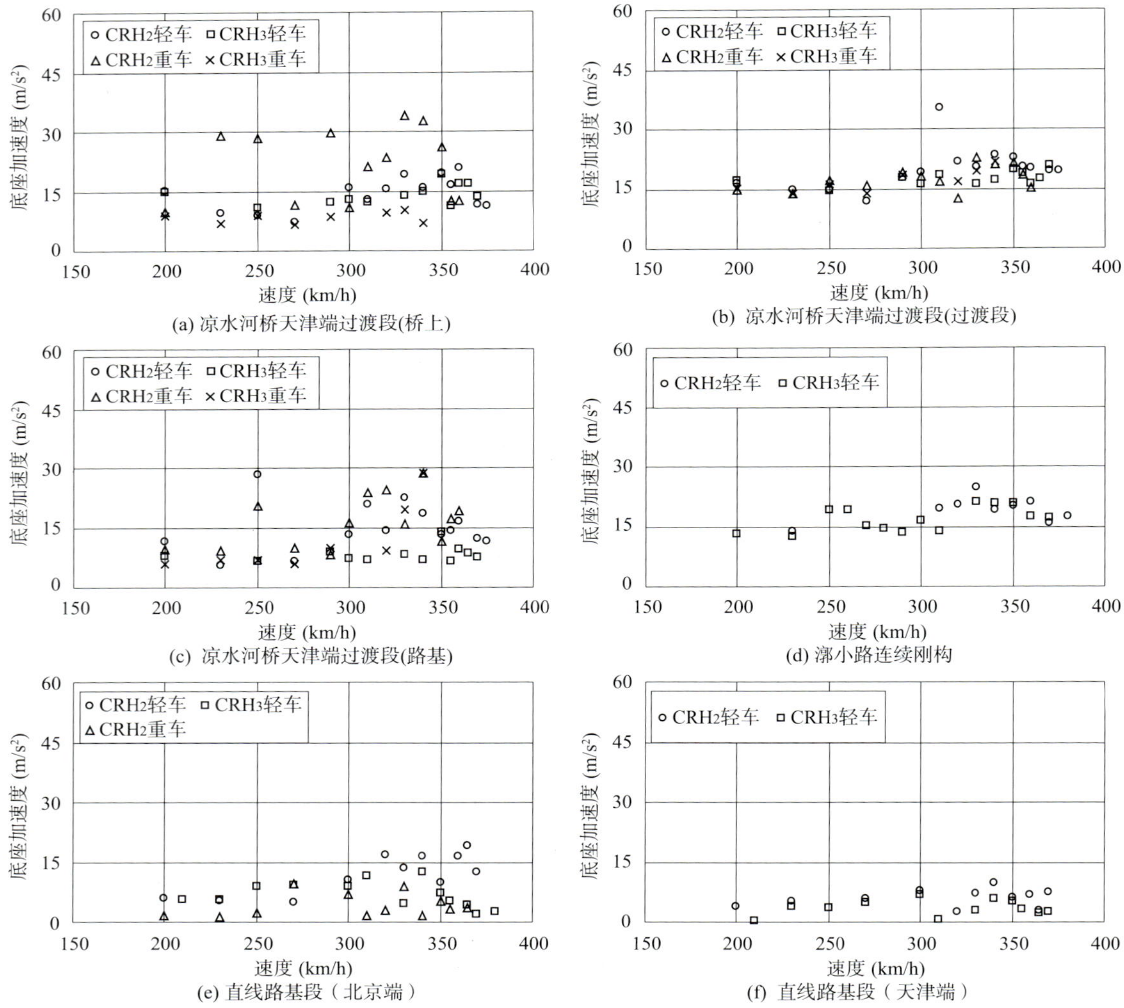

(a) 凉水河桥天津端过渡段(桥上)

(b) 凉水河桥天津端过渡段(过渡段)

(c) 凉水河桥天津端过渡段(路基)

(d) 潞小路连续刚构

(e) 直线路基段（北京端）

(f) 直线路基段（天津端）

图 8－6－156　底座（混凝土支承层）加速度与列车速度关系图（一）

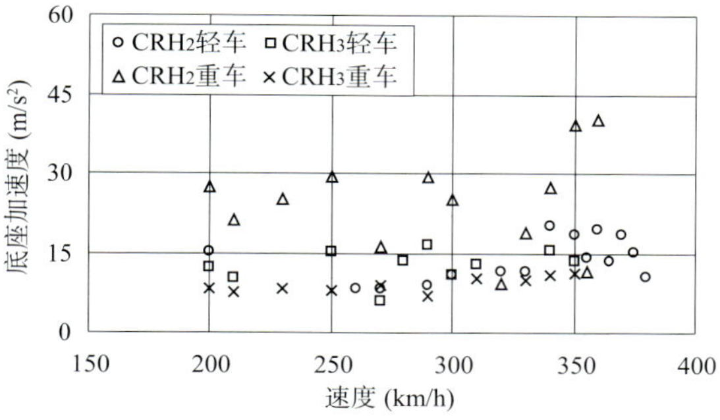

(g) 杨村特大桥北京端过渡段(桥上)

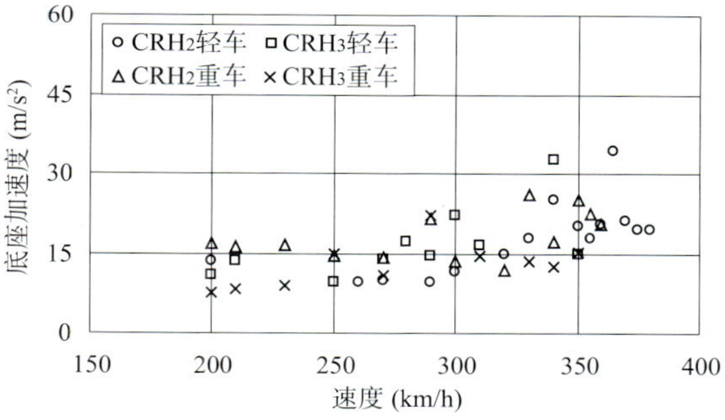

(h) 杨村特大桥北京端过渡段(过渡段)

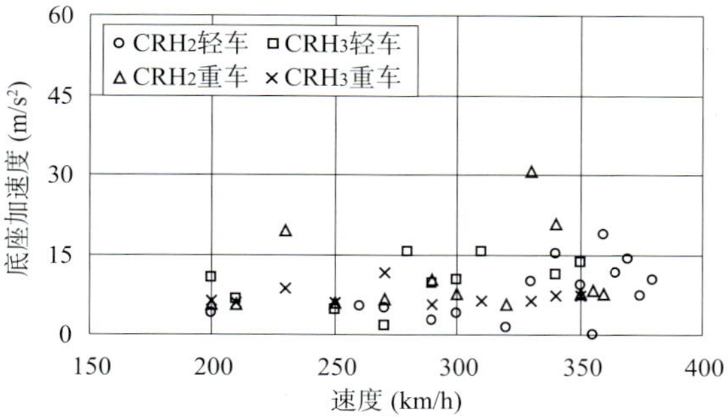

(i) 杨村特大桥北京端过渡段(路基)

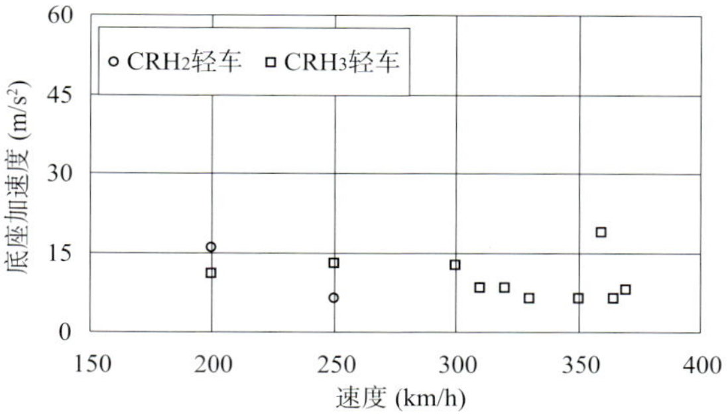

(j) 杨村特大桥桥上*R*7 000 m曲线(圆曲线)

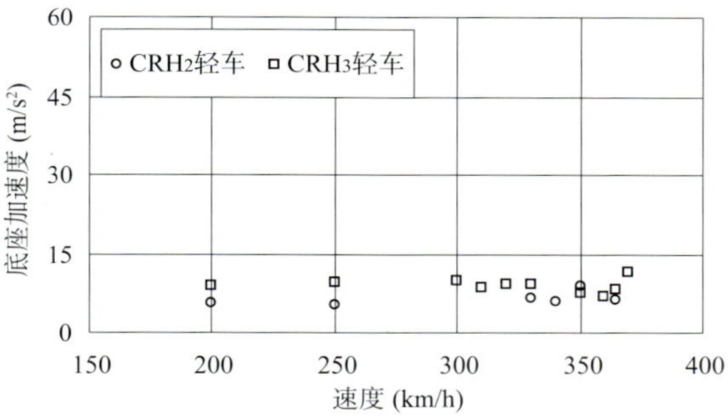

(k) 杨村特大桥桥上*R*7 000 m曲线(缓和曲线)

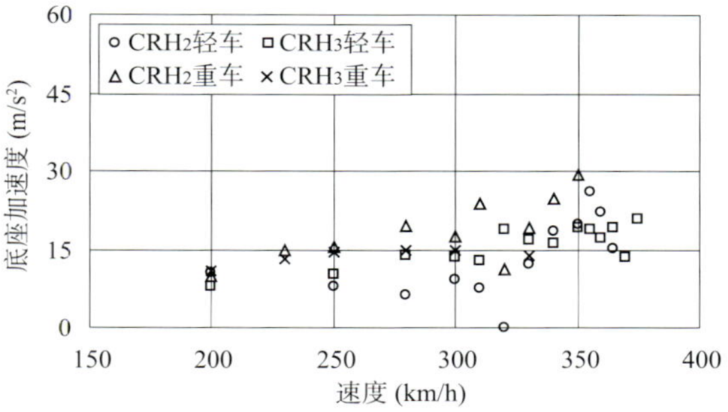

(l) 杨村特大桥连续梁

图 8－6－156　底座(混凝土支承层)加速度与列车速度关系图(二)

4. 路基上无砟轨道振动传递

由于振动加速度受速度影响离散性较大,本次试验对同一速度挡(共两挡 200 km/h 和 350 km/h,各八趟)的不同轨道部件的加速度进行了频谱分析(见图 8－6－157)。CRH2 型和 CRH3 型动车组空车及重车以不同速度通过时路基上无砟轨道垂向振动加速度实测数据的统计结果见表 8－6－135。由图表中数据可知:

(1)轨道板加速度幅值约为钢轨加速度幅值的 1%,混凝土支承层加速度幅值约为轨道板加速度幅值的一半,路基面加速度幅值约为混凝土支承层加速度幅值的 1/10,其加速度传递比值约为 1∶0.01∶0.005∶0.000 5。

(2)列车速度由 200 km/h 提高到 350 km/h 时,钢轨加速度主频增大约 200 Hz,轨道板和混凝土支承层主频增大约 60 Hz,且高频成分明显增多,路基面振动加速度主频随列车速度提高无明显变化。

(3)从振动加速度能量传递特性来看,随列车速度的提高,虽然轨道结构自上而下各部件的振动加速度主频提高,高频成分增多,功率谱值增大,但通过混凝土支承层传递到路基面后的高频成分和功率谱值无明显增多,路基面主频仍维持在 15 Hz 以下。

表 8－6－135　路基上无砟轨道振动加速度最大值统计　　单位：m/s²

车型	速度（km/h）	凉水河桥过渡段				直线路基段			
		钢轨	轨道板	支承层	路基面	钢轨	轨道板	支承层	路基面
CRH2空车	$v<250$	2 243	33.3	16.5	1.50	1 748	26.8	6.0	—
	$250\leqslant v<300$	4 044	31.3	14.7	1.17	2 070	34.7	4.8	—
	$300\leqslant v<350$	6 876	54.5	35.3	3.38	4 446	58.0	16.8	—
	$v\geqslant350$	5 789	45.4	22.8	3.19	4 661	46.0	19.2	—
CRH3空车	$v<250$	2 942	28.0	17.0	1.94	1 828	40.0	5.7	—
	$250\leqslant v<300$	3 226	28.8	17.9	0.97	2 071	50.0	9.1	—
	$300\leqslant v<350$	3 271	29.6	18.3	0.87	3 375	30.7	12.6	—
	$v\geqslant350$	3 708	31.7	20.8	1.16	5 101	34.7	12.6	0.79
CRH2重车	$v<250$	2 200	26.8	14.7	1.50	2 377	24.1	1.6	0.94
	$250\leqslant v<300$	3 485	41.7	19.0	1.21	2 898	36.4	9.5	0.35
	$300\leqslant v<350$	4 663	41.5	22.8	1.83	3 681	46.0	8.8	0.95
	$v\geqslant350$	4 263	44.0	21.4	1.26	2 672	33.2	5.3	0.74
CRH3重车	$v<250$	2 090	22.8	15.1	0.82	—	—	—	—
	$250\leqslant v<300$	2 518	25.4	18.5	0.53	—	—	—	—
	$300\leqslant v<350$	2 290	26.2	21.6	0.39	—	—	—	—
	$v\geqslant350$	—	—	—	—	—	—	—	—

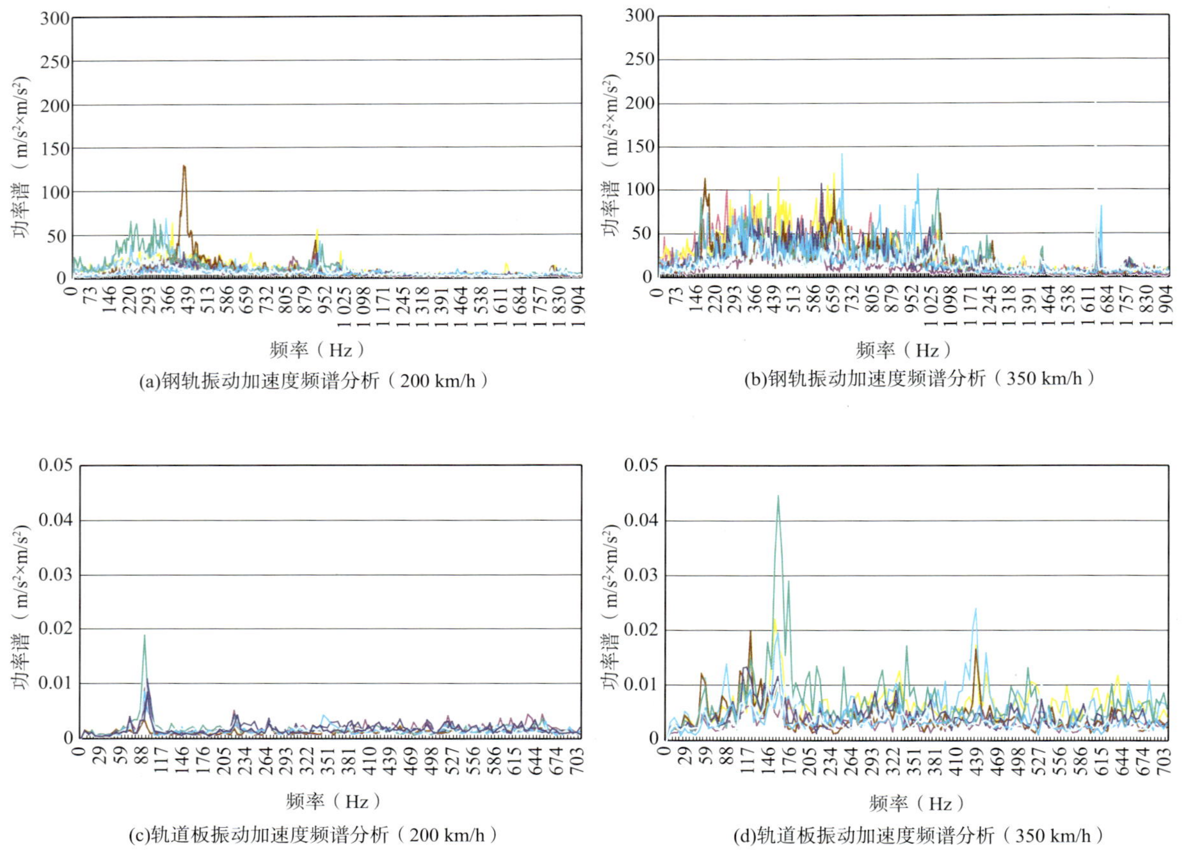

(a)钢轨振动加速度频谱分析（200 km/h）

(b)钢轨振动加速度频谱分析（350 km/h）

(c)轨道板振动加速度频谱分析（200 km/h）

(d)轨道板振动加速度频谱分析（350 km/h）

图 8－6－157　路基上无砟轨道振动加速度频谱分析图(一)

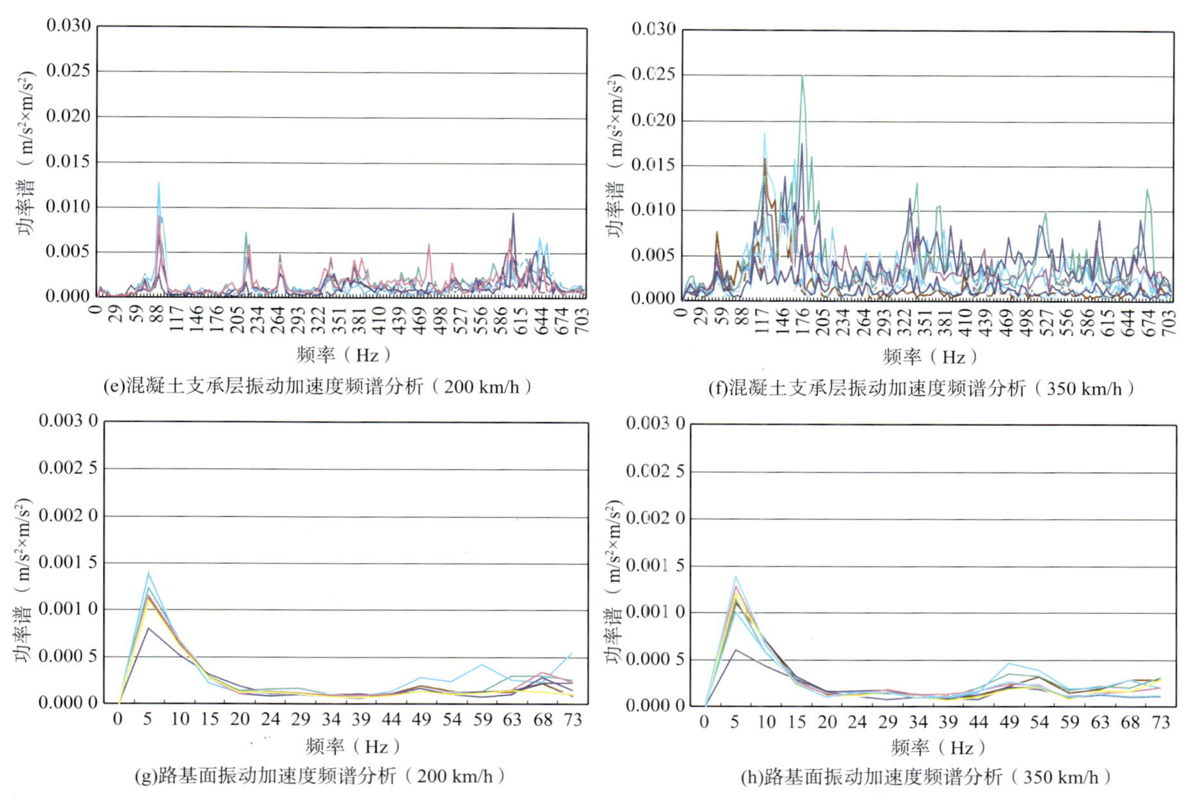

图 8－6－157　路基上无砟轨道振动加速度频谱分析图(二)

5. 桥上无砟轨道振动传递

桥上无砟轨道结构振动特性和路基上无砟轨道结构振动类似，挑选低速和高速两速度挡有代表性的列车荷载作用下的振动加速度进行频谱分析(见图 8－6－164)。CRH_2 型和 CRH_3 型动车组空车及重车以不同速度通过时桥上无砟轨道垂向振动加速度实测数据的统计结果见表 8－6－136，图 8－6－158为桥上无砟轨道振动加速度频谱分析图。由图表可知：

(1)桥上无砟轨道结构振动从钢轨向梁面的传递情况和路基上无砟轨道结构振动传递特性有所不同。

(2)桥上无砟轨道结构各部件的振动加速度主频和功率谱值明显大于路基上无砟轨道结构。

(3)随列车速度的提高，上钢轨振动加速度主频没有明显变化，但加速度功率谱值明显增大；轨道板和底座加速度的主频均明显提高，功率谱值均明显增大；桥面加速度主频无明显变化，但功率谱值增大到 3 倍左右。

表 8－6－136　桥上无砟轨道振动加速度最大值统计　　单位：m/s^2

车型	速度(km/h)	杨村特大桥连续梁							
		空车				重车			
		钢轨	轨道板	底座	梁面	钢轨	轨道板	底座	梁面
CRH_2	$v<250$	2 027	26.0	10.7	—	2 807	38.7	14.8	0.42
	$250\leqslant v<300$	2 093	24.4	8.0	—	2 830	40.3	19.3	0.16
	$300\leqslant v<350$	4 181	38.4	18.5	—	4 901	54.8	24.8	0.19
	$v\geqslant 350$	3 342	36.2	26.1	—	4 141	41.9	29.2	0.44
CRH_3	$v<250$	1 931	27.6	7.9	—	1 460	24.7	13.3	0.05
	$250\leqslant v<300$	2 919	32.2	13.9	—	2 306	23.4	14.8	0.07
	$300\leqslant v<350$	3 165	25.2	18.8	—	1 722	19.4	14.8	0.09
	$v\geqslant 350$	3 775	30.2	20.7	—	—	—	—	—

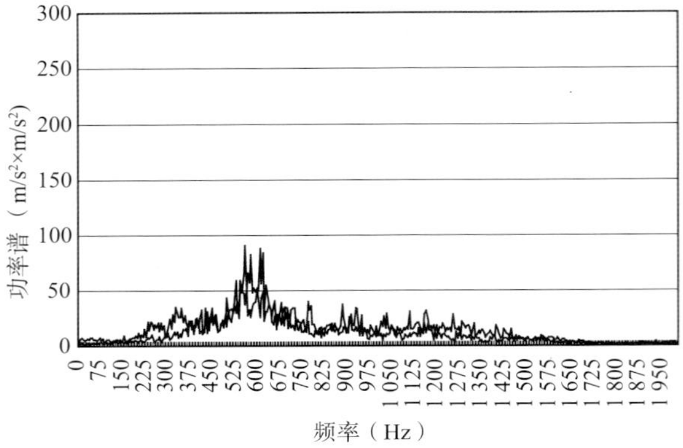

(a)钢轨振动加速度频谱分析（230 km/h）

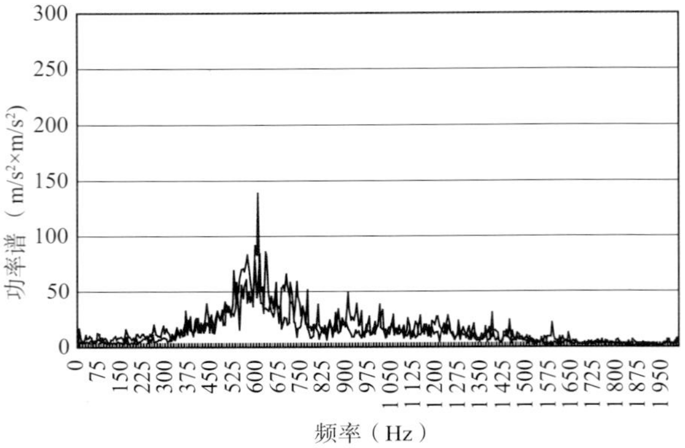

(b)钢轨振动加速度频谱分析（350 km/h）

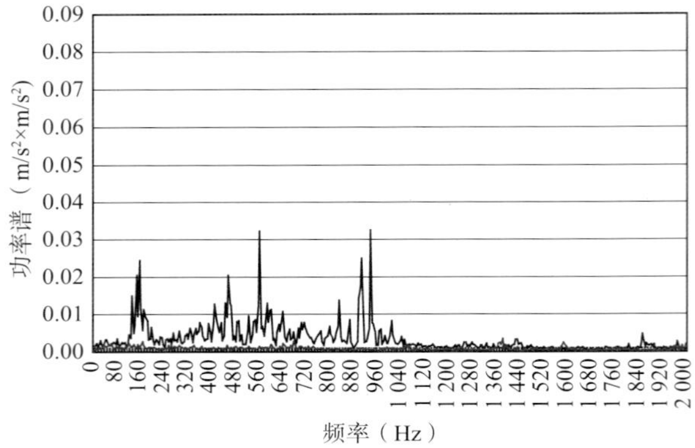

(c)轨道板振动加速度频谱分析（230 km/h）

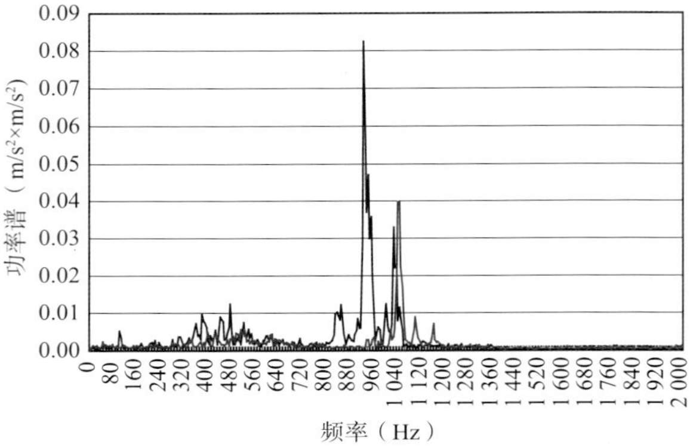

(d)轨道板振动加速度频谱分析（350 km/h）

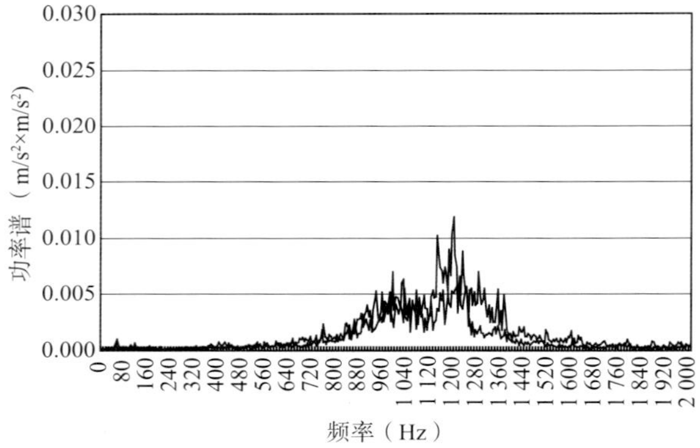

(e)底座振动加速度频谱分析（230 km/h）

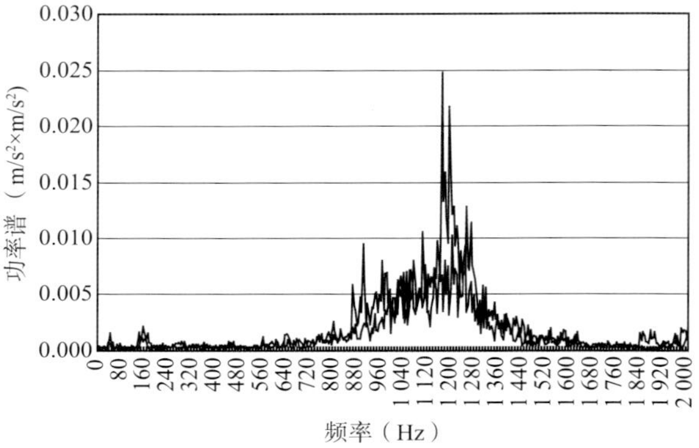

(f)底座振动加速度频谱分析（350 km/h）

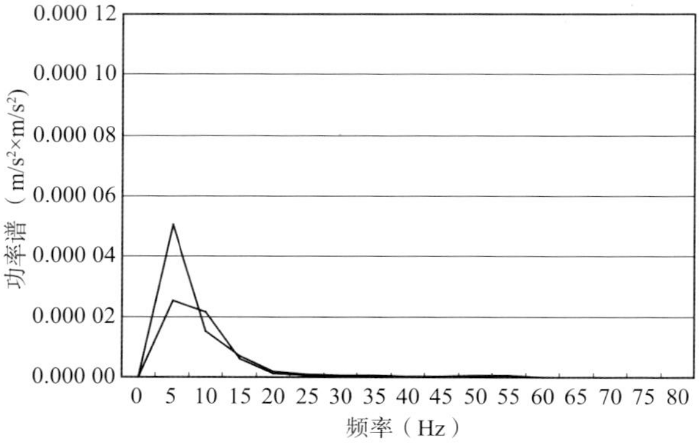

(g)梁面振动加速度频谱分析（230 km/h）

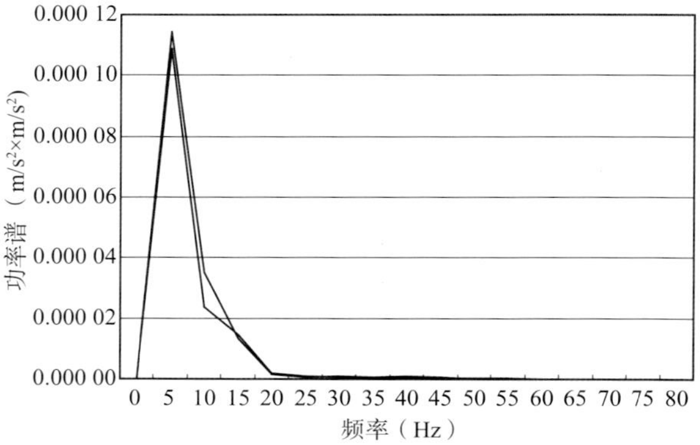

(h)梁面振动加速度频谱分析（350 km/h）

图 8－6－158　桥上无砟轨道振动加速度频谱分析图

五、扣件系统测试

1. 钢轨轨头横向位移

在列车动态荷载作用下，钢轨将产生向内侧或外侧的动态横向位移，横向位移过大，会导致较大的钢轨倾翻和动态轨距，从而影响列车安全运行。

表8－6－137为不同列车以不同速度通过各工点时钢轨轨头动态横向位移的测试结果，图8－6－159为各工点钢轨轨头横向位移的分布情况。

（1）钢轨横向位移变化规律

①无论曲线地段还是直线地段，钢轨轨头横移的方向均指向轨道内侧。这是由于直线地段和大半径曲线地段横向力小，车辆踏面锥度为1/20，而轨底坡为1/40，造成轮轨垂直力的作用点偏向轨头内侧所致。同时轮轨水平力的测试结果进一步表明指向钢轨外侧的水平力很小，从而使得钢轨产生向轨道内侧的偏转。

②无论在圆曲线地段还是在缓和曲线地段，在速度低于350 km/h时，外轨的轨头横向位移明显比内轨大，而在速度大于350 km/h时，外轨的轨头横向位移比内轨要小。这与曲线的超高设置和曲线半径有关。

（2）各工点钢轨横向位移幅值变化规律

① 在同一动车组作用下，各工点的钢轨横向位移量值存在差异。

凉水河桥过渡段工点实测最大值在0.16～0.56 mm，潮小路桥连续刚构工点实测最大值在0.23～0.33 mm，直线路基段工点实测最大值在0.09～0.44 mm，杨村特大桥过渡段工点实测最大值在0.27～0.63 mm，杨村特大桥*R*7 000 m曲线工点实测最大值在0.22～0.82 mm，杨村特大桥连续梁工点实测最大值在0.20～0.82 mm。

② 在相同动车组作用下，同一工点不同位置的钢轨横向位移有所差异。

凉水河桥过渡段工点，桥上测点钢轨横向位移实测最大值幅值最大，过渡段和路基段测点的幅值相近；杨村特大桥过渡段工点，过渡段测点实测最大值幅值最大，桥上与路基测点的幅值相近；杨村特大桥*R*7 000 m曲线工点，圆曲线测点实测最大值幅值大于缓和曲线测点。

（3）钢轨横向位移实测最大值

钢轨轨头横向位移实测值基本不受轴重和行车速度影响，各工点各种工况下最大为0.82 mm。所有工点钢轨横向位移实测值均在轨道不平顺管理值以内。

表8－6－137　动车组以不同速度通过各工点时的钢轨轨头横移统计　　单位：mm

车型	凉水河桥天津端过渡段	潮小路桥连续刚构	直线路基	杨村特大桥北京端过渡段	杨村特大桥*R*7 000 m曲线	杨村特大桥预应力混凝土连续梁
CRH2空车	0.41	0.33	0.42	0.63	0.71	0.65
CRH2重车	0.56	0.29	0.44	0.47	0.58	0.82
CRH3空车	0.53	—	0.37	0.47	0.82	0.72
CRH3重车	0.54	—	—	0.39	—	0.68

(a) 凉水河桥天津端过渡段(桥上)

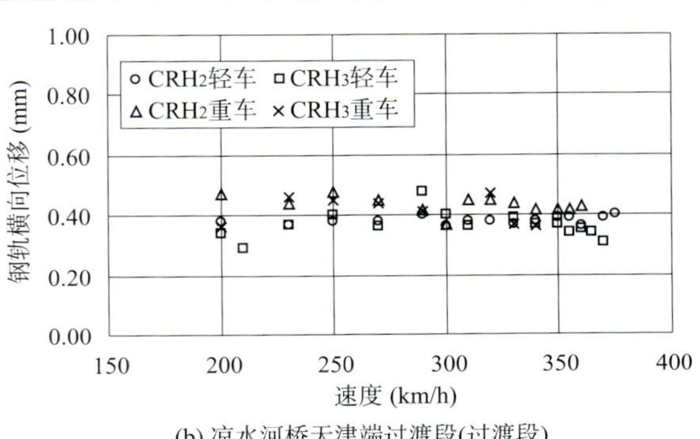

(b) 凉水河桥天津端过渡段(过渡段)

图8－6－159　动车组以不同速度通过各工点时的钢轨轨头横移分布(一)

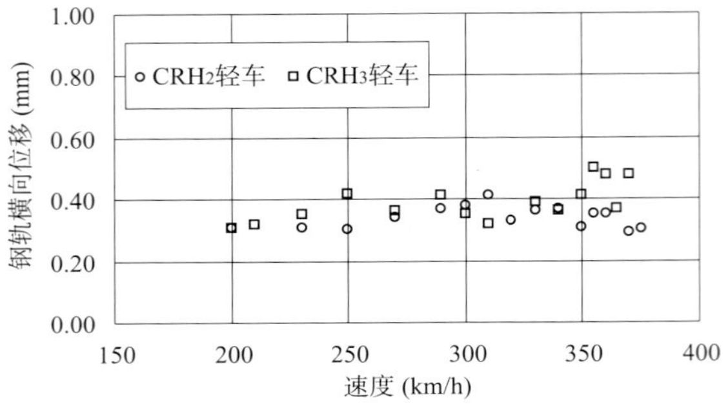

(c) 凉水河桥天津端过渡段(路基)

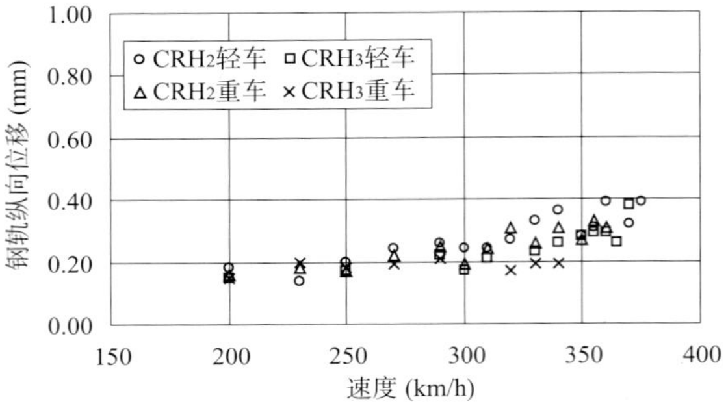

(d) 凉水河桥天津端过渡段(桥上)

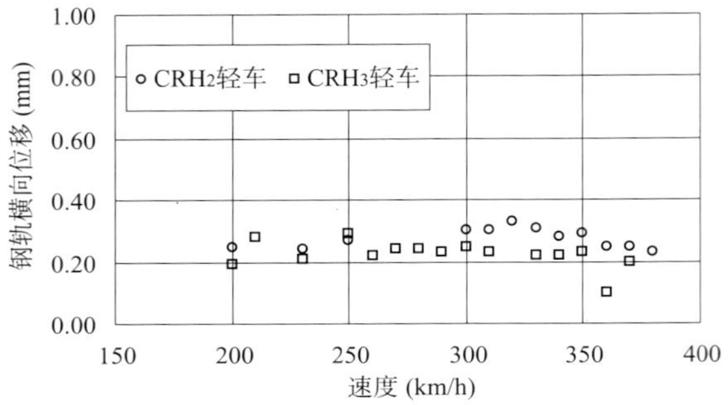

(e) 漷小路连续钢构

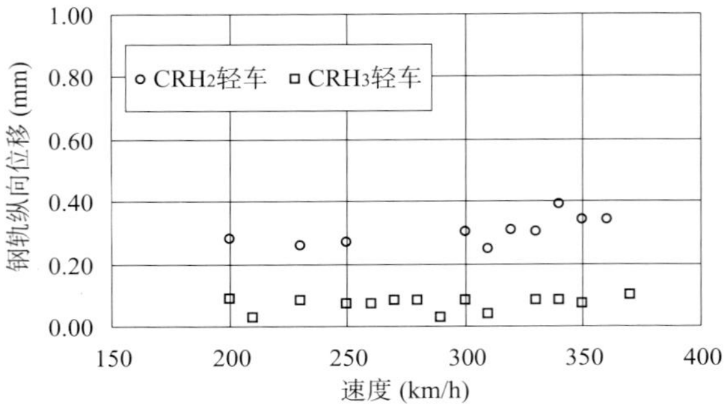

(f) 漷小路连续钢构

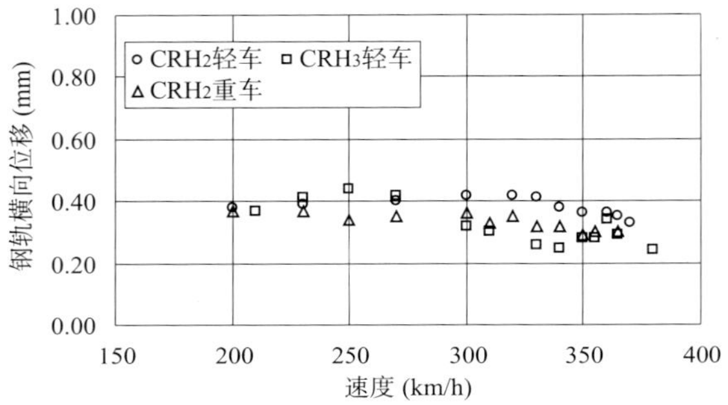

(g) 直线路基段

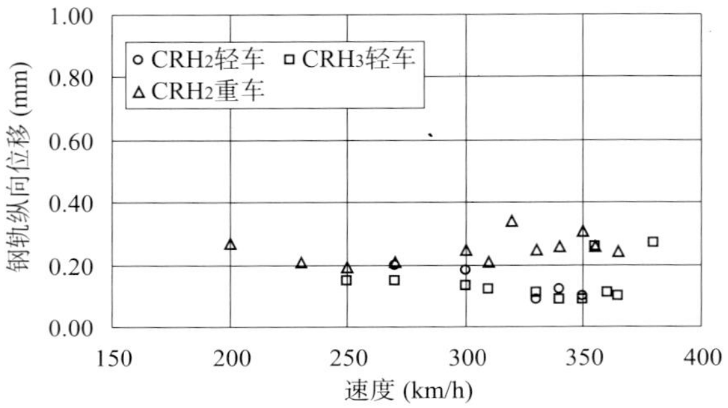

(h) 直线路基段

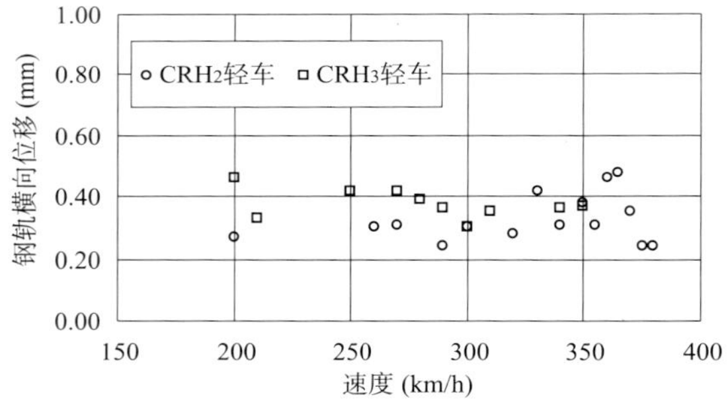

(i)杨村特大桥北京端过渡段(桥上)

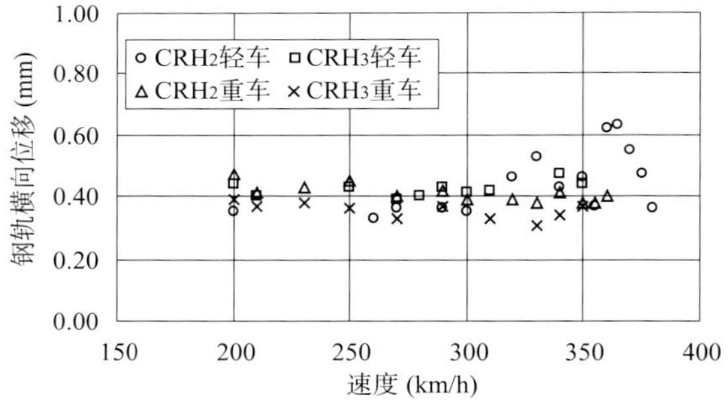

(j) 杨村特大桥北京端过渡段(过渡段)

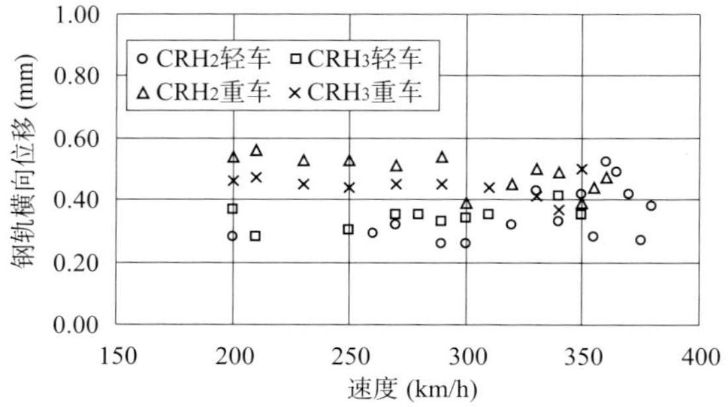

(k) 杨村特大桥北京端过渡段(路基)

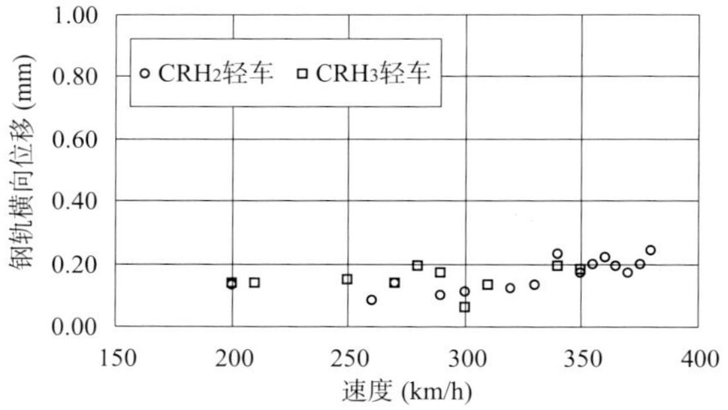

(l) 杨村特大桥北京端过渡段(桥上)

图 8－6－159　动车组以不同速度通过各工点时的钢轨轨头横移分布(二)

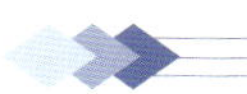

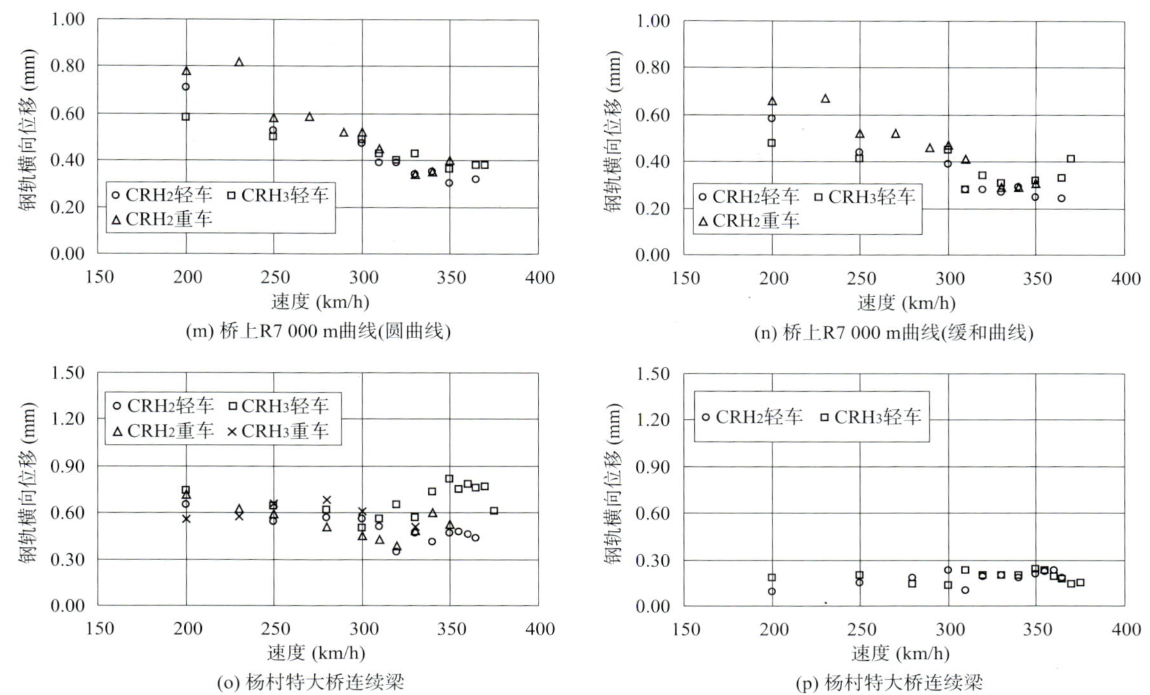

(m) 桥上R7 000 m曲线(圆曲线)

(n) 桥上R7 000 m曲线(缓和曲线)

(o) 杨村特大桥连续梁

(p) 杨村特大桥连续梁

图 8－6－159 动车组以不同速度通过各工点时的钢轨轨头横移分布(三)

2. 动态轨距变化

动态轨距变化是考察扣件系统在列车通过时保持动态轨道状态能力的主要指标。为分析扣件系统保持动态轨距的能力,分别在曲线地段和直线地段对各类列车通过时的动态轨距变化进行测试。表 8－6－138 为动车组以不同速度通过各工点时的测试结果统计。测试结果表明:

(1)与钢轨轨头横向位移的测试结果一致,曲线地段和直线地段的动态轨距变化均为缩小。这是由于钢轨轨头横向位移指向轨道内侧造成的。

(2)CRH2 型重车通过时动态轨距变化略大于其空车;CRH3 型重车试验是在轨道精调后进行的,轨道平顺性提高,因此 CRH3 型重车通过时动态轨距变化略小于其空车。

(3)在圆曲线地段的动态轨距变化略大于缓和曲线地段。

(4)动态轨距变化基本不受行车速度影响,各工点动态轨距变化量值较小,最大为 0.82 mm,所有测试数据均在动态轨距管理值以内。

(5)路桥过渡段动态轨距变化明显大于一般桥梁或路基地段,说明在该地段的轨道横向稳定性弱于一般桥梁或路基地段,应在今后的研究中考虑路桥过渡段的横向刚度过渡。

表 8－6－138 动车组以不同速度通过各工点时的轨距动态变化统计 单位:mm

车型	凉水河桥天津端路桥过渡段	漷小路桥连续刚构	直线路基	杨村特大桥北京端过渡段	杨村特大桥 R7 000 m 曲线	杨村特大桥预应力混凝土连续梁
CRH2 空车	0.55	0.39	0.36	0.81	0.55	0.57
CRH2 重车	0.64	0.39	0.43	0.75	0.52	0.82
CRH3 空车	0.68	—	0.45	0.71	0.58	0.71
CRH3 重车	0.71	—	—	0.67	—	0.73

3. 钢轨垂向位移及扣件刚度

为验证扣件系统弹性指标设计的合理性,对不同下部基础上无砟轨道结构的钢轨垂向位移进行了测试。表 8－6－139 为动车组通过各工点时钢轨垂向位移的平均值统计。

表 8-6-139 动车组通过各工点时的钢轨垂向位移平均值统计 单位:mm

工点		车型			
		CRH2 空车	CRH2 重车	CRH3 空车	CRH3 重车
凉水河桥天津端路桥过渡段	桥上	0.65	0.71	0.71	0.84
	过渡段	0.66	0.78	0.74	0.91
	路基	0.70	—	0.80	—
瀛小路桥连续刚构		0.65	—	0.70	—
直线路基		0.56	0.61	0.65	—
杨村特大桥北京端路桥过渡段	桥上	0.76	0.81	0.84	0.92
	过渡段	0.59	0.63	0.65	0.69
	路基	0.74	0.78	0.80	0.90
杨村特大桥 R7000 m 曲线	圆曲线	0.67	0.75	0.73	—
	缓和曲线	0.61	0.69	0.69	—
杨村特大桥连续梁		0.62	0.67	0.72	0.76
平均		0.66	0.72	0.73	0.84

(1)钢轨垂向位移变化规律

① 受轨道状态的影响,各测点钢轨垂向位移有一定的差异。

② 钢轨垂向位移与行车速度关系不明显。

③ 钢轨垂向位移受列车轴重影响较大。CRH2 型重车通过时钢轨垂向位移略大于其空车,同样,CRH3 型重车通过时钢轨垂向位移略大于其空车,CRH3 型车通过时钢轨垂向位移略大于 CRH2 型车。

(2)各工点钢轨垂向位移幅值

① 在同一动车组作用下,各工点的钢轨垂向位移量值存在差异。

实测最大值:凉水河桥过渡段工点 0.66 ~ 1.32 mm,瀛小路桥连续刚构工点 0.69 ~ 1.02 mm,直线路基段工点 0.66 ~ 0.92 mm,杨村特大桥过渡段工点 0.65 ~ 1.25 mm,杨村特大桥 *R*7 000 m 曲线工点 0.71 ~ 1.01 mm,杨村特大桥连续梁工点 0.68 ~ 1.10 mm。

② 在同一动车组作用下,同一工点不同位置的钢轨垂向位移有所差异。

(3)不同车型对钢轨垂向位移的影响

CRH2 型空车以不同速度通过各工点的钢轨垂向位移统计平均值为 0.66 mm,其重车为 0.72 mm;CRH3 型空车以不同速度通过各工点的钢轨垂向位移统计平均值为 0.73 mm,其重车为 0.84 mm。

(4)CRH2 型和 CRH3 型空车和重车通过时,左右侧钢轨垂向位移最大值为 0.66 ~ 1.32 mm,其平均值为 0.53 ~ 1.05 mm,总平均值为 0.74 mm。

(5)扣件刚度

钢轨支点压力平均值为 34.6 kN,得出钢轨支点动刚度约为 46.8 kN/mm。

六、无砟轨道分析结果

1. 列车运行安全性

(1)CRH2 和 CRH3 型空车通过凉水河桥过渡段、杨村特大桥过渡段、瀛小路连续刚构桥及高挡土墙直线路基地段 4 个工点的实测脱轨系数、轮重减载率、轮对横向力最大值分别为 0.67、0.38、35.5 kN;CRH2 和 CRH3 型重车通过 4 个工点的实测脱轨系数、轮重减载率、轮对横向力最大值分别为 0.41、0.41、29.9 kN。

(2)CRH2 和 CRH3 型空车通过杨村特大桥 *R*7 000 m 曲线和杨村特大桥预应力,混凝土连续梁桥上曲线地段 2 个工点的实测脱轨系数、轮重减载率、轮对横向力最大值分别为 0.34、0.45、28.9 kN;CRH2 和 CRH3 型重车通过上述 2 个工点的脱轨系数、轮重减载率、轮对横向力最大值分别为 0.35、

0.39、42.7 kN。

测试结果表明，CRH2 和 CRH3 型动车组以试验速度通过轨道结构 6 个测试工点时的脱轨系数、轮重减载率和轮对横向力均在其相应安全限值以内。

2. 无砟轨道结构受力

(1)轮轨垂直力最大值为 60 ~ 120.5 kN，钢轨支点压力最大值为 32 ~ 59.3 kN，轮轨垂直力和钢轨支点压力测试值均在设计荷载以内。

(2)实测轨道板混凝土最大拉应力为 1.06 MPa，小于混凝土抗拉强度允许值 2.97 MPa；实测轨道板混凝土最大压应力为 0.29 MPa，小于混凝土抗压强度允许值 18.5 MPa。

(3)砂浆支承层动应力实测最大值为 0.045 MPa，小于其设计允许值 15 MPa。

(4)CRH2 型空车动力系数最大为 1.95，平均值为 1.12；其重车动力系数最大为 1.84，平均值为 1.12。CRH3 型空车动力系数最大为 1.69，平均为 1.09；其重车动力系数最大为 1.29，平均为 1.06。动力系数平均值较小，说明轨道具有较好的动态平顺性。

3. 无砟轨道结构变形

(1)轨道板相对位移

① 轨道板相对底座(混凝土支承层)垂向位移实测最大值为 0.07 ~ 0.39 mm。

② 轨道板相对底座横向位移实测最大值为 0.01 ~ 0.14 mm。

③ 轨道板相对梁面横向位移实测最大值为 0.01 ~ 0.19 mm，说明在 CRH2 型和 CRH3 型动车组作用下，轨道结构的横向位移较小，稳定性较好。

④ 轨道结构相对梁面纵向位移实测最大值为 0.05 ~ 0.34 mm，说明在列车荷载作用下，两者之间产生了相对滑动。

(2)底座相对位移

桥梁跨中底座相对梁面垂向位移实测最大值为 0.04 ~ 0.19 mm，说明在列车荷载作用下，桥梁的挠曲变形对轨道结构的影响较小。

(3)梁端泡沫塑料板变形

由于梁体在列车荷载作用下产生的梁端转角较小，实测梁端泡沫塑料板变形不大，测试值为 0.03 ~ 0.26 mm 之间。

4. 无砟轨道结构振动

(1)CRH2、CRH3 型重车和重车作用下钢轨加速度实测最大值分别为 9 866 m/s^2、9 086 m/s^2、8 642 m/s^2、7 957 m/s^2，轨道板加速度实测最大值分别为 156.3 m/s^2、82.7 m/s^2、141.9 m/s^2、45.2 m/s^2，底座(混凝土支承层)加速度实测最大值分别为 35.3 m/s^2、32.8 m/s^2、49.8 m/s^2、28.8 m/s^2。

(2)在路桥过渡段，钢轨、轨道板、底座(混凝土支承层)和路基面的振动加速度传递比值约为 1∶0.01∶0.005∶0.000 5，桥上振动传递和衰减与路桥过渡段有所不同。结合频谱分析，随着行车速度提高，轨道部件振动的高频成分明显增多，且振动能量有向高频移动趋势。路基面振动加速度主频和振动能量随速度提高无明显变化，桥面振动加速度主频随列车速度提高虽无明显变化，但振动能量明显增大。

5. 无砟轨道扣件系统

(1)不同车型通过时，各测点的钢轨垂向位移最大值为 0.66 ~ 1.32 mm，其平均值为 0.56 ~ 0.92 mm，总平均值为 0.74 mm，与速度关系不明显。

(2)钢轨轨头动态横向位移和动态轨距变化量值较小，均不超过 1 mm。动态轨距变化量测试数据均在管理值以内，表明无砟轨道扣件系统能较好保持轨道状态。

综合无砟轨道动力性能测试结果，表明京津城际铁路无砟轨道的结构稳定性、轨道部件强度能满足 CRH2 和 CRH3 型动车组以 350 km/h 速度运行的安全性和平稳性要求。

第十一节　道岔动力性能

测试对象选择永乐车站2号和10号岔位2组18号道岔,和南仓车站1号岔位39.113号道岔,3组道岔均为中铁山桥和BWG道岔公司合资成立的新铁德奥道岔公司生产。具体测试工点见表8-6-140。图8-6-160为永乐车站10号岔位18号道岔及道岔多机控制器(用一组五线制交流控制电路来控制和监督多台转辙机动作的装置)。

表8-6-140　道岔试验工点

序号	中心里程	道岔号码	所在位置
1	JJK47+250	18	永乐站2号岔位
2	JJK46+50	18	永乐站10号岔位
3	JJK107+973	39.113	下行线1号岔位

2008年6月3日进行道岔侧向试验,动车组为CRH_2,侧向速度等级为70 km/h、80 km/h、90 km/h,其中70 km/h速度挡2个往返,80 km/h、90 km/h速度挡各3个往返。

2008年7月2日~7月3日进行道岔直向试验,动车组为CRH_2和CRH_3,直向通过18号道岔的速度为300~350 km/h,直向通过39.113号道岔的速度为180~260 km/h。

图8-6-160　京津城际铁路永乐车站10号岔位18号无砟道岔及安装在轨道旁的多机控制器

一、10号岔位18号道岔测试结果与分析

1. 列车直向过岔运行安全性测试结果与分析

(1)脱轨系数:实测最大值为0.22(v=295 km/h、346 km/h),小于限值0.8。

(2)减载率:实测最大值为0.40(v=348 km/h),小于安全限值0.8。

(3)轮轴横向力:实测最大值为19.6kN(v=295 km/h),小于安全限值。

2. 尖轨薄弱断面轨底应力测试结果与分析

18号道岔尖轨采用Zul60钢轨制造,断面面积和抗弯刚度较中国60AT钢轨和60D40钢轨制造的尖轨小,理论计算表明,尖轨40~50 mm断面处因可能承受全部垂向力而受到削弱成为最不利区段,本次试验测试了尖轨40 mm和50 mm断面轨底应力,以评判尖轨的应力水平和强度储备。

(1)动车组通过尖轨40 mm断面时,轨底应力实测最大值处于较低水平,且与速度的相关性不明显。

(2)尖轨40 mm断面轨底应力实测最大值为53 MPa(v=295、334 km/h),小于许用应力参考限值

355 MPa。

(3)动车组通过时尖轨 50 mm 断面轨底应力实测最大值处于较低水平且与速度的相关性不明显。

(4)尖轨 50 mm 断面轨底应力实测最大值为 50 MPa(v = 335 km/h),小于许用应力参考限值 355 MPa。

3. 钢轨和翼轨轨头动态横向位移测试结果与分析

在列车动态荷载的作用下,钢轨轨头会产生向内侧或外侧的动态横向位移,横向位移的量值过大,会导致较大的动态轨距扩大或缩小影响行车安全。轨头横移的测点选择在Ⅰ断面(2 和 3 号枕间)、Ⅱ断面(53 和 54 号枕间)及心轨前翼轨处。

(1)动车组直向通过Ⅰ断面(2 和 3 号枕间)、直、曲基本轨轨头横向位移测试结果。

①逆、顺向通过Ⅰ断面时,直、曲基本轨轨头横向位移趋势均为朝线路内侧,动态轨距减小。

②直、曲基本轨轨头横向位移相差不大。

③动车组通过Ⅰ断面时,直基本轨轨头横向位移最大值为 0.33 mm(v = 295 km/h),曲基本轨轨头横向位移最大值为 0.26 mm(v = 246 km/h),均小于限值 1.5 mm。

(2)动车组直向通过Ⅱ断面(53 和 54 号枕间)时,钢轨轨头横向位移测试结果。

①逆、顺向通过Ⅱ断面时,直导轨轨头横向位移趋势均为朝线路外侧;逆、顺向通过Ⅱ断面时,直基本轨轨头横向位移方向朝向线路内侧,动态轨距减小。

②动车组通过Ⅱ断面时,直导轨轨头横向位移最大值为 0.33 mm(v = 325 km/h),直基本轨轨头横向位移最大值为 0.60 mm(v = 346 km/h),均小于限值 1.5 mm。

(3)翼轨轨头横向位移测试结果。

①翼轨的轨头横移大于Ⅰ、Ⅱ两个断面的轨头横移,其强度和稳定性要弱于基本轨。

②翼轨轨头横向位移实测最大值和速度的相关性不明显,实测最大值为 0.82 mm(v = 336 km/h)。

综上所述,动车组直向过岔钢轨和翼轨轨头横移小于限值 1.5 mm,符合暂行技术条件的要求。

4. 尖轨和心轨开口量测试结果与分析

尖轨和心轨开口量是表征动态情况下尖轨或心轨与基本轨或翼轨斥离状况的参数,开口量大于 4 mm时,车轮可能撞击心轨或尖轨尖端从而影响列车运行安全。因此无论静动态检查,规定开口量限值为 4 mm。

动车组直向过岔,尖轨和心轨开口量测试结果如下:

(1)动车组通过时,心轨开口量实测最大值大于尖轨开口量。

(2)动车组通过时尖轨开口量最大值为 0.33 mm(v = 334 km/h、349 km/h)。

(3)动车组通过时心轨开口量最大值为 0.76 mm(v = 322 km/h)。

(4)由于外锁闭结构同我国客运专线道岔所用外锁闭结构类似,尖轨和心轨开口量实测最大值与客运专线 18 号道岔测试数据相差不大。

尖轨和心轨开口量均小于安全限值 4 mm,表明 HRS 钩型外锁闭装置可以有效控制尖轨和心轨的开口值,锁闭安全可靠。

5. 岔区钢轨垂向位移和轨道刚度测试结果与分析

有砟轨道的弹性主要由扣件和碎石道床提供,扣件刚度和枕下道床刚度串联组成有砟轨道的钢轨支点刚度,由于碎石道床是散粒体材料,物理性能离散性很大,所以不能对扣件刚度进行准确测量。无砟轨道的弹性主要由扣件提供,无砟轨道本身的位移可以忽略,或者至少可以认为变形是均匀的。为了解岔区刚度均匀化的效果,按照刚度区段和垫板类型的划分,在 10 号岔位 18 号道岔布置了钢轨垂向位移(垫板压缩量)测点 8 个。动车组过岔时,测试结果如下:

(1)动车组以 350 km/h 通过时,钢轨垂向位移平均值为 0.51 ~ 1.46 mm,最大值为 0.55 ~ 1.76 mm,表明扣件系统刚度小,弹性好。8 个测点钢轨的垂向位移平均值为 0.8 mm,8 个测点钢轨垂向位移最大值的平均值为 1.05 mm，说明刚度值为 17.5 kN/mm 的弹性基板能提供好的弹性。

（2）竖向位移最大值为 1.76 mm，小于限值 3 mm，符合暂行技术条件的规定。

6. 稳定性指标

CRH_2 和 CRH_3 型动车组直向通过 2 号和 10 号岔位 18 道岔时的平稳性指标小于 2.5。

7. 转换、锁闭、监测设备性能测试

转换设备动作杆动态力、动态位移、安装装置托板加速度满足使用要求。

8. 多机控制器性能试验

多机控制器可以控制道岔正常转换，但也存在问题：第 1 牵引点转辙机在每次转换时均需摩擦 2.2 s 时间后停止工作，会影响摩擦连接器的寿命。在故障返回试验中，第 1 牵引点和第 2、3 牵引点转辙机动作方向不一致。

9. 液压下拉装置

液压下拉装置可以起到夹紧心轨的作用，但控制电路对下拉驱动器的启动、工作与关闭没有检查措施。

二、2 号岔位 18 号道岔测试结果与分析

1. CRH_2 侧向通过 2 号岔位 18 号道岔安全性测试结果与分析

（1）脱轨系数：实测最大值为 0.49（$v_{侧}$ = 89.9 km/h），小于限值 0.8。

（2）减载率：实测最大值为 0.32（$v_{侧}$ = 89.9 km/h），小于第二安全限值 0.80。

（3）轮轴横向力：实测最大值为 21.77kN（$v_{侧}$ = 56.7 km/h），小于安全限值。

2. 侧向过岔翼轨轨底弯曲应力测试结果与分析

（1）翼轨轨底弯曲应力的平均值和最大值和列车速度无明显关系。

（2）翼轨轨底弯曲应力与列车运行的方向（逆顺向）没有明显的关系。

（3）翼轨轨底弯曲应力实测最大值为 49.4 MPa（$v_{侧}$ = 79.5 km/h）。

3. 钢轨和翼轨轨头动态横向位移测试结果与分析

轨头横移的测点选择在 2 号和 3 号枕间 Ⅰ 断面、53 号和 54 号枕间 Ⅱ 断面及心轨前翼轨处。

（1）动车组侧向通过 2 号和 3 号枕间 Ⅰ 断面，直、曲基本轨轨头横向位移测试结果。

①逆向通过 Ⅰ 断面时，直、曲基本轨轨头横向位移趋势均为朝线路内侧，动态轨距减小；顺向通过 Ⅰ 断面时，直、曲基本轨轨头横向位移方向双侧都有，以朝向线路外侧为主，轨距扩大的量值也远大于轨距减小的量值。直基本轨轨头横向位移量值大于曲基本轨，其原因为列车出岔时，由于惯性作用对直基本轨有冲击。

②动车组侧向通过 Ⅰ 断面时，直基本轨轨头横向位移最大值为 1.28 mm（$v_{侧}$ = 80.3 km/h）。

③动态轨距扩大最大值为 2.05 mm（$v_{侧}$ = 80.3 km/h）。

（2）动车组侧向通过 2 和 3 号枕间 Ⅱ 断面，直、曲基本轨轨头横向位移测试结果。

①逆向通过 Ⅱ 断面时，曲导轨、曲基本轨轨头横向位移趋势均为朝线路内侧，动态轨距减小；顺向通过 Ⅱ 断面时，曲导轨轨头横向位移方向朝向线路内侧，曲基本轨轨头横向位移方向双侧都有，以朝向线路内侧为主，动态轨距减小。

②动车组侧向通过 Ⅱ 断面时，曲导轨轨头横向位移最大值为 0.64 mm（$v_{侧}$ = 79.8 km/h）。

③轨距减小量值最大为 0.67 mm（$v_{侧}$ = 79.8 km/h）。

（3）翼轨轨头动态横向位移测试结果

翼轨轨头横向位移和速度的相关性不明显，实测最大值为 3.29 mm（$v_{侧}$ = 69.8 km/h）。顺向过岔时，翼轨轨头横向位移量值远大于逆向通过时的量值。原因如下：

①顺向通过时，车轮由心轨过渡到翼轨，同时也将横向力传递到翼轨，造成对翼轨的冲击，形成较大的横向位移。

②翼轨由基本轨加工制造，且轨底切削较多，为该种道岔的薄弱环节。

③心轨轨头宽 55 mm 处轨顶面较翼轨轨顶面降低 0.4 mm，心轨轨头宽 96 mm 处轨顶面与翼轨等高，造成轮轨力在心轨和翼轨间的过渡时间较晚且过渡急促，作用在翼轨上的横向力较大。

建议运营过程中加强对翼轨的观察和养护。

三、39.113 号道岔测试结果与分析

与 18 号道岔不同，39.113 号道岔侧线未开通，因此出于安全考虑在转辙器和辙叉位置安装了多个勾锁器，在测试过程中一直未解除勾锁器。由于勾锁器的存在消除了尖轨与基本轨、心轨与翼轨的间隙，起到了结构强化的作用，动车组直向过岔运行安全性测试结果与心轨跳动测试结果仅作为参考，建议侧向开通后统一进行 39.113 号道岔的直侧向过车测试。

1. 动车组直向过岔运行安全性测试结果与分析

(1)脱轨系数：动车组直向过岔脱轨系数实测最大值为 0.09(v=250 km/h)，小于安全限值 0.8。

(2)减载率：动车组直向过岔减载率实测最大值为 0.27(v=259 km/h)，小于安全限值 0.8。

(3)轮轴横向力：动车组直向过岔轮轴横向力实测最大值为 7.5kN(v = 198 km/h)，小于安全限值。

2. 心轨跳动测试结果与分析

京津城际铁路 18 号和 39.113 号道岔为防止心轨跳动，采取了三项防止尖轨跳动的措施：防跳顶铁、心轨尖端防跳装置、在垂直力由翼轨到心轨的过渡位置设置的心轨液压下拉装置。该项设计为其特有，我国客运专线道岔和法国高速铁路道岔只采用了前两项防跳措施。在胶州有砟 18 号道岔和遂渝线无砟 18 号道岔测试中均未发现心轨有相对于翼轨的明显跳动。本次试验在垂直力由翼轨到心轨的过渡位置设置了位移传感器测试心轨相对于翼轨的位移，验证其下拉装置的效果。心轨跳动的测试结果如下：

(1)心轨液压下拉装置将心轨和翼轨连接成一体，动车组逆、顺向过岔时心轨相对于翼轨的位移量值为 0.05 ~ 0.08 mm，下拉装置起作用的效果明显。

(2)心轨相对于翼轨的位移量值和速度的相关性不明显，即速度提高量值不会增加。

(3)心轨相对于翼轨的位移实测最大值为 0.08 mm(v=181、223 km/h)。

3. 钢轨和翼轨轨头动态横向位移测试结果与分析

轨头横移的测点选择在Ⅰ断面(111 号和 112 号岔枕间)直导轨、直基本轨轨头吸和Ⅱ断面(231 号和 232 号岔枕间)外侧钢轨、内侧钢轨轨头及心轨 50 mm 断面对应的翼轨轨头。

(1)岔区Ⅰ断面直导轨、直基本轨轨头横向位移测试结果

①Ⅰ断面直导轨轨头横移方向朝向轨距扩大方向，直基本轨轨头横移方向朝向轨距减小方向。

②逆顺向对轨头横移的量值无明显影响。

③Ⅰ断面直导轨轨头横移实测最大值为 0.31 mm(v=223 km/h)，直基本轨轨头位移实测最大值为 0.59 mm(v=254 km/h)，小于限值 1.5 mm，符合暂行技术条件的要求。

(2)Ⅱ断面(231 和 232 号岔枕间)外侧钢轨和内侧钢轨轨头横移测试结果

①Ⅱ断面外侧钢轨轨头横移方向朝向轨距扩大方向，内侧钢轨轨头横移方向朝向轨距减小方向。

②逆顺向对轨头横移的量值无明显影响。

③Ⅱ断面外侧钢轨轨头横移实测最大值为 0.47 mm(v=247 km/h)，内侧钢轨轨头横移实测最大值为 0.25 mm(v=254 km/h)，小于限值 1.5 mm，符合暂行技术条件的要求。

(3)翼轨轨头横向位移测试结果

①翼轨轨头横向位移方向趋势为轨距扩大方向。

②顺向过岔翼轨轨头横向位移大于逆向过岔，这与动车组顺向过岔时，轮对由心轨瞬间转移到翼轨，对翼轨造成瞬时冲击有关。

③翼轨轨头横向位移最大值为 0.32 mm(v = 181 km/h),小于限值 1.5 mm,符合暂行技术条件的要求。

综上所述,动车组直向过岔钢轨和翼轨轨头横移量值小于限值 1.5 mm,符合暂行技术条件的要求。

4. 岔区钢轨垂向位移和轨道刚度测试结果与分析

京津城际铁路道岔扣件系统的静刚度取值为 17.5 kN/mm,允许的钢轨垂向位移较大,并且在岔区进行了轨道刚度均匀化设计。

为了解采取低刚度设计后钢轨变形的情况,并验证岔区刚度均匀化的效果,按照刚度区段和垫板类型的划分,在 39.113 号道岔岔区和岔前布置了钢轨垂向位移(垫板压缩量)测点 9 个。测试结果如下:

(1)动车组以 250 km/h 通过时,钢轨垂向位移平均值为 0.44 ~ 1.73 mm,最大值为 0.56 ~ 1.90 mm。9 个测点钢轨的垂向位移平均值为 1.0 mm,9 个测点钢轨垂向位移最大值的平均值为 1.19 mm,说明刚度值为 17.5 kN/mm 的弹性基板提供好的弹性。

(2)竖向位移最大值为 1.90 mm,小于限值 3 mm,符合暂行技术条件的规定。

四、分析结果

1. 18 号道岔检测结论

(1)列车直、侧向过岔的安全性

动车组以 350 km/h 直向通过 18 号道岔时,脱轨系数实测最大值为 0.22(v = 346 km/h,安全限值为 0.8)、减载率实测最大值为 0.40(v = 348 km/h,安全限值为 0.8),轮轴横向力实测最大值为 19.6 kN(v = 295 km/h)。

动车组以 70 km/h、80 km/h、90 km/h 侧向通过 18 号道岔时,脱轨系数实测最大值为 0.49($v_{侧}$ = 89.9 km/h)、减载率实测最大值为 0.32($v_{侧}$ = 89.9 km/h),轮轴横向力实测最大值为 21.8 kN($v_{侧}$ = 89.6 km/h)。

上述安全指标分别小于相应的安全限值,安全性能够满足技术要求。

(2)道岔主要部件强度

尖轨薄弱断面应力实测最大值为 53 MPa(许用应力参考限值 335 MPa),翼轨截面应力实测最大值为 49.4 MPa($v_{侧}$ = 89.6 km/h,许用应力参考限值 224 MPa),分别小于相应的许用应力限值,道岔主要部件强度满足安全和相应的技术条件要求。

(3)道岔部件变形和轨道稳定性

直向过岔转辙器区段钢轨轨头横向位移实测最大值为 0.33 mm(v = 295 km/h),导曲线区段钢轨轨头横向位移实测最大值为 0.60 mm(v = 346 km/h)、心轨 50 mm 断面对应的翼轨轨头横向位移实测最大值为 0.82 mm(v = 336 km/h),均小于限值 1.5 mm。

侧向过岔转辙器区段钢轨轨头横向位移实测最大值 1.28 mm($v_{侧}$ = 80.3 km/h),导曲线区段钢轨轨头横向位移实测最大值 0.64 mm($v_{侧}$ = 79.8 km/h)、心轨 50 mm 断面对应的翼轨轨头横向位移实测最大值 3.29 mm($v_{侧}$ = 69.8 km/h)。

(4)尖轨和心轨锁闭的可靠性

尖轨开口量实测最大值为 0.33 mm、心轨开口量实测最大值为 0.76 mm,均远小于 4 mm 安全限值,表明锁闭装置可以有效控制尖轨和心轨的开口值,锁闭安全可靠。

(5)道岔区轨道刚度

动车组以 350 km/h 通过时,钢轨垂向位移平均值为 0.51 ~ 1.46 mm,最大值为 0.55 ~ 1.76 mm。8 个测点钢轨的垂向位移平均值为 0.8 mm,8 个测点钢轨垂向位移最大值的平均值为 1.05 mm,说明刚度值为 17.5 kN/mm 的弹性基板提供好的弹性。竖向位移最大值为 1.76 mm,小于限值 3 mm,符合暂

行技术条件的规定。

(6)稳定性指标

CRH_2 和 CRH_3 型动车组直向通过 2 号和 10 号岔位 18 道岔时的平稳性指标小于 2.5。

(7)转换、锁闭、监测设备性能测试

转换设备动作杆动态力、动态位移、安装装置托板加速度满足使用要求。

第十二节　桥梁动力性能

一、试验数据

桥梁动力性能试验是对京津城际铁路测试桥梁的自振特性和动车组以各种速度通过典型桥梁时的动力响应(竖横向自振频率、阻尼比、动力系数、挠跨比、梁端转角、支座竖横向动位移、竖横向振幅、强振频率、竖横向振动加速度、梁缝两侧钢轨支点横竖向相对位移)的测试。

CRH_2 型动车组空车、CRH_2 型动车组重车、CRH_3 型动车组空车、CRH_3 型动车组重车通过测试桥梁时试验速度见表 8－6－141。

表 8－6－141　试验速度　　单位:km/h

序号	测试梁型	CRH_2 空车	CRH_2 重车	CRH_3 空车	CRH_3 重车
1	(60＋128＋60)m 系杆拱连续梁	98.8～248.3	81.8～248.3	99.9～298.2	119.9～282.4
2	(80＋128＋80)m 预应力混凝土连续梁	175.6～271.7	29.5～266.7	54.0～298.1	118.3～298.1
3	(18＋3×24＋18)m 刚构连续梁	117.4～378.9	35.1～359.9	37.2～390.2	198.7～335.3
4	(45＋70＋70＋45)m 预应力混凝土连续梁	54.1～376.6	31.1～348.3	158.8～390.4	58.8～330.2
5	32 m 预应力混凝土简支箱梁	200.0～337.4	43.5～317.6	160.2～351.8	—
6	32、24 m 预应力混凝土简支箱梁	198.2～313.1	124.2～308.7	95.0～335.5	122.0～278.8
7	(32＋48＋32)m 预应力混凝土连续梁	200.1～337.6	119.3～308.5	63.5～335.3	—
8	40 m 预应力混凝土简支箱梁	203.7～332.2	156.5～302.3	121.2～169.0	—

1. 梁体横向自振频率和横向振动阻尼比

实测梁体横向自振频率和横向振动阻尼比汇总见表 8－6－142,实测(60＋128＋60)m 系杆拱连续梁、(80＋128＋80)m 预应力混凝土连续梁横向自振频率均满足设计值要求。实测 32 m 简支箱梁、24 m 简支箱梁、40 m 简支箱梁横向自振频率均满足《既有线提速 200 km/h 技术条件(试行)》限值要求,实测梁体横向振动阻尼比与国内外原型桥梁试验结果吻合。

表 8－6－142　梁体横向自振频率和横向振动阻尼比汇总表

孔跨	梁型	实测频率(Hz)	限值(Hz)	设计值(Hz)	实测阻尼比(%)
跨北京环线特大桥	(60＋128＋60)m 预应力混凝土系杆拱连续梁	1.47	—	0.77	2.55
跨北京环线特大桥	(80＋128＋80)m 预应力混凝土连续梁	1.52	—	1.35	2.02
漷小路大桥	(18＋3×24＋18)m 刚构连续梁	5.74	—	—	2.77
杨村特大桥	(45＋70＋70＋45)m 预应力混凝土连续梁	2.65 (墩梁一体)	—	—	2.37
永定新河特大桥 122 孔	32 m 预应力混凝土简支梁	22.04	3.80	—	2.64
永定新河特大桥 123 孔	32 m 预应力混凝土简支梁	22.17	3.80	—	2.57
永定新河特大桥 198 孔	32 m 预应力混凝土简支梁	22.86	3.80	—	1.79
永定新河特大桥 199 孔	24 m 预应力混凝土简支梁	30.19	4.80	—	2.13
永定新河特大桥	(32＋48＋32)m 预应力混凝土连续梁	2.54 (墩梁一体)	—	—	2.63
永定新河特大桥 484 孔	40 m 预应力混凝土简支梁	14.65	3.19	—	1.76
永定新河特大桥 485 孔	40 m 预应力混凝土简支梁	14.94	3.19	—	1.54

2. 梁体竖向自振频率和竖向振动阻尼比

实测梁体竖向自振频率和竖向振动阻尼比汇总见表 8－6－143，实测梁体竖向自振频率均满足《新建时速 300～350 公里客运专线铁路设计暂行规定》限值和设计值要求，实测梁体竖向振动阻尼比与国内外原型桥梁试验结果吻合。

表 8－6－143　梁体竖向自振频率和竖向振动阻尼比汇总表

孔跨	梁型	实测频率(Hz)	限值(Hz)	设计值(Hz)	实测阻尼比(%)
跨北京环线特大桥	(60＋128＋60)m 预应 力混凝土系杆拱连续梁	2.03	—	1.47	0.72
跨北京环线特大桥	(80＋128＋80)m 预应力混凝土连续梁	1.49	—	1.10	1.38
漷小路大桥	(18＋3×24＋18)m 刚构连续梁	6.73	—	—	2.08
杨村特大桥	(45＋70＋70＋45)m 预应力混凝土连续梁	2.33	—	—	2.65
永定新河特大桥 123 孔	32 m 预应力混凝土简支梁	6.21	3.81	4.66	2.05
永定新河特大桥 198 孔	32 m 预应力混凝土简支梁	6.77	3.81	4.66	2.93
永定新河特大桥 199 孔	24 m 预应力混凝土简支梁	10.20	5.11	8.27	1.37
永定新河特大桥	(32＋48＋32)m 预应力混凝土连续梁	4.41	—	—	2.33
永定新河特大桥 484 孔	40 m 预应力混凝土简支梁	5.84	3.07	4.28	1.33

3. 跨中竖向挠跨比和挠度动力系数

梁体竖向挠跨比汇总见表 8－6－144，动车组双线准静态加载时，跨中最大挠度换算至 ZK 活载的跨中竖向挠跨比均满足《新建时速 300～350 公里客运专线铁路设计暂行规定》限值和设计值要求。

动车组作用下梁体跨中挠度动力系数汇总见表 8－6－145，CRH_2 型动车组空车、CRH_2 型动车组重车、CRH_3 型动车组空车、CRH_3 型动车组重车作用下梁体跨中挠度动力系数均满足《新建时速300～

350 公里客运专线铁路设计暂行规定》规定动力系数$\left(\frac{1.494}{\sqrt{L_{\phi}}-0.2}+0.851\right)\times\frac{ZK活载}{试验车静活载}$的要求。

表 8-6-144　梁体竖向挠跨比(换算至 ZK 活载)汇总表

孔跨	梁型	挠跨比	限值	设计值
跨北京环线特大桥	(60+128+60)m 预应力混凝土系杆拱连续梁	1/17 679	1/1 000	1/5 750
跨北京环线特大桥	(80+128+80)m 预应力混凝土连续梁 80 m 跨	1/10 081	1/1 000	1/4 141(边跨)
潮小路大桥	(18+3×24+18)m 刚构连续梁	1/26 760	1/1 800	—
杨村特大桥	(45+70+70+45)m 预应力混凝土连续梁	1/7 816	1/1 500	1/3 571
永定新河特大桥 123 孔	32 m 预应力混凝土简支梁	1/15 563	1/1 500	1/5 147
永定新河特大桥 198 孔	32 m 预应力混凝土简支梁	1/14 894	1/1 500	1/5 147
永定新河特大桥 199 孔	24 m 预应力混凝土简支梁	1/42 418	1/1 800	1/10 685
永定新河特大桥 210 孔	(32+48+32)m 预应力混凝土连续梁 48 m 跨	1/7 626	1/1 500	—
永定新河特大桥 484 孔	40 m 预应力混凝土简支梁	1/9 074	1/1 500	1/4 975

表 8-6-145　梁体挠度动力系数汇总表

孔跨	CRH2 空车		CRH2 重车		CRH3 空车		CRH3 重车	
	实测值	规定值	实测值	规定值	实测值	规定值	实测值	规定值
跨四环线特大桥	—	—	—	—	1.05	3.60	1.09	3.04
跨五环线特大桥	—	—	—	—	1.01	2.92	—	—
潮小路大桥	1.11(348.3)	5.02	1.11(359.9)	4.44	1.13(302.3)	3.83	1.07(335.3)	3.42
杨村特大桥	1.09(337.3)	5.41	1.09(299.9)	4.78	1.11(290.2)	4.05	1.08(294.0)	3.62
永定新河特大桥 123 孔	—	—	1.05(299.9)	3.87	—	—	—	—
永定新河特大桥 198 孔	1.09(322.5)	4.38	1.04(304.3)	3.87	1.11(298.2)	3.29	1.09(252.6)	2.94
永定新河特大桥 199 孔	1.08(260.3)	4.08	1.08(251.2)	3.61	1.11(294.1)	3.03	1.11(278.8)	2.71
永定新河特大桥 484 孔	1.05(251.0)	4.61	—	—	1.10(245.9)	3.48	1.08(135.7)	3.11

注:括号内为行车速度 km/h

4. 梁端竖向转角

动车组作用下梁端竖向转角汇总见表 8-6-146，CRH2 型动车组空车、CRH2 型动车组重车、CRH3 型动车组空车、CRH3 型动车组重车作用下准静态双线加载时梁端竖向转角换算至 ZK 活载均满足《新建时速 300～350 公里客运专线铁路设计暂行规定》梁端竖向转角 1‰和设计值要求；两梁之间竖向转角也均满足《新建时速 300～350 公里客运专线铁路设计暂行规定》对无砟轨道两梁之间的转角 2‰的要求。

表 8-6-146　梁端竖向转角(换算至 ZK 活载)汇总表

孔跨	梁型	梁端转角	设计值	限值	两梁转角	限值
跨北京环线特大桥	(60+128+60)m 预应力混凝土系杆拱连续梁	下挠:0.18 反弯:0.02	下挠:0.59 反弯:0.33	1	—	—

续上表

孔跨	梁型	梁端转角	设计值	限值	两梁转角	限值
跨北京环线特大桥	(80 + 128 + 80) m 预应力混凝土连续梁 80m 跨	下挠:0.32 反弯:0.30	下挠:0.88 反弯:0.69	1	—	—
漷小路大桥	(18 + 3 × 24 + 18) m 刚构连续梁	0.12	—	1	—	—
杨村特大桥	(45 + 70 + 70 + 45) m 预应力混凝土连续梁	下挠:0.41 反弯:0.17	—	1	—	—
永定新河特大桥 123 孔	32m 预应力混凝土简支梁	0.21	0.75	1	0.42	2
永定新河特大桥 198 孔	32 m 预应力混凝土简支梁	0.21	0.75	1	0.29	2
永定新河特大桥 199 孔	24 m 预应力混凝土简支梁	0.08	0.36	1	—	—
永定新河特大桥 209 孔	(32 + 48 + 32) m 预应力混凝土连续梁	0.44	—	1	—	—
永定新河特大桥 484 孔	40 m 预应力混凝土简支梁	0.36	0.75	1	0.72	2

5. 跨中横向振幅

动车组作用下梁体跨中横向振幅汇总见表 8 - 6 - 147，在 CRH2 型动车组空车、CRH2 型动车组重车、CRH3 型动车组空车、CRH3 型动车组重车作用下，实测梁体跨中最大横向振幅均远小于《铁路桥梁检定规范》通常值（客车，$160 < v \leq 200$ km/h）和安全限值；CRH2 型动车组空车、CRH2 型动车组重车、CRH3 型动车组空车、CRH3 型动车组重车作用下梁体跨中横向振幅与行车速度的关系见图 8 - 6 - 161。从整体趋势上看，(80 + 128 + 80) m 连续梁梁体横向振幅随行车速度的提高而先增大后减小，在 150 ~ 160 km/h 左右出现了较小的峰值，其他梁体在动车组作用下跨中横向振幅在速度 200 km/h 以下时随行车速度的提高而缓慢增大，在速度 200 km/h 以上随行车速度的提高而增大明显。但由于动车组质量较小、编组较短，激励能量有限，实测桥梁横向振幅均较小，未发生明显共振现象。

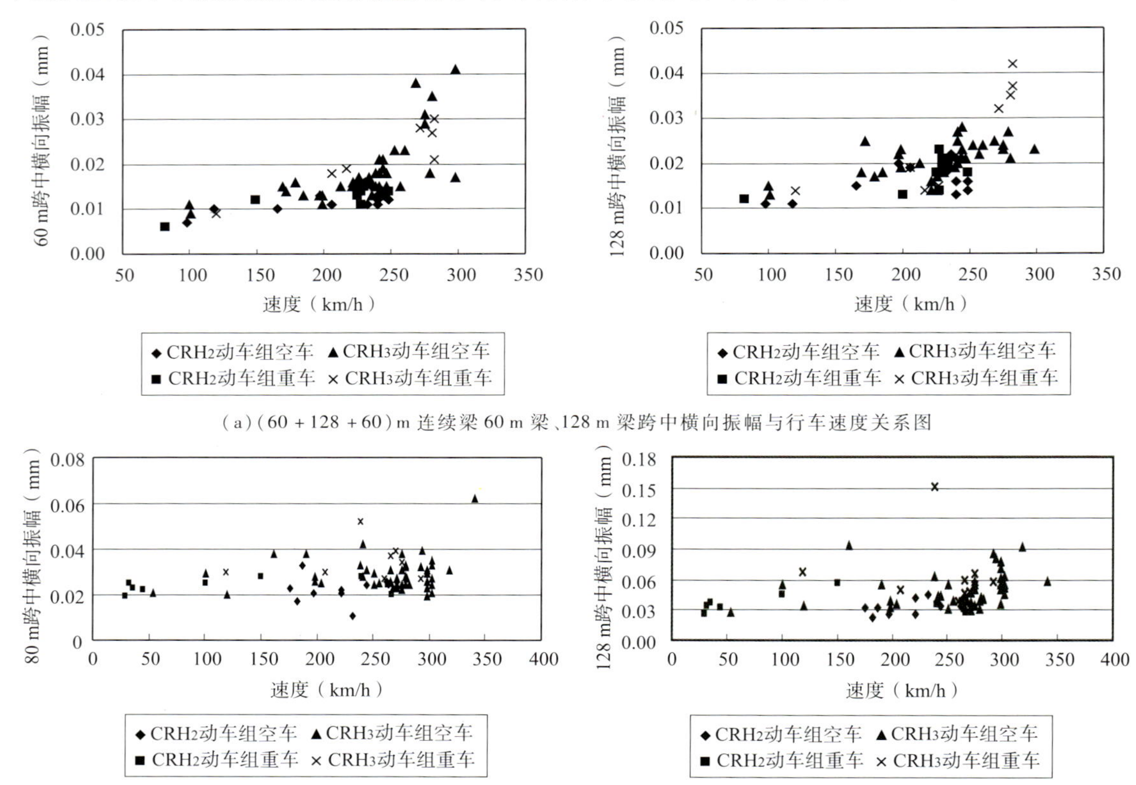

(a) (60 + 128 + 60) m 连续梁 60 m 梁、128 m 梁跨中横向振幅与行车速度关系图

(b) (80 + 128 + 80) m 连续梁、80 m 梁、128 m 梁跨中横向振幅与行车速度关系图

图 8 - 6 - 161　梁体跨中横向振幅与行车速度关系图(一)

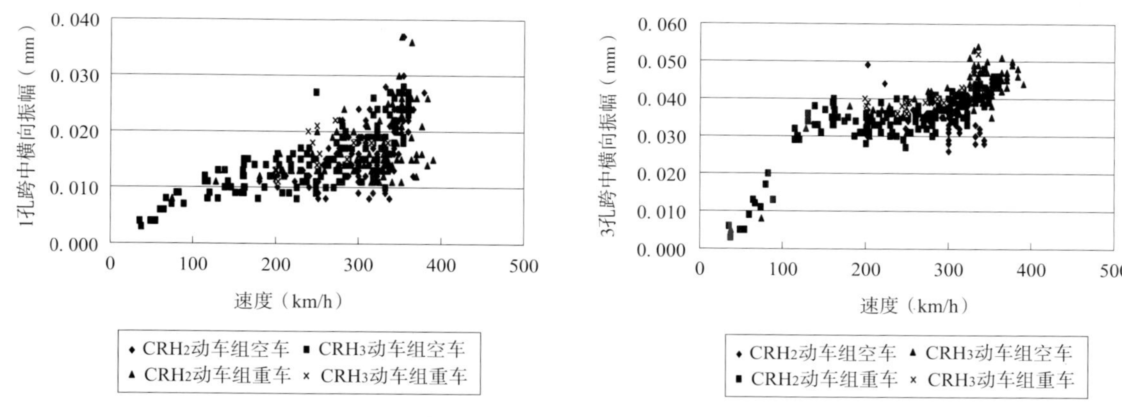

（c）（18＋3－24＋18）m 连续梁 18 m 梁、24 m 梁跨中横向振幅与行车速度关系图

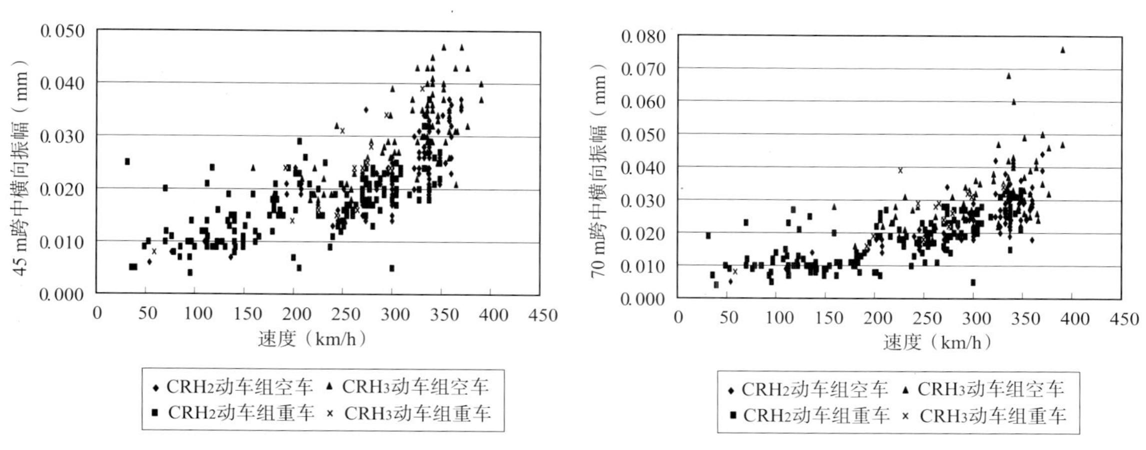

（d）（45＋70＋70＋45）m 连续梁、45 m 梁、70 m 梁跨中横向振幅与行车速度关系图

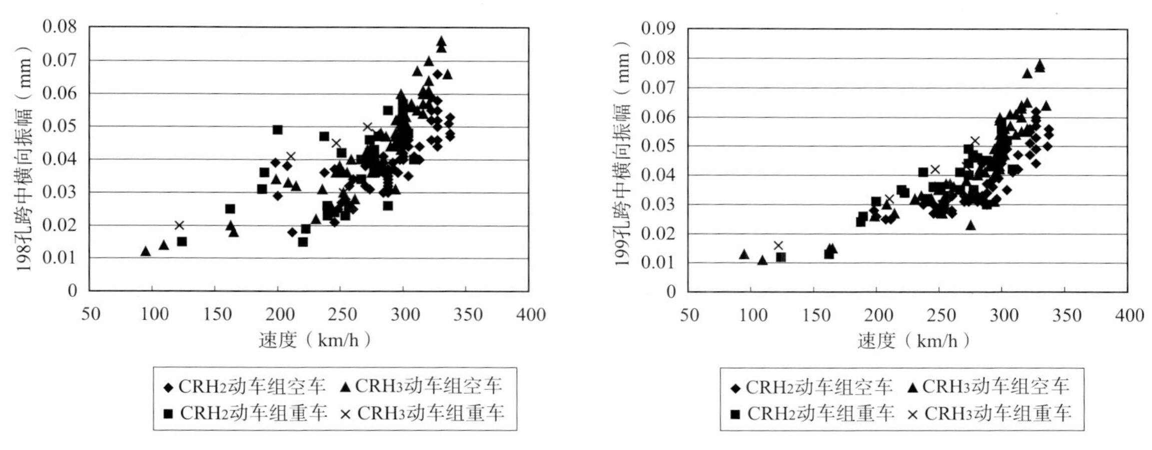

（e）永定新河特大桥 32 m 梁、24 m 梁跨中横向振幅与行车速度关系图

图 8－6－161　梁体跨中横向振幅与行车速度关系图（二）

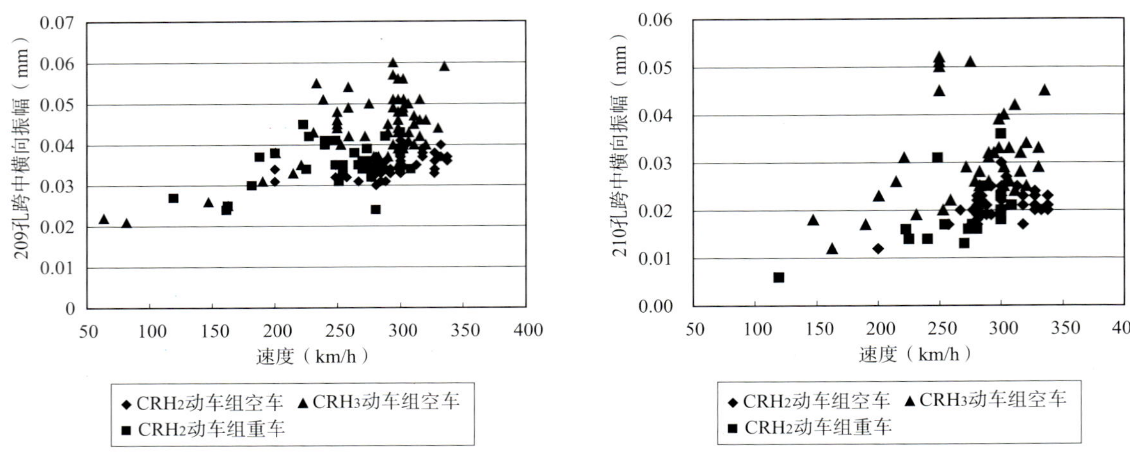

（f）（32+48+32）m 连续梁、32 m 梁、48 m 梁跨中横向振幅与行车速度关系图

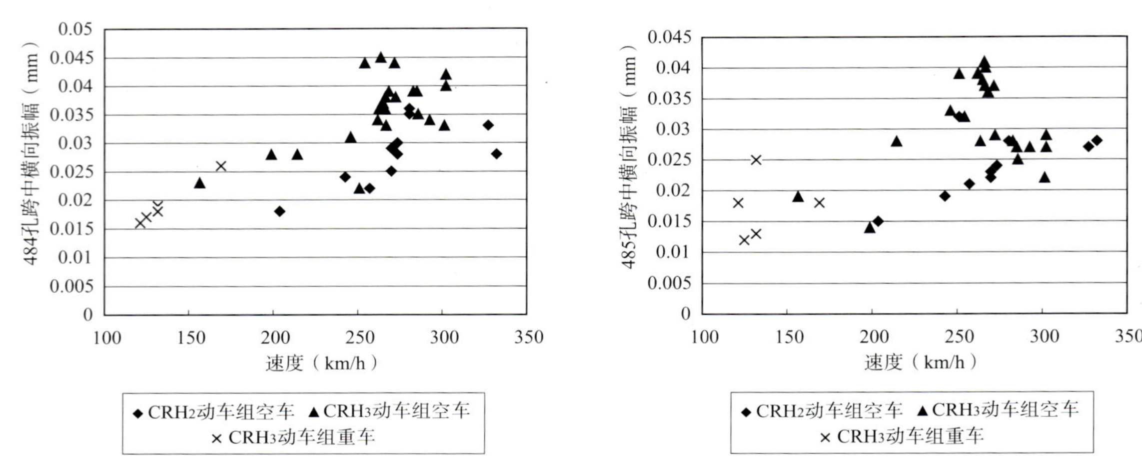

（g）40 m 梁跨中横向振幅与行车速度关系图

图 8－6－161　梁体跨中横向振幅与行车速度关系图（三）

表 8－6－147　梁体跨中横向振幅汇总表

单位：mm

孔跨	CRH2 空车	CRH2 重车	CRH3 空车	CRH3 重车	《铁路桥梁检定规范》	
					通常值	安全限值
跨北京环线特大桥 159 孔 60 m 跨	0.015 （236.1）	0.015 （229.8）	0.041 （298.2）	0.030 （282.3）	0.453	6.670
跨北京环线特大桥 160 孔 128 m 跨	0.022 （236.1）	0.023 （227.4）	0.028 （244.0）	0.042 （282.4）	0.820	14.220
跨北京环线特大桥 284 孔 80 m 跨	0.033 （187.0）	0.028 （240.1）	0.062 （340.7）	0.052 （238.5）	0.989	8.890
跨北京环线特大桥 283 孔 128 m 跨	0.045 （232.3）	0.056 （150.1）	0.094 （160.8）	0.151 （238.5）	1.500	14.220
溯小路大桥 第 1 孔 18 m 跨	0.037 （354.0）	0.028 （354.0）	0.037 （351.8）	0.022 （271.7）	0.490	2.000
溯小路大桥 第 2 孔 24 m 跨	0.046 （342.8）	0.050 （354.0）	0.050 （354.0）	0.052 （335.3）	0.650	2.670
溯小路大桥 第 3 孔 24 m 跨	0.049 （366.0）	0.048 （342.8）	0.054 （335.3）	0.052 （335.3）	0.650	2.670

续上表

孔跨	CRH2 空车	CRH2 重车	CRH3 空车	CRH3 重车	《铁路桥梁检定规范》	
					通常值	安全限值
杨村特大桥 581 孔 70 m 跨	0.044 (370.0)	0.033 (332.3)	0.076 (390.2)	0.039 (225.9)	0.810	7.780
杨村特大桥 582 孔 45 m 跨	0.037 (370.0)	0.037 (337.4)	0.047 (370.2)	0.039 (330.2)	0.550	5.000
永定新河特大桥 122 孔 32 m 梁	0.046 (313.0)	0.056 (317.6)	0.071 (330.2)	—	0.476	3.500
永定新河特大桥 123 孔 32 m 梁	0.047 (295.8)	0.052 (273.4)	0.063 (325.2)	—	0.476	3.500
永定新河特大桥 198 孔 32 m 梁	0.066 (327.4)	0.057 (300.0)	0.076 (330.3)	0.050 (271.8)	0.476	3.500
永定新河特大桥 199 孔 24 m 梁	0.062 (327.3)	0.058 (300.0)	0.078 (330.2)	0.052 (278.8)	0.355	2.610
永定新河特大桥 209 孔 32 m 跨	0.041 (300.1)	0.045 (222.6)	0.060 (294.0)	—	0.484	3.560
永定新河特大桥 210 孔 48 m 跨	0.030 (300.1)	0.036 (299.9)	0.052 (249.7)	—	0.726	5.330
永定新河特大桥 484 孔 40 m 梁	0.038 (251.0)	—	0.045 (263.7)	0.026 (169.0)	0.591	4.340
永定新河特大桥 485 孔 40 m 梁	0.032 (251.0)	—	0.041 (266.0)	0.025 (131.7)	0.591	4.340

注：括号内为行车速度 km/h。

6. 跨中竖向振幅

动车组作用下梁体跨中竖向振幅汇总见表 8－6－148，CRH2 型动车组空车、CRH2 型动车组重车、CRH3 型动车组空车、CRH3 型动车组重车作用下梁体跨中竖向振幅与行车速度的关系见图 8－6－162。从整体趋势上看，除(60＋128＋60)m 连续梁的 128 m 跨梁体跨中竖向振幅在 160～170 km/h 出现明显峰值(这是由于 CRH2 和 CRH3 型动车组在 160～170 km/h 时对桥梁的竖向加载频率与梁体竖向自振频率 2.03 Hz 接近，所以实测中跨 128 m 梁体跨中竖向振幅和应变动力系数出现明显峰值)以外，其余桥梁体跨中竖向振幅随速度的提高而缓慢增大基本呈线性增长。由于动车组质量较小、编组较短，激励能量有限，实测桥梁竖向振幅均较小，未发生明显共振现象。

表 8－6－148　梁体跨中竖向振幅汇总表　　单位：mm

孔跨	CRH2 空车	CRH2 重车	CRH3 空车	CRH3 重车
跨北京环线特大桥 159 孔 60 m 跨	0.175 (248.3)	0.099 (225.1)	0.123 (298.2)	0.264 (282.4)
跨北京环线特大桥 160 孔 128 m 跨	0.127 (165.5)	0.088 (248.3)	0.156 (169.1)	0.135 (282.4)
跨北京环线特大桥 284 孔 80 m 跨	0.101 (271.7)	0.101 (263.5)	0.127 (340.7)	0.131 (260.2)
跨北京环线特大桥 283 孔 128 m 跨	0.076 (261.8)	0.073 (263.5)	0.175 (340.7)	0.135 (29.1)
溯小路大桥第 2 孔 24 m 跨	0.161 (342.8)	0.175 (332.2)	0.190 (383.2)	0.173 (335.3)

续上表

孔跨	CRH2 空车	CRH2 重车	CRH3 空车	CRH3 重车
溯小路大桥第 3 孔 24 m 跨	0.121 (354.0)	0.137 (359.9)	0.139 (370.0)	0.136 (335.3)
杨村特大桥 581 孔 70 m 跨	0.239 (357.7)	0.277 (337.4)	0.232 (351.8)	0.242 (330.2)
杨村特大桥 582 孔 45 m 跨	0.208 (270.0)	0.121 (332.2)	0.237 (320.3)	0.150 (330.2)
永定新河特大桥 123 孔 32 m 梁	0.139 (337.4)	0.131 (300.0)	0.244 (306.6)	—
永定新河特大桥 198 孔 32 m 梁	0.144 (327.3)	0.152 (300.0)	0.164 (320.4)	0.130 (278.8)
永定新河特大桥 199 孔 24 m 梁	0.137 (337.6)	0.137 (300.0)	0.149 (335.5)	0.140 (278.8)
永定新河特大桥 209 孔 32 m 梁	0.137 (337.6)	0.194 (280.5)	0.154 (330.3)	—
永定新河特大桥 210 孔 48 m 梁	0.156 (337.6)	0.121 (300.0)	0.177 (330.3)	—
永定新河特大桥 484 孔 40 m 跨	0.099 (327.2)	0.122 (263.7)	0.071 (169.0)	—

注:括号内为行车速度 km/h。

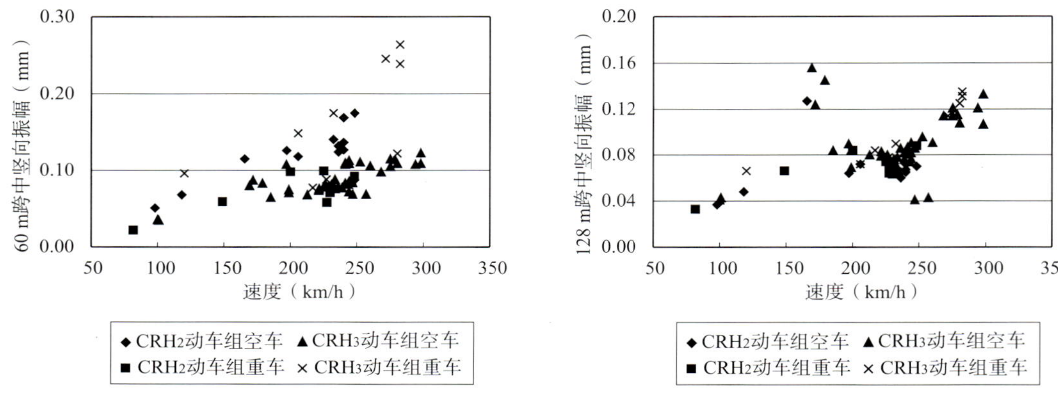

(a)(60+128+60)m 连续梁 60 m 梁、128 m 梁跨中竖向振幅与行车速度关系图

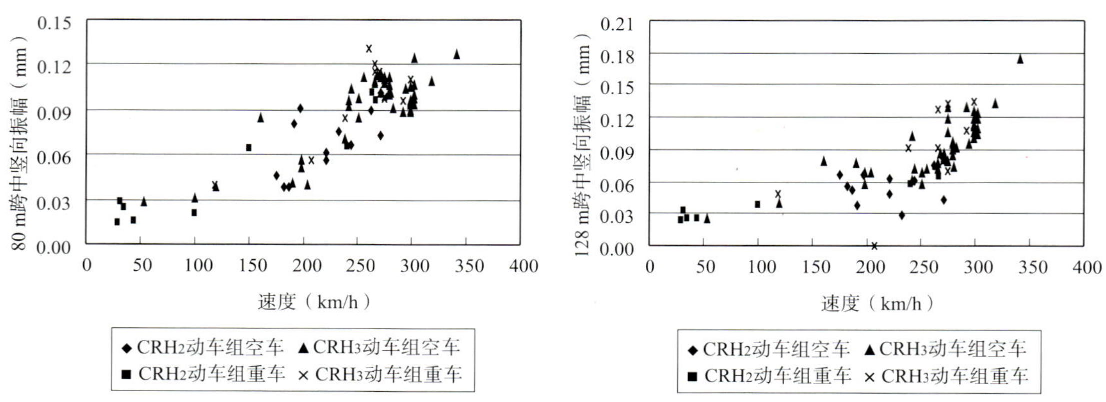

(b)(80+128+80)m 连续梁、80 m 梁、128 m 梁跨中竖向振幅与行车速度关系图

图 8-6-162 梁体跨中竖向振幅上行车速度关系图(一)

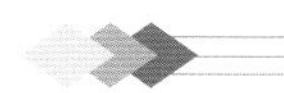

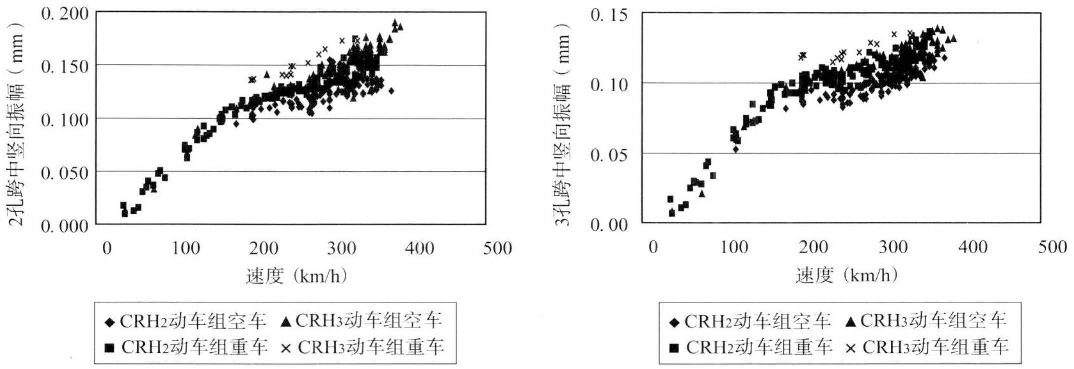

2孔跨中竖向振幅（mm）
速度（km/h）
3孔跨中竖向振幅（mm）
速度（km/h）

◆CRH2动车组空车 ▲CRH3动车组空车
■CRH2动车组重车 ×CRH3动车组重车

（c）（18+3－24+18）m 连续梁、18 m 梁、24 m 梁跨中竖向振幅与行车速度关系图

45 m跨中竖向振幅（mm）
速度（km/h）
70 m跨中竖向振幅（mm）
速度（km/h）

◆CRH2动车组空车 ▲CRH3动车组空车
■CRH2动车组重车 ×CRH3动车组重车

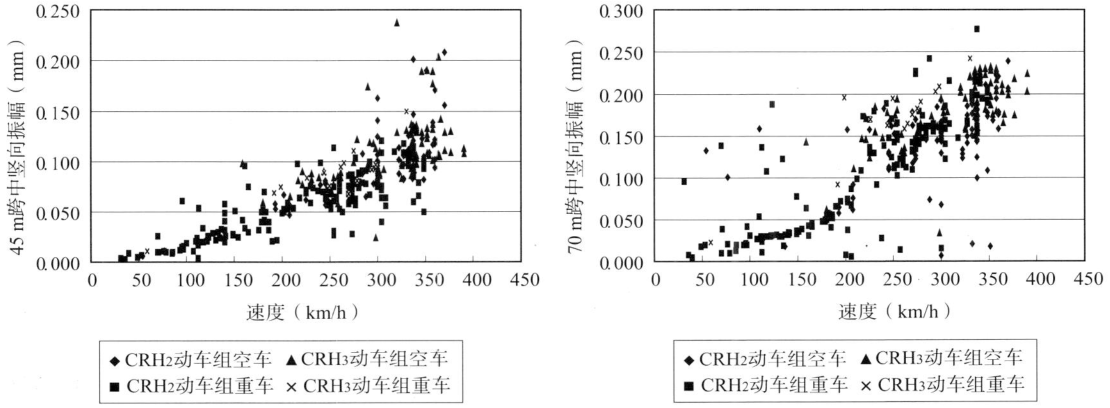

（d）（45+70+70+45）m 连续梁、45 m 梁、70 m 梁跨中竖向振幅与行车速度关系图

198孔跨中竖向振幅（mm）
速度（km/h）
199孔跨中竖向振幅（mm）
速度（km/h）

◆CRH2动车组空车 ▲CRH3动车组空车
■CRH2动车组重车 ×CRH3动车组重车

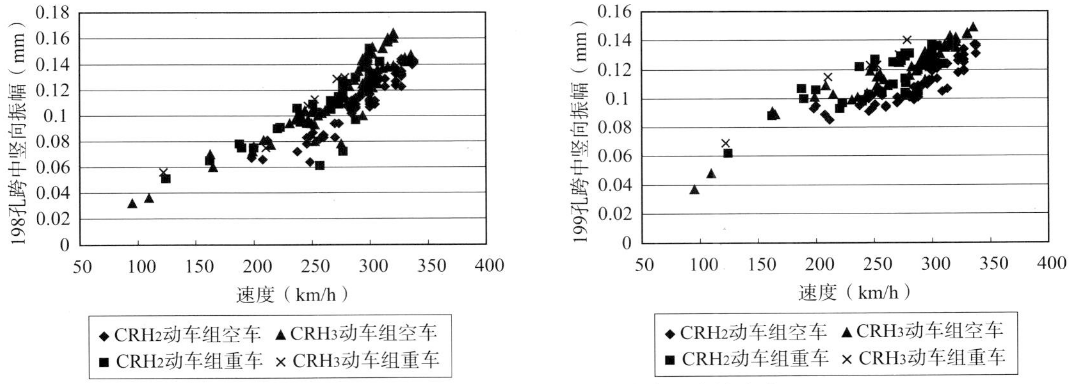

（e）32 m 梁、24 m 梁跨中竖向振幅与行车速度关系图

209孔跨中竖向振幅（mm）
速度（km/h）
210孔跨中竖向振幅（mm）
速度（km/h）

◆CRH2动车组空车 ▲CRH3动车组空车
■CRH2动车组重车

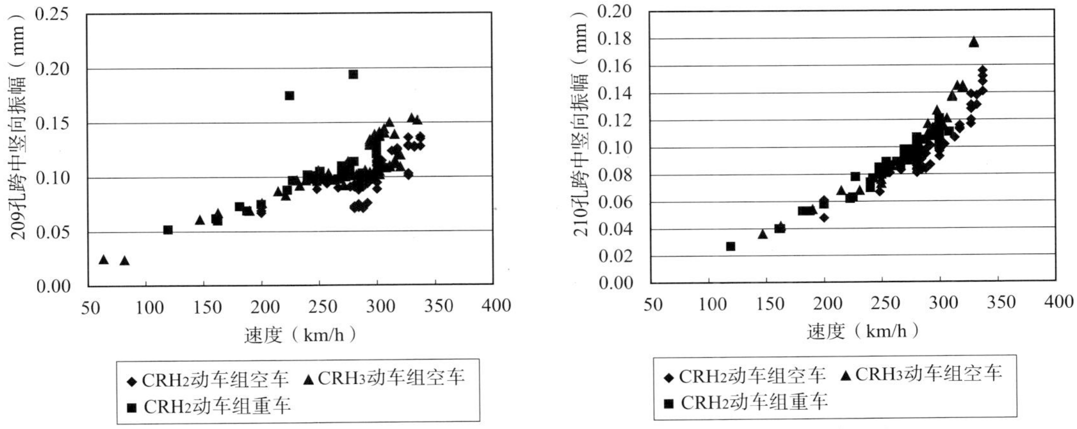

（f）（32+48+32）m 连续梁、32 m 梁、48 m 梁跨中竖向振幅与行车速度关系图

图 8－6－162　梁体跨中竖向振幅上行车速度关系图（二）

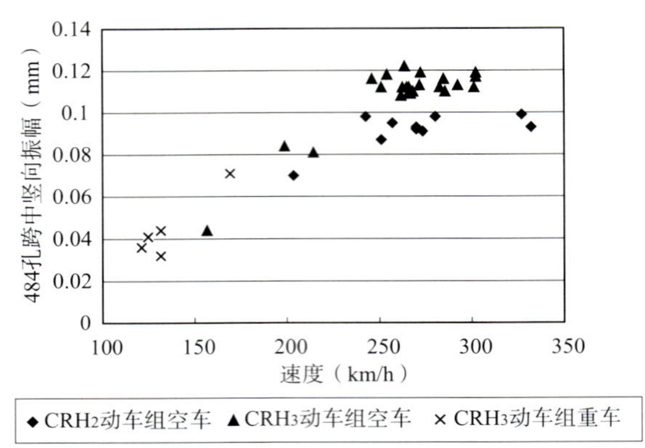

(g)40 m 梁跨中竖向振幅与行车速度关系图

图 8－6－162　梁体跨中竖向振幅上行车速度关系图(三)

7. 桥墩横向自振频率和墩(台)顶横向振幅

试验桥梁桥墩情况汇总见表 8－6－149，桥墩横向自振频率汇总见表 8－6－150，动车组作用下墩(台)顶横向振幅汇总见表 8－6－151。

实测永定新河特大桥 121 号、122 号墩横向自振频率均满足《铁路桥梁检定规范》通常值要求。

在 CRH2 型动车组空车、CRH2 型动车组重车、CRH3 型动车组空车、CRH3 型动车组重车作用下墩顶最大横向振幅均远小于《铁路桥梁检定规范》通常值。在试验车速范围内，动车组质量较小，激励能量有限，实测墩(台)顶横向振幅均很小，未发生明显横向共振现象。

表 8－6－149　试验桥梁桥墩情况汇总

序号	里程	桥梁名称	桥墩编号及墩全高(m)	桥墩编号及墩身横向宽度(m)	墩类型
1	JJK11＋110	跨北京环线特大桥	158#:10.90 159#:13.65	158#:10.50 159#:9.00	158#:变截面矩形 159#:双柱矩形上部加拱门
2	JJK15＋696	跨北京环线特大桥	283#:14.90 284#:17.90	283#:10.25 284#:6.915	变截面矩形
3	JJK45＋309	漷小路大桥	1#:8.8	1#:4.99	矩形墩
4	JJK66＋700	杨村特大桥	581#:18.67 582#:19.80	581#:7.00 582#:7.00	圆端形墩
5	JJK90＋418.9	永定新河特大桥	121#:21.90 122#:20.40 123#:17.90	121#:6.00 122#:6.00 123#:6.00	圆端形墩
6	JJK92＋900.1	永定新河特大桥	197#:16.40 198#:16.40 199#:15.90	197#:6.00 198#:6.00 199#:6.00	圆端形墩
7	JJK93＋247.3	永定新河特大桥	208#:16.37 209#:16.30 210#:16.30	208#:7.00 209#:7.00 210#:7.00	圆端形墩
8	JJK102＋155.3	永定新河特大桥	483#:9.87 484#:13.37 485#:13.87	208#:6.00 209#:6.00 210#:6.00	圆端形墩

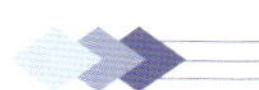

表 8－6－150　桥墩横向自振频率汇总表　　单位：(Hz)

墩号	桥墩横向自振频率	《铁路桥梁检定规范》通常值
永定新河特大桥 121#墩	2.93	2.42
永定新河特大桥 122#墩	3.22	2.59

表 8－6－151　桥墩(台)或梁端横向振幅汇总表　　单位：mm

桥墩或桥台	CRH2 空车	CRH2 重车	CRH3 空车	CRH3 重车	《铁路桥梁检定规范》通常值
跨北京环线特大桥 158#墩	0.011 (248.3)	0.013 (248.3)	0.024 (298.2)	0.019 (282.3)	1.040
跨北京环线特大桥 159#墩	0.006 (248.4)	0.006 (248.3)	0.010 (268.4)	0.009 (282.4)	0.950
跨北京环线特大桥 283#墩	0.015 (244.1)	0.0199 (150.1)	0.023 (271.7)	0.025 (238.5)	1.000
跨北京环线特大桥 284#墩	0.018 (187.0)	0.023 (100.5)	0.026 (294.1)	0.026 (238.5)	1.120
漷小路大桥北京侧台	0.005 (332.2)	0.005 (337.4)	0.011 (346.2)	0.005 (315.6)	—
漷小路大桥第 1#号墩	0.020 (366.0)	0.021 (359.9)	0.028 (376.5)	0.020 (335.3)	0.750
漷小路大桥第 2#号墩顶梁端	0.052 (359.9)	0.060 (359.9)	0.056 (376.5)	0.043 (335.3)	—
杨村特大桥 581#墩	0.020 (370.0)	0.016 (211.7)	0.058 (390.4)	0.018 (298.1)	1.150
杨村特大桥 582#墩	0.044 (346.5)	0.034 (337.6)	0.054 (357.6)	0.020 (261.7)	1.190
杨村特大桥 580#墩顶梁端	0.029 (376.6)	0.026 (304.2)	0.035 (370.2)	0.024 (330.2)	—
永定新河特大桥 121#墩	0.079 (337.4)	0.050 (317.6)	0.118 (330.2)	—	1.070
永定新河特大桥 122#墩	0.039 (308.5)	0.100 (317.6)	0.047 (351.8)	—	0.960
永定新河特大桥 123#墩	0.087 (337.4)	0.045 (317.6)	0.097 (325.2)	—	1.120
永定新河特大桥 197#墩	0.054 (327.4)	0.051 (300.1)	0.069 (330.2)	0.047 (271.8)	1.060
永定新河特大桥 198#墩	0.064 (327.3)	0.060 (300.0)	0.072 (330.2)	0.049 (278.8)	1.060
永定新河特大桥 199#墩	0.043 (291.1)	0.049 (288.1)	0.060 (315.7)	0.047 (278.8)	1.040
永定新河特大桥 208#墩	0.036 (300.1)	0.035 (225.0)	0.045 (233.3)	—	1.060
永定新河特大桥 209#墩	0.018 (280.6)	0.023 (299.9)	0.030 (335.3)	—	1.050
永定新河特大桥 210#墩	0.021 (300.1)	0.026 (299.9)	0.039 (275.1)	—	1.020
永定新河特大桥 483#墩	0.017 (332.2)	—	0.017 (302.3)	0.011 (169.0)	0.790
永定新河特大桥 484#墩	0.024 (327.2)	—	0.030 (272.3)	0.010 (169.0)	0.930
永定新河特大桥 485#墩	0.018 (251.0)	—	0.021 (264.9)	0.015 (131.7)	0.095

注：括号内为行车速度 km/h

8. 梁体跨中动应变及动力系数

动车组作用下梁体跨中应变动力系数汇总见表 8－6－152，CRH_2 型动车组空车、CRH_2 型动车组重车、CRH_3 型动车组空车、CRH_3 型动车组重车作用下梁体应变动力系数均满足《新建时速 300～350 公里客运专线铁路设计暂行规定》规定动力系数$\left(\frac{1.494}{\sqrt{L_\phi}-0.2}+0.851\right)\times\frac{ZK\text{活载}}{\text{试验车静活载}}$的要求。

表 8－6－152　梁体应变动力系数汇总表

桥名	梁型	CRH_2 空车		CRH_2 重车		CRH_3 空车		CRH_3 重车	
		实测值	规定值	实测值	规定值	实测值	规定值	实测值	规定值
跨北京环线特大桥	(60＋128＋60)m 预应力混凝土系杆拱连续梁 128m 跨	1.04 (197.2)	4.07	1.04 (149.0)	3.6	1.07 (294.1)	3.04	—	—
跨北京环线特大桥	(80＋128＋80)m 预应力混凝土连续梁 128 m 跨	1.14 (221.5)	4.68	1.17 (150.1)	4.14	1.21 (340.7)	3.39	1.17 (298.1)	3.03
漷小路大桥	(18＋3×24＋18)m 刚构连续梁 24 跨	1.05 (348.3)	5.02	1.05 (359.9)	4.44	1.04 (390.2)	3.83	1.05 (335.3)	3.42
杨村特大桥	(45＋70＋70＋45)m 预应力混凝土连续梁 45 m 跨	1.09 (287.9)	4.33	1.12 (254.1)	3.83	1.11 (340.6)	3.32	1.07 (294.0)	2.97
永定新河特大桥 123 孔	32 m 预应力混凝土简支梁	—	—	1.09 (317.6)	3.87	—	—	—	—
永定新河特大桥 198 孔	32 m 预应力混凝土简支梁	1.15 (322.5)	4.38	1.16 (300.0)	3.87	1.13 (302.4)	3.29	1.10 (252.6)	2.94
永定新河特大桥 199 孔	24 m 预应力混凝土简支梁	1.13 (327.4)	4.08	1.12 (308.7)	3.61	1.16 (294.2)	3.03	1.04 (252.6)	2.71
永定新河特大桥 209 孔	(32＋48＋32)m 预应力混凝土连续梁 32 m 跨	—	—	1.08 (308.5)	4.11	1.08 (335.3)	3.53	—	—
永定新河特大桥 484 孔	40 m 预应力混凝土简支梁	1.06 (269.9)	4.61	—	—	1.09 (262.6)	3.48	1.06 (131.7)	3.11

注：括号内为行车速度 km/h。

9. 梁缝两侧钢轨支点的横向和竖向相对位移

动车组作用下梁缝两侧的钢轨支点横向相对位移汇总见表 8－6－153，CRH_2 型动车组空车、CRH_2 型动车组重车、CRH_3 型动车组空车、CRH_3 型动车组重车作用下梁缝两侧的钢轨支点横向相对位移均满足《新建时速 300～350 公里客运专线铁路设计暂行规定》和《客运专线无砟轨道铁路设计指南》1 mm 要求。

表 8－6－153　梁缝两侧钢轨支点的横向相对位移汇总表　　单位：mm

测试孔跨	CRH_2 空车	CRH_2 重车	CRH_3 空车	CRH_3 重车	限值
永定新河特大桥 122、123 孔	0.13～0.39	0.04～0.16	0.06～0.26	—	1
永定新河特大桥 198、199 孔	0.04～0.39	0.04～0.29	0.04～0.28	0.06～0.10	1
永定新河特大桥 484、485 孔	0.01～0.05	—	0.02～0.04	—	1

动车组作用下梁缝两侧的钢轨支点竖向相对位移汇总见表 8－6－154，CRH_2 型动车组空车、CRH_2 型动车组重车、CRH_3 型动车组空车、CRH_3 型动车组重车作用下梁缝两侧的钢轨支点竖向相对位移均满足《新建时速 300～350 公里客运专线铁路设计暂行规定》和《客运专线无砟轨道铁路设计指南》1 mm 要求。

表 8-6-154　梁缝两侧钢轨支点的竖向相对位移汇总表　　单位:mm

测试孔跨	CRH2 空车	CRH2 重车	CRH3 空车	CRH3 重车	限值
永定新河特大桥 122、123 孔	0.09～0.24	0.16～0.23	0.06～0.17	—	1
永定新河特大桥 198、199 孔	0.04～0.47	0.01～0.08	0.03～0.41	0.02～0.09	1
永定新河特大桥 484、485 孔	0.11～0.18	—	0.19～0.26	0.01～0.04	1

10. 支座横向位移

动车组作用下支座(横向活动支座)的上、下摆最大相对横向位移汇总见表 8-6-155。CRH2 型动车组空车、CRH2 型动车组重车、CRH3 型动车组空车、CRH3 型动车组重车作用下支座的上、下摆相对横向位移均满足《既有线提速 200 km/h 技术条件(试行)》±1 mm 的要求。

表 8-6-155　支座横向位移汇总表　　单位:mm

孔跨	梁型	CRH2 空车	CRH2 重车	CRH3 空车	CRH3 重车	限值
跨北京环线特大桥	(60+128+60)m 预应力混凝土系杆拱连续梁 159#墩	0.041	0.046	0.043	0.042	±1
跨北京环线特大桥	(80+128+80)m 预应力混凝土连续梁 283#墩	0.098	0.074	0.095	0.074	±1
漷小路大桥	(18+3-24+18)m 刚构连续梁 1#墩	0.024	0.022	0.022	0.015	±1
杨村特大桥	(45+70+70+45)m 预应力混凝土连续梁 581#墩	0.033	0.068	0.037	0.023	±1
永定新河特大桥 122 孔	32 m 预应力混凝土简支梁 122#墩	0.050	0.060	0.040	—	±1
永定新河特大桥 199 孔	24 m 预应力混凝土简支梁 199#墩	0.090	0.070	0.100	0.060	±1
永定新河特大桥 209 孔	(32+48+32)m 预应力混凝土连续梁 208#墩	0.070	0.070	0.060	—	±1
永定新河特大桥 484 孔	24 m 预应力混凝土简支梁 484#墩	—	—	0.020	—	±1

11. 梁体振动加速度

动车组作用下梁体横向振动加速度(10 Hz 低通数字滤波后)汇总见表 8-6-156,CRH2 型动车组空车、CRH2 型动车组重车、CRH3 型动车组空车、CRH3 型动车组重车作用下梁体横向振动加速度均满足《铁路桥梁检定规范》1.4 m/s^2 的要求。

动车组作用下梁体竖向振动加速度(20Hz 低通数字滤波后)汇总见表 8-6-157,CRH2 型动车组空车、CRH2 型动车组重车、CRH3 型动车组空车、CRH3 型动车组重车作用下梁体竖向振动加速度均满足《新建时速 300～350 公里客运专线铁路设计暂行规定》无砟桥面强振频率不大于 20 Hz 的竖向振动加速度 4.905 m/s^2 的要求。

表 8-6-156　跨中横向加速度汇总表　　单位:m/s^2

孔跨	梁型	CRH2 空车	CRH2 重车	CRH3 空车	CRH3 重车	限值
跨北京环线特大桥	(60+128+60)m 预应力混凝土系杆拱连续梁 60 m 跨	0.070	0.013	0.087	0.069	1.4
跨北京环线特大桥	(60+128+60)m 预应力混凝土系杆拱连续梁 128 m 跨	0.034	0.023	0.039	0.047	1.4

续上表

孔跨	梁型	CRH2 空车	CRH2 重车	CRH3 空车	CRH3 重车	限值
跨北京环线特大桥	(80 + 128 + 80) m 预应力混凝土连续梁 80 m 跨	0.041	0.019	0.048	0.043	1.4
跨北京环线特大桥	(80 + 128 + 80) m 预应力混凝土连续梁 128 m 跨	0.036	0.028	0.037	0.042	1.4
漷小路大桥	(18 + 3 × 24 + 18) m 刚构连续梁 24 m 跨	0.110	0.130	0.210	0.300	1.4
杨村特大桥 581 孔	(45 + 70 + 70 + 45) m 预应力混凝土连续梁 70 m 跨	0.320	0.300	0.310	0.280	1.4
杨村特大桥 582 孔	(45 + 70 + 70 + 45) m 预应力混凝土连续梁 45 m 跨	0.370	0.390	0.440	0.100	1.4
永定新河特大桥 123 孔	32 m 预应力混凝土简支梁	0.110	0.100	0.050	—	1.4
永定新河特大桥 199 孔	32 m 预应力混凝土简支梁	0.220	0.100	0.140	0.090	1.4
永定新河特大桥 199 孔	24 m 预应力混凝土简支梁	0.150	0.070	0.090	0.030	1.4
永定新河特大桥 209 孔	(32 + 48 + 32) m 预应力混凝土连续梁 32 m 跨	0.040	0.040	0.040	—	1.4
永定新河特大桥 210 孔	(32 + 48 + 32) m 预应力混凝土连续梁 48 m 跨	0.030	0.050	0.080	—	1.4
永定新河特大桥 484 孔	40 m 预应力混凝土简支梁	0.080	—	—	—	1.4

表 8 - 6 - 157 跨中竖向加速度汇总表 单位：m/s^2

孔跨	梁型	CRH2 空车	CRH2 重车	CRH3 空车	CRH3 重车	限值
跨北京环线特大桥	(60 + 128 + 60) m 预应力混凝土系杆拱连续梁 60 m 跨	0.101	0.053	0.104	0.141	4.905
跨北京环线特大桥	(60 + 128 + 60) m 预应力混凝土系杆拱连续梁 128 m 跨	0.085	0.070	0.099	0.110	4.905
跨北京环线特大桥	(80 + 128 + 80) m 预应力混凝土连续梁 80 m 跨	0.224	0.362	0.380	0.083	4.905
跨北京环线特大桥	(80 + 128 + 80) m 预应力混凝土连续梁 128 m 跨	0.047	0.035	0.052	0.047	4.905
漷小路大桥	(18 + 3 - 24 + 18) m 刚构连续梁 24 m 跨	0.280	0.380	0.570	0.300	4.905
漷小路大桥	(18 + 3 - 24 + 18) m 刚构连续梁 3 孔	0.240	0.130	0.190	0.100	4.905
杨村特大桥 581 孔	(45 + 70 + 70 + 45) m 预应力混凝土连续梁 70 m 跨	1.100	1.180	1.280	0.410	4.905
杨村特大桥 582 孔	(45 + 70 + 70 + 45) m 预应力混凝土连续梁 45 跨	0.750	0.760	0.320	—	4.905
永定新河特大桥 122 孔	32 m 预应力混凝土简支梁	0.240	0.190	0.140	—	4.905
永定新河特大桥 123 孔	32 m 预应力混凝土简支梁	0.230	0.120	0.150	—	4.905
永定新河特大桥 199 孔	24 m 预应力混凝土简支梁	0.130	0.120	0.120	0.090	4.905
永定新河特大桥 209 孔	(32 + 48 + 32) m 预应力混凝土连续梁 32 m 跨	0.130	0.080	0.100	—	4.905
永定新河特大桥 210 孔	(32 + 48 + 32) m 预应力混凝土连续梁 48 m 跨	0.090	0.070	0.100	—	4.905
永定新河特大桥 484 孔	40 m 预应力混凝土简支梁	0.110	—	0.110	0.050	4.905
永定新河特大桥 485 孔	40 m 预应力混凝土简支梁	0.110	—	—	—	4.905

二、理论分析

1. 梁体竖向激励与梁体竖向自振频率

由移动荷载引起的车桥系统竖向共振的因素有移动荷载列效应、车轮扁疤、钢轨凹陷、轨道不平顺等。移动荷载列效应，即车辆重力荷载通过规则排列的轮轴对桥梁的周期性加载。

当列车以速度 v 通过桥梁时，作为一系列重力组成的移动荷载列，每一个力都会引起结构的瞬态响应，连续形成一种周期性的激励，结构反应的幅值会随通过轴数 n 的增加而被放大，使结构出现共振。松浦章夫(Mastsuura,1976)指出，铁路桥梁发生共振是由于桥梁自振频率与列车对桥梁的加载频率的特有关系引起的。对于车桥系统来说，其荷载是运动的列车，当列车的速度改变时，加载频率就会发生变化。列车速度达到某一特定的值，加载频率就会接近桥跨结构自振频率，从而引起共振。

松浦章夫 在研究铁路桥梁竖向共振机理时指出，移动荷载列对桥梁的竖向加载频率主要取决于列车速度和车长，而轴距、定距、两车相邻转向架的中心距由于重复作用不连续，相对处于次要地位。即：

$$竖向加载频率=\frac{列车速度}{车长}$$

表 8－6－158 给出了京津系统调试中 CRH_2 型动车组和 CRH_3 型动车组在试验速度范围内的竖向加载频率。

表 8－6－158　CRH_2、CRH_3 型动车组对桥梁的竖向加载频率

竖向加载频率(Hz) 速度(km/h)	350 km/h 的 CRH_2 (车长 25.0 m)	CRH_3 (车长 24.175 m)
160	1.78	1.84
200	2.22	2.30
250	2.78	2.87
275	3.06	3.16
300	3.33	3.45
325	3.61	3.73
350	3.88	4.02
375	4.16	4.31

图 8－6－163 为动车组作用下竖向强振频率与行车速度关系图，从图上可以看出，动车组作用下竖向强振频率与速度呈线性关系，动车组作用下梁体强振频率与速度的拟合直线的斜率接近于 CRH_2 型动车组和 CRH_3 型动车组车长的倒数/3.6＝0.011，可见引起桥梁竖向振动的主要激振源是列车的移动荷载效应，移动荷载列对桥梁的竖向加载频率主要取决于列车速度和车长。表 8－6－159 为动车组竖向加载频率与梁体自振频率汇总表，结合梁体竖向振幅测试数据来看，动车组对桥梁的竖向加载频率与常用中等跨度梁(32 m 梁、24 m 梁、40 m 梁、(32＋48＋32)m 连续梁、(18＋3×24＋18)m 刚构连续梁)竖向自振频率相差较远，在试验车速范围内，实测桥梁竖向振幅很小，未产生明显竖向共振现象。对于较大跨度桥梁(跨五环桥(80＋128＋80)m 预应力混凝土连续梁、杨村特大桥(45＋70＋70＋45)m 预应力混凝土连续梁)竖向自振频率在动车组竖向加载频率的范围内，但由于动车组质量较小、编组较短，激励能量有限，因此实测桥梁竖向振幅仍然很小，未发生明显共振现象；对于跨四环桥(60＋128＋60)m 预应力混凝土系杆拱连续梁在 CRH_2 和 CRH_3 型动车组行车速度 160～170 km/h时对桥梁的竖向加载频率与梁体的竖向自振频率 2.03 Hz 接近，实测中跨 128 m 梁体跨中竖向振幅和应变动力系数也有较明显增大，但由于动车组质量较小、编组较短，激励能量有限，因此实测桥梁竖向振幅和应变动力系数仍然很小，实测动车组跨四环桥中跨 128 m 梁最大竖向振幅在速度 160～170 km/h

时竖向振幅仅为0.156 mm，相比其跨度来说非常小。

表8-6-159 动车组竖向激励与梁体竖向自振频率汇总

测试桥跨	动车组速度范围(km/h)	动车组强振频率范围(Hz)	梁体竖向自振频率(Hz)	强振频率与速度关系直线斜率	最大竖向振幅(mm)/车速(km/h)	
					CRH2	CRH3
跨四环特大桥60 m跨	81.8～298.2	0.95～2.95	2.03	0.0110～0.0112	0.175 (248.3)	0.264 (282.4)
跨四环线特大桥128 m跨	81.8～298.2	0.95～2.95	2.03	0.0111～0.0113	0.127 (165.5)	0.156 (169.1)
跨五环特大桥80 m跨	29.5～298.1	0.59～3.69	1.49	0.0111～0.0119	0.101 (263.5)	0.131 (260.2)
跨五环特大桥128 m跨	29.5～298.1	0.59～3.69	1.49	0.0111～0.0113	0.076 (261.8)	0.175 (340.7)
漷小路大桥第2孔24 m梁	35.1～390.2	0.29～4.39	6.73	0.010～0.011	0.175 (332.2)	0.190 (383.2)
漷小路大桥第3孔24 m梁	35.1～390.2	0.29～4.39	6.73	0.010～0.011	0.137 (359.9)	0.139 (370.0)
杨村特大桥581孔70 m梁	31.1～390.4	0.29～4.39	2.65	0.0111	0.277 (337.4)	0.242 (330.2)
杨村特大桥582孔45 m梁	31.1～390.4	0.29～4.39	2.65	0.0110	0.208 (370.0)	0.237 (320.3)
永定新河特大桥123孔32 m梁	43.5～351.8	0.88～3.81	6.21	0.0109～0.0111	0.139 (337.4)	0.244 (306.6)
永定新河特大桥198孔32 m梁	95.0～335.5	1.17～3.81	6.77	0.0109	0.152 (300.0)	0.164 (320.4)
永定新河特大桥199孔24 m梁	95.0～335.5	0.88～3.81	10.20	0.0110～0.0111	0.137 (300.0)	0.149 (335.5)
永定新河特大桥209孔32 m跨	63.5～337.6	1.46～3.81	4.41	0.0109～0.0110	0.194 (280.5)	0.154 (330.3)
永定新河特大桥210孔48 m跨	63.5～337.6	1.76～4.10	6.33	0.0107～0.0108	0.156 (337.6)	0.177 (330.3)
永定新河特大桥484孔40 m梁	121.2～332.2	1.46～3.81	5.84	0.0116～0.0120	0.122 (263.7)	0.071 (169.0)

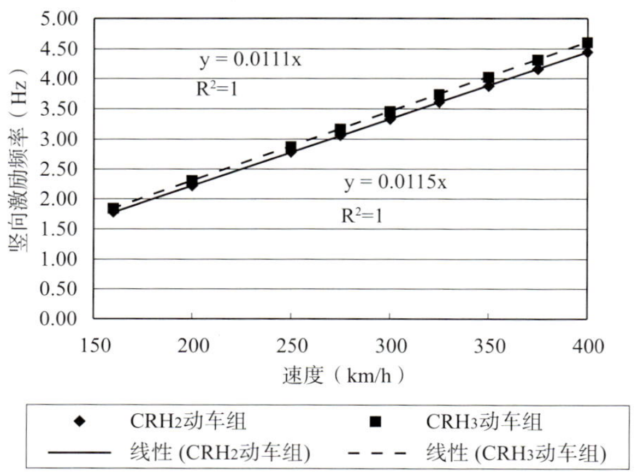

(a) CRH2和CRH3型动车组竖向加载频率与行车速度关系图

图8-6-163 动车组作用下梁体竖向强振频率与行车速度关系图(一)

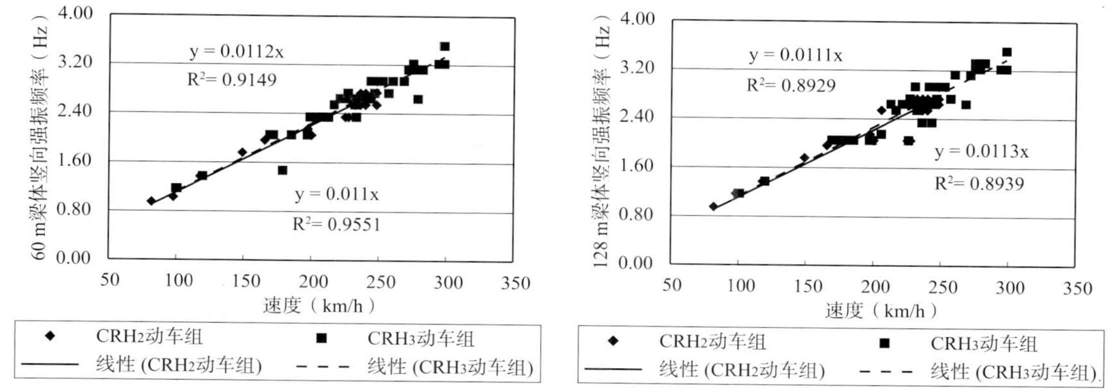

60 m梁体竖向强振频率（Hz）

y = 0.0112x
R^2 = 0.9149

y = 0.011x
R^2 = 0.9551

速度（km/h）

128 m梁体竖向强振频率（Hz）

y = 0.0111x
R^2 = 0.8929

y = 0.0113x
R^2 = 0.8939

速度（km/h）

CRH2动车组　CRH3动车组　线性（CRH2动车组）　线性（CRH3动车组）

(b)(60 + 128 + 60) m、60 m、128 m 梁跨竖向强振频率与行车速度关系图

80 m竖向强振频率（Hz）

y = 0.0119x
R^2 = 0.9062

y = 0.0111x
R^2 = 0.8779

速度（km/h）

128 m竖向强振频率（Hz）

y = 0.0113x
R^2 = 0.8903

y = 0.0111x
R^2 = 0.8672

速度（km/h）

CRH2动车组　CRH3动车组　线性（CRH2动车组）　线性（CRH3动车组）

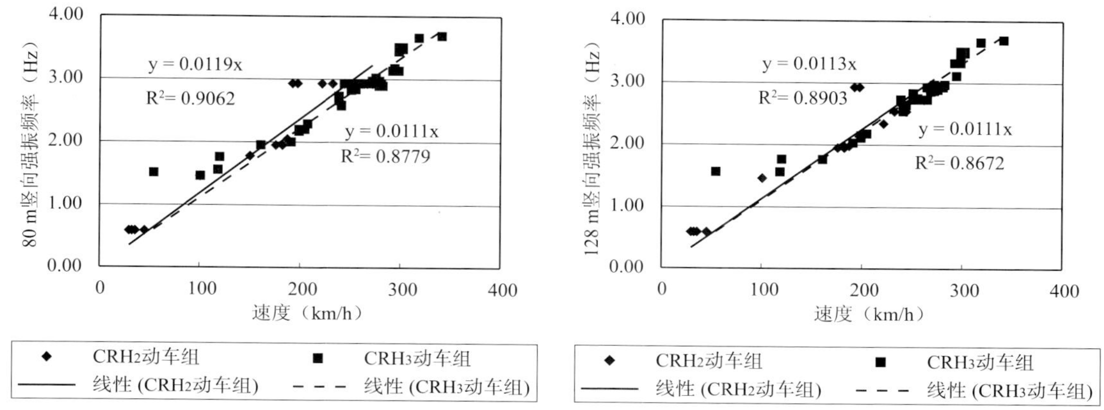

(c)(80 + 128 + 80) m 连续梁、80 m 梁、128 m 梁跨竖向强振频率与行车速度关系图

第2孔梁体竖向强振频率（Hz）

y =0.010x+0.067
R^2 = 0.987

y =0.010x+0.064
R^2 = 0.980

速度（km/h）

第3孔梁体竖向强振频率（Hz）

y =0.010x+0.069
R^2 = 0.926

y =0.010x+0.057
R^2 = 0.979

速度（km/h）

CRH2动车组　CRH3动车组　线性（CRH2动车组）　线性（CRH3动车组）

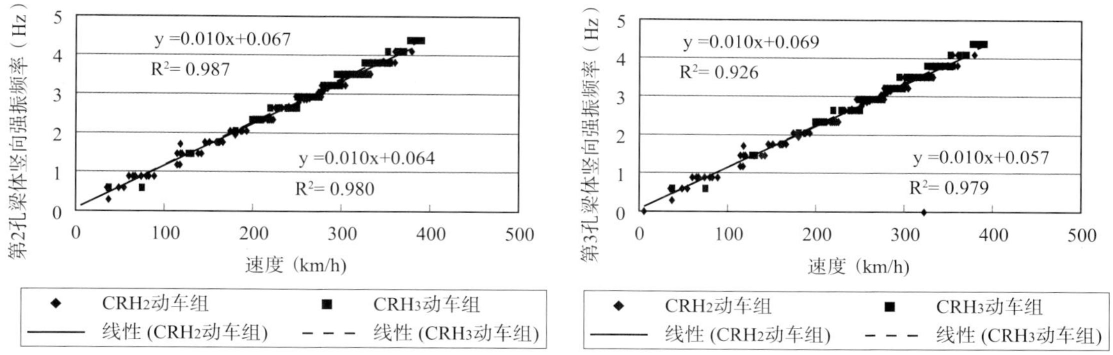

(d)(18 + 3 − 24 + 18) m 连续梁、18 m 梁、24 m 梁跨中竖向强振频率与行车速度关系图

45 m跨梁体竖向强振频率(Hz)

y = 0.011x + 0.0051
R^2 = 0.9521

y = 0.011x
R^2 = 0.9799

速度(km/h)

70 m跨梁体竖向强振频率(Hz)

y = 0.0111x - 0.0179
R^2 = 0.9575

y = 0.0111x
R^2 = 0.9808

速度(km/h)

CRH2动车组　CRH3动车组　线性（CRH2动车组）　线性（CRH3动车组）

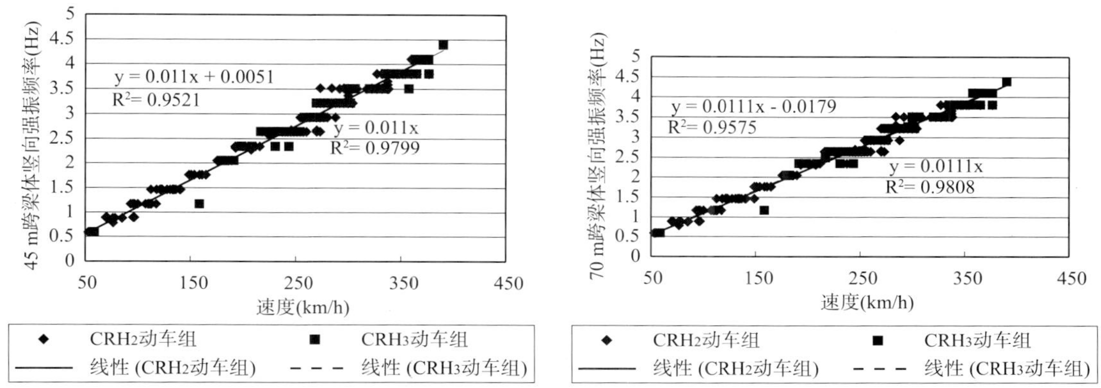

(e)(45 + 70 + 70 + 45) m、45 m、70 m 梁跨竖向强振频率与行车速度关系图

图 8 − 6 − 163　动车组作用下梁体竖向强振频率与行车速度关系图(二)

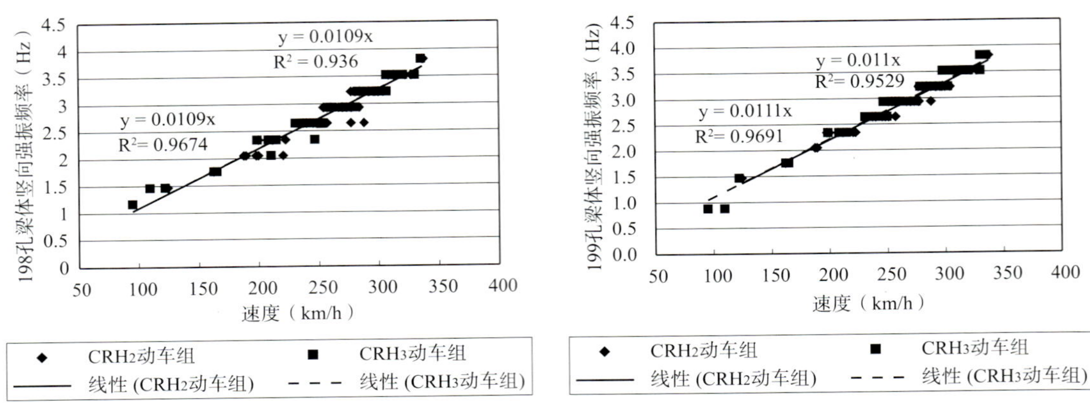

(f)32 m 梁、24 m 简支箱梁竖向强振频率与行车速度关系图

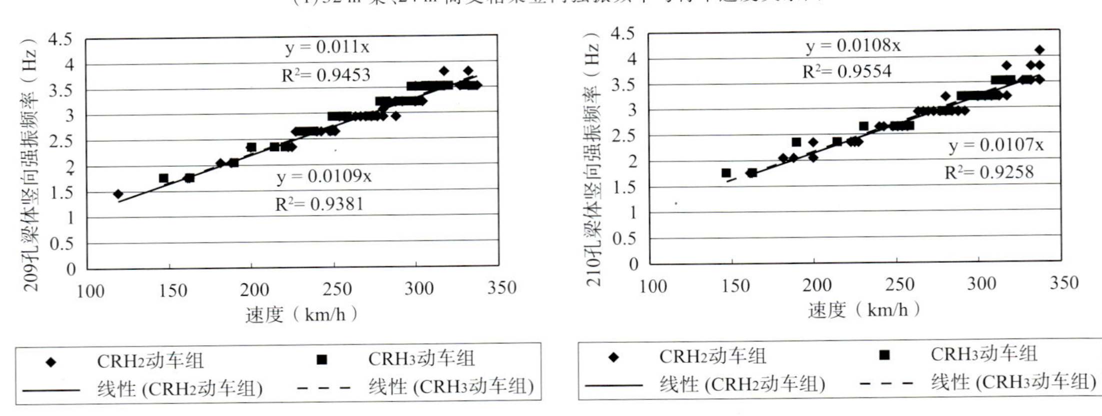

(g)(32 + 48 + 32)m 连续梁、32 m 梁、48 m 梁跨竖向强振频率与行车速度关系图

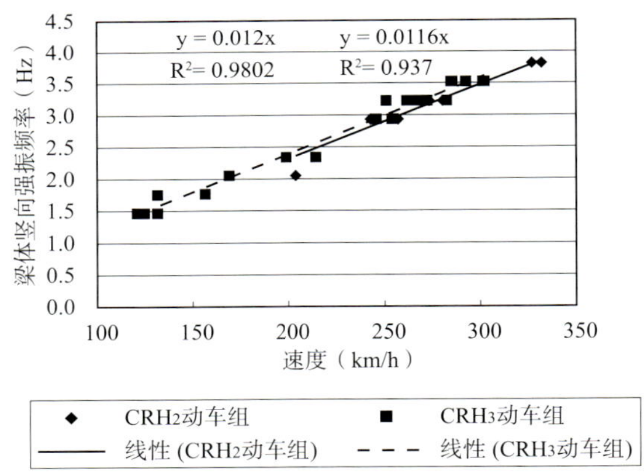

(h)40 m 梁简支箱梁竖向强振频率与行车速度关系图

图 8－6－163　动车组作用下梁体竖向强振频率与行车速度关系图(三)

2. 车辆蛇行运动与梁体横向自振频率

动车组通过桥梁产生横向振动的激励主要有三个:车辆蛇行运动、轨道横向不平顺、列车上桥前的横向振动。下面主要阐述车辆蛇行运动,后两个原因这里不作分析。

蛇行运动是车辆沿直线轨道运行时,由于车轮踏面的锥度,且轮缘与钢轨侧面之间有间隙,车辆在水平面面内既有横摆运动,又有摇头运动。

正常的蛇行运动是允许的,它对运行安全并不构成危害,但当车辆运行速度达到或超过一定的临界值时,蛇行运动将进入失稳状态,左右横摆的振幅越来越大,并且不可逆转恢复,即所谓的蛇行失

稳，从而激发起较大幅度的车桥横向耦合振动。

假设自由轮对蛇行时的运动频率：

$$f_w = \frac{v}{2\pi}\sqrt{\frac{\lambda}{br_0}} \tag{8-6-1}$$

刚性定位转向架假设时的蛇行运动频率：

$$f_t = \frac{v}{2\pi\sqrt{\frac{br_0}{\lambda}\left[1+\left(\frac{S_0}{2b}\right)^2\right]}} \tag{8-6-2}$$

可见刚性定位转向架比假设的自由轮对蛇行时的频率低，大量试验表明实际的蛇行频率介于两者之间。

350 km/h 的 CRH2 型动车组转向架：$S_0 = 2.5$ m，$2r_0 = 0.86$ m，$2b = 1.499$ m，$\lambda = 1/20$。

CRH3 型动车组转向架：$S_0 = 2.5$ m，$2r_0 = 0.92$ m，$2b = 1.499$ m，$\lambda = 1/20$。

式中　λ ——车轮踏面锥度；

b ——滚动圆间距（近似为轨距的一半）；

r_0 ——车轮半径；

S_0——轴距；

v ——车辆运行速度。

CRH2、CRH3 动车组不同列车速度时的蛇形运动频率见图表 8－6－160。

表 8－6－160　CRH2、CRH3 型动车组不同列车速度时的蛇行运动频率

车速（km/h）	350 km/h 的 CRH2 f_w（Hz）	350 km/h 的 CRH2 f_t（Hz）	车速（km/h）	CRH3 f_w（Hz）	CRH3 f_t（Hz）
160	2.79	1.43	160	2.69	1.38
200	3.48	1.79	200	3.37	1.73
250	4.35	2.24	250	4.21	2.16
275	4.79	2.46	275	4.63	2.38
300	5.22	2.68	300	5.05	2.59
325	5.66	2.91	325	5.47	2.81
350	6.09	3.13	350	5.89	3.03
375	6.53	3.35	375	6.31	3.25

图 8－6－164 为 CRH2、和 CRH3 型动车组蛇行运动频率与行车速度关系图，可以看出实际的蛇行运动频率介于刚性定位转向架假设和自由轮对假设理论值之间。图 8－6－165 为动车组作用下横向强振频率与行车速度关系图，从整体趋势来看，梁体的横向强振频率与行车速度基本呈线性关系。常用中等跨度梁（32 m 梁、24 m 梁、40 m 梁、（18＋3×24＋18）m 刚构连续梁）的梁体横向自振频率与车辆蛇行运动的频率相差较远，不会产生横向共振现象。大跨度桥梁（跨四环桥（60＋128＋60）m 系杆拱连续梁、跨五环桥（80＋128＋128）m 预应力连续梁、杨村特大桥（45＋70＋70＋45）m 预应力混凝土连续梁），动车组车辆在某一速度时的蛇行运动的频率虽与梁体横向自振频率相近，但由于桥梁长度大于列车的总长（CRH2 型动车组总长为 201.4 m，CRH3 型动车组为200.67 m），桥上同时存在很多节车辆，各节车辆之间的振动相位不同而被相互抵消，且动车组质量较小，激励能量有限，动车组车辆蛇行运动形不成明显横向共振，实测梁体横向振幅很小。（32＋48＋32）m 连续梁动车组车辆在 230～260 km/h左右蛇行运动频率与墩梁一体横向自振频率 2.54 Hz 接近，行车速度在 230～260 km/h 时梁体横向振幅出现较明显峰值，但由于动车组质量较小，激励能量有限，实测梁体横向振幅也很小。

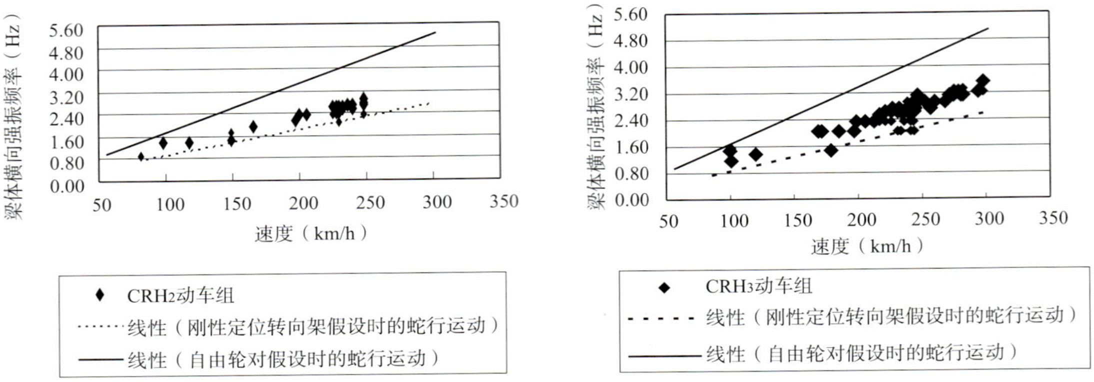

(a)

(b)

图 8-6-164　CRH2、CRH3 型动车组蛇行运动频率与行车速度关系图

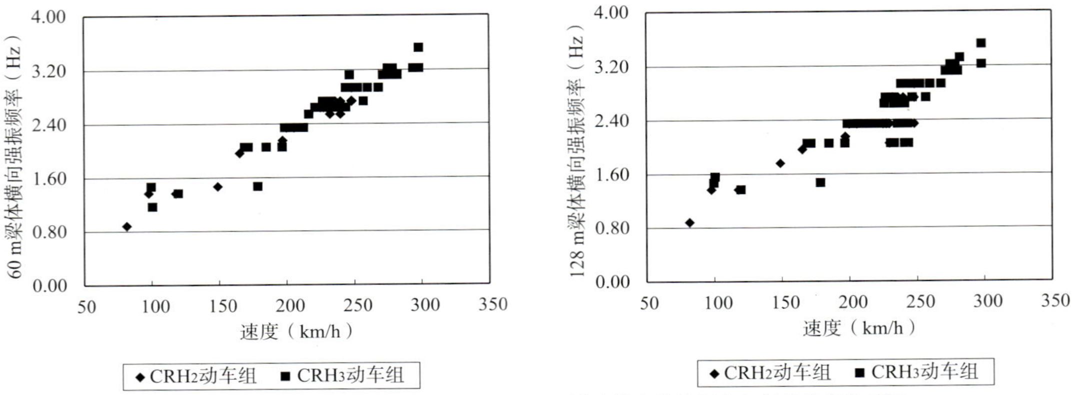

(a)(60+128+60)m 连续梁、60 m 梁、128 m 梁跨横向强振频率与行车速度关系图

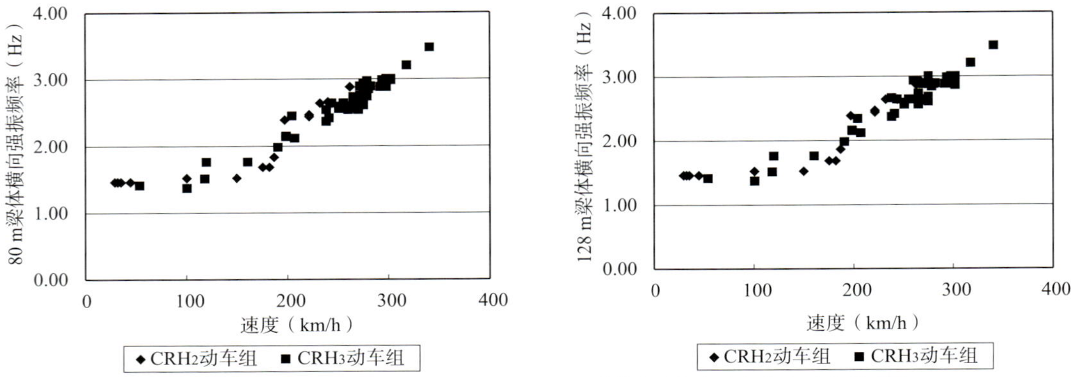

(b)(80+128+80)m 连续梁、80 m 梁、128 m 梁跨横向强振频率与行车速度关系图

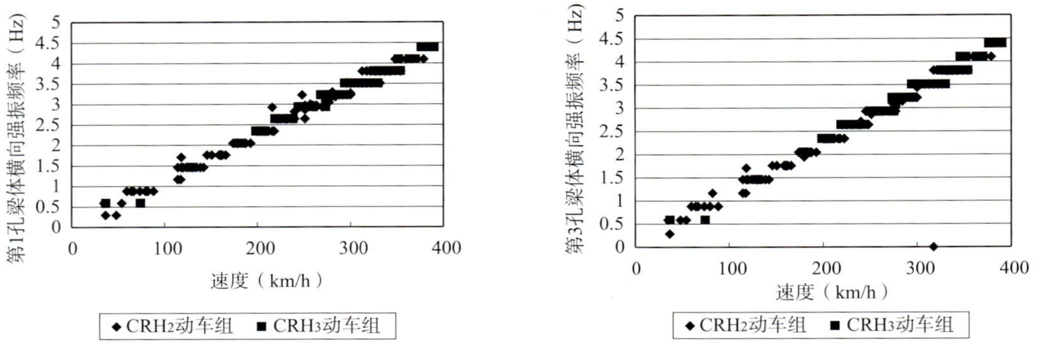

(c)(18+3-24+18)m 连续梁、18 梁、24 m 梁跨横向强振频率与行车速度关系图

图 8-6-165　动车组作用下梁体横向强振频率与行车速度关系图(一)

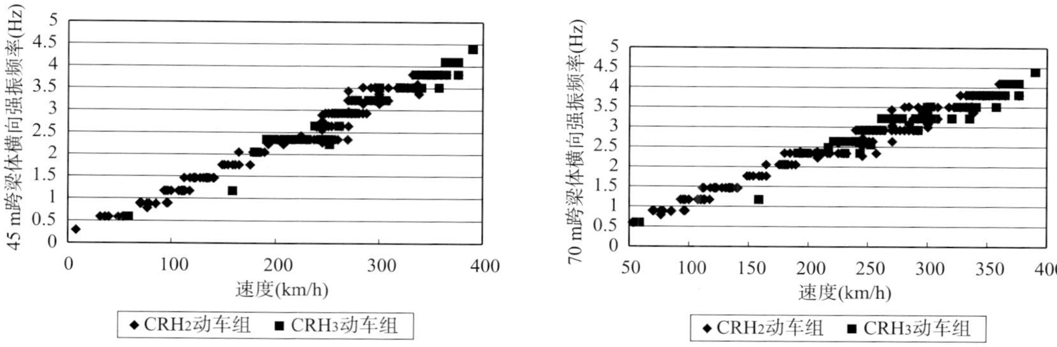

(d)(45+70+70+45)m 连续梁、45 m 梁、70 m 梁跨横向强振频率与行车速度关系图

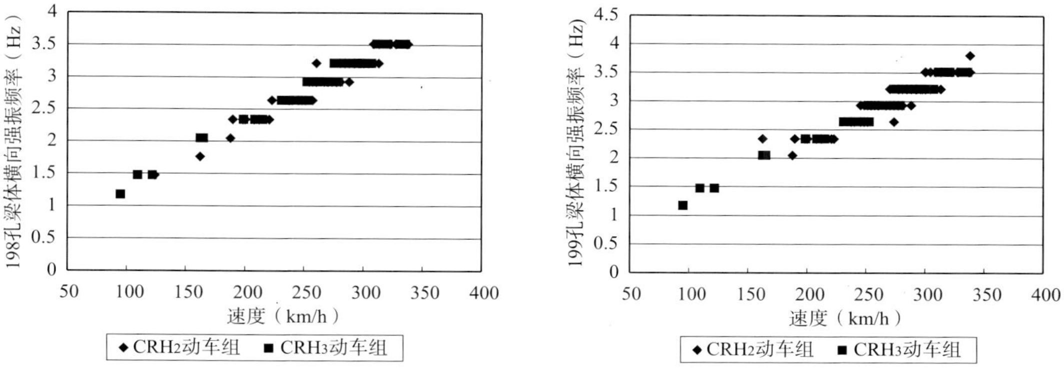

(e)32 m 梁、24 m 简支箱梁横向强振频率与行车速度关系图

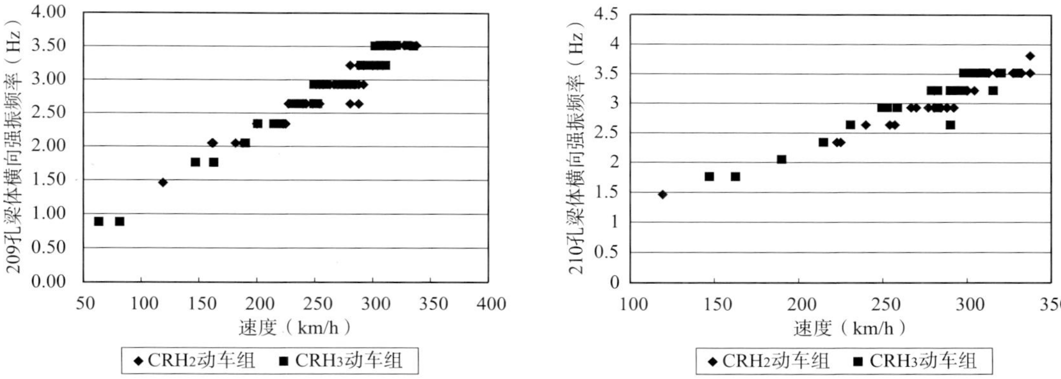

(f)(32+48+32)m 连续梁、32 m 梁、48 m 梁跨横向强振频率与行车速度关系图

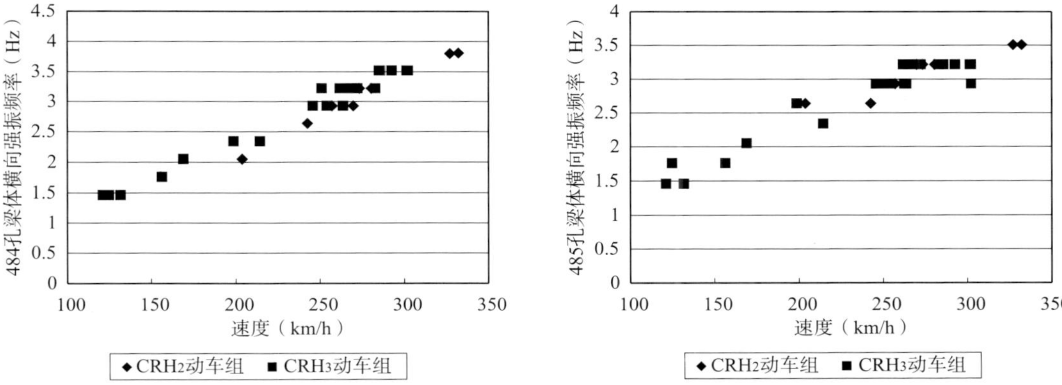

(g)40 m 简支箱梁横向强振频率与行车速度关系图

图 8-6-165　动车组作用下梁体横向强振频率与行车速度关系图(二)

3. 32 m 箱梁等跨布置竖向周期不平顺和 24 m 箱梁刚度合理性

在铁路桥梁设计中，单孔桥梁不多见，绝大多数的桥梁采用多孔布置。理论分析表明，高速列车通过等跨布置的多孔桥梁时，会受到桥跨的周期性冲击，因而车桥会发生共振现象。高速铁路桥梁设计时，面临着等跨布置的简支梁的可行性问题。为了防止共振，国际铁路联盟 UIC76 规范，对于准高速和高速铁路的设计建议：多跨桥相接时，应具有不同的固有频率。这可以理解为具有不同的跨度或截面刚度。如果按此要求，则给联孔桥梁的设计和施工带来很大的麻烦。实际上，世界各国的高速铁路桥梁，大量采用了多孔等跨布置的混凝土简支梁型式，而不特别注意不等跨的配合。本次试验对 84 - 32 m简支箱梁桥的第 9 孔和第 84 孔进行了有针对性的测试。24 m 箱梁主要用于调整孔跨，为了照顾景观，24 m 箱梁的梁高与 32 m 箱梁相同，这样就会使得 24 m 箱梁竖向刚度较大。

（1）跨中竖向振幅

行车方向从北京至天津时，在 CRH_2 型动车组空车、CRH_2 型动车组重车和 CRH_3 型动车组空车作用下，123 孔（进桥）和 198 孔（出桥）跨中竖向振幅比较如图 8 - 6 - 166 所示，在 CRH_2 型动车组空车、CRH_2 型动车组重车和 CRH_3 型动车组空车作用下，进出桥跨中竖向振幅相差不大。

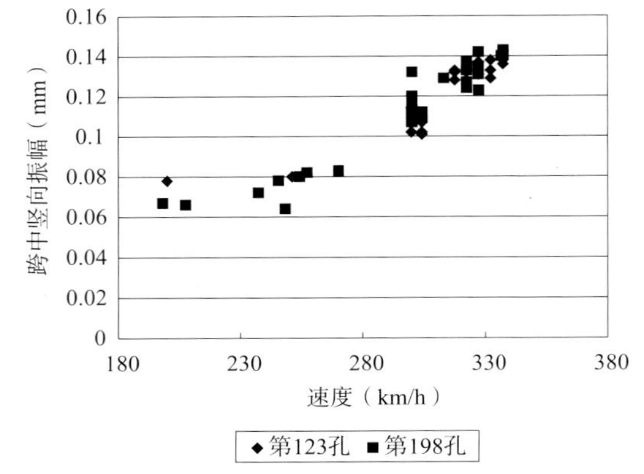

（a）CRH_2 型动车组空车作用下跨中竖向振幅比较图

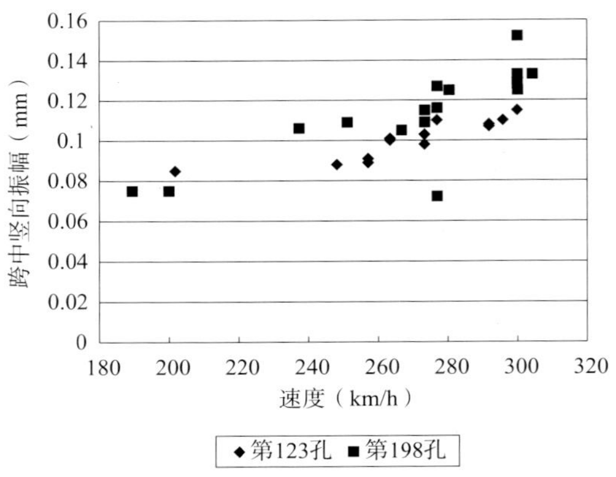

（b）CRH_2 型动车组重车作用下跨中竖向振幅比较图

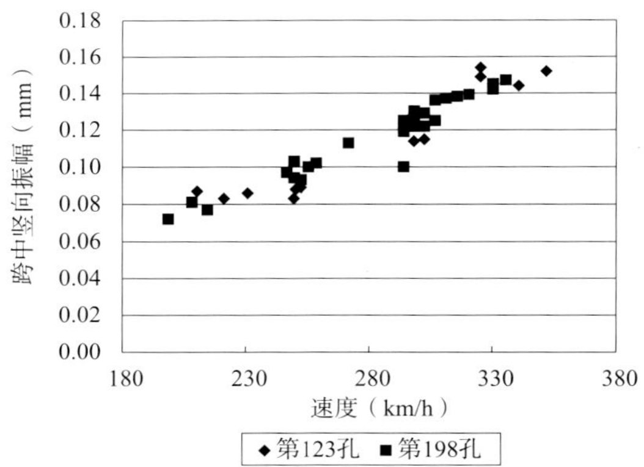

（c）CRH_3 型动车组空车作用下跨中竖向振幅比较图

图 8 - 6 - 166　动车组作用下箱梁跨中竖向振幅比较图（北京—天津）

行车方向从天津至北京时，在 CRH_2 型动车组空车、CRH_2 型动车组重车和 CRH_3 型动车组空车作用下，198 孔（进桥）和 123 孔（出桥）跨中竖向振幅比较如图 8 - 6 - 167 所示，在 CRH_2 型动车组空车、CRH_2 型动车组重车和 CRH_3 型动车组空车作用下，进出桥跨中竖向振幅相差不大。

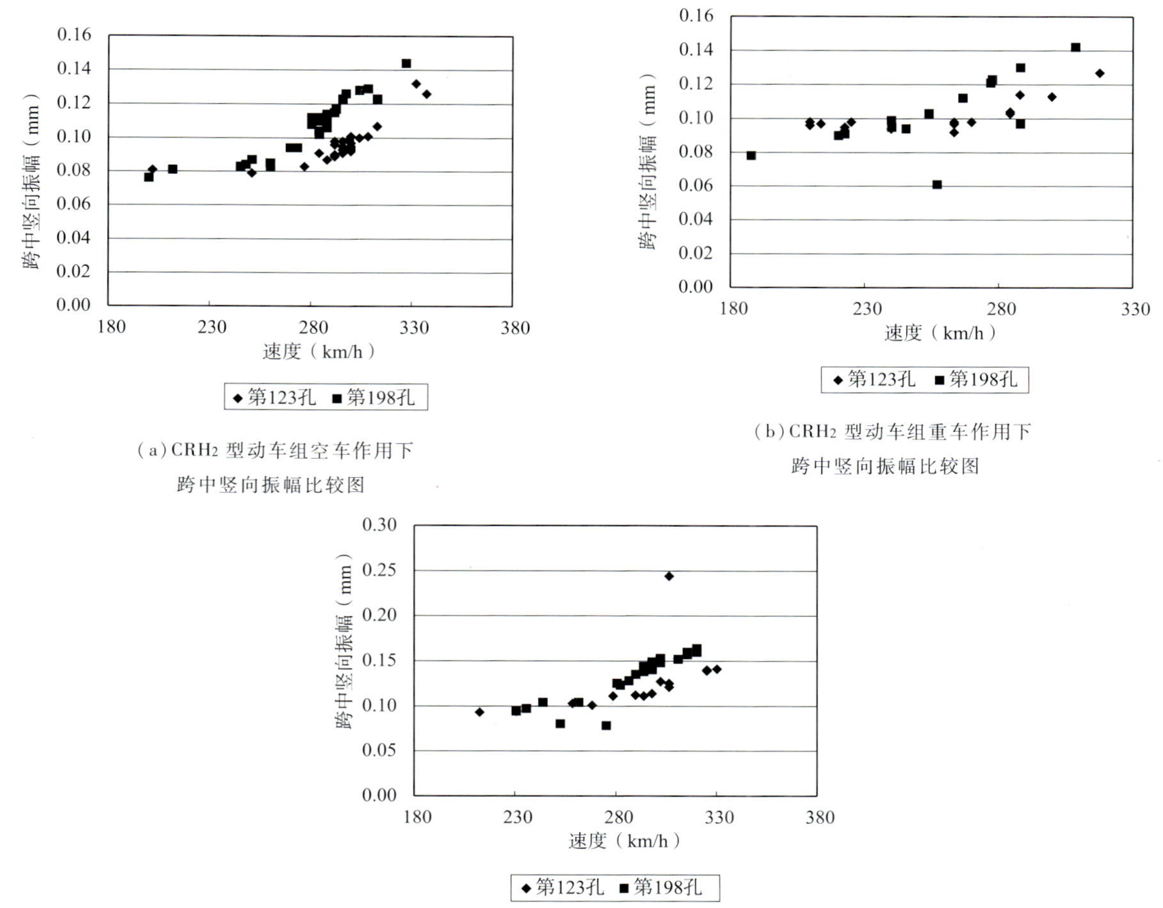

（a）CRH2 型动车组空车作用下跨中竖向振幅比较图

（b）CRH2 型动车组重车作用下跨中竖向振幅比较图

（c）　CRH3 型动车组空车作用下跨中竖向振幅比较图

图 8－6－167　动车组作用下箱梁跨中竖向振幅比较图（天津—北京）

（2）跨中竖向振动加速度

行车方向从北京至天津时，在 CRH2 型动车组空车、CRH2 型动车组重车和 CRH3 型动车组空车作用下，123 孔（进桥）和 198 孔（出桥）跨中竖向振动加速度比较如图 8－6－168 所示，在 CRH2 型动车组空车、CRH2 型动车组重车和 CRH3 型动车组空车作用下，进出桥跨中竖向振动加速度相差不大。

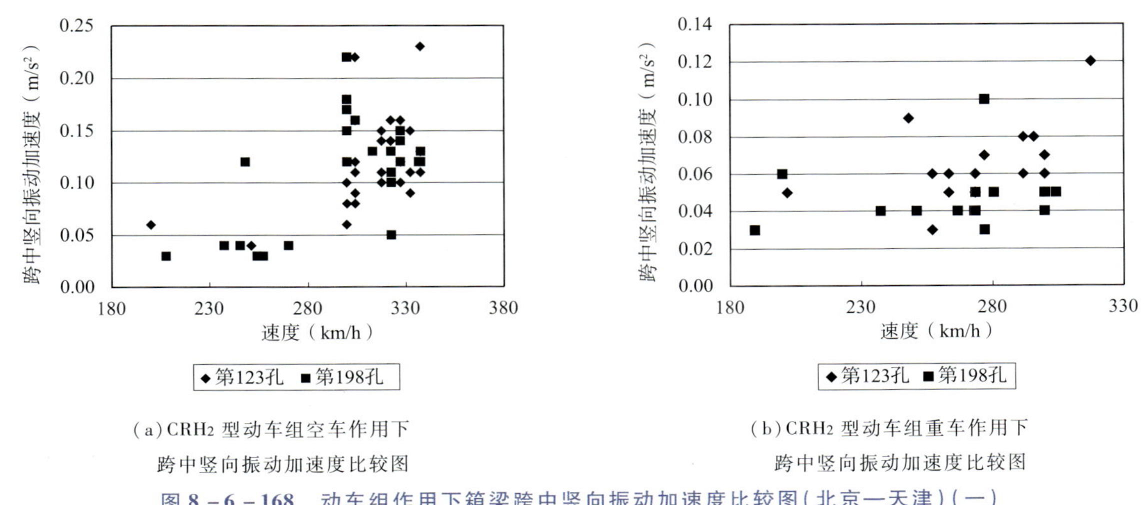

（a）CRH2 型动车组空车作用下跨中竖向振动加速度比较图

（b）CRH2 型动车组重车作用下跨中竖向振动加速度比较图

图 8－6－168　动车组作用下箱梁跨中竖向振动加速度比较图（北京—天津）（一）

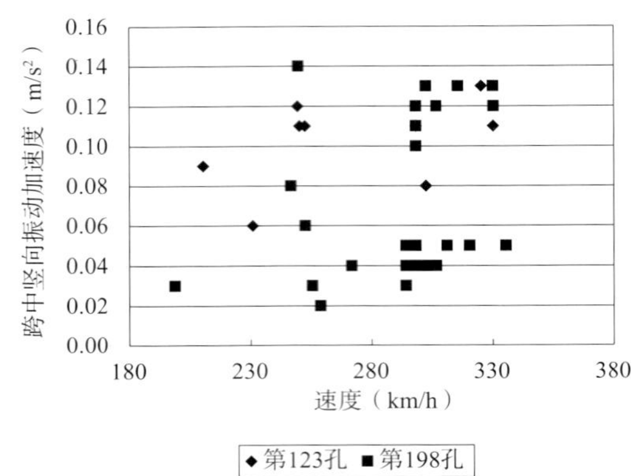

(c) CRH3 型动车组空车作用下跨中竖向振动加速度比较图

图 8－6－168　动车组作用下箱梁跨中竖向振动加速度比较图(北京—天津)(二)

行车方向从天津至北京时,在 CRH2 型动车组空车、CRH2 型动车组重车和 CRH3 型动车组空车作用下,198 孔(进桥)和 123 孔(出桥)跨中竖向振动加速度比较如图 8－6－169 所示,在 CRH2 型动车组空车、CRH2 型动车组重车和 CRH3 型动车组空车作用下,进出桥跨中竖向振动加速度相差不大。

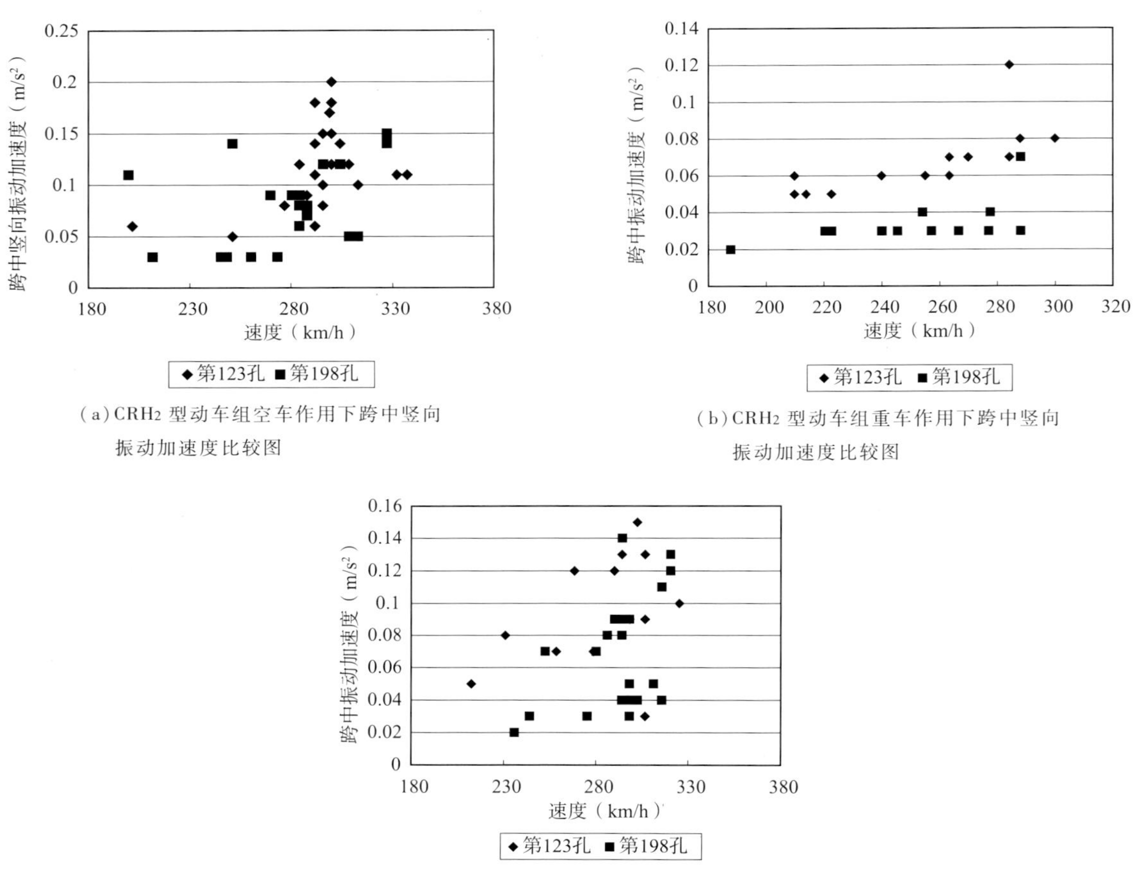

(a) CRH2 型动车组空车作用下跨中竖向振动加速度比较图

(b) CRH2 型动车组重车作用下跨中竖向振动加速度比较图

(c) CRH3 型动车组空车作用下跨中竖向振动加速度比较图

图 8－6－169　动车组作用下箱梁跨中竖向振动加速度比较图(天津—北京)

(3)梁体跨中应变动力系数

行车方向从北京至天津时,在 CRH2 型动车组重车作用下,123 孔(进桥)和 198 孔(出桥)梁体跨中应变动力系数比较如图 8－6－170 所示,在 CRH2 型动车组重车作用下,进出桥梁体跨中应变动力

系数相差不大。

行车方向从天津至北京时，在 CRH_2 型动车组重车作用下，198 孔（进桥）和 123 孔（出桥）梁体跨中应变动力系数比较如图 8－6－171 所示，在 CRH_2 型动车组重车作用下，进出桥梁体跨中应变动力系数相差不大。

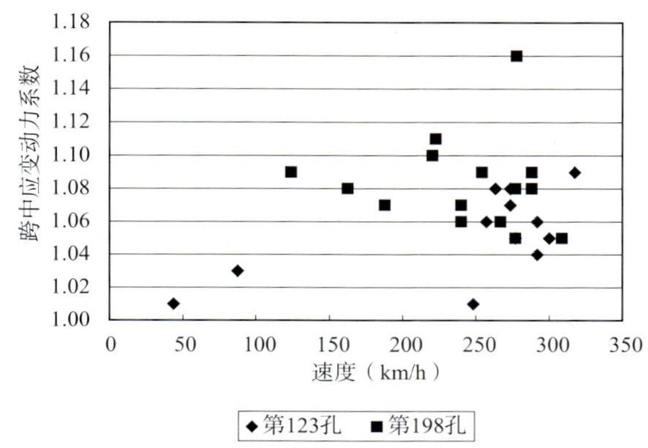

图 8－6－170　CRH_2 型动车组重车作用下跨中应变动力系数比较图

图 8－6－171　CRH_2 型动车组重车作用下跨中应变动力系数比较图

动车组进桥与出桥时连续等跨布置 32 m 箱梁的跨中竖向振幅、竖向加速度、竖向应变动力系数差别不大，未出现明显共振和梁体动力效应增大的现象。

（4）动车组脱轨系数、轮重减载率、车体垂向加速度和垂向平稳性

动车组上测试的脱轨系数、轮重减载率、车体垂向加速度和垂向平稳性指标见表 8－6－161，动车组进桥与出桥（84～32 m 箱梁第 8、9、84 孔和 1 孔 24 m 箱梁）时，脱轨系数、轮重减载率、车体垂向加速度、垂向平稳性指标没有明显差异。因此 32 m 箱梁等跨布置竖向周期不平顺效应不明显，竖向刚度较大的 24 m 箱梁未影响动车组行车安全和乘坐舒适度。

表 8－6－161　动车组车运行至 32 m 箱梁、24 m 箱梁的测试结果

孔位	车型	速度（km/h）	线别	行车方向	脱轨系数最大值	轮重减载率最大值	车体垂向加速度（半峰值）最大值（m/s^2）	垂向平稳性指标
8、9	CRH_2 空车	337.4	下行	京－津	0.13	0.58	1.47	1.97
8、9	CRH_2 空车	337.4	下行	京－津	0.09	0.47	1.37	2.33
8、9	CRH_3 空车	330.2	下行	京－津	0.12	0.43	1.18	1.71
8、9	CRH_3 空车	325.2	下行	津－京	0.12	0.52	1.08	1.67
84	CRH_2 空车	337.6	下行	京－津	0.13	0.74	1.51	2.38

注：孔位 84 处还有 1 孔 24 m 箱梁。

4. 脱轨系数和轮重减载率

动车组作用下潮小路大桥和杨村特大桥（45＋70＋70＋45）m 连续梁脱轨系数和轮重减载率汇总见表 8－6－162、表 8－6－163，动车组通过桥梁时的脱轨系数和轮重减载率均能满足脱轨系数 $Q/P \leqslant 0.8$、轮重减载率 $\Delta P/P \leqslant 0.8$ 的要求，且都有一定的安全储备，说明在现有桥梁横向和竖向刚度条件下，能够满足列车通过桥梁时的安全性和平稳性要求。

表 8－6－162　脱轨系数汇总表

孔 跨	梁　　型	CRH2 空车	CRH2 重车	CRH3 空车	CRH3 重车	限值
漷小路大桥	(18＋3－24＋18)m 刚构连续梁	0.19 (350)	/	0.12 (370)	/	0.8
杨村特大桥	(45＋70＋70＋45)m 预应力混凝土连续梁	0.29 (280)	0.33 (350)	0.33 (355)	0.28 (280)	0.8

注：括号内为行车速度 km/h

表 8－6－163　轮重减载率汇总表

孔 跨	梁　　型	CRH2 空车	CRH2 重车	CRH3 空车	CRH3 重车	限 值
漷小路大桥	(18＋3－24＋18)m 刚构连续梁	0.31 (340)	/	0.31 (330)	/	0.8
杨村特大桥	(45＋70＋70＋45)m 预应力混凝土连续梁	0.45 (340)	0.39 (350)	0.38 (360)	0.23 (330)	0.8

注：括号内为行车速度 km/h。

三、分析结果

京津城际铁路(60＋128＋60)m 系杆拱连续梁、(80＋128＋80)m 预应力混凝土连续梁、(18＋3－24＋18)m 刚构连续梁、(45＋70＋70＋45)m 预应力混凝土连续梁、32 m 预应力混凝土简支箱梁、24 m 预应力混凝土简支箱梁、(32＋48＋32)m 预应力混凝土连续梁、40 m 预应力混凝土简支箱梁桥梁动力性能检测主要结论：

(1)实测(60＋128＋60)m 系杆拱连续梁、(80＋128＋80)m 连续梁横向自振频率分别为 1.47 Hz、1.52 Hz，均满足设计值要求；实测(18＋3－24＋18)m 刚构连续梁、(45＋70＋70＋45)m 连续梁、(32＋48＋32)m 连续梁横向自振频率分别为 5.74 Hz、2.65 Hz(梁墩一体)、2.54 Hz(梁墩一体)。实测 32 m简支箱梁、24 m 简支箱梁、40 m 简支箱梁横向自振频率分别为 22.04 ~ 22.86 Hz、30.19 Hz、14.65 ~ 14.94 Hz，均满足《既有线提速 200 km/h 技术条件(试行)》限值和设计值要求。

(2)实测(60＋128＋60)m 系杆拱连续梁、(80＋128＋80)m 连续梁、(18＋3－24＋18)m 刚构连续梁、(45＋70＋70＋45)m 连续梁、32 m 简支箱梁、24 m 简支箱梁、(32＋48＋32)m 连续梁、40 m 简支箱梁竖向自振频率分别为 2.03 Hz、1.49 Hz、6.73 Hz、2.33 Hz、6.21 ~ 6.77 Hz、10.20 Hz、4.41 Hz、5.84 Hz，均满足《新建时速 300 ~ 350 公里客运专线铁路设计暂行规定》限值和设计值要求。

(3)实测动车组作用下(60＋128＋60)m 系杆拱连续梁、(80＋128＋80)m 连续梁、(18＋3－24＋18)m 刚构连续梁、(45＋70＋70＋45)m 连续梁、32 m 简支箱梁、24 m 简支箱梁、(32＋48＋32)m 连续梁、40 m 简支箱梁换算至 ZK 活载的竖向挠跨比分别为 1/17679、1/10081、1/26760、1/7816、1/14894 ~ 1/15563、1/42418、1/7626、1/9074，梁端下挠转角分别为 0.18‰、0.32‰、0.12‰、0.41‰、0.21‰、0.08‰、0.44‰、0.36‰，均满足《新建时速 300 ~ 350 公里客运专线铁路设计暂行规定》竖向挠跨比、梁端竖向转角限值和设计值要求。

(4)动车组作用下(60＋128＋60)m 系杆拱连续梁、(80＋128＋80)m 连续梁、(18＋3－24＋18)m 刚构连续梁、(45＋70＋70＋45)m 连续梁、32 m 简支箱梁、24 m 简支箱梁、40 m 简支箱梁挠度动力系数分别为 1.09、1.01、1.13、1.11、1.11、1.11、1.10，应变动力系数分别为 1.07、1.21、1.05、1.12、1.16、1.08、1.09，动车组作用下(32＋48＋32)m 连续梁应变动力系数为 1.16，均满足《新建时速 300 ~ 350 公里客运专线铁路设计暂行规定》规定动力系数$\left(\frac{1.494}{\sqrt{L_\phi}-0.2}+0.851\right)\times\frac{\text{ZK 活载}}{\text{试验车静活载}}$的要求。

(5)实测动车组作用下(60＋128＋60)m 系杆拱连续梁、(80＋128＋80)m 连续梁、(18＋3－24＋18)m 刚构连续梁、(45＋70＋70＋45)m 连续梁、32 m 简支箱梁、24 m 简支箱梁、(32＋48＋32)m 连续梁、40 m 简支箱梁跨中最大横向振幅分别为 0.042 mm、0.151 mm、0.054 mm、0.076 mm、0.076 mm、

0.078 mm、0.045 mm、0.060 mm，均远小于《铁路桥梁检定规范》通常值（客车，160 km/h < v≤200 km/h）和安全限值。由于动车组质量较小、编组较短，激励能量有限，实测桥梁横向振幅均较小，未发生明显共振现象。

（6）实测动车组作用下（60 + 128 + 60）m 系杆拱连续梁、（80 + 128 + 80）m 连续梁、（18 + 3 − 24 + 18）m 刚构连续梁、（45 + 70 + 70 + 45）m 连续梁、32 m 简支箱梁、24 m 简支箱梁、（32 + 48 + 32）m 连续梁、40 m 简支箱梁跨中最大竖向振幅分别为 0.264 mm、0.175 mm、0.190 mm、0.277 mm、0.244 mm、0.149 mm、0.194 mm、0.122 mm，实测桥梁竖向振幅均较小，未发生明显共振现象。

（7）动车组作用下（60 + 128 + 60）m 系杆拱连续梁、（80 + 128 + 80）m 连续梁、（18 + 3 − 24 + 18）m 刚构连续梁、（45 + 70 + 70 + 45）m 连续梁、32 m 简支箱梁、24 m 简支箱梁、（32 + 48 + 32）m 连续梁、40 m简支箱梁活动支座的上、下摆最大相对横向位移分别为 0.046 mm、0.098 mm、0.024 mm、0.068 mm、0.060 mm、0.100 mm、0.070 mm、0.020 mm，均满足《既有线提速 200 km/h 技术条件（试行）》±1 mm 的要求。

（8）动车组作用下 32 m 简支箱梁、24 m 简支箱梁、40 m 简支箱梁梁缝两侧钢轨支点横向相对位移分别 0.39 mm、0.39 mm、0.05 mm，竖向相对位移分别为 0.24 mm、0.47 mm、0.26 mm，均满足《新建时速 300 ~ 350 公里客运专线铁路设计暂行规定》和《客运专线无砟轨道铁路设计指南》1 mm 要求。

（9）动车组作用下（60 + 128 + 60）m 系杆拱连续梁、（80 + 128 + 80）m 连续梁、（18 + 3 − 24 + 18）m 刚构连续梁、（45 + 70 + 70 + 45）m 连续梁、32 m 简支箱梁、24 m 简支箱梁、（32 + 48 + 32）m 连续梁、40 m简支箱梁横向加速度分别为 0.087 m/s^2、0.048 m/s^2、0.300 m/s^2、0.440 m/s^2、0.220 m/s^2、0.150 m/s^2、0.080 m/s^2、0.080 m/s^2，均满足《铁路桥梁检定规范》1.4 m/s^2 的要求。竖向加速度分别为 0.141 m/s^2、0.380 m/s^2、0.570 m/s^2、1.280 m/s^2、0.240 m/s^2、0.130 m/s^2、0.130 m/s^2、0.110 m/s^2，满足《新建时速 300 ~ 350 公里客运专线铁路设计暂行规定》无砟桥面强振频率不大于 20 Hz 的竖向振动加速度 4.905 m/s^2 的要求。

（10）实测永定新河特大桥 121 号、122 号墩横向自振频率均满足《铁路桥梁检定规范》通常值要求。实测测试桥梁桥墩的横向振幅很小，远小于《铁路桥梁检定规范》通常值。

（11）动车组进桥与出桥时连续等跨布置 32 m 箱梁的跨中竖向振幅、竖向加速度、应变动力系数差别不大，未出现明显共振和梁体动力效应增大的现象；动车组进桥与出桥（84 ~ 32 m 箱梁第 8、9、84 孔和 1 孔 24 m 箱梁）时，动车组上测试的脱轨系数、轮重减载率、车体垂向加速度、垂向平稳性指标没有明显差异，因此 32 m 箱梁等跨布置竖向周期不平顺效应不明显，竖向刚度较大的 24 m 箱梁未影响动车组行车安全和乘坐舒适度。

（12）动车组通过桥梁时的脱轨系数和轮重减载率均能满足脱轨系数 Q/P≤0.8、轮重减载率 $\Delta P/P$≤0.8 的要求，且都有一定的安全储备，说明在现有桥梁横向和竖向刚度条件下，能够满足列车高速通过桥梁时的安全性和平稳性要求。

综上所述，京津城际铁路桥梁横、竖向刚度均满足相关规范和设计文件要求，能够满足 350 km/h 动车组运行安全性和平稳性的要求。

第十三节　动车组动力学、牵引制动性能和气动力性能

一、动车组动力学

1. 350 km/h 的 CRH_2 型动车组检测结果

京津城际铁路检测各检测车辆的动力学性能统计见表 8 − 6 − 164 ~ 表 8 − 6 − 166，三辆检测车辆的脱轨系数的最大值分别为 0.44、0.61 和 0.39，均小于允许限度。最大轮重减载率均未出现连续峰值减载超过 0.80；轮轴横向力的最大值分别为 29.78 kN、36.73 kN 和 22.16 kN，均小于允许限度。

三辆检测车辆的构架横向加速度以 10 Hz 滤波后的最大值均不超过 8.0 m/s^2。从 10 Hz 滤波后的

表 8-6-164　350 km/h 的 CRH2 8 车动力学响应指标统计表

速度(km/h)			200	220	240	260	280	300	310	320	330	340	350	360	370	380	385
4 轴	脱轨系数 Q/P	最大	0.15	0.17	0.23	0.15	0.19	0.34	0.32	0.36	0.26	0.18	0.25	0.25	0.10	0.24	0.07
		平均	0.01	0.01	0.02	0.02	0.03	0.04	0.04	0.04	0.04	0.04	0.04	0.04	0.04	0.05	0.03
	减载率 $\Delta P/P$	最大	0.64	0.67	0.70	0.80	0.86	0.89	0.89	0.88	0.90	0.88	0.89	0.87	0.84	0.87	0.74
		平均	0.25	0.27	0.30	0.34	0.37	0.39	0.42	0.43	0.45	0.45	0.48	0.51	0.55	0.58	0.55
	横向力 (kN)	最大	14.20	18.20	11.37	13.86	15.24	19.46	14.97	21.30	17.17	18.35	18.81	21.15	16.61	16.64	12.31
		平均	3.15	3.44	3.75	4.18	4.83	5.48	5.68	5.31	5.93	5.89	6.07	6.34	7.07	7.42	6.14
	垂直力 (kN)	最大	115.43	138.53	154.06	156.52	126.63	158.16	157.65	161.96	163.19	165.27	164.89	165.76	146.28	142.55	116.04
		平均	70.04	71.93	74.67	76.81	79.76	81.94	85.61	86.41	86.49	87.34	88.99	88.10	100.45	92.12	92.94
3 轴	脱轨系数 Q/P	最大	0.20	0.17	0.13	0.22	0.22	0.34	0.27	0.21	0.30	0.33	0.44	0.23	0.35	0.30	0.26
		平均	0.02	0.01	0.01	0.02	0.03	0.04	0.03	0.03	0.04	0.05	0.08	0.08	0.12	0.08	0.08
	减载率 $\Delta P/P$	最大	0.78	0.63	0.79	0.73	0.75	0.86	0.88	0.87	0.90	0.96	0.92	0.88	0.75	0.79	0.69
		平均	0.26	0.27	0.29	0.32	0.34	0.37	0.41	0.41	0.44	0.44	0.47	0.52	0.55	0.57	0.53
	横向力 (kN)	最大	15.96	12.38	16.54	18.22	23.89	24.88	23.20	24.15	25.42	28.68	29.78	21.37	20.10	21.46	23.05
		平均	4.16	4.17	4.26	4.79	5.78	6.61	6.55	6.10	6.76	7.29	9.54	9.56	11.50	9.55	11.31
	垂直力 (kN)	最大	129.44	116.94	132.62	131.21	158.05	141.18	154.39	149.53	159.34	155.25	161.83	161.91	128.77	130.44	159.79
		平均	69.77	71.58	73.82	75.46	78.82	81.31	84.35	84.40	85.72	86.16	88.86	87.39	93.95	88.47	89.61
车体垂向	加速度 (m/s^2)	最大	2.74	1.76	1.57	1.76	1.67	2.55	2.25	2.74	3.04	2.84	2.74	2.65	2.65	2.74	2.55
		平均	0.59	0.59	0.78	0.88	0.98	1.08	1.18	1.27	1.37	1.47	1.67	1.86	1.96	2.06	2.25
	平稳性 W	最大	1.90	1.95	2.09	2.13	2.16	2.13	2.40	2.38	2.41	2.40	2.40	2.46	2.26	2.34	2.54
		平均	1.51	1.54	1.70	1.76	1.82	1.85	1.90	1.94	1.98	1.99	2.09	2.19	2.16	2.23	2.30
车体横向	加速度 (m/s^2)	最大	1.96	1.27	1.08	2.06	1.67	1.96	1.76	1.96	2.35	2.25	1.76	1.47	1.67	1.27	1.37
		平均	0.39	0.39	0.49	0.59	0.59	0.78	0.88	0.88	0.88	0.88	0.98	1.08	1.27	0.98	1.08
	平稳性 W	最大	1.89	1.93	1.99	2.00	2.26	2.20	2.32	2.32	2.48	2.48	2.36	2.19	2.18	2.11	2.28
		平均	1.53	1.56	1.61	1.67	1.73	1.82	1.89	1.91	1.89	1.88	1.93	1.95	2.10	1.99	2.00
构架横向加速度	加速度 (m/s^2)	最大	2.65	2.94	2.35	2.65	2.84	3.82	3.63	3.92	3.43	3.04	2.94	3.14	2.84	2.74	1.67
		平均	0.78	0.88	0.88	0.98	0.98	1.08	1.08	1.08	1.08	1.08	1.08	1.18	1.18	1.27	1.18

表 8-6-165　350 km/h 的 CRH2 7 车动力学响应指标统计表

速度(km/h)			200	220	240	260	280	300	310	320	330	340	350	360	370	380	385
4 轴	脱轨系数 Q/P	最大	0.20	0.33	0.19	0.21	0.24	0.45	0.48	0.37	0.37	0.41	0.61	0.50	0.18	0.22	0.11
		平均	0.04	0.05	0.05	0.06	0.07	0.06	0.10	0.07	0.08	0.07	0.09	0.11	0.06	0.08	0.08
	减载率 ΔP/P	最大	0.56	0.62	0.71	0.71	0.86	0.87	0.87	0.85	0.83	0.88	0.88	0.86	0.68	0.64	0.64
		平均	0.22	0.24	0.26	0.29	0.34	0.35	0.38	0.38	0.38	0.39	0.42	0.40	0.45	0.42	0.44
	横向力 (kN)	最大	9.73	17.64	14.74	15.60	27.50	18.63	26.25	29.23	20.50	28.41	26.16	29.60	8.66	20.22	12.33
		平均	4.47	5.51	5.87	6.30	6.89	6.36	8.99	7.37	7.84	7.81	8.26	9.52	5.87	9.05	8.94
	垂直力 (kN)	最大	104.80	123.15	136.39	123.52	136.71	141.40	144.84	156.72	140.16	157.06	155.05	151.67	111.70	147.90	100.73
		平均	67.69	69.05	71.17	72.64	75.28	76.95	80.56	80.11	80.52	81.44	83.03	83.91	85.74	85.75	84.41
3 轴	脱轨系数 Q/P	最大	0.16	0.32	0.32	0.34	0.26	0.57	0.47	0.49	0.54	0.40	0.42	0.49	0.20	0.38	0.39
		平均	0.05	0.06	0.07	0.07	0.08	0.07	0.09	0.10	0.09	0.09	0.07	0.07	0.08	0.08	0.11
	减载率 ΔP/P	最大	0.55	0.59	0.79	0.75	0.84	0.82	0.86	0.85	0.85	0.86	0.86	0.80	0.72	0.81	0.69
		平均	0.25	0.28	0.31	0.34	0.38	0.38	0.42	0.43	0.43	0.42	0.42	0.45	0.49	0.48	0.49
	横向力 (kN)	最大	12.55	25.33	14.10	18.34	16.06	36.73	22.61	36.66	25.62	17.04	20.62	31.25	13.69	27.28	14.92
		平均	5.64	5.55	5.91	6.21	6.94	7.07	7.80	8.25	8.15	8.35	7.94	8.03	7.77	9.40	9.37
	垂直力 (kN)	最大	117.08	119.88	149.51	142.38	156.35	158.53	152.42	156.92	157.67	159.07	152.53	162.44	136.79	141.51	110.84
		平均	72.78	76.09	79.61	81.97	85.85	86.45	91.21	90.48	90.97	91.52	90.05	90.74	95.77	90.49	88.80
车体横向	加速度 (m/s^2)	最大	0.78	0.69	0.88	0.78	0.88	1.08	1.18	1.18	1.08	1.18	1.18	0.98	0.88	1.08	0.88
		平均	0.20	0.20	0.20	0.29	0.29	0.39	0.39	0.39	0.39	0.39	0.49	0.49	0.49	0.59	0.59
	平稳性 W	最大	2.01	2.07	2.08	2.12	2.21	2.29	2.44	2.53	2.47	2.56	2.55	2.43	2.36	2.62	2.65
		平均	1.50	1.50	1.53	1.60	1.67	1.75	1.81	1.84	1.88	1.93	2.00	2.08	2.05	2.22	2.20
车体垂向	加速度 (m/s^2)	最大	1.08	1.08	1.57	1.47	1.96	2.25	2.06	2.06	2.35	2.06	2.06	2.16	1.27	1.86	1.67
		平均	0.39	0.49	0.49	0.59	0.69	0.88	0.98	0.98	0.98	0.98	1.08	1.08	0.98	1.18	1.18
	平稳性 W	最大	2.03	1.74	1.94	2.04	2.12	2.25	2.21	2.20	2.21	2.24	2.27	2.24	1.92	2.10	2.00
		平均	1.44	1.47	1.57	1.63	1.69	1.94	1.93	1.86	1.85	1.90	1.90	1.89	1.83	1.90	1.86
构架横向加速度	加速度 (m/s^2)	最大	2.35	2.45	3.04	2.65	3.43	3.63	4.21	3.92	4.12	4.51	4.21	4.12	2.35	4.31	2.55
		平均	0.59	0.69	0.78	0.78	0.98	0.98	1.08	1.08	1.18	1.18	1.27	1.47	1.37	1.76	1.76

表 8-6-166 350 km/h 的 CRH2 6 车动力学响应指标统计表

速度(km/h)			200	220	240	260	280	300	310	320	330	340	350	360	370	380	385
4 轴	脱轨系数 Q/P	最大	0.15	0.13	0.10	0.11	0.14	0.29	0.21	0.15	0.30	0.31	0.30	0.10	0.11	0.08	0.06
		平均	0.03	0.03	0.02	0.03	0.03	0.04	0.03	0.04	0.04	0.04	0.04	0.04	0.05	0.05	0.04
	减载率 $\Delta P/P$	最大	0.53	0.62	0.69	0.64	0.71	0.83	0.82	0.84	0.83	0.83	0.86	0.81	0.84	0.83	0.58
		平均	0.24	0.26	0.26	0.29	0.31	0.33	0.35	0.36	0.37	0.38	0.40	0.41	0.49	0.46	0.47
	横向力 (kN)	最大	10.02	14.27	9.37	10.10	11.11	15.08	16.48	15.50	20.85	22.16	20.96	15.74	8.66	11.71	8.59
		平均	3.46	3.36	3.25	3.41	3.74	4.11	4.14	4.21	4.56	4.94	5.21	5.28	5.43	6.22	5.36
	垂直力 (kN)	最大	145.31	114.00	142.17	153.43	155.19	161.54	161.61	163.55	159.43	162.69	164.53	154.81	141.43	146.19	132.87
		平均	76.95	79.78	81.88	83.06	84.91	87.40	90.46	91.48	91.01	90.99	92.43	93.93	97.66	97.36	101.26
3 轴	脱轨系数 Q/P	最大	0.09	0.07	0.06	0.11	0.16	0.26	0.39	0.31	0.27	0.26	0.28	0.24	0.12	0.11	0.03
		平均	0.01	0.01	0.01	0.01	0.02	0.02	0.02	0.02	0.02	0.03	0.02	0.01	0.03	0.01	0.00
	减载率 $\Delta P/P$	最大	0.62	0.63	0.69	0.79	0.86	0.88	0.88	0.94	0.88	0.89	0.90	0.89	0.77	0.87	0.76
		平均	0.21	0.24	0.25	0.29	0.31	0.34	0.37	0.39	0.39	0.40	0.42	0.48	0.46	0.47	0.56
	横向力 (kN)	最大	6.13	6.12	5.70	8.24	11.68	15.34	14.02	13.78	10.66	17.18	11.79	9.97	5.88	9.00	7.54
		平均	2.48	2.49	2.63	2.82	3.18	3.42	3.38	3.42	3.52	3.78	3.98	4.40	3.63	4.39	5.21
	垂直力 (kN)	最大	107.84	108.90	114.16	122.06	126.61	144.03	148.23	142.96	149.67	154.10	151.26	154.13	125.52	115.85	102.73
		平均	64.70	66.85	70.11	71.97	75.50	76.67	80.09	79.06	79.86	81.93	81.07	81.90	85.23	80.61	80.32
车体垂向	加速度 (m/s^2)	最大	0.98	0.98	0.98	1.18	1.37	1.76	1.76	1.86	1.96	1.96	1.76	1.47	1.47	1.57	1.67
		平均	0.29	0.39	0.49	0.49	0.69	0.78	0.88	0.88	0.88	0.88	0.88	0.88	0.98	1.08	1.08
	平稳性 W	最大	2.09	1.94	1.91	1.99	2.05	2.19	2.18	2.07	2.07	2.13	2.16	1.95	1.82	2.03	1.89
		平均	1.45	1.61	1.58	1.56	1.64	1.82	1.83	1.78	1.71	1.71	1.71	1.69	1.76	1.76	1.75
车体横向	加速度 (m/s^2)	最大	1.18	0.69	0.78	0.88	0.88	1.18	1.18	1.27	1.08	0.98	0.98	0.88	0.88	1.27	0.69
		平均	0.20	0.20	0.20	0.29	0.29	0.39	0.39	0.39	0.39	0.39	0.39	0.39	0.49	0.49	0.49
	平稳性 W	最大	1.99	1.91	1.98	2.04	2.03	2.19	2.20	2.29	2.37	2.38	2.46	2.25	2.32	2.44	2.29
		平均	1.45	1.46	1.48	1.53	1.57	1.66	1.65	1.67	1.72	1.77	1.86	1.83	1.96	1.96	1.94
构架横向加速度	加速度 (m/s^2)	最大	2.74	2.06	5.68	2.35	5.49	4.61	6.08	3.72	2.74	2.84	3.14	3.04	2.35	3.23	1.67
		平均	0.69	0.78	0.78	0.78	0.88	1.08	1.57	0.88	0.88	0.98	1.08	1.08	1.27	1.27	1.27

表 8－6－167　CRH3 8 车动力学响应指标统计表

速度(km/h)			200	220	240	260	280	300	310	320	330	340	350	360	370	380	390
4 轴	脱轨系数 Q/P	最大	0.30	0.31	0.33	0.30	0.41	0.39	0.40	0.47	0.41	0.31	0.33	0.39	0.41	0.40	0.41
		平均	0.02	0.02	0.03	0.04	0.05	0.07	0.07	0.07	0.08	0.07	0.10	0.13	0.12	0.12	0.11
	减载率 $\Delta P/P$	最大	0.49	0.56	0.62	0.63	0.67	0.80	0.77	0.83	0.84	0.80	0.82	0.86	0.72	0.85	0.87
		平均	0.18	0.21	0.22	0.26	0.29	0.31	0.34	0.35	0.37	0.37	0.41	0.46	0.46	0.49	0.49
	横向力 (kN)	最大	18.29	20.53	21.94	25.22	28.60	32.26	32.39	31.52	32.54	34.01	34.78	30.57	30.99	40.57	33.30
		平均	5.98	6.65	7.10	8.60	9.29	11.15	11.47	11.08	12.48	12.19	14.92	16.17	16.60	15.88	15.64
	垂直力 (kN)	最大	112.01	121.98	126.29	128.55	142.23	155.64	161.38	158.53	160.01	155.22	128.23	141.07	151.64	143.44	135.50
		平均	79.24	79.95	81.49	83.43	85.19	88.33	90.72	91.10	92.73	92.38	92.63	98.38	96.88	101.41	100.76
3 轴	脱轨系数 Q/P	最大	0.20	0.24	0.26	0.31	0.35	0.52	0.59	0.41	0.38	0.36	0.42	0.40	0.38	0.37	0.45
		平均	0.02	0.02	0.03	0.04	0.05	0.06	0.07	0.07	0.08	0.07	0.07	0.11	0.09	0.11	0.09
	减载率 $\Delta P/P$	最大	0.39	0.53	0.64	0.69	0.82	0.87	0.68	0.74	0.80	0.81	0.76	0.75	0.79	0.78	0.87
		平均	0.16	0.19	0.21	0.24	0.27	0.30	0.32	0.33	0.36	0.36	0.42	0.43	0.45	0.47	0.47
	横向力 (kN)	最大	18.28	22.16	29.88	29.54	24.53	37.87	38.52	35.42	41.61	36.43	32.38	34.16	39.33	38.55	37.81
		平均	6.00	6.64	7.15	8.10	9.11	10.92	11.42	11.79	13.28	12.70	11.01	15.48	13.24	15.03	15.25
	垂直力 (kN)	最大	112.01	112.96	119.39	117.33	144.36	154.28	153.64	154.68	150.22	153.74	146.36	137.10	153.76	144.92	147.88
		平均	79.52	80.22	82.11	83.14	86.11	89.78	91.86	92.56	95.38	94.83	95.11	99.07	98.69	101.03	101.10
车体垂向	加速度 (m/s^2)	最大	0.98	0.88	1.08	1.18	1.47	1.57	1.67	1.67	1.76	1.86	1.86	2.45	2.25	3.04	3.23
		平均	0.39	0.49	0.49	0.59	0.69	0.78	0.88	0.98	0.98	1.08	1.08	1.76	1.76	1.96	2.25
	平稳性 W	最大	2.24	2.03	2.15	2.25	2.09	2.14	2.07	2.05	2.24	2.16	2.12	2.20	2.23	2.23	2.26
		平均	1.42	1.46	1.50	1.57	1.59	1.64	1.66	1.68	1.73	1.74	1.80	2.01	2.02	2.08	2.09
车体横向	加速度 (m/s^2)	最大	0.59	0.59	0.88	0.78	0.78	0.98	0.88	0.88	0.98	0.98	0.78	0.59	0.69	0.78	0.78
		平均	0.20	0.20	0.29	0.29	0.29	0.39	0.39	0.39	0.39	0.49	0.49	0.49	0.49	0.49	0.59
	平稳性 W	最大	1.86	1.88	2.02	2.00	2.13	2.38	2.18	2.34	2.26	2.30	2.26	2.25	2.42	2.43	2.38
		平均	1.58	1.61	1.65	1.64	1.69	1.77	1.77	1.81	1.87	1.92	1.92	2.00	2.01	2.04	2.01
构架横向加速度	加速度 (m/s^2)	最大	2.74	3.33	3.33	3.72	4.70	5.49	4.90	4.61	4.61	5.10	5.00	4.41	3.72	4.70	3.53
		平均	0.88	1.08	1.08	1.27	1.37	1.57	1.67	1.57	1.76	1.67	1.96	1.96	1.96	1.96	1.86

表 8-6-168　CRH3 6 车动力学响应指标统计表

速度(km/h)			200	220	240	260	280	300	310	320	330	340	350	360	370	380	390
4 轴	脱轨系数 Q/P	最大	0.28	0.34	0.34	0.38	0.46	0.46	0.45	0.44	0.49	0.32	0.31	0.27	0.30	0.23	0.26
		平均	0.02	0.03	0.03	0.05	0.05	0.07	0.08	0.07	0.09	0.08	0.09	0.09	0.09	0.09	0.08
	减载率 $\Delta P/P$	最大	0.48	0.53	0.62	0.70	0.71	0.80	0.82	0.82	0.82	0.78	0.80	0.84	0.81	0.88	0.86
		平均	0.19	0.20	0.22	0.25	0.27	0.30	0.33	0.34	0.38	0.38	0.39	0.47	0.47	0.50	0.50
	横向力 (kN)	最大	17.55	22.53	24.89	27.18	26.84	35.90	36.79	33.90	37.50	36.95	29.75	26.59	32.92	32.13	25.79
		平均	6.13	6.64	6.92	8.59	9.25	10.81	11.35	10.93	12.43	12.17	14.62	12.06	12.09	12.07	11.32
	垂直力 (kN)	最大	120.28	141.00	126.36	148.28	134.95	157.66	152.77	154.86	152.14	157.50	141.46	145.22	134.56	146.18	142.57
		平均	78.31	79.90	81.03	83.81	85.30	87.08	90.68	91.28	92.52	92.11	93.34	96.97	95.27	99.83	98.11
3 轴	脱轨系数 Q/P	最大	0.23	0.20	0.24	0.30	0.35	0.41	0.55	0.50	0.47	0.31	0.31	0.38	0.42	0.38	0.27
		平均	0.02	0.02	0.03	0.04	0.05	0.06	0.07	0.07	0.08	0.07	0.07	0.10	0.08	0.10	0.08
	减载率 $\Delta P/P$	最大	0.56	0.60	0.69	0.73	0.74	0.77	0.86	0.79	0.84	0.82	0.86	0.81	0.81	0.81	0.75
		平均	0.22	0.24	0.26	0.30	0.31	0.33	0.35	0.37	0.40	0.40	0.45	0.45	0.46	0.48	0.49
	横向力 (kN)	最大	17.21	18.68	23.31	27.52	27.65	33.66	32.06	31.50	33.69	35.50	35.80	34.97	41.68	31.01	35.36
		平均	6.26	6.82	7.48	8.25	9.23	10.46	11.43	11.42	13.05	12.59	10.80	15.11	12.08	14.18	13.73
	垂直力 (kN)	最大	130.45	112.94	136.70	123.93	134.61	135.60	154.02	149.63	154.17	159.34	156.37	153.62	147.23	147.62	149.74
		平均	80.35	81.23	82.30	84.18	85.60	86.91	89.75	90.84	92.33	91.98	94.09	100.26	97.02	100.54	99.25
车体横向	加速度 (m/s^2)	最大	0.59	0.59	0.59	0.78	0.78	0.88	0.88	0.88	0.88	0.88	0.69	0.88	0.78	0.78	0.88
		平均	0.20	0.20	0.20	0.29	0.29	0.29	0.39	0.39	0.39	0.39	0.39	0.49	0.49	0.49	0.49
	平稳性 W	最大	1.68	1.69	1.76	1.80	1.89	2.02	1.95	2.12	2.10	2.02	2.05	2.09	1.99	2.38	2.23
		平均	1.47	1.47	1.49	1.53	1.58	1.60	1.63	1.66	1.71	1.72	1.73	1.81	1:80	1.83	1.83
车体垂向	加速度 (m/s^2)	最大	1.08	1.08	1.57	1.57	2.06	2.06	2.16	2.16	2.65	2.55	2.25	2.84	2.84	3.23	2.94
		平均	0.39	0.49	0.59	0.78	0.88	0.98	1.18	1.08	1.27	1.37	1.18	1.76	1.76	1.96	2.06
	平稳性 W	最大	1.54	1.71	1.87	1.84	1.84	2.04	1.90	1.92	2.00	2.05	1.97	2.06	2.09	2.20	2.25
		平均	1.38	1.42	1.48	1.54	1.59	1.66	1.71	1.72	1.77	1.80	1.75	1.92	1.93	2.00	2.01
构架横向加速度	加速度 (m/s^2)	最大	2.35	3.14	3.53	3.72	4.41	4.70	5.00	4.80	4.31	5.00	4.90	4.12	3.33	4.12	3.53
		平均	0.78	0.98	0.98	1.18	1.37	1.47	1.57	1.47	1.67	1.67	1.86	1.67	1.86	2.06	1.67

表 8-6-169 CRH3 5 车动力学响应指标统计表

速度(km/h)			200	220	240	260	280	300	310	320	330	340	350	360	370	380	390
4 轴	脱轨系数 Q/P	最大	0.20	0.20	0.23	0.29	0.32	0.40	0.36	0.32	0.42	0.36	0.30	0.33	0.25	0.33	0.35
		平均	0.02	0.02	0.02	0.04	0.04	0.05	0.05	0.05	0.06	0.05	0.07	0.08	0.08	0.08	0.08
	减载率 $\Delta P/P$	最大	0.48	0.61	0.63	0.72	0.74	0.85	0.85	0.85	0.85	0.85	0.77	0.73	0.68	0.78	0.78
		平均	0.19	0.22	0.24	0.27	0.30	0.34	0.36	0.38	0.41	0.41	0.43	0.45	0.46	0.49	0.50
	横向力(kN)	最大	16.44	17.51	17.66	18.78	22.46	29.83	28.70	25.83	31.09	28.96	31.31	29.86	36.76	35.50	34.79
		平均	5.46	5.98	6.14	7.43	7.80	8.96	8.98	8.70	9.76	9.43	11.52	12.14	11.82	12.10	12.25
	垂直力(kN)	最大	118.62	138.28	128.81	131.61	151.51	147.33	144.05	158.40	156.79	152.10	146.70	144.26	144.14	147.27	134.70
		平均	78.26	80.46	81.38	84.05	85.99	89.90	93.65	94.35	96.82	96.60	98.10	97.19	96.43	98.78	99.74
3 轴	脱轨系数 Q/P	最大	0.17	0.22	0.23	0.22	0.21	0.36	0.32	0.37	0.36	0.36	0.36	0.31	0.34	0.31	0.27
		平均	0.01	0.02	0.02	0.03	0.04	0.05	0.05	0.05	0.06	0.05	0.04	0.09	0.07	0.08	0.07
	减载率 $\Delta P/P$	最大	0.50	0.56	0.63	0.79	0.84	0.85	0.84	0.86	0.85	0.87	0.82	0.84	0.84	0.79	0.76
		平均	0.19	0.22	0.24	0.27	0.30	0.34	0.36	0.37	0.40	0.41	0.45	0.49	0.49	0.53	0.53
	横向力(kN)	最大	17.49	18.39	25.05	20.26	21.54	30.00	26.32	29.10	30.10	30.23	27.84	27.15	32.23	26.57	39.62
		平均	5.31	5.73	6.08	7.02	7.73	8.76	9.26	9.38	10.23	9.54	8.73	12.97	10.68	12.50	12.19
	垂直力(kN)	最大	107.19	138.75	125.15	147.73	150.45	155.05	148.18	154.37	159.08	154.98	152.73	144.26	141.11	156.12	158.82
		平均	78.02	80.05	81.38	84.62	86.30	90.00	93.03	93.66	96.29	96.13	99.16	102.30	103.03	106.89	105.50
车体垂向	加速度(m/s^2)	最大	1.27	1.27	1.96	2.35	2.65	3.23	3.14	3.43	3.72	3.82	2.94	2.55	2.94	2.65	3.23
		平均	0.59	0.78	0.98	1.18	1.47	1.67	1.86	1.96	2.06	2.06	1.86	1.86	1.76	1.86	2.06
	平稳性 W	最大	1.96	1.75	1.95	2.05	2.20	2.26	2.18	2.31	2.37	2.36	2.22	2.16	2.22	2.24	2.27
		平均	1.47	1.56	1.66	1.76	1.93	1.98	1.97	2.04	2.05	2.06	2.01	1.99	2.03	2.04	2.06
车体横向	加速度(m/s^2)	最大	0.39	0.39	0.59	0.59	0.78	0.78	0.88	0.88	0.98	1.08	0.88	0.59	0.69	0.78	0.69
		平均	0.20	0.20	0.29	0.29	0.29	0.39	0.39	0.39	0.49	0.49	0.49	0.49	0.49	0.49	0.49
	平稳性 W	最大	1.68	1.66	1.75	1.74	1.79	1.97	1.90	1.96	1.98	1.87	1.95	2.08	2.13	2.41	2.33
		平均	1.45	1.45	1.48	1.49	1.54	1.59	1.60	1.62	1.67	1.67	1.69	1.78	1.78	1.84	1.82
构架横向加速度	加速度(m/s^2)	最大	2.65	3.04	2.84	3.72	3.92	4.90	4.70	4.61	3.92	4.90	4.61	4.21	3.14	4.12	2.55
		平均	0.88	0.98	1.08	1.18	1.27	1.37	1.47	1.37	1.47	1.47	1.57	1.76	1.67	1.67	1.47

构架横向加速度的峰值和波形判定,检测期间各检测车辆均未出现构架横向失稳现象。

三辆检测车辆的车体垂向加速度的最大平均值分别为 2.25 m/s^2、1.18 m/s^2 和 1.08 m/s^2,横向加速度的最大平均值为 1.08 m/s^2、0.59 m/s^2 和 0.49 m/s^2,均小于 2.5 m/s^2。

三辆检测车辆的垂向平稳性的最大平均值分别为 2.30、1.94 和 1.83,横向平稳性的最大平均值为 2.10、2.22 和 1.96,均小于 2.5。

2. CRH_3 型动车组检测结果

京津城际铁路检测各检测车辆的动力学性能统计见表 8-6-167 ~ 表 8-6-169 三辆检测车辆的脱轨系数的最大值分别为 0.59、0.55 和 0.42,均小于允许限度。最大轮重减载率均未出现连续峰值减载超过 0.80;轮轴横向力的最大值分别为 41.61 kN、41.68 kN 和 39.62 kN,均小于允许限度。

三辆检测车辆的构架横向加速度以 10 Hz 滤波后的最大值均不超过 8.0 m/s^2。从 10 Hz 滤波后的构架横向加速度的峰值和波形判定,检测期间各检测车辆均未出现构架横向失稳现象。

三辆检测车辆的车体垂向加速度的最大平均值分别为 2.25 m/s^2、2.06 m/s^2 和 2.06 m/s^2,横向加速度的最大平均值为 0.59 m/s^2、0.49 m/s^2 和 0.49 m/s^2,均小于 2.5 m/s^2。

三辆检测车辆的垂向平稳性的最大平均值分别为 2.09、2.01 和 2.06,横向平稳性的最大平均值为 1.96、1.83 和 1.84,均小于 2.5。

3. 试验结论

测试结果表明 350 km/h 的 CRH_2、CRH_3 型动车组在京津城际铁路上的动力学性能符合试验大纲的规定,线路状态满足 CRH_2、CRH_3 型动车组以最高 350 km/h 运行安全的要求。

二、动车组牵引性能

1. 起动加速试验结果

CRH_2-300 型、CRH_3 型动车组平直道上全动力起动加速试验结果见表 8-6-170。可见,CRH_2-300 型、CRH_3 型动车组起动加速性能均满足技术条件要求。

表 8-6-170 全动力起动加速试验结果

评价指标 车型	0 ~ 200 km/h 平均加速度(m/s^2)		300 km/h 剩余加速度(m/s^2)	
	评定指标	试验结果	评定指标	试验结果
CRH_2-300 型	0.39	0.395	≥0.06	0.075
CRH_3 型	0.38	0.448	≥0.06	0.089

CRH_2-300 型动车组全动力条件下从 0 加速度到 350 km/h 的试验结果见图 8-6-172。试验时动车组从 JJK3 处发车,JJK40+800 处速度达到 350 km/h,加速时间 571 s(试验时 JJK19+700 附近分相取消)。

另外,CRH_2-300 型动车组在 JJK55+800 ~ JJK58+900 间平直道进行了 350 km/h 平衡速度试验,结果表明,CRH_2-300 型动车组在平直道上运行速度能够达到 350 km/h 并保有一定剩余加速度(约为 0.02 m/s^2)。

CRH_3 型动车组全动力条件下从 0 加速度到 350 km/h 的试验结果见图 8-6-173。试验时动车组从北京南站发车,JJK71+700 处速度达到 350 km/h,加速时间 1 073 s。另外,CRH_3 型动车组在 JJK72 ~ JJK73+300 间平直道进行了 350 km/h 平衡速度试验,结果表明,CRH_3 型动车组在平直道上运行速度能够达到 350 km/h 并保有一定剩余加速度(约为 0.01 m/s^2)。

2. 牵引特性试验结果

CRH_2-300 型动车组牵引特性试验数据见表 8-6-171,符合技术条件要求。

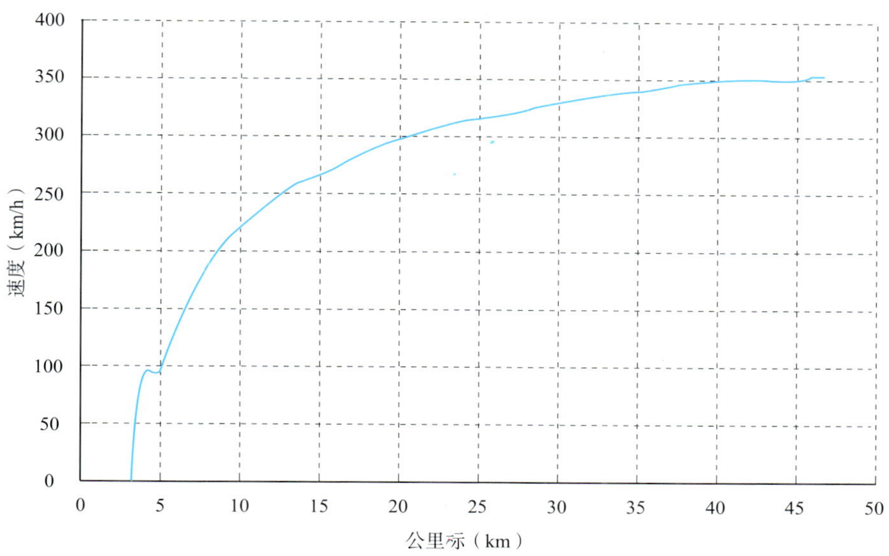

图 8－6－172　CRH2－300 型动车组从 0 加速到 350 km/h 试验结果

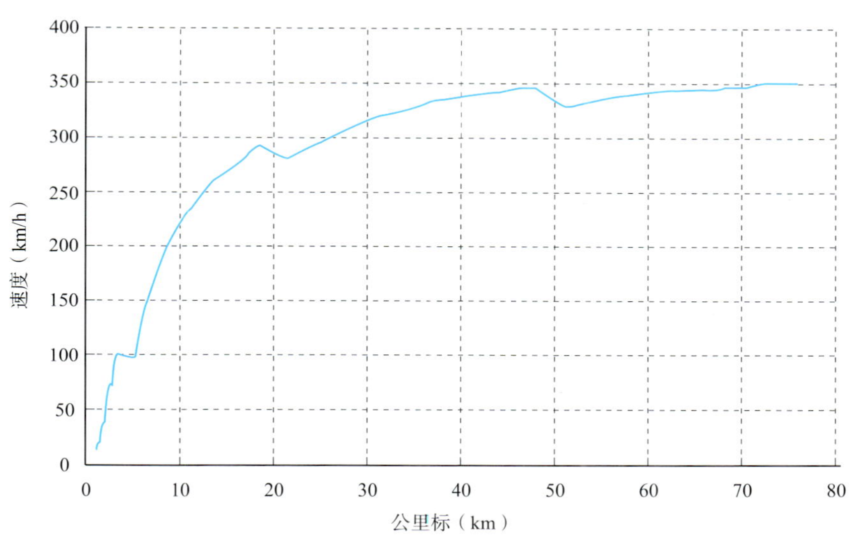

图 8－6－173　CRH3 型动车组从 0 加速到 350 km/h 试验结果

表 8－6－171　CRH2－300 型动车组牵引特性试验数据（新轮）

序　号	速度（km/h）	轮周牵引力（kN）	序号	速度（km/h）	轮周牵引力（kN）
1	30.1	220.4	33	193.8	138.3
2	35.0	219.7	34	198.8	134.4
3	40.1	218.3	35	204.2	131.1
4	45.1	216.9	36	209.4	128.1
5	50.0	216.2	37	214.8	124.4
6	55.1	215.2	38	219.9	121.4
7	60.1	214.2	39	225.2	118.2
8	65.0	212.6	40	230.6	115.6
9	70.0	211.1	41	235.7	113.2
10	75.1	210.1	42	241.2	110.9

续上表

序　号	速度(km/h)	轮周牵引力(kN)	序号	速度(km/h)	轮周牵引力(kN)
11	80.0	208.6	43	246.5	108.2
12	85.1	207.5	44	251.5	105.9
13	90.1	206.6	45	256.7	103.5
14	95.0	205.0	46	262.1	101.7
15	100.1	203.2	47	267.3	99.8
16	105.1	202.1	48	272.4	98.0
17	110.0	200.8	49	277.7	95.9
18	115.1	199.2	50	283.0	94.4
19	120.1	197.8	51	288.3	92.5
20	125.1	196.4	52	293.4	90.8
21	130.0	195.3	53	298.8	89.1
22	135.1	193.9	54	303.9	87.1
23	140.0	192.7	55	309.3	85.6
24	145.0	190.0	56	314.6	84.0
25	150.0	184.7	57	319.8	83.6
26	155.1	178.4	58	325.1	83.8
27	160.0	172.0	59	330.3	84.0
28	167.3	161.3	60	335.6	83.7
29	172.7	156.0	61	340.9	82.0
30	178.0	151.2	62	346.1	81.0
31	183.0	147.1	63	350.7	79.8
32	188.6	142.9			

CRH3 型动车组牵引特性试验数据见表 8－6－172，符合技术条件要求。

表 8－6－172　CRH3 型动车组牵引特性数据表(新轮)

序　号	速度(km/h)	轮周牵引力(kN)	序号	速度(km/h)	轮周牵引力(kN)
1	10.2	287.7	35	183.4	173.5
2	15.1	288.8	36	188.9	168.4
3	20.2	289.7	37	194.1	163.9
4	25.1	288.8	38	199.5	159.5
5	30.1	287.3	39	204.5	155.6
6	35.0	285.8	40	210.1	151.5
7	40.2	284.7	41	215.3	147.8
8	45.2	283.7	42	220.5	144.5
9	50.0	282.3	43	226.0	141.0
10	55.1	280.9	44	230.7	138.0
11	60.0	279.5	45	236.2	135.0
12	65.2	278.4	46	240.9	132.2
13	70.1	277.1	47	246.9	129.1
14	75.0	276.2	48	252.2	126.4

续上表

序　号	速度(km/h)	轮周牵引力(kN)	序号	速度(km/h)	轮周牵引力(kN)
15	80.1	275.1	49	256.8	124.2
16	85.2	274.1	50	262.5	121.5
17	90.1	272.8	51	267.8	119.4
18	95.0	271.5	52	273.0	117.0
19	100.0	269.7	53	278.3	114.9
20	105.0	267.5	54	283.8	112.6
21	110.1	266.7	55	288.7	110.7
22	115.1	264.7	56	294.4	108.7
23	120.2	260.3	57	299.4	106.9
24	125.1	255.7	58	304.8	105.0
25	129.6	246.4	59	310.1	103.4
26	134.9	235.8	60	315.3	100.5
27	139.0	228.3	61	320.6	97.2
28	146.8	216.1	62	325.8	94.2
29	151.4	209.5	63	331.0	91.3
30	157.6	201.2	64	336.4	88.4
31	162.7	194.8	65	341.7	85.7
32	166.8	189.9	66	346.9	83.1
33	173.1	183.4	67	351.1	81.2
34	178.3	178.1			

牵引特性试验结果表明，CRH_2-300 型和 CRH_3 型动车组牵引特性均满足供货技术条件要求。

3. 惰行阻力试验

CRH_2-300 型动车组惰行阻力试验结果为：

$$w = 0.55 + 0.0045v + 0.000130v^2 (\text{N/kN})$$

图 8-6-174 为 CRH_2-300 型动车组惰行阻力试验曲线和设计曲线。

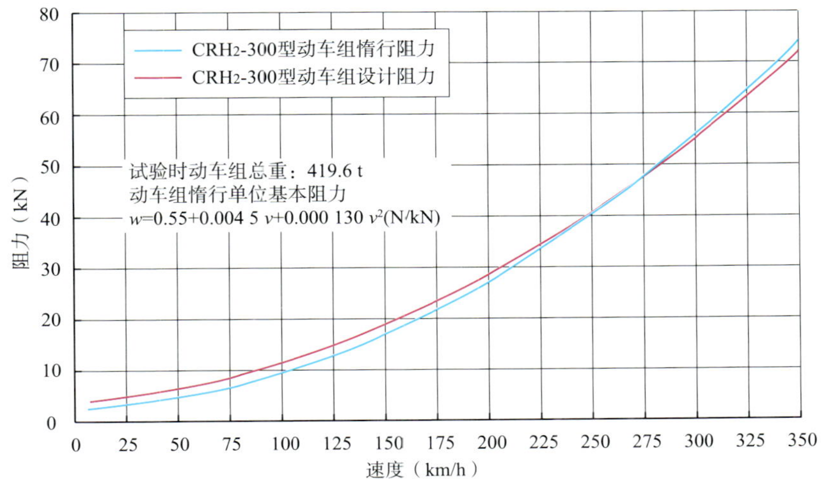

图 8-6-174　CRH_2-300 型惰行阻力试验曲线与设计曲线

CRH_3 型动车组惰行阻力测试结果为：

$$w = 0.42 + 0.0016v + 0.000132v^2$$

图 8 -6 -175 为 CRH3 型动车组惰行阻力试验曲线和设计曲线。

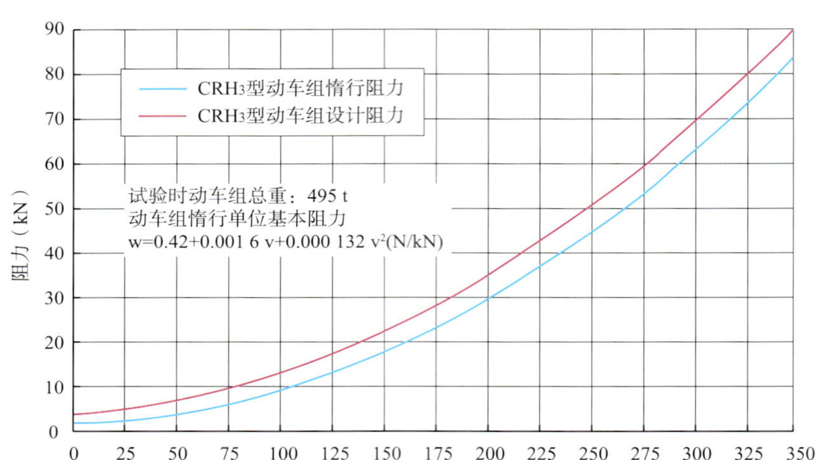

图 8 -6 -175　CRH3 型动车组惰行阻力试验曲线和设计曲线

4. 网压波动试验

鉴于京津城际铁路不具备调整网压条件，网压波动试验在北京环行线进行。CRH2 -300 型动车组牵引工况网压波动试验结果见图 8 -6 -176，符合技术条件要求。

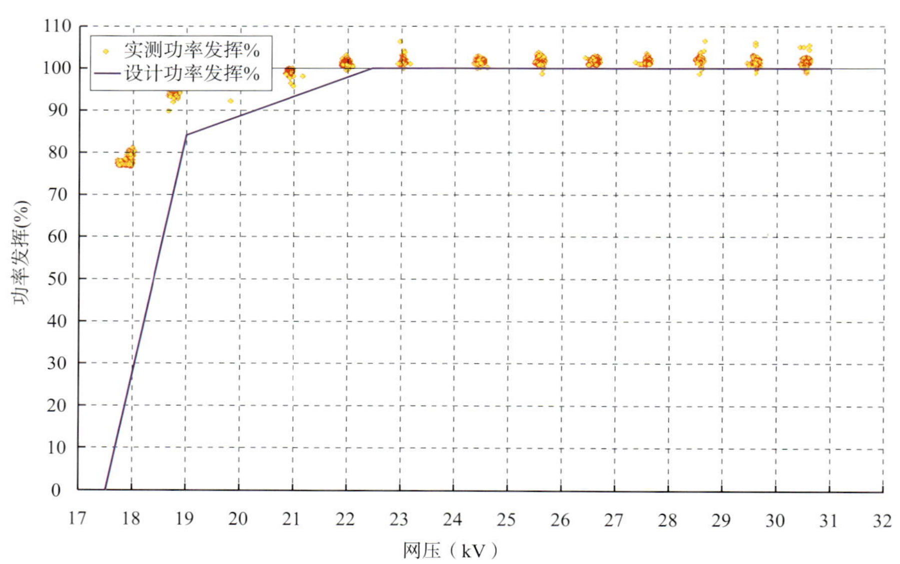

图 8 -6 -176　CRH2 -300 型动车组牵引工况网压波动特性

CRH3 型动车组牵引工况网压波动特性试验结果见图 8 -6 -177，符合技术条件要求。

5. 京津城际铁路自动过分相试验结果

(1) CRH2 -300 型动车组自动过分相试验

CRH2 -300 型动车组自动过分相试验 2008 年 7 月 10 日进行。动车组采用 ATP 指令自动过分相，试验中监测 8 号车的分相区开始/结束信号、动车组速度、2 号车 2 台牵引电机功率。

CRH2 -300 型动车组牵引工况自动过分相试验系统动作顺序如下：

① 进入分相区前动车组速度 348 km/h，定速模式运行；

② 速度 348.9 km/h 时动车组接收到分相区开始信号；

③ 动车组关闭牵引变流器；

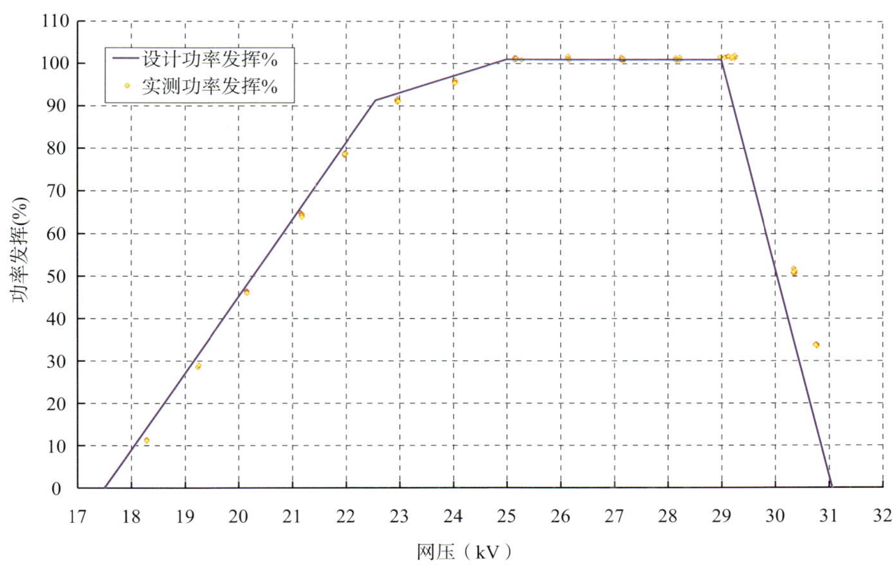

图 8－6－177　CRH3 型动车组牵引工况网压波动特性

④ 动车组主断路器自动断开；

⑤ 动车组进入无电区，辅助供电系统停止工作；

⑥ 动车组驶出无电区后，接收到地面信号系统发出的过分相区结束信号，动车组主断路器自动闭合，牵引变流器开始工作，动车组恢复牵引状态。

过分相前速度为 348.9 km/h，过分相过程中速度最低为 340.1 km/h，速度下降了 8.8 km/h。

CRH2－300 型动车组电制动工况自动过分相试验时，过分相前动车组实施 3 级制动。过分相过程中系统动作顺序如下：

① 过分相前，动车组 3 级制动；

② 速度 316.5 km/h 时动车组接收到分相区开始信号；

③ 动车组主断路器自动断开；

④ 动车组进入无电区，辅助供电系统停止工作；

⑤ 动车组驶出无电区后，接收到分相区停止信号，主断路器自动闭合，牵引变流器开始工作，动车组自动恢复电制状态。

CRH2－300 型动车组过分相过程中，从司机室显示器上能观测到动车施加空气制动，以对电制力损失进行补偿，过分相后电制动恢复，空气制动缓解，列车减速趋势无明显变化。

CRH3 型动车组在司控台上设置了“分相区”背光按钮，动车组接收到地面信号系统发出的分相区开始信号后，控制系统将启动过分相控制序列并点亮该按钮，提示进入分相区，动车组接收到地面信号系统发出的分相区结束信号后，控制系统启动状态恢复序列并将熄灭该按钮，提示分相区结束。自动过分相试验时，对分相区按钮亮/灭状态进行监测，用以判别分相区信号接收情况。

(2) CRH3 型动车组自动过分相试验

CRH3 型动车组自动过分相试验 2008 年 6 月 22 日进行。

CRH3 型动车组牵引工况自动过分相试验系统动作顺序如下：

① 过分相前，动车组牵引满级运行；

②速度 340 km/h 时动车组接收到分相区开始信号，司控台“分相区”按钮亮；

③ 动车组变流器切换到电压保持状态，维持辅助变流器正常工作；

④ 动车组主断路器自动断开，司机室主显示器显示“主断路器断开”；

⑤ 动车组进入无电区，辅助供电系统工作正常；

⑥ 动车组驶出分相区后,“分相区”按钮熄灭,主断路器自动闭合,约 4 s 后四象限变流器开始工作;

⑦ 变流器电压保持状态结束,动车组牵引力开始自动恢复,分相区按钮熄灭 5.5 s 后动车组牵引功率完全恢复。

过分相前速度为 340.1 km/h,过分相过程中速度最低为 328.3 km/h,速度下降了 11.8 km/h。

CRH_3 型动车组电制动工况自动过分相试验时,过分相前,动车组施加 2 级制动。系统动作顺序如下:

① 速度 263 km/h 时,动车组接收到分相区开始信号,“分相区”按钮亮;

② 变流器切换到电压保持状态,维持辅助变流器正常工作;

③ 主断路器自动断开,司机主显示器显示“主断路器断开”;

④ 动车组进入无电区,辅助供电系统工作正常;

⑤ 动车组通过分相区后,“分相区”按钮熄灭,主断路器自动闭合,四象限变流器恢复工作;

⑥ 变流器电压保持状态结束,动车组电制动力开始自动恢复,接收到分相区结束信号约 5.7 s 后电制功率完全恢复。

过分相过程中,电制力由空气制动补充,过分相后电制动恢复,空气制动缓解。动车组减速趋势无明显变化。

自动过分相试验结果表明,CRH_2－300 型和 CRH_3 型动车组均能和地面信号系统正确配合,完成自动过分相功能,过分相后,能够自动恢复牵引/电制状态,符合技术条件要求。由于 CRH_3 型动车组辅助电源从中间直流环节取电,过分相过程中,动车组速度高于一定值(约 70 km/h)时,能够通过电压保持模式维持辅助电源输出,CRH_2－300 型动车组过分相过程中辅助电源不工作。

6. 试验结论

(1) CRH_2－300、CRH_3 型动车组牵引性能符合动车组技术条件要求,满足京津城际铁路最高运行速度 350 km/h 的要求;

(2) CRH_2－300 型、CRH_3 型动车组网压适应能力满足技术条件要求,在规定网压变化范围内能可靠工作;

(3) CRH_2－300、CRH_3 型动车组,满足 350 km/h 高速自动过分相要求。

三、制动性能试验

1. 常用制动减速性能试验结果

(1) CRH_2 型动车组试验结果

CRH_2 型动车组常用 7 级复合制动和常用 7 级空气制动试验曲线对比见图 8－6－178,常用 7 级复合制动和空气制动试验曲线对比可见,CRH_2 型动车组在常用制动时,动车优先使用电制动(由图 8－6－178 制动电流反映),动力制动不足和停止工作时,不足的制动力部分按拖车空气制动、动车空气制动的顺序进行补充。

CRH_2 型动车组常用制动试验结果见表 8－6－173,常用 7 级复合制动和空气制动的平均减速度均满足供货技术条件的要求。CRH_2 型动车组常用制动减速性能试验结果满足《京津城际铁路技术管理暂行办法》和动车组供货技术条件的要求。

表 8－6－173　CRH_2 型动车组常用制动试验结果数据表

制动工况	制动初速度(km/h)	制动距离(m)	平均减速度(m/s^2)
常用 7 级复合制动	350	8382	0.553～0.581
	300	5823	0.595～0.598
	275	4713	0.615～0.626
常用 7 级空气制动	300	5175	0.665～0.680
	275	4089	0.708～0.721

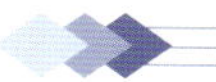

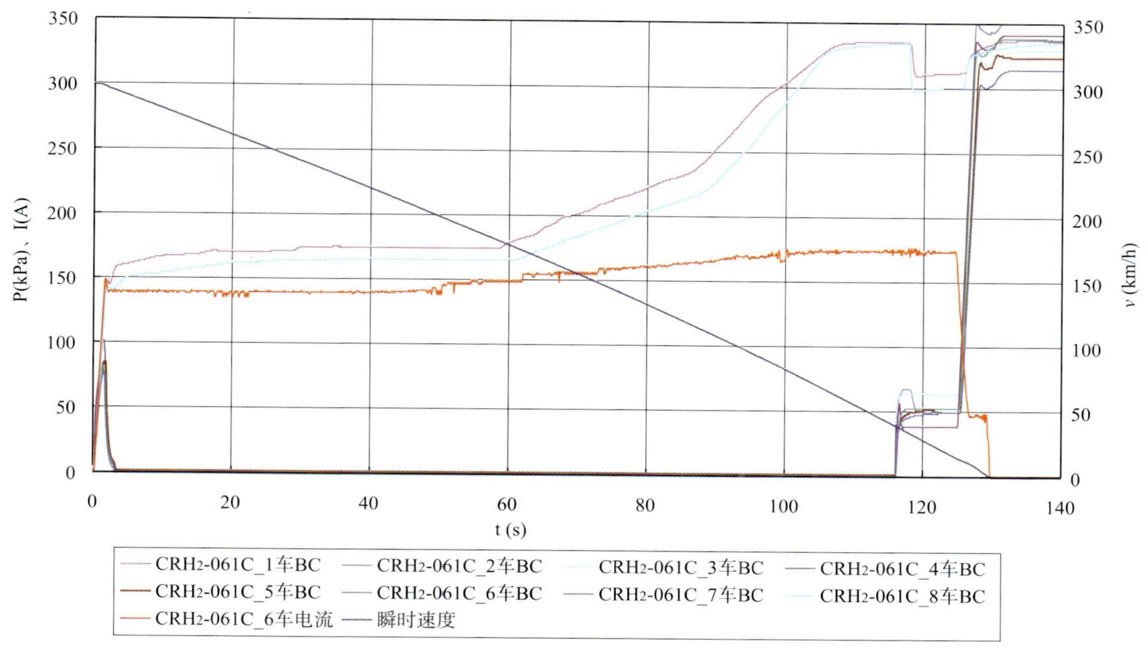

(a) CRH2 型动车组常用 7 级复合制动试验曲线

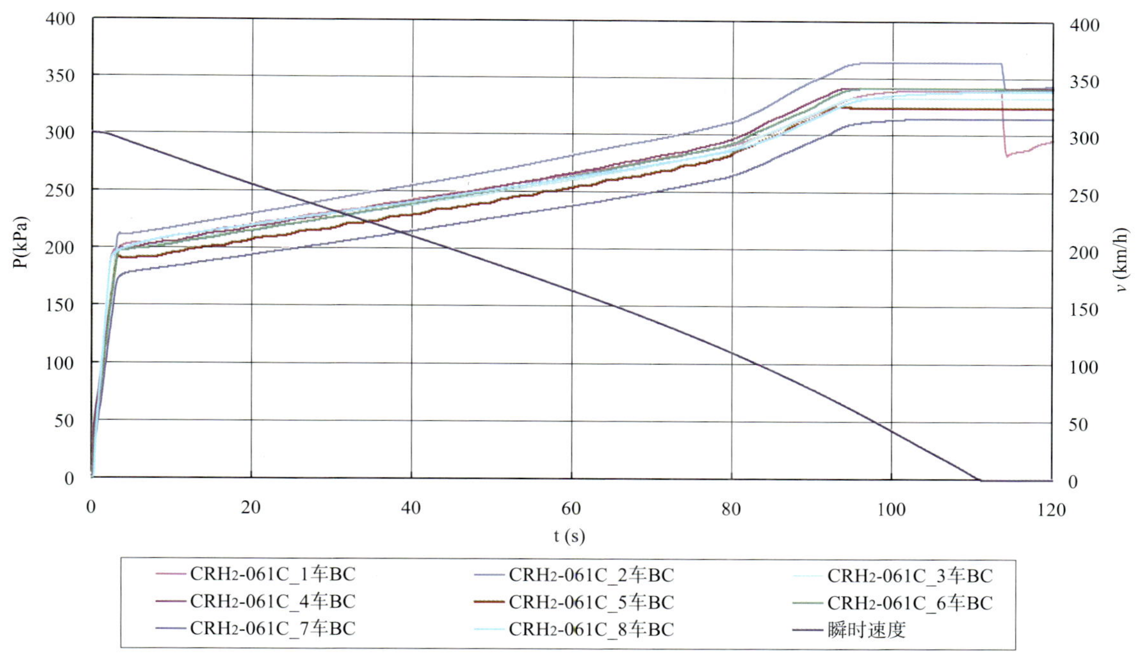

(b) CRH2 型动车组常用 7 级空气制动试验曲线

图 8-6-178 CRH2 动车组制动试验曲线

(2) CRH3 型动车组试验结果

CRH3 动车组常用 8 级复合制动和常用 8 级空气制动试验曲线对比见图 8-6-179 常用 8 级复合制动和空气制动试验曲线对比可见，CRH3 型动车组在常用制动时，动车优先使用电制动，动力制动不足和停止工作时，不足的制动力部分按拖车空气制动、动车空气制动的顺序进行补充。

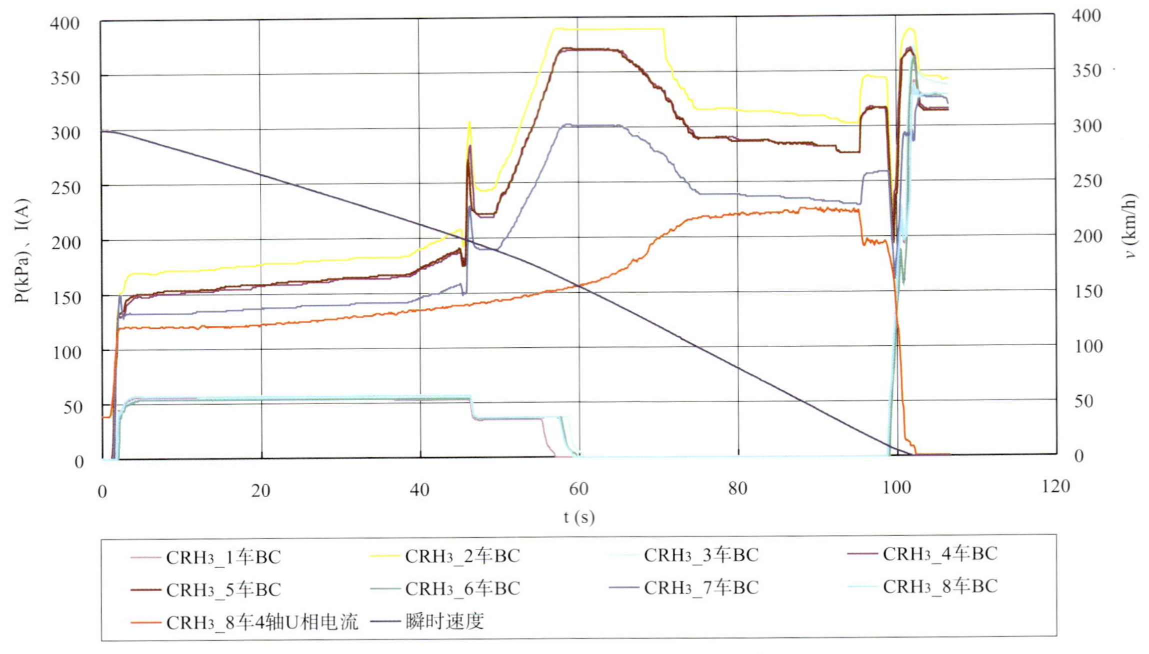

(a) CRH3 型动车组常用 8 级复合制动试验曲线

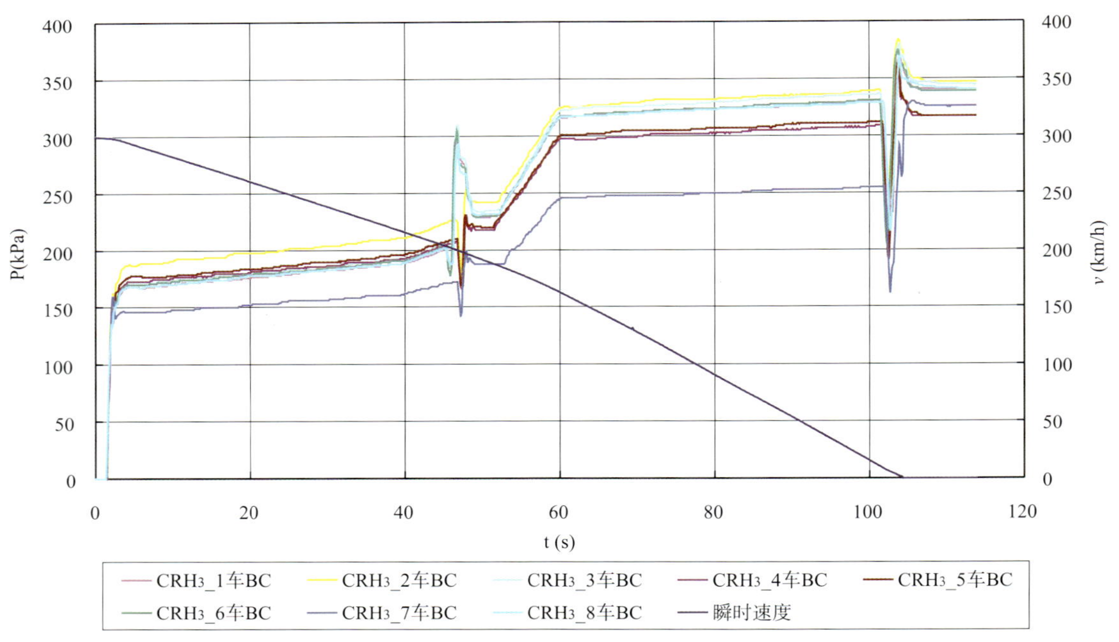

(b) CRH3 型动车组常用 8 级空气制动试验曲线

图 8－6－179　CRH3 动车组制动试验曲线

CRH3 型动车组常用 8 级复合制动和空气制动减速度特性试验曲线见图 8－6－180，CRH3 型动车组 8 级复合制动和 8 级空气制动减速度试验曲线与设计值基本一致。CRH3 型动车组常用制动减速性能试验结果满足《京津城际铁路技术管理暂行办法》和动车组供货技术条件的要求。

2. 紧急(快速)制动试验结果

(1) CRH2 型动车组快速制动试验结果

CRH2 型动车组快速复合制动和快速空气制动试验结果见表 8－6－174，CRH2 型动车组制动初速度 350 km/h、300 km/h、200 km/h、160 km/h 快速复合制动平均换算制动距离分别为 5 214 m、3 587 m、1 423 m 和 845 m，均满足《京津城际铁路技术管理暂行办法》及《铁路技术管理规程》的要求。

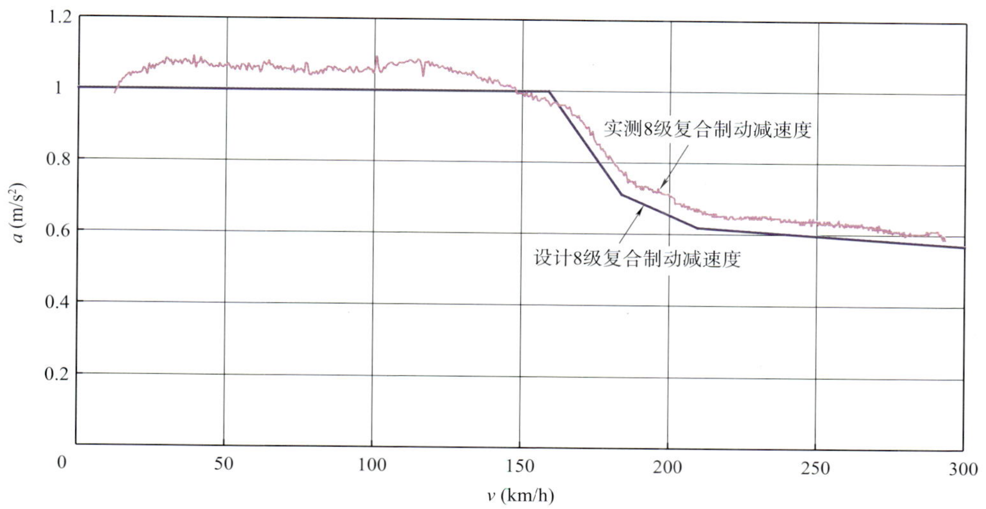

(a)CRH3 型动车组常用 8 级复合制动减速度特性试验曲线

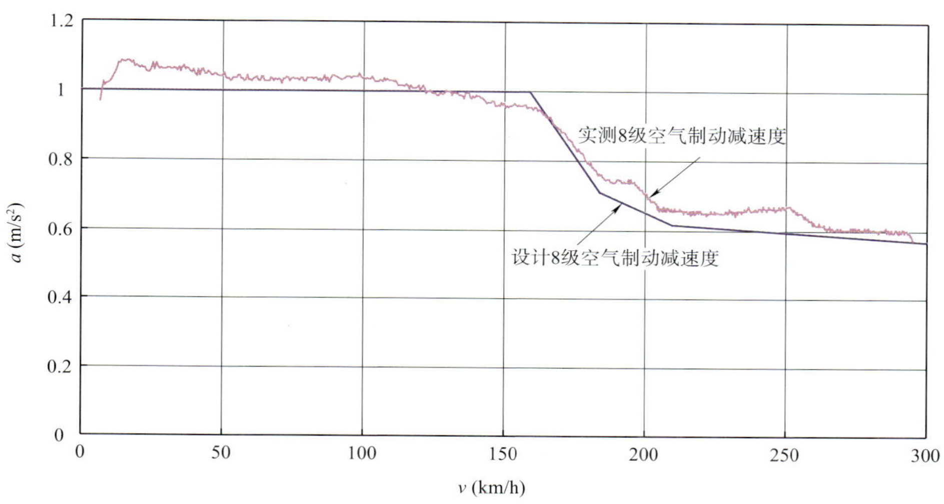

(b)CRH3 型动车组常用 8 级空气制动减速度特性试验曲线

图 8－6－180　CRH3 动车组制动减速特性试验曲线

表 8－6－174　CRH2 型动车组快速制动试验结果数据表

序号	制动工况	制动初速度(km/h)	制动距离(m)	平均减速度(m/s^2)
1	快速复合制动	350	5214	0.885～0.923
2		300	3587	0.949～0.989
3		275	2783	1.042～1.055
4		250	2534	0.947～0.961
5		200	1423	1.076～1.096
6		160	845	1.155～1.187
7	快速空气制动	330	4792	0.875～0.878
8		300	3746	0.922～0.934
9		275	2973	0.960～1.002
10		250	2241	1.058～1.091
11		200	1296	1.139～1.248
12		160	715	1.353～1.419

制动初速度 330 km/h 快速空气制动平均换算制动距离为 4 792 m。制动初速度 300 km/h、200 km/h、160 km/h 快速空气制动平均换算制动距离分别为 3 746 m、1296 m 和 715 m，均满足《京津城际铁路技术管理暂行办法》和《铁路技术管理规程》的要求。

(2) CRH_3 型动车组紧急制动试验结果

CRH_3 型动车组紧急复合制动和紧急空气制动试验结果见表 8－6－175，CRH_3 型动车组制动初速度 350 km/h、300 km/h、200 km/h、160 km/h 紧急复合制动平均换算制动距离分别为 4 335 m、2 938 m、1 248 m 和 848 m，均满足《京津城际铁路技术管理暂行办法》及《铁路技术管理规程》的要求。

制动初速度 330 km/h 紧急空气制动，制动距离 4 714 m，平均减速度 0.892 m/s^2。制动初速度 300 km/h、200 km/h、160 km/h 紧急空气制动平均换算制动距离分别为 3 522 m、1 321 m 和 888 m，均满足《京津城际铁路技术管理暂行办法》及《铁路技术管理规程》的要求。

CRH_2 型动车组、CRH_3 型动车组紧急(快速)制动 350 km/h 及以下速度级试验结果均满足《京津城际铁路技术管理暂行办法》及《铁路技术管理规程》的要求。

表 8－6－175　CRH_3 型动车组紧急制动试验结果数据表

序号	制动工况	制动初速度(km/h)	制动距离(m)	平均减速度(m/s^2)
1	紧急复合制动	350	4335	1.090～1.091
2		300	2938	1.175～1.187
3		250	1960	1.204～1.248
4		200	1248	1.213～1.261
5		160	848	1.167～1.201
6		120	497	1.098～1.145
7	紧急空气制动	330	4714	0.892
8		300	3522	0.969～1.002
9		250	2276	1.052～1.065
10		200	1321	1.157～1.177
11		160	888	1.102～1.122
12		120	530	0.992～1.109

四、气动力性能

1. 会车压力波试验结果

(1) 试验数据的采集

在 5 kHz 的采样频率下，得到交会过程中列车表面各测点的压力随时间的变化，如图 8－6－181 所示。由于交会过程各测点的压力变化规律相同，因此图 8－6－181 中的黑色曲线给出了 CRH_2 型动车组测点 3 以 300 km/h 的速度运行时“头－尾”交会的试验结果。从图 8－6－181 及其他测量结果中可以看出，无论是“头－头”交会，还是“头－尾”交会，在观测列车上均形成两个正、负交变的压力波动，分别称为“头波”ΔP_L(头部交会压力波)和尾波 ΔP_T(ΔP_T 尾波)。

(2) 试验数据的处理

由于受测试环境等因素的影响，测试结果中含有许多高频信号的影响，需要对测试结果进行低通滤波以消除高频干扰的影响，滤波频率取 75 Hz，图 8－6－181 中的红色曲线为低通滤波后的结果。

试验结果表明，虽然列车交会会在观测列车的测点上形成“头波”和“尾波”两个压力波动，但通常 $\Delta P\_L > \Delta P\_T$，因此实际中取 ΔP_L 作为会车压力波的量值，本报告以后给出的会车压力波结果，均为 ΔP_L。

(3) CRH_2 型动车组会车压力波试验结果

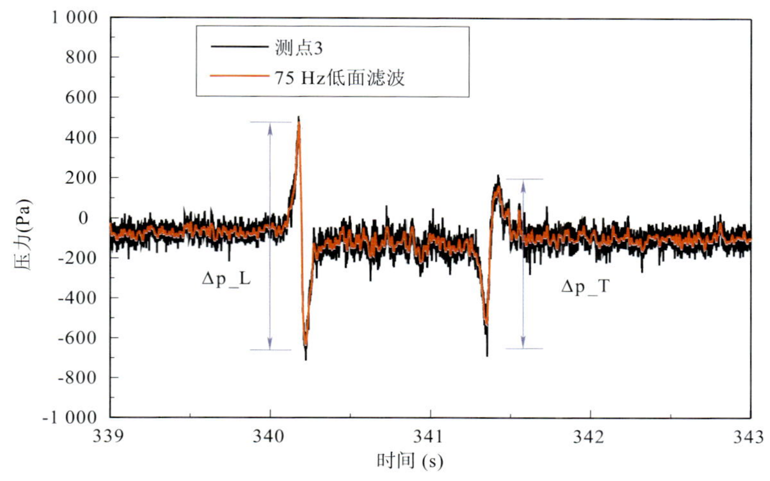

图 8－6－181　试验数据的采集和处理

在 5.0 m 线间距情况下，共进行了 250 km/h、275 km/h、300 km/h 和 350 km/h 四个速度等级的列车交会试验，为了为保证数据的可靠性，同一测量状态进行多次重复性测量，试验工况统计见表 8－6－176。

表 8－6－176　CRH_2 型动车组会车压力波试验工况

工况序号	试验日期	速度等级(km/h)	动车组实际速度(km/h)		测量位置
			CRH_2－061C	CRH_2－062C	
1	6.2	250	250.6	250.2	车尾
2			250.8	250.8	车头
3			248.8	250.3	车尾
4	6.2	275	276.2	276.9	车头
5			276.4	276.5	车尾
6			276.7	276.4	车头
7	6.4	300	301.1	302.2	车尾
8			300.2	301.9	车头
9	6.4	350	341.0	349.3	车头
10			346.0	345.5	车尾
11			343.0	350.1	车头
12			347.0	344.0	车尾

由于 CRH_2－061C 运行方向的不同测得的分别为“头－头”和“头－尾”交会压力波，并且由于受边界层的影响，“头－尾”交会压力波一般比“头－头”交会压力波大，因此，以下将根据 CRH_2－061C 运行方向的不同分别给出。

① CRH_2－061C 下行运行时的会车压力波

由于在各种速度条件下，各测点的压力波波形特征相同，只是压力波幅值不同，因此图 8－6－182 只给出了工况 8(300 km/h 速度等级)各测点的试验结果。需要说明的是，图 8－6－182 中各测点在交会前的静压值是不同的，该静压值代表了列车交会前该点的压力大小。由于列车表面的压力大小不仅与列车运行速度有关，而且还与当地大气压力、自然风条件以及列车运行姿态等许多因素有关，也与测点所在的位置有关，交会前测点所代表的表面压力大小是以上各因素综合作用的结果。由于列车交会更过程中危害更大是压力波动而不是表面压力分布，因此试验结果只给出 ΔP_L 的大小。各交会试验结果见表 8－6－177。

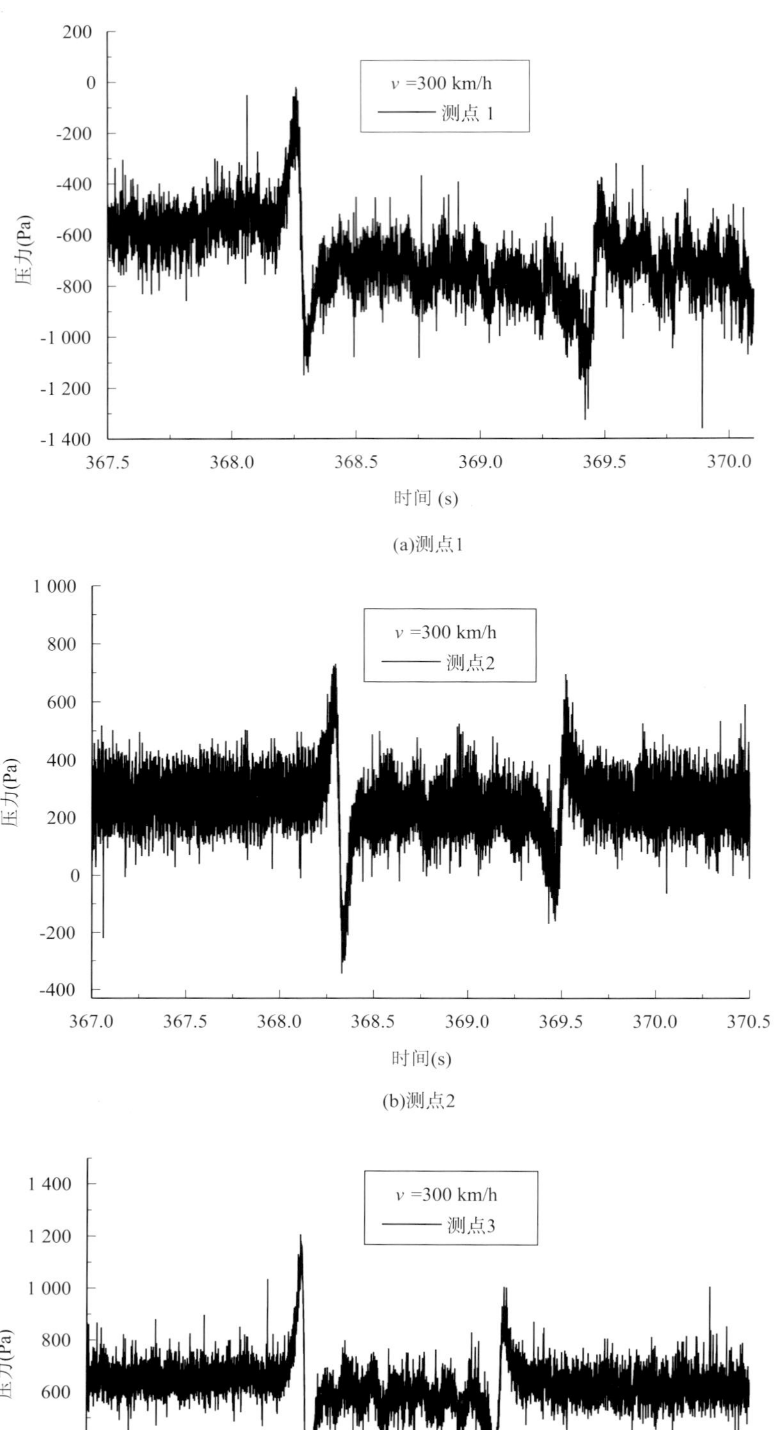

(a)测点1

(b)测点2

(c)测点3

图 8-6-182 "头-头"交会压力波测量结果,300 km/h(一)

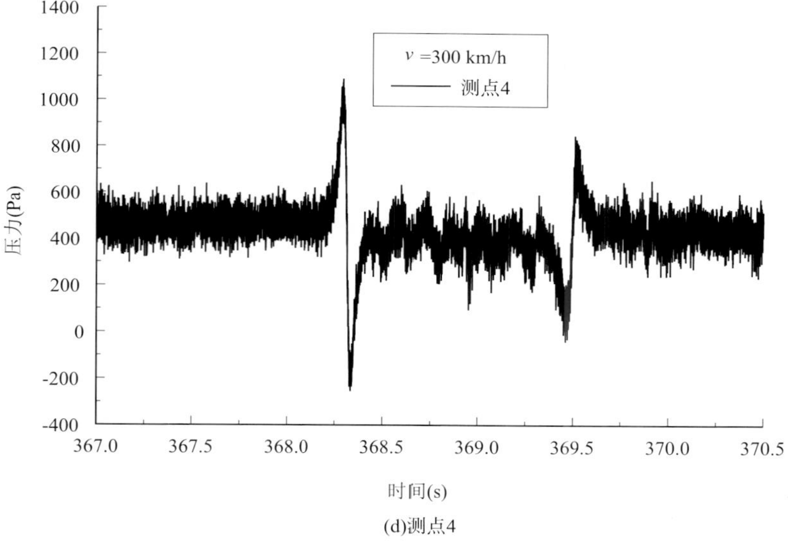

(d)测点4

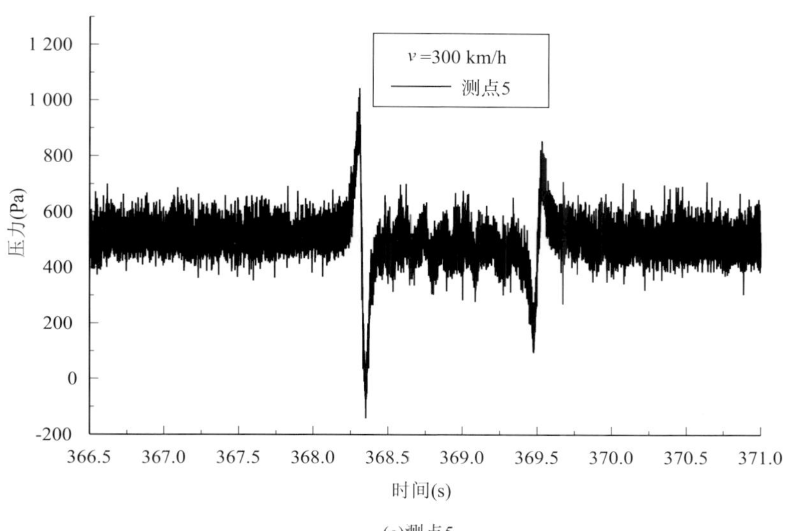

(e)测点5

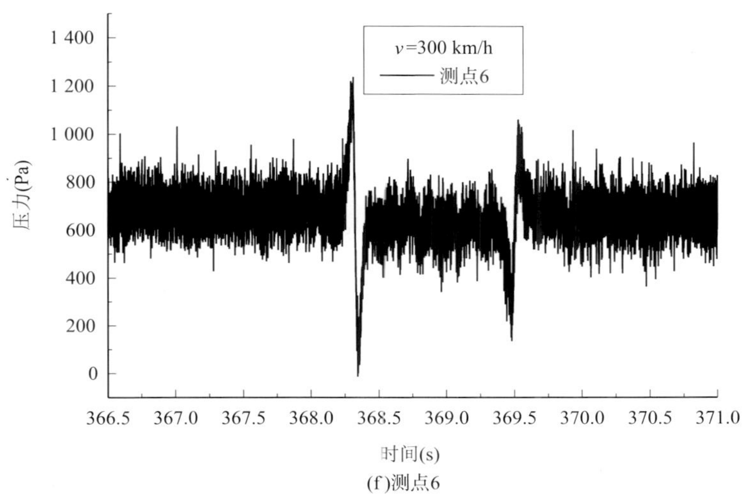

(f)测点6

图 8－6－182　“头－头”交会压力波测量结果，300 km/h（二）

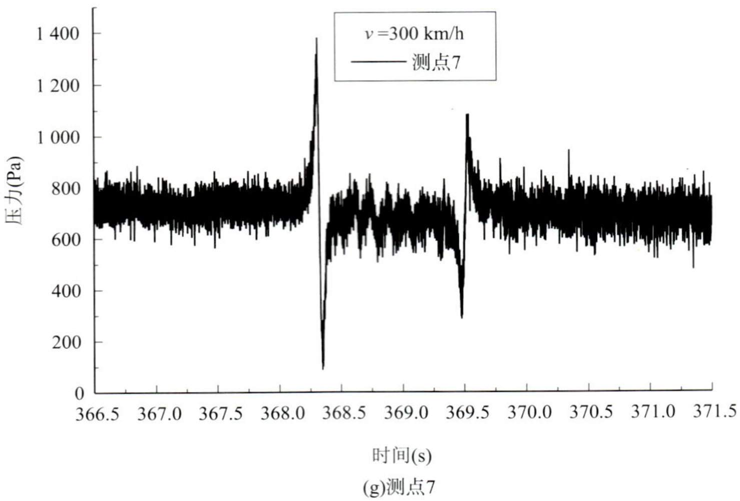

(g)测点7

图 8－6－182 "头－头"交会压力波测量结果,300 km/h(三)

表 8－6－177 CRH2－061C 下行运行时的会车压力波

工况序号	试验日期	速度等级(km/h)	动车组实际速度(km/h)		会车压力波(ΔP_L,Pa)						
			CRH2－061C	CRH2－062C	1	2	3	4	5	6	7
2	6.2	250	250.8	250.8	593	610	713	749	581	678	794
4	6.2	275	276.2	276.9	731	776	913	946	754	914	981
6			276.7	276.4	739	728	886	920	694	820	969
8	6.4	300	300.2	301.9	896	954	1 105	1 153	970	1 083	1 114
9	6.4	350	341.0	349.3	1 148	1 264	1 513	1 570	1 252	1 463	1 415
11			343.0	350.1	1 263	1 338	1 560	1 638	1 275	1 466	1 455

理论分析与试验都表明了会车压力波幅值的大小近似与通过列车速度的平方成正比。除了通过列车速度外,会车压力波的大小还与气象条件有关,为此,通常采用无量纲的会车压力波幅系数 ΔCP 表示会车压力波的大小,ΔCP 按下式计算:

$$\Delta C_p = \frac{\Delta P\_L}{\frac{1}{2}\rho V_t^2} \qquad (8-6-3)$$

式中 ρ——空气密度,kg/m³,由地面气象站测出;

v_t——列车速度,m/s,由 GPS 得到;

ΔP_L——会车压力波,Pa。

应用式(8－6－3),计算表 8－6－175 中试验结果的 ΔCP,并对相同速度等级的交会试验取平均值,即可得到"头－头"会车压力波的试验结果,见表 8－6－178。

表 8－6－178 CRH2 型动车组"头－头"会车压力波波幅系数

速度等级(km/h)	ΔCP						
	1	2	3	4	5	6	7
250	0.207 6	0.213 6	0.249 6	0.262 3	0.203 4	0.237 4	0.278 0
275	0.211 3	0.216 2	0.258 6	0.268 3	0.208 2	0.249 3	0.280 3
300	0.216 4	0.230 4	0.266 9	0.278 5	0.234 3	0.261 6	0.269 1
350	0.217 4	0.234 6	0.277 1	0.289 3	0.227 9	0.264 1	0.258 8

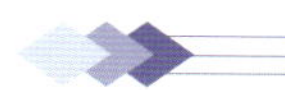

表 8－6－176 的试验结果，是根据试验时的气象参数得到的，与试验当时的气候条件密切相关，为了使试验结果的表示更具通用性和比较性，再应用式(8－6－3)将试验结果转变为标准状态下的试验结果，此时，式(8－6－3)中的 ρ 应取标准空气密度 1.225 kg/m^3，得到标准空气密度条件下各速度的会车压力波 ΔP_L，见表 8－6－179。

表 8－6－179　CRH2 型动车组“头－头”会车压力波幅值

速度等级(km/h)	ΔP_L(Pa)						
	1	2	3	4	5	6	7
250	613	632	738	775	602	701	821
275	756	774	925	959	744	891	1 002
300	920	981	1 135	1 185	997	1 113	1 145
350	1 259	1 359	1 605	1 675	1 319	1 529	1 498

②CRH2－061C 上行运行时的会车压力波

当 CRH2－061C 从天津开往北京方向上行运行时，各测点测点的会车压力波如图 8－6－183 所示。图 8－6－183 中只给出了工况 7(300 km/h 速度等级)的试验结果。各交会试验结果见表 8－6－180。

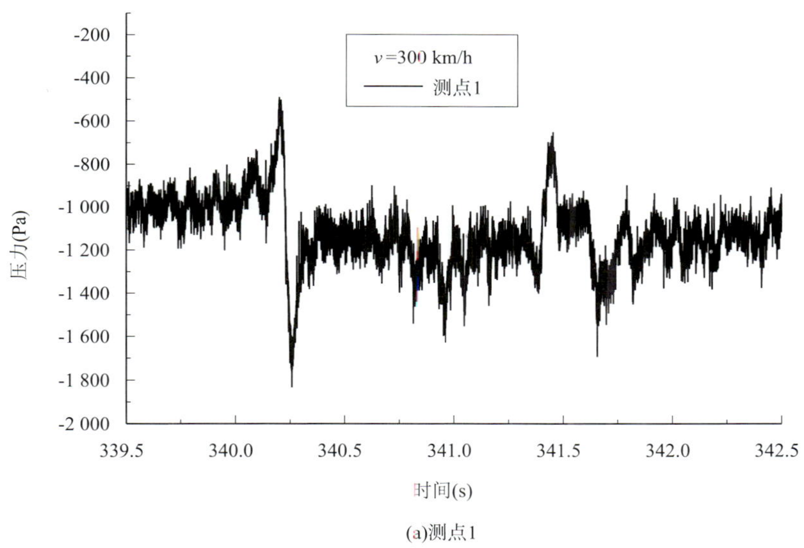

(a)测点1

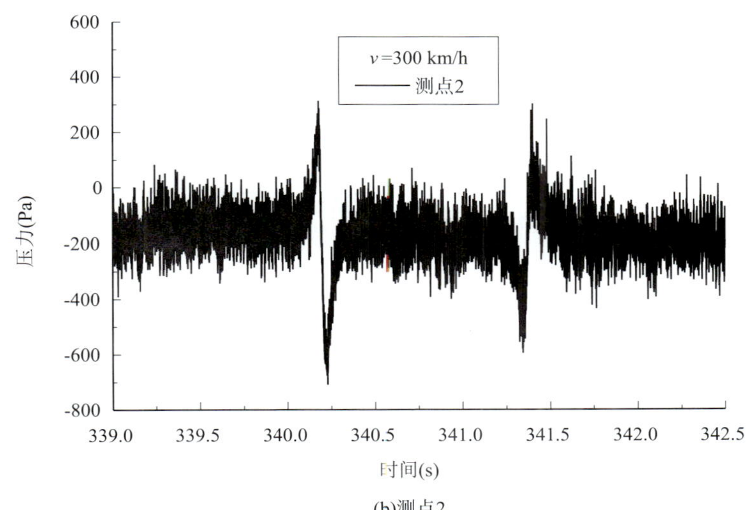

(b)测点2

图 8－6－183　“头－尾”交会压力波测量结果，300 km/h(一)

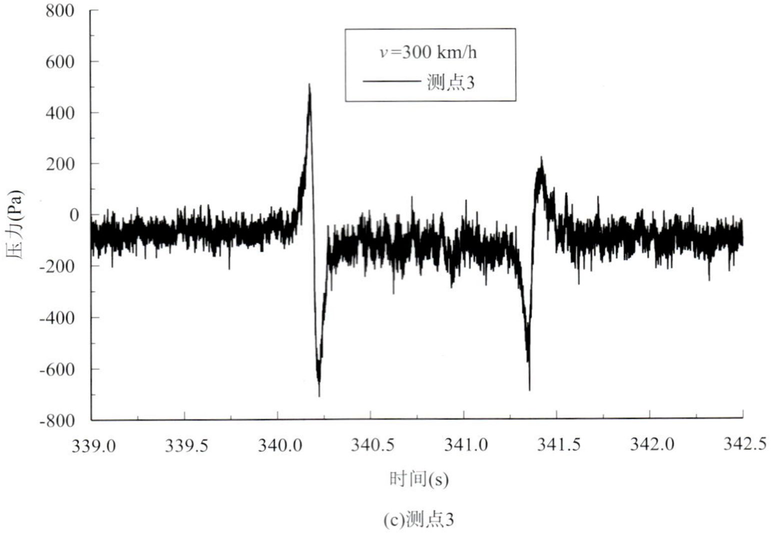

(c)测点3

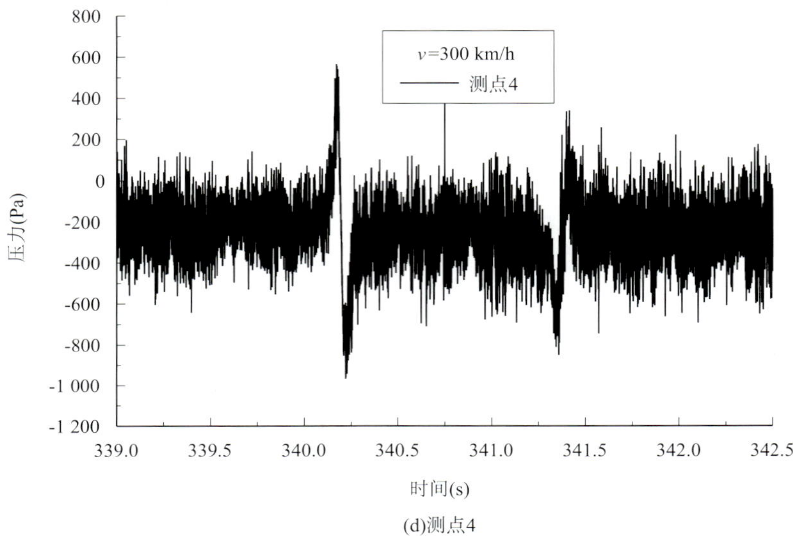

(d)测点4

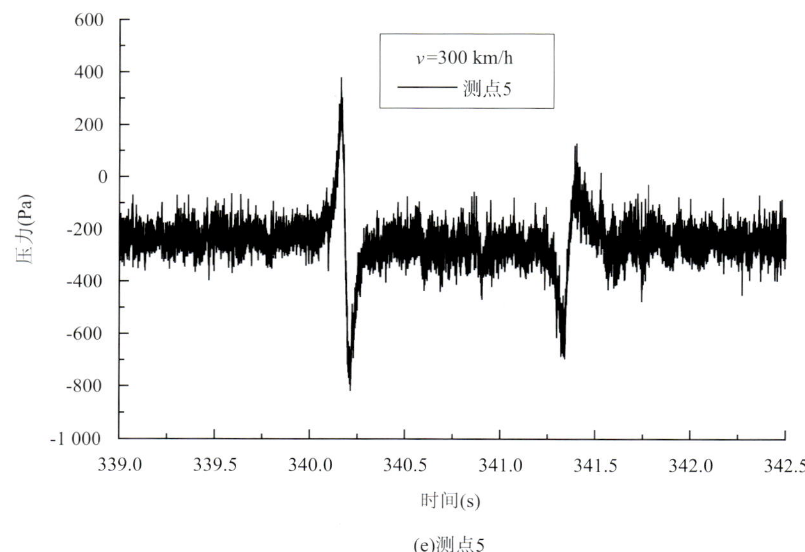

(e)测点5

图 8－6－183 "头－尾"交会压力波测量结果,300 km/h(二)

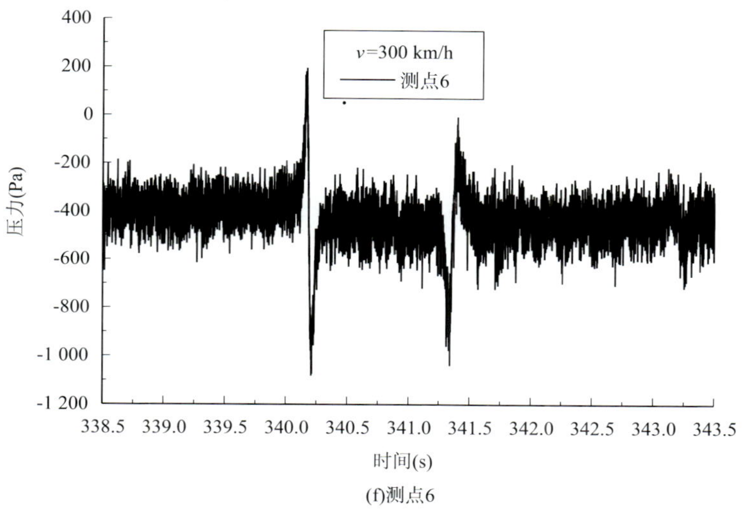

(f)测点6

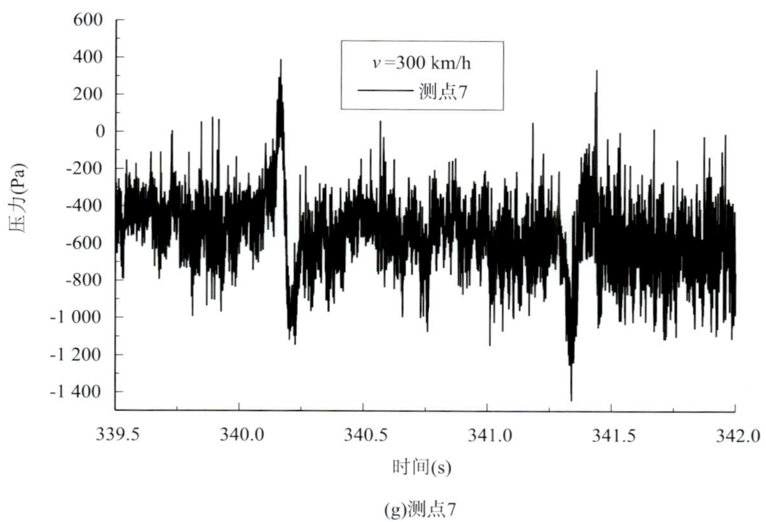

(g)测点7

图 8-6-183　“头-尾”交会压力波测量结果,300 km/h(三)

表 8-6-180　CRH2-061C 上行运行时的会车压力波

工况序号	试验日期	速度等级(km/h)	动车组实际速度(km/h)		会车压力波(Pa)						
			CRH2-061C	CRH2-062C	1	2	3	4	5	6	7
1	6.2	250	250.6	250.2	676	741	825	848	717	793	830
3			248.8	250.3	678	776	851	905	770	903	939
5	6.2	275	276.4	276.5	780	910	1 067	1 139	944	1 006	1 125
7	6.4	300	301.1	302.2	1 167	920	1 081	1 248	998	1 053	1 124
10	6.4	350	346.0	345.5	1 497	1 295	1 546	1 728	1 353	1 464	1 404
12			347.0	344.0	1 198	1 304	1 552	1 692	1 405	1 602	1 621

用式(8-6-3)计算表 8-6-180 中试验结果的 ΔC_p,并对相同速度等级的交会试验取平均值,可得到“头-尾”会车压力波的试验结果,见表 8-6-181。

表 8－6－181　CRH2 型动车组“头－尾”会车压力波波幅系数

速度等级(km/h)	ΔC_P						
	1	2	3	4	5	6	7
250	0.2330	0.2610	0.2884	0.3016	0.2559	0.2918	0.3044
275	0.2207	0.2575	0.3019	0.3223	0.2671	0.2846	0.3183
300	0.2771	0.2185	0.2567	0.2964	0.2370	0.2501	0.2669
350	0.2460	0.2375	0.2830	0.3124	0.2520	0.2802	0.2765

由表 8－6－179 及式(8－6－3)可以得到标准密度下各速度的会车压力波 ΔP_L，见表 8－6－182。

表 8－6－182　CRH2 型动车组“头－尾”会车压力波幅值

速度等级(km/h)	ΔP_L(Pa)						
	1	2	3	4	5	6	7
250	689	771	852	891	757	863	899
275	790	922	1080	1153	956	1018	1139
300	1180	931	1093	1262	1009	1065	1136
350	1424	1374	1639	1808	1458	1622	1601

(4) CRH3 型动车组会车压力波试验结果

在 5.0 m 线间距情况下，跟随试运行列车，对 CRH3 型动车组进行了 330 km/h 速度等级的列车交会试验，试验工况统计见表 8－6－183。

表 8－6－183　CRH3 型动车组会车压力波试验工况

工况序号	试验日期	速度等级(km/h)	动车组实际速度(km/h)		测量位置
			CRH3－004A	CRH3－005C	
1	7.11	330	328.0	328.0	车头
2			327.0	323.0	车尾
3			330.0	322.0	车头
4			324.0	324.0	车尾
5			330.3	328.0	车头
6			327.0	328.0	车头
7			323.3	326.0	车尾
8			327.0	328.0	车头
9			326.0	304.0	车尾

① CRH3－004A 下行运行时的会车压力波

当 CRH3－004A 下行运行时，由于压力波测点位于列车头部，因此得到的为“头－头”交会压力波，试验结果见表 8－6－184，测点 1 及 2 的会车压力波均小于测点 3～5，这主要是由于测点 1 及 2 位于列车头部，该位置的列车宽度比测点 3～5 处小，净间距小，因此会车压力波比测点 3～5 处的小。试验结果表明，CRH3 型动车组会车时各测点压力变化规律与 CRH2 各测点是相同的，这里不再给出具体的测量波形，只给出会车压力波的试验结果 ΔP_L，单位为 Pa。

表 8－6－184 CRH3－004A 下行运行时的会车压力波

工况序号	试验日期	速度等级(km/h)	动车组实际速度(km/h)		会车压力波(Pa)				
			CRH3－004A	CRH3－005C	1	2	3	4	5
1	7.11	330	328.0	328.0	662	698	958	1 142	1 428
3			330.0	322.0	698	689	966	1 099	1 317
5			330.3	328.0	805	683	932	1 090	1 428
6			327.0	328.0	850	810	940	1 070	1 610
8			327.0	328.0	922	963	966	1 090	1 501

用式(8－6－3)计算表 8－6－184 中试验结果的 ΔC_p，并对试验结果取平均值，即可得到"头－头"会车压力波的试验结果，见表 8－6－185。

表 8－6－185 CRH3 型动车组"头－头"会车压力波波幅系数

速度等级(km/h)	ΔC_p				
	1	2	3	4	5
330	0.162 4	0.158 6	0.196 5	0.226 5	0.300 4

将表 8－6－185 的试验结果，应用式(8－6－3)转变为标准状态下的试验结果，见表 8－6－186。其中密度 ρ 仍取标准空气密度 1.225 kg/m^3。

表 8－6－186 CRH3 型动车组"头－头"会车压力波幅值

速度等级(km/h)	ΔP_L(Pa)				
	1	2	3	4	5
330	837	817	1 012	1 167	1 548

②CRH3－004A 上行运行时的会车压力波

当 CRH3－004A 上行运行时，压力波测点位于车尾，因此测得的是"头－尾"会车压力波，见表 8－6－187，由于车头位置净间距较大，测点 6 及 7 的会车压力波也均小于测点 8～10。

表 8－6－187 CRH3－004A 上行运行时的会车压力波

工况序号	试验日期	速度等级(km/h)	动车组实际速度(km/h)		会车压力波(Pa)				
			CRH3－004A	CRH3－005C	5	6	7	8	9
2	7.11	330	327.0	323.0	905	803	1 006	1 198	1 260
4			324.0	324.0	792	709	1 088	1 081	1 336
7			323.3	326.0	705	962	1 017	1 085	1 369
9			326.0	304.0	897	993	897	1 135	1 280

用式(8－6－3)计算表 8－6－187 中试验结果的 ΔCP，并对试验结果取平均值，即可得到"头－头"会车压力波的试验结果，见表 8－6－188。

表 8－6－188 CRH3 型动车组"头－尾"会车压力波波幅系数

速度等级(km/h)	ΔC_p				
	1	2	3	4	5
330	0.179 6	0.189 1	0.216 7	0.244 2	0.284 4

将表 8－6－188 的试验结果，应用式(8－6－3)转变为标准状态下的试验结果，见表 8－6－189，其中密度 ρ 仍取标准空气密度 1.225 kg/m^3。

表 8-6-189　CRH3 型动车组“头-尾”会车压力波幅值

速度等级(km/h)	ΔP_L(Pa)				
	1	2	3	4	5
330	924	973	1 115	1 257	1 464

2. 车内压力变化试验结果

（1）试验数据的采集

会车过程中车内压力变化试验数据的采集方式与会车压力波类似，交会前车内压力作为0点，采用5K赫兹的采样频率，得到交会过程中车内的压力变化值，如图8-6-184所示。图中共含6条数据线，分别为6个方向的压力变化，其中黑色线为密封箱上部方向的压力变化，绿色线为朝向地面方向的压力变化，红色线为朝向车头方向的压力变化，浅蓝色线为朝向车尾方向的压力变化，深蓝色线为朝向过道方向的压力变化，粉红色线为朝向车窗方向的压力变化。

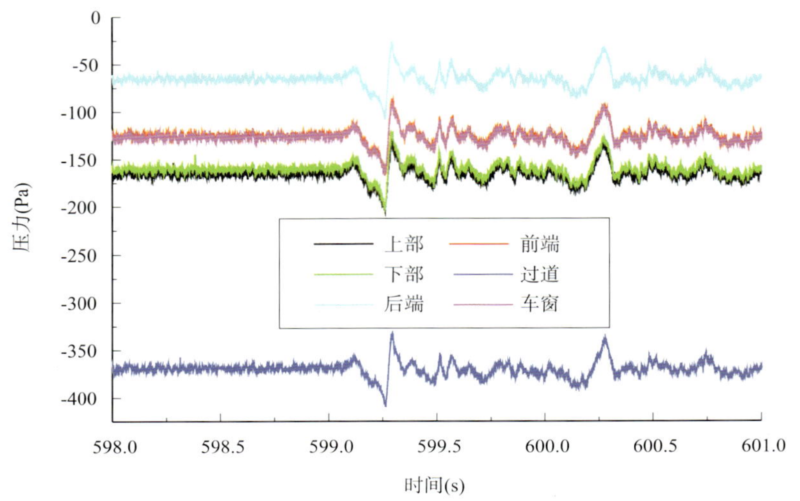

图 8-6-184　会车过程中的车内压力变化

（2）试验数据的处理

与列车表面压力测量类似，车内压力测量同样受到许多环境等因素的影响，测试结果中也含有许多高频信号的影响，因此也需要对测试结果进行低通滤波以消除高频干扰的影响。图8-6-185以过道方向的压力变化为例，进行了低通滤波，图中为滤波后的结果，ΔP_n即为会车过程中的车内压力变化。

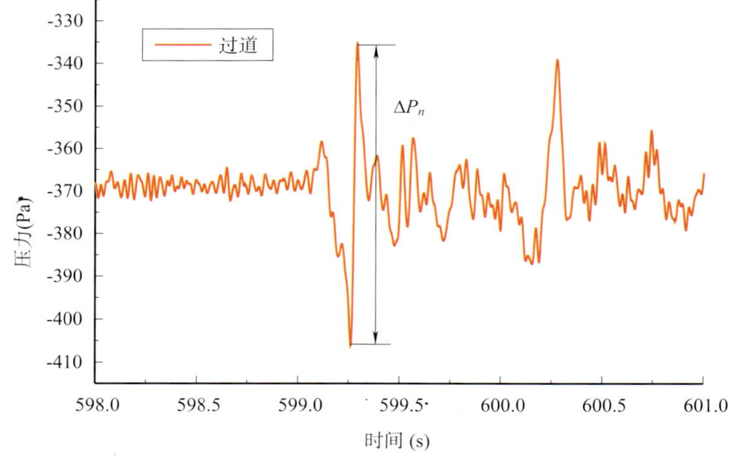

图 8-6-185　车内压力变化

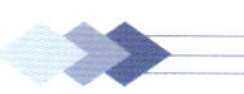

（3）CRH2 型动车组试验结果

CRH2 型动车组交会过程中车内压力变化 ΔP_n 的试验结果见表 8－6－190，由会车引起的车内压力变化是很小的，车速为 350 km/h 时只有 77 Pa。另外，从各个方向的测量结果还可以看出，虽然会车只发生在列车一侧，但在车内测点感受到的各方向的压力变化基本是相同的。

表 8－6－190　交会过程中的车内压力变化试验结果

工况序号	速度等级（km/h）	车内压力变化 ΔP_n（Pa）					
		上部	前部	下部	过道	后部	车窗
1	250	14	14	15	13	14	14
2	275	23	24	26	22	24	24
3	300	30	32	32	26	30	29
4	350	69	75	77	71	74	70

（4）CRH3 型动车组试验结果

CRH3 型动车组交会过程中车内压力变化 ΔP_n 的试验结果见表 8－6－191，在 330 km/h 的速度条件下，由会车引起的车内压力变化约为 40 Pa。

表 8－6－191　交会过程中的车内压力变化试验结果

工况序号	速度等级（km/h）	车内压力变化 ΔPn（Pa）					
		up	front	down	aisle	back	window
1	330	40	32	40	40	40	48

3. 试验结论

当 CRH2 型动车组以 250 km/h、275 km/h、300 km/h 和 350 km/h 的速度等速交会时，列车“头—头”交会压力波分别为 821 Pa、1 002 Pa、1 185 Pa 和 1675 Pa，列车“头—尾”交会压力波分别为 899 Pa、1 153 Pa、1 262 Pa 和 1 808 Pa；

当列车以 250 km/h、275 km/h、300 km/h 和 350 km/h 的速度等速交会时，列车车厢内的压力变化分别为 15 Pa、26 Pa、32 Pa 和 77 Pa；

当 CRH3 型动车组以 330 km/h 的速度接近等速交会时，列车“头—头”交会压力波 1 546 Pa，列车“头—尾”交会压力波为 1 464 Pa；

当 CRH3 型动车组以 330 km/h 的速度等速交会时，列车车厢内的压力变化为 48 Pa。

第十四节　轨 道 状 态

轨道检查车和综合检测列车自 2008 年 2 月 1 日起，按照试验大纲要求，对京津城际无砟轨道进行定期轨道几何状态检测，指导京津城际公司进行无砟轨道几何状态调整和精修，从而使轨道几何状态达到 350 km/h 列车运行的高平顺要求。京津城际轨道状态主要从轨道几何不平顺幅值和区段质量两方面进行分析。截止至 2008 年 7 月 9 日，累计完成检测 6 319 km，检测概况见表 8－6－192。

表 8－6－192　京津城际轨检车检测区段表

序号	日期	车号	区段	标准	里程
1	2008. 2. 1	SY998799 轨检车	JJK15－JJK103	[200,250]	172
2	2008. 2. 12	SY998799 轨检车	JJK15－JJK103	[200,250]	176
3	2008. 2. 16	CRH2－010A 轨检车	JJK0－JJK103	[200,250]	190
4	2008. 2. 21	SY998799 轨检车	JJK3－JJK116	[200,250]	225

续上表

序号	日期	车号	区段	标准	里程
5	2008.4.3	SY998799 轨检车	JJK3 - JJK116	[200,250]	226
6	2008.4.6	WX998947 轨检车	JJK3 - JJK107	[200,250]	208
7	2008.4.8	WX998947 轨检车	JJK3 - JJK107	[200,250]	104
8	2008.4.11	WX998947 轨检车	JJK3 - JJK107	[200,250]	208
9	2008.4.12	WX998947 轨检车	JJK3 - JJK107	[200,250]	203
10	2008.4.13	SY998799 轨检车	JJK3 - JJK107	[200,250]	201
11	2008.4.14	SY998799 轨检车	JJK3 - JJK107	[200,250]	208
12	2008.4.15	SY998799 轨检车	JJK3 - JJK107	[200,250]	208
13	2008.4.16	SY998799 轨检车	JJK3 - JJK84	[200,250]	162
14	2008.4.17	SY998799 轨检车	JJK3 - JJK116	[200,250]	226
15	2008.4.18	SY998799 轨检车	JJK3 - JJK116	[200,250]	224
16	2008.4.19	SY998799 轨检车	JJK3 - JJK116	[200,250]	226
17	2008.4.20	SY998799 轨检车	JJK3 - JJK116	[200,250]	226
18	2008.4.22	SY998799 轨检车	JJK3 - JJK116	[200,250]	226
19	2008.4.23	SY998799 轨检车	JJK3 - JJK107	[300,350]	208
20	2008.4.26	SY998799 轨检车	JJK3 - JJK107	[300,350]	208
21	2008.5.7	SY998799 轨检车	JJK3 - JJK107	[300,350]	208
22	2008.5.12	SY998799 轨检车	JJK3 - JJK116	[300,350]	226
23	2008.5.25	SY998799 轨检车	JJK3 - JJK116	[300,350]	226
24	2008.7.2	0 号高速综合检测列车	JJK0 - JJK116	[300,350]	232
25	2008.7.3	0 号高速综合检测列车	JJK0 - JJK116	[300,350]	232
26	2008.7.4	0 号高速综合检测列车	JJK0 - JJK116	[300,350]	232
27	2008.7.5	0 号高速综合检测列车	JJK0 - JJK116	[300,350]	232
28	2008.7.6	0 号高速综合检测列车	JJK0 - JJK116	[300,350]	232
29	2008.7.7	0 号高速综合检测列车	JJK0 - JJK116	[300,350]	232
30	2008.7.7	0 号高速综合检测列车	JJK0 - JJK116	[300,350]	232
合计					6319

一、轨道检查车检测数据局部幅值分析

对京津城际轨道几何状态检测数据(图 8-6-186)和偏差汇总可以看出,所有检测项目中按照单项平均扣分计算,轨距、轨距变化率、轨向三项约占 80% 以上,其次是车体横向加速度及变化率约占 10%,由于受检测车检测速度影响,京津城际轨道曲线设计超高与检测速度不匹配,造成车体横向加速度偏差较多外,轨道几何偏差主要表现在轨距、轨向几何尺寸方面。

从偏差数据结果和现场实际位置对比,发现所有出现Ⅲ级及以上轨道几何不平顺轨距、轨向偏差地点均在亦庄、永乐、武清车站的进出站道岔位置,主要原因是道岔尖轨部分由于动态轨距优化结构特殊设计所致,即道岔尖轨部位存在约 15 mm 轨距加宽。其他地段均未出现达到Ⅱ级及以上偏差处所,说明京津城际轨道几何状态满足设计要求。

对检测数据的所有采样点幅值进行累积百分比统计,结果列于表 8-6-193。

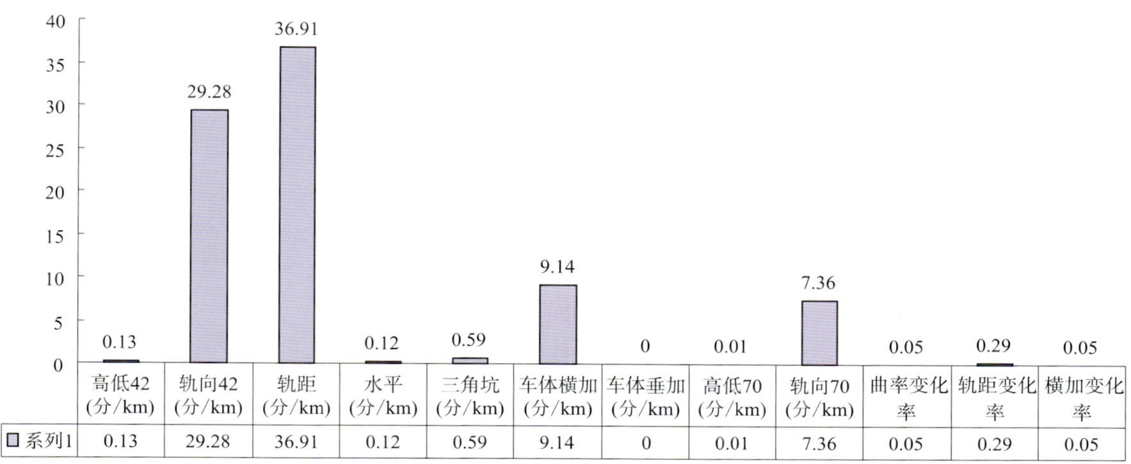

图 8－6－186　轨道几何偏差单项每公里平均扣分分布

表 8－6－193　采样点幅值累计百分比统计

累积百分比	左高低 70 (mm)	右高低 70 (mm)	左高低 42 (mm)	右高低 42 (mm)	左轨向 70 (mm)	右轨向 70 (mm)	左轨向 42 (mm)	右轨向 42 (mm)	轨距 (mm)	水平 (mm)	三角坑 (mm)	轨距变化率 (‰)
80%	0.85	0.86	0.72	0.73	0.76	0.74	0.64	0.62	1.1	0.38	0.54	0.2
90%	1.1	1.11	0.92	0.93	1.01	0.98	0.85	0.82	1.38	0.51	0.74	0.27
95%	1.34	1.35	1.1	1.12	1.24	1.21	1.05	1.01	1.63	0.65	0.92	0.34
99%	1.89	1.89	1.49	1.52	1.86	1.84	1.54	1.51	2.15	1.1	1.38	0.52

通过数据分析可知：

(1) 1.5～70 m 波长范围内高低偏差 90% 处于 1.1 mm 内，99% 处于 1.89 mm 内。

(2) 1.5～70 m 波长范围内轨向偏差 90% 处于 1mm 内，99% 处于 1.86 mm 内。

(3) 1.5～42 m 波长范围内高低偏差 90% 处于 0.93 mm 内，99% 处于 1.5 mm 内。

(4) 1.5～42 m 波长范围内轨向偏差 90% 处于 0.85 mm 内，99% 处于 1.54 mm 内。

(5) 轨距偏差 80% 的点在 1.1 mm 内，99% 在 2.15 mm 内。

(6) 轨距变化率偏差 99% 的点在 0.52‰以内。

二、轨道检查车检测数据区段质量分析

为准确分析和客观评价京津城际铁路轨道质量状态，采用 SY998799 轨检车检测数据，以每 200 m 为单元区段进行轨道几何不平顺质量指数计算和管理，根据表 8－6－194 中数据统计分析，可以看出京津城际区段轨道几何不平顺总体质量 TQI 为 3.5，各单项高低、轨向、轨距、水平、三角坑的 TQI 值分别为 1.17、1.06、0.62、0.35、0.37，除轨距 TQI 值较 350 km/h 区段质量管理标准高出 0.02 外，完全满足《京津城际铁路整体系统联调联试及试运行大纲》轨道几何不平顺质量指数 TQI 管理值 5.0 和各单项控制指标要求。

表 8－6－194　京津城际区段轨道几何不平顺质量 TQI 实际状态

项目	高低	轨向	轨距	水平	扭曲	TQI
350 km/h 管理标准	1.6	1.4	0.6	0.7	0.7	5.0
京津城际区段实测值	1.17	1.06	0.62	0.35	0.37	3.57

京津城际轨道区段质量变化图见图 8－6－187，京津城际轨道上下行区段质量稳定，单项轨道几何状态质量均衡，总体质量满足京津城际列车运行 350 km/h 的要求。

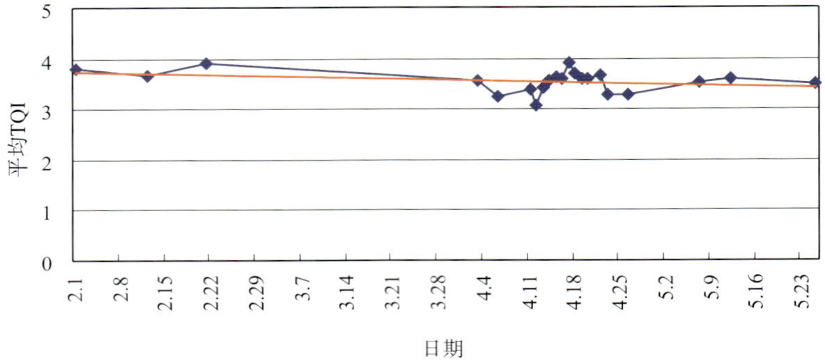

(a)京津城际上行轨道质量指数 TQI 变化图

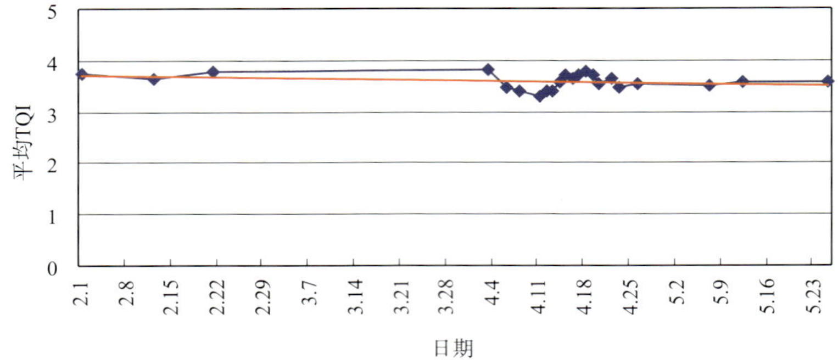

(b)京津城际下行轨道质量指数 TQI 变化图

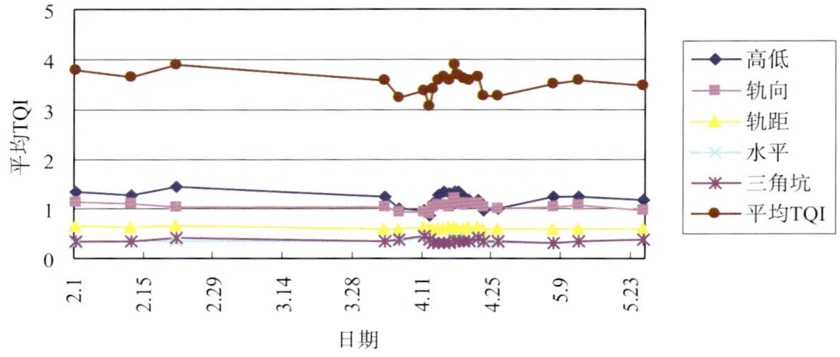

(c)京津城际上行单项轨道质量指数 TQI 变化图

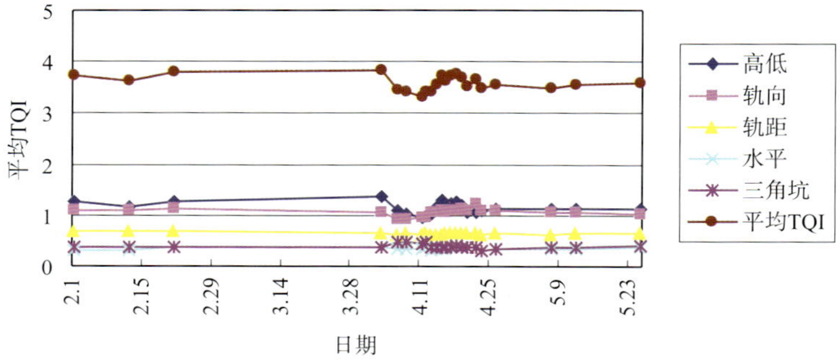

(d)京津城际下行单项轨道质量指数 TQI 变化图

图 8－6－187　京津城际轨道区段质量变化图

三、CRH2－010A 综合检测列车轨道状态检测数据分析

在使用 SY998799 轨检车对京津城际线路状态检测的同时，于 2008 年 2 月 16 日利用 CRH$_2$－010A 综合检测列车检测基础设备状态，检测速度 180 km/h。检测采用速度 200≤v≤250 km/h 动态管

理标准进行评价。

1. **京津城际上行**

检测范围JJK103～JJK15km，每公里平均扣分16.52分。累计检测88km，其中优良78km，优良率88.64%；合格10km，合格率11.36%；失格0km，失格率0.00%。偏差个数分布见表8－6－195。

表8－6－195　京津城际上行偏差个数分布表

项目	Ⅳ级	Ⅲ级	Ⅱ级	Ⅰ级	个数		
					总计	个数/km	百分比
高　　低	0	0	0	2	2	0.02	0.14
轨　　向	0	0	0	0	0	0	0
轨　　距	0	0	0	0	0	0	0
水　　平	0	0	0	1	1	0.01	0.07
三角坑	0	0	2	15	17	0.19	1.23
垂向加速度	0	0	0	0	0	0	0
横向加速度	0	0	15	1 345	1 360	15.45	98.13
高低70 m	0	0	0	0	0	0	0
轨向70 m	0	0	0	0	0	0	0
曲率变化率	0	0	0	4	4	0.05	0.29
轨距变化率	0	0	0	0	0	0	0
横加变化率	0	0	0	2	2	0.02	0.14
总　　和	0	0	17	1 369	1 386	15.74	100

平均TQI及各单项均方差见表8－6－196。

表8－6－196　京津城际上行平均TQI及各单项均方差分布表

左高低	右高低	左轨向	右轨向	轨距	水平	三角坑	TQI
—	0.53	—	—	—	—	0.68	—

Ⅱ级及以上偏差详细信息见表8－6－197。

表8－6－197　京津城际上行Ⅱ级偏差详细信息

序号	km	m	偏差类型	峰值	长度(m)	偏差等级	线形	速度(km/h)	检测标准
1	16	710	横向加速度	−0.12(g)	1 419	2	直	110	[200,250]
2	18	130	横向加速度	−0.11(g)	231	2	直	161	[200,250]
3	18	363	横向加速度	−0.1(g)	1 000	2	直	162	[200,250]
4	19	367	横向加速度	−0.09(g)	701	2	直	167	[200,250]
5	20	69	横向加速度	−0.09(g)	493	2	直	170	[200,250]
6	36	90	三角坑	−7.6(mm)	2	2	直	181	[200,250]
7	36	96	三角坑	6.73(mm)	2	2	直	181	[200,250]
8	50	418	横向加速度	−0.09(g)	40	2	直	180	[200,250]
9	79	137	横向加速度	0.09(g)	30	2	直	173	[200,250]
10	79	578	横向加速度	0.09(g)	25	2	直	166	[200,250]
11	79	751	横向加速度	0.09(g)	103	2	直	163	[200,250]
12	79	866	横向加速度	0.09(g)	668	2	直	161	[200,250]

续上表

序号	km	m	偏差类型	峰值	长度(m)	偏差等级	线形	速度(km/h)	检测标准
13	80	537	横向加速度	0.1(g)	2234	2	直	147	[200,250]
14	92	669	横向加速度	-0.1(g)	2252	2	直	159	[200,250]
15	94	923	横向加速度	-0.11(g)	613	2	直	159	[200,250]
16	95	538	横向加速度	-0.1(g)	536	2	直	160	[200,250]
17	98	510	横向加速度	0.11(g)	1528	2	圆	161	[200,250]

2. 京津城际下行

检测范围 JJK2 ~ JJK103 km，每公里平均扣分 19.11 分。累计检测 102 km，其中优良 93 km，优良率 91.18%；合格 9 km，合格率 8.82%；失格 0 km，失格率 0.00%。偏差个数分布见表 8－6－198。

表 8－6－198　京津城际下行偏差个数分布表

项目	Ⅳ级	Ⅲ级	Ⅱ级	Ⅰ级	个数		
					总计	个数/km	百分比
高　低	0	0	0	10	10	0.1	0.6
轨　向	0	0	0	0	0	0	0
轨　距	0	0	0	0	0	0	0
水　平	0	0	0	2	2	0.02	0.12
三角坑	0	0	2	20	22	0.22	1.33
垂向加速度	0	0	0	0	0	0	0
横向加速度	0	0	65	1 475	1 540	15.1	92.94
高低 70 m	0	0	0	0	0	0	0
轨向 70 m	0	0	0	1	1	0.01	0.06
曲率变化率	0	0	6	50	56	0.55	3.38
轨距变化率	0	0	0	0	0	0	0
横加变化率	0	0	0	26	26	0.25	1.57
总　和	0	0	73	1584	1657	16.25	100

平均 TQI 及各单项均方差见表 8－6－199。

表 8－6－199　京津城际下行平均 TQI 及各单项均方差分布表

左高低	右高低	左轨向	右轨向	轨距	水平	三角坑	TQI
0.61	0.58	—	—	—	0.56	0.69	—

Ⅱ级及以上偏差详细信息见表 8－6－200。轨道几何状态Ⅱ级及以上 84 处偏差信息中发现，京津城际轨道上下行的轨道几何偏差仅有 4 处三角坑，约占总偏差的 4.76%；其余均为横向加速度偏差，约占 95.23%，主要是由于曲线设计超高与列车运行速度不匹配造成的。

表 8－6－200　京津城际下行Ⅱ级偏差详细信息

序号	km	m	偏差类型	峰值	长度(m)	偏差等级	线形	速度(km/h)	检测标准
1	3	920	横向加速度	-0.09(g)	247	2	圆	74	[200,250]
2	6	447	横向加速度	-0.11(g)	1505	2	圆	79	[200,250]
3	13	818	横向加速度	0.12(g)	3537	2	圆	79	[200,250]

续上表

序号	km	m	偏差类型	峰值	长度(m)	偏差等级	线形	速度(km/h)	检测标准
4	16	702	横向加速度	-0.11(g)	1155	2	圆	157	[200,250]
5	17	803	横向加速度	-0.11(g)	1098	2	圆	158	[200,250]
6	18	147	横向加速度	-0.1(g)	340	2	圆	160	[200,250]
7	18	798	横向加速度	-0.1(g)	651	2	圆	160	[200,250]
8	19	115	横向加速度	-0.1(g)	308	2	圆	161	[200,250]
9	19	205	横向加速度	-0.11(g)	90	2	圆	161	[200,250]
10	19	284	横向加速度	-0.1(g)	78	2	圆	161	[200,250]
11	19	399	横向加速度	-0.1(g)	114	2	圆	162	[200,250]
12	36	96	三角坑	-6.23(mm)	1	2	直	163	[200,250]
13	43	870	横向加速度	0.09(g)	7	2	直	160	[200,250]
14	44	139	横向加速度	0.1(g)	10	2	直	160	[200,250]
15	49	226	三角坑	6.54(mm)	1	2	直	160	[200,250]
16	50	492	横向加速度	-0.1(g)	1138	2	直	160	[200,250]
17	50	604	横向加速度	-0.09(g)	110	2	直	160	[200,250]
18	50	740	横向加速度	-0.09(g)	135	2	直	160	[200,250]
19	51	406	横向加速度	-0.09(g)	412	2	直	161	[200,250]
20	60	338	横向加速度	0.09(g)	28	2	直	161	[200,250]
21	60	542	横向加速度	0.1(g)	201	2	直	161	[200,250]
22	60	569	横向加速度	0.1(g)	25	2	直	161	[200,250]
23	60	609	横向加速度	0.09(g)	32	2	直	161	[200,250]
24	60	687	横向加速度	0.09(g)	74	2	直	161	[200,250]
25	76	973	横向加速度	0.1(g)	71	2	直	161	[200,250]
26	77	122	横向加速度	0.1(g)	148	2	直	161	[200,250]
27	77	421	横向加速度	0.1(g)	294	2	直	161	[200,250]
28	77	494	横向加速度	0.09(g)	68	2	直	161	[200,250]
29	77	522	横向加速度	0.09(g)	24	2	直	161	[200,250]
30	77	557	横向加速度	0.11(g)	31	2	直	161	[200,250]
31	77	585	横向加速度	0.09(g)	27	2	直	161	[200,250]
32	77	684	横向加速度	0.09(g)	62	2	直	161	[200,250]
33	77	714	横向加速度	0.09(g)	28	2	直	161	[200,250]
34	77	788	横向加速度	0.09(g)	69	2	直	161	[200,250]
35	78	20	横向加速度	0.1(g)	95	2	直	161	[200,250]
36	78	49	横向加速度	0.1(g)	24	2	直	161	[200,250]
37	78	208	横向加速度	0.1(g)	119	2	直	160	[200,250]
38	78	340	横向加速度	0.1(g)	115	2	直	159	[200,250]
39	78	442	横向加速度	0.09(g)	100	2	直	159	[200,250]
40	78	509	横向加速度	0.1(g)	66	2	直	159	[200,250]
41	78	631	横向加速度	0.1(g)	108	2	直	158	[200,250]
42	78	821	横向加速度	0.1(g)	49	2	直	157	[200,250]
43	78	843	横向加速度	0.09(g)	20	2	直	157	[200,250]

续上表

序号	km	m	偏差类型	峰值	长度(m)	偏差等级	线形	速度(km/h)	检测标准
44	78	921	横向加速度	0.09(g)	77	2	直	157	[200,250]
45	79	56	横向加速度	0.1(g)	133	2	直	156	[200,250]
46	79	122	横向加速度	0.09(g)	63	2	直	156	[200,250]
47	79	246	横向加速度	0.1(g)	122	2	直	155	[200,250]
48	79	618	横向加速度	0.1(g)	371	2	直	153	[200,250]
49	79	719	横向加速度	0.1(g)	99	2	直	153	[200,250]
50	80	417	横向加速度	0.1(g)	695	2	直	150	[200,250]
51	80	517	横向加速度	0.1(g)	98	2	直	149	[200,250]
52	80	618	横向加速度	0.09(g)	97	2	直	149	[200,250]
53	81	15	横向加速度	0.1(g)	395	2	直	147	[200,250]
54	81	615	横向加速度	0.1(g)	596	2	直	145	[200,250]
55	82	748	横向加速度	0.1(g)	1131	2	直	144	[200,250]
56	94	399	横向加速度	-0.1(g)	1696	2	圆	163	[200,250]
57	94	660	横向加速度	-0.1(g)	258	2	圆	163	[200,250]
58	95	30	横向加速度	-0.1(g)	369	2	圆	162	[200,250]
59	95	158	横向加速度	-0.1(g)	126	2	圆	162	[200,250]
60	95	355	横向加速度	-0.11(g)	196	2	圆	162	[200,250]
61	96	50	横向加速度	-0.1(g)	693	2	圆	160	[200,250]
62	98	894	横向加速度	0.11(g)	353	2	直	160	[200,250]
63	99	175	横向加速度	0.1(g)	279	2	直	158	[200,250]
64	99	212	横向加速度	0.1(g)	36	2	直	158	[200,250]
65	99	972	横向加速度	0.11(g)	758	2	直	143	[200,250]
66	99	990	横向加速度	0.1(g)	14	2	直	143	[200,250]
67	100	29	横向加速度	0.1(g)	16	2	直	141	[200,250]

四、0号高速综合检测列车轨道状态检测数据分析

0号高速综合检测列车轨道状态检测系统采用激光摄像式惯性测量原理，从2008年7月2日起每日检测京津城际铁路轨道几何状态。表8-6-201、表8-6-202为7月7日京津城际全线局部幅值扣分个数统计表，表中将道岔尖轨加宽处的轨距和轨向偏差剔除。

表8-6-201　0号高速综合检测列车京津城际下行JJK3～JJK116轨道几何状态偏差扣分

项目	Ⅳ级	Ⅲ级	Ⅱ级	Ⅰ级	个数		
					总计	个数/km	百分比
高　低	0	0	0	0	0	0.00	0.00
轨　向	0	0	5	3	8	0.08	3.60
轨　距	0	0	0	0	0	0.00	0.00
水　平	0	0	0	4	4	0.04	1.80
三角坑	0	0	0	19	19	0.18	8.56
垂向加速度	0	0	0	0	0	0.00	0.00
横向加速度	0	0	20	171	191	1.84	86.04
总　和	0	0	25	197	222	2.14	100.00

表 8－6－202　0 号高速综合检测列车京津城际上行 JJK116～JJK3 轨道几何状态偏差扣分

项目	Ⅳ级	Ⅲ级	Ⅱ级	Ⅰ级	个数		
					总计	个数/km	百分比
高　低	0	0	5	16	21	0.21	7.78
轨　向	0	0	3	9	12	0.12	4.44
轨　距	0	0	8	31	39	0.39	14.44
水　平	0	0	3	6	9	0.09	3.33
三角坑	0	0	0	9	9	0.09	3.33
垂向加速度	0	0	0	0	0	0.00	0.00
横向加速度	0	0	0	180	180	1.80	66.68
总　和	0	0	19	251	270	2.70	100.00

京津城际铁路轨道几何状态满足《客运专线 300～350 km/h 轨道不平顺管理值审查意见》(科技基[2008]65 号)的要求，区段轨道 TQI 平均值满足《客运专线 300～350 km/h 轨道不平顺管理值审查意见》(科技基[2008]65 号)轨道质量指数 TQI 管理值 5.0 的要求。

五、沉降区段轨道几何状态检测数据分析

经对三段沉降区段的 7 月份 0 号高速综合检测列车数据与 5 月 WX998799 轨检车数据进行比较(波形对比图 8－6－188)，表明：

(1) 沉降区域与非沉降区域的检测结果基本相同。

(2) 沉降地段没有发现轨道几何状态的异常变化。

(3) 近两个月的持续检测可以发现，轨道几何变化微小，线路质量稳定。

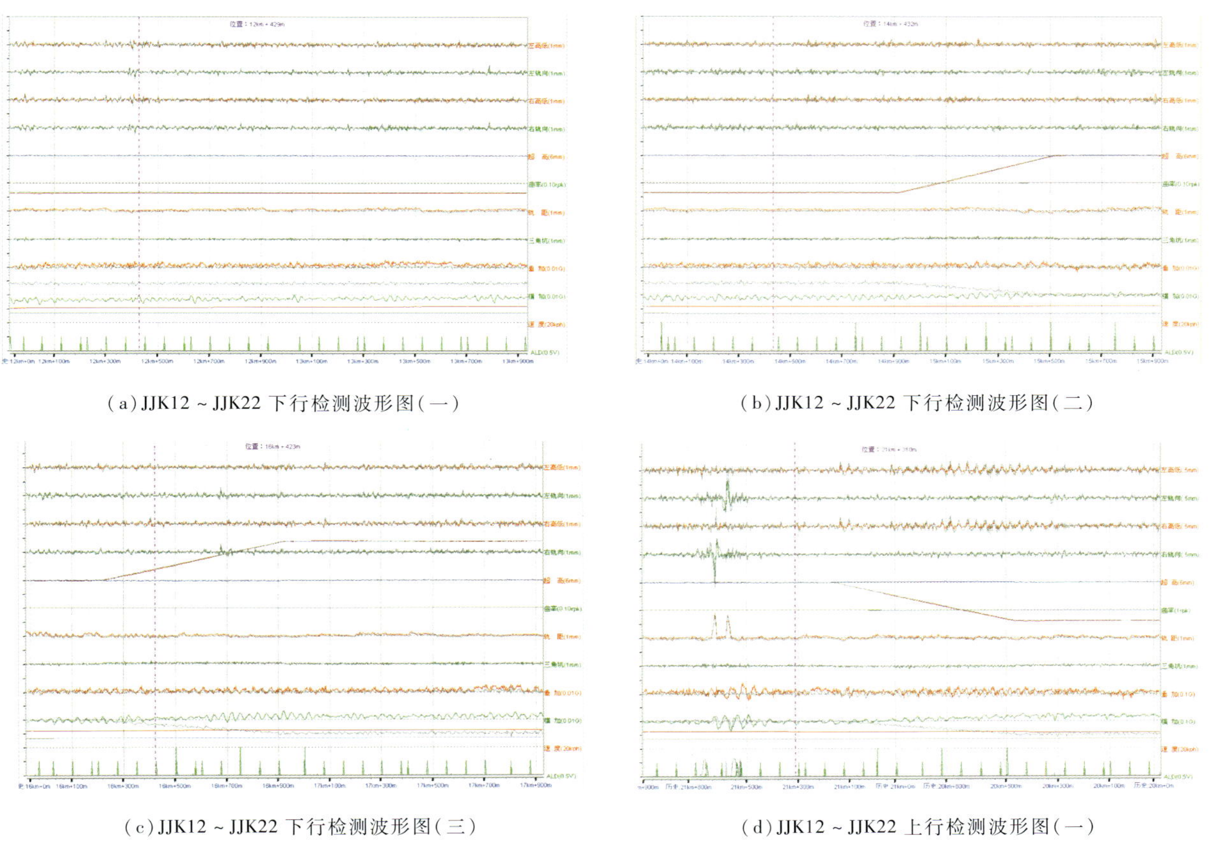

(a) JJK12～JJK22 下行检测波形图(一)　(b) JJK12～JJK22 下行检测波形图(二)

(c) JJK12～JJK22 下行检测波形图(三)　(d) JJK12～JJK22 上行检测波形图(一)

图 8－6－188　京津城际检测波形图(一)

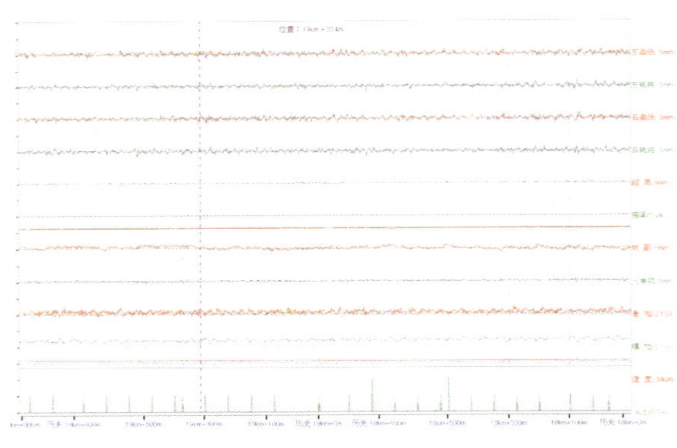

(e)JJK12～JJK22 上行检测波形图(二)

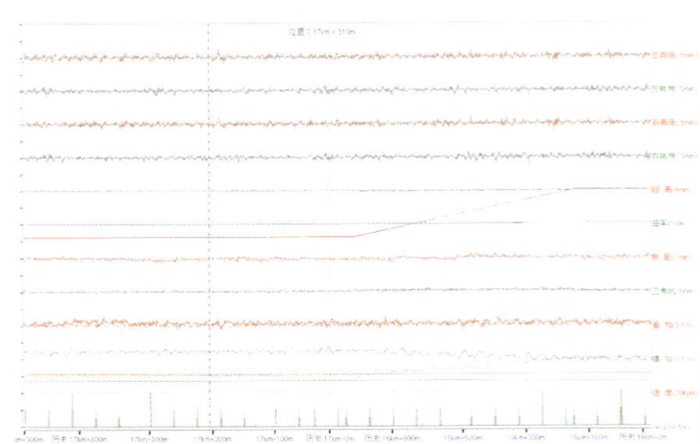

(f)JJK12～JJK22 上行检测波形图(三)

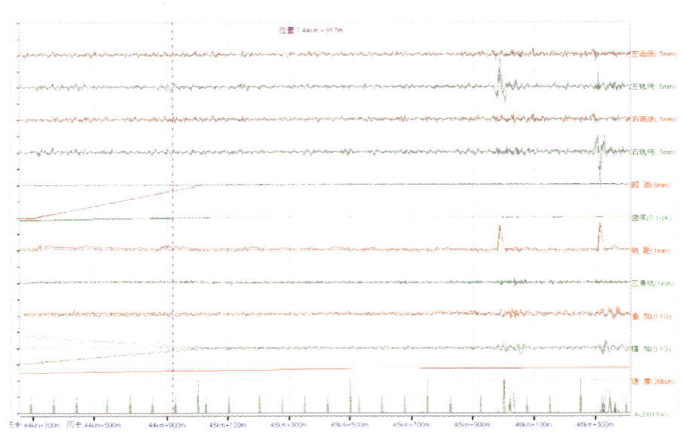

(g)其他区段检测波形图

图 8－6－188　京津城际检测波形图(二)

第十五节　防灾安全监控系统

一、网络冗余功能测试

网络冗余功能测试见表 8－6－203。

表 8－6－203　网络冗余功能测试数据表

序号	检测项目	检测地点	检测结果
1	两台 CISCO WS－C356 交换机网络冗余功能测试	永乐综合养护点通信机械室	正常
2	两台 CISCO WS－C3560 交换机网络冗余功能测试	北京调度所机房	正常
3	两台 CISCO Catalyst Express 500G 交换机网络冗余功能测试	亦庄车站通信机械室	正常
4	两台 CISCO Catalyst Express 500G 交换机网络冗余功能测试	武清车站通信机械室	正常
5	两台 CISCO Catalyst Express 500G 交换机网络冗余功能测试	天津车站机房	正常
6	监控单元主机两块主机板网络冗余功能测试	玉蜓桥异物监控 GSM－R 基站	正常
7	监控单元主机两块主机板网络冗余功能测试	112 国道桥异物监控 GSM－R 基站	正常
8	监控单元主机两块主机板网络冗余功能测试	南仓道桥异物监控 GSM－R 基站	正常
9	监控单元主机两块主机板网络冗余功能测试	普济河桥异物监控 GSM－R 基站	正常
10	监控单元主机两块主机板网络冗余功能测试	金纬路桥异物监控 GSM－R 基站	正常

二、服务器功能测试

服务器功能测试见表 8 – 6 – 204。

表 8 – 6 – 204　服务器功能测试数据表

序号	检测项目	检测地点	检测结果
1	2 台 HP Proliant DL 580 G4 和 1 台 HP MSA500 – G2 磁盘阵列组成的系统数据库环境，其中两台服务器安装 Microsoft Windows Server 2003 操作系统和群集软件，数据库软件为 Microsoft SQL Server 2005，测试数据库服务器双机热备功能	永乐综合养护点通信机械室	正常
2	两台 HP Proliant DL 580 G4 服务器安装 Microsoft Windows Server 2003 操作系统和 IFIX 系统服务端软件，通过 IFIX 系统软件组成双机并行的应用服务器，应用服务器双机并行功能	永乐综合养护点通信机械室	正常

三、防风现场监测点采集功能测试

防风现场监测点采集功能测试见表 8 – 6 – 205。

表 8 – 6 – 205　防风现场监测点功能测试表

序号	监测点编号	安装位置	检测项目	检测结果
1	JJK6 + 531	GSM – R 基站	风速风向数据采集	正常
2	JJK12 + 397	GSM – R 基站	风速风向数据采集	正常
3	JJK25 + 833	GSM – R 基站	风速风向数据采集	正常
4	JJK36 + 643	GSM – R 基站	风速风向数据采集	正常
5	JJK43 + 657	GSM – R 基站	风速风向数据采集	正常
6	JJK57 + 141	GSM – R 基站	风速风向数据采集	正常
7	JJK65 + 846	GSM – R 基站	风速风向数据采集	正常
8	JJK76 + 494	GSM – R 基站	风速风向数据采集	正常
9	JJK91 + 088	GSM – R 基站	风速风向数据采集	正常
10	JJK97 + 394	GSM – R 基站	风速风向数据采集	正常
11	JJK102 + 404	112 国道高架桥接触网支柱	风速风向数据采集	正常
12	JJK112 + 123	GSM – R 基站	风速风向数据采集	正常

四、落物监测点报警功能测试

落物监测点报警功能测试见表 8 – 6 – 206。

表 8 – 6 – 206　落物监测点报警功能测试表

序号	监测点编号	安装位置	检测项目	检测结果
1	JJK4 + 816	玉蜓桥	落物模拟报警监控	正常
2	JJK95 + 679	112 国道桥	落物模拟报警监控	正常
3	JJK107 + 763	南仓道桥	落物模拟报警监控	正常
4	JJK110 + 689	普济河桥	落物模拟报警监控	正常
5	JJK117 + 042	金纬路桥	落物模拟报警监控	正常

五、落物防限指标功能测试

落物防限指标功能测试见表 8－6－207。

表 8－6－207　落物防限指标测试表

序号	检测项目	检测地点	检测次数	检测结果
1	水平金属防护网上方安装的电缆传感器被从 2.5 m 高度落下的 20 kg 重物砸断	集成商实验室	2 次	正常
2	以 45°倾斜的金属防护网上方安装的电缆传感器被从 2.5 m 高度落下的 20 kg 重物砸断	集成商实验室	2 次	正常
3	防限尺寸≥15 cm×15 cm×15 cm	集成商提供图纸		防限尺寸≥35 cm×35 cm×35 cm

六、系统对外接口功能测试

系统对外接口功能测试见表 8－6－208。

表 8－6－208　与列控系统接口功能测试表

序　号	接口位置	检测次数	检测结果
1	玉蜓桥	1 次	正常
2	112 国道桥	1 次	正常
3	南仓道桥	1 次	正常
4	普济河桥	1 次	正常
5	金纬路桥	1 次	正常

第十六节　0 号高速综合检测列车

一、动车组

0 号高速综合检测列车是在 CRH5 动车组平台基础上，为满足六大检测系统安装和维护需要，对车体铝合金结构、转向架、牵引控制、制动系统、辅助供电、平断面布置等进行了创新性设计，使检测系统安全、可靠的安装和使用。共新设计图纸 51 套，编制明细表 400 余套，组织解决了车体结构、电磁兼容、列车网络、辅助供电等 7 个方面 29 项技术难题和技术创新。动车组设计了卧铺间、餐车、操作室、会议室和数据分析室，充分体现了“以人为本”的设计理念，见图 8－6－189。

(a)0 号高速综合检测列车外观

图 8－6－189　0 号高速检测车(一)

(b)操作台

(c)数据分析室

图 8－6－189　0 号高速检测车(二)

列车出厂后,在铁科院环行线完成了照度试验,试验结果满足技术指标要求。在京津城际和秦沈线进行了部分电磁兼容试验和制动试验,电磁兼容试验和制动试验满足铁道部规定的技术指标要求。其他型式试验采用 CRH5 型动车组型式试验结果,满足时速 250 km 的动车组性能要求。总体型式试验和试运行情况良好,既满足时速 250 km 的高速运行需要,又能满足各专业检测系统安装结构的安全性和可靠性要求,也能满足各检测系统和动车组间的电磁兼容性要求。

二、综合系统

1. 定位同步子系统

通过时速 250 km 动态测试,定位同步系统传输采样距离脉冲和定位里程信息实时性良好,传输时间延迟≤3 ms,定位同步误差≤0. 25 m。系统采用光纤实时传输、冗余设备配置,具有较高的可靠性。图 8－6－190 为定位同步子系统功能界面。

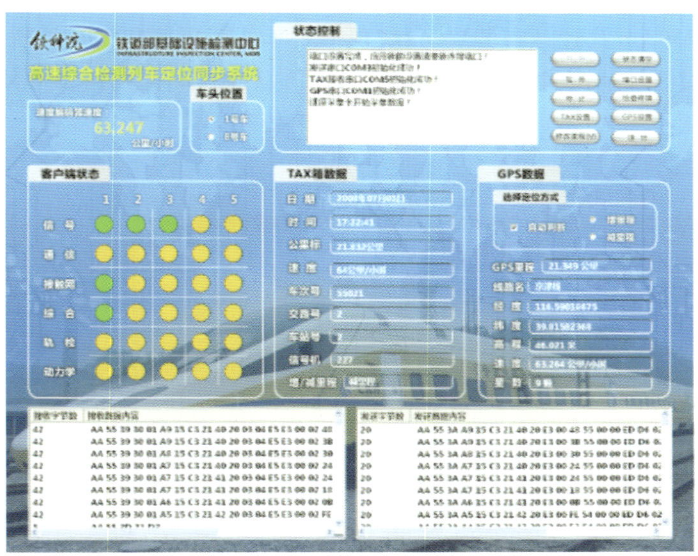

图 8－6－190　定位同步子系统功能界面

2. 列车专用网络和自诊断子系统

在京津城际铁路列车时速 250 km 高速运行情况下,千兆主干光纤网络流量最大使用率为 9% ,网络传输特性满足数据和视频及时传输的要求,主干带宽 1 000 Mb/s,桌面交换带宽 100 Mb/s;网络采用双环光纤网冗余配置,具有较高的可靠性;建立了整车自诊断系统,可在线监测网络流量、交换机端口状态、整车 UPS 工作状态、各检测系统状态信息,实现可视化显示和在线报警和记录功能。图 8－6－191 为列车专用网络和自诊子系统功能界面。

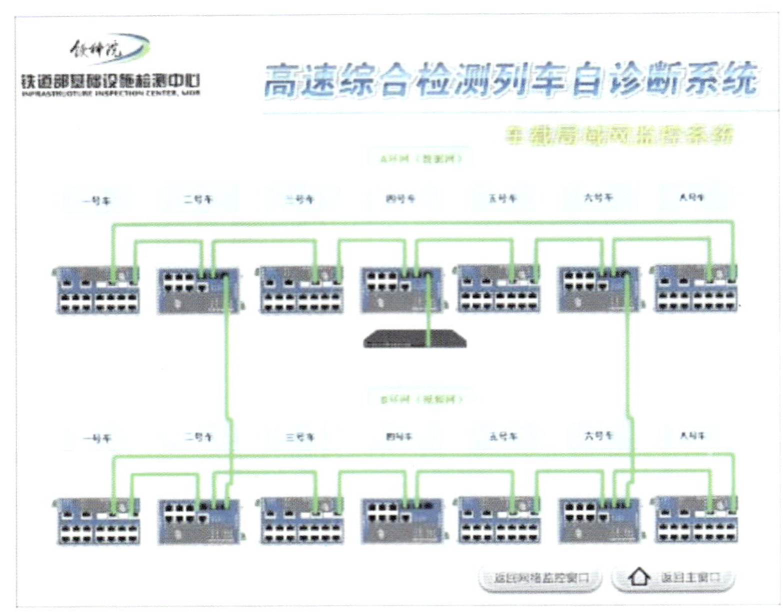

图 8－6－191　列车专用网络和自诊断子系统功能界面

3. **车载数据综合处理子系统**

在京津城际时速 250 km 高速运行情况下,实现轨道、轮轨力、接触网检测系统波形实时传输和集成、波形综合显示和存储;通过报表生成软件,实现自动生成综合检测日报的功能,实现 GIS、工务设备台账和环境视频信息联动显示和查询功能。

4. **环境视频采集和处理子系统**

在京津城际时速 250 km 高速运行情况下,实现 1、8 车外部环境和 5 车轮轨接触状态的视频在线监测、显示和记录,通过叠加速度、里程等信息,将视频信息通过高速网络发布给整列车,并实现按里程检索视频信息的功能。图 8－6－192 为环境视频采集处理子系统功能界面。

图 8－6－192　环境视频采集处理子系统功能界面

5. 多媒体显示子系统

在京津城际时速250 km高速运行情况下，实现在2、4车会议室实时显示和切换各检测系统波形界面、环境视频图像、DVD、卫星电视等；采用光纤介质、多媒体传输和集中控制技术，整车实现15路VGA信号、10路AV信号的传输、切换和控制；便于进行整车数据综合分析和集中监控。

通过采用工业宽带网络技术、光纤通信技术、分布式数据和视频采集技术、多媒体传输控制技术及数据库处理技术，实现高速动车组运行状态下，将处于不同位置的轨道、轮轨力、接触网、通信、信号检测信息在统一的时间和空间的坐标系下进行同步采集、精确定位、数据集成和综合数据分析，系统性能完全满足高速综合检测列车综合系统的技术指标要求，实现了高速综合检测列车系统集成关键技术的突破和自主创新。

三、轨道检测系统

通过铁道科学研究院环行线重复性试验和京津城际铁路高速性能和可靠性验证，现总结试验情况。

1. 铁道科学研究院环行线重复性试验

(1)同方向不同车速波形重复性比较如图8-6-193所示。

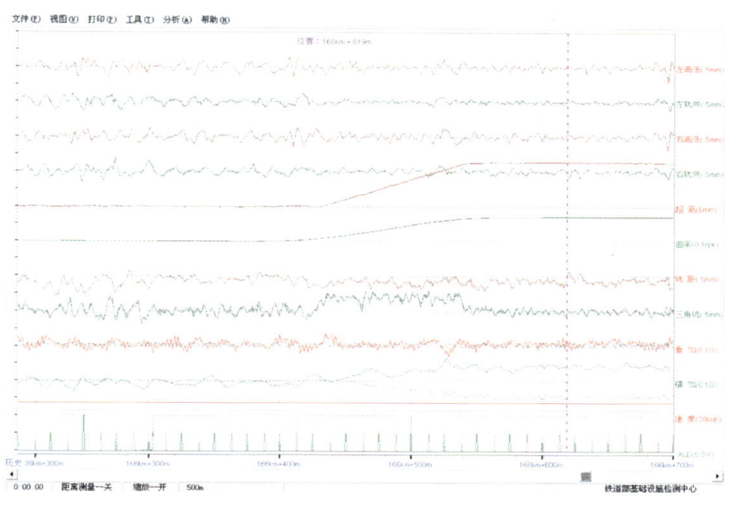

图8-6-193 同方向30 km/h与150 km/h速度检测波形比较

(2)不同方向同速度重复性比较如图8-6-194所示。

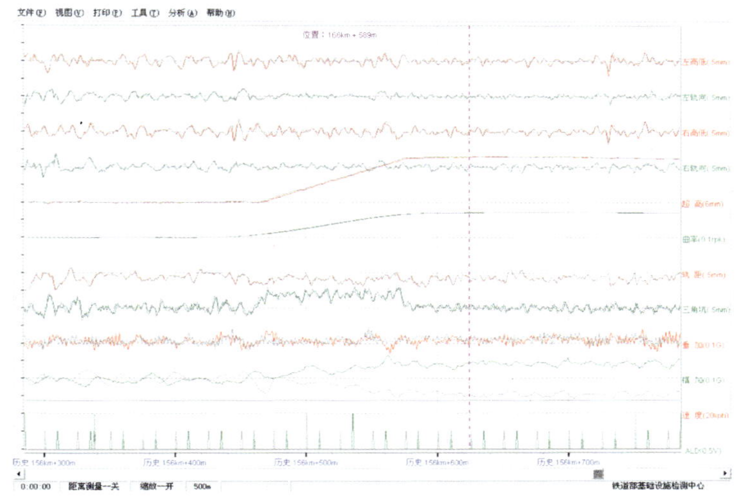

图8-6-194 同车速150 km/h正、反向运行比较

(3)不同方向不同速度重复性比较如图 8－6－195 所示。

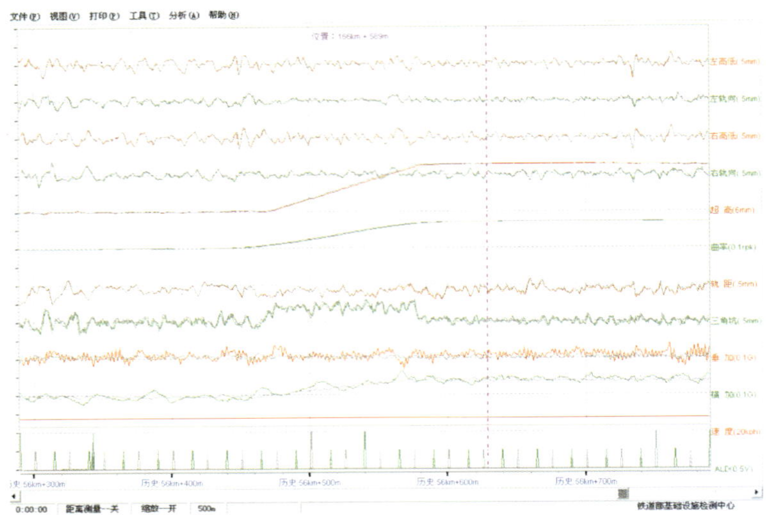

图 8－6－195　正向 150 km/h、反向 60 km/h 运行比较

(4)与地面设置不平顺比较

环铁直线地段预设了 10 处轨道不平顺，检测结果和地面测点信息见表 8－6－209。

表 8－6－209　预设不平顺幅值与测量值比较表

位置	地面设置值(mm)	不同速度检测结果(km/h)					检测结果平均值(mm)	检测与设置的偏差(mm)
		30	60	90	120	150		
	轨距							
6＋252	－5	－6.2	－6.3	－6.3	－6	－6.1	－6.18	－1.18
6＋209	6	4.2	4.2	4.1	4	4.1	4.12	－1.88
6＋180	－4	－5.3	－5.5	－5.4	－5.2	－5	－5.28	－1.28
	超高							
6＋260	6	5.14	4.5	3.44	3.84	4.06	4.196	－1.804
6＋200	－2	－1.14	－1.36	－1.45	－1.61	－1.08	－1.328	0.672
6＋173	5	6	5.17	5.33	5	5.27	5.354	0.354
	高低(弦输出)							
6＋170 左	9	7.32	7.3	7.28	7.41	7.35	7.332	－1.668
6＋170 右	8	6.34	6.33	6.21	6.45	6.3	6.326	－1.674
6＋40	9	4.41	4.2	4.44	4.6	4.38	4.406	－4.594
	轨向(弦输出)							
6＋100 左	7	10.59	10.68	10.55	10.6	10.69	10.622	3.622
6＋100 右	8	10.1	10.6	10.2	10.43	9.98	10.262	2.262

2. 京津城际铁路高速重复性测试

图 8－6－196 为京津城际高速重复性测试的两个实例。

3. 检测系统性能分析

(1)通过以上检测数据分析，轨道几何检测系统自身的重复性良好。

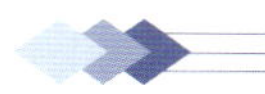

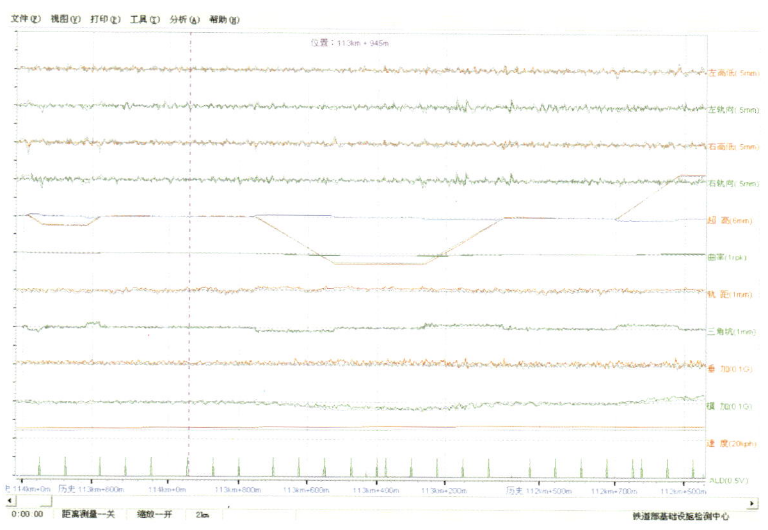

(a)k113 公里波形图

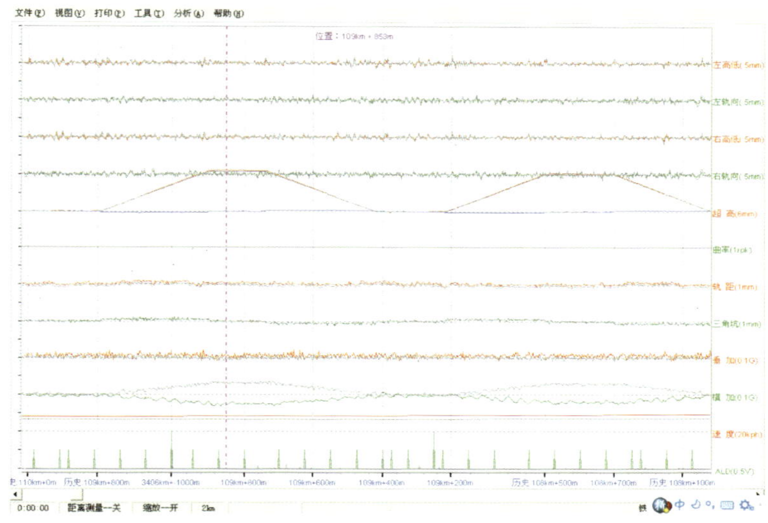

(b)k109 公里波形图

图 8－6－196　京津城际波形图

(2)轨道检测系统首次实现了时速 250 km 速度下对轨道几何状态的全项目实时检测，检测精度达到世界先进水平，采用了惯性测量方法、激光三角测量原理和高速图像处理技术，同时实现轨距、轨向、高低、水平和三角坑等 40 多个测量参数的精确测量。为满足高速铁路轨道的养护维修需要，首次实现了时速 250 km 下长波长轨道几何参数的毫米级精确检测，高低不平顺可测波长达到 150 m，轨向不平顺可测波长达到 200 m。

(3)0 号高速综合检测列车轨道检测系统实现了主要检测功能，具备了时速 250 km 的检测能力，主要功能和检测指标满足高速综合检测列车轨道检测系统技术指标要求。

四、轮轨力检测系统

根据各检测结果绘制散点图，纵坐标为测量数据与实验台标定数据的偏差和相对百分比精度，红线代表限度值，如图 8－6－197 所示。

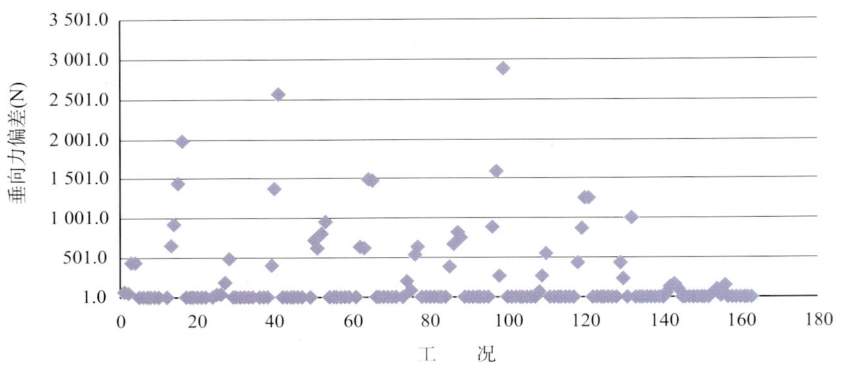

(a) IWS78 WheelA 垂向力偏差散点图

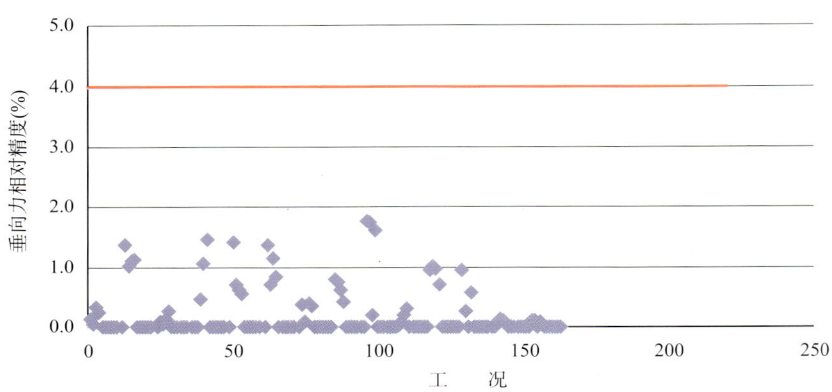

(b) IWS78 WheelA 垂向力精度散点图

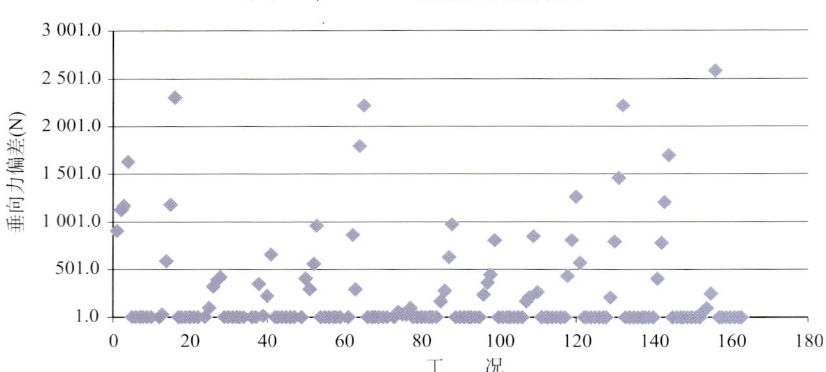

(c) IWS78 WheelB 垂向力偏差散点图

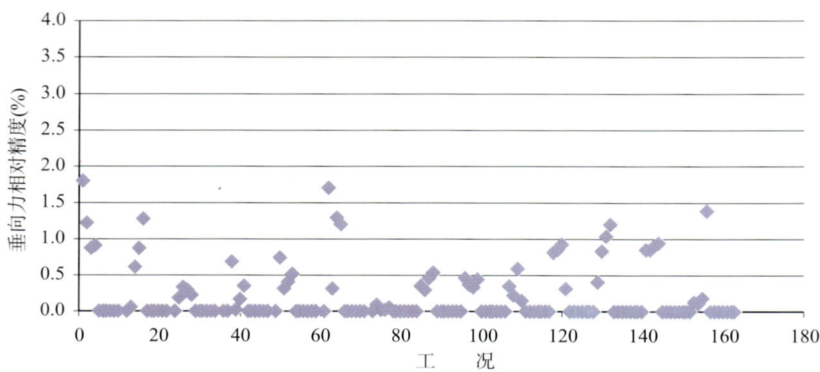

(d) IWS78 WheelB 垂向力精度散点图

图 8－6－197　京津城际轮轨力检测散点图(一)

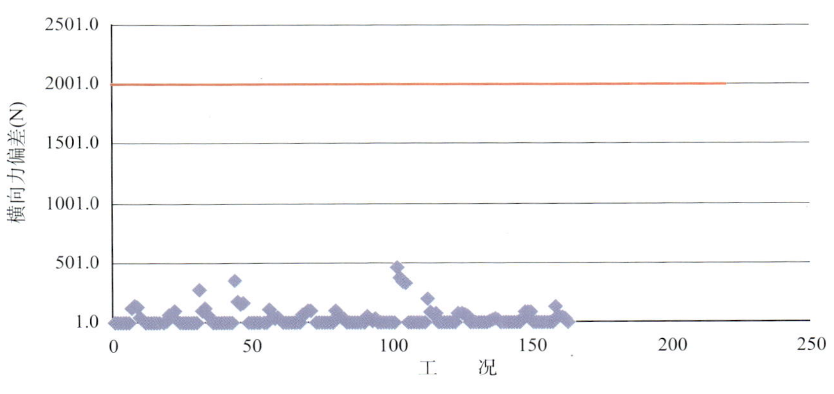

(e) IWS78 WheelA 横向力偏差散点图

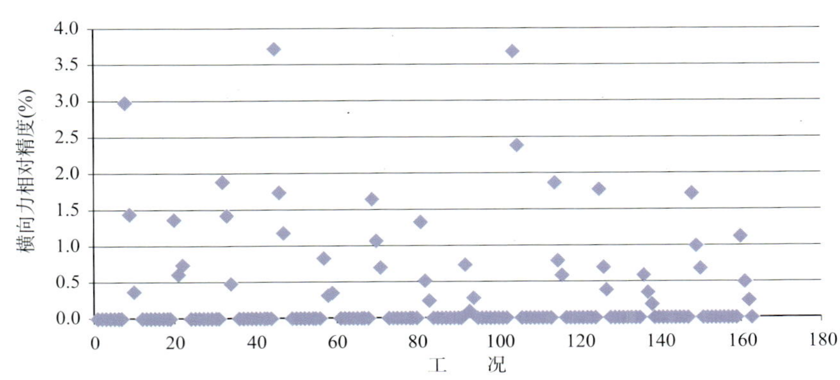

(f) IWS78 WheelA 横向力精度散点图

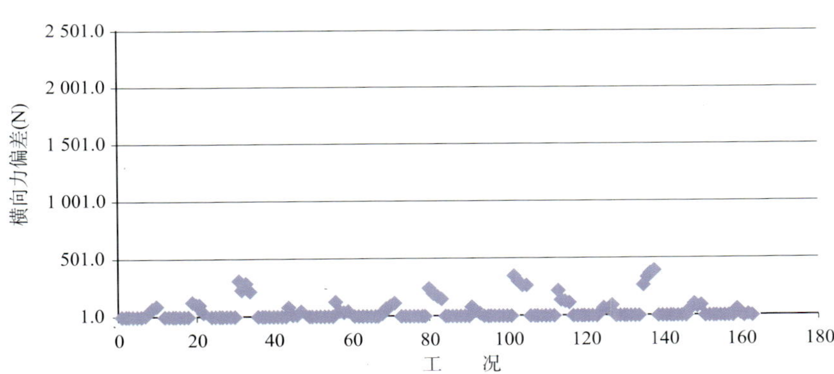

(g) IWS78 WheelB 横向力偏差散点图

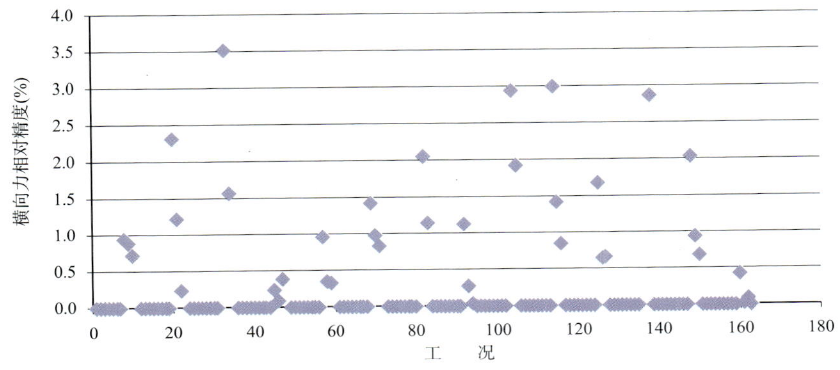

(h) IWS78 WheelB 横向力精度散点图

图 8-6-197　京津城际轮轨力检测散点图(二)

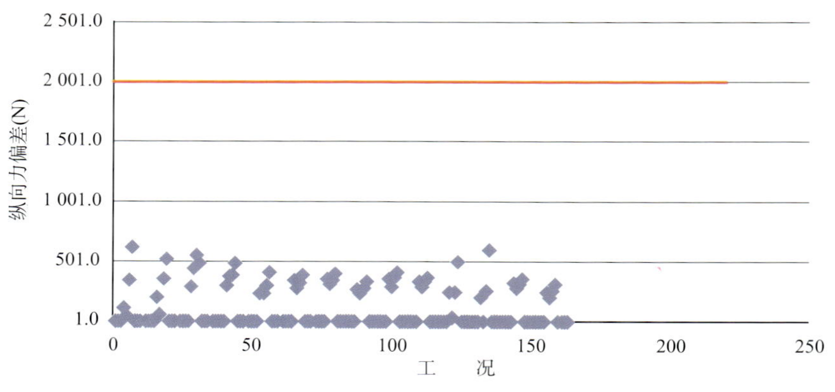

(i) IWS78 纵向力偏差散点图

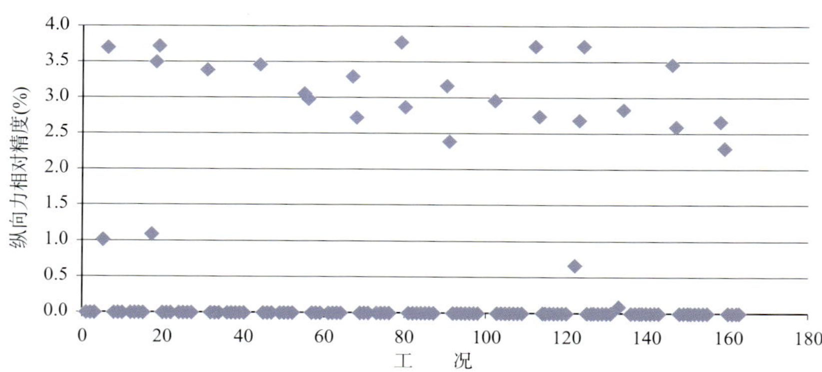

(j) IWS78 纵向力精度散点图

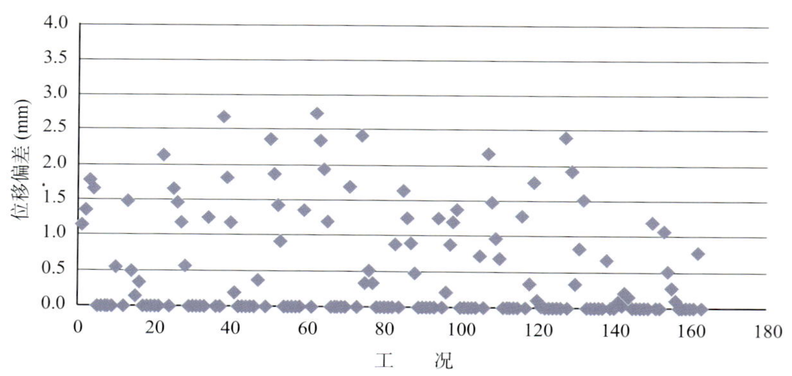

(k) IWS78 WheelA 轮轨接触点偏差散点图

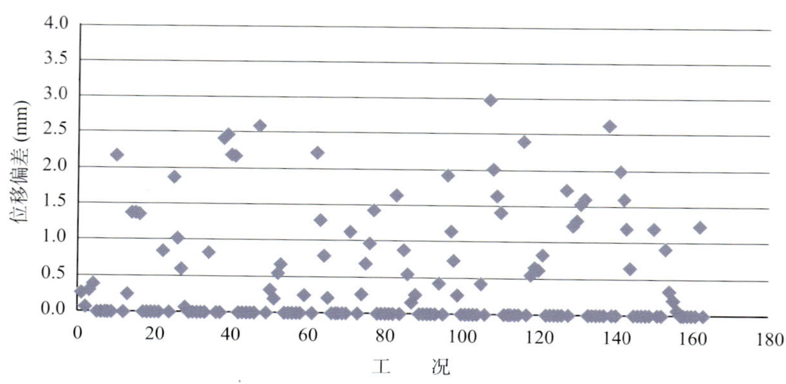

(l) IWS78 WheelB 轮轨接触点偏差散点图

图 8-6-197 京津城际轮轨力检测散点图(三)

按要求，垂向力、横向力和纵向力相对精度为4%或小于2 kN，轮轨接触点精度小于3 mm。统计原始数据，轮A和轮B的垂向力和横向力各项检测指标结果均满足合同精度要求，如图8-6-204(a)~(h)所示；纵向力最大偏差值出现在轮缘加载的情况下，相对精度为3.8%，满足精度要求；轮轨接触点的最大偏差值出现在轮B踏面中心加载的情况下，数值为2.98，如图8-6-204(i)所示，满足轮轨接触点检测的精度要求。实验室标定数据分析表明，动力学检测系统性能满足高速综合检测列车动力学检测系统技术指标的要求。

轮轨力检测系统首次采用连续测量法测力轮对进行时速250 km的轮轨力和轮轨接触点测量。可精确测量横向力、垂向力、轮轴力、轮轨接触点、等动力学参数，并计算出脱轨系数和轮重减载率，实时评估高速列车运行的安全性。首次采用非接触式集流环采集技术和先进的测力轮对制作工艺，在列车高速运行的强烈震动环境下，极大的提高了检测设备的可靠性和使用寿命，其使用寿命可达到10年。

五、接触网检测系统

对环行线试验的波形图8-6-198(a)、(b)进行比较分析可见，在150 km/h的运行速度下，相同运行方向两次检测的拉出值、导高、接触力、硬点、冲击等参数都具有很好的重复性；对京津城际的试验波形图8-6-198(c)~(f)进行比较分析可见，在200 km/h、250 km/h的两个运行速度等级下，相同运行方向两次检测的拉出值、导高等参数几乎不受速度影响，重复性很好，接触力、硬点、冲击等弓网动态作用参数在相同方向的两次检测中也保持了较好的重复性。

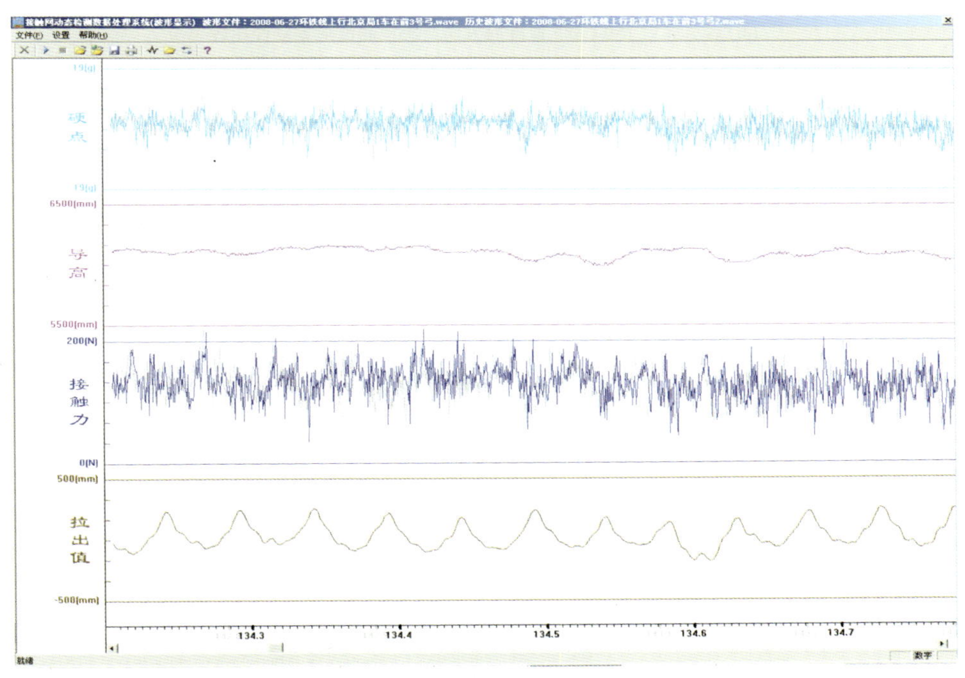

(a)前弓闭口150 km/h速度同方向两次检测波形重复性比较

图8-6-198　京津城际接触网检测重复性比较图(一)

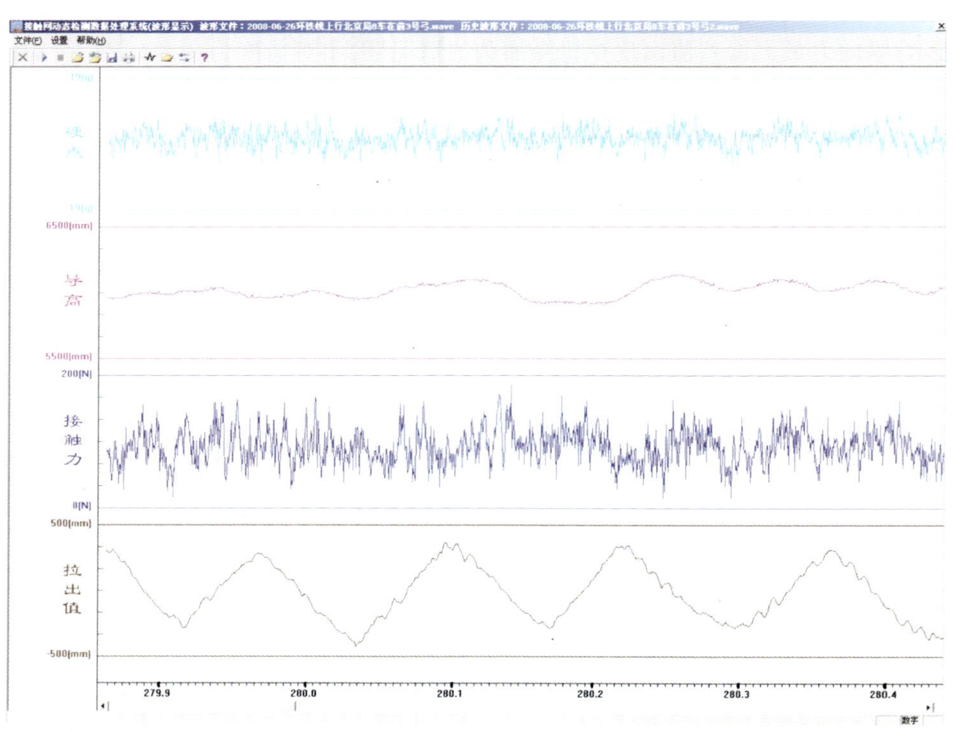

(b)后弓开口 150 km/h 速度同方向两次检测波形重复性比较

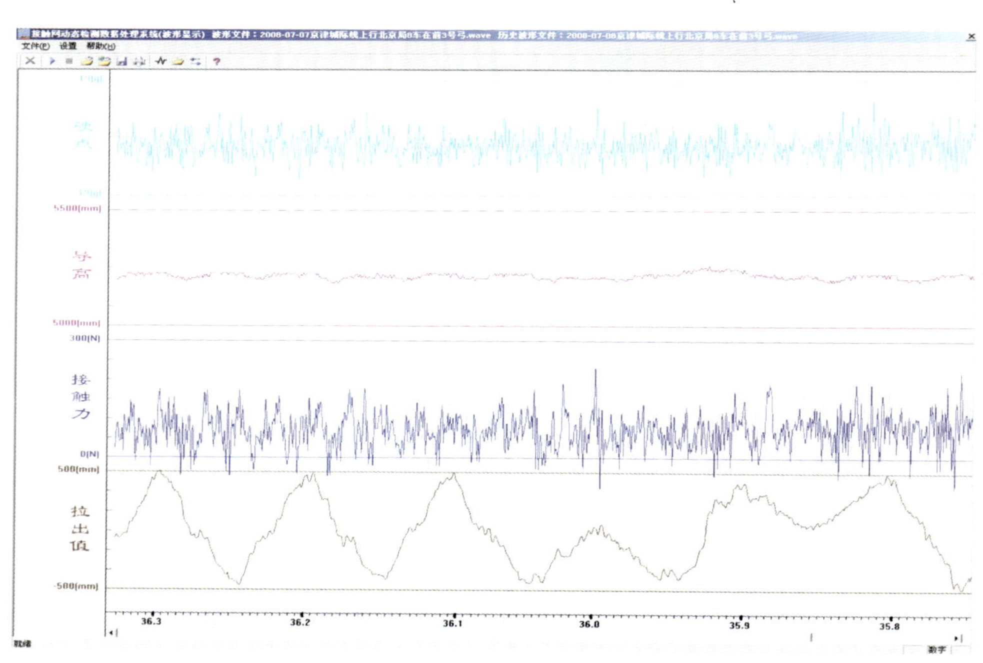

(c)京津城际下行前弓闭口 250 km/h 速度两次检测波形重复性比较

图 8-6-198　京津城际接触网检测重复性比较图(二)

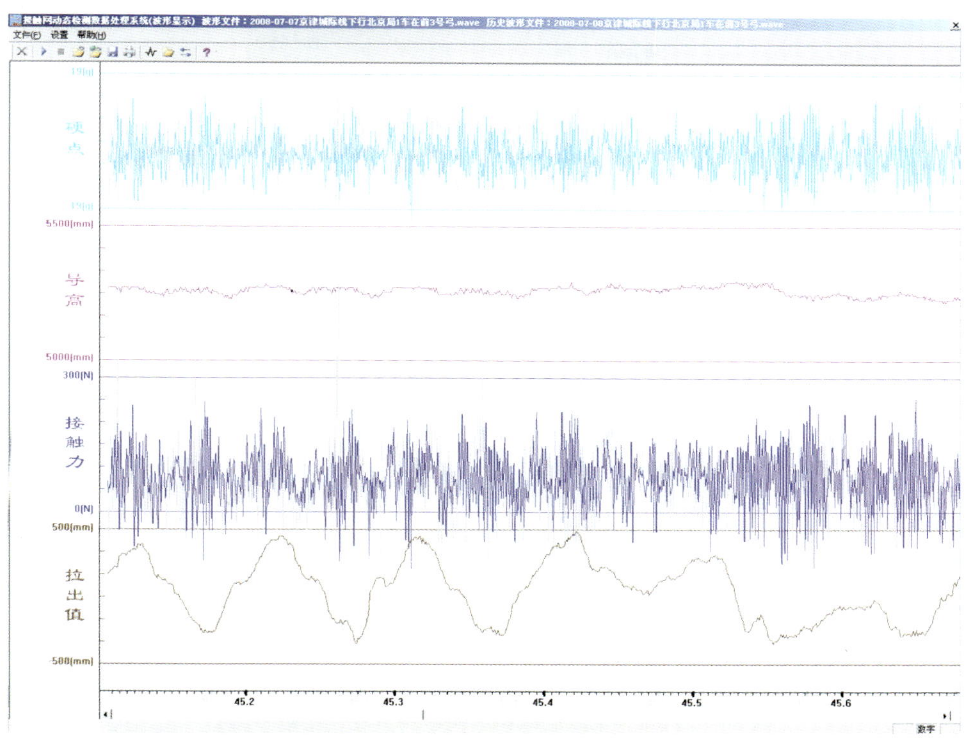

(d)京津城际上行后弓开口 250 km/h 速度两次检测波形重复性比较

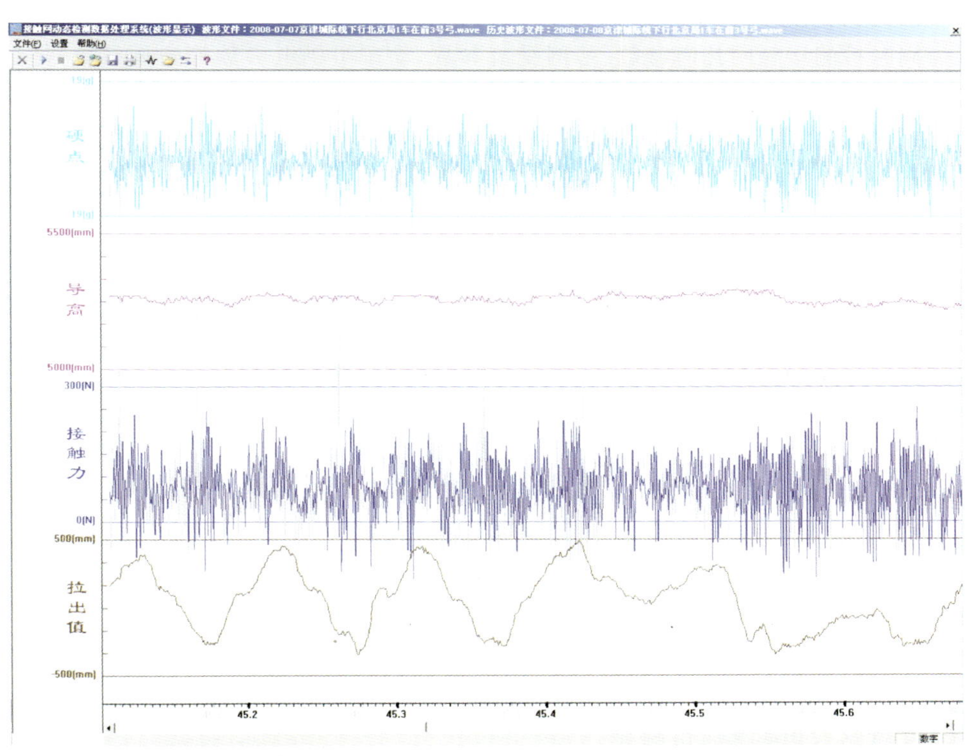

(e)京津城际上行后弓开口 200 km/h 以下速度两次检测波形重复性比较

图 8－6－198　京津城际接触网检测重复性比较图(三)

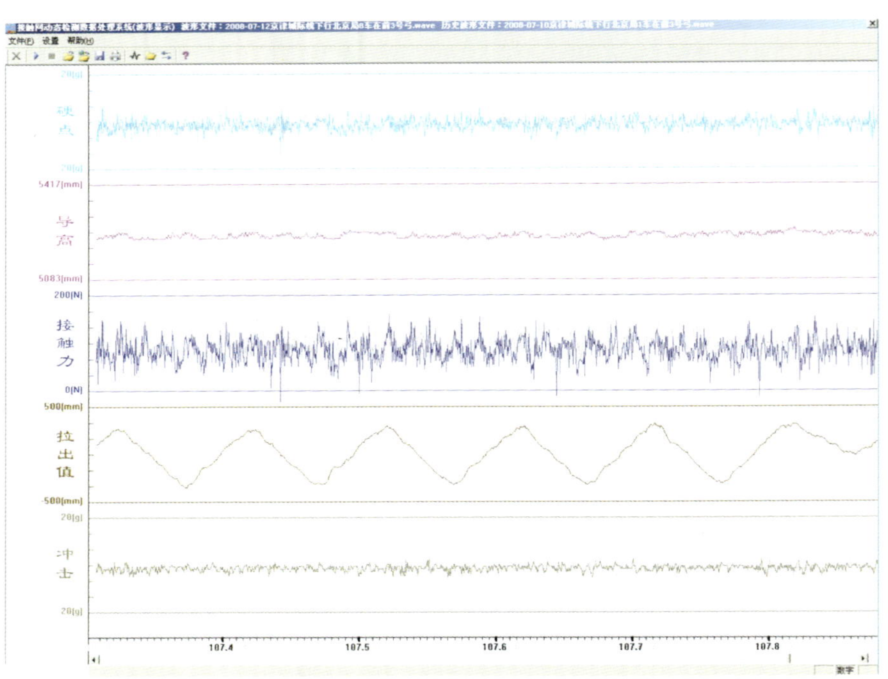

(f)京津城际下行前弓闭口 200 km/h 以下速度两次检测波形重复性比较

图 8－6－198　京津城际接触网检测重复性比较图(四)

综上所述,接触网检测系统性能主要功能和指标满足高速综合检测列车接触网检测系统的技术指标要求,系统首次实现了时速 250 km 速度下对弓网系统状态的全项目实时检测,检测精度达到世界先进水平。可同时检测接触网几何参数、弓网受流参数、动车组供电参数等测量参数,是目前国际上检测项目最全、功能最强的高速接触网检测系统。采用了先进的高速线阵 CCD 图像采集和处理技术,国内首次实现时速 250 km 运行状态下接触网静态几何和接触线磨耗测量;通过对接触网动态和准静态几何参数的同步测量和对比分析,首次实现接触线动态抬升量、接触线弹性的测量功能。

六、通信检测系统

1. 场强测试功能

(1)无线列调场强测试

通过在京哈线北京—长春的测试,可以满足无线列调场强覆盖检测要求。

检测了铁通吉林分公司四平—长春的所有区间,检测了辽宁分公司 4 个区间,采用自动控发方式检测了北京局 5 个区间,辅助完成检测报告。

(2)GSM－R 场强测试

在京津城际进行了多次场强测试,实施了往返的隔站测试、4 个基站交叉覆盖测试等,人工完成覆盖检测报告。

2. GSM－R 通用服务质量测试

使用 ROMAS 测试软件可以完成通用服务质量的测试,包括呼叫成功率、切换成功率、呼叫建立时间、话音质量等。

3. GSM－R 铁路专用服务质量测试

可以完成紧急呼叫、组呼叫、个别呼叫的测试,包括呼叫建立时间、呼叫接通率等。

可以完成 CSD 的测试,包括连接建立时间、连接失败率、数据传输时间、干扰率等。

4. 分组数据测试

使用 ROMAS 软件可以完成分组数据的相关内容的测试,包括传输延时、吞吐量等。

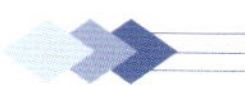

5. 调度命令测试

450MHz、GSM－R 测试调度命令功能是否正常。

通信检测系统在采用国际上先进的仪器仪表基础上,综合了 GSM－R 场强覆盖、电磁环境和服务质量测试功能,便于全面测试 GSM－R 系统特性,属国内首创。系统自动控发功能与各种类型的450 MHz车站台设备兼容,是目前唯一可适应六大铁路干线所有类型车站台自动控发功能的测试系统,提高了 450 MHz 场强测试自动化水平。通信检测系统主要功能和指标满足高速综合检测列车通信检测系统的技术指标要求,可以完成京津城际的测试工作。

京津城际测试数见表 8－6－210、表 8－6－211。

表 8－6－210 语音测试

项目	次数	样本数量	测试指标	要求指标
切换成功率	1	41	100%	99.5%
	2	28	100%	
	3	24	100%	
掉话率	1	22	0%	10^{-2}
	2	71	0%	

表 8－6－211 话音质量

测试次数	0	1	2	3	4	5	<6
1	81.1	6.6	6.9	4.8	0.6	0	0
2	81	6.9	6	4.3	1.4	0.4	0
3	82.4	5	7.1	4.2	1.3		

七、信号检测系统

1. 京津城际检测数据

(1)轨道电路检测见图 8－6－199。

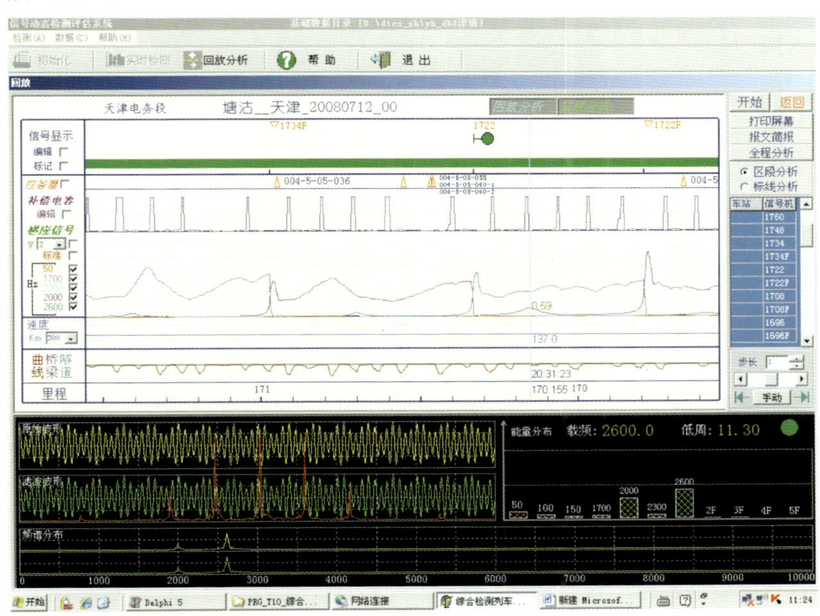

邻区段干扰检测界面(北京局天津电务段管内 1722 G 频率 2600 Hz,邻区段干扰,干扰频率 2000 Hz,最大幅值约为 220 mV)

图 8－6－199 京津城际轨道电路检测图(一)

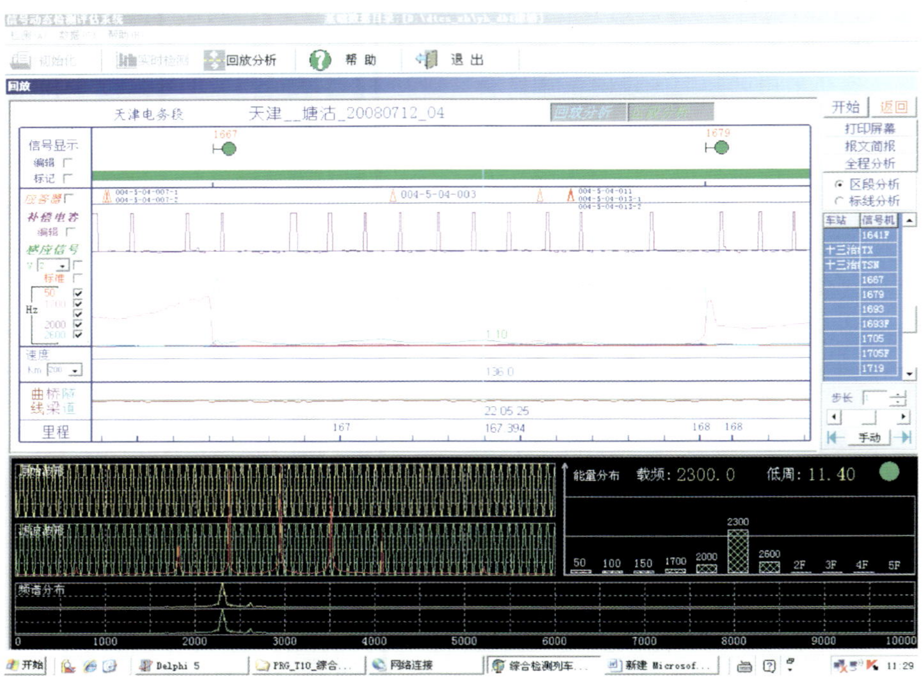

(b)邻线干扰检测界面(北京局天津电务段管内1667 G频率2 300 Hz,邻线干扰,干扰频率2 600 Hz,最大幅值约为200 mV)

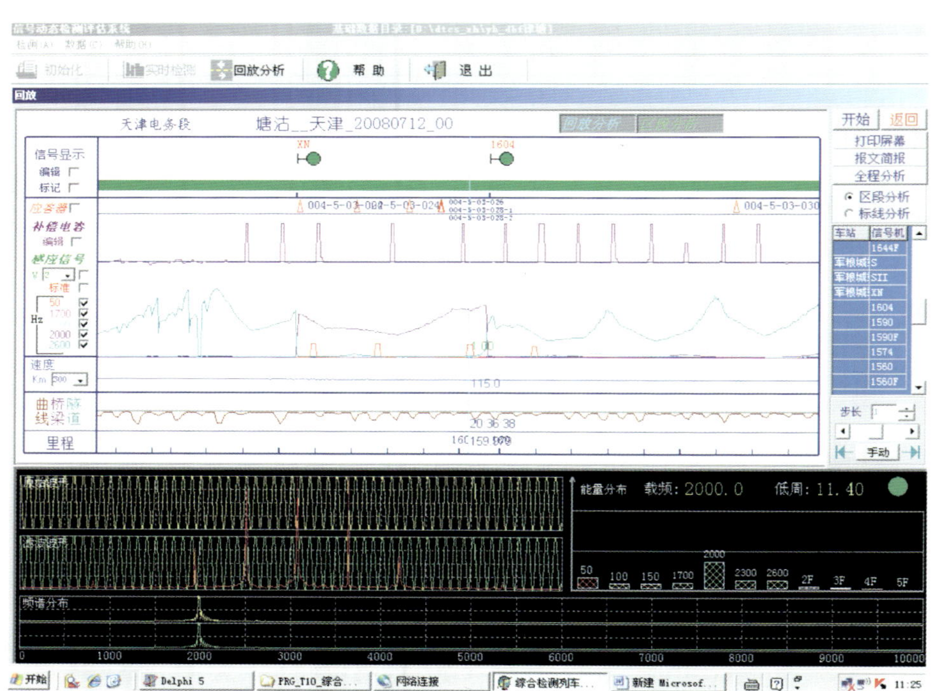

(c)对50 Hz干扰检测界面(北京局天津电务段管内XN区段,频率为2 000 Hz;1 604 G频率2 600 Hz,50 Hz干扰,最大幅值约为200 mV)

图8-6-199 京津城际轨道电路检测图(二)

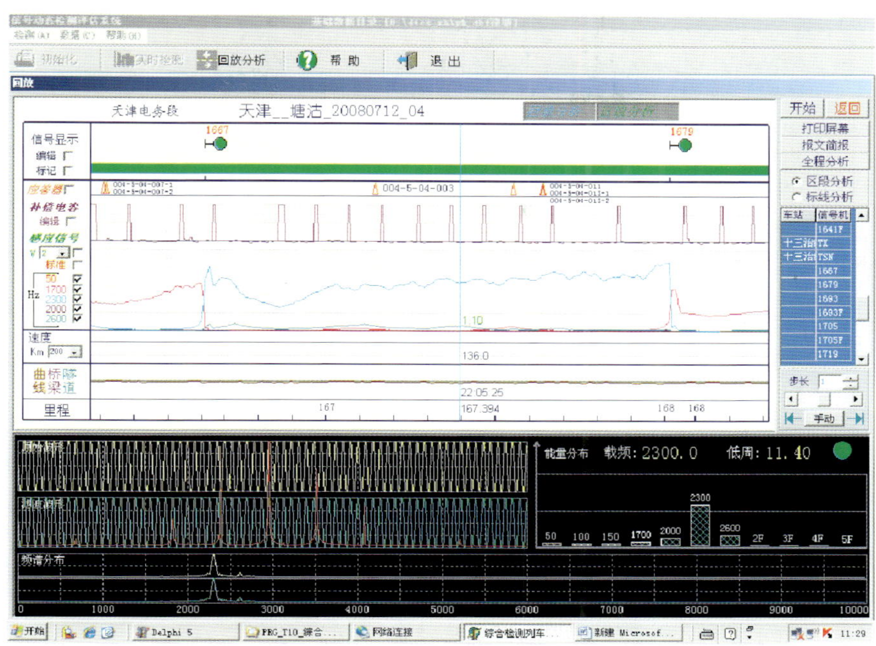

（d）对补偿电容失效或丢失检测界面（北京局天津电务段管内1667G C2、C11电容失效）

图 8-6-199　京津城际轨道电路检测图（三）

（2）牵引回流检测见图 8-6-200。

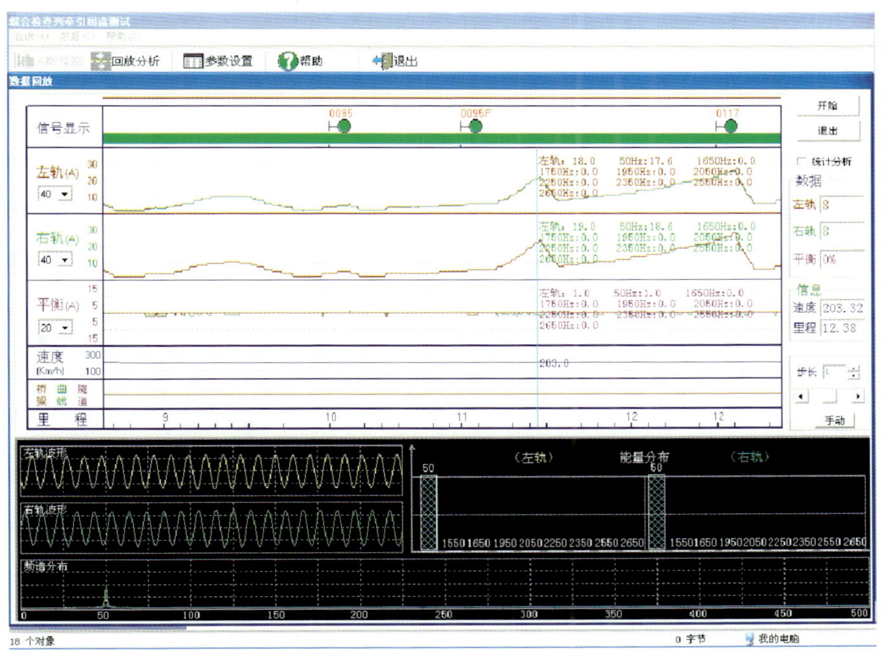

（a）轨面牵引回流检测界面（电力牵引在轨道电路左右两轨产生电流的大小）

图 8-6-200　京津城际牵引回流检测图（一）

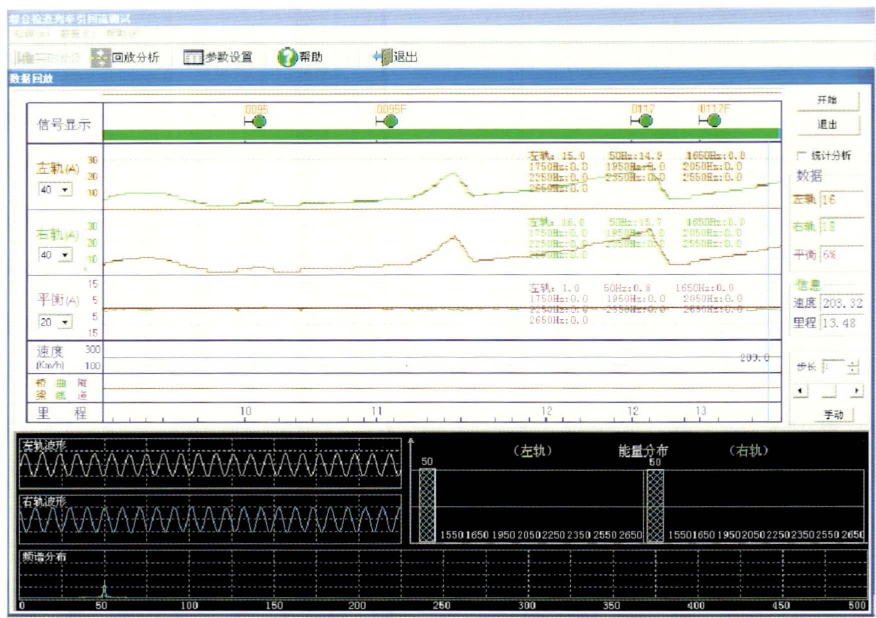

(b)牵引回流不平衡检测分析界面

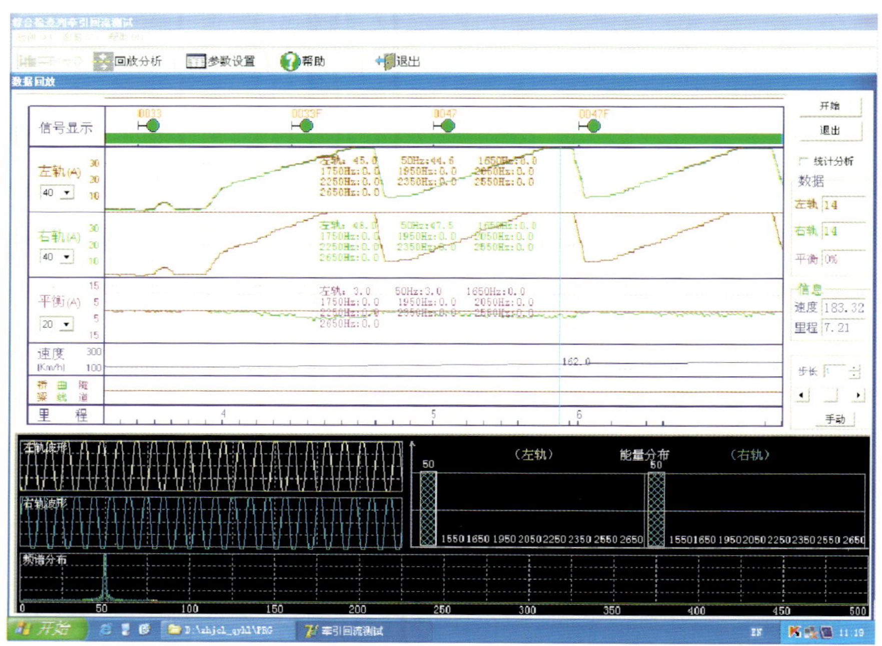

(c)牵引回流谐波检测界面(电力牵引在轨道电路载频周围奇次谐波干扰分量)

图 8-6-200　京津城际牵引回流检测图(二)

(3)应答器检测见图 8-6-201。

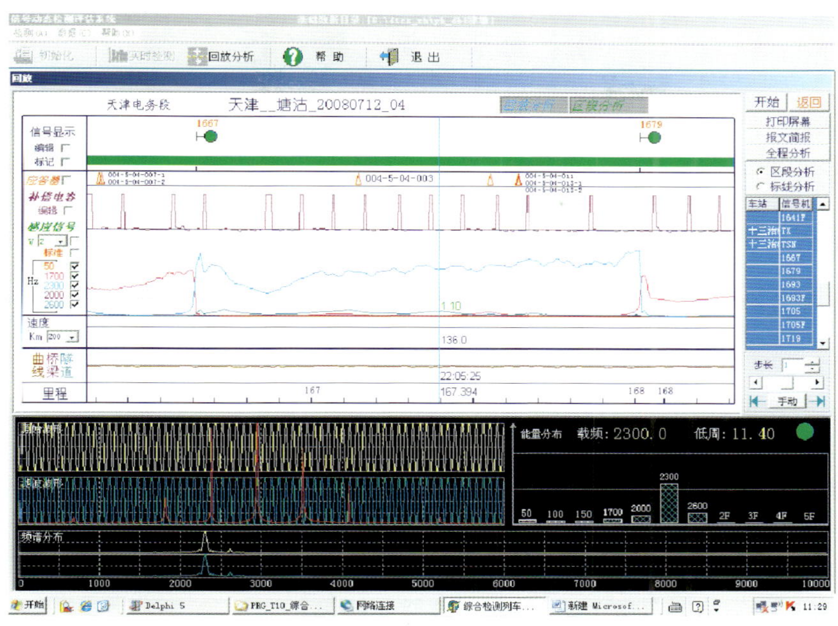

(a)应答器绝对位置和应答器与信号机相对位置检测

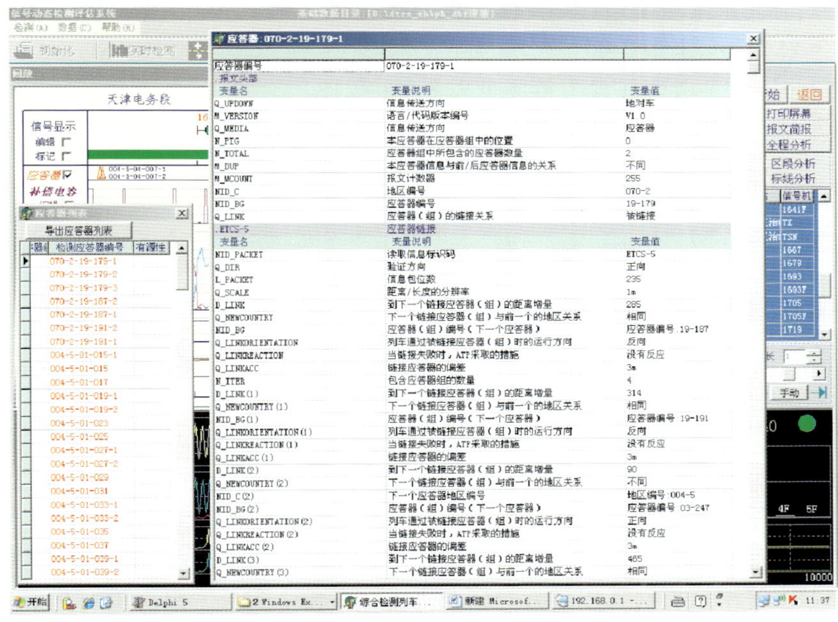

(b)应答器检测报文列表及报文详细内容解析结果

图 8－6－201　京津城际应答器检测图

2. 信号检测系统数据分析

通过在京津城际的调试运行，信号检测系统已经基本具备了检测能力，主要性能和技术指标满足高速综合检测列车信号检测系统的技术指标要求。该检测系统是根据我国客运专线列车运行控制系统的特点和功能需求，自主开发和集成的信号检测系统。实现了时速 250 km 对地面轨道电路、CTCS－3D高速列车点式应答器、补偿电容、牵引回流、CTCS－2 级车载 ATP 工作状态等 20 种测量参数的动态实时检测，并通过综合分析对信号设备运用质量进行统计分析和等级评定，及时准确地指导养护和维修。

第十七节 试　运　行

试运行是线路及各项设备调试完成后，为正式运营做各项技术准备的重要阶段，包括运行图参数测试、设备故障模拟和突发事故应急处理试验、按图行车试验等内容。京津城际铁路试运行从2008年7月1日开始，至7月30日结束。测试人员在车上、车站咽喉、调度所记录数据，并选择具有代表性的数据进行分析。

一、运行图参数测试

运行图参数主要包括全程运行时分，本线追踪列车间隔时分，具有敌对进路的列车先到后发、先发后到间隔时间，起停车附加时分，列车先到后通、先通后发、先发后通间隔时间，司机换端作业时间，站台排污作业时间等。

1. 全程运行时分

全程运行时分是指列车由始发站运行至终到站不停车通过区间各站所需的运行时分。考虑到CRH_2、CRH_3型动车组的牵引、制动性能不同，上、下行方向线路情况存在差异，因此对CRH_2、CRH_3型动车组的全程及各区间运行时分按上、下行分别进行分析。

(1)CRH_2型动车组下行方向

① 咽喉占用时间，北京南站出站占用咽喉时间参考值为1′56″，天津站进站占用咽喉时间参考值为2′46″，合计4′42″。北京南站出站占用咽喉时间参考范围下限1′39″、上限2′36″，天津站进站占用咽喉时间参考范围下限2′36″、上限3′05″。

② 各站间运行时分，参考值及参考范围见表8－6－212。

表8－6－212　CRH_2型动车组下行方向各站间运行参考值

	北京南—亦庄	亦庄—永乐	永乐—武清	武清—南仓	南仓—天津
参考下限	6′52″	4′16″	6′20″	4′33″	6′44″
参考值	7′06″	4′26″	6′30″	4′41″	6′52″
参考上限	7′38″	5′24″	6′54″	5′10″	7′44″

注：参考上限是即使列车在某一站间以上限参考值运行时，仍有可能通过在其他站间的赶点实现全程运行在30 min以内，并不能代表列车各站间按此上限运行时可达到30 min以内。

③ 全程运行时分，根据各站间运行时分参考值进行确定，下限为28′45″，参考值为29′35″。

(2)CRH_2型动车组上行方向

① 咽喉区占用时间，天津站出站占用咽喉时间参考值为2′38″，北京南进站占用咽喉时间参考值为2′16″，合计4′54″。天津站出站占用咽喉时间参考范围下限2′25″、上限2′57″，北京南站进站占用咽喉时间参考范围下限2′01″、上限2′54″。

② 各站间运行时分，参考值及参考范围见表8－6－213。

表8－6－213　CRH_2型动车组上行方向各站间运行参考值

	天津—南仓	南仓—武清	武清—永乐	永乐—亦庄	亦庄—北京南
参考下限	5′58″	4′47″	6′21″	4′08″	6′44″
参考值	6′09″	4′57″	6′36″	4′18″	7′39″
参考上限	6′56″	5′04″	6′51″	5′21″	8′22″

③ 全程运行时分，根据各站间运行时分参考值进行确定，下限为27′58″，参考值为29′39″。

(3)CRH3 型动车组下行方向

① 咽喉区占用时间，北京南站出站占用咽喉时间参考值为 1′56″，天津站进站占用咽喉时间参考值为 2′44″，合计 4′40″。北京南站出站占用咽喉时间参考范围下限 1′41″、上限 2′16″，天津站进站占用咽喉时间参考范围下限 2′39″、上限 3′00″。

② 各站间运行时分，参考值及参考范围见表 8－6－214。

表 8－6－214　CRH3 型动车组下行方向各站间运行时分参考值

	北京南—亦庄	亦庄—永乐	永乐—武清	武清—南仓	南仓—天津
参考下限	6′55″	4′12″	6′18″	4′17″	6′29″
参考值	7′05″	4′29″	6′42″	4′33″	6′47″
参考上限	7′24″	4′57″	7′04″	5′07″	7′53″

③ 全程运行时分，根据各站间运行时分参考值进行确定，下限为 28′11″，参考值为 29′36″。

(4)CRH3 型动车组上行方向

① 咽喉区占用时间，天津站出站占用咽喉时间参考值为 2′32″，北京南站进站占用咽喉时间参考值为 2′11″，合计 4′43″。天津站出站占用咽喉时间参考范围下限 2′28″、上限 2′46″，北京南进站占用咽喉时间参考范围下限 1′58″、上限 2′31″。

② 各站间运行时分，参考值及参考范围见表 8－6－215。

表 8－6－215　CRH3 型动车组上行方向各站间运行时分参考值

	天津—南仓	南仓—武清	武清—永乐	永乐—亦庄	亦庄—北京南
参考下限	5′54″	4′41″	6′24″	4′11″	7′18″
参考值	6′06″	4′56″	6′40″	4′17″	7′38″
参考上限	6′41″	5′27″	6′55″	4′28″	7′54″

③ 全程运行时分。根据各站间运行时分参考值进行确定，下限为 28′28″，参考值为 29′37″。

数据分析说明 CRH2 和 CRH3 型动车组上、下行方向全程运行时分均可以达到 30 min 之内。

2. 本线列车追踪间隔时间

在自动闭塞区段，一个站间区间内同方向可有两列或者两列以上列车，以闭塞分区间隔运行，称为追踪运行。追踪运行列车之间的最小间隔时间，称为列车追踪间隔时间 I。京津城际铁路试运行的追踪间隔在 2′00″～5′00″之间，测试数据中列车追踪各阶段最小的列车追踪间隔时间如表 8－6－216。

表 8－6－216　列车最小追踪间隔时间实测表

	方向	出发追踪间隔	区间追踪间隔	到达追踪间隔
实测最小值	下行	2′24″	2′05″	2′10″
	上行	2′02″	2′16″	2′46″

通过实测数据分析出发追踪间隔时间、区间追踪间隔时间、到达追踪间隔时间的最小值及两列车全程追踪间隔时间可知，最小列车追踪间隔时间具备 3′00″的设计目标。

3. 其他参数测试

试运行中还对具有敌对进路的先到后发和先发后到间隔时间，起停车附加时分，到通、通发、发通间隔时间，司机换端作业时间，站台排污作业时间进行了测试分析，提出参数标准值。

(1)具有敌对进路的先到后发和先发后到间隔时间：当存在敌对进路时，建议北京南站和天津站先到后发间隔时间取 0～0′13″，先发后到间隔时间取 5′00″。

(2)起停车附加时分：建议亦庄站和武清站起车附加时分为3′00″，停车附加时分为2′00″。

(3)先到后通、先通后发、先发后通间隔时间：中间站先到后通间隔时间为2′00″，到通列车前方站先发后通间隔时间为4′00″；中间站先通后发间隔时间为1′00″。

(4)司机换端作业时间：CRH_2 和 CRH_3 型动车组司机换端作业时间为8′00″。若两列重联，司机换端作业时间建议取值10′00″。

(5)站台排污作业时间：单个工作人员吸污时，建议站台排污作业时间取值14′00″；由两个工作人员吸污时，建议站台排污作业时间取值7′00″。

二、故障模拟试验

在试运行故障模拟试验阶段，设置典型故障场景进行模拟演练，有效检验京津城际铁路系统的故障处理能力，尽早发现问题清除隐患，提高系统在设备故障或恶劣气象条件下的快速反应和协作处理的能力，确保运营安全。

典型故障模拟场景包括动车组制动单元故障、动车组控制系统中断、设置临时限速、中间站道岔或转辙机故障、区间正线地面应答器连续丢失、引导信号接发车、上下行线反方向行车、大风报警信息处理、接触网失电造成区间列车全部停车等。故障处理流程如下：

1. 动车组制动单元故障模拟

(1) 由随车机械师关闭1、3、5、7车运行配电盘“供给阀”，司机在运行监控器上发现制动故障后，向列车调度员汇报动车组制动单元发生故障；

(2)列车调度员接到动车组制动单元故障报告后，根据司机请求发布限速运行的调度命令，限速120 km/h；

(3)司机根据调度命令行车；

(4)由随车机械师开通1、3车运行配电盘“供给阀”，司机向列车调度员汇报动车组制动单元发生故障；

(5)列车调度员根据司机汇报，发布限速运行的调度命令，限速200 km/h；

(6)由随车机械师开通5、7车运行配电盘“供给阀”，司机向列车调度员汇报动车组制动单元故障排除，可以正常运行；

(7)列车调度员发布恢复列车正常运行的调度命令；

(8)司机根据调度命令行车。

2. 动车组控制系统中断故障模拟

(1)司机向列车调度员汇报，CRH_3 型动车组控制系统传输故障，请求使用紧急模式运行；

(2)列车调度员根据司机请求发布调度命令，使用紧急模式运行，限速80 km/h；

(3)司机根据调度命令行车；

(4)列车到达天津站后恢复正常。

3. 设置临时限速模拟

(1)由列车调度员根据试验情况，每日分别在上下行线设置临时限速；

(2)司机按限速行车；

(3)试验结束后取消。

4. 中间站道岔或转辙机故障

(1) 调度员发现道岔或转辙机故障，封锁该区段，临线限速运行，并同时命令相关司机不得进入；

(2)司机按列车调度员的命令行车；

(3)列车调度员通知有关工务、电务和车务部门检查有关设备情况；

(4)工务、电务和车务部门检查有关设备情况；

(5)列车调度员得到工务、电务和车务部门检查有关设备故障排除、设备状况良好的汇报后，恢复

正常行车；

(6)司机按列车调度员的命令行车。

5. 区间正线地面应答器连续丢失

(1) 由电务处在确认列车开行前向调度所京津城际台申请要点(约40 min),拆除应答器；

(2)列车调度员同意申请,并封锁该区段,临时限速160 km/h；

(3)电务处在得到列车调度员的准许后,通知北京局工务机械段拆除应答器；拆除后汇报列车调度员,列车调度员开通该区间；

(4)司机发现应答器丢失,汇报列车调度员；

(5)列车调度员发布列车运行的调度命令,并通知电务部门；

(6)司机按照列车调度员的命令行车；

(7) 电务部门申请上线检查安装应答器；

(8)列车调度员同意申请,发布调度命令封锁该区段,临线限速160 km/h；

(9) 电务部门上线检查安装应答器,汇报列车调度员设备恢复正常；

(10)列车调度员发布调度命令,恢复正常行车；

(11)司机按列车调度员的命令行车。

6. 引导信号接发车

(1) 因设备故障某站需要使用以引导信号接车时,列车调度员确认进路正确后,开放引导信号,列车凭引导信号进站；

(2)因设备故障某站需要以引导信号发车时,列车调度员确认进路正确后,开放引导信号,列车凭引导信号出站。

7. 上下行线反方向行车

(1) 发生设备故障灾害,正方向不能行车需反方向行车时,列车调度员立即向调度所值班主任汇报；

(2)值班主任准许反方向行车,列车调度员向司机发布调度命令“准××次在××站至××站间利用×行线反方向运行”；

(3)确认区间空闲后,列车调度员开放出站信号,列车凭信号进入区间。

8. 大风报警信息处理模拟

(1) 列车调度员接到大风报警信息后,立即向铁路局有关处室报告；

(2) 列车调度员在CTC上发现大风警报信息,需立即通过防风检测报警系统进行确认,确认报警点坐标和限速值后,立即拟写调度命令向列车发布；如来不及时,呼叫有关司机按要求降速运行(限速值为120、200、300 km/h)。

9. 接触网失电造成区间列车全部停车故障模拟

(1) 9:30 亦庄变电所213号馈线开关跳闸重合失败,故障指示JJK46+677、电流2500A；

(2)供电调度员通知列车调度员JJK19+743~JJK48+667下行接触网停电,并通过列车调度员了解车站、机车、电网有无异常；

(3) 通知接触网工区做好抢修准备；

(4)根据了解收集的信息,决定强送电,亦庄变电站213号馈线强送失败；

(5)通知永乐工区出动按故标指示查找故障点,故标指示JJK46+677,到达现场后及时与电调联系；

(6)通知列车调度员213号馈线强送电失败,JJK19+743~JJK48+667下行接触网停电,与列车调度员办理邻线限速160 km/h手续,通知有关部门及领导；

(7) 与列车调度员联系做好停电抢修的准备工作(213号馈线停电)；

(8)根据永乐工区汇报已到达现场要求上道,与列车调度员办理邻线列车限速160 km/h,通知其工区注意瞭望避让列车，查找故障点；

(9)永乐工区汇报 JJK46 +256 km 处接触网断线；

(10)与列车调度员办理214号馈线停电手续；

(11)亦庄变电所214号馈线停电；

(12)电调发布×××号命令批准工区开始故障抢修；

(13)永乐工区消×××号命令故障抢修完毕具备送电条件；

(14)亦庄变电所213号、214号馈线送电成功；

(15)通知列车调度员亦庄变电所213号、214号馈线送电，JJK19 +743 ~ JJK48 +667 上下接触网有电可以开行列车；

(16)通知有关部门和领导抢修完毕，接触网送电。

故障模拟试验过程中，分别在调度所、故障模拟列车设置试验人员，全程跟踪记录试验过程和数据。试验表明，列车调度员、司机、随车机械师等相关人员处理故障迅速有序，列调下达命令及时准确，司机、随车机械师处理程序标准规范，彼此沟通协作情况良好。通过故障模拟演练，相关人员熟悉了典型故障下的处理流程，积累了处理故障的经验，同时在演练中也检验了系统功能，达到了设备故障模拟的试验目的。

三、突发事故应急预案演练

试运行突发事故应急预案演练阶段，模拟突发性事故，进行人员疏散、应急救援、抢险维修等方面的综合演练，可有效地检验各相关单位应急保障能力，检验应急预案处理流程的可操作性，强化应急救援的规范性，积累突发事故应急救援经验，为制定科学合理的应急救援方案提供技术依据。

突发事故模拟场景为动车组在高架桥上发生事故（因自然灾害、行车事故或火灾、破坏等突发性事故），造成列车失去动力、危及旅客安全、需要组织疏散和救援。演练内容包括：车厢发生火灾，采取措施灭火；救生梯疏散旅客；邻线救援疏散旅客；脱险车厢复位。其中采取动车组邻线救援方式进行旅客救援是演练重点。

突发事故应急演练标准流程为：

(1)由北京南站开行 CRH_2 型动车组，由客运处负责组织若干客运人员模拟旅客，由专人带队登车，动车组行至 JJK26 +000 处停车。司机向调度员报告："D5002 次在 JJK26 +000 处发生火灾（爆炸）事故，第4号车辆脱轨，无人员伤亡，不影响邻线行车"。

(2)在第4号车厢模拟火灾，司乘人员按照《京津城际动车组火灾事故应急处理程序》紧急处置。

(3)调度员安排向另一线开行动车组，采取过渡板紧急疏散旅客；同时演练通过疏散楼梯将旅客疏散至桥下。

(4)演练过程中，分别在调度所、救援列车、事故列车设置试验人员，全程跟踪记录试验过程和数据。从实际记录情况来看，试验过程演练了车厢灭火、救生梯疏散、邻线救援、脱线车厢复位等多个环节，检验了应急预案各个流程的实际可操作性，明确了相关单位、人员的岗位职责，检验了协作处理突发事故的能力，使行车、司乘、调度等人员熟悉应急预案的处理流程和操作规范，使现场救援人员熟悉了消防、救生等设备的使用。整个演练过程应对及时、流畅有序、分工明确，各单位配合默契，疏散旅客安全及时，处理措施得当，达到了应急救援演练效果。

第七章　总　结　论

一、牵引供变电系统

供变电系统调试表明，牵引取流负荷特性，变电所、分区所的电压水平、谐波、功率因数，引入电源

供电系统的背景电压波动、背景谐波电压、负序电压水平等参数均满足相关标准要求，供变电系统的性能、供电能力以及变电所引入电源的电能质量满足动车组运营速度 350 km/h 的要求，可实现3 min最小追踪间隔运行要求。

二、接触网系统

接触线拉出值、一跨内接触线高差、抬升量最大值符合现行接触网设计文件和相关标准的规定，接触网性能稳定，满足动车组受电弓的安全运行；弓网动态接触力、离线、硬点等弓网受流性能和接触线动态高度等参数符合试验大纲标准要求。

京津城际铁路的接触网能够满足动车组 350 km/h 的运营要求。

三、通信系统

通过对京津城际铁路的调度通信系统、GSM－R、传输系统、数据网、救援指挥通信系统、视频监控系统、自动电话等项目进行系统调试后，通信系统符合客运专线铁路通信工程相关文件、标准与规范的要求，满足 350 km/h 速度及以下的话音和数据通信要求。

四、信号系统

通过 CTCS－3D 列控系统、联锁系统、CTC 系统、TCC 系统、轨道电路系统等的功能、接口关系及性能充分的系统调试，以及跨线列车列控车载设备的适应性试验，京津城际铁路信号系统满足相关技术规范和本线动车组最高速度 350 km/h、全程直达运行 30 min、最小追踪间隔 3 min 的设计目标，满足 250 km/h 跨线列车的运营要求。

五、客运服务系统

客运服务系统调试结果表明，京津城际铁路 TRS5.0（改造版）、自动售票系统、自动检票系统、旅客服务集成管理平台、广播系统、导向揭示系统、查询系统、求助系统、寄存系统、时钟同步系统、磁性窗口制票机、磁性站台票发售机和客运服务通信网络的主要功能和性能符合设计和相关标准要求。

六、综合接地

综合接地系统的测试表明，综合地线接地电阻、桥梁结构接地电阻、接续电阻均满足设计要求；钢轨电位和轨旁设施电位在正常、长期情况均满足相关标准要求，相邻追踪列车产生的钢轨电位和牵引回流在测试点不会产生叠加现象。

京津城际铁路综合地线系统能够为各专业轨旁设施提供可靠的低阻、等电位接地连接，满足 350 km/h动车组运营需求。

七、电磁兼容性

动车组以 350 km/h 及以下速度运行时，车内外电磁环境和信号设备受到的电磁干扰等电磁兼容性符合相关国际和国家标准的要求。

八、环境噪声、振动及声屏障测试

距线路外轨中心线 30 m 处，铁路边界噪声满足《铁路边界噪声限值及测量方法》要求；距离铁路外侧轨道中心线 30 m 以外区域可满足《城市区域环境振动标准》中铁路干线两侧环境振动标准要求。

九、路基及过渡段

路基实测动应力和动变形均未超过控制路基剪应变条件下的限值，路基基床不会因列车动荷载的作用产生累积变形，过渡段路基综合刚度过渡较为均匀，京津城际铁路的路基在列车荷载作用下具有足够的动刚度，动力性能良好，能够满足 350 km/h 动车组运行的安全性和平稳性要求。

十、轨道结构

350 km/h 及以下速度 CRH_2－300 型和 CRH_3 型动车组的空、重车以各种速度通过轨道结构工点时，脱轨系数、轮重减载率和轮对横向力均在安全限值以内；无砟轨道扣件系统能较好保持轨道状态，结构稳定性和动力平顺性较好，轨道结构部件具有足够的强度储备。

无砟轨道的轨道部件强度、结构稳定性能满足动车组以350 km/h速度运行的安全性和平稳性要求。

十一、道　　岔

在直向过岔速度350 km/h 及以下和侧向过岔速度80 km/h 时，18 号道岔的安全性指标，动车组过岔平稳性指标，岔区轨道结构及其部件的强度、变形，转换和监测设备性能均符合相关技术条件和标准要求，能够满足动车组直向 350 km/h、侧向 80 km/h 过岔安全性和平稳性要求。

十二、桥　　梁

CRH_2－300 型和 CRH_3 型动车组的空、重车以各种速度通过桥梁工点时，桥梁的自振特性和动力响应（竖横向自振频率、阻尼比、动力系数、挠跨比、梁端转角、支座竖横向动位移、竖横向振幅、强振频率、竖横向振动加速度、梁缝两侧钢轨支点横竖向相对位移）测试结果表明，京津城际铁路桥梁横、竖向刚度均满足相关规范和设计文件要求，能够满足 350 km/h 动车组运行安全性和平稳性的要求。

十三、动车组动力学、牵引制动和空气动力学性能

CRH_2－300 型、CRH_3 型动车组以 350 km/h 运行时，动力学性能符合试验大纲的要求；牵引性能、网压适应能力均满足技术条件要求；动车组 350 km/h 及以下速度级常用制动、紧急（快速）制动距离均满足《京津城际铁路技术管理暂行办法》和《铁路技术管理规程》要求；空气动力学性能满足列车安全运行及旅客乘坐舒适度要求。

CRH_2－300 型与 CRH_3 型动车组在京津城际铁路能够满足350 km/h运行的要求。

十四、轨道状态

京津城际铁路轨道几何状态满足《客运专线 300～350 km/h 轨道不平顺管理值审查意见》（科技基［2008］65 号）的要求。区段轨道 TQI 平均值满足《客运专线 300～350 km/h 轨道不平顺管理值审查意见》（科技基［2008］65 号）轨道质量指数 TQI 管理值 5.0 的要求。

十五、防灾安全监控系统

测试结果表明，在模拟大风的条件下，大风报警系统能够根据不同等级的风速数据，及时发出相应的列车限速报警提示；在模拟落物报警的条件下，落物报警系统能够及时产生报警信息，并通过与列控系统的接口控制列车停车。

京津城际铁路防灾安全监控系统的大风监测和落物监控功能满足系统设计要求。

十六、高速综合检测列车

通过实验室功能验证、环行线的重复性试验、京津城际铁路的动态调试和检测运行，轨道、接触网、轮轨力、通信、信号和综合系统具备了主要检测功能，总体检测运行情况良好，满足高速综合检测列车技术条件要求，能够承担京津城际铁路周期性检测工作。

十七、试　运　行

京津城际铁路通过1个月的试运行，设备运行状态逐步运转正常；调度指挥、司乘及运营人员、维护人员具有了日常运输组织、管理、维护的能力和经验，熟悉了设备故障处理及应急救援的操作程序和方法。京津城际铁路已实现动车组最高350 km/h运行速度、全程直达30 min运行时间、列车3 min最小追踪间隔的设计目标。

十八、总　　结

京津城际铁路是我国建设的第一条最高运营速度350 km/h的城际高速铁路，采用了大量技术创新成果，并按照系统集成的模式进行建设，是一项庞大的系统工程。为全面检验京津城际铁路各系统功能、接口匹配关系、整体运行性能、安全性及环境保护等技术方案，在铁道部组织下开展系统调试及试运行工作，对建设目标进行确认。

系统调试包括供变电系统、接触网系统、通信系统、信号系统、客运服务系统的调试；综合接地，电磁兼容性，环境振动、噪声及声屏障，路基及过渡段、轨道、道岔、桥梁等动力性能，防灾安全监控系统测试；动车组动力学性能、牵引制动、空气动力学性能试验和轨道几何状态检测等，系统地验证京津城际铁路本线350 km/h动车组与跨线250 km/h动车组高速运行各方面的关键技术。

试运行包括运行图参数测试、设备故障模拟和突发事故应急处理试验、按图行车试验，通过试运行全面验证固定设备和移动设施满足运营要求及应对各种非正常行车的能力，检验运行图、运行能力、行车组织、信号等相关参数的适应性；使运营人员掌握设备使用、操作规程、故障处理规程和维修规程，提高突发事件应对能力和应急救援和指挥水平，为优化设备配置、提高设备性能、制定科学合理的运输组织方案和应急救援方案提供技术依据。

京津城际铁路系统调试和试运行，测试、评价了京津城际铁路各系统设计的先进性，全面验证了京津城际铁路系统的运行安全性、稳定性、舒适性、运输能力与技术、经济合理性。

京津城际铁路已具备本线350 km/h动车组和跨线250 km/h动车组运行、列车最小追踪间隔3 min、全程直达30 min的运营条件，其技术先进、安全可靠、节能环保，能够满足开通运营的要求。

附录：专业名词简称及中英文对照

简　称	英文全称	中文全称
A&E	Analyze & Estimate	分析评价
AC	Alternating Current	交流
ACAT	Automatic Change of Autotransformer Feeder	自耦变备自投功能
ACC	Area Control Computer	区域控制计算机
ACFS	Automatic Change of Feeding Source	所用电备自投功能
ADM	Add - drop Multiplexer	分插复用
ADM 服务器	Administration Server	管理服务器
ALC	automatic level control	自动电平控制
AMS	Application Manage Service	应用管理服务器
ASO	Automatic Switch Over	主变备自投功能
AT	Autotransformer	自耦变压器
ATS	Auto - Transformer Station	自藕所
BCCH	Broadcast Control Channel	广播控制信道
BGP	Border Gateway Protocol	边界网关协议
BLS	Baggage Locker System	寄存系统
BSC	Base Station Controller	基站控制器
BTS	Base Ttansciver Station	基站收发台
BTS	Base Transceiver Station	基站收发台
CAN	Controller Area Network	控制器局域网
CCG	Content Charging Gateway	内容计费网关
C - COM	Central Communication Administration Server	协议转换器通信服务器
C - CON	Central Converter	协议转换器服务器
CDR	Calling Detail Records	呼叫详细记录
CFBUSY	Call Forwarding Busy	遇忙呼叫前转
CFG 桩	Cement Fly - ash Gravel pile	水泥粉煤灰碎石桩

CFU	Call Forward Unconditional	无条件呼叫前转
CIR	Cab Integrated Radio	机车综合通信设备
CLK	Clock System	时钟系统
C - LOW	Central Local Operation Workstation	中心本地操作工作站
CMMS	Computerized Maintenance Management System	计算机化维护管理系统
COM 服务器	Communication Administration Server	通信服务器
CP	Communication Processor	通信处理器
CPⅢ	Control Panel Ⅲ	基桩控制网
CPU	Central Process Unit	中央控制器
CRC	Cyclic Redundancy Check	循环冗余校验
CRH	China Railsway High Speed	动车组
CRM	Customer Relation Management	客户关系管理
CRTS II	China Railway Technology System II	II 型板式无砟轨道型号
CS	Cab signaling	机车信号模式(CS)
CSM	Centralized Signal Monitoring system	信号集中监测系统
CTC	Centralized Traffic Control	调度集中
CTCS - 3D	China Train Control System - 3D	列车运行控制系统
D&T	Dispatching & Train graph	调度命令与运行图工作站
DC	Direct Current	直流
DIMO	Diagnostic Module	诊断模块
DLP	Digital Light Processing	数字光处理技术
DMI	Driver Machine Interface	司机台人机界面
DNS	Data Network System	数据网
DO	Digital Output	数字输出接口
DTMF	Dual Tone Multi Frequency	双音多频
ECC - CU	Element Control Computer, Control Unit	逻辑运算单元
ECT	Explicit Call Transfer	清晰呼叫转移
EMS	Element Management System	设备管理系统
FE	fast Ethernet	快速以太网
FEP	Front End Processor	前端处理器

FS	Full Supervision	完全监控模式(FS)
GCR	Group Call Register	组呼寄存器
GE	Gigabit Ethernet	1000 M 传输速率的以太网
GGSN	Gateway GPRS Support Node	GPRS 网关支持节点
GIS	Gas Insulation Switchgear	气体绝缘开关柜
GPH	General Purpose Handset	通用手持台
GPRS	General Packet Radio Service	通用分组无线业务
GRIS	GPRS Interface Server	GPRS 接口服务器
GROS	GPRS Home Server	GPRS 归属服务器
GS	Green System	投诉系统
GSM - R	Global System for Mobile Communication for Railway	铁路专用全球移动通信系统
HLR	Home Location Register	本地位置寄存器
HMI 服务器	Human Machine Interface 服务器	人机界面服务器
HP	Help Point	求助点
HP TeMIP	Hewlett - Packard Telecommunication management Information Platform	惠普电信管理平台
I/O	Input/Output	输入/输出
IIC	Interlocking and Interface Component	联锁和接口单元
IMP	Integration Management Platform	集成管理平台
IMSI	International Mobile Subscriber Identity	国际移动用户识别码
IN	Intelligent Network	智能网
INMS	Integrated Network Management System	综合化集中告警系统网管
INOM	Input/Output module	输入/输出模块
IP	Internet Protocol	互联网协议
IS	Inquire System	查询系统
IS	Isolation	隔离模式(IS)
ISDN	Integrated Services Digital Network	综合业务数字网
IWF	Interworking Founction	网络互连功能
JJDPL	Jingjin Dedicated Passenger Line	京津城际客运专线
JRU	Juridical Recorder Unit	司法记录器

LAN	Local Area Network	本地局域网
LCD	Liquid Crystal Display	液晶显示器
LED	Light Emitting Diode	发光二极管
LEU	Lineside Equipment Unit	地面电子单元
Linux	Linux	一种计算机操作系统
LoadRunner	LoadRunner	一种应用软件性能测试工具
LOW	Local Operation Workstation	本地操作工作站
MMI	Man Machine Interface	人机界面
MPEG	Moving Picture Expert Group	运动图像专家组
MPLS	Multiprotocol Label Switching	多协议标签交换
MSC	Mobile Switching Center	移动业务交换中心
MSISDN	The Mobile Station ISDN number	移动站点综合服务数字编码
MSTP	Multiple Servise Transport Platform	基于 SDH 的多业务传输平台
MVB	Multi – Vehicle Bus	多功能车辆总线
NE	Network Element	网元
NMS	Network Management System	网络管理系统
NNI	Network Node Interface	网络 – 网络接口
NTP	Network Time Protocol	网络时间协议
NVR	Network Video Recorder	网络视频存储服务器
OCC	Operitions Control Center	运营调度中心
OMC	Overhead Management Component	接触网管理单元
ONU	Optical Network Unit	光网络单元
OPH	Operational Purpose Handset	操作手持台
OS	On Sight	目视行车模式(OS)
OSPF	Open Shortest Path First	开放式最短路径优先
OTDR	Optical Time Domain Reflectometer	光时域反射仪
PA	Public Address	广播
PABX	Private Automatic Branch eXchange	自动小交换机
PAL	Phase Alternating Line	逐行倒相
PCM	Pulse Code Modulation	脉冲编码调制
PCU	Package Control Unit	分组控制单元
PDH	Plesiochronous Digital Hierarchy	准同步数字体系

PDP	Plasma Display Panel	等离子显示器
PIS	Public Information System	导向揭示系统
POM4	Point Operating Module	转辙机操作模块
PSTN	Public Switched Telephone Network	公共电话交换网络
PT	Platform Ticket	站台票发售
PTZ	Pan/Tilt/Zoom	云台的上下左右全方位控制和镜头的变焦变倍控制
PWR	Power	电源板
QoS	Quality of Servise	服务质量
R&A	Research & Analyze	市场调查与分析预测
RAMS	Reliability, availability, maintainability, safety	系统可靠性、可用性、可维护性、安全性
RC	Return Conductor	回流线
RGB	Red/Green/Blue	三原色光模式
RIS	Resistors	电阻
RS232		一种串行接口
RTU	Remote Terminal Unit	远程终端单元
S&D	Service & diagnostic	服务和诊断系统
S/N	signal to noise (ratio)	信噪比
SB	Stand By	待机模式(SB)
SCADA	Supervisory Control And Data Acquisition	电力远动控制系统
SCADA	Supervisory Control and Data Acquisition	监督控制和数据采集
S - CON	Station Converter	车站协议转换器
SCP	Service Control Point	业务控制点
SDH	Synchronous Digital Hierarchy	同步数字体系
SGSN	Servise GPRS Support Node	GPRS 业务支持节点
SH	Shunting	调车模式(SH)
SIM	Subscriber Identity Module	用户识别卡
SMB	Stop Marker Boards	停车标志牌
SNMP	Simple Network Management Protocol	简单网络管理
SR	Staff Responsible	引导模式(SR)

SSP	Switching Post	开闭所
SSP	sub - section post	开闭所
STM - 16	Synchronous Transfer Module - 16	SDH 体系中的同步传输模块之一,传输速率为 2.5 G/s
T&S	Training and simulation	培训仿真系统
TCC	Train Control Center	列控中心
TCR	Track Circuit Reader	轨道电路读取器
TDCS	Train operation Dispatching Command System	列车调度指挥系统
TGI	Train graph indication	运行图
TPS	Traction Power Supply	牵引供电
TQI	track quality index	轨道质量指数
TRAU	Transcoding&Rate Adaptation Unit	码型变换和速率适配器
TRS	Ticketing and Reservation System	中国铁路客票发售和预订系统
TRS5.0	Ticketing and Reservation System Version 5.0	中国铁路客票发售和预订系统 5.0 版本
TSR	Temporary Speed Restriction	临时限速
TSS	Traction Substation Sation	牵引变电所
TVM	Ticket Vending Machine	自动售票机
UNOM	Universal Operating Module	通用控制模块
USSD	Unstructured Supplementary Service Data	非结构化补充数据业务
VLAN	Virtual Local Area Network	虚拟局域网
VLR	Visitor Location Register	访问位置寄存器
VM	Video Monitor	视频监控
VMS	Virtual Memory System	虚拟内存系统
VPN	Virtual Private Network	虚拟专网
WBS	Work Breakdown Structure	工作分解结构
WIFI	Wireless Fidelity	无线保真
WLS	Wireless System	无线系统

参 考 文 献

[1] EN 50119. 铁路应用－固定设备,电力牵引架空接触网,欧洲标准[S].

[2] IEC 60850. 铁路应用－牵引供电系统的供电电压,国际电工委员会[S].

[3] EN 50124－1. 铁路应用 绝缘配合—第一部分:基本要求;电气和电子设备的绝缘距离和爬距,欧洲标准[S].

[4] EN 50124－2. 铁路应用 绝缘配合—第二部分:过电压和有关保护,欧洲标准[S].

[5] EN 50122－1. 铁路应用—固定设备—与电气安全和接地有关的保护措施,欧洲标准[S].

[6] EN 50121－2. 铁路应用—电磁兼容—第二部分:整个铁路系统对外界的辐射,欧洲标准[S].

[7] EN 50317. 铁路应用—集电系统—弓网动态关系的测量要求和有效性,欧洲标准[S].

[8] EN 50149. 接触线 CuMg0.5 AC－120,欧洲标准[S].

[9] DIN 48201－2. 青铜绞线承力索 Bz II 120;弹性吊索 Bz II 25,德国标准[S].

[10] IEC 62271－100. 高压开关设备和控制设备－第 100 部分:高压交流断路器,国际电工委员会[S].

[11] IEC 62271－102. 高压开关设备和控制设备－第 102 部分:高压交流隔离开关和接地开关,国际电工委员会[S].

[12] IEC 60076. 电力变压器,国际电工委员会[S].

[13] IEC 61000－4. 铁路设施—可靠性、可用性、可维护性、安全性(RAMS)规范和说明,欧洲标准[S].

[14] 中华人民共和国铁道部《客运专线铁路通信工程施工质量验收暂行标准》(铁建设[2007]251)[S]. 北京:中华人民共和国铁道部, 2008.

[15] GB/T 16814－1997.《同步数字系列(SDH)光缆线路系统测试方法》[S]. 北京:中国标准出版社,1997.

[16] GB/T 15941－1995.《同步数字系列(SDH)光缆线路系统进网要求》[S]. 北京:中国标准出版社,1995.

[17] TB 10219－99.《铁路光缆通信同步数字系列(SDH)工程施工规范》[S]. 北京:中国铁道出版社,1999.

[18] YD 5044－97.《同步数字系列(SDH)光缆传输设备安装工程验收暂行规定》[S]. 北京:北京邮电大学出版社,1999.

[19] YD/T 1238－2002《基于 SDH 的多业务传送节点技术要求》[S]. 北京:人民邮电出版社,2002.

[20] YD/T 1276－2003《基于 SDH 的多业务传送节点测试方法》[S]. 北京:人民邮电出版社,2003.

[21] YDN065－1997《邮电部电话交换设备总技术规范书》[S]. 北京:人民邮电出版社,1997.

[22] TB10222－2002《铁路通信光纤用户接入网工程施工规范》[S]. 北京:中国铁道出版社,2002.

[23] YD/T 1165－2001.《V5 接口互连互通测试技术要求》[S]. 北京:人民邮电出版社,2001.

[24]《铁路 GSM－R 数字移动通信工程施工质量验收暂行标准》(铁建设[2007]163 号)[S]. 北京:中国铁道出版社,2007 .

[25] YD/T910.4－1997.《900/1800MHz TDMA 数字蜂窝移动通信网移动应用部分(MAP)第二阶段

技术规范》[S]. 北京:人民邮电出版社,1999.

[26] YD/T 1212 - 2002《900/1 800 MHz TDMA 数字蜂窝移动通信网 No.7 ISUP 信令技术要求》[S]. 北京:人民邮电出版社,2002.

[27] YD/T 1213 - 2002《900/1 800 MHz TDMA 数字蜂窝移动通信网 No.7 ISUP 信令测试方法》[S]. 北京:人民邮电出版社,2002.

[28] YD/T 1105 - 2001《900/1 800 MHz TDMA 数字蜂窝移动通信网通用分组无线业务(GPRS)设备技术规范》[S]. 北京:人民邮电出版社,2001.

[29] YD/T 1105 - 2001《900/1 800 MHz TDMA 数字蜂窝移动通信网通用分组无线业务(GPRS)设备测试方法》[S]. 北京:人民邮电出版社,2001.

[30] YDN 025 - 1997.《900 MHz TDMA 数字蜂窝移动通信业务交换中心与基站子系统间接口信令测试规范第 1 单元:第一阶段测试规范》[S]. 北京:人民邮电出版社,1997.

[31] YD/T1209 - 2002.《900/1 800 MHz TDMA 数字蜂窝移动通信网业务交换点(SSP)设备技术要求(CAMEL2)》[S]. 北京:人民邮电出版社,2002.

[32] YD/T1210 - 2002.《900/1 800 MHz TDMA 数字蜂窝移动通信网业务交换点(SSP)设备测试方法(CAMEL2)》[S]. 北京:人民邮电出版社,2002.

[33] YD/T1211 - 2002《900/1 800 MHz TDMA 数字蜂窝移动通信网系统业务控制点(SCP)设备测试方法(CAMEL2)》[S]. 北京:人民邮电出版社,2002.

[34] YD/T1234 - 2002.《900/1 800 MHz TDMA 数字蜂窝移动通信网业务控制点(SCP)设备技术要求(CAMEL2)》[S]. 北京:人民邮电出版社,2002.

[35]《铁路 GSM - R 数字移动通信工程施工质量验收暂行标准》(铁建设[2007]163 号)[S]. 北京:中国铁道出版社,2007.

[36] YD/T 1057 - 2000.《900/1 800 MHz TDMA 数字蜂窝移动通信网基站子系统设备测试规范》[S]. 北京:人民邮电出版社,2000.

[37] YD/T 910.21 - 1998.《900 MHz TDMA 数字蜂窝移动通信网无线接口信令部分》[S]. 北京:人民邮电出版社,1998.

[38] YD/T 1214 - 2006《900/1 800 MHz TDMA 数字蜂窝移动通信网通用分组无线业务(GPRS)设备技术要求:移动台》[S]. 北京:人民邮电出版社,2006.

[39] YD/T 1215 - 2006《900/1 800 MHz TDMA 数字蜂窝移动通信网通用分组无线业务(GPRS)设备测试方法:移动台》[S]. 北京:人民邮电出版社,2006.

[40] 马羽. 模糊综合评价在深圳地铁一期工程联调系统可靠性研究中的应用[J]. 中国铁路,2005(1):55 - 58.

[41] 王桂强. 解释结构模型(ISM)在深圳地铁一期工程联调中的应用[J]. 城市轨道交通,2004(9):8 - 11.

[42] YDN055 - 1997.《900 MHz TDMA 数字蜂窝移动通信系统设备总技术规范》[S]. 北京:人民邮电出版社,1997.

[43] 吴娟. 南京地铁 1 号线一期工程系统总联调的进度控制[J]. 都市快轨交通,2005(4):17 - 21.

[44] YD/T1156 - 2001《路由器测试规范 - 高端路由器》[S]. 北京:人民邮电出版社,2001.

[45] YD/T 1141 - 2001《千兆比以太网交换机测试规范 》[S]. 北京:人民邮电出版社,2001.

[46] YD/T1170 - 2001《IP 网络技术要求》[S]. 北京:人民邮电出版社,2001.

[47] YDN 034.4 - 1997.《ISDN 用户 - 网络接口规范》[S]. 北京:人民邮电出版社,1997.

[48] YD/T954 - 1998.《数字程控调度机技术要求和测试方法》[S]. 北京:人民邮电出版社,1998.

[49] GB 50348 - 2004.《安全防范工程技术规范》[S]. 北京:中国标准出版社,2004.

[50] GB 50198 - 1994.《民用闭路监视电视系统工程技术规范》[S]. 北京:中国标准出版社,1994.

[51] GA 308 -2001.《安全防范系统验收规则》[S]. 北京:中国标准出版社,2001 .
[52] GA/T 367 -2001.《视频安防监控系统技术要求》[S]. 北京:中国标准出版社,2002 .
[53] TB/T 10034 -2005《铁路无人值守机房环境远程监控系统工程设计规范》[S]. 北京:中国铁道出版社,2005 .
[54] YD/T 1363. 4—2005《 通信局(站)电源、空调及环境集中监控管理系统[S]. 北京:人民邮电出版社,2005.
[55] 中华人民共和国铁道部,《客运专线铁路通信工程施工质量验收暂行标准》(铁建设[2007]251)[S]. 北京:中国铁道出版社,2008 .
[56] YD/T 1051 -2000《通信局(站)电源系统总技术要求》[S]. 北京:人民邮电出版社,2000.
[57] YD 5058 -98《通信电源集中监控系统工程验收规范》[S]. 北京:北京邮电大学出版社,1998.
[58] TB 10205 -99《铁路通信施工规范》[S]. 北京:中国铁道出版社,1999.
[59] GB/T13996 -1992.《光缆数字线路系统技术规范》[S]. 北京:中国标准出版社,1993 .
[60] YD/T5044 -2005.《SDH 长途光缆传输系统工程验收规范》[S]. 北京:北京邮电大学出版社,2005.
[61] GB/T50312 -2000.《建筑与建筑群综合布线系统工程验收规范》[S]. 北京:中国计划出版社,2000.
[62] 何其光. 广州地铁 1 号线的调试与联调[J]. 城市轨道交通研究,2001(4):1 -8.
[63] 张曙光. 超大型工程系统集成理论和实践[M]. 北京:中国铁道出版社,2007.
[64] 徐啸明. CTCS -2 级列车运行控制系统应用丛书 [M]. 北京:中国铁道出版社,2007.
[65] 李海川. 城轨交通工程系统总联调及运营演练的探讨[J]. 都市快轨交通,2005(4):86 -89.
[66]梁军, 赵勇. 系统工程导论[M]. 北京:化学工业出版社,2005.
[67]吴祈宗. 系统工程[M]. 北京:北京理工大学出版社, 2005.
[68]周德群. 系统工程概论[M]. 北京: 科学出版社, 2005.
[69] 赵斌. 高级软件测试工程师专用 -软件测试技术经典教程[M]. 北京:科学出版社,2007.
[70] (美)卡尼尔等 著,王峰等译. 计算机软件测试[M]. 北京:机械工业出版社,2004.
[71] 郭军. 测试系统技术[M]. 西安:西安电子科技大学出版社,2006.
[72] 张曙光. 铁路高速列车应用基础理论与工程技术[M]. 北京:科学出版社,2007.
[73] 董锡明. 现代高速列车技术[M]. 北京:中国铁道出版社,2006.
[74] 董锡明. 高速动车组工作原理与结构特点[M]. 北京:中国铁道出版社,2006.
[75] JISE7106 -2006. 铁道车辆车体设计通用技术条件[S] ,日本工业标准.
[76] 铁道科学研究院高速铁路技术研究总体组编. 高速铁路技术[M]. 北京:中国铁道出版社,2005.
[77] 孙永福. 高速铁路的成功与挑战[J]. 中国铁路,2003(8):11 -14.
[78] 高速铁路动车组检修管理综合技术研究[C]. 北京中国铁道科学研究院机车车辆研究所.
[79] 马大炜. 日本高速列车的特点和发展动向概述[J]. 中国铁路,2003(12):66 -67.
[80] 严隽耄. 车辆工程[M]. 北京:中国铁道出版社,2004.
[81] 韩莎莎. 南京地铁 1 号线一期工程系统总联调项目安全管理[J]. 现代城市轨道交通,2006(4):16.
[82] TB10029 -2002. 铁路车辆设备设计规范[S]. 2002.
[83] Labrenz. F. 欧洲高速列车方案的比较[J]. 中国铁路,2004(1):65 -68.
[84] 张黎. 电力牵引交直交变流技术的发展. 中国铁道科学研究的发展[M]. 北京:中国铁道出版社,2000.
[85] 吴礼本. 国外铁路高速旅客列车发展趋势[J]. 国外铁道车辆,2001(5):10 -12.

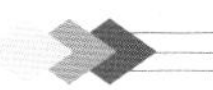

[86] 傅小日主编. 日本新干线高速列车[M]. 北京:中国铁道出版社,1999.
[87] 贾德民. 林东. 高速列车轻量化技术[J]. 机车电传动,2004(4):1-2.
[88] 张红军等. 高速列车转向架技术[J]. 机车电传动,2004(3):1-4.
[89] 范钦海. 高速铁路的主要技术特征与高速动车组[J]. 机车电传动,2003(5):5-9.
[90] 李春阳. 高速电动车组的发展及其在我国的应用探讨[J]. 机车电传动,2003(5):15-18.
[91] 严云升. 高速列车的控制、监控与诊断技术[J]. 电力机车与城轨车辆,2004(1):1-3.
[92] 国外高速列车译文集编委会. 国外高速列车译文集(一)[C]. 北京铁道部科学研究院机辆所,1995.
[93] 国外高速列车译文集编委会. 国外高速列车译文集(制动技术专集)[C]. 北京铁道部科学研究院机辆所,1996.
[94] 国外高速列车译文集编委会. 国外高速列车译文集(空气动力学和噪声专集)[C]. 北京铁道部科学研究院机辆所,1996.
[95] 国外高速列车译文集编委会. 国外高速列车译文集(高速车辆技术专集)[C]. 北京铁道部科学研究院机辆所,1997.
[96] 张曙光. CRH_2 型动车组[M]. 北京:中国铁道出版社,2008.

京津城际高速铁路系统调试主要参试单位和人员

铁道部运输局：

张曙光　费东斌　康高亮　刘　刚　刘朝英
张骥翼　詹子宁　陈　璞　侯卫星　王祖峰
马　芳　袁宝军　唐抗尼　周　力　刘晨光
金柏泉　汤奇志　杨宏图　刘作琪　陆啸秋
张季良　莫志松　宁　斐　甑　静　吴细水
王亚民　路晓彤　安英霞　滑　蓉　段剑峰
房生修　杜　欣　张振利　崔　艳　廉文彬
徐　彦　王绣春　李　萍　周　伟　李　焱
李志锋

铁道部科技司：

季学胜　吴克俭　李建文　齐延辉　幸学忠
穆建成　崔德山　李　强

铁道部建设司：

安国栋　苏全利　李　强　王哲浩

铁道部安全监察司：

陈兰华　卢永忠　郑志宏　王安平

中国铁道科学研究院：

康　熊　王　澜　李　琴　徐鹤寿　姚建伟
戴贤春　王　峰　侯福国　魏亚辉　万　家
王　洋　王卫东（研发中心）　孙剑方　孟　葳
黄　强　甘敦文　刁晓明　陆　阳　张　波
李杰波　韩通新　张继元　刘会平　郭晨曦
杨　欣　邵　军　吴　杰　王悦明　倪纯双
董孝卿　王林栋　文　彬　章　亮　刘俊刚
赵红卫　刘虎兴　杨志杰　范丽君　禹志阳
范　明　万　林　李　辉（通号所　信号）　徐乐英
易海旺　李　非　唐　竣　何镭强　王文涛
杨四辈　牛　勤　廖丽军　卢佩玲　程　曙
刘　剑　郝　韬　黄　康　张　涛　闽　江
张　晨　范季陶　李天石　黄继东　苏立轩
徐　均　沈京川　蒋志勇　蔺　伟　张玉金
周宏伟　刘　斌　郭晓军　蒋　韵　李月明
李　辉（通号所　通信）　张新明　孟令韬　李晓光
刘文博　韩自力　张千里　王立军　蔡德钧
江　成　肖俊恒　王继军　范　佳　陈松林
郄录朝　李　伟　郝有生　王　猛　顾培雄
黄天新　王树国　孙晓勇　杨宜谦　刘鹏辉
董振升　史　宏　张　彦　史天运　吕晓军
许　阶　刘　强　李健民　王运霞　阚庭明

孙玫肖	王晓东	刘育欣	蔡晓蕾	郑晓波
武振华	杨　帆	张三林	王　静	张　宁
刘相坤	蔡　云	王　彤	蒋　荟	王华伟
宁　静	杨海东	曹　松	王志华	赵　颖
刘　利	任永程	王　银	尹　皓	辜小安
李耀增	李晏良	马　龙	李福敏	张秀华
步青松	梅敏烽	刘宪章	王志强	杨玉森
叶玉华	程　驰	于秀丽	马　筠	宋万宝
刘兰华	于冰茜	朱克非	崔艳萍	杜旭升
宗　岩	徐利民	李　博	杨文韬	朱　亮
王相平	黎国清	王卫东（基础检测中心）		周　正
陈东生	许贵阳	孙忠国	谢保锋	朱宏光
张　伟	曾祥坤			

京津城际铁路股份有限公司：

朱崇刚	王志坚	张英龙	屠　强	牟　昕
张学兵	赵新宇	贾应革	李兴国	

北京铁路局：

闫　平	余泽西	高　峰	介晋生	吴振军
赵学友	王　进	甄　越	张　易	刘　波
刘丙强	王绍森	郑建中	郑建平	刘秉旺
张居才	黄亚男	孙玉明	封维村	徐洪川
张　蕾	李建榜	孔进亮	王兴民	张锡昆

中国铁道勘察第三设计院：

孙树礼　王俊峰　张新芳　李康彦　樊　艳

夏天妍　张延翔　闫红亮

中国中铁电气化局集团：

刘志远　王青斌　韦　国　董安平　李金华

孟祥奎　景建民　王　勇　许建国　闫海涛

赵正路　夏文忠　曹文雨

中国铁路通信信号集团公司：

马　驰　缪伟忠　黄合军　张　苑　张景方

张秀广　赵文杰　黄旺火　张树坤　陈春海

王子旗　张　铎　杨海超　李建清　赵文丽

牛宝明　杜以江　马永刚　徐连军　俞　健

章　华

动联办：

王松文　王星明　黄俊辉　黄　强　杨志华

程学枢　陆　阳　罗来瑜　单　巍　陈燕荣

方少安　孟庆余

唐山公司：

余伟平　孙邦成　任　刚　姜东杰　杜会谦

刘建强　尹　方　张晓军　黄振晖　刘泽涛

陈澍军

四方股份：

王　军　龚　明　马云双　邓小军　亢文祥

梁建英　邓桂美　常　杰　张朝前　邓学寿

徐　磊　虞大联　任广强

长客股份：

牛得田　赵明花　常振臣　李　军

北京交大：

孙守光　李　强　刘志明　邹　华　任尊松

西南交大：

张卫华　林建辉　雷　波　金学松　翟婉明

张　兵